David Conrad

DCL

Minidicionário Escolar INGLÊS

ACESSE O SEU BÔNUS EXCLUSIVO!

Você ganhou um bônus exclusivo!
Acesse o QR-Code em seu smartphone ou tablet e tenha acesso a um conteúdo exclusivo para ajudar em seus estudos!

É muito fácil de usar:

1. Baixe um aplicativo para leitura de QR-codes em seu smartphone ou tablet.
2. Aponte a câmera do seu smartphone ou tablet para o código desta página.
3. Pronto! Você será direcionado à página com seu bônus exclusivo!

Bons estudos!

Direção Editorial: Raul Maia
Rogério Rosa
Autoria e Coordenação: David Conrad
Diagramação: Casa Editoral Maluhy & Co.
Capa: Barn Editorial
Finalização de Texto: André Leonardo Majer

Texto em conformidade com as regras do Novo Acordo Ortográfico da Língua Portuguesa.

Dados Internacionais de Catalogação na Publicação (CIP)
(Câmara Brasileira do Livro, SP, Brasil)

Conrad, David
Minidicionário escolar de inglês : inglês – português, português – inglês / David Conrad. – São Paulo : DCL, 2019.

ISBN 978-85-368-2438-3

1. Inglês - Dicionário – Português
2. Português – Dicionário – Inglês. I. Título.

CDD-423.69
99-3726 -469.32

Índice para catálogo sistemático:

1. Inglês : Dicionário 469.32

Editora DCL – Difusão Cultural do Livro
Av. Marquês de São Vicente, 1619, Cj. 2612 — Barra Funda
CEP 01139-003 — São Paulo — SP
Tel.: (11) 3932-5222
www.editoradcl.com.br

APRESENTAÇÃO

Como organizador deste minidicionário, que possui mais de 40 mil verbetes, julgo oportuno informar nesta apresentação, de uma maneira bem resumida, os princípios que nortearam a sua elaboração, uma vez que ao nosso ver não se trata de apenas mais uma obra colocada no mercado com propósitos meramente atualizadores, mas uma obra que visa respaldar o consulente de uma maneira mais ampla, mais consentânea.

Pelo menos em termos de ideais, o meu desejo foi o de, sempre que possível, desenvolver em cada sinônimo, em cada verbete, uma conceituação mais ampla, visando a absoluta absorção do que precisa ser retido, pois parece comum que, assim que fechamos o dicionário, em razão dos diversos conceitos que uma palavra possui, além da pronúncia, ocorra uma fuga daquilo que foi consultado, portanto um esquecimento momentâneo. Assim, só para exemplificar, no verbete **GREGORIAN**, além da pronúncia e do seu correspondente em português, acrescentei um conteúdo histórico, para facilitar o processo de memorização.

Por outro lado, quanto à pronúncia, procurei simplificá-la ao máximo, buscando interpretá-la segundo um carater bastante aproximativo do seu original, considerando que em nossa língua não possuimos determinados sons existentes na língua inglesa, em concordância com as observações depreendidas dos inúmeros contatos que mantenho com pessoas interessadas no estudo e no aprendizado do Inglês e do Português.

Por fim, tenho a necessidade de projetar que o pessoal envolvido neste trabalho, pessoal altamente qualificado, porquanto são professores e interessados na divulgação da cultura e desta língua universal, pessoas as quais tive o privilégio e o prazer, além da honra, de conviver como dirigente, pessoas que entenderam como entendem, em consonância com o meu próprio pensamento de que não somos os autores do dicionário, mas sim meramente coordenadores, visto como as palavras de uma língua são de patrimônio popular; que abriram mão de qualquer menção pessoal, porquanto, além de serem profissionais, possuem a filosofia inerente em suas almas de servir, a elas, portanto, o meu mais profundo agradecimento, com a certeza de que cumprimos com Paz Profunda, com sucesso e em conjunto, mais um objetivo de nossas vidas, os quais, com a ajuda de Deus Todo Poderoso, não será seguramente a última, mas apenas o começo daquilo que a nós nos foi reservado perseguir como parte de nossa vocação humana...

David Conrad

Sumário

Universo Idiomático

Alguns países que falam a língua inglesa:

dólar

Obs.: Os Estados Unidos são compostos de 50 estados, dos quais dois não pertencem ao seu território contínuo: Alasca e Havaí.

ESTADOS UNIDOS

Nome oficial: Estados Unidos da América.
Área: 9.363.520 km².
População: 305,8 milhões de habitantes.
Capital: Washington D. C.
Cidades principais: Nova York, Chicago, Los Angeles, Filadélfia e Boston.
Unidade monetária: dólar americano.
Idioma: inglês.
Gentílico: norte-americano ou estadunidense.
Religião: protestante.
Rios principais: Mississipi-Missouri, Yukon, Bravo ou Grande do Norte, Colorado e Columbia.

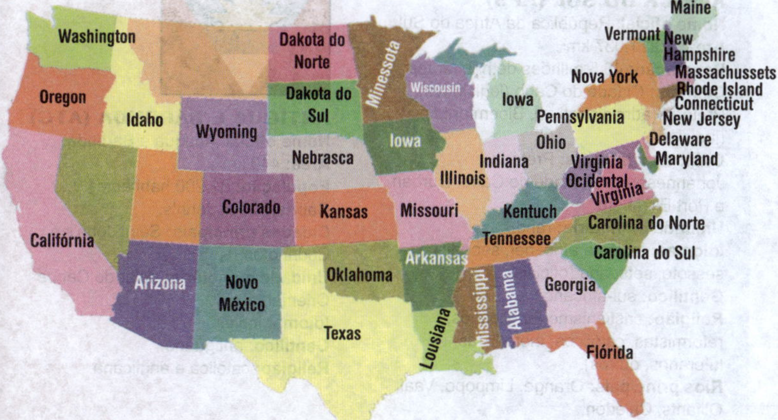

libra esterlina

REINO UNIDO (R.U.)

Nome oficial: Reino Unido da Grã-Bretanha e Irlanda do Norte.
Área: 244.100 km^2.
População: 60,7 milhões de habitantes.
Capital: Londres.
Cidades principais: Londres, Manchester, Birmingham, Leeds e Liverpool.
Unidade monetária: libra esterlina.
Idiomas: inglês, gaélico e galês.
Gentílico: britânico e inglês.
Religião: protestante anglicana.
Rios principais: Severn, Tâmisa, Trent, Ouse e Wye.

ÁFRICA DO SUL (AFS)

Nome oficial: República da África do Sul.
Área: 1.221.037 km^2.
População: 48,5 milhões de habitantes
Capitais: Cidade do Cabo (legislativa), Pretória (administrativa), Bloemfontein (judiciária).
Cidades principais: Pretória, Johannesburgo, Cidade do Cabo, Durban e Port Elizabeth.
Unidade monetária: rand.
Idiomas: inglês e africâner, sepédi, sessoto, setsuana (oficiais).
Gentílico: sul-africano.
Religião: cristianismo (anglicanos, reformistas, católicos, metodistas, luteranos, outros).
Rios principais: Orange, Limpopo, Vaal, Olifants, Caledon.

ANTÍGUA E BARBUDA (ATG)

Nome oficial: Antígua e Barbuda.
Área: 440 km^2.
População: 81.200 habitantes.
Capital: Saint John's.
Cidades principais: Saint John's e Codrington.
Unidade monetária: dólar do Caribe Oriental.
Idioma: inglês.
Gentílico: antiguano.
Religião: católica e anglicana.

AUSTRÁLIA
Nome oficial: Comunidade da Austrália.
Área: 7.713.364 km^2.
População: 20,7 milhões de habitantes.
Capital: Camberra.
Cidades principais: Sydney, Melbourne, Brisbane, Adelaide e Perth.
Unidade monetária: dólar australiano.
Idioma: inglês.
Gentílico: australiano.
Religião: anglicanismo.
Rios principais: Murray, Darling, Murrumbidgee, Lachland e Flinders.

BARBADOS (BAR)
Nome oficial: Barbados.
Área: 430 km^2.
População: 293.894 habitantes.
Capital: Bridgetown.
Cidades principais: Bridgetown e Splightstown.
Unidade monetária: dólar de Barbados.
Idioma: inglês.
Gentílico: barbadiano.
Religião: anglicana.
Rio principal: Constitution.

BAHAMAS (BAH)
Nome oficial: Comunidade das Bahamas.
Área: 13.878 km^2.
População: 331.277 habitantes.
Capital: Nassau.
Cidades principais: Nassau, Freeport e Marsh Harbour.
Unidade monetária: dólar das Bahamas.
Idioma: inglês.
Gentílico: bahamense.
Religiões: anglicana, batista e católica.
Rio principal: Andros.

BELIZE (BZL)
Nome oficial: Belize.
Área: 22.965 km^2.
População: 287.698 habitantes.
Capital: Belmopan.
Cidades principais: Belise City, Orange Walk e San Ignacio.
Unidade monetária: dólar de Belize.
Idiomas: inglês.
Gentílico: belizenho.
Religião: cristianismo.
Rios principais: Belize e Mopán.

BOTSUANA (BOT)
Nome oficial: República da Botsuana.
Área: 581.730 km^2.
População: 1,8 milhão de habitantes.
Capital: Gaborone.
Cidades principais: Gaborone, Francistown e Selebi Phikwe.
Unidade monetária: pula.
Idiomas: inglês.
Gentílico: betchuano.
Religiões: animista e católica.
Rios principais: Okavango, Limpopo.

CAMARÕES
Nome oficial: República de Camarões.
Área: 475.442 km^2.
População: 18,5 milhões de habitantes.
Capital: Iaundê.
Cidades principais: Iaundê, Douala e Garoua.
Unidade monetária: franco CFA.
Idiomas: francês e inglês.
Gentílico: camaronês.
Religião: católica romana, animista e islamismo sunita.
Rios principais: Sanaga e Niong.

CANADÁ (CAN)
Nome oficial: Canadá.
Área: 9.976.139 km^2.
População: 32,8 milhões de habitantes.
Capital: Ottawa.
Cidades principais: Montreal, Toronto, Vancouver e Hamilton.
Unidade monetária: dólar canadense.
Idiomas: inglês e francês.
Gentílico: canadense.
Religiões: católica e protestante.
Rios principais: Mackenzie, Yukon, São Lourenço, Columbia. Athabaska e Fraser.

DOMINICA (DMO)
Nome oficial: Comunidade Dominicana.
Área: 751 km^2.
População: 69.625 habitantes.
Capital: Roseau.
Cidades principais: Roseau, Portsmouth e Marigot.
Unidade monetária: dólar do Caribe Oriental.
Idiomas: inglês.
Gentílico: dominicano.
Religião: católica romana.
Rios principais: Layou, Rosseau e Clyde.

GÂMBIA (GAM)
Nome oficial: República do Gâmbia.
Área: 11.295 km^2.
População: 1,7 milhão de habitantes.
Capital: Banjul.
Cidades principais: Serekunda, Banjul, Brikama e Bakau.
Unidade monetária: dalasi.
Idiomas: inglês.
Gentílico: gambiano.
Religiões: islamismo sunita e animismo.
Rio principal: Gâmbia.

GANA (GAN)
Nome oficial: República de Gana.
Área: 238.538 km^2.
População: 19,5 milhões de habitantes.
Capital: Acra.
Cidades principais: Acra, Kumasi, Tamale e Tema.
Unidade monetária: cedi novo.
Idiomas: inglês.
Gentílico: ganense.
Religiões: protestante e islamismo sunita.
Rios principais: Volta, Volta Negro, Volta Branco e Tano.

GRANADA (GRA)
Nome oficial: Granada.
Área: 344 km^2.
População: 105.668 habitantes.
Capital: St. George's.
Unidade monetária: dólar do Caribe Oriental.
Idiomas: inglês.
Gentílico: granadino.
Religião: católica.

GUIANA (GUY)
Nome oficial: República Cooperativa da Guiana.
Área: 214.969 km^2.
População: 737.907 habitantes.
Capital: Georgetown.
Cidades principais: Georgetown, Linden e Nova Amsterdã.
Unidade monetária: dólar da Guiana.
Idiomas: inglês.
Gentílico: guianense.
Religiões: hinduísmo, protestante e católica romana.
Rios principais: Essequibo, Corantjin, Berbice, Demerara, Mazaruni e Cuyuni.

ILHAS MARSHALL (MAR)

Nome oficial: República das Ilhas Marshall.
Área: 181 km².
População: 54.600 habitantes.
Capital: Dalap-Uliga-Darrit.
Cidades principais: Majuro e Ebeye.
Unidade monetária: dólar americano.
Idiomas: inglês e marshallês.
Gentílico: marshallino.
Religião: protestante.

IRLANDA (IRL)

Nome oficial: República da Irlanda (Eire).
Área: 70.284 km².
População: 4,3 milhões de habitantes.
Capital: Dublin.
Cidades principais: Dublin, Cork, Limerick e Galway.
Unidade monetária: euro.
Idiomas: irlandês e inglês.
Gentílico: irlandês.
Religião: católica.
Rio principal: Shannon.

ILHAS SALOMAO (SAL)

Nome oficial: Ilhas Salomão.
Área: 28.896 km².
População: 495.600 habitantes.
Capital: Honiara.
Cidades principais: Honiara, Gizo e Auki.
Unidade monetária: dólar das Ilhas Salomão.
Idiomas: inglês.
Gentílico: salomônico.
Religiões: anglicana e católica.

ÍNDIA (IND)

Nome oficial: República da Índia.
Área: 3.287.590 km².
População: 1.169 bilhão de habitantes.
Capital: Nova Délhi.
Cidades principais: Calcutá, Mumbai, Madras e Bangalore.
Unidade monetária: rúpia indiana.
Idiomas: hindu e inglês.
Gentílico: indiano.
Religião: hinduísmo.
Rios principais: Indo, Bramaputra, Ganges, Gadavari e Narbada.

JAMAICA (JAM)
Nome oficial: Jamaica.
Área: 10.990 km².
População: 2,7 milhões de habitantes.
Capital: Kingston.
Cidades principais: Kingston e Montego Bay.
Unidade monetária: dólar jamaicano.
Idioma: inglês.
Gentílico: jamaicano.
Religião: protestante.

LESOTO (LES)
Nome oficial: Reino de Lesoto.
Área: 30.355 km².
População: 2 milhões de habitantes.
Capital: Maseru.
Cidades principais: Maseru, Mafeteng e Maputsoe.
Unidade monetária: loti.
Idiomas: sessoto e inglês.
Gentílico: lessoto.
Religiões: católica e anglicana.
Rios principais: Orange, Caledon, Komets Pruit, Singunyane e Malibamatso.

LIBÉRIA (LBR)
Nome oficial: República da Libéria.
Área: 111.369 km².
População: 3,7 milhões de habitantes.
Capital: Monróvia.
Cidades principais: Monróvia, Harper e Gbarnga.
Unidade monetária: dólar liberiano.
Idiomas: inglês.
Gentílico: liberiano.
Religião: cristianismo e islamismo.
Rios principais: Dougava, Gauja, Balupe, Venta e Lielupe.

MALAUÍ (MLW)
Nome oficial: Malauí.
Área: 118.484 km².
População: 13,9 milhões de habitantes.
Capital: Lilongue.
Cidades principais: Blantyre, Lilongue e Mzuzu.
Unidade monetária: cuacha malauiana.
Idiomas: inglês e chicheua.
Gentílico: malauiano.
Religião: cristianismo e crenças locais.
Rios principais: Shiré, Bua, Dwangwa, Lilongüe e South Ruhuru.

MALTA (MLT)
Nome oficial: República de Malta.
Área: 316 km².
População: 406.583 habitantes.
Capital: Valeta.
Cidades principais: Sliema, Birkirkara e Qormi.
Unidade monetária: lira maltesa.
Idiomas: maltês e inglês.
Gentílico: maltês.
Religião: católica.

MICRONÉSIA
Nome oficial: Federação dos estados da Micronésia.
Área: 707 km².
População: 418 mil habitantes.
Capital: Palikir.
Cidades principais: Moen, Colonia.
Unidade monetária: Dólar americano.
Idiomas: Línguas regionais e inglês.
Gentílico: micronésio.
Religião: Protestantismo e católica.

MAURÍCIO (MAU)
Nome oficial: República de Maurício.
Área: 2.040 km².
População: 1,2 milhão de habitantes.
Capital: Port Louis.
Cidades principais: Port Louis, Curepipe e Beau Bassin.
Unidade monetária: rúpia mauriciana.
Idiomas: inglês.
Gentílico: mauriciano.
Religião: hinduísmo e católica.
Rios principais: Poste, Créoles, Chaux e Tabac.

NIGÉRIA (NIG)
Nome oficial: República Federal da Nigéria.
Área: 923.768 km².
População: 148 milhões de habitantes.
Capital: Abuja.
Cidades principais: Lagos, Ibadan, Kano e Ogbomosho.
Unidade monetária: naira.
Idiomas: inglês.
Gentílico: nigeriano.
Religião: islamism e protestante.
Rios principais: Níger, Benue, Sokoto, Komadugu Gana, Gurara, Kaduna, Donga, Gross e Zamfara.

NAMÍBIA (NAM)
Nome oficial: República da Namíbia.
Área: 824.292 km^2.
População: 2 milhão de habitantes.
Capital: Windhoek.
Cidades principais: Windhoek, Swakopmund e Rundu.
Unidade monetária: dólar namibiano.
Idiomas: inglês.
Gentílico: namibiano.
Religião: cristianismo.
Rios principais: Orange, Okavango, Cunene.

NOVA ZELÂNDIA (NZL)
Nome oficial: Nova Zelândia.
Área: 270.984 km^2.
População: 4,1 milhões de habitantes.
Capital: Wellington.
Cidades principais: Auckland, Christchurch, Manukau e Nortshore.
Unidade monetária: dólar da Nova Zelândia.
Idiomas: inglês e maori.
Gentílico: neozelandês.
Religião: cristianismo.
Rios principais: Waitaki, Clutha e Arthur.

PAPUA NOVA GUINÉ (PNG)
Nome oficial: Estado Independente de Papua Nova Guiné.
Área: 462.840 km^2.
População: 6,3 milhões de habitantes.
Capital: Port Moresby.
Cidades principais: Portmoresby, Lae, Wewak e Madang.
Unidade monetária: kina.
Idiomas: inglês e motu.
Gentílicos: papuásio e papua.
Religião: protestante.
Rios principais: Fly, Kikori, Purari e Ramu.

RUANDA (RUA)
Nome oficial: República Ruandesa.
Área: 26.338 km^2.
População: 9,7 milhões de habitantes.
Capital: Kigali.
Cidades principais: Kigali, Ruhengeri, Butare e Gisenyi.
Unidade monetária: franco da Ruanda.
Idiomas: francês, quiniaruanda e inglês.
Gentílico: ruandês.
Religião: cristianismo e animista.
Rios principais: Kagera, Niabarongo, Akangera e Ruzizi.

SAMOA OCIDENTAL (WSA)
Nome oficial: Estado Independente de Samoa Ocidental.
Área: 2.831 km^2.
População: 187.026 habitantes.
Capital: Ápia.
Cidade principal: Ápia.
Unidade monetária: tala.
Idiomas: samoano e inglês.
Gentílico: samoano.
Religião: congregacionista, católica e metodista.

SÃO CRISTÓVÃO E NÉVIS (CRI)
Nome oficial: Federação de São Cristóvão e Névis.
Área: 261 km^2.
População: 40.400 habitantes.
Capital: Basseterre.
Cidades principais: Basseterre e Charlestown.
Unidade monetária: dólar do Caribe Oriental.
Idioma: inglês.
Gentílico: são-cristovense.
Religião: cristianismo.

SANTA LÚCIA (SLU)
Nome oficial: Santa Lúcia.
Área: 622 km^2.
População: 164.923 habitantes.
Capital: Castries.
Cidade principal: Castries.
Unidade monetária: dólar do Caribe Oriental.
Idiomas: inglês.
Gentílico: santa-lucense.
Religião: católica.
Rios principais: Canelles e Roseau.

SÃO VICENTE E GRANADINAS (SVG)
Nome oficial: São Vicente e Granadinas.
Área: 388 km^2.
População: 120.398 habitantes.
Capital: Kingstown.
Cidade principal: Kingstown.
Unidade monetária: dólar jamaicano.
Idiomas: inglês.
Gentílico: são-vicentino.
Religião: protestante e católica.
Rios principais: Colonaire e Cumberland.

Dias da semana	Days of the week	Dêiz ov dhe uík
domingo	sunday	sandei
segunda	monday	mondei
terça	tuesday	tíuzdei
quarta	wednesday	uénzdei
quinta	thursday	thârzdei
sexta	friday	fraidei
sábado	saturday	séturdei

Meses do ano	Months of the year	Manfs ov dhe íar
janeiro	january	djenueri
fevereiro	february	februeri
março	march	márch
abril	april	êipril
maio	may	mêi
junho	june	djíunn
julho	july	djulái
agosto	august	ógust
setembro	september	septembar
outubro	october	octoubar
novembro	november	nouvembar
dezembro	december	dissembar

Estações do ano

primaveras	spring	sprinn
verão	summer	sâmer
outono	fall	fóul
inverno	winter	uinter

Cores Colors kólãrz

amarelo
yellow
"ielou"

azul-marinho
navy-blue
"nêivi-blu"

branco
white
"huáit"

azul
blue
"blu"

creme
cream
"krimm"

cinza
grey
"grêi"

cor de vinho
burgundy
"bêrgandi"

preto
black
"blek"

lilás
lilac
"láilek"

cor-de-rosa
pink
"pink"

verde
green
"grinn"

marrom
brown
"braunn"

verde-escuro
dark green
"dark grinn"

verde-claro
light green
"lait grinn"

vermelho
red
"red"

roxo
purple
"pârpol"

Conversação Geral

Expressões e frases úteis

Thank you/ Thanks.
"Tank iú tênks"
Obrigado.

Thank you very much.
"Tank iú veri mãtchi"
Muito obrigado.

You're ou You are welcome.
"Iú aer uélcam"
Seja bem-vindo.

Not at all
"Nót'ét ól"
De nada /
Não tem de que /
Não, de modo algum.

Good morning.
"Gud mórning"
Bom dia.

Good afternoon.
"Gud afternun"
Boa tarde.

Good evening. (ao entardecer)
"Gud ivinim"
Boa noite.

Gud náigt.
Boa noite.

How are you?
"Ráu ár iú?"
Como vai?

How do you do?
(apresentando-se)
"Ráu ár dú iú dú?"
Como vai passando? / muito prazer

It's very kind of you.
"Iris véri káind óv iú"
É muita bondade sua.

Who's there?
"Rús dhér? "
Quem é?

What do you want?
"Uót du iú'ânt?"
O que você deseja?

what time is?
"Uát' táimi is? "
Que horas são?

Listen to me.
"Lísen tchú mi"
Me escute.

Bye-bye./ Good bye.
"Bai-bai / Gud bai"
Adeus.

So long.
"Sô long"
Até logo.

Ai uânt ah épou pai.
Quero uma torta de maçã.

See you later.
"Si'iú leitér"
Vejo você mais tarde.

"Uót du iú cól dhês?"
Como se chama isto?

See you tomorrow.
"Si'iú tchu'mórou"
Vejo-o amanhã.

What's the matter?
"Uáts dhâ mâdder?"
O que acontece? / Qual é o problema?

It's time to go away.
"It's táimi tu gou auei"
É hora de ir embora.

I need to leave.
"Ai nid tchú livi"
Preciso partir!

Apologize me.
"Apólo'jaiss mi"
Desculpe-me

Mind.
"Máind"
Preste atenção, tome cuidado.

I'm late!
"Aim leiti!"
Estou atrasado!

I don't care.
"Ái donnt kér"
Não me importo.

Take care!
"Têik kér!"
Tome cuidado!

It's your turn.
"Ítis iór târn"
É sua vez.

Sit down.
"Sít dâún"
Sente-se.

Get up.
"Guét'âp"
Levante-se.

Stand up.
"Stênd'âp"
Levante-se.

Keep out.
"Kip áut"
Proibido entrar.

One way street.
"Uân uêi istrit"
Mão única.

So am I.
"Sô êm ai"
Eu também.

I'm sure.
"Á'em chúr"
Tenho certeza.

"nôu párking"
Proibido estacionar.

Lovely day, isn't?
"Lóveli dêi, ísânt?"
Lindo dia, não é verdade?

"Plíz, uráit'êt dáun"
Por favor, escreva-o.

Just a moment, please.
"Jast a moment, pliz"
Um momento por favor.

No smoking.
"Nôu smôkin"
Proibido fumar.

There's no doubt!
"Dhér'is nôu dáut!"
Não há dúvida!

Yes, that is fine
"Iés, dhât is fáin"
Sim, está bem.

It's quite possible.
"Iris kuáit pósiból"
É perfeitamente possível.

Just as you said!
"Djâst'as iú séd"
Exatamente como você falou!

Afirmando

"auil bi béck inna móment"
Voltarei num instante.

He is a very pleasant fellow (boy, man, etc.).

"Ri is a véri ple'zant félôu" (bói, mân etc.)
Ele é uma pessoa muito agradável (rapaz, homem etc.).

It takes about an hour.

"I'têikis âbáut an'áuâr"
Dura mais ou menos uma hora.

"Shi ís a véri náiss gérl"
Ela é uma moça muito legal.

"dhát's huái it'ris pérféct"
Por isso que é perfeito.

We have to go now, or we will be late.

"Uí rev tchu gô nau, ór uí iuil bi leiti"
Temos que ir agora, ou vamos nos atrasar.

Perguntando e Respondendo

Just a little.
"Djast a lirol"
Só um pouco.

What is your name?
"Uót ís iór nêimi"
Qual é o seu nome?

My name is ...
"Mai nêimi iz ..."
Meu nome é ...

Where are you from?
"Uér ar iú from?"
De onde você é?

I'm from Brazil.
"Aim from Brezíl"
Sou do Brasil.

What's your nationality?
"Uót's iór nationality?"
Qual a sua nacionalidade?

I am brazilian.
"Aim brezíliann"
Eu sou brasileiro.

What's your profession?
"Uót's iór profession?"
Qual é sua profissão?

I am doctor. (student, seller)
"Aim dóktar" (istudent, seler)
Eu sou médico. (estudante, vendedor)

How many time will you stay here?

"Rau meni táimi uil
iú istei riir?"
Quanto tempo você vai permanecer aqui?

More or less five days. (a week, a month)

"Mór or lés faivi deis"
(a uik, a manf)
Mais ou menos cinco dias. (uma semana, um mês)

Could you give me a hand?

"Culd iú give
mi a hand?"
Poderia dar me uma ajuda?

Yes, of course.

"lés, off córs"
Sim, naturalmente.

Jack, have you got any money?

"Jack, rév iú gót êni mânei?"
Jack, você tem dinheiro?

I've got a little, why?

"Áiv gót a lirôu, uái?"
Tenho algum, por que?

Raul, are you thirsty?

"Raul, ar iú thârsti ?"
Raul, você está com sede?

Yes, I am thirsty a lot.

"lés, ai éim thârsti a lót "
Sim, estou com muita sede.

"Uát shal uí
du thâs ívi'nin?"
O que faremos à noite?

"Uí culd gôu
tchu thâ
cínema"
Poderemos ir ao cinema.

"Arnaldo, uát'ár iú duinn?"
Arnaldo, o que está fazendo?

May I ask you some questions?

"Mêi ái ásk iú sâm kuéstions?"
Posso fazer algumas perguntas a você?

Not now. I'm very busy.

"Nót nau. Aim veri biusi"
Agora não. Estou muito ocupado.

Do you want to go to the movie?

"Du iú uânt tu gou tu dhe muvi?"
Você quer ir ao cinema?

I'd love some!

"Áid lóv sâmm!"
sim, adoraria!

Did you see mrs. Maria?

"Did iú si mistres Maria?"
Você viu a sra. Maria?

What's wrong with ...?

"Uat'is rônn uídh...?"
Que há de mal em...?

Apresentando

Good afternoon, I look for mr. Camargo.
"Gud afiternum, ai luk fór mister Camargo"
Boa tarde, procuro pelo sr. Camargo.

I'm lost. Could you help me?
"Aim lóst. Kuld iú hlep mi?"
Estou perdido. Poderia me ajudar?

Negações

I can't do it.
"Ái cânt du êt"
Não posso fazê-lo.

I'm not able to do it.
"Ái nót êibol tshu du êt"
Não sou capaz de fazê-lo.

It isn't possible.
"Êt isânt pósiból"
Não é possível.

I don't think so.
"Ái dont tshink sô"
Eu não penso assim./
Eu não acho.

Situações e Lugares

No Aeroporto

Could you help me with my bag?

"Kuld iú help mi uith mai beg?"
Você poderia me ajudar com minha mala?

"Huér is dher a keb?"
Onde há um táxi?

May I check your ticket and passport?

"Mêi ai tiéqui iór tíket end péssport?"
Posso verificar seu bilhete e passaporte?

How many bags do you have?

"Rau meni begz du iú hev?"
Quantas malas o senhor tem?

You have excess baggage.

"Iú hev ekséss béghdj"
Você tem excesso de bagagem.

No Hotel

I'd to make a reservation.
What kind of room, sir?
"Aid laik tu mêik a rezer-vêishann"
Gostaria de fazer uma reserva.
"Uót kaind of rumm, sâr?"
Que tipo de quarto, senhor?
I want a double room with air conditioner, television and private bath.
Ok. Please, fill out the registration.
"Ai uant a dábol rumm, uifi er kondíshannar, televijan and práivit beth"
Quero um quarto com ar-condicionado, televisão e banheiro privativo.
"Ókei. Pliz, fil aut dhe redjistrêishann"
Ok. Por favor, preencha a ficha de registro.
How much is the rate?
$ 40. (fourty dollars)
"Rau mátch iz dhe rêit?"
Quanto é a diária?
"$ 40. (fórti dolarz)"
$ 40. (quarenta dólares)

Does the rate include half board?
"Daz dhe rêit inklúd hef bord?"
A diária inclui meia pensão?

What's my room number?
It's 311.
"Iths triiléven"
311.
"Uót's mai rumm nambar?"
Qual o número do meu quarto?

"(tchú dhe belbói):"
(para o mensageiro):
Does this hotel have a bar?
(to the bellboy):
Could you take our bags?
"Daz dhis houtél rev a bar?"
Este hotel tem um bar?
"Kuld iú têik auer begz?"
Você poderia levar nossas malas?

No Restaurante

A table for two, please.
"A têiból for tchu, pliz"
Uma mesa para dois, por favor

May I take your order?
"Mêi ái têik iór órdar?"
Posso anotar seu pedido?

"Tchéck, plíss"
A conta, por favor!

Yes, please.
"Iés, pliz"
Sim, por favor.

I'll have pork chops, boiled potatoes and tomato salad.
"Áio hev pork chops, bóiold potêitouz end tomêitou sélad"
Quero costeletas de porco, batatas cozidas e salada de tomate.

We always have breakfast at 7.00.
"Uí ólueis hév bréckfést ét seven"
Nós sempre fazemos o desjejum às 7.00.

"Uat kaind óf dizârt du iú rev?"
Que tipo de sobremesa vocês tem?

"Kêik, puddin, pai"
Bolos, pudim, torta.

I need to buy a birthday present.

"Á niid to bái
a bârthdêi présent"
Preciso comprar um presente de aniversário.

Can you show me something different?

"Cân iú shôu-mi
sâmthinn diferent?"
Pode me mostrar algo diferente?

What is the price of this one?

"Uót is dhâ prais of diss?"
Qual o preço deste/desta?

I want them all.

"Ái'uânt dhem'mól"
As quero todas (todas elas).

How much is that?

"Ráu mâtch ês dhézt?"
Quanto custa aquilo? (ou isto)

I'll (I will) take this

"A'uil têik dhiss"
Vou querer esta (ou este) / Vou levar esta (ou este).

"A'uónt sometsing láik dhâss"
Quero uma como esta.

Excuse me! – Those apples, how much are they?

"Écskiuz-me!" – "dhôuz épôus, ráu mâtch ar dhei?"
Com licença! – Aquelas maçãs, quanto custam?

Direções e Viagens

"Tchumórou a'uil bi in Riô" – "Áim livinn náu, bái!"
Amanhã estarei no Rio. – Estou indo agora, adeus!

Is this the right way?

"Is dhiss dhê ráit uêi?"
Este é o caminho certo?

Is the station far from there?

"Is thâ stêisham far from dhére?"
A estação está longe daqui?

Which is the best way to get there?

"Uitch-is dhâ bést uêi to gét dhér"
Qual é o melhor meio para chegar lá?

Can you tell me where the International Hotel is?

"Ken iú tél me huér dhâ Internêcional Rotel ês?"
Sabe me dizer onde fica o Hotel Internacional?

Come along.

"Câm'alônn"
Venha comingo.

What place is this?

"Uát plêiss ês dhâss"
Que lugar é este?

Where is the downtown?

"Uér ês dhâ dáuntáun?"
Onde é o centro da cidade?

Could you tell me where the station is, please?

"Culd iú tél mí uére de estaichom is, pliz?"
Poderia dizer-me onde é a estação, por favor?

Turn to the right.

"Târn to dhê ráith"
Vire à direita.

Abreviaturas Usadas Neste Dicionário

A

abrev = abreviatura
adj = adjetivo
adv = advérbio
AER = aeronáutica
AGRIC = agricultura
ALQ = alquimia
ANAT = anatomia
ANT = antigo
ARQ = arqueologia
ARQT = arquitetura
ART = arte
art = artigo
ASTR = astronomia
ASTRL = astrologia
AUT = automobilismo

B

BÍBL = Bíblia
BIO = biologia
BOT = botânica
BR = Brasil

C

CAN = Canadá
CIN = cinema
COM = comércio
conj = conjunção
CONT = contabilidade
contr = contração

E

ECON = economia
ELET = eletricidade
ELETR = eletrônica
ENGL = Inglaterra
ESC = escola
ESOT = esotérico
ESP = esporte
EXOT = exotérico

F

FAM = familiar
FARM = farmácia
FIG = figurativo
FIL = filosófico
FIN = finanças
FÍS = física
FON = fonética
FOT = fotografia
FUT = futebol

G

GEO = geografia
GEOL = geologia
GEOM = geometria
GÍR = gíria
GRAF = grafologia
GRAM = gramática

H

HIST = história

I

IND = indústria
indef = indefinido
INGL = Inglaterra
interj = interjeição

J

JORN = jornalismo
JUR = jurídico

L

LAT = latim

M

MAT = matemática
MEC = mecânica
MED = medicina
MET = metalurgia
MIL = militar
MIN = mineralogia
MIT = mitologia
MÚS = música

N

NÁUT = náutica

P

past = passado
pl = plural
POES = poesia
POL = política
POP = popular
pp = particípio passado
prep = preposição
pron = pronome
PSIC = psicologia
PSIQ = psiquiatria

Q

QUÍM = química

R

RÁD = rádio
RELIG = religião
RET = retórica

S

s = substantivo
SOC = sociologia

T

TEATR = teatro
TIP = tipografia
TV = televisão

U

USA = Estados Unidos

V

v = verbo
VETER = veterinária

Z

ZOO = zoologia

Minidicionário Escolar

Inglês – Português

David Conrad

a A

A (êi) *s* primeira letra do alfabeto Português e do alfabeto Inglês.
A (êi) *s* MÚS cifra da nota lá.
A (êi) *s* QUÍM símbolo químico do elemento argônio.
A (êi) *art indef* um; uma; uns; umas; ***he never wears A hat***: ele nunca usa um chapéu.
A (êi) *prep* a; no (a); para; sobre; por.
Aback (âbé-k) *adv* atrás; detrás; para trás; ***be taken ABACK***: ficar confuso; ficar atônito.
Abandon (âbén-dânn) *s* abandono; despreocupação; renúncia.
Abandon (âbén-dânn) *v* abandonar; ***to ABANDON oneself to***: ceder; deixar; entregar-se.
Abase (âbêi-ss) *v* abater; aviltar; degradar; desonrar.
Abasement (âbêis-ment) *s* aviltação; degradação; humilhação.
Abash (âbé-sh) *v* envergonhar; humilhar; inferiorizar.
Abate (âbêi-t) *v* abater; moderar; reduzir.
Abatement (âbêit-ment) *s* abatimento; diminuição; redução.
Abbess (é-biss) *s* abadessa; superiora.
Abbotship (é-bâtship) *s* abadia; dignidade de abade.
Abbreviate (ébri-viêt) *v* abreviar; resumir; sumariar.
Abbreviation (ébriviêi-shânn) *s* abreviatura; resumo; MAT redução.
Abdicant (éb-dikânt) *s* abdicante.
Abdicant (éb-dikânt) *adj* abdicante; renunciador.
Abdicate (éb-dikêit) *v* abdicar; demitir-serenunciar.
Abdication (ébdikêi-shânn) *s* abdicação; renúncia.
Abdomen (ébdôu-mên) *s* abdômem; abdome; ventre.
Abducent (ébdâ-sent) *adj* MED que é retirado com força; que é afastado do seu centro simétrico (corpo humano).
Abduct (ébdâk-t) *v* arrebatar; retirar; raptar; sequestrar.
Abduction (ébdâk-shânn) *s* rapto; sequestro; MED abdução.
Abed (âbé-d) *adv* acamado; de cama; na cama.
Aberration (ébârêi-shânn) *s* aberração; anormalidade; anomalia.
Abet (âbé-t) *v* fomentar; induzir; incitar; sugerir.
Abetment (âbét-ment) *s* fomento; instigação; sugestão.
Abeyance (âbêi-ânss) *s* suspensão; JUR estado jacente; herança que é passada para o Estado.
Abhor (éb-hór) *v* detestar; odiar; repugnar; rejeitar.
Abide (âbái-d) *v* habitar; residir; sustentar; suportar; *past or pp* ABODE.
Ability (âbi-liti) *s* capacidade; habilidade; talento.
Abject (âbdjék-t) *adj* desprezível; inferior; mesquinho.
Abjuration (ébjurêi-shânn) *s* abjuração; repúdio; renúncia.
Abjure (ébdju-r) *v* abjurar; afastar; renunciar; repudiar.
Ablation (éblêi-shânn) *s* ablação; extirpação; GEO erosão.
Ablaze (âblêi-z) *adj* ardente; excitado; flamejante.
Ablaze (âblêi-z) *adv* em chamas; em ânsia.
Able (êi-bl) *adj* apto; capacitado; habilitado; idôneo; ***are you ABLE to speak any foreign languages?***: você é capaz de falar qualquer língua estrangeira?
Ablebodied (êi-bl-bó-did) *adj* apto; físico robusto; fisicamente capaz.
Abloom (âblu-mm) *adj* florescente; florido.
Abloom (âblu-mm) *adv* em flor; floridamente.
Ablution (âblu-shânn) *s* ablução; lavagem; purificação.
Ably (êi-bli) *adv* competentemente; talentosamente.
Abnegate (éb-nighêit) *v* rejeitar; renunciar; recusar.
Abnegation (ébnighêi-shânn) *s* abnegação; renúcia; sacrifício.
Abnormality (ébnórmé-liti) *s* anormalidade; raridade.
Aboard (âbôur-d) *adv* a bordo; dentro de navio; dentro de avião; dentro de trem.
Abode (âbôur-d) *s* domicílio; morada; residência.
Abolish (âbó-lish) *v* abolir; cancelar; derrubar; suprimir.
Abolition (éboli-shânn) *s* abolição; anulação; revogação.
Abominable (âbó-minâbl) *adj* abominável; desprezível; odioso.
Abominate (âbó-minêit) *v* abominar; detestar; execrar.
Aborigine (ébori-djini) *s* aborígine; autóctone; nativo.
Abortion (âbór-shânn) *s* aborto.
Abortion (âbór-shânn) *v* abortar; interromper; FIG malograr.
Abortive (âbór-tiv) *adj* que pode ser abortado.
Abound (âbáun-d) *v* abundar; exceder.
Abounding (âbáun-dinn) *adj* abundante; em excesso.
About (âbau-t) *prep* acerca de; a respeito de; sobre.
About (âbau-t) *adv* aproximadamente; em torno.
About... (âbau-t...) ***to come ABOUT***: acontecer; efetuar; rodar; ***to get ABOUT***: andar um pouco; dar um pequeno passeio; ***to go ABOUT***: empreender; intentar; ***to look.***
About orientar-se; ***to look ABOUT for***: procurar; ***to look.*** ABOUT one estar alerta; ***to put ABOUT***: fazer correr; virar; ***to set ABOUT***: empreender; principiar.
Above (âbâ-v) *s* céu; o ápice; o alto.
Above (âbâ-v) *adj* citado; mencionado; referido.
Above (âbâ-v) *adv* acima; supra; superior a.
Above (âbâ-v) *prep* além de; em cima; por cima; sobre.
Aboveboard (âbâv-bôurd) *adj* franco; honesto; leal; sincero.
Aboveboard (âbâv-bôurd) *adv* às claras; com franqueza.
Abrasion (âbrêi-jânn) *s* abrasão; desgaste; esmerilamento.
Abreast (âbrés-t) *adv* de frente; emparelhado; lado a lado; par a par.
Abridge (âbrid-j) *v* abreviar; reduzir; resumir.
Abroad (âbró-d) *adv* externo; exterior; fora.
Abrogable (éb-rogâbl) *adj* ab-rogável; anulável; cancelável.
Abrogate (éb-roghêit) *v* ab-rogar; anular; revogar.
Abrupt (âbrâp-t) *adj* abrupto; áspero.
Abruptness (âbrâpt-néss) *s* aspereza; rudeza.
Abscissa (âb-sáiz) *s* GEOM abscissa, uma de duas coordenadas (linhas traçadas retilineamente) que determinam a posição de um ponto no plano e no espaço.
Abscission (ébsi-jânn) *s* abcisão; amputação; corte.
Abscond (ébskén-d) *v* enconder-se; ocultar-se.
Absence (éb-sénss) *s* alienação; ausência; distração.
Absent (éb-sên-t) *adj* ausente; absorto; distraído.
Absolute (éb-solut) *s* absoluto.
Absolute (éb-solut) *adj* absoluto; inteiro; único.
Absolutely (éb-solutli) *adv* absolutamente; completamente.
Absolution (ébslu-shânn) *s* absolvição; perdão; remissão.
Absolve (ébsól-v) *v* absolver; eximir; isentar; perdoar.
Absonant (éb-sonânt) *adj* dissonante; discordante; sem harmonia.
Absorb (âbsór-b) *v* absorver; embeber.
Abstain (âbstêi-n) *v* abster-se; comedir; conter; privar.

Abstainer (âbstêi-nâr) *s* abstêmio.
Absterge (ébstâr-dj) *v* filtrar; limpar; purificar.
Abstergent (ébstâr-djênt) *s* detergente; esterilizador; purificador.
Abstergent (ébstâr-djênt) *adj* detergente; esterilizador; purificador; FARM purgante.
Abstinent (ébs-tinênt) *adj* abstinente; moderado; sóbrio.
Abstract (ébstrék-t) *s* abstração; extrato.
Abstract (ébstrék-t) *v* abstrair; remover; resumir; subtrair.
Abstract (ébstrék-t) *adj* abstrato; etéreo; complexo; resumido.
Abstracted (ébstrék-tid) *adj* concentrado em si; distraído; preocupado.
Abstraction (ébstrék-shânn) *s* abstração; concentração.
Abstruse (ébstru-ss) *adj* escondido; recôndito; secreto.
Absurd (âbsâr-d) *s* absurdo.
Absurd (âbsâr-d) *adj* absurdo; fora de propósito.
Abundance (âbân-dânss) *s* abundância; em excesso; fartura.
Abuse (âbiu-z) *s* abuso; insulto; injúria.
Abuse (âbiu-z) *v* abusar de; exceder; usar em demasia.
Abusive (âbiu-siv) *adj* abusivo; excessivo; insultante.
Abut (âbât) *v* delimitar; limitar; tocar em; *past or pp* ABUTTED.
Abutment (âbât-ment) *s* confim; junção; limite.
Abysm (âbiz-m) *s* abismo; precipício.
Acacia (âkeitch) *s* acácia (planta muito citada nos relatos bíblicos e que presentemente serve de símbolo para lendas filosóficas).
Academic (ékâdé-mik) *s* acadêmico; estudante.
Academic (ékâdé-mik) *adj* acadêmico.
Accede (éksi-d) *v* anuir; aceder; assentir; concordar.
Accedence (éksi-dênss) *s* acessão; aquiescência.
Accelerate (éksé-lârêit) *v* acelerar; antecipar; apressar.
Acceleration (éksélârêi-shânn) *s* aceleração; pressa.
Accent (ék-sênt) *s* acento; sotaque; tonicidade; tom de voz; ***Gregório speaks with a paulista ACCENT***: Gregório fala com sotaque tipicamente paulista.
Accent (ék-sênt) *v* acentuar; evidenciar; frisar; repisar.
Accentuate (éksên-tiuêit) *v* acentuar; salientar.
Accentuation (éksêntiêi-shânn) *s* acentuação; ênfase; dicção.
Accept (âksép-t) *v* aceitar; admitir; concordar; interpretar.
Access (ék-séss) *s* entrada; acesso; caminho.
Accessibility (ékséssibi-liti) *s* acessibilidade.
Accessory (éksé-sôri) *s* acessório; suplemento.
Accessory (éksé-sôri) *adj* acessório; secundário.
Accident (ék-sident) *s* acidente; desastre; irregularidade.
Accidental (éksidén-tâl) *s* incidente.
Accidental (éksidén-tâl) *adj* acidental; casual; inesperado.
Acclaim (âklêi-mm) *s* aclamação.
Acclaim (âklêim) *v* aclamar; aplaudir.
Acclamation (éklâmêi-shânn) *s* aprovação; aclamação.
Acclimate (âklái-mêit) *v* aclimatar; condicionar ao clima.
Acclimatise (âklái-mêtaiz) *vide* ACCLIMATE.
Acclimatize (âklái-mêtaiz) *vide* ACCLIMATE.
Acclivity (âkli-viti) *s* aclive; encosta; rampa; subida.
Accolade (ékolêi-d) *s* amplexo; abraço; distinção.
Accommodate (âkó-modêit) *v* anuir; adaptar; acomodar; abrigar; favorecer; hospedar.
Accommodate (âkó-modêit) *adj* abrigado; acomodado.
Accommodation (âké-modêi-shân) *s* acomodação; adaptação; ajuste; alojamento.
Accompanier (ékâm-pâniâr) *s* acompanhante; companheiro; sócio.
Accompaniment (âkâm-pâniment) *s* acompanhamento.
Accompany (âkâm-pâni) *v* acompanhar; seguir; unir-se.
Accomplice (âkâm-pliss) *s* cúmplice; parceiro.
Accomplish (âkâm-plish) *v* concretizar; efetuar; cumprir.
Accomplished (âkâm-plishd) *adj* acabado; completo; executado.
Accomplishment (âkâm-plishment) *s* consecução; consumação; concretização; realização.
Accord (âkór-d) *s* acordo; convênio; harmonia.
Accord (âkór-d) *v* acordar; anuir; conceder; concordar.
Accordance (âkór-danss) *s* acordo; concordância; consonância.
According (âkór-dinn) *adj* de acordo; de conformidade com; harmonioso.
According to (âkór-dinn tiu) *adv* segundo; conforme; consequentemente; conformemente; justo.
Accordingly (âkór-dingli) *adv* consequentemente; por conseguinte.
Accordion (âkór-diânn) *s* MÚS acordeão; gaita; harmônica (sanfona).
Accost (âkós-t) *s* abordagem.
Accost (âkós-t) *v* atracar; aproximar; abordar.
Account (âkáun-t) *v* avaliar; considerar; calcular; contar; contabilizar; julgar.
Accountable (âkáun-tâbl) *adj* explicável; responsável; respondível.
Accountancy (âkáun-tânssi) *s* contabilidade.
Accountant (âkáun-tânt) *s* COM contador; perito; JUR réu de ação judicial.
Accounting (âkâun-tinn) *s* COM contabilidade; extrato de contas.
Accouter (âku-târ) *v* armar; equipar; vestir.
Accredit (âkré-dit) *v* abonar; autorizar; endossar.
Accretion (ékri-shânn) *s* aumento; acréscimo; adição.
Accrue (âkru) *v* aumentar; acrescentar; incrementar.
Accumbent (âkâm-bênt) *adj* inclinado; recostado; reclinado.
Accumulate (âkiu-miulêit) *v* acumular; aumentar; economizar.
Accumulation (âkiumiulêi-shânn) *s* acervo; acumulação; acúmulo.
Accumulator (âkiu-miulêitâr) *s* acumulador; bateria.
Accuracy (e-kiurâssi) *s* apuração; esmero; exatidão; retidão.
Accurate (é-kiurit) *adj* exato; correto; preciso; seguro.
Accurse (âkâr-ss) *v* amaldiçoar; difamar; execrar; maldizer.
Accursed (âkâr-sid) *adj* amaldiçoado; detestável; execrável; maldito.
Accusation (ékiuzêi-shânn) *s* acusação; delação; denúncia; imputação.
Accuse (âkiu-z) *v* acusar; censurar; culpar; denunciar; imputar; repreender; ***I was accused of telling lies***: fui acusado de dizer mentiras.
Accustom (âkâs-tâmm) *v* acostumar; familiarizar; habituar.
Ace (êiss) *s* ás; FIG o melhor; o líder; valor mínimo; valor máximo (no baralho).
Acerb (âssâr-b) *adj* áspero; amargo; acre; severo.
Acerbate (é-sârbêit) *v* acerbar; azedar; exasperar; tornar amargo.
Acervate (âssâr-vit) *adj* amontoado; compacto; sintético.
Acetic (âssi-tik) *adj* QUÍM acético (ácido do vinagre).
Acetone (é-sâtôunn) *s* QUÍM acetona (acetato destilado).
Acetous (é-sitâss) *adj* acetose; acetoso; azedo; com gosto de vinagre.
Ache (êik) *s* MED dor contínua e localizada.
Ache (êik) *v* MED doer; padecer; ressentir-se; ***my head ACHES***: minha cabeça dói.
Achievable (âtshi-vâbl) *adj* concretizável; executável; realizável.
Achieve (âtshi-v) *v* alcançar; completar; concretizar; executar; realizar.
Achievement (átshiv-ment) *s* consecução; execução; realização.
Aching (êi-kinn) *adj* dolorido.
Achromatize (ékromé-taiz) *v* acromatizar; matizar.
Acidify (âssi-difái) *v* acidificar (tornar ácido ou azedo).
Acknowledge (âknó-lidj) *v* admitir; acusar recepção; agradecer (favor); confirmar; confessar; reconhecer; JUR validar.
Acknowledgement (âknó-lidjment) *s* admissão; confirmação; confissão; reconhecimento.

Acne (ék-ni) *s* acne; espinha.
Acolyte (é-koláit) *s* acólito; ajudante; partidário; sacristão.
Acoustic (âkus-tik) *adj* acústico.
Acquaint (âkuêin-t) *v* avisar; comunicar; inteirar; informar.
Acquaintanceship (âkuêintâns-ship) *s* amizade; conhecimento; entendimento; relações pessoais; trato.
Acquest (âkués-t) *s* aquisição; compra.
Acquiesce (ékuié-ss) *v* aquiescer; anuir; consentir; concordar.
Acquiescence (ékuié-sênss) *s* anuência; condescendência; concordância.
Acquiescent (ékuié-sênt) *adj* anuente; condescendente; indulgente; resignado; submisso.
Acquire (âkuá-iâr) *v* adquirir; ganhar; obter; receber.
Acquisition (ékuizi-shânn) *s* aquisição; compra; ganho.
Acquit (âkui-t) *v* JUR absolver; desobrigar; isentar; inocentar.
Acquittal (âkui-tâl) *s* absolvição; desempenho; libertação; quitação.
Acquittance (âkui-tans) *s* recibo.
Acre (êi-kâr) *s* GEOL campo; acre; FIG cemitério; terra dos pés juntos.
Acrid (é-krid) *adj* acre; causticante; irritante; picante.
Acridity (ékri-diti) *s* aspereza; acrimônia.
Acridness (ékri-diniss) *vide* ACRIDITY.
Acrobat (é-krobét) *s* acrobata; atleta.
Across (âkró-ss) *adj* cruzado; entrecruzado.
Across (âkró-ss) *prep* através de; de lado a lado; em forma de cruz; no cruzamento; ***David Jr. lives ACROSS the street***: O David Jr. mora do outro lado da rua; ***A Marô (Maria Eugênia) runs across the fields***: A Marô (Maria Eugênia) corre através dos campos.
Across (âkró-ss) *adv* transversalmente.
Acrostic (âkrós-tik) *s* acróstico (palavra que se constrói pelas iniciais de um verso ou de frase com duplo significado).
Act (ékt) *s* ato; feito; obra.
Act (ékt) *v* atuar; agir; fazer; representar; trabalhar.
Actable (ék-tâbl) *adj* representável.
Acting (ék-tinn) *s* arte de representar; arte de imitar; TEATR encenação; profissão de ator.
Action (ék-shânn) *s* execução; ação; efeito; feitura.
Activate (ék-tivêit) *v* ativar; acelerar a execução; FÍS tornar radioativo.
Active (ék-tiv) *adj* ativo; ágil; rápido; ***ACTIVE wear***: roupa esportiva; passeio.
Activeness (ék-tivnéss) *s* atividade; agilidade; vivacidade.
Actor (ék-târ) *s* ator; agente; protagonista.
Actual (ék-tiuâl) *adj* efetivo; real; verdadeiro; vigente.
Actuality (éktiué-liti) *s* atualidade; fato; realidade.
Actually (ék-tiuâli) *adv* de fato; efetivamente; na verdade; realmente.
Actuary (ék-tiuâri) *s* atuário.
Actuation (éktiuêi-shânn) *s* acionamento; atuação; movimentação.
Acuity (âkiu-iti) *s* agudeza; argúcia; perspicácia.
Acumen (âkiu-men) *s* esperteza; penetração; sagacidade.
Acuminate (âku-minit) *v* aguçar; realçar.
Acuminate (âku-minit) *adj* adelgaçado; delgado; pontiagudo; pontudo.
Acute (âkiu-t) *adj* agudo; aguçado; pontiagudo.
Ad (âd) *s* anúncio (***ADVERTISEMENT***).
Adage (e-didj) *s* adágio; provérbio; refrão.
Adam (âedâm) *s* BÍBL Adão primeiro homem sobre a terra; FIG lado positivo.
Adam's apple (âedâmms épol) *s* FAM pomo-de-adão; ANAT proeminência laríngea (saliência).
Adapt (âdép-t) *v* adaptar; ajustar; acomodar.
Adapter (âdép-târ) *s* adaptador; adaptação; ajustador.
Adaptor (âdép-târ) *vide* ADAPTER.
Add (éd) *v* acrescer; acrescentar; adicionar; juntar; somar.
Addict (âdik-t) *s* adicto (acostumado); pessoa viciada; viciado.
Addict (âdik-t) *v* devotar; dedicar; entregar-se; consagrar-se.
Addiction (âdik-shânn) *s* apego; inclinação; propensão; tendência.
Addition (âdi-shânn) *s* acréscimo; adição; soma.
Additive (é-ditiv) *adj* aditivo; cumulativo; que acrescenta.
Addle (édl) *v* apodrecer; estragar; gorar.
Addle (édl) *adj* estéril; vazio.
Address (âdré-ss) *s* discurso; endereço; palestra.
Address (âdré-ss) *v* dirigir-se; endereçar; subscritar.
Addressee (âdréssi) *s* destinatário; endereçado.
Adduce (âdiu-ss) *v* aduzir; alegar; apresentar.
Adducible (âdiu-sibl) *adj* aduzível; alegável; evidenciável.
Adept (âdépt) *s* conhecedor; entendido; perito.
Adept (âdépt) *adj* adepto; competente; experiente; hábil; habilitado; partidário.
Adequacy (é-dikuâssi) *s* aptidão; adequação; suficiência.
Adequate (é-dikuit) *adj* adequado; equivalente; próprio.
Adequateness (é-dikuitnéss) *vide* ADEQUACY.
Adhere (éd-hi-r) *v* aderir; limitar-se; seguir.
Adherence (éd-hi-rênss) *s* aderência; apego; adesão.
Adherency (éd-hi-rânsi) *s vide* ADHERENCE.
Adhesive (éd-hi-siv) *s* adesivo; ***ADHESIVE tape***: esparadrapo; fita isolante.
Adhesive (éd-hi-siv) *adj* adesivo; aderente.
Adhibit (éd-hi-bit) *v* admitir; apensar; anexar; aspirar; juntar.
Adhibition (éd-hibi-shânn) *s* afixação; aplicação; emprego; uso.
Adipose (é-dipôuss) *adj* adiposo; gorduroso; gordo.
Adit (é-dit) *s* acesso; entrada; passagem.
Adjacency (âdjêi-sênsi) *s* adjacência; nas imediações; nas proximidades.
Adjacent (âdjêi-sênst) *adj* adjacente; contíguo; nas imediações; próximo; vizinho.
Adjective (é-djéktiv) *s* adjetivo; dependente; subordinado.
Adjoin (âdjói-nn) *v* juntar; reunir; unir.
Adjoining (âdjói-ninn) *adj* adjacente; ajuntado; congregado; confinado; unido.
Adjourn (âdjâr-nn) *v* adiar; diferir; postergar; prorrogar.
Adjournment (âdjârn-ment) *s* adiamento; preterimento; prorrogação; suspensão.
Adjudge (âdjâdj) *v* adjudicar; determinar; decretar; julgar; ordenar sentenciar.
Adjunct (é-djânkt) *s* adjunto; acessório; anexo; auxiliar; complemento.
Adjunct (é-djânkt) *adj* adjunto; auxiliar; acessório; complemento.
Adjure (âdiju-r) *v* adjurar; esconjurar; invocar; intimar; suplicar.
Adjust (âdjâs-t) *v* acomodar; ajustar; regularizar; regular.
Adjustable (âdjâs-tâbl) *adj* ajustável; adaptável; regulável.
Adjuster (âdjâs-târ) *s* ajustador; coordenador; regulador.
Adjustor (âdjâs-târ) *vide* ADJUSTER.
Adjutage (é-djâtij) *s* bebedouro; bica; bocal de bebedouro.
Adjutant (é-djutânt) *s* ajudante; auxiliar; assistente.
Admeasure (édmé-jâr) *v* dividir; partilhar; repartir.
Administer (âdmi-nistâr) *v* administrar; dirigir; gerenciar; ministrar.
Admiral (éd-mirâl) *s* almirante.
Admiralship (éd-mirâl-ship) *s* almirantado.
Admiration (édmirêi-shânn) *s* apreciação; admiração; contemplação.
Admire (édmái-râr) *v* admirar; apreciar; contemplar.
Admissible (âdmi-sibl) *adj* admissível; aceitável; lícito.
Admission (âdmi-shânn) *s* admissão; aceitação; acesso; ingresso.
Admit (âdmi-t) *s* admitir; aceitar; ingressar; permitir; reconhecer.
Admix (âdmik-ss) *v* juntar; miscigenar; misturar.
Admonish (âdmó-nish) *v* admoestar; prevenir; repreender.
Admonisher (âdmó-nishâr) *s* admoestador; censurador.

Ado (âdu) *s* alarido; algazarra; pressa.
Adobe (édôu-bi) *s* argila; adobe; barro; tijolo (não cozido).
Adolescent (édolé-sênt) *s* adolescente; jovem.
Adopt (âdóp-t) *v* admitir; adotar; assumir.
Adorable (âdóu-râbl) *adj* adorável; apreciável; admirável.
Adoration (édorêi-shânn) *s* adoração; culto; devoção; veneração.
Adore (âdôu-r) *v* adorar; reverenciar; venerar.
Adorn (âdór-n) *v* adornar; enfeitar; ornamentar.
Adown (âdáu-n) *adv* para baixo.
Adown (âdáu-n) *prep* ao longo de; ao largo de.
Adrift (âdrif-t) *adj* à deriva; sem rumo; sem direção.
Adroit (âdrói-t) *adj* capaz; destro; hábil.
Adulate (é-diulêit) *v* adular; bajular; elogiar; lisonjear.
Adult (âdâl-t) *s* adulto; crescido; desenvolvido.
Adult (âdâl-t) *adj* adulto; crescido; desenvolvido.
Adulterate (âdâl-târêit) *v* adulterar; corromper; falsificar; fraudar.
Adulterer (âdâl-târâr) *s* adúltero.
Adumbrate (é-dâmbrêit) *v* anuviar; adumbrar; sombrear.
Advance (âdvén-ss) *s* avanço.
Advance (âdvén-ss) *v* antecipar; avançar; evoluir; progredir.
Advanced (âdvéns-t) *adj* adiantado; avançado.
Advantage (édvân-tidj) *s* lucro; proveito; vantagem.
Advantage (édvân-tidj) *v* auxiliar; ajudar; beneficiar; favorecer.
Advent (éd-vênt) *s* advento; chegada; vinda.
Advent (éd-vênt) *v* advir; alcançar.
Adventism (éd-vêntizmm) *s* RELIG Adventismo (doutrina dos Adventistas que pregam o retorno de Jesus Cristo ao nosso planeta).
Adventist (éd-vêntist) *s* RELIG Adventista (que aguarda a renovada vinda de Cristo ao mundo).
Adventist (éd-vêntist) *adj* RELIG Adventista (que pertence ao Adventismo).
Adventitious (édvênti-tshâss) *adj* adventício.
Adventure (âdvén-tshâr) *s* aventura; façanha; proeza.
Adventure (âdvén-tshâr) *v* aventurar-se.
Adverb (éd-vârb) *s* GRAM advérbio (palavra modificadora do verbo, do adjetivo ou de outro advérbio).
Adversary (éd-vârsâri) *s* adversário; antagonista; opositor.
Adversative (âdvâr-sâtiv) *adj* adversativo; oposto.
Adverse (éd-vârss) *adj* adverso; contrário; oposto.
Advert (édvâr-t) *v* advertir; avisar; apontar; aludir.
Advertence (édvâr-tênss) *s* advertência; aviso.
Advertise (éd-vârtáiz) *v* anunciar; advertir; avisar; informar; notificar; publicar.
Advertisement (édvârtáiz-ment) *s* anúncio; propaganda; publicidade; reclame.
Advertiser (éd-vârtáizâr) *s* anunciante; noticiador.
Advertising (éd-vârtáizinn) *s* propaganda; publicidade.
Advertize (éd-vârtáiz) *v* anunciar; advertir; avisar; notificar; publicar.
Advice (âdvái-ss) *s* aviso; conselho; parecer.
Advice (âdvái-ss) *v* aconselhar; avisar; deliberar.
Advisability (âdváizâbi-liti) *s* conveniência; ponderação; prudência.
Advise (âdvái-z) *v* avisar; aconselhar; advertir.
Advisement (âdváiz-ment) *s* cautela; prudência; prevenção.
Adviser (âdvái-zâr) *s* conselheiro; consultor; orientador.
Advisor (âdvái-zâr) *vide* ADVISER.
Advisory (âdvái-zâri) *adj* consultivo; orientável; prudente.
Advocate (éd-vokêit) *s* advogado; defensor.
Advocate (éd-vokêit) *v* advogar; defender; representar.
Adz (édz) *s* enxó (instrumento que serve para desbastar madeira); machadinha.
Adze (édz) *vide* ADZ.
Aerate (êi-arêit) *v* arejar; refrescar; ventilar.
Aerator (êi-ârêit) *s* condicionador; ventilador.
Aerodrome (êi-ârodrôumm) *s* aeródromo; campo de pouso.
Aerodynamic (êiârodáinê-mik) *adj* aerodinâmico (de acordo com a aerodinâmica).
Aerodynamics (êiârodáinê-mikss) *s* FÍS aerodinâmica (ciência reguladora das leis do movimento dos fluidos elásticos e da pressão do ar exterior.
Aerogram (êi-ârogrémm) *s* aerograma; radiograma.
Aeronaut (êi-âronót) *s* aeronauta.
Aeroplane (êi-âroplêinn) *s* aeroplano; avião.
Aesthetic (isthé-tik) *s* estética (ciência e arte que estuda o que é belo).
Aesthetic (isthé-tik) *adj* estético (que está de acordo com a estética).
Afar (âfá-r) *adv* à distância; ao longe; distanciado.
Affability (éfâbi-liti) *s* amabilidade; afabilidade; sensibilidade.
Affair (âfé-r) *s* assunto; interesse; matéria; namoro; negócio; romance.
Affect (âfék-t) *s* afeto; emoção; sentimento.
Affect (âfék-t) *v* afetar; comover; fingir; interessar; tocar.
Affectation (éféktêi-shânn) *s* afetação; fingimento; simulação.
Affection (âfék-shânn) *s* afeição; carinho; ternura.
Affective (âfék-tiv) *adj* afetivo; emocional; terno.
Afferent (é-fârênt) *adj* aferente; que conduz; que leva.
Affiance (âfái-ânss) *s* fé; confiança; juramento; promessa.
Affiance (âfái-ânss) *v* casar; esposar; prometer em casamento.
Affiliation (âfiliêi-shânn) *s* afiliação; adoção; ingresso.
Affinity (âfi-niti) *s* afinidade; compatibilidade; parentesco.
Affirm (âfâr-mm) *v* afirmar; asseverar; declarar.
Affirmation (âfârmêi-shânn) *s* afirmação; asseveração; ratificação.
Affix (é-fiks) *v* afixar; fincar; pregar.
Afflation (âflêi-shânn) *s* bafejo; inspiração; sopro.
Afflatus (âflêi-tâss) *s* inspiração; sopro.
Afflict (âflik-t) *v* acabrunhar; atormentar; afligir.
Affliction (âflik-shânn) *s* aflição; ansiedade; angústia; desespero.
Affluent (é-fluênt) *s* afluente.
Affluent (é-fluênt) *adj* afluente; tributário.
Afflux (é-flâks) *s* afluxo; afluência.
Afford (âfór-d) *v* conceder; dar; fornecer; proporcionar; produzir.
Afforest (éfó-rist) *v* reflorestar.
Affranchise (éfrén-tsháiz) *v* conceder; franquear; isentar; libertar.
Affray (âfrê-i) *s* distúrbio; refrega; tumulto.
Affront (âfrân-t) *s* afronta; insulto; ultraje.
Affront (âfrân-t) *v* afrontar; injuriar; ofender; ultrajar.
Affronter (âfrân-târ) *s* agressor; hostilizador; provocador.
Affusion (âfiu-jânn) *s* aspersão; afusão; derramamento.
Afield (âfil-d) *adv* em campo; no campo; para o campo.
Afire (âfái-âr) *adj* em fogo; em chamas; incendiado.
Aflame (âflêi-mm) *adj* chamejante; em chamas; flamejante.
Afloat (âflôu-t) *adv* à tona; flutuante; no mar.
Afoot (âfu-t) *adv* a pé; em movimento; em ação.
Aforesaid (âfôur-séd) *adj* citado anteriormente; supramencionado; supracitado.
Aforethought (âfour-thót) *s* premeditação.
Aforethought (âfour-thót) *adj* propositado; presumido; premeditado.
Aforetime (âfôur-táimm) *adj* anterior.
Aforetime (âfôur-táimm) *adv* anteriormente; antigamente; outrora.
Afoul (âfául) *adj* confuso; embaraçado; preso.
Afraid (âfrêi-d) *adj* assustado; amedrontado; medroso; receoso; ***are you AFRAID of dogs?***: você tem medo de cachorros?
Afresh (âfré-sh) *adv* de novo; novamente; outra vez.
African (é-frikân) *adj* africano.
Aft (éft) *adv* à ré; à popa; atrás.
After (áf-târ) *prep* após; detrás de; depois de; ***let's go to a movie AFTER dinner***: vamos ao cinema depois do jantar.

After (áf-târ) *adv* depois; em seguida.
After (áf-târ) *conj* depois que.
Afternoon (âftârnu-nn) *s* tarde.
Afterthought (áf-târ-thót) *s* ideia ulterior; reflexão posterior.
Afterward (áf-târ-uârd) *adv* em seguida; logo após.
Again (âghêi-n) *adv* além disso; de novo; novamente; outra vez.
Against (âghêins-t) *prep* contrário; contra; em oposição; ***to rub AGAINST***: esfregar-se em.
Agape (é-gâpi) *s* ágape (refeição que se faz depois de uma reunião fraternal, esotérica, ou religiosa).
Agape (âghêi-p) *adj* boquiaberto; confuso; embasbacado.
Age (êidj) *s* era; época; idade; período.
Age (êidj) *v* amadurecer; envelhecer.
Ageless (êi-djiléss) *adj* eterno; perene; que não envelhece.
Agelong (êi-djilónn) *adj* duradouro; eterno; perpétuo.
Agency (êi-djênsi) *s* agência; filial; loja; repartição pública.
Agenda (ei-djênde) *s* agenda; ordem do dia; registro de compromissos.
Agent (êi-djênt) *s* agente; intermediário; representante; QUÍM reagente.
Agglomerate (ágló-mârêit) *s* aglomerado.
Agglomerate (ágló-mârêit) *v* aglomerar.
Agglomerate (ágló-mârêit) *adj* aglomerado; compactado.
Agglutinant (âglu-tinânt) *adj* aglutinante.
Aggrandize (é-grândáiz) *v* engrandecer; enaltecer; exaltar.
Aggravate (é-grâvêit) *v* agravar; intensificar; provocar.
Aggregate (é-grighêit) *s* agregação; agregado.
Aggregate (é-grighêit) *v* agregar; associar; incorporar; reunir.
Aggress (âgré-ss) *v* agredir; atacar; avançar.
Aggrieve (âgri-v) *v* afligir; molestar; magoar; prejudicar.
Aghast (âghés-t) *adj* aterrado; aterrorizado; espantado; extasiado; perplexo.
Agile (é-djil) *adj* ágil; lépido; ligeiro; rápido; ***AGILE person***: pessoa muito ágil.
Agility (âdji-liti) *s* agilidade; presteza; vivacidade.
Agio (é-djiôu) *s* ágio; acréscimo; incremento.
Agiotage (é-djiotidj) *s* agiotagem.
Agitate (é-djitêit) *v* agitar; discutir; perturbar; revolver; sacudir.
Agitation (édjitêi-shânn) *s* agitação; comoção; pertubação.
Aglow (âglô-u) *adj* ardente; abrasado; extasiado; incandescente.
Agnail (ég-néil) *s* MED panarício; unheiro.
Agnate (ég-nêit) *s* agnato; congênere.
Agnate (ég-nêit) *adj* similar.
Agnomen (égnôu-men) *s* após o nome; sobrenome.
Ago (âgô-u) *adj* passado.
Ago (âgô-u) *adv* faz tempo; há muito tempo; tempos atrás.
Agog (âgó-g) *adv* ardentemente; ansiosamente; impacientemente.
Agonize (é-gonáiz) *v* agoniar; agonizar.
Agouti (âgu-ti) *s* aguti; cutia.
Agouty (âgu-ti) *vide* AGOUTI.
Agrarian (âgré-riânn) *adj* agrário; campestre; relativo à terra.
Agree (âgrii) *v* aceder; admitir; aquiescer; assentir; ceder; concordar.
Agreeability (âgriâbi-liti) *s* agradabilidade; afabilidade; conveniência.
Agreed (âgrid) *adj* concorde; de acordo; favorável.
Agreement (âgri-ment) *s* acorde; ajuste; convênio; concordância.
Agrestic (âgrés-tik) *adj* agreste; rude; rústico.
Agricultural (égrikâl-tiurâl) *adj* agrícola; agrário; rural.
Agronomist (âgró-nomist) *s* agrônomo.
Aground (âgráund) *adj* encalhado; imobilizado; paralisado. ***the ship is AGROUND***: o navio está encalhado.
Aground (âgráund) *adv* imobilizadamente.
Ague (êiguiu) *s* MED calafrio; febre; malária.
Ahead (â-héd) *adv* à frente; avante; adiante; em frente; na dianteira; ***Fabiana sits AHEAD of Gregório***: Fabiana está sentada na frente do Gregório.
Aid (êid) *s* MED iniciais de *A*cute *I*nfectious *D*isease.
Aid (êid) *s* assistência; socorro; ajuda.
Aid (êid) *v* auxiliar; amparar; abrigar.
Aids (êids) *s* MED iniciais da expressão Acquired Immunological Deficiency Syndrome (denominação que caracteriza um vírus mutante que se aloja nas células de defesa do organismo.
Ail (êil) *v* afligir; angustiar; doer; molestar.
Ailing (êi-linn) *adj* acamado; adoentado; doente.
Aim (êimm) *s* alvo; mira; pontaria.
Aim (êimm) *v* apontar; aspirar; mirar; pretender; visar.
Aimless (êim-léss) *adj* incerto; sem propósito; vago.
Ain't (êint) GRAM contração de ***AM not, ARE not or IS not***.
Air (ér) *s* ar; atmosfera; aparência; afetação; jeito; maneira; porte; MÚS melodia; modinha; ***AIR bag***: bolsa de ar (proteção colocada estrategicamente nos automóveis para amortecer choques num acidente); ***AIR bridge***: ponte-aérea; ***AIR bus***: grande aeronave; ***AIR mail***: correio aéreo; ***AIR mattress***: colchão de ar.
Air (ér) *adj* aéreo.
Air (ér) *v* arejar; publicar.
Aircraft (ér-kréft) *s* aeroplano; avião; aeronave; dirigível.
Airdrome (ér-drôumm) *s* aeroporto; campo de pouso; pista de pouso.
Airily (é-rili) *adv* alegremente; airosamente; levemente.
Airiness (é-riness) *s* leveza; suavidade; tenuidade.
Airman (ér-maen) *s* aviador; piloto de avião.
Airplane (ér-plêinn) *s* aeroplano; *vide* AEROPLANE.
Airport (ér-pôurt) *s* aeroporto.
Airtight (ér-táit) *adj* hermético; irreputável; impenetrável; incontestável.
Airway (ér-uêi) *s* rota aérea; trajeto aéreo.
Airy (é-ri) *adj* arejado; aéreo; leve; tênue.
Aisle (á-il) *s* ala; corredor; nave lateral; passagem entre bancos de igreja.
Ajar (âdjá-r) *adj* entreaberto; semicerrada.
Akin (âki-nn) *adj* aparentado; consanguíneo; parecido; semelhante.
Alabaster (é-lâbástâr) *s* alabastro; pedra branca.
Alacrity (âlé-kriti) *s* alegria; entusiasmo; vivacidade.
Alar (êi-lâr) *adj* alado; que tem asas.
Alarm (âlár-mm) *s* alarma; alertador; ***ALARM clock***: despertador.
Alarm (âlár-mm) *v* alarmar.
Alarmist (âlár-mist) *s* alarmista; boateiro.
Albeit (ólbi-it) *conj* embora; entretanto; não obstante; se bem que.
Albescent (élbé-sênt) *adj* alvejante; albescente.
Alchemist (él-kimist) *s* ESOT alquimista, místico dedicado a um modelo de experimentação e conhecimento divino, geralmente não aceito como científico (às vezes chamado de ciências ocultas) geralmente voltado às verdades imateriais do ser humano.
Alchemy (él-kimi) *s* alquimia, ciência predecessora da química que supostamente pretendia transmutar pedra em ouro (ou diamante), mas que na verdade, estava, como está, voltada para o transmutar do próprio ser humano, no sentido de que deva operar, em si mesmo, uma grande transformação, através do que chamam "lapidar da pedra-bruta" transformando-a em diamante ou pedra polida, metáfora indicativa de que o ser humano comum necessita conhecer-se a si mesmo, através de uma profunda imersão no seu próprio intelecto.
Alcoholic (élko-hó-lik) *adj* alcólico; alcoolatra; que contém álcool.
Alcoholize (él-ko-holáiz) *v* alcoolizar; embebedar; embriagar.

Alcove (él-kôuv) *s* alcova; compartimento; quarto; recâmara.
Alderman (ól-dârmaen) *s* magistrado; o que é eleito; vereador.
Aldermanry (ól-dârmaenri) *vide* ALDERMANSHIP.
Aldermanship (ól-dârmaenship) *s* USA tempo de perduração de um mandato de vereador.
Ale (êil) *s* bebida com malte; cerveja; malte fermentado.
Aleatory (êiliâtôu-ri) *adj* ao acaso; aleatório; por sorte.
Alehouse (êil-háuss) *s* bar; cervejaria; casa onde se fornece cerveja.
Alembic (âlém-bik) *s* alambique (dispositivo que faz o destilamento e o lugar onde se faz o estoque do produto destilado).
Alert (âlâr-t) *adj* alerta; atento; pronto; vivo; vigilante.
Alertness (âlârt-néss) *s* perspicácia; prontidão; vivacidade; vigilância.
Alewife (êil-uáif) *s* esposa do cervejeiro; garçonete; pessoa ligada ao fornecimento de cerveja.
Algebra (él-djibrâ) *s* MAT álgebra, operação que toma os valores numéricos, pela simples representação com letras do alfabeto, supondo-os conhecidos.
Algid (él-djid) *adj* álgido; frio; gelado.
Alias (êi-liéss) *adv* aliás; de outra maneira; note-se; por outro modo.
Alien (êi-liênn) *adj* alienígena; alheio; de outro mundo; estrangeiro; estranho.
Alienable (êi-lienâbl) *adj* alienável; destacável; transferível.
Alienate (êi-lienêit) *v* alienar; alhear; transferir.
Alight (âlái-t) *v* apear; descer; desmontar; pular.
Alight (âlái-t) *adj* aceso; brilhante; clareado; em chamas; iluminado.
Align (âlái-n) *v* alinhar; enfileirar; posicionar.
Alignment (âláin-ment) *s* alinhamento; posicionamento.
Alike (âlái-k) *adj* igual; parecido; semelhante.
Alike (âlái-k) *adv* da mesma maneira; igualmente.
Aliment (é-liment) *s* alimento; alimentação; sustento.
Aliment (é-liment) *v* alimentar; sustentar.
Alimental (élimén-tâl) *adj* alimentício; nutritivo.
Alimony (é-limôuni) *s* mesada; pensão alimentícia.
Aline (âlái-nn) *vide* ALIGN.
Alive (âlái-v) *adj* animado; com vida; vivo; TV ao vivo (transmissão de eventos).
Alkaline (ék-kâláinn) *adj* alcalino; relativo a álcali.
All (ól) *s* tudo.
All (ól) *adj* inteiro; todo (s); toda (s).
All (ól) *adv* completamente; inteiramente.
All (ól) *pron* tudo.
All... (ól...) ***after ALL***: afinal; ***ALL abroad***: confuso; ***ALL at once***: de repente; ***ALL better***: tanto melhor; ***ALL right (o.k.)***: está bem; ***be ALL over***: estar terminado; ***by ALL means***: por todos os meios; ***be ALL there***: ser esperto; ser vivo; ***it's ALL over with him***: está arruinado; nas últimas; perdido; ***once for ALL***: uma vez para sempre.
Allay (âlê-i) *v* acalmar; aliviar; abrandar; suavizar; tranquilizar.
Allayer (âlêi-âr) *s* calmante; tranquilizante.
Allayment (âlêi-ment) *s* atenuação; alívio.
Allegation (élighêi-shânn) *s* alegação; argumentação; desculpa; pretexto.
Allege (âlé-dj) *v* alegar; afirmar; asseverar; declarar.
Allegeable (âlé-djâbl) *adj* afirmável; alegável; sustentável.
Allegiance (âli-djânss) *s* lealdade; fidelidade devida aos senhores feudais; submissão; vassalagem.
Allegoric (éligó-rik) *adj* alegórico; figurativo; simbólico.
Allergic (âlâr-djik) *adj* alérgico.
Alleviate (âli-viêit) *v* abrandar; aliviar; acalmar; livrar (a dor); refrescar.
Alley (é-li) *s* alameda; beco; passagem; rua (estreita); ruela; viela.
Allfools-day (ól-fulz-dêi) *s* dia do engano; dia dos tolos; dia da mentira (primeiro de abril).
All-hallows (ól-hé-lôuz) *s* dia de todos os Santos (primeiro de novembro).
Alliance (âlái-ânss) *s* aliança; coalizão; sociedade; união.
Allied (âlái-d) *adj* aliado; sócio; unido.
Alligator (é-lighêitâr) *s* aligátor (réptil); caimão; crocodilo; jacaré.
Allocate (é-lokêit) *v* colocar; demarcar; distribuir; fixar; lotear.
Allocation (élokêi-shânn) *s* deslocação; distribuição; pagamento.
Allocution (élokiu-shânn) *s* alocução; pequena fala.
Allot (âló-t) *v* conceder; dividir; distribuir; partilhar; repartir.
Allotment (âlót-ment) *s* divisão; dotação; partilha; porção.
Allow (âlá-u) *v* aprovar; conceder; ceder; outorgar; permitir.
Allowable (âláu-âbl) *adj* admissível; legal; permissível.
Allowance (âláu-ânss) *s* concessão; mesada; pensão; subsídio.
Alloy (âló-i) *s* liga (de metal); mistura.
Alloy (âló-i) *v* combinar; ligar; misturar.
Allround (ól-ráun-d) *adj* completo; em volta; ao derredor; ao redor.
All-saints-day (ól-sein-ts-dêi) *s* dia de todos os Santos (primeiro de novembro).
All-souls-day (ól-sôul-z-dêi) *s* dia das almas; finados (dois de novembro).
Allude (âliu-d) *v* aludir; comentar; insinuar; referir.
Allure (âliu-r) *v* aliciar; atrair; seduzir; tentar.
Allurement (âlíur-ment) *s* ardil; engodo; falácia.
Allurer (âliu-râr) *s* ardiloso; encantador; sedutor.
Alluring (âliu-rinn) *adj* atraente; tentador.
Allusion (âliu-jânn) *s* alusão; comentário; referência.
Alluvion (âliu-viânn) *s* aluvião; enxurrada; enchente.
Ally (âlá-i) *s* aliado; associado; auxiliar.
Ally (âlá-i) *v* aliar; ligar; socializar.
Almanac (ól-mânék) *s* almanaque; calendário.
Almightiness (ólmái-tinéss) *s* onipotência; supremacia.
Almighty (ólmái-ti) *adj* onipotente; referência à onipotência do Grande Árbritro dos Mundos ou Grande Arquiteto do Universo (Deus).
Almond (á-mând) *s* amêndoa; parte interna da semente.
Almoner (él-mânâr) *s* esmoleiro; esmoler.
Almonry (él-mânri) *s* casa de caridade; lugar onde são distribuidas esmolas aos necessitados.
Almost (ól-môust) *adv* por pouco; quase.
Alms (áamz) *s* donativo; esmola; óbulo.
Almshouse (áamz-háuss) *s* asilo; casa de amparo.
Aloft (âlóf-t) *adv* acima; em cima; em suspenso; para cima; para o alto.
Alone (âlôun) *adj* separado; sozinho; solitário; só.
Along (âló-nn) *prep* ao longo; ao largo; ***we walked very carefully ALONG the icy path***: nós andávamos com muito cuidado ao longo do caminho de gelo.
Along (âló-nn) *adv* adiante; ao largo; comigo; juntamente; para diante.
Alongside (âlón-sáid) *adv* ao lado; junto a.
Alongside (âlón-sáid) *prep* ao longo.
Aloof (âluf) *adj* arredio; altivo; distante.
Aloof (âluf) *adv* à distância; à parte; longe.
Aloud (âláud) *adv* audivelmente; alto; em voz alta.
Alpenstock (él-pinstók) *s* bastão de alpinista; bordão; gancho.
Alphabet (él-fâbit) *s* alfabeto.
Alphabetize (él-fâbitáiz) *v* organizar pelo alfabeto; pôr em ordem alfabética.
Already (ólré-di) *adv* agora; anteriormente; já; pronto.
Alright (ólrait) *adv* tudo bem; *vide* ALLRIGHT.
Also (ól-sôu) *adv* além disso; do mesmo modo; da mesma maneira; também; ***I ALSO want some***: eu também quero.
Alter (ól-târ) *v* alterar; diferenciar; mudar; tornar outro; variar.
Alterable (ól-târâbl) *adj* alterável; mutável; variável.
Alterative (ól-târêitiv) *s* remédio.
Alterative (ól-târêitiv) *adj* alterativo; alterante; mutável.

Altercate (ól-târkêit) *v* altercar; discutir; indispor.
Alternate (ól-târnêit) *s* substituto; suplente.
Alternate (ól-târnêit) *v* alternar; suceder; trocar.
Although (ól-dhôu) *conj* embora; não obstante; no entanto; todavia.
Altogether (óltughé-dhâr) *adv* juntamente; todos juntos.
Altruism (él-truizm) *s* altruísmo; humanismo.
Always (ól-uêiz) *adv* permanentemente; repetidamente; sempre; *I ALWAYS fall down*: eu sempre caio.
Amain (âmêi-nn) *adv* intensificadamente; repentinamente; veementemente.
Amalgam (âmél-gânn) *s* amálgama; mistura; massa homogênea.
Amanuensis (âméniuên-siss) *s* amanuense; copista; escrevente.
Amass (âmé-ss) *v* acumular; amontoar; empilhar; juntar.
Amateur (é-mâtâr) *adj* amador.
Amatory (é-mâtôuri) *adj* erótico; que se pode amar.
Amaze (âmêi-z) *v* assustar; confundir; embaraçar; espantar.
Amazing (âmêi-zinn) *adj* assombroso; espantoso; estupendo; embaraçoso; maravilhoso.
Amazon (é-mâsânn) *s* BR amazonas (rio); MIT amazona (mulher guerreira).
Ambassador (émbé-sâdar) *s* diplomata; embaixador.
Amber (ém-bâr) *adj* âmbar (resina); a cor cinzenta.
Ambidexter (émbis-wka-târ) *adj* ambidextro; que se utiliza de ambas as mãos; FIG pessoa falsa.
Ambient (ém-bient) *adj* ambiente; meio em que se vive; recinto.
Ambiguity (ém-bigiuiti) *s* ambiguidade; duplo sentido.
Ambit (ém-bit) *s* amplitude; alcance; âmbito; esfera.
Ambition (émbi-shânn) *s* aspiração; ambição; pretensão.
Amble (ém-bl) *s* cavalo que marcha coordenadamente; equipado.
Ambo (ém-bôu) *s* púlpito; tribuna (de igreja).
Ambulance (ém-biulânss) *s* ambulância; USA advogado de porta de cadeia.
Ambulant (ém-biulânt) *adj* andarilho; ambulante; móvel.
Ambulate (ém-biulêit) *v* andar nervosamente de um lado para outro; caminhar; mover-se.
Ambuscade (ém-bâskêid) *s* tocaia; emboscada.
Ambuscade (ém-bâskêid) *v* cair em tocaia (emboscada).
Ambush *vide* AMBUSCADE.
Ameliorate (âmi-liorêit) *v* aperfeiçoar-se; enriquecer; evoluir; melhorar.
Amen (êi-men) *s* aprovação; consentimento.
Amen (êi-men) *interj* assim seja! amém!
Amenability (âminâbi-liti) *s* acessibilidade; receptividade; subordinação.
Amend (âmén-d) *v* corrigir; emendar; remendar.
Amends (âmén-ds) *s* compensação; indenização; ressarcimento; reparação.
Amenity (âmi-niti) *s* amenidade; brandura; suavidade; ternura.
Amerce (âmâr-ss) *v* autuar; castigar; multar; punir; taxar.
Amercement (âmârs-ment) *s* castigo; multa; punição; pena; taxa.
American (âmé-rikânn) *s* americano.
Americanism (âmé-rikânizm) *s* imitação do estilo de vida dos americanos dos USA.
Americanize (âmé-rikânáiz) *v* americanizar, imitar tudo o que diga respeito ao que é comum aos americanos dos USA.
Amethyst (é-mithist) *s* ametista (pedra preciosa).
Amiability (êimiâbi-liti) *s* afabilidade; amabilidade.
Amiable (êi-miâbl) *adj* agradável; amável; cativante.
Amicability (émikâbi-liti) *s* afeto; amizade; afeição.
Amid (âmi-d) *prep* cercado de; entre; incluído; misturado com; no meio de.
Amidst (âmi-dst) *vide* AMID.
Amiss (âmi-ss) *adj* errôneo; importuno; incômodo; impróprio.
Amiss (âmi-ss) *adv* erroneamente; erradamente; faltosamente.
Amity (é-miti) *s* amizade; cordialidade; fraternidade.
Ammunition (âmôu-niék) *s* bala; chumbo; munição.
Amnesia (émini-ziâ) *s* amnésia; esquecimento.
Amnesty (ém-nesti) *s* anistia; perdão.
Amnesty (ém-nesti) *v* anistiar; livrar.
Among (âmâ-nn) *prep* em meio de; entre; incluso; no meio.
Amongst (âmâns-t) *vide* AMONG.
Amoral (émó-ral) *adj* amoral.
Amorist (é-morist) *s* cativador; galanteador; namorador.
Amorous (é-morâss) *adj* amoroso; apaixonado; carinhoso; enamorado.
Amorphism (âmór-fizm) *s* amorfismo; sem forma.
Amortization (âmórtizêi-shânn) *s* FIN amortização (pagamento em parcelas).
Amount (âmâun-t) *s* importância; montante; quantia.
Amount (âmâun-t) *v* custar; equivaler; somar.
Ampere (émpé-r) *s* ampério, ampére (unidade elétrica).
Ampersand (ém-pârsénd) *s* símbolo de **and** (&).
Ample (ém-pl) *adj* amplo; imenso; vasto; espaçoso.
Ampleness (ém-plnéss) *s* amplitude; amplidão; vastidão.
Amplification (émplifikêi-shânn) *s* aumento; amplificação; alargamento.
Amplify (ém-plifáiâr) *v* ampliar; aumentar; expandir; engrandecer.
Ampoule (ém-pul) *s* ampola; frasco; recipiente.
Amputate (ém-piutêit) *v* amputar; cortar; extirpar.
Amuck (âmá-k) *adv* furiosamente; insanamente; *vide* AMOK.
Amulet (é-miulit) *s* amuleto; protetor; talismã.
Amuse (âmiu-z) *v* divertir; distrair.
Amusement (âmiuz-ment) *s* distração; diversão; entretenimento.
Amusing (âmiu-zinn) *adj* divertido; hilariante; recreativo.
An (ânn) *art indef* um (a,as); uns; (usado em substituição do *A*, geralmente antes de nomes que começam por vogal); *I'm AN optimist*: eu sou um otimista.
Anachronism (âné-kronizm) *s* anacronismo (sem cronologia).
Anacoluthon (énâkoliu-thónn) *s* GRAM anacoluto (frase que não segue a construção regular, mudando inesperadamente de rumo).
Anagram (é-nâgrémm) *s* anagrama (composição com letras de uma determinada frase que forma um novo significado).
Analects (é-nâlékts) *s* antologia; seleção; HIST escravo (Roma Antiga).
Analgesic (énâldji-sik) *s* MED analgésico; que tira a dor.
Analogism (âné-lodjizm) *s* analogismo (raciocínio dedutivo-indutivo).
Analogous (âné-logâss) *adj* análogo; igual; semelhante.
Analogy (âné-lodji) *s* analogia; parentesco; semelhança.
Analyze (é-nâláiz) *v* analisar; investigar.
Analyzer (é-nâláizâr) *s* analisador; examinador; pesquisador.
Anaphora (âné-forâ) *s* GRAM anáfora (repetição de palavras em frases sucessivas).
Anarchic (é-nárk) *s* anárquico; desordenado.
Anarchical (énár-kikâl) *vide* ANARCHIC.
Anathema (âné-thimâ) *s* anátema; excomunhão; estigma.
Anatomic (énâtó-mik) *adj* anatômico.
Anatomical (énâtó-mikâl) *vide* ANATOMIC.
Ancestor (én-sistâr) *s* ancestral; antepassado.
Ancestry (én-sistri) *s* genealogia; descendência; linhagem; raça.
Anchor (én-kâr) *s* âncora.
Anchor (én-kâr) *v* ancorar; prender.
Anchorage (én-kâridj) *s* atracadouro; ancoradouro; porto.
Anchoret (én-korét) *vide* ANCHORITE.
Anchorite (én-koráit) *s* anacoreta; ermitão; pessoa solitária.
Anchorman (én-kârmann) *s* homem-chave; ESP último atleta em prova de revezamento; JORN repórter que permanece no estúdio recebendo e coordenando as notícias.
Ancient (ên-shent) *adj* antigo; idoso; patriarca; velho.

Ancientry (ên-shentri) *s* antiguidade.
Ancon (én-kónn) *s* base; cotovelo (cúbito); suporte.
And (ând) *conj* de modo que; e.
Andiron (én-dáiârn) *s* chaminé; cão de lareira.
Android (én-dróid) *s* androide; fantoche; robô.
Anecdotal (é-nekdôutâl) *adj* anedótico.
Anemia (âni-miâ) *s* MED anemia (deficência de hemácias no sangue).
Anesthetize (enis-thiatáiz) *v* amortecer; anestesiar.
Aneurism (é-niurizm) *s* MED aneurisma (dilatação local de artéria).
Anew (âniu) *adv* de novo; novamente; outra vez; repetidamente.
Angel (éin-djel) *s* anjo; FAM protetor; patrocinador.
Angelic (éndjé-lik) *adj* angélico; casto; puro.
Angelical (éndjé-likâl) *vide* ANGELIC.
Anger (én-gâr) *s* desatino; furor; ódio; raiva.
Anger (én-gâr) *v* desatinar; enlouquecer; enfurecer; irritar.
Angle (én-gl) *s* GEOM ângulo; aspecto; medida geométrica; ponto de vista.
Angle (én-gl) *v* pescar; FIG engodar; obter de maneira fraudulenta.
Angler (én-glâr) *s* pescador (com vara); pescador (com anzol).
Anglerworm (én-gl-uârmm) *s* isca de anzol; minhoca.
Anglican (én-glikânn) *s* Anglicano (religião oficial da Inglaterra).
Anglican (én-glikânn) *adj* anglicano, relativo ou pertencente ao anglicanismo.
Anglicize (én-glissáiz) *v* tornar Inglês.
Angling (én-glinn) *s* pesca (com vara e anzol).
Angrily (én-grili) *adv* colericamente; furiosamente; raivosamente.
Angry (én-gri) *adj* furioso; irado; irritado; nervoso; zangado; *she is angry*: ela está zangada.
Anguish (én-guish) *s* aflição; agonia; ânsia; angústia.
Anguish (én-guish) *v* angustiar.
Aniline (é-nilinn) *s* anilina.
Anility (éni-liti) *s* caduquice; senilidade; velhice.
Animadversion (énimédvâr-shânn) *s* censura; crítica; repreensão.
Animadvert (énimédvâr-t) *v* criticar; censurar; criticar.
Animal (é-nimâl) *s* animal; besta.
Animal (é-nimâl) *adj* animal; brutal; irracional.
Animalism (é-nimâlizm) *s* animalismo; irracionalidade.
Animate (é-nimêit) *v* animar; encorajar; prestigiar.
Animate (é-nimêit) *adj* animado; esperto; vivo; vigoroso.
Animater (é-nimêitâr) *s* animador; encorajador; CIN desenhista.
Animation (énimêi-shânn) *s* animação; entusiasmo; CIN movimento dos desenhos animados.
Animator (é-nimêitâr) *vide* ANIMATER.
Animosity (énimó-siti) *s* animosidade; hostilidade; predisposição ao ódio.
Animus (é-nimâss) *s* ânimo; disposição; estado de espírito; ódio violento.
Anise (é-niss) *s* anis; erva-doce; planta.
Ankle (én-kl) *s* ANAT protuberância óssea; tornozelo.
Anklet (én-klit) *s* meia soquete; protetor; tornozeleira.
Annalist (é-nâlist) *s* analista; cronista; MED analista; psicólogo.
Anneal (éni-l) *v* preparar; tratar a fogo; temperar.
Annex (ânék-ss) *v* anexar; juntar; ligar.
Annexation (éneksêi-shânn) *s* anexação; adição; reunião.
Annihilate (ânáiílâbl) *v* exterminar; aniquilar; destruir.
Anniversary (énivâr-sâri) *s* aniversário; natalício.
Annotate (é-nôutêit) *v* anotar; escrever; comentar; pôr notas.
Annotation (énôutêi-shânn) *s* anotação; comentário; registro.
Annotator (énôutêi-târ) *s* anotador; escriturário; registrador.
Announce (ânáun-ss) *v* anunciar; noticiar; publicar.
Announcement (ânáuns-ment) *s* anúncio; aviso; publicidade.
Announcer (ânáun-sâr) *s* anunciador; anunciante; apresentador; locutor.
Annoy (ânó-i) *v* aborrecer; admoestar; importunar; incomodar; irritar.
Annoying (ânói-inn) *adj* desconfortável; inoportuno; incômodo.
Annuitant (âniu-itânt) *s* que se beneficia de anuidade.
Annul (ânâ-l) *v* anular; cancelar; invalidar.
Annular (é-niulâr) *adj* anelado; aneliforme.
Annunciate (ânân-shiêit) *v* avisar; anunciar; proclamar.
Anoint (ânóin-t) *v* dar extrema unção; ungir; untar.
Anomalism (ânó-mâlizm) *s* anomalia; anormalidade; erro.
Anomalous (ânó-mâlâss) *adj* anômalo; anormal; desigual.
Anomaly (ânó-mâli) *s* anomalia; desigualdade; defeito.
Anonym (é-nonimm) *s* anônimo; disfarçado; incógnito.
Another (ânâ-dhâr) *adj* outro (a); um (uma) outro (a); *ANOTHER sandwich*: um outro sanduíche.
Another (ânâ-dhâr) *pron* outro (a); um (a).
Answer (én-sâr) *s* réplica; resposta; satisfazer.
Answerable (én-sârâbl) *adj* correspondente; respondível; refutável.
Ant (ént) *s* formiga; inseto.
Antagonism (énté-gonizm) *s* antagonismo; contrariedade; oposição.
Antagonist (énté-gonis-tik) *s* antagonista; oponente; rival.
Antarctic (éntárk-tik) *s* a Antártica.
Antarctic (éntárk-tik) *adj* antártico; do Polo Sul.
Antecede (éntissi-d) *v* anteceder; vir antes.
Antecedence (éntissi-dânss) *s* antecedência; precedência.
Antecedent (éntissi-dânt) *s* antecedente.
Antecedent (éntissi-dânt) *adj* antecedente.
Antecessor (éntissé-sâr) *s* antepassado; antecessor; predecessor.
Antedate (éntidêi-t) *s* antedata.
Antedate (éntidêi-t) *v* antecipar; antedatar; predatar.
Antelope (éntiloup) *s* antílope.
Antenuptial (éntinâp-shâl) *adj* antenupcial; antes do casamento; pré-nupcial.
Anterior (énti-riâr) *adj* anterior; precedente; que vem antes.
Anteroom (énti-rumm) *s* antecâmara; antessala; saleta.
Anthem (én-themm) *s* antífona; canção; canto litúrgico; hino.
Anthil (ént-hil) *s* cupim; formigueiro.
Anthological (énthoIó-djikâl) *adj* antológico; relativo à antologia.
Anthology (énthó-lodji) *s* BOT antologia, estudo e tratado das flores; POES seleta (livro) de excertos.
Anthrax (én-thréks) *s* MED carbúnculo; furúnculo; pústula maligna.
Anthropologist (énthropó-lodjist) *s* antropologista (que cuida do estudo do homem).
Anthropology (énthropó-lodji) *s* antropologia (estudo do homem).
Anthropophagous (énthropó-fágâss) *adj* antropófago (que come carne humana).
Antibody (én-tibódi) *s* anticorpo; neutralizante de toxinas.
Anticipate (énti-sipêit) *v* anteceder; antecipar; prevenir; prever; pressagiar.
Antinomy (énti-nomi) *s* antinomia; contradição; oposição recíproca.
Antipathy (énti-pâthi) *s* aversão; antipatia; rejeição.
Antiphon (én-tifânn) *s* RELIG antífona (versículo que se canta antes dos salmos).
Antipode (én-tipôup) *s* antípoda; oposto.
Antipyretic (éntipáiré-tik) *s* antipirético; contra a febre.
Antiquarian (éntikuêi-riânn) *adj* antiquário; colecionador de antiguidades.
Antislavery (éntislêi-vâri) *adj* antiescravista.
Antithesis (énti-thississ) *s* antítese (oposição de palavras).
Antler (én-tlâr) *s* aspas; armação; chifre de alce.

Anvil (én-vil) *s* bigorna.
Anxiety (éngzái-âti) *s* ansiedade; ânsia; angústia.
Anxious (énk-shâss) *adj* ansioso; angustiado; inquieto.
Any (é-ni) *adj* algum (as); qualquer; seja qual for; ***I do not have ANY money***: não tenho nenhum dinheiro.
Any (éni) *pron* algum (as); qualquer; seja qual for.
Anybody (éni-bódi) *pron* alguém; qualquer um; qualquer pessoa.
Anyhow (éni-háu) *adv* casualmente; de qualquer maneira; de qualquer forma.
Anyone (éni-uânn) *pron* alguém; qualquer pessoa; qualquer um.
Anything (éni-thinn) *pron* alguma coisa; algo; qualquer coisa; ***it eats ANYTHING***: ele come qualquer coisa (animal).
Anyway (éni-uêi) *adv* de qualquer modo; de qualquer maneira; em todo caso.
Anywhere (éni-uér) *adv* em qualquer lugar; em qualquer parte; ***she cannot go ANYWHERE***: ela não pode ir a lugar nenhum.
Anywise (éni-uáiz) *adv* de qualquer forma; de algum modo; de alguma maneira.
Apace (âpêi-ss) *adv* ligeiramente; rapidamente; velozmente.
Apart (âpár-t) *adj* dividido; separado.
Apart (âpár-t) *adv* à parte; separadamente.
Apartment (âpárt-ment) *s* apartamento.
Apathetic (épâthé-tik) *adj* alheio; apático; insensível.
Apathy (é-pâthi) *s* apatia; alheamento; indiferença.
Ape (êip) *s* mico; macaco.
Ape (êip) *v* arremedar; imitar; macaquear.
Aperture (é-pârtiuâr) *s* abertura; buraco; fenda; orifício.
Apex (êi-peks) *s* alto; ápice; cume; cimo.
Aphorism (é-forizm) *s* aforismo; máxima; provérbio.
Apiarian (êipié-riânn) *adj* apícola; apiário; colmeia.
Apical (êi-pikâl) *adj* alto; elevado.
Apiculture (êi-pikâltiur) *s* apicultura (arte de criar abelhas).
Apiece (âpi-ss) *adv* cada um; por cabeça; por pessoa.
Apish (êi-pish) *adj* afetado; arremedador; imitador; macaqueador.
Aplomb (âpló-mm) *s* autoconfiança; firmeza; posição perpendicular.
Apocalypse (âpó-kâlips) *s* RELIG Apocalipse (livro do Novo Testamento); FIG linguagem obscura; linguagem incompreensível.
Apocryphal (âpó-krifâl) *adj* apócrifo; falso; não autêntico.
Apologetic (âpólodjé-tik) *adj* apologético (que faz defesa ou apologia).
Apologise (âpó-lodjáiz) *v* defender-se; desculpar-se; justificar-se; ***I APOLOGIZE for being late***: desculpe-me pelo atraso.
Apologize (âpó-lodjáiz) *vide* APOLOGISE.
Apologue (é-pológ) *s* apólogo (narração ou conto extenso que atribui fala aos animais).
Apology (âpó-lodji) *s* apologia; argumentação; justificativa.
Apoplexy (é-popléksi) *s* MED apoplexia (parada cerebral).
Apostasy (âpós-tâssi) *s* apostasia (mudança de crença, filosofia ou de religião,).
Apostate (âpós-tit) *s* apóstata; infiel.
Apostle (âpós-l) *s* apóstolo; adepto.
Apostleship (âpóstl-ship) *s* apostolado; missão.
Apostolic (épostó-lik) *adj* apostólico (relativo aos apóstolos).
Apothecary (âpó-thikéri) *s* boticário; farmacêutico.
Appal (âpó-l) *v* aterrar; atemorizar; afugentar; espantar.
Appall (âpó-l) *vide* APPAL.
Appalling (âpó-linn) *adj* aterrador; atemorizante; espantoso.
Apparatus (épârêi-tâss) *s* aparato; aparelho; instrumento.
Apparel (âpé-râl) *s* vestes; vestido; vestuário.
Apparel (âpé-râl) *v* ornar; trajar; vestir.
Apparent (âpé-rant) *adj* aparente; claro; evidente; transparente.
Apparentness (âpé-rântnéss) *s* evidência; clareza; transparência.
Apparition (épâri-shânn) *s* aparição; revelação; visão.
Appeal (âpi-l) *v* apelar; invocar o testemunho; recorrer.
Appealable (âpi-lâbl) *adj* apelável.
Appealer (âpi-lâr) *s* apelante; recorrente; suplicante.
Appear (âpi-r) *v* aparecer; mostrar-se; surgir.
Appearance (âpi-ârânss) *s* aparência; aparecimento.
Appeasable (âpi-zâbl) *adj* atenuável; aplácavel; conciliável.
Appease (âpi-z) *v* apaziguar; aplacar; pacificar.
Appeasement (âpiz-ment) *s* apaziguamento; pacificação.
Appellant (âpé-lânt) *adj* apelante; recorrente; suplicante.
Appellation (épelêi-shânn) *s* apelação; designação; recurso.
Append (âpén-d) *v* apensar; anexar; aditar; apor; fixar; juntar.
Appendage (âpén-didj) *s* apêndice; acessório; prolongamento.
Appendant (âpén-dânt) *s* apêndice; apenso; dependência.
Appendent (âpén-dânt) *vide* APPENDANT.
Appendicitis (âpendissái-tiss) *s* MED apendicite (inflamação do apêndice).
Appendix (âpén-diks) *s* acessório; apêndice; suplemento.
Apperception (épârsép-shânn) *s* apercepção; perceber.
Appertain (épârtêi-nn) *v* pertencer; relacionar-se; ser parte.
Appetence (é-pitânss) *s* apetite; cobiça; desejo.
Appetite (é-pitáit) *s* apetite; apetência; fome.
Appetize (é-pitáiz) *v* abrir o apetite; apetecer.
Appetizer (é-pitáizâr) *s* aperitivo; antepasto.
Applaud (âpló-d) *v* aclamar; aplaudir; ovacionar.
Applause (âpló-z) *s* aplauso; aclamação; ovação.
Apple (épl) *s* maçã (fruta); ***APPLE core***: o caroço de maçã.
Applejack (épl-djék) *s* USA aguardente; bebida de maçã; bebida feita com cidra; sidra.
Applepie (épl-pái) *s* torta de maçã.
Appletree (épl-trii) *s* macieira.
Appliance (âplái-ânss) *s* apetrecho; instrumento; utensílio.
Applicability (éplikâbi-liti) *s* aplicabilidade; utilidade.
Applicable (é-plikâbl) *adj* aplicável; utilizável; útil.
Applicant (é-plikânt) *s* peticionário; postulante; pretendente; requerente.
Application (éplikêi-shânn) *s* aplicação; diligência; emprego.
Applicative (é-plikêitiv) *adj* aplicável; prático; utilizável.
Apply (âplái-i) *v* aplicar; dedicar-se; empregar; praticar.
Appoint (âpóin-t) *v* apontar; designar; decretar; nomear.
Appointee (âpóin-târ) *s* aquele que é designado para algum cargo.
Appointment (âpóint-ment) *s* designação; decreto; indicação; nomeação.
Apportion (âpór-shânn) *v* dividir; partilhar; ratear.
Apportionment (âpór-shânment) *s* divisão; partilha; rateio.
Appose (âpôu-z) *v* aplicar; acrescentar; apor; justapor.
Apposite (é-pozit) *adj* próprio; apropriado; adequado.
Apposition (épozi-shânn) *s* aposição; justaposição.
Appraisal (âprêi-zâl) *s* apreciação; avaliação; exame.
Appraise (âprêi-z) *v* apreciar; apreçar; avaliar; estimar.
Appreciable (âpri-shâbl) *adj* admirável; apreciável; estimável.
Appreciate (âpri-shiêit) *v* apreciar; examinar; reconhecer.
Appreciation (âprishiêi-shânn) *s* apreciação; avaliação; admiração.
Appreciative (âpri-shiâtiv) *adj* apreciativo; avaliativo; examinativo.
Apprehend (épri-hén-d) *v* apreender; compreender; deter; perceber; presumir.
Apprehensible (épri-hén-sibl) *adj* apreensível; compreensível; perceptível.
Apprentice (âprén-tiss) *s* aprendiz; novato; noviço.
Apprenticeship (âprén-tis-ship) *s* aprendizagem; noviciado.
Apprise (âprái-z) *v* avisar; notificar; prevenir.
Approach (âprôu-tsh) *v* aproximar-se; acercar-se; chegar; rodear.
Approachable (âprôu-tshâbl) *adj* aproximativo.
Approbate (é-probêit) *v* aprovar; autenticar; convalidar; validar.

Approbation (éprobêi-shânn) *s* aceitação; aprovação; consentimento.
Appropriate (âprôu-priêit) *v* apropriar; adaptar; apossar-se de; reservar.
Appropriate (âprôu-priêit) *adj* apropriado; conveniente; próprio.
Appropriation (âprôupriêi-shânn) *s* apropriação; invasão; posse.
Approvable (âpru-vâbl) *adj* aprovável; aceitável; homologável.
Approval (âpru-vâl) *s* aprovação; aceitação; adesão; acordo.
Approve (âpru-v) *v* aprovar; apoiar; consentir; sancionar.
Approximate (âprók-simêit) *v* aproximar-se; avizinhar; acercar-se.
Approximate (âprók-simêit) *adj* aproximado; próximo; semelhante.
Approximation (âproksimêi-shânn) *s* aproximação; proximidade.
Approximative (âprók-simâtiv) *adj* aproximativo.
Appurtenance (âpâr-tinânss) *s* acessório; pertença; pertence.
Appurtenant (âpâr-tinânt) *adj* pertinente; pertencente; próprio.
Apricot (ei-pricôut) *s* damasco (fruta).
April (êi-pril) *s* abril (4º mês do ano).
Apriority (âprió-ráiti) *s* apriorismo; anterioridade; que vem antes.
Apron (êi-prânn) *s* avental; anteparo; protetor; vestes.
Apropos (épropô-u) *adj* apropriado; conveniente; oportuno.
Apropos (épropô-u) *adv* apropositado; oportunamente; propriamente.
Apt (épt) *adj* apto; próprio; talhado.
Aptitude (ép-titud) *s* aptidão; inclinação; talento.
Aptness (épt-néss) *s* capacidade; competência; disposição.
Aquarelle (ékuâré-l) *s* aguarela; aquarela.
Aquarium (âkuêi-riâmm) *s* aquário; museu aquático.
Aquarius (âkuêi-riâss) *s* ASTR Aquário (signo do Zodíaco).
Aquatic (âkué-tik) *adj* aquático.
Aqueduct (ékuidâkt) *s* aqueduto; tubo condutor de água.
Aqueous (êi-kiâss) *adj* aquoso (relativo a água).
Aquiline (é-kuilinn) *adj* aquilino (da águia).
Arab (é-râb) *adj* Árabe.
Arabesque (érâbés-k) *s* arabesco (desenhos ornamentais).
Arable (é-râbl) *adj* arável; cultivável.
Aramaic (érâmêi-ik) *s* aramaico (língua falada pelos antigos Arameus).
Aramaic (érâmêi-ik) *adj* aramaico.
Arbiter (ár-bitâr) *s* árbitro; juiz; mediador.
Arbitrament (árbi-trâment) *s* ajuizamento; arbitragem; arbitramento.
Arbitrary (ár-bitrâri) *adj* arbitrário; despótico; por conta própria.
Arbitrate (ár-bitrêit) *v* arbitrar; decidir; julgar.
Arbor (ár-bâr) *s* árvore; eixo; fuso; planta; veio.
Arborization (árborizêi-shânn) *s* arborização.
Arbour (ár-boâr) *vide* ARBOR.
Arcade (ârkêi-d) *s* arco; arcada; abóbada.
Arcade (ârkêi-d) *v* arquear; abobodar.
Arch (ár-tsh) *s* abóbada; arco.
Arch (ár-tsh) *v* arquear; abobadar.
Arch (ár-tsh) *adj* astuto; eminente; mor; principal.
Archaic (árkêi-ik) *adj* arcaico; antigo; velho.
Archaize (ár-kêiáiz) *v* arcaico; arcaizar; tornar antigo.
Archangel (ár-kêindjél) *s* arcanjo.
Archbishop (ártshbi-shâp) *s* arcebispo; prelado.
Archetype (ár-kitáip) *s* arquétipo; cópia.
Architect (árkitékt) *s* arquiteto; artífice; criador; *Great ARCHITECT of the Universe*: Grande Arquiteto do Universo (Deus).
Archive (ár-káiv) *s* arquivo; depósito de papéis; livros.
Archway (ártsh-uêi) *s* abóbada; arcada; passagem.
Arctic (árk-tik) *s* ártico; boreal; do norte.
Arctic (árk-tik) *adj* ártico.
Arcuate (ár-kiuit) *adj* arcado; arqueado; vergado.
Ardency (ár-densi) *s* ânsia; ardência; ardor; calor.
Ardent (ár-dent) *adj* ardente; chamejante; fogoso.
Ardor (ár-dâr) *s* ardor; entusiasmo; fervor.
Arduous (ár-diuâss) *adj* árduo; penoso; trabalhoso.
Are (ár) *vide* BE (conjugação do verbo).
Area (êi-riâ) *s* área; extensão; região; superfície.
Arena (âri-nâ) *s* arena; palco.
Argent (ár-djent) *adj* argênteo; prateado.
Argentine (ár-djentinn) *s* argênteo; prata.
Argentine (ár-djentinn) *adj* argentino (da Argentina).
Argon (ár-gónn) *s* QUÍM argônio (gás).
Arguable (ár-ghiuâbl) *adj* arguível; debatível; contestável.
Argue (ár-ghiu) *v* arguir; argumentar; discorrer; debater; discutir.
Argument (ár-ghiument) *s* argumento; prova; raciocínio.
Argute (árghiut) *adj* arguto; esperto; perspicaz.
Aria (á-riâ) *s* MÚS ária (parte de composição músical).
Arian (é-riânn) *adj* ariano (povo originário provavelmente da Índia); indo-europeu.
Arianism (é-riânizm) *s* RELIG arianismo (seita fundada por Ário – 280-336); POL psêudo hipótese nazista de superioridade racial.
Arid (é-rid) *adj* árido; áspero; estéril; rústico.
Aridity (éri-diti) *s* aridez; esterilidade.
Aridness (é-ridnéss) *vide* ARIDITY.
Aright (é-rait) *adv* acertadamente; bem; corretamente; propriamente.
Arise (ârái-z) *v* aparecer; elevar-se; levantar; levantar-se; originar; surgir; subir; *past* **AROSE** *and pp* **ARISEN**.
Aristocracy (éristó-krâssi) *s* aristocracia (governo dos melhores).
Aristocratic (âris-tokrét) *adj* aristocrático (classe social, classe intelectual ou pessoa que hipoteticamente possui qualidades superiores às demais, formando um grupo de excessão).
Aristocratical (éristokré-tikâl) *vide* ARISTOCRATIC.
Arithmetic (ârith-métik) *s* MAT aritmética (ciência dos números).
Ark (árk) *s* arca; baú; RELIG arca de Noé (grande barco bíblico que teria sobrevivido ao dilúvio, salvaguardando um casal de cada espécie animal, segundo aquilo que Deus determinou diretamente a Noé).
Arm (ármm) *s* braço; membro.
Arm (ármm) *v* armar; munir.
Armadillo (ármâdi-lôu) *s* tatu (mamífero).
Armament (ár-mâment) *s* armamento (aparelhamento militar).
Armature (ár-mâtshâr) *s* armamento; armadura; proteção corpórea.
Armchair (árm-tshér) *s* cadeira estofada; poltrona.
Armful (árm-ful) *s* braça; braçada; braçado.
Armhole (árm-hôul) *s* axila; cava de roupa.
Armistice (ár-mistiss) *s* armistício (suspensão momentânea ou definitiva de guerra, luta ou revolução armada); trégua.
Armless (árm-léss) *adj* desavisado; desprotegido; desarmado.
Armlet (árm-lét) *s* bracelete; braço de rio; braço de mar; pulseira.
Armor (ár-mâr) *s* armadura; couraça; proteção.
Armory (ár-môuri) *s* arsenal; depósito de armas.
Armour (ár-mâr) *vide* ARMOR.
Armoury (ár-môuri) *vide* ARMORY.
Armpit (árm-pit) *s* axila; sovaco.
Aroma (ârôu-mâ) *s* aroma; fragância; olor; perfume.
Aromatic (éromé-tik) *s* aroma; olor; perfume.
Aromatic (éromé-tik) *adj* aromatizado.
Aromatical (éromé-tikâl) *vide* AROMATIC.

Around (âráun-d) *adv* ao derredor; acerca; em volta; por volta de; ***they will arrive around noon***: eles chegarão por volta do meio dia.
Arouse (âráu-z) *v* acordar; animar; despertar; excitar; levantar.
Arraign (ârêi-nn) *v* JUR acusar; denunciar; processar.
Arraignment (ârêin-ment) *s* JUR acusação; citação; denúncia; processo.
Arrange (ârêin-dj) *v* arranjar; ajustar; arrumar; dispor; preparar; ***to ARRANGE flowers***: fazer um arranjo nas flores.
Arrangement (ârêindj-ment) *s* arranjo; acomodação; diposição.
Arrant (é-rânt) *adj* consumado; deslavado; notório; vergonhoso.
Array (ârê-i) *s* ordem; ordenação.
Array (ârê-i) *v* dispor; ordenar; ornar; pôr; vestir.
Arrear (âri-âr) *s* atraso; falta de pontualidade.
Arrest (ârés-t) *v* apreender; arrestar; deter; embargar; prender.
Arrival (ârái-vâl) *s* chegada; vinda.
Arrive (ârái-v) *v* chegar; surgir; vir.
Arriver (ârái-vâr) *s* visitante.
Arrogance (é-rogânss) *s* arrogância; presunção; superioridade.
Arrogancy (é-rogânsi) *vide* ARROGANCE.
Arrogate (é-roghêit) *v* arrogar; apropriar-se; usurpar.
Arrogation (éroghêi-shânn) *s* arrogância; presunção; superioridade.
Arrogator (é-roghêitâr) *s* usurpador.
Arrow (é-rôu) *s* flexa; ponta; seta.
Arsenal (ár-sinâl) *s* arsenal; depósito de armas.
Arson (ár-sânn) *s* abrasamento; incêndio provocado.
Arsonist (ár-sânist) *s* incendiário.
Arsonite (ár-sânáit) *vide* ARSONIST.
Art (árt) *s* arte; habilidade; ofício; perícia.
Arterial (árti-riâl) *adj* arterial (que é relativo, pertencente ou proveniente da artéria).
Arterialization (ártiriâlizêi-shânn) *s* fenômeno que se verifica no sangue e que ocorre nos pulmões, chamado hematose, onde se verifica a troca de gás carbônico por oxigênio.
Artery (ár-târi) *s* ANAT artéria (tubo por onde corre o sangue oxigenado do corpo).
Artesian (árti-ziânn) *adj* artesiano (poço que se perfura com profundidade numa rocha para encontrar água); poço tubular profundo.
Artful (árt-ful) *adj* artificioso; astuto; ladino; perspicaz.
Artfulness (árt-fulnéss) *s* astúcia; destreza; habilidade.
Artichoke (ár-tishôuk) *s* alcachofra.
Article (ár-tikl) *s* artigo; coisa; matéria; objeto.
Articulator (árti-kiulêi-shânn) *s* articulador; agilizador.
Artifact (ár-tikékt) *s* artefato; objeto.
Artifice (ár-tifiss) *s* artifício; estratagema; estratégia.
Artificer (árti-fissâr) *s* artesão; artífice; artista; produtor.
Artificial (ártifi-shâl) *adj* artificial; falso; fictício; superficial.
Artisan (ár-tizânn) *s* artífice; artesão.
Artist (ár-tist) *s* artista; artista.
Artist (ár-tist) *adj* artista.
Artistry (ár-tistri) *s* carreira de artista; talento artístico.
Artless (árt-léss) *s* natural; sem arte; simples.
Aryan (é-riânn) *s* língua dos Ários; que não é da etnia semítica.
Aryan (é-riânn) *adj* SOC ariano (aquele que é hipoteticamente proveniente de uma etnia (raça) não semítica, Indo-Europeia, isto é, que teria vindo, num determinado momento, da Índia à Europa.
As (éz) *adv* igualmente; tão; tanto quanto.
As (éz) *conj* à medida que; como; pois que; porquanto; porque.
As... (éz) ***AS big AS***: tão grande como; ***AS far AS***: até; ***AS far AS I know***: que eu saiba; ***AS for me***: no que me diz respeito; ***AS soon AS***: logo que; ***AS well***: além disso; também; ***such AS***: tal como.
Ascend (âssén-d) *v* ascender; elevar-se; subir.
Ascendance (âssén-dânss) *s* ascendência; poderoso; superioridade.
Ascendence (âssén-dânsi) *vide* ASCENDANCE.
Ascension (âssén-shânn) *s* ascensão; elevação; subida.
Ascent (âssén-dânt) *s* aclive; avanço; ascensão; subida.
Ascertain (éssârtêi-nn) *v* apurar; averiguar; constatar; determinar; indagar; verificar.
Ascertainment (éssârtêin-ment) *s* averiguação; determinação; verificação.
Ascetic (âssé-tik) *s* asceta.
Ascetic (âssé-tik) *adj* ascético; devoto; místico.
Ascetical (âssé-tikâl) *vide* ASCETIC.
Ascribable (âskrái-bâbl) *adj* atribuível; aplicável; imputável.
Ascribe (âskráib) *v* atribuir; conceder; imputar.
Ascription (âskrip-shânn) *s* atribuição; concessão; imputação.
Ash (ésh) *s* cinza; resto mortal; resíduo mineral; ***ASHTRAY***: cinzeiro.
Ashamed (âshêimmd) *adj* desconcertado; envergonhado; tímido.
Ashamedness (âshêimd-néss) *s* timidez; vergonha.
Ashen (é-shenn) *adj* cinzento; pálido.
Ashery (é-shâri) *s* amontoado de cinzas; depósito de cinzas.
Ashore (âshôu-r) *adv* em terra; na praia; para praia.
Ashy (é-shi) *adj* cinzento; coberto de cinzas.
Aside (âssáid) *adv* ao lado; à parte; de lado; para o lado.
Asininity (ésini-niti) *s* asnice; estupidez; grosseria.
Ask (ésk) *v* inquirir; perguntar; pedir; requerer; ***to ask for directions***: perguntar o caminho.
Askance (âskén-ss) *adv* de lado; de esguelha; de soslaio; obliquamente.
Askant (âskén-t) *vide* ASKANCE.
Asker (és-kâr) *s* pedinte; peticionário; requerente.
Askew (âskiú) *adj* empenado; oblíquo; torto.
Askew (âskiú) *adv* de esguelha; de soslaio; inclinadamente; obliquamente.
Aslant (âslént) *adj* atravessado; enviesado; oblíquo; torto.
Asleep (âs-lip) *adj* adormecido; dormente; inativo.
Aslope (âslôu-p) *adj* inclinado; oblíquo; torto.
Aslope (âslôu-p) *adv* obliquamente.
Asp (ésp) *s* áspide; cobra; víbora.
Asparagus (âspé-râgâss) *s* aspárago; aspargo; espargo.
Aspect (és-pékt) *s* ar; aspecto; aparência; semblante.
Aspectable (âspék-tâbl) *adj* aparente; visível.
Aspen (és-pânn) *s* faia; pingente; tremulante.
Asperity (âspé-riti) *s* acrimônia; aspereza; rudeza.
Asperse (âspâr-ss) *v* aspergir; borrifar; denegrir; respingar.
Aspersion (âspâr-shânn) *s* aspersão; calúnia; difamação; infâmia.
Aspic (és-pik) *s* alfazema.
Aspirant (âspái-rânt) *s* aspirante; candidato; pretendente.
Aspirate (és-pirêit) *v* absorver; aspirar; sorver; sugar.
Aspire (âspái-âr) *v* aspirar; ambicionar; almejar; pretender.
Aspirin (és-pirinn) *s* aspirina.
Asquint (âskuint) *adj* inclinado; lateral; oblíquo.
Ass (éss) *s* asno; burro; jumento; nádegas; traseiro.
Assail (âssê-il) *v* assaltar; atacar; arremeter; investir; saltear.
Assailant (âssêi-lânt) *s* atacante; agressor; assaltante.
Assassin (âssé-sinn) *s* assassino; homicida; matador.
Assassinate (âssé-sinêit) *v* assassinar.
Assault (âssól-t) *s* assalto; agressão.
Assault (âssól-t) *v* assaltar; agredir; atacar; investir.
Assay (âssê-i) *s* demonstração; ensaio; prova.
Assay (âssê-i) *v* esboçar; ensaiar; testar.
Assayer (âssêi-âr) *s* ensaiador; analisador; examinador; verificador.
Assemblage (âssém-blidj) *s* assembleia; concílio; reunião.
Assemble (âssém-bl) *v* agregar-se; congregar; reunir.
Assembly (âssém-bli) *s* assembleia; conclave; congresso; reunião.

Assemblyman (âssém-blimaenn) *s* congressista; homem público; membro de assembleia.
Assent (âssén-t) *v* assentir; anuir; concordar; consentir.
Assentation (éssentêi-shânn) *s* assentimento; consentimento; complacência.
Assert (âssârt) *v* asseverar; afirmar; assegurar; sustentar.
Assertion (âssâr-shânn) *s* asseveração; asserção; afirmação.
Assertor (âssâr-tàr) *s* defensor; justificador; sustentador.
Assess (âssé-ss) *v* avaliar para taxação; taxar; tributar.
Assessment (âssés-ment) *s* tributação; taxação; taxa.
Assessor (âssé-sâr) *s* assessor; auxiliar; assistente.
Asset (é-sit) *s* domínio; posse; propriedade; vantagem.
Asseverate (âssé-vârêit) *v* assegurar; asseverar; afirmar; declarar.
Assiduity (éssidiu-iti) *s* assiduidade; diligência; solicitude.
Assign (âssái-nn) *v* citar; ceder; consignar; designar; fixar; intimar.
Assignation (éssignêi-shânn) *s* adjudicação; cessão; partilha; transferência.
Assignee (éssini) *s* cessionário; concessionário; síndico.
Assigner (âssái-nâr) *s* comitente; cedente; transmitente.
Assimilable (âssi-milâbl) *adj* assimilável; igualável; incorporável.
Assimilate (âssi-milêit) *v* absorver; assimilar; digerir; igualar.
Assist (âssis-t) *v* assistir; auxiliar; ajudar; socorrer.
Assistance (âssis-tânss) *s* assistência; amparo; socorro.
Assistant (âssis-tânt) *adj* assistente; ajudante; auxiliar.
Assize (âssái-z) *s* JUR júri; lei determinante do padrão geral mínimo de preço de mercado; tribunal.
Associable (âssôu-shiâbl) *adj* agregável; associável.
Associate (âssôu-shiit) *s* companheiro; colega; sócio.
Associate (âssôu-shiit) *v* agregar; associar-se; juntar; unir.
Associate (âssôu-shiit) *adj* aliado; associado; parceiro; sócio.
Assonance (é-sonânss) *s* assonância; concordância.
Assonant (é-sonânt) *adj* assonante; concordante.
Assort (âssór-t) *v* arranjar; classificar; sortir.
Assortment (âssórt-ment) *s* agrupamento; classificação; sortimento.
Assuage (âssuêi-dj) *v* acalmar; abrandar; facilitar; saciar.
Assuagement (âssuêidj-ment) *s* alívio; abrandamento; mitigação.
Assume (âssiumm) *v* assumir; arrogar-se; apoderar-se; admitir.
Assumed (âssiumd) *adj* assumido; falso; fictício; presumido; suposto.
Assumption (âssâmp-shânn) *s* assunção; arrogância; presunção; suposição.
Assumptive (âssâmp-tiv) *adj* hipotético; presumido; suposto.
Assurance (âshu-rânss) *s* certeza; convicção; segurança.
Assure (âshur) *v* assegurar; afirmar; garantir; segurar.
Assurer (âshu-râr) *s* assegurador; segurador.
Astatic (êisté-tik) *adj* instável; inconstante; mutável.
Astern (âstâr-nn) *adv* à ré; à popa; atrás.
Asthma (éz-mâ) *s* MED asma.
Astigmatism (éstig-mâtizm) *s* MED astigmatismo (deficência visual).
Astir (âstâr) *adj* agitado; ativo.
Astir (âstâr-r) *adv* ativamente.
Astonish (âstó-nish) *v* assombrar; espantar; maravilhar.
Astonishing (âstó-nishinn) *adj* espantoso; extraordinário; surpreendente.
Astound (âstáun-d) *v* aterrorizar; embaraçar; pasmar.
Astraddle (âstré-dl) *adj* de pernas muito abertas; escarranchado.
Astral (és-trâl) *adj* ASTR astral; relativo aos astros; sideral.
Astray (âstrêi) *adj* desviado; extraviado.
Astrict (âstri-kt) *v* constranger; restringir.
Astriction (âstrik-shânn) *s* adstrição; contração; compreensão.
Astride (âstráid) *adj* escarranchado; montado em.
Astride (âstráid) *adv* escarranchadamente.
Astringe (âstrin-dj) *v* adstringir; comprimir; ligar.
Astrologic (éstroló-djik) *adj* astrológico (arte que objetiva conhecer o futuro através dos astros); relativo aos astros.
Astronaut (éstrow-nót) *s* astronauta; cosmonauta.
Astronautic (éstrow-nótks) *s* astronáutica; ciência cósmica.
Astronomer (âstró-nomâr) *s* astrônomo (versado em astronomia).
Astute (âstiu-t) *adj* astuto; ladino; perspicaz; sagaz.
Asunder (âssân-dâr) *adj* distante; remoto; separado.
Asunder (âssân-dâr) *adv* à distância; separadamente.
Asylum (âssái-lâmm) *s* albergue; asilo; manicômio; refúgio.
Asynergy (éssi-nardji) *s* MED assinergia (que não tem coordenação harmoniosa).
At (ét) *prep* a (as); até; em; junto a; na; nos; perto de.
At (ét) *adv* ao mesmo tempo; de repente; de uma vez.
At... (ét) ***AT best***: na melhor das hipóteses; ***AT first***: a princípio; ***AT home***: em casa; ***AT last***: por fim; enfim; ***AT least***: pelo menos; ***AT most***: quando muito; ***AT once***: imediatamente; ***when Gregório arrived AT the party, David Jr. wasn't there***: quando o Gregório retornou à festa, David Jr. não estava mais lá.
Atheistic (êi-thiist) *adj* ateísta; ateu.
Atheistical (êithiis-tikâl) *vide* ATHEISTIC.
Athenian (âthi-niânn) *adj* ateniense (nascido ou vindo de Atenas).
Athirst (âthârst) *adj* secura; sedento.
Athlete (éth-lit) *s* atleta; esportista.
Athwart (âthuórt) *adv* obliquamente; transversalmente.
Athwart (âthuórt) *prep* através; em diagonal; em oposição.
Atilt (âtilt) *adj* aprumado; envergado; inclinado.
Atilt (âtil-t) *adv* inclinadamente.
Atmosphere (ét-mâsfir) *s* ar; atmosfera; ambiente.
Atoll (âto-l) *s* atol; recife.
Atom (é-tâmm) *s* átomo; partícula.
Atomization (étomáizêi-shânn) *s* atomização; microdivisão; pulverização.
Atomy (é-tomi) *s* *vide* ATOM.
Atonality (âtôu-néliti) *s* atonalidade.
Atone (âtôu-nn) *v* aplacar; compensar; expiar; purgar; reparar.
Atonement (âtôun-ment) *s* compensação; expiação; reparação.
Atonic (âtó-nik) *adj* átono; débil; fraco.
Atop (âtóp) *adj* encimado.
Atop (âtóp) *prep* em cima de; no alto de; sobre.
Atop (âtóp) *adv* no topo; no cimo.
Atrabilious (étrâbi-liâss) *adj* atrabiliário; hipocondríaco; melancólico.
Atrocity (âtróisiti) *s* atrocidade; crueldade; desumanidade.
Atrophic (étró-fik) *adj* atrofiado.
Atrophy (é-trofi) *s* atrofia; definhamento.
Atrophy (é-trofi) *v* atrofiar; definhar; debilitar.
Attach (âté-tsh) *v* atar; anexar; ligar; prender; unir.
Attachment (âté-tshment) *s* anexação; conexão; ligação; união.
Attack (âték) *s* ataque; agressão; investida.
Attack (âték) *v* atacar; agredir; investir.
Attain (âtêin) *v* atingir; alcançar; conseguir; obter.
Attainable (âtêi-nâbl) *adj* logrável; obtenível; realizável.
Attainder (âtêin-dâr) *s* extinção; proscrição; ostracismo.
Attainment (âtêin-ment) *s* aquisição; consecução; obtenção.
Attaint (âtêint) *s* estigma; mácula; nódoa.
Attaint (âtêint) *v* desonrar; denegrir; degradar; infamar.
Attar (é-târ) *s* essência de rosas; perfume.
Attemper (âtém-pâr) *v* abrandar; acomodar; mitigar; temperar.
Attempt (âtémp-t) *s* esforço; ensaio; empreendimento; tentativa.
Attempt (âtémp-t) *v* atentar; ensaiar; empreender; tentar.
Attend (âténd) *v* atender; assistir (encontro, festa); acudir; acompanhar; dar ouvidos a; MED tratar.
Attendance (âtén-dânss) *s* atendente; assistência; presença.

Attendant (âtén-dânt) *s* assistente; criado; subordinado; servidor.
Attention (âtén-shânn) *s* atenção; cuidado; observação; obséquio; *pay ATTENTION!*: preste atenção!
Attentive (âtén-tiv) *adj* atento; cuidadoso; obsequioso.
Attenuate (âté-niuânt) *v* atenuar; amenizar; diminuir; minorar; suavizar.
Attenuate (âté-niuânt) *adj* atenuado; amenizado; suavizado.
Attest (âtés-t) *v* atestar; afirmar; certificar; declarar.
Attestation (âtestêi-shânn) *s* atestação; confirmação; declaração.
Attester (âtés-târ) *s* atestante; declarante; aquele que presta testemunho.
Attestor (âtés-târ) *vide* ATTESTER.
Attic (é-tik) *s* ático; sótão.
Attic (é-tik) *adj* ático; clássico; puro.
Attire (âtá-ir) *s* adorno; enfeite; vestimenta; vestido.
Attire (âtá-ir) *v* adornar; ornar; vestir.
Attirement (âtá-irment) *s* adorno; vestuário; veste.
Attitude (é-tituid) *s* atitude; postura; posição.
Attitudinize (étitiu-dináiz) *v* assumir uma atitude; comportar-se.
Attorney (âtâr-ni) *s* advogado; defensor; procurador.
Attract (âtrék-t) *v* atrair; cativar; seduzir.
Attractability (âtréktabi-liti) *s* atratividade.
Attraction (âtrék-shânn) *s* atração; encanto; sedução; simpatia.
Attribute (âtri-buit) *s* atributo; qualidade; símbolo.
Attribute (âtri-buit) *v* atribuir; imputar.
Attribution (étribiu-shânn) *s* atribuição; encargo; imputação.
Attributive (âtri-biutiv) *adj* atributivo; predicativo.
Attrition (âtri-shânn) *s* atrito; contrição; desgaste; fricção.
Attune (âtiu-nn) *v* afinar; concordar; harmonizar; sintonizar.
Auburn (ó-bârnn) *adj* avermelhado; ruivo.
Auction (ók-shânn) *s* hasta pública; leilão.
Auction (ók-shânn) *v* leiloar.
Auctioneer (ókshânir) *s* leiloeiro.
Audacious (ódêi-shâss) *adj* audacioso; destemido; ousado.
Audacity (ódé-siti) *s* audácia; ousadia; coragem.
Audibility (ódibi-liti) *s* audibilidade.
Audible (ó-dibl) *adj* audível; perceptível.
Audience (ó-dienss) *s* audiência; auditório; assistência; público.
Audient (ó-dient) *adj* assistente; ouvinte.
Audit (ó-dit) *s* CONT auditoria; balanço final; juízo.
Audit (ó-dit) *v* CONT examinar; inspecionar; verificar; controlar contas.
Audition (ódi-shânn) *s* audição.
Auditive (ó-ditivi) *adj* auditivo.
Auditor (ó-ditâr) *s* auditor; inspetor; perito.
Auditory (ó-ditôuri) *s* auditório; audiência.
Auditory (ó-ditôuri) *adj* auditivo.
Auger (ó-gâr) *s* broca; escavador; pua; trado; verruma.
Aught (ót) *s* algo; parte de um todo; zero.
Aught (ót) *adv* absolutamente; de qualquer modo.
Aught (ót) *pron* algo; alguma coisa.
Augment (ógmén-t) *s* aumento.
Augment (ógmén-t) *v* aumentar; ampliar; acrescentar.
Augmentable (ógmén-tâbl) *adj* aumentável; ampliável.
Augmentation (ógmentêi-shânn) *s* aumento; acréscimo; ampliação.
Augur (ó-gâr) *s* augúrio; adivinhação; presságio.
Augur (ó-gâr) *v* augurar; adivinhar; pressagiar.
August (ó-gâst) *s* agosto (8º mês do ano).
August (ó-gâst) *adj* augusto; grandioso; imponente; majestoso.
Augustness (ó-gâstnéss) *adj* grandeza; majestade.
Aunt (ánt) *s* tia; *my AUNT is my father's sister*: A minha tia é a irmã do meu pai.

Aura (ó-rê) *s* ambiente; ar; ESOT irradiação luminosa e colorida que se projeta ao derredor de todos os corpos, perceptível por pessoas preparadas ou por instrumentos especiais.
Aureate (ó-riit) *adj* áureo; brilhante; dourado.
Aureola (óri-âlâ) *s* auréola; aura.
Aureole (ó-riôul) *vide* AUREOLA.
Aureous (ó-riâss) *adj* áureo; dourado.
Auricle (ó-rikl) *s* aurícola.
Auricular (ori-kiulâr) *adj* auricular.
Auriferous (óri-fârâss) *adj* aurífero.
Auscultate (ós-kâltêit) *v* auscultar; examinar.
Auspice (ós-piss) *s* auspícios; égide; proteção.
Auspicious (óspi-shâss) *adj* auspicioso; feliz; próspero.
Austere (ósti-r) *adj* austero; duro; rigoroso; severo.
Austerity (ósté-riti) *s* austeridade; rigorosidade; severidade.
Australian (óstrêi-liânn) *adj* australiano.
Austrian (ós-triânn) *adj* Austríaco; *Wolfgang Amadeus Mozart (1756/1791) was an AUSTRIAN musician and composer*: Wolfgang Amadeus Mozart (1756/1791) foi um músico e compositor Austríaco.
Autarchy (ó-târki) *s* autarquia.
Authentic (óthén-tik) *adj* autêntico; legítimo; lídimo; verdadeiro.
Authenticate (óthén-tikêit) *v* autenticar; legitimar.
Author (ó-thâr) *s* autor; criador; escritor; inventor.
Authoritative (óthó-ritêitiv) *adj* autoritário; autorizado; ditatorial.
Authority (óthó-riti) *s* autoridade; autorização; jurisdição.
Authorizable (ó-thâráizâbl) *adj* autorizável.
Authorize (ó-thâráiz) *v* autorizar; dar poderes; permitir.
Authorship (ó-thârship) *s* autoria; criação; paternidade.
Autobiographer (ótobáió-grâfâr) *s* autobiógrafo.
Autobiographic (ótobáiogré-fik) *adj* autobiográfico.
Autobiographical (ótobáiogré-fikâl) *vide* AUTOBIOGRAPHIC.
Autobus (ó-tobâss) *s* ônibus; autobus.
Autocracy (ó-to-krâssi) *s* autocracia (sistema de governo exercido por um chefe absoluto, déspota).
Autocratic (ótokré-tik) *adj* autocrático.
Autocratical (ótokré-tikâl) *vide* AUTOCRATIC.
Autograph (ó-togréf) *s* autógrafo; assinatura; rubrica.
Autography (óto-grâfi) *s* autógrafo; autografia.
Automatic (ótomé-tik) *adj* automático.
Automatism (ótó-mâtizm) *s* automatismo.
Automaton (ótó-mâtânn) *s* autômato; inconsciente.
Automobile (ó-tomobil) *s* automóvel; carro; máquina.
Autonomous (ótó-nomâss) *adj* autônomo; independente.
Autonomy (ótó-nomi) *s* autonomia; alcance; independência.
Autopsy (ó-topsi) *s* autópsia; necropsia.
Autosuggestion (ótossâdjés-tshânn) *s* autossugestão; autoconvencimento.
Autumn (ó-tâmm) *s* outono.
Autumnal (ótâm-nâl) *adj* outonal.
Auxiliary (ógzi-liâri) *adj* auxiliar; ajudante; assistente.
Avail (âvéi-l) *s* benefício; proveito; vantagem.
Avail (âvéi-l) *v* aproveitar-se; servir-se; valer-se.
Availability (âvêilâbi-liti) *s* eficiência; eficácia; utilidade.
Available (âvêi-lâbl) *adj* útil; utilizável; vantajoso.
Avalanche (é-vâlantsh) *s* avalanche (queda abrupta e rápida de neve).
Avarice (é-vâriss) *s* avareza; cobiça.
Avaricious (évâri-shâss) *adj* avaro; avarento.
Avenge (âvén-dj) *v* castigar; punir; vingar.
Avenger (âvén-djâr) *adj* vingador.
Avenue (é-viniu) *s* avenida; alameda; caminho.
Aver (âvâ-r) *v* asseverar; assegurar; afirmar.
Averable (âvâ-ribl) *adj* afirmável; comprovável; justificável.
Average (é-vâridj) *s* média; rateio.
Average (é-vâridj) *v* calcular; tomar a média.

Average (é-vâridj) *adj* médio; mediano.
Averment (âvâr-ment) *s* afirmação; prova; verificação.
Averse (âvâr-ss) *adj* adverso; avesso; contrário; oposto.
Aversion (âvâr-shânn) *s* aversão; rejeição; repulsa.
Avert (âvârt) *v* afastar; desviar; impedir; separar.
Avian (êi-viânn) *adj* aviário; avícula; auricular.
Aviate (êi-viêit) *v* dirigir avião; voar.
Aviation (êiviêi-shânn) *s* aviação.
Aviculture (évikâl-tiur) *s* avicultura.
Avid (é-vid) *adj* ávido; ansioso; aflito.
Avidity (âvi-diti) *s* avidez; ansiedade; cobiça; sofreguidão.
Avocado (évoká-dôu) *s* abacate.
Avocation (évokêi-shânn) *s* distração; ocupação; passatempo.
Avoid (âvói-d) *v* evitar; fugir; impedir.
Avoidable (âvói-dâbl) *adj* anulável; evitável; revogável.
Avoidance (âvói-dânss) *s* anulação; impedimento; revogação.
Avouch (âváu-tsh) *v* afirmar; asseverar; garantir.
Avouchment (âváutsh-ment) *s* asseveração; declaração.
Avow (âvá-u) *v* afirmar; confessar; declarar.
Avowal (âváu-âl) *s* confissão; declaração; reconhecimento.
Avowed (âváu-d) *adj* confesso; claro; declarado; manifesto.
Avower (âvau-âr) *s* declarante; manifestante.
Avulsion (âvâl-shânn) *s* avulsão; extirpação; separação.
Await (âuêit) *v* aguardar; esperar; estar reservado.
Awake (âuêi-k) *v* acordar; despertar; *past* AWOKE *and pp* AWAKED or AWOKEN.
Awaken (âuêi-kenn) *v* acordar; animar; despertar; incitar.
Award (âuórd) *s* adjudicação; decisão; julgamento; prêmio; resposta.
Award (âuórd) *v* adjudicar; decidir; julgar; conferir.
Awardable (âuór-dâbl) *adj* adjudicável.
Awarder (âuór-dâr) *s* árbitro.
Aware (âuér) *adj* ciente; inteirado; prevenido; ***no, I wasn't AWARE of that***: não, não estava consciente disso.
Awareness (âuér-néss) *s* ciência; conhecimento; percepção.
Awash (âuósh) *adj* inundado.
Awash (âuósh) *adv* à flor d'agua.
Away (âuêi) *adj* distante; longe; fora; ***she is AWAY***: ela está fora, saiu.
Away (âuêi) *adv* à distância; afastadamente.
Awe (ó) *s* medo; pavor; temor.
Aweigh (âuê-i) *adj* içado; levantado; suspenso.
Awesome (ó-sâmm) *adj* horroroso; pavoroso; temível.
Awestricken (ó-strikânn) *adj* aterrado; apavorado; atemorizado.
Awestruck (ós-trâk) *vide* AWESTRICKEN.
Awful (ó-ful) *adj* medonho; terrível; tremendo; ***an AWFUL smell***: um cheiro muito terrível.
Awhile (âhuáil) *adv* momentaneamente; por um instante; um pouco.
Awkward (ó-kuârd) *adj* desajeitado; desastrado; sem jeito; ***an AWKWARD person***: um sujeito desajeitado.
Awkwardly (ó-kuârdli) *adv* desajeitadamente; desastradamente; inconvenientemente.
Awkwardness (ó-kuârdnéss) *s* falta de jeito; grosseria; inépcia; inabilidade.
Awl (ól) *s* agulha; furador.
Awn (ónn) *s* barba de espiga.
Awning (ó-ninn) *s* cobertura de pano; lona; toldo; tenda.
Awry (ârá-i) *adj* oblíquo; torcido; torto.
Ax (éks) *s* axe; machado; machadinha.
Axe (éks) *vide* AX.
Axial (ék-siâl) *adj* axial; relativo a eixo.
Axilla (éksi-lâ) *s* sovaco; axila.
Axiom (ék-siâmm) *s* axioma; adágio; proposição; teorema.
Axis (ék-siss) *s* eixo.
Axman (éks-maenn) *s* lenhador; machadeiro.
Ay (ái) *adv* sempre.
Ay (ái) *interj* expressão de surpresa; sim; voto favorável.
Aye (ái) *vide* AY.
Azimuth (é-zimâth) *s* azimute; ângulo.
Azoic (âzôu-ik) *adj* azoico (não fossilizado).
Azote (âzôu-t) *s* azoto; azote; nitrogênio.
Aztec (éz-ték) *s* asteca.
Aztec (éz-ték) *adj* asteca.
Azure (é-jâr) *adj* azulado; pigmento azul.

bB

B (bi) *s* segunda letra do alfabeto Português e do alfabeto Inglês.
B (bi) *s* MÚS cifra (símbolo) da nota si.
B (bi) *s* QUÍM símbolo do boro.
Babble (bé-bl) *s* murmúrio; ruído feito pelo percorrer de águas (cachoeira, rios etc.); tagarelice; ELET múltipla interferência.
Babble (bé-bl) *v* balbuciar; tagarelar.
Babble (bé-bl) *adj* tagarela.
Babblement (bé-blment) *s* balbuciação; falatório; palrice.
Babbler (ba-blâr) *s* conversador; falador; tagarela; palrador.
Babbling (bé-blinn) *adj vide* BABBLE.
Babe (bêib) *s* bebê; nenê; GÍR belezinha; garotinha.
Babel (bêi-bâl) *s* algazarra; confusão; caos; desordem; *BABEL TOWER*: torre de Babel (segundo a Bíblia, lugar onde Deus, em razão da pretensiosa ambição humana, que pretendia criar uma torre para chegar aos céus, provocou o não entendimento entre os povos, fazendo com que cada um falasse uma língua diferente).
Baby (bêi-bi) *s* criancinha; criança de colo; FIG pessoa infantil; *BABY carriage*: carrinho de bebê; *BABY bottle*: mamadeira; *BABY doll*: pijama curto; *BABY-FARMER*: USA carrinho de criança; dispensário maternal; ama.
Babyhood (bêi-bi-hud) *s* primeira infância.
Babyish (bêi-biish) *s* infantil; pueril.
Baby sitter (bêi-bi) *s vide* BABYFARMER.
Baccalaureate (békâló-riit) *s* bacharelado, título recebido por quem termina um curso universitário (superior).
Bacchanal (bé-kânâl) *s* bacanal; depravação; orgia; MIT festa em honra ao deus Baco.
Bacchanal (bé-kânâl) *adj* báquico; MIT relativo ao deus Baco.
Bacchic (bé-kik) *adj* báquico; bacanal; orgíaco.
Bachelor (bé-tshâlâr) *s* bacharel; celibatário; solteirão.
Back (baek) *s* costas; dorso; FUT jogador que fica atrás da linha de meio campo (de defesa).
Back (baek) *v* apoiar; endossar; montar; recuar.
Back (baek) *adj* posterior; atrasado; traseiro.
Back... (baek) *BACK away*: afastar-se; recuar; *BACK up*: apoiar; recuar; *get one's BACK up*: ficar zangado; TV *etc., play BACK*: gravação (em fita ou disco laser) de acompanhamento musical permitindo o canto de alguém, sem a presença de uma orquestra ou conjunto; *to call BACK*: mandar voltar; retratar; *to come BACK*: recorrer à memória; voltar; *to get BACK*: recuperar; voltar; *to give BACK*: restituir; retirar-se; *to go BACK*: retirar; retroceder; *to look BACK*: refletir; *to put BACK*: colocar de novo; voltar; *to take BACK*: aceitar; retratar-se.
Backache (baereick) *s* dor nas costa.
Backbite (baek-bit) *v* caluniar; detrair; falar mal de alguém pelas costas.
Backbiter (baek-báitâr) *s* caluniador; detrator; maledicente.
Backbiting (baek-báitinn) *s* maledicência.
Back-bone (baek-bôunn) *s* espinha dorsal.
Back-door (baek-dór) *s* porta dos fundos; porta secreta; porta traseira.
Back-door (baek-dór) *adj* encoberto; oculto; secreto.
Backer (bae-kâr) *s* apostador; arrimo.
Backfield (baek-fíld) *s* USA jogador de defesa.
Background (baek-gráund) *s* experiência; último plano; vivência; RÁD cortina sonora; fundo musical.
Backhair (baek-haér) *s* tranças de cabelo.
Backhand (baek-haend) *s* dorso da mão; escrita contrária (direita/esquerda).
Backhanded (baek-haen-did) *adj* ambíguo; dado com a costa da mão; feito ao contrário (da direita para a esquerda).
Back-hander (baek-haender) *s* ajudante de ferreiro; tapa com a costa da mão.
Backing (bae-kinn) *s* apoio; proteção; reforço.
Back-room (baek-rumm) *s* quarto de fundo.
Backset (baek-sét) *s* antagonismo; ação contrária; revés.
Backside (baek-sáid) *s* assento; nádegas; parte traseira.
Backslide (baek-sláid) *s* apostasia (mudança de religião); renegado.
Backslide (baek-sláid) *v* apostatar; desviar-se; reincidir.
Backstage (baek-stêidj) *s* atrás, bastidores (de palco).
Backward (baek-uârd) *adj* atrasado; negligente; tardio.
Backward (baek-uârd) *adv* de costas; para trás.
Backwards (baek-uârd) *vide* BACKWARD.
Backwater (baek-uótâr) *s* água represada; remanso.
Backwoods (baek-uudz) *s* zona afastada dos centros urbanos.
Backyard (baek-iârd) *s* pátio; quintal.
Bacon (bêi-kânn) *s* toucinho; FAM prêmio; *BACON and eggs*: toucinho e ovos.
Bad (béd) *s* mau; ruim; nocivo.
Bad (béd) *adj* mau; nocivo; ruim; *BAD luck*: má sorte.
Badge (bédj) *s* distintivo policial; insígnia;.
Badge (bédj) *v* conceder distintivo a.
Badger (béd-jâr) *s* texugo (mamífero).
Badger (bédj) *v* cansar; fatigar.
Badinage (bédínidj) *s* ato espirituoso; chacota; dito espirituoso; graça; gracejo.
Badly (béd-li) *adv* gravemente; mal; maldosamente; *be BADLY off*: estar mal de vida.
Badness (béd-néss) *s* maldade; mau estado.
Baffle (béf-l) *v* enganar; frustar.
Baffler (bé-flâr) *s* contrariedade; enganador.
Bag (beg) *s* bolsa; saco; sacola.
Bag (beg) *v* ensacar; emalar; embolsar.
Bagasse (bâghéss) *s* bagaço.
Bagatelle (bégâtél) *s* bagatela; ninharia.
Baggage (bé-ghidj) *s* mala; USA bagagem.
Bagging (bae-ghinn) pano para sacos; ubre (teta) de vaca.
Baggy (bae-ghi) *adj* inchado; largo; mal ajustado.
Bagman (baeg-maen) *s* caixeiro viajante; vendedor.
Bagpipe (baeg-páip) *s* gaita de foles.
Bail (bêil) *s* caução; fiança; garantia.
Bail (bêil) *v* afiançar; caucionar; COM *to go BAIL for*: dar fiança para; JUR *to release on BAIL*: libertar sob fiança.
Bailer (bêi-lâr) *s* fiador.
Bailor (bêi-lâr) *s* fiador.
Bait (bêit) *s* ceva; engôdo; isca.
Bait (bêit) *v* engodar; iscar; importunar.
Bake (bêik) *v* assar; calcinar; secar ao sol.
Baker (bêi-kâr) *s* USA padeiro; *BAKER dozen*: duzia de treze.

Bakery (bêi-kâri) *s* USA padaria.
Balance (bé-lânss) *s* balança; equilíbrio; ***BALANCE bridge***: ponte levadiça.
Balance (bé-lânss) *v* contrabalançar; equilibrar; pesar.
Balancer (bé-lânsâr) *adj* acrobata; balanceiro.
Balcony (bél-koni) *s* sacada; varanda; USA balcão de teatro.
Bald (bóld) *adj* careca; calvo; ***BALD-head***: careca; cabeça pelada.
Balderdash (ból-dârdésh) *s* disparate; falatório.
Baldly (bóld-li) *adv* grosseiramente.
Baldric (ból-drik) *s* cinturão.
Bale (bêil) *s* fardo.
Bale (bêil) *v* embalar; empacotar; enfardar.
Baleful (bêil-ful) *adj* funesto; malígno; pernicioso.
Balefulness (bêil-fulnéss) *s* malignidade; nocividade.
Balk (bók) *s* embargo; obstáculo.
Balk (bók) *v* empacar; frustar; impedir.
Ball (ból) *s* bola; esfera; globo.
Ball (ból) *v* fazer bolas; fazer novelos.
Ballad (bé-lâd) *s* balada; canção.
Ballast (bé-lâst) *s* cascalho; NÁUT lastro; válvula compensadora.
Ballast (bé-lâst) *v* NÁUT carregar um navio com lastro.
Ballet (bé-lêi) *s* bailado; dança artística.
Balloon (bâlu-nn) *s* balão; aeróstato; ***hot air BALLON***: balão de ar quente.
Ballooner (bâlu-nâr) *s* que faz balões.
Balloonist (bâlu-nist) *vide* BALLOONER.
Ballot (bê-lât) *s* cédula; esfera para votação (bolas brancas ou pretas); voto.
Ballroom (ból-rumm) *s* salão de bailes.
Balm (bámm) *s* balsamo; unguento.
Balmy (bá-mi) *adj* balsâmico; calmante.
Balsam (ból-sâmm) *s* bálsamo.
Baluster (bé-lâstâr) *s* balaústre; coluneta.
Bamboo (bémbu) *s* bambu (planta).
Bamboozle (bémbu-zl) *v* enganar; iludir; lograr; mistificar.
Ban (baen) *s* édito; pregão.
Ban (baen) *v* banir; excomungar.
Banal (bêi-nâl) *adj* banal; trivial; vulgar.
Banality (bâné-liti) *s* banalidade; direito de propriedade feudal (senhores feudais); trivialidade.
Banana (bâné-nâ) *s* banana.
Band (bénd) *s* atadura; banda, faixa; venda; RÁD faixa de frequência sonora; ***musical BAND***: banda de música.
Band (bénd) *v* associar-se; ligar; unir.
Bandage (bén-didj) *s* atadura; faixa; AUT cobertura de borracha (lona que protege a câmara de ar dos pneus).
Bandit (bén-dit) *s* bandido.
Bandmaster (bénd-maes-târ) *s* MÚS maestro.
Bandoleer (béndoli-r) *s* bandoleira; cartucheira.
Bandolier (béndolir) *vide* BANDOLEER.
Bane (bêinn) *s* veneno.
Bane (bêinn) *v* envenenar.
Bang (béng) *s* barulho; pancada; ruído de um soco.
Bang (béng) *v* bater; golpear.
Bang (béng) *adv* ruidosamente.
Bangle (bén-gl) *s* bracelete.
Bangle (bén-gl) *v* desperdiçar; destruir.
Banish (bé-nish) *v* banir; deportar; expulsar.
Banishment (bé-nishment) *s* banimento; desterro; exílio.
Banister (bé-nistâr) *s* balaustrada; corrimão.
Banjo (bén-djôu) *s* MÚS banjo.
Bank (baenk) *s* banco; casa bancária; margem de rio; ribanceira.
Bank (baenk) *v* aterrar; depositar dinheiro em banco; formar banco de areia; ***BANK-BILL***: letra de câmbio; USA cédula; nota; ***BANK PAPER***: papel moeda.
Banker (baen-kâr) *s* banqueiro.
Bankrupt (bénk-râpt) *s* falido.
Bankrupt (bénk-râpt) *v* falir.
Bankruptcy (bénk-râptsi) *s* bancarrota; falência; quebra; tribunal de falências.
Banner (bé-nâr) *s* bandeira; estandarte; pendão.
Banns (bénz) *s* proclamas.
Banquet (bén-kuit) *s* banquete.
Banquet (bén-kuit) *v* banquetear; festejar.
Banter (bén-târ) *s* chacota; escárnio; gracejo.
Banter (bén-târ) *v* gracejar; escarnecer; zombar.
Bantling (bén-tlinn) *s* fedelho.
Baptism (bép-tizm) *s* RELIG batismo.
Baptistery (bép-tistéri) *s* RELIG batistério (lugar da pia batismal).
Baptize (béptái-z) *v* batizar.
Bar (bár) *s* barra; bar; tranca; JUR fôro; tribunal.
Bar (bár) *v* excetuar; fechar; trancar; vedar.
Barb (bárb) *s* extremidade do anzol.
Barb (bárb) *v* munir de farpas.
Barbarian (bárbé-riânn) *s* bárbaro; selvagem; rude.
Barbarian (bárbé-riânn) *adj* bárbaro; selvagem.
Barbaric (bárbé-rik) *adj* bárbaro.
Barbarism (bár-bârizm) *s* barbarismo; barbárie.
Barbarism (bár-bârizm) *adj* amontoado; compacto; sintético.
Barbed (bár-bid) *adj* farpado; ***BARBED wire***: arame farpado.
Barber (bár-bâr) *s* barbeiro.
Barber (bár-bâr) *v* barbear.
Bare (bér) *adj* indigente; desarmado; descoberto; pelado; só; ***BARE-NECKED***: com o pescoço nu; decotado; ***one BARE foot***: um pé descalço.
Bare (bér) *v* descobrir.
Bareback (bér-baek) *adv* em pelo.
Barefaced (bér-fêist) *adj* descarado.
Barefacedness (bér-fêistnéss) *s* descaramento.
Barefoot (bér-fut) *s* pé descalço.
Barefooted (bér-futid) *adj* descalço.
Barely (bér-li) *adv* apenas; nuamente; simplesmente.
Bareness (bér-néss) *s* magreza; nudez; pobreza.
Barfly (bér-flái) *s* o que frequenta regularmente alguns bares ("bebum").
Bargain (bár-ghinn) *s* barganha; negócio; permuta; pechincha; troca.
Bargain (bár-ghinn) *v* ajustar; contratar.
Barge (bár-dj) *s* barca; barcaça; lancha; GÍR discussão.
Bargee (bárdji) *s* barqueiro.
Bargeman (bárdi-maen) *vide* BARGEE.
Baritone (bae-ritôunn) *s* barítono.
Bark (bárk) *s* cortiça; casca de árvore; latido.
Bark (bárk) *v* latir; ladrar.
Barkeeper (bár-ki-pâr) *s* USA dono de bar; caixeiro.
Barker (bár-kâr) *s* arma de fogo; cachorro ladrador; USA pregoeiro.
Barking (bár-kinn) *s* latido.
Barky (bár-ki) *adj* que tem casca.
Barley (bár-li) *s* cevada.
Barm (bárm) *s* fermento; levedura.
Barman (bár-maen) *s* dono de bar; serviçal de bar.
Barmy (bár-mi) *adj* ativo; espumoso; fermentado.
Barn (bárn) *s* celeiro; USA cocheira; estábulo.
Barnacle (bár-nâkl) percevejo.
Baron (bé-rânn) *s* barão; USA MAGNATE.
Baronage (bé-rânidj) baronato.
Baroness (bé-rânéss) *s* baronesa.
Baroque (bârôuk) *adj* grotesco; ARQT barroco (estilo popularizado no último período do Renascimento).
Barque (bárk) *s* barcaça; barca.
Barrack (bé-râk) *s* barracas; caserna; quartel.
Barrack (bé-râk) *v* aquartelar.
Barrage (bé-râdj) *s* barragem.

Barrel (bé-râl) *s* barril; barrica; cano de arma (pistola); USA arrecadação para campanha política; ***BARREL-ORGAN***: MÚS órgão portátil; realejo.
Barren (bé-rânn) *adj* árido; estéril.
Barrenness (bé-rân-néss) *s* aridez; esterilidade; infecundidade.
Barret (bé-rit) *s* barrete de clérigo (gorro usado pelas autoridades religiosas).
Barrette (bé-riti) *s* pregador de cabelo.
Barricade (bérikêid) *s* barricada (trincheira improvisada com barricas); vala.
Barrier (bé-riâr) *s* barreira; barragem; vala; BR posto fiscal localizado nas fronteiras (limites de Estados).
Barrister (bé-ristâr) *s* advogado.
Barrow (bé-rôu) *s* carrinho de mão; túmulo; ***BARROW boy***: vendedor de frutas etc.(ambulante).
Barter (bár-târ) *s* escambo; permuta; troca de mercadoria.
Barter (bár-târ) *v* permutar; trocar.
Barytone (bae-ritôunn) *s* MÚS barítono (cantor cujo voz está entre o tom grave e o agudo).
Basal (bêi-sâl) *s* apoio; alicerce; base.
Basal (bêi-sâl) *v* apoiar; assentar; basear; embasar.
Basal (bêi-sâl) *adj* básico; basal; fundamental.
Base (bêiss) *s* base; sustentáculo; ***BASE-ball***: USA basebol (jogo nacional do País); a bola do mesmo jogo; ***BASE-born***: bastardo; plebeu.
Baseboard (bêis-bôurd) *s* rodapé.
Baseless (bêis-léss) *adj* infundado; sem base.
Baselessness (bêis-léss-niss) *s* arrojo; falta de base; inconsistência; temeridade.
Basely (bêis-li) *adv* ordinariamente; vilmente.
Baseman (bêis-maen) *s* ESP jogador de basebol.
Basement (bêis-ment) *s* porão da casa.
Baseness (bêis-néss) *s* baixeza; ruindade; vileza; MÚS profundeza do som; tom grave.
Bash (bésh) *v* envergonhar-se.
Bashful (bésh-ful) *adj* envergonhado; modesto; tímido.
Bashfulness (bésh-fulnéss) *s* acanhamento; timidez.
Basic (bêi-sik) *adj* básico; essencial; fundamental.
Basin (bêisnn) *s* bacia; bacia fluvial; dique; estaleiro; recipiente.
Bask (bask) *v* aquecer-se ao fogo; aquecer-se ao sol.
Basket (bás-kit) *s* cêsto; cesta; ***go to the BASKET***: ir preso; ***BASKETBALL***: basquetebol (bola ao cesto); BASKET-CHAIR: cadeira de vimeiro.
Bas-relief (bá-rili-f) *s* baixo relevo.
Bass (bêiss) *s* MÚS baixo; perca (peixe); som grave.
Bassoon (bássu-nn) *s* clarineta (som grave); fagote.
Bast (baest) *s* esteira de esparto (planta).
Bastard (bés-târd) *s* bastardo.
Bastard (bés-târd) *adj* bastardo; ilegítimo (filho).
Baste (bêist) *v* alinhavar; bater na planta do pé (sola); espancar.
Basting (bêis-tinn) *s* alinhavo (costura provisória); surra; sova.
Bat (baet) *s* taco (beisebol; críquete; etc.); ZOO morcêgo.
Bat (baet) *v* bater; golpear (com um bastão); surrar.
Batch (bétsh) *s* carga; cozedura; fornada; grupo.
Batch (bétsh) *v* enrolar.
Bate (bêit) *s* contenda; debate; discussão.
Bate (bêit) *v* abater; diminuir; reduzir.
Bath (béth) *s* banho; ***BATH room***: casa de banho; ***BATH robe***: roupão; ***I am having a BATH***: estou tomando banho.
Bath (béth) *v* banhar-se; banhar.
Bathe (bêidh) *s* banho (mar; rio; etc.).
Bathe (bêidh) *v* lavar-se; banhar-se.
Bather (bêi-dhâr) *s* aposento de banho; banhista.
Bathroom (béthrumm) *s* banheiro.
Bathtub (béthtâb) *s* banheira.
Baton (ba-etân) *s* bastão; batuta; cassetete.
Batsman (bésts-maen) *s* ESP jogador que empunha o bastão.
Battalion (bâté-liânn) *s* batalhão.
Batten (baetn) *s* ripa; sarrafo; tábua.
Batten (baetn) *v* construir com sarrafos; engordar; enriquecer (explorando outrem).
Batter (bé-târ) *s* soco; murro.
Batter (bé-târ) *v* bater; destruir; espancar; socar.
Battery (bé-târi) *s* bateria; pilha; JUR agressão.
Battle (bétl) *s* batalha; combate; luta.
Battle (bétl) *v* batalhar; combater; lutar.
Battlefield (bétl-fild) *s* campo de luta; campo de batalha.
Battleground (bétl-gráund) *vide* BATTLEFIELD.
Battlement (bétl-ment) *s* ameia; seteira.
Battleship (bétl-ship) *s* couraçado.
Batty (béti) *s* GÍR louco; maluco.
Bauble (bóbl) *s* bagatela; brinquedo; ninharia.
Bawbee (bó-bii) *s* metade de um penny.
Bawd (bód) *s* alcoviteiro; mexeriqueiro.
Bawdy (bó-di) *s* alcovitice; imoralidade; obscenidade.
Bawl (ból) *s* berro; grito.
Bawl (ból) *v* berrar; gritar.
Bay (bêi) *s* baia; braço de mar; enseada; louro (planta para tempero).
Bayonet (bêi-onit) *s* baioneta.
Bayonet (bêi-onit) *v* atacar (com baioneta); ferir.
Bazaar (bâzá-r) *s* bazar; comércio (artigos diversos).
Be (bi) *v* custar; existir;estar; ficar; dever; ser; ***Hugo IS sick today***: o Hugo hoje está doente.
Beach (bitsh) *s* costa; praia.
Beach (bitsh) *v* desembarcar na praia; ***BEACH comber***: vadio.
Beacon (bi-kânn) *s* baliza; farol.
Beacon (bi-kânn) *v* demarcar; guiar pela luz.
Bead (bid) *s* conta de rosário; conta (pedra de colar); miçanga.
Bead (bid) *v* adornar (com contas).
Beading (bi-dinn) *s* gotas (igual a contas); ornato de contas.
Beadle (bidl) *s* porteiro; bedel; servidor escolar.
Beagle (bigl) *s* cão de caça; detetive; espião.
Beak (bik) *s* bico (de ave); cabo; promotório.
Beaker (bi-kâr) *s* copo; caneca; taça.
Beam (bimm) *s* raio de luz; trave; viga-mestra; ***BEAM of light***: facho de luz.
Beam (bimm) *v* emitir raios; mostrar-se alegre; mostrar-se contente; mostrar-se radiante; trasmitir.
Beamful (bim-ful) *adj* luminoso; radiante.
Beaming (bi-minn) *adj* alegre; brilhante; luminoso.
Bean (binn) *s* fava; feijão; vagem; USA GÍR **BEANS**: dinheiro; grana.
Beanfeast (binn-fest) *s* festa do feijão (confraternização anualmente feita pelos trabalhadores do campo, na véspera do dia de Reis).
Bear (bér) *s* urso.
Bear (bér) *v* aguentar; apresentar; produzir; suportar; sustentar; tolerar; usar; *past* **BORE** *and pp* **BORN** or **BORNE**.
Bearable (bé-râbl) *adj* suportável; tolerável.
Beard (bârd) *s* barba; cavanhaque.
Beard (bârd) *v* desafiar.
Beardless (bârd-léss) *adj* imberbe; sem barba.
Bearer (bé-râr) *s* árvore que dá frutos; carregador; portador; transportador.
Bearing (bé-rinn) *s* atitude; gravidez; porte; procedimento.
Bearish (bé-rish) *adj* brutal; grosseiro; rude.
Beast (bist) *s* animal de carga; besta (fera); pessoa irascível; quadrúpede.
Beastly (bis-tli) *adj* bestial; brutal.
Beastly (bis-tli) *adv* brutalmente.
Beat (bit) *v* bater; derrotar; espancar; tocar (tambor); vibrar; GÍR ***BEAT it!***: cai fora! fora!
Beaten (bit-n) *adj* batido; conquistado; gasto; usado.
Beater (bi-târ) *s* batedor; martelo; malho.
Beatify (bié-tifái) *v* beatificar.
Beating (bi-tinn) *s* batimento; derrota; pulsação; surra.

Beau (bôu) *s* galã; galanteador.
Beauteous (biu-tiâss) *adj* belo formoso.
Beautiful (biu-tiful) *adj* belo; bonito; formoso; linda; magnífico.
Beautify (biu-tifái) *v* aformosear; embelezar.
Beauty (biu-ti) *s* beleza; beldade; formosura.
Beaver (bi-vâr) *s* castor; chapéu alto; pele de castor; viseira de capacete.
Becalm (bikámm) *v* acalmar; tornar calmo.
Becalmed (bikámmêd) *adj* acalmado; calmaria.
Because (bicóz) *conj* porque; por causa de; ***BECAUSE of***: devido a.
Beck (bék) *s* aceno; arroio; regato; sinal.
Beckon (bé-kânn) *s* aceno; sinal.
Beckon (bé-kânn) *v* acenar; chamar.
Becloud (bikláud) *v* anuviar; escurecer; nublar.
Become (bikâ-mm) *v* assentar; convir; tornar-se; transformar-se.
Becoming (bikâ-minn) *adj* conveniente; decente; próprio.
Bed (béd) *s* cama; camada; fundo; leito.
Bed (béd) *v* assentar; plantar; ***BED-table***: criado mudo; mesinha de quarto.
Bedaub (bidób) *v* emporcalhar; enlamear; sujar.
Bedazzle (bidézl) *v* confundir; deslumbrar; ofuscar.
Bedbug (béd-bâg) *s* percevejo.
Bedchamber (béd-tshêim-bâr) *s* câmara de dormir; quarto de dormir.
Bedeck (bidék) *v* adornar; enfeitar.
Bedevil (bidévl) *v* atormentar; estorvar; estragar; frustar.
Bedew (bidiu) *v* orvalhar; umedecer.
Bedfast (béd-fést) *adj* USA acamado; de cama.
Bedlam (béd-lâmm) *adv* casa de doidos; confusão; manicômio.
Bedmaker (béd-mâiker) *s* ENGL criado de quartos; marceneiro.
Bedpan (béd-paenn) *s* aquecedor de cama; comadre (vaso de cama).
Bedraggle (bidrégl) *v* enlamar; sujar com lama.
Bedroom (béd-rumm) *s* quarto de dormir.
Bedside (béd-sáid) *s* lado da cama.
Bedspread (béd-spréd) *s* coberta da cama.
Bedstead (béd-stéd) *s* armação da cama.
Bedtime (béd-táimm) *s* hora de dormir.
Bee (bi) *s* abelha.
Beef (bif) *s* boi para corte; carne bovina.
Beefy (bi-fi) *s* carnoso; carnudo; forte; musculoso.
Beehive (bi-háiv) *s* colmeia; cortiço.
Beer (bir) *s* cerveja.
Beery (bi-ri) *adj* feito de cerveja; relativo a cerveja.
Beeswax (biz-uéks) *s* cera de abelha; cera virgem.
Beet (bit) *s* açúcar de beterraba; beterraba.
Beetle (bitl) *adj* besouro; escaravelho.
Beetle (bitl) *v* bater com maço; malhar.
Beetroot (bit-rut) *vide* BEET.
Befall (bifól) *v* acontecer; suceder; sobrevir.
Befit (bifit) *v* convir; ir bem; ser próprio.
Befitting (bifi-tinn) *adj* conveniente; privativo; próprio.
Before (bifôur) *prep* antes de; em frente de; perante; ***wash your hands BEFORE dinner***: lave as suas mãos antes de jantar.
Before (bifôur) *conj* antes que.
Before (bifôur) *adv* anteriormente; ***BEFORE long***: daí a pouco; em breve; em pouco tempo; logo.
Beforehand (bifôur-hénd) *adv* antecipadamente; de antemão; previamente.
Beforetime (bifôur-táimm) *adv* antigamente; anteriormente; noutros tempos.
Befriend (bifrén-d) *s* ajudar; favorecer; proteger; ser amigo de.
Beg (bég) *v* pedir; rogar; suplicar.
Beget (bighét) *v* gerar; originar; produzir.
Beggar (bé-gâr) *s* mendigo; pedinte.
Beggar (bé-gâr) *v* levar à miséria; reduzir à miséria.
Beggarly (bé-gârli) *adj* miserável; pobre; paupérimo.
Beggarly (bé-gârli) *adv* miseravelmente; pobremente.
Begin (bighi-nn) *v* começar; iniciar; principiar; ***your guitar lesson BEGINS at nine o'clock***: sua aula de violão começa às nove horas.
Beginner (bighi-nâr) *s* aprendiz; autor; principiante.
Beginning (bighi-ninn) *s* começo; origem; princípio.
Begird (bi-gârd) *adj* bloquear; cercar; cingir.
Begone (bigó-nn) *interj* saia! fora daqui! rua!
Begrime (bigrái-mm) *v* sujar.
Begrudge (bigrâd-j) *v* invejar.
Beguile (bigá-il) *v* divertir; enganar; seduzir.
Beguilement (bigáil-ment) *s* engano; ilusão; logro; sedução.
Behalf (bi-háf) *s* favor; obséquio.
Behave (bi-hêiv) *v* comportar-se; portar-se; proceder.
Behead (bi-héd) *v* decaptar; degolar.
Behest (bi-hést) *s* comando; mandado.
Behind (bi-háind) *prep* atrás de; após; inferior.
Behind (bi-háind) *adv* atrás; atrasado; detrás.
Behindhand (bi-háind-hénd) *adj* atrasado; tardio; vagaroso.
Behold (bi-hôuld) *v* contemplar; observar; ver.
Behold (bi-hôuld) *interj* eis aqui! eis que! veja! vêde!
Beholden (bi-hôuld-n) *adj* agradecido; grato.
Beholder (bi-hôuldâr) *s* contemplador; espectador.
Behoof (bi-huf) *s* benefício; proveito.
Behoove (bi-huv) *v* competir; dever; ser necessário.
Behove (bi-houv) *vide* BEHOOVE.
Being (bi-inn) *s* criatura; ente; entidade; indivíduo; ser.
Belabor (bilêi-bâr) *v* açoitar; espancar; zurzir (açoitar com vara).
Belabour (bilêi-bâr) *vide* BELABOR.
Belate (bilêit) *v* atrasar; demorar; retadardar.
Belated (bilêi-tid) *adj* atrasado; demorado; tardio.
Belay (bilêi) *v* NÁUT amarrar; prender com amarra.
Belch (béltsh) *s* arrôto; vômito.
Belch (béltsh) *v* arrotar; vomitar.
Beleaguer (bili-gâr) *v* bloquear; cercar; sitiar.
Belfry (bél-fri) *s* campanário; torre.
Belgian (bél-djiânn) *adj* belga.
Belie (bi-lái) *v* contradizer; contrariar; desmentir.
Belief (bilif) *s* crença; confiança; crédito; convicção (religiosa); fé.
Believable (bili-vâbl) *adj* acreditável; crível.
Believe (biliv) *v* acreditar; crer; confiar; supor; ***I BELIEVE in dragons***: eu acredito em dragões.
Believer (bili-vâr) *s* crente; fiel.
Believing (bili-vinn) *adj* confiante; crente.
Belike (biláik) *adv* possivelmente.
Belittle (bilitl) *v* depreciar; diminuir; deprimir.
Bell (bél) *s* campainha; sino; sineta.
Bell (bél) *v* tocar sino.
Belligerent *adj* beligerante.
Bellman (bél-mân) *s* leiloeiro; pregoeiro.
Bellow (bilôu) *v* bramir; mugir; rugir.
Bellows (bé-lôuz) *s* fole.
Belly (bé-li) *s* barriga; ventre; ***BELLY button***: umbigo.
Belly (bé-li) *v* fazer barriga; intumescer; inchar.
Belong (biló-nn) *v* pertencer; ser de; ***she BELONGS to me***: ela me pertence.
Belonging (bilón-ghinn) *s* pertences.
Beloved (bilâ-vid) *adj* amado; querido.
Below (bilôu) *prep* abaixo de; debaixo de; por baixo de.
Below (bilôu) *adv* abaixo; por baixo.
Belt (bélt) *s* cinto; correia; cinturão; faixa.
Belt (bélt) *v* bater; cingir.
Belting (bél-tinn) *s* cinta; material de cinta.
Bemoan (bimôunn) *v* lamentar; lastimar.
Bench (béntsh) *s* banco; tribuna; JUR tribunal.

Bencher (bén-tshâr) *s* juiz; pertencente a um colegiado de advogados de Londres (antigo); vereador.
Bend (bénd) *s* curva; curvatura; nó.
Bend (bénd) *v* curvar; dobrar.
Beneath (bini-th) *adv* abaixo; debaixo.
Benediction (bénidik-shânn) *s* benção; graça.
Benefaction (bénifék-shânn) *s* benefício; favor; obséquio.
Benefactor (bénifék-târ) *s* benfeitor.
Benefactress (bénifék-tréss) *s* benfeitora.
Benefice (bé-nifiss) *s* benefício; favor.
Beneficence (biné-fissenss) *s* beneficência; caridade.
Beneficent (biné-fissent) *adj* benéfico; caratitavo.
Beneficial (bénifi-shâl) *adj* benéfico; proveitoso; útil.
Benefit (bé-nifit) *s* benefício; favor; proveito.
Benefit (bé-nifit) *v* ajudar; beneficiar; favorecer.
Benevolent (biné-volent) *adj* benevolente; benígno; bondoso.
Benighted (binái-tid) *adj* inculto; ignorante; surprendido pela noite.
Benign (binái-nn) *adj* afável; benígno; bom; benévolo.
Bent (bént) *s* curvatura; propensão; tendência.
Bent (bént) *adj* curvo; inclinado; torto.
Benzine (bén-zinn) *s* QUÍM benzina (solvente).
Benzoic (bénzôu-ik) *adj* QUÍM benzoico (extraído do benjoim).
Bequeath (bikuidh) *v* deixar em testamento; legar.
Berate (birêit) *v* advertir; repreender.
Bereave (biri-v) *v* despojar; desolar; privar.
Bereavement (biriv-ment) *s* aflição; luto; privação.
Berry (bé-ri) *s* baga; grão.
Berth (bârth) *s* ancoradouro; beliche; leito.
Berth (bârth) *v* ancorar; atracar.
Beseech (bissi-tsh) *v* implorar; rogar; suplicar.
Beseeching (bissi-tshinn) *s* rôgo; súplica.
Beseem (bissimm) *v* convir; enquadrar-se.
Beset (bissét) *v* cercar; rodear; sitiar.
Beset (bissét) *adj* cercado.
Beside (bissáid) *prep* ao lado de; junto de; perto de.
Beside (bissáid) *adv* à mão; perto.
Besides (bissáidz) *prep* além de.
Besides (bissáidz) *adv* além disso; demais a mais; demais; também; ***BESIDES, you should not eat so much chocolate***: além disso, você não deveria comer tanto chocolate.
Besiege (bissidj) *v* assediar; cercar; sitiar.
Besieger (bissi-djâr) *s* sitiante.
Besmear (bismir) *v* emporcalhar; sujar.
Besmirch (bismâr-tsh) *v* manchar; sujar.
Besom (bi-zâmm) *s* ramo seco usado como vassoura; vassoura.
Bespangle (bispéngl) *v* ornar com lantejoulas.
Bespatter (bispé-târ) *v* manchar; salpicar.
Best (bést) *s* o melhor.
Best (bést) *adj* o melhor (superlativo de **GOOD**).
Best (bést) *adv* da melhor forma (superlativo de **WELL**).
Best... (bést...) ***at BEST***: quando muito; ***BEST-seller***: o livro mais vendido; ***do one's BEST***: fazer o possível; ***make the BEST of bad job***: tirar o melhor proveito.
Bestir (bistâr) *v* ativar; mexer-se; movimentar-se.
Bestow (bistôu) *v* conceder; dar; outorgar.
Bestowal (bistôu-âl) *s* concessão; dádiva; presente.
Bestride (bistráid) *v* cavalgar; montar; subir.
Bet (bét) *s* aposta.
Bet (bét) *v* apostar.
Betake (bitêik) *v* aplicar-se; dedicar-se; empregar-se.
Bethel (bé-thél) *s* casa santa; capela; santuário.
Bethink (bithink) *v* considerar; pensar; refletir.
Betide (bitáid) *v* acontecer; ocorrer; suceder.
Betimes (bitáimz) *adv* a tempo; cedo; logo.
Betoken (bitôukn) *v* pressagiar; predizer; vaticinar.
Betray (bitrêi) *v* atraiçoar; denunciar.
Betrayal (bitrêi-âl) *s* denúncia; traição.
Betrayer (bitrêi-âr) *s* denunciante; traidor.
Betroth (bitró-th) *v* prometer casamento.
Betrothal (bitró-thâl) *s* noivado.
Better (bé-târ) *s* apostador; melhoria; superior; ***Elaine WRITES better than Erika***: Elaine escreve melhor do que a Erika.
Better (bé-târ) *adj* melhor; superior (comparativo de **GOOD**).
Betterment (bé-tinn) *s* melhoria; melhoramento; progresso.
Betting (bé-tinn) *s* aposta.
Between (bitui-nn) *adv* entre; no meio (de objetos).
Between (bitui-nn) *prep* entre; no meio (de objetos).
Bevel (bé-vel) *s* chanfradura; recorte.
Bevel (bé-vel) *v* chanfrar; recortar.
Beverage (bé-vâridj) *s* bebida; beberagem; gorjeta.
Bevy (bé-vi) *s* grupo (de pássaros); bando.
Bewail (biuêil) *v* lamentar; lastimar; sentir.
Beware (biuér) *v* acautelar-se; precaver-se; tomar cuidado.
Beware (biuér) *interj* cuidado!
Bewilder (biuil-dâr) *v* confundir; desorientar; desviar.
Bewilderment (biuil-dârment) *s* aturdimento; confusão; perplexidade.
Bewitch (biui-tsh) *v* cativar; enfeitiçar; encantar; fascinar.
Bewitchment (biui-tshment) *s* encantamento; encanto; fascinação; feitiço.
Beyond (bi-iónd) *prep* além de; mais longe do que.
Beyond (bi-iónd) *adv* além; do outro lado; mais longe.
Bias (bái-âss) *s* propensão; pendor; tendência.
Bias (bái-âss) *v* influenciar; influir; induzir; predispor.
Bib (bib) *s* babador.
Bible (báibl) *s* RELIG Bíblia, conjunto de livros sagrados; ***the BIBLE wich is on the table belongs to me***: a Bíblia que está em cima da mesa pertence a mim.
Biblical (bi-blikâl) *adj* bíblico.
Bibulous (bi-biulâss) *adj* absorvente; poroso.
Biceps (bái-séps) *s* ANAT bícepes (músculo).
Bicker (bi-kâr) *s* altercação; disputa.
Bicker (bi-kâr) *v* altercar; disputar.
Bicycle (bái-sikl) *s* bicicleta.
Bicycler (bái-siklâr) *s* ciclista.
Bicyclist (bái-siklist) *vide* **BICYCLER**.
Bid (bid) *s* concorrênciao; ferta.
Bid (bid) *v* lançar; leiloar; licitar; oferecer.
Biddable (bi-dâbl) *adj* dócil; obediente.
Bidder (bi-dâr) *s* licitante; leiloante; ofertante.
Bidding (bi-dinn) *s* lanço; ofertas; mando; ordem.
Bide (báid) *v* esperar; ficar; permanecer.
Bier (bir) *s* ataúde; carreta fúnebre; féretro.
Biff (bif) *s* golpe; soco.
Biff (bif) *v* esmurrar; golpear; socar.
Bifocal (báifôu-kâl) *adj* bifocal (com dois focos).
Bifurcate (bái-fârkêit) *v* bifurcar (dar duas direções).
Big (big) *adj* corpulento; grande; gordo; volumoso; ***BIG shot***: chefão; grande chefe; homem poderoso.
Bigamist (bi-gâmist) *s* bígamo (com dois cônjuges simultaneamente).
Bight (báit) *s* angra; enseada; golfo; laçada.
Bigness (big-néss) *s* grossura; volume.
Bigot (bi-gât) *s* beato; carola; fanático.
Bigotry (bi-gâtri) *s* beatice; fanatismo; intolerância.
Bigwig (big-uig) *s* figurão; mandachuva; *vide* **BIG shot**.
Bike (báik) *s* bicicleta; formigueiro; FIG multidão.
Bilateral (báilé-târâl) *adj* bilateral; JUR contratos onde as partes têm deveres e direitos recíprocos.
Bile (báil) *s* bile; bílis; mau humor.
Bilge (bildj) *s* fundo de embarcação; porão.
Bilge (bildj) *v* NÁUT fazer água.
Bilingual (báilin-guâl) *adj* bilíngue, que fala, escreve (domina) duas línguas.
Bilk (bilk) *v* defraudar; enganar; lograr.
Bilking (bil-kinn) *s* logro; fraude; trapaça.

Bill (bil) *s* conta; fatura; lista; letra de câmbio; nota (dinheiro); papel moeda.
Billboard (bil-bôurd) *s* USA quadro onde se afixa cartazes (notas, avisos).
Billet (bi-lit) *s* aviso; aquartelamento; alojamento; bilhete; nota.
Billet (bi-lit) *v* aquartelar; alojar.
Billfold (bil-fôuld) *s* USA carteira de bolso.
Billhook (bil-huk) *s* podadeira (instrumento cortante para grama etc.).
Billianaire (biliâné-r) *s* USA bilionário.
Billiards (bi-liârds) *s* ESP bilhar (jogo feito em mesa especial, visando o contato de uma bola branca com as duas outras bolas restantes).
Billingsgate (bi-lingzghêit) *s* linguagem profana; rude.
Billion (bi-liânn) *s* bilhão; USA mil milhões.
Billow (bi-lôui) *s* onda grande; vaga.
Billowy (bi-lôui) *adj* agitado; encapelado; enfurecido.
Billy (bi-li) *s* cassetete de policial.
Billycock (bi-likók) *s* chapéu coco.
Bin (binn) *s* caixa; caixote; cofre.
Bin (binn) *v* armazenar, guardar bebidas na adega.
Binary (bái-nâri) *adj* MAT binário (sistema numérico de base dois).
Bind (báind) *s* atadura; faixa.
Bind (báind) *v* atar; aglutinar-se; segurar; unir.
Binder (báin-dâr) *s* atador; encadernador; enfeixador de trigo.
Binderly (báin-dâri) *s* indústria de encadernação.
Binding (báin-dinn) *s* encadernação; faixa.
Binding (báin-dinn) *adj* forçado; obrigatório.
Bingo (bingôu) *s* festa; farra; jogo coletivo (sorteio); troça.
Binocle (bi-nókl) *s* binóculo.
Binocular *vide* BINOCLE.
Binomial (báinôu-miâl) *s* MAT binômio (expressão algébrica).
Biographer (báió-grâfâr) *s* biógrafo.
Biography (báió-grâfi) *s* biografia (arte e ciência de escrever a vida de pessoas famosas).
Biologist (báió-lodjist) *s* biologista; biólogo.
Biology (báió-lodji) *s* biologia.
Biped (bái-ped) *adj* bípede (dois pés).
Bipedal (bi-pidâl) *vide* BIPED.
Biplane (bái-plêinn) *s* biplano; duplo plano.
Birch (bârtsh) *s* bétala; vidoeiro.
Birch (bârtsh) *v* açoitar.
Bird (bârd) *s* ave; pássaro; GÍR cara; rapariga; sujeito.
Birdcall (bârd-kól) *s* assobio do canto do pássaro; chamariz; engôdo.
Birdlime (bârd-láimm) *s* visco; produto para capturar pássaros.
Birth (bârth) *s* comêço; nascimento; descendência; origem; princípio; prole; ***they were happy at the BIRTH of their second child***: eles ficaram felizes com o nascimento do segundo filho.
Birthday (bârth-dêi) *s* aniversário de nascimento.
Birthplace (bârth-plêiss) *s* cidade natal; lugar de nascimento.
Birthright (bârth-ráit) *s* JUR direito de primogenitura (do filho mais velho).
Biscuit (bis-kit) *s* biscoito; bolacha; USA CRACKERS.
Bisection (báissék-shânn) *v* bisseção; dividido em duas partes iguais.
Bisexual (báissék-shuâl) *adj* bissexual; hermafrodita (dois sexos).
Bishop (bi-shâp) *s* bispo.
Bishopric (bi-shâprik) *s* diocese (extensão territorial governada por um prelado, por um bispo).
Bismuth (biz-mâth) *s* QUÍM bismuto (número atômico 83, peso atômico 209, símbolo Bi).
Bissextile (bisséks-til ou bisséks-táil) *adj* bissexto (ano em que o mês de fevereiro tem 29 dias).
Bistoury (bis-turi) *s* MED bisturi.
Bit (bit) *s* dentanda; migalha; pedaço; pouco; porção.
Bit (bit) *v* refrear; reprimir.
Bitch (bitsh) *s* cadela; cachorra; fêmea dos caninos; GÍR mulher de vida fácil.
Bite (báit) *s* bocado (alimento); dentada; ferroada; mordedura; picada; refeição rápida.
Bite (báit) *v* cortar; picar (insetos); morder; roer.
Biter (bi-târ) *s* mordedor.
Biting (bái-tinn) *adj* afiado; cortante; mordaz; sarcástico.
Bitter (bi-târ) *adj* amargo; cortante; doloroso; penoso; penetrante; ***"Giló" has a BITTER taste***: o "Giló" tem um gosto amargo.
Bitters (bi-târz) *s* bebidas amargas.
Bitumen (bitiu-men) *s* betume.
Biweekly (bái-uik-li) *adj* quinzenal; publicação quinzenal.
Bizarre (bizá-r) *adj* bizarro; extravagante; esquisito.
Blab (bléb) *v* dar com a língua nos dentes (revelar segredo); tagarelar.
Blabber (blé-bâr) *s* falador; indiscreto; tagarela.
Black (blaek) *s* cor negra; negro; ***BLACK jack***: jogo de cartas (vinte e um).
Black (blaek) *v* enegrecer.
Black (blaek) *adj* escuro; negro; preto.
Blackamoor (blae-kâmur) *s* negro.
Blackball (blaek-ból) *s* contrário; voto contra.
Blackball (blaek-ból) *v* contrariar; rejeitar; voto contra.
Blackberry (blaek-béri) *s* amora (fruta).
Blackbird (blaek-bârd) *s* melro; pássaro preto.
Blackboard (blaek-bôurd) *s* lousa; quadro negro.
Blacken (blae-kânn) *v* denegrir; enegrecer; tingir de preto.
Blackguard (blaek-gârd) *s* mal carater; patife.
Blackguard (blaek-gârd) *v* insultar; injuriar; infamar.
Blacking (blae-kinn) *s* engraxadela; graxa.
Blackish (blae-kish) *adj* escuro.
Blackleg (blaek-lég) *s* traidor (o que fura a greve).
Blackmail (blaek-mêil) *s* chantagem.
Blackmail (blaek-mêil) *v* praticar chantagem.
Blackmailer (blaek-mêi-lâr) *s* chantagista.
Blackness (blaek-néss) *s* escuridão; negrume; negrura.
Blackout (blaek-áut) *s* escuridão total.
Black-rod (blaek-rôud) *s* bedel do parlamento inglês.
Bladder (blé-dâr) *s* ampola; bexiga; vesícula.
Blade (blêid) *s* fôlha cortante; fôlha; lâmina.
Blain (blêinn) *s* chaga; ferida; pústula.
Blamable (blêi-mâbl) *adj* censurável; reprovável.
Blamableness (blêi-mâblnéss) *s* culpa; falta.
Blame (blêimm) *s* censura; reprovação; repreensão.
Blame (blêimm) *v* admoestar; censurar; culpar; repreender; responsabilizar; ***she BLAMED David Jr., but he did not break the vase***: ela responsabilizou ao David Jr, mas não foi ele quem quebrou o vaso.
Blameless (blêim-léss) *adj* sem culpa; inocente.
Blamelessness (blêim-lésnéss) *s* inocência.
Blanch (bléntsh) *v* descansar; empalidecer; tornar branco.
Bland (blénd) *adj* afável; brando; meigo; macio; suave.
Blandish (blén-dish) *v* afagar; acariciar; suavizar.
Blandishment (bléndish-ment) *s* afago; carinho; carícia.
Blank (blaenk) *adj* branco; espaço não escrito; espaço não preenchido; vazio; ***BLANK page***: folha em branco.
Blank (blaenk) *v* anular; cancelar; ESP dar uma surra.
Blanket (blén-kit) *s* cobertor; coberta; manta.
Blanket (blén-kit) *v* cobrir com manta; cobertor.
Blankness (blênk-néss) *s* brancura; palidez; pertubação.
Blare (blér) *s* bramido; estrondo; rugido.
Blare (blér) *v* berrar; retumbar.
Blarney (blár-ni) *s* adulação; bajulação; lábia.
Blaspheme (blaesfi-mm) *v* blasfemar; imprecar (rogar praga).
Blast (blást) *s* explosão; golpe de vento; pé de vento; rajada de vento.

Blast (blást) *v* dinamitar; destruir; explodir.
Blast (blást) *interj* com os diabos!
Blasted (blás-tid) *adj* arruinado; amaldiçoado; depravado; destruído; maldito.
Blasting (blás-tinn) *s* estouro; explosão.
Blasting (blás-tinn) *adj* destruidor.
Blat (blét) *v* balir (imitar o som do cordeiro ou ovelha).
Blatancy (blé-tânsi) *s* berro; barulho; clamor.
Blatant (blé-tânt) *adj* alardeante; barulhento; manifesto; patente; ruidoso.
Blaze (blêiz) *s* ardor; brilho; chama; fogo; labareda.
Blaze (blêiz) *v* brilhar; luzir; queimar; proclamar; tornar conhecido.
Blazer (blêi-zâr) *s* dia claro; jaqueta (roupa esportiva); luminoso.
Blazing (blêi-zinn) *adj* chamejante; em chamas; flamejante.
Blazon (blêiz-n) *s* brasão.
Blazon (blêiz-n) *v* proclamar; publicar; tornar conhecido.
Bleach (blitsh) *v* alvejar; branquear; empalidecer.
Bleacher (bli-tshâr) *s* branqueador; descorante.
Bleak (blik) *adj* cortante; deserto; ermo; frio; gélido; penetrante.
Bleakness (blik-néss) *s* desabrigo; frialidade; palidez.
Blear (blir) *adj* lacrimejante; rameloso; turvo.
Bleat (blit) *s* balido (grito de ovelha); FIG lamúria.
Bleat (blit) *v* balir; balar.
Bleb (bléb) *s* ampola; bolha; bexiga; reservatório.
Bleed (blid) *v* sangrar; GÍR extorquir dinheiro de.
Bleeding (bli-dinn) *s* hemorragia; sangria.
Blemish (blé-mish) *s* mácula; mancha; nódoa.
Blemish (blé-mish) *v* corromper; viciar.
Blench (bléntsh) *v* esquivar-se; retirar-se; retrair-se; retroceder.
Blend (blénd) *s* combinação; fusão; mistura.
Blend (blénd) *v* combinar; homogeneizar; misturar.
Blended (blén-did) *adj* harmonizado; misturado.
Blender (blén-dâr) *s* liquidificador.
Blending (blén-dinn) *s* combinação; fusão; mistura.
Bless (bléss) *v* abençoar; benzer; consagrar; santificar.
Blessed (blé-sid) *adj* abençoado; feliz; louvado.
Blessedness (blés-sidnéss) *s* bem-aventurança; graça de Deus.
Blessing (blé-sinn) *s* benção; benefício; graça.
Blight (bláit) *s* ferrugem; queima (pelo frio).
Blight (bláit) *v* mirrar (plantas); queimar.
Blind (bláind) *s* capa; veneziana; estore.
Blind (bláind) *adj* cego; escondido; escuro; oculto.
Blind (bláind) *v* cegar; encobrir; esconder; vendar os olhos.
Blindfold (bláind-fôuld) *adj* olhos vendados; olhos ofuscado.
Blindfold (bláind-fôuld) *v* vendar os olhos; ofuscar.
Blindfold (bláind-fôuld) *adv* às cegas; cegamente.
Blindly (bláind-li) *adv* às cegas; cegamente.
Blindman's buff (bláind-maenzbâf) *s* o jogo da cabra cega.
Blindness (bláind-néss) *s* cegueira.
Blink (blink) *s* clarão repentino; clarão passageiro; lampejo.
Blink (blink) *v* evitar; ignorar; piscar (os olhos); pestanejar; vacilar.
Blinker (blin-kâr) *s* pestanejador; pisca-pisca; viseira.
Bliss (bliss) *s* alegria; bem-estar; bem-aventurança; felicidade.
Blissful (blis-ful) *adj* bem-aventurado; feliz; satisfeito.
Blister (blis-târ) *s* bolha; ampola.
Blithe (bláidh) *adj* alegre; contente; jovial.
Blizzard (bli-zârd) *s* nevasca; tempestade de neve.
Bloat (blôut) *s* POP bêbado.
Bloat (blôut) *v* defumar; inchar; inflar; intumescer.
Bloated (blôu-tid) *adj* defumado; inchado; túmido.
Block (blók) *s* bloco; conjunto; cubos (brinquedo); grupo; quarteirão; TIP clichê.
Block (blók) *v* bloquear; estorvar; impedir; obstruir; obstar.
Blockade (blókêid) *s* bloqueio; USA interrupção no trânsito.
Blockade (blókêid) *v* bloquear; obstruir.
Blockhead (blók-héd) *s* cabeça dura; ignorante; pessoa estúpida.
Blockish (bló-kish) *adj* estúpido; imbecil.
Blocky (bló-ki) *adj* maciço.
Blond (blónd) *adj* louro; loiro.
Blonde (blónd) *vide* BLOND.
Blood (blâd) *s* linhagem; parentesco; raça; sangue; seiva; suco.
Blooded (blâ-did) *adj* de puro sangue.
Bloodhound (blâd-háund) *s* cão de caça; sabujo; sanguinário.
Bloodiness (blâ-dinéss) *adj* crueldade; sanguinolência.
Bloodless (blâ-diléss) *adj* exangue.
Bloodless (blâd-léss) *adj* pálido; sem sangue.
Bloodsausage (blâd-sósij) *s* chouriço.
Bloodshed (blâd-shéd) *s* chacina; matança.
Bloodshot (blâd-shót) *adj* com os olhos ensanguentado; cheio de sangue.
Blood-stone (blâd-stôn) *s* pedra avermelhada (preciosa).
Bloodsucker (blâd-sâ-kâr) *s* sanguessuga.
Bloody (blâ-di) *adj* ensanguentado; sanguinolento; sangrento.
Bloom (blumm) *s* a planta em flor; ferro ao sair da forja; florescência; lingote encandescente; vermelho de faces.
Bloom (blumm) *v* florir; florescer; ostentar.
Bloomer (blu-mâr) *s* êrro; engano; gafe; planta em flor.
Bloomers (blu-mârz) *s* calções esportivos; calças para senhoras.
Blooming (blu-minn) *s* florescência.
Blooming (blu-minn) *adj* florescente.
Blossom (bló-sâmm) *s* flor de árvore.
Blossom (bló-sâmm) *v* desabrochar; florir; florescer.
Blot (blót) *s* borrão (de tinta); mácula; mancha; nódoa; rasura.
Blot (blót) *v* borrar; enxugar; manchar; secar (tinta); ***BLOT out***: obliterar; riscar.
Blotch (blótsh) *s* mancha; pústula; tumor cutâneo.
Blotch (blótsh) *v* cobrir de pústulas.
Blotter (bló-târ) *s* USA livro de registro (policial, hospitalar etc.).
Blouse (bláuz) *s* blusa.
Blow (blôu) *s* assopro; golpe; murro; pancada; sopro; ventania; ***BLOW-FLY***: varejeira (mosca); ***BLOW-UP***: explosão; USA ampliação de fotos; ***a BLOW to the head***: uma pancada na cabeça.
Blow (blôu) *v* soprar; ventar.
Blower (blôu-âr) *s* assoprador; fole; soprador; ventoinha; ventilador.
Blowing (blôu-inn) *s* sopro.
Blowout (blôu-áut) *s* explosão.
Blowpipe (blôu-páip) *s* tubo (de sopro); zarabatana (arma).
Blowy (blôui) *adj* ventoso; tempestuoso.
Blowzed (bláuzd) *adj* desalinhado; queimado do sol; rubro.
Blubber (blâ-bâr) *s* choro; gordura de baleia.
Blubber (blâ-bâr) *v* chorar; pranto.
Bludgeon (blâ-djânn) *s* cacete; clava; porrete.
Blue (blu) *s* azul; tristeza; depressão; ***BLUE-JACKET***: marinheiro.
Blue (blu) *adj* azul; fiel; severo; triste.
Blue (blu) *v* azular; ***to feel BLUE***: estar deprimido.
Blueberries (blu-bérâss) *s* mirtilo (fruta).
Blueness (blu-néss) *s* cor azul.
Blues (bluz) *s* MÚS canção triste; depressão; melancolia.
Bluestocking (bluz-stóking) *s* literata; sabichona.
Bluff (blâf) *s* blefe; ilusão; lôgro.
Bluff (blâf) *v* blefar; enganar; iludir.
Bluff (blâf) *adj* franco; rude; sincero; sem dissimulação.
Bluffness (blâf-néss) *s* aspereza; fanfarronada; franqueza; rudeza.
Bluish (blu-ish) *adj* azulado.
Blunder (blân-dâr) *s* asneira; disparate; êrro crasso; tolice.
Blunder (blân-dâr) *v* cometer êrro grosseiro.
Blunderbuss (blân-dárbâss) *s* bacamarte (arma); pateta; trapalhão.

Blunderer (blân-dârâr) *s* desatinado; desajeitado.
Blundering (blân-dârinn) *adj* desajeitado; disparatado; precipitado.
Blunt (blânt) *adj* abrupto; brusco; duro; embotado; sem corte.
Blunt (blânt) *v* adormecer; enervar; embotar; entorpecer; neutralizar.
Bluntness (blânt-néss) *s* aspereza; embotamento; grosseria.
Blur (blâr) *s* borrão; desdouro; falta de clareza; mancha; névoa.
Blur (blâr) *v* borrar; confundir; manchar; nublar; ofuscar; velar.
Blurt (blârt) *v* deixar escapar um segredo; falar precipitadamente.
Blush (blâsh) *s* rubor; vermelhidão.
Blush (blâsh) *v* corar; ruborizar-se.
Blush (blâsh) *adj* róseo; rubro.
Blushing (blâ-shinn) *s* rubor facial; vermelhidão.
Blushing (blâ-shinn) *adj* avermelhado; corado; ruborizado.
Bluster (blâs-târ) *s* barulho; bazófia; fanfarronada; jactância ruído; tumulto.
Bluster (blâs-târ) *v* bramir; proferir ameaças; vociferar; zunir.
Blusterer (blâs-târâr) *s* fanfarrão.
Board (bôurd) *s* diretoria; junta; mesa; prancha; quadro; tábua; tabuleiro; tribunal; NÁUT *on BOARD*: a bordo; COM *free on BOARD (FOB)*: sem despesas de transporte; *BOARD of trade*: câmara de comércio; *BOARD and lodge*: casa e comida.
Board (bôurd) *v* abordar; dar pensão; hospedar; embarcar; ir a bordo de; USA dar abrigo e alimento aos animais.
Boarder (bôur-dâr) *s* aluno interno; comensal; hóspede; pensionista.
Boarding (bôur-dinn) *s* quadro de aviso; tapume; tábuas; NÁUT abordagem; *BOARDING house*: pensão.
Boarish (bó-rish) *adj* brutal; cruel; imundo; lascivo; sujo; sensual.
Boast (bôust) *s* bazófia; jactância; vanglória.
Boast (bôust) *v* gabar-se; ostentar; vangloriar-se; *Alberto likes to boast*: o Alberto gosta de se gabar.
Boaster (bôus-târ) *s* fanfarrão; prosa; valentão.
Boastful (bôust-ful) *adj* jactancioso; presunçoso; prosa.
Boastfulness (bôust-fulnéss) *s* jactância; ostentação; prosa.
Boat (bôut) *s* barco; bote; canoa; *ferry BOAT*: barco para travessia de passageiros e veículos.
Boat (bôut) *v* navegar; remar.
Boating (bôu-tinn) *s* ESP competição a barco; passeio de barco; remo.
Boatman (bôut-maen) *s* barqueiro.
Bob (bób) *s* boia colocada na linha de pesca; fio de prumo; feixe; pêndulo; pancada leve; prendedor de cabelo; GÍR xelim; *BOB-WIG*: peruca de cachos.
Bob (bób) *v* bater de leve; balouçar-se; sacudir.
Bobbin (bó-binn) *s* bobina; carretel.
Bobby (bó-bi) *s* polícial; tira; *BOBBY pin*: grampo de cabelo.
Bode (bôud) *v* pressagiar; predizer; vaticinar.
Bodement (bôud-ment) *s* agouro; advinhação; profecia.
Bodice (bó-diss) *s* espartilho (colete para apertar a cintura do corpo).
Bodily (bó-dili) *adj* corpóreo; material; real.
Bodily (bó-dili) *adv* em carne e osso; em corpo e alma; em pessoa; em conjunto.
Bodkin (bód-kinn) *s* alfinete de cabelo; furador.
Body (bó-di) *s* corpo; cadáver; esqueleto.
Bog (bóg) *s* brejo; lamaçal; pântano.
Bog (bóg) *v* atolar-se; enlamear-se.
Boggle (bógl) *v* equivocar; hesitar em; recuar; tremer diante; vacilar.
Boggler (bóg-lâr) *s* pessoa hesitante.
Boggy (bó-ghi) *adj* lamacento; pantanoso.
Bogus (bó-gâss) *adj* falso; fictício.
Bogy (bó-ghi) *s* fantasma; espectro; visão; demônio.
Bohemian (bó-himiân) *adj* boêmio; natural da Boêmia.
Boil (bóil) *s* MED espinha; ebulição; fervura; furúnculo.
Boil (bóil) *v* aferventar; cozinhar; excitar-se; enervar-se; ferver.
Boiler (bói-lâr) *s* caldeira; cadinho; chaleira; panela de ferver; tacho.
Boilery (bói-lâri) *adj* ariano; indo-europeu.
Boiling (bói-linn) *s* ebulição; fervura.
Boiling (bói-linn) *adj* escaldante; fervente.
Boisterous (bóis-târâss) *adj* barulhento; violento; turbulento.
Bold (bôuld) *adj* arrojado; destemido; valente.
Boldness (bôuld-néss) *s* audácia; coragem; descaramento; ousadia.
Bole (bôul) *s* haste de árvore; tronco.
Bolivian (boli-viânn) *adj* boliviano.
Boll (bôul) *s* cápsula; casulo; invólucro.
Bolshevik (ból-shivik) *adj* bolchevista; bolchevique (do partido social-comunista).
Bolshevism (ból-shivizm) *s* bolchevismo (partido social-democrata na Rússia).
Bolster (bôuls-târ) *s* almofada; suporte; travesseiro.
Bolster (bôuls-târ) *v* apoiar; sustentar.
Bolt (bôult) *s* dardo; ferrolho; faisca; fuga; flecha; grampo; lingueta (de fechadura); parafuso; raio; seta.
Bolt (bôult) *v* aferroar; fugir.
Bolter (bôul-târ) *s* crivo; cavalo arisco; peneira; USA dissidente.
Bomb (bómm) *s* bomba; explosivo; granada.
Bomb (bómm) *v* bombardear.
Bombard (bóm-bárd) *s* bombarda (antiga máquina de guerra); peça de artilharia.
Bombard (bóm-bárd) *v* bombardear.
Bombast (bóm-bést) *s* bombástico; altissonante.
Bombastic (bóm-bés-tik) *adj* bombástico; empolado; retumbante.
Bombastical (bómbés-tikâl) *vide* BOMBASTIC.
Bomber (bóm-bâr) *s* AER avião de bombardeio; bombardeiro; bombardeador.
Bombing (bóm-binn) *adj* ataque aéreo; lançamento de bombas.
Bombshell (bómm-shél) *s* granada; FIG grande surpresa.
Bonbon (bón-bón) *s* bombom; confeito; guloseima de chocolate.
Bond (bónd) *s* debênture; laço; obrigação moral; título; união; vínculo; vale; JUR contrato; fiança.
Bond (bónd) *v* aglutinar-se; ligar; unir; JUR caucionar; penhorar; hipotecar.
Bondage (bón-didj) *s* cativeiro; escravidão; servidão; sujeição.
Bonded (bón-did) *adj* afiançado; garantido; hipotecado; penhorado.
Bondholder (bónd-hôul-dâr) *s* acionista; obrigacionista; portador de título de crédito.
Bondmaid (bónd-mêid) *s* criada; escrava; serva.
Bondman (bónd-maen) *s* criado; dependente; escravo; servo.
Bondsman (bóndz-maen) *s* escravo; fiador; servo.
Bondswoman (bóndz-uu-maen) *vide* BONDWOMAN.
Bondwoman (bónd-uu-maen) *s* escrava; serva.
Bone (bôunn) *s* barbatana; esqueleto; espinha de peixe; osso.
Bonehead (bôun-héd) *s* estúpido; imbecil; tolo.
Bonfire (bôun-fáir) *s* fogueira; lenha em chamas.
Bonnet (bó-nit) *s* boina; boné; gorro escocês; gorra; USA capô de motor de automóvel; tampa de motor.
Bonnie (bóni) *adj* alegre; belo; bonito; formoso.
Bonny (bóni) *vide* BONNIE.
Bonnyclabber (bóni-clébâr) *s* coalhada; leite coalhado.
Bonus (bôu-nâss) *s* abono; bônus; bonificação; prêmio; percentagem.
Bony (bôu-ni) *adj* espadaúdo; ossudo.
Boo (bu) *s* apupo; vaia.
Boo (bu) *v* apupar; vaiar.
Boo (bu) *interj* aversão; manifestação de desprêzo.
Boob (bub) *s* USA estúpido; pateta; palerma; tolo.

Booby (bu-bi) *s* GÍR pateta; tolo; USA ***BOOBY prize***: prêmio de consolação.
Boobysh (bub-ish) *adj* USA estúpido; tolo.
Boodle (budl) *s* cambada; dinheiro para suborno.
Boodle (budl) *v* subornar.
Boohoo (bu-hu) *s* deploração; lamentação.
Boohoo (bu-hu) *v* deplorar; lamentar.
Book (buk) *s* álbum; bloco; caderno; compêndio; livro; tomo; talão.
Bookbinder (buk-báin-dâr) *s* encadernador.
Bookbindery (buk-báin-dâri) *s* encadernação; oficina de encadernação.
Bookcase (buk-kêiss) *s* estante para livros.
Booking (bu-kinn) *s* reserva de passagens; registro de inscrições.
Bookish (bu-kish) *adj* aplicado no estudo; estudioso; pedante; teórico.
Bookkeeper (buk-ki-pâr) *s* COM contador; guarda-livro.
Bookkeeping (buk-ki-pinn) *s* contabilidade; escrituração mercantil.
Booklet (buk-lit) *s* brochura; fascículo; opúsculo.
Bookmaker (buk-mêi-kâr) *s* agenciador de apostas; banqueiro de aposta (corrida de cavalo).
Bookman (buk-maen) *s* livreiro; erudito.
Bookseller (buk-shélf) *s* livreiro; vendedor de livros.
Bookshelf (buk-shóp) *s* prateleira de livros.
Bookshop (buk-shóp) *s* livraria.
Bookstore (buk-stór) *s* USA livraria.
Bookworm (buk-uârmm) *s* cupim; traça; GÍR rato de biblioteca.
Boom (bumm) *s* aumento imediato de algum fenômeno; explosão; estouro; prosperidade.
Boom (bumm) *v* fazer grande barulho; favorecer; fomentar; progredir subitamente; retumbar; ribombar.
Boor (bur) *s* camponês; campreste; do campo; grosseirão; rústico.
Boorish (bu-rish) *adj* grosseiro; rústico; rude.
Boost (bust) *s* apoio; ajuda; USA alta (de preços); auxílio; elogio; impulso.
Boost (bust) *v* USA apoiar; alçar; elevar; entusiasmar alguém; suspender.
Boot (but) *s* bota; botina; chute; ganho; pontapé; porta-malas de automóvel.
Bootblack (but-blaek) *s* USA engraxate; ENGL SHOEBLACK.
Booted (bu-tid) *adj* calçado; que está protegido por botas.
Booth (buth ou budh) *s* barraca; cabine de telefone; tabernáculo; tenda; urna.
Bootjack (but-djék) *s* calçadeira; descalçadeira.
Bootleg (but-lég) *s* cano de bota; USA contrabando de bebidas.
Bootless (but-léss) *adj* descalço; inútil; sem botas; ocioso.
Boots (buts) *s* engraxate; servidor de hotel (recados).
Booty (bu-ti) *s* despojo; espólio; pilhagem; presa; presa de guerra; saque.
Booze (buz) *s* bebida alcoólica; bebedeira; embriaguez.
Booze (buz) *v* embriagar-se; embebedar-se.
Boozer (bu-zâr) *s* bêbado; ébrio.
Border (bôur-dâr) *s* borda; fronteira; limite; margem.
Border (bôur-dâr) *v* confinar; delimitar; guarnecer; limitar.
Bore (bór) *s* buraco; furo; perfuração; pessoa inoportuna.
Bore (bór) *v* enfadar; fazer buraco em; importunar; incomodar; maçar; perfurar; ***Bob can BORE people***: O Bob consegue incomodar as pessoas.
Boredom (bôur-dâmm) *s* aborrecimento; maçada; tédio.
Borer (bôu-râr) *s* broca; furador; sonda.
Boring (bôu-ring) *adj* enfadonho; maçante; maçador; perfurante.
Born (bórn) *v* gerar; nascer; parir.
Born (bórn) *adj* gerado; nascido.
Borough (bâ-rôu) *s* burgo; comarca; município; vila.
Borrow (bó-rôu) *s* empréstimo.
Borrow (bó-rôu) *v* apropriar-se; emprestar; tomar emprestado.
Borrower (bó-rôuâr) *s* devedor; mutuário; que pede emprestado.
Borrowing (bó-rouinn) *s* empréstimo.
Bosh (bósh) *s* asneira; disparate; tolice.
Bosom (bu-zâmm) *s* âmago; coração; peito; seio.
Bosom (bu-zâmm) *v* pôr no seio; receber na intimidade; USA peito de camisa falso.
Bosom (bu-zâmm) *adj* íntimos.
Boss (bóss) *s* chefe; córcova; patrão.
Boss (bóss) *v* comandar; gravar em relevo; mandar.
Boss (bóss) *adj* em relevo; saliente.
Bossy (bó-si) *adj* dominador; em relevo; mandão; mandachuva.
Bot (bót) *s* berne (larva).
Botany (bó-tâni) *s* botânica.
Botch (bótsh) *s* remendo malfeito.
Botch (bótsh) *v* remendar.
Botcher (bótshâr) *s* mau trabalhador; remendão.
Both (bôuth) *adj* ambos; os dois; um e outro.
Both (bôuth) *pron* ambos; os dois; um e outro; ***Neusa and Marô are BOTH cute***: Neusa e Marô são ambas engraçadinhas.
Both (bôu-th) *adv* assim como; tanto como; ao mesmo tempo.
Both (bôu-th) *conj* assim como; tanto como; ao mesmo tempo.
Bother (bó-dhâr) *s* aborrecimento; incômodo; moléstia.
Bother (bó-dhâr) *v* aborrecer; enfadar; incomodar; maçar.
Bottle (bótl) *s* frasco; garrafa; vasilhame; ***BOTTLE opener***: abridor de garrafa.
Bottle (bótl) *v* engarrafar; enfrascar.
Bottleneck (bótl-nék) *s* gargalo; garganta; passagem estreita.
Bottler (bó-tlâr) *s* engarrafador.
Bottom (bó-tâmm) *s* base; essência; fundamento; fundo; leito de rio; nádegas; pé; sopé; traseiro.
Bottom (bó-tâmm) *v* aprofundar; alicerçar; basear-se; embasar; firmar.
Bottom (bó-tâmm) *adj* baixo; fundo; inferior; o mais baixo; último.
Bottomless (bó-tâmléss) *adj* insondável; sem fundo; sem fundamento; visionário.
Bougeois (bur-juá) *adj* burguês.
Bough (báu) *s* galho de árvore; ramo.
Bounce (báun-ss) *s* estalo; exagero; mola; pancada barulhenta; salto; USA demitir.
Bounce (báun-ss) *v* pular; saltar.
Bouncer (báun-sâr) *s* exagero; fanfarrão; mentira grosseira; USA segurança ("leão de chácara").
Bouncing (báun-sinn) *s* estalo; estrondo.
Bouncing (báun-sinn) *adj* exagerado; forte; vigoroso.
Bound (báund) *s* fronteira; fim; limite.
Bound (báund) *v* dermarcar; limitar.
Bound (báund) *adj* atado; ligado.
Boundary (báun-dâri) *s* divisa; fronteira; limite.
Bounteous (báun-tiâss) *adj* generoso; liberal; magnânimo; pródigo.
Bountiful (báun-tiful) *vide* BOUNTEOUS.
Bourn (bôurn) *s* arroio; limite; meta; regato.
Bourne (bôurn) *vide* BOURN.
Bourse (bârss) *s* bolsa de valores; bolsa de títulos.
Bouse (báuss) *v* alar; içar.
Bout (báut) *s* ataque (de doença); contenda; peleja; luta turno; vez.
Bow (báu) *s* arco; arco de flecha; curva; laço de gravata; reverência; saudação; NÁUT proa; MÚS arco de instrumento; arco-íris; ***BOW tie***: gravata borboleta.
Bow (báu) *v* curvar-se; reverenciar; saudar.
Bowel (báu-âl) *s* intestino; tripa.
Bower (bôu-âr) *s* camarim; manejador de arco; residência; NÁUT âncora da proa.

Bowl (bôul) *s* bacia; boliche; bola de madeira; taça; tijela.
Bowl (bôul) *v* atirar; deslizar; fazer rolar; jogar a bola.
Bowleg (bôu-lég) *s* perna torta.
Bowlegged (bôu-légd) *adj* de pernas tortas.
Bowler (bôu-lâr) *s* chapéu coco; USA **DERBY**.
Bowstring (bôu-strinn) *s* corda de arco (para lançar flechas).
Box (bóks) *s* arca; caixa; caixote; camarote; compartimento; estojo; mala.
Box (bóks) *v* boxear; esbofetear; encaixar; encaixotar; lutar.
Boxer (bók-sâr) *s* boxeador; pugilista.
Boxing (bók-sinn) *s* boxe; embalagem; pugilismo.
Boy (bói) *s* garoto; menino; rapaz; ***BOY-scout***: escoteiro.
Boycott (bói-kót) *s* boicote; embaraço.
Boycott (bói-kót) *v* boicotar (produzir meios para atrapalhar algo ou alguém).
Boyfriend (bói-friénd) *s* amiguinho; namorado.
Boyhood (bói-hud) *s* infância.
Boyish (bói-ish) *adj* infantil; pueril.
Bra (brah) *s* sutiã (**brassière**).
Brace (brêiss) *s* braçadeira; cinta; escora; gancho; ligadura; suporte.
Brace (brêiss) *v* atar; engatar; ligar.
Bracelet (brêis-lét) *s* bracelete; pulseira; GÍR algema.
Bracing (brêi-sinn) *s* estimulante; fortificante; tonificante.
Bracken (bré-kânn) *s* BOT feto.
Bracket (bré-kit) *s* braçadeira; chave; colchete; consolo; gancho; parênteses.
Bracket (bré-kit) *v* colocar entre parênteses.
Brackisk (bré-kish) *adj* salobre; salobro (água).
Brad (bréd) *s* prego sem cabeça; ponta.
Bradwal (bréd-ól) *s* buril; furador.
Brag (braeg) *s* basófia; jactância.
Brag (braeg) *v* gabar-se; vangloriar-se; ***her mother tells her not to BRAG***: sua mãe diz-lhe para não se gabar.
Braggart (brae-gârt) *adj* fanfarrão; gabolas.
Braid (brêid) *s* galão; trança.
Braid (brêid) *v* entrelaçar; trançar.
Brain (brêinn) *s* cérebro; intelecto; inteligência.
Brainless (brêin-léss) *adj* desmiolado; insensato.
Brainsick (brêin-sik) *adj* doido; insensato.
Brainstorm (brêin-estorm) *s* distúrbio mental temporário; FIG ter uma ótima ideia.
Braise (brêiss) *v* assar; guisar; refogar.
Brake (brêik) *s* AUT breque; freio.
Brake (brêik) *v* brecar; frear.
Bramble (brémb-l) *s* espinheiro.
Bran (braenn) *s* farelo.
Branch (bréntsh) *s* galho (de árvore); ramo.
Branch (bréntsh) *v* ramificar-se.
Branchy (brén-tshi) *adj* ramificado.
Brand (brénd) *s* espada; estígma; ferrete; tição; raio.
Brandish (brén-dish) *v* agitar; brandir.
Brandy (braen-di) *s* aguardente de frutas; conhaque.
Brass (bráss) *s* arame; cobre; latão; metal amarelo; MÚS instrumento de metal; GÍR alta patente militar.
Brassy (brá-si) *adj* de latão; descarado; impudente.
Brat (braet) *s* avental; guarda pó; moleque; pirralho.
Brave (brêiv) *v* desafiar.
Brave (brêiv) *adj* bravo; corajoso; ***the doctor says you are very BRAVE***: o médico diz que você é muito corajoso.
Bravery (brêi-vâri) *s* audácia; bravura; coragem.
Bravo (brâ-vôu) *s* assassino; capanga; matador.
Bravo (brâ-vôu) *interj* bravo!
Brawl (bról) *s* alvoroço; briga; contenda; disputa.
Brawl (bról) *v* altercar; brigar.
Brawler (bró-lâr) *s* altercador; brigão.
Brawn (brónn) *s* carne de porco; força muscular; músculo.
Brawny (bró-ni) *adj* forte; musculoso; vigoroso.
Bray (brêi) *v* moer; triturar; zurrar.
Braze (brêiz) *v* bronzear; soldar.
Brazen (brêiz-n) *adj* bronzeado; de bronze; de latão; descarado.
Brazilian (brâsi-liânn) *adj* brasileiro.
Brazilwood (brâzil-uud) *s* pau-brasil (árvore).
Brazing (brêi-zinn) *s* bronzeamento; solda; soldadura.
Breach (britsh) *s* abertura; buraco; brecha; fenda.
Bread (bréd) *s* hóstia; pão.
Breadth (brédth) *s* amplitude; extensão; liberalidade; largueza de visão.
Break (brêik) *s* falha; interrupção; pausa; quebra; rompimento; ruptura.
Break (brêik) *v* despedaçar; quebrar; romper; ***BREAK in***: arrombar.
Breakdown (brêik-dáunn) *s* colapso; esgotamento; ruína.
Breaker (brêi-kâr) *s* infrator; onda; transgressor; vagalhão.
Breakfast (brêik-fâst) *s* café da manhã; desjejum.
Breakfast (brêik-fâst) *v* quebrar o jejum.
Breaking (brêi-kinn) *s* fratura; falência; ruptura; ruína.
Breakneck (brêik-nék) *s* desfiladeiro; precipício.
Breakneck (brêik-nék) *adj* precipitado; perigoso; rápido.
Breakwater (brêikúó-târ) *s* quebra-mar.
Breast (brést) *s* peito; seio; tetas.
Breast (brést) *v* atacar pela frente; enfrentar.
Breastbone (brést-bôunn) *s* MED esterno.
Breath (bréth) *s* fôlego; hálito; respiração; sopro.
Breathe (bridj) *v* descansar; exalar; respirar; soprar; viver.
Breathing (bri-dhinn) *s* fôlego; respiração.
Breech (britsh) *s* culatra; nádegas; traseiro.
Breeches (bri-tshiz) *s* calções.
Breed (brid) *s* raça; geração; ninhada.
Breed (brid) *v* criar; educar; procriar; produzir.
Breeze (briz) *s* aragem; agitação; brisa.
Brethren (bré-dhren) *s* irmãos de fraternidade.
Brevet (bré-vit) *s* carta de voo; diploma; permissão; patente.
Brevet (brivé-t) *v* graduar.
Breviary (bri-viéri) *s* breviário: resumo; sumário; RELIG livro de preces.
Brevity (bré-viti) *s* brevidade.
Brew (bru) *s* bebida; cerveja; mistura.
Brew (bru) *v* fermentar; misturar; remexer; tramar.
Brewer (bru-âr) *s* cervejeiro.
Brewery (bru-âri) *s* cervejaria; fábrica de cerveja.
Briar (brái-âr) *adj* matagal roseira; sarça.
Bribe (bráib) *s* propina; suborno; subornar.
Bribery (brái-bâri) *s* suborno.
Brick (brik) *s* bom sujeito; ladrilho; tijolo.
Bricklayer (brik-leiâr) *s* pedreiro.
Brickwork (brik-uârk) *s* obra de tijolos; obra de ladrilhos.
Bridal (brái-dâl) *s* noivado; núpcias.
Bridal (brái-dâl) *adj* nupcial.
Bridal (brái-dâl) *v* construir pontes.
Bride (bráid) *s* noiva (recém casada).
Bridegroom (bráid-grumm) *s* noivo (recém casado).
Bridesmaid (brái-dzmêid) *s* dama de honra.
Bridge (bridj) *s* jogo de cartas; ponte.
Bridle (bráidl) *s* freio; rédea (de cavalo); NÁUT amarra.
Bridle (bráid-l) *v* conter; refrear.
Brief (brif) *s* compêndio; instrução; memorial; resumo.
Brief (brif) *v* abreviar; resumir.
Brief (brif) *adj* breve; conciso; curto; efêmero.
Briefcase (brif-quêiz) *s* maleta; pasta.
Briefless (brif-léss) *adj* JUR sem clientes; sem causa.
Briefly (brif-li) *adv* concisamente; resumidamente.
Briefness (brif-néss) *s* brevidade; concisão.
Brier (brái-âr) *vide* **BRIAR**.
Brigade (brighêi-d) *s* brigada (corpo militar).
Brigand (bri-gând) *s* bandido; bandoleiro; marginal.
Bright (bráit) *adj* brilhante; luminoso; resplandecente; ***BRIGHT sun***: sol resplandecente.

Brighten (bráit-n) *v* alegrar; enobrecer; iluminar; lustrar; polir.
Brightness (bráit-néss) *s* alegria; animação; brilho; esplendor.
Brim (brimm) *s* aba; beira; borda.
Brim (brimm) *v* encher até as bordas.
Brimful (brim-ful) *adj* cheio até a borda.
Brindle (brindl) *adj* malhado.
Brine (bráinn) *s* água do mar; lágrima (poesia) salmoura.
Bring (brinn) *v* conduzir; produzir; trazer; ***to BRING back***: devolver.
Bringer (brin-gâr) *s* portador.
Brink (brink) *s* beira; borda; extremidade; margem; orla.
Briny (brái-ni) *adj* salgado; salobre.
Brisk (brisk) *adj* ativo; animado; esperto; vivo; vigoroso.
Brisk (brisk) *v* animar.
Briskness (brisk-néss) *s* atividade; vivacidade.
Bristle (bris-l) *s* cerda; pelo.
Bristle (bris-l) *v* eriçar os pelos.
Britannic (brité-nik) *adj* britânico.
British (bri-tish) *s* o povo inglês.
British (bri-tish) *adj* britânico.
Briton (bri-tânn) *s* bretão; britânico.
Briton (bri-tânn) *s* bretão; britânico.
Brittle (brit-l) *adj* frágil.
Brittleness (brit-lnéss) *s* fragilidade; pouca consistência.
Broach (brôutsh) *s* broca; espêto; furador.
Broach (brôutsh) *v* abrir; espetar; tornar público.
Broad (bród) *adj* amplo; claro; categórico; essencial; principal; vasto; ***BROAD-minded***: liberal; tolerante.
Broadcast (bród-kést) *s* ação de semear; programa (rádio); radiodifusão.
Broadcast (bród-kést) *v* espalhar; irradiar; semear; transmitir.
Broadcast (bród-kést) *adj* difundido; irradiado; semeado; transmitido pelo rádio.
Broaden (bród-n) *v* alargar; ampliar; desenvolver.
Broadly (bró-dli) *adv* amplamente; de um modo geral.
Broadness (bród-néss) *s* atrevimento; franqueza; largura.
Brocade (brokêi-d) *s* brocado (tecido).
Brock (brók) *s* texugo (mamífero).
Brogan (brôu-gânn) *s* calçado (pesado e rústico).
Brogue (brôug) *s* Irlandês; sotaque.
Broil (bróil) *s* algazarra; motim; rixa; tumulto.
Broil (bróil) *v* assar; discutir; tostar.
Broiler (brói-lâr) *s* agitador; amotinador; grelha; perturbador.
Broke (brôuk) *adj* arruinado; falido; quebrado; sem dinheiro.
Broken (brôukn) *adj* domado; entrecortado; falido; língua mal falada; quebrado.
Brokenness (brôuk-néss) *s* falência; interrupção; ruína.
Broker (brôu-kâr) *s* corretor de títulos; representante.
Brokerage (brôu-kâridj) *s* corretagem; comissão.
Bronze (brónz) *s* bronze (cobre e estanho).
Brooch (brôutsh) *s* alfinête de lapela; broche.
Brood (brud) *s* descendência; geração; ninhada; prole; raça.
Brood (brud) *v* chocar; meditar; pensar; refletir.
Broody (bru-di) *adj* choca; introspectivo; prenhe; pensativo; taciturno.
Brook (bruk) *s* arroio; córrego; riacho; regato.
Brook (bruk) *v* digerir; suportar; tolerar.
Brooklet (bruk-lit) *s* córrego; regato.
Broom (brumm) *s* giesta; planta ornamental; vassoura.
Broom (brumm) *v* varrer.
Broomstick (brum-stik) *s* cabo da vassoura.
Broth (bróth) *s* caldo; sopa.
Brothel (bró-thel) *s* bordel; casa de prostituição (prostíbulo).
Brother (brâ-dhâr) *s* amigo; confrate; irmão; ***BROTHER in law***: cunhado; ***I love my BROTHER***: eu gosto do meu irmão.
Brotherhood (brâ-dhâr-hud) *s* fraternidade; confraria; irmandade.
Brotherlike (brâ-dhârláik) *adj* fraternal.
Brotherly (brâ-dhârli) *adj* fraternal.
Brotherly (brâ-dhârli) *adv* fraternalmente.
Brow (bráu) *s* sobrancelha; testa.
Browbeat (bráu-bit) *v* intimidar.
Brown (bráun) *adj* castanho; marrom; moreno; trigueiro.
Brown (bráun) *v* acastanhar; amorenar; tostar.
Brownie (bráu-ni) *s* escoteira; máquina fotográfica; MIT duende.
Browse (bráuz) *s* brôto; rebento.
Browse (bráuz) *v* comer folhas e rebentos; pastar.
Bruise (bruz) *s* contusão; escoriação; mancha (roxa); nódoa (negra).
Bruise (bruz) *v* contundir; machucar; pisar.
Brume (brumm) *s* bruma; névoa.
Brummagem (brâ-mâdjâmm) *s* bijuteria; joalheria barata.
Brummagem (brâ-mâdjâmm) *adj* falso.
Brunt (brânt) *s* choque; colisão; pêso.
Brush (brâsh) *s* broxa; escova (de cabelo); pincel; ***toothBRUSH***: escova de dente; ***paintBRUSH***: brocha.
Brush (brâsh) *v* escovar; pintar com pincel; retocar; varrer.
Brushwood (brâsh-uud) *s* mato; matagal.
Brusk (brâsk ou brusk) *adj* brusco; grosseiro; rude.
Brusque (brâsk ou brusk) *vide* **BRUSK**.
Brutality (bruté-liti) *s* brutalidade; crueldade; rudeza.
Brutalize (bru-tâláiz) *v* brutalizar; embrutecer.
Brute (brut) *s* animal; bruto.
Brute (brut) *adj* bruto; estúpido; irracional; sensual.
Brutish (bru-tish) *adj* brutal; embrutecido; estúpido; sensual.
Bub (bâb) *s* USA menino; rapaz.
Bubble (bâbl) *s* ampola; bolha (de sabão); bola (de sabão); logro; murmúrio; quimera; ***BUBBLE gum***: goma de mascar.
Bubble (bâbl) *v* borbulhar; ***BUBBLE over with***: estar radiante; estar cheio de.
Buccaneer (bâkânir) *s* aventureiro; bucaneiro; pirata.
Buck (bâk) *s* bode; gamo; macho (de animal); veado; USA GÍR dólar.
Bucket (bâ-kit) *s* balde; tina.
Bucket (bâ-kit) *v* baldear; cavalgar; mover-se rapidamente.
Bucketful (bâ-kitful) *s* capacidade de um balde.
Buckhound (bâk-háund) *s* cão caçador.
Buckle (bâkl) *s* broche de cabelo; fivela.
Buckle (bâk-l) *v* afivelar; prender.
Buckler (bâk-lâr) *s* defesa; escudo.
Buckler (bâk-lâr) *v* defender; escudar; proteger.
Buckskin (bâk-skinn) *s* camurça; pele de anta; pele de gamo.
Bucolic (biukó-lik) *s* bucólico; pastoril.
Bud (bâd) *s* botão (flor); broto.
Bud (bâd) *v* brotar; emitir; enxertar; germinar.
Buddhism (bu-dizm) *s* RELIG Budismo (doutrina religiosa e social fundada por Gautama Shiddartha, denominado o Buda - "o iluminado").
Buddhist (bu-dist) *adj* budista, que segue a doutrina religiosa de Buda.
Budge (bâdj) *s* pele de cordeiro.
Budge (bâdj) *v* agitar-se; mover-se; mexer.
Budge (bâdj) *adj* austero; cerimonioso; pomposo.
Budget (bâ-djit) *s* mochila; orçamento; saco.
Buff (bâf) *s* couro de búfalo; disco de camurça para polir; tolice.
Buff (bâf) *v* polir.
Buffalo (bâ-fâlôu) *s* búfalo.
Buffer (bâ-fâr) *s* para-choque; GÍR velho incompetente.
Buffet (bâ-fit) *s* bofetada; tapa.
Buffet (bâ-fit) *v* bater; esmurrar; sacudir.
Buffoon (bâfu-nn) *s* bôbo; bufão; palhaço.
Buffoonery (bâfu-nâri) *s* palhaçada.
Bug (bâg) *s* carrapato; percevejo; pulgão; GÍR micróbio; USA falha; inseto; mania.
Bugaboo (bâ-gâbu) *s* bicho-papão; fantasma.
Bugbear (bâg-bér) *vide* **BUGABOO**.

Bugger (bâ-gâr) *s* sodomita (que faz cópula anal); pederastia; velhaco.

Bugle (bâgl) *s* corneta; clarim; trompa.

Build (bild) *s* contrução; prédio.

Build (bild) *v* construir; edificar; erigir; fabricar.

Bulgar (bâl-gâr) *adj* búlgaro.

Bulgarian (bâlghé-riânn) *vide* **BULGAR**.

Bulge (bâldj) *s* bôjo; saliência.

Bulk (bâlk) *s* grandeza; massa; volume.

Bulky (bâl-ki) *adj* corpulento; volumoso.

Bull (bul) *s* bula (papal); contradição; disparate; touro.

Bulldog (bul-dóg) *s* buldogue (cão de fila).

Bulldozer (bul-douzer) *s* escavadora (terraplanagem).

Bullet (bu-lit) *s* bala; projétil.

Bullfight (bul-fáit) *s* tourada.

Bullfighter (bul-fái-târ) *s* toureiro.

Bullheaded (bul-hé-did) *adj* cabeçudo; obstinado.

Bullhorn (bul-hórn) *s* megafone (alto falante).

Bully (bu-li) *s* brigão; capanga; fanfarrão; valentão.

Bully (bu-li) *v* bravetear; dar trote; fanfarronar; intimidar.

Bully (bu-li) *adj* USA brutal; insolente; ótimo.

Bulwark (bul-uârk) *s* baluarte; muralha; parapeito.

Bum (bâmm) *s* USA ébrio; vagabundo.

Bum (bâmm) *v* embriagar-se; viver á custa de outrem.

Bum (bâmm) *adj* inferior.

Bummer (bâm-mâr) *s* USA GÍR político corrupto; desertor.

Bump (bâmp) *s* choque; galo (na cabeça); inchaço; pancada; protuberância.

Bump (bâmp) *v* bater; contundir; ferir.

Bumper (bâm-pâr) *s* USA para-choque.

Bumper (bâm-pâr) *adj* lotação esgotada; muito grande.

Bumpkin (bâmp-kinn) *s* caipira; grosseiro; jeca; rústico.

Bumptious (bâmp-shâss) *adj* presunçoso; vaidoso.

Bun (bânn) *s* biscoito; bolo; carrapicho (cabelo).

Bunch (bântsh) *s* cacho; molho (punhado).

Bunch (bântsh) *v* agrupar; enfeixar; reunir.

Bund (bând) *s* aterro; dique.

Bung (bâng-l) *s* rolha; tampão.

Bung (bâng-l) *v* arrolhar; tamponar.

Bungler (bânn-lâr) *s* trapalhão.

Bunion (bâ-niânn) *s* calo; joanete.

Bunk (bânk) *s* beliche; estrado de dormir; tarimba.

Bunny (bân-ni) *s* coelhinho.

Buoy (bói ou bu-i) *s* boia; salva-vidas.

Buoy (bói ou bu-i) *v* boiar.

Burden (bârd-n) *s* NÁUT carga; fardo; peso; tonelagem.

Burden (bârd-n) *v* carregar; dificultar; oprimir; tiranizar.

Burdensome (bârd-n-sâmm) *adj* incômodo; opressivo; oneroso; pesado.

Bureau (biu-rôu) *s* escritório; escrivaninha; secretária; USA agência; departamento.

Bureaucracy (biuró-krâssi) *s* administração formal; burocracia.

Bureaucrat (biu-rokrét) *s* burocrata; funcionário público.

Burgeon (bâr-djânn) *s* broto; botão.

Burgeon (bâr-djânn) *v* rebentar.

Burgess (bâr-djiss) *s* burguês; cidadão; vereador.

Burglar (bâr-glâr) *s* ladrão; gatuno; arrombador; assaltante.

Burglarize (bâr-glâráiz) *v* arrombar; roubar.

Burglary (bâr-glâri) *s* arrombamento; roubo.

Burgle (bârg-l) *v* arrombar; roupar.

Burial (bé-riâl) *s* enterro; funeral.

Burier (bé-riâr) *s* coveiro.

Burin (biu-rinn) *s* buril; cinzel.

Burlesque (bârlés-k) *adj* burlesco; caricato; grotesco.

Burliness (bâr-linéss) *s* corpulência; grossura; gordura; volume.

Burly (bâr-li) *adj* forte; robusto; volumoso; vigoroso.

Burn (bârn) *s* fogo; queimadura.

Burn (bârn) *v* carbonizar; incendiar; queimar.

Burner (bâr-nâr) *s* bico de gás.

Burning (bâr-ninn) *s* chama; combustão; queimadura; fogo; incêndio.

Burning (bâr-ninn) *adj* ardente; abrasador; aceso.

Burnish (bâr-nish) *s* brilho; lustro; polimento.

Burnish (bâr-nish) *v* luzir; lustrar; polir.

Burr (bâr) *s* broca de dentista; halo (em torno do sol ou da lua); rebarba de metal; som arrastado; som gutural.

Burrow (bâ-rôu) *s* cova; esconderijo; toca.

Burrow (bâ-rôu) *v* cavar; escavar; entocar-se; esconder-se; fazer uma cova, um buraco.

Bursary (bârss) *s* bolsa de estudo.

Burse (bârss) *vide* **BURSARY**.

Burst (bârst) *s* explosão; estouro; fenda; racha.

Burst (bârst) *v* arrebentar; brotar; explodir; estourar; exclamar; quebrar; rebentar.

Bury (bé-ri) *v* esconder; enterrar; ocultar; sepultar; soterrar.

Burying (bé-riinn) *s* enterro; sepultamento.

Bus (bâss) *s* ônibus; ***BUS stop***: parada (ponto) de ônibus.

Bush (bu-shi) *s* arbusto; moita; mata.

Bush (bu-shi) *v* copar; plantar arbustos; tornar espesso.

Bushel (bu-shél) *s* alqueire (medida -INGL 36,3481 litros e USA 35,2591 litros).

Bushel (bu-shél) *v* consertar; remendar.

Business (biz-néss) *s* comércio; dever; negócio; profissão.

Businessman (biz-nésmaen) *s* homem de negócios; negociante.

Bust (bâst) *s* busto; peito; seio.

Bustle (bâsl) *s* animação; alvoroço; afobação; movimento.

Bustle (bâsl) *v* apressar-se; alvoroçar-se; agitar-se; mexer-se.

Busy (bi-zi) *adj* atarefado; ativo; diligente; ocupado; ***he is BUSY now***: ele está ocupado agora.

Busy (bi-zi) *v* empregar; ocupar-se de.

Busybody (bizi-bódi) *s* bisbilhoteiro; intrometido; importuno; inoportuno.

But (bât) *s* obstáculo; objeção.

But (bât) *adv* apenas; meramente; somente.

But (bât) *conj* a não ser que; contudo; exceto; mas; não obstante; porém; todavia; ***I would like to go, BUT I am busy***: eu gostaria de ir, mas estou ocupado.

But (bât) *prep* com exceção de.

Butcher (bu-tshâr) *s* açougueiro; assassino; carniceiro; carrasco.

Butcher (bu-tshâr) *v* abater; chacinar.

Butchery (bu-tshâri) *s* açougueiro; carnificina; mortandade; matadouro.

Butler (bâ-tlâr) *s* mordomo.

Butt (bât) *s* alvo; coronha; extremidade grossa.

Butt (bât) *v* ajustar; dar cabeçadas; ligar; protestar; unir.

Butter (bâ-târ) *s* manteiga; GÍR adulação.

Butter (bâ-târ) adular; lisonjear.

Butterfly (bâ-târflái) *s* borboleta.

Butterfly (bâ-târflái) *adj* leviano.

Buttery (bâ-târi) *s* adega; despensa.

Buttery (bâ-târi) *adj* amanteigado.

Buttok (bâ-tâk) *s* anca; bunda; nádega; traseiro.

Button (bâtn) *s* abotuadura; botão; broche de lapela.

Button (bâtn) *v* abotoar.

Buttonhole (bât-n-hôul) *s* botoeira; casa de botão.

Buttonhole (bât-n-hôul) *v* abotoar; fazer casa de botões.

Buttress (bâ-tréss) *s* apoio; esteio; escora; contraforte; suporte.

Buttress (bâ-tréss) *v* apoiar; escorar; sustentar.

Buxom (bâk-sâmm) *adj* jovial; opulenta; rosado; saudável.

Buy (baí) *s* aquisição; compra.

Buy (baí) *v* adquirir; comprar; subornar.

Buyable (bái-âbl) *adj* comprável.

Buyer (bái-âr) *s* comprador.

Buzz (bâz) *s* murmúrio; zumbido; zunido; zoada.

Buzz (bâz) *v* cochichar; zumbir; zunir; zoar.

Buzzer (bâ-zâr) *s* cigarra; sereia; GÍR telefone.

By (bái) *prep* a; de; em; perto de; por; pelo; sobre.

By (bái) *adv* a; de; em; perto de; por; pelo; sobre.
Bye (bái) *s* assunto secundário; assunto de menor importância; coisa de menor importância.
Bye (bái) *adj* secundário; superveniente.
Bye-bye (bái bái) *s* adeus; até logo.
Bygone (bái-gónn) *s* o passado.
Bygone (bái-gónn) *adj* antigo; fora de moda; morto; passado.
Byname (bái-nêimm) *s* apelido; pseudônimo.
By pass (bái-pass) *s* atalho; caminho secundário; passagem secreta.
By pass (bái-pass) *v* contornar.
Byplay (bái-plêi) *s* mímica.
Byre (báir) *s* estábulo.
Bystander (bái-stén-dâr) *s* assistente; espectador.
Bystreet (bái-strit) *s* beco; rua lateral; travessa; viela.
Byword (bái-uârd) *s* provérbio; adágio; máxima.
Byzantin (bizén-tinn) *adj* bizantino (pertencente ou que é de Bizâncio, cidade que já recebeu o nome de Constantinopla e que foi, posteriormente, mudada para Istambul).

C

C (si) *s* terceira letra do alfabeto Português e Inglês e de diversos alfabetos.
C (si) *s* MÚS cifra (símbolo) da nota musical dó.
C (si) *s* cem em algarismo romano.
Cab (kéb) *s* a parte coberta de uma locomotiva;cabina; USA *taxi CAB*: táxi; *CAB-RANK*: ponto de automóveis; USA TAXI-STAND.
Cabal (kâbé-l) *s* cabala; conspiração; ciência oculta; intriga; trama.
Cabala (kâbé-l) *s* cabalá.
Cabala (kâbé-l) *v* cabalar; intrigar; tramar.
Cabalistic (kébâlis-tik) *adj* alegórico; cabalístico; metafórico; obscuro.
Cabbage (ké-bidj) *s* couve; concessão ilegal (influência política); repolho; GÍR charuto barato; pessoa estúpida (sem inteligência).
Cabby (ké-bi) *s* cocheiro; motorista (de táxi).
Cabin (ké-binn) *s* cabana; abrigo; cabina; camarote.
Cabinet (ké-binét) *s* gabinete; armário; arquivo; cômoda.
Cabinet (ké-binét) *adj* confidencial; secreto; ministerial; relativo a gabinete.
Cable (kêibl) *s* cabo (fio); amarra de barco; cabograma.
Cable (kêibl) *v* amarrar; telegrafar via cabo submarino; cabografar.
Cablegram (kêib-l-grémm) *s* cabograma; telegrama via cabo.
Cabman (kéb-maen) *vide* CABBY.
Cabotage (ké-botidj) *s* cabotagem; navegação costeira.
Cache (kaesh) *s* esconderijo para provisões.
Cache (kaesh) *v* esconder; ocultar (provisões).
Cachet (kaeshê) *s* chancela; selo, marca; cunho; rubrica; sinete.
Cackle (kékl) *s* tagarelice; risada; gargalhada; cacarejo de galinha.
Cackle (kékl) *v* tagarelar; cacarejar; mexericar; rir-se.
Cacophony (kâkó-grâfi) *s* GRAM cacofonia, ligação sonora entre palavras produzindo sons desagradáveis.
Cad (kaed) *s* pessoa inculta; grosseira; malcriada; canalha; condutor de ônibus.
Caddie (kae-di) *s* mensageiro; portador; ESP aquele que carrega os tacos de golfe e outros objetos.
Caddish (kae-dish) *adj* mal-educado; grosseiro; sem cultura.
Caddy (kae-di) *s* lata ou caixa pequena para alojar chá; caixinha.
Cadence (kêi-denss) *s* cadência; ritmo; compasso.
Cadence (kêi-denss) *v* cadenciar.
Cadent (kêi-denst) *adj* cadente; que cai; cadenciado; ritmado.
Cadet (kâdé-t) *s* MIL cadete (aspirante a oficial); irmão mais novo (caçula).
Cadge (kédj) *v* mascatear; mendigar; esmolar; pedir.
Cadger (ké-djâr) *adj* mascate; pedinte; vagabundo.
Caducity (kâdiu-siti) *s* caducidade; decrepitude.
Caducous (kâdiu-kâss) *adj* caduco; efêmero.
Café (cáafé) *s* bar; café (comércio); bebida.
Cafeteria (kéfiti-riâ) *s* restaurante automático (o consumidor é seu próprio servidor); lanchonete que serve café.
Cage (kêidj) *s* gaiola; prisão; cadeia; jaula.
Cage (kêidj) *v* engaiolar; prender.
Cajole (kâdjôu-l) *v* acariciar; lisonjear.
Cajoler (kâdjôu-lâr) *s* bajulador; adulador; lisonjeador; subserviente.
Cake (kêik) *s* bolo; GÍR assíduo frequentador de festas e reuniões.
Calamitous (kâlé-mitâss) *adj* calamitoso; desastrado.
Calamity (kâlé-miti) *s* calamidade; desgraça.
Calculable (kél-kiulâbl) *adj* calculável; avaliável; contável.
Calculate (kél-kiulêit) *v* calcular; estimar; supor; refletir; conjeturar.
Calculation (kél-kiulêi-chann) *s* cálculo; cômputo; ato de calcular.
Caldron (kól-drânn) *s* caldeirão; caldeira.
Calefaction (kélifék-shânn) *s* calefação; aquecimento.
Calendar (ké-lindâr) *s* calendário; folhinha.
Calendar (ké-lindâr) *v* registrar; listar.
Calf (káf) *s* vitela; novilha; bezerro; barriga da perna.
Caliber (ké-libâr) *s* calibre; capacidade.
Calibrate (ké-librêit) *v* calibrar; medir o calibre (capacidade).
Calibre (ké-libâr) *vide* CALIBER.
Calix (kêi-liks ou ké-liks) *s* cálice (copo de vidro para vinho etc.); BOT cálice (invólucro da flor).
Calk (kók) *s* ponta de gancho ou ferradura; arpão; chapa de ferro para sapato.
Calk (kók) *v* NÁUT calafetar; vedar fendas ou passagens de ar ou água; ferrar; prover de pontas.
Call (kól) *v* chamar; anunciar; apelar; convidar; telefonar, convocar; *call off*: cancelar; ***Nassim has CALLED OFF our trip to the campsite***: O Nassim cancelou a nossa viagem ao "camping".
Callboy (kól-bói) *s* rapaz de recados; mensageiro; porteiro.
Caller (kó-lâr) *s* visita; visitante; aquele que telefona.
Calligraphy (kâli-grâfi) *s* caligrafia (grafia bonita).
Calling (kó-linn) *s* chamada; apelo; convocação; vocação; profissão.
Callous (ké-lâss) *adj* caloso; endurecido; insensível; indiferente.
Calm (kámm) *s* calma; tranquilidade.
Calm (kámm) *v* acalmar; serenar.
Calm (kámm) *adj* calmo.
Calmness (kám-néss) *s* calma; sossego; serenidade.
Calorie (ké-lori) *s* caloria (unidade de energia fornecida pelos alimentos).
Calorific (kélori-fik) *adj* calorífico.
Calory (ké-lori) *vide* CALORIE.
Calumniate (kâlâm-niêit) *v* caluniar; desacreditar publicamente; difamar.
Calumniator (kâlâm-niêitâr) *s* caluniador; difamador; maledicente.
Calumny (ké-lâmni) *s* calúnia; difamação; maledicência.
Calvary (kél-vâri) *s* calvário, o lugar onde Cristo foi crucificado; FIG sofrimento.
Calvinism (kél-vinizm) *s* RELIG Calvinismo, sistema religioso criado por João Calvino (século XVII).
Camarilla (kémâri-lâ) *s* camarilha, agrupamento de pessoas que possuem objetivos não expressos, escusos, geralmente imorais, provocando o prejuízo de alguém.

Camber (kém-bâr) *s* curvatura; arqueamento; caimento.
Camber (kém-bâr) *v* arquear; abaular.
Cambered (kém-bârd) *adj* arqueado; com aparência de arco.
Cambist (kém-bist) *s* cambista, pessoa que troca moedas de diversas nacionalidades; tabela de câmbio.
Cambric (kém-brik) *s* cambraia (tecido de algodão ou linho).
Camel (ké-mel) *s* camelo, mamífero ruminante (possui duas corcovas).
Camelopard (kâmé-lopárd) *s* girafa, mamífero ruminante.
Cameo (ké-miôu) *s* camafeu, pedra de duas cores onde se lavra figuras em relevo (numa delas).
Camera (ké-mârâ) *s* câmara; objetiva; máquina fotográfica ou cinematográfica.
Cameraman (ké-mârâmaen) *s* ***TV*** e CIN cinegrafista, profissional de televisão ou cinema.
Camion (ké-miânn) *s* caminhão.
Camisole (ké-missôul) *s* camisola; vestes de dormir (feminina).
Camouflage (ké-mufládj) *s* camuflagem; disfarce.
Camouflage (ké-mufládj) *v* camuflar; disfarçar; mascarar.
Camp (kémp) *s* campo; acampamento.
Camp (kémp) *v* acampar; alojar.
Campaign (kémpêi-nn) *s* campanha, esforço comum de um grupo no sentido de obter algum objetivo predefinido.
Campaigner (kémpêi-nâr) *s* veterano (soldado antigo).
Campanile (kémpâni-l) *s* campanário (torre de sinos).
Camphor (kém-fâr) *s* cânfora, resina extraída da canforeira (árvore).
Camping (kémp-inn) *s* acampamento; ESP acampamento, lugar no campo onde se arma barraca, geralmente de lona, para pernoite; camping organizado, aquele que tem estrutura habitacional para ser alugada.
Campus (kém-pâs) *s* pátio de uma universidade ou escola; ESP campo para provas.
Can (kén) *s* lata; vasilha; tambor; caneca; lata de refrigerante; lata de alimento; carro velho; ***CAN opener***: abridor de latas; *vide* TIN opener.
Can (kén) *v* poder; *past or pp* COULD.
Canadian (kânêi-diânn) *adj* canadense.
Canal (kânél) *s* canal; *vide* CHANNEL.
Canal (kânél) *v* canalizar; *vide* CHANNEL.
Canalization (kânélizêi-shânn) *s* canalização.
Canalize (ké-nâláiz) *v* canalizar.
Canard (kânár-d) *s* notícia falsa; divulgação exagerada.
Canary (kâna-ri) *s* canário (pássaro).
Cancel (kén-sél) *s* cancelamento.
Cancel (kén-sél) *v* cancelar; anular; suprimir; suspender.
Cancer (kén-sâr) *s* MED câncer, nome comum dos tumores malignos; ASTR câncer (signo do zodíaco).
Candent (kén-dent) *adj* candente; incandescente; em brasas.
Candid (kén-did) *adj* cândido; sincero; franco; leal.
Candidate (kén-didêit ou kén-didit) *s* candidato; aspirante.
Candied (kén-did) *adj* confeitado; coberto de açúcar.
Candle (kéndl) *s* vela.
Candlelight (kénd-l-láit) *s* luz de vela.
Candlestick (kéndl-stik) *s* castiçal; candelabro.
Candlewick (kéndl-uik) *s* pavio de vela.
Candock (kén-dók) *s* limo; lodo; lama.
Candor (kén-dâr) *s* imparcialidade; ingenuidade; franqueza.
Candour (kén-dâr) *s* ingenuidade; imparcialidade; franqueza.
Candy (kén-di) *s* açúcar (diversos); bombom; bala; doce; *vide* SWEETS.
Candy (kén-di) *v* cristalizar-se; cobrir de açúcar.
Cane (kêinn) *s* bengala; cana; palhinha; *vide* WALKING STICK.
Canicular (kâni-kiulâr) *adj* canicular, que tem relação com o verão, quando o calor atmosférico é muito elevado.
Canker (kén-kâr) *s* MED cancro, doença que se alastra lentamente.
Canner (kén-nâr) *s* enlatador; fabricante de conservas.
Cannibal (ké-nibâl) *s* canibal (que come carne humana).
Cannibalism (ké-nibâlism) *s* canibalismo (que come carne humana).
Cannon (ké-nânn) *s* canhão; ESP carambola, ação feita com a bola do jogo, tocada por um taco especial, a fim de que atinja as outras duas bolas existentes.
Cannonade (ké-nânêid) *v* canhonear.
Canny (ké-ni) *adj* prudente; cauteloso; moderado; esperto; bonito.
Canoe (kánu) *s* canoa; bote.
Canon (ké-nânn) *s* cânone; decreto; paradigma; padrão; RELIG decisão de concílio; lista de Santos da Igreja; cônego.
Canonize (ké-nânáiz) *v* canonizar; glorificar; consagrar como santo.
Canopy (ké-nopi) *s* dossel; pálio; abrigo; cobertura.
Cant (ként) *s* canto; calão; gíria; linguagem hipócrita.
Cant (ként) *v* falar com hipocrisia.
Can't (kaent) *v* forma contraída de CAN NOT; ***I can't see you on friday***: não posso vê-lo (a) na sexta-feira.
Cantaloupe (kân-téloup) *adj* melão.
Cantankerous (kântén-kârâss) *adj* desagradável; rabugento; ruim; perverso.
Canteen (kénti-nn) *s* cantina; cantil; vasilhame de acampamento.
Canticle (kén-tikl) *s* cântico; hino religioso.
Cantle (ként-l) *s* retalho; fragmento.
Cantle (ként-l) *v* retalhar; fragmentar.
Canton (kén-tânn) *s* cantão, divisão existente na Suíça e em diversos países da Europa (territorial).
Canvas (kén-vâss) *s* canvas, tecido para confecções (lonas, telas etc.).
Canvass (kén-vâss) *v* discutir; debater; intrigar.
Canvasser (kén-vâssar) *s* propagandista; USA cabo eleitoral; investigador.
Canyon (ké-niânn) *s* desfiladeiro; vale profundo.
Cap (kaep) *s* boné; gorro; tampa; chapéu; extremidade.
Cap (kaep) *v* cobrir; coroar; vencer; ganhar; sobrepujar.
Capability (kêipâbi-liti) *s* capacidade; aptidão; competência.
Capacity (kâpé-siti) *s* capacidade; âmbito; espaço; aptidão.
Cape (kêip) *s* capa; manto; GEO cabo.
Caper (kêi-pâr) *s* cabriola; dar cambalhota.
Caper (kêi-pâr) *v* saltar; dar cambalhotas.
Capital (ké-pitâl) *s* capital; cabedal; letra maiúscula.
Capital (ké-pitâl) *adj* capital; principal; primordial.
Capitalism (ké-pitâlism) *s* ECON capitalismo, sistema sócio-econômico onde os trabalhadores vendem sua força de trabalho aos donos do capital, proprietários dos meios de produção.
Capitalize (ké-pitâláiz) *v* capitalizar; acrescentar (somar) juros ao principal; acumular dinheiro; USA tirar proveito de.
Capitulate (kâpi-tiulêit) *v* capitular; render-se.
Capitulation (kâpitiulêi-shânn) *s* capitulação; rendimento; rendição; deposição de armas.
Capon (kéi-pânn) *s* capão; cavalo; cordeiro ou galo capado.
Caprice (kâpri-ss) *s* capricho; excentricidade; extravagância.
Capricious (kâpri-shâss) *adj* caprichoso; bizarro.
Caprine (ké-prinn) *adj* caprino; concernente a cabra ou bode.
Capsize (képsái-z) *v* capotar; virar; soçobrar.
Capsular (ké-psiulâr) *adj* capsular; embalar em pequenos invólucros.
Captain (ké-ptinn) *s* capitão.
Caption (kép-shânn) *s* captura; prisão; legenda de ilustração; JUR rubrica.
Captious (kép-shâss) *adj* capcioso; falaz; censurador; ardiloso.
Captivate (ké-ptivêit) *v* cativar; fascinar; encantar; seduzir.
Captive (ké-ptiv) *s* escravo; cativo.
Captive (ké-ptiv) *adj* cativo; prisioneiro.
Capture (ké-pitiur) *s* captura; apresamento; prisão.

Capture (ké-ptshâr) *v* capturar; aprisionar.
Car (kár) *s* carro (de qualquer tipo); veículo; automóvel; ***dining*** *CAR*: vagão-restaurante; USA vagão de trem; ***We've got a new*** *CAR*: nós temos um novo carro.
Carabine (ké-râbáinn) *s* carabina; espingarda curta e de cano estriado.
Carat (ké-rât) *s* quilate, unidade de peso para metais e pedras preciosas, equivalente a 200 miligramas.
Caravan (ké-râvénn) *s* caravana, movimento migratório conjunto; habitação conjunta (móvel), geralmente em veículos apropriados.
Caravel (ké-râvél) *s* caravela, embarcação de velas (latinas).
Carbon (kár-bânn) *s* QUÍM carbono; folha de papel para cópia.
Carbonate (kár-bânit) *s* QUÍM carbonato; sal do ácido carbônico.
Carbonate (kár-bânit) *v* carbonizar.
Carbonic (kárbó-nik) *adj* carbônico, gás resultante da combustão.
Carburetor (kár-biurêitâr) *s* MEC carburador, dispositivo onde ocorre a mistura do combustível com o oxigênio.
Carburettor (kár-biurêitâr) *vide* CARBURETOR.
Carcass (kár-kâss) *s* carcaça; esqueleto; arcabouço.
Card (kárd) *s* cartão postal; carta de baralho; cardápio; convite; ficha.
Card (kárd) *v* cartear; fixar; endereçar um cartão.
Cardboard (kárd-bõr-d) *s* papelão; USA PASTEBOARD.
Cardiac (kár-diék) *adj* cardíaco.
Cardinal (kár-dinâl) *s* cardeal; número cardinal.
Cardinal (kár-dinâl) *adj* cardinal; principal; primordial.
Care (kér) *s* cuidado; preocupação; atenção.
Care (kér) *v* cuidar; ter ou mostrar cuidado; importar-se; interessar-se.
Career (kâri-r) *s* carreira; profissão; ofício; modo de vida.
Career (kâri-r) *v* galopar.
Carefree (kâr-fri) *adj* despreocupado; descuidado.
Careful (kér-ful) *adj* cuidadoso; exato.
Carefully (kér-fuli) *adv* cuidadosamente; cautelosamente.
Careless (kér-léss) *adj* descuidado; desatento; negligente.
Caress (kâré-ss) *s* carinho; afago; mimo; carícia.
Caress (kâré-ss) *v* acariciar; afagar; mimar.
Caressing (kâré-sinn) *adj* acariciador; afável.
Caretaker (kér-têi-kâr) *s* zelador; guarda; curador; procurador.
Careworn (kér-uôurn) *adj* fatigado; exausto; consumido; cansado.
Cargo (kár-gôu) *s* carga; carregamento; frete.
Caricature (ké-rikâtiur) *s* caricatura.
Caricature (ké-rikâtshur) *v* caricaturar; ridicularizar; ridiculizar.
Caries (ké-riz) *s* cárie.
Carillon (kâri-liân) *s* carrilhão; grandes sinos de torre de igreja.
Carious (ké-riâss) *adj* cariado.
Carking (kár-kinn) *adj* pesaroso; pungente; opressivo.
Carman (kár-maen) *s* pessoa que dirige carro.
Carmine (kár-minn ou kár-máinn) *s* carmin; cor avermelhada muito viva.
Carnage (kár-nidj) *s* carnificina; matança; morticínio.
Carnal (kár-nâl) *adj* carnal; sensual; lascivo.
Carnality (kárné-liti) *s* carnalidade; sensualidade.
Carnation (kár-nêishan) *s* cravo (flor).
Carneous (kár-niâss) *adj* carnudo; da cor da carne.
Carnival (kár-nivâl) *s* carnaval; parque de diversões.
Carol (ké-râl) *s* canto alegre; gorjeio; hino de Natal.
Caroler (ké-râlâr) *s* cantor; gorjeador.
Caroller (ké-râlâr) *vide* CAROLER.
Carotid (kâró-tid) *s* MED carótida; artéria que leva sangue à cabeça.
Carouser (kárâu-zâr) *s* beberrão; farrista; boêmio; bebedeira.
Carouser (kárâu-zâr) *v* festejar com orgia; embebedar-se.
Carp (kárp) *s* carpa.
Carp (kárp) *v* criticar; admoestar; censurar.
Carpenter (kár-pintâr) *s* carpinteiro.
Carpentry (kár-pintri) *s* carpintaria; obra de carpinteiro.
Carper (kár-pâr) *s* crítico; censor; maldizente.
Carpet (kár-pit) *s* carpete; alfombra; tapete.
Carpeting (kár-pitinn) *s* tecido para tapete; tapetes em geral.
Carping (kár-pinn) *adj* repreendedor; censurador; crítico.
Carriage (ké-ridj) *s* carruagem; carro; veículo de rodas; despesas de transportes; carrinho de bebê.
Carrier (ké-riâr) *s* portador; carregador.
Carrion (ké-riânn) *s* carniça; carne podre; cadáver em putrefação.
Carrion (ké-riânn) *adj* pútrido; putrefato; FIG imundo.
Carrot (ké-rât) *s* cenoura; FIG pessoa ruiva.
Carroty (ké-râti) *adj* ruivo; da cor da cenoura.
Carry (ké-ri) *s* alcance de um projétil; de uma bala.
Carry (ké-ri) *v* carregar; levar; conduzir; transportar; executar.
Carrying (ké-riinn) *s* condução; transporte.
Cart (kárt) *s* carroça; pequeno carro para carga; carreta; carruagem; AUT carrinho de corrida.
Cart (kárt) *v* transportar em uma carroça.
Cartage (kár-tidj) *s* carreto; frete; carretagem; importância do frete.
Cartel (kár-tél) *s* ECON cartel, monopólio empresarial feito sobre determinada produção agrícola, industrial; etc., vendendo-a com exclusividade; sindicato de empresas produtoras.
Carter (kárt-târ) *s* carroceiro; carteiro; carreteiro; MEC cárter; depósito de óleo do motor.
Carthouse (kárt-háuss) *s* cocheira.
Cartomancy (kártó-mânsi) *s* cartomancia, suposta adivinhação, feita pela consulta em cartas de um baralho.
Carton (kár-tânn) *s* caixa de papelão; papelão.
Cartoon (kártu-nn) *s* caricatura; desenho; esboço.
Cartouche (kârtu-sh) *s* cartucho; cartucheira; ARQ cártula, ornato de um capitel de coluna.
Cartridge (kár-tridj) *s* cartucho; canudo de papel ou papelão; rolo de filmes (para fotos); cartucho (arma de fogo).
Carve (kárv) *v* esculpir; trinchar; entalhar; gravar; cinzelar.
Carven (kár-venn) *adj* esculpido.
Carver (kâr-vâr) *s* escultor; entalhador; gravador; cinzelador.
Carving (kár-vinn) *s* escultura; entalhe; gravação.
Cascade (késkêid) *s* cascata; queda d'água.
Case (kêiss) *s* caso; estado; baú; caixa; estojo; mala.
Casement (kêis-mânt) *s* armação de janela; batente.
Casern (kázâr-nn) *s* quartel; caserna.
Caserne (kázâr-nn) *vide* CASERN.
Cash (kêsh) *s* pagamento à vista; dinheiro em caixa (na mão).
Cash (kêsh) *v* converter em dinheiro; descontar títulos.
Cashier (késhi-r) *s* caixa de um banco; pagador.
Cashier (késhi-r) *v* demitir; despedir; licenciar.
Cashmere (késh-mir) *s* casimira; pano fino de lã para roupas.
Casing (kêi-sinn) *s* cobertura; coberta; parte externa do pneu.
Casino (kâssi-nôu) *s* cassino.
Cask (kásk) *s* barril; pipa; casco; capacete; elmo.
Casket (kás-kit) *s* escrínio; pequeno cofre para joias; ataúde; USA caixão fúnebre.
Casque (késk) *s* elmo; capacete.
Cassation (késsêi-shânn) *s* cassação; anulação; revogação; anulamento.
Casserole (ké-sârôu) *s* caçarola; panela de ferro ou alumínio.
Cassimere (ké-sâmir) *vide* CASHMERE.
Cassock (ké-sâk) *s* batina; sotaina; balandrau; FIG sacerdócio.
Cast (kaest) *s* golpe; lance; arremesso; fundição; expressão; aparência; elenco.
Cast (kaest) *v* lançar; atirar; fundir; designar os atores para peça; computar; idear; *past or pp* CAST.
Castaway (kést-âuêi) *s* réprobo; pária; náufrago.
Castaway (kést-âuêi) *adj* rejeitado; abandonado.

Caste (kést) *s* casta; classe social.
Castellan (kés-telân) *s* castelão.
Caster (kaes-târ) *s* lançador; arremessador.
Castigate (kést-tighêit) *v* punir; castigar; corrigir.
Castigation (késtighêi-shânn) *s* castigo; punição; crítica acerba.
Casting (kaes-tinn) *s* arremesso; fundição; cálculo.
Castle (kaesl) *s* castelo; fortaleza; cidadela; ESP torre (xadrez).
Castle (kaes-l) *v* encastelar; ESP roque (xadrez).
Castor (kás-târ) *s* castor; pele de castor.
Castrate (késtrêi-t) *v* castrar.
Casual (ké-juâl) *s* mendigo ocasional; trabalhador avulso.
Casual (ké-juâl) *adj* casual; fortuito; acidental; ocasional.
Casually (ké-juâli) *adv* casualmente; despreocupadamente; incidentalmente.
Casualness (ké-juâlnéss) *s* casualidade; acaso; negligência.
Cat (két) *s* gato; nome geral dado aos felídeos; pele de gato; chicote; mulher de má conduta.
Cataclysm (ké-tâklizm) *s* cataclismo; grande desgraça; calamidade.
Catacomb (ké-tâkôumm) *s* catacumba; cripta; sepultura.
Catalogue (ké-tâlóg) *s* catálogo; anuário de universidade.
Catalogue (ké-tâlóg) *v* catalogar; classificar; USA CATALOG.
Catarrh (kâtá-r) *s* MED catarro.
Catcall (két-kól) *s* apupo; vaia.
Catcall (két-kól) *v* vaiar.
Catch (kétsh) *s* engate; prendedor; garra; lingueta; batente; presa.
Catch (kétsh) *v* colher; pilhar; agarrar; pegar; prender; apanhar; *past or pp* CAUGHT.
Catcher (ké-tshâr) *s* armadilha; apanhador; agarrador; o que prende.
Catching (ké-tshinn) *s* captura; prisão.
Catching (ké-tshinn) *adj* cativante; atraente; contagioso.
Catchup (kétsh-âp) *s* molho de tomate temperado.
Catchword (kétsh-uârd) *s* TEATR deixa; passe de fala para outro ator; TIP lema; divisa.
Catchy (ké-tshi) *adj* atrativo; embaraçoso; ilusório; contagioso.
Cate (kêit) *s* iguaria; petisco.
Catechesis (kétiki-siss) *s* catequese; doutrinação.
Catechise (ké-tikáiz) *v* catequizar; doutrinar; ensinar.
Catechism (ké-tikizm) *s* catecismo; catequese.
Catechize (ké-tikáiz) *vide* CATECHISE.
Categorical (kétigó-rikâl) *adj* categórico.
Categorize (ké-tigoráiz) *v* categorizar.
Category (ké-tigôuri) *s* categoria; classe.
Catenate (ké-tinêit) *s* concatenar; encadear.
Catenation (kétinêi-shânn) *s* concatenação; encadeamento.
Cater (kêi-târ) *s* quadra para jogos de carta ou dados.
Cater (kêi-târ) *v* fornecer; abastecer; prover.
Caterer (kêi-târéss) *s* fornecedor; aprovisionador; provedor.
Caterpillar (ké-târpilâr) *s* trator com lagartas; lagarta; larva de inseto.
Caterwaul (ké-târ-uól) *s* miado; gritaria; algazarra; briga.
Caterwaul (ké-târ-uól) *v* miar; produzir sons discordantes.
Catfish (két-fish) *s* peixe-gato; bagre.
Catgut (két-gât) *s* MED categute, corda ou linha de tripa usada em cirurgia.
Catharsis (kâthár-siss) *s* catarse; purificação; purgação.
Cathedra (kâthi-drâ) *s* cátedra; cadeira de catedrático; cadeira pontifícia.
Cathedral (kâthi-drâl) *s* catedral; sé; igreja episcopal de uma diocese.
Catheter (ké-thitâr) *s* MED cateter; sonda cirúrgica.
Cathode (ké-thôud) *s* ELET cátodo; catódio; polo negativo da pilha elétrica.
Catholic (ké-thólik) *s* católico, pertencente à religião católica; universal; geral.
Catholicism (kâthó-lissizm) *s* catolicismo; universalidade; liberalidade.
Catlike (két-láik) *adj* felino; semelhante ao gato.
Catling (két-linn) *s* gatinho; MED tripa fina usada em cirurgia; bisturi.
Catnap (két-nâp) *s* soneca.
Catsup (két-sâp) *vide* CATCHUP.
Cattle (két-l) *s* gado; rebanho.
Cattleman (két-lmaen) *s* criador de gado.
Caucus (kó-kâss) *s* convenção política; política de um partido.
Caudal (kó-dâl) *adj* caudal; referente a cauda.
Caudle (kód-l) *s* gemada quente preparada com vinho, açúcar, pão etc.
Cauldron (kót) *s* caldeirão.
Caulescent (kólé-sânt) *adj* caulescente; que tem caule.
Cauliflower (kó-li-fláu-âr) *s* couve-flor.
Causal (kó-zâl) *adj* causal; causativo.
Causation (kózêi-shânn) *s* princípio da causalidade; relação entre causa e efeito.
Causative (kó-zâtiv) *adj* causal; causador; causativo.
Cause (kóz) *s* causa; motivo; razão.
Cause (kóz) *v* causar; ocasionar; acarretar; compelir; JUR ação judicial; demanda.
Causeless (kóz-léss) *adj* infundado; sem fundamento; injustificável.
Causer (kó-zâr) *s* causador; provocador; motivador.
Causerie (kôuzâri-) *s* ensaio; artigo de jornal; conversa; palestra.
Causeway (kóz-uêi) *s* calçada; passadiço; caminho elevado (feito por cima de lama, água, lodo etc.).
Caustic (kós-tik) *s* cáustico; substância corrosiva.
Caustic (kós-tik) *adj* cáustico; corrosivo; sarcástico; mordaz; satírico.
Caution (kó-shânn) *s* cautela; prevenção; aviso.
Caution (kó-shânn) *v* prevenir; avisar; advertir; acautelar.
Cautionary (kó-shânéri) *adj* admonitório; previdente; precavido.
Cautious (kó-shâss) *adj* cauteloso; prudente; avisado; reservado.
Cautiously (kó-shâsli) *adv* cautelosamente.
Cavalcade (kévâlkêi-d) *s* cavalgada.
Cavalier (kévâli-r) *s* cavaleiro.
Cavalier (kévâli-r) *adj* jovial; nobre; distinto; franco.
Cavalry (kévelri) *s* MIL cavalaria.
Cave (kêiv) *s* caverna; cova; buraco.
Cave (kêiv) *v* escavar; cavar; ruir; habitar em caverna.
Caveat (kêi-viét) *s* admoestação; repreensão; USA requerimento de patente (invenção).
Cavern (ké-vârn) *s* caverna; cavidade.
Cavern (ké-vârn) *v* escavar.
Cavernous (ké-vârnâss) *adj* oco; cavernoso.
Caviar (ké-viâr) *s* caviar; ovas de esturjão.
Cavil (ké-vil) *s* cavilação; chicana; objeção capciosa; sofisma.
Cavil (ké-vil) *v* cavilar; atuar fraudulentamente; sofismar; chicanear.
Cavity (ké-viti) *s* cavidade; buraco.
Cavy (kêi-vi) *s* cobaia; rato branco de experiência (científica); porquinho-da-índia.
Caw (kó) *v* grasnar; gralhar.
Cay (kêi) *s* recife; baixio; ilhota.
Cease (siss) *v* cessar; parar; extinguir; extinguir-se; terminar.
Ceaseless (sis-léss) *adj* incessante; contínuo; ininterrupto.
Ceasing (si-sinn) *s* cessação; interrupção; paralisação.
Cedar (si-dâr) *s* cedro; árvore comum no Líbano.
Cede (sid) *v* ceder; conceder; outorgar; renunciar.
Ceil (sil) *v* ARQT forrar; estucar.
Ceiling (si-linn) *s* teto; forro.
Celadon (sé-ládónn) *s* verde-acinzentado; verde-azulado.
Celebrant (sé-librânt) *s* celebrante; oficiante.
Celebrate (sé-librêit) *v* celebrar; festejar; exaltar; solenizar.
Celebrated (sé-librêi-tid) *adj* célebre; famoso; ilustre.

Celebration (sélibrêi-shânn) *s* comemoração; celebração.
Celebrity (silé-briti) *s* celeb *s* celibatário; solteiro.
Celibate (sé-libêit) *adj* celibatário.
Cell (sél) *s* pilha; acumulador; célula; cela; cela de prisão; cubículo; BIO célula.
Cellar (sé-lâr) *s* cava; buraco; adega; porão; celeiro.
Cellar (sé-lâr) *v* armazenar em adega.
Cellarage (sé-lâridj) *s* armazenamento; armazenagem em adega.
Cellaret (sé-lârit) *s* frasqueira; garrafeira.
Cellular (sé-liulâr) *adj* celular; celuloso; telefone portátil.
Cellule (sé-liul) *s* célula pequena.
Celluloid (sé-liulóid) *s* QUÍM celuloide, substância fabricada com cânfora e algodão-pólvora.
Cellulose (sé-liulôuz) *s* QUÍM celulose, substância que se encontra na constituição da membrana da célula vegetal (hidrato de carbono).
Celt (kélt ou sélt) *s* instrumento pré-histórico semelhante ao machado.
Celt (kélt ou sélt) *adj* celta, antigo povo indo-germânico.
Celtic (sél-tik) *s* céltico, a língua dos antigos celtas.
Cement (simén-t) *s* cimento, pó que se obtém pela trituração de certos calcários e que misturado com cal dá uma argamassa fortíssima.
Cement (simén-t) *v* cimentar; tornar firme; consolidar.
Cemetery (sé-mitéri) *s* cemitério; campo-santo.
Cense (sénss) *v* incensar; perfumar com incenso.
Censer (sén-sâr) *s* turíbulo; incensório.
Censor (sén-sâr) *s* censor; crítico.
Censor (sén-sâr) *v* censurar.
Censorial (sénsôu-riâl) *adj* censório; de censor.
Censorship (sén-sârship) *s* censura; funções de censor.
Censurable (sén-shârâbl) *adj* censurável; repreensível.
Censure (sén-shâr) *s* censura; crítica; admoestação.
Censure (sén-shâr) *v* censurar; repreender; condenar; criticar; admoestar.
Census (sén-sâss) *s* censo; recenseamento, contagem populacional.
Cent (sént) *s* centésimo; centavo.
Center (sén-târ) *s* centro; meio.
Center (sén-târ) *v* centralizar; focalizar.
Centesimal (sénté-simâl) *adj* centesimal; centésimo.
Centigrade (sén-tigrêid) *adj* centígrado.
Centimeter (sén-timitâr) *s* centímetro.
Centimetre (sén-timitâr) *vide* CENTIMETER.
Centner (sént-nâr) *s* unidade de peso usada em vários países da Europa (50 quilos).
Central (sén-trâl) *adj* central; principal.
Centralization (séntrâláizêi-shânn) *s* centralização.
Centralize (sén-trâláiz) *v* centralizar; concentrar.
Centralizer (sén-trâláizâr) *s* centralizador.
Centre (sén-tri) *vide* CENTER.
Centric (sén-trik) *adj* central.
Centrical (sén-trikâl) *vide* CENTRIC.
Centrifugal (séntri-fiugâl) *adj* centrífugo, que se afasta do centro.
Century (sén-tiuri u sén-tshuri) *s* século; centenário; centúria; ***there are one hundred years in a CENTURY***: um século tem cem anos.
Ceramic (siré-mik) *adj* cerâmico.
Cerated (si-rêitid) *adj* encerado; coberto de cera.
Cere (sir) *v* encerar; cobrir de cera; lacrar.
Cereal (si-riâl) *s* cereal; que produz farinha; USA mingau.
Cerebellum (séribé-lâmm) *s* BIO cerebelo, parte do cérebro.
Cerebral (sé-ribral) *adj* cerebral; mental.
Cerebration (séribrêi-shânn) *s* cerebração, função cerebral.
Cerement (sir-ment) *s* sudário; mortalha.
Ceremonial (sérimôu-niâl) *s* cerimonial; ritual.
Ceremonial (sérimôu-niâl) *adj* cerimonial; ritual.
Ceremonious (sérimôu-niâss) *adj* cerimonioso.
Ceremony (sé-rimôuni) *s* cerimônia; etiqueta.
Cerise (sâri-z) *s* cereja; fruta.
Cerise (sâri-z) *adj* cereja; cor.
Certain (sâr-tn) *s* número indeterminado.
Certain (sâr-tn) *adj* certo; seguro; positivo; fixo; ***he has a CERTAIN feeling about Hugo***: ele tem uma certa impressão do Hugo.
Certainly (sâr-tnli) *adv* certamente; sem dúvida; verdadeiramente.
Certifiable (sâr-tifáiâbl) *adj* certificável.
Certificate (sârti-fikêit) *s* certificado; certidão; atestado; laudo.
Certificate (sârti-fikêit) *v* atestar; certificar.
Certificate (sârti-fikêit) *adj* atestado; certificado.
Certify (sâr-tifái) *v* certificar; atestar; assegurar.
Ceruse (si-russ) *s* alvaiade; carbonato artificial de chumbo.
Cervine (sâr-vinn ou sârváinn) *adj* cervino, relativo ao cervo.
Cervix (sâr-viks) *s* MED nuca.
Cess (séss) *s* imposto; tributo; taxa.
Cess (séss) *v* tributar.
Cessation (sésséi-shânn) *s* cessação; pausa; parada; interrupção.
Cession (sé-shânn) *s* cessão.
Cessment (sés-ment) *s* taxa; imposto.
Chafe (tshêif) *v* aquecer por atrito; irritar-se; esfolar; incomodar.
Chafer (tshêi-fâr) *s* pequeno fogão portátil; escaravelho.
Chaff (tshéf) *s* zombaria; caçoada; farelo; palha cortada em pedaços; debulho; FIG droga; coisa de pouco valor.
Chaff (tshéf) *v* caçoar; pilheriar.
Chaffer (tshé-fâr) *s* regateio; pechincha.
Chaffer (tshé-fâr) *v* pechinchar; comprar; regatear; mercadejar.
Chaffy (tshé-fi) *adj* cheio de palha; coberto de palhas.
Chain (tshêinn) *s* corrente; cadeia; algema; cadeia de montanhas; lojas em cadeia; FIG escravidão.
Chain (tshêinn) *v* escravizar; sujeitar; encadear; acorrentar; algemar.
Chainless (tshêin-léss) *adj* livre; sem cadeias.
Chainlet (tshêin-lit) *s* correntinha (de pescoço).
Chainsaw (tshêinn-só) serra elétrica.
Chair (tshér) *s* cadeira; catedra; cadeira presidencial; USA cadeira elétrica.
Chair (tshér) *v* instalar na presidência; dar posse a; carregar em triunfo; sobre uma cadeira.
Chairman (tshér-maen) *s* presidente de assembleia, comissão etc.
Chairmanship (tshér-maenship) *s* presidência de uma reunião ou assembleia.
Chaise (shêiz) *s* carruagem de rodas.
Chaldaic (kéldê-ik) *adj* caldaico; caldeu.
Chalet (shalê-) *s* chalé; casa nas montanhas.
Chalice (tshé-liss) *s* cálice; taça; copa; BOT cálice de flor.
Chalk (tshók) *s* giz.
Chalk (tshók) *v* desenhar com giz; debitar.
Challenge (tshé-lindj) *s* desafio; provocação; pedido de senha; MIL brado de alerta.
Challenge (tshé-lindj) *v* desafiar; JUR disputar judicialmente.
Challengeable (tshé-lendjâbl) *adj* desafiável; provocável.
Challenger (tshé-lendjâr) *s* desafiador; provocador.
Chamber (tshêim-bâr) *s* câmara; espaço; compartimento; quarto de dormir.
Chamberlain (tshêim-bârlinn) *s* camarista de corte; mordomo; tesoureiro municipal; camareiro.
Chambermaid (tshêim-bârmêid) *s* camareira; arrumadeira; criada de quarto; quarteira.
Chameleon (kâmi-liânn) *s* camaleão; FIG vira-casaca.
Chamfer (tshém-fâr) *s* chanfro; cano de coluna; estria; chanfradura.
Chamfer (tshém-fâr) *v* estriar.

Chamois (shé-muâ) *s* camurça; pele de cabrito montês; espécie de cabra.
Champ (tshémp) *v* mascar; mastigar; morder (impacientemente).
Champagne (shémpêi-nn) *s* champanha (vinho branco francês).
Champaign (tshém-pêinn) *s* campina; campo extenso.
Champaign (tshém-pêinn) *adj* plano; raso; descoberto.
Champignon (tshémpi-niânn) *s* cogumelo.
Champion (tshém-piânn) *s* campeão; vencedor; herói.
Champion (tshém-piânn) *v* agir como campeão; JUR advogar; defender causa; combater por.
Champion (tshém-piânn) *adj* ótimo; vitorioso; excelente; campeão.
Championship (tshém-piânship) *s* campeonato; JUR defesa de uma causa.
Chance (tshénss) *s* acaso; casualidade; oportunidade; sorte; risco; USA perigo.
Chance (tshénss) *v* arriscar; arriscar-se; aventurar-se; ocorrer; acontecer.
Chance (tshénss) *adj* casual; fortuito.
Chanceable (tshén-sâbl) *adj* fortuito; casual.
Chancel (tshén-sél) *s* santuário; capela-mor; coro destinado ao clero; presbitério.
Chancellor (tshén-sélâr) *s* ministro; chanceler.
Chancellorship (tshén-sélârship) *s* chancelaria.
Chancelry (tshén-sâri) *s* chancelaria.
Chancery (tshén-sâri) *s* tribunal de justiça; USA tribunal especial.
Chancy (tshén-si) *adj* sujeito a riscos; incerto.
Chandelier (shéndili-r) *s* candelabro; lustre; lampadário.
Chandler (tshén-dlâr) *s* mercador; fabricante de velas; negociante.
Change (tshêindj) *s* troca; câmbio; mudança; permuta; moeda miúda (troco).
Change (tshêindj) *v* mudar; trocar; cambiar.
Changing (tshêin-djinn) *s* mudança; inconstante; variável.
Changing (tshêin-djinn) *adj* mutável; inconstante.
Channel (tshé-nél) *s* canal; cruzeta; calha; conduto.
Channel (tshé-nél) *v* canalizar; sulcar; conduzir.
Chanson (shén-sânn) *s* canção.
Chant (tshént) *s* cântico; salmo; melodia; cantochão (canto gregoriano).
Chant (tshént) *v* cantar; entoar; salmodear.
Chaos (kêi-óss) *s* caos; confusão generalizada; desordem.
Chaotic (kêió-tik) *adj* caótico.
Chap (tshép) *s* sulco; greta; fenda; MED mandíbulas; maxilas.
Chap (tshép) *v* sulcar; gretar; fender; rachar.
Chapbook (tshép-buk) *s* novela popular; livreto de baladas; folheto.
Chape (tshêip) *s* fivela; gancho.
Chapel (tshé-pél) *s* capela.
Chapfallen (tshépfó-lânn) *adj* consternado; desanimado.
Chapiter (tshé-p-târ) *s* ARQT capitel de um pilar; remate de coluna.
Chaplain (tshép-linn) *s* capelão.
Chapman (tshép-maen) *s* vendedor ambulante; mascate.
Chappie (tshé-pi) *s* GÍR garoto; rapazinho.
Chappy (tshé-pi) *vide* CHAPPIE.
Chapter (tshép-târ) *s* capítulo; carta capitular; cabido de sé.
Char (tshár) *s* biscate; trabalho extra.
Char (tshár) *v* torrar; tostar; trabalhar em jornal; fazer biscates.
Character (ké-râktâr) *s* caráter; caractere; reputação; fama; índole; ***Neusa has a strong CHARACTER***: a Neusa tem um caráter forte.
Characterise (ké-râktârais) *v* caracterizar; gravar; individualizar.
Characteristic (kérâktâris-tik) *s* peculiaridade; característica.
Characteristic (kérâktâris-tik) *adj* característico.
Characterize (ké-râktârais) *vide* CHARACTERISE.
Characterless (kérâktâris-tikâl) *adj* sem caráter; desavergonhado.
Charade (shâa-raad) *s* charada; enigma.
Charcoal (shâa-cul) *s* carvão.
Charge (tshárdj) *s* carga; despesa; custo; ordem; cargo; investida; ataque; assalto; brasão; fardo.
Charge (tshárdj) *v* cobrar; atacar; acusar; ordenar; carregar; onerar; exortar; culpar; ***the watch has stopped because I forgot to CHARGE the battery***: o relógio parou porque me esqueci de carregar a bateria.
Chargeable (tshár-djâbl) *adj* acusável; culpável; responsável; taxável; cobrável; imputável.
Charger (tshár-djâr) *s* cavalo de batalha; travessa (para carne).
Charitable (tshé-ritâbl) *adj* caridoso; generoso; misericordioso.
Charity (tshé-riti) *s* caridade; esmola; casa de misericórdia; beneficência.
Charlatan (shár-latânn) *adj* charlatão.
Charlatanry (shár-lâtânri) *s* charlatanice; charlatanaria.
Charm (tshárm) *s* encanto; sedução; atrativo; berloque.
Charm (tshárm) *v* encantar; seduzir; cativar.
Charmer (tshár-mâr) *s* encantador; feiticeiro; sedutor.
Charming (tshár-minn) *adj* fascinante; fascinador; maravilhoso; encantador.
Charmless (tshárm-léss) *adj* sem encanto; desgracioso.
Charnel (tshár-nel) *s* cemitério; capela mortuária.
Charnel (tshár-nel) *adj* sepulcral.
Chart (tshárt) *s* carta marítima; diagrama; mapa; gráfico; tabela.
Chart (tshárt) *v* traçar um mapa; um roteiro.
Charter (tshár-târ) *s* título; escrita pública; carta patente; alvará; privilégio; decreto; carta régia.
Charter (tshár-târ) *v* fretar; privilegiar; patentear; diplomar.
Charterer (tshár-târâr) *s* fretador.
Chary (tshé-ri) *adj* cuidadoso; cauteloso; econômico; avaro.
Chase (tshêiss) *s* caixilho; moldura; caça; presa; caçada; perseguição; rachadura; fenda; TIP rama.
Chase (tshêiss) *v* caçar; perseguir; gravar em relevo; cinzelar.
Chaser (tshéi-sâr) *s* o que executa trabalhos em relevo; perseguidor; caçador.
Chasing (tshêi-sinn) *s* perseguição; caça; cinzelamento; arte de gravação.
Chasm (kézm) *s* abismo; precipício; divergência de opinião.
Chasmy (kéz-mi) *adj* abismal; cheio de brechas.
Chassi (cha-si) *s* ELET base dos aparelhos de rádio; MEC sustentação das partes mecânicas dos automóveis.
Chassis (cha-si) *vide* CHASSI.
Chaste (tshêist) *adj* casto; puro; virtuoso; modesto; pudico.
Chasten (tshêis-n) *v* punir; restringir; castigar; corrigir; moderar; purificar; depurar.
Chasteness (tshêis-néss) *s* castidade; pureza.
Chastise (tshéstái-z) *v* castigar; punir; reprimir; açoitar.
Chastisement (tshés-tizment) *s* castigo; punição; correção.
Chastity (tshés-titi) *s* castidade; continência; pureza.
Chat (tshét) *s* conversa; prosa; palestra.
Chat (tshét) *v* conversar; palestrar; tagarelar.
Chattel (tshé-tel) *s* bens móveis; bem de raiz; haveres.
Chatter (tshé-târ) *s* conversa fiada; tagarelice.
Chatter (tshé-târ) *v* vibrar; ranger os dentes; tagarelar; conversar.
Chatterbox (tshé-târbóks) *s* tagarela; falaz; palrador; GÍR metralhadora.
Chatterer (tshé-târâr) *s* tagarela; nome de diversas aves.
Chatty (tshé-ti) *adj* loquaz; falador; conversador.
Cheap (tship) *adj* barato.
Cheapen (tshi-pen) *v* baratear; depreciar; regatear; desacreditar.
Cheapener (tshi-penâr) *s* regateador; pechincheiro.
Cheaply (tship-li) *adv* facilmente.

Cheapness (tship-néss) *s* barateza; baixeza; vulgaridade.
Cheat (tshit) *s* fraude; embuste; trapaça; engano; enganador; trapaceiro.
Cheat (tshit) *v* enganar; burlar; iludir; ESC colar (copiar num exame).
Cheater (tshi-târ) *s* trapaceiro; embusteiro.
Check (tshék) *s* cheque; ordem escrita para pagamento; conta; nota de despesa; resistência; contratempo; revés militar.
Check (tshék) *v* conferir; deter; verificar; deixar; repetir; refrear; repassar; revisar; *CHECK your coat at the entrance, please*: deixe seu casaco na portaria, por favor.
Checker (tshé-kâr) *s* controlador; conferente; inspetor; ESP peça de jogo de damas; tabuleiro de xadrez.
Checker (tshé-kâr) *v* enxadrezar; matizar.
Checkerboard (tshé-kârbôurd) *s* tabuleiro para jogo de damas ou xadrez.
Checkered (tshé-kârd) *adj* axadrezado; acidentado.
Checkup (tshék-âp) *s* USA exame médico (completo e minucioso).
Cheek (tshik) *s* face; parte lateral; focinho; bochecha.
Cheekiness (tshi-kinéss) *s* descaramento; insolência.
Cheeky (tshi-ki) *adj* bochechudo; descarado; impudente.
Cheep (tship) *v* piar; pipilar; gorjear; chilrear.
Cheer (tshir) *s* aclamação; alegria; animação; regozijo; comida; provisão; grito de alegria.
Cheer (tshir) *v* animar; aplaudir; aclamar; alegrar; alegrar-se; açular.
Cheerful (tshir-ful) *adj* alegre; festivo; jovial; animado; divertido.
Cheerfulness (tshir-fulnéss) *s* alegria; jovialidade; animação.
Cheerily (tshi-rili) *adv* alegremente; animadamente.
Cheerio (tshi-riw) *s* tchau! adeus! coragem! saúde!
Cheery (tshi-ri) *adj* alegre; jovial; vivo.
Cheese (tshiz) *s* queijo.
Chef (tshif) *s* cozinheiro; chefe.
Chemise (shimi-z) *s* camisa feminina.
Chemist (ké-mist) *s* químico; droguista; farmacêutico.
Chemistry (ké-mistri) *s* química, ciência que estuda a natureza, propriedades das substâncias e as leis das suas combinações.
Cherish (tshé-rish) *v* apreciar; nutrir; acariciar; abrigar; afeiçoar; entreter.
Cherisher (tshé-rishâr) *s* protetor; patrão; causador.
Cherry (tshé-ri) *s* cereja; cerejeira.
Cherry (tshé-ri) *adj* cor de cereja; *CHERRY-brandy*: licor de cerejas; *CHERRY-tree*: cerejeira.
Cherub (tshé-râb) *s* querubim; anjo.
Chess (thséss) *s* jogo de xadrez.
Chessman (tshés-maen) *s* ESP peão; enxadrista; jogador de xadrez.
Chest (tshést) *s* peito (nu); tórax; arca; baú.
Chestnut (tshés-nât) *s* castanha; cavalo alazão; anedota antiga.
Chestnut (tshés-nât) *adj* castanho; alazão.
Chevalier (shévâli-r) *s* cavalheiro; cavaleiro.
Chevy (tshé-vi) *s* caça; grito usado nas caçadas; montaria.
Chevy (tshé-vi) *v* caçar; perseguir a caça.
Chew (tshu) *s* mastigação; tabaco de mascar.
Chew (tshu) *v* mastigar; mascar; meditar; remoer; ruminar.
Chewer (tshu-âr) *s* mastigador.
Chewing (tshu-inn) *adj* próprio para mascar; *CHEWING gum*: goma de mascar; chiclete.
Chic (shik) *s* elegante.
Chic (shik) *adj* chique; elegante; formoso; USA esperto; inteligente.
Chicane (shikêinn) *s* tramoia; enredo; chicana; zombaria.
Chicane (shikêinn) *v* enganar; chicanar; lograr.
Chick (tshik) *s* pinto; pintinho; criancinha; pimpolho; *CHICK-peas*: grão-de-bico.
Chicken (tshi-kinn) *s* frango; criança; galinha; rapaz; pessoa inexperiente; MED *CHICKEN-POX*: catapora.
Chicle (tshik-l) *s* goma de mascar; chiclete.
Chicory (tshi-kori) *s* chicória; crespa.
Chide (tsháid) *s* repreensão; censura.
Chide (tsháid) *v* repreender; recriminar; censurar; ralhar com; *past* CHID *and pp* CHID or CHIDDEN.
Chiding (tshái-dinn) *s* censura; repreensão.
Chiding (tshái-dinn) *adj* admoestador.
Chief (tshif) *s* chefe; principal; gerente; comandante.
Chief (tshif) *adj* supremo; primeiro; principal.
Chiefdom (tshif-dâmm) *s* supremacia.
Chiefless (tshif-léss) *adj* sem chefe; desgovernado.
Chiefly (tshif-li) *adv* principalmente; sobretudo.
Chieftain (tshif-tinn) *s* chefe; cabeça; capitão.
Chiffon (tshi-fónn) *s* tecido fino; gaze; enfeite de vestido.
Chigo (tshi-gôu) *s* bicho do pé.
Chigoe (tshi-gôu) *vide* CHIGO.
Chilblain (tshil-blêinn) *s* frieira.
Child (tsháild) *s* criança; filho; filha.
Childbirth (tsháild-bâr-tê) *s* parto.
Childhood (tsháild-hud) *s* infância; condição de criança; puerícia.
Childing (tsháil-dinn) *adj* mulher grávida.
Childish (tsháil-dish) *adj* infantil; pueril.
Childlike (tsháild-láik) *adj* infantil; pueril; ingênuo.
Children (tshil-dren) *s* crianças.
Chilean (tshi-liânn) *adj* chileno.
Chill (tshil) *s* frio; calafrio; arrepio; resfriamento.
Chill (tshil) *v* esfriar; endurecer a frio.
Chill (tshil) *adj* gelado; descortês.
Chilled (tshild) *adj* arrepiado; desanimado.
Chillness (tshi-linéss) *s* frialdade; desânimo; indiferença.
Chilly (tshi-li) *adj* friorento; fresco; frio; indiferente; insensível; *a CHILLY year*: um ano muito frio.
Chime (tsháimm) *s* carrilhão; repique de sinos; FIG harmonia.
Chime (tsháimm) *v* repicar; soar; convocar; chamar com sinos; concordar; assentir.
Chimera (káimi-râ) *s* quimera; fantasia; ilusão.
Chimney (tshim-ni) *s* chaminé; FIG cartola; *CHIMNEY-sweeper*: limpador-de-chaminé.
Chin (tshinn) *s* queixo.
Chinatown (tshái-nataunn) *s* USA bairro chinês (São Francisco e Nova Iorque).
Chinaware (tshái-nâuér) *s* porcelana; louça.
Chinch (tshintsh) *s* percevejo.
Chincough (tshin-kóf) *s* MED coqueluche; tosse comprida.
Chine (tsháinn) *s* MED coluna vertebral; espinhaço; espinha dorsal; ribanceira.
Chinese (tsháini-z) *adj* chinês.
Chink (tshink) *s* fenda; racha; rachadura; fenda.
Chintz (tshints) *s* chita; chitão.
Chip (tship) *s* cavaco; apara; fragmento; limalha; lasca (madeira, pedra).
Chip (tship) *v* cortar em pedaços; lascar.
Chipper (tshi-pâr) *adj* USA esperto; ladino; ativo.
Chipping (tshi-pinn) *s* cavaco; apara; estilhaço; lasca.
Chippy (tshi-pi) *adj* quebradiço; seco; insípido.
Chips (tship) *s* batata frita.
Chirm (tshârmm) *s* zumbido de insetos.
Chirp (tshârp) *s* gorjeio; canto do grilo; canto da cigarra; estampa de tecidos.
Chirp (tshârp) *v* gorjear; chilrear.
Chirpy (tshâr-pi) *adj* alegre; jovial; conversador.
Chirrup (tshi-râp) *s* gorjeio; trinado.
Chirrup (tshi-râp) *v* aplaudir; estimular.
Chisel (tshiz-l) *s* cinzel; buril; formão.
Chisel (tshiz-l) *v* cinzelar; esculpir.
Chit (tshit) *s* pirralho; criança; fedelho; penhor.
Chitchat (tshit-tshét) *s* tagarelice; conversa fiada; falatório.
Chivalric (shivâl-rik) *adj* nobre; cavalheiresco.

Chivalrous (shi-vâlrâss) *vide* CHIVALRIC.
Chives (shai-vs) *s* cebolinha.
Chloroform (shi-vâlri) *s* clorofórmio; substância líquida de propriedade anestésica.
Chock (tshók) *s* calço; cunha; escora.
Chock (tshók) *v* prender com calço; calçar.
Chock (tshók) *adv* à cunha.
Chocolate (tshó-kolit) *s* chocolate.
Chocolate (tshó-kolit) *adj* de chocolate; da cor do chocolate.
Choice (tshóiss) *s* escolha; nata; preferência; variedade.
Choice (tshóiss) *adj* escolhido; selecionado; primoroso; excelente.
Choir (kuáir) *s* coro de igreja.
Choir (kuáir) *v* cantar em coro.
Choke (tshôuk) *s* sufocação; obstrução.
Choke (tshôuk) *v* sufocar; enganar (numa brincadeira); estrangular; engasgar-se; sufocar-se; obstruir.
Choker (tshôu-kâr) *s* sufocador; estrangulador; coisa sufocante; gravata apertada; fala irrefutável.
Choker (tshôu-kâr) *adj* sufocante.
Choking (tshôu-kinn) *s* abafamento; sufocação.
Choking (tshôu-kinn) *adj* sufocante; asfixiante; sufocado.
Choleric (kolé-rik) *adj* colérico; irascível; irado; zangado; enfurecido.
Choop (tshup) *interj* cale-se!
Choose (tshuz) *v* escolher; preferir; *past* CHOSE *and pp* CHOSEN.
Chooser (tshu-zâr) *s* selecionador; eleitor.
Choosing (tshu-zinn) *s* escolha; seleção.
Choosing (tshu-zinn) *adj* exigente.
Chop (tshóp) *s* fatia; fenda; posta; costeleta; machadada; passaporte; marca; senha; mandíbula; queixada.
Chop (tshóp) *v* retalhar; cortar; picar; trocar; permutar.
Chophouse (tshóp-háuss) *s* restaurante que prepara costelas.
Chopper (tshó-pâr) *s* faca afiada para cortar carne; cutelo; USA porteiro de teatro; de estação ferroviária.
Chopping (tshó-pinn) *s* corte; ação de cortar em pedaços.
Chopping (tshó-pinn) *adj* inconstante; variável.
Chopsticks (tshóp-stiks) *s pl* objetos de madeira que substituem o garfo (pauzinhos para comer).
Chord (kórd) *s* MÚS corda; acorde; harmonia.
Chorus (kó-râss) *s* MÚS refrão; coro; estribilho; *CHORUS girl*: corista.
Chrism (krizm) *s* crisma.
Christ (kráist) *s* Cristo.
Christen (kris-n) *v* batizar; batizar-se; dar nome a.
Christian (kris-tshânn) *s* RELIG cristão.
Christian (kris-tshânn) *adj* cristão, que é adepto do cristianismo.
Christmas (kris-mâss) *s* Natal; *Merry CHRISTMAS*: Feliz Natal.
Chronic (kró-nik) *adj* crônico; permanente; inveterado.
Chronical (kró-nikâl) *vide* CHRONIC.
Chronicle (kró-nikl) *s* crônica.
Chronicle (kró-nikl) *v* cronicar; narrar; redigir crônicas.
Chronometer (kronó-mitâr) *s* cronômetro; relógio de precisão.
Chubbiness (tshâ-binéss) *s* gordura; obesidade.
Chubby (tshâ-bi) *adj* gorducho; roliço; bochechudo.
Chuck (tshâk) *s* carícia; pancadinha; empurrão.
Chuck (tshâk) *v* afagar; dar palmadas de leve em; jogar; atirar; cacarejar.
Chuckle (tshâk-l) *v* sorrir; rir entre os dentes (disfarçadamente).
Chunk (tshânk) *s* pedaço grande; tronco; bloco; animal atarracado.
Chunky (tshân-ki) *adj* atarracado; troncudo.
Church (tshârtsh) *s* igreja; templo.
Churchgoing (tshârtshgôu-inn) *s* devoção.
Churchgoing (tshârtshgôu-inn) *adj* devoto; religioso.
Churchman (tshârtsh-maen) *s* clérigo; eclesiástico.
Churchyard (tshârtshiárd) *s* cemitério anexo a uma igreja.
Churl (tshârl) *s* plebeu; rústico; sovina; pessoa mal educada.
Churlish (tshâr-lish) *adj* rude; grosseiro; mesquinho; avaro.
Chute (shut) *s* cano inclinado; escoadouro; cachoeira; *para-CHUTE*: paraquedas.
Cicatrice (si-kâtriss) *s* cicatriz.
Cicatrix (si-kâtriks) *vide* CICATRICE.
Cicatrize (si-kâtráiz) *v* cicatrizar.
Cigar (si-gâr) *s* charuto.
Cigaret (sigârét) *s* cigarro.
Cigarette (sigârét) *vide* CIGARET.
Cincture (sink-tshâr) *s* cinta; cinto; cinturão; cintura; cerca; muro.
Cincture (sink-tshâr) *v* cercar; cingir.
Cinema (si-nimâ) *s* cinema.
Cipher (sái-fâr) *s* cifra; zero; FIG pessoa sem importância.
Cipher (sái-fâr) *v* cifrar; calcular; computar.
Circle (sârkl) *s* círculo; órbita; circunferência.
Circle (sârk-l) *v* cercar; cingir; andar em círculos; rodear.
Circlet (sâr-klit) *s* aro; argola; anel.
Circuit (sâr-kit) *s* circuito; giro; volta; âmbito; perímetro.
Circulate (sâr-kiulêit) *v* circular; trafegar; pôr em circulação.
Circumference (sârkâm-fârênss) *s* circunferência; periferia.
Circumflex (sârkâm-fléks) *s* acento circunflexo.
Circumflex (sârkâm-fléks) *adj* circunflexo.
Circumnavigation (sârkâm-névighêi-shânn) *s* circunavegação.
Circumscribe (sâr-kâmskráib) *v* circunscrever; traçar em redor; limitar; confinar; fixar.
Circumspect (sâr-kâmpsékt) *adj* circunspecto; prudente; discreto; grave.
Circumstance (sâr-kâmsténss) *s* circunstância; particularidade; motivo.
Circumstantial (sârkâmstén-shâl) *adj* acidental; circunstancial; casual.
Circumvent (sârkâm-véntâr) *v* enganar; lograr; fraudar; iludir.
Circus (sâr-kâss) *s* circo; praça; arena.
Cistern (sis-târn) *s* cisterna; poço de água.
Citation (sáitêi-shânn) *s* JUR citação judicial; intimação; citação; menção; USA condecoração.
Cite (sáit) *v* citar; intimar; mencionar; alegar; JUR citar judicialmente.
Citizen (si-tizn) *s* cidadão; munícipe; burguês.
Citizeness (si-tiznéss) *s* cidadã.
Citric (si-trik) *adj* cítrico; relativo às plantas que contêm esse tipo de ácido.
Citron (si-trânn) *s* cidra.
City (si-ti) *s* cidade.
City (si-ti) *adj* municipal; citadino.
Civic (si-vik) *adj* cívico; municipal.
Civil (si-vill) *adj* civil; cortês.
Civilization (sivilizêi-shânn) *s* civilização; cultura.
Civilize (si-viláiz) *v* civilizar; educar; refinar.
Civism (si-vizm) *s* civismo; patriotismo.
Clabber (klé-bâr) *s* coalhada.
Clabber (klé-bâr) *v* coalhar.
Clack (klék) *s* tagarelice; estalo; ruído; som repetido.
Clack (klék) *v* tagarelar; estalar.
Claim (klêimm) *s* alegação; direito; reclamação; reivindicação; exigência.
Claim (klêimm) *v* reivindicar; reclamar; alegar; afirmar; requerer; clamar; USA declaração; alegação.
Clam (klémm) *s* molusco; marisco; espécie de mexilhão.
Clam (klémm) *v* aderir; grudar; mariscar.
Clamant (klé-mânt) *adj* clamante; chamada por socorro.
Clamber (klém-bâr) *v* escalar com dificuldade; trepar.
Clammy (klé-mi) *adj* viscoso; pegajoso; úmido e frio.
Clamorous (klé-mârâss) *adj* clamoroso; ruidoso; vociferante.

Clamp (klémp) *s* gancho; braçadeira; colchete; presilha; pregador.
Clamp (klémp) *v* prender com grampo; agarrar; dar passadas; caminhar pesadamente; empilhar; amontoar.
Clamping (klém-pinn) *s* aperto; travamento.
Clan (klénn) *s* clã; tribo; família; grupo; grei; raça; casta.
Clandestine (kléndés-tinn) *adj* clandestino; oculto; secreto.
Clang (klénn) *v* retinir; ressoar.
Clap (klép) *s* palmada; estrondo; estalo; palmas; aplauso; golpe de azar.
Clap (klép) *v* bater ruidosamente; aplaudir; estalar; bater palmas.
Clap (klép) *adj* inesperado; vibrante.
Clapboard (klép-bôurd) *s* tábua; ripa de madeira; aduela.
Clarify (klé-rifái) *v* clarificar; elucidar; purificar; aclarar.
Clarinet (klérinét) *s* clarineta.
Clarity (klé-riti) *s* claridade; brilho; lucidez; clareza; pureza de som; lustro.
Clash (klésh) *s* choque; colisão; oposição; conflito; estrondo; desacordo; discordância.
Clash (klésh) *v* chocar-se; ressoar; entrar em conflito; opor-se a; embater.
Clashing (klé-shinn) *s* choque; colisão; estrondo; oposição.
Clashing (klé-shinn) *adj* retumbante; estridente; chocante.
Clasp (klésp) *s* broche; colchete; fecho; fivela; pregador; abraço; amplexo.
Clasp (klésp) *v* acolchetar; afivelar; abraçar; apertar; prender nos braços; segurar na mão.
Class (kléss) *s* classe; grupo; série; qualidade; posição social; aula; curso; categoria.
Class (kléss) *v* classificar; ordenar; coordenar.
Class (kléss) *adj* relativo a classe.
Classic (klé-sik) *s* clássico; obra de autor clássico.
Classic (klé-sik) *adj* clássico.
Classical (klé-sikâl) *adj* clássico.
Classify (klé-sifái) *v* coordenar; classificar; agrupar.
Classmate (klés-mêit) *s* colega de classe.
Classroom (klés rumm) *s* sala de aula; classe.
Classy (klé-si) *adj* de classe; distinto; elegante; alinhado; GÍR superior.
Clatter (klé-târ) *v* retinir; ressoar; fazer bulha; fazer barulho; tagarelar.
Clause (klóz) *s* cláusula; condição; artigo de contrato.
Claw (kló) *s* garra; unha; pata; pinça.
Claw (kló) *v* arranhar; dilacerar; arrancar com as garras.
Clay (klêi) *s* argila; barro; lodo; terra; FIG barrar; ***CLAY is used to make bricks***: a argila é usada para fazer tijolos.
Clean (klinn) *v* limpar; assear; arrumar; arrumar-se.
Clean (klinn) *adj* claro; nítido; limpo; puro; inocente; honesto; escrupuloso; liso; regular; simétrico; hábil; bem proporcionado; completo; total; ***he is all CLEAN***: ele está bem limpo.
Clean (klinn) *adv* limpamente; habilmente; inteiramente.
Cleaner (kli-n-âr) *s* limpador; servente; arrumadeira.
Clear (klir) *v* limpar; aclarar; esclarecer; desembaraçar; retirar; evacuar; lucrar.
Clear (klir) *adj* claro; limpo; transparente; puro.
Clearage (kli-ridj) *s* afastamento; retirada; limpeza.
Clearance sale (kli-rânss sêile) *s* liquidação.
Clearing (kli-rinn) *s* exame; ajuste; apuração de contas; esclarecimento; justificação; terreno preparado para cultura; pagamento.
Cleave (kliv) *v* fender; rachar; abrir caminho; secionar; manter-se fiel; apegar-se; *past* CLEFT *or* CLOVE *and pp* CLEFT *or* CLOVEN.
Cleaver (kli-vâr) *s* rachador; machadinha de açougueiro.
Cleek (klik) *s* gancho; presilha; braçadeira; tipo de bastão de golfe.
Clef (kléf) *s* MÚS clave, chave que aponta o tom e o início da sequência das notas musicais (no pentagrama).
Cleft (kléft) *s* racha; fenda; rachadura.
Cleft (kléft) *adj* rachado; fendido.
Cleg (klég) *s* mutuca; mosca de gado; GÍR pessoa inteligente.
Clemency (klé-mensi) *s* clemência; compaixão.
Clement (klé-mênt) *adj* clemente.
Clench (kléntsh) *s* garra; pinça; tenaz; aperto; rebite.
Clench (kléntsh) *v* agarrar; prender; cerrar; apertar (punhos, dentes).
Clergy (klâr-dji) *s* clero.
Cleric (klé-rik) *s* clérigo; sacerdote; eclesiástico.
Cleric (klé-rik) *adj* clerical; eclesiástico.
Clerk (klârk) *s* escrevente; copista; sacristão; balconista; USA caixeiro.
Clever (klê-vâr) *adj* hábil; lesto; esperto; ligeiro; destro; inteligente; USA afável; obsequioso; bem-humorado.
Cleverness (klé-vârnéss) *s* habilidade; destreza; talento; inteligência.
Clew (klu) *s* indício; vestígio; pista; rastro; indicação; NÁUT punho de vela.
Clientage (klái-entidj) *s* clientela; freguesia.
Cliff (klif) *s* penhasco; despenhadeiro; rochedo íngreme.
Climacteric (kláimék-târik) *s* período climatérico.
Climacteric (kláimék-târik) *adj* climatérico; climático.
Climate (klái-mit) *s* clima.
Climatic (kláimé-tik) *adj* climático, relativo ao clima.
Climatical (kláimé-tikâl) *vide* CLIMATIC.
Climax (klái-méks) *s* clímax; ápice; auge; ponto culminante.
Climb (kláimm) *s* ascensão; escalada.
Climb (kláimm) *v* subir; escalar; trepar.
Clime (kláimm) *s* região; clima; tema (poesia).
Clinch (klintsh) *s* rebite; aperto; agarramento; luta corpo-a-corpo; argumento decisivo.
Clinch (klintsh) *v* segurar; fixar com rebite; ratificar; atracar-se em luta.
Clincher (klin-tshâr) *s* rebitador; gancho; braçadeira; pregador; prendedor; torniquete; garra; argumento concludente.
Cling (klinn) *v* aderir; agarrar-se; apegar; apegar-se; aferrar-se; colar-se; *past or pp* CLUNG.
Clinging (kli-ninn) *adj* adesivo; aderente; pegajoso; colado.
Clinic (kli-nik) *s* clínica; clínico.
Clinic (kli-nik) *adj* clínico.
Clink (klink) *s* tinido; tamarela; traqueta; som.
Clink (klink) *v* tinir; tilintar; ressoar; ritmar; retinir; soar.
Clip (klip) *s* tosquia; corte; corte de cabelo; prendedor; grampo; presilha; pinça; pente de bala; USA velocidade.
Clip (klip) *v* aparar; cortar com tesoura; podar; tosquiar; cercear; prender com presilha; omitir sílabas ou letras ao falar; mover-se rapidamente.
Clipper (kli-pâr) *s* tosquiador; cortador; tesoura; máquina de tosquiar; de cortar cabelo; tipo de avião ou navio.
Clipping (kli-pinn) *s* corte de cabelo; tosquia; andadura rápida; apara; raspa.
Clipping (kli-pinn) *adj* rápido; veloz; cortante.
Cloak (klôuk) *s* capa; capote; manto; disfarce; dissimulação.
Cloak (klôuk) *v* encapotar; encapar; encobrir; dissimular.
Cloakroom (klôuk-rumm) *s* vestiário.
Clock (klók) *s* relógio; medidor; relógio de parede.
Clod (klód) *s* torrão de terra; leiva; solo; pateta.
Cloister (klóis-târ) *s* claustro; mosteiro; convento.
Cloister (klóis-târ) *v* enclaustrar; enclausurar.
Close (klôuz) *s* fim; término; conclusão; briga; espaço fechado; fecho de carta; ***CLOSE up***: CIN primeiro plano; tomada de muito perto.
Close (klôuz) *v* fechar; obstruir a passagem; encerrar; concluir; cercar; tapar; arrolhar; juntar.
Close (klôuz) *adj* fechado; retirado; reservado; abafado; preso; econômico; secreto; próximo.

Close (klôuz) *adv* perto; bem junto; secretamente.
Closed (klôuzd) *adj* fechado; reservado; concluído; encerrado.
Closely (klôus-li) *adv* de perto; intimamente; secretamente; atentamente.
Closeness (klôus-néss) *s* proximidade; intimidade; estreiteza; aperto; avareza; concisão; abafamento; segredo; reserva.
Closet (kló-zit) *s* quartinho; cubículo; gabinete; aposento particular; banheiro; roupeiro; ***water CLOSET***: privada.
Closet (kló-zit) *v* encerrar em gabinete; receber em recinto privado para conferência secreta.
Closet (kló-zit) *adj* secreto; privado; particular; reservado.
Closing (klôu-zinn) *s* conclusão; encerramento; fechamento; fechadura.
Closure (klôu-jâr) *s* encerramento; suspensão; conclusão; cerca; tapume.
Clot (klót) *s* coágulo; grumo; coalho.
Clot (klót) *v* coagular.
Cloth (klóth) *s* pano; tecido; toalha de mesa; tecido; roupa; vestuário; traje; hábito clerical; ***the clothes are made of CLOTH***: os vestidos são feitos de tecido.
Clothe (klôudh) *v* vestir; trajar; revestir; forrar; cobrir com pano.
Clothes (klôu-dhz) *s* roupa; traje; vestuário; roupa de cama; ***CLOTHES line***: varal.
Clothesline (klôu-dhz-láinn) *s* varal; arame de secar roupa.
Clothespin (klôu-dhz-pinn) *s* USA prendedor de roupa lavada (no varal).
Clothing (klôu-dhinn) *s* vestuário; roupa; revestimento; coberta.
Cloud (kláud) *s* nuvem; névoa; bruma; mancha; multidão; grande número; FIG desgosto; desgraça.
Cloud (kláud) *v* nublar; anuviar; obscurecer; escurecer.
Cloudburst (kláud-bârst) *s* aguaceiro; chuva pesada.
Cloudless (kláud-less) *adj* desanuviado; claro; sereno; límpido.
Cloudy (kláu-di) *adj* nebuloso; nublado; triste; obscuro; confuso.
Clough (klâf) *s* ravina; desfiladeiro; penhasco; barranco; comporta.
Clout (kláut) *s* tachão para sapato; remendo; trapo; centro de alvo; GÍR tapa; bofetão; murro; cascudo.
Clout (kláut) *v* remendar; esmurrar; guarnecer de tachão; cravejar.
Clove (klôuv) *s* dente de alho; bulbo; cravo-da-índia.
Clover (klôu-vâr) *s* trevo.
Clown (kláunn) *s* palhaço; bobo; campônio.
Clownery (kláu-nâri) *s* palhaçada.
Clownish (kláu-nish) *adj* apalhaçado; rude; malcriado; ridículo; cômico.
Cloy (klói) *v* saciar; fartar; saturar; FIG enjoar.
Cloyingly (klói-inli) *adv* fartamente; nauseosamente.
Club (klâb) *s* cacete; porrete; clava; maça; clube; grêmio; sociedade; naipe de paus.
Club (klâb) *v* dar cacetadas em; associar-se; quotizar-se.
Clubbable (klâ-bâbl) *adj* sociável.
Clubbing (klâ-binn) *s* surra; sova.
Clubfoot (klâb-fut) *s* de pé torto.
Clublaw (klâb-ló) *s* lei do mais forte.
Cluck (klâk) *s* cacarejo de galinha.
Clue (kluu) *s* ideia; dica; indício; ***she does not have a CLUE how to get there***: ela não tem ideia de como ir lá.
Clump (klâmp) *s* moita; arvoredo; bloco; pedaço; torrão; grupo; massa informe.
Clump (klâmp) *v* agrupar; amontoar; caminhar pesadamente; plantar em grupos.
Clumsy (klâm-zi) *adj* desajeitado; rústico.
Cluster (klâs-târ) *s* grupo; conglomerado; cacho; ramalhete; bando; enxame; assembleia; agrupamento.
Cluster (klâs-târ) *v* agrupar; amontoar; produzir cachos; apinhar-se; agarrar; agarrar-se.
Clutch (klâtsh) *s* garra; aperto; arrebatamento; tentativa de confisco; apropriação indébita; pitada; dose; ninhada; AUT pedal da embreagem.
Clutch (klâtsh) *v* agarrar; agarrar-se; empunhar.
Clutter (klâ-târ) *s* confusão; balbúrdia; desordem; tumulto; algazarra.
Clutter (klâ-târ) *v* misturar; lançar-se na desordem; confundir.
Coach (kôutsh) *s* coche; carruagem; carro; vagão; automóvel sedã; USA ônibus; treinador; vagão de trem de ferro.
Coach (kôutsh) *v* instruir; ensinar; treinar; conduzir-se de carro; ***Solange COACHES our volleyball team twice a week***: a Solange treina a nossa equipe de voleibol duas vezes por semana.
Coaching (kôu-tshinn) *s* passeio de carro; viagem de coche; instrução; treinamento esportivo.
Coachman (kôu-tshmaen) *s* cocheiro.
Coaction (kôuék-shânn) *s* cooperação; colaboração; coação; coerção.
Coagulate (koé-ghiulêit) *v* coagular; coalhar; solidificar.
Coal (kôul) *s* carvão de pedra; hulha; tição; brasa.
Coal (kôul) *v* encarvoar; reduzir a carvão.
Coalesce (kôu-âléss) *v* coalescer; unir-se; fundir-se.
Coalescence (kôuâlé-senss) *s* coalescência; união; junção; mistura; fusão; incorporação.
Coalescent (kôuâlé-sent) *adj* coalescente; aderente; aglutinante.
Coalition (kôuâli-shânn) *s* coalizão; coligação; união; acordo; fusão.
Coast (kôust) *s* costa; litoral; praia; beira-mar.
Coast (kôust) *v* costear.
Coaster (kôus-târ) *s* navio costeiro; habitante da costa; suporte (copos, garrafas etc.).
Coasting (kôus-tinn) *s* cabotagem; navegação costeira.
Coat (kôut) *s* sobretudo; capa; casaco; pelo; plumagem; lã; camada; demão (tinta, verniz etc.).
Coat (kôut) *v* aplicar uma camada; vestir; cobrir.
Coated (kôu-tid) *adj* coberto; revestido; recamado; encarpado.
Coating (kôu-tinn) *s* revestimento; camada; pintura; massa; tegumento; tecido para casacos.
Coax (kôuks) *v* lisonja; adular; bajular.
Coaxer (kôuk-sâr) *s* lisonjeador; adulador; pessoa insinuante.
Cob (kób) *s* espiga de milho; golpe; aranha; bloco.
Cobble (kóbl) *s* pedra (usada em pavimentação); seixo.
Cobble (kóbl) *v* remendar; consertar sapato; calçar com pedras; pavimentar.
Cobbler (kób-lâr) *s* sapateiro; remendão; operário inábil; ponche.
Cobblestone (kóbl-stôunn) *s* pedra arredondada.
Cobweb (kób-uéb) *s* teia de aranha; FIG sofisma; trama; argumento sutil.
Cock (kók) *s* galo; frango; macho de qualquer ave; cão (de arma); torneira; válvula; fiel de balança; piscadela; cata-vento; barquinho; namorador; aba (de chapéu).
Cock (kók) *v* engatilhar (arma); levantar; levantar-se; erguer; empinar; piscar o olho; enfeixar; amontoar; revirar; aprumar-se.
Cockeyed (kók-áid) *adj* vesgo; estrábico.
Cockfight (kók-fáit) *s* briga de galos.
Cockhorse (kók-hórss) *s* cavalinho de pau.
Cockle (kókl) *s* joio; ruga; carrapicho.
Cockle (kókl) *v* enrugar-se; franzir.
Cockney (kók-ni) *s* londrino da gema; mulher afetada; linguagem da classe baixa de Londres.
Cockpit (kók-pit) *s* rinha; lugar para briga de galos; espaço onde se aloja quem comanda uma máquina (automóvel, avião etc.).
Cockroach (kók-rôutsh) *s* barata.
Cockscomb (kók-shôumm) *s* crista de galo.

Cocksure (kók-shur) *adj* infalível; certo; presunçoso; dogmático.
Cocktail (kók-têil) *s* coquetel; salada de frutas; bebidas com várias misturas (rabo de galo); BR aperitivo ou reunião onde se oferece bebida e petisco, em comemoração a alguma festividade.
Cocky (kó-ki) *adj* afetado; presumido; vaidoso; petulante.
Coco (kôu-ko) *s* coco; coqueiro.
Cocoa (kôu-ko) *s* cacau; chocolate em pó.
Coconut (kôu-konât) *s* coco.
Cocoon (kóku-nn) *s* casulo feito pelo bicho-da-seda.
Cod (kód) *s* bacalhau; folheto; bolsa; vagem; tolo.
Code (kôud) *s* código; cifra; código secreto.
Codex (kôu-deks) *s* códice.
Codfish (kód-fish) *s* bacalhau.
Codger (kó-djâr) *s* homem excêntrico; esquisitão; mesquinho.
Codification (kódifikêi-shânn) *s* codificação.
Codify (kó-difái) *v* codificar; sistematizar.
Coefficient (kôufi-shânt) *s* coeficiente.
Coerce (kôuâr-ss) *v* coagir; forçar; reprimir; reter.
Coercible (kôuâr-sibl) *adj* coercível; reprimível.
Coercion (kôuâr-shânn) *s* coerção; coação; pressão; compressão.
Coexist (kôu-égsiz-t) *v* coexistir.
Coexistence (kôu-égzis-tenss) *s* coexistência.
Coffee (kó-fi) *s* café.
Coffeehouse (kó-fi-háuss) *s* café-bar.
Coffer (kó-fâr) *s* cofre; caixa; arca; burra; baú.
Coffin (kó-finn) *s* esquife; ataúde; caixão de defunto.
Cog (kóg) *s* dente de engrenagem; dado viciado; trapaça; embarcação de pesca.
Cog (kóg) *v* fraudar; chumbar dado de jogo; viciar; trapacear no jogo de dados; mentir.
Cogent (kôu-djênt) *adj* convincente; irrefutável; compulsório.
Cogitate (kó-dijitêit) *v* cogitar em; planejar; meditar.
Cognate (kóg-nêit) *adj* cognato; consanguíneo; congênere.
Cognition (kógni-shânn) *s* cognição; percepção; noção; conhecimento.
Cognitive (kóg-nitiv) *adj* cognitivo; cognoscitivo.
Cognizance (kóg-nizânss) *s* percepção; aviso; informação; alçada; jurisdição; insígnia; distintivo.
Cognize (kóg-náiz) *v* conhecer; perceber; cientificar-se de; ter consciência de.
Cognomen (kógnôu-menn) *s* cognome; apelido; alcunha.
Cohabit (kôu-hé-bit) *v* coabitar; viver maritalmente.
Coherence (kôu-hi-rênss) *s* coerência; conexão; adesão; aderência; coesão.
Coherency (kôu-hi-rênsi) *vide* COHERENCE.
Coherent (kôu-hi-rênt) *adj* coerente; conexo; aderente.
Cohesion (kôu-hi-jânn) *s* coesão; união; adesão; aderência.
Cohesive (kôu-hi-siv) *adj* coesivo; coeso; aderente.
Coiffeur (kuá-fâr) *s* cabeleireiro.
Coiffure (kuáfiu-r) *s* penteado; toucado.
Coign (kóinn) *s* esquina; canto; ângulo.
Coil (kóil) *s* espiral; serpentina de tubos; bobina.
Coil (kóil) *v* enrolar; enovelar; serpear.
Coin (kóinn) *s* moeda; dinheiro (em moedas); esquina; cunha; chaveta.
Coin (kóinn) *v* cunhar; inventar; forjar.
Coincide (kôuinsái-d) *v* coincidir; concordar; harmonizar; combinar.
Coincidence (kôu-in-sidênss) *s* coincidência; correspondência.
Coiner (kói-nâr) *s* cunhador; moedeiro falso; falsificador de moedas.
Coinsure (kôu-inshur) *v* cossegurar.
Coke (kôuk) *s* coque; forma abreviada de Coca-Cola.
Coke (kôuk) *v* transformar em coque.
Col (kól) *s* desfiladeiro; passagem entre montanhas.
Colander (kâ-lândâr) *s* coador; peneira.
Cold (kôuld) *s* frio; resfriado; ***I'm COLD***: estou com frio.
Cold (kôuld) *adj* frio; gelado; desanimado; sem vida; desapaixonado; desinteressado; sem graça.
Coldly (kôul-dli) *adv* friamente; insensivelmente; indiferentemente.
Cole (kôul) *s* couve.
Collaborate (kolé-bârêit) *v* colaborar.
Collaboration (kolébârêi-shânn) *s* colaboração; cooperação.
Collapse (kolé-pss) *s* colapso; ruína; queda; falência; desmaio.
Collapse (kolé-pss) *v* provocar colapso em; arruinar; desabar; ruir; falir; sucumbir; desmaiar.
Collapsible (kolé-psibl) *adj* flexível; dobradiço; arruinável; deformável.
Collar (kó-lâr) *s* colarinho; gola; colar; gargantilha; coleira; coleira de animais; GÍR apoderar-se de; ANAT ***COLLAR bone***: clavícula.
Collate (kólêi-t) *v* conferir; confrontar; cotejar.
Collateral (kólé-târâl) *adj* colateral; paralelo; secundário; JUR parente indireto.
Collation (kólêi-shânn) *s* colação; refeição leve; nomeação para benefício eclesiástico.
Colleague (kó-lig) *s* colega; confrade; camarada; companheiro.
Colleague (kó-lig) *v* coligar-se; conspirar.
Colleagueship (kó-ligship) *s* coleguismo.
Collect (kólék-t) *s* coleta.
Collect (kólék-t) *v* colecionar; cobrar; arrecadar; recolher; angariar; recuperar; reunir-se; concluir; deduzir.
Collectable (kólék-tâbl) *adj* colecionável; coletável; cobrável; recuperável; acumulável.
Collected (kólék-tid) *adj* calmo; tranquilo; controlado; senhor de si; reunido; ajuntado.
Collection (kólék-shânn) *s* coleta de dinheiro; coleção; compilação; acúmulo.
Collective (kólék-tiv) *s* o coletivo.
Collective (kólék-tiv) *adj* coletivo; reunido; agregado.
Collectivism (kólék-tivizm) *s* coletivismo.
Collectivity (kólékti-viti) *s* coletividade.
Collector (kólék-târ) *s* coletor; cobrador.
College (kó-lidj) *s* colégio; faculdade.
Collegian (kóli-djiann) *s* estudante; membro de uma congregação; colegial.
Collegiate (kóli-djiit) *adj* colegiado.
Collide (kólái-d) *v* colidir; chocar-se; conflitar; discordar.
Collie (kóli) *s* cão pastor.
Collier (kó-liâr) *s* mineiro; carvoeiro; tripulante (barco carvoeiro).
Colligate (kó-lighêit) *v* coligar; unir; agrupar; incorporar.
Colligation (kólighêi-shânn) *s* coligação; união.
Collimate (kó-limêit) *v* colimar; objetivar.
Collision (kóli-jânn) *s* colisão; choque; aproximação; abalroamento.
Collop (kó-lâp) *s* posta; pedaço de carne.
Colloquial (koló-kuiâl) *adj* coloquial.
Colloquy (kó-lokui) *s* colóquio.
Collusion (kóliu-jânn) *s* conluio; conspiração; maquinação; trama.
Collusive (kóliu-siv) *adj* conspiratório.
Colly (kó-li) *s* fuligem.
Cologne (kolôu-n) *s* água-de-colônia.
Colombian (kolóm-biânn) *adj* colombiano.
Colon (kó-lânn) *s* GRAM dois pontos; ANAT cólon.
Colonel (kârn-l) *s* coronel.
Colonelcy (kârn-lsi) *s* coronelato; cargo de coronel.
Colonelship (kârn-lship) *vide* COLONELCY.
Colonial (kolôu-niâl) *s* colono.
Colonial (kolôu-niâl) *adj* colonial; antigo.
Colonization (kólonizêi-shânn) *s* colonização.
Colonize (kó-lonáiz) *v* colonizar.

Colonizer (kó-lonáizâr) *s* colonizador; USA que vota em mais de um distrito eleitoral.
Colony (kó-loni) *s* colônia; USA bancada.
Color (kâ-lâr) *s* cor; dissimulação; pretexto; disfarce; aparência.
Color (kâ-lâr) *v* colorir; pintar; tingir; dissimular; disfarçar.
Colorable (kâ-lârâbl) *adj* tingível; aceitável; plausível; aparente; falso.
Coloration (kâlârêi-shânn) *s* coloração; colorido.
Colored (kâ-lârd) *adj* colorido; de cor; tendencioso; apaixonado; negro.
Colorful (kâ-lârful) *adj* colorido; brilhante; de cores vivas.
Colour (kâ-lâr) *vide* COLOR.
Colourable (kâ-lârâbl) *vide* COLORABLE.
Coloured (kâ-lârd) *vide* COLORED.
Colourful (kâ-lârful) *vide* COLORFUL.
Colt (kôult) *s* potro; pessoa alegre.
Colt (kôult) *v* pular; saltar.
Coltish (kôul-tish) *adj* alegre; vivo.
Column (kó-lâmm) *s* coluna; pilar; fileira de soldados.
Columnist (kó-lâminist) *s* colunista (comentarista de jornal).
Comb (kôumm) *s* pente; rastelo; crista de ave; favo de mel.
Comb (kôumm) *v* pentear; cardar a lã; pesquisar; buscar; esquadrinhar.
Combat (kóm-bât) *s* combate; luta.
Combat (kóm-bât) *v* opor-se; combater; pelejar.
Combatant (kóm-bâtânt) *adj* combatente.
Comber (kôu-mâr) *s* carda; vagalhão.
Combination (kómbinêi-shânn) *s* combinação; união; fusão; coligação.
Combine (kóm-bâinn) *s* combinação; reunião; associação; conluio; USA conchavo; monopólio.
Combine (kóm-bâinn) *v* combinar; misturar; ajustar; dispor; associar-se.
Combustible (kâmbâs-tibl) *s* combustível.
Combustible (kâmbâs-tibl) *adj* combustível; inflamável; irritável.
Combustion (kâmbâs-tshânn) *s* combustão; ignição; agitação; conflagração; queima.
Come (kâmm) *v* vir; chegar; aproximar-se; aparecer; surgir; estender-se; acontecer; realizar-se; advir; nascer; proceder; provir; *TO COME OFF*: sair do lugar; *TO COME TO*: recuperar (os sentidos); *do you COME here often?*: você vem aqui com frequência?: *past* CAME *and pp* COME.
Comeback (kâm-béck) *s* GÍR resposta; réplica; USA reeleição.
Comedian (kâmi-diânn) *s* comediante; farsista.
Comedienne (kâmidié-nn) *vide* COMEDIAN.
Comedown (kâm-dáun) *s* quebra; ruína.
Comedy (kó-midi) *s* comédia; farsa.
Comeliness (kâm-linéss) *s* graça; beleza; garbo; comportamento.
Comely (kâm-li) *adj* gracioso; elegante; garboso; bonito; decente; agradável.
Comer (kâ-mâr) *s* recém-chegado; aquele que chega.
Comestible (komés-tibl) *adj* comestível.
Comet (kó-mit) *s* cometa.
Comfit (kám-fit) *s* confeito; doce; fruta cristalizada.
Comfort (kâm-fârt) *s* conforto; consolo; alívio; USA acolchoado.
Comfort (kâm-fârt) *v* confortar; aliviar; encorajar; reconfortar; animar.
Comfortable (kâm-fârtâbl) *adj* confortável; consolador; cômodo; contente; amplo; satisfatório.
Comforter (kâm-fârtâr) *s* confortador; consolador; manta de lã; cachecol; RELIG o Espírito Santo.
Comfortless (kâm-fârtléss) *adj* sem conforto; desconsolado.
Comic (kó-mik) *s* comediante; comicidade.
Comic (kó-mik) *adj* cômico; engraçado; ridículo.
Coming (kâ-minn) *s* chegada; vinda; advento.
Coming (kâ-minn) *adj* vindouro; futuro; esperado; próximo.
Comma (kó-ma) *s* GRAM vírgula; *inverted COMMA*: aspas.
Command (kómén-d) *s* comando; autoridade; poder; controle; domínio; denominação; vigilância; conhecimento; tirocínio.
Command (kómén-d) *v* governar; mandar; ordenar; dirigir; render; lucrar; comandar.
Commandant (kómândén-t) *s* comandante militar.
Commandeer (kóméndi-r) *v* recrutar; requisitar militarmente.
Commandment (kóménd-ment) *s* mandamento; ordem; preceito.
Commemorate (kómé-morêit) *v* comemorar; celebrar; honrar a memória de.
Commemoration (kómémorêi-shânn) *s* comemoração.
Commence (kómén-ss) *v* começar; principiar; dar origem a; colar grau; doutorar-se.
Commencement (kóméns-ment) *s* começo; origem; princípio; cerimônia de entrega de diplomas.
Commend (kâmén-d) *v* recomendar; elogiar; louvar; confiar; incumbir; encomendar.
Commendable (kâmén-dâbl) *adj* recomendável; louvável; meritório.
Commensurable (kâmén-shârâbl) *adj* comensurável; proporcionado; adaptado; recomendável.
Commensurate (kâmén-shârit) *adj* comensurável; proporcionado; igual em tamanho e extensão.
Comment (kó-ment) *s* comentário; explicação; reflexão; crítica; anotação.
Comment (kó-ment) *v* comentar; censurar; anotar.
Commentary (kó-mentéri) *s* comentário; crítica; série de comentários; ilustração.
Commentator (kó-mentêitâr) *s* comentador; comentarista.
Commerce (kó-mârss) *s* comércio; tráfico; intercurso; intercâmbio.
Commerce (kó-mârss) *v* comerciar; negociar.
Commercial (kómâr-shâl) *s* mercantil; comercial; BR TV intervalo de transmissão, visando apresentar propaganda e publicidade comercial.
Commercial (kómâr-shâl) *adj* comercial; mercantil.
Commercialize (komâr-shâláiz) *v* comercializar.
Commination (kóminêi-shânn) *s* cominação; ameaça; denúncia.
Comminatory (kómi-nâtôuri) *adj* cominatório; ameaçador.
Commingle (kóming-l) *v* misturar-se; misturar.
Commiserate (kómi-zârêit) *v* compadecer-se; apiedar-se; comiserar-se.
Commissary (kó-misséri) *s* comissário.
Commit (kómi-t) *v* cometer; perpetrar; comprometer-se; empenhar; enviar sob prisão; praticar; confiar; entregar; consignar.
Commitment (kómit-ment) *s* compromisso; cometimento; JUR mandado de prisão.
Committee (kómi-ti) *s* comitê; comissão; delegação; junta; curador; comissário; tutor.
Commode (kómôu-d) *s* cômoda; lavatório.
Commodious (kómôu-diâss) *adj* apropriado; cômodo; conveniente; útil; espaçoso; amplo.
Commodity (kómó-diti) *s* mercadoria; gênero; produto; artigo; bens móveis; JUR conveniência.
Common (kó-mânn) *s* terra comum; pasto público; propriedade geral; passagem pública.
Common (kó-mânn) *adj* comum; vulgar; popular; geral; universal; público; ordinário; inferior.
Common (kó-mânn) *v* comunicar; partilhar; compartilhar.
Commonage (kó-mânidj) *s* direito de pastagem; propriedade em comum; posse conjunta.
Commonly (kó-mânli) *adv* comumente; geralmente; vulgarmente.
Commonness (kó-mânéss) *s* generalidade; comunidade; vulgaridade.

Commonplace (kó-mân-plêiss) *s* lugar-comum; trivialidade; banalidade.
Commonplace (kó-mân-plêiss) *adj* comum; vulgar; banal; trivial.
Commons (kó-mânz) *s* plebe; povo; alimento; provisões; ENGL *HOUSE of COMMONS*: Câmara dos Comuns.
Commotion (kâmôu-shânn) *s* perturbação; comoção; motim; revolta; tumulto; agitação.
Commove (kâmu-v) *s* comover; agitar; perturbar.
Communal (ko-miunâl) *adj* comunal; público.
Communalize (kómiu-nâláiz) *v* tornar comum.
Commune (kâmiu-nn) *s* conversa; comuna; comunidade; intimidade.
Commune (kâmiu-nn) *v* conversar; discorrer; comungar; receber a hóstia.
Communicable (kâmiu-nikâbl) *adj* comunicável; contagioso.
Communicant (kâmiu-nikânt) *s* comungante; participador.
Communicate (kâmiu-nikêit) *v* comunicar-se; comunicar; avisar; participar; receber a comunhão.
Communication (kâmiunikêi-shânn) *s* comunicação; notificação; participação; ligação; passagem; comunhão eucarística.
Communion (kâmiu-niânn) *s* comunhão; confraternidade; comunicação; união; comércio; sacramento da eucaristia.
Communism (kó-miunizm) *s* comunismo, sistema sócio-econômico que defende e pretende a divisão de todos os bens para distribuição igualitária a todos.
Community (kâmiu-niti) *s* comunidade; sociedade; semelhança; identidade; dinheiro coletado para fins de caridade; ***we live in a small COMMUNITY***: nós vivemos numa pequena comunidade.
Communize (kó-miunáiz) *v* socializar; adaptar ao comunismo.
Commutable (kâmiu-tâbl) *adj* comutável; permutável.
Commutate (kó-miutêit) *v* comutar; alterar uma corrente elétrica.
Commute (kómiu-t) *v* comutar; permutar; substituir; atenuar.
Commuter (kómiu-târ) *s* viajante autorizado por assinatura.
Compact (kóm-pekt) *s* pacto; acordo; ajuste; tratado; estojo de pó-de-arroz ou rouge; MÚS ***COMPACT disc (CD)***: disco compacto contendo.
Compact (kóm-pekt) *v* comprimir; espessar; unir.
Compact (kóm-pekt) *adj* compacto; denso; maciço; comprimido; conciso.
Companion (kómpé-niânn) *s* companheiro; camarada; dama de companhia; sócio; associado.
Company (kâm-pâni) *s* companhia; sociedade empresarial; convivência; hóspedes; tripulação de um navio; divisão de um regimento; comitiva; ***she is in good COMPANY***: ela está em boa companhia.
Comparative (kómpé-râtiv) *adj* comparativo; relativo; comparado.
Compare (kómpé-r) *s* comparação; confronto; cotejo.
Compare (kómpé-r) *v* comparar; cotejar; igualar; assemelhar-se.
Compartment (kómpárt-ment) *s* compartimento; secção; divisão; aposento.
Compass (kâm-pâss) *s* extensão; espaço; circuito; âmbito; compasso; bússula; MÚS compasso; ***my COMPASS points south***: a minha bússula indica o sul.
Compass (kâm-pâss) *v* circundar; atingir; planejar; bloquear; percorrer; conseguir; perceber.
Compass (kâm-pâss) *adj* redondo.
Compassion (kómpé-shânn) *s* compaixão; comiseração; piedade; pena; dó.
Compatibility (kómpétibi-liti) *s* compatibilidade; harmonia.
Compatible (kómpé-tibl) *adj* compatível; harmonioso; conciliável.
Compatriot (kómpêi-triât) *adj* compatriota.
Compeer (kómpi-r) *s* companheiro; camarada; par; igual.
Compel (kómpé-l) *v* compelir; obrigar; coagir; extorquir.
Compend (kóm-pénd) *s* compêndio; súmula; síntese.
Compensable (kompén-sâbl) *adj* compensável; indenizável.
Compensate (kóm-pensêit) *v* compensar; indenizar.
Compete (kómpit) *v* competir; concorrer; disputar; rivalizar.
Competence (kóm-pitenss) *s* competência; capacidade; suficiência de meios.
Competent (kóm-pitent) *adj* competente; capaz; idôneo.
Competition (kómpiti-shânn) *s* competição; concorrência; concurso; confronto.
Compile (kompáil) *v* compilar; coligir; ajuntar; ajuntar; colher.
Complacence (komplêi-senss) *s* complacência; contentamento; prazer.
Complacency (komplêi-sensi) *vide* COMPLACENCE.
Complain (komplêi-nn) *v* queixar-se; lamentar-se; reclamar.
Complainant (komplêi-nânt) *s* queixoso; reclamante; JUR demandante.
Complainer (komplêi-nâr) *s* queixoso; reclamante.
Complaint (komplêint) *s* queixa; reclamação; lamúria; querela; enfermidade; indisposição.
Complaisant (komplêi-zânt) *adj* complacente; benevolente; afável; cortês.
Complement (kom-pliment) *s* complemento; apêndice; plenitude; consumação; remate; totalidade.
Complete (kómplit) *v* completar; concluir; acabar; inteirar; aperfeiçoar.
Complete (kómplit) *adj* completo; inteiro; cabal; acabado; perfeito.
Completely (kómplit-li) *adj* completamente; inteiramente; perfeitamente.
Completion (kompli-shânn) *s* remate; completamente; acabamento; conclusão.
Complex (kóm-pléks) *s* complexo; GÍR aversão.
Complex (kóm-pléks) *adj* complexo; complicado; intrincado.
Compliance (komplái-ânss) *s* condescendência; submissão; aquiescência.
Compliancy (komplái-ânsi) *vide* COMPLIANCE.
Complicate (kómp-likêit) *v* complicar.
Complicated (kóm-plikêitid) *adj* complicado; complexo; intrincado.
Complicity (kompli-siti) *s* cumplicidade.
Compliment (kóm-pliment) *s* cumprimento; atenção; elogio; expressão de cortesia; *pl* homenagens.
Compliment (kóm-pliment) *v* saudar; cumprimentar; presentear; elogiar; homenagear.
Complot (komplót) *s* conspiração.
Complot (komplót) *v* conspirar; tramar.
Comply (komplá-i) *v* aceder; aquiescer; consentir; ceder.
Component (kómpôu-nânt) *s* componente; ingrediente; constituinte.
Comport (kompôurt) *v* comportar-se; conduzir-se; condizer; concordar; ser compatível.
Comportment (kompôurt-ment) *s* comportamento; conduta; procedimento; aparência.
Compose (kompôu-z) *v* compor; formar; constituir; arranjar; ajustar; apaziguar.
Composed (kompôuz-d) *adj* calmo; quieto; tranquilo.
Composer (kompôu-zâr) *s* compositor; autor; linotipista; maestro; escritor.
Composite (kompó-zit) *s* composto; misto.
Composite (kompó-zit) *adj* composto; heterogêneo; misto.
Composition (kómpozi-shânn) *s* composição; tema; acordo; ajuste.
Composure (kompôu-jâr) *s* compostura; serenidade; calma; moderação.
Compound (komáun-d) *v* compor; misturar; conciliar.
Comprehend (kómpri-hén-d) *v* compreender; entender; abranger; conter; incluir.
Compress (kompré-ss) *s* compressa.

Compress (kompré-ss) *v* comprimir; prensar; condensar; resumir; abreviar.
Comprise (komprái-z) *v* abranger; encerrar; incluir; conter.
Compromise (kóm-promáiz) *s* compromisso; acordo; conciliação; concessão; acomodação.
Compromise (kóm-promáiz) *v* comprometer; transigir; estabelecer acordo ou ajuste; conciliar.
Compulsion (kompâl-shânn) *s* compulsão; constrangimento; coação; obrigação.
Compulsive (kompâl-siv) *adj* compulsivo; compulsório; coercivo.
Computable (kómpiu-tâbl) *adj* computável.
Compute (kómpiu-târ) *v* computar; calcular; estimar.
Computer (kómpiu-târ) *s* computador; calculista; máquina de calcular.
Comrade (kóm-réd) *s* camarada; companheiro; colega; membro; sócio.
Con (kónn) *s* voto contrário; objeção.
Con (kónn) *v* decorar; aprender de cor; examinar; considerar; estudar.
Conation (konêi-shânn) *s* FIL volição; desejo.
Concave (kón-kêiv) *s* côncavo; concavidade.
Conceal (kónsi-l) *v* ocultar; dissimular; disfarçar.
Concede (konsi-d) *v* conceder; outorgar; admitir; permitir.
Conceit (konsi-t) *s* conceito; vaidade; presunção.
Conceited (konsi-tid) *adj* presumido; convencido; afetado.
Conceive (konsiv) *v* conceber; gerar; imaginar; compreender; perceber; ficar grávida; pensar; exprimir; julgar; crer.
Concentrate (kón-sentrêit) *v* concentrar; intensificar; condensar.
Concept (kón-sépt) *s* conceito; ideia; noção; respeito.
Concern (konsâr-n) *s* interesse; relação; ligação; ansiedade; solicitude; participação; negócio; empresa.
Concern (konsâr-n) *v* concernir; dizer respeito; interessar-se; afligir; inquietar; concertar; convencionar; pactuar; planejar; maquinar.
Conch (kónk) *s* concha; pavilhão auricular; caramujo.
Conciliate (konsi-liêit) *v* conciliar; acalmar; harmonizar; granjear; apaziguar; congraçar; ganhar.
Conciliative (konsi-liêitiv) *adj* conciliativo; conciliador.
Concise (konsái-ss) *adj* conciso; sucinto; lacônico.
Concision (konsi-jânn) *s* corte; concisão.
Conclamation (kónklâméi-shânn) *s* conclamação.
Conclude (konklu-d) *v* concluir; inferir; deduzir; terminar; acabar.
Concoct (kónkók-t) *v* preparar; forjar; tramar; urdir; planejar; inventar.
Concomitance (kónkó-mitânss) *s* concomitância; coexistência; coincidência.
Concomitancy (kónkó-mitânsi) *vide* CONCOMITANCE.
Concomitant (kónkó-mitânt) *s* companheiro; coisa que acompanha outra.
Concomitant (kónkó-mitânt) *adj* concomitante.
Concord (kón-kórd) *s* acordo; tratado; concórdia; paz; MÚS acorde.
Concordat (kónkór-dét) *s* acordo; concordata.
Concourse (kón-kôurss) *s* concurso; reunião; assembleia.
Concrete (kón-krit) *s* concreto.
Concrete (kón-krit) *v* concretizar; solidificar-se.
Concrete (kón-krit) *adj* concreto; real; palpável.
Concubinage (kónkiu-binidj) *s* concubinagem; concubinato; mancebia.
Concubine (kón-kiubâinn) *s* concubina; amante.
Concur (konkâr) *v* cooperar; coincidir; concorrer; combinar.
Concurrence (konkâ-renss) *s* concorrência; concurso; confluência; acordo; assentimento; coincidência.
Concurrent (konkâ-rênt) *s* concorrência; rival; confluência; acordo; concomitante; concorrente.
Concuss (konkâ-ss) *v* concutir; sacudir; abalar; constranger; forçar.
Condemn (kondém-n) *v* condenar; reprovar; sentenciar; desenganar.
Condense (kondén-ss) *v* condensar; condensar-se; comprimir; resumir.
Condescend (kóndissén-d) *v* assentir condescender; dignar-se; transigir.
Condign (kondái-nn) *adj* condigno; merecido; justo; adequado; apropriado.
Condiment (kón-diment) *s* condimento; tempero; adubo.
Condiment (kón-diment) *v* condimentar.
Condisciple (kóndissáip-l) *s* condiscípulo; colega de escola.
Condition (kondi-shânn) *s* condição; estipulação; classe social; estado.
Condition (kondi-shânn) *v* estipular; condicionar; convencionar.
Conditional (kondi-shânâl) *adj* condicional; restritivo.
Condone (koundôu-lenss) *v* perdoar; justificar; indultar.
Conduce (kondiu-ss) *v* conduzir; guiar; levar; tender; contribuir.
Conduct (kóndâkt) *s* direção; administração; gerência; escolta; comboio.
Conduct (kóndâkt) *v* conduzir; reger; guiar; escoltar; controlar; dirigir; levar; comandar; USA para-raios.
Conduction (kondâk-shânn) *s* condução; transmissão.
Conductor (kondâk-târ) *s* maestro; condutor (guarda de trem etc.).
Conduit (kón-duit) *s* conduto; canal; aqueduto; ELET eletroduto.
Cone (kôunn) *s* cone; USA copinho para sorvetes; ***ice cream** CONE*: casquinha do sorvete.
Coney (kôu-ni) *vide* CONY.
Confabulate (konfé-biulêit) *v* confabular; palestrar.
Confect (konfék-t) *v* fazer doces; pôr em conserva; confeitar.
Confederacy (konfék-dârâssi) *s* confederação; liga; conspiração; trama.
Confederate (konfé-dârit) *s* confederado; cúmplice; parceiro.
Confederate (konfé-dârit) *v* confederar; confederar-se; unir; ligar-se.
Confederate (konfé-dârit) *adj* confederado; aliado; associado.
Confer (konfâr) *v* conferir; conceder; dar; conferenciar; consultar; trocar ideias.
Confess (konfé-ss) *v* confessar; admitir.
Confessor (konfé-sâr) *s* confessor; mártir.
Confide (konfái-d) *v* confiar; fiar-se; entregar-se.
Confidence (kón-fidenss) *s* confiança; segredo; confidência.
Confident (kón-fident) *adj* confiante.
Configuration (konfighiurêi-shânn) *s* configuração; contorno; forma.
Confine (kôn-fáinn) *s* confim; limite; fronteira.
Confine (kôn-fáinn) *v* limitar; confinar; internar; restringir; encarcerar.
Confinement (konfáin-ment) *s* limitação; restrição; prisão; clausura; reclusão; parto.
Confirm (kânfâr-m) *v* confirmar; estabelecer; assegurar; ratificar; sancionar; validar; crismar; comprovar.
Confirmed (konfârmd) *adj* confirmado; crônico; crismado; habitual.
Confiscate (kón-fiskêit) *v* confiscar; apreender; embargar.
Confiscation (kónfiskêi-shânn) *s* confiscação.
Conflagration (kónflâgrêi-shânn) *s* conflagração.
Conflict (konflik-t) *s* conflito; combate; colisão; discordância; desacordo.
Conflict (konflik-t) *v* colidir; conflitar; lutar; discordar; diferir.
Confluent (kón-fluênt) *s* confluente; rio afluente; tributário.
Conform (konfór-m) *v* conformar; ajustar; adaptar; obedecer; seguir; resignar-se; igualar.

Conformation (konformêi-shânn) *s* conformação; configuração.
Confound (konfáund) *v* confundir; perturbar; frustrar; misturar; consternar; amaldiçoar; destruir.
Confraternity (kónfrâtâr-niti) *s* confraternidade; irmandade; confraria.
Confront (konfrânt) *v* confrontar; defrontar; arrostar.
Confuse (konfiuz) *v* confundir; misturar; embaraçar; desordenar; perturbar; envergonhar.
Congeal (kondjil) *v* congelar; gelar-se; coagular; cristalizar-se.
Congener (kóndji-nâr) *s* congênere; semelhante.
Congener (kóndji-nâr) *adj* congênere; idêntico.
Congenial (kondji-niâl) *adj* análogo; afim; agradável.
Congest (kóndjés-t) *v* acumular; amontoar; congestionar.
Congestion (kondjést-shânn) *s* congestionamento; acúmulo; MED congestão.
Congestive (kondjés-tiv) *adj* congestivo; relativo à congestão.
Conglomerate (kongló-mârêit) *s* conglomerado; aglomerado; congregado.
Conglomerate (kongló-mârêit) *v* conglomerar; amontoar; congregar.
Congrats (kongré-ts) *s* parabéns.
Congratulate (kongré-tiulêit) *v* congratular; felicitar; regozijar-se.
Congratulation (kongrétiulêi-shânn) *s* congratulação; felicitação; parabéns; *vide* CONGRATS.
Congregant (kón-grigânt) *s* congregante; congregado.
Congregate (kón-grighêit) *v* congregar; reunir; convocar; juntar.
Congregate (kón-grighêit) *adj* congregado; reunido.
Congress (kón-gréss) *s* congresso; assembleia; parlamento.
Congressman (kón-grésmaen) *s* congressista.
Congruence (kón-gruénss) *s* congruência; concordância; harmonia.
Congruent (kón-gruént) *adj* congruente; conveniente; adequado.
Congruity (kóngru-iti) *s* congruência; conveniência; conformidade; harmonia.
Conjectural (kondjék-tiurâl) *adj* conjetural; que se baseia em conjeturas.
Conjecture (kondjék-tiur) *s* conjetura; suposição; hipótese.
Conjecture (kondjék-tiur) *v* conjeturar; supor.
Conjoin (kondjói-nn) *v* unir; associar; ligar-se; reunir.
Conjoint (kondjóin-t) *adj* conjunto; unido; ligado; associado; junto.
Conjugal (kón-djugâl) *adj* conjugal; matrimonial.
Conjugate (kón-djughêit) *s* cognato; conjugado.
Conjugate (kón-djughêit) *v* conjugar; unir em matrimônio.
Conjugate (kón-djughêit) *adj* conjugado; unido; emparelhado.
Conjugation (kóndjughêi-shânn) *s* conjugação; união; combinação.
Conjunct (kondjânk-t) *adj* conjunto; unido; ligado; reunido.
Conjunction (kondjânk-shânn) *s* conjunção; associação; reunião; liga.
Conjuncture (kondjânk-tshâr) *s* conjuntura; crise; combinação.
Conjure (kân-djâr) *v* conjurar; evocar; encantar; suplicar; implorar.
Conk (kónk) *s* GÍR narigão; nariz.
Conk (kónk) *v* falhar; entrar em pane.
Connect (konék-t) *v* ligar; coordenar; associar; encadear.
Connected (konik-tid) *adj* unido; conjugado; ligado; aparentado; relacionado.
Connection (konék-shânn) *s* conexão; ligação; parentesco; amizade; seita religiosa.
Connexion (konék-shânn) *vide* CONNECTION.
Connivance (konái-vânss) *s* conivência; cumplicidade; conluio.
Connivancy (konái-vânsi) *vide* CONNIVANCE.
Connive (konái-v) *v* tolerar faltas; mancomunar; ser conivente; consentir.
Connotation (kónotêi-shânn) *s* conotação; dependência.
Connote (kónôut) *v* conotar; implicar; significar; envolver; antipatizar.
Conquer (kón-kâr) *v* conquistar; sair vitorioso; subjugar; refrear; sujeitar.
Conquering (kón-kârinn) *adj* vitorioso; triunfante; vencedor.
Conquest (kón-kuist) *s* conquista; vitória; subjugação; triunfo.
Conscience (kón-shênss) *s* consciência; escrúpulo; retidão; probidade.
Conscious (kón-shâss) *adj* consciente; ciente; deliberado; cônscio; intencional; de propósito.
Conscript (kóns-kript) *s* recruta; conscrito.
Conscript (kóns-kript) *v* recrutar.
Conscription (konskrip-shânn) *s* conscrição; alistamento; recenseamento militar.
Consecrate (kón-sikrêit) *v* consagrar; canonizar; devotar; destinar; dedicar.
Consecrate (kón-sikrêit) *adj* consagrado.
Consecutive (konsé-kiutiv) *adj* consecutivo; sucessivo; consequente.
Consensus (konsén-sâss) *s* consenso; acordo; pleno acordo.
Consent (konsén-t) *s* consentimento; anuência; permissão; aquiescência.
Consent (konsént) *v* consentir; anuir.
Consequence (kon-sikuénss) *s* consequência; dedução; efeito; resultado; importância.
Conserve (kon-sêrv) *v* guardar em conserva.
Consider (kon-sêrv) *v* considerar; ponderar; refletir; pensar; distinguir.
Consign (kon-sain) *v* consignar; confiar; considerar; deliberar; examinar; depositar; dispor.
Consistent (kon-sis-tent) *adj* compatível; coerente; contínuo; habitual.
Consolation (konsolêi-shânn) *s* consolação; consolo; alívio; lenitivo.
Console (konsôu-l) *s* consolo; base de computador; móvel onde se assenta objetos diversos; MÚS estrutura do teclado do órgão.
Console (konsôu-l) *v* consolar; confortar; amenizar; mitigar.
Consolidate (konsó-lidêit) *v* unir; consolidar; firmar-se; solidificar-se.
Consonant (kón-sonânt) *s* GRAM consoante.
Consonant (kón-sonânt) *adj* consonante; conforme.
Consort (kón-sórt) *s* consorte; cônjuge; sócio; navio que segue a outro.
Consort (kón-sórt) *v* associar; unir; concordar; juntar; consorciar-se; harmonizar.
Conspiracy (konspi-râssi) *s* conspiração; trama; intriga; conjuração.
Conspire (konspái-r) *v* conspirar; tramar; maquinar; ligar-se; cooperar.
Constable (kâns-tâbl) *s* policial; condestável; guarda; mordomo.
Constancy (kóns-tânsi) *s* constância; estabilidade; perseverança; fidelidade.
Constellation (kónstâlêi-shânn) *s* constelação; reunião; grupo brilhante; *CONSTELLATION of Aquarius*: constelação de aquário.
Consternate (kóns-tânêit) *v* consternar; atemorizar.
Constipate (kóns-tipêit) *v* MED constipar; causar prisão de ventre.
Constitute (kóns-titiut) *v* constituir; estabelecer; fixar; organizar.
Constitution (kónstitiu-shânn) *s* constituição; complexão; estrutura; nomeação; estatuto.
Constitutive (kónsti-tiutiv) *adj* constitutivo; essencial; fundamental; construtivo; formativo.

Constrain (konstrêi-nn) *v* constranger; forçar; obrigar; apertar; bloquear; reprimir; encarcerar.
Constrict (konstrik-t) *v* constringir; reprimir; apertar; cingir.
Constringent (konstrin-djênt) *adj* constringente; adstringente.
Construct (konstrâkt) *v* construir; edificar; planejar; formar; arquitetar.
Constructor (konstrâk-târ) *s* construtor.
Construe (konstru) *v* construir; dar boa regência gramatical; traduzir.
Consuetudinary (kónsuitiu-dinâri) *adj* consuetudinário; usual; costumeiro.
Consult (konsâl-t) *v* consultar; deliberar; considerar; aconselhar-se; conferenciar.
Consultative (konsâl-tâtiv) *adj* consultativo; deliberativo.
Consume (konsiu-mm) *v* consumir; devorar; preocupar; despender.
Consummate (kón-sâmit) *v* consumar; acabar.
Contact (kón-têkt) *s* contacto; ligação; conexão.
Contact (kón-têkt) *v* pôr em contato; comunicar-se com.
Contagion (kontêi-djânn) *s* contágio; infecção; transmissão de costumes; transmissão de qualidades morais ou sociais.
Contain (kontêi-nn) *v* conter; encerrar; abranger; refrear; reprimir; ser divisível por; deter.
Contemn (kóntêm-n) *v* desprezar; desdenhar; menosprezar.
Contemner (kontém-nâr) *s* desprezador; desdenhador; menosprezador.
Contemnor (kontém-nâr) *vide* CONTEMNER.
Contemplate (kón-têmplêit) *v* contemplar; projetar; tencionar; meditar.
Contemplation (kóntemplêi-shânn) *s* contemplação; medição; projeto; exame.
Contemplative (kontém-plâtiv) *adj* contemplativo; meditativo.
Contemporaneous (kontêmporêi-niâss) *adj* contemporâneo; coevo; da mesma época.
Contemporize (kontémp-poráiz) *v* contemporizar.
Contempt (kontémpt) *s* desprezo; desdém; escárnio; vergonha.
Contend (konténd) *v* contender; lutar; combater; sustentar; afirmar; argumentar.
Contender (kontén-dêr) *s* contendor; competidor; adversário.
Content (kón-tent) *s* contentamento; satisfação; índice; essência; extensão.
Content (kón-tent) *v* contentar; satisfazer; combater; competir; disputar.
Content (kón-tent) *adj* contente; satisfeito; disposto.
Contest (kontést) *s* debate; luta; controvérsia; competição; contenda.
Contest (kontés-t) *v* disputar; concorrer; contestar; refutar; abater; contender; altercar.
Contestable (kontés-tâbl) *adj* contestável; disputável.
Context (kón-tékst) *s* contexto; contextura.
Contexture (kontéks-tshâr) *s* contextura; tecido; pano.
Contiguity (kontighiu-iti) *s* contiguidade; proximidade; vizinhança; continuidade.
Continence (kón-tinéns) *s* continência; castidade; pureza; abstinência.
Continent (kon-tinént) *s* continente.
Continent (kon-tinént) *adj* continente; casto; puro; moderado.
Continual (kónti-niuâl) *adj* contínuo; constante; sucessivo; incessante.
Continuation (kontiniuêi-shânn) *s* continuação; prosseguimento; sequência.
Continue (konti-niu) *v* continuar; prosseguir; prolongar; ficar; permanecer; durar; adiar.
Contort (kontór-t) *v* contorcer; torcer.
Contour (kón-tur) *s* contorno; curva de nível.
Contour (kón-tur) *v* contornar.
Contrabandist (kóntrâbên-dist) *s* contrabandista.
Contrabass (kón-trâbêiss) *s* MÚS contrabaixo.
Contract (kón-trékt) *s* contrato; ajuste; pacto; acordo; encomenda.
Contract (kón-trékt) *v* contratar; contrair; adquirir; encolher; restringir; ajustar.
Contractive (kontrék-tiv) *adj* contrativo.
Contradict (kóntrâdik-t) *v* opor-se; contradizer; contestar; desmentir.
Contralto (kontréi-tôu) *s* MÚS contralto (a voz feminina mais grave).
Contraposition (kóntrâposi-shânn) *s* contraposição; antítese.
Contraption (kontrép-shânn) *s* paliativo; geringonça; engenhoca; USA invento.
Contrariant (kontré-riânt) *adj* contrário; oposto; incompatível.
Contrariety (kontrârái-âti) *s* contrariedade; contradição; oposição; repugnância.
Contrary (kón-trâri) *s* contrário; contradição; inverso.
Contrary (kón-trâri) *adj* contrário; desfavorável; adverso; antagônico.
Contrarywise (kón-trâruaiz) *adv* contrariamente; em sentido oposto.
Contrast (kontrés-t) *s* contraste; diferença; oposição.
Contrast (kontrés-t) *v* contrastar; contrapor.
Contravene (kón-trâvinn) *v* opor-se a; transgredir; infringir; contraditar.
Contravention (kóntrâvén-shânn) *s* contravenção; infração; transgressão; violação.
Contribute (kontri-biut) *v* contribuir; concorrer; cooperar; colaborar; subscrever; doar.
Contrite (kón-tráit) *adj* contrito; arrependido; penitente; pesaroso.
Contrive (kontrái-v) *v* projetar; imaginar; inventar.
Control (kontrôul) *s* controle; chave; domínio; governo; direção; comando; fiscalização; autoridade; alavanca; padronização.
Control (kontrôul) *v* controlar; fiscalizar; governar; dirigir; refrear; reprimir; regular.
Controller (kontrôu-lâr) *s* controlador; superintendente; inspetor.
Controversial (kóntrovâr-shâl) *adj* polêmico; controverso.
Controversy (kón-trovârsi) *s* controvérsia; polêmica; discussão; debate.
Controvert (kón-trovárt) *v* controverter; contestar; contradizer; disputar; debater; impugnar.
Contumacy (kón-tiumâssi) *s* contumácia; obstinação; desobediência.
Contusion (kontiu-jânn) *s* contusão; ferimento.
Conundrum (konán-drâmm) *s* adivinha; adivinhação; enigma; charada; adivinhação.
Convalescence (kónvâlé-sênt) *s* convalescença.
Convene (konvi-nn) *v* reunir; convocar; citar; emprazar.
Convenience (konvi-niênss) *s* conveniência; comodidade; conforto.
Convenient (konvi-niênt) *adj* conveniente; oportuno; adequado; cômodo; prático; útil; fácil.
Convent (kón-vênt) *s* convento; mosteiro; claustro.
Convention (konvén-shânn) *s* convenção; convênio; assembleia; etiqueta; formalidades.
Conventual (konvén-tshuâl) *s* conventual; religioso.
Conventual (konvén-tshuâl) *adj* conventual; religioso.
Converge (konvâr-dj) *v* convergir; afluir.
Convergent (konvâr-djênt) *adj* convergente.
Conversant (kón-vârsânt) *adj* versado; entendido; experimentado; conhecedor; familiar; íntimo.
Conversation (kónvârsêi-shânn) *s* conversação; palestra; colóquio.
Converse (kón-vârss) *s* conversa; palestra; conversação; intercurso; relações; contrário.
Converse (kón-vârss) *adj* inverso; contrário; oposto; recíproco; complementar.

Conversely (kón-vârsli) *adv* inversamente; reciprocamente; mutuamente.
Conversion (konvâr-shânn) *s* conversão; transformação; transposição.
Convert (konvârt) *s* converso; convertido; prosélito.
Convert (konvârt) *v* converter; transportar; apropriar-se.
Convex (kón-veks) *adj* convexo.
Convey (konvê-i) *v* transportar; levar; conduzir; trazer; transmitir; exprimir.
Conveyance (konvêi-ânss) *s* transferência; traspasse; transporte.
Convict (konvik-t) *s* réu convicto; condenado.
Convict (konvik-t) *v* condenar; pronunciar um réu.
Convince (konvin-ss) *v* convencer; persuadir; incitar.
Convivial (konvi-viâl) *adj* jovial; alegre; festivo; convival.
Convocation (kónvokêi-shânn) *s* convocação; chamada; sínodo.
Convoke (konvôu-k) *v* convocar.
Convolve (konvól-v) *v* enrolar; envolver; embrulhar.
Convoy (kónvó-i) *s* comboio.
Convoy (kónvó-i) *v* escoltar; comboiar; proteger.
Convulse (konvâl-ss) *v* convulsionar; agitar; excitar.
Convulsion (konvâl-shânn) *s* abalo; convulsão; comoção; distúrbio.
Convulsive (konvâl-siv) *adj* convulsivo; espasmódico.
Cony (kôu-ni) *s* coelho; pele de coelho.
Coo (ku) *s* arrulho.
Coo (ku) *v* arrulhar; murmurar.
Cook (kuk) *s* cozinheiro; ***Milton is a good COOK***: o Mílton é um bom cozinheiro.
Cook (kuk) *v* cozinhar; cozer; falsificar; forjar; ***she COOKS breakfast***: ela prepara o café da manhã.
Cooker (ku-kâr) *s* fogão.
Cookery (ku-kâri) *s* culinária; cozinha; guloseima.
Cookie (ku-ki) *vide* COOKY.
Cookmaid (kuk-mêid) *s* cozinheira.
Cooky (ku-ki) *s* bolinho; USA biscoito.
Cool (kul) *s* frescura; frescor; lugar fresco.
Cool (kul) *v* esfriar; refrescar; refrigerar; acalmar.
Cool (kul) *adj* frio; fresco; insensível; audacioso; GÍR USA legal! bom!; ***my hand is in the COOL water***: minha mão está na água fria
Cooler (ku-lâr) *s* refrigerador; refrigerante; GÍR prisão (geladeira).
Coolie (ku-li) *s* trabalhador chinês ou indiano.
Cooling (ku-linn) *adj* refrigerante; refrescante.
Coolness (kul-néss) *s* frescura; calma; sangue frio.
Cooly (ku-li) *adv* friamente; calmamente.
Cooper (ku-pâr) *v* embarrilar; tanoar; consertar barris.
Cooperage (ku-pâridj) *s* tanoria; que fabrica pipas.
Cooperate (koó-pârêit) *v* cooperar; coadjuvar; colaborar; contribuir.
Co-operate (koó-pârêit) *vide* COOPERATE.
Cooperative (koó-pârêitiv) *adj* cooperativo; colaborador.
Co-operative (koó-pârêitiv) *vide* COOPERATIVE.
Coopt (koópt) *v* cooptar; eleger.
Co-opt (koópt) *vide* COOPT.
Coordinate (koór-dinit) *s* coordenada.
Coordinate (koór-dinit) *v* coordenar; classificar; dispor.
Coordinate (koór-dinit) *adj* coordenado.
Co-ordinate (koór-dinit) *vide* COORDINATE.
Coot (kut) *s* corvo marinho; ave aquática; GÍR tolo.
Cop (kóp) *s* cimo; ápice; topo; crista; GÍR policial.
Cop (kóp) *v* GÍR apanhar; furtar; surripiar.
Copartner (kôupárt-nâr) *s* companheiro; comparte; sócio; parceiro.
Copartnership (kôupárt-nârhip) *s* sociedade; companhia.
Cope (kôup) *s* abóbada; cúpula; telhado.
Cope (kôup) *v* contender; lutar; cobrir; combater.
Copier (kó-piâr) *s* imitador; copista.
Coping (kôu-pinn) *s* cumeeira; remate; cume; alto.
Copious (kôu-piâss) *adj* copioso; abundante; rico; nutritivo.
Copper (kó-pâr) *s* cobre; moeda; vasilha de cobre; GÍR policial.
Copper (kó-pâr) *v* revestir de cobre; cobrir.
Coppice (kó-piss) *s* bosque; capão.
Copse (kóps) *vide* COPPICE.
Copulate (kó-piulêit) *v* copular; coabitar; unir; juntar; ligar.
Copulation (kópiulêi-shânn) *s* cópula; coito; conjunção.
Copy (kó-pi) *s* cópia; reprodução; imitação; manuscrito; exemplar (livro).
Copy (kó-pi) *v* copiar; transcrever; imitar; reproduzir.
Copybook (kó-pibuk) *s* caderno; USA copiador.
Copyright (kó-piráit) *s* direitos autorais; propriedade literária.
Copyright (kó-piráit) *v* adquirir uma propriedade literária; ter reserva autoral.
Coquet (koké-t) *v* namorar; galantear.
Coquet (kokét) *adj* namorador.
Coquettish (koké-tish) *adj* namorador; galanteador; faceira.
Cord (kórd) *s* corda; cordão; cordel; tendão; nervo; veludo.
Cord (kórd) *v* encordoar; atar com corda.
Cordial (kór-diâl) *adj* cordial; sincero; estimulante; amável.
Core (kôur) *s* coração; âmago; centro; núcleo; alma.
Core (kôur) *v* extrair o núcleo; esvaziar; tirar o centro.
Corespondent (kôurispón-dênt) *s* cúmplice; corréu.
Cork (kórk) *s* cortiça (também rolha).
Cork (kórk) *v* arrolhar.
Corkscrew (kórk-skru) *s* saca-rolhas.
Corkscrew (kórk-skru) *adj* espiralado.
Corn (kórn) *s* semente; grão de cereal; trigo; aveia; milharal; calo; calosidade; USA milho; ***POP CORN***: pipoca.
Corn (kórn) *v* salgar; conservar em salmora; granular; plantar milho em.
Corned (kór-nid) *adj* conservado em salmora.
Corner (kór-nâr) *s* canto; ângulo; esquina; FIG embaraço.
Corner (kór-nâr) *v* encurralar; levar à parede; monopolizar; açambarcar; USA colocar em situação embaraçosa.
Cornerman (kór-nârmaen) *s* vagabundo; vadio.
Cornerstone (kórn-stôunn) *s* pedra fundamental; pedra angular; base; fundamento
Cornerwise (kórn-uáiz) *adv* diagonalmente.
Cornet (kór-nit) *s* corneta; trombeta; cartucho cônico de papel.
Cornstarch (kórn-stársh) *s* amido de milho; maisena.
Corollary (koró-lâri) *s* corolário; conclusão; inferência; resultado.
Corona (korôu-nâ) *s* coroa; halo; auréla.
Coroner (kó-ronâr) *s* magistrado (criminal); médico legista.
Coronet (kó-ronét) *s* diadema; coroa de titular; coroa do casco de cavalo.
Corporal (kór-porâl) *adj* corporal; corpóreo; físico; material.
Corporation (kór-porit) *s* grêmio; corporação; USA sociedade por ações.
Corps (kôur) *s* corpo; associação de pessoas; corpo de exército.
Corpse (kôurps) *s* cadáver; defunto.
Corpulent (kôur-piulênt) *adj* corpulento; obeso.
Correct (kórék-t) *v* corrigir; castigar; repreender; remediar.
Correct (kórék-t) *adj* correto; justo; perfeito; exato; esmerado.
Corrector (kórék-târ) *s* corretor; revisor; reformador.
Correlate (kórilêit) *v* correlacionar.
Correspond (kórispónd) *v* condizer; corresponder; escrever.
Correspondence (kórispón-dênss) *s* correspondência; harmonia; acordo.
Correspondent (kórispón-dênt) *s* correspondente.
Corridor (kóri-dâr) *s* corredor; galeria de fortificação.
Corroborate (koró-borêit) *v* corroborar; ratificar; confirmar.
Corrode (korôu-d) *v* corroer; desgastar; consumir.
Corrugation (kóriughêi-shânn) *s* arrugação; ondulação; enrugamento; contração.

Corrupt (korâpt) *v* corromper; estragar; viciar; depravar; subornar.
Corrupt (korâpt) *adj* corrupto; estrado; poluído; pervertido; depravado.
Corsage (kór-sidj) *s* corpete; corpo; ramalhete; corpinho.
Corsair (kór-sér) *s* corsário; pirata.
Corset (kór-sit) *s* espartilho; colete.
Coruscate (korâs-kêit) *v* coruscar; reluzir; faiscar; relampejar.
Cosmetic (kósmé-tik) *s* cosmético.
Cosmetic (kósmé-tik) *adj* cosmético, produto para o embelezamento do corpo (rosto, cabelo etc.).
Cosmic (kós-mik) *adj* cósmico; astronômico; vasto.
Cosmical (kós-mikâl) *vide* COSMIC.
Cosmogony (kósmó-goni) *s* cosmogonia.
Cosmopolitical (kósmopóli-tikâl) *adj* cosmopolita.
Cosmos (kós-móss) *s* cosmos; mundo; universo.
Cossack (kó-sâk) *s* cossaco; cavaleiro das estepes do sul da Rússia.
Cost (kóst) *s* preço; custo; despesa; gasto; perda.
Cost (kóst) *v* valer; custar; acarretar; *past or pp* COST.
Coster (kós-târ) *s* verdureiro ambulante; fruteiro.
Costermonger (kós-târ-mân-gâr) *vide* COSTER.
Costly (kóst-li) *adj* esplêndido; caro; dispendioso; suntuoso.
Costume (kós-tiumm) *s* vestuário; traje típico; vestido.
Cot (kót) *s* casinha; choupana; catre; beliche; alpendre; aprisco (curral).
Coterie (kôu-târi) *s* círculo social; roda familiar; grupo.
Cottage (kó-tidj) *s* casa de campo; cabana; choupana.
Cottager (kó-tidjâr) *s* aldeão; camponês; habitante de casa de campo.
Cotton (kót-n) *s* algodão; algodoeiro; roupas de algodão.
Cotton (kót-n) *v* harmonizar-se; afeiçoar-se; concordar.
Cotton (kót-n) *adj* feito de algodão.
Couch (káutsh) *s* canapé; sofa; leito.
Couch (káutsh) *v* acamar; deitar; recostar; encobrir; redigir; deitar-se; agachar-se.
Couchant (káu-tshânt) *adj* agachado.
Cough (kóf) *s* tosse.
Cough (kóf) *v* tossir.
Coulisse (kuli-ss) *s* bastidores de teatro.
Council (káun-sil) *s* conselho; assembleia; concílio.
Counsel (káun-sél) *s* conselho; parecer; JUR consulta; advogado.
Counsel (káun-sél) *v* aconselhar; consultar.
Count (káunt) *s* conta; total; soma; estimativa; cômputo; atenção; conde; artigo de acusação.
Count (káunt) *v* contar; ter em conta; enumerar; somar; calcular; valer.
Countable (káun-tâbl) *adj* contável; computável.
Countenance (káun-tinâss) *s* semblante; fisionomia; rosto; aspecto; proteção; apoio.
Countenance (káun-tinâss) *v* aprovar; sancionar; proteger; patrocinar; apoiar; animar.
Counter (káun-târ) *s* contador; calculador; caixa registradora; balcão.
Counter (káun-târ) *v* rebater; contra-atacar; opor-se a; contrariar.
Counteract (káun-târ-ék-t) *v* contrariar; impedir; frustrar; anular.
Counterattack (káun-târ-é-ték) *s* contra-ataque.
Counterattack (káun-târ-é-ték) *v* contra-atacar.
Counterblast (káun-târblást) *s* contrarrajada; oposição enérgica.
Countercharm (káun-târ-tshármm) *v* frustrar o efeito de.
Counterfeit (káun-târfit) *s* falsificação; adulteração; dissimulação; velhaco; impostor.
Counterfeit (káun-târfit) *v* falsificar; arremedar; contrafazer; imitar; fingir; pretender.
Counterfoil (káun-târfóil) *s* talão; canhoto.
Countermand (káun-târmánd) *s* contraordem.
Countermand (káun-târmánd) *v* contraordenar; revogar; cancelar.
Countermark (káun-târmárk) *s* contramandar; anular.
Counteroffensive (káun-târofen-siv) *s* contraofensiva.
Counterpane (káun-târpêinn) *s* coberta; colcha; acolchoado.
Counterpart (káun-târpárt) *s* parte correspondente; contraparte.
Counterplot (káun-târplót) *s* contraconspiração.
Counterplot (káun-târplót) *v* frustrar uma conspiração.
Counterpoint (káun-târpóint) *s* contraponto.
Counterpoise (káun-târpóiz) *s* contrapeso; compensação; equilíbrio.
Counterpoise (káun-târpóiz) *v* contrabalançar; equilibrar.
Counterpoison (káun-târpóizn) *s* contraveneno; antídoto.
Countersign (káun-târsáinn) *s* senha; contrassenha; rubrica.
Countersign (káun-târsáinn) *v* autenticar; rubricar; subscrever.
Counterweight (káun-târ-uêit) *s* contrapeso.
Counterweight (káun-târ-uêit) *v* contrapesar.
Countess (káun-tiss) *s* condessa.
Counting (káun-tin) *s* conta; recenseamento.
Countinghouse (káun-tinn-háuss) *s* escritório comercial.
Countless (káunt-léss) *adj* inúmero; incontável; inumerável.
Country (kân-tri) *s* país; nação; campo; região; pátria.
Country (kân-tri) *adj* do campo; rústico; campestre; rural.
Countryside (kân-tri-sáid) *s* campo; região rural; zona campestre.
County (káun-ti) *s* condado; comarca; conselho; distrito.
Couple (kâp-l) *s* casal; par; parelha.
Couple (kâp-l) *v* ligar; juntar-se; acoplar.
Courage (kâ-ridj) *s* coragem; ânimo; bravura.
Courageous (kârêi-djâss) *adj* corajoso; bravo; valente; destemido; intrépido.
Courier (ku-riâr) *s* correio; mensageiro.
Course (kôurss) *s* curso; caminho; corrida; carreira; rota; conduta.
Course (kôurss) *v* correr; galopar; seguir uma direção; COM *COURSE of exchange*: cotação do câmbio.
Courser (kôur-sâr) *s* caçador; corcel.
Coursing (kôur-sinn) *s* caça à lebre.
Court (kôurt) *s* corte; paço; residência real; galanteios; séquito; tribunal; quadra de tênis; pátio interno; beco sem saída.
Court (kôurt) *v* cortejar; namorar; provocar; solicitar.
Courteous (kârt-tiâss) *adj* cortês; amável; polido; cortesão.
Courtesy (kâr-tissi ou kôur-tissi) *s* cortesia; reverência; cumprimento; urbanidade; polidez.
Courtmartial (kôurt-már-shâl) *s* corte--marcial; conselho de guerra.
Courtroon (kôurt-rumm) *s* sala de tribunal.
Courtship (kôurt-ship) *s* corte; namoro; galanteio.
Courtyard (kôurt-iárd) *s* pátio.
Cousin (kâz-n) *s* primo; prima.
Cove (kôuv) *s* angra coberta; enseada; recanto; recesso abrigado.
Cove (kôuv) *v* abobadar; arquear.
Covenant (kó-vinânt) *s* escrita de contrato; convenção; pacto.
Covenant (kó-vinânt) *v* contratar; ajustar; pactuar; estipular.
Cover (kâ-vâr) *s* fachada; coberta; cobertura; abrigo; envelope; sobrescrito; capa de livro; véu; disfarce; pretexto; invólucro; talher.
Cover (kâ-vâr) *v* cobrir; tapar; viajar; cobrir; percorrer; encapar; ocultar; abranger; compensar; fazer face a; compreender; ser suficiente; pôr o chapéu.
Coverage (kâ-vâridj) *s* cobertura (apólice); alcance; lastro em ouro.
Covert (kâ-vârt) *s* abrigo; toca; guarida.
Covert (kâ-vârt) *adj* coberto; abrigado.
Covet (kâ-vit) *v* cobiçar; ambicionar; aspirar.
Covetable (kâ-vitâbl) *adj* ambicioso; cobiçoso; ganancioso.

Covey (kâ-vi) *s* bando de pássaros; ninhada; grupo; reunião.
Cow (káu) *s* vaca; fêmea de diversos animais.
Coward (káu-ârd) *adj* covarde; poltrão; medroso.
Cowbane (káu-bêinn) *s* cicuta.
Cowboy (káu-bói) *s* vaqueiro; menino que cuida das vacas; USA boiadeiro.
Cowcatcher (káu-ké-tshâr) *s* limpa-trilhos de locomotiva.
Cower (káu-âr) *s* agachar-se; encolher-se; tremer.
Cowherd (káu-hârd) *s* vaqueiro.
Cowl (kául) *s* capuz de frade; hábito (de frade); chapéu de chaminé; capota de motor.
Cowl (kául) *v* cobrir com capuz; encapuzar.
Cowshed (káu-shéd) *s* estábulo.
Coxy (kó-ksi) *adj* afetado; presunçoso.
Coy (kói) *adj* acanhado; recatado; modesto; tímido; pudico.
Coyness (kói-néss) *s* modéstia; reserva; acanhamento; timidez.
Cozen (kâzn) *v* enganar; lograr; defraudar.
Crab (kréb) *s* caranguejo; ASTR câncer; GÍR rabugento.
Crack (krék) *s* fenda; racha; rachadura; louco; estrondo; mudança de voz; GÍR tóxico barato que provoca um elevado teor de dependência físico-química e psicológica.
Crack (krék) *v* fender; estalar; rachar; gabar-se; rebentar; enlouquecer.
Crack (krék) *adj* bom; excelente; famoso.
Cracker (kré-kâr) *s* foguete; explosivo; bolacha; dispositivo que serve para quebrar; GÍR mentira.
Cracking (kré-kinn) *s* rachadura; estalo; ação de rachar; crepitação.
Crackle (krék-l) *v* estalar; crepitar.
Cracknel (krékn-l) *s* biscoito duro; bolacha.
Cradle (krêid-l) *s* berço; terra natal; infância.
Cradle (krêid-l) *v* embalar; pôr no berço; ceifar.
Craft (kráf-t) *s* arte; artesanato; ofício; manha; habilidade; destreza; embarcação; avião.
Craftiness (kráf-tinéss) *s* manha; habilidade; astúcia.
Craftsman (kráf-tsmaen) *s* artífice; mecânico; artesão.
Crafty (kráf-ti) *adj* ladino; astuto; hábil.
Crag (krég) *s* despenhadeiro; abismo; penhasco íngreme.
Craggy (kré-ghi) *adj* escabroso; escarpado.
Crake (krêik) *s* som da codorniz.
Crake (krêik) *v* emitir o som onomatopaico da codorniz.
Cram (krémm) *s* abarrotamento; saciedade.
Cram (krémm) *v* abarrotar; atulhar; encher; estudo de última hora, estudo apressado para fazer um exame (escolar ou para concurso).
Cramp (krémp) *s* grampo; gancho; câibra; obstáculo.
Cramp (krémp) *v* apertar; constranger; enganar.
Crane (krêinn) *s* garça; guindaste.
Crane (krêinn) *v* guindar; suspender; içar.
Cranium (krêi-nâmm) *s* crânio.
Crank (krénk) *s* manivela; volta; pessoa esquisita; frase bombástica.
Crank (krénk) *v* apertar com torniquete; girar; manivelar.
Crank (krénk) *adj* fraco; abalado; fora do eixo; solto.
Cranked (krénk) *adj* curvo; dobrado.
Cranny (kré-ni) *s* fenda; rachadura.
Crape (krêip) *s* crepe.
Crape (krêip) *v* encrespar.
Crash (krésh) *s* estrépito; ruído; barulho; falência.
Crash (krésh) *v* estalar; estrondear; despedaçar-se; bater.
Crasis (krêi-siss) *s* crase.
Crass (kréss) *adj* crasso; grosseiro; estúpido.
Crassness (krés-néss) *s* grosseria; crassidão.
Crate (krêit) *s* engradado; caixote; cesto grande.
Crate (krêit) *v* pôr em cestos; encaixotar; engradar; embalar.
Crater (krêi-târ) *s* cratera de vulcão; buraco causado por explosão de bomba; vaso (para vinho).
Crave (krêiv) *v* rogar; suplicar; ambicionar; desejar ardentemente; suspirar por; necessitar.
Craven (krêivn) *s* covarde; poltrão.
Craven (krêivn) *v* acovardar.
Craven (krêivn) *adj* medroso; covarde.
Crawfish (kró-fish) *s* caranguejo de rio; camarão de água doce.
Crawl (król) *v* arrastar-se; insinuar-se; rastejar; engatinhar.
Crayfish (krêi-fish) *vide* CRAWFISH.
Crayon (krêi-ânn) *s* pastel; lápis de desenho (de cor).
Craze (krêiz) *s* loucura; demência; paixão; capricho; ranhuras em louças.
Craze (krêiz) *v* enlouquecer; quebrar; despedaçar.
Crazy (krêi-zi) *s* louco; demente.
Creak (krik) *s* som áspero; chiado.
Creak (krik) *v* ranger; chiar; cantar (da cigarra).
Cream (krimm) *s* creme; nata; cor de creme; pomada; cosmético.
Cream (krimm) *v* desnatar; bater para formar creme.
Cream (krimm) *adj* de creme; cremoso; cor de creme.
Creamy (kri-mi) *adj* cremoso; parecido com a nata.
Crease (kriss) *s* prega; dobra; ruga.
Create (kriêit) *v* criar; produzir; gerar; constituir; ocasionar; inventar.
Creation (kriêi-shânn) *s* criação; ato de criar; produção.
Creative (kriêi-tiv) *adj* criativo; produtivo; criador.
Creativeness (kriêi-tivinéss) *s* criatividade; faculdade criadora.
Creator (kriei-târ) *s* criador; autor.
Creature (kri-tshâr) *s* criatura; ser; animal doméstico; ente.
Credence (kri-dânss) *s* crédito; crença; fé; credencial.
Credible (kré-dibl) *adj* crível; acreditável; verossímel.
Credit (kré-dit) *s* crédito; confiança; reputação; fé; honra.
Credit (kré-dit) *v* crer; acreditar; creditar; vender a; confiar.
Creditable (kre-ditabl) *adj* meritório; louvável; recomendável.
Creditor (kré-ditâr) *s* credor.
Credo (kri-dôu) *s* credo; símbolo dos Apóstolos; profissão de fé.
Credulous (kré-diulâss) *adj* crédulo; ingênuo; cândido.
Credulously (kré-diulâsli) *adv* credulamente; ingenuamente.
Creed (krid) *s* credo; crença; profissão de fé; doutrina.
Creek (krik) *s* angra; riacho; baía; porto; enseada.
Creel (kril) *s* cesto de pescador; MEC grade; estante.
Creep (krip) *v* arrastar-se; humilhar-se; engatinhar; arrepiar-se; *past or pp* CREPT
Cremate (krimêit) *v* cremar; incinerar.
Cremation (krimêi-shânn) *s* cremação; incineração.
Crepitant (kré-pitânt) *adj* crepitante.
Crepuscule (kré-pâskiul) *s* crepúsculo.
Crescent (kré-sânt) *s* objeto em forma de meia-lua; quarto crescente da lua.
Crescent (kré-sânt) *adj* semilunar; crescente.
Cress (kréss) *s* agrião.
Crest (krést) *s* crista de galo; crina do cavalo; penacho; cume.
Crest (krést) *v* coroar; pôr crista em; encimar; galgar o cimo de; superar; encrespar.
Crestfallen (krést-fólânn) *adj* desanimado; abatido; pesaroso; triste; cabisbaixo.
Cretin (kré-tinn) *s* cretino; imbecil.
Cretinous (kré-tinâss) *adj* cretino; imbecil.
Crew (kru) *s* tripulação (navio); multidão; bando; turba.
Crewel (kru-âl) *s* lã para bordar.
Crib (krib) *s* manjedoura; presépio; curral; berço com grades de segurança.
Crib (krib) *v* roubar; furtar; plagiar; encerrar; colar (uma lição).
Cribbage (kri-bidj) *s* jogo de cartas.
Cribbing (kri-binn) *s* ato de plagiar.
Crick (krik) *s* MED câibra muscular; torcicolo.
Crick (krik) *v* produzir câibra em.
Cricket (kri-kit) *s* críquete (jogo); grilo; USA banquinho de três pés.
Crime (kráimm) *s* crime; delito.
Crimeless (kráim-léss) *adj* inocente.

Criminal (kri-minâl) *s* criminoso; delinquente.
Criminal (kri-minâl) *adj* criminal; criminoso.
Crimp (krimp) *s* encrespado; ondulação; plissagem; recrutador para o serviço militar.
Crimp (krimp) *v* encrespar; frisar; enrugar; torcer; preguear.
Crimp (krimp) *adj* frágil; quebradiço; rígido.
Crimper (krim-pôr) *s* frisador; ferro de frisar cabelo.
Cringer (krin-djâr) *s* adulação; adulador; servilismo; baixeza.
Cringer (krin-djâr) *v* adular; bajular.
Crinkle (krink-l) *v* serpear; ondear; enrugar; fazer rodeios.
Cripple (kripl) *s* coxo; estropiado; inválido; aleijado.
Cripple (kripl) *adj* coxo; estropiado; inválido.
Cripple (kripl) *v* aleijar; estropiar; invalidar; coxear.
Crippled (kripld) *adj* estropiado; inválido; avariado.
Crisis (krái-siss) *s* crise; momento decisivo.
Crisp (krisp) *s* GÍR dinheiro em cédulas; *pl* batatinhas fritas.
Crisp (krisp) *v* encaracolar; ondear; encrespar.
Crisp (krisp) *adj* crespo; ondeado; sinuoso; tortuoso.
Criss-cross (kris-króss) *s* desenho de linhas cruzadas; assinatura em cruz; palavras cruzadas; amarelinha; maré.
Criss-cross (kris-króss) *adj* riscado em linhas cruzadas; FIG rabujento; rabugento.
Criss-cross (kris-króss) *adv* em forma de cruz.
Criterion (kráiti-riânn) *s* critério; norma; padrão.
Critic (kri-tik) *s* crítico; censor; perito; crítica.
Critic (kri-tik) *adj* crítico; severo; decisivo.
Criticize (kri-tissáiz) *v* criticar; censurar.
Critique (kriti-k) *s* crítica; arte de criticar; normas do criticismo.
Croakiness (krôu-kinéss) *s* lamentação; ato de resmungar; ruído semelhante ao grasnido.
Croaky (krôu-ki) *adj* rouco; coaxante; que tem som semelhante ao grasnar das rãs.
Croc (krók) *s* forma abreviada para CROCODILE.
Crock (krók) *s* pote; jarro; caco de louça; fuligem da chaminé.
Crock (krók) *v* enferrujar; machucar.
Crocket (kró-kit) *s* espécie de ornamento usado em cornijas; dosséis.
Crocodile (kró-kodáil) *s* crocodilo; *vide* ALIGATOR.
Croft (krôf-t) *s* quintal; quinta pequena; terreno cercado.
Crofter (krôf-târ) *s* caseiro; arrendatário que cultiva sítio.
Crone (krôunn) *s* ovelha ranhosa; mulher idosa e encarquilhada; ovelha negra.
Crony (krôu-ni) *s* camarada; companheiro; amigo.
Crook (kruk) *s* gancho; cajado de pastor; trapaça; ladrão; embuste; artifício.
Crook (kruk) *v* curvar; perverter; torcer; retorcer.
Crooked (kru-kid) *adj* curvo; torto; torcido; desonesto; fraudulento.
Croon (krunn) *s* canto monótono.
Croon (krunn) *v* cantarolar; cantar monotonamente.
Crooner (kru-nâr) *s* cantor popular; cantor de orquestra.
Crop (krop) *s* colheita; ceifa; coleção; cabelo curto; papo de aves; chicote.
Crop (krop) *v* colher os frutos; ceifar; cortar rente; aflorar; surgir; colher; semear.
Cropper (kró-pâr) *s* grão de boa colheita; cultivador; plantador; raça de pombos; cortador; GÍR queda violenta.
Crosier (krôu-jâr) *s* cajado de bispo; cajado de abade mitrado; báculo de bispo.
Cross (króss) *s* cruz; tormento; aflição; riscar; atravessar; contrariedade; revés; cruzamento de raças; cruzeiro.
Cross (króss) *v* cruzar; atravessar; apagar; atormentar; contradizer; cruzar-se; barrar um cheque; impedir; frustrar; formar um cruzamento de ruas; montar; cavalgar.
Cross (króss) *adj* atravessado; transversal; em cruz; oposto; infeliz; desfavorável.
Crossbones (krós-bôunz) *s* ossos postos em cruz simbolizando a morte.
Crossbred (króss-bréd) *s* mestiço; cruzado; híbrido.
Crossbred (króss-bréd) *adj* mestiço; cruzado; híbrido.
Crossbreed (króss-brid) *v* cruzar; fazer cruzamento de raças; mestiçar.
Cross-eye (króss-ái) *s* estrabismo; vesgueira.
Cross-eyed (krós-áid) *adj* vesgo; estrábico.
Crossing (kró-sinn) *s* travessia; encruzamento de fios; o sinal da Cruz.
Crossly (krós-li) *adv* de mau-humor.
Crossness (krós-néss) *s* mau-humor; má disposição; malícia.
Crosspatch (krós-pétsh) *s* resmungão; rabugento.
Crosspiece (krós-piss) *s* travessa.
Cross-purpose (króss-pâr-pâss) *s* contradição; propósito contrário.
Crossroad (krós-rôud) *s* encruzilhada; atalho; USA INTERSECTION.
Crossways (krós-uêiz) *vide* CROSSWISE.
Crosswise (krós-uáiz) *adv* de través; ao contrário; transversalmente.
Crossword (krós-uârd) *s* palavras de mau-humor; palavra cruzada.
Crotch (krótsh) *s* forquilha; forqueta; bifurcação.
Crotchet (krót-shit) *s* fantasia; excentricidade; pequeno gancho; MÚS semínima.
Crouch (kráutsh) *v* abaixar-se; humilhar-se; bajular; agachar-se.
Croupier (kru-piâr) *s* crupiê.
Crow (krôu) *s* corvo; gralha; nome de várias aves; pé de cabra; instrumento de carpinteiro; canto do galo; grito de satisfação do nenê.
Crow (krôu) *v* cantar de galo; gabar-se; vangloriar-se.
Crowd (kráud) *s* multidão; turba; ajuntamento; companhia; ***a CROWD in a small space***: uma multidão num espaço pequeno.
Crowd (kráud) *v* amontoar; ajuntar; encher completamente; forçar as velas da embarcação.
Crowded (kráu-did) *adj* abarrotado; repletado; compacto; cheio; comprimido.
Crowkeeper (krôu-ki-pâr) *s* espantalho.
Crown (kráunn) *s* coroa; diadema; grinalda; soberania; galardão; prêmio; crista; cimo; parte superior do dente; moeda de cinco xêlins; apogeu.
Crown (kráunn) *v* coroar; premiar; completar; aperfeiçoar; proteger; acabar; ESP tranformar pião em dama.
Crown (kráunn) *adj* relativo a coroa.
Crowner (kráu-nâr) *s* completador; aperfeiçoador.
Crownpiece (kráun-piss) *s* parte superior dos objetos; testeira de cavalos.
Crownwork (kráun-uârk) *s* colocação de coroa dentária.
Crucial (kru-shiâl) *adj* em forma de cruz; crucial; decisivo; conclusivo; severo; penoso.
Crucifix (kru-sifiks) *s* Crucifixo.
Crucify (kru-sifái) *v* crucificar; atormentar; afligir; mortificar.
Crude (krud) *adj* cru; bruto; verde; imaturo; indigesto; tosco; imperfeito.
Crudity (kru-diti) *s* crueza; dureza.
Cruel (kru-âl) *adj* cruel; desumano; selvagem; aflitivo.
Cruelty (kru-âlti) *s* crueldade; ferocidade; desumanidade.
Cruise (kruz) *s* cruzeiro; passeios marítimos; travessia.
Cruise (kruz) *v* cruzar o mar; andar a esmo.
Crumb (krâmm) *s* miolo de pão; migalha (bolo, pão).
Crumb (krâmm) *v* esmigalhar; esmoer; pisar; triturar; fracionar.
Crumble (krâmbl) *s* matéria em decomposição.
Crumble (krâmbl) *v* esmigalhar; fracionar; espedaçar.
Crumby (krâ-mi) *adj* mole; brando; cheio de migalhas; GÍR piolhento.
Crump (krâmp) *s* golpe violento; corcunda; GÍR granada.

Crump (krâmp) *v* mastigar ruidosamente; estar mal-humorado.
Crumpet (krâm-pit) *s* bolo doce; bolinho; GÍR cabeça; coco.
Crumple (krâmpl) *v* amarrotar; machucar; vincar.
Crumpled (krâmpld) *adj* amassado; enrugado; espiralado.
Crunch (krântsh) *s* mastigação ruidosa.
Crunch (krântsh) *v* trincar; mascar; pisar; esmagar; espremer; triturar; mastigar com ruído.
Crupper (krâ-pâr) *s* rabo do arreio do cavalo; garupa; ancas de cavalo.
Crupper (krâ-pâr) *v* pôr rabicho na sela do cavalo.
Crusade (krusêi-d) *s* cruzada; cruzado.
Crusade (krusêi-d) *v* tomar parte numa cruzada.
Crusader (krusêi-dâr) *s* cruzado, que faz parte numa cruzada.
Crush (krâsh) *s* torvelinho; colisão; remoinho; esmagamento; compressão violenta; multidão; aglomeração; USA aperto.
Crush (krâsh) *v* esmagar (com os pés para fazer vinho); amarrotar; achatar.
Crushed (krusht) *adj* moído; pulverizado; oprimido; subjugado.
Crusher (krâ-shâr) *s* esmagador; compressor; opressor.
Crust (krâst) *s* crosta; casca (de bolo etc.); borra de vinho; MED casca de ferida; FIG atrevimento.
Crust (krâst) *v* encodear; encrostar; fazer criar crosta.
Crustaceous (krâstêi-shiâss) *adj* crustáceo; coberto de crosta.
Crustation (krâstêi-shânn) *s* incrustação.
Crusted (krâs-tid) *adj* coberto de crosta; vinho maduro; antiquado.
Crutch (krâtsh) *s* muleta; aleijado; apoio; descanso.
Crutch (krâtsh) *v* apoiar; forquilhar; andar de muletas.
Crux (krâks) *s* cruz; embaraço; dificuldade.
Cry (krái) *s* grito; brado; clamor; choro; proclamação; lamentação; pedido.
Cry (krái) *v* gritar; chorar; bradar; apregoar; rogar.
Crying (krái-inn) *s* grito; choro; ato de gritar.
Crying (krái-inn) *adj* que grita; sabido; notório; conhecido.
Crypt (kript) *s* cripta.
Cryptic (krip-tik) *adj* oculto; secreto; escondido; enigmático.
Cryptical (krip-tikâl) *vide* CRYPTIC.
Cub (kâb) *s* filhote de urso (e outros animais); rapaz grosseiro; fedelho; USA repórter novato (foca).
Cub (kâb) *v* dar à luz; parir.
Cube (kiub) *s* MAT cubo.
Cube (kiub) *v* cubar; elevar ao cubo.
Cubic (kiu-bik) *adj* cúbico; tridimensional; MAT do terceiro grau.
Cubical (kiu-bikâl) *adj* cubiforme; cúbico.
Cubicle (kiu-bikl) *s* cubículo, compartimento pequeno.
Cubism (kiu-bizm) *s art* cubismo, pintura que dá representação geométrica aos objetos pintados.
Cubist (kiu-bizt) *adj art* cubista, pintor que pratica a técnica do cubismo.
Cubit (kiu-bit) *s* cúbito, antiga medida de comprimento.
Cuckoo (ku-ku) *s* cuco, o canto do cuco (pássaro); GÍR maluco; doido.
Cucumber (kiu-kâmbâr) *s* pepino; pepineiro.
Cud (kâd) *s* alimento que os ruminantes têm no primeiro estômago; FIG refletir; ponderar; meditar.
Cuddle (kâd-l) *s* afago; carinho; abraço; carícia.
Cuddle (kâd-l) *v* aconchegar-se; apertar-se; afagar; embalar; acarinhar; agachar-se; esconder-se.
Cudgel (kâ-djâl) *s* bastão; cacete; pau.
Cudgel (kâ-djâl) *v* bater; espancar; surrar.
Cuff (kâf) *s* punho de manga; bainha de calça; bofetada; sopapo; murro; algema.
Cuff (kâf) *v* esbofetear; socar; esmurrar.
Cuisine (kuizi-nn) *s* cozinha; arte culinária; comida; alimento.
Culinary (kiu-linâri) *adj* culinário.
Cull (kâl) *v* escolher; apartar; selecionar; eleger.
Culling (kâ-linn) *s* escolha; separação; seleção; refugo.
Culm (kâlm) *s* colmo; caule das gramíneas; pó de carvão; carvão de pedra.
Culminant (kâl-minant) *adj* culminante.
Culminate (kâl-minêit) *v* culminar; atingir um fim; alcançar.
Culpability (kâlpâbi-liti) *s* culpabilidade.
Culpable (kâl-pâbl) *adj* culpável.
Culprit (kâl-prit) *s* réu; ré; acusado; ofensor.
Cult (kâlt) *s* culto; admiração; consideração; homenagem; culto religioso; seita.
Cultivable (kâl-tivâbl) *adj* cultivável.
Cultural (kâl-tshârâl) *adj* cultural.
Culture (kâl-tshâr) *s* cultura; refinamento; ilustração; educação.
Culture (kâl-tshâr) *v* cultivar; amanhar; criar; desenvolver.
Culver (kal-var) *s* pombo; pomba.
Cumber (kâm-bâr) *s* impedimento; embaraço; estorvo.
Cumber (kâm-bâr) *v* embaraçar; impedir; estorvar; incomodar; sobrecarregar.
Cumbersome (kâm-bârsâmm) *adj* incômodo; enfadonho; importuno; sem desenvoltura.
Cuneiform (kiu-niifórm) *adj* cuneiforme; em forma de cunha.
Cunning (kâ-ninn) *s* destreza; astúcia; ardil; habilidade; manha.
Cup (kâp) *s* xícara; chávena; copo; taça; xicarada; bebida embriagante.
Cup (kâp) *v* dar de beber; fazer aplicação de ventosas.
Cupboard (kâp-bôurd) *s* armário de cozinha; guarda-louça.
Cupid (kiu-pid) *s* cupido; moço muito bonito.
Cupidity (kiupi-diti) *s* cupidez; avareza; cobiça; ambição.
Cupola (kiu-pâlâ) *s* cúpula.
Cur (kâr) *s* cão vira-lata; malandro; patife.
Curability (kiurâbi-liti) *s* curabilidade.
Curable (kiu-râbl) *adj* curável.
Curatorship (kiurêi-târship) *s* curadoria; curatela.
Curb (kârb) *s* o meio fio; *vide* KERB.
Curbstone (kârb-stôunn) *s* guia de pedra; meio-fio de calçada.
Curd (kârd) *s* coalho; coágulo; requeijão; coalhada.
Curd (kârd) *v* coalhar.
Curdle (kârd-l) *v* coalhar; coagular.
Cure (kiur) *s* cura; tratamento; remédio; restabelecimento.
Cure (kiur) *v* curar; tratar de uma pessoa; salgar; conservar; defumar.
Cureless (kur-léss) *adj* incurável.
Curer (kiu-râr) *s* remédio; médico; curandeiro; salgador; defumador.
Curfew (kâr-fiu) *s* toque de recolher (anunciado pelo bater de um sino).
Curiosity (kiurió-siti) *s* curiosidade; vontade de saber: indiscrição; objeto raro; bibelô.
Curious (kiu-riâss) *adj* curioso; indiscreto; digno de ser visto; excêntrico; esquisito.
Curiously (kiu-riâsli) *adv* curiosamente.
Curl (kârl) *s* anel; caracol; friso; ondulação; sinuosidade.
Curl (kârl) *v* encaracolar; enrolar; frisar; ondular; ondear; torcer; anelar-se.
Curled (kâr-lid) *adj* crespo; encrespado; ondulado; torto; torcido.
Curling (kâr-linn) *s* ondulação; nome um jogo sobre o gelo.
Curly (kâr-l) *adj* encaracolado; ondulado; anelado.
Curmudgeon (kârmâd-jânn) *s* avarento; sovina; miserável.
Currant (kâ-rânt) *s* groselha.
Currency (kâ-rânsi) *s* circulação; curso; voga; COM valor corrente; crédito; moeda corrente.
Current (kâ-rânt) *s* marcha; progressão; marcha; corrente.
Current (kâ-rânt) *adj* corrente (de rio); comum; vulgar; circulante.
Curriculum (kâri-kiulâmm) *s* currículo; curso; programa de estudos; carro para corridas.

Currish (kâ-rish) *adj* grosseiro; brutal; ordinário; agressivo; impertinente.
Curse (kârss) *s* praga; maldição; imprecação; desgraça; calamidade; anátema; excomunhão.
Curse (kârss) *v* amaldiçoar; maldizer; blasfemar; atormentar; anatematizar; excomungar.
Cursed (kâr-sid) *adj* maldito; abominável; detestável; miserável; mau; malvado; execrável.
Cursive (kâr-siv) *s* letra cursiva.
Cursive (kâr-siv) *adj* cursivo.
Cursory (kâr-sâri) *adj* apressado; feito às pressas; precipitado; descuidado.
Curt (kârt) *adj* curto; cortado; breve; conciso; abrupto; rude.
Curt (kârt) *v* encurtar.
Curtail (kâr-têil) *v* encurtar; reduzir; aparar.
Curtain (kârtn) *s* cortina; cortinado; abrigo; resguardo; proteção; pano palco.
Curtness (kâr-tnéss) *s* brevidade; concisão.
Curvate (kâr-vêit) *adj* curvado; arqueado.
Curvature (kâr-vâtshâr) *s* curvatura; arqueamento.
Curve (kârv) *s* curva; flexão; volta.
Curve (kârv) *v* curvar; dobrar.
Curve (kârv) *adj* curvado; curvo.
Cushion (kâ-shânn) *s* almofada; para-choque; coxim; travesseiro; pneumático; tabela de bilhar.
Cushion (kâ-shânn) *v* proteger com almofadas; adornar com almofadas.
Cusp (kâsp) *s* ponta; cúspide; vértice de curva.
Cuss (kâss) *s* maldição; pessoa sem valor; animal insignificante.
Cussed (kâ-sid) *adj* amaldiçoado; maldito; renitente.
Custard (kâs-tárd) *s* doce de creme.
Custodial (kâstôu-diâl) *s* custódia; receptáculo para objetos sagrados.
Custodian (kâstôu-diânn) *s* guarda; guardião; administrador.
Custody (kâs-todi) *s* custódia; guarda; prisão; escolta; proteção; defesa.
Custom (kâs-tâmm) *s* costume; uso; hábito; freguesia; saída de mercadorias; clientela.
Customary (kâs-tâmâri) *s* registro de usos e costumes.
Customer (kâs-tâmâr) *s* freguês; cliente; pessoa; indivíduo.
Customhouse (kâs-tâm-háuss) *s* alfândega; aduana.
Customs (kâs-tâmms) *s* COM direitos alfandegários; alfândega.
Cut (kât) *s* corte; abertura; ferida; golpe; modo; forma; atalho; canal; incisão; ELET ***CUT-out***: interruptor.
Cut (kât) *v* cortar; talhar; rachar; trinchar; ferir; mutilar; esculpir; separar; lapidar; castrar; chicotear; ofender; GÍR cabular (faltar às aulas); GÍR ***to CUT up well***: deixar muito dinheiro; ***to CUT in***: ultrapassar (carros); ***to CUT out***: recortar; *past or pp* CUT.
Cut (kât) *adj* cortado; fendido; interceptado; castrado; pronto; preparado.
Cute (kiut) *adj* agudo; perspicaz; inteligente; fino; esperto; atrativo; bonito; USA gracioso; delicado; lindo; GÍR gracinha; belezinha.
Cutely (kiu-tli) *adv* engenhosamente.
Cuteness (kiu-tnéss) *s* agudeza; perspicácia; esperteza; encanto; atração.
Cuticle (kiu-tikl) *s* cutícula; película.
Cutlery (kât-lâri) *s* talheres; cutelaria.
Cutlet (kât-lit) *s* costeleta; posta de carne; pedaço de carne para fritar ou assar; pedaço de peixe para fritar ou assar.
Cutpurse (kât-pârss) *s* batedor de carteiras.
Cut-rate (kât-reit) *adj* que vende a preços reduzidos.
Cutter (kâ-târ) *s* cortador; talhador; máquina de cortar; instrumento cortante; USA pequeno trenó; CIN redator de filme.
Cut-throat (kât-thrôut) *s* assassino; matador; degolador; bárbaro.
Cut-throat (kât-thrôut) *adj* assassino; matador; bárbaro.
Cutting (kâ-tinn) *s* corte; incisão; talhe.
Cutting (kâ-tinn) *adj* cortante; incisivo; áspero; sarcástico.
Cutwork (kât-uórk) *s* bordado aberto; bordado de aplicação.
Cycle (sáik-l) *s* ciclo; período de tempo; época; bicicleta.
Cycle (sáik-l) *v* passar por vários ciclos; andar de bicicleta.
Cyclic (sái-klik) *adj* cíclico; circular; em anel.
Cyclical (sái-klikâl) *vide* CYCLING.
Cycling (sái-klinn) *s* passeio de bicicleta; cíclico.
Cyclist (sál-klist) *s* ciclista.
Cyclone (sái-klôunn) *s* ciclone.
Cyclops (sái-klóps) *s* MIT Ciclope, gigante de olho no meio da testa.
Cygnet (sig-nit) *s* cisne novo.
Cylinder (si-lindâr) *s* cilindro; rolo; tambor de máquina.
Cylindric (silin-drik) *adj* cilíndrico.
Cylindrical (silin-drikâl) *vide* CYLINDRIC.
Cymbal (sim-bâl) *s* MÚS prato metálico (bateria de orquestra etc.).
Cynic (si-nik) *s* cínico; sarcástico; céptico.
Cynical (si-nikâl) *adj* cínico: misantropo; cético; descrente.
Cynically (si-nikâli) *adv* cinicamente.
Cynicism (si-nissizm) *s* cinismo; sarcasmo.
Cypress (sái-priss) *s* cipreste.
Cyprian (si-priân) *adj* cipriota.
Cyst (sist) *s* MED quisto; cisto; bolsa.
Czar (zár) *s* czar; tzar, título dos imperadores da Rússia (César no império romano).
Czech (tshék) *s* tcheco; a língua tcheca.

D

D (di) *s* a quarta letra do alfabeto Português e do alfabeto Inglês, além de diversos outros alfabetos.
D (di) MÚS símbolo da nota ré (2ª nota).
Dab (déb) *s* palmadinha; toque; pessoa astuta.
Dab (déb) *v* bater suavemente; salpicar.
Dabber (dê-bâr) *s* escova macia; brocha para salpicar.
Dabble (déb-l) *v* salpicar; umedecer; patinhar; fazer com desmazelo; chafurdar.
Dabster (débs-târ) *s* pessoa esperta; perito; ladino.
Dachshund (dash-hunt) *s* bassê (basset), raça de cães.
Dactyl (dék-til) *s* dáctilo, relativo aos dedos.
Dactylography (déktilo-grafi) *s* datilografia, arte de escrever a máquina.
Dad (dé-di) *s* papai; papaizinho; ABREV de DADDY.
Daddy ('dé-di) *s* papai.
Daedal (di-dâl) *adj* engenhoso; intrincado.
Daffodil (dé-fâdil) *s* narciso, planta ornamental.
Daffy (d-aefi) *adj* GÍR tonto; zonzo; aloucado.
Daft (dáft) *s* imbecil; tolo; pateta; idiota; louco.
Daft (dáft) *adj* louco; imbecil; tolo; idiota.
Daftly (dáft-li) *adv* loucamente.
Daftness (dáft-néss) *s* imbecilidade; idiotice; tolice.
Dagger (dé-gâr) *s* punhal; adaga; arma branca.
Daggle (dég-l) *v* enlamear; sujar; salpicar; chafurdar.
Dagoba (dá-gobâ) *s* dágoba, templo budista.
Daily (dêi-li) *s* diário; jornal.
Daily (dêi-li) *adj* diário; quotidiano.
Daily (dêi-li) *adv* diariamente; cotidianamente.
Daintiness (dêin-tinéss) *s* guloseima; cortesia; esmero; melindre; elegância.
Dainty (dêin-ti) *s* iguaria fina; guloseima; pitéu.
Dainty (dêin-ti) *adj* delicado; delicioso; elegante; gracioso; belo.
Dairy (dêi-ri) *s* leiteria; queijaria; indústria de laticínios.
Dairymaid (dêi-rimêid) *s* vendedora de leite; queijeira.
Dairyman (dêi-rimaen) *s* leiteiro; vendedor de leite; queijeiro.
Dais (dê-iss) *s* plataforma; tablado; palanque; estrado.
Daisy (dêi-zi) *s* margarida; bonina; bem-me-quer; POP qualquer coisa muito boa; USA homem efeminado.
Dale (dêil) *s* pequeno vale.
Dalesman (dêilz-maen) *s* habitante de um vale.
Dalliance (dé-liânss) *s* adiamento; carícia; divertimento; dilação; demora.
Dallier (dé-liâr) *s* brincalhão; galhofeiro; gracejador.
Dally (dé-li) *v* perder tempo; tagarelar; divertir-se; acariciar; afagar.
Daltonism (dólt-nism) *s* daltonismo, deficência visual em distinguir determinadas cores (vermelho e verde).
Dam (démm) *s* represa; barragem; dique; açude.
Dam (démm) *v* represar; conter; tapar.
Damage (dé-midj) *s* dano; prejuízo; avaria; perda; despesa; preço.
Damage (dé-midj) *v* prejudicar; arruinar-se; danificar; estragar.
Damageable (dé-midjâbl) *adj* danoso; dano; prejuízo.
Damaging (dé-midjinn) *adj* prejudicial.
Damask (dé-mâsk) *s* damasco (tecido de seda).
Damask (dé-mâsk) *v* adamascar.
Damask (dé-mâsk) *adj* adamascado (cor).
Dame (déimm) *s* senhora; dama; ama; GÍR tia.
Damn (démm) *s* maldição; praga.
Damn (démm) *v* condenar; amaldiçoar; desprezar; reprovar.
Damnable (dém-nâbl) *adj* condenável; execrável; abominável; detestável; maldito; infame.
Damnation (démnêi-shânn) *s* danação; condenação; maldição.
Damnatory (dém-nâtôuri) *adj* condenatório.
Damned (démd) *adj* maldito; condenado; amaldiçoado.
Damnification (démnifikêi-shânn) *s* danificação; estrago.
Damnify (dém-nifái) *v* danificar; deteriorar; prejudicar; estragar; avariar.
Damning (dém-ninn) *adj* condenável; censurável.
Damp (démp) *s* umidade; vapor; névoa; ar viciado; neblina; abatimento; desânimo; depressão.
Damp (démp) *v* umedecer; molhar; desencorajar; enfraquecer; desalentar; desanimar.
Damp (démp) *adj* úmido; molhado; desanimado; triste; desalentado.
Damper (dém-pâr) *s* apagador; abafador de piano; desanimador; contratempo; estorvo; registro de fogão; registro de chaminé.
Dampness (démp-néss) *s* umidade; névoa.
Damsel (dém-zél) *s* senhorita; donzela; moça.
Dance (dânss) *s* dança; baile.
Dance (dânss) *v* dançar; bailar; saltar; pular; brincar.
Dancer (dén-sâr) *s* dançarino; dançarina; bailarino.
Dancing (dân-sinn) *s* dança.
Dancing (dân-sinn) *adj* dançante.
Dander (dén-dâr) *s* passo vagaroso; ira; raiva; cólera.
Dander (dén-dâr) *v* andar vagarosamente.
Dandle (dénd-l) *v* acariciar; embalar.
Dane (dêinn) *s* dinamarquês, natural ou habitante da Dinamarca.
Danger (dêin-djâr) *s* perigo; risco.
Dangerous (dêin-djârâss) *adj* perigoso; arriscado.
Danish (dêi-nish) *s* dinamarquês (idioma).
Danish (dêi-nish) *adj* dinamarquês.
Dank (dénk) *s* úmido.
Dapper (de-pâr) *adj* vivo; esperto; ligeiro; veloz; ativo; asseado; gentil.
Dare (dér) *s* desafio; ousadia.
Dare (dér) *v* ousar; atrever-se; desafiar; afrontar; ter coragem; *past* DURST *and pp* DARED.
Daredevil (dér-dévil) *s* valente; homem audacioso.
Daredevil (dér-dévil) *adj* intrépido; audaz; ousado; atrevido; audacioso.
Daring (dé-rinn) *s* audácia; bravura; intrepidez; coragem.
Daring (dé-rinn) *adj* audaz; temerário; audacioso; ousado; atrevido.
Daringly (dé-rinnli) *adv* atrevidamente.
Dark (dárk) *s* escuridão; ignorância; mistério.
Dark (dárk) *adj* escuro; moreno; enigmático; secreto; melancólico; TV não transmitido.
Darken (dár-kânn) *v* escurecer; ofuscar; nublar; cegar.

Darkness (dárk-néss) *s* escuridão; cegueira; obcecação; ignorância; obscuridade.
Darksome (dárk-sâmm) *adj* sombrio; opaco; fosco; escuro.
Darky (dár-ki) *s* negro; preto; mulato.
Darling (dár-linn) *s* querido; querida; amado.
Darling (dár-linn) *adj* querido; amado.
Darn (dárn) *s* cerzidura; cerzido; maldição; praga.
Darn (dárn) *v* remendar; cerzir; maldizer.
Dart (dárt) *s* dardo; flecha; seta; movimento rápido.
Dart (dárt) *v* lançar-se; arremessar-se; arremessar setas; precipitar-se; dardejar.
Darter (dár-târ) *s* flecheiro; lançador.
Dash (désh) *s* colisão; pancada; choque; arremetida; hífen; traço.
Dash (désh) *v* quebrar; bater; arremessar; colidir; atirar com força; arrojar; desanimar.
Dashboard (désh-bórd) *s* para-lama; painel de instrumentos (auto etc.).
Dasher (dé-shâr) *s* para-lama.
Dashing (dé-shinn) *adj* ruidoso; barulhento; vivo; precipitado.
Dastard (dés-târd) *s* poltrão; covarde; pusilânime.
Dastard (dés-târd) *adj* poltrão; covarde; pusilânime.
Data (dêi-tâ) *s pl* dados; informações.
Date (dêit) *s* data; encontro; época; tâmara; USA encontro marcado; namorado.
Date (dêit) *v* datar; sair com alguém; namorar; marcar um encontro.
Daub (dób) *s* argamassa; crosta; borrão; pintura tosca.
Daub (dób) *v* borrar; adular; lisonjear; untar.
Dauber (dó-bâr) *s* pintor grosseiro; escova de engraxate; lisonjeiro; adulador.
Daughter (dó-târ) *s* filha; ***DAUGHTER-in-law***: nora.
Daunt (dónt) *v* atemorizar; assustar; intimidar.
Dauntless (dónt-léss) *adj* intrépido; destemido.
Davenport (dév-n-pórt) *s* escrivaninha; USA divã; sofá-cama.
Davit (dé-vit) *s* NÁUT turco; serviola, cada um dos paus colocados no bordo do navio para enrolar um cabo de maneira horizontal.
Daw (dó) *s* gralha; FIG simplório; humilde.
Dawdle (dód-l) *v* desperdiçar o tempo com futilidades; vadiar; palestrar.
Dawdler (dód-lâr) *s* preguiçoso; vadio.
Dawn (dónn) *s* alvorada; nascer do dia; origem; aurora.
Dawn (dónn) *v* amanhecer; alvorecer; surgir; romper o dia.
Dawning (dó-ninn) *s* o amanhecer; origem; nascimento.
Day (dêi) *s* dia; ***All Soul's DAY***: dia de Finados (2/11); ***Dooms DAY***: dia do Juízo Final; ***the DAY before yesterday***: anteontem; ***Valentine's DAY***: dia dos namorados (14/2).
Daybreak (dêi-brêik) *s* alvorada; alva; aurora; dia enforcado.
Daylight (dêi-láit) *s* dia; luz do dia.
Daze (dêiz) *s* torpor; ofuscação.
Daze (dêiz) *v* ofuscar; deslumbrar; aturdir; entorpecer; pasmar.
Dazzle (dêzl) *s* deslumbramento; excesso de luz; FIG fascinação.
Dazzle (dêzl) *v* deslumbrar; maravilhar; extasiar; ofuscar.
Dazzling (déz-linn) *adj* deslumbrante; brilhante; sedutor; ofuscante; encantador.
Deacon (di-kânn) *s* diácono; USA couro de bezerro.
Dead (déd) *s* morto; inanimado; inerte; sem vida; ***DEAD house***: necrotério; ***DEAD language***: língua morta; ***DEAD march***: marcha fúnebre; ***DEAD Sea***: Mar Morto.
Deaden (déd-n) *v* amortecer; enfraquecer; paralisar.
Deadlock (déd-lók) *s* beco sem saída; impasse.
Deadly (déd-li) *adj* mortal; fatal; funesto; terrível.
Deadly (déd-li) *adv* muito; muitíssimo; mortalmente.
Deaf (déf) *adj* surdo; insensível; ***DEAF-and-dumb***: surdo-mudo.
Deafen (déf-n) *v* ensurdecer; atordoar; aturdir.
Deafening (déf-ninn) *s* amortecimento do som.
Deafening (déf-ninn) *adj* ensurdecedor.
Deafness (déf-néss) *s* surdez.
Deal (dil) *s* acordo; quantidade; porção; negociação; ação de dar cartas no jogo.
Deal (dil) *v* negociar; repartir; lidar; tratar; distribuir; desferir; ser mão no jogo de cartas; *past or pp* DEALT.
Dealer (di-lâr) *s* COM negociante; distribuidor; ESP o jogador que é mão no jogo de cartas.
Dealings (di-linns) *s* relações; conduta; transações; procedimento.
Dean (dinn) *s* reitor; deão; vale.
Dear (dir) *s* querido; favorito; predileto; bem-amado; estimado.
Dear (dir) *adj* amado; querido; estimado; caro; ***Silvio is my DEAR friend***: o Sílvio é meu amigo querido.
Dear (dir) *adv* dispendioso; caro.
Dearly (di-rli) *adv* carinhosamente; ternamente; muito caro.
Dearth (dârth) *s* escassez; carestia; carência; penúria; fome.
Deary (di-ri) *s* queridinho; mimoso; favorito.
Death (déth) *s* morte; óbito; ***DEATH certificate***: atestado de óbito.
Deathless (dé-thléss) *adj* imortal; eterno.
Debar (dibá-r) *v* excluir; privar de.
Debase (dibêi-ss) *v* humilhar; desprezar; aviltar; falsificar.
Debasement (dibêis-ment) *s* humilhação; degradação; falsificação; adulteração.
Debatable (dibêi-tâbl) *adj* discutível; contestável.
Debate (dibêi-t) *s* debate; discussão; contenda; controvérsia.
Debate (dibêi-t) *v* debater; discutir; disputar.
Debater (dibêi-târ) *s* pessoa que debate; disputador; controversista.
Debauch (dibó-tsh) *s* deboche; orgia; libertinagem; imoralidade; vida dissoluta.
Debauch (dibó-tsh) *v* prostituir; viciar; perverter; corromper.
Debaucher (dibó-tshâr) *s* corruptor.
Debauchery (dibó-tshâri) *s* deboche; depravação; devassidão; libertinagem; corrupção.
Debauchment (dibó-tshment) *s* sedução.
Debenture (dibén-tshâr) *s* debênture, título de dívida; obrigação.
Debilitate (dibi-litêit) *v* debilitar; enfraquecer; esgotar.
Debility (dibi-liti) *s* debilidade; fraqueza; enfraquecimento.
Debit (dé-bit) *s* débito; dívida.
Debit (dé-bit) *v* debitar.
Debonair (debâné-r) *adj* cortês; alegre; afável; delicado.
Debouch (debu-sh) *v* desembocar; desfilar militarmente.
Debouchment (debush-ment) *s* desembocadura.
Debris (dé-bri) *s* escombros; fragmentos; despojos; restos; ruínas.
Debt (dét) *s* dívida; débito; obrigação; dever.
Debtor (dé-târ) *s* devedor.
Debunk (dibân-k) *v* GÍR desmascarar; desiludir.
Début (d-eibu) *s* estreia.
Début (d-eibu) *v* estrear.
Debutant (deibut-â) *s* debutante; estreante; principiante.
Decade (dé-kâd) *s* década.
Decadence (dé-kâdânss) *s* decadência; queda.
Decadent (dé-kâdânt) *s* decadente.
Decadent (dé-kâdânt) *adj* decadente.
Decalog (dé-kâlóg) *s* decálogo; os dez mandamentos da Lei de Deus.
Decamp (dikém-p) *v* descampar; fugir; escapar.
Decant (dikén-t) *v* decantar; clarificar líquidos.
Decantation (dikéntêi-shânn) *s* decantação; clarificação de líquidos.
Decanter (dikén-târ) *s* vasilhame para decantar licores; garrafa de mesa.
Decapitate (diké-pitêit) *v* decapitar; degolar.
Decapitation (diképitêi-shânn) *s* degola; degolamento; decapitação.
Decay (dikê-i) *s* decadência; deterioração; ruína; cárie.

Decay (dikê-i) *v* decair; deteriorar; arruinar; declinar.
Decayed (dikêi-d) *adj* decaído; deteriorado; estragado.
Decease (dissi-ss) *s* morte; óbito; falecimento.
Decease (dissi-ss) *v* morrer; falecer; perecer.
Deceit (dissi-t) *s* engano; fraude; dolo; impostura; estratagema.
Deceitful (dissit-ful) *adj* ilusório; fraudulento; mentiroso; enganador; falso.
Deceive (dissi-v) *v* enganar; iludir; fraudar; decepcionar; desapontar.
Deceiver (dissi-vâr) *s* enganador; impostor.
Decelerate (dissé-lârêit) *s* diminuição de velocidade.
Decelerate (dissé-lârêit) *v* desacelerar.
December (dissém-bâr) *s* dezembro, o último mês do ano.
Decency (di-sensi) *s* decência; decoro; pudor; recato.
Decent (di-sent) *adj* decente; respeitável; apropriado; decoroso.
Decentness (di-sent-ness) *s* decência.
Decentralize (dissén-trâláiz) *v* descentralizar.
Deception (dissép-shânn) *s* decepção; engano; dolo; fraude.
Deceptive (dissép-tiv) *adj* enganoso; ilusório; mentiroso.
Decide (dissái-d) *v* decidir; solucionar; julgar; resolver; ***I may have to DECIDE for her***: talvez tenha que decidir por ela.
Deciduous (dissi-diuâss) *adj* que cai; nulo; transitório; passageiro; efêmero.
Decimal (dê-simâl) *s* decimal.
Decimal (dê-simâl) *adj* fração decimal.
Decimate (dé-simêit) *v* dizimar.
Decipher (dissái-fâr) *s* decifração.
Decipher (dissái-fâr) *v* decifrar; interpretar.
Decipher (dissái-fâr) *adj* decifrável.
Decision (dissi-jânn) *s* decisão; arbítrio; acordo; juízo.
Decisive (dissái-siv) *adj* decisivo; terminante; peremptório.
Deck (dék) *s* convés (navio); coberta de navio; USA baralho.
Deck (dék) *v* ataviar; ornar; assear; adornar.
Decker (dé-kâr) *s* decorador.
Declaim (diklêi-mm) *v* declamar; recitar.
Declamation (déklâmêi-shânn) *s* declamação.
Declamatory (diklé-mâtôuri) *adj* declamatório.
Declaration (déklârêi-shânn) *s* declaração; exposição; asserção; confissão; depoimento.
Declare (diklé-r) *v* declarar; explicar; afirmar; expressar; depor; proclamar.
Declension (diklân-shânn) *s* decadência; declínio; declive; pendor; deterioração.
Declination (déklinêi-shânn) *s* declinação; recusa; inclinação; renúncia.
Decline (diklái-nn) *s* declínio; decadência; deterioração; declive.
Decline (diklái-nn) *v* declinar de; pender; deteriorar; recuar; escusar-se; negar-se; decair.
Decoct (dikók-t) *v* cozer.
Decoction (dikók-shânn) *s* cozimento; decocção.
Decode (dikôu-d) *v* traduzir um código; decifrar.
Decollate (dikó-lêit) *v* degolar; decapitar.
Decomposable (dikómpôu-zâbl) *adj* passível de decomposição; decomponível; corruptível.
Decompose (dikómpôu-z) *v* decompor; decompor-se; analisar; corromper-se.
Decomposition (dikómpozi-shânn) *s* decomposição; desintegração; corrupção; análise.
Decompound (dikómpáun-d) *v* decompor.
Décor (dikó-r) *s* cenário; decoração; ornamentação.
Decorate (dé-korêit) *v* decorar; ornamentar; enfeitar; condecorar.
Decoration (dékorêi-shânn) *s* decoração; adorno.
Decorative (dé-korâtiv) *adj* decorativo; ornamental.
Decorator (dé-korêitâr) *s* decorador; ornamentador.
Decorous (dé-korâss) *adj* decoroso; decente; próprio; correto; conveniente.
Decoy (dikó-i) *s* chamariz; engodo; armadilha.
Decoy (dikó-i) *v* enganar; seduzir; atrair; engodar.
Decrease (di-kriss) *s* decréscimo; redução; decrescimento; diminuição.
Decrease (di-kriss) *v* decrescer; diminuir; reduzir; minguar.
Decree (dikri) *s* decreto; lei; édito; decisão.
Decree (dikri) *v* decretar; ordenar; mandar.
Decrepit (dikré-pit) *adj* decrépito.
Decrier (dikrái-âr) *s* vituperador; difamador; depreciador.
Decry (dikrá-i) *v* censurar com aspereza; desacreditar.
Decumbent (dikâm-bént) *adj* deitado; rasteiro.
Decussate (dikâssêit) *adj* transversal.
Decussate (dikâ-ssêit) *v* interceptar; cortar em ângulo agudo.
Decussation (dikâssêi-shânn) *s* interseção; encruzamento.
Dedicate (dé-dikêit) *adj* dedicado; consagrado.
Dedicate (dé-dikêit) *v* dedicar; consagrar; devotar; franquear ao público.
Dedication (dédikêi-shânn) *s* devotamento; dedicação.
Deduce (didiu-ss) *v* deduzir; inferir; induzir; derivar; concluir.
Deduct (didâ-kt) *v* subtrair; descontar; abater; deduzir; diminuir.
Deduction (didâk-shânn) *s* dedução; inferência; abatimento.
Deed (did) *s* ato; façanha; proeza; feito; escritura.
Deed (did) *v* ceder; transferir uma propriedade (através de escritura).
Deem (dimm) *v* julgar; estimar; supor; considerar.
Deep (dip) *s* fundo; abismo; profundeza; intensidade.
Deep (dip) *adj* profundo; fundo; sagaz; perspicaz; intenso; escuro; melancólico; grave; secreto.
Deepen (di-pânn) *v* afundar; escurecer; cavar; agravar; aprofundar.
Deeply (dip-li) *adv* profundamente.
Deepness (dip-néss) *s* profundidade; abismo; sagacidade; profundeza; artifício.
Deer (dir) *s* cervo; veado; gamo; corça.
Deface (difêi-ss) *v* desfigurar; borrar; apagar; deteriorar; mutilar.
Defacement (difêis-ment) *s* estrago; mutilação; destruição; deterioração; violação; desfiguração.
Defacer (difêi-sâr) *s* desfigurador; destruidor.
Defalcate (difél-kêit) *v* desfalcar; deduzir; diminuir; descontar.
Defamation (difâmêi-shânn) *s* difamação; calúnia.
Defame (difêi-mm) *v* difamar; caluniar; desacreditar; desonrar.
Defamer (difêi-mâr) *s* difamador.
Default (difólt) *s* falta; culpa; defeito; omissão; descuido; negligência; delito.
Default (difólt) *v* violar; condenar à revelia; faltar a um compromisso.
Defeasance (difi-zânss) *s* JUR anulação; revogação; rescisão.
Defeasible (difi-zibl) *adj* revogável; anulável.
Defeat (difi-t) *s* derrota; frustração; revés; revogação.
Defeat (difi-t) *v* derrotar; destroçar; anular; falhar; invalidar; sobrepujar; desfazer.
Defeatist (difi-tist) *s* derrotista.
Defecate (dé-fikêit) *v* defecar; depurar; evacuar.
Defect (difék-t) *s* defeito; imperfeição; deficiência.
Defection (difék-shânn) *s* traição; deserção; defecção; abjuração; apostasia.
Defective (difék-tiv) *adj* defeituoso; incompleto; imperfeito; GRAM defectivo.
Defence (difén-ss) *s* defesa; amparo; auxílio; proteção; apologia.
Defenceless (diféns-léss) *adj* indefeso; desprotegido.
Defend (difén-d) *v* defender; proteger; amparar; auxiliar.
Defendant (difén-dânt) *s* réu; acusado.
Defender (difén-dâr) *s* defensor; protetor; advogado.
Defense (difén-ss) *vide* DEFENCE.
Defensive (difén-siv) *s* defensiva.
Defensive (difén-siv) *adj* defensivo.
Defer (difâr) *v* adiar; dilatar; prorrogar; ceder.

Deference (dé-ferênss) *s* deferência; respeito; honra.
Defiance (difái-ânss) *s* desafio; despeito; repulsa; desobediência; provocação; rebeldia; oposição.
Deficiency (difi-shânsi) *s* deficiência; falta; imperfeição; falha; defeito.
Defier (difái-âr) *s* desafiador; desafiante; provocador.
Defile (difái-l) *s* despenhadeiro; desfiladeiro; desfile; passagem estreita entre duas montanhas (garganta).
Defile (difáil) *v* sujar; contaminar; corromper; viciar; profanar; poluir; desonrar.
Defiler (difái-lâr) *s* violador; corruptor; sedutor.
Define (difái-nn) *v* limitar; definir; decidir; fixar; determinar; explicar.
Definite (dé-finit) *adj* definido; definitivo; determinado; terminante; preciso; exato.
Definitely (défini-tli) *adv* decididamente; determinadamente; sem falta; por força.
Definition (défini-shânn) *s* definição; determinação; decisão.
Definitive (difi-nitiv) *adj* definitivo; final; decisivo.
Deflagrate (dé-flâgrêit) *v* deflagrar; incendiar; arder.
Deflate (difl-eit) *v* deflacionar; reduzir preços; esvaziar pneu; balão; etc.
Deflect (diflékt) *v* desviar; apartar; pender; inclinar.
Deflower (difláu-ar) *v* desflorar; deflorar; desvirginar.
Deform (difórm) *v* deformar; desfigurar.
Deformity (difór-miti) *s* deformidade; deformação.
Defraud (difród) *v* trapacear; frustrar; defraudar; espoliar; COM fraudar; lograr.
Defray (difrê-i) *v* custear; pagar; fazer as despesas de.
Defrayment (difrêi-ment) *s* custeio; pagamento; liquidação.
Defrost (difrós-t) *v* descongelar.
Defroster (difrós-târ) *s* descongelador.
Deft (déft) *adj* esperto; destro; hábil; apto; ágil.
Deftness (déft-néss) *s* destreza; primor; habilidade; polidez.
Defy (difá-i) *v* desafiar; provocar; desdenhar; desprezar.
Degenerate (didji-nârêit) *s* degenerado.
Degenerate (didji-nârêit) *adj* degenerado.
Degenerate (didji-nârêit) *v* degenerar; perder as qualidades primitivas.
Deglutinate (diglu-tinêit) *v* deglutir; engolir.
Degradation (degrâdêi-shânn) *s* degradação; rebaixamento; perversidade; aviltamento.
Degrade (digrêi-d) *v* degradar; rebaixar; depor; aviltar.
Degrading (digrêi-dinn) *adj* degradante; que humilha.
Degree (digri-) *s* grau; medida; ordem; estágio; classe; diploma; degrau; graduação.
Dehisce (di-hi-ss) *v* abrir-se; fender-se espontaneamente (frutas).
Dehumanize (di-hiu-mânáiz) *v* desumanizar; embrutecer; brutalizar.
Dehydrate (di-hái-drêit) *v* desidratar.
Deification (difikêi-shânn) *s* deificação; endeusamento; divinização.
Deify (di-ifái) *v* deificar; endeusar.
Deign (dêinn) *v* condescender; dignar-se; permitir; conceder.
Deism (di-izm) *s* RELIG deísmo, doutrina dos que acreditam em Deus, mas rejeitam toda revelação.
Deity (di-iti) *s* divindade; deidade.
Deject (didjék-t) *v* abater; afligir; desanimar; prostrar.
Dejection (didjék-shânn) *s* depressão; abatimento; tristeza; desalento.
Delate (dil-eit) *v* delatar.
Delay (dilê-i) *s* demora; atraso; retardamento; COM moratória.
Delay (dilê-i) *v* retardar; demorar; adiar; impedir; atrasar.
Delectable (dilék-tâbl) *adj* deleitável; aprazível.
Delectation (diléktêi-shânn) *s* deleite; delícia; encanto.
Delegate (dé-lighêit) *s* delegado; deputado; comissão.
Delegate (dé-lighêit) *v* delegar; incumbir; comissionar; encarregar.
Delegation (délighêi-shânn) *s* delegação; comissão.
Delete (dili-t) *v* apagar; riscar.
Deleterious (déliti-riâss) *adj* deletério, que destrói, que corrompe.
Deletion (dili-shânn) *s* apagamento; ato de riscar; anulação.
Deliberate (dili-bârêit) *adj* acautelado; ponderado; deliberado; hesitante; prudente.
Deliberate (dili-bârêit) *v* deliberar; ponderar; examinar.
Delicacy (dé-likâssi) *s* delicadeza; guloseima; polidez.
Delicate (dé-likéit) *adj* delicado; atencioso; cortês.
Delicatessen (délikâté-senn) *s* comércio (loja) de guloseimas; mercearia de produtos finos; *pl* guloseimas.
Delicious (dili-shânn) *adj* delicioso; gostoso; saboroso.
Delict (dilik-t) *s* delito; culpa; crime.
Delight (dilái-t) *s* delícia; prazer; gozo.
Delight (dilái-t) *v* deleitar; ter prazer; alegrar; encantar.
Delightful (diláit-ful) *adj* encantador; agradável; deleitoso.
Delineate (dili-niêit) *v* delinear; descrever; esboçar.
Delinquent (dilin-kuent) *s* delinquente; culpado; faltoso; réu.
Delinquent (dilin-kuent) *adj* delinquente; faltoso.
Delirious (dili-riâss) *adj* delirante; excessivo; louco.
Deliver (dili-vâr) *v* entregar; emitir; expor; pronunciar; comunicar; dar à luz; libertar; distribuir; disparar arma de fogo.
Delivery (dili-vâri) *s* entrega; parto; livramento; expedição.
Dell (dél) *s* vale pequeno; fosso; ravina.
Delude (diliu-d) *v* enganar; iludir; frustrar; alucinar.
Deluge (dé-liudj) *s* dilúvio; inundação.
Deluge (dé-liudj) *v* inundar; alagar.
Delusion (diliu-jânn) *s* desilusão; embuste; fraude; engano.
Delusive (diliu-siv) *adj* ilusório; sedutor; enganoso.
Delve (délv) *s* cova; cavidade; depressão.
Delve (délv) *v* cavar; sondar; examinar.
Demagogic (dimâgó-jik) *adj* demagógico.
Demagogical (dimâgó-jikâl) *vide* DEMAGOGIC.
Demagogy (dé-mâgódji) *s* demagogia, governo das facções populares; atitude política enganosa.
Demand (diménd) *s* demora; exigência; demanda.
Demand (diménd) *v* exigir; reclamar; necessitar; pedir; ***law of supply and DEMAND***: lei da oferta e da procura.
Demarcation (dimárkêi-shânn) *s* demarcação.
Demean (dimi-nn) *v* aviltar; rebaixar-se; diminuir-se.
Demeanor (dimi-nâr) *s* conduta; aviltamento; comportamento.
Demeanour (dimi-nâr) *vide* DEMEANOR.
Dement (dimént) *v* enlouquecer.
Demented (dimén-tid) *adj* demente; louco.
Demerit (dimé-rit) *s* demérito; falta de mérito; nota baixa.
Demesne (dimêi-nn) *s* domínio; direito senhorial; região.
Demigod (dé-migód) *s* semideus.
Demijohn (dê-midjon) *s* garrafão empalhado.
Demise (dimái-z) *s* morte; falecimento; sucessão da coroa; transferência de propriedade.
Demise (dimái-z) *v* legar; ceder; transferir; aforar.
Demission (dimi-shânn) *s* demissão; abdicação.
Demit (dimi-t) *v* demitir; renunciar; abdicar.
Demobilize (dimôu-biláiz) *v* desmobilizar; debandar.
Democracy (dimó-krâssi) *s* democracia, sistema de governo em que a soberania deriva do povo e é exercida por ele.
Democrat (dé-mokrét) *s* democrata.
Democratic (démokré-tik) *adj* democrático.
Demolish (dimó-lish) *s* demolido; destruído.
Demolish (dimó-lish) *v* demolir; destruir; arrastar.
Demon (di-mânn) *s* demônio.
Demonstrate (dé-mânstrêit) *v* demonstrar; provar.
Demonstration (démânstrêi-shânn) *s* demonstração; passeata; protesto; prova; manifestação.
Demonstrative (dimóns-trâtiv) *adj* demonstrativo.

Demoralize (démorâláiz) *v* desmoralizar; perverter; indisciplinar; corromper.
Demote (dimôut) *v* rebaixar; degradar.
Demotic (dimó-tik) *adj* demótico (escrita vulgar dos antigos egípcios).
Demount (dimáunt) *v* desmontar.
Demur (dimâ-r) *s* objeção; escrúpulo; dúvida; demora.
Demur (dimâ-r) *v* hesitar; objetar; vacilar; pôr dúvidas.
Demurrer (dimâ-râr) *s* chicaneiro, pessoa que opõe objeção em juízo.
Den (dénn) *s* toca; covil; retiro; recanto; esconderijo.
Denature (dinêi-tshâr) *v* desnaturar.
Dene (dinn) *s* morro; pequeno monte de areia perto do mar.
Dengue (dén-ghi) *s* febre infecciosa propagada pelo mosquito aëdes aegypti.
Denial (dinái-âl) *s* negação; negativa; recusa.
Denigrate (dé-nigrêit) *s* denegrir; infamar.
Denim (di-nim) *s* brim; sarja.
Denizen (dé-nizânn) *s* estrangeiro naturalizado; cidadão.
Denominate (dinó-minêit) *adj* determinado; definido.
Denominate (dinó-minêit) *v* denominar; chamar; designar; qualificar.
Denomination (dinóminêi-shânn) *s* denominação.
Denote (dinôu-t) *v* denotar; significar; indicar.
Denounce (dináun-ss) *v* denunciar; delatar; acusar; tornar público.
Dense (dénss) *adj* denso; espesso.
Dent (dént) *s* cavidade; entalhe; saliência; são.
Dent (dént) *v* entalhar; fazer dentes em instrumentos cortantes; amassar (auto, por uma batida).
Dental (dén-tâl) *adj* dental; dentário.
Dentist (dén-tist) *s* dentista; odontólogo.
Dentistry (dén-tistri) *s* odontologia.
Denture (dén-tshâr) *s* dentadura.
Denunciate (dinân-siêit) *v* denunciar; delatar.
Deny (diná-i) *v* negar; desmentir; renegar; recusar.
Deodorant (diôu-dorânt) *s* desodorante; desinfetante.
Deodorant (diôu-dorânt) *adj* desodorante; desinfetante.
Deodorize (diôu-doráiz) *v* desinfetar; desodorizar.
Depart (dipár-t) *v* partir; ir embora; sair; morrer.
Departed (dipár-tid) *s* morto; defunto; falecido.
Departed (dipár-tid) *adj* morto; defunto.
Department (dipárt-ment) *s* departamento; seção; repartição pública; USA ministério; *DEPARTMENT store*: loja de departamentos.
Departure (dipár-tshâr) *s* partida; saída; retirada.
Depend (dipénd) *v* depender de; contar com; confiar em; fiar-se em; pender.
Dependable (dipén-dâbl) *adj* confiável; seguro.
Dependence (dipén-dânss) *s* dependência; subordinação.
Dependent (dipén-dânt) *adj* dependente; subalterno.
Depict (dipikt) *v* pintar; descrever; representar.
Depicter (dipik-târ) *s* pintor.
Depiction (dipik-shânn) *s* retrato; pintura.
Depilate (dé-pilêit) *v* depilar.
Depilation (dépilêi-shânn) *s* depilação.
Deplete (diplit) *v* esgotar; exaurir; sangrar.
Depletion (dipli-shânn) *s* MED depleção, diminuição da quantidade de líquido num órgão; sangria.
Deplorable (dipló-râbl) *adj* deplorável; lastimável; lamentável.
Deplore (diplór) *v* lamentar; deplorar.
Deploy (dipló-i) *v* desenrolar-se; estender; desdobrar-se.
Deport (dipór-t) *v* deportar; transportar; exilar; desterrar.
Deportee (dipórti-) *s* exilado; deportado.
Depose (dipôu-z) *v* depor; destituir; testificar; atestar; declarar em juízo.
Deposit (dipó-sit) *s* depósito; garantia.
Deposit (dipó-sit) *v* depositar; guardar.
Depositor (dipó-zitâr) *s* depositante.
Depot (dé-pôu) *s* estação ferroviária; armazém; depósito.
Deprave (diprêi-v) *v* depravar; viciar; corromper.
Deprecate (dé-prikêit) *v* deprecar; pedir; implorar.
Deprecation (déprikêi-shânn) *s* deprecação; ato de suplicar; súplica.
Depreciate (dipri-shiêit) *v* depreciar; menosprezar; rebaixar; lamentar.
Depreciation (diprishiêi-shânn) *s* depreciação; menosprezo.
Depredate (dé-pridêit) *v* depredar; saquear; pilhar.
Depress (dipré-ss) *v* deprimir; diminuir; paralisar; acabrunhar; humilhar; desvalorizar.
Depressed (dipré-sid) *adj* deprimido; humilhado; abatido.
Depressing (diprés-sinn) *adj* deprimente; desanimador; opressivo.
Depression (dipré-shânn) *s* depressão; abatimento.
Deprivation (déprivêi-shânn) *s* privação; carência; perda.
Deprive (diprái-v) *v* privar de; despojar.
Deprivement (dipráiv-ment) *s* privação; perda.
Depth (dépth) *s* profundidade; abismo; meio da noite; GÍR sagacidade.
Depurate (dé-piurêit) *v* depurar; limpar.
Depuration (dépiurêi-shânn) *s* depuração; purificação.
Deputation (déptiutêi-shânn) *s* delegação; comissão; missão.
Deputy (dé-piuti) *s* deputado; delegado; agente.
Derail (dirêil) *v* descarrilhar.
Derange (dirêin-dj) *v* desarranjar; transtornar; desordenar; perturbar; enlouquecer.
Derby (dár-bi) *s* ESP dérbi (corrida de cavalo, auto etc., em dias especiais).
Derelict (dé-rilikt) *s* objeto abandonado; pessoa abandonada.
Derelict (dé-rilikt) *adj* abandonado; desleixado.
Deride (dirái-d) *v* zombar; ridicularizar.
Derider (dirái-dâr) *s* escarnecedor; zombador.
Derision (diri-jânn) *s* menosprezo; escárnio.
Derisive (dirái-siv) *adj* irrisório; burlesco.
Derisory (dirái-sôuri) *adj* irrisório; ridículo.
Derivable (dirái-vâbl) *adj* derivável.
Derivation (dérivêi-shânn) *s* derivação; descendência; etimologia.
Derive (diráiv) *v* derivar; derivar-se; inferir; deduzir.
Derogate (dé-roghêit) *v* derrogar; desacreditar; anular; revogar; depreciar.
Derogation (déroghêi-shânn) *s* derrogação; anulação; menosprezo.
Derrick (dé-rik) *s* guindaste para grandes pesos.
Descant (dés-ként) *s* dissertação; discurso; comentário; MÚS canto; melodia.
Descant (dés-ként) *v* discorrer; dissertar; discutir; cantar ao som de um instrumento musical.
Descend (dissén-d) *v* descer; descender; proceder.
Descendant (dissén-dânt) *s* descendente.
Descendant (dissén-dânt) *adj* descendente.
Descent (dissén-t) *s* descida; descendência.
Describe (diskrái-b) *v* descrever; narrar; representar.
Description (diskrip-shânn) *s* descrição; narração.
Descry (diskrá-i) *v* descobrir; avistar ao longe; averiguar.
Desecrate (dé-sikrêit) *v* profanar; violar a santidade de.
Desert (dizâr-t) *s* merecimento; mérito; virtude; ermo; deserto.
Desert (dizâr-t) *v* desertar; abandonar; deixar; desamparar.
Desertion (déssikêi-shânn) *s* deserção; fuga.
Deserve (dizâr-v) *v* merecer; ter merecimento.
Deserving (dizâr-vinn) *s* mérito; merecimento.
Deserving (dizâr-vinn) *adj* digno de; merecedor de.
Desiccate (dé-sikêit) *adj* seco; enxuto.
Desiccate (dé-sikêit) *v* dessecar; secar; enxugar.
Desiccation (déssikêi-shânn) *s* dessecação; secar completamente.
Desiderate (dizi-dârêit) *v* desejar.

Desiderative (dizi-dârêitiv) *adj* desiderativo, que exprime desejo.
Desideratum (dizidârêi-tâmm) *s* desiderato; escopo; aspiração.
Design (dizái-nn) *s* projeto; desenho; esboço; desígnio; intento.
Design (dizái-nn) *v* projetar; desenhar; propor-se; destinar; tencionar; traçar.
Designate (dé-zinêit) *adj* designado; apontado; nomeado.
Designate (dé-zinêit) *v* destinar; designar; indicar; nomear.
Designer (dizái-nâr) *s* desenhista; projetista; inventor; intrigante; maquinador.
Designing (dizái-ninn) *s* ato de fazer projetos; desenho; esboço; esquema.
Designing (dizái-ninn) *adj* falso; astuto; artificial.
Desirable (dizái-râbl) *adj* desejável; conveniente.
Desire (dizái-r) *s* desejo; ânsia; anelo; paixão.
Desire (dizái-r) *v* desejar; pedir; aspirar.
Desirous (dizái-râss) *adj* desejoso.
Desist (dizis-t) *v* desistir; renunciar.
Desistance (dizis-ténss) *s* desistência.
Desk (désk) *s* escrivaninha; carteira escolar; púlpito.
Desolate (dé-solêit) *adj* desolado; triste; infeliz; solitário.
Desolate (dé-solêit) *v* saquear; despovoar; desolar; devastar.
Desolation (déssolêi-shânn) *s* desolação; consternação; aflição.
Despair (dispé-r) *s* desespero; desesperança.
Despair (dispé-r) *v* desesperar; desesperar-se.
Desperate (dés-pârit) *adj* desesperado; furioso; precipitado.
Desperately (dés-pâritli) *adv* desesperadamente; furiosamente; excessivamente.
Despicability (déspikâbi-liti) *s* vileza; baixeza; objeção.
Despicable (dés-pikâbl) *adj* vil; desprezível; baixo.
Despise (dispáiz) *v* desprezar; menosprezar; desdenhar.
Despite (dispáit) *s* despeito; malícia; desdém.
Despite (dispáit) *v* humilhar; vexar; menosprezar.
Despite (dispáit) *prep* apesar de; não obstante; todavia.
Despoil (dispó-il) *v* privar de; despojar; espoliar.
Despond (dispónd) *v* desesperar; desanimar; desalentar.
Despondent (dispón-dânt) *adj* desanimado; desalentado; abatido.
Desponding (dispón-dinn) *adj* desesperante; triste.
Despot (dés-pót) *s* désposta; opressor; tirano.
Despotism (dés-potizm) *s* despotismo; poder arbitrário; tirania.
Dessert (dizâr-t) *s* sobremesa.
Destination (dés-tinêi-shânn) *s* destino; fim; direção.
Destine (dés-tinn) *v* destinar; dedicar; determinar.
Destiny (dés-tini) *s* destino; sorte; sina; fado.
Destitute (dés-tituit) *adj* destituído; necessitado; desamparado.
Destitution (dés-titiu-shânn) *s* destituição; falta; pobreza.
Destroy (distró-i) *v* destruir; rasgar; aniquilar.
Destroyer (distrói-âr) *s* contratorpedeiro (navio de guerra).
Destruction (distrâk-shânn) *s* destruição; devastação.
Destructive (distrâk-tiv) *adj* destrutivo.
Destructor (distrâk-târ) *s* destruidor; exterminador.
Desultory (dé-sâltôuri) *adj* inconstante; variável; incoerente.
Detach (ditè-sh) *v* separar; desligar; desunir; destacar.
Detachable (ditè-shâbl) *adj* destacável; separável.
Detached (dité-sht) *adj* separado; imparcial; sem prevenção.
Detachedness (dité-shtnéss) *s* desinteresse; afastamento; separação; destacamento militar.
Detachement (ditésh-ment) *vide* DETACHEDNESS.
Detail (di-têil) *s* detalhe; particularidade; pormenor.
Detail (di-têil) *v* detalhar; pormenorizar; particularizar.
Detailed (di-têild) *adj* detalhado; minucioso; pormenorizado.
Detain (ditêi-nn) *v* deter; reter; demorar; retardar.
Detainer (ditêi-nâr) *s* detentor; prisão; embargo.
Detainment (ditêin-ment) *s* detenção; demora.
Detect (diték-t) *v* descobrir; identificar; revelar.
Detectable (diték-tâbl) *adj* detectável, que se pode descobrir.
Detection (diték-shânn) *s* descoberta; revelação; descobrimento.
Detective (diték-tiv) *s* detetive; investigador.
Detective (diték-tiv) *adj* detetive, que tem habilidade para investigação policial.
Detector (diték-târ) *s* descobridor; *lying DETECTOR*: detector de mentiras, aparelho que serve para apontar mentiras.
Detent (ditén-t) *s* alavanca; mola de retenção.
Detention (ditén-shânn) *s* detenção; custódia; retenção.
Deter (ditâ-r) *v* desviar; intimidar; atemorizar; dissuadir; impedir.
Detergent (ditâr-djent) *s* detergente, que serve para limpar.
Detergent (ditâr-djent) *adj* detergente.
Deteriorate (diti-riorêit) *v* deteriorar; estragar; estragar-se.
Determinable (ditâr-minabl) *adj* determinável.
Determination (ditârminêi-shânn) *s* determinação; resolução; decisão.
Determine (ditâr-minn) *v* determinar; decidir.
Detest (dités-t) *v* detestar; odiar; aborrecer.
Detestable (dités-tâbl) *adj* detestável.
Detonate (dé-tonêit) *v* detonar; explodir.
Detour (dit-uâ) *s* volta; desvio; rodeio.
Detour (dit-uâ) *v* desviar-se.
Detract (dirék-t) *v* diminuir; caluniar; depreciar; difamar.
Detriment (dé-triment) *s* detrimento; dano; prejuízo.
Detrition (ditri-shânn) *s* atrito; desgaste.
Detruncate (ditrân-keit) *v* truncar; mutilar.
Deuce (diuss) *s* duque; dois (cartas, dados; etc.); ESP quarenta (tênis).
Deuce (diuss) *v* ESP igualar o marcador (tênis).
Deuteronomy (diutâró-nomi) *s* BÍBL Deuteronômio, quinto livro do Pentateuco (Antigo Testamento ou Vulgata) e da Torá Judaica.
Devaluate (divé-liuêit) *v* desvalorizar.
Devaluation (divéliuêi-shânn) *s* desvalorização monetária.
Devastate (dé-vâstêit) *v* devastar; assolar; gastar; dissipar; saquear.
Devastating (dé-vâstêi-ting) *adj* devastador; assolador.
Develop (divé-lop) *v* desenvolver; evoluir; revelar fotografias.
Development (divé-lopment) *s* progresso; desenvolvimento; crescimento; FOT revelação.
Devest (divés-t) *v* despir; tirar a roupa; privar de.
Deviate (di-viêit) *v* desviar-se; afastar-se; divergir; dissentir.
Deviation (diviêi-shânn) *s* desvio; divergência; erro.
Deviator (di-viêitâr) *s* desviador.
Device (divái-ss) *s* aparelho; dispositivo; projeto; divisa; estratagema; instrumento.
Devil (dévl) *s* diabo; demônio.
Devil (dévl) *v* condimentar fortemente; importunar; atormentar.
Deviled (dévld) *adj* picante; apimentado.
Devilish (dév-lish) *adj* diabólico; infernal; satânico.
Devilled (dévld) *vide* DEVILED.
Devilment (dév-lment) *s* diabrura; malícia.
Devious (di-viâss) *adj* divergente; tortuoso; afastado; errante; extraviado.
Devisable (divái-zâbl) *adj* imaginável; JUR transmissível.
Devise (diváiz) *s* legado.
Devise (diváiz) *v* imaginar; projetar; criar; tramar; JUR legar em testamento.
Deviser (divái-zâr) *s* inventor; autor; planejador.
Devoid (divóid) *adj* destituído de; desprovido de; livre.
Devolve (divólv) *v* transferir; entregar; transmitir.
Devote (divôut) *v* devotar; dedicar; dedicar-se; consagrar-se.
Devoted (divôu-tid) *adj* dedicado; devotado; condenado.
Devotion (divôu-shânn) *s* devoção; piedade; zelo; *pl* orações.
Devour (divôu-r) *v* devorar; engolir; consumir.
Devout (divôu-t) *adj* devoto; religioso; reverente.
Dew (diu-) *s* orvalho; garoa; sereno.
Dexter (déks-târ) *s* destra; lado direito.
Dexter (déks-târ) *adj* destro; hábil; favorável.

Dexterity (dékstê-riti) *s* destreza; aptidão; habilidade.
Diabetes (dái-âbitis) *s* MED diabetes, mau funcionamento do pâncreas, provocando redução de insulina no organismo, além de sede excessiva e urina frequente.
Diagnose (dái-âgnôuz) MED *v* diagnosticar, verificar possível doença por certos sintomas apresentados.
Diagonal (dáié-gonâl) MAT *s* diagonal, reta que se traça inclinadamente de um ângulo inicial em direção ao ângulo oposto.
Diagram (dái-âgrémm) *s* diagrama; gráfico.
Dial (dái-âl) *s* mostrador (de relógio, rádio, bússola etc.); disco dos aparelhos telefônicos etc.
Dial (dái-âl) *v* discar ou digitar um número de telefone.
Dialect (dái-âlékt) *s* dialeto, variação de pronúncia e, às vezes, significado de uma mesma língua falada.
Dialog (dái-âlóg) *s* diálogo.
Dialog (dái-âlóg) *v* dialogar; conversar.
Dialogue (dái-âlóg) *vide* DIALOG.
Diameter (dáié-mitâr) *s* MAT diâmetro, linha reta traçada em uma circunferência, de um lado a outro, atravessando o seu centro.
Diamond (dái-âmând) *s* diamante.
Diapason (dáiâpêi-sânn) *s* MÚS diapasão, instrumento de sopro que possui o tom natural das notas musicais (mi, lá, ré, sol, si, mi). e que servem à afinação de outros instrumentos, geralmente instrumentos de corda.
Diaper (dái-âpár) *s* fralda; cueiro; guardanapo; arabesco.
Diaphragm (dái-âfrémm) *s* ANAT diafragma, músculo que separa a cavidade torácica da cavidade abdominal.
Diary (dái-âri) *s* diário; jornal; relação daquilo que sucede dia a dia.
Dice (dáiss) *s* sorteio; *pl* dados.
Dice (dáiss) *v* jogar dados.
Dictador (dik-têitâr) *s* ditador, que reúne em si todos os poderes públicos; déspota; governador absoluto.
Dictate (dik-têit) *s* máxima; ordem; palpite; ditame; preceito.
Dictate (dik-têit) *v* ditar; impor; ordenar; mandar.
Dictation (diktêi-shânn) *s* ditado; prescrição.
Diction (dik-shânn) *s* dicção; expressão; linguagem.
Dictionary (dik-shânéri) *s* dicionário.
Diddle (did-l) *v* trapacear; hesitar; lograr.
Diddler (did-lâr) *s* enganador.
Die (dái) *s* furador; dado (jogo); *pl* DICE.
Die (dái) *v* cunhar; estampar; morrer; expirar; faceler.
Diet (dái-et) *s* dieta; comida; assembleia.
Dietetic (dái-ité-tik) *adj* dietético.
Dietetical (dái-ité-tikal) *vide* DIETETIC.
Differ (di-fâr) *v* diferir; discordar; divergir; ser diferente; diferençar.
Difference (di-fârénss) *s* diferença; distinção; controvérsia; ***all the persons born equal, there is no DIFFERENCE between them***: todas as pessoas nascem iguais, não existe diferença entre elas.
Different (di-fârént) *adj* diferente; desigual; distinto.
Differential (difârén-shâl) *s* AUT diferencial, dispositivo que permite movimento independente das rodas traseiras do automóvel (nas curvas).
Differential (difârén-shâl) *adj* distinto; diferencial; MAT cálculo diferencial, aumento infinitamente pequeno de uma quantidade variável.
Differentiate (difârén-shiêit) *v* diferenciar; distinguir; MAT derivar.
Differing (di-fârinn) *s* desavença; contestação.
Differing (di-fârinn) *adj* diferente.
Difficult (di-fikâlt) *adj* difícil; penoso; árduo.
Difficulty (di-fikâlti) *s* dificuldade; oposição; obstáculo.
Diffidence (di-fidénss) *s* timidez; modéstia; desconfiança; suspeita.
Diffident (di-fidént) *adj* inseguro; desconfiado; tímido; humilde.
Diffuse (difiu-z) *adj* difuso; espalhado; estendido.
Diffuse (difiu-z) *v* difundir; espalhar; propagar; derramar.
Dig (dig) *s* escavação; empurrão; GÍR cutucada; escárnio; USA estudante aplicado.
Dig (dig) *v* escavar; cavar; averiguar; extrair; furar; cavocar; desenterrar; solapar; evacuar; *past or pp* DUG.
Digest (didjést) *s* digesto; compilação.
Digest (didjést) *v* digerir; elaborar; meditar; supurar; QUÍM cozer; ***the snake DIGESTS a cow***: a cobra digere uma vaca.
Digestible (didjés-tibl) *adj* digerível; digestivo.
Digestion (didjést-shânn) *s* digestão; exame; supuração.
Digger (di-gâr) *s* cavador; cavoqueiro; escavador.
Digging (di-ghinn) *s* escavação; ação de cavar.
Dight (dáit) *adj* ornamentado; ordenado; disposto.
Dight (dáit) *v* adornar.
Digit (di-djit) *s* dígito (diz-se dos números de um a dez); algarismo; dedo; ASTR cada uma das doze partes em que se divide o diâmetro da Lua ou do Sol (para o cálculo das eclipses).
Digital (di-djitâl) *adj* digital, relativo ao dedo ou ao dígito (algarismos numéricos).
Dignified (dig-nifáid) *adj* honrado; sério; grave; altivo; respeitável.
Dignify (dig-nifái) *s* dignificar; exaltar; honrar.
Dignitary (dig-nitâri) *s* dignitário.
Dignitary (dig-nitâri) *adj* dignitário.
Dignity (dig-niti) *s* dignidade; honradez; nobreza.
Digress (digré-ss) *v* divagar; digressionar.
Digression (digré-shânn) *s* divagação; digressão; desvio; afastamento.
Dike (dáik) *s* dique; represa; leito (de rio).
Dike (dáik) *v* represar; pôr diques.
Dilapidate (dilé-pidêit) *v* dilapidar; arruinar; dissipar; destruir.
Dilapidation (dilépidêi-shânn) *s* dilapidação; destruição; ruína.
Dilate (dilêi-t) *v* dilatar; expandir-se; ampliar.
Dilemma (dilém-mâ) *s* dilema.
Dilettante (diletén-te) *v* diletante; amador; apreciador.
Dilettantism (dilétén-tizm) *s* diletantismo, qualidade de diletante.
Diligent (di-lidjénss) *adj* vivaz; aplicado; ativo.
Dilute (diliu-t) *v* diluir; dissolver.
Dilute (diliu-t) *adj* diluído; fraco; atenuado.
Dim (dimm) *s* escuro; penumbra.
Dim (dimm) *v* ofuscar; obscurecer; tornar opaco.
Dim (dimm) *adj* escuro; obscuro; sombrio.
Dime (dáimm) *s* USA ten cents; (10 ¢) moeda equivalente a um décimo de dólar.
Dimension (dimén-shânn) *s* dimensão; tamanho; extensão.
Dimestore (dáimm-estóri) *s* lojas de artigos baratos.
Diminish (dimi-nish) *v* diminuir; minorar; debilitar.
Diminishable (dimi-nishábl) *adj* reduzível.
Diminutive (dimi-niutiv) *s* diminutivo; diminuído.
Diminutive (dimi-niutiv) *adj* diminutivo; diminuto; minúsculo.
Dimissory (di-missôuri) *adj* demissório; de despedida.
Dimly (dim-li) *adv* obscuramente.
Dimness (dim-néss) *s* obscuridade; escuridão; ofuscamento.
Dimple (dimp-l) *s* covinha nas faces; pequenas ondulações.
Din (dinn) *s* estrondo; barulho; ruído contínuo.
Din (dinn) *v* atordoar; aturdir; ensurdecer.
Dine (dáinn) *v* oferecer jantar; jantar; alimentar.
Diner (dái-nâr) *s* pessoa que janta; restaurante em vagão de trem.
Dingle (dingl) *s* vale estreito; desfiladeiro.
Dingy (din-dji) *adj* manchado; sujo; escuro.
Dining-car (dái-ninn-kár) *s* vagão-restaurante.
Dining-room (dái-ninn-rumm) *s* sala de jantar.

Dinner (di-nâr) *s* jantar; banquete; ***at 8 o'clock yesterday evening I was having dinner with some friends***: às 8 horas da noite de ontem, estava fazendo um jantar com alguns amigos.
Dinosaur (d-ainasâri) *s* dinossauro.
Dint (dint) *s* golpe; pancada; poder.
Diocese (dáióssiss) *s* diocese, jurisdição administrada por um bispo.
Dip (dip) *s* mergulho; imersão; banho de imersão.
Dip (dip) *v* imergir; mergulhar; submergir.
Diphtheria (difthi-riâ) *s* MED difteria, doença causada por um bacilo, geralmente atacando a garganta e o nariz.
Diphthong (dif-thónn) *s* ditongo, encontro de vogais pronunciadas de uma só vez.
Diploma (diplôu-mâ) *s* diploma, documento oficial em que se confere um cargo, honras, privilégios, demonstrando a conclusão de algum tipo de curso; título.
Diplomacy (diplôu-mâssi) *s* diplomacia; prudência; cautela.
Diplomat (di-plomét) *s* diplomata, representante de estado (num outro estado).
Dipper (di-pâr) *s* mergulhador; colher para sopa.
Dipping (di-pinn) *s* mergulho; ação de mergulhar.
Dire (dáir) *adj* horrendo; medonho; fatal.
Direct (dirék-t) *v* dirigir; indicar; governar; endereçar.
Direct (dirék-t) *adj* direto; franco; decisivo.
Direction (dirék-shânn) *s* direção; curso; administração; diretoria; sentido; endereço; ***DIRECTIONS***: instruções.
Director (dirék-târ) *s* diretor; guia; condutor; administrador.
Directory (dirék-tôuri) *s* diretório; lista telefônica; catálogo; almanaque; coletânea de regras.
Direful (dáir-full) *adj* horrível; funesto; terrível.
Dirge (dâr-dj) *s* canto fúnebre; endecha (composição poética fúnebre e triste).
Dirigible (di-ridjibl) *s* dirigível.
Dirigible (di-ridjibl) *adj* manobrável; dirigível.
Dirk (dârk) *s* punhal escocês; adaga.
Dirk (dârk) *v* apunhalar.
Dirt (dârt) *s* sujeira; lama; terra; imundície; porcaria.
Dirt (dârt) *v* sujar; enlamear; emporcalhar.
Dirtiness (dâr-tinéss) *s* sujeira; porcaria; lama; vileza.
Dirty (dâr-ti) *adj* sujo; porco; indecente.
Disability (dissâbi-liti) *s* inabilidade; incapacidade.
Disable (dissêibl) *v* inabilitar; incapacitar; desmontar; inutilizar.
Disabled (dis-eibld) *adj* incapacitado.
Disablement (dissêibl-ment) *s* impotência; incapacidade; fraqueza.
Disabuse (dissâbiuz) *v* desenganar; desiludir.
Disaccustom (dissékâs-tâmm) *v* desacostumar; desabituar.
Disadvantage (dissédvén-tidj) *s* desvantagem; perda; COM prejuízo.
Disadvantage (dissédvén-tidj) *v* prejudicar.
Disaffect (disséfékt) *v* indispor; descontentar.
Disaffected (disséfék-tid) *adj* desafeiçoado; desleal; inamistoso.
Disaffection (disséfék-shânn) *s* desafeição; deslealdade; má vontade.
Disaffirm (disséfâr-mm) *v* negar; JUR anular; invalidar; repudiar.
Disagree (dissâgri) *v* discordar; altercar; divergir; não concordar.
Disagreeable (dissâgri-âbl) *adj* desagradável; discordante; ofensivo.
Disagreement (dissâgri-ment) *s* discordância; divergência; desacordo.
Disallow (dissélá-u) *v* desaprovar; rejeitar; censurar.
Disallowable (dissélàu-âbl) *adj* negável; inadmissível; condenável.
Disallowance (dissélàu-ânss) *s* desaprovação; negação; proibição.
Disappear (dissépi-r) *v* desaparecer; extinguir-se; perder-se.
Disappearance (dissépi-rânss) *s* desaparecimento.
Disappoint (dissépóint) *v* desapontar; malograr; frustrar; faltar a uma promessa.
Disappointed (dissépóin-tid) *adj* desapontado; decepcionado; desiludido.
Disappointment (dissépóint-ment) *s* decepção; revés; desapontamento.
Disapproval (dissépru-vâl) *v* desaprovação; censura; reprimenda.
Disapprove (disséprüv) *v* desaprovar; condenar; rejeitar; reprovar; censurar.
Disapprovingly (dissépru-vinnli) *adv* reprovação.
Disarm (dissâr-mm) *v* desarmar; apaziguar; serenar; acalmar.
Disarmament (dissâr-mâment) *s* desarmamento.
Disarrange (dissérén-dj) *v* desarranjar; desordenar; perturbar.
Disarrangement (dissâr-mâment) *s* desarranjo; desordem; perturbação.
Disarray (disséré-i) *s* confusão; desalinho; desordem.
Disarray (disséré-i) *v* desordenar; desbaratar; derrubar; despir.
Disarticulate (dissârtikiulêi-t) *s* desarticulação.
Disarticulate (dissârtikiulêi-t) *v* desarticular.
Disassemble (disas-embal) *v* desmontar; separar; desagrupar.
Disaster (dizés-târ) *s* desastre; revés.
Disastrous (dizés-trâss) *adj* desastroso; malogrado; calamitoso.
Disavow (dissâvá-u) *v* negar; repudiar; condenar.
Disavowal (dissâváu-âl) *s* negação; rejeição; retratação.
Disband (disbénd) *v* licenciar; dispersar; debandar; despedir; expulsar.
Disbandment (disbénd-ment) *s* licenciamento; debandada; dispersão.
Disbelieve (disbili-v) *v* desacreditar; duvidar; descrer; rejeitar.
Disbeliever (disbili-vâr) *s* incrédulo; descrente.
Disburse (disbâr-ss) *v* desembolsar; gastar; despender.
Disbursement (disbârs-ment) *s* desembolso; gasto; despesa.
Discard (diskár-d) *s* descarte (jogo de cartas).
Discard (diskár-d) *v* descartar; livrar-se de; excluir.
Discern (dizâr-nn) *v* discernir; reconhecer; julgar.
Discernible (dizâr-nibl) *adj* perceptível; distinguível; visível.
Discernibleness (dizâr-niblnéss) *s* perceptibilidade.
Discerning (dizâr-ninn) *s* rápido discernimento; critério; penetração.
Discerning (dizâr-ninn) *adj* sagaz; perspicaz.
Discernment (dizârn-ment) *s* discernimento; critério; juízo.
Discharge (distshár-dj) *s* descarregamento; absolvição; quitação; exclusão; despedida; descarga; demissão.
Discharge (distshár-dj) *v* cumprir; pagar; demitir; absolver; descarregar; disparar; expelir; desembaraçar.
Discharger (distshár-djâr) *s* descarregador; tubo; cano; via de descarga.
Discharging (distshár-djinn) *s* descarga; descarregamento.
Disciple (dissáip-l) *s* discípulo; apóstolo; sequaz; prosélito.
Discipline (di-siplinn) *s* disciplina; educação; instrução; ordem; doutrina.
Discipline (di-siplinn) *v* disciplinar; ensinar; educar; castigar.
Disclaim (disklêi-mm) *v* renegar; desaprovar; renunciar; desconhecer.
Disclose (disklôu-z) *v* descobrir; revelar; divulgar.
Discloser (disklôu-zâr) *s* revelador.
Disclosure (disklôu-jâr) *s* declaração; revelação; publicação.
Discolor (diskâ-lâr) *v* descorar; descolorar; desbotar.
Discolour *vide* DISCOLOR.
Discomfit (diskâm-fit) *v* derrotar; desbaratar; malograr; desconsertar; embaraçar; confundir.
Discomfiture (diskâm-fitshur) *s* derrota; desbarato; desapontamento.
Discomfort (diskâm-fârt) *s* desconforto; incômodo; inquietação; aborrecimento.
Discomfort (diskâm-fârt) *v* afligir; desconfortar; incomodar.

Discompose (diskómpôu-z) *v* perturbar; desordenar; transformar; inquietar.
Disconcert (diskónsâr-t) *v* desapontar; desconcertar; envergonhar.
Disconformity (diskónfór-miti) *s* desconformidade; dessemelhança.
Disconnect (diskónék-t) *v* desunir; separar; romper; desligar; parar; desconectar.
Disconnected (diskónék-td) *adj* separado; desconexo.
Disconsolate (diskón-solit) *adj* desconsolado; desolado; triste.
Discontent (diskóntén-t) *s* descontentamento.
Discontent (diskóntén-t) *v* descontentar.
Discontent (diskóntén-t) *adj* descontente.
Discontinue (diskónti-niu) *v* interromper; suspender; descontinuar; cessar.
Discord (diskór-d) *s* discórdia; desacordo; discordância.
Discord (diskór-d) *v* discordar; desafinar; dissentir.
Discordance (diskór-dânss) *s* discordância; desacordo; dissensão.
Discordant (diskó-dânt) *adj* discordante; divergente; oposto.
Discount (diskáun-t) *s* desconto; abatimento; redução.
Discount (diskáun-t) *v* descontar; deduzir; diminuir; abater; considerar; desprezar.
Discountenance (diskáun-tinânss) *s* desagrado; mau acolhimento.
Discountenance (diskáun-tinânss) *v* desaprovar; desfavorecer; desanimar.
Discounter (diskáun-târ) *s* cambista; o que desconta.
Discourage (diskâ-ridj) *v* desanimar; opor; obstruir; desencorajar.
Discouragement (diskâ-ridjment) *s* desânimo; abatimento; desalento.
Discourse (diskôur-ss) *s* discurso; raciocínio; tratado; conversação.
Discourse (diskôur-ss) *v* discursar; conversar; falar.
Discourteous (diskâr-tiâss) *adj* mal-educado; descortês; grosseiro.
Discover (diskâ-vâr) *v* descobrir; inventar; revelar.
Discoverer (diskâ-vârâr) *s* descobridor; explorador; espia; vigia.
Discovery (diskâ-vâri) *s* descoberta; invenção; revelação; descobrimento.
Discredit (diskré-dit) *s* descrédito; desconfiança; desonra; infâmia.
Discredit (diskré-dit) *v* desacreditar; desconfiar; desmoralizar.
Discreet (diskri-t) *adj* discreto; prudente; cauteloso.
Discrepance (diskré-pânss) *s* discrepância; divergência; contradição.
Discrepancy (diskré-pânsi) *vide* DISCREPANCE.
Discrete (diskri-t) *adj* discreto; distinto; descontínuo.
Discretion (diskré-shânn) *s* discrição; cautela; prudência.
Discriminate (diskri-minêit) *adj* distinto; diferenciado; separado.
Discriminate (diskri-minêit) *v* discriminar; distinguir; discernir; separar.
Discrimination (diskriminêi-shânn) *s* discriminação; discernimento; distinção; diferença.
Discrown (diskráu-nn) *v* destronar.
Discuss (diskâ-ss) *v* discutir; debater; tratar; conversar.
Discussion (diskâ-shânn) *s* discussão; exame; debate.
Disdain (disdêi-nn) *s* desdém; desprezo; repugnância.
Disdain (disdêi-nn) *v* desdenhar; desprezar.
Disease (diziz) *s* doença; moléstia; enfermidade.
Diseased (dizizd) *adj* doente; enfermo; moribundo.
Disembark (dissembárk) *v* desembarcar; descarregar.
Disembody (dissembó-di) *v* desagregar; desincorporar.
Disembowel (dissembáu-él) *v* desentranhar; estripar.
Disenchant (dissentshén-t) *v* desencantar; desiludir.
Disendow (dissendá-u) *v* anular uma doação; suspender uma subvenção.
Disengage (dissenghêi-dj) *v* desocupar; soltar; desunir.
Disengaged (dissenghêi-djd) *adj* desocupado; livre; desimpedido.
Disentangle (dissenténgl) *v* desembaraçar; desenredar; desimpedir.
Disentanglement (dissenténgl-ment) *s* desembaraço; livramento.
Disenthral (dissenthról) *v* libertar; livrar.
Disenthrall (dissenthról) *vide* DISENTHRAL.
Disenthralment (dissenthról-ment) *s* soltura; libertação; franquia.
Disenthrone (dissenthrôu-nn) *v* destronar.
Disestablish (dissesté-blish) *v* separar (Igreja do Estado); privar do caráter de estabelecimento público.
Disfavor (disfêi-vâr) *s* desfavor; descrédito; desprezo.
Disfavor (disfêi-vâr) *v* desfavorecer; desacreditar; antipatizar-se com.
Disfavour (disfêi-vâr) *vide* DISFAVOR.
Disfiguration (disfighiurêi-shânn) *vide* DISFIGUREMENT.
Disfigure (disfi-ghiur) *v* desfigurar; deformar.
Disfigurement (disfi-ghiurment) *s* desfiguração; deformação.
Disforest (disfó-rest) *v* desflorestar.
Disfurnish (disfâr-nish) *v* desmobilizar; desguarnecer; desprover.
Disgarnish (disfâr-nish) *vide* DISFURNISH.
Disgorge (disgór-dj) *v* vomitar; expelir; arrojar; restituir.
Disgrace (disgrêi-ss) *s* desfavor; desonra; descrédito; vergonha.
Disgrace (disgrêi-ss) *v* desfavorecer; desgraçar; desonrar.
Disgraceful (disgrêis-ful) *adj* vergonhoso; afrontoso.
Disguise (disgái-z) *s* disfarce; ficção; dissimulação.
Disguise (disgái-z) *v* disfarçar; dissimular; ocultar.
Disguised (disgáiz-d) *adj* disfarçado; mascarado.
Disguisement (disgáiz-ment) *s* disfarce.
Disgust (disgâs-t) *s* desgosto; repugnância; asco.
Disgust (disgâs-t) *v* repugnar; desgostar; entendiar; enfastiar.
Disgusting (disgâs-tinn) *adj* repugnante; tedioso; fastidioso; desagradável.
Dish (dish) *s* prato; iguaria; comida; travessa; louça.
Dishearten (dis-hárt-n) *v* desanimar; desalentar; atemorizar.
Dishonest (dissó-nést) *adj* desonesto; infiel, desleal, fraudulento; *a DISHONEST citizen*: uma cidadão desonesto.
Dishonesty (dissó-nésti) *s* desonestidade; deslealdade.
Dishonor (dissó-nâr) *s* desonra; afronta; repreensão.
Dishonor (dissó-nâr) *v* desonrar; não honrar; COM recusar o pagamento de um débito; negar o aceite de uma letra.
Dishonorable (dissó-norâbl) *adj* desonroso; indecoroso; afrontoso.
Dishonour (dissó-nâr) *vide* DISHONOR.
Dishwasher (dishe-uásher) *s* máquina de lavar louça.
Dishwater (dishe-uáter) *s* a água de lavar a louça.
Disillusion (dissiliu-jânn) *s* desilusão; desengano; desencanto.
Disillusion (dissiliu-jânn) *v* desiludir; desenganar; desencantar.
Disincline (dissinklái-nn) *v* indispor; afastar; inimizar; malquistar.
Disinfect (dissinfék-t) *v* desinfetar.
Disinfectant (dissinfék-tânt) *s* desinfetante.
Disinfectant (dissinfék-tânt) *adj* desinfetante.
Disingenuos (dissinjé-niuâss) *adj* falso; dissimulado; fingido.
Disinherit (dissin-hé-rit) *v* deserdar.
Disintegrate (dissin-tigrêit) *v* desintegrar; decompor; desagregar.
Disinterest (dissin-târést) *s* desinteresse; indiferença; desprendimento.
Disinterested (dissin-târéstid) *adj* desinteressado; imparcial; indiferente.
Disinterment (dissin-târment) *s* exumação.
Disject (disdjékt) *v* dispensar.
Disjoint (disdjói-nn) *v* deslocar; desarticular; desunir.

Disjointed (disdjóin-tid) *adj* desarticulado; deslocado; incoerente; desmembrado.
Disjunct (disdjânkt) *adj* desunido; separado; desligado.
Disjunction (disdjânk-shânn) *s* disjunção; desunião; separação; deslocamento.
Disjunctive (disdjânk-tiv) *adj* disjuntivo; desunido.
Disk (disk) *s* disco; pátena de cálice.
Dislike (disláі-k) *s* aversão; repugnância; antipatia.
Dislike (disláі-k) *v* detestar; antipatizar-se com; não gostar de.
Dislocate (dis-lokêit) *v* deslocar.
Dislocation (dislokêi-shânn) *s* deslocamento; desconjuntamento; luxação.
Dislodge (disló-dj) *v* desalojar; expulsar; desacomodar; mudar-se.
Dislodgment (dislódj-ment) *s* desalojamento; despejo.
Disloyal (disló-iâl) *adj* desleal; infiel; falso.
Disloyalty (dislói-iâlti) *s* deslealdade; infidelidade; falsidade.
Dismal (diz-mâl) *adj* sombrio; lúgubre; triste; desanimador; funesto.
Dismalness (diz-mâlnéss) *s* melancolia; tristeza; horror.
Dismantle (disméntl) *v* desmantelar; despir; desguarnecer.
Dismantlement (disméntl-ment) *s* desmantelamento; desmembramento.
Dismay (dismê-i) *s* desânimo; terror; espanto; assombro.
Dismay (dismê-i) *v* desanimar; consternar; espantar.
Dismember (dismém-bâr) *v* desmembrar; desconjuntar.
Dismemberment (dismém-bârment) *s* desmembramento.
Dismiss (dismi-ss) *v* dispensar; exonerar; demitir; repudiar; rejeitar.
Dismissal (dismi-sâl) *s* demissão; destituição; exoneração.
Dismount (dismáun-t) *v* desmontar; desarmar; apear; descer.
Dismounting (dismáun-tinn) *s* desmontagem.
Disnaturalize (disné-tshurâláiz) *v* desnaturalizar.
Disnatured (disnêi-tshârd) *adj* desnaturado.
Disobedience (dissobi-diânss) *s* desobediência; rebeldia.
Disobedient (dissobi-diânt) *adj* desobediente; rebelde.
Disobey (dissobê-i) *v* desobedecer.
Disobeyer (dissobêi-âr) *s* rebelde.
Disoblige (dissobláі-dj) *v* desobrigar; desagradar; afrontar; incomodar.
Disobliging (dissobláі-djinn) *adj* incivil; descortês.
Disobligingness (dissobláі-djinéss) *s* incivilidade; descortesia.
Disorder (dissór-dâr) *s* desordem; doença; barulho; confusão.
Disorder (dissór-dâr) *v* desordenar; desorganizar; adoecer; perturbar; inquietar.
Disordered (dissór-dârd) *adj* desordenado; confuso; mórbido.
Disorderly (dissór-dârli) *adj* desordenado; turbulento; tumultuoso; confuso.
Disorderly (dissór-dârli) *adv* desordenadamente; tumultuosamente.
Disordinate (dissór-dinit) *adj* desordenado; desvairado.
Disorganize (dissór-gânáiz) *v* desorganizar; desordenar.
Disorientation (disori-entêishan) *s* desorientação; desnorteamento; desconcerto.
Disown (dissôu-nn) *v* repudiar; rejeitar; renegar; renunciar.
Disparage (dispé-ridj) *v* deprimir; depreciar; aviltar; desprezar.
Disparagement (dispé-ridjment) *s* menosprezo; injúria; infâmia.
Disparager (dispé-ridjâr) *s* depreciador; aviltador; difamador; injuriador.
Disparaging (dispé-ridjinn) *adj* desonroso; pejorativo; depreciativo; aviltante.
Disparate (dis-pârit) *adj* desigual; diferente; discordante; díspar.
Disparity (dispé-rit) *s* disparidade; diferença; desigualdade.
Dispart (dispár-t) *v* dividir; separar.
Dispassion (dispé-shânn) *s* imparcialidade; indiferença.
Dispassionate (dispé-shânit) *adj* impassível; desapaixonado; frio; sereno.
Dispassionately (dispé-shânitli) *adv* desapaixonadamente; imparcialmente.
Dispassionateness (dispé-shanitnéss) *s* imparcialidade; serenidade.
Dispatch (dispé-tsh) *s* despacho; aviamento; presteza; agilidade; mensagem.
Dispatch (dispé-tsh) *v* despachar; expedir; matar; aviar; abreviar.
Dispel (dispél) *v* dissipar; expelir; enviar; expedir; afastar; dispersar.
Dispensable (dispén-sâbl) *adj* dispensável; sem valor.
Dispensation (dispénsêi-shânn) *s* dispensa; exceção; decreto; escusa.
Dispensatory (dispén-sâtôuri) *s* MED formulário de produtos medicinais.
Dispense (dispén-ss) *v* dispensar; conceder; distribuir; MED receitar.
Disperse (dispâr-ss) *v* dispersar; espalhar; dissipar.
Dispersion (dispâr-shânn) *s* dispersão.
Dispersive (dispâr-siv) *adj* dispersivo.
Dispirit (dispi-rit) *v* desanimar; acabrunhar; abater.
Dispirited (dispi-ritd) *adj* desanimado; acabrunhado; abatido; deprimido; desalentado.
Displace (displêi-ss) *v* deslocar; desarranjar; retirar; destituir; substituir; demitir.
Displaceable (displêi-sâbl) *adj* deslocável.
Displacement (displêis-ment) *s* deslocação; destituição; deslocamento; remoção; mudança.
Displant (displént) *v* transplantar; desplantar; mudar.
Displantation (displéntêi-shânn) *s* transplantação; desplantação.
Display (displêi-i) *s* mostra; aparato; apresentação; exposição; desfile; ostentação; manifestação.
Display (displêi-i) *v* exibir; expor; mostrar; manifestar.
Displayer (displêi-âr) *s* expositor; apresentador; ostentador.
Displease (displiz) *v* desagradar; magoar; ofender.
Displeasing (displi-zinn) *adj* desagradável; antipático; ofensivo.
Displeasure (displé-jâr) *s* desprazer; desgosto; desagrado.
Disport (dispórt) *s* divertimento; diversão; passatempo.
Disport (dispórt) *v* divertir; recrear; brincar.
Disposable (dispôu-zâbl) *adj* disponível.
Disposal (dispôu-zâl) *s* disposição; venda; ordem; manejo; concessão.
Dispose (dispôu-z) *v* dispor; ceder; vender; pôr em ordem; arranjar; preparar.
Disposer (dispôu-zâr) *s* árbitro; o que dispõe.
Disposition (dispozi-shânn) *s* disposição; caráter; atitude; aptidão.
Dispossess (dispozé-ss) *v* desapropriar; espoliar; desalojar.
Dispossession (dispózé-shânn) *s* expropriação; despejo; desalojamento.
Dispraise (disprêiz) *s* censura; descrédito; repreensão; reprovação.
Dispraise (disprêi-z) *v* censurar; repreender; reprovar.
Disproof (dispruf) *s* refutação; impugnação; contestação.
Disproportion (dispropôr-shânn) *s* desproporção; insuficiência; desigualdade.
Disprove (dispruv) *v* desaprovar; refutar; impugnar.
Disputable (dispiu-tâbl) *adj* disputável.
Disputant (dis-piutânt) *s* disputante; diputador; competidor; contendor.
Disputant (dis-piutânt) *adj* disputante; disputável.
Disputation (dispiutêi-shânn) *s* disputa; contenda; controvérsia; argumentação; competição.
Dispute (dispiu-t) *s* disputa; discussão; controvérsia.
Dispute (dispiu-t) *v* disputar; discutir; contestar.
Disqualification (diskuólifikêi-shânn) *s* desqualificação; inabilitação; impedimento.
Disqualify (diskuó-lifái) *v* desqualificar; inabilitar; incapacitar.

Disquiet (diskuái-ét) *s* inquietação; mal-estar; ansiedade.
Disquiet (diskuái-ét) *adj* inquieto; desassossegado.
Disquiet (diskuái-ét) *v* inquietar; perturbar; incomodar.
Disquietude (diskuái-itiud) *s* ansiedade; inquietação; desassossego.
Disquisition (diskuizi-shânn) *s* averiguação; pesquisa; exame.
Disregard (disrigárd) *s* descuido; negligência; desconsideração.
Disregard (disrigárd) *v* desdenhar; menosprezar; negligenciar; desprezar.
Disregardful (disrigárd-ful) *adj* desatento; negligente.
Disrelish (disré-lish) *s* aversão; fastio; desgosto.
Disrelish (disré-lish) *v* sentir aversão; repugnar.
Disrepair (disripér) *s* mau estado; desarranjo; dilapidação.
Disreputability (disripiutâbi-liti) *s* descrédito; desonra; ignomínia; baixeza.
Disreputable (disripiu-tâbl) *adj* desonroso; não respeitável; infamante; desacreditado.
Disreputableness (disripiu-tâblnéss) *vide* DISREPUTABILITY.
Disrepute (disripiut) *s* desonra; descrédito; ignomínia; má reputação.
Disrepute (disripiut) *v* desonrar; desacreditar.
Disrespect (disripékt) *s* desrespeito; desconsideração; descortesia; desatenção.
Disrespect (disripékt) *v* desrespeitar; desconsiderar; desacatar.
Disrespectful (disripékt-ful) *adj* desrespeitoso; irreverente; incivil.
Disrespectfulness (disrispékt-fulnéss) *s* desrespeito; incivilidade; grosseria.
Disrobe (disrôu-b) *v* despir-se; despojar; privar de.
Disroot (disrut-) *v* desarraigar.
Disrupt (disrâp-t) *adj* rasgado; roto; dilacerado.
Disrupt (disrâp-t) *v* romper; rebentar; despedaçar.
Disruption (disrâp-shânn) *s* rompimento; ruptura; dilaceração.
Disruptive (disrâp-tiv) *adj* rompedor; que causa dilaceração.
Dissatisfaction (dissétisfék-shânn) *s* insatisfação; descontentamento; pesar.
Dissatisfactoriness (dissétisfék-tôurinéss) *s* incapacidade de contentar.
Dissatisfactory (dissétisfék-tôuri) *adj* insatisfeito; desagradável; insuficiente.
Dissatisfy (dissé-tisfái) *v* descontentar; desagradar; desgostar.
Dissect (dissékt) *v* dissecar; retalhar; anatomizar.
Dissected (disséktd) *adj* dissecado.
Dissection (dissék-shânn) *s* dissecação; anatomização; exame rigoroso.
Disseize (dissiz) *v* desapossar; usurpar.
Disseizee (dissizi) *s* pessoa despojada ilegalmente.
Dissemblance (dissem-bléns) *s* dissimulação; fingimento; hipocrisia.
Dissemble (dissémbl) *v* dissimular; disfarçar; fingir; mascarar.
Dissembler (dissém-blâr) *s* dissimulador; hipócrita; fingindo.
Disseminate (dissé-minêit) *v* disseminar; divulgar; espalhar; semear.
Dissemination (disséminêi-shânn) *s* disseminação; propagação; difusão.
Disseminator (dissé-minêitâr) *s* disseminador; propagador; divulgador.
Dissension (dissén-shânn) *s* dissensão; divergência; contenda.
Dissent (dissént) *s* dissensão; dissidência; discórdia.
Dissent (dissént) *v* discordar; divergir; diferir; dissentir.
Dissenter (dissén-târ) *s* dissidente.
Dissenter (dissén-târ) *adj* dissidente.
Dissentient (dissén-tshiânt) *vide* DISSENTER.
Dissenting (dissén-tinn) *adj* discordante.
Dissentious (dissen-shâs) *adj* discordante; contendor.
Dissertate (dissâr-teit) *v* dissertar.
Dissertation (dissârtêi-shânn) *s* dissertação; discurso; tese.
Disservice (dissâr-viss) *s* desserviço; prejuízo; perfídia.
Dissever (dissé-vâr) *v* dividir; desunir; partir.
Disseverance (dissé-vrânss) *s* separação; divisão.
Disseverment (dissé-vârment) *s* divisão.
Dissidence (di-sidénss) *s* dissidência; discórdia; divergência; desarmonia.
Dissident (di-sidént) *s* dissidente.
Dissident (di-sidént) *adj* dissidente.
Dissimilar (dissi-milâr) *adj* dessemelhante; diferente; diverso; desigual; dissimilar.
Dissimilarity (dissimilé-riti) *s* dessemelhança; diversidade; desigualdade.
Dissimilate (dissi-milêit) *v* desassemelhar; diferenciar.
Dissimilitude (dissimi-litiud) *s* desigualdade; dessemelhança; disparidade.
Dissimulate (dissi-miulêit) *v* dissimular; fingir.
Dissimulation (dissimiulêi-shânn) *s* dissimulação; fingimento; hipocrisia.
Dissimulative (dissi-miulêitiv) *adj* dissimulador; falso; fingido.
Dissipate (di-sipêit) *v* dissipar; dispersar; esbanjar; desaparecer.
Dissipated (di-sipêitid) *adj* esbanjador; pródigo; dissoluto.
Dissipation (dissipêi-shânn) *s* dissipação; libertinagem; diversão; desperdício.
Dissociable (dissôu-shiâbl) *adj* dissociável; insociável; separável.
Dissocialize (dissôu-shialáiz) *v* tornar insociável; afastar da sociedade.
Dissociate (dissôu-shiêit) *v* dissociar; desagregar; desunir; separar; decompor.
Dissociation (dissôushiêi-shânn) *s* dissociação; desunião; divisão.
Dissolubility (dissoliubi-liti) *s* dissolubilidade; decomponibilidade.
Dissoluble (di-soliubl) *adj* dissolúvel.
Dissolubleness (di-soliublnéss) *s* dissolubilidade.
Dissolute (di-soliut) *adj* dissoluto; devasso; imoral.
Dissoluteness (di-soliutnéss) *s* libertinagem; devassidão; dissipação; dissolução.
Dissolution (dissoliu-shânn) *s* dissolução; desintegração; decomposição; morte.
Dissolvability (dizóvâbi-liti) *s* solubilidade; qualidade de ser solúvel.
Dissolvable (dizól-vâbl) *adj* dissolúvel.
Dissolve (dizólv) *v* dissolver; derreter; separar.
Dissonance (di-sonânss) *s* dissonância; discordância; desacordo; desavença; oposição; contrariedade.
Dissonancy (di-sonânsi) *vide* DISSONANCE.
Dissonant (di-sonânt) *adj* dissonante; desarmônico; desentoado.
Dissuade (dissuêid) *v* dissuadir; desviar; desaconselhar.
Dissuasion (dissuêi-jânn) *s* dissuasão; despersuasão.
Distaff (dis-téf) *s* roca de fiar; fuso; FIG autoridade feminina; trabalho feminino.
Distance (dis-tânss) *s* distância; intervalo; afastamento; espaço; respeito; reserva; ***DISTANCE between two houses***: a distância entre duas casas.
Distant (dis-tânt) *adj* distante; remoto; obscuro; afastado.
Distaste (distêist) *s* desagrado; desgosto; repugnância.
Distaste (distêist) *v* desgostar; aborrecer.
Distaste (distêist-ful) *adj* desagradável; amargo; insípido; repelente.
Distemper (distém-pâr) *s* indisposição; enfermidade; incômodo.
Distemper (distém-pâr) *v* destemperar; irritar-se; perturbar; perder a serenidade.
Distend (distĕnd) *v* distender; dilatar; inflar.
Distensible (distén-sibl) *adj* dilatável.
Distension (distén-shânn) *s* distensão; dilatação; inflação.
Distent (distén-t) *adj* distendido; dilatado.
Distich (dis-tik) *s* dístico.

Distil (distil) *v* destilar; purificar; gotejar; retificar.
Distillery (disti-lâri) *s* destilaria.
Distinct (distink-t) *adj* distinto; diferente; claro.
Distinction (distink-shânn) *s* distinção; diferença; distintivo; honra; prerrogativa.
Distinctive (distink-tiv) *adj* distintivo; característico.
Distinguish (distin-guish) *v* distinguir; salientar; discernir; enaltecer.
Distinguished (distin-guisht) *adj* famoso; distinto; assinalado; ilustre.
Distort (distórt) *v* deturpar; torcer; falsificar; adulterar; distorcer; deformar; desnaturar.
Distortion (distór-shânn) *s* distorção; deformidade; torcedura; tergiversação.
Distract (distrékt) *v* distrair; perturbar; desviar.
Distraction (distrék-shânn) *s* distração; desordem; loucura; abstração.
Distrain (distrêi-nn) *v* embargar; penhorar; sequestrar; apoderar-se.
Distrainer (distrêi-nâr) *s* embargante; sequestrador.
Distrainment (distrêin-ment) *s* embargo; penhora.
Distrainor (distrêi-nâr) *vide* DISTRAINER.
Distrait (distrêi-t) *adj* distraído.
Distraught (distró-t) *adj* distraído; perturbado; agitado.
Distress (distré-ss) *s* aflição; angústia; desgraça; pobreza; mágoa; apuro; escassez; perigo.
Distress (distré-ss) *v* afligir; embargar; agoniar; desolar.
Distressed (distré-sid) *adj* infeliz; aflito; desgraçado; desprovido; desamparado.
Distressful (distrés-ful) *adj* digno de pena; lastimável; aflito; desgraçado; infeliz; agoniado.
Distressing (distré-sinn) *adj* aflitivo; penoso; doloroso.
Distributable (distri-biutâbl) *adj* distributivo; classificável.
Distribute (distri-biut) *v* distribuir; classificar; repartir.
Distribution (distribiu-shânn) *s* distribuição; partilha; arranjo.
Distributive (distri-biutiv) *adj* distributivo.
District (dis-trikt) *s* distrito; região; bairro; comarca.
Distrust (distrâs-t) *s* desconfiança; suspeita; receio.
Distrust (distrâs-t) *v* desconfiar de; temer; recear.
Distrustful (distrâst-ful) *adj* desconfiado; receoso; suspeitoso.
Distrustfulness (distrâst-fulnéss) *s* desconfiança; suspeita; medo; receio.
Disturb (distârb) *v* perturbar; incomodar; transtornar; interromper.
Disturbance (distâr-bânss) *s* perturbação; distúrbio; motim.
Disturber (distâr-bâr) *s* desordeiro; perturbador; agitador; importuno.
Disturbing (distâr-binn) *adj* perturbador.
Disunion (disiu-niânn) *s* desunião; separação; desacordo; desavença.
Disunite (dissiu-náit) *v* desunir; separar; dividir.
Disuse (dissiuz) *s* desuso; descostume.
Disuse (dissiuz) *v* desusar; desacostumar.
Disused (dissiuzd) *adj* desusado; antiquado; arcaico.
Ditch (ditsh) *s* rego; fosso; vala; trincheira.
Ditch (ditsh) *v* abrir fossos; cercar de fossos; atirar num fosso; GÍR rejeitar; abandonar; descarrilar.
Ditcher (di-tshâr) *s* cavador de valas; máquina de cavar.
Dither (di-thâr) *s* tremor; estremecimento.
Dither (di-thâr) *v* arrepiar; estremecer.
Ditto (di-tôu) *s* dito; idem; o mesmo.
Ditto (di-tôu) *adv* igualmente; como anteriomente.
Ditty (di-ti) *s* canção; cantiga; balada; cançoneta.
Diurnal (dáiâr-nâl) *adj* diurno; cotidiano; diário.
Divagate (dái-vâghêit) *v* divagar; perambular.
Divagation (dáivâghêi-shânn) *s* divagação; digressão.
Divan (divé-nn) *s* divã; sofá; sala de fumar.
Divaricate (divé-rikêit) *v* bifurcar; dividir em dois.
Dive (dáiv) *s* mergulho; pique; salto de trampolim; submersão de submarinos; USA taberna; taverna; casa noturna de má reputação.
Dive (dáiv) *v* mergulhar; ocultar-se; subemergir; penetrar; apronfundar-se.
Diver (dái-vâr) *s* mergulhador.
Diverge (divâr-dj) *v* divergir; discordar; desviar-se.
Divergence (divâr-djénss) *s* divergência; desacordo.
Divergency (divâr-djénsi) *vide* DIVERGENCE.
Divergent (divâr-djént) *adj* divergente; contrário.
Divers (dái-vârss) *adj* diversos; vários; alguns.
Diverse (divâr-ss) *adj* diverso; diferente; distinto.
Diverseness (divârs-néss) *s* diversidade.
Diversification (divârsifikêi-shânn) *s* diversificação; variedade.
Diversiform (dáivâr-siform) *adj* diversiforme; multiforme.
Diversify (divâr-sifái) *v* diversificar; diferenciar; variar.
Diversion (divâr-shânn) *s* diversão; desvio; deflexão; divertimento.
Diversity (divâr-siti) *s* diversidade; diferença; variedade.
Divert (divâr-t) *v* divertir; distrair; desviar.
Diverting (divâr-tinn) *adj* recreativo; divertido.
Divertissement (divértismá-nn) *s* bailado; entretenimento; divertimento em intervalos de peças teatrais.
Divest (divés-t) *v* despir; esbulhar; privar.
Divestiture (divés-titshâr) *s* despimento; despojo; ação de despojar.
Dividable (divái-dâbl) *adj* divisível.
Divide (diváid) *v* dividir; repartir; cindir; divergir.
Dividend (di-vidénn) *s* COM dividendo (relativo a uma distribuição de ações, a título de renda).
Divination (divinêi-shânn) *s* adivinhação; palpite; intuição; conjetura; profecia; prognóstico.
Divine (divái-nn) *s* clérigo; teólogo; sacerdote.
Divine (divái-nn) *v* adivinhar; prognosticar; vaticinar.
Divine (divái-nn) *adj* divino; sacro; sublime; sagrado.
Diviner (divái-nâr) *s* adivinho; vaticinador.
Diving (daivin) *s* mergulho; mergulhador (profissão).
Divinity (divi-niti) *s* divindade; atributo divino.
Division (divi-jânn) *s* divisão; seção; separação.
Divorce (divôur-ss) *s* divórcio; separação; desquite.
Divorce (divôur-ss) *v* divorciar; separar; desquitar.
Divorcee (divôur-si) *s* divorciado; divorciada.
Divulgation (divâlghêi-shânn) *s* divulgação; propagação.
Divulge (divâl-dj) *v* divulgar; publicar; espalhar.
Divulger (divâl-gâr) *s* divulgador; revelador.
Dizen (diz-n ou dáiz-n) *v* ornar; enfeitar; ataviar.
Dizziness (di-zinéss) *s* vertigem; tontura.
Dizzy (di-zi) *adj* atordoado; tonto; vertiginoso; ***I feel DIZZY***: sinto-me tonto.
Dizzy (di-zi) *v* atordoar; aturdir; estontear.
Do (du) *v* fazer; agir; proceder; executar; bastar; lograr; enganar; preparar; servir; arrumar (casas); arranjar (cabelos); ***what shall I DO?***: o que farei?; *past* DID *and pp* DONE.
Doable (du-âbl) *adj* factível.
Docile (dó-sil ou dôu-sâil) *adj* dócil; obediente; brando.
Docility (dóssi-liti) *s* brandura; docilidade.
Dock (dók) *s* doca; dique; estaleiro; banco dos réus; rabo de animal; rabicho.
Dock (dók) *v* ancorar; cortar; encurtar; abreviar; cortar cauda de animal.
Docker (dó-kâr) *s* estivador.
Docket (dó-két) *s* resumo; extrato; sumário; etiqueta; calendário; almanaque.
Docket (dó-két) *v* resumir; rotular; etiquetar; condensar.
Dockyard (dók-iárd) *s* estaleiro; arsenal de marinha.
Doctor (dók-târ) *s* doutor; médico.
Doctoral (dók-târit) *adj* doutoral.
Doctorate (dók-târit) *s* doutorado.

Doctrinaire (dók-triné-r) *s* visionário; escolástico; doutrinário; utopista.
Doctrinaire (dók-triné-r) *adj* doutrinário; teórico.
Doctrine (dók-trinn) *s* doutrina; dogma; ensino; erudição.
Document (dó-kiumént) *s* documento; lição; conceito; preceito.
Document (dó-kiumént) *v* documentar; instruir.
Documentation (dókiumentêi-shânn) *s* documentação.
Dodder (dó-dâr) *v* tremer; titubear; vacilar.
Doddered (dó-dârd) *adj* enfermo; abatido.
Dodge (dó-dj) *s* subterfúgio; astúcia; artimanha; evasiva; artifício.
Dodge (dó-dj) *v* esquivar-se a; evitar; escapar; enganar; espiar.
Dodger (dó-djâr) *s* trapaceiro; embusteiro; USA impresso publicitário que se distribui.
Doe (dôu) *s* corça; fêmea de diversos animais.
Doff (dof) *v* tirar o chapéu em saudação; remover; relegar; deixar de lado; despir; livrar-se de.
Dog (dóg) *s* cão; cachorro.
Dogged (dó-ghid) *adj* teimoso; obstinado; intratável; pertinaz.
Doggery (dó-gâri) *s* USA espelunca.
Doggie (dó-ghi) *s* cachorrinho.
Doggie (dó-ghi) *adj* elegante; vistoso.
Dogma (dóg-mâ) *s* dogma, pontos fundamentais e indiscutíveis de uma doutrina, geralmente religiosa.
Dogmatic (dógmé-tik) *adj* dogmático; categórico.
Dogmatically (dógmé-tikâli) *adv* dogmaticamente.
Doily (dói-li) *s* guardanapo; pequeno pano para mesa.
Doings (du-inns) *s pl* ações; feitos; acontecimentos; conduta.
Doit (dóit) *s* bagatela; antiga moeda holandesa.
Doited (dói-tid) *adj* caduco; senil.
Dole (dôul) *s* dádiva; esmola; aflição.
Dole (dôul) *v* distribuir; repartir com os pobres.
Doleful (dôul-ful) *adj* doloroso; triste; lúgubre.
Doll (dól) *s* boneca; mulher ou criança bonita mas pouco perspicaz, sem vivacidade.
Dollar (dó-lâr) *s* dólar, moeda americana (USA) e de outros países.
Dollish (dó-lish) *adj* afetado; melindroso.
Dolly (dó-li) *s* boneca; carrinho.
Dolman (dól-mânn) *s* dólmã; vestimenta militar.
Dolmen (dól-menn) *s* dólmen, pedras em círculos de grande peso que serviam à prática religiosa dos Drúidas.
Dolor (dôu-lâr) *s* dor; angústia.
Dolour (dôu-lâr) *vide* DOLOR.
Dolphin (dól-finn) *s* golfinho.
Dolt (dólt) *s* tolo; pateta; imbecil.
Domain (domêi-nn) *s* domínio; dominação; império.
Dome (dôumm) *s* cúpula; abóbada; zimbório.
Domestic (domés-tik) *s* servo; criado.
Domestic (domés-tik) *adj* doméstico; caseiro; familiar; nacional.
Domesticate (domés-tikêit) *v* domesticar; amansar; naturalizar.
Domicil (dó-missil) *s* domicílio; lar; casa; habitação.
Domicile (dó-missil) *vide* DOMICIL.
Domiciliary (domissi-liâri) *adj* domiciliário.
Dominant (dó-minânt) *s* dominante; domínio.
Dominant (dó-minânt) *adj* dominante.
Dominate (dó-minêit) *v* dominar; controlar; tiranizar; governar com arbitrariedade; avassalar.
Domination (dóminêi-shânn) *s* dominação; domínio; império.
Domineer (dómini-r) *v* dominar; vexar; oprimir.
Domineering (dómini-rinn) *adj* dominante; insolente; tirânico; imperioso.
Dominion (domi-niânn) *s* domínio; propriedade; posse; senhorio.
Domino (dó-minôu) *s* dominó jogo de 28 pedras com números de zero a seis, combinados dois a dois.
Donate (dôu-nêit) *v* doar; contribuir; dar.
Donative (dôu-nâtiv) *s* donativo; doação.
Donator (dôunêi-târ) *s* doador.
Done (dânn) *adj* feito; acabado; logrado.
Donkey (dón-ki) *s* burro; asno; jumento; imbecil; ignorante; estúpido.
Donor (dóu-nór) *s* doador.
Doodle (dudl) *adj* pateta; tolo; palavras rabiscadas; rabisco.
Doom (dumm) *s* perdição; condenação; destino; julgamento; sorte; *DOOMS day*: dia do Julgamento Final.
Doom (dumm) *v* condenar; julgar; determinar.
Doomed (dumd) *adj* condenado.
Door (dôur) *s* porta.
Doorbell (dôur-bel) *s* campainha.
Doorknob (dôur-nób) *s* maçaneta.
Doorman (dôur-maen) *s* porteiro.
Doormat (dôur-maet) *s* capacho.
Dope (dôup) *s* verniz; lubrificante; GÍR narcótico; entorpecente; informação secreta; pessoa ignorante.
Dope (dôup) *v* viciar; dopar.
Dormancy (dór-mânsi) *s* dormência; letargia; calma.
Dormant (dór-mânt) *adj* dormente; inativo; secreto; parado; oculto.
Dossal (dó-sâl) *s* dossel, cobertura saliente de tronos, púlpitos etc.
Dot (dót) *s* ponto; vírgula; pingo; pinta; borrão; mancha.
Dot (dót) *v* pontilhar; pontear; colocar pingos; pôr vírgulas; pôr pontos.
Dotage (dôu-tidj) *s* imbecilidade; idolatria; demência; senilidade.
Dotation (dotêi-shânn) *s* dotação, renda destinada para alguma atividade.
Dote (dôut) *v* amar intensamente; amar infantilmente; caducar; desvairar.
Doter (dôu-târ) *s* apaixonado; aquele que ama com paixão.
Dottiness (dó-tinéss) *s* imbecilidade.
Dotty (dó-ti) *adj* estúpido; maluco; alucinado.
Double (dâbl) *s* dobro; duplo; cópia; duplicata; sósia.
Double (dâbl) *v* dobrar; duplicar; repetir; dissimular.
Double (dâbl) *adj* dobrado; duplo; falso.
Doubleness (dó tinéss) *s* duplicidade; fingimento.
Doublet (dâ-blét) *s* par; parelha; gibão; veste de couro usada por vaqueiros.
Doubling (dâ-blinn) *s* duplicação; revestimento.
Doubloon (dâblu-nn) *s* dobrão, moeda de ouro portuguesa (antiga).
Doubt (dáut) *s* dúvida; suspeita; incerteza.
Doubt (dáut) *v* duvidar; suspeitar; hesitar; vacilar; recear.
Doubtful (dáut-ful) *adj* duvidoso; ambíguo; discutível.
Doubtless (dáut-léss) *adj* seguro; certo; inquestionável.
Doubtless (dáut-léss) *adv* indubitavelmente.
Douche (dush) *s* ducha; tomar duchas.
Dough (dôu) *s* massa (pão etc.); pasta; USA dinheiro.
Doughboy (dôu-bói) *s* USA soldado de infantaria.
Doughfaced (dôu-fêist) *adj* simplório; ingênuo; hipócrita; estúpido.
Doughfoot (dôu-fut) *vide* DOUGHBOY.
Doughtiness (dáu-tinéss) *s* valentia; coragem; bravura.
Doughty (dáu-ti) *adj* valente; bravo; destemido; forte.
Dour (dur) *adj* severo; obstinado; árido; tenebroso.
Douse (dáuss) *v* extinguir; apagar; mergulhar; recolher; suprimir; despir.
Dove (dâv) *s* pombo.
Dovetail (dâv-têil) *s* malhete; encaixe em forma de rabo de ave.
Dovetail (dâv-têil) *v* encaixar; embutir; combinar.
Dowager (dáu-âdjâr) *s* viúva rica; GÍR viúva idosa.
Dowdy (dáu-di) *s* mulher desalinhada.
Dowdy (dáu-di) *adj* desleixado; sujo.
Dowel (dáu-él) *s* prego de madeira; tarugo; cavilha.

Dower (dáu-âr) *s* dote; doação; parte da viúva numa herança; talento; dom.
Dowerless (dáu-âr-liss) *adj* viúva sem quinhão numa herança.
Dowlas (dáu-lâss) *s* tecido de linho.
Down (dáunn) *s* penugem; penas; duna; *pl* revés da sorte.
Down (dáunn) *v* derrubar; vencer; derrotar.
Down (dáunn) *adj* descendente; abatido.
Down (dáunn) *adv* em baixo; para baixo; debaixo; abaixo.
Down (dáunn) *prep* em baixo; para baixo; debaixo; abaixo.
Downcast (dáun-kést) *adj* descendente; inclinado; triste; deprimido.
Downfall (dáun-fól) *s* aguaceiro; nevada; FIG ruína; decadência.
Downrightness (dáun-ráitnéss) *s* franqueza; sinceridade; lealdade.
Downstairs (dáun-stérz) *adv* debaixo da escada; no andar inferior; para baixo; escada abaixo; embaixo.
Downstream (dáun-strimm) *s* corrente abaixo (rio).
Downtown (dáun-taunn) *adj* centro da cidade.
Downtown (dáun-taunn) *adv* no centro da cidade.
Downward (dáun-uârd) *adj* descendente; inclinado.
Downwards (dáun-uârds) *adv* para baixo; para o sul.
Downy (dáu-ni) *adj* felpudo; peludo; macio; suave.
Dowry (dáu-ri) *vide* DOWER.
Doze (dóz) *s* soneca; cochilo; torpor.
Doze (dóz) *v* cochilar; dormitar.
Dozen (dâz-n) *s* dúzia.
Dozer (dó-zâr) *s* indolente; preguiçoso; dorminhoco.
Dozy (dó-zi) *adj* sonolento; adormecido; entorpecido.
Drab (dréb) *s* pardacento; monotonia; mulher rameira.
Drab (dréb) *v* prostituir-se; frequentar os lupanares; frequentar os prostíbulos.
Drab (dréb) *adj* pardacento; monótono.
Drachma (drácma) *s* dracma, moeda da Grécia.
Draft (dréft) *s* corrente de ar; aspiração; projeto; esboço; trago; COM saque de letra; ordem de pagamento; USA recrutamento.
Draft (dréft) *v* esboçar; rascunhar; redigir; delinear; traçar; desenhar; esculpir; MIL destacar tropas.
Draftsman (draft-maen) *s* desenhista; delineador; desenhador.
Drag (drég) *s* draga; gancho; grade para arar; carruagem; carreta.
Drag (drég) *v* arrastar; dragar; puxar.
Draggle (drég-l) *v* sujar; sujar-se; puxar; arrastar.
Dragman (drég-maen) *s* pescador que se utiliza de rede para arrastão.
Dragon (dré-gânn) *s* dragão; soldado de cavalaria.
Dragon (dré-gânn) *v* acossar; intimidar.
Dragonfly (dré-gânn-flai) *s* libélula.
Dragoon (drâgu-nn) *vide* DRAGON.
Drain (drêinn) *s* dreno; cano de esgoto; sangradouro; ralo (*vide* PLUG HOLE).
Drain (drêinn) *v* dragar; drenar; escoar; escoar-se; secar; FIG empobrecer.
Drainer (drêi-nâr) *s* drenador.
Drake (drêik) *s* pato; pequeno canhão antigo; nome de moeda inglesa (antiga).
Drama (drá-mâ) *s* peça teatral; drama; arte teatral.
Dramatise (drá-mâtáiz) *v* dramatizar.
Dramatize (drá-mâtáiz) *vide* DRAMATISE.
Drape (dréip) *v* cobrir de pano; enroupar; guarnecer.
Draper (drêi-pâr) *s* negociante de tecidos; vendedor de fazendas (tecidos).
Drapery (drêi-pâri) *s* fabricação de tecidos; comércio de panos.
Drastic (drés-tik) *adj* drástico; forte; violento.
Draught (dréft) *s* corrente de ar; tração; gole; beberagem; desenho; *pl* jogo de damas.
Draw (dró) *s* tração; sucção; loteria; atração; empate; desenho.
Draw (dró) *v* puxar; atrair; aspirar; deduzir; desenhar; redigir; sacar; perceber; ganhar; arrastar; extrair; persuadir; descrever; calar; arrastar-se; adiantar-se; mover-se; *past* DREW *or pp* DRAWN.
Drawback (dró-bék) *s* fracasso; prejuízo; COM desconto; reembolso; prêmio de exportação.
Drawbridge (dró-bridge) *s* ponte elevadiça.
Drawee (dró-i) *s* COM sacado; devedor contra quem é sacada (emitida) uma letra comercial.
Drawer (dró-âr) *s* desenhista; gaveta; COM sacador de uma letra.
Drawing (dró-inn) *s* desenho; esboço; plano; sorteio.
Drawl (dról) *s* balbuciação; pronúncia vagarosa; gaguejo.
Drawl (dról) *v* gaguejar; balbuciar; arrastar as palavras.
Drawler (dró-lâr) *s* aquele que fala arrastado; que fala com dificuldade.
Drawling (dró-linn) *adj* lento; calmo; vagoroso.
Dray (drêi) *s* carreta.
Dread (dréd) *s* medo; temor; horror; fobia.
Dread (dréd) *v* ter medo; recear; temer.
Dreadful (dréd-ful) *adj* terrível; tremendo; pavoroso.
Dream (drimm) *s* sonho; fantasia; ilusão; imaginação.
Dream (drimm) *v* sonhar; imaginar; fantasiar; *past or pp* DREAMT or DREAMED.
Dreamer (dri-mâr) *s* sonhador; fantasiador; visionário.
Dreamland (drimm-laend) *s* país dos sonhos.
Dreamy (dri-mi) *adj* relativo aos sonhos.
Dreariness (dri-rinéss) *s* tristeza; melancolia; pesar.
Dreary (dri-ri) *adj* triste; melancólico; funesto; enfadonho.
Dredge (drédj) *s* draga; rede.
Dredge (drédj) *v* dragar; escavar.
Dredger (dré-djâr) *s* o que faz dragagem; pescador e barco de ostras.
Dregs (drégs) *s* sedimento; borra; escória; resto.
Drench (dréntsh) *s* remédio para animais; aguaceiro; USA purgante.
Drench (dréntsh) *v* ensopar; molhar; saturar; dar bebida; dar água.
Drencher (drén-tshar) *s* extintor de incêndios.
Dress (dréss) *s* roupa; roupagem; traje; vestido; vestuário; adorno; uniforme.
Dress (dréss) *v* vestir-se; ornar; preparar (alimento); adornar; cozinhar; temperar; aparelhar.
Dress (dréss) *adj* vestuário.
Dresser (dré-sâr) *s* camareiro; armário de cozinha; assistente de cirurgião; curtidor de peles; cômoda (*vide* CHEST OF DRAWERS); toucador; penteadeira.
Dressing (dré-sinn) *s* adorno; ação de vestir; roupa; condimento; curativo.
Dressmaker (dréss-mêi-kâr) *s* costureira; modista.
Dressmaking (drés-mêi-kinn) *s* trabalho de moda; costura.
Dressy (dré-si) *adj* elegante; chique; na moda.
Dribble (drib-l) *s* baba; saliva; gota.
Dribble (drib-l) *v* babar; gotejar; FUT movimento que esconde a bola e engana o adversário.
Driblet (dri-blét) *s* pedaço; pequena quantidade; pequena dívida.
Drier (drái-âr) *s* secante; que enxuga; enxugador.
Drift (drift) *s* violência; impulso; direção; broca; punção; monte que se forma pelo vento.
Drift (drift) *v* amontoar; empurrar; andar à deriva (no mar); impelir; desviar-se; fazer galerias numa mina.
Drill (dril) *s* arado; perfurador; broca; pua; exercícios físicos.
Drill (dril) *v* furar; brocar; sulcar; perfurar; exercitar estrategicamente.
Drilling (drili-nn) *s* pano semelhante à lona; exercícios; perfuração.
Drink (drink) *s* bebida (alcoólica ou não); trago; beberagem.

Drink (drink) *v* beber; solver; embriagar-se; ensopar; *past* DRANK *and pp* DRUNK.
Drinkable (drin-kâbl) *adj* potável.
Drinker (drin-kâr) *s* bêbado; dependente de bebida; ébrio; bebedor.
Drinking-bout (drinn-kinnbaut) *s* orgia; bacanal.
Drip (drip) *s* gota; goteira.
Drip (drip) *v* pingar; gotejar.
Dripping (dri-pinn) *s* pingo; gordura de assado; goteira.
Drive (dráiv) *s* passeio; rua; avenida; impulso; urgência; iniciativa; USA campanha para recolher donativos.
Drive (dráiv) *v* forçar; impedir; derivar; abrir túneis; guiar; conduzir; expulsar; dirigir (autos); induzir; empurrar; levar; arremessar; ***she DRIVES carefully***: ela dirige com cuidado; *past* DROVE *and pp* DRIVEN.
Drivel (drivl) *s* tolice; tagarelice.
Drivel (drivl) *v* dizer tolices; desperdiçar.
Driver (drái-var) *s* motorista; cocheiro; maquinista de trem; talhadeira larga; ***mad DRIVER***: motorista louco.
Driveway (drái-vuei) *s* entrada de autos em moradia.
Driving (drái-vinn) *s* comando; transmissão; USA condução.
Driving (drái-vinn) *adj* impulsor; motriz; motor.
Drizzle (drizl) *s* chuvisco; garoa.
Drizzle (drizl) *v* garoar; chuviscar.
Droll (drôul) *adj* cômico; hilariante; jocoso; engraçado; jovial; chulo.
Drollery (drôu-lâri) *s* palhaçada; comicidade; graça.
Drone (drôu-nn) *s* zangão; zumbido; sussurro; pessoa ociosa.
Drone (drôu-nn) *v* zumbir; parasitar.
Drool (drul) *s* saliva; baba; GÍR baboseira; conversa tola.
Drool (drul) *v* salivar; babar.
Droop (drup) *s* inclinação; descaimento.
Droop (drup) *v* enfraquecer; definhar; desfalecer; cair; curvar; decair; desanimar; entristecer-se; inclinar-se; consumir-se.
Drooping (dru-pinn) *s* tristeza; desfalecimento; languidez; prostração.
Drooping (dru-pinn) *adj* lânguido; triste; pendente; curvado.
Drop (dróp) *s* pingo; gota; pastilha; pendente; brinco; pingente.
Drop (dróp) *v* derrubar; cair; denunciar; largar; gotejar; soltar; desistir; dar cria; renunciar; destilar; *TO DROP IN*: aparecer; *TO DROP OUT*: abandonar.
Dropper (dró-pâr) *s* conta-gotas.
Dross (dróss) *s* impureza; escória; borra; sedimento.
Drossy (dró-si) *adj* impuro.
Drought (dráut) *s* secura; aridez; estiagem; USA DROUTH.
Droughty (dráu-ti) *adj* seco; árido.
Drover (dro-ver) *s* criador de gado; boiadeiro; vaqueiro.
Drown (dráu-nn) *v* afogar; inundar; afogar-se; abafar (voz ou som).
Drowning (dráu-ninn) *s* afogamento.
Drowse (dráuss) *v* adormecer; cochilar; dormitar.
Drowsiness (dráu-zinéss) *s* sonolência; entorpecimento.
Drowsy (dráu-zi) *adj* sonolento; lento; adormecido; entorpecido; *I feel DROWSY*: sinto-me sonolento.
Drub (drâb) *v* bater; surrar; espancar; açoitar; sacudir.
Drudge (drâdj) *s* trabalhador; escravo; criado.
Drudge (drâdj) *v* labutar; trabalhar intensamente; cansar-se.
Drudgery (drâd-jâri) *s* trabalho intenso; trabalho penoso; lida; labuta.
Drug (drâg) *s* remédio; droga; medicamento; entorpecente.
Drug (drâg) *v* medicar; receitar; narcotizar.
Drugstore (drâg-stôur) *s* USA farmácia; drogaria.
Druid (dru-id) *s* drúida, nome dos antigos sacerdotes Bretões e Gálios.
Drum (drâmm) *s* tambor; bumbo; tamboril; MED tímpano da orelha.
Drum (drâmm) *v* tocar tambor; tamborilar.
Drunk (drânk) *s* bebedeira; ébrio; bêbado.
Drunk (drânk) *adj* embriagado; ébrio.
Drunkard (drân-kárd) *s* bêbado; ébrio; borracho.
Drunken (drân-kânn) *adj* ébrio; embriagado.
Dry (drái) *v* secar; enxugar; desaguar; calar-se.
Dry (drái) *adj* seco; árido; enxuto; dessecado; austero; insípido; *DRY cleaner*: lavanderia a seco.
Dryer (drái-âr) *s* secante; secador; secadora.
Dryly (drái-li) *adv* secamente.
Dryness (drái-néss) *s* aridez; secura.
Dual (diu-âl) *adj* dual, referente a dois.
Dualism (diu-âlizm) *adj* dualismo, relativo a dois.
Dualist (diu-âlist) *s* dualista.
Dub (dâb) *s* charco; USA frangote; perdedor; pexote.
Dub (dâb) *v* armar cavaleiro; outorgar honra; conferir dignidade; apelidar; dar pancada seca; tirar aresta de madeira.
Dubbing (dâ-binn) *s* sincronização.
Dubiety (diubái-âti) *s* incerteza; dúvida; dubiedade.
Dubious (diu-biâss) *adj* duvidoso; dúbio; indeciso.
Dubitation (diubitêi-shânn) *s* dúvida; incerteza; dubitação.
Duchess (dâ-thiss) *s* duquesa.
Duchy (dâ-tshi) *s* ducado.
Duck (dâk) *s* pato; marreco; reverência; mergulho; brim; lona; GÍR benzinho.
Duck (dâk) *v* mergulhar; reverenciar; esquivar-se abaixando a cabeça.
Duckling (dâk-linn) *s* patinho; marrequinho.
Duct (dâkt) *s* conduto; tubo; canal.
Ductile (dâk-til ou dâk-táil) *adj* dútil; maleável; dócil.
Ductility (dâkti-liti) *s* maleabilidade; flexibilidade; docilidade.
Dud (dâd) *s* GÍR pessoa inútil; objeto inútil.
Dud (dâd) *s* USA impostor; pedante.
Dudgeon (dâ-djânn) *s* mágoa; mau humor; raiva.
Due (diu) *s* dívida; impostos; direitos; USA mensalidade.
Due (diu) *adj* devido a; vencido; adequado; próprio; exato.
Due (diu) *adv* exatamente; diretamente.
Duel (diu-él) *s* duelo.
Duel (diu-él) *v* duelar.
Duff (dâf) *s* ordinário; inferior; de má qualidade.
Dug (dâg) *s* teta; bico de peito; ubre.
Duke (diuk) *s* duque, chefe do exército.
Dulcet (dâl-sit) *adj* doce; harmonioso; agradável.
Dull (dâl) *adj* estúpido; vagaroso; insípido; monótono; melancólico; nebuloso; cego (sem corte).
Dull (dâl) *v* amortecer; entorpecer; ofuscar; obstruir; imbecilizar-se.
Dullard (dâ-lârd) *s* estúpido; imbecil; obtuso.
Dullish (dâ-lish) *adj* lento; estúpido; triste.
Dullness (dâl-néss) *s* estupidez; negligência; embotamento.
Dully (dá-li) *adv* lentamente; vagarosamente; negligentemente.
Duly (diu-li) *adv* pontualmente; devidamente; em devido tempo; oportunamente.
Dumb (dâmm) *adj* mudo; calado; silencioso; USA elevador de pratos; ENGL *KITCHEN-LIFT*.
Dumbfound (dâmm-faund) *v* embaraçar; confundir; emudecer.
Dummy (dâ-mi) *s* pessoa silenciosa; manequim; chupeta; bico; morto (jogo de baralhos); TIP boneco; esboço.
Dummy (dâ-mi) *adj* silencioso; falso; mudo; postiço.
Dump (dâmp) *s* tristeza; melancolia; depósito de lixo.
Dump (dâmp) *v* derramar; despejar; depositar; esvaziar; importar; exportar; descarregar.
Dumping (dâm-pinn) *s* mercadorias comercializadas no exterior, com preço mais baixo do vendido no país de origem.
Dumpish (dâm-pish) *adj* melancólico; acabrunhado; triste.
Dumpishness (dâm-pishnéss) *s* melancolia; tristeza.
Dumps (dâmps) *s* depressão; tristeza.
Dumptruck (dâmp-trâk) *s* caminhão de lixo; *vide* LORRY.
Dumpy (dâm-pi) *adj* troncudo; espadaúdo.

Dun (dânn) *s* credor encarniçado; montículo.
Dun (dânn) *v* cobrar com insistência; incomodar; importunar; salgar algum tipo de carne.
Dun (dânn) *adj* castanho escuro; pardo; sombrio.
Dunce (dânss) *s* lerdo; tolo; parvo; ignorante; cretino.
Dunderhead (dân-dâr-héd) *s* imbecil; tolo; cabeçudo; estúpido.
Dune (diunn) *s* duna.
Dung (dânn) *s* esterco; estrume; adubo.
Dung (dânn) *v* adubar; estercar.
Dung (dânn) *adj* sórdido; vil.
Dungeon (dân-djânn) *s* masmorra; calabouço; prisão.
Dunk (dânk) *v* USA molhar; embeber.
Dupe (diup) *s* ingênuo; pateta; tolo.
Dupe (diup) *v* ludibriar; enganar; lograr.
Duplicate (diu-plikit) *s* dobro; duplicata.
Duplicate (diu-plikit) *v* dobrar; copiar; duplicar.
Duplicate (diu-plikit) *adj* duplicado; duplo; dobrado.
Duplication (diuplikêi-shânn) *s* duplicação; dobra.
Duplicator (diu-plikêitâr) *s* copiador; duplicador.
Duplicity (diupli-siti) *s* duplicidade; em dobro; engano.
Durability (diurâbi-liti) *s* durabilidade; permanência; estabilidade.
Durable (diu-râbl) *adj* duradouro; durável; permanente.
Durableness (diu-râblnéss) *s* duração.
Duration (diurêi-shânn) *s* permanência; duração; estabilidade.
Duress (diu-réss ou diuré-ss) *s* dureza; prisão; aprisionamento.
During (diu-rinn) *prep* durante; enquanto.
Dusk (dâsk) *s* poente; anoitecer; crepúsculo.
Dusk (dâsk) *v* obscurecer; escurecer.
Dusk (dâsk) *adj* sombrio; obscuro; moreno.
Dusky (dâs-ki) *adj* escuro; moreno; sombrio; melancólico.
Dust (dâst) *s* pó; poeira; sepultura; restos mortais; tumulto; humilhação.
Dust (dâst) *v* limpar; espanar; varrer.
Duster (dás-târ) *s* espanador; apagador de lousa; aspirador de pó.
Dustman (dâst-man) *s* lixeiro.
Dusty (dâs-ti) *adj* empoeirado; cheio de pó.
Dutch (dâtsh) *s* holandês.
Dutch (dâtsh) *adj* holandês.
Duteous (diu-tiâss) *adj* obediente; dócil; respeitoso.
Dutiful (diu-tiful) *adj* submisso; respeitoso; obediente.
Duty (diu-ti) *s* obrigação; submissão; dever; imposto; tributo; volume de água necessário à irrigação.
Dwarf (duórf) *s* anão.
Dwarf (duórf) *v* tonar-se menor; definhar.
Dwell (duél) *v* morar; habitar; residir; permanecer; demorar; *past or pp* DWELT.
Dweller (dué-lâr) *s* morador; habitante; residente.
Dwelling (dué-linn) *v* moradia; residência; lar.
Dwindle (duindl) *v* diminuir; decair; minguar; degenerar; reduzir-se.
Dye (dái) *s* tinta; corante; colorido; tintura.
Dye (dái) *v* colorir; tingir.
Dyer (dái-âr) *s* tintureiro.
Dyestuff (dái-stâf) *s* corante.
Dying (dái-inn) *adj* moribundo; agonizante; mortal.
Dynamic (dáiné-mik) *s* dinâmico.
Dynamite (dái-nâmáit) *s* dinamite.
Dynamite (dái-nâmáit) *v* dinamitar; explodir.
Dynamo (dái-nâmôu) *s* dínamo, gerador de energia eletrica; USA GENERATOR.
Dynasty (dái-nâsti ou di-nâsti) *s* dinastia; sucessão; soberania.
Dysentery (di-sentéri) *s* disenteria; desarranjo intestinal.

E

E (i) *s* quinta letra do alfabeto Português e Inglês, além de diversos alfabetos.
E (i) *s* MÚS cifra (símbolo) da nota mi.
Each (itsh) *adj* cada.
Each (itsh) *pron* cada um; cada qual; ***EACH dog has a bone***: cada cachorro tem o seu osso.
Eager (i-gâr) *adj* esperto; ativo; ardente; vivo; ávido; ansioso; impaciente; áspero.
Eagerly (i-gârli) *adv* avidamente; impetuosamente; ansiosamente.
Eagerness (i-gârnéss) *s* ânsia, ímpeto; avidez; impaciência.
Eagle (igl) *s* águia; USA águia (moeda).
Eaglet (i-glit) *s* águia (pequena).
Ear (ir) *s* orelha (ouvido); audição; espiga de cereal; asa de jarro; ***EAR-ring***: brinco; ***EAR-shot***: alcance da voz.
Ear (ir) *v* espigar (milho ou outro ceral).
Earache (ir-êik) *s* dor de orelha (dor de ouvido).
Eared (ird) *adj* espigado; auriculado; que tem orelhas.
Earl (ârl) *s* conde.
Earldom (ârl-dâmm) *s* condado.
Earliness (âr-linéss) *s* precocidade; antecipação; madrugada.
Early (âr-li) *adj* precoce, adiantado; temporão; matinal; relativo ao começo.
Early (âr-li) *adv* cedo, no começo.
Earmark (ir-márk) *s* marca; sinal nas orelhas de um animal.
Earmark (ir-márk) *v* fazer marca ou sinal na orelha.
Earn (ârn) *v* ganhar; conseguir; obter pelo trabalho; merecer; granjear; conquistar; ***Figueira EARNS a good wage***: o Figueira ganha um bom salário.
Earnest (âr-nist) *s* seriedade; realidade; penhor; garantia.
Earnest (âr-nist) *adj* zeloso; cuidadoso; ardente; apaixonado; sério; grave; importante.
Earnestness (âr-nistnéss) *s* zelo; fervor; atividade; cuidado.
Earning (âr-ninn) *s* salário; ganho; ordenado; paga.
Earphone (âr-foun) *s* fone de orelha (fone de ouvido).
Earth (ârth) *s* terra; chão; solo; o globo terrestre; mundo; o planeta; ***EARTH-worm***: minhoca.
Earth (ârth) *v* enterrar; cavar (a terra).
Earthen (âr-thenn) *adj* térreo; da terra; de terra; de barro; terrestre.
Earthenware (ârt-thenn-uér) *s* cerâmica; louça de barro.
Earthliness (ârth-liést) *s* mundanidade; grosseria.
Earthling (arth-linn) *s* mortal.
Earthly (ârth-li) *adj* terreno; mundano; terrestre; carnal; sensual; grosseiro.
Earthquake (ârth-kuêik) *s* terremoto.
Earthward (ârth-uârd) *adv* em direção ao solo; em direção à terra.
Earthy (ârthi) *adj* terreno; térreo; da terra; material grosseiro.
Ease (iz) *s* repouso; tranquilidade; sossego; comodidade; bem-estar; desembaraço; alívio.
Ease (iz) *v* aliviar; facilitar; tranquilizar; suavizar; acalmar; repousar.
Easeful (iz-ful) *adj* tranquilo.
Easel (izl) *s* cavalete (de pintor); sustentáculo (para quadro etc.).
Easement (iz-ment) *s* alívio; assistência; conforto; vantagem; desagravo.
Easily (i-zili) *adv* facilmente.
Easiness (i-zinéss) *s* facilidade; desembaraço; bondade; complacência.
East (i-zi) *s* oriente; leste; nascente.
Easter (is-târ) *s* Páscoa.
Eastern (is-târ) *s* oriental.
Eastern (is-târ) *adj* oriental.
Easy (i-zi) *adj* fácil; tranquilo; livre; sossegado; feliz; condescendente; plano; liso; confortável; competente; amável.
Eat (it) *v* comer; mastigar; consumir; roer; nutrir-se; ***to EAT supper***: jantar; *past* **ATE** *and pp* **EATEN**.
Eater (i-târ) *s* comedor.
Eaves (ivs) *s* cornija; goteira; calha; beiral.
Ebb (éb) *s* maré baixa; vazante; refluxo; ruína; decadência.
Ebb (éb) *v* refluir (a maré); decair; arruinar-se.
Ebonics (é-bânics) *s* o inglês falado entre os jovens negros.
Ebonize (é-bânáiz) *v* polir; imitando ébano.
Ebony (é-boni) *s* ébano.
Ebriety (ibrái-iti) *s* embriaguez.
Ebullience (ibâ-lienss) *s* ebulição; fervura; entusiasmo; ardor; excitação.
Ebullient (ibâ-lient) *adj* ebuliente; fervente; efervescente; FIG ardoroso; entusiasmado.
Ebullition (ébâli-shânn) *s* ebulição; efervescência; agitação.
Eccentric (éksén-trik) *adj* excêntrico; extravagante; exótico; original.
Eccentricity (ékséntri-siti) *s* excentricidade, esquisitice; exorbitância.
Ecclesiastes (ékliziés-tis) *s* RELIG Eclesiastes, um dos Livros do Antigo Testamento.
Ecclesiastic (ékliziés-tik) *s* eclesiástico; padre; clérigo.
Ecclesiastic (ékliziés-tik) *adj* eclesiástico; padre; clérigo.
Ecclesiasticism (ékliziés-tissizm) *s* clericalismo; zelo religioso.
Echo (é-kôu) *s* eco.
Echo (é-kôu) ecoar; ressoar; retumbar; imitar; repercutir.
Eclectic (eklék-tik) *adj* eclético; indulgente; tolerante; condescendente; partidário do ecletismo.
Eclectical (eklék-tikâl) *vide* ECLECTIC.
Eclipse (ikli-ps) *s* obscuridade; sombra; ASTR eclipse, interposição de astros de tal sorte que haja o desaparecimento temporário de um deles.
Eclipse (ikli-ps) *v* eclipsar; apagar; nublar; obscurecer; eclipsar-se.
Ecliptic (iklip-tik) *s* eclíptica, círculo máximo na esfera celeste, correspondente a uma volta aparente feita pelo Sol em torno da Terra.
Ecliptic (iklip-tik) *adj* eclíptico, relativo a eclipse.
Eclogue (é-klóg) *s* écloga, poesia pastoril.
Ecology (ikó-lodji) *s* ecologia, estudo dos seres vivos em relação ao meio ambiente.
Economic (ikonó-mik) *adj* econômico; regrado; moderado; poupado.
Economical (ikonó-mikâl) *vide* ECONOMIC.

Economics (ikonó-miks) *s* economia de um país; economia política.
Economist (ikó-nomist) *s* economista; ecônomo; aquele que é formado em ciências econômicas; POP baixo custo.
Economize (ikó-nomáiz) *v* economizar; poupar.
Economy (ikó-nomi) *s* economia; método; organização; parcimônia.
Ecstasy (ékst-tâssi) *s* êxtase; enlevo; arrebatamento; exaltação.
Ecstatic (éksté-tik) *adj* extático; absorto; arrebatado; enlevado.
Ectoplasm (ék-toplésm) *s* ectoplasma, segundo a crença espíritista, plasma psíquico emanado de um medium; MED porção periférica do citoplasma.
Ectype (ék-táip) *s* cópia, reprodução.
Ecumenic (ékiumé-nik) *adj* ecumênico; universal; geral.
Edacious (idêi-shâss) *adj* voraz; devorador; glutão; ávido.
Edaciousness (idêi-shâsnéss) *s* voracidade; avidez.
Eddy (é-di) *s* remoinho; ressaca; turbilhão; refluxo.
Eddy (é-di) *v* remoinhar.
Eden (i-den) *s* Éden; paraíso.
Edge (édj) *s* fio; gume; borda; beira; ponta; extremidade; corte; orla; margem; ângulo; arma; ***the stone is at the EDGE***: a pedra está à beira do abismo.
Edge (édj) *v* afiar; açular; aguçar; excitar; incitar; exasperar; irritar; ***straight EDGE***: régua de pedreiro.
Edged (édjd) *adj* aguçado; pontudo; afiado; cortante; guarnecido.
Edgeless (édj-léss) *adj* embotado; cego; sem gume (corte).
Edgeways (édj-uêiz) *adv* lateralmente; de soslaio; do lado do gume.
Edgewise (édj-uáiz) *vide* EDGEWAYS.
Edging (é-djinn) *s* debrum; cercadura; orla; bainha; extremidade.
Edgy (é-dji) *adj* cortante; anguloso; irascível; nervoso; irritável.
Edible (é-dibl) *s* comestível.
Edible (é-dibl) *adj* comestível; comível.
Edict (i-dikt) *s* édito; edital; citação; decreto; ordem.
Edification (édifikêi-shânn) *s* edificação; ensino; construção; instrução moral.
Edifice (é-difiss) *s* edifício; casa; prédio.
Edify (é-difái) *v* edificar; construir; instruir; doutrinar; melhorar.
Edifying (é-difáinn) *adj* edificante; exemplar.
Edile (i-dáil) *s* edil; vereador.
Edileship (i-dáilship) *s* edilidade.
Edit (é-dit) *v* editar; publicar; fazer a revisão de.
Edition (edi-shânn) *s* edição; publicação; impressão de livro.
Editor (é-ditâr) *s* editor; redator de uma publicação; diretor de jornal.
Editorial (éditôu-riâl) *adj* editorial.
Editorship (é-ditârship) *s* cargo e função de editor; cargo de redator; direção de um jornal.
Educable (é-diukâbl) *adj* educável.
Educate (é-diukêit) *v* educar; criar; instruir; ensinar.
Educated (é-diukêitd) *adj* educado; instruído; ensinado.
Education (édiukêi-shânn) *s* educação; cultura; instrução; ensino.
Educational (édiukêi-shânâl) *adj* educacional; pedagógico.
Educationist (édiukêi-shânist) *s* educador; pedagogo; mestre.
Educative (é-diukêitiv) *adj* educativo.
Educator (é-diukêitâr) *s* educador; mestre; instrutor.
Educe (idiu-ss) *v* deduzir; extrair; evocar; tirar.
Educt (idâk-t) *s* produto; resultado.
Eduction (idâk-shânn) *s* dedução; emissão; extração; desprendimento; MEC descarga de uma máquina, escape.
Eductor (idâk-târ) *s* edutor; extrator; emissor.
Eel (il) *s* enguia; lampreia.
Eeriness (i-rinéss) *s* timidez; melancolia; lugubridade; pavor.
Eery (i-ri) *adj* estranho; tímido; assustador.
Effable (é-fâbl) *adj* dizível; explicável.
Efface (efêi-ss) *v* borrar; riscar; apagar; destruir.
Effaceable (efêi-sâbl) *adj* anulável; apagável; destruível.
Effacement (efêis-ment) *s* extinção; obliteração; cancelamento.
Effect (efék-t) *s* efeito; ação; resultado; repercussão; eficácia; realização.
Effect (efék-t) *v* efetuar; realizar; operar; cumprir; consumar; assegurar.
Effective (efék-tiv) *s* pessoa eficaz; MIL efetivo (nº disponível de soldados).
Effective (efék-tiv) *adj* eficaz; ativo; útil; eficiente.
Effectiveness (efék-tivnéss) *s* eficiência; eficácia.
Effectual (efék-tiuâl) *adj* eficiente; eficaz; efetivo.
Effectualness (efék-tiuâlnéss) *s* eficiência.
Effectuate (efék-tiuêit) *v* efetuar; executar; realizar.
Effeminate (efé-minêit) *adj* delicado; efeminado.
Effeminate (efé-minêit) *v* efeminar.
Effervesce (éfârvê-ss) *v* efervescer; espumar; fermentar; soltar bolhas.
Effervescence (éfârvé-senss) *s* efervescência; ebulição; excitação.
Effervescent (éfârvé-sent) *adj* efervescente; espumoso.
Effete (efit) *adj* impotente; estéril; gasto; cansado; embotado.
Efficacious (éfikêi-shâss) *adj* eficaz; forte; eficaz; poderoso; salutar.
Efficaciousness (éfikêi-shâsnéss) *s* eficácia; eficiência.
Efficacy (éfiké-siti) *s* eficácia, eficiência; energia; força.
Efficiency (éf-shensi) *s* eficiência; eficácia; força; ação.
Efficient (éfi-shent) *adj* eficiente; capaz; produtivo; ativo.
Effigy (é-fidji) *s* efígie, imagem.
Effloresce (éfloré-ss) *v* florescer; QUÍM eflorescer.
Efflorescence (efloré-senss) *s* florescência; desabrochamento; MED erupção; pústula.
Efflorescent (efloré-sent) *adj* eflorescente.
Effluence (é-fluenss) *s* emanação; eflúvio; emissão.
Effluent (é-fluent) *adj* efluente, que emana invisivelmente de certos corpos.
Effluvium (éflu-viâmm) *s* eflúvio; emanação; exalação.
Efflux (é-flâks) *s* eflúvio; exalação; fluxo; derrame; desprendimento.
Effort (é-fârt) *s* esforço; tentativa; empenho.
Effortless (é-fârtléss) *adj* sem esforço.
Effrontery (efrân-târi) *s* descaramento; arrogância; impudência; desfaçatez.
Effulge (efâl-dj) *v* brilhar; efulgir; refulgir; resplandecer.
Effulgent (efâl-djent) *adj* brilhante; fulgurante; resplandecente.
Effuse (efiuz) *v* difundir; entornar; emanar; derramar; espalhar.
Effuse (efiu-z) *adj* espalhdo; derramado; difuso.
Effusion (efiu-jânn) *s* efusão; expansão; derramamento; derrame.
Effusive (efiu-siv) *adj* efusivo; caloroso; pródigo; expansivo.
Effusiveness (efiu-sivnéss) *s* efusão; expansão.
Eft (éft) *s* salamandra; lagartixa.
E.g. (i-dgi) *s* por exemplo, ABREV de **"EXEMPLI GRATIA"** (Latin).
Egg (ég) *s* ovo; óvulo; germe; larva de bicho-da-seda.
Egg (ég) *v* misturar; cobrir com ovos.
Eggbeater (ég-biter) *s* batedeira de ovos; GÍR helicóptero.
Eggplant (ég-plâent) *s* USA berinjela; INGL AUBERGINE.
Egoism (é-gôuzim) *s* egoísmo.
Egoist (é-gôuist) *s* egoísta.
Egoistic (égôuis-tik) *adj* egoístico.
Egotism (é-gôutizm) *s* egotismo; egoísmo.
Egotist (é-gôutist) *s* egotista, egoísta.
Egregious (igri-djâss) *adj* egrégio; insigne; ilustre; perfeito; arrematado.
Egregiousness (igri-djâsnéss) *s* distinção; nobreza; notoriedade; celebridade.

Egress (i-gréss) *s* egressão; partida; saída.
Egret (é-gret) *s* garça pequena; pluma de garça; penacho; cocar.
Egyptian (idjip-shânn) *s* egípcio.
Egyptian (idjip-shânn) *adj* egípcio.
Egyptology (idjiptó-lodji) *s* egiptologia.
Eider (ái-dâr) *s* grande ganso marinho; pato marinho (regiões árticas).
Eidolon (áidôu-lónn) *s* espectro; fantasma.
Eight (êit) *adj* oito.
Eighteen (êiti-nn) *adj* dezoito.
Eighteenth (êitin-th) *adj* décimo-oitavo.
Eighty (êi-ti) *adj* oitenta.
Either (i-dhâr) *adj* um de dois; um ou outro; ambos; qualquer.
Either (i-dhâr) *pron* um ou outro; ambos; qualquer dos dois.
Either (i-dhâr) *conj* ou; ora; também não; também; de nenhum modo.
Ejaculate (idjé-kiulêit) *v* ejacular; proferir; bradar; falar com veemência.
Ejaculation (idjékiulêi-shânn) *s* ejaculação; emissão; exclamação; interjeição.
Ejaculatory (idjé-kiulêitôuri) *adj* ejaculatório; exclamatório; jaculatório.
Eject (idjék-t) *v* expelir; expulsar; desapossar; arrojar; arremessar; MED evacuar.
Ejection (idjék-shânn) *s* expulsão; exclusão; evacuação.
Ejector (idjék-târ) *s* ejetor; expulsor.
Eke (ik) *v* alongar; aumentar; obter; suprir; suplementar; manter; produzir com dificuldade.
Eke (ik) *adv* também; além do mais.
Elaborate (ilé-borêit) *v* elaborar; melhorar; trabalhar com esmero; trabalhar com arte.
Elaborate (ilé-borêit) *adj* elaborado; feito com esmero; feito com muito cuidado; primoroso.
Elaborately (ilé-boritli) *adv* primorosamente.
Elaborateness (ilé-boritnéss) *s* esmero; primor; cuidado; bom trabalho.
Elaboration (iléborêi-shânn) *s* elaboração.
Elapse (ilé-ps) *v* passar; decorrer; transcorrer; (relativamente ao tempo).
Elastic (ilés-tik) *s* elástico.
Elastic (ilés-tik) *adj* elástico.
Elasticity (élâsti-siti) *s* elasticidade.
Elate (ilêit) *v* exaltar; excitar; entusiasmar; glorificar; tornar vaidoso.
Elate (ilêit) *adj* exaltado; altivo; orgulhoso; soberbo; presunçoso.
Elation (ilêi-shânn) *s* exaltação; soberba; elevação; júbilo.
Elbow (él-bôu) *s* o cúbito (o cotovelo); ângulo; braço; volta; canto; esquina.
Elbow (él-bôu) *v* cubitar (acotovelar).
Eld (éld) *s* antiguidade; velhice.
Elder (él-dâr) *s* primogênito; ancião; chefe de uma tribo; antepassado.
Elder (él-dâr) *adj* mais velho; mais idoso; mais antigo.
Elderliness (él-dârlinéss) *s* idade madura.
Elect (ilékt) *s* eleito; escolhido; preferido.
Elect (ilékt) *v* votar; eleger; nomear; escolher; preferir.
Elect (ilékt) *adj* eleito; escolhido; preferido.
Election (ilék-shânn) *s* eleição; votação; escolha; predestinação; *ELECTIONS are held to choose the president*: eleições são realizadas para escolher o presidente.
Electioneer (ilékshâni-r) *s* galopim; angariador de votos.
Electioneer (ilékshâni-r) *v* cabalar; solicitar votos; galopinar.
Electioneering (ilékshâni-rinn) *s* manobras eleitorais; campanha eleitoral.
Elective (ilék-tiv) *adj* eletivo; sujeito a escolha; facultativo.
Electiveness (ilék-tivnéss) *s* eletividade; elegibilidade.
Elector (ilék-târ) *s* eleitor; votante.
Electoral (ilék-târâl) *adj* eleitoral.
Electorate (ilék-târit) *s* eleitorado.
Electric (ilé-trik) *adj* elétrico.
Electrical (ilék-trikâl) *adj* elétrico.
Electrician (iléktri-shânn) *s* eletricista.
Electricity (iléktri-siti) *s* eletricidade.
Electrification (iléktrifikêi-shânn) *s* eletrificação; eletrização.
Electrify (ilék-trifái) *v* eletrificar; eletrizar; exaltar; entusiasmar.
Electrocute (ilék-trokiut) *v* eletrocutar; fulminar pela eletricidade.
Electrocution (iléktrokiu-shânn) *s* eletrocução.
Electrode (ilék-trôud) *s* eletródio.
Electrolysis (iléktró-lissis) *s* eletrólise.
Electrolyte (ilék-troláit) *s* eletrólito.
Electrolytic (iléktroli-tik) *adj* eletrolítico.
Electron (ilék-trónn) *s* elétron.
Electronic (iléktrôu-nik) *adj* eletrônico.
Electronics (iléktrôu-niks) *s* eletrônica.
Electrotechnics (iléktrôuték-niks) *s* eletrotécnica.
Electrum (ilék-trâmm) *s* eletro.
Elegance (é-ligânss) *s* elegância; distinção; gentileza; graça; refinamento.
Elegant (é-ligânt) *adj* elegante; polido; distinto; USA excelente.
Elegiac (ili-djiék) *adj* elegíaco.
Elegist (é-lidjist) *s* poeta elegíaco, melancólico.
Elegize (é-lidjáiz) *v* escrever elegias; lamentar.
Elegy (é-lidji) *s* elegia, composição consagrada ao luto e à tristeza.
Element (é-limént) *s* elemento; célula; componente; fundamento; princípio; noções, rudimentos; primeiras letras; QUÍM átomo; corpo simples; ALQ os quatro elementos da natureza: terra, água, fogo e ar.
Elemental (élimén-tâl) *adj* elementar; simples; rudimentar; elemental; elementário.
Elementariness (élimén-târinéss) *s* elementaridade; simplicidade.
Elementary (élimén-târi) *adj* elementar; primário; rudimentar; simples; USA *ELEMENTARY school*: primário (1º ao 6º graus).
Elephant (é-lifânt) *s* elefante.
Elephantine (élifén-táinn) *adj* elefantino; elefântico; pesadão; desajeitado.
Elevate (é-livêit) *v* elevar; erguer; exaltar; alçar; encorajar; excitar; alegrar; animar.
Elevated (é-livêited) *s* ferrovia aérea.
Elevated (é-livêited) *adj* elevado; alto; exaltado; nobre; sublime.
Elevation (élivêi-shânn) *s* elevação; altura; exaltação; sublimidade.
Elevator (é-livêitâr) *s* USA elevador; ascensor; ENGL LIFT.
Eleven (ilév-n) *adj* onze.
Eleventh (ilévn-th) *adj* undécimo.
Elf (élf) *s* duende; gnomo; gênio; fada; silfo; bruxa.
Elfin (él-finn) *s* pequeno duende; anão; criança travessa; diabrete.
Elfish (él-fish) *adj* de duendes; maligno; travesso; misterioso.
Elicitation (ilissitêi-shânn) *s* instigação; dedução; indução.
Elide (ilái-d) *v* elidir; suprimir; refutar.
Eligibility (élidjibi-liti) *s* elegibilidade.
Eligible (é-lidjibl) *adj* elegível; preferível; conveniente; vantajoso.
Eligibleness (é-lidjiblnéss) *s* elegibilidade.
Eliminate (ili-minêit) *v* eliminar; suprimir; expulsar; banir; abstrair.
Elimination (iliminêi-shânn) *s* eliminação; banimento; exclusão; expulsão.
Eliminatory (ili-minâtôuri) *adj* eliminatório.
Élite (êli-t ou il-it) *s* elite; a melhor parte; o escol.
Elixir (ilik-sâr) *s* elixir, bebida medicamentosa.
Elk (élk) *s* alce, espécie de animal mamífero.

Ell (él) *s* vara, antiga medida de comprimento; USA anexo a um edifício.
Ellipsis (eli-psiss) *s* GRAM elipse, omissão de palavras que ficam subentendidas.
Elm (él-mm) *s* olmo; olmeiro (árvore comum do hemisfério norte).
Elocution (élokiu-shânn) *s* elocução; declamação; expressão.
Elocutionist (élokiu-shânist) *s* declamador; professor de declamação.
Elongate (ilón-ghêit) *v* alongar; alongar-se; prolongar; estender-se; afastar.
Elongation (ilónghêi-shânn) *s* prolongamento; extensão; separação; afastamento.
Elope (ilôup) *v* evadir-se; escapar-se; fugir de casa.
Elopement (ilôup-ment) *s* fuga; evasão.
Eloquence (é-lokuénss) *s* eloquência.
Eloquent (é-lokuént) *adj* eloquente; expressivo; significativo; convincente.
Else (éls) *adj* outro.
Else (éls) *adv* além de; em lugar de.
Else (éls) *pron* outro; outrem.
Else (éls) *conj* ou; senão.
Elsewhere (éls-huér) *adv* em outra parte; noutra parte; alhures.
Elucidate (iliu-sidêit) *v* elucidar; comentar; ilustrar; esclarecer; explicar.
Elucidation (iliussidêi-shânn) *s* elucidação; explicação; esclarecimento; ilustração.
Elucidatory (iliu-sidâtôuri) *adj* elucidativo; explicativo.
Elude (iliu-d) *v* iludir; fugir; esquivar-se; enganar; evitar; escapar a; tergiversar.
Elusion (iliu-jânn) *s* ilusão; engano; ardil; artifício; subterfúgio.
Elusive (ilu-siv) *adj* ilusório; enganador; evasivo; esquivo.
Elusiveness (iliu-sivnéss) *s* ilusão; engano; artifício; logro; fraude.
Elusory (iliu-sôuri) *adj* ilusório; ardiloso; fraudulento; enganoso.
Elysian (ili-ziânn) *adj* elísio; celeste; sublime; agradável.
Emaciate (imêi-shiêit) *v* emagrecer; extenuar; definhar; murchar.
Emaciation (imêishiêi-shânn) *s* emagrecimento; magreza; extenuação.
Emanate (é-mânêit) *v* emanar; exaltar; provir; desprender; sair de; proceder.
Emanation (émânêi-shânn) *s* emanação; proveniência.
Emancipate (imén-sipêit) *v* emancipar; libertar; livrar.
Emancipate (imén-sipêit) *adj* emancipado.
Emancipation (iménsipêi-shânn) *s* emancipação; alforria; libertação.
Emancipator (imén-sipêitàr) *s* emancipador; libertador.
Embalm (imbá-mm) *v* embalsamar; perfumar; conservar.
Embalmer (imbá-mâr) *s* embalsamador.
Embalmment (imbám-ment) *s* embalsamamento.
Embank (imbén-k) *v* represar; proteger com dique; aterrar; terraplanar.
Embankment (imbenk-ment) *s* represa; dique; aterro.
Embargo (embár-gôu) *s* embargo; interdição; detenção.
Embargo (embár-gôu) *v* embargar; impedir; deter.
Embark (imbár-k) *v* embarcar; arriscar-se; aventurar-se; COM comprometer-se.
Embarkation (embárkêi-shânn) *s* embarque; embarcamento.
Embarrass (embé-râss) *v* embaraçar; perturbar; estorvar; embaraçar-se; encabular; incomodar; dificultar.
Embarrassment (embé-râsment) *s* embaraço; encabulamento; obstáculo; estorvo; dificuldade; empecilho.
Embassy (em-bâssi) *s* embaixada.
Embattle (embét-l) *v* formar em batalha; guarnecer de ameias; fortificar; amear.
Embay (embêi) *v* ancorar.
Embayment (embêi-ment) *s* ancoradouro.
Embed (imbé-d) *v* embutir; entalhar; encaixar.
Embedment (imbéd-ment) *s* embutidura; encaixe; incrustação.
Embellish (embé-lish) *v* embelezar; enfeitar; aformosear; adornar; enriquecer; ornamentar.
Embellisher (embé-lishâr) *s* enfeitador; embelezador; decorador.
Embellishment (embé-lishment) *s* embelezamento; ornamentação; adorno; decoração.
Ember (em-bâr) *s* brasa; tição aceso; cinzas quentes.
Embezzle (embéz-l) *v* apropriar-se com fraude; usurpar; desviar; desfraudar.
Embezzler (embéz-lâr) *s* defraudador; estelionatário; peculatário.
Embitter (embi-târ) *v* amargar; azedar; amargurar; infelicitar; envenenar.
Embitterment (embi-târment) *s* ato de tornar amargo.
Emblazon (emblêiz-n) *v* adornar; ornar; guarnecer com brasões; embelezar; esmaltar a cores; exaltar; celebrar.
Emblazonment (emblêizn-ment) *s* ato de brasonar; brasão; louvor exagerado.
Emblem (ém-blémm) *s* emblema; divisa; símbolo; insígnia; distintivo.
Emblematic (emblemé-tik) *adj* emblemático; simbólico.
Embodiment (embó-diment) *s* resumo; incorporação; agrupamento; condensação; encarnação.
Embody (embó-di) *v* incorporar; juntar; encarnar; abranger; personificar; corporificar.
Embolden (émbôuld-n) *v* animar; atrever-se; encorajar; estimular; ousar.
Embosom (embu-zânn) *v* pôr no seio; ocultar; esconder; proteger.
Emboss (embó-ss) *v* gravar, imprimir em relevo; incrustrar; embutir; entalhar.
Embosser (embó-sâr) *s* gravador em relevo.
Embossing (embó-sinn) *s* gravura em relevo.
Embossment (embóss-ment) *s* relevo; realce; trabalho em relevo.
Embouchure (embushu-r) *s* bocal de um instrumento; desembocadura de rio; embocadura.
Embowel (embáu-él) *v* desentranhar; estripar; encerrar; despedaçar; enterrar.
Embower (embáu-âr) *v* cobrir com folhagens; copar; abrigar; sombrear.
Embrace (embrêi-ss) *s* abraço; amplexo.
Embrace (embrêi-ss) *v* abraçar; cingir; abranger; abarcar; aceitar; incluir.
Embracement (embrêis-ment) *s* abraço; amplexo.
Embracer (embrêi-sâr) *s* abraçador; subornador, o que pretende subornar um júri.
Embrasure (embrêi-jur) *s* vão de porta ou de janela; canhoneira; seteira.
Embrocate (ém-brokêit) *v* fomentar; MED embrocar; aplicar linimentos.
Embrocation (embrokêi-shânn) *s* linimento; fomentação; fricção.
Embroider (embrói-dâr) *v* bordar; enfeitar; esmaltar; embelezar; adornar.
Embroiderer (embrói-dârâr) *s* bordador; bordadeira.
Embroil (embrói-l) *v* embrulhar (no sentido de confundir; intrigar; embaraçar).
Embroilment (embróil-ment) *s* confusão; enredo; intriga; perturbação; embrulhada; contenda.
Embryo (ém-briôu) *s* embrião; feto; rudimento; princípio.
Embryonic (émbrió-nik) *adj* embrionário.
Emend (imén-d) *v* emendar; corrigir; melhorar; retificar.
Emendable (imén-dâbl) *adj* emendável; reparável; retificável; corrigível.
Emendation (iméndêi-shânn) *s* emenda; correção.

Emendator (imén-dâtâr) *s* emendador; retificador.
Emerald (é-mârâld) *s* esmeralda; cor de esmeralda.
Emerge (imâr-dj) *v* emergir; surgir; elevar; aparecer; sair.
Emergence (imâr-djénss) *s* emergência; aparição; emersão.
Emergency (imâr-djén-si) *s* caso fortuito; emergência; necessidade urgente; acontecimento; conjuntura.
Emergent (imâr-djént) *adj* emergente; repentino; inesperado; difícil.
Emergently (imâr-djéntli) *adv* repentinamente.
Emersion (imâr-shânn) *s* emersão; aparição; reaparição.
Emery (é-mâri) *s* esmeril.
Emetic (imé-tik) *s* vomitório.
Emetic (imé-tik) *adj* emético; vomitivo.
Emigrant (é-migrént) *s* emigrante.
Emigrant (é-migrént) *adj* emigrante; refugiado.
Emigrate (é-migrêit) *v* emigrar.
Emigration (émigrêi-shânn) *s* emigração.
Emigratory (emi-grâtôuri) *adj* emigratório.
Eminence (é-minénss) *s* elevação; altura; grandeza; superioridade; excelência; eminência (título religioso).
Eminent (é-minént) *adj* eminente; ilustre; supremo; notável.
Emissary (é-missâri) *s* emissário; mensageiro; espião; canal de esgoto (cano).
Emissary (é-missâri) *adj* enviado.
Emission (imi-shânn) *s* emissão; saída.
Emissive (imi-siv) *adj* emissivo.
Emit (imi-t) *v* emitir; lançar; desprender; despedir; exalar; descarregar; publicar; pôr em circulação.
Emmet (é-mit) *s* formiga.
Emollient (imó-lient) *s* emoliente; brando.
Emollient (imó-lient) *adj* emoliente; brando.
Emolument (imó-liument) *s* lucro; emolumento; gratificação; rendimento salarial (extra).
Emotion (imôu-shânn) *s* perturbação; emoção; comoção; alvoroço; sensação; excitamento.
Emotional (imôu-shânâl) *adj* emocional; sentimental; impressionante.
Emotionalist (imôu-shânalist) *adj* sentimentalista.
Emotionless (imôu-shânléss) *adj* insensível; sem emoções.
Emotive (imôu-tiv) *adj* emotivo; impressionável.
Empannel (impé-nel) *v* inscrever um jurado (constar da lista de).
Emperor (ém-pârâr) *s* imperador.
Emphasis (ém-fâssiss) *s* ênfase; energia; realce; força; significância.
Emphasize (ém-fâssáiz) *v* acentuar; salientar; carregar; dar ênfase; realçar.
Emphatic (emfé-tik) *adj* enfático; forte; expressivo; enérgico; sonoro.
Emphysema (emfissi-mâ) *s* MED enfisema (infiltração de ar no tecido celular).
Empire (ém-páir) *s* império.
Empiric (émpi-rik) *s* curandeiro; charlatão.
Empiric (émpi-rik) *adj* empírico (que não tem formação teórica, mas apenas formação decorrente da experiência vivida).
Emplacement (emplêis-ment) *s* localização; situação; colocação; MIL plataforma para canhões.
Employ (empló-i) *s* emprego; ocupação; negócio; ofício; cargo.
Employ (empló-i) *v* empregar; ocupar; dar trabalho; utilizar; servir-se de; usar.
Employable (emplói-âbl) *adj* empregável.
Employee (emplói-i) *s* empregado.
Employer (emplói-âr) *s* empregador; patrão; empresário; chefe; amo; gerente.
Employment (emplói-ment) *s* uso; emprego; função; ocupação; cargo; aplicação; atividade.
Emporium (empôu-riâmm) *s* empório; centro comercial; bazar; armazém.
Empower (empáu-âr) *v* autorizar; habilitar; dar poderes a; empossar.
Empress (ém-press) *s* imperatriz.
Emptiness (émp-tinéss) *s* vazio; vácuo; nulidade; futilidade; ignorância; solidão.
Empty (émp-ti) *v* esvaziar; evacuar; esgotar; despejar; descarregar.
Empty (émp-ti) *adj* vazio; oco; deserto; fútil; desocupado; estéril; imaginário; vão; inútil; estúpido; nulo; *the house is EMPTY*: a casa está vazia.
Empyreal (empi-riâl) *s* empíreo, morada dos deuses e santos.
Empyreal (empi-riâl) *adj* empíreo, supremo, celeste.
Emu (i-miu) *s* ema; avestruz australiano.
Emulate (é-miulêit) *v* emular; igualar; imitar; competir; rivalizar; esforçar-se por sobrepujar.
Emulation (émiulêi-shânn) *s* emulação; estímulo; concorrência; rivalidade.
Emulative (é-miulâtiv) *adj* emulativo.
Emulator (é-miulêitâr) *s* êmulo; rival; imitador; competidor.
Emulous (é-miulâss) *s* êmulo; antagonista; rival.
Emulsion (imâl-sifái) *s* MED emulsão (líquido com substância gordurosa em suspensão).
Emulsive (imâl-siv) *adj* emulsivo; de que se pode extrair óleo.
Enable (enêib-l) *v* habilitar; capacitar; possibilitar; permitir; dar poderes a.
Enact (enék-t) *v* estabelecer; decretar; executar; promulgar; cumprir; desempenhar; interpretar; aprovar.
Enactive (enék-tiv) *adj* promulgador; ordenador; que pode decretar.
Enactment (enékt-ment) *s* decreto; estatuto; ordem; lei; sanção; promulgação; legalização.
Enactor (enék-târ) *s* legislador; autor; executor.
Enamel (ené-mel) *s* esmalte; adorno.
Enamel (ené-mel) *v* esmaltar; adornar.
Enameled (ené-nleid) *adj* esmaltado.
Enameler (enê-melâr) *s* esmaltador.
Enameling (ené-melinn) *s* esmaltagem; esmalte.
Enamor (ené-mâr) *v* enamorar; cativar; encantar.
Enamored (ené-mârd) *adj* enamorado; encantado.
Encage (enkêi-dj) *v* engaiolar; enjaular; encarcerar; encerrar.
Encamp (enkém-p) *v* acampar.
Encampment (enkémp-ment) *s* acampamento; arraial; alojamento; campo.
Encase (enkêi-ss) *v* encaixotar; encaixar; envolver.
Encave (enkêiv) *v* esconder; encavernar.
Enceinte (ânsént) *s* recinto de uma fortaleza.
Enceinte (ânsént) *adj* prenhe; grávida.
Enchain (antshêi-nn) *v* encadear; algemar; acorrentar; subjugar; dominar.
Enchainment (entshêin-ment) *s* encadeamento; conexão; concatenação; ligação.
Enchant (entshén-t) *v* encantar; seduzir; enfeitiçar; deleitar; arrebatar; deliciar.
Enchanter (entshén-târ) *s* encantador; sedutor; mágico; feiticeiro.
Enchantment (entshént-ment) *s* magia; encantamento; encanto; fascinação; feitiço.
Enchantress (entshén-tréss) *s* feiticeira.
Enchase (entshêi-ss) *v* encaixar; incrustar; embutir; engastar.
Enchasing (entshêi-sinn) *s* engaste; armação; montagem.
Encircle (ensârk-l) *v* cercar; abraçar; cingir; envolver; rodear; escoltar; abarcar.
Enclasp (enklés-p) *v* cingir; abrochar; conter; abarcar; abraçar.
Enclitic (enkli-tik) *adj* GRAM enclítico, corresponde ao vocábulo que está em ênclise, como os pronomes átonos colocados depois do verbo.
Enclose (enklôu-z) *v* incluir; fechar; rodear; anexar; conter; encerrar; enfeixar.
Enclosed (enklôuz-d) *adj* anexado; incluído; anexo.

Encloser (enklôu-zâr) *s* muro; valado; o que cerca; anexo; cerca.
Enclosure (inklôu-jur) *s* cercado; inclusão; recinto fechado; valado.
Encomium (enkôu-miâmm) *s* encômio; louvor; elogio.
Encompass (enkâm-pâss) *v* cercar; circundar; cingir; encerrar; abarcar; incluir; abraçar.
Encore (ânkôur) *s* TEATR repetição; bis.
Encore (ânkôu-r) *v* repetir; bisar.
Encounter (enkáun-târ) *s* encontro; choque; embate; escaramuça; combate; ataque.
Encounter (enkáun-târ) *v* encontrar; opor-se; atacar; lutar; investir; acometer; combater.
Encourage (enkâ-ridj) *v* animar; fomentar; encorajar; instigar; animar; estimular.
Encouragement (enkâ-ridjment) *s* ânimo; encorajamento; incitamento; instigação; fomento; estímulo.
Encourager (enkâ-ridjâr) *s* encorajador; favorecido; instigador; animador; estimulante.
Encouraging (enkâ-ridjinn) *adj* animador; alentador.
Encroach (enkrôu-tsh) *v* invadir; imiscuir-se; transgredir; usurpar; abusar.
Encroacher (enkrôu-tshâr) *s* invasor; usurpador.
Encroaching (enkrôu-tshinn) *adj* usurpante; intruso; usurpador.
Encroachment (enkrôu-tshment) *s* usurpação; invasão; abuso; intromissão.
Encrust (enkrâs-t) *v* entalhar; incrustar; embutir.
Encumber (enkâm-bâr) *v* estorvar; atrapalhar; embaraçar; onerar; endividar; sobrecarregar; obstruir; oprimir.
Encumbrance (enkâm-brânss) *s* estorvo; carga; dificuldade; embaraço; obstáculo; hipoteca.
Encyclic (ensi-klik) *s* encíclica (ordem escrita do Papa sobre dogma ou disciplina).
Encyclic (ensi-klik) *adj* encíclico.
Encyclopedia (ensáiklopi-diá) *s* enciclopédia.
Encyclopedic (ensáiklopi-dik) *adj* enciclopédico.
End (énd) *s* fim; termo; extremidade; alvo; resultado; fragmento; desígnio; conclusão; cabo; término; final; ponta; interesse.
End (énd) *v* acabar; expirar; concluir; terminar; morrer; finalizar; matar; liquidar; decidir; redundar; resultar.
Endanger (endén-djâr) *v* comprometer; correr perigo; expor; arriscar; pôr em perigo.
Endangering (endén-djârinn) *adj* arriscado.
Endear (endi-r) *v* encarecer; apreciar; estimar.
Endearing (endi-rinn) *adj* carinhoso; terno; amável; afetuoso.
Endearment (endir-ment) *s* meiguice; afeto; ternura; afago; carinho; carícia.
Endeavor (endé-vâr) *s* empenho; esforço; empreendimento.
Endeavor (endé-vâr) *v* esforçar-se; diligenciar; envidar esforços.
Ending (én-dinn) *s* fim; desenlace; termo; conclusão.
Endive (en-div) *s* endívia; escarola; chicória.
Endless (énd-léss) *adj* interminável; eterno; infinito; perpétuo.
Endlessness (énd-lésnéss) *s* perpetuidade; redondeza; continuidade.
Endlong (énd-lónn) *adv* estendido em linha reta; ao comprido.
Endmost (énd-môust) *adj* o mais afastado; o mais distante.
Endorse (indór-ss) *v* endossar; abonar; rubricar; autenticar; sancionar; aprovar.
Endorsement (indór-sment) *s* endosso; visto; rubrica; sanção.
Endorser (indór-sâr) *s* endossante; endossador.
Endow (endá-u) *v* dotar; doar; fundar; enriquecer; favorecer; beneficiar com algum dom.
Endower (endáu-âr) *s* doador.
Endowment (endáu-ment) *s* doação; prenda; qualidade; dotação; dote; dom.
Endue (endi-u) *v* dotar; assumir; investir; privilegiar.
Endurable (endiu-râbl) *adj* suportável; aturável; tolerável.
Endurance (endiu-rânss) *s* paciência; sofrimento; resignação; resistência.
Endure (endiur) *v* suportar; sofrer; tolerar; aturar; durar; resistir.
Endurer (endiu-râr) *s* sofredor; paciente; tolerante.
Enduring (endiu-rinn) *adj* paciente; tolerante; resistente; perpétuo; constante.
Enemy (é-nimi) *s* inimigo; adversário; rival.
Energetic (énârdjé-tik) *adj* energético; ativa; eficaz; vigoroso; ativo.
Energize (é-nârdjáiz) *v* excitar; dar vigor; dar energia.
Energy (é-nârdji) *s* energia; atividade; vigor; força.
Enervate (é-nârvêit) *v* enervar; debilitar; derrotar.
Enervate (é-nârvêit) *adj* enervado; enfraquecido; esgotado.
Enervating (énârvêi-tinn) *adj* enervante; debilitante; exaustivo.
Enervation (énârvêi-shânn) *s* enervação; fraqueza; debilitação.
Enfeeble (enfib-l) *v* enfraquecer; depauperar; debilitar.
Enfeeblement (enfibl-ment) *s* enfraquecimento; debilidade; desfalecimento; fraqueza.
Enfold (enfôul-d) *v* envolver; incluir; embrulhar; abraçar.
Enfoldment (enfôuld-ment) *s* envolvimento; ação de envolver.
Enforce (enfôur-ss) *v* pôr em vigor; fazer valer; forçar; compelir; obrigar; apoiar; executar.
Enforced (enfôursst) *adj* forçado; violentado.
Enforcement (enfôurss-ment) *s* força; coação; violência.
Enfranchise (enfrén-tsháiz) *v* franquear; liberar; emancipar; conceder direitos civis.
Enfranchisement (enfrén-tshisment) *s* franquia; alforria; independência; emancipação; direito de cidadão.
Engage (enghêi-dj) *v* empenhar; ocupar; comprometer-se; alistar; contratar; ficar noivo.
Engaged (enghêi-djd) *adj* empenhado; ocupado; alugado; comprometido; MEC engrenado.
Engagement (enghêi-djment) *s* ajuste; compromisso; noivado; contrato; MIL batalha; combate; luta.
Engaging (enghêi-djinn) *adj* insinuante; simpático; atraente; encantador.
Engender (endjén-dâr) *v* gerar; produzir; procriar; gerar.
Engine (en-djinn) *s* máquina; motor; locomotiva; engenho; força; ardil; estratagema; ***ENGINE driver***: maquinista.
Engine (en-djinn) *v* prover de máquinas.
Engineer (endjini-r) *s* engenheiro; mecânico; USA maquinista.
Engineer (endjini-r) *v* executar; dirigir a execução de; exercer a engenharia.
Enginery (en-djinâri) *s* maquinaria; MIL artilharia.
Engird (engâr-d) *v* cingir; cercar; rodear.
Englander (in-glândâr) *s* inglês.
English (in-glish) *s* os ingleses; a língua inglesa.
English (in-glish) *v* inglesar; verter para o inglês.
English (in-glish) *adj* inglês.
Englishism (in-glishism) *s* anglicismo.
Englishman (ing-lishmaen) *s* inglês.
Englut (englâ-t) *v* engolir; saciar.
Engorge (engór-dji) *v* devorar; engolir; engurgitar; abarrotar.
Engraft (engréf-t) *v* gravar; imprimir; enxertar; incorporar.
Engraftment (engréft-ment) *s* enxerto.
Engrain (engrêinn) *v* tingir de escarlate.
Engrave (engrêi-v) *v* gravar; burilar; entalhar; cinzelar; esculpir.
Engraver (engrêi-vâr) *s* gravador.
Engraving (engrêi-vinn) *s* gravação; pintura gravada; estampa; gravura.
Engross (engróss) *v* engrossar; passar a limpo; absorver; condensar; tirar a cópia de; monopolizar; transcrever.
Engrosser (engró-sâr) *s* abarcador; monopolizador; copista.
Engrossment (engrós-ment) *s* cópia; transcrição; caligrafia; monopólio; translado de um documento; açambarcamento.
Engulf (engâlf) *v* engolfar; afundar; imergir; tragar; abismar.

Engulfment (engâlf-ment) *s* imersão; engolfamento; afundamento; mergulho.
Enhance (en-hén-ss) *v* aumentar; elevar; melhorar; realçar; engrandecer; encarecer; elevar o valor de.
Enhancement (en-héns-ment) *s* realce; encarecimento; alta; aumento de valor;.
Enigma (inig-mâ) *s* enigma; mistério; coisa obscura.
Enigmatic (inigmé-tik) *adj* enigmático; arcano; misterioso; obscuro.
Enigmatist (inig-mâtist) *s* enigmatista; enigmista.
Enjoin (endjói-nn) *v* prescrever; ordenar; intimidar; impor; ditar; encarregar; USA proibir.
Enjoiner (endjói-nâr) *s* mandante; ordenador.
Enjoy (endjó-i) *v* gozar de; deleitar-se; deliciar; gostar; divertir; desfrutar; usufruir; aproveitar.
Enjoyable (endjói-âbl) *adj* desfrutável; saboroso; agradável; divertido.
Enjoyer (endjói-âr) *s* desfrutador; gozador; possuidor.
Enjoyment (endjói-ment) *s* gozo; prazer; divertimento; deleite; alegria.
Enkindle (enkindl) *v* acender; inflamar; atear.
Enlace (enlêi-ss) *v* enlaçar; entrelaçar.
Enlacement (enlêis-ment) *s* enlaçadura.
Enlarge (enlár-dj) *v* aumentar; alargar; ampliar; engrandecer; dilatar.
Enlargement (enlárdj-ment) *s* aumento; alargamento; dilatação; ampliação fotográfica.
Enlarger (enlár-djâr) *s* ampliador.
Enlarging (enlár-djinn) *s* ampliação.
Enlighten (enláit-n) *v* esclarecer; informar; instruir; ilustrar; aclarar.
Enlightened (enláitn-d) *adj* esclarecido; instruído.
Enlightenment (enláitn-ment) *s* esclarecimento; ilustração; iluminação; cultura; sabedoria.
Enlink (enlink) *v* ligar; acorrentar.
Enlist (enlist) *v* alistar-se; recrutar; inscrever; atrair; matricular-se.
Enlistment (enláitn-ment) *s* alistamento; recrutamento; inscrição; engajamento.
Enliven (enláiv-n) *v* animar; alentar; avivar; excitar; vivificar.
Enlivener (enláiv-nâr) *s* animador; estimulante; vivificador.
Enmesh (enmé-sh) *v* emaranhar; confundir.
Enmity (é-miti) *s* inimizade; repugnância; antipatia; aversão.
Ennoble (enôub-l) *v* enobrecer; ilustrar; significar; nobilitar.
Ennoblement (enôubl-ment) *s* enobrecimento; nobilitação; ilustração.
Ennui (aniúi) *s* tédio; enfado; fastio; aborrecimento.
Enormity (inór-miti) *s* enormidade; demasia; excesso; insulto; ultrage.
Enormous (inór-mâss) *adj* enorme; nefando; excessivo; cruel; atroz; perverso.
Enormousness (inór-mâsnéss) *s* enormidade; imensidade.
Enough (inâf) *adj* suficiente; necessário; bastante.
Enough (inâf) *adv* suficientemente; assaz.
Enough (inâf) *interj* basta! chega!
Enounce (ináunss) *v* enunciar; declarar; exprimir.
Enouncement (ináuns-ment) *s* declaração; enunciado; exposição.
Enquire (inkuái-âr) *v* inquirir; perguntar; informar-se; pesquisar.
Enquirer (inkuái-ârâr) *s* investigador; indagador; pesquisador.
Enquiry (inkuái-âri) *s* indagação; averiguação; exame; sindicância; pesquisa; investigação.
Enrage (enrrêi-dj) *v* enraivecer; enfurecer; irritar.
Enraged (enrrêi-djd) *adj* enraivecido; enfurecido.
Enrapt (enrrépt) *adj* entusiasmado.
Enrapture (enrrép-tshur ou enrrép-tiur) *v* extasiar; arrebatar; entusiasmar; encantar.
Enrich (enri-tsh) *v* enriquecer; adornar; fertilizar; adornar.
Enrichment (enri-tshment) *s* adorno; enriquecimento; benefício.
Enrol (anrrôul) *v* registrar; catalogar; inscrever; matricular-se.
Enrolment (enrrôul-ment) *s* registro; inscrição; matrícula; alistamento.
Enroot (enrru-t) *v* enraizar.
Enrooted (enrru-tid) *adj* arraigado.
Ens (enz) *s* ente; ser; tudo o que existe.
Ensanguine (ensén-güinn) *v* ensanguentar.
Ensconce (enkón-ss) *v* cobrir; encobrir; ocultar; envolver; esconder.
Ensemble (ansámb-l) *s* conjunto; grupo; totalidade.
Enshrinement (enshráin-ment) *s* ação de guardar algo como relíquia.
Enshroud (enshráu-d) *v* amortalhar; cobrir; encobrir; ocultar.
Ensign (én-sáinn) *s* insígnia, emblema, distintivo; bandeira; estandarte.
Ensigncy (en-sáinsi) *s* porta-bandeira.
Enslave (enslêi-v) *v* escravizar; subjugar; avassalar.
Enslavement (enslêiv-ment) *s* escravidão; escravização.
Enslaver (enslêi-vâr) *s* escravizador; aquele que escraviza.
Ensnare (ensnér) *v* enganar; enlaçar; enredar.
Ensnarer (ensné-râr) *s* aquele que arma estratagema; enganador; armador de laço.
Ensue (ensi-u) *v* seguir-se; resultar; advir, sobrevir.
Ensuing (ensiu-inn) *adj* próximo; subsequente; seguinte.
Ensure (enshur) *v* segurar; pôr no seguro; *vide* INSURE.
Entail (entêil) *s* vínculo; herança.
Entail (entêil) *v* implicar; comprometer; envolver; impor; substituir; vincular; causar; perpetuar.
Entailment (entêil-ment) *s* vínculo.
Entangle (enténgl) *v* envolver; arrastar; embaraçar; confundir.
Entanglement (enténgl-ment) *s* enredo; embaraço; confusão; obstáculo.
Enter (én-târ) *v* entrar; lançar; inscrever; ingressar; registrar; penetrar; iniciar; admitir; empreender; matricular-se.
Entering (én-târinn) *s* entrada; admissão.
Enterprise (én-târpráiz) *s* empresa; arrojo; empreendimento; empreitada; atividade.
Enterprise (én-târpráiz) *v* empreender, tentar; aventurar; arriscar.
Enterprising (én-târpráizinn) *s* empresa.
Enterprising (én-târpráizinn) *adj* audaz; empreendedor, enérgico; ousado; ativo.
Entertain (entârtêi-nn) *v* entreter; acolher; divertir; tomar em consideração; receber como hospede; obsequiar; manter; planejar; nutrir.
Entertainer (entârtêi-nâr) *s* anfitrião; o que diverte; hospedeiro; festejador.
Entertaining (entârtêi-ninn) *adj* alegre; hospitaleiro; divertido; agradável.
Entertainment (entârtêin-ment) *s* entretenimento; recepção; divertimento; acolhimento; consideração.
Enthral (enthró-l) *v* dominar; sujeitar; escravizar; subjugar; submeter.
Enthralment (enthról-ment) *s* domínio, cativeiro; escravidão; submissão.
Enthrone (enthrôu-nn) *v* entronizar, elevar ao trono.
Enthronement (enthrôun-ment) *s* entronização.
Enthuse (enthiuz) *v* entusiasmar; entusiasmar-se; encorajar.
Enthusiasm (enthiu-ziézm) *s* entusiasmo; fervor.
Enthusiast (enthiu-ziést) *s* entusiasta.
Enthusiastic (enthiuziés-tik) *adj* entusiástico.
Entice (entái-ss) *v* incitar; tentar; corromper; seduzir; instigar; atrair.
Enticer (entái-sâr) *s* tentador; sedutor; instigador.
Entire (entái-âr) *adj* inteiro; todo; fiel; íntegro; verdadeiro; completo; constante; cabal.

Entirely (entái-ârli) *adv* inteiramente; plenamente; completamente.
Entireness (entái-árnéss) *s* inteireza; retidão; integridade; totalidade.
Entirety (entái-ârti) *s* totalidade; o todo; inteireza; integridade; o conjunto.
Entitle (entáitl-) *v* intitular; dar direito a; ter direito a; autorizar; habilitar.
Entitled (entáitl-d) *adj* habilitado; autorizado.
Entiy (én-titi) *s* entidade; ser; ente.
Entomb (entu-mm) *v* enterrar; sepultar.
Entombment (entum-ment) *s* sepultamento; funeral; enterro; sepultura.
Entourage (anturá-j) *s* meio ambiente; companhia; roda; séquito.
Entrails (ént-rêils) *s* entranhas; tripas; intestinos.
Entrance (entrén-ss) *s* entrada; ingresso; vestíbulo; entrada alfandegária.
Entrance (entrén-ss) *v* fascinar; extasiar; encantar; arrebatar.
Entrancement (entréns-ment) *s* enlevo; arrebatamento; encantamento; êxtase.
Entrant (én-trânt) *s* noviço; estreante; principiante.
Entrant (én-trânt) *adj* noviço; estreante; principiante.
Entrap (entré-p) *v* surpreender; apanhar no laço; embaraçar; lograr.
Entrapment (entrép-ment) *s* cilada; laço; armadilha.
Entrapper (entré-pâr) *s* aquele que lança armadilhas.
Entreat (entrit) *v* rogar; implorar; pedir; solicitar.
Entreating (entri-tinn) *adj* suplicante.
Entreaty (entri-ti) *s* súplica; pedido; rogo; solicitação.
Entrench (entrén-tsh) *v* entrincheirar; transpassar; invadir; penetrar.
Entrenchment (entrén-tshment) *s* infração; entrincheiramento; defesa.
Entrepôt (antrâpô-u) *s* entreposto; empório.
Entrust (entrâs-t) *v* incumbir; depositar; encarregar; confiar.
Entry (én-tri) *s* ingresso; saguão; porta de entrada; vestíbulo; COM entrada; registro; lançamento; assento; escrituração.
Entwine (entuái-nn) *v* enlaçar; enroscar; entrelaçar.
Entwist (entuist) *v* torcer; rodear; cercar; cingir.
Enumerate (iniu-mâreit) *v* enumerar; detalhar; pormenorizar; especificar.
Enumeration (iniumârêi-shânn) *s* lista; enumeração; relação; especificação; série.
Enunciable (inân-siâbl) *adj* enunciável.
Enunciate (inân-siêit) *v* pronunciar; enunciar; expor; declarar; articular; exprimir.
Enunciation (inânsiêi-shânn) *s* enunciação; exposição; enumeração; declaração.
Enure (iniu-r) *v* entrar em operação; estar disponível; *vide* INURE.
Envelop (envé-lâp) *v* envolver; cobrir; ocultar; embrulhar.
Envelope (in-vilôup) *s* envoltório; sobrecarta; invólucro; envelope.
Envelopment (envé-lâpment) *s* capa; envolvimento; embrulho; embaraço.
Envenom (envé-nâmm) *v* envenenar; irritar; perverter; amargurar; aborrecer.
Enviable (én-viâbl) *adj* invejável; cobiçável.
Enviableness (én-viâblnéss) *s* invejabilidade.
Envious (én-viâss) *adj* invejoso; malicioso; cobiçoso.
Enviousness (én-viâsnéss) *s* inveja.
Environ (envái-rânn) *v* cercar; cingir; rodear; sitiar.
Environment (envái-rânment) *s* meio ambiente; ambiente; arrabaldes; arredores; cerco.
Environs (envái-rânss) *s* arredores; arrabaldes; cercanias.
Envisage (envi-zidj) *v* contemplar; fitar; refletir; enfrentar.
Envoy (én-vói) *s* enviado; emissário; embaixador.
Envy (én-vi) *s* inveja; cobiça; rivalidade; ciúme.
Envy (én-vi) *v* invejar; cobiçar.
Enwrap (en-rép) *v* envolver; arrebatar; enrolar; embrulhar.
Enwrapment (enrrép-ment) *s* envolvimento; envoltório.
Enwreathe (enri-dh) *v* engrinaldar, enfeitar com grinaldas.
Epergne (epâr-n) *s* centro de mesa.
Ephemeral (ifé-mârâl) *adj* efêmero; de pouca duração; transitório.
Ephemerides (efimé-ridiz) *s* efemérides.
Ephemeron (ifé-mârass) *adj* efêmero.
Ephod (é-fód) *s* veste sacerdotal judaica.
Epic (é-pik) *s* poema épico; epopeia.
Epic (é-pik) *adj* épico.
Epicene (é-pissinn) *s* GRAM epiceno, que é comum de dois gêneros.
Epicene (é-pissinn) *adj* GRAM epiceno, que é comum de dois gêneros.
Epidemic (épidé-mik) *s* epidemia; praga.
Epidemic (épidé-mik) *adj* epidêmico; contagioso.
Epidermic (épidâr-mik) *adj* epidérmico (relativo a pele).
Epidermis (épidâr-miss) *s* epiderme (a parte exterior da pele).
Epiglottis (épigló-tiss) *s* MED epiglote (válvula da glote, na laringe).
Epigraph (é-pigréf) *s* epígrafe; inscrição; epitáfio.
Epigrapher (é-pigréfâr) *s* o que faz epígrafes.
Epilepsy (é-pilépssi) *s* MED epilepsia (doença cerebral).
Epilogize (é-pilóg) *v* epilogar; concluir; encerrar.
Epilogue (é-pilóg) *s* epílogo; conclusão.
Epiphany (ipi-fâni) *s* epifania (aparição ou manifestação divina).
Episcopacy (ipis-kopâssi) *s* episcopado, bispado.
Episcopal (ipis-kopâl) *adj* episcopal (referente a bispo).
Episcopate (ipis-kopit) *s* episcopado; bispado.
Episode (é-pisôud) *s* episódio; ocorrência.
Episodic (épisó-dik) *adj* episódico.
Epistle (ipis-l) *s* epístola; carta; missiva.
Epitaph (é-pitéf) *s* epitáfio (elogio fúnebre).
Epithet (é-pithét) *s* epíteto; título; cognome.
Epitome (ipi-tomi) *s* resumo; epítome; compêndio; sinopse.
Epitomic (épi-tómik) *adj* resumido; sintetizado.
Epitomist (ipi-tomist) *s* resumidor; autor de epítome.
Epitomize (ipi-tomáiz) *v* resumir; abreviar; sintetizar.
Epoch (é-pâk) *s* época; era.
Epochal (é-pâkâl) *adj* relativo a épocas.
Epopee (épopi) *s* epopeia, poema sobre grandes acontecimentos.
Equability (ikuâbi-liti) *s* equabilidade; igualdade; uniformidade.
Equable (i-kuâbl ou é-kuâbl) *adj* igual; uniforme; equável.
Equably (i-kuâbli) *adv* igualmente; uniformemente.
Equal (i-kuâl) *s* igual; par.
Equal (i-kuâl) *v* igualar; nivelar-se.
Equal (i-kuâl) *adj* igual; semelhante; uniforme; imparcial; justo; capaz.
Equalization (ikuólizêi-shânn) *s* uniformidade; igualamento.
Equalize (i-kuâláiz) *v* igualar; uniformizar.
Equally (i-kuâli) *adv* igualmente; uniformemente; imparcialmente.
Equanimity (ikuâni-miti) *s* constância; serenidade; equanimidade; imparcialidade.
Equanimous (ikuâ-nimâss) *adj* moderado; equânime.
Equate (i-kueit) *v* igualar; uniformizar; tornar equivalente.
Equation (ikuêi-shânn) *s* equação.
Equator (ikuêi-târ) *s* equador, divisor dos hemisférios terrestres (círculo).
Equatorial (ékuâtó-riâl) *adj* equatorial.
Equerry (é-kuâri) *s* escudeiro; camarista; cavalariço.
Equestrian (ikués-triânn) *s* cavaleiro.
Equestrian (ikués-triânn) *adj* equestre.
Equiangled (ikuién-gld) *adj* equiângulo.

Equidistant (ikuidis-tânss) *adj* equidistante, que possui igual distância de um ponto a diversos outros pontos (distância igual).
Equilateral (ikuilé-târâl) *adj* equilateral, que tem lados iguais.
Equilibrate (ikuilái-brêit) *v* equilibrar.
Equilibration (ikuilibrêi-shânn) *s* equilíbrio; equilibração.
Equilibrist (ikui-librist) *s* equilibrista.
Equilibrium (ikuili-briâmm) *s* equilíbrio.
Equine (i-kuáinn) *adj* cavalar; hípico; equino.
Equinoctial (ikuinók-shâl) *s* linha do equinócio.
Equinoctial (ikuinók-shâl) *adj* equinocial.
Equinox (i-kuinóks) *s* ASTR equinócio, posição do Sol no equador que provoca, na Terra, duração análoga do dia e da noite.
Equip (ikui-p) *v* equipar; abastecer; prover; aparelhar.
Equipage (é-kuipidj) *s* equipagem; equipamento; comitiva; tripulação.
Equipment (ikuip-ment) *s* equipamento; armamento; arreios; abastecimento; aparelhamento; vestuário.
Equipoise (i-kuipóiss) *s* equilíbrio; contrapeso.
Equipoise (i-kuipóiss) *v* equilibrar.
Equitable (é-kuitâbl) *adj* equitativo; justo.
Equitableness (é-kuitâblnéss) *s* equidade; justiça; imparcialidade.
Equitation (ékuitêi-shânn) *s* equitação; competição a cavalo.
Equity (é-kuiti) *s* equidade; justiça; retidão.
Equivalence (ikui-vâlénss) *s* equivalência.
Equivalent (ikui-vâlént) *adj* equivalente.
Equivocal (ikui-vokâl) *adj* ambíguo; equívoco; duvidoso; obscuro.
Equivocalness (ikui-vokâlnéss) *s* ambiguidade; obscuridade.
Equivocate (ikui-vokêit) *v* sofismar; equivocar-se; mentir.
Equivocation (ikuivokêi-shânn) *s* sofisma; ambiguidade; engano.
Equivoke (é-kuivôuk) *s* equívoco; trocadilho; sofisma.
Era (i-râ) *s* era; período; época; idade.
Eradiate (irrâ-diêit) *v* irradiar.
Eradiation (irrâdiêi-shânn) *s* irradiação.
Eradicable (irrâ-dikâbl) *adj* erradicável; extirpável; arrancável.
Eradicate (irrâ-dikêit) *v* erradicar; extirpar; desarraigar; arrancar; suprimir.
Eradication (irrâdikêi-shânn) *s* erradicação; extirpação; exterminação.
Eradicative (irrâ-dikâtiv) *adj* erradicativo.
Erasable (irrêi-sâbl) *adj* delével; deletável; destruível; anulável.
Erase (irrêi-ss) *v* apagar; raspar; destruir; deletar; obliterar; eliminar.
Erasement (irrêis-ment) *s* rasura; cancelamento; destruição.
Eraser (irrêi-sâr) *s* raspador; apagador; raspadeira; borracha apagadora.
Erasion (irrêi-jân) *s* rasura; raspadura; ação de apagar; destruição.
Ere (ér) *prep* antes de; antes que.
Erect (irék-t) *v* erigir; erguer; edificar; construir; montar; edificar; estabelecer; instalar.
Erect (irék-t) *adj* levantado; direito; ereto; aprumado; erguido; vigoroso.
Erectile (irék-táil ou irék-til) *adj* erétil, que pode obter ereção.
Erection (irék-shânn) *s* ereção; criação; exaltação; instalação; montagem; estrutura.
Erectness (irékt-néss) *s* ereção; postura a prumo; levantamento; perpendicularidade.
Eremite (é-rimáit) *s* eremita, pessoa que vive no êrmo; pessoa que evita a convivência social.
Ergo (âr-gôu) *adv* logo; portanto; por conseguinte.
Ergo (âr-gôu) *conj* logo; portanto; por conseguinte.
Eristic (âr-gotizm) *adj* controverso; passível de discussão.
Ermine (âr-minn) *s* arminho, mamífero de pele branca no inverno; toga; magistratura.
Erode (irôu-d) *v* roer; comer; desgastar-se; corroer.
Erosion (iróu-jânn) *s* erosão; corrosão; desgaste.
Erotic (iró-tik) *adj* erótico; lascivo; libidinoso; sensual.
Eroticism (iró-tissizm) *s* erotismo; paixão amorosa; sensualidade.
Err (âr) *v* errar; enganar-se; transviar-se; pecar.
Errable (é-râbl) *adj* sujeito a errar.
Errand (é-rând) *s* recado; mensagem; diligência; incumbência; ***he has many ERRANDS this afternoon***: ele tem muitas incumbências nesta tarde.
Errant (é-rânt) *adj* errante; nômade; vagabundo.
Errantry (é-rântri) *s* vida nômade; vida errante; vagabundagem.
Errata (irêi-tá) *s* errata; erros.
Erratic (iré-tik) *adj* errático; irregular; desordenado; errante; excêntrico; vagabundo.
Erratum (irêi-tâmm) *s* erro.
Erroneous (irôu-niâss) *adj* errôneo; irregular; errado; inexato; incorreto.
Erroneousness (irôu-niâsnéss) *s* erro; irregularidade; engano; falsidade.
Error (é-râr) *s* erro; falta; equívoco; engano; transgressão.
Erst (ârst) *adv* outrora; antes; em outro tempo; antigamente.
Erubescence (érubé-sensi) *s* vermelhidão; enrubescimento; avermelhamento.
Erubescent (érubé-sent) *adj* ruborizado; corado; avermelhado.
Eructate (irâk-têit) *v* arrotar.
Eructation (iráktêi-shânn) *s* eructação; arroto; erupção vulcânica.
Erudite (é-rudáit ou é-riudáit) *adj* erudito; culto; instruído; sábio; douto.
Erudition (ériudi-shânn) *s* erudição; saber; cultura.
Eruginous (irâ-djinâss) *adj* eruginoso; enferrujado.
Erupt (irâpt) *v* emergir; irromper; sair com força.
Eruption (irâp-shânn) *s* erupção; pústula; irrupção.
Eruptive (irâp-tiv) *adj* eruptivo.
Erysipelas (érissi-pelâss) *s* MED erisipela, inflamação estreptocócica (pele).
Escalade (éskâlêi-d) *s* escalada.
Escalade (éskâlêi-d) *v* escalar.
Escalator (és-kalêitâr) *s* escada rolante.
Escapade (és-kâpêid) *s* escapada; fuga; descuido; lapso; erro; travessura; movimento brusco de um cavalo.
Escape (iskêi-p) *s* evasão; escapamento; fugida; fuga.
Escape (iskêi-p) *v* escapar; escoar; evitar; iludir; fugir; evadir-se; salvar-se.
Escapement (iskêip-ment) *s* escapamento; escape.
Escarp (iskâr-p) *s* escarpa; declive.
Escarp (iskâr-p) *v* escarpar.
Escarpment (iskár-pment) *s* escarpa; rampa escarpada.
Eschatology (éskâtó-lodji) *s* RELIG escatologia, doutrina das coisas que deverão acontecer no final do mundo.
Escheat (éstshi-t) *v* confiscar; reverter ao Estado.
Eschew (éstshu-) *v* evitar; renunciar a; fugir de.
Escort (eskór-t) *s* escolta; comboio; acompanhamento; proteção.
Escort (eskór-t) *v* escoltar; acompanhar.
Escutcheon (iskât-shânn) *s* brasão; escudo de armas.
Eskimo (és-kimôu) *s* esquimó.
Eskimo (és-kimôu) *adj* esquimó.
Esophagus (issó-fágâss) *s* MED esôfago.
Esoteric (éssoté-rik) *adj* esotérico; confidencial; secreto; relativo a um tipo de doutrina especial ensinada a um grupo escolhido de pessoas.
Esoterical (éssoté-rikâl) *vide* ESOTERIC.
Especial (espé-shâl) *adj* especial; particular; notável; distinto; excepcional.
Especially (espé-shâli) *adv* especialmente; particularmente.
Esperanto (espérán-tôu) *s* Esperanto, língua mundial inventada pelo médico Luís Lázaro Zamenhof (1859-1917).

Espial (espái-âl) *s* espionagem; descoberta.
Espionage (és-pionidj) *s* espionagem.
Esplanade (ésplânêi-d) *s* esplanada; relva; avenida.
Espousal (espáu-zâl) *s* esponsais; adesão a uma ideia; defesa de uma causa.
Espouse (espáu-ss) *v* abraçar; desposar; defender; patrocinar; casar-se.
Espouser (espáu-zâr) *s* aquele que contrai matrimônio; defensor; protetor.
Esprit (espri-) *s* espírito; graça.
Espy (ispá-i) *v* avistar; espionar; avistar à distância; descobrir; divisar; espiar.
Esquire (és-kuái-r) *s* escudeiro; título de cortesia (Ilmo. Sr.) colocado antes do nome nos endereçamentos.
Essay (éssêi) *s* ensaio literário; tentativa; esforço; prova; experiência.
Essay (éssêi) *v* ensaiar; tentar; provar; experimentar.
Essayer (éssêi-âr) *s* autor de ensaios literários; experimentador.
Essayist (é-sêist) *s* ensaísta; autor de ensaios.
Essence (é-senss) *s* essência; perfume; substância; extrato; o âmago; existência.
Essential (essén-shâl) *adj* essencial; primordial; indispensável; constitutivo.
Essentiality (essénshâ-liti) *s* essencialidade, a essência de algo.
Establish (esté-blish) *v* estabelecer; criar; fixar; estatuir; fundar; ratificar.
Establisher (esté-blishâr) *s* instituidor; originador; fundador.
Establishment (esté-blishment) *s* casa comercial; estabelecimento; fundação; lei; estatuto; instituição.
Estate (istêi-t) *s* estado; condição; bens; classe; posição; propriedade; domínio; ativo; patrimônio; massa.
Esteem (esti-mm) *s* estima; consideração; opinião; apreço.
Esteem (esti-mm) *v* avaliar; considerar; estimar; admirar; apreciar.
Estimable (és-timâbl) *adj* estimável; apreciável; considerável.
Estimate (és-timit) *s* avaliação; opinião; preço; cálculo; orçamento; cômputo; crédito; verba.
Estimate (és-timit) *v* avaliar; calcular; estimar; apreciar.
Estimation (éstimêi-shânn) *s* cálculo; estimativa; avaliação; orçamento; apreço.
Estival (és-tivâl ou estái-vâl) *adj* estival (relativo ao estio); quente.
Estop (istó-p) *v* JUR impedir; proibir; embargar.
Estoppage (éstó-pidj) *s* JUR embargo; impedimento.
Estrade (éstrêi-d) *s* estrado; tablado; palco.
Estrange (éstren-dj) *v* alienar; afastar; separar.
Estrangement (éstrendj-ment) *s* aversão; alienação; indiferença.
Estuary (és-tshuéri) *s* estuário; esteiro.
Etch (étsh) *v* gravar; delinear; traçar.
Etcher (é-tshâr) *s* o gravador (aquele que grava utilizando ácidos).
Etching (ét-shinn) *s* gravura com ácidos; rascunho; esboço.
Eternal (itâr-nâl) *adj* eterno; perpétuo; imortal; perene.
Eternity (itâr-niti) *s* eternidade; perenidade.
Eternize (itâr-náiz) *v* imortalizar; eternizar; perpetuar.
Ether (ithâr) *s* QUÍM éter; ANT cosmo, espaço sideral (éter).
Ethereal (ithi-riâl) *adj* etéreo; sutil; sublime; puro; espiritual.
Ethic (é-thik) *adj* ético, relativo à ética.
Ethical (é-thikâl) *vide* ETHIC.
Ethics (é-thiks) *s* FIL ética, ramo da ciência que trata dos valores morais e da conduta humana.
Ethmoid (éth-móid) *s* MED etmoide, osso (base do crânio).
Ethnic (éth-nik) *adj* étnico (concernente ao povo, à raça).
Ethnography (éthnó-grâfi) *s* etnografia, ciência que descreve os povos, raça, costumes, religião, língua etc.
Ethnology (ithó-lodji) *s* etnologia, estudo material e espiritual dos povos naturais.
Ethology (ithó-lodji) *s* etologia, ciência que estuda os usos, costumes e caracteres dos seres humanos.
Eucalyptus (iukâlip-tâss) *s* eucalipto.
Eucharist (iu-kârist) *s* Eucaristia, sacramento (Igreja Católica) indicativo de que o corpo e o sangue de Jesus Cristo estão presentes no pão e no vinho consagrados.
Eucharistic (iukâris-tik) *adj* eucarístico, que concerne à eucaristia.
Eugenic (iudjé-nik) *adj* eugênico, relativo à eugenia (ácidos de sabor acre e ardente).
Eugenical (iudjé-nikâl) *vide* EUGENIC.
Eugenics (iudjé-niks) *s* eugenia, ciência que estuda a forma de se aperfeiçoar o ser humano.
Eulogist (iu-lodjist) *s* elogiador; panegirista; lisonjeador.
Eulogistic (iulodjis-tik) *adj* laudatório; elogioso.
Eulogize (iu-lodjáiz) *v* elogiar; louvar; encomiar.
Eulogy (iu-lodji) *s* elogio; louvor; encômio.
Eunuch (iu-nâk) *s* eunuco, escravo (castrado) que vigiava os haréns.
Euphemism (iu-fimizm) *s* FON eufemismo, uso de palavras com o mesmo significado que substituem outras, buscando amenizar o sentido.
Euphemize (iu-fimáiz) *v* FON suavizar pelo uso de eufemismo.
Euphonic (iufó-nik) *adj* eufônico (que tem som agradável); melodioso.
Euphonical (iufó-nikâl) *vide* EUPHONIC.
European (iuropi-ânn) *s* europeu; europeia.
European (iuropi-ânn) *adj* europeu; europeia.
Evacuant (evé-kiuânt) *adj* evacuante.
Evacuate (evé-kiuêit) *v* evacuar; anular; esvaziar; desocupar; abandonar.
Evacuation (evékiuêi-shânn) *s* saída; evacuação; despejo; anulação.
Evade (evêi-d) *v* escapar; evitar; fugir; evadir-se.
Evader (evêi-dâr) *s* foragido; fugitivo.
Evaluate (evé-liuéit) *v* avaliar; apreciar; calcular.
Evaluation (evéliuêi-shânn) *s* avaliação; estimativa; apreciação.
Evanesce (évâné-ss) *v* desaparecer; desmaiar; espalhar-se; dissipar-se; esvaecer.
Evanescence (evâne-ssens) *s* esvaecimento; desaparecimento; dissipação.
Evanescent (évâné-sent) *adj* evanescente; efêmero; imperceptível; fugitivo.
Evangel (evén-djel) *s* RELIG Evangelho (Boa Nova).
Evangelic (ivendjé-lik) *s* evangélico.
Evangelic (ivendjé-lik) *adj* evangélico, relacionado ao Novo Testamento.
Evangelical (ivendjé-likâl) *vide* EVANGELIC.
Evangelist (ivén-djilist) *s* RELIG evangelista, aquele que ensina a Boa Nova contida no Novo Testamento bíblico.
Evangelize (ivén-djiláiz) *v* evangelizar; apostolar; converter ao cristianismo.
Evanish (evé-nish) *v* desvanecer-se; desaparecer.
Evaporate (evé-porêit) *v* evaporar-se; dissipar; desaparecer.
Evaporation (ivéporêi-shânn) *s* evaporação.
Evaporator (ivé-porêitâr) *s* vaporizador.
Evasion (evêi-jânn) *s* evasão; desculpa; evasiva; fuga; pretexto.
Evasive (ivêi-siv) *adj* evasivo; ambíguo; ilusório.
Evasiveness (ivêi-sivnéss) *s* evasiva; escusa; subterfúgio; ambiguidade.
Eve (iv) *s* véspera; ***Christmas EVE***: véspera de Natal.
Even (ivn) *v* igualar; aplainar; nivelar; uniformizar; emparelhar; equilibrar.
Even (ivn) *adj* plano; par; lisa; exato; uniforme; igual; semelhante; ***six is an EVEN number***: o seis é um número par.
Even (ivn) *adv* igualmente; até mesmo; até; precisamente; exatamente; mesmo; ainda que.
Evening (iv-ninn) *s* o anoitecer; noite; tarde; o crepúsculo; ***what shall we do this EVENING?***: que faremos nesta noite?

Evening (iv-ninn) *adj* vespertino.
Evenly (i-venli) *adv* plenamente; uniformemente; imparcialmente.
Evenness (ivn-néss) *s* igualdade; lisura; uniformidade; serenidade; regularidade; imparcialidade.
Evensong (ivn-sonn) *s* oração da tarde; ave-maria; vésperas.
Event (ivént) *s* acontecimento; êxito; eventualidade; sucesso; saída; ocorrência.
Eventful (ivént-ful) *adj* memorável; movimentado; cheio de incidentes; cheio de acontecimentos.
Eventide (ivn-táid) *s* o anoitecer; o crepúsculo.
Eventual (ivén-tshuâl) *adj* final; consequente; conclusivo; resultante.
Eventuality (ivéntshué-liti) *s* eventualidade.
Eventually (i-véntshuéli) *adv* consequentemente; finalmente.
Eventuate (ivén-tiuêit) *v* acontecer; resultar.
Eventuation (ivéntiuêi-shânn) *s* resultado; consequência.
Ever (é-vâr) *adv* sempre; já; algum dia; perpetuamente; em qualquer tempo; eternamente; alguma vez; nunca; jamais.
Evergreen (é-vârgrinn) *s* sempre-viva, planta que se mantém sempre verde.
Evergreen (é-vârgrinn) *adj* verdejante; sempre verde.
Everlasting (évârlás-tinn) *adj* eterno; perpétuo; durável; perdurável; imortal.
Evermore (évâr-môur) *adv* para sempre; eternamente.
Eversion (evâr-shânn) *s* aversão; ruína; transtorno; desordem; subversão.
Evert (ivâr-t) *v* subverter; destruir; transtornar; revirar.
Every (é-vri) *adj* cada; cada um; todo; todos; toda; todas; ***Gregório does not have school every day***: o Gregório não vai à escola todos os dias.
Everybody (é-vribódi) *pron* toda a gente; todo mundo; todos.
Everyday (évridei) *adj* diário; usual; cotidiano; comum.
Everyone (é-vriuânn) *pron* cada um; todos; cada qual.
Everything (é-vrithinn) *pron* tudo.
Everyway (é-vriuêi) *adv* em todas as direções; a todos os respeitos.
Everywhere (é-vri-huêr) *adv* em toda parte; por toda parte; em qualquer lugar.
Evict (evikt) *v* desapossar; desalojar; usurpar; excluir; expulsar; evidenciar; provar.
Eviction (evik-shânn) *s* JUR evicção; evidência; prova; despejo.
Evidence (é-vidénss) *s* evidência; prova; declaração; testemunho; depoimento.
Evidence (é-vidénss) *v* provar; atestar; testemunhar; evidenciar; justificar; demonstrar.
Evident (é-vidént) *adj* notório; claro; óbvio; patente.
Evidential (évidén-shâl) *adj* patente; probatório; indicativo; manifesto; evidente.
Evidently (évidén-tli) *adv* evidentemente; inegavelmente; obviamente.
Evil (ivl) *s* dano; prejuízo; mal; maldade; vício; moléstia.
Evil (ivl) *adj* mau; nocivo; perverso; infeliz; prejudicial.
Evilly (i-vli) *adv* mal.
Evilness (ivl-néss) *s* perversidade; maldade.
Evince (evin-ss) *v* provar; mostrar; revelar; manifestar; patentear; demonstrar; justificar.
Evincible (evin-sibl) *adj* demonstrável; evidenciável.
Evitable (é-vitâbl) *adj* evitável.
Evocation (évokei-shânn) *s* evocação; apelação; intimação.
Evoke (i-vouk) *v* evocar; citar; avocar.
Evolution (évoliu-shânn) *s* evolução; sequência; desenvolvimento; crescimento; manobra; MAT extração de raízes.
Evolutionism (évoliu-shânizm) *s* evolucionismo.
Evolve (evól-v) *v* desenrolar-se; abrir-se; desprender-se; desdobrar; despregar-se.
Evolvement (evólv-ment) *s* desenvolvimento; desdobramento.
Evulsion (evâl-shânn) *s* evulsão; extração; arrancamento.
Ewe (iu) *s* ovelha.
Ewer (iu-âr) *s* bilha; jarro.
Exacerbate (égzé-sârbêit) *v* exacerbar; exasperar; irritar; agravar.
Exacerbation (égzéssârbêi-shânn) *s* exacerbação; agravamento; irritação; provocação.
Exact (égzék-t) *v* exigir pagamento total; obrigar; impor; requerer; extorquir.
Exact (égzék-t) *adj* exato; certo; justo; rigoroso; escrupuloso; preciso.
Exacter (égzá-târ) *vide* EXACTOR.
Exacting (égzék-tinn) *adj* exigente.
Exaction (égzé-shânn) *s* extorsão; exigência; cobrança.
Exactitude (égzék-titiud) *s* exatidão; regularidade; rigor; pontualidade.
Exactly (égzék-tli) *adv* exatamente; precisamente; justamente.
Exactor (égzá-târ) *s* exator; cobrador; opressor.
Exaggerate (egzé-djârêit) *v* exagerar; exaltar; magnificar; ampliar; engrandecer.
Exaggeration (égzédjârêi-shânn) *s* exagero; exageração.
Exaggerative (égzé-djârâtiv) *adj* em que há exagero; exagerado; exagerativo.
Exalt (égzólt) *v* exaltar; louvar; elevar; enaltecer; glorificar; incrementar; reforçar; intensificar.
Exaltation (égzóltêi-shânn) *s* exaltação; glorificação; engrandecimento; intensificação.
Exalted (égzól-tid) *adj* exaltado; engrandecido; enaltecido; sublime.
Exaltedness (égzól-tidnéss) *s* altivez; exaltação; glorificação; sublimidade.
Exam (egza-m) *s* prova; exame.
Examinant (egza-minant) *s* examinador.
Examination (égzéminêi-shânn) *s* exame; inquérito; pesquisa; inspeção; investigação; análise.
Examine (égzé-minn) *v* analisar; estudar; examinar; interrogar; inspecionar; investigar; considerar; registrar.
Examinee (égzémini) *s* examinando.
Examiner (égzé-minâr) *s* examinador; analisador; investigador; analista; interrogador.
Example (égzémpl) *s* exemplo; cópia; modelo; amostra; ***sometimes Hugo Jr. does not set a good EXAMPLE***: às vezes o Hugo Jr. não dá bom exemplo.
Example (égzémp-l) *v* exemplificar.
Exanimation (égzénimêi-shânn) *s* MED morte.
Exasperate (égzés-pârêit) *v* exasperar; exasperar-se; irritar; agravar; exacerbar; exaltar.
Exasperation (égzéspârêi-shânn) *s* exasperação; agravamento; irritação.
Excavate (éks-kâvêit) *v* escavar; cavar; tornar oco; profundar.
Excavation (éks-kâvêishânn) *s* fosso; escavação; cova; cavidade; desaterro.
Exceed (éksi-d) *v* exceder; sobrepujar; sobressair; avantajar-se; eclipsar; exceder-se; ultrapassar; preponderar.
Exceeding (éksi-dinn) *s* excesso.
Exceeding (éksi-dinn) *adj* excedente; excessivo.
Excel (éksél) *v* exceder; sobrepujar; superar; avantajar.
Excellence (ék-selénss) *s* excelência; mérito; eminência; perfeição; dignidade; bondade.
Excellency (ék-selénsi) *s* excelência; eminência.
Excellent (ék-selént) *adj* excelente; primoroso; ótimo; esplêndido; maravilhoso.
Excelsior (éksél-siór) *adj* mais alto; mais elevado.
Except (éksép-t) *v* excetuar; excluir; opor-se; isentar; omitir; recusar.
Except (éksépt) *prep* exceto; afora.
Except (éksépt) *conj* a menos que; salvo; a não ser que.

Excepting (éksép-tinn) *prep* exceto; excetuando-se.
Exception (éksép-shânn) *s* exceção; recusa; exclusão; objeção.
Exceptional (éksép-shânâl) *adj* fora do comum; peculiar; superior; excepcional; extraordinário.
Excerpt (éksârpt) *s* excerto; extrato; transcrição; seleção; resumo.
Excerpt (éksârpt) *v* escolher; extrair; selecionar; escolher.
Excerption (éksârp-shânn) *s* extrato; ação de extratar.
Excess (éksé-ss) *s* excesso; transgressão; demasia; sobejo; sobra.
Excessive (éksé-siv) *adj* excessivo; demasiado; imoderado; redundante.
Exchange (ékstshén-dj) *s* troca; ágio; permuta; câmbio.
Exchange (ékstshén-dj) *v* permutar; trocar; cambiar; COM negociar na Bolsa de Valores.
Exchangeability (ékstshéndjâbi-liti) *s* permutabilidade.
Exchangeable (ékstshén-djâbl) *adj* permutável; cambiável; trocável.
Exchanger (ékstshén-djâr) *s* cambista; banqueiro.
Exchequer (ékstshé-kâr) *s* erário; fundos; tesouro público.
Excise (éksái-z) *s* imposto de consumo.
Excise (éksái-z) *v* cortar; onerar; extirpar; amputar; taxar.
Exciseman (éksáiz-maen) *s* cobrador de impostos.
Excision (éksi-jânn) *s* excisão; corte; destruição; extirpação; amputação.
Excitability (éksáitâbi-liti) *s* excitabilidade.
Excitable (éksái-tâbl) *adj* excitável.
Excitableness (éksái-tâblnéss) *s* excitação.
Excitant (éksi-tânt) *s* estimulante; excitante.
Excitant (éksi-tânt) *adj* estimulante; excitante.
Excitation (éksitêi-shânn) *s* excitação; instigação; estímulo; encitamento.
Excitative (éksái-tâtiv) *adj* excitante; estimulante; excitativo.
Excitatory (éksái-tatôuri) *vide* EXCITATIVE.
Excite (éksáit) *v* excitar; provocar; estimular; incitar; alentar; excitativo.
Excitement (éksáit-ment) *s* comoção; excitamento; sensação; estimulação.
Exciter (éksái-târ) *s* incitador; excitador; instigador; estimulador.
Exciting (éksái-tinn) *adj* excitante; emocionante; estimulante.
Exclaim (éksklêi-mm) *v* exclamar; gritar; bradar.
Exclamation (éksklâmêi-shânn) *s* exclamação; *EXCLAMATION mark*: ponto de exclamação.
Exclamatory (éksklé-mâtôuri) *adj* exclamatório; exclamativo.
Exclude (éksklu-d) *v* excluir; excetuar; rejeitar; afastar.
Exclusion (éksklu-jânn) *s* exclusão; expulsão; repulsa; rejeição.
Exclusive (éksklu-siv) *adj* exclusivo; seleto; restrito; USA excelente.
Exclusiveness (éksklu-sivnéss) *s* exclusividade; exclusão; exceção; repulsa.
Excogitate (ékskó-djitêit) *v* urdir; excogitar; imaginar; refletir; meditar.
Excogitation (ékskódjitêi-shânn) *s* excogitação, ação de excogitar; meditação; invenção; maquinação.
Excommunicate (ékskómiu-nikêit) *v* excomungar; anatematizar.
Excommunication (ékskómiunikêi-shânn) *s* excomunhão (exclusão de uma pessoa da comunidade religiosa).
Excoriate (ékskó-riêit) *v* escoriar; arranhar; esfolar.
Excoriation (ékskoriêi-shânn) *s* escoriação; arranhão; pilhagem; esfoladura.
Excrement (éks-krimént) *s* excremento; resíduos fecais.
Excrescence (ékskré-senss) *s* demasia; excrescência; saliência; superfluidade.
Excrescent (éksré-sent) *adj* saliente; excrescente; supérfluo.
Excrete (ékskri-t) *v* excretar; expelir do corpo; evacuar.
Excretion (ékskri-shânn) *s* excreção; evacuação.
Excruciate (ékskru-shiêit) *v* torturar; excruciar; afligir; atormentar; martirizar.
Excruciating (ékskru-shiêitinn) *adj* excruciante; doloroso; lancinante; pungente; mortificante.
Excruciation (ékskrushiêi-shânn) *s* dor; tortura; tormento; pesar; martírio; pena; aflição.
Exculpate (ékskâl-peit) *v* desculpar; perdoar; justificar.
Exculpation (ékskâlpêi-shânn) *s* defesa; desculpa; escusa; justificação.
Exculpatory (ékskâl-pâtôuri) *adj* escusatório; justificativo.
Excurrent (ékskâ-rént) *adj* que corre para fora.
Excurse (ékskâr-ss) *v* viajar; excursionar.
Excursion (ékskâr-shânn) *s* excursão; passeio; romaria; digressão; viagem; desvio; afastamento.
Excursionist (ékskâr-shânist) *s* viajor; excursionista.
Excursionize (ékskâr-shânáiz) *v* excursionar.
Excursive (ékskâr-siv) *adj* errante; digressivo; vagabundo; disparatado.
Excusable (ékskiu-zâbl) *adj* escusável; justificável; desculpável.
Excuse (ékskiu-z) *s* escusa; apologia; desculpa; justificação; isenção.
Excuse (ékskiu-z) *v* escusar; isentar de; desculpar; perdoar; eximir; justificar.
Execrable (ék-sikrâbl) *adj* execrável; condenável; abominável; detestável.
Execrableness (ék-sikrâblnéss) *s* abominação.
Execrate (ék-sikrêit) *v* execrar; detestar; abominar; amaldiçoar; maldizer.
Execration (éksikrêi-shânn) *s* execração; maldição.
Executable (ék-sikiutâbl) *adj* executável.
Executant (égzé-kiutânt) *s* MÚS executante.
Execute (ék-sikiut) *v* executar; cumprir; realizar; justiçar; matar; efetuar; administrar; desempenhar.
Executer (ék-sikiutâr) *s* executor; algoz; carrasco.
Execution (éksikiu-shânn) *s* execução; cumprimento; realização; operação; penhora; desempenho; funcionamento.
Executioner (éksikiu-shânâr) *s* executor; carrasco.
Executive (ékzé-kiutiv) *s* diretor; o poder executivo; organizador; administrador de empresa.
Executive (ékzé-kiutiv) *adj* executivo; funcionário categorizado.
Executor (ék-sikiutâr) *s* testamenteiro; executor; algoz; carrasco.
Executory (éksé-kiutôuri) *adj* executivo; executório; administrativo.
Executrix (éksé-kiutriks) *s* testamenteira.
Exegesis (éksidji-siss) *s* exegese (exame autorizado dos textos bíblicos).
Exegete (ék-sidjit) *s* exegeta, pessoa autorizada a interpretar a Bíblia.
Exegetic (éksidjé-tik) *adj* exegético; explicativo.
Exegetics (éksidijé-tiks) *s* exegética.
Exemplar (égzém-plâr) *s* exemplar; cópia; modelo; espécime; padrão; original.
Exemplariness (égzém-plârinéss) *s* caráter exemplar; modelo; exemplaridade.
Exemplary (ég-zemplâri) *s* exemplar; modelar.
Exemplification (égzémplifikêi-shânn) *s* exemplificação; exemplo; demonstração; JUR cópia; traslado.
Exemplify (égzém-plifái) *v* declarar; exemplificar; autenticar; ilustrar; transcrever fielmente; transladar.
Exempt (égzémpt) *v* isentar; dispensar; eximir; desobrigar.
Exempt (égzémp-t) *adj* livre; isento; desobrigado.
Exemptible (égzémp-shânn) *adj* isentável.
Exemption (égzémp-shânn) *s* isenção; dispensa; imunidade; privilégio.
Exercise (ék-sârsáiz) *s* ensaio; função; prática; uso; atividade; exercício (físico); manobra militar; exercício.
Exercise (ék-sârsáiz) *v* exercitar; exercer; praticar; adestrar; treinar.

Exerciser (ék-sârsáizâr) *s* exercitante.
Exercitation (égzârsitêi-shânn) *s* uso prático; exercício; prática.
Exert (égzâr-t) *v* exercer; apurar-se; pôr em ação; esforçar-se; envidar; empenhar-se.
Exertion (égzâr-shânn) *s* esforço; empenho; diligência.
Exertive (égzâr-tiv) *adj* esforçado.
Exfoliate (éksfôu-liêit) *v* esfoliar; descascar; desfolhar; escamar.
Exfoliation (éksfoliêi-shânn) *s* esfoliação; descamação.
Exhalant (éks-hêi-lânt) *s* exalante; exalador.
Exhalant (éks-hêi-lânt) *adj* exalante; exalador.
Exhalation (éks-hâlêi-shânn) *s* vapor; exalação; emanação.
Exhale (éks-hêil) *v* exalar; dissipar-se; soltar; emitir; expandir-se; evaporar-se.
Exhaust (ég-zost) *s* descarga; emissão de gás.
Exhaust (ég-zost) *v* esgotar; cansar; exaurir; debilitar; depauperar; enfraquecer; empobrecer.
Exhauster (égzós-târ) *s* aspirador; exaustor; esgotador.
Exhaustible (égzós-tibl) *adj* exaurível; exaustível; esgotável.
Exhausting (égzós-tinn) *adj* extenuante; exaustivo; fatigante.
Exhaustion (égzóst-shânn) *s* aspiração; evacuação; esvaziamento; esgotamento.
Exhaustive (égzós-tiv) *adj* exaustivo; cabal; completo; apurado.
Exhaustiveness (égzós-tivnéss) *s* exaustão; enfraquecimento; esfalfamento.
Exhibit (égz-bit) *s* exposição; exposição; manifestação; show; JUR documento; escritura.
Exhibit (égz-bit) *v* exibir; patentear; mostrar; expor; administrar um remédio.
Exhibiter (égz-bitâr) *s* exibidor; expositor.
Exhibition (égzbi-shânn) *s* exibição; apresentação; exposição; pensão; bolsa de estudos; manifestação.
Exhibitive (égzbi-tiv) *adj* que se pode exibir; representativo.
Exhibitor (égzbi-târ) *s* expositor.
Exhilarant (égzi-lârânt) *adj* hilariante; divertido; alegre; jovial.
Exhilarate (égzi-lârêit) *v* regozijar; alegrar; recrear.
Exhilarating (égzilârêit-inn) *adj* extasiante; hilariante; divertido.
Exhilaration (égzilârêi-shânn) *s* alegria; jovialidade; animação; hilaridade; regozijo.
Exhort (égzór-t) *v* exortar; aconselhar; incitar; animar.
Exhortation (égzórtëi-shânn) *s* exortação; estímulo; conselho.
Exhortative (égzór-tâtiv) *adj* exortativo; animador.
Exhumation (éks-hiumêi-shânn) *s* exumação; desenterramento.
Exhume (éks-hiu-mm) *v* exumar; desenterrar.
Exhumer (éks-hiu-mâr) *s* coveiro.
Exigence (ék-sidjénss) *s* apuro; aperto; exigência; urgência; emergência.
Exigency (ék-sidjénsi) *vide* EXIGENCE.
Exigent (ék-sidjént) *adj* exigente; urgente; necessário; minucioso.
Exigible (éksi-djibl) *adj* exigente; premente.
Exiguity (ézighiu-iti) *s* exiguidade; pequenez; carência; escassez; estreiteza.
Exiguous (égzi-ghiuâss) *adj* exíguo; escasso; estreito; minguado.
Exiguousness (égzi-ghiuâsnéss) *s* exiguidade.
Exile (ék-sáil) *s* exílio; desterro; expatriação.
Exile (ék-sáil) *v* exilar; desterrar; expatriar.
Exist (égzis-t) *v* existir; subsistir; viver; durar; estar; *the Dinosaurs no longer EXIST*: os dinossauros não existem mais.
Existence (egzis-ténss) *s* existência; ser; vida; ente; entidade.
Existent (égzis-tént) *s* o que existe.
Existent (égzis-tént) *adj* existente.
Exit (ék-sit) *s* saída; partida; morte.
Exit (ék-sit) *v* sair; *vide* LEAVE.
Exode (ék-soud) *s* êxodo; emigração; farsa; representação.
Exodus (ék-sodâss) *s* êxodo.
Exonerate (égzó-nârêit) *v* isentar; aliviar; exonerar; absolver; desobrigar.
Exoneration (égzónârêi-shânn) *s* exoneração; desculpa; absolvição; isenção; demissão.
Exorbitance (égzór-bitânss) *s* demasia; exorbitância; extravagância; excesso.
Exorbitancy (égzór-bitânsi) *vide* EXORBITANCE.
Exorbitant (égzór-bitânt) *adj* exorbitante; excessivo; demasiado; exagerado.
Exorcise (ék-sórsáiz) *v* exorcizar; conjurar; esconjurar.
Exorcism (ék-sórcizm) *s* exorcismo; esconjuro.
Exorcist (ék-sorsist) *s* exorcista.
Exordium (égzór-diâmm) *s* exórdio, introdução a um discurso; preâmbulo.
Exoteric (éksoté-rik) *adj* exotérico; comum; vulgar.
Exoterical (éksoté-rikâl) *vide* EXOTERIC.
Exoterics (éksoté-riks) *s* exotérica; exoterismo, doutrina ensinada a todos.
Exotic (éksó-tik) *s* planta exótica.
Exotic (éksó-tik) *adj* exótico; estranho; incomum.
Expand (ékspén-d) *v* expandir; alargar; dilatar; difundir; espalhar; encher.
Expanse (ékspén-ss) *s* expansão; dilatação; extensão.
Expansibility (ékspénsibi-liti) *s* expansibilidade; dilatabilidade.
Expansible (ékspén-sibl) *adj* expansível; dilatável.
Expansion (ékspén-shânn) *s* expansão; imensidade; extensão; desenvolvimento; dilatação.
Expansive (ékspén-siv) *adj* expansivo; comunicativo; extensivo.
Expatiate (ékspêi-shiêit) *v* dissertar; discorrer; dilatar-se; ampliar; espaçar; estender-se.
Expatiation (ékspêishiêi-shânn) *s* desenvolvimento; alargamento.
Expatiator (ékspêi-shiêitâr) *s* pessoa prolixa; dissertador; comentarista.
Expatriate (ékspêi-triêit) *v* expatriar-se; exilar; banir; desterrar.
Expatriation (ékspêitriêi-shânn) *s* expatriação; desterro; exílio.
Expect (ékspé-kt) *v* contar com; supor; esperar; aguardar; *she EXPECTS you to be ponctual*: ela espera que você seja pontual.
Expectance (ekspék-tânss) *s* esperança; expectativa; expectação.
Expectant (ékspék-tânt) *adj* aspirante; esperançoso; expectante.
Expectation (ékspéktêi-shânn) *s* pretensão; expectação; expectativa; esperança.
Expectorate (ékspék-torêit) *v* cuspir; expectorar; escarrar.
Expectoration (ékspéktorêi-shânn) *s* expectoração.
Expedience (ékspi-diénss) *s* aptidão; expediência; conveniência; vantagem; utilidade.
Expediency (ékspi-diénsi) *vide* EXPEDIENCE.
Expedient (ékspi-diént) *s* expediente; meio.
Expedient (ékspi-diént) *adj* útil; apto; oportuno; conveniente; diligente; ativo.
Expedite (éks-pidáit) *v* desembaraçar; expedir; acelerar; apressar; despachar; facilitar.
Expedition (ékspidi-shânn) *s* expedição; despacho; diligência; pressa.
Expeditious (ékspidi-shâss) *adj* pronto; expedito; desembaraçado; rápido; diligente.
Expel (ékspé-l) *v* expelir; excluir; banir; expulsar; despedir; vomitar.
Expend (ékspén-d) *v* despender; gastar; empregar; consumir.
Expenditure (ékspén-ditiur) *s* gasto; consumo; despesa.
Expense (ékspén-ss) *s* despesa; dispêndio; gasto; consumo.
Expensive (ékspén-siv) *adj* dispendioso; caro; generoso; custoso.
Expensiveness (ékspén-sivnéss) *s* dispêndio; gasto.

Experience (ékspi-riénss) *s* experiência; prova; perícia; prática; tentativa; ensaio.
Experience (ékspi-riénss) *v* provar; experimentar.
Experiment (ékspé-rimént) *s* ensaio; experiência; experimento; prova.
Experiment (ékspé-rimént) *v* ensaiar; experimentar.
Experimental (ékspérimén-tâl) *adj* experimental.
Experimentally (ékspérimén-tâli) *adv* experimentalmente.
Experimentation (ékspériméntêi-shânn) *s* tentativa; prova; ensaio; experimentação.
Expert (ékspâr-t) *s* perito; técnico; especialista.
Expert (ékspâr-t) *adj* perito; destro; técnico; experimentado.
Expertly (ékspâr-tli) *adv* habilmente.
Expertness (ékspârt-néss) *s* habilidade; prática; perícia; destreza.
Expiable (éks-piâbl) *adj* expiável.
Expiate (éks-piêit) *v* expiar; reparar danos; pagar.
Expiation (ékspiêi-shânn) *s* expiação; penitência; reparação de danos.
Expiator (éks-piêitâr) *s* expiador; penitente.
Expiatory (éks-piâtôuri) *adj* expiatório.
Expire (ékspái-r) *v* expirar; exalar; cessar; morrer.
Expiring (ékspái-rinn) *adj* expirante; moribundo.
Expiry (ékspái-ri) *s* expiração; fim; terminação.
Explain (éksplêi-nn) *v* explanar; explicar; esclarecer; elucidar.
Explainable (éksplêi-nâbl) *adj* explicável; demonstrável.
Explainer (éksplêi-nâr) *s* intérprete; explicador.
Explanation (éksplânêi-shânn) *s* explanação; explicação; exposição.
Explanatory (éksplé-nâtôuri) *adj* explicativo; explícito; explanatório.
Explicable (éks-plikâbl) *adj* explicável.
Explicate (éks-plikêit) *v* explicar; esclarecer; interpretar.
Explication (éksplikêi-shânn) *s* explicação; exposição; esclarecimento.
Explicative (éks-plikâtiv) *adj* explicativo.
Explicit (ékspli-sit) *adj* explícito; claro; formal; categórico.
Explicitness (ékspli-sitnéss) *s* clareza.
Explode (éksplôu-d) *v* explodir; expelir; expulsar; censurar; rejeitar.
Exploder (éksplôu-dâr) *s* explosivo; vociferador; reprovador; gritador; censurador.
Exploit (éksplói-t) *s* façanha; proeza.
Exploit (éksplói-t) *v* pormenorizar; explorar; aproveitar-se; aproveitar; prevalecer-se.
Exploitation (éksplóitêi-shânn) *s* exploração; utilização; aproveitamento.
Exploration (éksplorêi-shânn) *s* exploração; aproveitamento; pesquisa; investigação.
Exploratory (éskpló-râtôuri) *adj* exploratório.
Explore (éksplóo-r) *v* explorar; sondar; pesquisar; investigar.
Explorer (ékspló-râr) *s* explorador; pesquisador.
Explosion (éksplôu-jânn) *s* explosão; estouro; detonação.
Explosive (éksplôu-siv) *s* explosivo.
Explosive (éksplôu-siv) *adj* explosivo.
Explosiveness (éksplôu-sivnéss) *s* qualidade de explosivo.
Exponent (ékspôu-nént) *s* expoente; expositor; intérprete.
Exponential (ékspôunén-shâl) *adj* MAT exponencial, que possui expoente (invariável ou determinado).
Export (ékspór-t) *s* exportação.
Export (ékspór-t) *v* exportar.
Exportation (éksportêi-shânn) *s* exportação.
Exporter (ékspór-târ) *s* exportador.
Expose (ékspôu-z) *s* exposição; explicação; interpretação.
Expose (ékspôu-z) *v* expor; confundir; desmascarar.
Exposed (ékspôu-zid) *adj* exposto.
Expositor (ékspó-sitâr) *s* expositor; exibidor.
Expostulate (ékspós-tshulêit) *v* censurar; altercar; reclamar.
Expostulation (ékspósthulêi-shânn) *s* altercação; debate; admoestação; questão; censura.
Expostulator (ékspós-tshulêitâr) *s* censurador; acusador; reclamador.
Exposure (ékspôu-jur) *s* exposição; orientação; escândalo; desmascaramento; revelação.
Expound (ékspáun-d) *v* expor; explicar; interpretar; esclarecer; desenvolver.
Expounder (ékspáun-dâr) *s* explicador; expositor; intérprete.
Express (ékspré-ss) *s* expresso; carta; mensagem; mensageiro; correio.
Express (ékspré-ss) *v* exprimir; declarar; expressar; manifestar.
Express (ékspré-ss) *adj* expresso; exato; explícito; preciso.
Expressible (ékspré-sibl) *adj* exprimível; expressável.
Expression (ékspré-shânn) *s* expressão; atitude; gesto; palavra; frase.
Expressive (ékspré-siv) *adj* expressivo; significativo.
Expressiveness (ékspré-sivnéss) *s* expressão; significação; energia.
Expropriate (éksprôu-priêit) *v* alienar; expropriar; desapropriar.
Expropriation (éksprôupriêi-shânn) *s* expropriação; alienação; desapropiação.
Expulsion (ékspâl-shânn) *s* expulsão.
Expulsive (éks-pâlsiv) *adj* expulsivo.
Expunge (éks-pândj) *v* apagar; riscar; anular; cancelar.
Expurgate (éks-pârghêit) *v* expurgar; emendar; limpar; corrigir.
Expurgation (ékspârghêi-shânn) *s* expurgação; expurgo; depuração.
Exquisite (éks-kuizit) *s* janota, pessoa vestida com demasiado apuro.
Exquisite (éks-kuizit) *adj* primoroso; excessivo; delicado; raro; refinado; agudo.
Exquisitely (éks-kuizitli) *adv* primorosamente; perfeitamente.
Exquisiteness (éks-kuizitnéss) *s* primor; perfeição; excelência.
Exsect (éksék-t) *v* MED extirpar; extrair cirurgicamente.
Exsection (éksék-shânn) *s* MED extirpação cirúrgica.
Extant (éks-tânt) *adj* existente; vivente; saliente.
Extemporaneous (ékstémporêui-niâss) *adj* extemporâneo; inesperado; repentino.
Extemporary (ékstém-porâri) *vide* EXTEMPORANEOUS.
Extempore (ékstém-pôuri) *adj* improvisado.
Extempore (ékstém-pôuri) *adv* de repente; de improviso; inesperadamente.
Extemporisation (ékstemporizêi-shânn) *s* improviso; improvisação.
Extemporise (ékstém-poráiz) *v* improvisar.
Extemporization (ékstemporizêi-shânn) *vide* EXTEMPORISATION.
Extemporizer (ékstém-poráizâr) *s* improvisador.
Extend (ékstén-d) *v* estender; prolongar; prorrogar; dilatar; JUR embargar; penhorar; prender.
Extended (ékstén-did) *adj* estendido; alongado; prolongado.
Extensible (ékstén-sibl) *adj* extensível; prorrogável.
Extension (ékstén-shânn) *s* extensão; amplitude: dilatação; acréscimo.
Extensive (ékstén-siv) *adj* extenso; amplo; vasto; espaçoso.
Extensiveness (ékstén-sivnéss) *s* extensão; amplidão.
Extent (ékstén-t) *s* extensão; alcance; grau; JUR embargo; sequestro; execução.
Extenuate (éksté-niuêit) *v* atenuar; minorar; diminuir; mitigar.
Extenuating (éksténiuêi-tinn) *adj* atenuante.
Extenuation (éksténiuêi-shânn) *s* atenuação; diminuição; mitigação.
Extenuative (éksté-niuâtiv) *adj* atenuativo; atenuante; paliativo.
Exterior (éksti-riâr) *s* exterior; aspecto; aparência.
Exterior (éksti-riâr) *adj* exterior; de fora; estrangeiro.

Exteriority (ékstirió-riti) *s* exterioridade.
Exterminable (ékstâr-minâbl) *adj* exterminável; destrutível.
Exterminate (ékstâr-minêit) *v* arruinar; exterminar; destruir; extirpar.
Extermination (ékstârminêi-shânn) *s* extermínio; destruição; exterminação; eliminação.
Exterminator (ékstâr-minêitár) *s* exterminador; destruidor.
Exterminatory (ékstâr-minâtôuri) *adj* exterminatório; eliminatório.
External (ékstâr-nâl) *adj* externo; forasteiro; estrangeiro.
Externally (ékstâr-nali) *adv* exteriormente.
Extinct (ékstink-t) *adj* extinto; suprimido; apagado; abolido.
Extinction (ékstink-shânn) *s* extinção; abolição; apagamento; aniquilamento.
Extinguish (ékstin-guish) *v* extinguir; aniquilar; destruir; suprimir.
Extinguishable (ékstin-guishâbl) *adj* extinguível; apagável.
Extinguisher (ékstin-güishâr) *s* extintor (de incêndio).
Extinguishment (ékstin-güishment) *s* extinção; abolição; supressão.
Extirpate (éks-târpêit) *v* extirpar; arrancar; arruinar.
Extirpation (ékstârpêi-shânn) *s* extirpação; destruição; exterminação.
Extirpator (éks-târpêitâr) *s* extirpador; exterminador.
Extol (ékstól) *v* exaltar; louvar; glorificar; gabar.
Extoller (ékstó-lâr) *s* panegirista, pessoa que faz elogio público (discurso) em favor de alguém.
Extort (ékstórt) *v* extorquir; tirar a força; arrebatar.
Extortion (ékstór-shânn) *s* extorsão; opressão; violência.
Extortionate (ékstór-shânit) *adj* injusto; ilegal; opressivo; violento.
Extortioner (ékstór-shânâr) *s* opressor; concussionário.
Extra (éks-trâ) *s* o excesso.
Extra (éks-trâ) *adj* extra; adicional; extraordinário.
Extract (ékstrék-t) *s* extrato; trecho; apanhado; sumário; fragmento; resumo.
Extract (ékstrék-t) *v* extrair; extirpar; escolher; transcrever.
Extraction (ékstrék-shânn) *s* extração; origem; progênie.
Extractive (ékstrék-tiv) *adj* extrativo.
Extractor (ékstrék-târ) *s* extrator.
Extradite (éks-trâdáit) *v* extraditar.
Extradition (ékstrâdi-shânn) *s* extradição.
Extraneous (ékstrêi-niâss) *adj* estranho; exterior; alheio.
Extraordinary (ékstrór-dinéri) *adj* extraordinário; particular; especial; raro; singular.
Extravagance (ékstré-vâgânss) *s* extravagância; loucura; excesso; capricho.
Extravagant (ékstré-vâgânt) *adj* extravagante; singular; irregular; exorbitante.
Extravasate (ékstré-vâssêit) *v* extravasar.
Extravasation (ékstrévâssêi-shânn) *s* extravasamento.
Extreme (éks-trimm) *s* extremo; fim; extremidade; termo; excesso.
Extreme (éks-trimm) *adj* extremo; derradeiro; distante; excessivo.
Extremism (ékstri-mizm) *s* extremismo; radicalismo.
Extremist (ék-stré-mist) *s* extremista; radicalista.
Extremity (ékstré-miti) *s* extremidade; fim; rigor; necessidade.
Extricable (éks-trikâbl) *adj* desembaraçável; deslindável.
Extricate (éks-trikêit) *v* destrinçar; desenredar; esclarecer.
Extrication (ékstrikêi-shânn) *s* desenredo; deslindamento; desembaraço.
Extrinsic (ékstrin-sik) *adj* extrínseco; externo; exterior.
Extroversion (éks-trovâr-shânn) *s* extroversão.
Extrovert (éks-trovârt) *s* extrovertido.
Extrude (ékstrud) *v* expulsar; enxotar; banir; desapossar; depor.
Extrusion (ékstru-jânn) *s* extrusão; exclusão; banimento.
Exuberance (éksiu-bârânss) *s* excesso; exuberância; superabundância.
Exuberant (éksiu-bârânt) *adj* exuberante; superabundante; excessivo.
Exuberate (éksiu-bârêit) *v* exuberar.
Exudation (éksiudêi-shânn) *s* suar; exsudação; transpiração.
Exude (éksiud) *v* exsudar; transpirar.
Exult (égzâlt) *v* exultar; regozijar-se; triunfar.
Exultance (égzâl-tânss) *s* exultação; alegria; júbilo.
Exultation (égzâltêi-shânn) *s* júbilo; exultação; alegria.
Exulting (égzêl-tinn) *adj* triunfante; contente; jubiloso.
Eye (ai) *s* olho; vista; olhar; visão; atenção; aparência; respeito; acatamento; perspicácia; direção do vento.
Eye (ai) *v* avistar; olhar; ver; vigiar; contemplar; observar.
Eyeball (éi-ból) *s* globo ocular.
Eyebrow (ái-bráu) *s* sobrancelha.
Eyed (áid-) *adj* provido de olhos.
Eyeglasses (ái-glâsses) *s* óculos; *vide* SPECTACLES.
Eyehole (ái-hôul) *s* órbita ocular (buraco); furo; vigia; buraco para espreita.
Eyelash (ái-lesh) *s* cílio; pestana.
Eyeless (ái-léss) *adj* cego; desprovido de olhos.
Eyelet (ái-lit) *s* ilhó.
Eyelid (ai-lid) *s* pálpebra.
Eyesight (ái-sáit) *s* visão; vista.
Eyewitness (áit-niss) *s* testemunha que presenciou (ocular).
Eyot (êit) *s* ilhota, pequena ilha.
Eyrie (ê-ri) *s* ninho de ave de rapina.
Eyry (ê-ri) *vide* EYRIE.

fF

F (éf) *s* sexta letra do alfabeto Português e do alfabeto Inglês, além de outros.
F (éf) *s* MÚS cifra da nota fá.
Fa (fá) *s* MÚS nota fá.
Fable (fêibl) *s* fábula; mito; conto; mentira.
Fable (fêibl) *v* fingir; enganar.
Fabric (fé-brik) *s* tecido; pano; trama; construção; fabricação.
Fabricate (fé-brikêit) *v* edificar; fabricar; construir; forjar; urdir; preparar; manufaturar; criar; mentir; falsificar.
Fabrication (fébrikêi-shânn) *s* fabricação; obra; tecido; invenção; mentira; história.
Fabricator (fé-brikêitâr) *s* fabricante; inventor; construtor; embusteiro.
Fabulist (fé-biulist) *s* fabulista, escritor de fábulas.
Fabulize (fé-biuláiz) *v* escrever; narrar fábulas.
Fabulous (fé-biulâss) *adj* fabuloso; fingido; falso; hipócrita.
Façade (fássád) *s* fachada; face; frontispício.
Face (fêiss) *s* ar; aspecto; aparência; cara; careta; face; lado; lado principal dos objetos; rosto.
Face (fêiss) *v* afrontar; arrostar; enfrentar; encarar; enganar; forrar; fazer face a; opor; ***don't FACE your troubles by yourself***: não enfrente sozinho as dificuldades; ***to FACE the music***: arrostar consequências; ***in FACE of***: oposto a; ***FACE-cloth***: mortalha; pano para cobrir a face de cadáveres; sudário; toalha de rosto.
Faced (fêis-t) *adj* embaraçado; forrado; guarnecido.
Facer (fé-sâr) *s* bofetada; tapa.
Facet (fé-set) *s* faceta.
Facet (fé-set) *v* facetar.
Facetious (fâssi-shâss) *adj* alegre; divertido; jovial; engraçado.
Facial (fêi-shâl) *adj* facial.
Facile (fé-sil) *adj* afável; cortês; dócil; fácil; hábil.
Facileness (fé-silnéss) *s* facilidade.
Facilitate (fâssi-litêit) *v* facilitar; simplificar; tornar fácil.
Facilitation (fâssilitêi-shânn) *s* facilidade.
Facility (fâssi-liti) *s* facilidade; afabilidade; desembaraço; habilidade; cortesia.
Facing (fêi-sinn) *s* adorno; paramento; cobertura.
Fact (fékt) *s* fato; ação; caso; feito; culpa; ***in FACT***: na verdade, na realidade.
Faction (fék-shânn) *s* facção; parcialidade; partido; dissensão; discórdia.
Factional (fék-shânâl) *adj* faccionário, membro de uma facção.
Factious (fékti-shâss) *adj* faccioso; desleal; reacionário; parcial; perturbador.
Factitious (fékti-shâss) *adj* factício, produzido ou imitado pela arte; artificial.
Factitiousness (fékti-shâsnéss) *s* artificialidade.
Factor (fék-târ) *s* fator; causa; comissário; agente; MAT fator, cada um dos termos da multiplicação aritmética.
Factorage (fék-toridj) *s* COM comissão; corretagem.
Factorial (féktôu-riâl) *s* fábrica; feitoria; manufatura.
Factorial *adj* fatorial; relativo a fator.
Factorize (fék-toráiz) *v* MAT fatorar; decompor em fatores.
Factorship (fék-târship) *s* conjunto de fatores.
Factory (fék-tori) *s* empresa encarregada de negócios em outro país; fábrica; feitoria; manufatura; usina;.
Facula (fé-kiulâ) *s* ASTR fácula, mancha luminosa no disco do Sol e da Lua.
Facultative (fé-kâltâtiv) *adj* facultativo; opcional.
Faculty (fé-kâlti) *s* aptidão; faculdade; poder; talento; engenho; eficiência; faculdade (ensino); USA corpo docente: ENGL TEACHING STAFF.
Fad (féd) *s* moda; capricho; mania; novidade; GÍR onda.
Faddiness (fé-dinéss) *s* fantasia, capricho; moda.
Faddist (fé-dist) *s* maníaco.
Faddy (fé-di) *adj* caprichoso; exigente.
Fade (fêid) *v* murchar; descorar; definhar; durar pouco; desaparecer; desbotar; empalidecer.
Fading (fêi-dinn) *s* desvanecimento.
Fading *adj* esmorecido; pálido; decadente; moribundo.
Fag (fég) *s* cansaço; aborrecimento; servo; escravo; GÍR calouro que serve a um veterano; cigarro.
Fag (fég) *v* labutar; cavar; fatigar; cansar; estafar.
Fagging (fé-ghinn) *s* obrigação; obediência; submissão dos calouros para servirem aos alunos veteranos.
Faggot (fé-gât) *s* feixe; molho; porção de peixe posto para secar; faxina; gente intrometida.
Faggotto (fégó-tóu) *s* MÚS fagote (clarineta).
Fail (fêil) *s* falta.
Fail (fêil) *v* faltar; fracassar; decair; falir; desapontar; deixar de fazer; falhar; malograr; desvanecer; ser reprovado no exame; USA FLUNK.
Failing (fêi-linn) *s* falta; defeito; fraqueza; omissão; imperfeição; fracasso.
Failing (fêi-linn) *prep* à falta de.
Failure (fêi-liur) *s* falência; quebra; malogro; fracasso; fiasco; bancarrota.
Fain (fêinn) *adj* resignado; bem disposto; contente.
Fain (fêinn) *adv* de bom grado.
Faint (fêint) *s* desmaio; síncope.
Faint (fêint) *v* enfraquecer; desfalecer; desmaiar; murchar; decair.
Faint (fêint) *adj* fraco; abatido; desanimado; frouxo; superficial; indistinto.
Fainting (fêin-tinn) *s* desmaio; desfalecimento.
Faintish (fêin-tish) *adj* fraco; tênue; débil; tenro.
Faintness (fêint-néss) *s* fragilidade; languidez; timidez.
Fair (fér) *s* fesira; mercado; quermesse.
Fair (fér) *adj* claro; puro; leal; louro; apropriado; justo.
Fair (fér) *adv* imparcialmente; cortesmente; plausivelmente.
Fairish (fé-rish) *adj* razoável; regular; claro; justo.
Fairly (fér-li) *adv* razoavelmente; suficientemente; favoravelmente.
Fairness (fér-néss) *s* beleza; formosura; alvura.
Fairway (fér-wei) *s* rio navegável (curso); lugar navegável.
Fairy (fé-ri) *s* fada; duende.
Fairy (fé-ri) *adj* referente a fadas; mágico; lendário.
Fairyland (fér-lând) *s* país das fadas; reino das fadas.
Fairylike (fér-láik) *adj* parecido com as fadas.
Faith (fêith) *s* devotamento; crença; confiança; fé; doutrina.

Faithful (fêi-thful) *adj* fiel; devotado; exato; leal; crente.
Faithfully (fêi-thfuli) *adv* firmemente; devotadamente; fielmente; sinceramente.
Faithfulness (fêi-thfulnéss) *s* lealdade; fidelidade; exatidão; constância.
Faithless (fêi-thléss) *adj* desleal; pérfido; incrédulo; sem fé.
Fake (fêik) *s* mentira; perfídia; falsidade.
Fake (fêik) *v* mentir; fraudar; roubar.
Faker (fêi-kâr) *s* enganador; ladrão; mentiroso.
Fakir (faki-r) *s* faquir (monge).
Fakirism (faki-rizm) *s* faquirismo.
Falchion (fól-tshânn) *s* alfanje; cimitarra (espada).
Falcon (fók-n) *s* falcão (ave); MIL peça de artilharia de canhão antigo.
Fall (fól) *s* queda; ruína; deslize; degradação; descida; baixa de preço; catarata; cascata; MIL rendição; USA outono; ENGL AUTUMN.
Fall (fól) *v* cair; descer; abaixar-se; abandonar; caber por sorte; aparecer; principiar; morrer; degradar-se; ***to FALL in love with***: apaixonar-se por. *past* FELL *and pp* FALLEN.
Fallacious (félêi-shâss) *adj* falaz; falacioso; ilusório; enganador.
Fallacy (fé-lâssi) *s* falácia; sofisma; engano; logro.
Fallen (fól-n) *adj* caído; decaído; desgraçado; arruinado.
Fallibility (félibi-liti) *s* falibilidade.
Fallible (félibôl) *adj* falível.
Falling (fó-linn) *s* queda; apostasia; caída; emagrecimento; abandono; baixa.
Fallow (fé-lôu) *s* terras devolutas; pousio (descanso dado à terra cultivável).
Fallow (fé-lôu) *v* arrotear; lavrar.
Fallow (fé-lôu) *adj* fulvo (amarelo tostado); terra descansada (pousio).
False (fóiss) *adj* falso; desleal; fingido; pérfido; postiço; MÚS desafinado.
Falsehearted (fols-hártid) *adj* covarde; traidor.
Falsehood (fóls-hud) *s* falsidade; mentira; traição.
Falseness (fóls-néss) *s* falsidade; perfídia; traição.
Falsies (fól-sis) *s* seios postiços.
Falsification (fólsifikêi-shânn) *s* falsificação; adulteração.
Falsifier (fól-sifáiâr) *s* falsificador; falsário; trapaceiro.
Falsify (fól-siti) *s* falsidade; mentira.
Falsify (fól-siti) *v* falsificar; forjar; mentir.
Falter (fól-târ) *v* gaguejar; vacilar; hesitar; perturbar-se.
Falterer (fól-târâr) *s* gago; hesitante.
Faltering (fól-târinn) *s* gagueira; hesitação.
Faltering (fól-târinn) *adj* hesitante; titubeante.
Fame (fêimm) *s* fama; reputação; renome.
Fame (fêimm) *v* afamar.
Famed (fêimd) *adj* famoso; afamado; célebre.
Familiar (fâmi-liâr) *s* amigo íntimo.
Familiar (fâmi-liâr) *adj* familiar; íntimo; caseiro.
Familiarity (fâmilié-riti) *s* familiaridade; intimidade.
Familiarize (fâmi-liâráiz) *v* familiarizar; habituar; acostumar.
Family (fé-mili) *s* família; raça; casta; classe; linhagem; ***Holy FAMILY***: Sagrada Família.
Famine (fé-minn) *s* fome; carência de víveres; penúria.
Famish (fé-mish) *v* esfomear; morrer de fome.
Famous (fêi-mâss) *adj* famoso; célebre; ilustre; notável.
Fan (fénn) *s* ventilador; leque; admirador; aficionado.
Fan (fénn) *v* ventilar; soprar; joeirar; abanar; excitar; ESP torcer (para equipe).
Fanatic (fâné-tik) *adj* fanático; visionário.
Fanaticism (fané-tissizm) *s* fanatismo.
Fanaticize (fâné-tisáiz) *v* fanatizar.
Fancied (fân-sid) *adj* imaginário.
Fanciful (fén-siful) *adj* fantasioso; imaginoso; quimérico.
Fancifulness (fén-sifulnéss) *s* fantasia; capricho.
Fancy (fén-si) *s* imaginação; fantasia; capricho; imagem.
Fancy (fén-si) *v* imaginar; fantasiar; apaixonar-se.
Fancy (fén-si) *adj* imaginário; caprichoso; ideal.
Fanfare (fén-fér) *s* fanfarra; som de trombeta; barulho.
Fanfaron (fén-fârônn) *s* fanfarrão; alardeador; impostor.
Fanfaronade (fénfârónêi-d) *s* fanfarronada; bravata; fanfarrice.
Fang (fénn) *s* garra; unha; dente; presa.
Fangless (fénn-léss) *adj* sem dentes; sem garras; sem unhas.
Fanlight (fén-láit) *s* bandeira de porta; bandeira de janela.
Fantail (fén-têil) *s* cauda em leque; pombo de leque.
Fantasm (fén-tézm) *s* fantasma.
Fantastic (féntés-tik) *adj* fantástico; maravilhoso; extraordinário; imaginário.
Fantasy (fén-tâssi) *s* fantasia; capricho, imaginação.
Far (fâr) *adj* distante; remoto; afastado; longínquo.
Far (fâr) *adv* distante; longe; ***how FAR?***: a que distância?; ***FAR-away***: remoto; distraído; pensativo.
Farce (fárss) *s* farsa; burla.
Farcical (fár-sikâl) *adj* cômico; alegre; jovial.
Farcicality (fársiké-liti) *s* hilaridade; jocosidade.
Farcy (fár-si) *s* sarna de cavalo.
Fardel (fár-dél) *s* fardel (saco para viagem).
Fare (fér) *s* frete; preço de passagem; comida.
Fare (fér) *v* passar bem; passar mal; viver de; alimentar-se.
Farewell (fér-uél) *s* adeus; despedida.
Farm (fármm) *s* fazenda; estância; rancho.
Farm (fármm) *v* cultivar terras; arrendar terras.
Farmer (fár-mâr) *s* fazendeiro; lavrador; cobrador de rendas; pessoa que se paga para tomar conta de criança.
Farmhouse (farm-háuss) *s* sede de fazenda; casa de quinta; casa de fazenda.
Farming (fár-minn) *s* agricultura; lavoura; arrendamento; cobrança de contribuições.
Farmyard (fárm-iárd) *s* pátio de fazenda; terreno de uma quinta.
Farrier (fé-riâr) *s* ferrador; veterinário não formado (prático).
Farrow (fé-rôu) *s* barrigada de porca; ninhada.
Farrow (fé-rôu) *v* o parir da porca.
Farther (fár-dhâr) *adv* mais longe; além de; por mais tempo; além.
Farthermost (fár dhârmôust) *adj* o mais distante.
Farthest (fár-dhést) *adv* o mais distante; o mais longe; maior distância.
Farthing (fár-dhinn) *s* a quarta parte do **penny** (moeda).
Farthingale (fár-dhinghêil) *s* anquinhas (armação para saia).
Fasciated (fé-shiêitd) *adj* enfaixado.
Fascicle (fé-sikl) *s* fascículo; folheto (opúsculo publicado); pequeno feixe.
Fascinate (fé-sinêit) *v* fascinar; encantar; seduzir.
Fascinating (fé-sinêitinn) *adj* fascinante; encantador; atraente.
Fascination (féssinêi-shânn) *s* fascinação; feitiço; encanto.
Fascinator (fé-sinêitâr) *s* fascinador; sedutor; USA touca.
Fascine (féssi-nn) *s* faxina; feixe de ramos curtos.
Fascism (fáshiz-m) *s* fascismo (partido nacionalista e totalitário implantado por Benito Mussolini, de 1922 a 1945, na Itália e que adotou para símbolo o feixe de varas dos antigos Lictores romanos).
Fascist (fáshis-t) *s* fascista.
Fash (fésh) *s* incômodo; aborrecimento; cuidado.
Fash (fésh) *v* incomodar; aborrecer; atormentar.
Fashion (fé-shiânn) *s* moda; modo; estilo; costume; escol; alta sociedade.
Fashion (fé-shiânn) *v* amoldar; adaptar; conformar; idear.
Fashionable (fé-shiânâbl) *adj* elegante; moderno; da moda; da alta sociedade.
Fashioner (fé-shiânâr) *s* modista; alfaiate da moda.
Fashionmonger (fé-shiânnmân-gâr) *s* janota; almofadinha.
Fast (fést) *s* jejum; abstinência; NÁUT amarra; cabo.
Fast (fést) *v* jejuar; fixar.

Fast (fést) *adj* firme; seguro; sólido; estável; fiel; leal; rápido; veloz.
Fast (fést) *adv* solidamente; rapidamente; firmemente.
Fasten (fésn) *v* atar; fechar; ligar; prender; parafusar.
Fastener (fés-nâr) *s* pregador.
Fastening (fés-ninn) *s* nó; ligadura; união; gancho.
Faster (fés-târ) *s* jejuador; abstinente; o mais rápido; o que é mais ligeiro.
Fastidious (fésti-diâss) *adj* manhoso; dengoso; melindroso.
Fastidiousness (fésti-diâsnéss) *s* fastio; enfado; desdém; tédio.
Fasting (fés-tinn) *s* abstinência.
Fasting (fés-tinn) *adj* de jejum.
Fastness (fést-néss) *s* firmeza; solidez; ligação; velocidade.
Fat (fét) *s* gordura; banha; manteiga; toucinho.
Fat (fét) *adj* gordo; obeso; oleoso; próspero; rico; FIG néscio; estúpido.
Fatal (fêi-tâl) *adj* fatal; funesto; mortal.
Fatalism (fêi-tâlizm) *s* fatalismo.
Fatalist (fêi-tâlist) *s* fatalista.
Fatalist (fêi-tâlist) *adj* fatalístico.
Fatality (fêté-liti) *s* fatalidade; destino; desgraça.
Fate (fêit) *s* fado; destino; sorte.
Fate (fêit) *v* destinar; condenar.
Fated (fêi-tid) *adj* predestinado; fadado.
Fateful (fêit-ful) *adj* fatal; funesto; fatídico.
Father (fê-dhâr) *s* pai; chefe espiritual; patriarca; padre; criador; inventor.
Father (fê-dhâr) *v* adotar; atribuir a; ***FATHER-in-law***: sogro.
Fatherhood (fâdhâ-r-hud) *s* autoridade paterna; paternidade.
Fatherland (fâ-dhârlénd) *s* país natal; pátria; terra natal.
Fatherless (fâ-dhârléss) *adj* órfão; sem pai.
Fatherliness (fâ-dhârlinéss) *s* amor paternal.
Fatherly (fâ-dhârli) *adj* paternal.
Fatherly (fâ-dhârli) *adv* paternalmente.
Fathom (fé-dhâmm) *s* sonda; profundidade.
Fathom (fé-dhâmm) *v* sondar; penetrar; aprofundar.
Fathomless (fé-dhâmléss) *adj* insondável; impenetrável.
Fatidic (féti-dik) *adj* fatídico.
Fatidical (féti-dikól) *vide* FATIDIC.
Fatigue (fâti-g) *s* fadiga; cansaço.
Fatigue (fâti-g) *v* fatigar; cansar-se.
Fatness (fét-néss) *s* obesidade; gordura.
Fatten (fét-n) *v* engordar; nutrir; cevar.
Fattener (fét-nâr) *s* aquele que engorda; engordador; cevador.
Fattening (fét-ninn) *s* engorda.
Fatty (fé-ti) *s* FAM gordinho; pessoa gorda.
Fatty (fé-ti) *adj* gorduroso; oleoso; gordo.
Fatuity (fâtiu-iti) *s* fatuidade, estupidez.
Fatuous (fé-tiuâss) *adj* fátuo; pretensioso; tolo; vaidoso.
Fatuousness (fé-tiuâsnéss) *s* fatuidade; tolice; imbecilidade.
Faubourg (fôubu-r) *s* subúrbio; arrabalde.
Fauces (fó-siz) *s* fauce, goela.
Faucet (fó-set) *s* USA torneira; ENGL TAP.
Faugh (fó) *interj* fora!
Fault (fólt) *s* falta; culpa; erro; carência; escassez; defeito; ***it's your own FAULT***: a culpa é tua.
Faultiness (fól-tinéss) *s* culpa; falta; erro; ofensa.
Faultless (fólt-léss) *adj* sem falhas; sem falta; perfeito.
Faulty (fól-ti) *adj* defeituoso; imperfeito; errôneo; culpável.
Faun (fónn) *s* fauno (divindade dos antigos romanos).
Fauna (fó-nâ) *s* fauna (animais de uma região ou de uma era geológica).
Favor (fêi-vâr) *s* favor; auxílio; obséquio; proteção; permissão.
Favor (fêi-vâr) *v* favorecer; socorrer; proteger; assistir.
Favorable (fêi-vârâbl) *adj* favorável; propício.
Favorableness (fêi-vârâblnéss) *s* bondade; benignidade; benevolência.
Favored (fêi-vârd) *adj* favorecido; protegido.
Favorer (fêi-vârâr) *s* favorecedor; protetor.
Favorite (fêi-vârit) *s* favorito; predileto; querido; protegido.
Favorite (fêi-vârit) *adj* favorito; predileto; querido; protegido.
Favoritism (fêi-vâritizm) *s* favoritismo; parcialidade.
Favour (fêi-vâr) *vide* FAVOR.
Favourable (fêi-vârâbl) *vide* FAVORABLE.
Favourableness (fei-vârâblnéss) *vide* FAVORABLENESS.
Favourer (fêi-vârâr) *vide* FAVORER.
Favourite (fêi-vârit) *vide* FAVORITE.
Favouritism (fêi-vâritizm) *vide* FAVORITISM.
Fawn (fónn) *s* carinho; afago; lisonja; veado novo; filhote de corço.
Fawn (fónn) *v* acariciar; bajular; fazer festa.
Fawner (fó-niâr) *s* adulador; lisonjeador; bajulador.
Fawning (fó-ninn) *s* lisonja; bajulação.
Fawning (fó-ninn) *adj* adulador; lisonjeiro.
Fay (fêi) *s* fada; duende.
Fealty (fi-âlti) *s* fidelidade; lealdade.
Fear (fiâr) *s* medo; temor; apreensão; pavor.
Fear (fiâr) *v* recear; temer.
Fearful (fiâr-ful) *adj* apavorante; medroso; de meter medo; tímido; cuidadoso; digno de respeito; imponente.
Fearfulness (fiârful-néss) *s* timidez; medo; pavor; espanto.
Fearing (fiâ-rinn) *s* receio.
Fearing (fiâ-rinn) *adj* receoso.
Fearless (fiâr-léss) *adj* destemido; audaz; intrépido.
Fearlessness (fiâr-lésnéss) *s* intrepidez; audácia; bravura.
Fearsome (fiâr-sóumm) *adj* espantoso; medroso; tímido.
Feasibility (fizibi-liti) *s* possibilidade; praticabilidade.
Feasible (fi-zibl) *adj* possível; praticável.
Feast (fist) *s* festa; festim; banquete.
Feast (fist) *v* banquetear; festejar.
Feaster (fis-târ) *s* festejador; gastrônomo; comilão.
Feasting (fis-tinn) *s* festim; banquete; pagode.
Feat (fit) *s* feito; ação; proeza.
Feather (fé-dhâr) *s* pluma; plumagem; gênero; espécie.
Feather (fé-dhâr) *v* emplumar; armar de penas.
Featherbrain (fé-dhârbrêinn) *s* tolo; imbecil.
Feathered (fé-dhârd) *adj* coberto de penas.
Feathering (fé-dhârinn) *s* plumagem; pelo enrolado de certos cães.
Featherless (fé-dhâr-less) *adj* implume; sem penas.
Featherweight (fé-dar-uêit) *s* ESP peso-pluma; peso pena (box).
Feathery (fé-dhâri) *adj* armado de penas; guarnecido com plumas.
Feature (fi-tshur) *s* traço; aspecto; feição; característica; cardápio (especialidade de um restaurante ou empresa).
Feature (fi-tshur) *v* retratar; apresentar elenco; destacar.
Febric (fê-brik) *adj* febril.
Febricity (febri-siti) *s* estado febril.
February (fé-bruâri) *s* fevereiro (2º mês do ano).
Feculence (fé-kiulenss) *s* feculência; escória; refugo.
Feculent (fé-kiulent) *adj* feculento; turvo; impuro.
Fecund (fé-kând) *adj* fecundo; prolífico; fértil.
Fecundate (fé-kândêit) *v* fecundar; fertilizar.
Fecundation (fekândêi-shânn) *s* fecundação; fertilização.
Federate (fé-dârêit) *s* confederado.
Federate (fé-dârêit) *v* federar; confederar-se.
Federate (fé-dârêit) *adj* confederado.
Federation (fedârêi-shânn) *s* liga; aliança; confederação (Estados dependentes de um poder central).
Federative (fé-dârâtiv) *adj* federativo.
Fee (fi) *s* honorários; paga; taxa; emolumento; mensalidades (nos clubes, escolas etc.).
Fee (fi) *v* recompensar; pagar; gratificar; assalariar.
Feeble (fib-l) *adj* debilitado; fraco; lânguido.
Feebleness (fibl-néss) *s* debilidade; fraqueza; languidez.
Feebly (fi-bli) *adv* debilmente.
Feed (fid) *s* alimento; ração; sustento; MEC abastecimento (de motor, de máquinas).

Feed (fid) *v* alimentar; nutrir; comer; *past or pp* FED.
Feeder (fi-dâr) *s* o que alimenta; fomentador; mamadeira; afluente (rio); condutor elétrico (principal).
Feeding (fi-dinn) *s* alimentação; pasto; comida.
Feel (fil) *s* tato; percepção.
Feel (fil) *v* sentir; perceber; aperceber-se; compreender; conceber; tocar; examinar com o tato; *past or pp* FELT.
Feeler (fi-lâr) *s* aquele que toca; apalpador; tentáculo; antena (inseto etc.).
Feeling (fi-linn) *s* sentimento; tato; toque; dó; sensação; intuição; ternura.
Feeling (fi-linn) *adj* sensível; terno; compassivo; comovedor.
Feign (fêinn) *v* fingir; dissimular; imaginar; inventar.
Feint (fêint) *s* fingimento; dissimulação; simulação.
Feint (fêint) *v* dissimular; simular; fingir.
Feldspar (fél-dspár) *s* feldspato (mineral).
Felicitate (feli-sitêit) *v* felicitar; congratular; saudar.
Felicitation (felissitêi-shânn) *s* felicitação; congratulação; parabéns.
Felicitous (feli-sitâss) *adj* feliz; venturoso; bem-aventurado; apropriado.
Felicity (feli-siti) *s* felicidade; graça; ventura.
Feline (fi-láinn) *s* felino.
Feline (fi-láinn) *adj* felino (relativo ou semelhante a gato); cruel.
Fell (fél) *s* cabelo; pelo; couro.
Fell (fél) *v* abater; derrubar; lançar por terra; cortar.
Fell (fél) *adj* ferino; cruel; bárbaro; hediondo.
Feller (fé-lâr) *s* lenhador; mateiro; máquina de costura.
Felling (fé-linn) *s* corte; derrubada; costura.
Fellow (fé-lôu) *s* companheiro; camarada; sócio; sujeito; indivíduo; GÍR cara (pessoa).
Fellow (fé-lôu) *v* irmanar; aliar; igualar; associar.
Fellowship (fé-lôuship) *s* sociedade; associação; companhia; confraria; confraternidade; USA bolsa (escolar).
Fellowship (fé-lôuship) *v* admitir ingresso (numa sociedade).
Felly (fé-li) *adv* ferozmente; cruelmente.
Felon (fé-lânn) *s* réu de crime capital; criminoso; MED panarício (inflamação nas unhas).
Felon (fé-lânn) *adj* malvado; criminoso; perverso.
Felonious (filôu-niâss) *adj* perverso; bárbaro; criminoso.
Felony (fé-loni) *s* felonia; crime capital; traição; covardia.
Felt (félt) *s* feltro.
Felt (félt) *v* cobrir com feltro; estofar; *past or pp* de FEEL.
Female (fi-mêil) *s* fêmea.
Female (fi-mêil) *adj* relativo à fêmea; feminino; feminil.
Feminine (fé-mininn) *adj* feminino; feminil.
Femininity (fémini-niti) *s* femininidade.
Femur (fi-mâr) *s* ANAT fêmur.
Fen (fénn) *s* pântano; charco.
Fence (fénss) *s* cerca; cancela; cercadura; trincheira; barreira; receptador de objetos roubados; defesa; jogo de esgrima; debate; USA grade (de ferro).
Fence (fénss) *v* cercar; fechar; discutir; entrincheirar; esgrimir; defender-se.
Fenceless (féns-léss) *adj* aberto; sem guarda; indefeso.
Fencer (fén-sâr) *s* esgrimista; cavalo (que salta bem cercas).
Fencing (fén-sinn) *s* material para cercas; cerca; esgrima.
Fend (fénd) *v* desviar; defender; defender-se; aparar; resguardar.
Fender (fén-dâr) *s* defesa; guarda (de fogão ou chaminé); para-lama (automóvel); ENGL MUD-GUARD; WING.
Fenianism (fi-niênism) *s* movimento político-revolucionário Irlandês.
Fenny (fé-ni) *adj* pantanoso.
Fent (fént) *s* fenda; racha.
Feoff (féf) *s* feudo.
Feoffee (fé-fi) *s* feudatário.
Feoffer (fé-fâr) *s* senhor feudal.
Ferment (fârmén-t) *s* fermento; levedura; comoção; tumulto.
Ferment (fârmén-t) *v* agitar; excitar; fermentar.
Fermentable (fârmén-tâbl) *adj* fermentável.
Fermentation (fârmêntêi-shânn) *s* fermentação; excitação; agitação.
Fern (fârnn) *s* feto (planta); samambaia.
Fernery (fâr-nâri) *s* fetal (onde se criam fetos); estufa (para samambaias).
Ferocious (ferôu-shâss) *adj* feroz; perverso; voraz.
Ferocity (feró-siti) *s* ferocidade; crueldade.
Ferreous (fé-riâss) *adj* férreo.
Ferret (fé-rit) *s* furão (animal mamífero); fio; fita de seda.
Ferret (fé-rit) *v* indagar; esquadrinhar; perscrutar; caçar com furão.
Ferriage (fé-ridj) *s* frete (balsa, barco); preço de passagem (barco).
Ferruginous (féru-djinâss) *adj* ferruginoso (que contém ferro).
Ferrule (fé-ril) *s* virola; ponteira (de ferro); ponteira (ponta de bengala).
Ferry (fé-ri) *s* balsa; travessia em balsa; pontão.
Ferry (fé-ri) *v* transportar (por balsa ou por barco).
Ferryboat (féri-bôut) *s* balsa; barca (para travessia de pequena extensão marítima ou de rios).
Fertile (fâr-til) *adj* fértil; fecundo; abundante.
Fertility (fârti-liti) *s* abundância; fertilidade; fecundidade.
Fertilization (fârtilizêi-shânn) *s* fertilização; fecundação.
Fertilize (fâr-tiláiz) *v* fertilizar; adubar; fecundar.
Fertilizer (fâr-tiláizâr) *s* fertilizante; fertilizador; adubo químico.
Ferule (fé-rul) *s* férula, palmatória.
Ferule (fé-rul) *v* bater com a férula.
Fervency (fâr-vensi) *s* fervor; zelo.
Fervent (fâr-vent) *adj* ardente; fervoroso; veemente.
Fervid (fâr-vid) *adj* férvido; ardente; brilhante.
Fervidly (fâr-vidli) *adv* ardentemente.
Fervor (fâr-vâr) *s* fervor; ardor; veemência; entusiasmo.
Festal (fés-tâl) *adj* festivo; cerimonioso; solene; imponente.
Fester (fés-târ) *s* ferida; tumor; úlcera.
Fester (fés-târ) *v* ulcerar; inflamar; supurar.
Festival (fés-tivâl) *s* festa; festival.
Festival (fés-tivâl) *adj* festival.
Festive (fés-tiv) *adj* alegre; festivo; solene.
Festivity (fésti-viti) *s* festividade.
Festoon (féstu-nn) *s* festão; recorte; grinalda.
Festoon (féstu-nn) *v* engrinaldar.
Fetch (fétsh) *s* estratagema; estratégia; ardil.
Fetch (fétsh) *v* trazer; alcançar, conseguir (um preço); pegar; seguir; conduzir; POP fazer aderir.
Fetcher (fé-tshâr) *s* que vai buscar; buscador.
Fetid (fé-tid) *adj* fétido.
Fetish (fi-tish) *s* fetiche; ídolo.
Fetishism (fi-tishizm) *s* PSIC fetichismo (perversão que leva uma pessoa a amar parte de outra pessoa ou um objeto por ela usado).
Fetishist (fiti-shizt) *s* PSIC fetichista (aquele que cultiva o fetichismo).
Fetter (fe-târ) *s* grilhões; cadeia; algema.
Fetter (fe-târ) *v* agrilhoar; acorrentar; algemar.
Fettered (fé-târd) *adj* agrilhoado; algemado; acorrentado.
Fettle (fét-l) *v* ajustar; alisar; aplainar.
Feud (fiu-d) *s* feudo; rixa; disputa.
Feudal (fiu-dâl) *adj* feudal.
Feudalism (fiu-dâlizm) *s* feudalismo (regime político que vigorou na Idade Média, mantendo obrigações recíprocas entre nobres, aristocratas e clérigos, denominados Senhores Feudais e Vassalos).
Fever (fi-vâr) *s* febre; calor; animação.
Feverheat (fi-vâr-hit) *s* MED temperatura elevada (do corpo).
Feverish (fi-vârish) *adj* febril; exaltado; inconstante.

Few (fiu-) *adj* poucos; poucas.
Few (fiu-) *pron* poucos; poucas.
Fewness (fiu-néss) *s* minoria; escassez.
Fez (féz) *s* fez (gorro).
Fiancé (fiânsê-) *s* noivo.
Fiancée (fiânsê-) *s* noiva.
Fiasco (fi-éscou) fiasco; fracasso; USA FROST.
Fiat (fái-et) *s* ordem; decreto.
Fib (fib) *s* mentira; trapaça; conto.
Fib (fib) *v* mentir; trapacear.
Fibber (fi-bâr) *s* mentiroso.
Fiber (fái-bâr) *s* fibra; essência; natureza.
Fibered (fái-bârd) *adj* fibroso; filamentoso.
Fibre (fái-bâr) *vide* FIBER.
Fibrous (fái-brâss) *adj* fibroso; filamentoso.
Fibula (fi-biulâ) *s* ANAT fíbula (novo nome do perônio).
Fickle (fik-l) *adj* inconstante; volúvel.
Fickleness (fikl-néss) *s* inconstância; volubilidade.
Fictile (fik-til) *adj* maleável; plástico; moldável.
Fiction (fik-shânn) *s* ficção; novela; mito.
Fictional (fik-shânâl) *adj* imaginário.
Fictionist (fik-shânist) *s* novelista; fabulista.
Fictitious (fikti-shâss) *adj* fictício; fabuloso; falso; imaginário.
Fictive (fik-tiv) *adj* fictício; falso; imaginário.
Fiddle (fidl) *s* violino; rabeca.
Fiddle (fidl) *v* tocar rabeca; tocar violino; GÍR bater os dedos (nervosamente).
Fiddler (fid-lâr) *s* violinista.
Fidelity (fidé-liti) *s* fidelidade; lealdade; veracidade.
Fidget (fid-jét) *s* inquietação; agitação.
Fidget (fid-jét) *v* inquietar; incomodar; mexer-se; agitar-se.
Fidgetily (fi-djétli) *adv* impacientemente.
Fidgety (fi-djéti) *adj* inquieto; impaciente; aborrecido.
Fiducial (fidiu-shâl) *adj* fiducial; fiduciário.
Fiduciary (fidiu-shâri) *s* e *adj* fiduciário (que revela confiança).
Fief (fifi-) *s* feudo; domínio.
Field (fild) *s* campo; campo de batalha; campina; ESP campo de jogos (caça etc.).
Field (fild) *v* ESP postura para apanhar a bola (no baseball, cricket etc.).
Fielder (fil-dâr) *s* ESP aquele que apanhar a bola (jogador).
Fiend (find) *s* mau espírito; satã; inimigo; demônio; diabo.
Fiendish (fin-dish) *adj* diabólico; satânico.
Fiendishly (fin-dishli) *adv* diabolicamente.
Fiendishness (fin-dishnéss) *s* perversidade; diabrura.
Fierce (firss) *adj* feroz; selvagem; bárbaro; impetuoso; desumano; cruel.
Fierceness (firs-néss) *s* ferocidade; crueldade; maldade.
Fieriness (fái-rinéss) *s* calor; ímpeto; ardor; paixão.
Fiery (fái-ri) *adj* ígneo; fogoso; ardente; apaixonado; violento.
Fife (fáif) *s* MÚS pífano; pífaro (flauta).
Fife (fáif) *v* tocar pífano ou pífaro.
Fifer (fái-fâr) *s* tocador de pífano.
Fifteen (fifti-nn) *s* quinze.
Fifteen (fifti-nn) *adj* quinze.
Fifteenth (fiftin-th) *adj* décimo-quinto.
Fifth (fif-th) *s* a quinta parte; cinco (do mês).
Fifth (fif-th) *adj* quinto.
Fifties (fif-tiis) *s* designativo dos anos cinquenta.
Fiftieth (fif-tiith) *s* a quinquagésima parte.
Fiftieth (fif-tiith) *adj* quinquagésimo.
Fifty (fif-ti) *s* o número cinquenta.
Fifty (fif-ti) *adj* cinquenta.
Fig (fig) *s* figueira; figo; ninharia.
Fig (fig) *v* GÍR vestir; enfeitar.
Fight (fáit) *s* luta; combate.
Fight (fáit) *v* lutar; combater; guerrear; pugnar; defender-se; *past or pp* FOUGHT.
Fighter (fái-târ) *s* brigão; lutador; batalhador.
Fighting (fái-tinn) *s* combate; peleja; luta.
Fighting (fái-tinn) *adj* combatente; beligerante.
Figment (fig-ment) *s* fantasia; fingimento; invenção; ficção.
Figurable (fi-ghiurâbl) *adj* figurável.
Figuration (fighiurêi-shânn) *s* figuração; figura; configuração.
Figurative (fi-ghiurâtiv) *adj* figurativo; simbólico.
Figure (fi-ghiur) *s* figura; vulto; aparência; imagem; contorno; emblema; tipo; cifra; número; preço; importância.
Figure (fi-ghiur) *v* figurar; formar; moldar; delinear; calcular.
Figured (fi-ghiurd) *adj* enfeitado (com figuras); simbolizado; representado.
Filament (fi-lâmént) *s* filamento; filete; fibra.
Filamentous (filâmén-tâss) *adj* filamentoso; fibroso.
Filature (fi-lâtshur) *s* fabricação de seda (criação).
Filbert (fil-bârt) *s* avelã.
Filch (fil-tsh) *v* tirar; furtar, roubar.
Filcher (til-tshâr) *s* larápio; gatuno; ladrão.
File (fáil) *s* arquivo; fila.
File (fáil) *v* arquivar; polir; afiar com lima; aguçar; MIL desfilar.
Filer (fái-lâr) *s* limador.
Filiation (filiêi-shânn) *s* filiação; adoção; perfilhação.
Filibuster (fi-libâstâr) *s* corsário; pirata.
Filibuster (fi-libâstâr) *v* piratear; USA aquele que impede os trabalhos no Parlamento.
Filigrane (fi-ligrêinn) *s* filigrana (obra feita com fios de ouro formando desenhos artísticos); ourivesaria.
Filigree (fi-ligri) *s* filigrana.
Filigree (fi-ligri) *adj* adornado de filigrana.
Filing (fái-linn) *s* limadura; arquivamento.
Fill (fil) *s* suficiência; fartura; suprimento.
Fill (fil) *v* cumprir; preencher; saciar; abastecer; acumular; desempenhar um cargo; obturar os dentes; fartar-se; ***one goes to the gas station in order to FILL UP his tank***: alguém vai ao posto de gasolina para abastecer o tanque.
Filler (fi-lâr) *s* funil; conta-gotas.
Fillet (fi-lét) *s* fita; atadura; moldura.
Filling (fi-linn) *s* enchimento; obturação; adição.
Filly (fi-li) *s* potranca; égua; FAM moça alegre e graciosa.
Film (filmm) *s* filme; fita; membrana; pele fina; filamento delicado.
Film (filmm) *v* filmar; cobrir com membrana; cobrir com película.
Filmy (fil-mi) *adj* pelicular; membranoso.
Filter (fil-târ) *s* filtro; purificador.
Filter (fil-târ) *v* filtrar; purificar; coar.
Filtering (fil-târinn) *s* filtração; filtragem; depuramento.
Filth (filth) *s* sujeira; lixo; imundície.
Filthiness (fil-thinéss) *s* sujidade; porcaria; impureza.
Filthy (fil-thi) *adj* imundo; sujo; corrompido; obsceno.
Filtration (fil-trêishan) *vide* FILTERING.
Fimbria (fim-briâ) *s* fímbria; orla; franja.
Fimbriate (fim-briit) *adj* orla; franja.
Fin (finn) *s* barbatana; debrum.
Finable (fái-nâbl) *adj* JUR passível de ser multado.
Final (fái-nâl) *adj* final; último; definitivo; conclusivo.
Finality (fáiné-liti) *s* finalidade; fim; tendência.
Finance (finén-ss) *s* finança; fundos; rendas.
Finance (finén-ss) *v* financiar; administrar negócios (financeiros ou empréstimos).
Financial (finén-shâl) *adj* financial; financeiro.
Financier (finénsir) *s* financeiro.
Financier (finénsir) *v* financiar; gerenciar as finanças.
Finch (fintsh) *s* pintassilgo (pássaro).
Find (fáin) *s* achado; descoberta.
Find (fáin) *v* achar; descobrir; verificar; certificar-se de; decidir; prover; suprir; inventar; *past or pp* FOUND.
Finder (fáin-dâr) *s* achador; descobridor; inventor.
Finding (fain-dinn) *s* achado; invenção; descobrimento.
Fine (fáinn) *s* multa.

Fine (fáinn) *v* multar; purificar; clarificar.
Fine (fáinn) *adj* fino; ótimo; delicado; puro; refinado.
Fine (fáinn) *interj* excelente!; muito bom!
Fineness (fáin-néss) *s* sutileza; finura; astúcia; engenho.
Finery (fái-nâri) *s* adorno; luxo (nas vestes); refinação; forja (fundição).
Finesse (finé-ss) *s* astúcia; artifício; diplomacia; habilidade.
Finger (fin-gâr) *s* dedo (da mão); extensão de um dedo; largura de um dedo.
Finger (fin-gâr) *v* tocar; furtar; dedilhar; manusear.
Fingering (fin-gârinn) *s* manejo; MÚS dedilhado.
Finial (fi-niâl) *s* remate.
Finical (fi-nikâl) *adj* afetado; esquisito; melindroso; fastidioso.
Fining (fái-ninn) *s* refinação; depuração; purificação.
Finish (fi-nish) *s* fim; termo; conclusão; retoque.
Finish (fi-nish) *v* acabar; cessar; completar; aperfeiçoar; expirar; morrer; concluir.
Finished (fi-nisht) *adj* terminado; acabado; completo.
Finisher (fi-nishâr) *s* rematador; executor; retocador.
Finishing (fi-nishinn) *s* acabamento; retoque (final).
Finite (fái-náit) *adj* finito; limitado.
Finiteness (fái-náitnéss) *s* limitação; restrição.
Fink (fink-) *s* fura-greve.
Fiord (fiórd) *s* fiorde (braço de mar).
Fir (fâr) *s* pinheiro; abeto; pinho.
Fire (fâiâr) *s* fogo; chama; incêndio; brilho; relâmpago; erupção; paixão.
Fire (fâiâr) *v* atear fogo; incendiar; inflamar; detonar; animar; iluminar; cauterizar; GÍR USA demitir.
Fireball (fáiâr-ból) *s* meteoro; MIL granada.
Firebox (fáiâr-bóks) *s* fornalha.
Fireman (fáire-men) *s* bombeiro; foguista.
Fireplace (fáiâr-plêiss) *s* lareira; fogão.
Firer (fái-râr) *s* incendiário; USA FIRE-BUG.
Firesale (fáire-sêil) *s* liquidação (venda) feita nos magazines.
Firewood (fáiâr-uud) *s* lenha.
Firework (fáiâr-uârk) *s* fogo de artifício.
Firing (fáiâ-rinn) *s* fogo; aquecimento; combustível; descarga de arma; cauterização.
Firkin (fâr-kinn) *s* barril.
Firm (fârmm) *s* firma; empresa; estabelecimento.
Firm (fârmm) *adj* firme; fixo; inflexível; duro.
Firmament (fâr-mâmént) *s* céu; firmamento.
Firmness (fârm-néss) *s* firmeza; consistência; solidez.
First (fârst) *s* o primeiro; o primitivo; o principal.
First (fârst) *adj* primeiro; primitivo; principal; original; ***this is the FIRST time I've driven a car***: esta é a primeira vez que estou dirigindo um automóvel.
First (fârst) *adv* primeiramente; preferivelmente.
Firstling (fârs-tlinn) *s* as primícias; o primogênito.
Firth (fârth) *s* braço de mar; estuário.
Fisc (fisk) *s* fisco; erário; tesouro.
Fish (fish) *s* peixe; pescado; reforço.
Fish (fish) *v* pescar; procurar; obter.
Fisher (fi-shâr) *s* pescador.
Fisherman (fi-shârmaen) *s* pescador; barco de pesca.
Fishery (fi-shâri) *s* pesca; pescaria; local de pesca.
Fishiness (fi-shinéss) *s* sabor; forma; cheiro de peixe.
Fishing (fi-shinn) *s* pesca.
Fishy (fi-shi) *adj* piscoso; FAM suspeito.
Fissile (fi-sil) *adj* fendível; separável.
Fission (fi-shânn) *s* separação; divisão; divisão celular.
Fissure (fi-shur) *s* fenda; racha; abertura; fissura.
Fissured (fi-shurd) *adj* fendido; rachado; aberto.
Fist (fist) *s* punho; mão cerrada.
Fistic (fis-tik) *adj* relativo ao box; pugilístico.
Fisticuff (fis-tikâf) *s* murro; briga de socos.
Fit (fit) *s* desmaio; acidente; ataque; capricho.
Fit (fit) *v* equipar; habilitar; encaixar; adequar-se; adaptar; amoldar; preparar.
Fit (fit) *adj* próprio; justo; conveniente; capaz; digno; idôneo.
Fitch (fitsh) *s* doninha (animal mamífero); escova (feita com o pelo da doninha).
Fitful (fit-ful) *adj* espasmódico; agitado; caprichoso.
Fitfulness (fit-fulnéss) *s* capricho; irregularidade.
Fitment (fit-ment) *s* equipagem; acessório; mobiliário.
Fitness (fit-néss) *s* conveniência; confomidade; dignidade.
Fitter (fi-târ) *s* ajustador; montador (de máquinas).
Fitting (fi-tinn) *s* ajuste; instalação.
Fitting (fi-tinn) *adj* adequado; conveniente.
Five (fáiv) *adj* cinco.
Fivefold (fáiv-fôuld) *adj* quíntuplo.
Fiver (fái-vâr) *s* cinco dólares ou cinco libras (cédula); POP papel moeda.
Fives (fái-vz) *s* jogo de bola; GÍR os cinco dedos da mão.
Fix (fiks) *s* embaraço; apuro; dilema.
Fix (fiks) *v* fixar; consertar; firmar; estabelecer; ordenar; solidificar-se; ajustar; fixar residência; USA desforrar.
Fixable (fik-sâbl) *adj* fixável; adaptável.
Fixation (fiksêi-shânn) *s* fixação; firmeza; estabilidade.
Fixed (fi-kst) *adj* fixado; fixo; estável; permanente; firme.
Fixedness (fi-kstnéss) *s* fixidez; firmeza; estabilidade.
Fixer (fi-kser) *s* fixador.
Fixing (fi-ksinn) *s* fixação; determinação; adaptação; adorno.
Fixity (fik-siti) *s* fixidez; estabilidade.
Fixture (fiks-tshur) *s* móvel fixo; peça fixa.
Fizz (fiz) *s* efervescência; assobio.
Fizz (fiz) *v* efervescer; assobiar.
Fizzer (fiz-âr) *s* assobiador; aquilo que efervesce.
Fizzle (fiz-l) *s* assobio; fiasco; malogro.
Fizzle (fiz-l) *v* assobiar; ser mal sucedido.
Flabbergast (flé-bârghést) *v* espantar; pasmar; surpreender.
Flabbiness (fle-binéss) *s* debilidade; frouxidão; lassidão.
Flabby (flé-bi) *adj* frouxo; lasso; fraco; lânguido.
Flaccid (flék-sid) *adj* flácido; frouxo; débil.
Flaccidity (fléksi-diti) *s* flacidez; frouxidão; moleza.
Flag (flég) *s* bandeira; pendão; estandarte; lousa; laje.
Flag (flég) *v* afrouxar; derrear; pender; abater-se; enfraquecer.
Flagellate (flé-djelêit) *v* flagelar; açoitar.
Flagellation (flédjelêi-shânn) *s* flagelação; açoite.
Flagellator (flé-djelêitâr) *s* flagelador.
Flageolet (flé-djolét) *s* MÚS flajolé (flauta).
Flagging (flé-ghinn) *adj* flácido; lasso; frouxo.
Flaggy (flé-ghi) *adj* frouxo; flexível.
Flagon (flé-gonn) *s* garrafa de mesa (com asa).
Flagrant (flêi-grânt) *adj* flagrante; escandaloso; notório.
Flagstone (flêig-stôunn) *s* laje.
Flake (flêik) *s* floco; escama; lâmina; fagulha; andaime; cravo almiscarado.
Flake (flêik) *v* fazer flocos; lascar; laminar-se.
Flam (flémm) *s* mentira; embuste; capricho.
Flame (flêimm) *s* chama; fogo; brilho; paixão; FAM namoro antigo.
Flame (flêimm) *v* chamejar; lançar chamas; arder.
Flaming (flêi-minn) *adj* flamejante; ardente; brilhante.
Flamingo (flâmin-gôu) *s* flamingo; flamengo (ave).
Flamy (flêi-mi) *adj* inflamado; chamejante; brilhante.
Flange (fléndj) *s* orla; guia; fita; arandela.
Flank (flénk) *v* flanquear.
Flanker (flén-kâr) *s* MIL flanco de fortificação.
Flannel (flén-l) *s* flanela (de lã).
Flap (flép) *s* aba; borda; fralda; extremidade; bofetada.
Flap (flép) *v* agitar; bater com as asas; açoitar.
Flapjack (flép-djék) *s* panqueca; caixinha (para pó de arroz).
Flapper (flé-pâr) *s* aquele ou aquilo que bate; GÍR mão.
Flare (flér) *s* brilho; fulgor; chama; acesso de cólera.
Flare (flér) *v* cintilar; zangar-se; brilhar; inclinar-se; jactar-se.

Flaring (flé-rinn) *adj* cintilante; deslumbrante; ofuscante; vistoso.
Flash (flésh) *s* relâmpago; lampejo; lâmpada instantânea (fotos); inspiração; instante; FIG rápido comentário.
Flash (flésh) *v* relampejar; brilhar; chamejar; acender.
Flashback (flésh-béck) *s* rememoração de um passado saudoso; retrospecto; narração de acontecimentos precedentes; TV apresentação de algo importante que ocorreu num passado mais ou menos recente (gravado).
Flashiness (flé-shinéss) *s* brilho momentâneo.
Flashlight (flésh-láit) *s* holofote; lanterna elétrica (de mão); ENGL ELECTRIC TORCH.
Flashy (flé-shi) *adj* superficial; de mau gosto.
Flask (flésk) *s* frasco; redoma; garrafa.
Flasket (flés-ket) *s* frasco; cesto (para roupa).
Flat (flét) *s* plano; planície; palma da mão; USA barco (com fundo chato); apartamento.
Flat (flét) *v* alisar; aplanar.
Flat (flét) *adj* plano; liso; chato; MÚS som não harmônico; bemol.
Flatness (flét-néss) *s* planura; lisura; monotonia; MÚS som grave.
Flatten (flét-n) *v* aplainar; achatar; enfraquecer; deprimir; rebaixar; amortecer.
Flatter (flé-târ) *v* lisonjear; elogiar; adular.
Flatterer (flé-târâr) *s* lisonjeador; bajulador; adulador.
Flattering (flé-târinn) *s* lisonja.
Flattering (flé-târinn) *adj* lisonjeiro.
Flattery (flé-târi) *s* lisonja; bajulação; adulação.
Flatulence (flé-tiulénss) *s* flatulência, ventosidade (acúmulo de gases); FIG vaidade; orgulho; presunção.
Flatulency (flé-tiulénsi) *vide* FLATULENCE.
Flatulent (flé-tiulént) *adj* flatulento; FIG presunçoso; vaidoso.
Flaunt (fléi-tâss) *s* gala; atavios; impertinência; ostentação.
Flaunt (fléi-tâss) *v* ostentar; pavonear; alardear.
Flaunter (flón-târ) *s* vaidoso; exibicionista.
Flaunting (flón-tinn) *adj* vaidoso; soberbo.
Flautist (fló-tist) *s* flautista.
Flavor (flêi-vâr) *s* sabor; gosto; aroma; perfume.
Flavor (flêi-vâr) *v* temperar; aromatizar; adubar; condimentar.
Flavored (flêi-vârd) *adj* aromático; aromatizado; saboroso.
Flavoring (flêi-vârinn) *s* essência; condimento.
Flavorless (flêi-vârléss) *adj* insípido.
Flavorous (flêi-vârâss) *adj* saboroso; esquisito; aromatizado.
Flavour (flêi-vâr) *vide* FLAVOR.
Flavoured (flêi-vâr) *vide* FLAVORED.
Flavouring (flêi-vârinn) *vide* FLAVORING.
Flavourless (flêi-vârléss) *vide* FLAVORLESS.
Flavourous (flêi-vârâss) *vide* FLAVOROUS.
Flaw (fló) *s* fenda; racha; defeito; confusão; mancha; perturbação de espírito.
Flaw (fló) *v* fender; violar.
Flawless (fló-léss) *adj* inteiro; sem fendas; perfeito.
Flawy (fló-i) *adj* imperfeito; defeituoso; tempestuoso.
Flax (fléks) *s* linho (planta de onde se faz o tecido do mesmo nome).
Flay (flêi) *v* esfolar; pelar.
Flayer (flêi-âr) *s* esfolador.
Flaying (flêi-nn) *s* esfolamento.
Flea (fli) *s* pulga.
Fleck (flék) *s* pinta; mancha; nódoa.
Fleck (flék) *v* salpicar; manchar.
Fleckless (flék-léss) *adj* sem mancha.
Flection (flék-shânn) *s* flexão; inclinação; curvatura.
Fledge (flédj) *v* cobrir de penas.
Flee (fli) *v* fugir; escapar; evitar. *past or pp* FLED.
Fleece (fliss) *s* lã de carneiro (velo).
Fleece (fliss) *v* tosquiar; GÍR despojar.
Fleeced (flisst) *adj* coberto de lã.
Fleecer (fli-sâr) *s* tosquiador.
Fleecy (fli-si) *adj* lanzudo; análogo à lã.
Fleer (flir) *s* fugitivo.
Fleet (flit) *s* esquadra; armada; enseada.
Fleet (flit) *v* nadar; flutuar; passar rapidamente.
Fleet (flit) *adj* ligeiro; veloz.
Fleeting (fli-tinn) *adj* passageiro; efêmero; transitório.
Fleetness (flit-néss) *s* velocidade; ligeireza; curta duração.
Flemish (flé-mish) *adj* flamengo; de Flandres.
Flesh (flésh) *s* carne; alimento; nutrição; sensualidade.
Flesh (flésh) *v* engordar; nutrir (de carne); saciar; encorajar.
Fleshed (flésht) *adj* carnudo; polposo; polpudo.
Fleshy (flé-shi) *adj* carnudo; gordo.
Fletcher (flé-tshâr) *s* flecheiro; arqueiro.
Flex (fléks) *s* fio flexível.
Flex (fléks) *v* dobrar; vergar; tornar curvo.
Flexibility (fléksibi-liti) *s* flexibilidade.
Flexible (flék-sibl) *adj* flexível.
Flexion (flék-shânn) *s* flexão; curvatura; inclinação.
Flick (flik) *s* chicotada; pancada rápida.
Flick (flik) *v* chicotear; sacudir.
Flicker (fli-kâr) *v* adejar; luz sem brilho (mortiça); bater (asas).
Flickering (fli-kârinn) *s* vacilação; hesitação.
Flickering (fli-kârinn) *adj* vacilante; hesitante.
Flier (flái-âr) *s* voador; coisa veloz; aviador; ave.
Flight (fláit) *s* voo; velocidade; bando; lanço de escada; elevação de pensamento; migração.
Flightiness (flái-tinéss) *s* volubilidade; leviandade; utopia.
Flighty (flái-ti) *adj* inconstante; leviano; volátil.
Flim-flam (flim-flém) *s* fantasia; capricho; estratégia.
Flimsy (flim-zi) *s* papel fino; nota bancária.
Flimsy (flim-zi) *adj* débil; fraco; frívolo.
Flinch (flintsh) *v* desistir; acovardar-se; vacilar.
Flincher (flin-tshâr) *s* desertor; aquele que desiste.
Flinching (flin-tshinn) *adj* vacilante; hesitante.
Flinders (flin-dârs) *s pl* fragmentos; lascas; estilhaços.
Fling (flinn) *s* arremesso; coice; salto; tiro; zombaria.
Fling (flinn) *v* arrojar; lançar; repelir; zombar; atirar; *past* FLANG *and pp* FLUNG.
Flintiness (flint-néss) *s* dureza; insensibilidade; crueldade.
Flinty (flin-ti) *adj* duro; cruel; endurecido; silicoso.
Flip (flip) *s* sacudidela; bebida composta (aguardente, cerveja e açúcar).
Flip (flip) *v* tocar levemente; atirar para o ar; mover com brandura.
Flippancy (fli-pânsi) *s* loquacidade; volubilidade; impertinência; petulância.
Flippant (fli-pânt) *adj* loquaz; impertinente; petulante.
Flipper (fli-pâr) *s* membro de animais (aquáticos); barbatana; GÍR mão.
Flirt (flârt) *s* flerte (namoro ligeiro).
Flirt (flârt) *v* flertar; namoricar; agitar; escarnecer.
Flirtation (flârtéi-shânn) *s* flerte; galanteio; requebro.
Flit (flit) *v* o bater de asas; voar; mudar de endereço; emigrar; acalmar; cessar uma tormenta.
Flitter (fli-târ) *s* trapo; farrapo; emigrante.
Flittermouse (fli-târmáuss) *s* morcego.
Flitting (fli-tinn) *s* voo rápido; fuga; erro; ofensa.
Float (flôut) *s* flutuador; jangada; boia de pescador; salva-vidas.
Float (flôut) *v* flutuar; boiar; nadar; ser instável.
Floatable (flôu-tâbl) *adj* flutuável.
Floating (flôu-tinn) *adj* flutuante; móvel; variável; circulante.
Flocculent (fló-kiulênt) *adj* análogo a flocos de lã; flocado.
Flock (flók) *s* floco; multidão; rebanho; grei; floco de lã.
Flock (flók) *v* acorrer em multidão; congregar-se; estofar com lã.
Flocky (fló-ki) *adj* em flocos.
Floe (flôu) *s* gelo que flutua.
Flog (flóg) *v* fustigar; chicotear; açoitar; bater.

Flogging (fló-ghinn) *s* açoite; sova.
Flood (flâd) *s* inundação; cheia; fluxo; hemorragia do útero.
Flood (flâd) *v* inundar; alargar; estar com hemorragia uterina.
Floodgate (flâd-ghêit) *s* comporta (porta de represa).
Flooding (flâ-dinn) *s* hemorragia uterina.
Floor (flór) *s* chão; pavimento; andar; solo; recinto (Congresso ou Parlamento).
Floor (flór) *v* assoalhar; pavimentar; aterrar.
Floorer (fló-râr) *s* murro; soco; pergunta capciosa (numa prova).
Flooring (fló-rinn) *s* soalho; chão; materiais de pavimentação.
Flop (flóp) *s* fracasso; malogro.
Flop (flóp) *v* bater; sacudir (asas); ir ao encontro; deixar cair repentinamente.
Flora (fluô-râ) *s* flora (plantas de uma região).
Floret (flôu-ret) *s* BOT florzinha; florete; floco de seda.
Florid (fló-rid) *adj* florido; rosado; ornado; corado.
Florin (fló-rinn) *s* florim, unidade monetária da Holanda e Hungria (moeda).
Florist (fló-rist) *s* florista, aquele que cultiva ou vende flores.
Floss (flóss) *s* penugem; cabelo de milho.
Flossy (fló-si) *adj* seda; macio; sedoso; peludo; leve.
Flotsam (flót-sâmm) *s* destroços (de navio); objetos flutuantes.
Flounce (fláunss) *s* franja; orla; mergulho.
Flounce (fláunss) *v* debater-se; mergulhar; arremessar-se; prover de franjas.
Flounder (fláun-dâr) *v* lutar; debater-se; ter dificuldades.
Flour (flá-ur) *s* farinha.
Flour (flá-ur) *v* moer; enfarinhar; pisar.
Flourish (flâ-rish) *s* força; alegria; vigor; enfeite.
Flourish (flâ-rish) *v* enfeitar; florear; embelezar; vangloriar-se; vibrar.
Flourishing (flâ-rishinn) *adj* florescente; floreado; próspero.
Flout (fláut) *s* mofa; censura; troça; insulto; zombaria.
Flout (fláut) *v* escarnecer; zombar; troçar; burlar.
Flouting (fláu-tinn) *s* mofa; escárnio; zombaria.
Flouting (fláu-tinn) *adj* irrisório; escarnecedor.
Flow (flôu) *s* fluxo; corrente; enchente; abundância; multidão.
Flow (flôu) *v* fluir; correr; escoar-se; proceder; encher a maré.
Flower (fláu-âr) *s* flor; a melhor parte de alguma coisa; figura de retórica; enfeite; beleza.
Flower (fláu-âr) *v* enfeitar; florir; florescer.
Floweret (fláu-âret) *s* florzinha.
Flowering (fláu-ârinn) *s* floração.
Flowerpot (fláu-arpót) *s* vaso para plantas (flores).
Flowing (flôu-inn) *adj* cheio; fluente; transbordante; pleno.
Flu (flu-u) *s* gripe (influenza).
Fluctuate (flak-tmêit) *v* flutuar; variar; ondear; hesitar; agitar-se.
Fluctuation (flâktiuêi-shânn) *s* flutuação; vacilação; hesitação.
Fluency (flu-ensi) *s* fluência; eloquência; abundância.
Fluent (flu-ent) *adj* fluente; eloquente; volúvel.
Fluff (flâf) *s* lanugem; penugem; pó; explosão.
Fluff (flâf) *v* espalhar; cobrir com penugem.
Fluid (fluid) *s* fluído; gás.
Fluid (fluid) *adj* fluído; gás.
Fluidity (flui-diti) *s* fluidez.
Fluidness (flui-diti) *vide* FLUIDITY.
Fluke (fluk) *s* ponta de arpão; ponta de flecha; golpe de sorte.
Flume (flumm) *s* canal; calha; ravina, torrente de água.
Flummery (flâ-mâri) *s* manjar branco; ninharia; lisonja.
Flump (flâmp) *s* barulho.
Flump (flâmp) *v* atirar-se ao chão.
Flunk (flân-k) *v* USA ser reprovado (em prova).
Flunkey (flân-ki) *vide* FLUNKY.
Flunkeyism (flân-kiizm) *s* servilismo.
Flunky (flân-ki) *s* lacaio.
Fluor (flu-ór) *s* QUÍM flúor; menstruação.
Fluorescence (fluoré-senss) *s* fluorescência.
Fluorescent (fluoré-sent) *adj* fluorescente.
Flurry (flâ-ri) *s* agitação do ar; USA nevada forte inesperada.
Flurry (flâ-ri) *v* confundir.
Flush (flâsh) *s* robustez; vigor; rubor.
Flush (flâsh) *v* corar; orgulhar-se; exaltar; lavar; animar; excitar.
Flushing (flâ-shinn) *s* inundação; rubor; transbordamento.
Fluster (flâs-târ) *s* perturbação; confusão; agitação.
Fluster (flâs-târ) *v* confundir; embriagar; agitar.
Flute (flut) *s* flauta; estria.
Flute (flut) *v* estriar; tocar flauta.
Fluting (flu-tinn) *s* estriagem; canelagem; estria.
Flutist (flu-tist) *s* flautista.
Flutter (flâ-târ) *s* confusão; agitação; aposta a dinheiro; sobressalto.
Flutter (flâ-târ) *v* alvoroçar; palpitar; agitar-se.
Flutterer (flâ-târâr) *s* agitador.
Fluvial (flu-viâl) *adj* fluvial.
Flux (flâks) *s* fluxo; curso; QUÍM dissolvente; MED disenteria; corrimento.
Fluxion (flâk-shânn) *s* fluxo; MAT cálculo diferencial.
Fly (flái) *s* mosca; coisa sem significância; cabriolé; percurso de um projetil.
Fly (flái) *v* voar; viajar de avião; fugir; correr; precipitar; rebentar; ***to FLY at***: lançar-se sobre; ***to FLY from***: fugir de; ***to FLY into a passion***: encolerizar-se; ***to FLY upon***: cair sobre; *past* FLEW *and pp* FLOWN.
Flyer (flái-âr) *vide* FLIER.
Flying (flá-inn) *s* voo; aviação; ***FLYING saucer***: disco voador.
Flypaper (fláipêi-pâr) *s* papel pega-mosca.
Foal (fôul) *s* potro.
Foal (fôul) *v* dar cria (égua).
Foam (fôumm) *s* espuma.
Foam (fôumm) *v* espumar.
Foaming (fôu-minn) *adj* espumante.
Foamy (fôu-mi) *adj* espumoso; espumante.
Fob (fób) *s* engano; logro; bolso (de colete).
Fob (fób) *v* dissimular; lograr; enfiar no bolso.
Focalize (fôu-kâláiz) *v* focalizar; focar; enfocar.
Focus (fôu-kâss) *s* foco.
Focus (fôu-kâss) *v* focalizar; focar; enfocar.
Fodder (fó-dâr) *s* forragem.
Fodder (fó-dâr) *v* dar forragem a.
Foe (fôu) *s* inimigo; adversário; perseguidor.
Foeman (fôu-maen) *s* inimigo; adversário.
Fog (fóg) *s* nevoeiro; neblina; confusão mental.
Fog (fóg) *v* enevoar-se; nublar; obscurecer.
Fogey (fóg) *vide* FOGY.
Fogginess (fó-ghinéss) *s* nebulosidade; cerração.
Foggy (fó-ghi) *adj* enevoado; velado; cerrado (com nevoeiro).
Fogy (fôu-ghi) *s* obscurantista; pessoa antiquada (conservador).
Fogyish (fôu-ghiish) *adj* obscurantista; antiquado.
Fogyism (fôu-ghizm) *s* obscurantismo.
Foible (fóib-l) *s* o fraco (o ponto fraco); parte de uma espada (inferior); FIG o lado fraco de uma pessoa.
Foil (fóil) *s* derrota; revés; chapa de metal; folha (de metal, ouro ou de prata); pista; rastro de animal.
Foil (fóil) *v* derrotar; frustrar; despistar; fracassar; anular; amortecer.
Foist (fóist) *v* fraudar (um escrito, contrato etc.); passar um objeto falso como verdadeiro; contrabandear.
Fold (fôuld) *s* dobra; prega; envoltório; FIG congregação de fiéis.
Fold (fôuld) *v* dobrar; guardar (em pastas ou portfólios); envolver; enlaçar; cingir; encurralar.
Folder (fôul-dâr) *s* pasta (para papéis); USA folheto (para propaganda ou publicidade).
Folding (fôul-dinn) *s* prega; dobra.
Folding (fôul-dinn) *adj* dobradiço; flexível.

Foliage (fôu-lidj) *s* folhagem; folhas.
Foliate (fôu-liêit) *v* folhear; laminar; estanhar (espelho).
Foliate (fôu-liêit) *adj* folheado; frondoso; laminado.
Foliation (fôulêi-shânn) *s* renovação de folhagem; folheação.
Folio (fôu-lio) *s* fólio; página.
Folk (fôuk) *s* povo; raça; nação; gente.
Folklore (fôuk-lór) *s* folclore (canções, poesias, contos etc. que fazem parte da tradição de um povo).
Folklorist (fôuk-lórist) *s* folclorista.
Follicle (fó-likl) *s* MED folículo; glândula.
Follow (fó-lôu) *v* seguir; resultar; perseguir; obedecer; observar; ***as FOLLOWS***: a saber, como segue; ***do you FOLLOW me?***: compreende-me? ***FOLLOW-up***: lembrete; seguir de perto.
Follower (fó-lôuâr) *s* seguidor; sectário; discípulo; imitador; MEC tambor de transmissão.
Following (fó-lôuinn) *s* séquito; carreira; profissão; acompanhamento.
Following (fó-lôuinn) *adj* seguinte; imediato; próximo.
Folly (fó-li) *s* tolice; disparate; insensatez.
Foment (fomént) *v* fomentar; provocar; excitar.
Fomentation (fomentêi-shânn) *s* fomentação; instigação; incitamento.
Fomenter (fomén-târ) *s* fomentador; incitador; instigador.
Fond (fónd) *adj* amigo; afeiçoado; favorito; amante.
Fondle (fóndl) *v* acariciar; afagar; acarinhar.
Fondler (fónd-lâr) *s* acariciador.
Fondness (fónd-néss) *s* afeto; carinho; afeição; ternura.
Font (fónt) *s* pia batismal; fonte tipográfica.
Food (fud) *s* comida; alimento; pasto; ***junk FOOD***: comida pouco saudável servida em restaurantes; ***FAST-FOODS***: lanchonetes para refeição rápida.
Foodless (fud-léss) *adj* sem víveres.
Fool (ful) *s* tolo; palhaço; imbecil.
Fool (ful) *v* zombar de; enganar; divertir-se.
Foolery (fu-lâri) *s* loucura; extravagância; tolice.
Foolish (fu-lish) *adj* néscio; tolo; imbecil; tonto.
Foolishness (fu-lishnéss) *s* insensatez; tolice; loucura.
Foot (fut) *s* pé; base; sopé; rodapé; MIL infantaria.
Foot (fut) *v* pisar; andar; dançar; percorrer; GÍR USA pagar uma conta.
Football (fut-ból) *s* futebol.
Footboard (fut-bôurd) *s* estribo.
Footed (fu-tid) *adj* provido de pés; quadrúpede.
Footer (fu-târ) *s* pedestre; pessoa que anda a pé; POP o jogo de futebol.
Footing (fu-tinn) *s* pé; base; posição; piso; soma de uma coluna.
Foots (futs) *s* sedimentos; fezes; borra.
Footsteps (fut-stéps) *s* pegadas.
Footwear (fut-uér) *s* calçado; ***athletic FOOTWEAR***: calçados para esportes; BR tênis; *vide* SNEAKERS or TENNIS SHOES.
Foozle (fuzl) *s* pessoa estúpida.
Fop (fóp) *s* almofadinha; janota.
Foppery (fó-pâri) *s* afetação no trajar; fanatismo.
Foppish (fó-pish) *adj* afetado; presumido; efeminado.
For (fór) *prep* para; por; por causa de; durante; em lugar de; quanto a.
For (fór) *conj* porque; pois; ***FOR all the world***: exatamente; completamente; ***what FOR?***: para quê?
Forage (fó-ridj) *s* forragem; víveres.
Forage (fó-ridj) *v* saquear; roubar; depredar; errar.
Foraging (fó-ridjinn) *s* forragem.
Forasmuch (fórâsmâ-tsh) *conj* pois que; considerando que; visto que.
Foray (fó-rêi) *s* saque; pilhagem.
Foray (fó-rêi) *v* saquear.
Forbear (fórbé-r) *v* abster-se de; deixar de; reprimir-se; *past* FORBORE *and pp* FORBORNE.
Forbearance (fórbé-rânss) *s* abstenção; indulgência; paciência.
Forbearing (fórbé-rinn) *adj* indulgente; sofredor; clemente.
Forbid (fórbi-d) *v* proibir; vedar; reprimir; interditar; excluir de; *past* FORBADE *and pp* FORBIDDEN.
Forbidden (fórbid-n) *adj* proibido; amaldiçoado; interdito.
Forbidding (fórbi-dinn) *s* proibição.
Forbidding (fórbi-dinn) *adj* proibitivo; repulsivo; desagradável.
Force (fôurss) *s* força; vigor; energia; causa; eficácia; queda d'água; MIL força; tropas.
Force (fôurss) *v* forçar; obrigar; arrombar; violentar; insistir.
Forced (fôurss-t) *adj* forçado; obrigado; artificial.
Forceful (fôurss-full) *adj* potente; vigoroso; poderoso.
Forceless (fôurss-léss) *adj* fraco; débil; sem forças.
Forceps (fór-seps) *s* MED fórceps (instrumento que força a saída da criança do útero materno).
Forcer (fôur-sâr) *s* forçador; êmbolo.
Forcible (fôur-sibl) *adj* forte; poderoso; potente.
Forcing (fôur-sinn) *s* indução para amadurecer frutas; fruto temporão.
Ford (fórd) *s* vau; passagem.
Ford (fórd) *v* vadear (atravessar rios etc.).
Fore (fôur) *s* NÁUT proa.
Fore (fôur) *adj* anterior; dianteiro.
Fore (fôur) *adv* anteriormente; adiante; antes.
Forearm (fôur-ármm) *s* antebraço.
Forebode (fôur-bôud) *v* prognosticar; vaticinar; pressagiar.
Foreboder (fôur-bôudâr) *s* adivinhador; vaticinador.
Foreboding (fôur-bôudinn) *s* presságio; prognóstico; pressentimento.
Forecast (fôurkés-t) *s* previsão; plano; projeto; prognóstico.
Forecast (fôurkés-t) *v* vaticinar; profetizar; prever.
Forecaster (fôurkés-târ) *s* previsor.
Foreclose (fôurklôu-z) *v* JUR ato de executar uma hipoteca.
Foreclosure (fôurklou-zâr) *s* JUR execução de hipoteca.
Foredate (fôur-dêit) *v* antedatar.
Foredoom (fôurdu-mm) *s* destino; fado.
Foredoom (fôurdu-mm) *v* predestinar.
Forefather (fôur-fadhâr) *s pl* antepassados; ascendentes.
Forefinger (fôur-fingâr) *s* dedo indicador; índice.
Forefoot (fôur-fut) *s* pata dianteira animal.
Forefront (fôur-frânt) *s* dianteira; fachada.
Forego (fôur-gôu) *v* privar-se de; renunciar; anteceder; *past* FOREWENT *and pp* FOREGONE.
Foregoer (fôur-gôuâr) *s* predecessor; antecessor.
Foregoing (fôur-gôuinn) *adj* anterior; antecedente; precedente.
Foregone (fôur-gónn) *adj* decidido anteriormente.
Forehand (four-hénd) *s* quarto dianteiro do cavalo.
Forehand (four-hénd) *adj* prematuro; temporão.
Forehanded (fôur-hén-did) *adj* prematuro; oportuno; USA rico, endinheirado.
Forehead (fôur-héd) *s* fronte; testa; altivez.
Foreign (fó-rinn) *adj* estrangeiro; alheio.
Foreigner (fó-rinâr) *s* estrangeiro; estranho; forasteiro.
Forejudge (fôurdjâ-dj) *v* prejulgar; conjecturar.
Foreknow (fôurnô-u) *v* prever; adivinhar; conhecer antecipadamente; *past* FOREKNEW *and pp* FOREKNOWN.
Foreland (fôur-lénd) *s* promontório; cabo; morro.
Foreleg (fôur-lég) *s* perna dianteira.
Forelock (fôur-lók) *s* topete.
Foreman (fôur-maen) *s* capataz; feitor; contramestre.
Foremast (fôur-mést) *s* NÁUT mastro de proa.
Foremost (fôur-môust) *adj* primeiro; dianteiro; supracitado; avançado.
Forename (fôur-nêimm) *s* prenome; nome de batismo.
Forenoon (fôur-nunn) *s* a manhã.
Forepart (fôur-párt) *s* dianteira; frente; proa.
Forepaw (fôurpó-) *s* pata dianteira.
Forerun (fôur-râ-nn) *v* adiantar-se a; anunciar; preceder; prevenir; *past* FORERAN *and pp* FORERUN.

Forerunner (fôur-râ-nâr) *s* precursor; prognóstico; presságio.
Foresee (fôursi-) *v* prever; antecipar; *past* FORESAW *and pp* FORESEEN.
Foreshadow (fôurshé-dôu) *v* predizer; simbolizar; prefigurar.
Foreshow (fôure-chôw) *v* mostrar antecipadamente; predizer; vaticinar.
Foresight (fôur-sáit) *s* previsão; perspicácia; mira de arma.
Foreskin (fôur-sáit) *s* ANAT prepúcio.
Forest (fó-rest) *s* floresta; selva; mata; bosque.
Forestall (fôurstó-l) *v* antecipar; prevenir; monopolizar.
Forestaller (fôurstó-lâr) *s* monopolizador; açambarcador.
Forester (fó-restâr) *s* engenheiro ou guarda-florestal; canguru gigante.
Forestry (fó-restri) *s* silvicultura.
Foretaste (fôur-têist) *s* antegozo.
Foretaste (fôur-têist) *v* prelibar; antegozar.
Foretell (fôurté-l) *v* predizer; anunciar; antecipar; vaticinar; *past or pp* FORETOLD.
Forethought (fôur-thót) *s* previdência; antecipação; previsão.
Foretoken (fôurtôuk-n) *s* advertência antecipada.
Foretoken (fôurtôuk-n) *v* prognosticar; prever; anunciar.
Forever (fóré-vâr) *adv* para sempre.
Forevermore (fóré-vârmór) *adv* para todo o sempre.
Foreword (fôur-uârd) *s* prefácio; preâmbulo; introdução.
Forfeit (fór-fit) *s* multa; pena; JUR perda de direitos pelo não cumprimento de uma obrigação ou por um crime; delito; prevaricação.
Forfeit (fór-fit) *v* JUR perder por confisco.
Forfeit (fór-fit) *adj* confiscado.
Forfeiture (fór-fitshur) *s* JUR confisco; perda de direitos; multa; prevaricação.
Forge (fórdj) *s* forja; fornalha; oficina.
Forge (fórdj) *v* forjar; moldar; tramar; inventar; imitar.
Forged (fór-djd) *adj* forjado; falsificado.
Forgeman (fór-djmaen) *s* ferreiro.
Forger (fór-djâr) *s* forjador; falsário; trapaceiro.
Forgery (fór-djâri) *s* falsificação; falsidade; mentira.
Forget (fórghé-t) *v* esquecer; olvidar; desprezar; perder o interesse; *past* FORGOT *and pp* FORGOTTEN.
Forgetful (fórghét-ful) *adj* esquecido; descuidado; negligente.
Forgetfulness (fórghét-fulnéss) *s* esquecimento; negligência; descuido.
Forgive (fórghi-v) *v* perdoar; absolver; desculpar; *past* FORGAVE *and pp* FORGIVEN.
Forgiveness (fórghiv-néss) *s* perdão; remissão; absolvição; clemência.
Forgiving (fórghi-vinn) *adj* generoso; indulgente; clemente.
Fork (fórk) *s* garfo; forquilha; bifurcação; confluência de um rio.
Fork (fórk) *v* bifurcar.
Forked (fór-kit) *adj* bifurcado; fendido; bipartido.
Forlorn (fórlór-nn) *adj* perdido; solitário; esquecido; abandonado.
Forlornness (fórlór-néss) *s* abandono; desamparo; tristeza.
Form (fórmm) *s* forma; figura; modo; ritual; classe; ordem; cerimônia; molde; padrão; espectro; condição física e mental; banco.
Form (fórmm) *v* formar; fazer; estabelecer; criar.
Formal (fór-mâl) *adj* formal; solene; expresso; metódico; afetado.
Formalism (fór-mâlizm) *s* formalismo.
Formalist (fór-mâlist) *s* formalista.
Formality (fórmé-liti) *s* formalidade; solenidade; cerimônia; etiqueta.
Format (fôurmét) *s* formato; dimensão; tamanho.
Formation (fórmêi-shânn) *s* formação; disposição; arranjo.
Formative (fór-mâtiv) *adj* formativo.
Former (fór-mâr) *s* autor; matriz; molde.
Former (fór-mâr) *adj* anterior; antigo; precedente.
Formerly (fór-mârli) *adv* antigamente; outrora.
Formicary (fór-mikéri) *s* formigueiro.
Formication (fórmikêi-shânn) *s* formigamento; comichão; coceira; prurido.
Formidable (fór-midâbl) *adj* tremendo; pavoroso; horrível.
Formula (fór-miulâ) *s* fórmula; modelo; receita.
Formulary (fór-miuléri) *s* formulário.
Formulary (fór-miuléri) *adj* formal.
Formulate (fór-miulêit) *v* formular; desenvolver.
Fornicate (fór-nikêit) *v* fornicar; coito.
Fornication (fórnikêi-shânn) *s* fornicação.
Forsake (fórsêik) *v* abandonar; deixar; desertar; separar-se; *past* FORSOOK *and pp* FORSAKEN.
Forsaking (fórsêi-kinn) *s* abandono; desamparo; apostasia.
Forsooth (fórsu-th) *adv* certamente; deveras; sem dúvida; com efeito.
Forswear (fórsué-r) *v* abjurar; renegar (mesmo jurando); *past* FORSWORE *and pp* FORSWORN.
Fort (fórt) *s* forte; fortificação.
Forte (fórt ou fôur-te) *s* forte; o ponto forte; fortificação; talento.
Forth (fôurth) *adv* adiante; avante; diante; para fora; à vista; publicamente.
Forthcoming (fôurth-kâminn) *adj* próximo; futuro; vindouro.
Forthwith (fôurth-uith) *adv* em seguida; imediatamente.
Forties (fór-ties) *s* os anos quarenta.
Fortieth (fór-tieth) *s* a quadragésima parte.
Fortieth (fór-tieth) *adj* quadragésimo.
Fortification (fórtifikêi-shânn) *s* fortificação.
Fortify (fór-tifái) *v* fortificar; corroborar; fortalecer.
Fortitude (fór-tituid) *s* fortaleza; força de ânimo; coragem; vigor.
Fortlet (fór-tlét) *s* fortim.
Fortress (fór-tréss) *s* fortaleza.
Fortuitous (fórtiu-itâss) *adj* fortuito; casual; eventual; ocasional.
Fortuity (fórtiu-iti) *s* casualidade; eventualidade; acaso.
Fortunate (fór-tshunit) *adj* afortunado; ditoso; venturoso.
Fortunately (fór-tshunitl) *adv* felizmente; afortunadamente.
Fortune (fór-tshunn) *s* fortuna; sorte; bom êxito; destino.
Fortuneless (fór-tshunléss) *adj* infortunado; infeliz.
Forum (fôu-râmm) *s* foro; fórum.
Forward (fór-uârd) *s* FUT jogador de linha.
Forward (fór-uârd) *v* aviar; enviar; transmitir; expedir; apressar; ativar.
Forward (fór-uârd) *adj* adiantado; precoce; pronto; prematuro; predisposto.
Forward (fór-uârd) *adv* para a frente; avante.
Forwarder (fór-uârdâr) *s* promotor; expedidor.
Forwarding (fór-uârdinn) *s* envio; expedição; remessa.
Forwardness (fór-uârdnéss) *s* adiantamento; presunção; audácia.
Foss (fóss) *s* fosso; vala profunda.
Fosse (fóss) *vide* FOSS.
Fossil (fó-sil) *adj* fóssil; antiquado.
Fossiliferous (fóssili-fârâss) *adj* que contém fósseis.
Fossilize (fó-siláiz) *v* fossilizar; petrificar.
Foster (fós-târ) *v* criar; nutrir; animar; encorajar; alentar.
Fosterage (fós-târidj) *s* adoção.
Foul (fául) *s* ferrugem; má fortuna; mau tempo; ESP golpe ilícito; violação de regras.
Foul (fául) *v* colidir; abalroar; desonrar; poluir.
Foul (fául) *adj* sujo; desleal; abominável; sórdido; grosseiro.
Foulard (fulár-d) *s* tecido de seda (leve).
Foully (fáu-li) *adv* vergonhosamente.
Foulness (fául-néss) *s* impureza; torpeza; imundície.
Found (fáun-d) *v* instituir; fundar; fundir.
Foundation (fáundêi-shânn) *s* fundação; princípio; estabelecimento; alicerce; origem; razão de ser; doação.

Founder (fáun-dâr) *s* fundador; inflamação (casco de cavalo).
Founder (fáun-dâr) *v* soçobrar; arruinar; ir a pique; fracassar.
Foundering (fáun-dârinn) *s* NÁUT naufrágio.
Founding (fáun-dinn) *s* fundição.
Foundling (fáun-dlinn) *s* enjeitado (criança).
Foundress (fáun-dréss) *s* fundadora.
Foundry (fáun-dri) *s* fundição.
Fount (fáunt) *s* fonte; TIP fonte (tipos).
Fountain (fáun-ten) *s* fonte; causa; origem; nascente.
Four (fôur) *s* quatro.
Four (fôur) *adj* quatro.
Fourfold (fôur-fôuld) *adj* quádruplo.
Fourscore (fôur-skór) *adj* oitenta; octogenário.
Fourteen (fôurti-nn) *s* catorze; quatorze.
Fourteen (fôurti-nn) *adj* catorze; quatorze.
Fourteenth (fôurtin-th) *s* décimo quarto.
Fourteenth (fôurtin-th) *adj* décimo quarto.
Fourth (fôur-thli) *s* a quarta parte.
Fourthly (fôur-thli) *adv* em quarto lugar.
Fowl (fául) *s* ave (que se come); galinha.
Fowl (fául) *v* caçar aves.
Fowler (fáu-lâr) *s* passarinheiro; caçador de pássaros.
Fowling (fáu-linn) *s* caça de aves.
Fox (fóks) *s* raposa; pessoa astuciosa.
Fox (fóks) *v* azedar (cerveja); embriagar; lograr.
Foxiness (fók-sinéss) *s* ardil; astúcia; velhacaria; acidez; descoloração.
Foxish (fó-kish) *adj* manhoso; velhaco; matreiro.
Foxy (fó-ksi) *adj* velhaco; azedo; descolorado; relativo à raposa.
Foyer (fói-âr) *s* local de espera; vestíbulo.
Fracas (frêi-kâss) *s* desordem; rixa.
Fraction (frék-shânn) *s* fração; fragmento; quebra.
Fractional (frék-shânâl) *adj* fracionário.
Fractious (frék-shâss) *adj* bulhento; rabugento; perverso; brigão.
Fracture (frék-tshur) *s* fratura; ruptura; quebra.
Fracture (frék-tshur) *v* fraturar; quebrar.
Fragile (fré-djil) *adj* frágil; débil; fraco.
Fragility (frédji-liti) *s* fragilidade; fraqueza; debilidade.
Fragment (frég-ment) *s* fragmento; lasca; estilhaço.
Fragmentary (frég-mentéri) *adj* fragmentário.
Fragrance (frêi-grânss) *s* fragrância; aroma; perfume.
Fragrancy (frêi-grânsi) *vide* FRAGRANCE.
Fragrant (frêi-grânt) *adj* fragrante; aromático; perfumado.
Frail (frêil) *s* cesto; canastra.
Frail (frêil) *adj* frágil; quebradiço; débil.
Frame (frêimm) *s* estrutura; esqueleto; disposição de espírito; caixilho; moldura.
Frame (frêimm) *v* forjar; enquadrar; fabricar; compor; idear.
Framer (frêi-mâr) *s* autor; armador; fabricante de moldes; criador.
Framework (frêim-uârk) *s* armação; vigamento; estrutura.
Framing (frêi-minn) *s* ossada; suportes; armação.
Franchise (frén-tshiss ou frén-tsháiz) *s* franquia; privilégio; cidadania.
Franciscan (frénsis-kânn) *adj* RELIG franciscano (da Ordem de São Francisco).
Frangible (frén-djibl) *adj* frágil; quebradiço; fraco.
Frank (frénk) *v* franquear; despachar (franqueado).
Frank (frénk) *adj* franco; liberal; sincero; ingênuo.
Frankness (frénk-néss) *s* franqueza; candura; inocência.
Frantic (frén-tik) *adj* frenético; colérico; furioso.
Frap (frép) *v* NÁUT reforçar as amarras (de um barco).
Fraternal (frâtâr-nâl) *adj* fraternal; fraterno.
Fraternity (frâtâr-niti) *s* fraternidade; irmandade; confraria; grêmio.
Fraternize (fré-târnáiz) *v* fraternizar; confraternizar; irmanar.
Fratricide (fré-trissáid) *s* fratricida (quem mata seu irmão); guerra civil.
Fraud (fród) *s* fraude; engano; logro; impostor.
Fraudulence (fró-diulénss) *s* fraude; engano; logro.
Fraudulent (fró-diulént) *adj* fraudulento; enganoso.
Fraught (frót) *adj* carregado; cheio; repleto.
Fray (frêi) *s* rixa; combate; briga; desgaste (em pano, corda etc.).
Fray (frêi) *v* desgastar; atemorizar; esfregar.
Fraying (frêi-inn) *s* roçadura; desgaste por atrito.
Frazzle (frézl) *s* farrapo.
Frazzle (frézl) *v* desgastar.
Freak (frik) *s* capricho; extravagância; monstruosidade.
Freakiness (frik-néss) *s* capricho; caráter caprichoso.
Freakish (fri-kish) *adj* caprichoso; esdrúxulo; excêntrico.
Freckle (frékl) *s* sarda.
Freckle (frékl) *v* tornar-se sardento.
Free (fri) *adj* livre; independente; franco; generoso; gratuito; vago; desocupado; vivo; isento; inocente.
Free (fri) *v* libertar; livrar; resgatar; isentar; ***to set FREE***: pôr em liberdade.
Free (fri) *adv* gratuitamente; ***FREE on board (FOB)***: posto a bordo.
Freebooter (fri-butâr) *s* pirata; corsário.
Freebooting (fri-butinn) *s* pirataria; saque; roubo.
Freedom (fri-dâmm) *s* liberdade; independência; ousadia; licença; franquia.
Freely (fri-li) *adv* livremente; espontaneamente; gratuitamente.
Freeman (fri-maen) *s* homem livre; cidadão.
Freemason (fri-mêisn) *s* Maçom (pessoa digna e íntegra que é convidada a participar da Maçonaria).
Freemasonry (fri-mêisnri) *s* Maçonaria, sociedade discreta que possui o ideal de congregar pessoas dignas para promoverem o bem estar social, a felicidade humana e a paz universal.
Freer (fri-âr) *s* libertador.
Freethinker (fri-thin-kâr) *s* livre-pensador.
Freewill (fri-uil) *s* livre-arbítrio.
Freeze (friz) *v* gelar; congelar; *past* FROZE *and pp* FROZEN.
Freezer (fri-zâr) *s* congelador; geladeira.
Freezing (fri-zinn) *adj* glacial; que congela.
Freight (frêit) *s* carga; frete de navio.
Freight (frêit) *v* carregar; transportar; fretar.
Freighter (frêi-târ) *s* carregador; fretador; cargueiro.
Freighting (fréi-tinn) *s* fretamento; frete.
French (frén-tsh) *adj* francês.
Frenchman (frén-thsmaen) *s* francês.
Frenchwoman (fréntsh-uu-maen) *s* francesa.
Frenzied (frén-zid) *adj* irascível; nervoso; colérico.
Frenzy (frén-zi) *s* frenesi; loucura.
Frequence (fri-kuénss) *s* frequência; assiduidade.
Frequent (fri-kuént) *v* frequentar; visitar constantemente.
Frequent (fri-kuént) *adj* frequente.
Frequentative (frikuén-tâtiv) frequentativo.
Frequenter (frikuén-târ) *s* frequentador.
Fresh (frésh) *s* inundação; nascente; reservatório de água potável.
Fresh (frésh) *adj* fresco; recém-chegado; atrevido; noviço.
Freshen (fréshn) *v* refrescar-se; avivar-se.
Freshet (fré-shit) *s* cheia; inundação; reservatório (de água potável).
Freshman (frésh-maen) *s* principiante; novato; primeiranista.
Freshness (frésh-néss) *s* frescura; viço; formosura.
Fret (frét) *s* fricção; desgaste; irritação; relevo.
Fret (frét) *v* esfregar; irritar; agitar-se; cinzelar; bordar em relevo; aborrecer-se; friccionar.
Fretful (frét-ful) *adj* impertinente; aborrecido; incômodo; irritável; zangado.
Fretfulness (frét-fulnéss) *s* rabugice; mau humor.
Fretting (fré-tinn) *s* irritação; impertinência; agitação.
Fretting (fré-tinn) *adj* impertinente; cáustico.

Fretwork (frét-uârk) *s* ARQT gregas (ornato composto de linhas entrelaçadas).
Friability (fráiâbi-liti) *s* friabilidade (quebradiço).
Friable (frái-âbl) *adj* friável; frágil; quebradiço.
Friar (frái-âr) *s* frade; frei; monge.
Friary (frái-âri) *s* mosteiro; convento (frades).
Friary (frái-âri) *adj* monástico.
Fribble (fribl) *s* ninharia; pessoa fútil; brincalhão.
Fribble (fribl) *v* divertir; brincar; vacilar; zombar.
Fribbler (fri-blâr) *s* escarnecedor; zombador.
Friction (frik-shânn) *s* fricção.
Friday (frái-dêi) *s* sexta-feira.
Friend (frénd) *s* amigo; amiga; companheiro; camarada.
Friendless (frénd-léss) *adj* abandonado; desamparado; sem amigos.
Friendliness (frénd-linéss) *s* amizade.
Friendly (frénd-li) *adj* amigável; camarada; simpático; favorável.
Friendly (frénd-li) *adv* amigavelmente; amistosamente.
Friendship (frénd-ship) *s* amizade; socorro; favor.
Frieze (friz) *s* friso; tecido (frisado).
Frigate (fri-ghit) *s* NÁUT fragata.
Fright (fráit) *s* espanto; medo; temor.
Fright (fráit) *v* assustar; atemorizar.
Frighten (fráit-n) *v* assustar; espantar; alarmar.
Frightening (fráit-inn) *adj* amedrontador; aterrador.
Frightful (fráit-ful) *adj* espantoso; medonho, terrível.
Frightfulness (fráit-fulnéss) *s* horror; espanto; medo.
Frigid (fri-djid) *adj* frio; glacial; indiferente; insensível.
Frigidity (fridji-diti) *s* frigidez; frieza; indiferença.
Frill (fril) *s* borda; orla; pregas.
Frill (fril) *v* preguear.
Fringe (frindj) *s* franja; orla; guarnição.
Fringe (frindj) *v* pôr franjas.
Frippery (fri-pâr) *s* roupa velha; trapos; afetação no vestir.
Frippery (fri-pâr) *adj* desprezível; sem valor.
Frisk (frisk) *s* pulo; salto.
Frisk (frisk) *v* saltar; pular; brincar.
Frisker (fris-kâr) *s* brincalhão; folgazão; saltador.
Frisky (fris-ki) *adj* alegre; folgazão; travesso; cavalo fogoso.
Fritter (fri-târ) *s* fritura; retalho; fragmento.
Fritter (fri-târ) *v* picar; desperdiçar.
Frivol (fri-vâl) *v* proceder frivolamente; esbanjar.
Frivolity (frivó-liti) *s* frivolidade; ninharia.
Frivolous (fri-volâss) *adj* frívolo; banal.
Frizz (friz) *s* cacho; anel; ondulação de cabelo.
Frizz (friz) *v* frisar; encrespar.
Frizzle (frizl) *vide* FRIZZ.
Fro (frôu) *adv* forma abreviada de FROM; para trás.
Frock (frók) *s* vestido; avental; roupão; roupa de operário.
Frog (fróg) *s* rã; alça; inflamação das tonsilas (amígdalas).
Froggy (fró-ghi) *s* rã.
Froggy (fró-ghi) *adj* abundante em rãs.
Frolic (fró-lik) *s* brincadeira; divertimento; travessura.
Frolic (fró-lik) *v* pular; folgar; brincar; traquinar.
Frolic (fró-lik) *adj* alegre; brincalhão; traquinas.
Frolicsome (fró-liksâmm) *adj* alegre; folgazão.
From (frómm) *prep* de (origem); desde; a partir de; por causa de; conforme.
Frond (frónd) *s* fronde; folhagem.
Front (frânt) *s* frente; frontispício; face; atrevimento; ousadia; franja de camisa; MIL frente de batalha.
Front (frânt) *v* afrontar; encarar; fazer frente.
Front (frânt) *adj* dianteiro; precedente.
Frontage (frân-tidj) *s* fachada; frente; vitrina.
Frontal (frân-tâl) *s* frontal.
Frontal (frân-tâl) *adj* dianteiro; anterior; fronteiro.
Frontier (frón-tir) *s* fronteira.
Frontier (frón-tir) *adj* fronteiro; limítrofe.
Frontispiece (frón-tispiss) *s* frontispício; fachada.
Frost (fróst) *s* geada; frio; gelo; USA fracasso.
Frost (fróst) *v* gear; congelar-se.
Frosted (frós-tid) *adj* coberto de gelo; crestado pela geada.
Frostwork (fróst-uârk) *s* desenho no vidro (feito pela neve).
Frosty (frós-ti) *adj* congelado; gelado; indiferente.
Froth (fróth) *s* espuma; frivolidade; ostentação.
Frothy (fró-ti) *adj* espumoso; fútil; frívolo.
Froward (frôu-uârd) *adj* desobediente; insolente.
Frowardness (frôu-uârdnéss) *s* mau humor; insolência; petulância.
Frown (fráunn) *s* franzimento das sobrancelhas; carranca.
Frown (fráunn) *v* franzir as sobrancelhas.
Frowning (fráu-ninn) *s* olhar carrancudo.
Frowning (fráu-ninn) *adj* carrancudo; zangado.
Frowziness (fráu-zinéss) *s* fedor; mau cheiro; desalinho.
Frowzy (fráu-zi) *adj* fétido; sujo; rançoso; desalinhado.
Frugal (fru-gâl) *adj* frugal; comedido; sóbrio.
Frugality (frughé-liti) *s* frugalidade; sobriedade.
Fruit (frut) *s* fruto; fruta; produto; proveito; utilidade.
Fruit (frut) *v* frutificar.
Fruitfulness (frut-fulnéss) *s* fecundidade; fertilidade.
Fruitless (frut-léss) *adj* infrutífero; estéril; inútil.
Fruity (fru-ti) *adj* análogo a uma fruta.
Frump (frâmp) *s* velha rabugenta; mofa.
Frumpish (frâm-pish) *adj* rabugento; antiquado.
Frustrate (frâs-trêit) *v* frustrar; malograr; inutilizar; anular.
Frustration (frâstrêi-shânn) *s* frustração; malogro; derrota.
Fry (frái) *s* fritada; desova de peixes.
Fry (frái) *v* fritar; fermentar; fundir.
Fuddle (fádl) *s* bebedeira.
Fuddle (fádl) *v* embriagar; confundir.
Fuddler (fâd-lâr) *s* ébrio; bêbado.
Fudge (fâdj) *s* embuste; conto; loquacidade.
Fudge (fâdj) *v* inventar histórias.
Fudge (fâdj) *interj* tolice!; ora essa!
Fuel (fiu-él) *s* combustível; lenha.
Fuel (fiu-él) *v* abastecer de combustível.
Fugacious (fiughêi-shâss) *adj* fugaz; efêmero.
Fugitive (fiu-djitiv) *s* fugitivo; foragido.
Fugitive (fiu-djitiv) *adj* fugitivo; fugaz.
Fugue (fiug) *s* ato ou efeito de fugir; MÚS fuga (composição polifônica).
Fulcrum (fâl-krâmm) *s* fulcro, alicerce, sustentáculo.
Fulfil (fulfil) *v* cumprir; preencher; executar; acumular.
Fulfill (fulfil) *vide* FULFIL.
Fulfiller (fulfi-lâr) *s* aquele que cumpre.
Fulfilment (fulfil-ment) *s* cumprimento; execução.
Fulgent (fâl-djent) *adj* fulgente; esplêndido; brilhante.
Full (ful) *s* máximo; totalidade.
Full (ful) *v* engrossar; avolumar.
Full (ful) *adj* cheio; amplo; largo; completo; perfeito; saciado; grávida.
Full (ful) *adv* inteiramente; completamente.
Fullness (ful-néss) *vide* FULNESS.
Fully (fu-li) *adv* inteiramente; plenamente.
Fulminate (fál-minêit) *v* fulminar; excomungar; explodir.
Fulmination (fâlminêi-shânn) *s* fulminação; detonação; anátema.
Fulness (ful-néss) *s* plenitude; abundância; perfeição.
Fulsome (fâl-sâmm) *adj* nojento; repugnante; grosseiro; vil; baixo.
Fumble (fâmb-l) *v* tatear; apalpar; agir sem destino; titubear.
Fumbler (fâm-blâr) *s* pessoa desastrada; pessoa desajeitada.
Fume (fiumm) *s* fumo; vapor; emanação; excitação; cólera.
Fume (fiumm) *v* defumar; incensar; enfurecer-se.
Fumigation (fiumighêi-shânn) *s* fumigação; desinfecção; defumação.
Fun (fânn) *s* divertimento; brincadeira; chiste; graça.

Fun (fânn) *v* brincar; gracejar.
Funambulist (fiuném-biulist) *s* funâmbulo (que anda na corda bamba).
Function (fânk-shânn) *s* função; faculdade; festa; cerimônia religiosa; mister.
Function (fânk-shânn) *v* funcionar.
Functionary (fânk-shânéri) *s* funcionário.
Fund (fând) *s* fundo; capital; riqueza; fundos públicos.
Fund (fând) *v* empregar capital; capitalizar; consolidar dívidas.
Fundament (fân-dâmént) *s* fundamento; base.
Fundamental (fândâmén-tâl) *adj* fundamental; essencial; básico.
Fundamentally (fândâmén-tâli) *adv* fundamentalmente; essencialmente.
Funding (fân-dinn) *s* investimento (capital) em fundos públicos.
Funeral (fiu-nârâl) *s* funeral; enterro.
Fungous (fân-gâss) *adj* fungoso; esponjoso.
Fungus (fân-gâss) *s* BOT fungo.
Funicle (fiu-nikl) *s* ANAT funículo (pequena corda); cordão umbelical.
Funk (fânk) *s* medo; embaraço; pulsilânime.
Funk (fânk) *v* tremer de medo; fugir de medo.
Funkiness (fân-kinéss) *s* timidez; medo.
Funky (fân-ki) *adj* tímido.
Funnel (fân-l) *s* funil; tubo afunilado; chaminé; túnel.
Funny (fâ-ni) *adj* engraçado; divertido; bizarro; estranho; raro.
Fur (fâr) *s* peles para adornos; pelo.
Fur (fâr) *v* forrar de peles; cobrir-se de peles.
Furbish (fâr-bish) *v* lustrar; limpar.
Furcate (fâr-kêit) *v* bifurcar; bipartir.
Furcate (fâr-kêit) *adj* bifurcado.
Furious (fiu-riâss) *adj* furioso; raivoso; violento.
Furl (fârl) *v* dobrar; NÁUT ferrar (as velas).
Furlong (fâr-lónn) *s* medida linear inglesa (1/8 de milha = 201,125m).
Furlough (fâr-lôu) *s* licença; baixa.
Furnage (fâr-niss) *s* fornalha; crematório; forno.
Furnish (fâr-nish) *v* fornecer; mobiliar; prover; equipar.
Furnishing (fârnish-inn) *s* enfeite nas extremidades de um vestido; tapeçaria; MIL guarnição (tropas que defendem uma praça).
Furniture (fâr-nitshur) *s* mobília; arreios; equipagem; utensílios.
Furrier (fâ-riâr) *s* peleiro; vendedor de peles.
Furrow (fâ-rôu) *s* sulco; rego de arado; estria; ruga.
Furrow (fâ-rôu) *v* sulcar; entalhar; arar; enrugar.
Furrowy (fâ-rôuti) *adj* estriado; enrugado.
Further (fâr-dhâr) *v* adiantar; promover; facilitar; favorecer.
Further (fâr-dhâr) *adj* ulterior; mais; adicional; além.
Further (fâr-dhâr) *adv* ulterior; mais; adicional; suplementar; além; mais adiante.
Furtherance (fâr-dhârânss) *s* adiantamento; auxílio; apoio; ajuda.
Furthermore (fâr-dhârmór) *adv* além disso; outrossim; ademais.
Furthermost (fâr-dhármôust) *adj* o mais afastado.
Furthest (fâr-dhést) *adj* o mais distante; o mais remoto; extremo.
Furthest (fâr-dhést) *adv* o mais distante; o mais remoto; extremo.
Furtive (fâr-tiv) *adj* furtivo; dissimulado; oculto; secreto.
Fury (fiu-ri) *s* fúria; furor; paixão; frenesi.
Fuse (fiuz) *s* fusível; rastilho; estopim.
Fuse (fiuz) *v* fundir; derreter-se.
Fuselage (fiuz-lidj) *s* fuselagem, a parte principal e mais resistente do avião.
Fusible (fiu-zibl) *adj* fusível (que se pode fundir).
Fusil (fiu-zil) *s* fuzil (arma de guerra).
Fusing (fiu-zinn) *adj* fundente; ponto de fusão.
Fusion (fiu-jânn) *s* fusão; reunião; liga; fundição.
Fuss (fâss) *s* estrondo; barulho; inquietação.
Fuss (fâss) *v* agitar; inquietar-se; fazer dificuldades; chicanear; contestar.
Fussy (fâ-si) *adj* estrondoso; bulhento; inquieto; afetado.
Fustian (fâs-tshânn) *s* fustão; estilo bombástico.
Fustian (fâs-tshânn) *adj* feito de fustão; bombástico; pomposo.
Fustigate (fâs-tighêit) *v* fustigar; açoitar; chicotear.
Fustigation (fâstighêi-shânn) *s* fustigação; açoite; chicoteamento.
Fustiness (fâs-tinéss) *s* bolor (vegetação desenvolvida em material orgânico).
Fusty (fâs-ti) *adj* bolorento; mofado; rançoso.
Futile (fiu-til) *adj* fútil; frívolo; vão; inútil.
Futility (fiuti-liti) *s* futilidade.
Future (fiu-tshur) *s* futuro; porvir.
Future (fiu-tshur) *adj* futuro; vindouro.
Futurity (fiutiu-riti) *s* o futuro; o porvir.
Fuze (fiuz) *s* espoleta; estopim.
Fuzz (fâz) *s* cotão (pelos de tecido); penugem; poeira muito fina.
Fuzz (fâz) *v* cobrir de cotão.

g G

G (dji) *s* sétima letra do alfabetos Português e Inglês, além de diversos outros.
G (dji) *s* MÚS cifra (símbolo) da nota sol.
Gab (ghéb) *s* forquilha; loquacidade.
Gab (ghéb) *v* tagarelar; mexericar; mentir.
Gabble (ghébl) *s* tagarelice; palração.
Gabble (ghéb-l) *v* tagarelar; mexericar; palrar.
Gabbler (ghé-blâr) *s* tagarela.
Gable (ghêib-l) *s* cumeeira (parte mais elevada); espigão; empena.
Gaby (ghêi-bi) *s* tolo; bobo; simplório.
Gad (ghéd) *s* cunha; ferrão; ponta de aço; estilete.
Gad (ghéd) *v* vaguear; errar; vagabundar.
Gad (ghéd) *interj* irra!
Gadder (ghédâr) *s* desocupado; vagabundo.
Gadget (g-hé-djét) *s* dispositivo (de máquina); máquina esquisita; invento.
Gaff (ghéf) *s* gancho de ferro; arpão.
Gaff (ghéf) *v* arpoar; ***to hold the GAFF***: suportar um gastigo.
Gaffer (ghé-fâr) *s* velhote; camponês (velho).
Gag (ghég) *s* mordaça; engasgo; logro; TEATR caco (improvisação do ator).
Gag (ghég) *v* amordaçar; enjoar; ter náuseas; TEATR improvisar (caco, enxerto); ***an april fool GAG***: um trote (logro) de 1º de abril.
Gage (ghêidj) *s* penhor; caução; desafio; afronta.
Gage (ghêidj) *v* penhorar; caucionar; hipotecar.
Gagman (ghég-mên) *s* TEATR humorista; cômico.
Gaiety (ghêi-ti) *s* alegria; prazer; jovialidade; satisfação.
Gaily (gêi-li) *adv* alegremente.
Gain (ghêinn) *s* benefício; ganho; proveito; lucro.
Gain (ghêinn) *v* ganhar; melhorar; lucrar; enriquecer; conseguir.
Gainer (ghêi-nâr) *s* ganhador; beneficiário.
Gainful (ghêin-ful) *adj* lucrativo; proveitoso; USA remunerado; pago.
Gainly (ghêin-li) *adj* gracioso; belo; bonito.
Gainsay (ghêinsê-i) *v* contradizer; negar; disputar.
Gainsayer (ghêinsêi-âr) *s* adversário; contraditor.
Gait (ghêit) *s* modo de andar (marcha); USA passo; andar (velocidade).
Gait (ghêit) *v* adestrar na marcha (no cavalgar).
Gaiter (ghêi-târ) *s* botina; polaina.
Gala (ghêlâ) *s* gala; pompa; festa.
Galaxy (ghé-lâksi) *s* ASTR galáxia (conjunto de estrelas e de outros corpos celestes).
Gale (ghêil) *s* rajada; ventania; tufão; tormenta; divertimento (ruidoso, barulhento).
Galician (gali-shiânn) *s* galego (da Galícia, Espanha).
Galician (gali-shiânn) *adj* galego.
Gall (góll) *s* fel; bílis; ódio; amargura; excrescência; escoriação; USA atrevimento.
Gall (góll) *v* esfolar; escoriar; irritar; raspar.
Gallant (ghélén-t) *adj* garboso; conquistador; bravo.
Gallant (ghélén-t) *v* galantear; cortejar.
Gallantry (ghé-lântri) *s* valentia; heroísmo; galanteio.
Gallery (ghé-lâri) *s* galeria; varanda; tribuna; exposição.
Galley (ghé-li) *s* castigo; pena NÁUT galé (nave).
Gallic (ghé-lik) *s* gaulês (da Gália); idioma dos antigos gauleses.
Gallic (ghé-lik) *adj* gaulês (relativo aos antigos gauleses).
Gallicism (ghé-lissizm) *s* galicismo (introdução de palavra francesa noutra língua).
Gallicize (ghé-lissáiz) *v* afrancesa.
Gallinaceous (ghélinêi-shâss) *adj* galináceo (galo, o peru etc.).
Galling (gó-linn) *adj* irritante; mortificante.
Gallipot (ghé-lipót) *s* vaso de farmácia; GÍR farmacêutico; droguista.
Gallon (ghé-lânn) *s* galão (medida – ENGL 4,55 litros e USA 3,78 litros).
Galloon (ghélu-nn) *s* tira dourada; galão.
Gallop (ghé-lâp) *s* galope.
Gallop (ghé-lâp) *v* galopar.
Gallopade (ghélopêi-d) *s* galopada; galope (dança).
Galloway (ghé-lôuêi) *s* raça de cavalo (de Galloway, Escócia).
Gallows (ghé-lôuz) *s* forca; patíbulo.
Galoot (ghélu-t) *s* pessoa sem jeito (desajeitada); recruta.
Galosh (gâló-sh) *s* galocha; USA rubber.
Gambit (ghém-bit) *s* ESP gambito (movimento de ataque do pião, no jogo de xadrez).
Gamble (glémb-l) *s* jogo de azar; loteria.
Gamble (glémb-l) *v* jogar por dinheiro (jogo de azar); apostar.
Gambler (ghém-blâr) *s* jogador.
Gambling (ghém-blinn) *s* jogo de azar; vício (no jogar).
Gambol (ghém-bâl) *s* salto; cambalhota; pulo; travessura.
Gambol (ghém-bâl) *v* traquinar; dar cambalhotas; dar saltos.
Game (ghêimm) *s* jogo; competição; brincadeira; divertimento; caça; USA partida.
Game (ghêimm) *v* jogar.
Game (ghêimm) *adj* destemido; corajoso; valente; *GAME-COCK*: galo de briga.
Gameness (ghêim-néss) *s* valentia; coragem; ânimo.
Gaming (ghêi-minn) *s* jogo (qualquer tipo); ato de jogar.
Gamma (ghé-mâ) *s* gama (3ª letra do alfabeto grego).
Gammer (ghé-mâr) *s* velhota; matrona.
Gammon (ghé-mânn) *s* presunto; mentira; gamão (jogo).
Gammon (ghé-mânn) *v* defumar; enganar; zombar.
Gamp (ghémp) *s* guarda-sol (grande); guarda-chuva de grande porte.
Gamut (ghé-mât) *s* MÚS gama; escala.
Gamy (ghêi-mi) *adj* indômito; abundante em caça; GÍR brigão.
Gander (ghén-dâr) *s* ganso (macho).
Gang (ghénn) *s* bando; turma; quadrilha; multidão.
Gang (ghénn) *v* atacar em grupo; andar em grupo.
Ganger (ghén-âr) *s* chefe de equipe; capataz.
Ganglion (ghén-gliân) *s* ANAT gânglio.
Gangrene (ghén-grinn) *s* gangrena.
Gangrene (ghén-grinn) *v* gangrenar.
Gangster (ghén-stâr) *s* bandido; salteador.

Gangway (ghén-uêi) *s* corredor; ala; passagem; NÁUT passadiço; escada do costado.
Gap (ghép) *s* brecha; lacuna; hiato; intervalo.
Gape (ghêip) *s* bocejo; abertura; fenda.
Gape (ghêip) *v* bocejar; ficar boquiaberto; estar boquiaberto.
Gaper (ghêi-pâr) *s* basbaque.
Garage (ghé-ridj ou gârá-j) *s* garagem.
Garage (ghé-ridj ou gârá-j) *v* pôr o auto na garagem.
Garb (gárb) *s* garbo; aparência; aspecto; ar.
Garb (gárb) *v* vestir.
Garbage (gár-bidj) *s* refugo; lixo.
Garble (gárbl) *v* mutilar; truncar; perverter.
Garden (gárdn) *s* jardim; quintal; horta.
Gardener (gárd-nâr) *s* jardineiro.
Gardening (gárd-ninn) *s* jardinagem; horticultura.
Gargle (gárg-l) *s* gargarejo.
Gargle (gárg-l) *v* gargarejar.
Gargling (gár-glinn) *s* gargarejo.
Garish (ghé-rish) *adj* deslumbrante; pomposo; vistoso; berrantes.
Garishness (ghé-rishnéss) *s* ostentação; gala; pompa.
Garland (gár-lând) *s* grinalda; coroa; coletânea de poesias.
Garland (gár-lând) *v* engrinaldar.
Garlic (gár-lik) *s* alho.
Garment (gár-ment) *s* vestuário; traje; vestido.
Garner (gár-nâr) *s* celeiro; paiol.
Garner (gár-nâr) *v* armazenar (cereais etc.).
Garnet (gar-nt) *s* granada (pedra preciosa).
Garnish (gár-nish) *s* adorno; enfeite; JUR notificação judicial.
Garnish (gár-nish) *v* guarnecer; adornar; enfeitar.
Garnishee (gárnishi-) *s* JUR pessoa intimada (notificada).
Garnishment (gár-nishment) *s* adorno; enfeite; JUR intimação.
Garniture (gár-nitshur) *s* guarnição; enfeite; adorno.
Garret (ghé-rét) *s* sótão; água-furtada.
Garrison (ghé-rissânn) *s* MIL guarnição.
Garrote (ghé-rou-t) *s* garrote.
Garrote (ghé-rou-t) *v* estrangular (para roubo); garrotear.
Garrulous (ghé-rulâss) *adj* gárrulo; palrador; loquaz.
Garth (gárth) *s* pátio; jardim.
Gas (ghéss) *s* gás; gasolina; POP tolice; conversa fiada.
Gas (ghéss) *v* tratamento por gás; envenenar pelo gás; POP dizer tolices.
Gasconade (ghésknêi-d) *s* gasconada; fanfarronada.
Gasconade (ghésknêi-d) *v* fanfarronar.
Gaseous (ghé-siâss) *adj* gasoso.
Gash (ghésh) *s* cutilada; corte profundo (talho).
Gash (ghésh) *v* cutilar (ferir gravemente); golpear.
Gasification (ghéssifikêi-shânn) *s* gaseificação.
Gasify (ghé-sifái) *v* gaseificar-se.
Gasket (ghés-ket) *s* gaxeta; arruela de vedação.
Gasolene (ghé-solinn) *vide* GASOLINE.
Gasoline (ghé-solinn) *s* gasolina.
Gasp (ghésp) *s* respiração ofegante; suspiro.
Gasp (ghésp) *v* ofegar; respirar com dificuldade.
Gasper (ghésp-âr) *s* USA GÍR cigarro.
Gassy (ghé-si) *adj* gasoso; vaidoso; convencido.
Gastronomist (ghéstró-nomist) *s* gastrônomo (apreciador de comidas).
Gastronomy (ghéstró-nomi) *s* gastronomia (arte de cozinhar).
Gate (ghêit) *s* portão; bilheteria; entrada; pórtico; garganta.
Gatekeeper (gheit-ki-pâr) *s* porteiro; USA GATE-TENDER.
Gateway (ghêit-uêi) *s* passagem; porta; caminho (onde há cancelas).
Gather (ghéi-dhâr) *s* franzido; prega.
Gather (ghéi-dhâr) *v* apanhar; colher; reunir; deduzir; aprender.
Gatherer (ghé-dhârâr) *s* coletor; ceifeiro; cobrador.
Gathering (ghé-dhârinn) *s* ajuntamento; reunião; acumulação.
Gaud (gód) *s* bugiganga; enfeite; adorno; ornamento.
Gaudiness (gó-dinéss) *s* fausto; pompa; aparato.
Gaudy (gó-di) *adj* pomposo; garrido; bizarro.
Gauge (ghêidj) *s* calibre; diâmetro; bitola; calado (de navio); manômetro.
Gauge (ghêidj) *v* medir; aferir; calibrar.
Gauger (ghêi-djâr) *s* aferidor; medidor; arqueador.
Gauging (ghêi-djinn) *s* arqueação; medição.
Gaunt (gónt ou gánt) *adj* magro; descarnado; frágil.
Gauntlet (gón-tlét ou gán-tlét) *s* manopla; luva comprida para senhoras; MIL castigo.
Gauntness (gónt-nés) *s* magreza; fragilidade; fraqueza.
Gauze (góz) *s* gaze; tecido vaporoso.
Gavel (ghév-l) *s* malho de pedreiro; USA malhete usado por leiloeiros ou por quaisquer presidentes de assembleias.
Gawky (gó-ki) *adj* tolo; desajeitado.
Gay (ghêi) *adj* alegre; divertido; enfeitado; bem humorado; GÍR pederasta (homossexual).
Gayness (ghêi-néss) *s* alegria; brilho; pompa.
Gaysome (ghêi-sâmm) *adj* alegre.
Gaze (ghêiz) *s* contemplação.
Gaze (ghêiz) *v* encarar; apreciar; fitar; contemplar; fixar.
Gazer (ghêi-zâr) *s* observador; espectador; contemplador.
Gazing (ghêi-zinn) *s* contemplação.
Gear (gui-êr) *s* equipamento; engrenagem; adorno; roupa; utensílio doméstico.
Gear (gui-êr) *v* engrenar; montar; armar.
Gearing (ghiê-rinn) *s* engrenagem; transmissão de movimento; encaixe; correias; USA LEVERAGE.
Gee (dji) *s* cavalo (linguagem infantil).
Gee (dji) *interj* puxa vida!; Jesus!
Gehenna (ghi-hé-nâ) *s* BÍBL geena; inferno; tortura.
Gelatin (djé-lâtinn) *s* gelatina.
Gelatine (djé-lâtinn) *vide* GELATIN.
Gelatinous (djilé-tinâss) *adj* gelatinosa; gelatinosa.
Geld (ghéld) *v* castrar; capar; mutilar.
Gelid (djé-lid) *adj* gélido; gelado.
Gem (djémm) *s* gema; pedra preciosa; gomo; botão.
Gem (djémm) *v* adornar com pedras preciosas; cravejar.
Geminate (djé-minêit) *v* dobrar; duplicar.
Gemination (djéminêi-shânn) *s* duplicação; repetição; gemiparidade.
Gemini (djé-minái) *s* gêmeos (irmãos do mesmo parto); ASTR gêmeos (3ª constelação do zodíaco).
Gendarme (djémdár-mm) *s* policial.
Gender (djén-dâr) *s* gênero.
General (djé-nârâl) *s* generalidade; RELIG geral; MIL general.
General (djé-nârâl) *adj* geral; usual; comum; universal.
Generality (djénâré-liti) *s* generalidade; maioria; MIL o corpo de generais.
Generalization (djénârélizêi-shânn) *s* generalização; vulgarização.
Generalize (djé-nârâláiz) *v* generalizar; tornar comum.
Generalship (djé-nârâlship) *s* MIL generalato, Estado Maior.
Generate (djé-nârêit) *v* gerar; produzir; causar.
Generation (djénârêi-shânn) *s* geração; produção; descendência; posteridade.
Generative (djé-nârâtiv) *adj* generativo; procriador; gerador.
Generosity (djénârô-siti) *s* liberalidade; generosidade.
Generous (djé-nârâss) *adj* generoso; abundante; valente; liberal.
Generousness (djé-nârâsnéss) *s* generosidade; liberalidade.
Genesis (djé-nississ) *s* gênese; geração; origem; começo; criação; BÍBL Gênese, 1º Livro do Pentateuco (Torá Judaica e Antigo Testamento).
Genial (dji-niâl) *adj* cordial; delicado; bem disposto; generativo; nupcial.
Geniality (djinié-liti) *s* cordialidade; jovialidade; amabilidade; delicadeza.
Genie (djini) *s* gênio; espírito com poderes estranhos.

Genital (djé-nitâl) *adj* genital; sexual.
Genius (dji-niâss) *s* gênio; talento; divindade; entidade etérea (sobrenatural).
Genteel (djéntil) *adj* distinto; amável; gentil; cortês; elegante no trajar.
Gentile (djén-táil) *s* gentio; cristão; não judeu.
Gentile (djén-táil) *adj* gentio; idólatra; pagão.
Gentility (djénti-liti) *s* delicadeza; urbanidade; nobreza.
Gentle (djént-l) *adj* brando; dócil; tranquilo; gentil; manso; benévolo.
Gentlefolk (djéntl-fôuk) *s* pessoa da alta sociedade; nobreza; burguesia.
Gentleman (djéntl-maen) *s* cavalheiro; senhor.
Gentlemanly (djéntl-maenli) *adj* fidalgo; gentil; cavalheiresco; cortês.
Gentleness (djéntl-néss) *s* docilidade; doçura; brandura; delicadeza.
Gently (djén-tli) *adv* suavemente; brandamente; aprazivelmente.
Gentry (djén-tri) *s* família distinta; alta burguesia; USA classe social pouco inferior à nobreza.
Genuflection (djéniuflék-shânn) *s* genuflexão (RELIG reverência).
Genuine (djé-niuinn) *adj* genuíno; legítimo; verdadeiro.
Geocentric (djióssén-trik) *adj* ASTR geocêntrico (sistema que considerava o nosso planeta como o centro do universo).
Geographic (djiogré-fik) *adj* geográfico.
Geography (djió-grâfi) *s* geografia (estudo geral e descrição do planeta Terra).
Geranium (djirêi-niâmm) *s* gerânio (flor).
Germ (djârmm) *s* germe; embrião; semente; origem.
German (djâr-maen) *s* alemão (língua alemã).
Germinate (djâr-minêit) *v* germinar; nascer; florescer; brotar.
Germination (djârminêi-shânn) *s* germinação.
Gestation (djéstêi-shânn) *s* gestação; gravidez.
Gesticulate (djésti-kiulêit) *v* gesticular.
Gesticulation (djéstikiulêi-shânn) *s* gesticulação.
Gesticulator (djésti-kiulêitâr) *s* gesticulador.
Gesture (djés-tshur) *s* gesto; aceno; ação; postura.
Get (ghét) *v* acertar; adquirir; aprender; arranjar; atingir; buscar; comprender; comprar; conseguir; decorar; ganhar; habituar-se; levar; pegar; persuadir; receber; tomar; tornar-se; trazer; vencer; ***GET away!***: ponha-se lá fora!; ***GET lost!***: GÍR sai fora!; ***to GET about***: dar um pequeno passeio; ***to GET above***: vencer; colocar-se acima de; ***to GET abroad***: espalhar, divulgar (notícias); ***to GET along***: progredir, avançar; ***to GET ahead***: passar adiante; fazer progressos; ***to GET at***: ir para; chegar a; ***to GET away***: ir-se; partir; retirar-se; ***to GET back***: voltar; recuperar; ***to GET before***: prevenir; adiantar-se; ***to GET behind***: penetrar; ***to GET better***: melhorar; ***GET fat***: engordar; ***to GET forward***: adiantar-se; levantar-se; ***to GET the hang of it***: pegar o jeito; ***to GET home***: chegar a casa; ***to GET in***: entrar; ***to GET into***: entrar; vestir; ***to GET into a mess***: meter-se em dificuldades; ***to GET involved***: envolver-se; ***to GET married***: casar-se; ***to GET off***: desfazer; livrar-se; ***to GET off!***: ponha-se lá fora!; ***to GET out***: sair; tirar; arrancar; ***GET out!***: ponha-se para fora!; ***to GET seasick***: enjoar; ***to GET out of sight***: sair; sumir; desaparecer; ***to GET over***: vencer obstáculos; ***to GET ready***: aprontar-se para; ***to GET to***: chegar a; ***to GET to grips with***: chegar a enfrentar; ***to GET under***: passar sob; ***to GET up***: subir; montar; *past* GOT *and pp* GOTTEN.
Getter (ghét-ét-êibl) *s* aquele que adquire; aquele que é diligente.
Getter-up (ghê-tâp) *s* inventor.
Getting (ghé-tinn) *s* aquisição; ganho.
Gewgaw (djiu-gó) *s* ninharia; bagatela.
Geyser (gái-zâr) *s* gêiser (fonte de água quente).
Ghastliness (ghés-tlinéss) *s* palidez; aspecto medonho; carranca.
Ghastly (ghés-tli) *adj* pálido; macabro; medonho; lívido; cadavérico.
Gherkin (gâr-kinn) *s* pepino de conserva.
Ghost (gôust) *s* fantasma; espectro; duende; visão; espírito; *The Holly GHOST*: o Espírito Santo.
Ghostlike (gôust-láik) *adj* lúgubre; fantasmagórico.
Ghostliness (gôus-tlinéss) *s* espiritualidade.
Ghostly (gôus-tli) *adj* espiritual; espectral.
Giant (djái-ânt) *s* gigante.
Giant (djái-ânt) *adj* gigantesco; colossal.
Giantess (djái-ântis) *s* gigante (feminino).
Giantlike (djái-ântláik) *adj* gigantesco.
Gib (djib) *s* grampo; chaveta.
Gibber (dji-bâr) *v* algaraviar (falar como um árabe); falar confusamente.
Gibberish (ghi-bârish) *s* o falar de maneira incompreensível (sem nexo).
Gibbet (dji-bet) *s* forca; patíbulo.
Gibbet (dji-bet) *v* enforcar.
Gibbous (ghi-bâss) *adj* corcunda; corcovado.
Gibe (djáib) *s* sarcasmo; escárnio; troça.
Gibe (djáib) *v* zombar; ralhar com; troçar.
Giber (djái-bâr) *s* escarnecedor; trocistas.
Gibing (djái-binn) *s* zombaria; troça.
Gibing (djái-binn) *adj* zombador; escarnecedor.
Giddiness (ghi-dinéss) *s* vertigem; inconstância; atordoamento; desvario.
Giddy (ghi-di) *adj* inconstante; vertiginoso; volúvel.
Gift (ghift) *s* doação; dádiva; oferta; dom; USA presente; ***GIFT of gab***: lábia.
Gift (ghift) *v* presentear; doar; dotar.
Gifted (ghif-tid) *adj* dotado; prendado; talentoso.
Gig (ghig) *s* cabriolé; escaler; arpão.
Gigantic (djáighén-tik) *adj* gigantesco; colossal.
Giggle (ghigl) *s* riso hipócrita (amarelo).
Giggle (ghigl) *v* rir furtivamente; dar risadinhas; zombar; rir sem motivo.
Giggler (ghi-glâr) *s* trocista; zombador.
Gild (ghild) *s* corporação; grêmio; comunidade; confraria.
Gild (ghild) *v* dourar; enfeitar; iluminar; *past and pp* GILDED or GILT.
Gilder (ghil-dâr) *s* dourador.
Gilding (ghil-dinn) *s* douração; brilho; embelezamento.
Gill (djil) *s* guelra de peixe; barranco; vale profundo; pelanca debaixo do queixo (carne).
Gilt (ghilt) *s* material para douração; GÍR dinheiro.
Gimlet (ghim-lét) *s* verruma; broca.
Gimmick (ghim-ic) *s* plano inteligente, frequentemente não muito honesto (truque).
Gin (djinn) *s* laço; armadilha; guindaste; máquina (de separar algodão); gim; genebra; GÍR botequim.
Gin (djinn) *v* apanhar no laço; descaroçar algodão (sementes).
Ginger (djin-djâr) *s* gengibre.
Gingerale (djin-djâr-êil) *s* cerveja de gengibre.
Gingerbeer (djin-djârbir) *vide* GINGERALE.
Gingerbread (djin-djârbréd) *s* pão de gengibre.
Gingerly (djin-djârli) *adj* cauteloso; prudente.
Gingerly (djin-djârli) *adv* cautelosamente; cuidadosamente.
Gingery (djin-djâri) *adj* aromático; de sabor a gengibre.
Ginning (djin-ninn) *s* debulha (escolha de sementes do algodão).
Gip (djip) *v* estripar peixe.
Gipsy (dji-psi) *s* cigano; malandro; boêmio; língua dos ciganos; mulher matreira (esperta).
Giraffe (djiré-f) *s* girafa.
Girandole (dji-rândôul) *s* girândola; candelabro; lustre.
Girasol (dji-râsól) *s* girassol.

Gird (gârd) *v* ligar; cingir; envolver; *past and pp* GIRT.
Girder (gâr-dâr) *s* viga; trave; zombador.
Girding (gâr-dinn) *s* cinto; faixa; atadura.
Girdle (gârd-l) *s* cinto; cinturão; circunferência; zona.
Girdle (gârd-l) *v* cingir; circundar.
Girl (gârl) *s* moça; menina; aluna.
Girlhood (gârl-hud) *s* adolescência feminina.
Girlish (gâr-lish) *adj* juvenil; próprio de moça.
Girth (gârth) *s* circunferência; periferia.
Girth (gârth) *v* encilhar; cingir.
Gist (djist) *s* fundamento; substância.
Gitano (dji-tânou) *vide* GIPSY.
Give (ghiv) *v* apresentar; abandonar; ceder; dar; desistir; oferecer; pronunciar; ***to GIVE again***: restituir; ***to GIVE away***: lançar mão; ***to GIVE back***: restituir; retirar-se; ***to GIVE forth***: proclamar; publicar; divulgar; ***to GIVE in***: ceder; dar-se por vencido; fugir; ***to GIVE it away***: presentear; ***to GIVE into***: adotar uma opinião; ***to GIVE off***: desistir; cessar; arrojar; cometer; ***to GIVE out***: publicar; ceder; fingir; ***to GIVE people first aid***: prestar primeiros socorros; ***to GIVE up***: desistir; ceder; depor; ***I GAVE UP the opportunities I had***: eu abandonei as oportunidades que tinha; *past* GAVE *and pp* GIVEN.
Given (ghiv-n) *adj* dado; inclinado; concedido.
Giver (ghi-vâr) *s* doador.
Giving (ghi-vinn) *s* dom; presente; doação; donativo.
Gizzard (ghi-zârd) *s* moela (de ave); canal alimentar (crustáceos).
Glacial (glei-shâl) *adj* glacial; gelado.
Glad (gléd) *adj* feliz; satisfeito; alegre; contente.
Gladden (gléd-n) *v* alegrar; animar; contentar; encorajar; alegrar-se.
Glade (glêid) *s* clareira; atalho; caminho.
Gladly (glé-dli) *adv* prazenteiramente; de bom grado.
Gladness (gléd-néss) *s* alegria; satisfação; prazer.
Gladsome (gléd-sâmm) *adj* alegre; jubiloso; contente.
Glair (glér) *s* clara de ovo; albumina.
Glaireous (glé-riâss) *adj* viscoso; pegajoso; albuminoide; com a clara de ovo.
Glairy (glé-ri) *vide* GLAIREOUS.
Glamor (glé-mâr) *s* feitiço; encanto; bruxaria; magia; fascinação.
Glamorous (glé-mârâss) *adj* encantador; fascinante.
Glance (glénss) *s* clarão; fulgor; vislumbre; olhar; olhadela.
Glance (glénss) *v* lançar um olhar; cintilar; luzir; brilhar.
Gland (glénd) *s* glande; glândula.
Glare (glér) *s* brilho; claridade; deslumbramento; olhar penetrante; ar carrancudo.
Glare (glér) *v* brilhar; cintilar; deslumbrar; encarar ostensivamente.
Glaring (glé-rinn) *adj* brilhante; evidente; penetrante.
Glaringness (glé-rinnéss) *s* notoriedade; resplendor.
Glass (glaess) *s* copo; taça; vidro; espelho; binóculo; ampulheta.
Glass (glaess) *v* espelhar; refletir.
Glass (glaess) *adj* de vidro.
Glassiness (glae-sinéss) *s* aspecto vítreo.
Glassmaker (glaess-mêi-kâr) *s* vidraceiro; fabricante de vidro.
Glassy (glae-si) *adj* transparente; cristalino; vítrio.
Glaucous (gló-kâss) *adj* glauco; verde-azulado (marinho).
Glaze (glêi-z) *s* lustro; verniz; brilho.
Glaze (glêi-z) *v* vidrar; envidraçar; polir; lustrar.
Glazed (glêizd) *adj* envidraçado.
Glazer (glêi-zâr) *s* vidraceiro; vidreiro; esmeril (que corta vidro).
Glazing (glêi-zinn) *s* vidrado; verniz; esmalte.
Gleam (glimm) *s* fulgor; brilho; clarão.
Gleam (glimm) *v* luzir; radiar; cintilar; resplandecer.
Gleaming (gli-minn) *adj* fulgurante; cintilante.
Glean (glinn) *v* respigar; recolher.
Gleaning (gli-ninn) *s* respigo; rebusca; rebusco.
Glee (gli) *s* regozijo; alegria; canção.
Gleeful (gli-ful) *adj* alegre; jubiloso; jovial.
Gleefulness (gli-fulnéss) *s* alegria; prazer; júbilo.
Gleeman (gli-maen) *s* cantor ambulante; bardo; menestrel.
Glen (glénn) *s* vale estreito.
Glib (glib) *adj* fluente; escorregadio; volúvel.
Glibness (glib-néss) *s* volubilidade; fluência; verbosidade.
Glide (gláid) *s* escorregadela; deslize; AER planeio.
Glide (gláid) *v* escorregar; escoar; resvalar; deslizar; planar.
Glimmer (gli-mâr) *s* vislumbre; luz mortiça; mica.
Glimmer (gli-mâr) *v* brilhar (fraco).
Glimpse (glimpss) *s* relance; reflexo; luz débil; vislumbre passageiro.
Glimpse (glimpss) *v* entrever; luzir por intervalos; relancear; vislumbrar.
Glint (glint) *s* brilho; fulgor.
Glint (glint) *v* refletir; luzir; cintilar.
Glisten (glis-n) *s* cintilação.
Glisten (glis-n) *v* cintilar; brilhar; luzir.
Glitter (gli-târ) *v* brilhar; cintilar; reluzir; rebrilhar.
Gloam (glôumm) *s* crepúsculo; entardecer.
Gloam (glôumm) *v* obscurecer (como num crepúsculo).
Gloaming (glôu-minn) *s* crepúsculo; o cair da noite.
Gloat (glôut) *v* sentir-se bem com o mal alheio; olhar fixamente.
Globate (glôu-bêit) *adj* globoso; globular; esférico.
Globated (glôu-bêitid) *vide* GLOBATE.
Globe (glôub) *s* globo; esfera.
Globe (glôub) *v* arrendondar.
Globosity (glôubó-siti) *s* redondeza; esfericidade.
Globular (gló-biulâr) *adj* globular; esférico.
Globule (gló-biul) *s* glóbulo.
Gloom (glumm) *s* obscuridade; melancolia; tristeza.
Gloom (glumm) *v* escurecer; entristecer; obscurecer.
Gloominess (glu-minéss) *s* obscuridade; melancolia; tristeza.
Gloomy (glu-mi) *adj* obscuro; tenebroso; triste; melancólico.
Glorification (glôurifikêi-shânn) *s* glorificação; celebração.
Glorify (glôu-rifái) *v* glorificar; exaltar; celebrar.
Glorious (glôu-riâss) *adj* glorioso; esplêndido; belo; admirável.
Glory (glôu-ri) *s* glória; fama; renome; celebridade.
Glory (glôu-ri) *v* jactar-se; gloriar-se; ufanar-se.
Gloss (glóss) *s* lustro; brilho; verniz; polimento.
Gloss (glóss) *v* lustrar; polir; comentar; explicar; insinuar.
Glossary (glôu-sâri) *s* glossário.
Glosser (gló-sâr) *s* glosador; comentador; o que dá lustro.
Glossiness (gló-sinéss) *s* polimento; brilho; lustro.
Glossy (gló-si) *adj* brilhante; polido; acetinado.
Glottis (gló-tiss) *s* ANAT glote.
Glove (glâv) *s* luva.
Glove (glâv) *v* enluvar.
Glover (glâ-vâr) *s* luveiro.
Glow (glôu) *s* calor; ardor; animação.
Glow (glôu) *v* animar-se; inflamar-se; sentir calor; fosforecer; incandescer.
Glower (glâ-vâr) *s* olhar ameaçador (feroz).
Glower (glâ-vâr) *v* olhar com raiva.
Glowing (glôu-inn) *adj* apaixonado; ardente; indignado; corado; inflamado.
Gloze (glôuz) *v* lisonjear; acariciar; glosar; cintilar.
Glue (glu) *s* cola; grude; visco.
Glue (glu) *v* colar; grudar.
Gluey (glu-i) *adj* pegajoso; glutinoso; viscoso.
Glut (glát) *s* fartura; excesso; superabundância.
Glut (glát) *v* comer avidamente; fartar; tragar; devorar.
Glutinous (glu-tinâss) *adj* glutinoso; viscoso; pegajoso.
Glutton (glât-n) *s* glutão; guloso.
Gluttonous (glât-nâss) *adj* glutão; guloso; voraz.

Gluttony (glât-ni) *s* glutonaria; gula.
Gnarl (nâr-l) *v* resmungar; grunhir.
Gnash (nésh) *v* ranger os dentes.
Gnat (nét) *s* bagatela; ninharia; mosquito.
Gnaw (nó) *v* roer; mortificar; morder.
Gnawer (nó-âr) *s* roedor.
Gnawing (nó-inn) *s* dor no estômago (aguda); ação de roer.
Gneiss (náiss) *s* gnaisse (rocha).
Gnome (nôumm) *s* gnomo; diabrete; máxima; aforismo.
Gnostic (nós-tik) *s* gnóstico.
Gnostic (nós-tik) *adj* gnóstico.
Gnosticism (nós-tissizm) *s* FIL gnosticismo (doutrina do conhecimento da natureza e dos atributos de Deus).
Go (gôu) *s* moda; animação; vez; pacto; oportunidade.
Go (gôu) *v* andar; assentar; decair; ficar bem; desaparecer; dirigir-se; funcionar; ir; mover-se; partir; prosseguir; sofrer; tolerar; trabalhar.
Go... (gôu...) *v at a GO*: dum golpe; de uma vez; *GO about your business!*: trate de sua vida! *GO-ahead!*: *vá em frente!*; *GO astern!*: para trás!; *GO-away!*: rua!, fora!, vá-se embora!; *GO it!*: vamos!; prá frente!; *GO to grass!*: ponha-se lá fora!; *GO straight ahead*: siga em frente; *is it a GO?*: estamos entendidos?; *it is the GO*: é a grande moda; *it is no GO*: é inútil, isto não anda; *to GO about*: intentar; empreender; circular; cuidar de; *to GO abroad*: sair; partir; *to GO after*: seguir; ir buscar; procurar; *to GO against*: opor-se; contradizer; *to GO along*: continuar; prosseguir; *to GO ashore*: encalhar; *to GO astray*: extraviar-se; desencaminhar; *to GO at*: atacar; *to GO-back*: voltar; *to GO backward*: retroceder; *to GO before*: proceder; anteceder; *to GO behind*: seguir alguém; *to GO between*: mediar; *to GO beyond*: ir além do permitido; *to GO by*: passar; adiante; *to GO down*: baixar; descer; *to GO ever*: passar por cima; atropelar; *to GO far*: ir longe; *to GO for*: ir por; chamar; *to GO forth*: sair à luz; emanar; publicar-se; *to GO forward*: prosseguir; avançar; *to GO from*: apartar-se; separar-se; *to GO from strength to strength*: muito bem obrigado, um sucesso só; *to GO in*: entrar; *to GO into*: entrar; participar de; investigar; *to GO jogging*: correr a passos moderados; *to GO off*: disparar; explodir; despedir-se; *to GO on*: continuar; perseverar; *to GO on the streets*: prostituir-se; *to GO out*: sair; sair a campo; *to GO round*: girar; *to GO through*: realizar; executar; conseguir; atravessar; *to GO up*: subir; levantar-se; arruinar-se; falir; *to GO up and down*: andar errante; *to GO without*: dispensar; passar bem; *to GO wrong*: fracassar; *past* WENT *and pp* GONE or HAVE GONE.
Goad (gôud) *s* aguilhão; ferrão.
Goad (gôud) *v* aguilhoar; FIG incitar; estimular.
Goal (gôal) *s* meta; objetivo; fim; intento; FUT *to keep GOAL*: defender o gol.
Goalkeeper (gôulki-pâr) *s* ESP arqueiro; goleiro.
Goat (gôut) *s* cabra; bode; POP bode expiatório.
Goatee (gôut-ii) *s* cavanhaque.
Goatling (gôut-ilinn) *s* cabrito.
Gob (gób) *s* pedaço; porção; bocado; escombros.
Gobble (gób-l) *v* engolir; tragar; fazer barulho; gorgorejar.
Gobbler (gó-blâr) *s* glutão; USA peru.
Goblet (gó-blit) *s* taça; copo (com pé).
God (gód) *s* Deus; *GOD Almighty or Almighty GOD*: Deus Todo-Poderoso; *GOD forbid!*: Deus nos livre!; *for GOD'S sake*: pelo amor de Deus; *please GOD!*: se Deus quiser!
Godchild (gód-tsháild) *s* afilhado; afilhada.
Goddaughter (gód-dó-târ) *s* afilhada.
Goddess (gó-dess) *s* deusa.
Godfather (gód-fá-dhâr) *s* padrinho.
Godforsaken (gód-fár-seikn) *s* miserável; desgraçado.
Godless (gód-léss) *adj* herege; ateu; ímpio.
Godlike (gód-láik) *adj* divino; divinal.
Godmother (gó-d-mó-dhâr) *s* madrinha.
Godparent (gód-pé-rent) *s* padrinho; madrinha.
Goer (gôu-âr) *s* transeunte.
Goffer (gó-fâr) *s* franzido; frisado.
Goffer (gó-fâr) *v* frisar; encrespar; estampar.
Goggle (góg-l) *s* o arregalar (olhos); GÍR os olhos; *pl* óculos (aviador etc.).
Goggle (góg-l) *v* arregalar os olhos.
Going (gôuinn) *s* ida; saída; partida; passo.
Goiter (gói-târ) *s* caxumba; papeira; bócio.
Gold (gôuld) *s* ouro; dinheiro; riqueza; cor do ouro.
Goldbeating (gôuld-bi-tinn) *s* laminação do ouro.
Goldbrick (gôuld-briik) *s* operário fingindo (no trabalho, que "faz cera"); MIL soldado que foge do serviço.
Golden (gôuld-n) *adj* dourado; áureo; precioso; excelente; feliz.
Goldsmith (gôuld-smith) *s* ourives.
Golf (gólf) *s* ESP golfe (jogo com bola e taco).
Golfer (gól-fâr) *s* jogador de golfe; golfista.
Golliwog (gól-liuóg) *s* espantalho; boneca-bruxa (de pano).
Golosh (goló-sh) *vide* GALOSH.
Gonfalon (gón-fâlónn) *s* gonfalão; pendão; estandarte.
Gong (gónn) *s* gongo (sino).
Good (gud) *s* proveito; vantagem; utilidade.
Good (gud) *adj* bom; excelente; benigno; virtuoso; útil; legítimo; vantajoso; propício; sólido; hábil; considerável; apropriado.
Good (gud) *adv* bem; *GOOD afternoon*: boa tarde; *GOOD evening*: boa noite; *GOOD-Fryday*: Sexta-Feira Santa; *GOOD morning*: bom dia; *GOOD night*: boa noite (ao se despedir); *we wish you GOOD luck!*: desejamos boa sorte a você!.
Goodbye (gud-bái) *s* até logo; adeus; forma contraída de *God be with you*: adeus! (Deus esteja com você).
Goodiness (gu-dinéss) *s* ingenuidade; inocência.
Goodish (gu-dich) *adj* regular; não tão bom.
Goodliness (gu-dinéss) *s* graça; elegância; formosura.
Goodly (gu-dli) *adj* belo; elegante; virtuoso; considerável; respeitável.
Goodman (gud-mân) *s* amo; marido.
Goodness (gud-néss) *s* virtude; bondade; benevolência; fineza; graça; mercê.
Goods (gudz) *s* mercadorias; artigos; bens.
Goodwife (gud-uáif) *s* dona de casa; ama.
Goodwill (gud-wil) *s* boa vontade; benevolência; freguesia; COM fundo comercial.
Goody (gu-di) *s* bonachão; ingênuo; bobalhão; bombom; USA empregada de estudante (arrumadeira).
Goose (guss) *s* ganso; ferro de alfaiate; bobo; néscio.
Gooseberry (gus-béri) *s* groselha.
Goosey (gu-si) *adj* abobalhado; néscio; bobo.
Gore (gôur) *s* sangue coagulado; pano de enfeite (triangular).
Gore (gôur) *v* picar; ferir a chifradas (furar).
Gorge (górdj) *s* desfiladeiro; garganta; goela.
Gorge (górdj) *v* engolir; saciar; fartar.
Gorgeous (gór-djâss) *adj* magnificente; grandioso.
Gorgeousness (gór-djâsnéss) *s* brilho; esplendor; magnificência.
Gorilla (gori-lâ) *s* gorila (macaco).
Gormandize (gór-mândáiz) *v* comer avidamente.
Gormandizer (gór-mândáiz) *s* glutão; guloso.
Gory (gôu-ri) *adj* ensanguentado.
Gosh (gósh) *interj* credo!
Gosling (gós-linn) *s* gansinho.
Gospel (gós-pél) *s* Evangelho; credo.
Gospel (gós-pél) *v* evangelizar.
Gosper (gós-pâr) *s* evangelista.
Gossamer (gó-sâmâr) *s* fio delgado; teia de aranha.
Gossip (gó-sip) *s* conversação; prosa; bisbilhoteiro; tagarela; mexerico.

Gossip (gó-sip) *v* palrar; mexericar; tagarelar; murmurar.
Gossipy (gó-sipi) *adj* mexeriqueiro.
Gotcha (gót-cha) *interj* peguei você! (*I have got you!*, frase que surpreende ou amedronta ou, ainda, quando se tem vantagem sobre algo ou alguém).
Goth (góth) *s* Godo (povo germânico, dos séculos 3º e 5º a.D.).
Gothic (gó-thik) *adj* gótico (tipo de construção ogival ou nome de uma caligrafia usada a partir da Idade Média).
Gouge (gáudj) *s* ranhura; goiva (espécie de formão); USA logro.
Gouge (gáudj) *v* USA enganar, lograr.
Gourd (gôurd) *s* cuia de beber; cabaça.
Gout (gáut) *s* MED gota; artritismo.
Gouty (gáu-ti) *adj* MED artrítico; gotoso.
Govern (gâ-vârnn) *v* governar; reger; dominar; administrar.
Governable (gâ-vârnâbl) *adj* governável; obediente; dócil.
Governance (gâ-vârnânss) *s* governo; direção; autoridade.
Governess (gâ-vârnéss) *s* aia; governanta; instrutora.
Governing (gâ-vârninn) *adj* que governa; que administra.
Government (gâ-vârnment) *s* governo; administração; autoridade; domínio; Estado.
Governmental (gâvârnmén-tâl) *adj* governamental; ministerial.
Governor (gâ-vârnâr) *s* governador; aio; pai; patrão; diretor de penitenciária.
Governorship (gâ-vârnârship) *s* governo.
Gown (gáunn) *s* bata; toga; batina.
Gown (gáunn) *v* vestir-se de toga; vestir-se de túnica.
Gowned (gáun-d) *adj* togado.
Graal (grâ-él) *s* gral (cálice usado na última ceia pelo Divino Mestre, Jesus, que serviu para José de Arimateia recolher o sangue jorrado de suas chagas).
Grab (gréb) *s* garra; grampo; fraude.
Grab (gréb) *v* segurar; pegar; agarrar.
Grabber (gré-bâr) *s* arrebatador.
Grabble (gréb-l) *v* tatear; apalpar; apanhar; andar às apalpadelas.
Grace (grêiss) *s* graça; garbo; ação de graças; favor; mercê; graça divina; cortesia; agradecimento; COM dia de tolerância (dia da graça).
Grace (grêiss) *v* favorecer; auxiliar; enfeitar; ajudar.
Graceful (grêis-ful) *adj* elegante; gracioso; delicado.
Gracefulness (grêis-fulnéss) *s* graça; elegância; delicadeza.
Graceless (grêis-léss) *adj* amaldiçoado; desgraçado; deselegante; réprobo.
Gracious (grêi-shâss) *adj* bondoso; benigno; amável; cortês.
Graciousness (grêi-shâsnéss) *s* cortesia; benevolência; gentileza; amabilidade.
Grackle (grék-l) *s* melro (pássaro).
Gradation (grâdêi-shânn) *s* gradação; classificação; classe; ordem; série.
Grade (grêid) *s* grau; dignidade; nota escolar; classe; qualidade; cruzamento de raças; USA declive; série escolar.
Grade (grêid) *v* graduar; classificar; nivelar; cruzar animais (raças); USA julgar; classificar.
Gradient (grêi-dient) *s* declive; rampa; grau (aumento ou diminuição); parafuso (graduado).
Gradual (gré-djuâl) *adj* gradual.
Graduate (gré-djuêit) *s* bacharel; diplomado.
Graduate (gré-djuêit) *v* graduar; regular; conferir grau a; diplomar.
Graduate (gré-djuêit) *adj* graduado.
Graduation (grédjuêi-shânn) *s* graduação; formatura.
Graduator (gré-djuêitâr) *s* graduador.
Graft (gréft) *s* enxerto; suborno.
Graft (gréft) *v* enxertar; inserir.
Grafter (gréf-târ) *s* enxertador; subornador; USA aquele que ganha dinheiro ilicitamente.
Grail (grêil) *s* cálice; taça; graal; almofariz.
Grain (grêinn) *s* grão; semente; veio; granulação.
Grain (grêinn) *v* granular; granular-se; cristalizar.
Grainer (grêi-nâr) *s* grão; semente; o que imita os veios da madeira (em pintura).
Gram (grémm) *s* grão-de-bico; o grama (peso).
Grammar (grém-mâr) *s* gramática.
Grammarian (grémêi-riânn) *s* gramático.
Grammatic (grémé-tik) *adj* gramatical.
Grammatical (grémé-tikâl) *vide* GRAMMATIC.
Gramme (grémm) *vide* GRAM.
Gramophone (gré-mofôunn) *s* gramofone; fonógrafo; USA PHONOGRAPH.
Granary (gré-nâri) *s* celeiro para grãos.
Grand (grénd) *adj* grande; majestoso; grandioso; nobre; sublime; digno; USA nota de mil dólares.
Grandchild (grénd-tsháil-d) *s* neto.
Granddaughter (grén-dó-târ) *s* neta.
Grandee (grén-di) *s* magnata.
Grandeur (grén-djur) *s* grandeza; magnificência.
Grandfather (grénd-fâ-dhâr) *s* avô.
Grandiloquence (gréndi-lokuénss) *s* grandiloquência (estilo muito elevado).
Grandiloquent (gréndi-lokuént) *adj* grandiloquente (grandioso).
Grandiosity (gréndió-siti) *s* grandiosidade; imponência.
Grandma (grén-má) *s* GÍR avó.
Grandmama (grén-má) *vide* GRANDMA.
Grandmother (grénd-mâ-dhâr) *s* avó.
Grandness (grén-dnéss) *s* pompa; grandeza; fausto.
Grandpa (grénd-pá) *s* vovô (tratamento carinhoso para *GRANDFATHER*: avô).
Grandparent (grénd-párents) *s* antepassado (avô ou avó); GRANDPARENTS: avós.
Grandson (grén-dsânn) *s* neto.
Grange (gréndj) *s* granja; herdade; USA associação de lavradores.
Granger (grêin-djâr) *s* granjeiro; fazendeiro.
Granite (gré-nit) *s* granito (rocha).
Granitic (gréni-tik) *adj* granítico.
Granny (grén-ni) *s* tratamento carinhoso de *GRANDMO THER*: avó; vovó; POP mulher idosa; mulher velha.
Grant (grént) *s* concessão; outorga; donativo; mercê; privilégio.
Grant (grént) *v* conceder; admitir; outorgar.
Grantee (grénti-) *s* concessionário; cessionário; donatário; outorgado.
Granular (grén-niulâr) *adj* granular.
Granulate (gré-niulêit) *v* granular; granular-se.
Granulation (gréniulêi-shânn) *s* granulação.
Grape (grêip) *s* uva; parreira.
Graph (gréf) *s* diagrama; gráfico.
Graphic (gré-fik) *adj* gráfico.
Graphical (gré-fikâl) *vide* GRAPHIC.
Grapnel (grép-nél) *s* NÁUT âncora pequena; arpão de ferrar navios.
Grapple (grépl) *s* luta; combate.
Grapple (grépl) *v* agarrar; prender; agarrar; amarrar.
Grasp (grésp) *s* ação de agarrar; mão; punho; presa; usurpação; garra; compreensão.
Grasp (grésp) *v* agarrar; segurar; compreender; usurpar; tomar; apoderar-se.
Grasper (grés-pâr) *s* aquele que compreende; aquele que apanha.
Grasping (grés-pinn) *adj* avaro; ávido.
Grass (gréss) *s* erva; relva; grama; pasto.
Grass (gréss) *v* gramar; pastar; ***I've got to cut the GRASS***: tenho que cortar a relva.
Grasshopper (gréss-hópâr) *s* gafanhoto.
Grate (grêit) *s* grade; grelha de fogão.
Grate (grêit) *v* raspar; irritar; ofender.

Grateful (grêit-ful) *adj* grato; agradecido; agradável; *I'm very GRATEFUL to you*: fico grato a você.
Gratefulness (grêit-fulnéss) *s* gratidão; reconhecimento; agrado.
Gratification (gré-tifikêi-shânn) *s* gratificação; prêmio; recompensa; satisfação; deleite; gozo.
Gratify (gré-tifái) *v* satisfazer; agradar; contentar; gratificar; recompensar.
Gratis (grêi-tiss) *adv* grátis; gratuito.
Gratitude (gré-tituid) *s* reconhecimento; gratidão.
Gratuitous (grâtiu-itâss) *adj* gratuito; gracioso; voluntário; espontâneo.
Gratuitousness (grâtiu-itâsnéss) *s* desinteresse; espontaneidade.
Gratuity (grâtiu-iti) *s* presente; dádiva; propina; gorjeta; gratificação.
Grave (grêiv) *s* sepultura; fossa; tumba; sepulcro; acento grave.
Grave (grêiv) MÚS grave; tom baixo.
Grave (grêiv) *v* gravar; esculpir; sepultar; enterrar; *past* GRAVED *and pp* GRAVEN.
Grave (grêiv) *adj* grave; sério; importante; sisudo.
Gravel (gré-vel) *s* cascalho; pedregulho; saibro; areia grossa.
Gravel (gré-vel) *v* cobrir de areia ou de calcário.
Graveness (grêv-néss) *s* gravidade; seriedade.
Graver (grêi-vâr) *s* buril; cinzel escultor; gravador.
Graveyard (grêiv-iárd) *s* cemitério.
Gravid (gré-vid) *adj* mulher grávida; prenhe.
Graving (grêi-vinn) *s* gravação; gravura; impressão.
Gravitate (gré-vitêit) *v* gravitar.
Gravitation (grévitêi-shânn) *s* gravitação; tendência; inclinação.
Gravity (gré-viti) *s* gravidade; importância; atração; seriedade.
Gravy (grêi-vi) *s* caldo de carne; molho.
Gray (grêi) *vide* GREY.
Grayish (grêi-ish) *adj* acinzentado; cinzento; pardo.
Grayness (grêi-néss) *s* cor cinza; cor parda.
Graze (grêiss) *s* pasto.
Graze (grêiss) *v* apascentar; roçar; pastar.
Grazier (grêi-ziâr) *s* criador de gado.
Grazing (grêiz-inn) *s* pastagem.
Grease (griss) *s* gordura animal; graxa; lubrificante.
Grease (griss) *v* engraxar; engordar; untar; engordurar; lubrificar.
Greaser (gri-sâr) *s* lubrificador; azeitador.
Greasiness (gri-sinéss) *s* unguento; gordura.
Greasy (gri-si) *adj* gorduroso; oleoso; obsceno; escorregadio; sujo.
Great (grêit) *adj* grande; ótimo; benigno; notável; sublime; vasto; elevado; principal; magnânimo; difícil; notório; remoto.
Greatness (grêit-néss) *s* grandeza; grandiosidade; magnitude; poder; majestade.
Grecian (gri-shânn) *vide* GREEK.
Greed (grid) *s* voracidade; sovinice; ambição desmedida; avareza.
Greediness (grid-néss) *vide* GREED.
Greedy (gri-di) *adj* avarento; ganancioso; voraz; guloso; insaciável.
Greek (grik) *s* grego.
Greek (grik) *adj* grego.
Green (grinn) *s* verde; verdura; prado.
Green (grinn) *v* pintar de verde; cobrir de verde.
Green (grinn) *adj* verde; fresco; recente; novo; tolo; viscoso; moço.
Greenback (grin-bék) *s* USA moeda em papel de qualquer valor.
Greenery (gri-nâri) *s* horta; verdura.
Greengage (grin-ghêidj) *s* ameixa europeia (rainha cláudia).
Greenhouse (grin-háuss) *s* estufa.
Greenish (gri-nish) *adj* esverdeado.
Greenness (grin-néss) *s* inexperiência; novidade; verdura; frescura.
Greenroom (grin-rumm) *s* camarim.
Greensward (grin-suórd) *s* gramado; relva.
Greet (grit) *v* saudar; felicitar; cumprimentar.
Greeting (gri-tinn) *s* saudação; felicitação; cumprimento.
Gregarious (grighêi-riâss) *adj* gregário.
Gregorian (gregôu-riânn) *adj* gregoriano (alusão ao Papa Gregório I que teria introduzido o canto-chão, isto é, o canto de diversas vozes, em uníssono, no ritual da Igreja e, também, ao Papa Gregório XIII que estabeleceu o calendário atualmente praticado).
Grenade (grinêi-d) *s* granada (bomba manual).
Grenadier (grenâdi-r) *s* granadeiro (soldado).
Grey (grêi) *s* a cor cinza.
Grey (grêi) *adj* cinzento; pardo; USA GRAY.
Grid (grid) *s* grade paralela (barras); grelha.
Griddle (grid-l) *s* forma para assar tortas.
Gride (grâid) *v* cortar (com som áspero); raspar.
Gridiron (grid-airân) *s* USA campo de futebol; ENGL FOOTBALL FIELD.
Grief (grif) *s* pesar; dor; tristeza; aflição.
Grievance (gri-vanss) *s* agravo; lesão; ofensa; injúria.
Grieve (griv) *v* entristecer; agravar; injuriar; afrontar; afligir; lamentar-se; afligir-se; doer-se.
Griever (gri-vâr) *s* o que aflige; ofensor; o que afronta.
Grieving (gri-vinn) *s* dor; aflição; angústia.
Grievous (gri-vass) *adj* grave; penoso; aflitivo; doloroso.
Grig (grig) *s* grilo; enguia; anão; homem divertido.
Grill (gril) *s* grelha; assado (em grelha).
Grill (gril) *v* frigir na grelha; grelhar; FIG torturar; atormentar; USA interrogatório policial intenso.
Grillage (gri-lidj) *s* estacaria fincada num terreno (alicerce).
Grille (gril) *s* grade ferro; tela de ferro (para portão, portas e janelas); AUT grade de radiador.
Grim (grimm) *adj* feio; carrancudo; medonho; bárbaro.
Grimace (grimêi-ss) *s* careta; carranca.
Grimace (grimêi-ss) *v* fazer caretas (cara feia).
Grime (gráimm) *s* sujidade; imundície.
Grime (gráimm) *v* sujar; emporcalhar.
Griminess (grái-minéss) *s* imundície; sujeira; porcaria.
Grimness (grim-néss) *s* horror; espanto.
Grimy (grái-mi) *adj* sujo; porco; imundo.
Grin (grinn) *s* arreganho de dentes.
Grin (grinn) *v* fazer caretas; arreganhar os dentes.
Grind (gráind) *s* ação de afiar; trabalho pesado; estudante aplicado; ação de moer.
Grind (gráind) *v* moer; reduzir a pó; amolar facas; oprimir; polir; ranger os dentes; GÍR estudar intensamente; *past and pp* GROUND.
Grinder (gráin-dâr) *s* moinho; moleiro; esmeril; tocador de realejo; aluno muito aplicado.
Grinding (gráin-dinn) *s* moagem; trituração.
Grinding (gráin-dinn) *adj* triturante; moedor.
Grip (grip) *s* aperto de mão; beliscão; presa; garra; espasmo; punho do remo.
Grip (grip) *v* agarrar; segurar.
Gripe (gráip) *s* opressão; sujeição; cólica; aperto; agarramento; USA mau humor.
Gripe (gráip) *v* agarrar; apertar; segurar; afligir; oprimir.
Grippe (grip) *s* MED gripe; influenza.
Gripper (grip-âr) *s* pinça.
Grisliness (griz-linéss) *s* terror; pânico.
Grisly (griz-li) *adj* terrível; medonho; espantoso.
Grist (grist) *s* quantia de grãos (para moer); GÍR porção; quantidade.
Gristle (grisl) *s* cartilagem; tendões.
Gristly (gri-sli) *adj* cartilaginoso.
Grit (grit) *s* areia; saibro.

Grit (grit) *v* ranger.
Grittiness (gri-tinéss) *s* consistência arenosa; firmeza de caráter; coragem.
Gritty (gri-ti) *adj* saibroso; arenoso; bravo; corajoso.
Grizzle (griz-l) *adj* matiz cinzento; pardo.
Grizzly (griz-li) *adj* cinzento; grisalho.
Groan (grôunn) *s* gemido; lamento; suspiro; berro.
Groan (grôunn) *v* gemer; suspirar; rugir.
Groaning (grôu-ninn) *vide* GROAN.
Groat (grôut) *s* moeda inglesa (antiga); quantia insignificante.
Grocer (grôu-sâr) *s* merceeiro; vendeiro; armazém (de alimentos).
Grocery (grôu-sâri) *s* empório; armazém (alimentos); mercearia.
Grogginess (gró-ghinéss) *s* embriaguez; bebedeira.
Groggy (gró-ghi) *adj* ébrio; cambaleante; embriagado.
Groin (gróinn) *s* ANAT virília; ARQT ala; aresta.
Groom (grumm) *s* tratador de animais; cavalariço; USA noivo no dia do casamento.
Groomsman (grummz-maen) *s* padrinho de casamento (do noivo).
Groove (gruv) *s* encaixe; entalhe; estria; sulco.
Groove (gruv) *v* sulcar; entalhar; estriar.
Grooviness (gru-vinéss) *s* encaixe; ranhura; rotina.
Grope (grôup) *v* tatear; andar às apalpadelas.
Groper (grôu-pâr) *s* o que anda usando o tato.
Grosbeak (grôus-bik) *s* cardeal (pássaro).
Gross (grôuss) *s* o grosso.
Gross (grôuss) *adj* grosso; espesso; rude; grosseiro; crasso; total; bruto.
Grossly (grôus-li) *adv* grosseiramente; excessivamente; totalmente.
Grossness (grôus-néss) *s* grosseria; densidade; grossura; espessura.
Grotesque (grotés-k) *adj* grotesco; ridículo.
Ground (gráund) *s* terra; solo; terreno; base; fundamento; território; motivo; causa; bens (de raiz); sedimentos; detritos; fezes.
Ground (gráund) *v* fixar; estabelecer; basear; fundamentar; encalhar; ensinar com insistência (sistematicamente).
Grounding (gráund) *s* fundamento; encalhe de um navio; fundo; base.
Groundless (gráund-léss) *adj* sem fundamento; infundado.
Groundwork (graud-uârk) *s* fundação; parte fundamental; alicerce.
Group (grup) *s* grupo.
Group (grup) *v* agrupar; reunir.
Grouping (gru-pinn) *s* agrupamento; ordem; série.
Grouse (gráuss) *s* galo silvestre; faisão.
Grouse (gráuss) *v* lamentar-se.
Grousing (gráu-sinn) *s* rabugice; ENGL descontentamento.
Grout (gráut) *s* argamassa; resíduo; farinha grosseira.
Grout (gráut) *v* encher de reboco; cimentar.
Grouting (gráu-tinn) *s* processo de rebocar ou cimentar.
Grouty (gráu-ti) *adj* turvo; intratável; arisco; árido.
Grove (grôuv) *s* bosque; alameda.
Grovel (gróvl) *v* arrastar-se; engatinhar.
Groveller (gró-vlâr) *s* homem vil; baixo; ordinário.
Grow (grôu) *v* crescer; cultivar; plantar; tornar-se; progredir; enraizar-se; *past* GREW *and pp* GROWN.
Grower (grôu-âr) *s* produtor; lavrador.
Growing (grôu-inn) *s* crescimento; cultura; vegetação.
Growl (grául) *s* grunhido; resmungo.
Growl (grául) *v* resmungar; bramir; grunhir.
Growler (gráu-lâr) *s* resmungão; cão rosnador.
Grown (grôunn) *adj* crescido; desenvolvido; *past and pp* de GROW.
Growth (grôuth) *s* crescimento; desenvolvimento; cheia de maré; melhoria; produção.
Grub (grâb) *s* larva; verne; GÍR comida.
Grub (grâb) *v* roçar; cavar; capinar; USA GÍR comer.
Grubber (grâ-bâr) *s* sacho; escavador.
Grudge (grâdj) *s* rancor; ódio; inveja; ressentimento.
Grudge (grâdj) *v* invejar; mostrar má vontade; resmungar; murmurar.
Grudger (grâ-djâr) *s* invejoso; rabujento.
Gruel (gru-el) *s* papa de farinha.
Gruelling (gruel-inn) *adj* árduo; cansativo.
Gruesome (gru-sâmm) *adj* horrível; pavoroso.
Gruff (gráf) *adj* áspero; rude; carrancudo; grosseiro.
Gruffness (grâf-néss) *s* grosseria; aspereza.
Grumble (grámbl) *v* resmungar; murmurar; queixar-se.
Grumbler (grâm-blâr) *s* resmungão; rabugento.
Grumbling (grâm-blinn) *s* murmuração; queixume.
Grumpiness (grâm-pinéss) *s* rabujice; impertinência.
Grumpy (grâm-pi) *adj* rabugento; queixoso; ríspido.
Grunt (grânt) *s* grunhido; gemido.
Grunt (grânt) *v* grunhir; resmungar; rosnar; gemer.
Grunter (grân-târ) *s* grunhidor; porco; roncador.
Guarantee (ghérânti-) *s* garantia; fiança; abono.
Guarantee (ghérânti-) *v* garantir; responsabilizar-se.
Guarantor (ghé-rântâr) *s* fiador; abonador.
Guaranty (ghé-rânti) *s* garantia; fiança.
Guard (gárd) *s* guarda; vigilante; sentinela; condutor de trem.
Guard (gárd) *v* guardar; vigiar; proteger; defender.
Guarded (gár-did) *adj* cauteloso; prevenido; prudente.
Guardian (gár-diânn) *s* tutor; curador.
Guardianship (gár-diânship) *s* tutela; tutoria; proteção; curadoria.
Guava (gu-êive) *s* goiaba.
Gudgeon (gâ-djânn) *s* isca; tolo.
Gudgeon (gâ-djânn) *v* enganar; lograr.
Guerdon (gâr-dânn) *s* galardão; recompensa; prêmio.
Guerrilla (gheri-lâ) *s* guerrilha; guerrilheiro.
Guess (ghéss) *s* suposição; palpite; conjetura; adivinhação.
Guess (ghéss) *v* conjeturar; avaliar; guiar; supor; adivinhar; acertar; crer.
Guessable (ghé-sâbl) *adj* conjeturável.
Guesser (ghé-sâr) *s* conjeturador; adivinho; adivinhador.
Guessing (ghé-sinn) *s* conjetura; adivinhação.
Guesswork (ghés-uârk) *s* suposição; adivinhação; conjetura.
Guest (ghést) *s* conviva; hóspede; convidado; visita.
Guffaw (gâfo) *s* gargalhada.
Guffaw (gâfo) *v* gargalhar.
Guidance (gâi-dénss) *s* guia; direção; governo.
Guide (gáid) *s* guia; padrão; norma; modelo.
Guide (gáid) *v* guiar; governar; dirigir; arranjar; ordenar.
Guiding (gái-dinn) *adj* dirigente; regulador; relativo a direção.
Guild (ghild) *s* guilda; corporação; associação.
Guilder (ghil-dâr) *s* florim, moeda da Holanda (de diversos países).
Guile (gáil) *s* engano; fraude; logro; artifício.
Guileful (gáil-ful) *adj* astucioso; enganador; malicioso; insidioso.
Guileless (gáil-léss) *adj* ingênuo; franco; sincero.
Guilelessness (gáil-lésnéss) *s* ingenuidade; inocência.
Guilt (ghilt) *s* culpa; crime; pecado.
Guiltiness (ghil-tinéss) *s* culpabilidade; criminalidade.
Guiltless (ghilt-lés) *adj* inocente.
Guiltlessness (ghilt-lésnéss) *s* inocência.
Guilty (ghil-ti) *adj* culpado; perverso; réu; criminoso.
Guinea (ghi-ni) *s* guinéu, antiga moeda de ouro inglesa (21 xêlins).
Guise (gáiz) *s* modo; pretexto; maneira; aparência.
Guitar (ghitár) *s* guitarra.
Gulch (gâltsh) *s* ravina (torrente de água); garganta.
Gulf (gâlf) *s* golfo; abismo.
Gull (gâl) *s* gaivota; logro; embuste; engano.

Gull (gâl) *v* lograr; enganar; fraudar.
Gullet (gu-lét) *s* garganta; esôfago; encanamento subterrâneo; canal.
Gullibility (gâlibi-liti) *s* credulidade; simplicidade.
Gully (gâ-li) *s* fosso; ravina; vala.
Gulp (gâlp) *s* trago; gole.
Gulp (gâlp) *v* tragar (de um gole); engolir com avidez.
Gum (gâmm) *s* goma; grude; gengiva; USA galochas; goma de mascar.
Gum (gâmm) *v* grudar; colar; engomar.
Gummy (gâ-mi) *adj* gomoso; viscoso.
Gumption (gâmp-shânn) *s* inteligência; perspicácia; sagacidade.
Gun (gânn) *s* arma de fogo; pistola; rajada.
Gun (gânn) *v* atirar (arma de fogo).
Gunpowder (gân-páu-dâr) *s* pólvora.
Gurgle (gârgl) *s* golfada.
Gurgle (gârgl) *v* gorgulhar; borbulhar; borbotar.
Gush (gâsh) *s* jorro; entusiasmo; efusão.
Gush (gâsh) *v* brotar; esguichar; jorrar; emocionar.
Gusher (gâ-shâr) *s* coisa que jorra; pessoa emocionável.
Gushing (gâ-shinn) *adj* que jorra; o que se emociona facilmente.
Gusset (gâ-sét) *s* entretela; reforço de costura.
Gust (gâst) *s* pé-de-vento; paixão; rajada; gosto; sabor.
Gustation (gâstêi-shânn) *s* ato de provar; gustação.
Gustative (gâstêitiv) *adj* gustativo.
Gustatory (gâs-tâtôuri) *vide* GUSTATIVE.
Gustful (gâst-ful) *adj* saboroso.
Gustiness (gâs-tinéss) *s* caráter; estado tempestuoso; borrascoso.
Gusty (gâs-ti) *adj* tempestuoso; violento; borrascoso.
Gut (gât) *s* tripa; corda de tripa.
Gut (gât) *v* esvaziar.
Gutter (gâ-târ) *s* calha; goteira; canal; valeta.
Gutter (gâ-târ) *v* instalar calhas; instalar canos.
Guttering (gâ-târinn) *s* encanamento de águas.
Guttural (gâ-târâl) *s* som modificado pela garganta, gutural.
Guttural (gâ-târâl) *adj* gutural.
Guy (gái) *s* cabo; corda; fuga; corrente; FIG pessoa ridícula; GÍR cara; USA camarada; sujeito; indivíduo.
Guy (gái) *v* prender (com cabo); USA zombar ridicularizar.
Guzzle (gâz-l) *v* beber (em excesso); comer (em excesso); embriagar-se.
Guzzler (gâ-zlâr) *s* ébrio; beberrão.
Gymnasium (djimnêi-jiâmm) *s* ginásio.
Gymnast (djim-nést) *s* ginasta.
Gymnastic (djimnés-tik) *adj* ginástico.
Gymnastical (djimnés-tikâl) *vide* GYMNASTIC.
Gymnastics (djimnés-tiks) *s* ginástica.
Gynecologist (djinikó-lodjist) *s* MED ginecologista.
Gynecology (djinikó-lodji) *s* MED ginecologia.
Gyp (djip) *s* criado (da Universidade de Cambridge); vigarista; USA cadela.
Gyp (djip) *v* trapacear; roubar; enganar.
Gypseous (djip-siâss) *adj* cheio de gesso; da natureza do gesso.
Gypsum (djip-sâmm) *s* gesso.
Gypsy (dji-psi) *s* cigano.
Gyrate (djái-rit) *adj* circular.
Gyrate (djái-rit) *v* girar; circular.
Gyration (djáirêi-shânn) *s* giro; rotação; volta.
Gyratory (djái-râtôuri) *adj* giratório; rotatório; circulatório.
Gyre (djáir) *s* giro; volta.
Gyre (djáir) *v* girar.
Gyrose (djái-rôuss) *adj* ondeado; encurvado.
Gyve (djáiv) *v* encadear; algemar; acorrentar.
Gyves (djái-vz) *s* cadeias; grilhões; algemas; corrente.

hH

H (êitsh) *s* oitava letra do alfabeto Português e Inglês e diversos outros alfabetos.
Ha (há) *interj* Ah!
Haberdasher (hé-bâr'dé-shâr) *s* proprietário de loja de armarinhos; USA comerciante que vende artigos masculinos.
Haberdashery (hé-bâr'dé-shâri) *s* loja de armarinho; USA loja de artigos para homens.
Habile (há-bil) *adj* hábil; destro; competente.
Habiliment (hâbi-liment) *s* roupa; vestuário; traje.
Habilitate (hâbi-litêit) *v* habilitar; equipar.
Habilitation (hâbilitêi-shânn) *s* habilitação; aptidão.
Habit (hé-bit) *s* hábito (roupa); hábito; costume; estado; condição.
Habitable (hé-bitâbl) *adj* habitável.
Habitation (hébitêi-shânn) *s* habitação; morada.
Habitual (hâbi-tshuâl) *adj* habitual; costumeiro.
Habitualness (hâbi-tshuâlnéss) *s* habitualidade.
Habituate (hâbi-tshuêit) *v* habituar; habituar-se; acostumar.
Habitude (hé-bitiud) *s* hábito; uso; familiaridade; trato; costume.
Hack (hék) *s* trabalhador; talho; corte; entalhe; brecha; picareta; cavalo cansado; mercenário.
Hack (hék) *v* cortar; picar; despedaçar; entalhar; alugar (cavalos); prostituir-se; ***I don't HACK that any more!***: não aguento mais isso!
Hackle (hékl) *s* seda crua; filamento; isca de pesca.
Hackney (hék-ni) *s* cavalo de aluguel; meretriz.
Hackney (hék-ni) *adj* assalariado; gasto; comum; cansado; que é de aluguel.
Hackney (hék-ni) *v* cansar pelo excesso de uso (cavalo, auto etc.); conduzir num carro (alugado).
Hades (hêi-diss) *s* hades; inferno.
Hag (hég) *s* feiticeira; fúria; velha (muito feia); bruxa.
Haggard (hé-gârd) *adj* pálido; arisco; feroz; magro.
Haggle (hégl) *s* regatear; pechinchar; despedaçar.
Haggler (hé-glâr) *s* regateador; aquele que despedaça.
Haggling (hé-glinn) *s* hesitação; regateio.
Hail (hêil) *s* saraiva; grito; granizo; saudação.
Hail (hêil) *v* saudar; saraivar; vomitar.
Hail (hêil) *interj* salve!; ***HAIL the king!***: salve o rei!
Hair (hér) *s* cabelo; crina; fibra; filamento.
Hairbrush (hér-brâsh) *s* escova (de cabelo).
Haircut (hér-kât) *s* corte (de cabelo).
Hairiness (hé-rinéss) *s* estado de ser cabeludo; estado de ser peludo.
Hairless (hé-rliss) *s* calvo; careca; pelado.
Hairpin (hér-pinn) *s* grampo (de cabelo).
Hairy (hé-ri) *adj* cabeludo; felpudo; peludo.
Hake (héik) *s* peixe (igual ao bacalhau).
Hale (hêil) *adj* robusto; forte; são.
Hale (hêil) *v* alar; puxar com força.
Half (háf) *s* metade.
Half (háf) *adj* meio; quase.
Half (háf) *adv* meio; quase.
Halfway (háf-uêi) *adj* incompleto.
Halfway (háf-uêi) *adv* na metade do caminho; parcialmente.
Hall (hól) *s* salão; corredor; vestíbulo; entrada.
Hallmark (hól-márk) *s* marca; carimbo (ouro ou prata).
Hallo (hêi-lôu) *interj* olá! alô!
Hallow (hél-lôu) *v* santificar; consagrar; reverenciar.
Halloween (hélôw-inn) *s* véspera do dia de Todos os Santos; dia das bruxas (31 de outubro).
Hallowmass (hél-lôumâss) *s* dia de Todos os Santos.
Hallucinate (héliu-sinêit) *v* alucinar; apaixonar.
Hallucination (héliussinêi-shânn) *s* alucinação; ilusão; engano.
Halo (hêi-lóu) *s* halo; auréola.
Halo (hêi-lóu) *v* aureolar.
Halt (hólt) *s* paragem; parada; pausa; estacionamento.
Halt (hólt) *v* mancar; coxear; hesitar; parar; duvidar; vacilar.
Halter (hól-târ) *s* cabresto; corda; coxo; frente única (peça feminina).
Halter (hól-târ) *v* encabrestar; amarrar (com uma corda).
Halve (hév) *v* dividir (no meio); rachar (algo com alguém); reduzir pela metade.
Ham (hémm) *s* aldeia; presunto; pernil (porco); curva (da perna); GÍR canastrão; radioamador.
Hamburger (hém-bârguer) *s* sanduíche (carne moída assada e temperada).
Hamlet (hém-lét) *s* aldeola; aldeia; lugarejo.
Hammer (hé-mâr) *s* martelo; malho; percursor; cão; gatilho (arma de fogo).
Hammer (hé-mâr) *v* martelar; USA criticar (com severidade).
Hammock (hém-mâk) *s* rede (para dormir).
Hamper (hém-pâr) *s* cesto (grande).
Hamper (hém-pâr) *v* enganar; pôr (em cestos); estorvar; embaraçar.
Hand (hénd) *s* mão; mão (vez de jogar); mão de obra; pata dianteira; operário; execução; marujo; tendência; assinatura.
Hand (hénd) *v* dar; guiar; entregar; transmitir; passar; conduzir; ajudar; cooperar.
Hand (hénd) *adj* feito a mão; usado na mão; acionado a mão.
Handbag (hénd-bég) *s* mala de mão; bolsa; USA pocket-book.
Handball (hénd-ból) *s* ESP jogo praticado com as mãos (com bola).
Handbook (hénd-buk) *s* manual; guia; USA caderneta (uso em corridas de cavalo); ***HANDBOOK-man***: banqueiro de aposta de cavalos; ENGL bookmaker.
Handcuff (hénd-kâff) *s pl* algemas.
Handcuff (hénd-kâff) *v* algemar; dominar; coagir.
Handed (hénd-did) *adj* que tem mãos; de mãos dadas; conduzido pela mão.
Handful (hénd-ful) *s* mão-cheia; porção.
Handgrip (hénd-grip) *s* ato de agarrar (com a mão).
Handicap (hén-dikép) *s* desvantagem imposta a um competidor forte (dando vantagem ao mais fraco).
Handicap (hén-dikép) *v* pôr obstáculos; pôr embaraço.
Handicraft (hén-dikréft) *s* ofício; trabalho manual; mão de obra.
Handiness (hén-dinéss) *s* perícia; habilidade; prontidão; comodidade.

Handiwork (hén-diuârk) *s* trabalho manual; obra feita pela mão humana.
Handkerchief (hén-kârtshif) *s* lenço.
Handle (hénd-l) *s* punho; cabo (de navalha, faca); maçaneta; manivela.
Handle (hénd-l) *v* manejar; apalpar; manipular; manobrar; negociar com.
Handling (hén-dlinn) *s* manobra; execução; toque; manejo; retoque.
Handmade (hénd-mêid) *adj* feito a mão.
Handmaiden (hénd-meiden) *s* criada; arrumadeira.
Handout (hénd-óut) *s* folheto (para publicidade); nota (para a imprensa).
Handsel (hénd-sél) *s* presente comemorativo (casamento, ano novo, Natal).
Handsel (hénd-sél) *v* estrear; presentear.
Handsome (hén-sâmm) *adj* belo; bonito; elegante; simpático; generoso; perfeito; honrado.
Handsomeness (hén-sâmnéss) *s* beleza; elegância; generosidade.
Handwork (hénd-uôrk) *s* trabalho manual.
Handwriting (hénd-raiting) *s* escrita; letra; caligrafia.
Handy (hén-di) *adj* jeitoso; destro; hábil; útil; desembaraçado.
Hang (hénn) *s* ladeira; caimento (de vestido, roupa etc.); propensão.
Hang (hénn) *v* enforcar; pendurar; prender; ameaçar; depender; esperar; hesitar; *past* HUNGED *and pp* HUNG.
Hangar (hân-gâr) *s* hangar; galpão.
Hanger (hén-nâr) *s* verdugo; carrasco; cabide; USA cartaz de propaganda em casa comercial (de papelão).
Hangling (hén-ninn) *s* ato de pendurar; enforcamento; suspensão.
Hangling (hén-ninn) *adj* suspenso.
Hangman (hénn-maen) *s* carrasco (que enforca).
Hank (hénk) *s* novelo de linha; laço; meada; prestígio; poder.
Hanker (hén-kâr) *v* ansiar; almejar.
Hankering (hén-kârinn) *s* desejo veemente; anseio; aspiração.
Hansa (hén-sa) *s* confederação de várias cidades alemãs na Idade Média (de ordem comercial).
Hap (hép) *s* sorte; acidente; acaso.
Hap (hép) *v* acontecer; ocorrer (forma antiga).
Haphazard (hép-zard) *s* acidente; acaso; fortuna; sorte.
Haphazard (hép-zard) *adj* casual; fortuito.
Haphazard (hép-zard) *adv* casualmente.
Hapless (hép-léss) *adj* infeliz; sem sorte.
Haply (hé-pli) *adv* por acaso; talvez; casualmente; acidentalmente.
Hap'orth (hêi-pârth) *s* 1/2 pêni (ABREV de HALFPENNYWORTH).
Happen (hép-n) *v* acontecer; ocorrer; suceder.
Happening (hép-nin) *s* ocorrência; acontecimento; sucesso.
Happily (hé-pili) *adv* felizmente.
Happiness (hé-pinéss) *s* felicidade; prazer; graça; ventura; ocorrência feliz.
Happy (hé-pi) *adj* feliz; alegre; hábil; afortunado; ditoso; venturoso; próspero.
Harangue (hâré-nn) *s* dircurso repetitivo; arenga; alocução; lengalenga.
Harangue (hâré-nn) *v* arengar.
Haranguer (hârén-nâr) *s* falador; arengador; discursador.
Harass (hé-râss) *v* fustigar; cansar; aborrecer; importunar; perseguir.
Harasser (hé-râssâr) *s* molestador.
Harassment (hé-râsment) *s* tormento; aborrecimento; estrago; devastação; ruína.
Harbinger (hár-bindjâr) *s* arauto; presságio; precursor; prenúncio.
Harbor (hâr-bâr) *s* porto; asilo; alojamento; ancoradouro.
Harbor (hâr-bâr) *v* abrigar; alojar; refugiar-se.
Harborage (hâr-bâridj) *s* porto; refúgio; asilo.
Harborer (hâr-bârâr) *s* aquele que possibilta abrigo a alguém.
Harborless (hâr-bârléss) *adj* desamparado; desabrigado.
Harbour (hâr-bâr) *vide* HARBOR.
Harbourage (hâr-bâridj) *vide* HARBORAGE.
Harbourer (hâr-bârâr) *vide* HARBORER.
Harbourless (hâr-bârléss) *vide* HARBORLESS.
Hard (hárd) *adj* sólido; difícil; duro; vigoroso; rude; ofensivo; opressivo.
Hard (hárd) *adv* diligentemente; duramente; firmemente; laboriosamente.
Harden (hârd-n) *v* insensibilizar; endurecer; solidificar; temperar (aço, ferro etc.); enrijecer; robustecer.
Hardened (hârd-nd) *adj* obstinado; endurecido.
Hardening (hârd-ninn) *s* dureza; endurecimento; têmpera; obstinação.
Hardiness (hár-dinéss) *s* coragem; vigor; ânimo; valor.
Hardly (hár-dli) *adv* raramente; de má vontade; duramente.
Hardness (hárd-néss) *s* dureza; firmeza; solidez; severidade; grosseria; desumanidade.
Hardship (hárd-ship) *s* fadiga; opressão; trabalho.
Hardware (hárd-uér) *s* ferramenta; quinquilharia; USA ferragem.
Hardwood (hárd-uud) *s* madeira-de-lei.
Hardy (hár-di) *s* cinzel; talhadeira.
Hardy (hár-di) *adj* forte; robusto; vigoroso; endurecido; intrépido; ousado.
Hare (hér) *s* lebre.
Hare (hér) *v* correr rapidamente.
Harebrained (hér-brêind) *adj* volúvel; inconstante; louco.
Harehearted (hér-hârtd) *adj* medroso; tímido.
Harelip (hér-lip) *s* lábio leporino (fendido como o da lebre).
Harem (hêi-remm) *s* harém (conjunto de odaliscas).
Haricot (hé-rikôu) *s* feijão; ensopado (guisado) de carne de carneiro com feijão.
Hark (hárk) *v* escutar atentamente.
Hark (hárk) *interj* ouve! escuta!
Harlot (hár-lât) *s* meretriz; rameira.
Harlotry (hár-lâtri) *s* prostituição.
Harm (hármm) *s* prejuízo; dano; ofensa.
Harm (hármm) *v* prejudicar; causar dano; ofender.
Harmful (hárm-ful) *adj* nocivo; prejudicial; perigoso.
Harmfulness (hárm-fulnéss) *s* prejuízo; dano; maldade.
Harmless (hárm-léss) *adj* inocente; inofensivo; ileso.
Harmonic (hármó-nik) *adj* harmônico.
Harmonious (hármôu-niâss) *adj* MÚS harmonioso.
Harmoniousness (hármôu-niâsnéss) *s* harmonia.
Harmonize (hár-monáiz) *v* conciliar; harmonizar; pôr-se de acordo.
Harmony (hár-moni) *s* MÚS harmonia; concórdia; concordância.
Harness (hár-néss) *s* arreios; armadura.
Harness (hár-néss) *v* arrear; armar.
Harp (hárp) *s* harpa; ASTR lira (constelação).
Harp (hárp) *v* tocar harpa.
Harpoon (hárpu-nn) *s* arpão; fisga.
Harpoon (hárpu-nn) *v* arpoar.
Harpsichord (hár-piskórd) *s* MÚS clavicórnio; cravo.
Harpy (hár-pi) *s* harpia (ave); chantagista.
Harridan (hé-ridânn) *s* megera; bruxa; mulher velha.
Harrow (hé-rôu) *s* perturbação; grade; incômodo; distúrbio.
Harrow (hé-rôu) *v* gradar; torturar.
Harry (hé-ri) *v* assolar; oprimir; saquear; destruir.
Harsh (hársh) *adj* áspero; rigoroso; forte; austero; intratável.
Harshen (hár-shen) *v* tornar áspero; tornar severo; cruel.
Harshness (hár-shen) *s* aspereza; severidade; dureza; autoridade.
Hart (hárt) *s* veado.
Hartshorn (hárts-hórnn) *s* chifre de veado.

Harvest (hár-vést) *s* colheita; ceifa; sega.
Harvest (hár-vést) *v* ceifar; fazer a colheita.
Harvester (hár-véstâr) *s* ceifeiro; máquina de ceifar.
Hash (hésh) *s* picado.
Hash (hésh) *v* picar; retalhar.
Hasp (hésp) *s* broche; anel de cadeado.
Hasp (hésp) *v* fechar com cadeado.
Hassock (hé-sâk) *s* capacho espesso; genuflexório.
Haste (hêist) *s* prontidão; presteza; precipitação; diligência; urgência.
Haste (hêist) *v* apressar; ***to make HASTE***: apressar-se; ***to HASTE away***: partir às pressas; ***to HASTE in***: entrar precipitadamente.
Hastily (hêis-tli) *adv* às pressas; apressadamente; aceleradamente.
Hasty (hêis-ti) *adj* apressado; vivo; precipitado; impetuoso; violento.
Hat (hét) *s* chapéu.
Hatch (hétsh) *s* ninhada; comporta; manifestação; descobrimento; que sai da casca.
Hatch (hétsh) *v* chocar (ovos); incubar; tramar.
Hatchet (hét-shit) *s* machadinha.
Hatching (hé-tshinn) *s* ato de chocar; riscos; ninhada.
Hatchment (hé-tshment) *s* armas; brasões de um morto.
Hatchway (hé-tshuêi) *s* NÁUT escotilha.
Hate (hêit) *s* ódio; aversão.
Hate (hêit) *v* odiar; abominar; detestar.
Hateful (hêit-ful) *adj* detestável; reprovável; odioso.
Hater (hêi-târ) *s* inimigo; abominador.
Haughtiness (hó-tinéss) *s* altivez; orgulho; arrogância.
Haughty (hó-ti) *adj* orgulhoso; soberbo; insolente; arrogante.
Haul (hól) *s* puxão; arrasto; arranco.
Haul (hól) *v* puxar; rebocar; arrastar.
Haulage (hó-lidj) *s* despesas com transportes; NÁUT ato de levantar uma embarcação.
Hauling (hó-linn) *s* transporte; reboque; puxão.
Haulm (hómm) *s* caule; colmo.
Haunch (hántsh) *s* anca; quadril.
Haunt (hánt) *s* retiro; covil; antro; USA HANGOUT.
Haunt (hánt) *v* assombrar; perseguir; visitar; frequentar.
Haunted (hán-tid) *adj* visitado por espíritos errantes; assombrado.
Hautboy (hôu-bói) *s* MÚS oboé; morango.
Have (hév) *v* ter; tomar (bebida); dever; aceitar; possuir; querer; ter de; ***have you got a driving licence?***: você tem carta de motorista?; *past or pp* HAD.
Haven (hêiv-n) *s* porto; enseada; refúgio; asilo; abrigo.
Haversack (hé-vârsék) *s* mochila; bornal.
Havoc (hé-vâk) *s* destruição; ruína; estrago; devastação.
Havoc (hé-vâk) *v* arruinar; destruir; devastar; destroçar; arruinar.
Haw (hó) *s* cerca; enxadão; cercado.
Haw (hó) *v* gaguejar; rir largamente.
Hawfinch (hó-fintsh) *s* pardal (pássaro).
Hawk (hók) *s* falcão (ave); pigarro.
Hawk (hók) *v* pigarrear (limpar a garganta); caçar com falcão; mascatear.
Hawkweed (hó-kuíd) *s* chicória.
Hawser (hó-zâr) *s* NÁUT espia; cabo; amarra.
Hay (hêi) *s* feno; forragem.
Hay (hêi) *v* fazer feno; armar laços.
Hayseed (hêi-sid) *s* USA caipira; matuto.
Hazard (hé-zârd) *s* azar; risco; perigo; acaso; jogo (de azar).
Hazard (hé-zârd) *v* arriscar; aventurar-se; correr o risco.
Hazardable (hé-zârdâbl) *adj* arriscado; temerário.
Hazardous (hé-zârdâss) *adj* arriscado; perigoso; incerto.
Hazardousness (hé-zârdâsnéss) *s* risco; acidente.
Haze (hêi-z) *s* nevoeiro; mormaço; neblina; obscuridade; perturbação mental.
Haze (hêi-z) *v* atemorizar; espantar; nublar; USA trote estudantil (ENGL ***BULLY***).
Hazel (hêiz-l) *s* aveleira.
Hazel (hêiz-l) *adj* castanho (cor).
Haziness (hêi-zinéss) *s* cerração; escuridão; nebulosidade.
Hazy (hêi-zi) *adj* confuso.
He (hi) *s* homem; símbolo químico do hélio.
He (hi) *adj* animal macho; **HE-goat**: um bode.
He (hi) *pron* ele.
Head (héd) *s* cabeça; chefe; intelecto; guia; cabeçalho; nascente (rio); cara (de moeda).
Head (héd) *v* guiar; governar; chefiar; encabeçar; comandar.
Head (héd) *adj* principal.
Headache (hé-dêik) *s* dor de cabeça; enxaqueca.
Headdress (hé-dress) *s* penteado; toucado.
Header (hé-dâr) *s* cabeça; chefe.
Headiness (hé-dinéss) *s* teimosia; obstinação; precipitação.
Headline (héd-lain) *s* título de jornal; manchete; cabeçalho.
Headlong (héd-long) *adj* rápido; precipitado; temerário; repentino.
Headlong (héd-long) *adv* precipitadamente; impetuosamente.
Headmaster (héd-máster) *s* diretor de escola; reitor.
Headphone (héd-fônn) *s* fone de orelha (aparelho de som).
Headquarters (héd-quárters) *s* comando; quartel-general.
Headship (héd-tship) *s* autoridade; chefe.
Headsman (héds-mân) *s* carrasco.
Headstone (héd-stoun) *s* pedra fundamental; pedra angular; pedra tumular.
Headstrong (héd-stron) *s* teimoso; cabeçudo; indomável.
Headwork (héd-wêrk) *s* trabalho mental; título.
Heady (hé-di) *adj* violento; forte; temerário; embriagante.
Heal (hil) *v* curar; sarar; cicatrizar; conciliar; remediar.
Healable (hi-lâbl) *adj* curável; sanável.
Healer (hi-lâr) *s* médico.
Healing (hi-linn) *s* cura; ato de curar; restabelecimento.
Healing (hi-linn) *adj* curativo; medicinal; apaziguador.
Health (hélth) *s* saúde; sanidade; pureza; sinceridade; brinde; salvação.
Healthful (hélth-ful) *adj* salubre.
Healthfulness (hélth-fulnéss) *s* salubridade; sanidade.
Healthiness (hélt-thinéss) *s* sanidade.
Healthy (hél-thi) *adj* são; sadio; saudável.
Heap (hip) *s* monte; pilha; acúmulo; aglomeração (de pessoas).
Heap (hip) *v* amontoar; aglomerar; cumular; empilhar.
Hear (hip) *v* ouvir; ouvir falar; escutar; dar ouvidos; examinar; *past and pp* HEARD.
Hearer (hi-râr) *s* ouvinte; investigador; auditor.
Hearing (hi-rinn) *s* audição; audiência; averiguação; JUR exame e inquirição de testemunhas.
Hearken (hâr-ken) *v* escutar atentamente.
Hearsay (hir-sêi) *s* boato; rumor; voz.
Hearse (hârss) *s* carro fúnebre; ataúde; féretro.
Heart (hárt) *s* coração; peito; interior (íntimo de qualquer coisa); centro; amor; coragem; ânimo; sensibilidade; alma.
Hearten (hártân) *v* animar; estimular.
Heartfelt (hârt-félt) *adj* sincero; cordial.
Hearthstone (hárth-stôunn) *s* lareira (pedra).
Heartily (hár-tili) *adv* sinceramente; cordialmente.
Heartiness (hár-tinéss) *s* sinceridade; cordialidade.
Heartless (hárt-léss) *adj* cruel; desumano; insensível; covarde.
Hearty (hár-ti) *adj* cordial; franco; sincero; robusto.
Heat (hit) *s* calor; aquecimento; ardor; cólera.
Heat (hit) *v* aquecer; esquentar; animar-se; agitar; fermentar.
Heater (hi-târ) *s* aquecedor; estufa.
Heath (hi-th) *s* mata; terreno baldio.
Heathen (hi-thnn) *s* pagão; gentio; idólatra.
Heathen (hi-thnn) *adj* gentílico; rude; cruel.

Heathendom (hi-dhndâmm) *s* paganismo; gentilismo.
Heating (hi-tinn) *s* aquecimento.
Heave (hiv) *s* elevação; náusea; esforço (para vomitar, para levantar-se etc.).
Heave (hiv) *v* levantar; içar; suspender; palpitar; lançar; vomitar; expectorar; *past and pp* HOVE.
Heaven (hévn) *s* céu; firmamento; RELIG o Céu.
Heavenliness (hévn-linéss) *s* excelência suprema.
Heavenly (hévn-li) *adj* celestial; divino.
Heavenly (hévn-li) *adv* divinamente.
Heaver (hi-vâr) *s* carregador; pé de cabra; alavanca.
Heaviness (hé-vinéss) *s* peso; opressão; mágoa; tristeza.
Heavy (hé-vi) *adj* pesado; oneroso; carregado; denso; maciço; triste; árduo.
Heavyweight (hé-vi-uêit) *s* ESP peso-pesado (boxe).
Hebraic (hibrêi-k) *adj* hebráico.
Hebraical (hibrêi-kâl) *vide* HEBRAIC.
Hebrew (hi-bru) *s* hebreu; judeu.
Hebrew *adj* hebreu; hebráico.
Hecatomb (hé kâtumm ou hékâtomm) *s* hecatombe (morte de cem bois); mortandade; carnificina humana.
Heckle (hékl) *v* interpelar; apartear; importunar.
Heckler (hé-klâr) *s* importunador; cardador.
Hectare (hék-tér) *s* hectare (medida = 10.000m quadrados).
Hectogram (hék-togrémm) *s* hectograma (peso = 100 gramas).
Hectoliter (hék-tolitâr) *s* hectolitro (medida = 100 litros).
Hectolitre (hék-tolitâr) *vide* HECTOLITER.
Hectometer (hék-tomitâr) *s* hectômetro (medida = 100 metros lineares).
Hectometre (hék-tomitâr) *vide* HECTOMETER.
Hector (héc-târ) *s* valentão; fanfarrão.
Hector (héc-târ) *v* afrontar; enfadar; fanfarronar; atormentar; perseguir.
Hedge (hédj) *s* cerca viva; proteger; tapume; obstáculo.
Hedgeborn (hédj-bórnn) *adj* de descendência humilde.
Hedgerow (hédj-rôu) *s* planta que forma cerca, muro.
Hedonism (hi-dânizm) *s* hedonismo (sistema que estabelece o prazer como essencial).
Hedonist (hi-dânist) *s* hedonista (partidário do hedonismo).
Heed (hid) *s* cautela; cuidado; consideração; atenção.
Heed *v* prestar atenção a; considerar; atender.
Heedful (hid-ful) *adj* cuidadoso; precavido; atento; cauteloso.
Heedless (hid-léss) *adj* distraído; descuidado; imprudente; insensato; negligente.
Heehaw (hi-hó) *s* zurro; gargalhada.
Heehaw *v* zurrar.
Heel (hil) *s* calcanhar; tacão; salto; NÁUT inclinação do navio.
Heel *v* colocar salto ou tacão em; NÁUT inclinar.
Heeler (hi-lâr) *s* USA protegido (de chefe político).
Hefty (héfti) *adj* USA substancioso; pesado; violento; ENGL STURDY.
Hegemony (hidjé-moní) *s* superioridade; hegemonia; supremacia.
Hegira (hé-djirâ) *s* hégira (fuga de Maomé da cidade de Meca para Medina, em 622 a.D.).
Heifer (hé-fâr) *s* novilha; vitela.
Height (háit) *s* altura; excelência; altitude; elevação; eminência.
Heighten (háit-n) *v* elevar; erguer; levantar; realçar; alçar.
Heinous (hêi-nâss) *adj* atroz; odioso; horrível.
Heinousness (hêi-nâsnéss) *s* infâmia; horror; atrocidade.
Heir (ér) *s* herdeiro; sucessor.
Heirdom (ér-dâmm) *s* herança.
Heiress (é-réss) *s* herdeira.
Heirship (ér-ship) *s* qualidade de herdeiro; direito de herdar.
Helicopter (hélikóp-târ) *s* helicóptero.
Heliocentric (hiliossén-trik) *adj* heliocêntrico (o Sol como centro).
Heliocentrical (hilossén-trikâl) *vide* HELIOCENTRIC.
Heliotrope (hi-liotrôup) *s* heliotrópio (flor que se volta ao Sol).
Helium (hi-liâmm) *s* QUÍM hélio (símbolo: He).
Helix (hi-liks) *s* hélice; ARQT voluta.
Hell (hél) *s* inferno.
Hellenic (hélé-nik) *s* grego.
Hellenic (hélé-nik) *adj* grego; helênico.
Hellenize (hé-lináiz) *v* helenizar.
Hellish (hé-lish) *adj* infernal.
Hellishness (hé-lishnéss) *s* caráter diabólico.
Hello (hâllow) *interj* alô!
Helm (hélmm) *s* leme; governo; timão; direção.
Helm *v* dirigir; governar; conduzir; guiar.
Helmet (hél-mit) *s* elmo; capacete.
Help (hélp) *s* ajuda; socorro; auxílio; remédio; recurso; ajudante.
Help *v* ajudar; auxiliar; socorrer; remediar; evitar.
Helper (hél-pâr) *s* auxiliar; ajudante.
Helpful (hélp-ful) *adj* proveitoso; útil; prestativo.
Helpfulness (hélp-fulnéss) *s* auxílio; préstimo; ajuda.
Helpless (hélp-léss) *adj* desamparado; impotente; irremediável; desvalido.
Helplessness (hélp-lésnéss) *s* abandono; desamparo; debilidade.
Helpmate (hélp-mêit) *s* ajudante; companheiro (cônjuge).
Helve (hélv) *s* cabo (para diversos instrumentos).
Helvetian (hélvi-shiânn) *s* suíço.
Helvetian (hélvi-shiânn) *adj* helvécio; suíço.
Helvetic (hélvé-tik) *adj* helvécio.
Hem (hémm) *s* bainha; debrum; orla; pigarro.
Hem (hémm) *v* debruar; embainhar; tossir fingidamente; pigarrear.
Hemisphere (hé-misfir) *s* hemisfério (metade de esfera).
Hemispheric (hémisfé-rik) *adj* hemisférico.
Hemispherical (hémisfé-rikâl) *vide* HEMISPHERIC.
Hemlock (hémm-lók) *s* cicuta, (planta venenosa).
Hemorrhoid (hé-mâróids) *s* MED hemorroidas (varizes nas veias do reto).
Hemp (hémp) *s* cânhamo (árvore).
Hempen (hém-pem) *adj* cânhamo (feito de).
Hempseed (hámp-sid) *s* cânhamo (semente).
Hen (hénn) *s* galinha; fêmea (de aves).
Hence (hénss) *adv* daqui; daí; desde que.
Hence (hénss) *conj* portanto; por essa razão; em consequência; logo.
Henceforth (héns-fôurth) *adv* daqui em diante; para o futuro; de hoje em diante.
Henceforward (héns-fór-uârd) *vide* HENCEFORTH.
Henchman (hén-tshmaen) *s* subordinado; partidário; valete; criado; pajem.
Hennery (hén-nâri) *s* galinheiro.
Heptagon (hép-tâgónn) *s* heptágono (polígono com sete lados e sete ângulos).
Her (hâr) *pron* seu; seus; sua; suas; dela; lhe; a ela.
Herald (hé-râld) *s* o que anuncia; arauto; mensageiro.
Herald (hé-râld) *v* anunciar; proclamar; apresentar; introduzir.
Heraldry (hé-râldri) *s* heráldica (ciência dos brasões); genealogia.
Herb (hârb ou ârb) *s* erva; planta; legume.
Herbaceous (hârbêi-shâss) *adj* herbáceo (relativo as ervas).
Herbage (hâr-bidj) *s* pastagem; pasto.
Herculean (hârkiu-liânn) *adj* hercúleo; gigantesco.
Herd (hârd) *s* bando; multidão; grei; rebanho; manada.
Herd (hârd) *v* andar em bandos; reunir em rebanhos; andar em mandadas.
Herdsman (hârds-maen) *s* pastor; guardador (de gado).
Here (hir) *adv* aqui; neste lugar; cá.
Hereafter (hir-áftâr) *adv* doravante; para o futuro.
Hereby (hir-bái) *adv* pela presente; por este meio; não longe daqui.

Hereditability (hiréditâbi-liti) *s* hereditariedade.
Hereditable (hiré-ditâbl) *adj* herdável.
Hereditament (hé-ridi-tâmént) *s* herança; patrimônio herdado.
Hereditary (hiré-ditâri) *adj* hereditário.
Herein (hi-rinn) *adv* aqui dentro; nisto.
Hereof (hir-óf) *adv* disto; a respeito disto; daqui; como resultado disto.
Hereon (hir-ónn) *adv* sobre isto; a respeito disto; para isso.
Heresy (hé-rissi) *s* RELIG heresia.
Heretic (hé-ritik) *s* RELIG herege; ateu.
Heretic (hé-ritik) *adj* herético.
Heretical (hiré-tikâl) *vide* HERETIC.
Hereto (hir-tu) *adv* até agora; a este lugar; a esse fim.
Hereupon (hir-âpónn) *adv* por causa disto.
Herewith (hir-uith) *adv* com isto; junto, incluso.
Heritable (hé-ritâbl) *adj* que pode ser recebido por herança.
Heritage (hé-ritidj) *s* tradição; herança; patrimônio.
Hermetic (hârmé-tik) *adj* hermético, completamente fechado (que não entra ar).
Hermit (hâr-mit) *s* eremita; solitário.
Hermitage (hâr-mitidj) *s* ermida; eremitério.
Hero (hi-rôu) *s* herói.
Heroic (hirói-k) *adj* heroico.
Heroism (hé-roizm) *s* heroísmo.
Heron (hé-rânn) *s* garça (ave).
Hers (hârz) *pron* seu (s); sua (as); dela.
Herself (hârsél-f) *pron* ela mesma; ela própria.
Hesitance (hé-zitânss) *s* hesitação; indecisão; vacilação.
Hesitancy (hé-zitânsi) *vide* HESITANCE.
Hesitation (hézitêi-shânn) *vide* HESITANCE.
Hesitative (hezitêi-tiv) *adj* vacilante; indeciso; irresoluto.
Heterodox (hé-târodóks) *adj* heterodoxo (não ortodoxo); RELIG oposto aos princípios de uma religião.
Heterogeneity (hé-târodjini-iti) *s* heterogeneidade (não homogêneo).
Heterogeneous (hétârodji-niâss) *adj* heterogêneo.
Hew (hiu) *v* cortar; talhar; picar; desbastar; *past* HEWED *and pp* HEWN.
Hewer (hiu-âr) *s* talhador; desbastador; lenhador.
Hexagon (hék-sâgónn) *s* hexágono (seis ângulos e seis lados).
Hey (hêi) *interj* olá! êh! hem!
Hi! (hái) *interj* olá! oi!
Hiatus (háitêi-tâss) *s* hiato; brecha; fenda; interrupção.
Hibernal (háibâr-nâl) *adj* hibernal; invernal.
Hibernate (hái-bârnêit) *v* hibernar.
Hibernation (háibârnêi-shânn) *s* hibernação (sono prolongado).
Hiccough (hi-câp) *s* soluço.
Hiccough (hi-câp) *v* soluçar.
Hide (háid) *s* couro; pele.
Hide (háid) *v* esconder; ocultar; cobrir com couro; tirar o couro. *past* HID *and pp* HIDED, HID or HIDDEN.
Hidebound (háid-báund) *adj* intratável; mesquinho.
Hideous (hi-diâss) *adj* abominável; horrível; feio.
Hideousness (hi-diâsnéss) *s* fealdade; espanto; horror.
Hiding (hái-dinn) *s* encobrimento; esconderijo; surra; sova.
Hie (hái) *v* ativar; apressar-se.
Hierarchic (háiârár-kik) *adj* hierárquico.
Hierarchical (háiârár-kikâl) *vide* HIERARCHIC.
Hierarchy (hái-ârárkí) *s* hierarquia.
Hieratic (háiâré-tik) *adj* hierático.
Hieratical (háiâré-tikâl) *vide* HIERATIC.
Hieroglyph (hái-âróglif) *s* hieróglifo (escrita egípcia).
Hieroglyphic (háiârógli-fik) *vide* HIEROGLYPH.
Higgle (hig-l) *v* regatear; negociar; pechinchar.
Higgler (hi-glâr) *s* regateador; pechinchador.
High (hái) *s* número elevado; trunfo (jogo de cartas); USA altura; AUT a terceira velocidade.
High (hái) *adj* alto; grande; eminente; altivo; orgulhoso; arrogante; consumado; completo; RELIG sumo; JUR supremo.
High (hái) *adv* altamente; de preço excessivo; arrogantemente; luxuosamente.
Highball (hái-bói) *s* USA uísque (com soda e gelo picado).
Highlander (hái-léndâr) *s* terra montanhosa; montanhês da Escócia (norte).
Highness (hái-néss) *s* elevação; altura; grandeza; sublimidade; alteza (com H maiúsculo e antes de Your, His ou Her).
Highway (hái-uéi) *s* estrada (de rodagem); rodovia (alta velocidade).
Hike (háik) *s* caminhada.
Hike (háik) *v* excursionar; fazer longas caminhadas (por prazer).
Hilarious (háilêi-riâss) *adj* alegre; jovial; hilariante.
Hilarity (hilé-riti) *s* hilaridade; jovialidade; alegria.
Hill (hil) *s* colina; encosta; monte.
Hill (hil) *v* amontoar; acumular.
Hillman (hil-maen) *s* montanhês.
Hillock (hi-lâk) *s* colina.
Hilly (hi-li) *adj* acidentado; cheio de colinas; montanhoso.
Hilt (hilt) *s* punho; guarda; copos (de espada); cabo.
Hilted (hil-tid) *adj* que tem cabo (espada).
Him (himm) *pron* o; lhe; ele.
Himself (himsél-f) *pron* ele mesmo; ele próprio; se; a si mesmo.
Hind (háind) *s* camponês; corça.
Hind (háind) *adj* posterior; traseiro.
Hinder (háin-dâr) *v* embaraçar; impedir; obstruir; retardar.
Hinderance (hin-dârânss) *s* impedimento; obstáculo; estorvo; empecilho.
Hindu (hin-du) *s* hindu (da Índia).
Hinge (hindj) *s* dobradiça; ponto principal; NÁUT macho e fêmea do leme.
Hinge (hindj) *v* depender de; curvar.
Hint (hint) *s* insinuação; sugestão; USA advertência.
Hint (hint) *v* sugerir; insinuar; dar a entender; aludir; advertir.
Hip (hip) *s* anca; quadril; cadeiras.
Hip (hip) *v* derrear; desconjuntar; entristecer; produzir melancolia.
Hippishness (hi-pishnéss) *s* melancolia; desânimo.
Hippodrome (hi-podrôumm) *s* hipódromo (para corrida de cavalos).
Hippopotamus (hipopó-tâmâss) *s* hipopótamo.
Hircine (hâr-sinn) *adj* hircino (relativo ao bode); com cheiro de bode.
Hire (háir) *s* aluguel; salário; ordenado.
Hire (háir) *v* alugar; assalariar; subornar; USA contratar (empregado).
Hired (háir-ed) *adj* de aluguel; mercenário; assalariado; alugado.
Hireling (háir-linn) *s* mercenário.
Hireling (háir-linn) *adj* mercenário; venal.
Hirsute (hârsiu-t) *adj* hirsuto; peludo; cabeludo.
His (hiz) *pron* seu; sua; seus; suas; dele.
Hiss (his) *s* assobio; silvo; apupo.
Hiss (his) *v* assobiar; silvar; vaiar.
Hisser (hi-sâr) *s* assobiador; aquele que vaia.
Hist (híst) *interj* silêncio; psiu!
Historian (histôu-riânn) *s* historiador; cronista.
Historic (histó-rik) *adj* histórico.
Historical (histó-rikâl) *vide* HISTORIC.
History (his-tori) *s* história.
Hit (hit) *s* golpe; pancada; acerto.
Hit (hit) *v* ferir; bater; chocar-se; acertar; atingir o alvo; alcançar; colidir.
Hitch (hitsh) *s* nó; laço; parada; obstáculo; dificuldade; problema.
Hitch (hitsh) *v* sacudir; enganchar; atrelar; enroscar-se; agarrar; prender.

Hitchhiker (hitsh-háiker) *s* carona.
Hither (hi-târ) *adj* aquém de; até aqui; para cá; para aqui.
Hither (hi-târ) *adv* aquém de; até aqui; para cá; para aqui.
Hitherto (hi-dhârtu) *adv* até agora; até aqui.
Hitter (hi-târ) *s* o que bate; o que fere.
Hive (háiv) *s* colmeia; enxame.
Hive (háiv) *v* enxamear.
Hives (háivz) *s* MED urticária.
Ho (hôu) *interj* olá, alô!
Hoar (hôur) *adj* branco; alvo; grisalho; bolorento.
Hoar (hôur) *v* envelhecer; mofar.
Hoard (hôurd) *s* provisão; tesouro; esconderijo.
Hoard (hôurd) *v* amontoar; acumular; entesourar.
Hoarse (hôurss) *adj* discordante; rouco.
Hoarseness (hôurs-néss) *s* rouquidão.
Hoary (hôu-ri) *adj* esbranquiçado; branco; encanecido; velho.
Hoax (hôuks) *s* mistificação; logro; burla; engano.
Hoax (hôuks) *v* mistificar; lograr; fraudar; enganar.
Hob (hób) *s* projeção da lareira (lateral).
Hobble (hob-l) *s* obstáculo; coxeadura; dificuldade.
Hobble (hob-l) *v* mancar; embaraçar.
Hobbler (hó-blâr) *s* coxo; manco.
Hobby (hó-bi) *s* passatempo; ocupação predileta; cavalinho de pau.
Hobgoblin (hóbgó-blinn) *s* duende; fantasma; espectro.
Hobnail (hób-nêil) *s* cravo de ferradura; prego grosso; tachão.
Hobnail (hób-nêil) *v* pregar.
Hobnob (hób-nób) *s* convite para beber.
Hobnob (hób-nób) *v* brindar à saúde; beber em companhia de outrem.
Hock (hók) *s* jarrete; vinho (do Reno).
Hock (hók) *v* GÍR penhorar; pôr no prego.
Hockey (hó-ki) *s* ESP hóquei.
Hocus-pocus (hôu-kâs-pôu-kâss) *s* prestidigitador; farsa; tolice.
Hocus-pocus (hôu-kâs-pôu-kâss) *v* mistificar; engodar; aturdir.
Hoe (hôu) *s* enxada; máquina para cavar.
Hoe (hôu) *v* cavar; capinar.
Hog (hóg) *s* porco; capado.
Hoggish (hó-ghish) *adj* porco; vil; imundo; sujo.
Hogshead (hógs-héd) *s* casco; barril.
Hoist (hóist) *s* guindaste; guincho; elevador.
Hoist (hóist) *v* levantar; guindar; içar; alçar.
Hold (hôuld) *s* apresamento; posse; controle; prisão; NÁUT porão.
Hold (hôuld) *v* segurar; durar; conter; ocupar; celebrar; comportar; defender; julgar; manter; aguentar; *past and pp* HELD.
Holdall (hôul-dól) *s* mochila; saco de viagem.
Holder (hôul-dâr) *s* detentor; asa; possuidor; arrendatário; proteção; cabo; punho.
Holding (hôul-dinn) *s* influência; arrendamento; posse; coro; estribilho.
Hole (hôul) *s* buraco; cavidade; cova; antro; caverna.
Hole (hôul) *v* cavar; esburacar; meter-se (num buraco).
Holiday (hó-lidêi) *s* dia santo; feriado; dia de festa.
Holland (hó-lânn) *s* holanda (tecido).
Hollander (hó-lânde) *adj* holandês.
Hollow (hó-lôu) *s* cavidade; vale; buraco; concavidade; antro; caverna.
Hollow (hó-lôu) *v* perfurar; cavar; escavar; esvaziar.
Hollow (hó-lôu) *adj* oco; surdo; falso; enganador.
Holster (hôuls-târ) *s* coldre; porta-revólver.
Holy (hôu-li) *adj* santo; sagrado; pio; piedoso; *HOLY Water*: Água Benta; *HOLY-Week*: Semana Santa; *HOLY-WRIT*: Sagrada Escritura; *HOLY OF HOLIES*: RELIG santíssimo; santuário.
Homage (hó-midj) *s* homenagem; honraria; deferência.
Home (hôumm) *s* lar; casa; pátria; família; residência.
Home (hôumm) *adj* doméstico; caseiro; nativo; natal.
Homeless (hôum-léss) *s* sem lar; sem asilo; sem casa.
Homesick (hôum-sik) *adj* nostálgico; com saudades da pátria; com saudades do lar.
Homespun (hôum-spânn) *s* pano de fabricação nacional.
Homespun (hôum-spânn) *adj* simples; caseiro; nacional, feito no país.
Homestead (hôum-stéd) *s* solar; herdade; propriedade rural.
Homework (hôum-uôrk) *s* tarefa de casa; trabalho (de casa).
Homicide (hó-missáid) *s* homicídio; assassinato.
Homily (hó-mili) *s* RELIG homília, sermão.
Homogeneity (homodji-ni-iti) *s* homogeneidade.
Homogeneous (homodji-niâss) *adj* homogêneo.
Homonym (hó-monimm) *s* homônimo (mesmo nome); GRAM (mesma pronúncia, grafia e significados diferentes).
Homophonous (homó-fonâss) *adj* GRAM homófono (mesma pronúncia ou som).
Hone (hôunn) *s* pedra de amolar (afiar).
Hone (hôunn) *v* afiar; amolar; lamentar-se; afligir-se.
Honest (ó-nist) *adj* probo; sincero; franco; integro.
Honestly (ó-nistli) *adv* honestamente; honradamente.
Honesty (ó-nisti) *s* honradez; probidade; pureza.
Honey (hâ-ni) *s* mel; doçura; GÍR querido; querida; meu bem.
Honey (hâ-ni) *v* adoçar; falar com carinho; cobrir de mel; tornar doce.
Honeybee (hâ-nibi) *s* abelha.
Honeycomb (hâ-nikôumm) *s* favo de mel.
Honeymoon (hâ-nimunn) *s* lua-de-mel.
Honor (ó-nâr) *s* honra; honestidade; fama; dignidade; ornamento; senhoria.
Honor (ó-nâr) *v* honrar; homenagear; glorificar; COM pagar uma letra no dia do vencimento.
Honorable (ó-norâbl) *adj* honroso; honrado; justo; honorífico.
Honour (ó-nâr) *vide* HONOR.
Honourable (ó-norâbl) *vide* HONORABLE.
Hood (hud) *s* touca; capuz; dobra; prega ornamental; chapéu; capa de chaminé; USA AUT capota de carro (capô).
Hood (hud) *v* encapuzar.
Hoodmanblind (hud-maen-bláind) *s* cabra-cega.
Hoodwink (hud-uink) *v* vendar os olhos; lograr; enganar.
Hoof (huf) *s* casco de cavalo.
Hoof (huf) *v* andar devagar; andar a passo (a pé).
Hook (huk) *s* gancho; anzol; engodo.
Hook (huk) *v* enganchar; dependurar; furtar; pescar.
Hooked (hukt) *adj* curvo; arqueado.
Hooker (hu-kâr) *s* barco pequeno (de pesca).
Hoop (hup) *s* arco; círculo; anel; colar.
Hoop (hup) *v* prender com arcos; guinchar; cercar; rodear.
Hooper (hu-pâr) *s* tanoeiro (ave).
Hooping (hu-pinn) *s* gritaria; algazarra; ação de prender com aros.
Hoot (hut) *s* grito; apupo; vaia; pio.
Hoot (hut) *v* gritar; apupar; vaiar.
Hop (hóp) *s* salto; pulo; baile; BOT lúpulo.
Hop (hóp) *v* andar aos pulos; saltitar.
Hope (hôup) *s* esperança; confiança; expectativa.
Hope (hôup) *v* esperar; ter confiança.
Hopeful (hôup-ful) *adj* esperançoso; esperançado.
Hopeless (hôup-léss) *adj* desesperançado; desamparado.
Hopper (hó-pâr) *s* saltador; caixa de água para sanitário (com válvula); gafanhoto.
Horde (hôur-d) *s* horda; bando; clã.
Horizon (horáiz-n) *s* horizonte.
Horn (hórnn) *s* chifre; corno; antena de inseto; protuberância óssea; MÚS corneta.
Hornet (hór-nit) *s* vespão.
Horny (hór-ni) *adj* córneo; caloso.
Horrible (hó-ribl) *adj* horrível; espantoso; atroz.
Horrid (hó-rid) *adj* horrível.

Horrify (hó-rifái) *v* horrorizar.
Horse (hórss) *s* cavalo; cavalaria; ***HORSE opera***: filme de Far West.
Horseman (hórs-maen) *s* cavaleiro; soldado de cavalaria.
Horsemanship (hórs-maenship) *s* equitação.
Horseshoe (hórsishu) *s* ferradura.
Horticulture (hór-tikâltshur) *s* horticultura.
Hose (hôuz) *s* meias; mangueira; calções.
Hose (hôuz) *v* puxar água (com mangueira).
Hosier (hôu-jâr) *s* vendedor de meias, malhas, calções etc.
Hosiery (hôu-jâri) *s* fábrica de meias ou malhas.
Hospice (hós-piss) *s* hospício.
Hospitable (hós-pitâbl) *adj* hospitaleiro.
Hospital (hós-pitâl) *s* hospital.
Host (hôust) *s* hoste; exército; bando; hóspede; hospedeiro; RELIG Hóstia (o Corpo de Cristo).
Host (hôust) *v* hospedar; receber a bordo; sediar.
Hostage (hós-tidj) *s* penhor; refém; garantia.
Hostel (hós-tel) *s* hospedaria; estalagem; residência (para estudante).
Hostelry (hós-telri) *vide* HOSTEL.
Hostile (hós-til) *adj* hostil; inimigo.
Hostility (hósti-liti) *s* hostilidade; inimizade.
Hostler (ós-lâr) *s* cavalariço; ferroviário (preparador de locomotivas).
Hot (hót) *adj* quente; ardente; fogoso; violento.
Hotel (hou-tel) *s* hotel; hospedaria.
Hotness (hót-néss) *s* calor; furor; ardor; veemência.
Hotspur (hót-spâr) *adj* violento; temerário.
Hound (háund) *s* cão de caça; sabujo; FIG pessoa vil.
Hound (háund) *v* caçar com cães.
Hour (áuâr) *s* hora; tempo; ocasião.
Hourly (áuâr-li) *adj* breve; recente; feito a cada hora.
Hourly (áuâr-li) *adv* a cada hora.
House (háuss) *s* casa; residência; casa comercial; habitação; lar; domicílio; casa de espetáculos; assembleia.
House (háuss) *v* residir; hospedar; alojar; morar.
Household (háus-hôuld) *s* família; lar; governo da casa.
Householder (háus-hôuldâr) *s* dono da casa; chefe de família.
Housewife (háus-uáif) *s* dona da casa; estojo de costura.
Housing (háu-zinn) *s* alojamento; habitação; moradia.
Hovel (hó-vel) *s* choça; barraca; cabana.
Hovel (hó-vel) *v* abrigar-se (choça).
Hover (hó-ver) *v* hesitar; pairar.
How (háu) *adv* como; quão; de que modo; quanto.
Howbeit (háubi-it) *adv* não obstante; seja como for.
However (háu-évâr) *adv* como quer que seja.
However (háu-évâr) *conj* ainda que; todavia; contudo.
Howitzer (háu-itsâr) *s* MIL obus; morteiro.
Howl (hául) *s* uivo; rugido; alarido.
Howl (hául) *v* uivar; latir.
Howler (háu-lâr) *s* uivador; tolice; grande asneira.
Howsoever (háusoé-vâr) *adv* como quer que; de qualquer forma.
Hoy (hói) *s* batelão; tipo de barco ou barcaça.
Hoy (hói) *interj* olá! alto!
Hoyden (hóid-n) *s* moça atrevida; moça arrogante.
Hub (háb) *s* cubo da roda; centro; eixo.
Hubbub (hâ-hâb) *s* algazarra; grito; confusão.
Huckle (hâk-l) *s* corcunda; corcova; saliência.
Huckster (hâ-kstâr) *s* vendedor de miudezas (quinquilharias ou produto agrícola); maroto; velhaco.
Huddle (hâdl) *s* confusão; tumulto; barulho.
Huddle (hâdl) *v* confundir; juntar às pressas; atropelar-se; acotovelar-se.
Hue (hiu-) *s* cor; matiz; tinta; tez.
Huff (hâf) *s* bazófia; acesso de arrogância.
Huff (hâf) *v* insultar; ofender.
Huffiness (hâ-finéss) *s* arrogância.
Huffish (hâ-fish) *adj* arrogante; petulante.
Huffishness (hâ-fishnéss) *s* atrevimento; petulância; arrogância.
Huffy (hâ-fi) *adj* insolente; fanfarrão.
Hug (hâg) *s* abraço apertado.
Hug (hâg) *v* abraçar.
Huge (hiudj) *adj* enorme; colossal; prodigioso; tremendo.
Hugeness (hiudj-néss) *s* vastidão; enormidade; imensidade.
Hulking (hâl-kinn) *adj* desajeitado.
Hull (hâl) *s* casca (de fruta); vagem; NÁUT casco (de barco).
Hull (hâl) *v* descascar; flutuar.
Hullabaloo (hâlâbâlu) *s* algazarra; tumulto; ruído.
Hullo (hâ-lôu) *interj* olá!
Hum (hium) *v* sussurrar; zunir.
Human (hiu-maen) *adj* humano.
Humane (hiumêi-nn) *adj* humano; compassivo; humanitário.
Humaneness (hiumêin-néss) *s* humanidade; bondade; doçura; clemência.
Humanise (hiu-mânaiz) *v* humanizar; tornar humano; suavizar.
Humanism (hiu-mânizm) *s* humanismo.
Humanist (hiu-mânist) *s* humanista.
Humanitarian (hiumânitêi-riânn) *s* filantropo.
Humanitarian (hiumânitêi-riânn) *adj* compassivo; benevolente; bondoso.
Humanitarianism (hiumânitêi-riânizm) *s* humanitarismo; filantropia.
Humanity (hiumé-niti) *s* humanidade; o gênero humano.
Humanize (hiu-mânáiz) *vide* HUMANISE.
Humankind (hiu-mânkáind) *s* o gênero humano; a humanidade.
Humble (hâmbl) *adj* humilde; simples; modesto.
Humble (hâmbl) *v* humilhar; deprimir.
Humbleness (hâmbl-néss) *s* humildade; nascimento humilde.
Humbug (hâm-bâg) *s* engano; embuste.
Humbug (hâm-bâg) *v* lograr; enganar; mistificar.
Humdrum (hâm-drâmm) *s* néscio; tolo; monótono; estúpido.
Humdrum (hâm-drâmm) *adj* néscio; tolo; monótono; estúpido.
Humid (hiu-mid) *adj* úmido.
Humidity (hiumi-diti) *s* umidade; qualidade do que húmido.
Humiliate (hiumi-liêit) *v* humilhar; rebaixar.
Humiliation (hiumiliêi-shânn) *s* humilhação.
Humility (hiumi-liti) *s* humildade; modéstia.
Humming-bird (hâm-minn-bârd) *s* beija-flor; colibri (pássaro).
Hummock (hâm-mâk) *s* montículo; pequena colina.
Humor (hiu-mâr) *s* humor; índole; disposição; capricho.
Humor (hiu-mâr) *v* agradar; brincar; satisfazer; consentir em; comprazer.
Humorist (hiu-mârist) *s* humorista.
Humorous (hiu-mârâss) *adj* engraçado; gracioso; jocoso.
Humorsome (hiu-mârsamm) *adj* petulante; atrevido; caprichoso.
Humour (hiu-mâr) *vide* HUMOR.
Humoursome (hiu-mârsamm) *vide* HUMORSOME.
Hump (hâmp) *s* corcunda; corcova.
Hump (hâmp) *v* curvar; esforçar-se; corcovar; dobrar-se.
Humpback (hâmp-baek) *s* corcunda.
Humpbacked (hâmp-baekt) *adj* corcovado; corcunda.
Humpiness (hâm-pinéss) *s* MED curvatura da coluna vertebral.
Hunch (hânth) *s* corcova; corcunda; cotovelada.
Hunch (hânth) *v* acotovelar; tornar-se corcunda; arquear.
Hunchback (hântsh-baek) *vide* HUMPBACK.
Hundred (hân-dred) *s* cento; centena.
Hundred (hân-dred) *adj* cem.
Hundredfold (hân-dredfôuld) *adj* cêntuplo (cem vezes).
Hunger (hân-gâr) *s* fome.
Hunger (hân-gâr) *v* ter fome; ansiar por; desejar intensamente.

Hungerer (hân-gârâr) *s* faminto.
Hungriness (hân-grinéss) *s* fome.
Hungry (hân-gri) *adj* esfomeado; faminto; estéril.
Hunk (hânk) *s* FAM pedaço grande; naco.
Hunks (hânks) *s* avarento; avaro.
Hunt (hânt) *s* caça; matilha; reunião de caçadores.
Hunt (hânt) *v* caçar; perseguir; buscar.
Hunter (hân-târ) *s* caçador; cão (de caça); cavalo (de caça).
Hunting (hân-tinn) *s* caça.
Hurdle (hârdl) *s* estacada; valado; grade; caniçada.
Hurdle (hârdl) *v* fazer cerca de bambu; fechar (com cancelas); fechar (cercas de vime).
Hurdygurdy (hâr-di-gâr-di) *s* realejo.
Hurl (hârl) *s* arremesso; estrondo; confusão; tumulto.
Hurl (hârl) *v* arremessar; mover-se (com rapidez); atirar.
Hurly-burly (hârli-bârli) *s* tumulto; algazarra; confusão.
Hurrah (hurrá) *interj* viva!
Hurricane (hâ-rikêinn) *s* furacão; tempestade; ciclone.
Hurrier (hâ-riâr) *s* acelerador; inquietador.
Hurry (hâ-ri) *s* pressa; tumulto.
Hurry (hâ-ri) *v* apressar-se; acelerar.
Hurt (hârt) *s* mal; prejuízo; dano.
Hurt (hârt) *v* magoar; ferir; prejudicar; estragar; *past and pp* HURT.
Hurt (hârt) *adj* magoado; ofendido; prejudicado.
Hurtful (hârt-ful) *adj* prejudicial; nocivo.
Hurtfulness (hârt-fulnéss) *s* dano; prejuízo; malefício.
Hurting (hâr-tinn) *s* dor.
Hurtle (hârt-l) *v* esbarrar; chocar-se; arremessar-se (violentamente).
Hurtless (hârt-léss) *adj* indene; ileso; inofensivo.
Husband (hâz-bând) *s* marido; esposo.
Husband (hâz-bând) *v* economizar; poupar; administrar (economicamente).
Husbandry (hâz-bândri) *s* lavoura; agricultura.
Hush (hâsh) *s* silêncio.
Hush (hâsh) *v* sossegar; acalmar.
Hush (hâsh) *interj* silêncio!
Hushaby (hâ-shâbái) *s* palavra que se usa para adormecer criança.
Husk (hâsk) *s* casca; folheto; vagem.
Husk (hâsk) *v* descascar; debulhar.
Huskiness (hâs-kinéss) *s* rouquidão; aspereza sonora.
Husky (hâs-ki) *s* USA homem robusto (corpulento).
Husky (hâs-ki) *adj* rouco; áspero; enérgico.
Hussy (hâ-zi) *s* mulher fútil (leviana).
Hustle (hâstl) *v* empurrar; atropelar; acotovelar-se; USA andar (com pressa).
Hustler (hâs-lâr) *s* pessoa enérgica.
Hut (hât) *s* cabana; choupana; choça; barraca.
Hut (hât) *v* alojar (numa barraca).
Hutch (hâtsh) *s* arca; ratoeira.
Hutch (hâtsh) *v* entesourar.
Hyaline (hái-âlinn) *adj* cristalino; transparente; vítreo.
Hybrid (hái-brid) *adj* híbrido.
Hybridism (hái-bridism) *s* hibridismo; cruzamento.
Hybridity (háibri-diti) *vide* HYBRIDISM.
Hydra (hái-drâ) *s* hidra (constelação); serpente.
Hydrogen (hái-drodjénn) *s* QUÍM hidrogênio (corpo simples, símbolo H).
Hydrology (háidró-lodji) *s* hidrologia.
Hydrometry (háidró-mitri) *s* hidrometria (o mesmo que densimetria).
Hydropathy (hâidró-pâthi) *s* hidropatia.
Hydroplane (hái-droplêinn) *s* hidroplano; hidroavião.
Hydrous (hái-drâss) *adj* aquoso; hidratado.
Hyena (hái-nâ) *s* hiena (mamífero).
Hygiene (hái-djinn) *s* higiene; ciência sanitária.
Hygienic (hái-djienik) *adj* higiênico.
Hygienics (hái-djieniks) *s* higiene.
Hymen (hái-men) *s* hímen; himeneu; casamento.
Hymeneal (háimini-âl) *adj* nupcial.
Hymenean (háimini-ânn) *vide* HYMENEAL.
Hymn (him) *s* hino.
Hymn (him) *v* celebrar (com hinos); cantar hinos.
Hyoid (hái-óid) *adj* ANAT hioide (osso com o formato de U).
Hyperbole (háipâr-boli) *s* hipérbole; exagero.
Hyphen (hái-fenn) *s* traço de união; hífen.
Hypnosis (hipnôu-siss) *s* hipnose.
Hypnotism (hip-notizm) *s* hipnotismo.
Hypnotize (hip-notáiz) *v* hipnotizar.
Hypocrisy (hipó-krissi) *s* hipocrisia.
Hypocrite (hi-pokrit) *s* hipócrita.
Hypothec (háipó-thik) *s* hipoteca.
Hypothecate (háipó-thikêit) *v* hipotecar; dar garantia hipotecária.
Hypothecation (háipóthikêi-shânn) *s* hipoteca; penhor.
Hypothesis (háipó-thississ) *s* hipótese.
Hypothetic (háipóthé-tik) *adj* hipotético; imaginário.
Hypothetical (háipóthé-tikâl) *vide* HYPOTHETIC.
Hysteria (histi-riâ) *s* histerismo; espasmo.
Hysteric (histé-rik) *adj* histérico.
Hysterical (histé-rikól) *vide* HYSTERIC.
Hysterics (histé-riks) *s* ataque de histeria; ataque histérico.

I

I (ái) *s* nona letra do alfabeto Português e do alfabeto Inglês, além de diversos outros alfabetos.
I (ái) numeral latino equivalente a 1 (um).
I (ái) *pron* eu.
Iberian (áibi-riânn) *s* ibero.
Iberian (áibi-riânn) *adj* ibérico; ibero.
Ice (áiss) *s* gelo; sorvete; caramelo; USA GÍR diamante.
Ice (áiss) *v* gelar; cobrir com gelo; cobrir com açúcar cristalizado.
Iceberg (áis-bârg) *s* grande pedra de gelo flutuante (montanha).
Icebox (áis-bóks) *s* geladeira.
Iced (áist) *adj* congelado; com açúcar (cristalizado).
Icicle (ái-sikl) *s* caramelo (de neve); massa de gelo (pendente).
Iciness (áis-néss) *s* temperatura muito baixa; congelação.
Icing (ái-sinn) *s* cobertura de açúcar cristalizado ou suspiro (para ornamentar bolo); cobertura de gelo.
Icon (ái-kónn) *s* ícone; imagem; imagem sagrada; pintura.
Ictus (ik-tâss) *s* MED choque; pulsação (artéria); acento tônico.
Icy (ái-si) *adj* gélido; próprio do gelo; frio; indiferente.
Idea (áidi-â) *s* ideia; pensamento; opinião.
Ideal (áidi-âl) *adj* ideal; mental; perfeito; imaginário.
Idealisation (áudiâlizêi-shânn) *s* idealização.
Idealise (áidi-âláiz) *v* idealizar, tornar alguma coisa ideal, fato concreto.
Idealism (áidi-âlizm) *adj* idealismo; tendência para o devaneio.
Idealization (áudiâlizêi-shânn) *vide* IDEALISATION.
Idealize (áidi-âláiz) *vide* IDEALISE.
Identical (áidén-tikâl) *adj* idêntico; igual; análogo.
Identification (áidéntifikêi-shânn) *s* identificação; reconhecimento.
Identifier (áidén-tifáiâr) *s* identificador.
Identify (áidén-tifái) *v* distinguir; identificar.
Identity (áidén-tifái) *s* identidade.
Ides (áidz) *s* idos (dias, no calendário romano).
Idiocy (i-diossi) *s* idiotismo; estupidez; imbecilidade.
Idiom (i-diâmm) *s* idioma; língua; linguagem.
Idiomatic (idiomé-tik) *adj* idiomático.
Idiomatical (idiomé-tikâl) *vide* IDIOMATIC.
Idiot (i-diât) *adj* idiota; imbecil; estúpido.
Idiotical (idió-tikâl) *vide* IDIOT.
Idiotism (i-diâtizm) *s* idiotismo.
Idle (áidl) *adj* desocupado; ocioso; frívolo.
Idle (áidl) *v* vadiar; estar ocioso; estar desocupado.
Idleness (ái-dlnéss) *s* indolência; ociosidade.
Idler (ái-dlâr) *s* ocioso; desocupado.
Idol (ái-dâl) *s* ídolo.
Idolater (áidó-lâtâr) *s* idólatra.
Idolatry (áidó-lâtri) *s* idolatria.
Idolism (ái-dolizm) *s* idolatria; amor excessivo.
Idolize (ái-doláiz) *v* idolatrar; amar com excesso; venerar.
Idolizer (ái-doláizâr) *s* idólatra.
Idyll (ái-dil) *s* idílio.
Idyllic (ái-dil) *adj* idílico.
If (if) *conj* se, ainda que; suposto que; quando mesmo; embora.
Igneous (i-gniâss) *adj* ígneo, incandescente.
Ignite (ignái-t) *v* acender o fogo; inflamar.
Ignition (igni-shânn) *s* ignição; inflamação.
Ignobility (ignôubi-liti) *s* baixeza; ignobilidade.
Ignoble (ignôubl) *adj* ignóbil; sem caráter; vil.
Ignominious (ignomi-niâss) *adj* ignominioso; vil; infame.
Ignominy (ig-nomini) *s* ignomínia; infâmia; desonra.
Ignorance (ig-norânss) *s* ignorância, falta de conhecimento.
Ignorant (ig-norânt) *adj* ignorante.
Ignore (ignôu-r) *v* ignorar; rejeitar; desprezar.
Ill (il) *s* mal; malícia; maldade.
Ill (il) *adj* doente; mau; ruim; maléfico.
Ill (il) *adv* mal; maldosamente; dificilmente.
Illation (ilêi-shâmm) *s* ilação; dedução.
Illegal (ili-gâl) *adj* ilegal; ilícito.
Illegality (ili-ghêliti) *s* ilegalidade.
Illegible (ilé-djbl) *adj* ilegível.
Illegitimacy (ilidji-timâssi) *s* ilegitimidade.
Illegitimate (ilidji-timit) *adj* ilegítimo; bastardo.
Illicit (ili-sit) *vide* ILLEGAL.
Illicitness (ili-sitnéss) *vide* ILLEGALITY.
Illimitable (ili-mitâbl) *adj* ilimitado; infinito.
Illiteracy (ili-târâssi) *s* ignorância; analfabetismo; incultura.
Illiterate (ili-târit) *adj* ignorante; inculto; analfabeto.
Illness (il-néss) *s* doença; moléstia.
Illogical (iló-djikâl) *adj* ilógico.
Illume (iliu-mm) *v* iluminar; ilustrar; esclarecer; inspirar.
Illuminate (iliu-minêit) *vide* ILLUME.
Illumination (iliuminêi-shânn) *s* iluminação; esplendor; brilho; instrução.
Illuminator (iliu-minêitâr) *s* iluminador; refletor (lâmpada, lente).
Illumine (iliu-minn) *vide* ILLUME.
Illusion (iliu-jânn) *s* ilusão; quimera; engano; decepção.
Illusionism (iliu-jânizm) *s* ilusionismo.
Illusionist (iliu-jânist) *s* ilusionista; prestidigitador.
Illusive (iliu-siv) *adj* falso; enganoso; ilusório.
Illustrate (i-lâstrêit) *v* ilustrar; explicar; explanar; demonstrar; elucidar.
Illustration (ilâstrêi-shânn) *s* ilustração; explicação; celebridade; gravura.
Illustrator (i-lâstrêitâr) *s* ilustrador; explicador.
Illustrious (ilâs-triâss) *adj* nobre; ilustre; famoso; célebre; distinto.
Image (i-midj) *s* imagem; ideia; retrato; estátua; ídolo.
Image (i-midj) *v* imaginar.
Imagery (i-midjiri) *s pl* fantasias; imagens; estátuas; pinturas; figuras (de retórica).
Imaginable (imé-djnâbl) *adj* imaginável.
Imaginary (imé-djinâri) *adj* ideal; imaginário; quimérico.
Imagination (imédjinêui-shânn) *s* ideia; concepção; imaginação; fantasia.
Imaginative (imé-djinâtiv) *adj* imaginativo.
Imagine (imé-djinn) *v* imaginar; imaginar-se; conceber; inventar.
Imaginer (imé-djinâr) *s* inventor; imaginador; idealizador.
Imbecile (imbi-siliti) *s* imbecil; doente (mental); idiota.

Imbecile (imbi-siliti) *adj* anormal; imbecil; idiota.
Imbecility (imbi-siliti) *s* imbecilidade.
Imbibe (imbái-b) *v* embeber; chupar; absorver; ensopar.
Imbue (imbiu-) *v* imbuir; embeber; impregnar; tingir.
Imitable (imi-tâbl) *adj* imitável.
Imitate (i-mitêit) *v* imitar; copiar; falsificar.
Imitation (imitêi-shânn) *s* cópia; imitação; falsificação.
Imitator (i-mitêitâr) *s* imitador.
Immaculate (imé-kiulit) *adj* puro; imaculado.
Immanent (ímenent) *adj* inerente; imanente.
Immaterial (imâti-riâl) *adj* imaterial; impalpável; incorpóreo.
Immature (imâtiu-r) *adj* precoce; imperfeito; imaturo; prematuro.
Immatureness (imâtiur-néss) *s* imaturidade; precocidade.
Immediate (imi-diêit) *adj* imediato; próximo; instantâneo; urgente.
Immediately (imi-diêtli) *adv* em seguida; imediatamente; diretamente.
Immemorial (imí-moriâl) *adj* imemorial.
Immense (imén-ss) *adj* imenso; ilimitado; enorme.
Immensity (imén-siti) *s* imensidade; infinidade.
Immerge (imâr-ge) *v* imergir; submergir; mergulhar.
Immerse (imâr-ss) *vide* IMMERGE.
Immersion (imâr-shânn) *s* imersão; submersão.
Immigrant (i-migrânt) *s* imigrante.
Immigrate (i-migrêit) *v* imigrar.
Immigration (imigrêi-shânn) *s* imigração.
Imminence (i-minénss) *s* iminência.
Imminent (i-minuént) *adj* iminente.
Immobile (imôu-bil) *adj* imóvel; fixo.
Immobility (imobi-liti) *s* imobilidade.
Immoderate (imó-dârit) *adj* imoderado; excessivo; exagerado.
Immoderation (imódârêi-shânn) *s* imoderação; superabundância; excesso.
Immodest (imó-dést) *adj* imodesto; desonesto; insolente.
Immodesty (imó-desti) *s* imodéstia; indecência; desonestidade.
Immolate (i-molêit) *v* imolar; sacrificar.
Immolation (imolêi-shânn) *s* imolação; sacrifício.
Immoral (imó-râl) *adj* imoral; depravado; desonesto.
Immorality (imoré-liti) *s* imoralidade; depravação; desonestidade.
Immortal (imór-tâl) *s* imortal.
Immortal (imór-tâl) *adj* imortal; perene.
Immortalise (imór-tâláiz) *v* imortalizar.
Immortality (imórté-liti) *s* imortalidade.
Immortalize (imór-tâláiz) *vide* IMMORTALISE.
Immovable (imu-vâbl) *s* JUR bens imóveis.
Immovable (imu-vâbl) *adj* imóvel; imperturbável; impassível.
Immune (imiu-nn) *adj* imune; livre; isento.
Immunity (imiu-niti) *s* imunidade; dispensa; isenção.
Immure (i-miur) *v* emparedar; murar; encarcerar.
Immurement (i-miurêmênt) *s* encarceramento; prisão.
Immutability (imiutâbi-liti) *s* imutabilidade; firmeza; inalterabilidade.
Immutable (imiu-tâbl) *adj* imutável; invariável; inalterável.
Imp (imp) *s* duende; enxerto; estaca (para andaime); prole.
Imp (imp) *v* assistir; ajudar; auxiliar; aumentar; enxertar.
Impact (impék-t) *s* impacto; choque; colisão.
Impact (impék-t) *v* embutir; ir de encontro; comprimir.
Impair (impé-r) *v* deteriorar; piorar; debilitar; diminuir; prejudicar.
Impairment (impér-ment) *s* dano enfraquecimento; comprometimento; prejuízo.
Impalement (impêil-ment) *s* separação; cerca.
Impart (impár-t) *v* dar; conceder; conferir; comunicar; divulgar.
Impartial (impár-shâl) *adj* imparcial.
Impartiality (impárshâ-liti) *s* imparcialidade.
Impassable (impé-sâbl) *adj* impraticável; insuperável; intransitável.
Impassioned (impé-shând) *adj* veemente; apaixonado; ardente; excitado.
Impassive (impé-siv) *adj* impassível; insensível; apático.
Impassiveness (impé-sivnéss) *s* impassibilidade; insensibilidade.
Impatience (impêi-shânss) *s* impaciência.
Impatient (impêi-shânt) *adj* impaciente.
Impeach (impi-tsh) *v* impugnar; acusar; atacar; denunciar; contestar.
Impeachment (impi-tshment) *s* impugnação; acusação; impedimento; obstáculo.
Impeccability (impekâ-biliti) *s* impecabilidade.
Impeccable (impé-kâbl) *adj* impecável.
Impede (impi-d) *v* impedir; estorvar; entravar.
Impediment (impé-diment) *s* impedimento; estorvo; embaraço.
Impel (impé-l) *v* impelir; empurrar; instigar.
Impend (impén-d) *v* estar iminente; ameaçar; pender; impender.
Impenetrable (impé-nitrâbl) *adj* impenetrável.
Impenitence (impé-nitânss) *s* impenitência.
Imperative (impé-râtiv) *s* GRAM imperativo (o modo verbal).
Imperative (impé-râtiv) *adj* imperativo; decisivo; imperioso.
Imperceptible (impârsép-tibl) *adj* imperceptível.
Imperfect (impâr-fékt) *s* GRAM imperfeito (o verbo).
Imperfect (impâr-fékt) *adj* imperfeito; defeituoso; incorreto.
Imperfection (impârfék-shânn) *s* imperfeição; incorreção.
Imperial (impi-riâl) *adj* imperial; supremo.
Imperialism (impi-riâlizm) *s* imperialismo.
Imperialist (impi-riâlist) *adj* imperialista.
Imperil (impé-ril) *v* arriscar; pôr em perigo.
Imperious (impi-riâss) *adj* urgente; imperioso; déspota; arrogante.
Imperishable (impé-rishâbl) *adj* imperecível; imortal; imorredouro.
Impermeable (impâr-miâbl) *adj* impermeável.
Impersonal (impâr-sânâl) *adj* impessoal.
Impersonate (impâr-sânêit) *v* imitar; personificar; representar; fingir.
Impersonation (impârsânêi-shânn) *s* personificação; imitação; TEATR representação.
Impertinence (impâr-tinânss) *s* impertinência; inoportunidade.
Impertinent (impâr-tinént) *adj* impertinente; insolente; atrevido.
Imperturbable (impârtâr-bâbl) *adj* imperturbável; sereno.
Impervious (impâr-viâss) *adj* impenetrável; inacessível; impermeável.
Impetuous (impé-tiuâss) *adj* impetuoso; violento.
Impetuousness (impé-tinuâsnéss) *s* impetuosidade; fúria; violência.
Impetus (im-pitâss) *s* ímpeto; impulso.
Impiety (impái-iti) *s* impiedade; irreverência.
Impinge (impin-dj) *v* colidir; violar; infringir; esbarrar.
Impious (im-piâss) *adj* herege; ímpio; profano; descrente.
Impish (im-pish) *adj* travesso; ladino; endiabrado; traquinas.
Impishness (im-pishnéss) *s* diabrura; travessura.
Implacable (implêi-kâbl) *adj* inexorável; implacável.
Implant (implén-t) *v* implantar; fixar; introduzir.
Implantation (impléntêi-shânn) *s* implantação.
Implement (im-plimént) *s* instrumento; ferramenta; acessório.
Implicate (im-plikêit) *v* implicar.
Implicate (im-plikêit) *adj* enredado; complicado.
Implication (implikêi-shânn) *s* implicação; enredo; complicação.
Implicit (impli-sit) *adj* tácito; implícito; complicado.
Implore (implôu-r) *v* implorar; rogar.

Implorer (implôu-râr) *s* implorante; suplicante.
Imply (implá-i) *v* implicar; significar; fazer supor; incluir.
Impolite (impolái-t) *adj* incivil; rude.
Impoliteness (impolát-néss) *s* incivilidade; grosseria; descortesia.
Import (im-pûrt) *s* tendência; importância; significação; COM importação.
Import (im-pûrt) *v* significar; envolver; COM importar.
Importable (impôur-tâbl) *adj* importável.
Importance (impôur-tânss) *s* importância; consequência; consideração.
Important (impôur-tânt) *adj* importante.
Importation (impôurtêi-shânn) *s* importação.
Importunate (impór-tiunêit) *adj* inoportuno; importuno.
Importune (impór-tiunn) *v* importunar; enfadar; molestar.
Impose (impôuz) *v* impor; intimar; impingir.
Imposer (impôu-zâr) *s* impostor; o que impõe; enganador.
Imposing (impôu-zinn) *adj* grandioso; majestoso; imponente.
Imposition (impozi-shânn) *s* imposição; tributo; imposto; engano.
Impossibility (impâssibi-liti) *s* impossibilidade.
Impossible (impó-sibl) *adj* impossível; irrealizável; impraticável.
Impound (impáun-d) *v* encurralar; aprisionar; apossar-se de.
Impoverish (impó-vârish) *v* minguar; empobrecer; acabar com os recursos.
Impoverishment (impó-vârishment) *s* empobrecimento.
Impracticable (imprék-tikâbl) *adj* impraticável; impossível.
Impractical (imprék-tikâl) *adj* irrealizável; impraticável.
Imprecate (im-prikêit) *v* imprecar; amaldiçoar; maldizer.
Imprecation (imprikêi-shânn) *s* imprecação; maldição.
Impregn (impri-nn) *v* fecundar.
Impregnable (imprég-nábl) *adj* impregnável; fecundável.
Impregnate (impré-gnêit) *v* fecundar; emprenhar; impregnar.
Impregnation (imprégnêi-shânn) *s* impregnação; fecundação.
Impress (impré-ss) *s* timbre; sinal; impressão; cunho; marca; semelhança.
Impress (impré-ss) *v* estampar; gravar; impressionar; marcar.
Impressible (impré-sibl) *adj* impressionável.
Impression (impré-shânn) *s* sinal; impressão; ideia; TIP impressão; edição.
Impressionable (impré-shânâbl) *adj* impressionável.
Impressment (imprés-ment) *s* requisição; recrutamento (forçado).
Imprint (im-print) *s* impressão; marca; nome do editor (em publicação).
Imprint (im-print) *v* imprimir; marcar.
Imprison (impriz-n) *v* aprisionar; encarcerar.
Imprisonment (imprizn-ment) *s* encarceramento; prisão.
Improbable (impró-bâbl) *adj* improvável; inverossímil.
Improbity (impró-biti) *s* improbidade.
Improper (impró-biti) *adj* impróprio; indecente; inconveniente.
Impropriate (imprôu-priêit) *v* apropriar-se; apossar-se; tomar bens de outrem.
Impropriation (imprôupriêi-shânn) *s* apropriação dos bens eclesiásticos.
Improve (impru-v) *v* melhorar; cultivar; aperfeiçoar; progredir.
Improvement (impruv-ment) *s* melhoramento; melhora; progresso.
Improver (impru-vâr) *s* melhorador; aperfeiçoador.
Improvisation (improvizêi-shânn) *s* improvisação; improviso.
Improvise (im-prováiz) *v* improvisar.
Improviser (im-prováizâr) *s* improvisador.
Imprudence (impru-dénss) *s* imprudência.
Imprudent (impru-dént) *adj* imprudente.
Impugn (impiu-nn) *v* impugnar; contestar; atacar.
Impugner (impiu-nâr) *s* impugnador, aquele que contesta.
Impulse (im-pâlss) *s* impulso; incentivo.
Impulsion (impâl-shânn) *s* impulso; ímpeto.
Impunity (impiu-niti) *s* impunidade.
Impure (ímpiu-r) *adj* impuro; sórdido; contaminado.
Impureness (impiur-néss) *s* impureza.
Impurity (impiu-riti) *s* impureza.
Imputable (impiu-tâbl) *adj* atribuível; imputável.
Imputation (impiutêi-shânn) *s* imputação; censura; atribuição.
Impute (impiu-t) *v* imputar; atribuir.
Imputer (impiu-târ) *s* imputador.
In (inn) *prep* em; de; por; para.
In (inn) *adv* dentro; em casa.
Inability (inâbi-liti) *s* inabilidade; incapacidade.
Inaccessible (inéksé-sibl) *adj* inacessível.
Inaccuracy (iné-kiurâssi) *s* inexatidão; engano; incorreção.
Inaccurate (iné-kiurit) *adj* inexato; incorreto; errôneo.
Inaction (inék-shânn) *s* inação; inércia.
Inactive (inék-tiv) *adj* inativo; inerte; indolente.
Inadequacy (iné-dikuâssi) *s* insuficiência; desproporção.
Inadequate (iné-dikuit) *adj* inadequado; insuficiente; defeituoso.
Inadequateness (iné-dikuitnéss) *s* insuficiência.
Inadmissible (inédmi-sibl) *adj* inadmissível.
Inalienable (inêi-lienâbl) *adj* inalienável.
Inane (inêi-nn) *s* vazio; vácuo.
Inane (inêi-nn) *adj* fútil; ôco; vão.
Inaneness (inêin-néss) *s* inanidade; o nada.
Inanimate (iné-nimit) *adj* inanimado; inânime.
Inanition (inâni-shânn) *s* inanição; fraqueza.
Inanity (iné-niti) *s* inanidade; nulidade.
Inappeasable (inépi-zâbl) *adj* implacável; inexorável.
Inapposite (iné-pozit) *adj* irrelevante; inoportuno; impróprio.
Inapproachable (inéprôu-tshâbl) *adj* inacessível; inabordável.
Inappropriate (inéprôu-priêit) *adj* inapropriado; inadequado.
Inapt (inépt) *adj* inapto; impróprio; incapaz.
Inaptness (inépt-néss) *s* inaptidão; incapacidade.
Inarticulate (inarti-kiulit) *adj* inarticulado; vago; indistinto.
Inarticulateness (inarti-kiulitnéss) *s* falta de clareza.
Inartistic (inártis-tik) *adj* rude; grosseiro; não artístico.
Inasmuch (inésmâ-tsh) *conj* porquanto; visto que; considerando que.
Inattention (inétén-shânn) *s* falta de atenção; distração.
Inattentive (inétén-tiv) *adj* desatento; descuidado.
Inattentiveness (inétén-tivnéss) *s* desatenção; negligência; descuido.
Inaudibility (inódibi-liti) *s* falta de audição.
Inaudible (inó-dibl) *adj* inaudível.
Inaugurate (inó-ghiurêit) *v* inaugurar; empossar; iniciar.
Inauguration (inóghiurêi-shânn) *s* inauguração; fundação; USA dia (cerimônia) de posse do Presidente.
Inauspicious (inóspi-shâss) *adj* não auspicioso; de mau agouro.
Inauspiciousness (inóspi-shâsnéss) *s* falta de sorte; desgraça; infelicidade.
Inborn (in-bórnn) *adj* inato; inerente; congênito.
Inbreathe (inbri-dh) *v* inspirar.
Inbred (in-bréd) *vide* INBORN.
Inbreed (inbri-d) *v* produzir; criar; gerar; *past or pp* INBRED.
Incapable (inkêi-pâbl) *adj* inábil; incapaz.
Incapacitate (inkâpé-sitêit) *v* incapacitar; inabilitar; desqualificar.
Incapacitation (inkâpésitêi-shânn) *s* inabilitação; desqualificação.
Incapacity (inkâpé-siti) *s* incapacidade; inabilidade.
Incarcerate (inkár-sârêit) *v* encarcerar; aprisionar.
Incarceration (inkársârêi-shânn) *s* encarceramento; prisão.
Incarnate (inkár-nêit) *v* encarnar; humanar.
Incarnate (inkár-nêit) *adj* encarnado; personificado; cor de carne.
Incarnation (inkárnêi-shânn) *s* encarnação; RELIG ato pelo qual o filho de Deus se fez homem.

Incaution (inkó-shânn) *s* negligência; desmazelo.
Incautious (inkó-shâss) *adj* incauto; imprudente.
Incendiary (insén-diâri) *adj* incendiário.
Incense (in-sénss) *s* incenso; lisonja.
Incense (in-sénss) *v* provocar; encolerizar; incensar.
Incentive (insén-tiv) *s* incentivo; estímulo.
Incentive (insén-tiv) *adj* excitante; incentivo; estimulante.
Incept (insép-t) *v* começar; iniciar.
Inception (insép-shânn) *s* começo; princípio.
Inceptive (insép-tiv) *adj* incipiente; inicial.
Inceptor (insép-târ) *s* novato; calouro.
Incertitude (insâr-titiud) *s* incerteza; dúvida; vacilação.
Incest (in-sést) *s* incesto.
Incestuous (insés-shuâss) *adj* incestuoso.
Inch (intsh) *s* polegada (2,54 cm).
Inchoate (in-koêit) *adj* começado; iniciado; incompleto.
Inchoation (inkoêi-shânn) *s* princípio; estado rudimentar.
Inchoative (inkôu-âtiv) *adj* incoativo; principiante.
Incinerate (insi-nârêit) *v* incinerar.
Incineration (insinârêi-shânn) *s* incineração.
Incipience (insi-piénss) *s* incipiência; começo; princípio.
Incipient (insi-piént) *adj* incipiente; principiante.
Incise (insái-z) *v* cortar; talhar; incidir.
Incision (insi-jânn) *s* incisão; corte; talho.
Incisive (insái-siv) *adj* incisivo; agudo; cortante.
Incisor (insái-zâr) *s* incisivo (dente).
Incitation (insitêi-shânn) *s* incitamento; estímulo; incentivo.
Incite (insái-t) *v* incitar; instigar; estimular.
Incitement (insáit-ment) *s* incitamento; estímulo; impulso.
Inciter (insái-târ) *s* incitador; excitador; estimulante.
Inciting (insái-tinn) *s* incitação; estímulo.
Inciting (insái-tinn) *adj* estimulante; incitante; excitante.
Incivility (insivi-liti) *s* incivilidade; descortesia.
Inclinable (inklái-nâbl) *adj* inclinável.
Inclination (inklinêi-shânn) *s* inclinação; reverência; declive.
Incline (inklái-nn) *s* declive; inclinação.
Incline (inklái-nn) *v* inclinar-se; pender; estar propenso.
Inclose (inklôu-z) *v* incluir; encerrar.
Inclosure (inklôu-jur) *s* cercado; valado; conteúdo; documento apenso.
Include (inklu-d) *v* incluir; conter; abranger; encerrar.
Including (inklu-dinn) *adj* incluso; incluído; compreendido.
Inclusion (inklu-jânn) *s* inclusão.
Inclusive (inklu-siv) *adj* inclusivo; abrangido.
Incoherence (inko-hi-rénss) *s* incoerência.
Incoherent (inko-hi-rént) *adj* incoerente; incompatível.
Income (in-kâmm) *s* ingresso; entrada; FIN renda; receita; rendimento; entrada.
Incomer (in-kâmâr) *s* recém-chegado; inquilino; intruso.
Incoming (in-kâminn) *s* entrada; rendimento; renda.
Incoming (in-kâminn) *adj* acumulado; que está para chegar.
Incommensurable (inkomén-shârâbl) *adj* incomensurável.
Incommensurate (inkomén-shurit) *adj* incomensurável; impróprio; inadequado.
Incommode (inkómôu-d) *v* incomodar; estorvar; importunar.
Incommodious (inkómôu-diâss) *adj* incômodo.
Incomparable (inkóm-pârâbl) *adj* sem par; sem igual; incomparável.
Incompatibility (inkómpétibi-liti) *s* incompatibilidade.
Incompetence (inkóm-piténss) *s* incapacidade; inabilidade; insuficiência; incompetência.
Incomplete (inkómpli-t) *adj* incompleto; imperfeito; inacabado.
Incompleteness (inkómplit-néss) *s* imperfeição; falta de acabamento.
Incompletion (inkómpli-shânn) *s* falta; imperfeição.
Incomprehensible (inkómpri-hén-sibl) *adj* incompreensível; obscuro.
Incomprehension (inkómprihén-shânn) *s* incompreensão.
Inconceivable (inkónsi-vâbl) *adj* inconcebível; incrível; inacreditável.
Inconclusive (inkónklu-siv) *adj* inconsequente; inconcludente.
Incongruity (inkóngru-iti) *s* incongruência; impropriedade.
Incongruous (inkón-gruâss) *adj* incôngruo; impróprio; discordante.
Inconsequence (inkón-sikuénss) *s* inconsequência; contraditório.
Inconsequent (inkón-sikuént) *adj* inconsequente.
Inconsiderable (inkónsi-dârâbl) *adj* insignificante; sem importância.
Inconsiderate (inkónsi-dârit) *adj* inconsiderado; irrefletido; volúvel.
Inconsistency (inkonsis-ténsi) *s* inconsistência; inconstância; incerteza.
Inconsistent (inkonsis-tént) *adj* inconsistente; inconstante; volúvel.
Inconspicuous (inkónspi-kiuâss) *adj* inconspícuo; imperceptível.
Inconstancy (inkóns-tânsi) *s* inconstância; instabilidade.
Inconstant (inkóns-tânt) *adj* inconstante; instável; volúvel.
Incontinence (inkón-tinénss) *s* incontinência; lascívia; devassidão.
Incontinent (inkón-tinént) *adj* incontinente; corrupto; devasso.
Incontrovertible (inkóntrovâr-tibl) *adj* incontroverso; indiscutível.
Inconvenience (inkónvin-niénss) *s* inconveniência; obstáculo; dificuldade.
Inconvenience (inkónvin-niénss) *v* estorvar; incomodar; importunar.
Inconvenient (inkónvi-niént) *adj* inadequado; molesto; incômodo.
Inconvertible (inkónvâr-tibl) *adj* inconversível; imutável.
Incorporate (inkór-porêit) *v* incorporar; ligar-se; associar-se.
Incorporate (inkór-porêit) *adj* incorporado; incluído; imaterial.
Incorporation (inkórporêi-shânn) *s* incorporação; agrupamento; inclusão.
Incorporeal (inkórpôu-riâl) *adj* incorpóreo; impalpável; intangível.
Incorrect (inkórrék-t) *adj* incorreto; inexato; errado.
Incorrectness (inkórékt-néss) *s* incorreção; inexatidão.
Incorrigible (inkó-ridjibl) *adj* incorrigível; reincidente.
Incorrupt (inkârâ-pt) *adj* incorrupto; puro; são.
Incorruptibility (inkórâptibi-liti) *s* incorruptibilidade; austeridade; retidão; inalterabilidade.
Increase (inkri-ss) *s* aumento; prole; incremento; multiplicação; descendência; progênie; produto.
Increase (inkri-ss) *v* crescer; intensificar; acrescer; aumentar.
Increasing (inkri-sinn) *adj* crescente; aumentativo.
Incredibility (inkrédibi-liti) *s* incredibilidade.
Incredible (inkré-dibl) *adj* incrível; inacreditável.
Incredulity (inkrédiu-liti) *s* ceticismo; incredulidade.
Incredulous (inkré-diulâss) *adj* incrédulo.
Incredulousness (inkré-diulâsnéss) *s* incredulidade, falta de fé.
Incriminate (inkri-minêit) *v* acusar; incriminar; inculcar.
Incrust (inkrâs-t) *v* incrustar; engastar; revestir.
Incrustate (inkrâs-têit) *vide* INCRUST.
Incrustation (inkrâstêi-shânn) *s* incrustação; engaste; embutido.
Incubate (in-kiubêit) *v* incubar; projetar; chocar.
Incubation (inkiubêi-shânn) *s* incubação; MED tempo entre a aquisição de uma doença e a sua manifestação.
Incubative (in-kiubêitiv) *adj* concernente a incubação.
Incubus (in-kiubâss) *s* íncubo; opressor; pesadelo; demônio.
Inculcate (inkâl-kêit) *v* inculcar; indicar; aconselhar; citar; apontar.
Inculcation (inkâlkêi-shânn) *s* inculcação.

Inculpate (inkâl-pêit) *v* inculpar; incriminar; acusar.
Incumbency (inkâm-bénsi) *s* gestão; incumbência; benefício (eclesiástico).
Incumbent (inkâm-bént) *adj* obrigatório; incumbente.
Incur (inkâ-r) *v* incorrer; expor-se; contrair; provocar.
Incurability (inkiurâbi-liti) *s* incurabilidade.
Incurable (inkiu-râbl) *adj* incurável.
Incurious (inkiu-riâss) *adj* descuidado; negligente.
Incurrence (inkâr-rénss) *s* incurso; responsabilidade.
Incursion (inkâr-shânn) *s* incursão; invasão.
Incursive (inkâr-siv) *adj* incursivo; invasor.
Incurvate (inkâr-vêit) *v* curvar; arquear; dobrar; inclinar.
Incurvation (inkârvêi-shânn) *s* encurvatura; inclinação; curvatura; flexão.
Incurve (inkârv) *vide* INCURVATE.
Incuse (inkiu-z) *s* impressão ou figura estampada em moeda.
Incuse (inkiu-z) *adj* cunhado; estampado.
Incuse (inkiu-z) *v* cunhar; imprimir; estampar.
Indebt (indét) *v* endividar; incorrer em dívida; tornar-se devedor.
Indebted (indét-d) *adj* endividado; grato; reconhecido.
Indebtedness (indétd-néss) *s* dívida; gratidão; reconhecimento.
Indecision (indissi-jân) *s* indecisão; hesitação; dúvida.
Indecorous (indikôu-râss) *adj* indecoroso; vergonhoso.
Indeed (indi-d) *adv* na verdade; de fato; realmente; sem dúvida.
Indeed (indi-d) *interj* sim? realmente!.
Indefatigable (indifé-tigâbl) *adj* infatigável; incansável.
Indefeasibility (indifizibi-liti) *s* indestrutibilidade; irrevogabilidade.
Indefeasible (indifi-zibl) *adj* irrevogável; inalterável; indestrutível.
Indefensible (indifén-sibl) *adj* indefensável; desarmado; indefeso.
Indefinable (indifái-nâbl) *adj* indefinível; inexplicável.
Indefinite (indé-finit) *adj* indefinido.
Indefiniteness (indé-finitnéss) *s* indefinibilidade.
Indelible (indé-libl) *adj* indelével; indestrutível.
Indelicacy (indé-likâssi) *s* indelicadeza; grosseria; descortesia.
Indelicate (indé-likit) *adj* rude; indelicado; malcriado; incivil.
Indemnification (indémnifikêi-shânn) *s* indenização; compensação; reparação.
Indemnify (indém-nifái) *v* livrar do perigo; indenizar; compensar.
Indemnity (indém-niti) *s* indenização; anistia; isenção.
Indent (indén-t) *s* impressão; ordem; requisição; encomenda (do exterior).
Indent (indén-t) *v* lavrar contrato; recortar; cambalear.
Indentation (indéntêi-shânn) *s* recorte; corte.
Indenture (indén-tshur) *s* contrato; ajuste; pacto.
Independence (indipén-dénss) *s* liberdade; independência.
Independency (indipén-dénsi) *vide* INDEPENDENCE.
Independently (indipén-déntli) *adv* independentemente, que atua com independência.
Indescribable (indiskrái-bâbl) *adj* extraordinário; indescritível.
Indeterminate (inditâr-minit) *adj* indefinido; indeterminado.
Indetermination (inditârminêit-shânn) *s* indeterminação; dúvida; indecisão.
Index (in-déks) *s* índice; indicador; ANAT dedo indicador; MAT expoente.
Indian (in-diânn) *s* indiano; hindu.
Indian (ín-diânn) *s* índio; pele-vermelha.
Indicate (in-dikêit) *v* indicar; designar; mostrar.
Indication (indikêi-shânn) *s* indicação; indício; sinal.
Indicative (indi-kâtiv) *s* GRAM o modo indicativo.
Indicative (indi-kâtiv) *adj* designativo.
Indict (indái-t) *v* JUR acusar; levar aos tribunais; pronunciar; indiciar.
Indictable (indái-tâbl) *adj* denunciável; processável.
Indicter (in-dái-târ) *s* denunciante; delator; acusador.
Indictment (indáit-ment) *s* acusação; processo; denúncia.
Indifferent (in-difrêns) *adj* apático; indiferente; imparcial.
Indigence (in-didjénss) *s* pobreza; indigência.
Indigested (indidjés-tid) *adj* indigesto; informe; confuso.
Indigestible (indidjés-tibl) *adj* enfadonho; aborrecido; indigerível.
Indigestion (indidjés-tshânn) *s* MED indigestão.
Indignant (indig-nânt) *adj* irado; indignado.
Indignation (indignêi-shânn) *s* indignação; ira; despeito; repulsão.
Indignity (indig-niti) *s* indignidade; afronta; injúria.
Indigo (in-digôu) *s* anil; índigo.
Indirect (indirék-t) *adj* indireto; ilicíto; doloso; iníquo.
Indirectness (indirékt-néss) *s* injustiça; obliquidade; rodeio.
Indiscipline (indi-siplinn) *s* desobediência; indisciplina; rebelião.
Indiscreet (indiskri-t) *adj* indiscreto; imodesto; tagarela.
Indiscretion (indiskré-shânn) *s* indiscrição; imodéstia; imprudência.
Indiscriminate (indiskri-minit) *adj* indiscriminado; confuso; indistinto.
Indiscrimination (indiskriminêi-shânn) *s* indistinção; promiscuidade; confusão.
Indispensable (indispén-sâbl) *adj* necessário; indispensável.
Indispose (indispôu-z) *v* indispor; inabilitar; inimizar.
Indisposed (indispôuz-d) *adj* adoentado; indisposto.
Indisposition (indispôuzi-shânn) *s* indisposição; inimizade; incômodo.
Indisputable (indis-piutâbl) *adj* incontestável; indisputável.
Indissociable (indissôu-shiâbl) *adj* inseparável; indissolúvel.
Indissoluble (indi-soliubl) *vide* INDISSOCIABLE.
Indistinct (indistink-t) *adj* indistinto; ambíguo; vago.
Indistinctive (indistink-tiv) *adj* indistinto; que não distingue.
Indistinguishable (indistin-güishâbl) *adj* indistinguível.
Indite (indái-t) *v* redigir; ditar; escrever.
Inditer (indái-târ) *s* redator; compositor; escritor.
Individual (indivi-diuâl) *s* pessoa; indivíduo.
Individual (indivi-diuâl) *adj* individual; pessoal.
Individuality (individuê-liti) *s* originalidade; personalidade; individualidade.
Indivisible (indivi-zibl) *adj* indivisível.
Indocile (indó-sil) *adj* indomável; indócil.
Indocility (indósi-liti) *s* indocilidade.
Indolence (in-dolénss) *s* apatia; inatividade; indolência; preguiça.
Indolency (in-dolénsi) *vide* INDOLENCE.
Indolent (in-dolént) *adj* indolente; preguiçoso; apático.
Indomitable (indó-mitâbl) *adj* indômito; indomável.
Indoor (in-dôur) *adj* interior; em casa; dentro (de casa).
Indoors (indôur-z) *adv* dentro; portas adentro; em casa.
Indorse (indór-ss) *v* apoiar; sancionar; endossar.
Indorsee (indórsi-) *s* COM endossado (pessoa a quem se dá endosso).
Indorsement (indórs-ment) *s* endosso; sanção.
Indraught (in-dréft) *s* aspiração; sucção; absorção.
Indubitable (indiu-bitâbl) *adj* indubitável; sem dúvida.
Induce (indiu-ss) *v* induzir; incitar; persuadir; produzir; lisonjear.
Inducement (indius-ment) *s* pretexto; motivo; persuasão; instigação.
Inducer (indiu-sâr) *s* sedutor; induzidor; instigador.
Induct (indâk-t) *v* instalar; introduzir.
Induction (indâk-shânn) *s* indução; introdução; instalação.
Inductive (indâk-tiv) *adj* indutivo; persuasivo.
Inductor (indâk-târ) *s* indutor; instigador; FÍS circuito que produz a indução elétrica.
Indulge (indâldj) *v* condescender; satisfazer; regalar-se.

Indulgence (indâl-djénss) *s* indulgência; gratificação; satisfação; complacência; favor; gratificação.
Indulgency (indâl-djénsi) *vide* INDULGENCE.
Indulgent (indâl-djént) *adj* indulgente; condescendente.
Indulger (indâl-djâr) *s* pessoa indulgente.
Industrialize (indâstriálaiz) *v* industrializar, tornar industrial.
Industrious (indâs-triâss) *adj* industrioso; hábil; diligente.
Industry (indâs-tri) *s* indústria; engenho; atividade; diligência.
Indwell (indué-l) *v* residir; morar; habitar; *past and pp* INDWELLED *or* INDWELT.
Indweller (indué-lâr) *s* morador; habitante.
Indwelling (indué-linn) *s* residência; morada.
Indwelling (indué-linn) *adj* íntimo.
Inebriate (ini-briêit) *v* embriagar, tornar ébrio, bêbedo.
Inebriation (inibriêi-shânn) *s* embriaguez; bebedeira.
Inedited (in-editid) *adj* inédito.
Ineffaceable (inefêi-sâbl) *adj* indestrutível; indelével; inalterável.
Ineffective (inefék-tiv) *adj* ineficaz; inútil.
Ineffectively (inefék-tivli) *adv* inutilmente; sem efeito.
Ineffectual (inifék-tiuâl) *vide* INEFFECTIVE.
Ineffectualness (inifék-tiuâlnéss) *s* ineficácia.
Inelegance (iné-legânss) *s* deselegância; inelegância.
Inelegancy (iné-legansi) *vide* INELEGANCE.
Inelegant (iné-legânt) *adj* deselegante; inelegante.
Inept (inépt) *adj* inepto; inexperiente; incapaz.
Inequality (inikuó-liti) *s* desigualdade; diversidade; injustiça.
Inequitable (iné-kuitâbl) *adj* iníquo; injusto.
Inequity (iné-kuiti) *s* iniquidade; injustiça.
Inert (inâr-t) *adj* inerte; ocioso; inativo.
Inertness (inârt-néss) *s* inércia; indolência; ociosidade.
Inestimable (in-estiâbl) *s* inapreciável; inestimável.
Inevitability (inevitâ-biliti) *s* fatalidade; inevitabilidade.
Inexact (inegzé-kt) *adj* inexato; errado; errôneo.
Inexcusable (inékskiu-zâbl) *adj* indesculpável; imperdoável.
Inexhaustible (inégzós-tibl) *adj* inexaurível; inesgotável.
Inexorable (inék-sorâbl) *adj* inflexível; inexorável; rígido.
Inexorableness (inék-sorâblnéss) *s* inexorabilidade; inflexibilidade.
Inexpediency (inékspi-diénsi) *s* impropriedade; inoportunidade.
Inexpedient (inékspi-diént) *adj* inconveniente; inoportuno; impróprio.
Inexpensive (inékspén-siv) *adj* não dispendioso; barato.
Inexperience (inékspi-riénss) *s* imperícia; inabilidade; inexperiência.
Inexperienced (inékspi-riênst) *adj* ingênuo; inábil; inexperiente.
Inexpert (inékspâr-t) *adj* inábil; inexperiente.
Inexpertness (inékspârt-néss) *s* inexperiência, sem experiência.
Inexpiable (inéks-piâbl) *adj* inexpiável; irreparável.
Inexplicit (inékspli-sit) *adj* não explícito; confuso.
Inexpugnable (inékspârg-nâbl) *s* invencível; inexpugnável; inconquistável.
Inextensible (inékstén-sibl) *adj* inextensível; improrrogável.
Inextinguishable (inékstin-güishâbl) *adj* interminável; inextinguível; imorredouro.
Inextricable (inéks-trikâbl) *adj* intrincado; emaranhado; inextricável.
Infallibility (infélibi-liti) *s* indefectibilidade; infalibilidade.
Infallible (infé-libl) *adj* inevitável; indefectível; infalível.
Infamize (in-famáiz) *v* infamar.
Infamous (in-fâmâss) *adj* ignóbil; vil.
Infamousness (in-fâmâsnéss) *s* infâmia; vileza.
Infamy (in-fâmi) *s* infâmia; vileza; desonra.
Infancy (in-fânsi) *s* infância; meninice.
Infant (in-fént) *s* bebê; criança; menor.
Infant (in-fént) *adj* infantil; tenro.
Infanticide (infén-tissáid) *s* infanticídio; infanticida.
Infantile (in-féntáil) *adj* infantil; pueril.
Infantry (in-féntri) *s* infantaria, tropa militar a pé.
Infatuate (infé-tshuêit) *v* cegar; perder a cabeça; entontecer.
Infatuation (infétshuêi-shânn) *s* paixão; desvairamento.
Infect (infék-t) *v* infectar; viciar; infeccionar; perverter.
Infection (infék-shânn) *s* infecção; corrupção; contágio.
Infectious (infék-shâss) *adj* infeccioso; contagioso; pestilento.
Infelicitous (infili-sitâss) *adj* infeliz; inepto; inadequado.
Infelicity (infili-siti) *s* desgraça; infortúnio; infelicidade.
Infer (infâ-r) *v* inferir; provar; deduzir.
Inference (in-fârénss) *s* inferência; dedução; conclusão.
Inferential (infârén-shâl) *adj* dedutivo; conclusivo.
Inferior (infi-riâr) *s* inferior; secundário; subalterno.
Inferiority (infirió-riti) *s* inferioridade.
Infernal (infâr-nâl) *adj* infernal; diabólico.
Infertile (infâr-til) *adj* infértil; estéril.
Infest (infés-t) *v* infestar; assolar.
Infidel (in-fidél) *s* infiel.
Infidel (in-fidél) *adj* desleal; infiel; descrente.
Infidelity (infidé-liti) *s* traição; descrença; infidelidade.
Infiltrate (infil-trêit) *v* infiltrar-se.
Infiltration (infiltrêi-shânn) *s* infiltração.
Infinite (in-finit) *s* infinito.
Infinite (in-finit) *adj* infindo; infinito.
Infiniteness (in-finitnéss) *s* infinidade.
Infinity (infi-niti) *s* imensidade; infinidade.
Infirm (infâr-mm) *adj* enfermo; fraco; doente.
Infirmary (infâr-mâri) *s* hospital; enfermaria.
Infirmity (infâr-miti) *s* fragilidade; enfermidade; doença.
Infix (infi-ks) *v* cravar; enterrar; imprimir.
Inflame (inflêi-mm) *v* inflamar; irritar; instigar.
Inflammable (inflé-mâbl) *adj* inflamável.
Inflammation (inflâmêi-shânn) *s* exaltação; inflamação; irritação.
Inflammatory (inflâ-mâtôuri) *adj* excitador; inflamatório.
Inflate (inflêi-t) *v* inflar; inchar; encher-se de ar.
Inflation (inflêi-shânn) *s* inchação; inflação; arrogância; ECON emissão excessiva de papel-moeda.
Inflect (inflék-t) *v* inclinar; desviar; modular; variar; GRAM conjugar; flexionar.
Inflection (inflék-shânn) *s* inflexão; modulação de voz; GRAM flexão.
Inflexibility (infléksibi-liti) *s* inflexibilidade.
Inflexible (inflék-sibl) *adj* inflexível; indiferente; implacável.
Inflict (inflik-t) *v* infligir; impor; cominar.
Infliction (inflik-shânn) *s* imposição; castigo; punição.
Inflow (in-flôu) *s* afluência; influxo.
Influence (in-fluénss) *s* influência; autoridade; prestígio.
Influence (in-fluénss) *v* influir; persuadir.
Influent (in-fluént) *adj* influente.
Influential (influén-shâl) *vide* INFLUENT.
Influx (in-flâks) *s* influxo; afluência; intromissão; introdução.
Infold (infôul-d) *v* envolver; encerrar; abraçar.
Inform (infór-mm) *v* informar; dar forma a; ensinar.
Informal (infórm-l) *adj* informal; sem cerimônia; insólito.
Informality (infórmé-liti) *s* irregularidade; falta de formalidade.
Information (infórmêi-shânn) *s* informação; aviso; denúncia.
Informative (infór-mâtiv) *adj* informativo; instrutivo.
Informer (infór-mâr) *s* delator; denunciante; relator.
Infract (infrék-t) *v* infringir; violar.
Infraction (infrék-shânn) *s* infração; transgressão; violação.
Infractor (infrék-târ) *s* infrator; transgressor.
Infrangible (infrén-djibl) *adj* infrangível; inquebrável; inseparável.
Infrequency (infri-kuénsi) *s* infrequência; raridade.
Infrequent (infri-kuént) *adj* não frequente; raro.
Infringe (infrin-dj) *v* infringir; violar; transgredir; postergar.

Infringement (infrindj-ment) *s* infração; violação; transgressão.
Infringer (infrin-djâr) *s* transgressor; infrator.
Infuriate (infiu-riêit) *adj* colérico; enfurecido; raivoso.
Infuriate (infiu-riêit) *v* encolerizar; enfurecer; irritar.
Infuse (infiu-z) *v* infundir; insinuar; imbuir; inspirar.
Infusible (infiu-zibl) *adj* infusível.
Infusion (infiu-jânn) *s* infusão; inspiração; sugestão.
Ingathering (inghé-dhârinn) *s* AGRIC colheita.
Ingenious (indji-niâss) *adj* destro; inventivo; engenhoso; astuto; hábil.
Ingeniousness (indji-niâsnéss) *s* engenho; arte; habilidade; astúcia.
Ingenuity (indji-niuiti) *s* talento; habilidade; destreza; ingenuidade.
Ingenuous (indjé-niuâss) *adj* inocente; ingênuo; sincero.
Ingenuousness (ingló-riâsnéss) *s* ingenuidade; inocência.
Ingest (indjést-) *v* engolir; ingerir.
Ingestion (indjést-shân) *s* ingestão, ação de ingerir, engolir.
Inglorious (ingló-riâss) *adj* inglório; obscuro; modesto.
Ingloriousness (ingló-riâsnéss) *s* baixeza; vileza; ignomínia.
Ingoing (in-gôuinn) *s* entrada.
Ingoing (in-gôuinn) *adj* entrante.
Ingot (in-gót) *s* lingote (barra de metal fundido).
Ingrain (ingrêi-nn) *v* tingir.
Ingratiate (ingrêi-shiêit) *v* insinuar-se.
Ingratitude (ingré-titiud) *s* ingratidão.
Ingredient (ingri-dient) *s* ingrediente.
Ingress (in-gréss) *s* ingresso; acesso; entrada.
Ingrowing (in-grôuinn) *adj* que tem crescimento interior (para dentro).
Ingulf (ingâlf) *v* engolir; engolfar; abismar.
Inhabit (inhé-bit) *v* habitar; ocupar; residir; morar; viver.
Inhabitant (inhé-bitânt) *s* habitante.
Inhabitation (inhébi-teishânn) *s* habitação; residência; morada; domicílio.
Inhalation (inhâlêi-shânn) *s* aspiração; inspiração; inalação.
Inhale (in-hêi-l) *v* inalar; inspirar; absorver; aspirar; respirar.
Inhaler (in-hêi-lâr) *s* inalador; que inala; o que respira.
Inharmonious (in-harmôu-niâss) *adj* dissonante; desafinado; discordante; inarmonioso.
Inhere (in-hir) *v* estar inerente, ligado intimamente.
Inherent (in-hi-rent) *adj* inerente; próprio; imanente; natural.
Inherit (in-hé-rit) *v* receber (suceder) como herdeiro; herdar.
Inheritance (in-hé-ritânss) *s* patrimônio; sucessão; herança.
Inheritor (in-hé-ritâr) *s* herdeiro; sucessor.
Inhibit (in-hi-bit) *v* inibir; vedar; proibir.
Inhibition (in-hibi-shânn) *s* inibição; embaraço; proibição.
Inhospitable (in-hós-pitâbl) *adj* inóspito; inospitaleiro.
Inhuman (in-hiu-maen) *adj* desumano; cruel; inumano.
Inhumanity (in-hiumé-niti) *s* crueldade; desumanidade.
Inhumation (in-hiumêi-shânn) *s* enterro; inumação.
Inhume (in-hiu-mm) *v* enterrar; sepultar; inumar.
Inimical (ini-mikâl) *adj* inimigo; hostil; adverso.
Inimitable (ini-mitâbl) *adj* inimitável.
Iniquitous (ini-kuitâss) *adj* iníquo; mau; perverso.
Iniquity (ini-kuiti) *s* iniquidade; crime; maldade; injustiça.
Initial (ini-shâl) *s* letra inicial.
Initial (ini-shâl) *v* assinar (com as iniciais).
Initial (ini-shâl) *adj* inicial.
Initiate (ini-shiêit) *v* iniciar; instruir-se; originar.
Initiate (ini-shiêit) *adj* iniciado; começado.
Initiation (inishiêi-shânn) *s* iniciação.
Initiative (inishiei-tiv) *s* iniciativa.
Initiative (inishiei-tiv) *adj* inicial; preliminar.
Inject (indjékt) *v* injetar; introduzir.
Injudicious (indjudi-shâss) *adj* imprudente; indiscreto; irrefletido.
Injudiciousness (indjudi-shâsnéss) *s* indiscrição; imprudência.
Injunction (indjânk-shânn) *s* ordem; mandado; injunção; exortação.
Injure (indjur-) *v* prejudicar; lesar; danificar; debilitar; enfraquecer.
Injurer (in-djurâr) *s* injuriador; ofensor; prejudicador.
Injurious (indju-riâss) *adj* prejudicial; nocivo; ofensivo; injusto.
Injury (in-djuri) *s* dano; injustiça; mal; detrimento; ferimento; ESP FUT *INJURY time*: descontos no tempo de jogo.
Injustice (indjâs-tiss) *s* injustiça, falta de justiça; iniquidade.
Ink (ink) *s* tinta para escrever.
Ink (ink) *v* aplicar tinta.
Inker (in-kâr) *s* rolo de tinta; aquilo que se aplica tinta.
Inkling (in-klinn) *s* desejo; aviso (secreto); insinuação; inclinação; suspeita.
Inkpot (ink-pót) *s* tinteiro.
Inkstand (in-kstênd) *vide* INKPOT.
Inky (in-ki) *adj* de tinta; manchado de tinta.
Inlaid (in-lêid) *adj* marchetado; incrustado.
Inland (in-lând) *s* sertão.
Inland (in-lând) *adj* sertão; interior de um país.
Inlander (in-lândâr) *s* habitante do interior.
Inlay (inlêi) *v* incrustar; embutir; *past or pp* INLAID.
Inlet (in-lét) *s* angra; enseada; aqueduto; introdução.
Inly (in-li) *adj* interior; interno.
Inly (in-li) *adv* interiormente; no íntimo.
Inmate (in-mêit) *s* inquilino; interno de hospital; hóspede.
Inmost (in-môust) *adj* interior; recôndito; íntimo.
Inn (inn) *s* estalagem; hotel; pousada; hospedaria.
Innate (in-nêit) *adj* inato; próprio; congênito; inerente.
Inner (in-nâr) *adj* interior; íntimo; secreto.
Innermost (in-nârmôust) *adj* íntimo; recôndito; interior.
Innervate (inâr-vêit) *v* inervar, transmitir a atividade nervosa a.
Innervation (inârvêi-shânn) *s* inervação; atividade nervosa.
Innocence (in-nossénss) *s* inocência.
Innocency (in-nossénsi) *vide* INNOCENCE.
Innocent (in-nossént) *adj* inocente.
Innocuous (nió-kiuâss) *adj* inócuo; inofensivo; inocente.
Innominate (inó-minit) *adj* anônimo; sem nome.
Innovate (in-novêit) *v* inovar.
Innovation (inovêi-shânn) *s* inovação; novidade.
Innoxious (inó-ksiâss) *adj* inócuo; inofensivo; inocente.
Innuendo (iniuén-dôu) *s* insinuação; alusão; indireta.
Innumerable (iniu-mârâbl) *adj* inumerável.
Innutritious (iniutri-shâss) *adj* desnutrido.
Inobservance (inóbzâr-vânss) *s* desatenção; inobservância.
Inoculate (inó-kiulêit) *v* MED inocular; contaminar; contagiar.
Inoculation (inókiulêi-shânn) *s* fertilização; inoculação; infecção.
Inodorous (inó-dorâss) *adj* inodoro.
Inoffensive (inófén-siv) *adj* inofensivo; manso; inocente.
Inoperative (inó-pârâtiv) *adj* ineficaz; inoperante; inoperativo.
Inordinate (inór-dinit) *adj* desordenado; excessivo; irregular.
In-patient (in-pêishént) *s* doente (internado em hospital).
In-put (in-pât) *s* entrada; MEC energia fornecida a um motor.
Inquest (in-kuést) *s* sindicância; JUR inquérito judicial; auto de corpo de delito.
Inquire (inkuái-r) *v* indagar; informar-se; investigar.
Inquirer (inkuái-râr) *s* inquiridor; examinador; averiguador.
Inquiring (inkuái-rinn) *adj* que pergunta; que investiga; curioso.
Inquiry (inkuái-ri) *s* inquérito; pesquisa; pergunta.
Inquisition (inkuizi-shânn) *s* inquisição; inquérito judicial.
Inquisitive (inkui-sitiv) *adj* curioso; indiscreto; perguntador.
Inquisitiveness (inkui-sitivnéss) *s* curiosidade; indiscrição.
Inquisitor (inkui-zitâr) *s* inquiridor; investigador.
Inroad (in-rôud) *s* incursão; usurpação; invasão.
Inrush (in-râsh) *s* invasão; irrupção.
Insalubrious (insâliu-briâss) *adj* insalubre; doentio.
Insalubrity (insâliu-briti) *s* insalubridade.

Insane (insêi-nn) *adj* insano; arrebatado; demente.
Insaneness (insêin-néss) *s* insanidade; demência.
Insanity (insé-niti) *s* insanidade; demência.
Insatiable (insêi-shiâbl) *adj* insaciável; sôfrego.
Insatiate (insêi-shiêit) *adj* insaciável.
Inscribe (ins-kráib) *v* inscrever; gravar.
Inscriber (ins-kráibâr) *s* inscritor.
Inscription (inskrip-shânn) *s* inscrição; dedicatória; rótulo.
Inscroll (inskrôul-) *v* escrever em rolo de pergaminho; registrar.
Insect (in-sékt) *s* inseto.
Insecure (insikiu-r) *adj* incerto; em perigo; arriscado.
Insecurity (insikiu-riti) *s* risco; incerteza; perigo; insegurança.
Inseminate (insé-minêit) *v* semear; fecundar.
Insensate (insén-sêit) *adj* insensato.
Insensibility (insénsibi-liti) *s* estupidez; insensibilidade; apatia.
Insensible (insén-sibl) *adj* insensível; estúpido; apático.
Insentient (insén-shiént) *adj* sem vida; inanimado.
Inseparable (insé-pârâbl) *adj* inseparável.
Insert (insâr-t) *v* inserir; introduzir.
Insertion (insâr-shânn) *s* inserção; intercalação.
Insertion (insâr-shânn) *v* inserir; intercalar.
Inshore (in-shôur) *adj* costeiro.
Inshore (in-shôur) *adv* na costa; perto da costa.
Inside (in-sáid) *s* o interior; o conteúdo.
Inside (in-sáid) *adv* dentro.
Insider (in-sáidâr) *s* o que está dentro; membro (de clube etc.); aquele que goza de uma vantagem especial.
Insidious (insi-diâss) *adj* pérfido; insidioso.
Insight (in-sáit) *s* discernimento intelectual; intuição; penetração; introspecção.
Insignificance (insigni-fikânss) *s* insignificância, de pouca importância.
Insignificancy (insigni-fikânsi) *s* insignificância; pessoa insignificante.
Insignificant (insigni-fikânt) *adj* insignificante.
Insincere (insinsi-r) *adj* hipócrita; fingido; desleal.
Insincerity (insinsé-riti) *s* falta de sinceridade; dissimulação.
Insinuate (insi-niuêit) *v* insinuar; insinuar-se; introduzir.
Insinuating (insi-niuêitinn) *adj* insinuante.
Insinuation (insiniuêi-shânn) *s* insinuação; indireta; sugestão.
Insipid (insi-pid) *adj* insípido; monótono; desinteressante.
Insist (insist) *v* insistir; persistir; ***I'll drive you to the station, I INSIST***: eu o levarei até a estação, insisto.
Insistence (insis-ténss) *s* insistência; porfia.
Insolation (insolêi-shânn) *s* insolação.
Insolence (in-solénss) *s* insolência, falta de respeito.
Insolent (in-solênt) *adj* insolente; atrevido; descarado.
Insoluble (insó-liubl) *adj* insolúvel; incobrável.
Insolvable (insól-vâbl) *adj* inexplicável; insolúvel; COM insolvente.
Insolvency (insól-vensi) *s* insolvência; falência.
Insolvent (insól-vent) *adj* insolvente.
Insomuch (insôumâ-tsh) *adv* a tal ponto que; de sorte que; de tal modo que.
Inspect (inspék-t) *v* inspecionar; examinar; fiscalizar.
Inspection (inspék-shânn) *s* inspeção; exame; fiscalização.
Inspector (inspék-târ) *s* inspetor; superintendente.
Inspectorate (inspék-târit) *s* inspetoria.
Inspidness (insi-pidnéss) *s* insipidez.
Inspiration (inspirêi-shânn) *s* inspiração; entusiásmo poético.
Inspire (inspái-r) *v* inspirar; respirar; aspirar.
Inspirer (inspái-râr) *s* inspirador, que inspira; que sugere ideias.
Inspiring (inspái-rinn) *adj* inspirador.
Inspirit (inspi-rit) *v* animar; alegrar; excitar; encorajar.
Instability (instâbi-liti) *s* instabilidade; mutabilidade.
Instable (instêi-bl) *adj* instável.
Install (instól) *v* instalar; alojar; dar posse.
Installation (instólêi-shânn) *s* instalação; investidura; montagem.
Instalment (instól-ment) *s* instalação; prazo; pagamento parcial.
Instance (ins-tânss) *s* exemplo; urgência; JUR instância.
Instance (ins-tânss) *v* mencionar; alegar; exemplificar.
Instancy (ins-tânsi) *s* urgência; instância; insistência.
Instant (ins-tânt) *s* instante; momento.
Instant (ins-tânt) *adj* instante; urgente.
Instantaneous (instântêi-niâss) *adj* instantâneo.
Instead (instéd) *adv* em vez; em lugar de.
Instep (ins-tép) *s* tarso; peito do pé.
Instigate (ins-tighêit) *v* instigar; inculcar; incitar.
Instigation (instighêi-shânn) *s* instigação; excitamento; incitamento.
Instil (instil) *v* instilar; inculcar; inspirar; insuflar.
Instill (insti-ll) *vide* INSTIL.
Instillment (instill-ment) *vide* INSTILMENT.
Instilment (instil-ment) *s* instilação; insinuação.
Instinct (ins-tikt) *s* instinto.
Instinct with (ins-tikt) *adj* animado; impregnado.
Instinctive (ins-tiktiv) *adj* instintivo; espontâneo; natural.
Institute (ins-titiut) *s* instituto; estabelecimento; regra; máxima.
Institute (ins-titiut) *v* instituir; intentar; propor; nomear.
Institution (institiu-shânn) *s* instituição; associação; estabelecimento.
Institutional (institiu-shânâl) *adj* institucional; elementar.
Instruct (instrâk-t) *v* instruir; informar; dar instruções.
Instruction (instrâk-shânn) *s* instrução; ensino; educação; *pl* ordens; conhecimentos; indicações.
Instructive (instrâk-tiv) *adj* instrutivo.
Instructor (instrâk-târ) *s* mestre; preceptor; instrutor.
Instrument (ins-trumént) *s* instrumento; meio; agente.
Instrumental (instrumén-tâl) *adj* instrumental; ferramenta.
Instrumentation (instrumentâi-shânn) *s* instrumentação.
Insubordinate (insâbórdini-t) *adj* insubordinado; indisciplinado.
Insubordination (insâbórdinêi-shânn) *s* insubordinação; revolta.
Insufferable (insâ-fârâbl) *adj* intolerável; detestável; incômodo.
Insufficiency (insâfi-shénsi) *s* incapacidade; insuficiência.
Insufficient (insâfi-shént) *adj* insuficiente; inepto; incapaz.
Insulate (in-siulêit) *v* isolar; insular.
Insulation (insiulêi-shânn) *s* isolação; separação.
Insulator (in-siulêitâr) *s* isolador.
Insult (insâl-t) *s* insulto; ofensa.
Insult (insâl-t) *v* insultar; ofender; afrontar.
Insulter (insâl-târ) *s* insultador; injuriador.
Insulting (insâl-tinn) *adj* insultante; insolente; ultrajante.
Insuperability (insiupârâbi-liti) *s* invencibilidade; insuperabilidade.
Insuperable (insiu-pârâbl) *adj* insuperável; invencível.
Insupportable (insâpór-tâbl) *adj* intolerável; insuportável.
Insurance (inshu-rânss) *s* garantia; segurança; seguro.
Insure (inshu-r) *v* segurar; garantir.
Insured (inshur-d) *s* segurado.
Insured (inshur-d) *adj* segurado.
Insurgence (insâr-djéns) *s* insurgência; revolta.
Insurgency (insâr-djénsi) *vide* INSURGENCE.
Insurgent (insâr-djént) *adj* rebelde; revoltoso; insurgente.
Insurrection (insârrék-shânn) *s* insurreição; levante; revolta.
Insurrectionist (insârrék-shânist) *s* insurreto; revoltoso.
Intact (inték-t) *adj* intacto; ileso.
Intangibility (inténdjibi-liti) *s* intangibilidade (o que é intangível).
Intangible (intén-djibl) *adj* impalpável; intangível.
Integer (in-tidjâr) *s* totalidade; integridade; número inteiro.
Integral (in-tigrâl) *adj* número inteiro; integrante.
Integrate (in-tigrêit) *v* integrar; restaurar; completar.
Integration (intigrêi-shânn) *s* integração.

Integrity (inté-griti) *s* integridade; retidão; inteireza.
Intellect (in-telékt) *s* inteligência; entendimento; intelecto.
Intellection (intelék-shânn) *s* intelecção; inteligência.
Intellectual (intelék-tshual) *s* espiritual; intelectual.
Intellectual (intelék-tshual) *adj* espiritual; intelectual.
Intellectualism (intelék-tsuâlizm) *s* intelectualismo.
Intellectualize (intelék-tualáiz) *v* intelectualizar; raciocinar.
Intelligence (inté-lidjénss) *s* inteligência; penetração; conhecimento.
Intelligent (inté-lidjént) *adj* inteligente; perito; hábil.
Intemperance (intém-pârénss) *s* intemperança; beber, comer em excesso.
Intemperate (intém-pârit) *adj* intemperante; desmedido; dissoluto.
Intend (intén-d) *v* tencionar; dirigir; significar; pretender.
Intendance (intén-dânss) *s* intendência.
Intended (intén-did) *s* noivo; noiva.
Intended (intén-did) *adj* prometido; intencional.
Intense (intén-ss) *adj* intensivo; ardente; ativo; enérgico.
Intenseness (inténs-néss) *s* intensidade; veemência; ardor.
Intensification (intensifikêi-shânn) *s* intensificação.
Intensify (intén-sifái) *v* intensificar.
Intensive (intén-siv) *adj* intensivo; aplicado; forte.
Intent (intén-t) *s* intento; objetivo; intenção; propósito.
Intention (intén-shânn) *s* intenção; propósito; intento.
Intentional (intén-shânâl) *adj* intencional; deliberado.
Intentioned (intén-shând) *adj* intencionado.
Inter (intâ-r) *v* enterrar; sepultar.
Interact (intârék-t) *v* atuar um sobre outro.
Interaction (intârék-shânn) *s* ação recíproca; interação.
Interbreed (intâr-brid) *v* cruzar raças; criar híbridos.
Intercalate (intâr-kâlêit) *v* intercalar; interpolar.
Intercalation (intârkâlêi-shânn) *s* intercalação.
Intercede (intârsi-d) *v* interceder; interpor-se; intervir.
Interceder (intârsi-dâr) *s* intermediário; intercessor.
Intercept (intârsép-t) *v* interceptar; deter; interromper.
Interception (intârsép-shânn) *s* intercepção; estorvo; impedimento.
Interchange (intârtshén-dj) *s* intercâmbio; permuta.
Interchange (intârtshén-dj) *v* permutar; cambiar.
Interchangeable (intârtshén-djâbl) *adj* permutável; mútuo; recíproco.
Intercommunicate (intârkómiu-nikêit) *v* comunicar-se; intercomunicar.
Intercommunication (intârkómiunikêi-shânn) *s* intercomunicação.
Intercourse (in-târkôurss) *s* intercurso; tráfico; comércio; relações comerciais.
Intercurrence (intârkâ-renss) *s* ocorrência; intercorrência.
Intercurrent (intârkâ-rént) *adj* intercorrente.
Interdict (in-târdikt) *s* interdito.
Interdict (in-târdikt) *v* interditar; proibir; vedar.
Interdiction (intârdik-shânn) *s* interdição; proibição.
Interest (in-târést) *s* interesse; juro; proveito; lucro; participação.
Interest (in-târést) *v* importar; interessar.
Interesting (in-târéstinn) *adj* atraente; interessante; simpático.
Interfere (intârfi-r) *v* intervir; interferir; prejudicar; imiscuir-se.
Interference (intârfi-rénss) *s* interferência; intervenção; colisão; obstáculo; intrometimento.
Interferer (intârfi-râr) *s* intrometido; mediador; interventor.
Interior (inti-riâr) *adj* interno; interior.
Interject (intârdjék-t) *v* interpor; intrometer; interpor-se.
Interjection (intârdjék-shânn) *s* intervenção; GRAM exclamação; interjeição.
Interlace (intârlêi-ss) *v* entrelaçar; misturar; enlaçar.
Interlacement (intârlêis-ment) *s* entrelaçamento; mistura.
Interlard (intârlêi-d) lardear; mesclar; intrometer-se.

Interline (intârlái-nn) *v* entrelinhar.
Interlineation (intârliniêi-shânn) *s* entrelinha.
Interlink (intârlink) *v* encadear; ligar; unir.
Interlock (intârló-k) *v* fixar; abraçar-se; fixar.
Interlocution (intârlokiu-shânn) *s* interlocução.
Interlocutor (intârló-kiutâr) *s* interlocutor.
Interlope (intârlóu-p) *v* contrabandear; intrometer-se.
Interloper (intârlôu-pâr) *s* intruso; contrabandista; intrometido.
Interlude (in-târliud) *s* MÚS interlúdio; TEATR farsa; intervalo.
Intermeddle (intârméd-l) *v* intrometer-se; intervir.
Intermeddler (intârméd-lâr) *s* intrometido; atrevido.
Intermediary (intermi-diâri) *adj* intermediário.
Intermediate (intârmi-diêit) *v* servir de intermediário.
Intermediate (intârmi-diêit) *adj* intermediário.
Interment (intâr-mént) *s* enterro; funeral.
Interminable (intâr-minâbl) *adj* interminável; ilimitado.
Intermingle (intârming-l) *v* entremear; misturar-se; incorporar-se.
Intermission (intârmi-shânn) *s* intermissão; pausa; interrupção.
Intermit (intârmi-t) *v* interromper, cortar a continuação; deixar de fazer.
Intermittent (intârmi-tént) *adj* intermitente.
Intermix (intârmi-kss) *v* misturar-se.
Intermixture (intârmiks-tshur) *s* mistura.
Intern (intâr-nn) *s* interno.
Intern (intâr-nn) *v* internar.
Intern (intâr-nn) *adj* interno.
Internal (intâr-nal) *adj* interno; interior; doméstico; intrínseco.
International (intârné-shânâl) *adj* internacional.
Internationalize (intarné-shânâláiz) *v* internacionalizar.
Internecine (intârni-sinn) *adj* destrutivo; exterminador; sanguinário.
Internee (intâr-ni) *s* médico interno em hospital.
Internment (intârn-ment) *s* internação; internamento.
Interpellate (intârpé-lêit) *v* interpelar.
Interpellation (intârpélêi-shânn) *s* pergunta; intimação; interrupção; interpelação.
Interphone (inter-fonn) *s* telefone (interno).
Interpolate (intâr-polêit) *v* intercalar; interpolar; inserir.
Interpolation (intârpolêi-shânn) *s* inserção; falsificação; interpolação.
Interpose (intârpôuz) *v* interpor; interferir; intrometer.
Interposition (intârpozi-shânn) *s* intervenção; interrupção; interposição.
Interpret (intâr-prét) *v* interpretar; explicar; esclarecer.
Interpretation (intârpretêi-shânn) *s* interpretação; explicação; esclarecimento.
Interpreter (intâr-prétâr) *s* intérprete.
Interrogate (intâ-roghêit) *v* interrogar; entrevistar.
Interrogation (intâroghêi-shânn) *s* interrogação.
Interrogative (intâró-gâtiv) *adj* interrogativo.
Interrogator (intâ-roghêitâr) *s* interrogador; examinador.
Interrupt (intârrâp-t) *v* parar; interromper; perturbar; estorvar.
Interrupter (intârrâp-târ) *s* interruptor.
Interruption (intârrâp-shânn) *s* interrupção; intervalo; pausa.
Intersect (intârsék-t) *v* entrecortar; cortar; cruzar-se.
Intersection (intârsék-shânn) *s* interseção; USA cruzamento de estrada.
Intersperse (intârspâr-ss) *v* espalhar; entremear; difundir.
Interspersion (intârspâr-shânn) *s* disseminação; aspersão; derramamento.
Interval (in-târvâl) *s* intervalo; interstício; pausa.
Intervene (intârvi-nn) *v* intervir; interpor-se; ocorrer; acontecer.
Intervener (intârvi-nâr) *s* interventor; mediador.
Intervention (intârvén-shânn) *s* intervenção; interposição; mediação.

Interview (in-târviú) *s* entrevista; conferência; conversação.
Interview (in-târviú) *v* conferenciar com; entrevistar.
Interweave (intârui-v) *v* entrelaçar; enlaçar; entremear; *past and pp* INTERWOVEN.
Intestacy (intés-tassi) *s* falta de testamento; falta de testemunho.
Intestate (intés-têit) *s* pessoa que morreu sem deixar testamento.
Intestine (intés-tinn) *s* intestino.
Intestine (intés-tinn) *adj* intestino; interno; interior.
Intimacy (in-timâssi) *s* familiaridade; intimidade.
Intimate (in-timêit) *s* amigo íntimo; confidente; sócio.
Intimate (in-timêit) *v* dar a entender; sugerir; insinuar.
Intimate (in-timêit) *adj* íntimo; interno; intestino.
Intimation (intimêi-shânn) *s* intimação; notificação; aviso.
Intimidate (inti-midêit) *v* intimidar; amedrontar; USA desanimar; desencorajar.
Intimidation (intimidêi-shânn) *s* intimidação.
Into (in-tu) *prep* em; para dentro de.
Intolerable (intó-lârâbl) *adj* insuportável; intolerável.
Intolerance (intó-lârénns) *s* intolerância.
Intolerant (intó-lârant) *adj* intolerante.
Intonate (in-tonêit) *v* entoar; modular a voz.
Intonation (intonêi-shânn) *s* entonação; entoação; modulação da voz.
Intoxicate (intók-sikêit) *v* intoxicar; envenenar; embriagar.
Intoxication (intóksikêi-shânn) *s* embriaguez; êxtase; MED intoxicação.
Intractable (intrék-tâbl) *adj* intratável; obstinado; indócil.
Intransigent (intrén-sidjént) *s* revolucionário; intransigente; intolerante.
Intransigent (intrén-sidjént) *adj* intolerante; intransigente; irreconciliável.
Intrench (intrén-tsh) *v* entrincheirar; invadir.
Intrenchment (intrén-tshment) *s* trincheira; entrincheiramento.
Intrepid (intré-pid) *adj* audaz; intrépido; arrojado.
Intrepidity (intrépi-diti) *s* intrepidez; coragem; valentia.
Intricacy (in-trikâssi) *s* complicação; enredo; embrulhada.
Intricate (in-trikit) *adj* intricado; confuso; embaraçado.
Intrigue (intri-g) *s* intriga; enredo; trama.
Intrigue (intri-g) *v* intrigar; tramar.
Intriguer (intri-gâr) *s* intrigante; mexeriqueiro.
Intrinsic (intrin-sik) *adj* inerente; intrínseco.
Introduce (introdiu-ss) *v* introduzir; apresentar; estabelecer.
Introducer (introdiu-sâr) *s* introdutor.
Introduction (introdâk-shânn) *s* introdução; iniciação; apresentação.
Introductory (introdâk-tôuri) *adj* preliminar; introdutório.
Introit (intrôi-t) *s* introito; começo.
Introspection (introspék-shânn) *s* introspecção; exame subjetivo.
Introspective (introspék-tiv) *adj* introspectivo.
Intrude (intru-d) *v* introduzir à força; intrometer-se.
Intruder (intru-dâr) *s* intruso; usurpador; intrometido.
Intrusion (intru-jânn) *s* intrusão; usurpação; invasão.
Intrusive (intru-siv) *adj* intruso; impertinente; importuno.
Intuition (intiui-shânn) *s* intuição; pressentimento.
Intuitive (intiui-tiv) *adj* intuitivo.
Intumescence (intiumé-senss) *s* tumor; intumescência.
Intumescent (intiumé-sent) *adj* inchado; intumescente.
Inundate (i-nândêit) *v* submergir; inundar; alagar.
Inundation (inândêi-shânn) *s* inundação.
Inure (iniu-r) *v* acostumar; calejar; habituar.
Inurement (iniur-ment) *s* costume; prática; hábito.
Invade (invêi-d) *v* invadir; violar.
Invader (invêi-dâr) *s* invasor; violador.
Invalid (in-vâlid) *v* tornar-se inválido; MIL dar baixa por invalidez.
Invalid (in-vâlid) *adj* nulo; inválido.
Invalidate (invé-lidêit) *v* invalidar; inutilizar; anular.
Invalidation (invélidêi-shânn) *s* invalidação; anulação.
Invaluable (invé-liuâbl) *adj* inestimável; inapreciável; incalculável.
Invasion (invêi-jânn) *s* invasão; incursão; usurpação.
Invective (invék-tiv) *s* invectiva.
Invective (invék-tiv) *adj* ultrajante; ofensivo; injurioso.
Inveigh (invêi) *v* injuriar; vituperar; censurar.
Inveigle (invigl) *v* seduzir; enganar; engodar.
Inveiglement (invigl-ment) *s* sedução; encanto.
Inveigler (invi-glâr) *s* sedutor; enganador.
Invent (invén-t) *v* inventar; idear; descobrir.
Invention (invén-shânn) *s* invenção; inventiva; descoberta.
Inventive (invén-tiv) *adj* inventivo; engenhoso.
Inventiveness (invén-tivnéss) *s* inventiva; qualidade inventiva; engenho.
Inventor (invén-târ) *s* descobridor; criador; inventor; autor.
Inventory (in-ventôuri) *s* inventário; USA balanço.
Inverse (invâr-ss) *s* inverso; invertido.
Inverse (invâr-ss) *adj* inverso; invertido.
Inversion (invâr-shânn) *s* inversão; mudança; troca.
Invert (in-vârt) *s* homossexual.
Invert (in-vârt) *v* inverter; transpor; trocar.
Invertebrate (invâr-tâbrit) *adj* invertebrado.
Invest (invés-t) *v* vestir; cobrir; conferir; outorgar; sitiar; aplicar dinheiro.
Investigate (invés-tighêit) *v* investigar; analisar; averiguar.
Investigation (invéstighêi-shânn) *s* investigação; indagação; inquirição.
Investigator (invés-tighêitâr) *s* investigador.
Investment (invést-ment) *s* investidura; investimento; bloqueio.
Inveterate (invé-târit) *adj* inveterado; antigo; arraigado.
Invidious (invi-diâss) *adj* invejoso; odioso.
Invigorate (invi-gârêit) *v* vigorar; fortalecer; fortificar.
Invigoration (invigârêi-shânn) *s* robustecimento; fortalecimento.
Invincibility (invinsibi-liti) *s* insuperabilidade; invencibilidade.
Invincible (invin-sibl) *adj* insuperável; invencível.
Inviolability (inváiolábi-liti) *s* inviolabilidade.
Inviolable (invái-olâbl) *adj* inviolável.
Inviolate (invái-olit) *adj* inviolado; intacto; íntegro.
Invisibility (invizibi-liti) *s* invisibilidade.
Invisible (invi-zibl) *adj* invisível.
Invitation (invitêi-shânn) *s* solicitação; convite.
Invite (invái-t) *v* convidar; solicitar.
Inviter (invái-târ) *s* o que convida.
Inviting (invái-tinn) *adj* convidativo; tentador; atraente.
Invitingness (invái-tinnéss) *s* atrativo; sedução; encanto.
Invocation (invokêi-shânn) *s* invocação.
Invoice (in-vóiss) *s* COM fatura; remessa.
Invoice (in-vóiss) *v* faturar.
Invoke (invôu-k) *v* invocar; implorar; chamar.
Involucre (in-voliukâr) *s* invólucro.
Involuntary (invó-lântéri) *adj* involuntário.
Involution (involiu-shânn) *s* envolvimento; enredo; MAT elevar a uma potência.
Involve (invól-v) *v* envolver; incluir.
Inwall (in-uól) *s* parede interna.
Inwall (in-uól) *v* emparedar; murar.
Inward (i-nuârd) *s* o interior.
Inward (i-nuârd) *adj* interno; interior; íntimo.
Inward (i-nuârd) *adv* interiormente; para dentro.
Inwardness (i-nuârdnéss) *s* o interior; intimidade; interioridade.
Inwrought (inró-t) *adj* lavrado; embutido.
Iodize (ái-odáiz) *v* iodar, tratar com iodo.

Ion (ái-ann) *s* FÍS íon, átomo ou radical com carga elétrica.
Iota (áiôu-tâ) *s* jota (língua grega); ponto; quantidade diminuta.
Irascible (áiré-shibl) *adj* irascível; irritável.
Irate (áirêi-t) *adj* encolerizado; enfurecido; irado.
Ire (áir) *s* ira; fúria; cólera.
Ireful (áir-ful) *adj* irado; colérico; encolerizado.
Irefulness (áir-fulnéss) *s* fúria; cólera.
Irish (ái-rish) *adj* irlandês.
Irk (ârk) *v* enfadar; cansar; molestar.
Irksome (ârk-sôumm) *adj* penoso; enfadonho; incômodo.
Irksomeness (ârk-sôumnéss) *s* enfado; tédio; cansaço.
Iron (ái-ârn) *s* ferro de engomar; ferro; utensílio.
Iron (ái-ârn) *adj* férreo; indômito.
Iron (ái-ârn) *v* passar a ferro; algemar.
Ironclad (ái-ârnkléd) *s* que tem couraça; couraçado (navio).
Ironclad (ái-ârnkléd) *adj* couraçado;coberto de ferro; rigoroso.
Ironic (áiró-nik) *adj* irônico.
Ironical (áiró-nikâl) *adj* irônico; sarcástico.
Ironmonger (ái-ârnmângâr) *s* ferrageiro; USA sucateiro; quinquilheiro.
Ironmongery (ái-ârnmângâri) *s* negócio de ferragens; loja de quinquilharias; USA HARDWARE STORE.
Ironside (ái-ârnsáid) *s* homem austero; enérgico; homem rigoroso.
Ironwork (ái-ârn-uârk) *s* armação de ferro; ferragem.
Ironworks (ái-ârn-uârk) *s* fundição; ferraria; forja.
Irony (ái-roní) *s* ironia; zombaria; sarcasmo.
Irradiance (irrêi-diânss) *s* irradiação; difusão; iluminação.
Irradiancy (irrêi-diânsi) *vide* IRRADIANCE.
Irradiant (irrêi-diânt) *adj* luminoso; irradiante.
Irradiate (irrêi-diêit) *v* irradiar; iluminar; aclarar.
Irradiation (irrêidiêi-shânn) *s* irradiação; propagação; brilho.
Irrational (irréshânâl) *adj* irracional; ilógico.
Irrecoverable (irrikâ-vârâbl) *adj* irreparável; irremediável.
Irredeemable (irridi-mâbl) *adj* irremissível; perpétuo; irresgatável.
Irreducible (irridiu-sibl) *adj* irreduzível; MAT irredutível.
Irrefragable (irré-frâgâbl) *adj* irrefragável; infalível; irrefutável.
Irrefutable (irrifiu-tâbl) *adj* irrefutável; evidente; inegável.
Irregular (irré-ghiulâr) *adj* irregular; desigual; assimétrico.
Irregularity (irréghiulé-riti) *s* desordem; irregularidade.
Irrelevance (irrélivânsi) *s* irrelevância; impertinência; despropósito.
Irrelevancy (irré-livânsi) *vide* IRRELEVANCE.
Irrelevant (irré-livânt) *adj* impertinente; inaplicável; impróprio.
Irreligion (irrili-djânn) *s* irreligião; descrença; ateísmo.
Irreligious (irrili-djâss) *adj* irreligioso; descrente; ateu.
Irreligiousness (irrili-djâssnéss) *s* irreligiosidade; descrença.
Irremediable (irrimi-diâbl) *adj* irremediável; inevitável; incurável.
Irremovability (irrimuvâbi-liti) *s* imobilidade; quietude.
Irremovable (irrimu-vâbl) *adj* fixo; irremovível; imutável.
Irreparability (irrépârâbi-liti) *s* irreparabilidade.
Irreparable (irré-pârâbl) *adj* irremediável; irreparável.
Irrepressible (irripré-sibl) *adj* indomável; irreprimível.
Irreproachable (irriprôu-tshâbl) *adj* irrepreensível; impecável.
Irresistible (irrizist-tibl) *adj* irresistível.
Irresolute (irré-zoliut) *adj* irresoluto; vacilante; indeciso.
Irresoluteness (irré-zoliutnéss) *s* irresolução; hesitação; indecisão.
Irrespective (irrispék-tiv) *adj* independente de; sem consideração.
Irresponsibility (irrispónsibi-liti) *s* irresponsabilidade.
Irresponsible (irrispón-sibl) *adj* inconsciente; irresponsável.
Irresponsive (irrispón-siv) *adj* indiscutível; incontestável; irrefutável.
Irretrievable (irritri-vâbl) *adj* irremediável; irreparável.
Irreverence (irré-vârénss) *s* irreverência; desacato; desrespeito.
Irreverent (irré-vârént) *adj* desrespeitoso; irreverente.
Irreversible (irrivâr-sibl) *adj* irrevogável.
Irrevocable (irré-vokâbl) *adj* irrevogável.
Irrigate (i-righêit) *v* irrigar; aguar; banhar; regar.
Irrigation (irrighêi-shânn) *s* rega; irrigação.
Irritability (irritâbi-liti) *s* irritabilidade.
Irritable (irri-tâbl) *adj* irritável; irascível; colérico.
Irritant (iritânt) *adj* estimulante; irritante.
Irritate (i-ritêit) *v* irritar; exacerbar; exasperar.
Irritation (irritêi-shânn) *s* irritação; excitação; provocação.
Irritative (i-ritêitiv) *adj* irritante.
Irruption (irrâp-shânn) *s* irrupção, invasão súbita; invasão impetuosa.
Irruptive (irrâp-tiv) *adj* irruptivo.
Islam (is-lâmm) *s* islamismo; Islão.
Islamic (is-lâmik) *adj* islâmico; islamítico; maometano.
Islamism (is-lâmizm) *s* islamismo.
Island (ái-lând) *s* ilha.
Islander (ái-lândâr) *s* insular; ilhéu.
Isle (áil) *s* ilhota; ilha.
Islet (ái-lét) *s* ilhota; ilhéu.
Isolate (i-solêit) *v* isolar; segregar; separar.
Isolation (issolêi-shânn) *s* isolação; isolamento.
Israelite (iz-riéláit) *s* israelita; judeu; hebreu.
Israelitish (izriéláitshi) *adj* judeu; judaico; hebraico; hebreu.
Issuable (i-shuâbl) *adj* que pode ser emitido; publicável.
Issue (i-shu) *s* emissão de valores; emanação; emissão; expedição.
Issue (i-shu) *v* sair; emanar; terminar; emitir; publicar; nascer.
Issuer (i-shur) *s* emissor.
Isthmus (is-mâss) *s* istmo.
It (it) *s* encanto; atrativo.
It (it) *pron* a; o; ele; ela; isto; isso.
Italian (ité-liânn) *adj* italiano.
Italic (ité-lik) *s* GRAF itálico.
Italic (ité-lik) *adj* itálico; italiano.
Italicize (ité-lissáiz) *v* grifar; imprimir em itálico.
Itch (fitsh) *s* comichão; prurido; sarna.
Itch (fitsh) *v* coçar; prurir; desejar ardentemente.
Itching (i-tshinn) *s* comichão; desejo ardente.
Itchy (i-tshi) *adj* sarnento.
Iterate (i-târêit) *v* repetir; reiterar.
Iteration (itârêi-shânn) *s* iteração; repetição.
Itineracy (áiti-nárânsi) *s* jornada; viagem.
Itinerancy (áiti-nârânsi) *s* jornada; viagem.
Itinerant (áiti-nârânt) *s* errante; ambulante; itinerante.
Itinerant (áiti-nârânt) *adj* errante; ambulante; itinerante.
Its (íts) *pron* seu; sua; seus; suas.
Itself (itsél-f) *pron* ele próprio; ela própria; ele mesmo; ela mesma; se; sigo; si mesmo.
Ivory (ái-vori) *s* marfim.
Ivory (ái-vori) *adj* de marfim.
Ivy (ái-vi) *s* sempre-verde; planta trepadeira e rasteira.
Izzard (i-zârd) *s* nome variante da letra z; ***from A to IZZARD***: do começo ao fim.

jJ

J (djêi) *s* décima letra do alfabeto Português e do alfabeto Inglês, além de diversos outros alfabetos.
Jab (dzaeb) *s* estocada; golpe.
Jab (dzaeb) *v* bater; socar; ferir; apunhalar.
Jabber (djé-bâr) *s* tagarelice; motim; confusão de vozes; gritaria.
Jabber (djé-bâr) *v* tagarelar; palrar.
Jabberer (djé-bârâr) *s* tagarela; falador.
Jack (djék) *s* descalçadeira; espeto (para assar); marinheiro; valete (no baralho); lugar (tomada) para plugar fios elétricos; POP forma abreviada para João (Joãozinho); GÍR cara; ***the Union JACK***: bandeira nacional do Reino Unido.
Jackal (djé-kól) *s* chacal.
Jackanapes (djék-neips) *s* pessoa presumida; pessoa impertinente.
Jackass (djék-éss) *s* asno; burro; FIG tolo; estúpido; ignorante.
Jackdaw (djék-dó) *s* gralha (ave).
Jacket (djé-két) *s* jaqueta; blusão; coroa para dente; casaco.
Jacket (djé-két) *v* vestir-se com uma jaqueta; POP bater; surrar.
Jackie (djéki) *s* USA marinheiro.
Jackpudding (djékipâdinn) *s* palhaço.
Jacobin (djékâ-binn) *s* pombo (de capuz); frade dominicano; jacobino.
Jacobinism (djékâbinism) *s* jacobinismo (associação revolucionária dos jacobinos, fundada em Paris em 1789).
Jade (djêid) *s* jade (pedra verde ou branca); cavalo magro; POP mulher feia.
Jade (djêid) *v* cansar; fatigar; desanimar.
Jag (djég) *s* dente; recorte; carga; USA bebedeira.
Jag (djég) *v* recortar; entalhar; dentear.
Jagged (djé-ghid) *adj* recortado; denteado; irregular.
Jaggedness (djé-ghidnéss) *s* aspereza; irregularidade.
Jail (djêil) *s* cárcere; prisão; cadeia; ***she'll love to throw your ass in JAIL***: ela amará colocá-lo atrás das grades.
Jailer (djêi-lâr) *s* carcereiro, guarda de prisão.
Jailor (djêi-lâr) *vide* JAILER.
Jalop (djé-lâp) *s* GÍR calhambeque; automóvel antigo (lata velha).
Jalousie (djé-luzi) *s* ciúme; gelosia; persiana.
Jam (djémm) *s* geleia; compota; aperto; apuro; congestionamento; GÍR pechincha.
Jam (djémm) *v* apertar; espremer; apinhar; RÁD interferir.
Jamb (djémm) *s* umbral de porta.
Jamboree (djémm-bâri) *s* congresso de escoteiros.
Jangle (djéng-l) *s* disputa; ruidos, sons descordantes.
Jangle (djéng-l) *v* discutir; brigar; disputar.
Jangler (djén-glâr) *s* contendor; tagarela; altercador.
Jangling (djén-glinn) *s* altercação; discussão; som desagradável.
Janitor (djénitâr) *s* bedel; servente; USA porteiro; zelador de edifício.
January (djé-niuéri) *s* janeiro; ***JANUARY, the first month of the year***: janeiro, o primeiro mês do ano.
Jap (djép) *s* língua japonesa.
Jap (djép) *adj* ABREV de japonês ou japonesa; japonês.
Japan (djépé-nn) *s* Japão; japan (goma-laca); verniz do Japão.
Japan (djépé-nn) *v* envernizar; engraxar.
Japanese (djépâni-z) *s* japonês.
Japanese (djépâni-z) *adj* japonês, pessoa nascida no Japão; nipônico.
Jape (djêip) *s* gracejo; zombaria.
Jape (djêip) *v* gracejar; lograr; iludir.
Jar (djár) *s* jarro; pote; vibração; discussão.
Jar (djár) *v* vibrar; tremer; chocar-se.
Jargon (djár-gânn) *s* gíria; dito popular; jargão.
Jarring (djá-rinn) *s* discordância; vibração; rixa; disputa.
Jarring (djá-rinn) *adj* discordante.
Jasey (djêi-si) *s* peruca; cabeleira postiça.
Jasmine (djás-minn) *s* jasmim (flor).
Jasper (djés-pâr) *s* jaspe (pedra quartzo).
Jaundice (dján-diss) *s* MED icterícia.
Jaunt (djánt) *s* excursão; passeio.
Jaunt (djánt) *v* passear; perambular; vaguear; excursionar.
Jauntiness (dján-tinéss) *s* garbo; graça; ligeireza; exibição.
Jaunting (dján-tinn) *adj* passeador; excursionista.
Jaunty (dján-ti) *adj* airoso; garboso.
Javanese (djávâniz) *adj* javanês (da ilha de Java).
Jaw (djó) *s* mandíbula; maxilar; GÍR bate-papo; conversa; *JAW-BONE*: ANAT maxilar.
Jay (djéi) *s* USA palerma; simplório; TEATR canastrão.
Jazz (djéss) *s* USA música e dança improvisadas.
Jealous (djé-lâss) *adj* ciumento; zeloso; invejoso; desconfiado.
Jealously (djé-lâsi) *adv* zelosamente; ciosamente.
Jealousness (djé-lâsnéss) *s* ciúme; desconfiança; inveja.
Jealousy (djé-lâsi) *s* ciúme; suspeita; receio.
Jean (djêinn) *s* fustão de algodão e lã.
Jeans (djêinns) *s* calça esporte.
Jeep (djip) *s* MIL carro (automóvel) especial (nome formado pelas iniciais de General Purpose).
Jeer (djir) *s* zombaria; escárnio.
Jeer (djir) *v* zombar; escarnecer; gracejar.
Jeerer (dji-râr) *s* zombeteiro; zombador; escarnecedor.
Jeering (dji-rinn) *s* zombaria; motejo.
Jeering (dji-rinn) *adj* zombeteiro.
Jeez (djiz) *interj* de Jesus.
Jehu (dji-hiu) *s* cocheiro de carruagens.
Jejune (djidju-nn) *adj* seco; estéril; árido; desprovido.
Jejuneness (djidjun-néss) *s* carência; esterilidade; pobreza.
Jejunum (djidju-nâmm) *s* ANAT jejuno (intestino delgado).
Jejunum (djidju-nâmm) *adj* aquele que está de jejum.
Jell (djél) *s* geleia.
Jellied (djé-lid) *adj* gelatinoso.
Jelly (djé-li) *s* geleia.
Jemmy (djé-ni) *s* pé de cabra.
Jenny (djé-ni) *s* torno; máquina (fiar); tacada (bilhar).
Jeopardise (djé-pârdáiz) *v* arriscar; pôr em perigo.
Jeopardize (djé-pârdáiz) *vide* JEOPARDISE.
Jeopardous (djé-pârdâss) *adj* arriscado; perigoso.
Jeopardy (djé-pârdi) *s* perigo; risco.
Jeremiad (djéri-miad) *s* choradeira; lamúria.

Jerk (djârk) *s* safanão; sacudida; sacudidela; ***JERKED-BEEF***: carne seca; carne de sol.
Jerk (djârk) *v* sacudir; arremessar.
Jerker (djâr-kâr) *s* inspetor de alfândega.
Jerky (djâr-ki) *adj* espamódico; impaciente.
Jerry (djé-ri) *s* construção inferior.
Jersey (djâr-zi) *s* bovino (de Jersey); jérsei (tecido).
Jessamine (djé-sâminn) *s* jasmim (planta florida).
Jest (djést) *s* gracejo; zombaria.
Jester (djés-târ) *s* gracejador; bobo; palhaço.
Jesting (djés-tinn) *s* zombaria; gracejo.
Jesting (djés-tinn) *adj* ridículo; zombeteiro.
Jesuit (djé-ziuit) *s* RELIG Jesuíta (religioso da Companhia de Jesus, ordem religiosa fundada em 1534, por Inácio de Loiola, nascido em l491 e desaparecido em 1556).
Jesus (djizâs) *s* RELIG Jesus, expoente máximo da cristandade, também chamado **"O Divino Mestre"**.
Jet (djét) *s* jato; cano de descarga; azeviche; AER avião a jato; GÍR piloto.
Jet (djét) *v* fazer saliência; lançar; arrojar; arremessar-se.
Jetsam (djé-tsâmm) *s* NÁUT carga lançada ao mar.
Jetty (djé-ti) *s* cais; ARQT saliência.
Jetty (djé-ti) *adj* cor de azeviche.
Jew (dju) *s* Judeu, Israelita.
Jewel (dju-él) *s* joia; pedra preciosa; prenda.
Jewel (dju-él) *v* adornar (com joias).
Jeweler (dju-élâr) *s* joalheiro; lapidário.
Jeweller (dju-élâr) *vide* **JEWELER**.
Jewelry (dju-éri) *s* pedraria; pedras preciosas; joalheria.
Jewess (dju-éss) *s* Judia.
Jewish (dju-ish) *adj* Judaico; Hebráico.
Jewry (dju-ri) *s* bairro de Judeu.
Jib (djib) *s* NÁUT bujarrona (vela triângular).
Jiffy (dji-fi) *s* GÍR instante; momento.
Jig (djig) *s* jiga (dança italiana); MEC crivo; gabarito.
Jiggle (djig-l) *v* sacudir; vacilar.
Jigsaw (djig-só) *s* serra de vaivém; quebra-cabeças (brinquedo).
Jill (djil) *s* namorada; moça.
Jilt (djilt) *s* mulher jovem leviana.
Jilt (djilt) *v* enganar um namorado (dar o fora).
Jimjams (djimdjams) *s* delirium tremens (delírio provocado pelo abuso de álcool).
Jingle (djing-l) *s* eufonia; aliteração; consonância de som nas rimas.
Jingle (djing-l) *v* tinir; soar; rimar; MÚS canção publicitária.
Jingoism (djingouism) *s* jacobinismo, nacionalismo extremo (chauvinismo).
Jink (djink) *s* movimento rápido (que visa enganar).
Jinx (djinks) *s* indivíduo azarento.
Jitney (djitni) *s* moeda (5 cents); lotação; quantia insignificante.
Jitter (djitâr) *s* USA nervosismo.
Jitterbug (djitârbâg) *s* pessoa que dança grotescamente; pessoa nervosa.
Jo (djôu) *s* namorado; namorada.
Job (djób) *s* emprego; serviço; trabalho; ocupação; embuste; lucro; ***Erika has a very well-paid JOB***: Erika tem um emprego bem pago.
Job (djób) *v* trabalhar de empreitada; fazer bico; agiotar.
Jobber (djó-bâr) *s* agiota; corretor; revendedor.
Jobbery (djó-bâri) *s* agiotagem; usura.
Jobbing (djó-binn) *adj* intermediário.
Jockey (djó-ki) *s* jóquei; negociante de cavalos; trapaceiro.
Jocose (djokôu-z) *adj* jocoso; alegre.
Jocoseness (djokôuz-néss) *s* jocosidade; alegria; graça.
Jocular (djó-kiulâr) *adj* jocoso; divertido.
Jocund (djó-kând) *adj* jovial; alegre; prazeroso.
Jog (djóg) *s* sacudidela; cotovelada.
Jog (djóg) *v* mover-se vagarosamente; tocar de leve.

Jogger (djó-gâr) *s* pessoa que anda lentamente.
Joggle (djóg-l) *s* entalhe (em peças de madeira).
Joggle (djóg-l) *v* sacudir; empurrar.
Johnny (djôni) *s* tolo; simplório; Joãozinho (diminutivo de John).
Join (djóinn) *v* unir; juntar; associar; reunir; aderir a.
Joiner (djói-nâr) *s* marceneiro.
Joinery (djói-nâri) *s* marcenaria.
Joining (djói-ninn) *s* união; junção.
Joint (djóint) *s* articulação; nó; união.
Joint (djóint) *v* juntar; ligar; articular.
Joint (djóint) *adj* junto; associado; unido; ligado.
Jointer (djóin-târ) *s* junteira, instrumento de carpinteiro (plaina).
Jointress (djóin-tréss) *s* viúva que recebe dote do marido.
Jointure (djóin-tshur) *s* JUR bens dotais de viúva.
Joist (djóist) *s* viga; trave; barrote.
Joke (djôuk) *s* gracejo; graça; piada.
Joke (djôuk) *v* gracejar; pilheriar; brincar.
Joker (djôu-kâr) *s* gracejador; brincalhão; curinga (cartas).
Joking (djôu-kinn) *s* gracejo; galhofa; brincadeira.
Joking (djôu-kinn) *adj* gracejador; galhofeiro; brincalhão.
Jollification (djólifikêi-shânn) *s* festança; folia.
Jolliness (djó-linéss) *s* jovialidade; alegria; júbilo.
Jolly (djó-li) *adj* jovial; alegre; vivo; robusto.
Jollyboat (djó-libôut) *s* NÁUT escaler (barco).
Jolt (djôult) *s* balanço; sacudidela.
Jolt (djôult) *v* sacudir; balançar; lançar; solavancar.
Jolting (djôul-tinn) *s* sacudidela; solavanco; balanço.
Joskin (djós-kinn) *s* GÍR matuto; caipira; comilão.
Jostle (djós-l) *v* empurrar; impelir; apertar.
Jot (djót) *s* jota; ponto; til.
Jot (djót) *v* anotar; resumir.
Jotting (djó-tinn) *s* apontamento; nota.
Journal (djâr-nâl) *s* jornal; gazeta; periódico; CONT livro-diário.
Journalese (djâr-nâlis) *s* linguagem jornalística (sensacionalista).
Journalism (djâr-nâlism) *s* jornalismo.
Journalist (djâr-nâlist) *s* jornalista; USA **NEWSPAPERMAN**.
Journalize (djâr-nâláiz) *v* trabalhar (em jornal); CONT lançar (em diário).
Journey (djâr-ni) *s* viagem; jornada; caminhada.
Journey (djâr-ni) *v* viajar.
Joust (djâst) *s* torneio; peleja; justa.
Jovial (djôu-viâl) *adj* jovial; alegre.
Joviality (djôuvié-liti) *s* regozijo; jovialidade; alegria.
Jowl (djául) *s* rosto; face; bochecha.
Joy (djói) *s* prazer; alegria; gozo.
Joy (djói) *v* alegrar-se; exultar; regozijar-se.
Joyful (djói-ful) *adj* alegre; contente.
Joyfulness (djói-fulnéss) *s* júbilo; alegria; contentamento.
Joyless (djói-léss) *adj* triste; melancólico.
Joylessness (djói-lésnéss) *s* tristeza; amargura.
Joyous (djói-âss) *adj* alegre; jubiloso.
Jubilant (dju-bilânt) *adj* jubilante; triunfante.
Jubilate (dju-bilêit) *s* o terceiro domingo depois da Páscoa.
Jubilate (dju-bilêit) *v* regozijar-se; rejubilar-se; exultar.
Jubilation (djubilêi-shânn) *s* júbilo; regozijo.
Jubilee (dju-bili) *s* jubileu.
Judaism (dju-dêizm) *s* RELIG Judaísmo, religião dos Judeus com base fundamental na Bíblia, composta de três grandes partes que correspondem ao Antigo Testamento do Cristianismo: a Lei (Pentateuco), Os Profetas e Os Escritos (Torá, Neviim e Ketuvim).
Judge (djâdj) *s* juiz; árbitro; perito.
Judge (djâdj) *v* julgar; distinguir; decidir; sentenciar.
Judgement (djâdj-ment) *s vide* **JUDGMENT**.
Judgeship (djâdj-ship) *s* magistratura; cargo de juiz.

Judgment (djâdj-ment) *s* juízo; sentença judiciária; bom senso; opinião.
Judicature (dju-dikâtshur) *s* judicatura; tribunal; magistratura.
Judicial (djudi-shâl) *adj* judicial; sensato; judicioso.
Judiciary (djudi-shâri) *s* judiciário; judicatura.
Judiciary (djudi-shâri) *adj* judiciário.
Judicious (djudi-shâss) *adj* sábio; judicioso; sensato; discreto.
Judiciousness (djudi-shâsnéss) *s* juízo; prudência; senso.
Jug (djâg) *s* jarro; cântaro.
Jug (djâg) *v* cozinhar (lebre); cantar (como rouxinol); GÍR encanar (prender).
Juggins (djâ-ghinss) *s* GÍR simplório (ingênuo).
Juggle (djâgl) *s* prestidigitação.
Juggle (djâgl) *v* enganar; lograr.
Juggler (djâ-glâr) *s* prestidigitador; trapaceiro.
Jugglery (djâ-glâri) *s* prestidigitação.
Jugoslav (iugosláv) *s* iugoslavo.
Juice (djuss) *s* sumo; suco; caldo; POP gasolina; corrente elétrica.
Juiciness (dju-sinéss) *s* suculência.
Juicy (dju-si) *adj* suculento; sucoso; sumarento.
July (djulái) *s* julho; ***JULY, the seventh month of the year***: julho, o sétimo mês do ano.
Jumble (djâmb-l) *s* confusão; baralhada.
Jumble (djâmb-l) *v* misturar; confundir; atrapalhar; complicar.
Jumbling (djâm-blinn) *s* confusão; barulho; baralhada.
Jumbo (djâm-bou) *s* colosso; pessoa enorme (também: animal ou coisa).
Jump (djâmp) *s* salto; pulo; vestido solto.
Jump (djâmp) *v* pular; saltar; levantar.
Jumper (djâm-pâr) *s* saltador; blusa de marinheiro; broca comprida.
Jumping (djâm-pinn) *adj* saltador.
Jumpy (djampi) *adj* nervoso; excitado.
Junction (djânk-shânn) *s* junção; entroncamento (estrada de ferro).
Juncture (djânk-tshâr) *s* junção; união; encaixe; junta; momento crítico; conjuntura.
June (djunn) *s* junho; ***JUNE, the sixth month of the year***: junho, o 6º mês do ano.
Jungle (djângl) *s* selva; mato; floresta.
Junior (dju-niâr) *s* filho mais moço; USA estudante do penúltimo ano de um colégio.
Junior (dju-niâr) *adj* novo; júnior; mais moço.
Junk (djânk) *s* junco (embarcação); cesta; USA sucata.
Junker (djân-kâr) *s* jovem fidalgo (alemão).
Junket (djân-kit) *s* festança; doce; gulodice; USA banquete (com dinheiro público).
Junket (djân-kit) *v* banquetear; regalar-se.
Junketing (djânk-tinn) *s* festança; banquete.
Juridical (djuri-dikâl) *adj* jurídico; judicial.
Jurisconsult (djuriskón-sâlt) *s* jurisconsulto; jurista.
Jurisdiction (djurisdik-shânn) *s* jurisdição; competência.
Jurisprudence (djurispru-dénss) *s* jurisprudência (doutrina fixada em razão de alguma decisão emanada por autoridade competente, quando interpretando os textos obscuro da lei, ou dando solução para caso não previsto na legislação).
Jurist (dju-rist) *s* jurista; advogado; jurisconsulto; causídico.
Juror (dju-râr) *s* jurado, aquele que prestou juramento.
Jury (dju-ri) *s* júri, cidadãos escolhidos para julgarem uma causa num tribunal.
Juryman (dju-rimaen) *s* jurado; USA **VENIREMAN**.
Just (djâst) *adj* justo; imparcial; reto; legítimo.
Just (djâst) *adv* justamente; apenas; exatamente; simplesmente; somente.
Justice (djâs-tiss) *s* justiça; retidão; direito.
Justifiable (djâs-tifáiâbl) *adj* justificável.
Justifiableness (djâs-tifáiâblnéss) *s* justiça; retidão.
Justification (djâstifikêi-shânn) *s* justificação; defesa.
Justified (djâs-tifáid) *adj* justificado.
Justifier (djâs-tifáiâr) *s* justificador; justificante.
Justify (djâs-tiái) *v* justificar; defender; absolver; perdoar.
Justiness (djâst-néss) *s* justiça; exatidão; regularidade.
Jut (djât) *s* projeção; saliência.
Jut (djât) *v* fazer saliência; projetar-se.
Jute (djut) *s* juta (planta).
Jutting (djâ-tinn) *adj* saliente; proeminente; arqueado.
Juvenescence (djuvené-senss) *s* rejuvenescimento.
Juvenescent (djuvené-sent) *adj* rejuvenescente.
Juvenile (dju-venil) *s* jovem; pessoa nova; mocinho.
Juvenile (dju-venil) *adj* juvenil; jovem.
Juvenility (djuveni-liti) *s* juventude; mocidade; vivacidade.
Juxtapose (djâsks-tâpôuz) *v* justapor; sobrepor.
Juxtaposition (djâkstâpôzi-shânn) *s* justaposição; superposição.

k K

K (kêi) *s* décima primeira letra do alfabeto Inglês e de diversos alfabetos.
K (kêi) QUÍM símbolo do potássio.
Kailyard (kéi-liârd) *s* horta (plantação).
Kaiser (káiser) *s* imperador.
Kale (kêil) *s* repolho; couve; USA GÍR dinheiro.
Kaleidoscope (kâlái-doskôup) *s* calidoscópio (aparelho óptico).
Kalends (ké-lendz) *s* calendas (1º dia do mês no calendário romano).
Kangaroo (kéngâru) *s* canguru (animal).
Karma (kérma) *v* RELIG carma.
Kayak (kaiék) *s* caiaque (barco).
Keck (kék) *v* enojar-se; repugnar-se; fazer esforço para vomitar.
Kedge (kédj) *s* NÁUT âncora; ancoreta.
Keel (kil) *s* NÁUT quilha; barco; chata.
Keel (kil) *v* bater a quilha; refrescar; sulcar; soçobrar.
Keeler (ki-lâr) *s* gamela; saleiro.
Keelson (kél-sânn) *s* carlinga.
Keen (kin) *adj* vivo; agudo; ardente; entusiasta; ávido; colérico; penetrante.
Keenness (kin-néss) *s* agudeza; sagacidade; desejo (ardente); ânsia; vivacidade.
Keep (kip) *s* guarda; manutenção; forte; custódia; proteção.
Keep (kip) *v* guardar; possuir; conservar; manter; ter; criar; celebrar; *past or pp* KEPT.
Keeper (ki-pâr) *s* guarda; protetor; guardião.
Keeping (ki-pinn) *s* guarda; custódia; sustento; harmonia.
Keepsake (kip-sêik) *s* dádiva; presente; lembrança.
Kef (kéf) *s* langor; torpor; sonolência.
Keg (kég) *s* barril; barrica.
Kemp (kémmp) *s* campeão; lutador.
Ken (kénn) *s* alcance (da vista); alcance (conhecimento).
Ken (kénn) *v* reconhecer; ver (ao longe).
Kennel (kén-nel) *s* canil; covil; vala; toca.
Kennel (kén-nel) *v* abrigar-se (em covil ou toca); habitar; entocar.
Kerchief (kértshif) *s* lenço de cabeça.
Kern (kârnn) *s* caipira; simplório; TIP parte saliente de um tipo.
Kernel (kârn-l) *s* semente; caroço; núcleo; miolo; amêndoa; grão.
Kerosene (kerâsin) *s* querosene.
Kersey (kâr-zi) *s* tecido lã.
Kerseymere (kâr-zimir) *s* casimira.
Ketch (kétsh) *s* chalupa.
Ketchup (ké-tshâp) *s* molho (de tomates, cogumelo etc.).
Kettle (két-l) *s* caldeira; chaleira.
Kettledrum (ké-tldrâmm) *s* timbale (tambor).
Key (ki) *s* chave; teclado; cais; recife; tipo (letra) de máquina de escrever; MÚS clave.
Keyboard (ki-bôurd) *s* teclado (de piano, linotipo, máquina de escrever etc.).
Keyhole (ki-houl) *s* buraco de fechadura.
Keyman (ki-man) *s* USA telegrafista.
Keystone (ki-stôunn) *s* pedra angular.
Khaki (kâ-ki) *s* cáqui, cor de barro.
Khalifa (kâ-lif) *s* califa.
Khan (kánn) *s* cã; príncipe.
Kibe (káib) *s* MED frieira.
Kick (kik) *s* pontapé; patada; coice; USA crítica; objeção.
Kick (kik) *v* escoicear; dar pontapés; USA criticar; protestar.
Kicker (ki-kâr) *s* aquele que dá pontapés; o que da coices; USA reclamador.
Kicking (ki-kinn) *s* ação de dar pontapés; ação de dar coices; violência.
Kickshaw (kik-shó) *s* ninharia; prato leve; insignificância; frivolidade.
Kid (kid) *s* garoto; criança; cabrito; pele de cabrito; carne de cabrito; cesta.
Kid (kid) *v* cobrir-se com pele (de cabritos); parir cabritos; GÍR enganar; iludir.
Kidding (kid-inn) *adj* bricalhão.
Kiddle (kid-l) *s* criança.
Kidling (ki-dlinn) *s* cabritinho.
Kidnap (kid-nép) *s* rapto; sequestro.
Kidnap (kid-nép) *v* raptar; sequestrar (pessoas).
Kidnapper (kid-népâr) *s* raptor; sequestrador.
Kidnapping (kid-népinn) *s* rapto; sequestro.
Kidney (ki-dni) *s* disposição; temperamento; humor; ANAT rim.
Kidstuff (kidstâf) *s* maconha (entorpecente).
Kidvid (kidvid) *s* TV programa infantil.
Kill (kil) *s* animal morto; canal; rio; arroio.
Kill (kil) *v* matar; executar; assassinar; pôr fim a; aniquilar; neutralizar.
Killer (ki-lâr) *s* assassino; matador; homicida.
Killing (ki-linn) *s* assassino; assassínio.
Killing (ki-linn) *adj* matador; homicida.
Killjoy (kiljâi) *s* desmancha-prazeres.
Kiln (kiln) *s* forno.
Kilogramme (kilâgram) *s* quilograma, kg (mil gramas); USA KILOGRAM.
Kilometre (kilâmiter) *s* quilomêtro (mil metros); USA KILOMETER.
Kilt (kilt) *s* saiote escocês.
Kilt (kilt) *v* franzir; arregaçar.
Kimono (kimonou) *s* quimono (roupão).
Kin (kinn) *s* parentesco; parente.
Kin (kinn) *adj* parente.
Kind (káind) *s* gênero; espécie; casta; natureza; maneira.
Kind (káind) *adj* afável; gentil; amável.
Kindergarten (kinn-dârgârtn) *s* jardim da infância (escola infantil).
Kindle (kind-l) *v* acender; atear; inflamar-se; excitar.
Kindler (kin-dlâr) *s* incendiário; agitador.
Kindliness (káin-dlinéss) *s* bondade; benevolência; boa índole.
Kindling (kin-dlinn) *s* fogo; entusiasmo; USA graveto (para fogo).
Kindly (káin-dli) *adj* benigno; amável; brando; bondoso.
Kindness (káind-néss) *s* amabilidade; bondade; benevolência.
Kindred (kin-dred) *s* parentesco; afinidade.
Kindred (kin-dred) *adj* aparentado; parente; congênere.
Kinematics (kinemé-tiks) *s* cinemática.

Kinetic (kiné-tik) *adj* cinético; cinemático.
King (kinn) *s* rei; majestade.
Kingcraft (kinjkraft) *s* arte de reinar.
Kingcup (kin-kâp) *s* ranúnculo (planta amarela).
Kingdom (kin-dâmm) *s* reino; império; região.
Kingfisher (kin-fishâr) *s* pássaro que se alimenta de peixe.
Kinghood (kin-hud) *s* realeza; soberania.
Kinglike (kin-láik) *adj* real; majestoso; régio.
Kingliness (kin-linéss) *s* dignidade real.
Kingly (kin-li) *adj* real.
Kingship (kin-ship) *s* majestade; realeza.
Kink (kink) *s* dobra; prega; MED tosse convulsa; coqueluche.
Kink (kink) *v* torcer; dobrar; tossir com intensidade convulsa.
Kinsfolk (kinz-fôuk) *s* parentela; parentesco.
Kinship (kin-ship) *s* parentesco consaguíneo.
Kinsman (kinz-maen) *s* parente consaguíneo.
Kinswoman (kinz-uumaen) *s* parenta consaguínea.
Kiosk (kiâsk) *s* quiosque; banca de jornal; USA NEWS-STAND.
Kip (kip) *s* pele (animal); peso (mil libras).
Kipper (ki-pâr) *s* salmão; peixe defumado.
Kipper (ki-pâr) *v* defumar peixes.
Kirk (kêrk) *s* igreja (Escócia).
Kirsch (kârsh) *s* aguardente (de cerejas).
Kirtle (kârt-l) *s* saiote; túnica; saia.
Kiss (kiss) *s* beijo; ósculo.
Kiss (kiss) *v* beijar.
Kissing (ki-sinn) *s* ato de beijar; beijo.
Kit (kit) *s* balde (para leite); barril (pequeno); ferramenta; estojo para abrigar diversos tipos de produtos; equipamento; gatinho.
Kitchen (ki-tshenn) *s* cozinha.
Kitchener (ki-tshenâr) *s* chefe (de cozinha); trabalhador de cozinha; cozinheiro (chefe).
Kitchenette (kitsh-inét) *s* cozinha com copa (pequena); BR apartamento (muito pequeno).
Kite (káit) *s* milhafre (ave); papagaio de papel (pipa); COM nota promissória (papagaio); FIG pessoa ambiciosa.
Kith (kith) *s* relações; amigos.
Kitten (kitn) *s* gatinho.
Kittenish (kitnitsh) *adj* travesso; jocoso; brincalhão (como gatinho).
Kittle (ki-tl) *adj* intratável; difícil; espinhoso.
Kitty (kiti) *s* gatinho (na linguagem infantil).
Kleptomania (kleptou-meinia) *s* cleptomania (desejo incontido de roubar).
Knack (nék) *s* destreza; habilidade; brinquedo.
Knacker (né-kâr) *s* negociante (de material de 2ª mão, de cavalos velhos etc.); fabricante de brinquedos.
Knag (nég) *s* nó (de madeira); cavilha.
Knaggy (né-ghi) *adj* nodoso; áspero; irregular.
Knap (nép) *s* estalido; rangido.
Knap (nép) *v* estalar; britar.
Knapper (né-pâr) *s* britador.
Knapsack (nép-sack) *s* mochila.
Knar (nép) *s* nó de árvore.
Knave (nêiv) *s* valete (jogo de cartas); criado; patife.
Knavery (nêi-vâri) *s* velhacaria; patifaria.
Knavish (nêi-vish) *adj* velhaco; tratante; patife.
Knavishness (nêi-vishnéss) *s* patifaria; velhacaria.
Knead (nid) *v* amassar; unir; juntar.
Kneader (ni-dâr) *s* amassador; misturador.
Kneck (nék) *s* amarra; torcida.
Knee (ni) *s* joelho; curva.
Knee (ni) *v* ajoelhar; dobrar os joelhos.
Kneecap (ni-kép) *s* patela; rótula (do joelho).
Kneed (ni-d) *adj* curvado (joelhos).
Kneel (nél) *v* ajoelhar-se; *past or pp* KNELT.
Kneeling (ni-linn) *s* genuflexão.
Kneeling (ni-linn) *adj* ajoelhado.
Knell (nél) *s* dobre de sinos (o bater).
Knell (nél) *v* dobrar os sinos; *past or pp* KNELT.
Knickerbocker (nike-bócker) *s* calção apertado (nos joelhos).
Knickers (níkers) *s* calção; calça (de mulher); USA BLOOMERS.
Knick-knack (nic-néc) *s* brinquedo; ninharia; bagatela.
Knife (náif) *s* faca; navalha; punhal.
Knife (náif) *v* apunhalar; esfaquear; USA virar a casaca; trair.
Knight (náit) *s* cavaleiro; cavalo (jogo de xadrez); valete (no baralho).
Knight (náit) *v* nomear cavaleiro; armar cavaleiro; ***KNIGHT-templar***: Templário ou Cavaleiro Templário, membro de uma Ordem Militar e Religiosa fundada em Jerusalém em 1118 (na atualidade tornou-se uma sociedade discreta que visa o aperfeiçoamento dos seus membros e trabalha em favor da humanidade).
Knighthood (náit-hud) *s* dignidade de cavaleiro; cavalaria.
Knightly (nái-tli) *adv* cavalheiresco.
Knit (nit) *v* fazer meia ou crochê; fazer renda; unir; enlaçar; *past or pp* KNIT.
Knitting (ni-tinn) *s* união; junção; confecção em meia; enlace.
Knittle (nitl) *s* cabo de atracar; amarra; atracador.
Knob (nób) *s* côrcova; protuberância; botão; alça de gaveta (puxador); nó (em madeira).
Knobbiness (nó-binéss) *s* nodosidade; que têm nós.
Knobby (nó-bi) *adj* protuberante; cheio de saliências.
Knock (nók) *s* pancada; golpe; toque.
Knock (nók) *v* bater; ferir; socar; bater à porta.
Knockdown (nók-dáunn) *s* ESP soco que faz o adversário cair.
Knocker (nó-kâr) *s* aquele que bate; USA derrotista; pessimista.
Knocking (nó-kinn) *s* ato de bater; golpe; barulho; tumulto.
Knockout (nók-óut) *s* ESP soco que faz o adversário cair (desmaiar).
Knoll (nóul) *s* colina; morro; cume; dobre de finados; repicar de sino (para chamar a atenção).
Knoll (nóul) *v* tinir; retinir; tocar.
Knop (nóp) *s* botão (flor).
Knot (nót) *s* nó; laço; dificuldade; problema; nó (de madeira).
Knot (nót) *v* enlaçar; dar nós.
Knottiness (nó-tinéss) *s* dificuldade; nodosidade.
Knotty (nó-ti) *adj* nodoso; embaraçoso; difícil.
Know (nôu) *v* conhecer; distinguir; saber; compreender; reconhecer; ***I've KNOWN about it for a long time***: fiquei sabendo disto faz muito tempo; *past* KNEW *and pp* KNOWN.
Knowable (nôu-âbl) *adj* que se pode saber; que se pode conhecer.
Knower (nôu-âr) *s* conhecedor; sábio.
Knowing (nôu-inn) *adj* instruído; inteligente; hábil; fino; sagaz.
Knowingness (nôu-innéss) *s* sagacidade; finura; esperteza.
Knowledge (nó-ledj) *s* saber; habilidade; erudição; ciência; conhecimento; inteligência.
Known (nôunn) *adj* sabido; reconhecido.
Knuckle (nâk-l) *s* articulação; junta; nó dos dedos.
Knuckle (nâk-l) *v* curvar-se; ceder; submeter-se; sujeitar-se.
Knur (nâr) *s* nó de madeira; tronco de árvore.
Knurl (nârl) *s* protuberância; nó; estria.
Kohl (kôul) *s* pó preto (para pintar os cílios).
Kopje (kó-pi) *s* outeiro; pequena colina.
Koran (kârann) *s* Alcorão; Corão (Livro Sagrado do Islamismo).
Kosher (kôu-shâr) *adj* puro; limpo (segundo a lei dos judeus).
Kow-tow (kôutá-u) *s* reverência chinesa (prostração).
Kow-tow (kôutá-u) *v* reverenciar (colocando a testa no chão).
Kudos (kiu-dóss) *s* POP fama; nome; glória; crédito.

L

L (él) *s* décima primeira letra do alfabeto Português e décima segunda do Inglês e diversos outros alfabetos.
L (él) cinquenta (algarismo romano).
La (lá) *s* MÚS lá (símbolo usado: A).
Laager (lé-gâr) *s* MIL acampamento (África do Sul).
Laager (lé-gâr) *v* acampar.
Label (lêi-bél) *s* rótulo; etiqueta.
Label (lêi-bél) *v* rotular; classificar; etiquetar.
Labial (lêi-biâl) *s* GRAM letra labial.
Labial (lêi-biâl) *adj* labial.
Labor (lêi-bâr) *s* labor; trabalho; MED dores de parto.
Labor (lêi-bâr) *v* trabalhar; labutar; elaborar.
Laboratory (lé-borâtôuri) *s* laboratório.
Laborer (lêi-bârâr) *s* operário; obreiro; trabalhador.
Laboring (lêi-bârinn) *s* trabalho; fadiga; inclinação do navio.
Laboring (lêi-bârinn) *adj* trabalhoso; fatigante.
Laborious (lâbôu-riâss) *adj* trabalhoso; difícil; penoso; árduo.
Labour (lâbôu-r) *vide* LABOR.
Labourer (lêi-bârâr) *vide* LABORER.
Labyrinth (lé-birinth) *s* labirinto; dédalo; ANAT interior da orelha.
Lac (lék) *s* laca; goma-laca.
Lace (lêiss) *s* atacador; cordão; laço; fita.
Lace (lêiss) *v* guarnecer de rendas.
Lacerate (lé-sârêit) *v* lacerar; dilacerar; rasgar.
Lacerate (lé-sârêit) *adj* lacerado; dilacerado; rasgado.
Laceration (léssârêi-shânn) *s* laceração; FIG tormento.
Lachrymal (lé-krimâl) *adj* lacrimal; ANAT glândula que produz lágrimas.
Lacing (lêi-sinn) *s* laçadura; ato de laçar.
Lack (lék) *s* falta; carência; ausência; privação.
Lack (lék) *v* carecer de; necessitar; precisar.
Lackadaisical (lékâdêi-sikâl) *adj* sentimental; lânguido; dolente.
Lackey (lé-ki) *s* lacaio; servidor; pajem.
Lackey (lé-ki) *v* servir de lacaio.
Lacking (lé-kinn) *adj* carente de; necessitado de.
Laconian (lâkónia-ân) *s* lacônico; breve; conciso; resumido.
Laconian (lâkónia-ân) *adj* lacônio; resumido; conciso; breve.
Laconic (lâkó-nik) *vide* LACONIAN.
Lacquer (lé-kâr) *s* laca; verniz.
Lacquer (lé-kâr) *v* lacar; pintar (com laca).
Lacquerer (lé-kârâr) *s* envernizador; fabricante (objetos com laca).
Lacrosse (lakró-ss) *s* ESP CAN pela (jogo de bola).
Lactate (lék-têit) *s* lactato.
Lactate (lék-têit) *v* amamentar; transformar (em leite).
Lactic (lék-tik) *adj* láctico.
Lacustrine (lakâss-trin) *adj* lacustre.
Lacy (lei-ssi) *adj* rendado; feito de renda.
Lad (léd) *s* moço; rapaz.
Ladder (lé-dâr) *s* escada de mão; fio corrido em meia; USA RUN.
Laddie (lé-di) *s* rapazinho; mocinho.
Lade (lêid) *s* canal de rio; carga.
Lade (lêid) *v* carregar; deitar fora; vazar; NÁUT entrar água (numa embarcação); *past or pp* LADEN.
Laden (lêidn) *adj* abatido; carregado; prostrado.
Lading (lêi-dinn) *s* carregamento; carga; frete.
Ladle (lêidl) *s* colher; concha.
Ladle (lêidl) *v* tirar (com colher grande ou com uma concha).
Lady (lêi-di) *s* senhora; dona de casa; dama; esposa.
Ladybird (lêi-dibârd) *s* joaninha; escaravelho; USA LADY-BUG.
Ladylike (lêi-diláik) *adj* senhoril; elegante; distinto.
Lag (lég) *s* atraso; retardamento.
Lag (lég) *v* andar (vagarosamente).
Lag (lég) *adj* último; tardio; tardo; vagaroso.
Laggard (lé-gârd) *s* pessoa retardatária.
Laggard (lé-gârd) *adj* vagaroso; tardio; retardatário.
Lagger (lé-gâr) *s* retardatário; vagaroso.
Lagging (lé-ghinn) *s* cobertura; revestimento.
Lagging (lé-ghinn) *adj* lento; retardado.
Lagoon (lâgu-nn) *s* lagoa; laguna.
Laic (lêik) *s* laico; leigo; secular.
Laic (lêik) *adj* laico; leigo; secular.
Laical (lêi-kâl) *adj* laical; secular; leigo.
Laid (lêid) *adj* posto; estendido; colocado; que tem sulcos.
Lake (lêik) *s* lago; lagoa; laca; goma-laca.
Lam (lémm) *s* lâmina (de ouro ou de prata).
Lam (lémm) *v* GÍR bater; espancar.
Lama (lá-mâ) *s* lama (sacerdote Tibete); lama ou lhama (animal quadrúpede).
Lamb (lémm) *s* cordeiro; carne de cordeiro.
Lamb (lémm) *v* ação que retrata o parir de uma ovelha.
Lambency (lém-bênsi) *s* qualidade de ligeiro; ligeireza.
Lambent (lém-bênt) *adj* ligeiro; caprichoso; que toca com delicadeza; que tem luminosidade suave.
Lambskin (lém-skinn) *s* pele (de cordeiro); pelica.
Lame (lêimm) *adj* coxo; estropiado; imperfeito.
Lame (lêimm) *v* estropiar; mancar.
Lament (lâmén-t) *s* lamento; queixa.
Lament (lâmén-t) *v* lamentar; queixar-se.
Lamentable (lâmén-tâbl) *adj* lamentável; deplorável.
Lamentation (lâmentêi-shânn) *s* lamentação; lamento; pranto; queixume.
Lamina (lé-minâ) *s* lâmina; chapa; placa.
Laminar (lé-minâr) *adj* laminar, reduzir a lâminas.
Lamination (léminêi-shânn) *s* laminação de metais (estabelecimento).
Lamp (lémp) *s* lâmpada; lampião; lanterna.
Lampblack (lémp-blék) *s* fuligem (pó de couro, madeira etc.).
Lampoon (lémpu-nn) *s* pasquim (jornal satírico); libelo difamatório; jornaleco.
Lampoon (lémpu-nn) *v* difamar; satirizar; escrever para pasquins.
Lampooner (lémpu-nâr) *s* escritor satírico; escritor de pasquins.
Lamprey (lém-pri) *s* lampreia (peixe).
Lance (lénss) *s* lança; lanceta.
Lance (lénss) *v* lancetar, ferir com lança.
Lancer (lén-sâr) *s* lanceiro; lancetador.

Lancet (lén-set) *s* MED lanceta (lâmina cirurgia).
Lancinating (lén-sinêitinn) *adj* lancinante; dor aguda.
Land (lénd) *s* terra; terreno; região; continente; herdade; bens de raiz.
Land (lénd) *v* desembarcar; aterrizar; aterrar.
Landed (lén-did) *adj* desembarcado.
Landfall (lénd-fól) *s* ganho não esperado; aterragem; JUR herança.
Landholder (lénd-hôuldâr) *s* proprietário rural (fazendeiro).
Landing (lén-dinn) *s* desembarque; pouso; aterrizagem; USA patamar.
Landlady (lénd-lêidi) *s* proprietária; a senhoria.
Landlord (lénd-lórd) *s* dono de terras (fazendeiro).
Landmark (lénd-márk) *s* limite; baliza; marco; ponto de referência; reconhecimento; JUR preceitos que não podem ser mudados (sociedades diversas).
Landscape (lénd-skêip) *s* paisagem; painel; panorama.
Landslide (lénd-sláid) *s* POL vitória esmagadora; USA desmoronamento; desabamento.
Landslip (léndz-slip) *vide* **LANDSLIDE**.
Landsman (léndz-maen) *s* MIL soldado (de terra).
Landward (lénd-uârd) *adv* em direção à terra; para a terra.
Lane (lêinn) *s* beco; viela; travessa; passagem.
Language (lén-güidj) *s* língua; fala; linguagem; idioma.
Languid (lén-güid) *adj* lânguido; débil; fraco; desfalecido.
Languidness (lén-güidnéss) *s* languidez; abatimento; prostração; cansaço.
Languish (lén-güish) *v* desfalecer; consumir-se.
Languishing (lén-güishinn) *adj* lânguido; desfalecido; alquebrado.
Languishment (lén-güishment) *s* desfalecimento; abatimento; ternura (no olhar).
Languor (lén-gâr) *s* langor; abatimento.
Languorous (lén-gârâss) *adj* langoroso; débil; fraco; frouxo.
Lank (lénk) *adj* magro; cabelo liso; liso; franzino; magrelo.
Lankiness (lénk-néss) *s* frouxidão; fraqueza.
Lanky (lén-ki) *adj* frouxo; mole; débil; alto e magrelo.
Lantern (lén-târnn) *s* lanterna; farol; claraboia.
Lanyard (lé-niârd) *s* passadeira; correia; NÁUT corda (dos escaleres).
Lap (lép) *s* recobrimento; bainha; dobra; regaço; colo; cobrança; volta completa de uma pista.
Lap (lép) *v* dobrar; enrolar; embrulhar; encobrir; lamber.
Lapel (lâpél) *s* lapela.
Lapidary (lé-pidéri) *s* lapidário.
Lapidary (lé-pidéri) *adj* lapidário; tumular.
Lapidate (lé-pidêit) *v* lapidar; apedrejar.
Lapidation (lépidêi-shânn) *s* lapidação; apedrejamento.
Lappet (lé-pét) *s* aba; pano; guia; fio; lóbulo da orelha.
Lapse (léps) *s* lapso; queda; falta de tempo.
Lapse (léps) *v* cair; declinar; escorregar; cometer lapso; decair; JUR caducar; prescrever.
Lapsed (lépst) *adj* decaído; deslizado; devoluto.
Larboard (lár-bôurd) *s* NÁUT bombordo de navio (lado esquerdo, no sentido da popa à proa).
Larcenous (lár-sinâss) *adj* ladrão; defraudador.
Larceny (lár-sini) *s* furto; apropriação indébita.
Lard (lárd) *s* banha (de porco); toucinho.
Lard (lárd) *v* lardear; engordar; misturar.
Larder (lár-dâr) *s* despensa (armário de gêneros alimentícios etc.).
Large (lárdj) *adj* grande; largo; volumoso; espaçoso.
Large (lárdj) *adv* NÁUT largamente; jactansiosamente.
Largeness (lár-djnéss) *s* grandeza; tamanho; extensão; liberalidade.
Largess (lár-djéss) *s* dom; dádiva; presente.
Lariat (lé-riét) *s* laço; corda para animais.
Lark (lárk) *s* calhandra, cotovia; brincadeira; travessura; peça; partida.
Lark (lárk) *v* apanhar calhandras; dizer gracinhas; pregar peça.
Larkspur (lár-kspâr) *s* espora (planta).
Larky (lár-ki) *adj* travesso; brincalhão.
Larrikin (lé-rikinn) *s* desordeiro; malandro de rua; vagabundo.
Larrikin (lé-rikinn) *adj* desordeiro; malandro de rua; vagabundo.
Larrup (lé-râp) *s* pancada; golpe.
Larrup (lé-râp) *v* GÍR espancar; surrar.
Laryngology (léringó-lâdji) *s* MED laringologia.
Larynx (lé-rinks) *s* ANAT laringe.
Lascivious (léssi-viâss) *adj* lascivo; obsceno.
Lasciviousness (léssi-viâsnéss) *s* lascívia; luxúria.
Laser (lêiza) *s* lêiser (fonte luminosa que produz feixes de luz cromática, condensada e de grande intensidade).
Lash (lésh) *s* látego; mecha; pestana.
Lash (lésh) *v* açoitar; chicotear; fustigar; satirizar.
Lasher (lé-shâr) *s* açoitador; chicoteador; crítico rigoroso.
Lashing (lé-shinn) *s* açoite; chicotada; castigo; NÁUT amarrilho.
Lass (léss) *s* moça; aldeã; namorada.
Lassie (lé-si) *s* mocinha; garota.
Lassitude (lé-sitiud) *s* lassidão; cansaço; fraqueza.
Lasso (lé-sôu) *s* laço.
Lasso (lé-sôu) *v* laçar; agarrar com o laço.
Last (lést) *s* o fim; a extremidade; carga; lastro.
Last (lést) *v* durar; permanecer; conservar-se.
Last (lést) *adj* último; passado; ***this time LAST year I was living in Brazil:*** neste período, no último ano eu estava vivendo no Brasil.
Last (lést) *adv* ultimamente; enfim.
Lasting (lés-tinn) *adj* durável; duradoro; constante; fixo.
Lastly (lés-tli) *adv* por fim; finalmente.
Latch (létsh) *s* trinco; fecho; fechadura.
Latch (létsh) *v* fechar com ferrolho.
Latchet (lé-tshét) *s* cordão (para sapato ou sandália).
Late (lêit) *adj* tardio; atrasado; demorado; recente; USA **tardy**.
Late (lêit) *adv* tarde; fora de hora.
Lateen (lâti-nn) *s* NÁUT latina.
Lateen (lâti-nn) *adj* latino.
Lately (lêi-tli) *adv* recentemente; ultimamente.
Latency (lêi-tensi) *s* estado latente, encoberto, subentendido.
Lateness (lêit-néss) *s* atraso; demora; USA **TARDINESS**.
Latent (lêi-tent) *adj* latente; oculto; secreto.
Latently (lêi-tentli) *adv* secretamente; ocultamente.
Later (lêi-târ) *adj* posterior; subsequente; mais tardio; mais tarde.
Later (lêi-târ) *adv* mais tarde.
Latest (lêi-tést) *adj* o último; o mais recente; o mais moderno.
Lath (léth) *s* ripa; sarrafo.
Lath (léth) *v* cobrir com sarrafos.
Latin (lé-tinn) *s* o latim (língua atualmente considerada morta, falada no antigo Império Romano).
Latin (lé-tinn) *adj* latino.
Latinism (lé-tinizm) *s* latinismo (palavras, expressões etc., próprios do Latim ou a ele interligadas).
Latinist (lé-tinist) *s* latinista.
Latish (lêi-tish) *adj* um tanto tarde; um pouco tardio.
Latitude (lé-titiud) *s* latitude; FIG amplitude; largueza.
Latter (lé-târ) *adj* o último de dois; este; o mais recente.
Latterly (lé-târli) *adv* recentemente; há pouco tempo.
Lattice (lé-tiss) *s* janela de grade; gelosia.
Latticed (lé-tist) *adj* engradado; gradeado.
Laud (lód) *s* louvor; elogio.
Laud (lód) *v* louvar; elogiar.
Laudable (ló-dâbl) *adj* louvável; digno de aprovação; bom de saúde.
Laudatory (ló-dâtôuri) *s* encômio; elogio; louvor.
Laudatory (ló-dâtôuri) *adj* que encerra louvor.
Laugh (léf) *s* riso; risada; gargalhada; escárnio.
Laugh (léf) *v* rir-se; zombar; escarnecer.

Laughable (lé-fâbl ou lá-fâbl) *adj* risível; ridículo.
Laugher (lé-fâr) *s* o que ri; folgazão; brincalhão.
Laughing (lé-finn) *s* riso; ato de rir.
Laughing (lé-finn) *adj* jovial; zombeteiro.
Laughter (léf-târ) *s* risada; riso.
Launch (lán-tsh) *s* NÁUT lancha; lançamento de navio (ao mar).
Launch (lán-tsh) *v* lançar à água.
Launching (lán-tshinn) *s* lançamento ao mar; no mercado etc.
Laundress (lón-dréss) *s* lavadeira; lavandeira.
Laundry (lón-dri) *s* lavanderia; lavagem de roupa; roupa para lavar.
Laundryman (lón-drimaen) *s* lavandeiro; lavadeiro.
Laureate (ló-riit) *v* laurear; aplaudir; festejar.
Laureate (ló-riit) *adj* laureado.
Laurel (ló-rél) *s* loureiro; louro (planta); laurel; triunfo.
Laurel (ló-rél) *adj* láureo; de louro.
Lavatory (lé-vâtôuri) *s* lavatório; pia; banheiro.
Lavender (lé-vendâr) *s* lavanda.
Laver (lêi-vâr) *s* pia; bacia batismal; água do batismo.
Lavish (lé-vish) *adj* pródigo; esbanjador.
Lavish (lé-vish) *v* prodigalizar; esbanjar; gastar.
Lavishness (lé-vishnéss) *s* profusão; excesso; prodigalidade.
Law (ló) *s* lei; regra; direito; estatuto; constituição; decreto; édito; os livros (5) do Velho Testamento (a Toráh ou Pentateuco); foro; tribunal.
Lawful (ló-ful) *adj* legal; legítimo; estabelecido por lei.
Lawfulness (ló-fulnéss) *s* legitimidade; legalidade.
Lawless (ló-léss) *adj* ilegal; ilegítimo; não sujeito a leis.
Lawn (lónn) *s* relva; prado; planície; relvado; cambraia de linho.
Lawyer (ló-âr) *s* advogado; jurisconsulto; legista.
Lax (léks) *adj* lasso; frouxo; banho; vago; que tem diarreia.
Laxative (lék-sâtiv) *s* laxante; purgante.
Laxative (lék-sâtiv) *adj* laxativo, que afrouxa.
Laxity (lék-siti) *s* relaxamento; lassidão; frouxidão; diarreia.
Lay (lêi) *s* situação; leito; camada; negócio; canto; balada.
Lay (lêi) *v* pôr; colocar; depositar; estender; apostar. *past or pp* LAID.
Lay (lêi) *adj* leigo; secular.
Layer (lêi-âr) *s* camada; estrato; leito.
Layer (lêi-âr) *v* mergulhar; enterrar plantas.
Laying (lêi-inn) *s* colocação; a colocação de ovos; cal de uma parede (camada).
Layman (lêi-maen) *s* leigo; o laico; o profano.
Layout (lêi-aut) *s* plano; esboço; USA situação; condição; mesa de jogo.
Laze (lêiz) *v* viver ociosamente; esbanjar o tempo.
Laziness (lêi-zinéss) *s* preguiça; indolência; ociosidade.
Lazing (lêi-zinn) *adj* preguiçoso; indolente.
Lazy (lêi-zi) *adj* preguiçoso; vadio; mandrião; indolente.
Lea (li) *s* prado; campina; pastagem.
Lead (léd) *s* chefia; direção; sonda; guia; prumo; comando; mão (no jogo); notícia de jornal, de programas etc. (principal); grafita; artigo (de chumbo).
Lead (léd) *v* conduzir; comandar; guiar; entrelinhar; chumbar; ser mão (no jogo); *past or pp* LED.
Leaden (léd-n) *adj* de chumbo; cor (de chumbo); chumbado; estúpido; grosseiro.
Leader (li-dâr) *s* condutor; guia; chefe; cavalo dianteiro; navio-capitânia; USA editorial.
Leadership (li-dârship) *s* direção; chefia; liderança.
Leading (li-dinn) *s* direção; condução; TEATR protagonista.
Leading (li-dinn) *adj* principal; condutor; dirigente.
Leaf (lif) *s* folha (planta, livro etc.); tábua (de mesa); aba (peça de biombo).
Leaf (lif) *v* cobrir-se de folhas; desfolhar; USA folhear livro.
Leafy (li-fi) *adj* frondoso, cheio de folhas.
League (lig) *s* liga; aliança; união; associação; légua.
League (lig) *v* ligar-se; associar-se.
Leaguer (li-gâr) *s* confederado; associado; aliado.
Leak (lik) *s* fenda; abertura; rombo.
Leak (lik) *v* derramar; gotejar; escapar; NÁUT entrar água (em navio).
Leakage (li-kidj) *s* escoamento; escape; escapamento.
Leaking (li-kinn) *s* escoamento; saída.
Leaky (li-ki) *adj* escoante; aberto; falador; NÁUT que faz água.
Leal (lil) *adj* leal; fiel; verdadeiro.
Lean (linn) *s* repouso; inclinação.
Lean (linn) *v* pender; inclinar; apoiar; firmar; *past or pp* LEANT.
Lean (linn) *adj* magro; mesquinho.
Leaning (li-ninn) *s* tendência; inclinação.
Leaning (li-ninn) *adj* inclinado; pendente.
Leanness (li-néss) *s* magreza; pobreza.
Leap (lip) *s* salto; pulo.
Leap (lip) *v* saltar; pular; ***THE LEAP-year***: o ano bissexto.
Leaping (li-pinn) *s* salto; pulo.
Learn (lâr-nn) *v* aprender; instruir-se; ouvir dizer; *past and pp* LEARNT.
Learned (lâr-nid) *adj* sábio; douto; erudito; versado.
Learnedness (lâr-nidnéss) *s* erudição; cultura.
Learner (lâr-nâr) *s* aprendiz; calouro; novato.
Learning (lâr-ninn) *s* ciência; saber; conhecimentos; estudo.
Lease (lis) *s* arrendamento; escritura de arrendamento; posse.
Lease (lis) *v* arrendar; alugar.
Leasehold (lis-hôuld) *s* arrendamento.
Leaseholder (lis-hôuldâr) *s* arrendatário; locatário.
Leash (lish) *s* correia.
Leash (lish) *v* atar; ligar; atrelar.
Least (list) *s* o mínimo; o menor.
Least (list) *adj* mínimo; menor.
Least (list) *adv* menos; no menor grau; ***at LEAST***: pelo menos.
Leastways (list-uêiz) *adv* pelo menos; contudo.
Leather (lé-dhâr) *s* pele (animal); couro.
Leather (lé-dhâr) *adj* de couro; coberto (de couro).
Leather (lé-dhâr) *v* curtir peles; aplicar couro.
Leathern (lé-dhârn) *adj* de couro; feito de couro.
Leathery (lé-dhâri) *adj* igual a couro.
Leave (liv) *s* licença; permissão; autorização; despedida.
Leave (liv) *v* deixar; abandonar; legar; sair; *past or pp* LEFT.
Leaven (lév-n) *s* levedura; fermento.
Leaven (lév-n) *v* fermentar; levedar.
Leaving (li-vinn) *s* partida; saída.
Lecherous (lé-tshârâss) *adj* luxurioso; libidinoso; lascivo.
Lechery (lé-tshâri) *s* luxúria; perversão.
Lection (lék-shânn) *s* lição; leitura; trecho seleto.
Lector (lék-târ) *s* leitor; lente (de universidade); clérigo (que lê a Sagrada Escritura na Igreja ou Templo).
Lecture (lék-tshâr) *s* leitura; lição; sermão; prática; repreensão.
Lecture (lék-tshâr) *v* que faz preleção; censurar; conferenciar; FAM repreender.
Lecturer (lék-tshârâr) *s* preletor; conferencista.
Ledge (lédj) *s* borda; filete; recife; proeminência.
Ledger (lé-djâr) *s* livro-mestre; laje sepulcral; COM livro razão.
Lee (li) *s* sotavento; abrigo; resguardo.
Lee (li) *adj* a sotavento.
Leech (li-tsh) *s* sanguessuga; ventosa; NÁUT beira lateral da vela.
Leech (li-tsh) *v* tratar; curar; aplicar sanguessugas.
Leer (lir) *s* olhar (malicioso de soslaio).
Leer (lir) *v* olhar de soslaio; olhar maliciosamente.
Lees (liz) *s* fezes; excremento.
Leet (lit) *s* lista; relação de candidatos (a emprego); tribunal inglês (antigo).
Leeway (li-uêi) *s* tempo de reserva; dinheiro (de reserva); NÁUT deriva; declinação da rota.
Left (léft) *s* esquerda; o lado esquerdo.
Left (léft) *adj* esquerdo.

Leftward (left-uârds) *adv* para a esquerda; para o lado esquerdo.
Leg (lég) *s* perna; pata de animais; pé de mesa; suporte; perna de compasso; cano de bota; etapa.
Legacy (lé-gâssi) *s* legado; doação; embaixada.
Legal (li-gâl) *adj* legal; legítimo; lícito.
Legalism (li-gâlizm) *s* legalismo.
Legalist (li-gâlist) *s* legalista.
Legality (lighé-liti) *s* legalidade.
Legalization (lighéilizêi-shânn) *s* legalização.
Legalize (li-gâláiz) *v* legalizar; autenticar; legitimar.
Legate (lé-ghit) *s* legado; delegado; embaixador; emissário.
Legatee (légâti-) *s* legatário.
Legation (lighêi-shânn) *s* legação; embaixada.
Legend (lé-djend) *s* lenda; legenda; inscrição; rótulo; história.
Legendary (lé-djendéri) *s* coleção de lendas.
Legendary (lé-djendéri) *adj* lendário; fabuloso.
Legging (lé-ghinn) *s* perneira; polainas.
Leggy (lé-ghi) *adj* de pernas compridas e finas.
Legibility (lédjibi-liti) *s* legibilidade.
Legible (lé-djibl) *adj* legível.
Legion (li-djânn) *s* legião; multidão.
Legionary (li-djânéri) *s* legionário.
Legionary (li-djânéri) *adj* legionário, soldado de uma ligião.
Legislate (lé-djislêit) *v* legislar; fazer ou decretar (leis).
Legislation (lédjislêi-shânn) *s* legislação.
Legislative (lé-djislêitiv) *adj* legislativo.
Legislator (lé-djislêitâr) *s* legislador.
Legislature (lé-djislêitshâr) *s* legislatura; mandato de uma assembleia legislativa.
Legist (li-djist) *s* JUR legista (especialista em medicina legal ou leis).
Legitimacy (lidji-timâssi) *s* legitimidade.
Legitimate (lidji-timêit) *adj* legitimado; legítimo; genuíno.
Legitimation (lidjitimêi-shânn) *s* legitimação.
Legume (lé-ghiumm) *s* legume.
Legumen (lé-ghiumenn) *vide* LEGUME.
Leisure (li-jur) *s* lazer; ócio; descanso.
Leisured (li-jurd) *adj* desocupado; ocioso.
Leisureliness (li-jurlinéss) *s* descanso; ócio.
Lemon (lé-mânn) *s* limão.
Lemonade (lémânêi-d) *s* limonada.
Lend (lénd) *v* emprestar; dar; proporcionar; conceder; *past or pp* LENT.
Lender (lén-dâr) *s* emprestador.
Lending (lén-dinn) *s* empréstimo.
Length (lén-th) *s* comprimento; extensão; duração; grau de alcance.
Lengthen (lén-thnn) *v* alongar; prolongar.
Lengthy (lén-thi) *adj* longo; prolongado; prolixo.
Lenience (li-niénss) *s* brandura; doçura; indulgência.
Leniency (li-niénsi) *vide* LENIENCE.
Lenient (li-niént) *adj* indulgente; brando; calmo; clemente.
Lenitive (lé-nitiv) *s* lenitivo; calmante; laxativo.
Lenitive (lé-nitiv) *adj* lenitivo.
Lenity (lé-niti) *s* brandura; clemência; indulgência.
Lens (lénss) *s* lente óptica; objetiva; ANAT cristalino.
Lent (lént) *s* Quaresma.
Lenten (lén-ten) *adj* quaresmal.
Lentil (lén-til) *s* lentilha.
Leonine (li-oninn) *adj* leonino; majestoso; poderoso.
Leopard (lé-pârd) *s* leopardo.
Leper (lé-pâr) *s* MED leproso; lázaro.
Leprosy (lé-prossi) *s* MED lepra (infecção pelo bacilo de Hansen).
Leprous (lé-prôuss) *adj* leproso.
Leprousness (lé-prôusnéss) *s* estado de leproso; lepra.
Lesion (li-jânn) *s* lesão; dano; ferimento; ferida.
Less (léss) *s* o mais moço; o inferior.
Less (léss) *adj* menor; menos; inferior.
Less (léss) *prep* menos.
Less (léss) *adv* em menor grau.
Lessee (léssi-) *s* arrendatário; inquilino; empresário.
Lessen (lés-n) *v* diminuir; reduzir; rebaixar; deprimir.
Lesson (léss-n) *s* lição; instrução; ensino; repreensão; censura.
Lessor (lé-sâr) *s* senhorio; arrendador.
Lest (lést) *conj* a fim de que não; para que não; com receio que.
Let (lét) *s* estorvo; obstáculo; impedimento.
Let (lét) *v* deixar; permitir; alugar; fretar; *past or pp* LET.
Lethal (li-thâl) *adj* letal; mortal.
Lethargic (lithár-djik) *adj* letárgico.
Lethargical (lithár-djikâl) *vide* LETHARGIC.
Lethargicalness (lithár-djikâlnéss) *s* sonolência; adormecimento; letargo.
Lethargy (lé-thârdji) *s* letargia; apatia; indiferença.
Letter (lé-târ) *s* letra; carta; tipo de letra; pergaminho; diploma.
Letter (lé-târ) *v* estampar letras; fazer letreiros.
Lettered (lé-târd) *adj* letrado; erudito; culto; marcado com letras.
Letterhead (lé-târhéd) *s* cabeçalho; papel timbrado.
Lettering (lé-târinn) *s* título; letreiro; rótulo; impressão.
Lettuce (lé-tiss) *s* alface.
Levant (livén-t) *v* esconder, fugir (de credores).
Levee (lé-vi) *s* dique; represa; USA recepção na Casa Branca.
Level (lév-l) *s* superfície plana; nível; plano; planície.
Level (lév-l) *adj* plano; liso; probo.
Level (lév-l) *v* nivelar; aplainar; adaptar; arrasar.
Leveller (lévl-lâr) *s* nivelador.
Lever (lé-vâr) *s* alavanca; pé de cabra.
Lever (lé-vâr) *v* servir-se de alavanca.
Leverage (lé-vâridj) *s* força; poder da alavanca; FIG supremacia.
Leveret (lé-vârét) *s* lebre pequena, mamífero roedor.
Levitate (lé-vitêit) *v* suspender; levitar; fazer flutuar ou boiar.
Levitation (lévitêi-shânn) *s* levitação; suspensão de um corpo.
Levity (lé-viti) *s* leveza; leviandade; inconstância.
Levy (lé-vi) *s* leva de tropas; coleta; cobrança; recrutamento.
Levy (lé-vi) *v* recrutar; lançar impostos; penhorar.
Lewd (liúd) *adj* lascivo; perverso.
Lewdness (liúd-néss) *s* lascívia; impudicícia; devassidão.
Lexicon (lék-sikónn) *s* léxico; dicionário.
Liability (láiâbi-liti) *s* perigo; risco; responsabilidade; COM compromissos; o passivo.
Liable (lái-âbl) *adj* sujeito; exposto; responsável; devedor de.
Liar (lái-âr) *s* mentiroso; embusteiro.
Libate (lái-bêit) *v* beber; libar.
Libation (lâibêi-shânn) *s* libação.
Libel (lái-bél) *s* libelo; calúnia; pasquim; difamação.
Libel (lái-bél) *v* difamar por escrito; processar.
Libeller (lái-bélâr) *s* difamador.
Libelling (lái-belinn) *s* acusação; difamação.
Libellist (lái-belist) *vide* LIBELLER.
Libellous (lái-belâss) *adj* acusatório; difamatório.
Liber (lái-bâr) *s* livro de registro (títulos, hipotecas etc.).
Liberal (li-bârâl) *adj* liberal; generoso; franco; isento; nobre.
Liberality (libâré-liti) *s* liberalidade; generosidade.
Liberate (li-bârêit) *v* libertar; livrar; soltar; emancipar.
Liberation (libârêi-shânn) *s* libertação; liberdade; soltura.
Liberator (li-bârêitâr) *s* libertador, aquele que liberta.
Liberty (li-bârti) *s* liberdade; permissão; licença.
Libidinous (libi-dinâss) *adj* libidinoso; imoral; lascivo.
Libra (láibrê) *s* moeda (de muitos países); unidade de peso; ASTR a sétima constelação do Zodíaco.
Librarian (laibr-earian) *s* bibliotecário.
Library (lái-brâri) *s* biblioteca.
Librate (lái-brêit) *v* librar; balancear; equilibrar.
Libration (láibrêi-shânn) *s* libração; equilíbrio; balanço.
Licence (lái-sénss) *s* licença; permissão; privilégio; autorização; desordem.

Licence (lái-sénss) *v* licenciar; autorizar; permitir.
License (lái-sénss) *vide* LICENCE.
Licensed (lái-sénst) *adj* licenciado; diplomado; habilitado.
Licentious (láisén-shâss) *adj* licencioso; libertino.
Licentiousness (láisén-shâsnéss) *adj* licenciosidade; devassidão.
Licit (li-sit) *adj* lícito; permitido.
Lick (lik) *s* lambedura; pancada.
Lick (lik) *v* lamber; derrotar; esmurrar.
Licker (li-kâr) *s* lambedor; glutão; tipo de lubrificador automático.
Lickerish (li-kârish) *adj* delicado; saboroso; voraz; guloso.
Licking (li-kin) *s* lambedura; castigo; pancada.
Licorice (li-koriss) *s* alcaçuz (raiz).
Lid (lid) *s* tampa; cobertura; pálpebra.
Lidded (li-did) *adj* tapado; provido de tampa.
Lidless (li-dléss) *adj* destampado; com as pálpebras abertas.
Lie (lái) *s* mentira; fábula; ficção.
Lie (lái) *v* mentir; deitar-se; furtar; suspender; jazer; *past* **lay** *and pp* **lain**.
Lief (lif) *adj* querido; caro; amado.
Lief (lif) *adv* de bom grado.
Liege (lidj) *s* feudatário; vassalo; súdito.
Liege (lidj) *adj* feudatário.
Liegeman (lidj-maen) *vide* LIEGE.
Lien (li-en) *s* JUR hipoteca; direito de retenção; penhora.
Lieu (liú) *s* lugar.
Lieutenant (liuté-nânt) *s* MIL o posto de lugar-tenente; USA capitão-tenente.
Life (láif) *s* vida; duração; existência; ser; biografia; ardor; movimento.
Lifeless (láif-léss) *adj* morto; inanimado; sem vida; desabitado.
Lifelike (láif-láik) *adj* natural; como a vida; semelhante.
Lifelong (láif-lónn) *adj* que dura toda a vida; vitalício.
Lifer (lái-fâr) *v* GÍR condenado a prisão perpétua.
Lifetime (láif-tâimm) *s* duração da vida; existência.
Lift (lift) *s* elevador; levantamento; ato de levantar; USA ELEVATOR; USA condução grátis (carona).
Lift (lift) *v* levantar-se erguer-se; sublevar; içar.
Lifter (lif-târ) *s* o que levanta; suspende; alça; ladrão.
Lifting (lif-tinn) *s* elevação; ato de levantar; ajuda.
Ligament (li-gâmént) *s* ligamento; tira; atadura.
Light (láit) *s* luz; claridade; clarão; inteligência; aurora; dia; ponto de vista; percepção.
Light (láit) *v* acender; iluminar; alumiar; pousar; encontrar por acaso; *past or pp* **LIT**.
Light (láit) *adj* claro; brilhante; leve; suave; ligeiro.
Lighten (láit-n) *v* alumiar; esclarecer; relampejar.
Lighter (lái-târ) *s* acendedor; fragata; isqueiro.
Lighter (lái-târ) *adj* mais leve; mais claro; mais ligeiro.
Lighthouse (láit-háuss) *s* farol; torre de farol.
Lighthousekeeper (láit-háuski-pâr) *s* faroleiro (homem de torre de farol).
Lighting (lái-tinn) *s* iluminação artificial; luz artificial.
Lightly (lái-tli) *adv* ligeiramente; levemente; sem razão.
Lightminded (láitmáin-did) *adj* leviano; volúvel; inconstante.
Lightness (láit-néss) *s* ligeireza; agilidade; leviandade.
Lightning (láit-ninn) *s* iluminação; relâmpago; centelha.
Lights (láits) *s* pulmões dos animais.
Lightsome (láit-sâmm) *adj* luminoso; claro; festivo; alegre.
Ligneous (lig-niâss) *adj* lígneo; lenhoso (da madeira).
Like (láik) *adj* semelhante; análogo; parecido; igual.
Like (láik) *v* gostar de; achar bom; querer; convir em.
Like (láik) *adv* como; do mesmo modo.
Likelihood (lái-kli-hud) *s* boa aparência; semelhança; verossimilhança.
Likeliness (lái-klinéss) *s* semelhança; igualdade; aparência; probabilidade.
Likely (lái-kli) *adj* agradável; idôneo; provável; verossímil.
Likely (lái-kli) *adv* provavelmente; com probabilidade.
Likeminded (láikmáin-did) *adj* da mesma opinião; sentimentos idênticos.
Liken (láik-n) *v* assemelhar; comparar.
Likeness (láik-néss) *s* semelhança; aparência; aspecto; ar; retrato.
Likewise (láik-uáiz) *adv* da mesma forma; do mesmo modo; também.
Liking (lái-kinn) *s* inclinação; simpatia; gosto; agrado; prova.
Lilac (lái-lâk) *s* lilás (cor).
Lilac (lái-lâk) *adj* de cor lilás.
Lily (li-li) *s* lírio (planta com flores).
Lily (li-li) *adj* branco (como o lírio).
Limb (limm) *s* membro (humano ou de animal); galho de árvore; saliência.
Limber (lim-bâr) *s* carreta de peças.
Limber (lim-bâr) *v* engatar.
Limber (lim-bâr) *adj* macio; brando; flexível.
Limberness (lim-bârnéss) *s* fragilidade; flexibilidade; condescendência.
Lime (láimm) *s* cal; lodo; limo (fruta).
Lime (láimm) *v* caiar; cobrir de visco; apanhar com laço.
Limit (li-mit) *s* limite; marco; termo.
Limit (li-mit) *v* limitar; confinar; restringir.
Limitable (li-mitâbl) *adj* limitável; restringível.
Limitedness (li-mitdnéss) *s* limitação; prescrição; termo.
Limitless (li-mitléss) *adj* ilimitado; indefinido.
Limp (limp) *s* coxeadura; manqueira.
Limp (limp) *v* coxear; mancar.
Limp (limp) *adj* mole, brando.
Limper (lim-pâr) *s* coxo; manco.
Limpid (lim-pid) *adj* límpido; transparente.
Limpidity (limpi-diti) *s* limpidez; clareza; transparência.
Limping (lim-pinn) *adj* coxo; manco.
Limpness (limp-néss) *s* debilidade; fraqueza.
Limy (lái-mi) *adj* calcário; viscoso.
Line (láinn) *s* linha; traço; cabo; contorno; linha de navegação; frota mercante.
Line (láinn) *v* forrar; guarnecer; alinhar; estar em linha.
Lineage (li-niidj) *s* linhagem; estirpe; raça.
Lineal (li-niâl) *adj* linear; hereditário; lineal.
Lineament (li-niâmént) *s* lineamento; feição; traço.
Lineation (liniê-shânn) *s* delineamento; esboço.
Lined (lâ-nid) *adj* forrado; revestido; debruado.
Lineman (láin-maen) *s* guarda-linha telegráfico; ESP juiz de linha.
Linen (li-ninn) *s* linho; pano de linho; roupa branca.
Linen (li-ninn) *adj* de linho; pálido; branco.
Liner (lái-nâr) *s* forro; aeronave (navio ou avião de navegação ou uma linha aérea); MEC camisa de cilindro.
Linesman (láins-maen) *s* ESP árbitro (de futebol); árbitro de linha (diversos esportes); bandeirinha; MIL soldado (de linha).
Ling (linn) *s* urze (peixe igual ao bacalhau).
Linger (lin-gâr) *v* demorar; tardar; dilatar.
Lingerer (lin-gârâr) *s* retardatário; sofredor.
Lingerie (lénjâri) *s* lingerie (roupa íntima para senhoras).
Lingering (lin-gârinn) *s* lentidão; indolência.
Lingering (lin-gârinn) *adj* vagoroso; demorado; indolente.
Lingo (lin-gôu) *s* gíria; calão; algaravia.
Lingual (lin-guâl) *s* som lingual.
Lingual (lin-guâl) *adj* lingual.
Linguist (lin-güist) *s* poliglota; linguísta.
Linguistics (lin-güistiks) *s* linguística.
Liniment (li-nimént) *s* MED linimento (oleo para massagens).
Lining (lái-ninn) *s* forro; parede interior; guarnição.
Link (link) *s* elo; archote; ligação.
Link (link) *v* ligar; encadear; unir.
Linking (lin-kinn) *s* união; ligação; amizade.

Links (links) *s* terreno arenoso; campo de golfe.
Linn (linn) *s* queda de água; catarata.
Linnet (lin-net) *s* pintarroxo (pássaro).
Linotype (lái-notáip) *s* TIP linotipo.
Linseed (lin-sid) *s* linhaça (semente).
Lintel (lin-tel) *s* caixilho; verga de porta ou de janela.
Lion (lái-ânn) *s* leão; celebridade; herói.
Lionize (lai-ânáiz) *v* celebrizar.
Lip (lip) *s* beiço; lábio; bordo; extremidade.
Lip (lip) *v* beijar; balbuciar; tocar com os lábios.
Lipped (lip-t) *adj* que possui lábios ou rebordos.
Lipper (li-pâr) *s* mar encapelado.
Lipstick (lip-stik) *s* batom (cosmético para os lábios).
Liquefaction (likiufék-shânn) *s* liquefação.
Liquefy (li-kuifái) *v* liquidificar; derreter; derreter-se.
Liqueur (likâ-r) *s* licor; cordial.
Liquid (li-kuid) *s* líquido; bebida; beberagem.
Liquid (li-kuid) *adj* líquido; límpido; claro; fluente; doce.
Liquidate (li-kuidêit) *v* liquidar; regularizar; saldar.
Liquidation (likuidêi-shânn) *s* liquidação de estoque; liquidação por falência.
Liquor (li-kâr) *s* bebida alcoólica; licor.
Liquor (li-kâr) *v* umedecer; untar; banhar.
Lisp (lisp) *s* cicio; murmúrio.
Lisp (lisp) *v* ciciar; murmurar; balbuciar.
Lisper (lis-pâr) *s* cicioso (pessoa que fala e pronuncia mal).
Lisping (lis-pinn) *adj* cicioso; balbuciante.
List (list) *s* lista; rol; relação; arena; nomenclatura; desejo; filete; moldura.
List (list) *v* alistar; orlar; listrar; catalogar; tabelar.
Listed (lis-tid) *adj* relacionado; COM cotizado.
Listen (lis-n) *v* escutar; atender.
Listener (lis-nâr) *s* ouvinte; espião.
Listening (lis-ninn) *s* ato de escutar.
Listless (list-léss) *adj* negligente; descuidado; indiferente.
Litany (li-tâni) *s* RELIG ladainha (oração e súplica à Virgem).
Liter (li-târ) *s* litro (medida de capacidade).
Literal (li-târâl) *adj* literal; ao pé da letra.
Literally (li-târâli) *adv* literalmente (letra por letra).
Literary (li-târâri) *adj* literário; dado à leitura.
Literate (li-târit) *s* literato; erudito.
Literate (li-târit) *adj* literato; douto; letrado; erudito.
Literature (li-târâtshur) *s* literatura; obras literárias; erudição.
Lithe (láidh) *adj* brando; flexível.
Litheness (láidh-néss) *s* flexibilidade; agilidade.
Lithesome (lái-dhshâmm) *adj* flexível; brando.
Lithium (li-thiâmm) *s* FÍS lítio (símbolo **Li**, número atômico 3).
Lithograph (li-thogréf) *s* litografia.
Lithograph (li-thogréf) *v* litografar.
Lithosphere (li-thosfir) *s* litosfera (parte sólida do globo).
Litigant (li-tigânt) *s* litigante.
Litigant (li-tigânt) *adj* litigante.
Litigate (li-tighêit) *v* pleitear; contestar; demandar.
Litigation (litighêi-shânn) *s* litígio; contenda; pleito.
Litigious (liti-djâss) *adj* litigioso; litigante; trapaceiro.
Litter (li-târ) *s* liteira; ninhada de animais; confusão; desordem; lixo.
Litter (li-târ) *v* ato de parir (animal); promover desordens.
Little (litl) *s* pouca coisa.
Little (litl) *adj* pouco; limitado; pequeno; pouco tempo; breve.
Little (litl) *adv* escassamente; pouco.
Littleness (litl-néss) *s* insignificância; pequenez; ninharia.
Littoral (li-torâl) *s* litoral.
Liturgy (li-târdji) *s* liturgia.
Livable (li-vâbl) *adj* habitável; tolerável.
Live (liv) *v* morar; habitar; viver.
Live (liv) *adj* vivo; ardente; eficaz; efetivo.
Lived (liv-d) *adj* de vida elevada; de alto tom ou classe.
Livelihood (lái-vlihud) *s* meio de vida; subsistência; sustento.
Liveliness (lái-vlinéss) *s* vivacidade; ânimo; disposição.
Livelong (liv-lónn) *adj* todo; inteiro.
Lively (lái-vli) *adj* vivo; animado; espirituoso; vigoroso; enérgico; galhardo.
Lively (lái-vli) *adv* vivamente; vigorosamente.
Liver (li-vâr) *s* ANAT fígado.
Livery (li-vâri) *s* libré; ração de cavalo; posse; investidura.
Livid (li-vid) *adj* lívido; pálido.
Living (li-vinn) *s* modo de vida; subsistência; sala de estar.
Living (li-vinn) *adj* vivo; vivificante; evidente; manifesto.
Lizard (li-zârd) *s* lagarto; lagartixa; camaleão.
Load (lôud) *s* carga.
Load (lôud) *v* carregar (veículos); carregar (arma); *past* LOADED *and pp* **loaden**.
Loader (lôu-dâr) *s* carregador.
Loading (lôu-dinn) *s* carga.
Loadstone (lôu-dstôunn) *s* pedra-ímã; magnetita.
Loaf (lôuf) *s* filão de pão; vadiação.
Loaf (lôut) *v* vadiar.
Loafer (lôu-fâr) *s* preguiçoso; malandro; USA **BUM**.
Loan (lôunn) *s* empréstimo (valor ou o objeto).
Loan (lôunn) *v* USA emprestar.
Loath (lôuth) *adj* contrário; de má vontade.
Loathe (lôuth) *v* detestar; odiar.
Loathful (lôuth-ful) *adj* aborrecido; enfastiado.
Loathing (lôu-thinn) *s* aborrecimento; tédio; repugnância.
Loathly (lôu-thli) *adj* detestável; nauseabundo.
Loathly (lôu-thli) *adv* contra vontade.
Loathsome (lôu-tshâmm) *adj* repugnante; asquerosos; aborrecível.
Lobby (ló-bi) *s* vestíbulo; corredor; antecâmara; USA aquele que influi na votação do Congresso.
Lobe (lôub) *s* ANAT lobo ou lóbulo (orelha).
Lobster (ló-bstâr) *s* lagosta; pessoa acanhada.
Local (lôu-kâl) *adj* local (ponto geográfico determinado).
Locality (lóké-liti) *s* localidade, lugar determinado.
Localize (lôu-keláiz) *v* localizar, determinar o local de; limitar.
Locate (lôu-kêit) *v* colocar; designar o lugar de; situar; estabelecer.
Located (lôu-kêitid) *adj* situado.
Location (lôukêi-shânn) *s* colocação; situação; sítio; localidade; arrendamento.
Locative (ló-kâtiv) *adj* GRAM locativo.
Lock (lók) *s* fechadura; fecho; cadeado; comporta; cerca.
Lock (lók) *v* fechar a chave; trancar.
Lockage (ló-kidj) *s* comporta; taxa de eclusa; eclusa.
Locked (lókt) *adj* fechado com chave.
Locker (ló-kâr) *s* compartimento de bordo; armário; caixão; paiol.
Locket (ló-kit) *s* medalhão; broche.
Lockout (ló-káut) *s* greve dos empregadores; fechamento de fábrica.
Locksmith (lók-smith) *s* serralheiro.
Locomotion (lokomôu-shânn) *s* locomoção.
Locomotive (lokomôu-tiv) *s* locomotiva.
Locomotive (lokomôu-tiv) *adj* locomotivo; locomotor.
Locust (lôu-kâst) *s* locusta; gafanhoto.
Locution (lokiu-shânn) *s* locução; frase.
Locutory (ló-kiutôuri) *s* locutório; parlatório.
Lode (lód) *s* filão; veio.
Lodestar (lôu-dstâr) *s* a estrela polar; estrela-guia.
Lodge (lódj) *s* loja; casa pequena; cubículo; covil.
Lodge (lódj) *v* alojar; hospedar; fixar; depositar; depor.
Lodgement (ló-djment) *s* depósito bancário; alojamento; amontoamento; entrincheiramento.
Lodger (ló-djâr) *s* hóspede; inquilino.
Lodging (ló-djinn) *s* pousada; hospedaria.

Lodginghouse (ló-djin-háuss) *s* hospedaria; USA ROOMING-HOUSE.
Loft (lóft) *s* sótão; celeiro; pombal; galeria superior.
Loftiness (ló-ftinéss) *s* elevação; altura; altivez; orgulho; majestade.
Lofty (ló-fti) *adj* elevado; alto; sublime; excelso.
Log (lóg) *s* acha de lenha; barrote; trave; barquilha.
Logarithm (ló-gârithm) *s* MAT logaritmo, sistema de representação numérica inverso à potenciação.
Loggerhead (ló-gâr-héd) *s* tonto; imbecil; grande tartaruga marinha.
Logic (ló-djik) *s* lógica; raciocínio; método; coerência.
Logical (ló-djikâl) *adj* lógico; coerente.
Logician (lodji-shânn) *s* lógico; homem versado em lógica.
Logistic (lodjis-tik) *s* logística.
Logistic (lodjis-tik) *adj* logístico.
Loin (lóinn) *s* lombo; quadril; filé; loro; correia; rins.
Loiter (lói-târ) *v* demorar-se; tardar; perder tempo.
Loiterer (lói-târâr) *s* ocioso; vagabundo; vadio.
Loitering (lói-târinn) *adj* preguiçoso; ocioso; negligente.
Loll (lól) *v* recostar-se; refestelar-se; espreguiçar-se; mostrar a língua.
Loller (ló-lâr) *s* preguiçoso; indolente; ocioso.
Lolling (ló-linn) *s* preguiça; indolência.
Lollipop (ló-lipóp) *s* pirulito; caramelo.
Londoner (lân-dânâr) *s* londrino.
Lone (lôunn) *adj* solitário; só; sozinho; solteiro.
Loneliness (lôun-linéss) *s* solidão; isolamento.
Lonely (lôun-li) *adj* solitário; só; deserto.
Lonesome (lôun-sâmm) *adj* solitário; só; isolado; triste.
Long (lónn) *s* longitude.
Long (lónn) *v* cobiçar; ansiar por; ter saudades de.
Long (lónn) *adj* longo; comprido; vagaroso; aflito.
Long (lónn) *adv* longamente; demoradamente.
Longboat (lón-bôut) *s* lancha.
Longer (lón-nâr) *adv* por mais tempo.
Longevity (lóndjé-viti) *s* longevidade.
Longhand (lón-hénd) *s* escrita por extenso; escrita comum.
Longing (lón-ninn) *s* anseio; anelo; desejo ardente.
Longish (lón-nish) *adj* um pouco longo.
Longitude (lón-djitiud) *s* longitude.
Longways (lón-uêiz) *adv* longitudinalmente.
Looby (lu-bi) *s* tolo; néscio.
Look (luk) *s* olhar; espiada; aspecto; fisionomia.
Look (luk) *v* olhar; observar; contemplar; parecer; considerar; prestar atenção; ver; ***to cast a LOOK***: dar uma vista de olhos; ***to LOOK about for***: procurar; ***to LOOK after***: cuidar de; ***to LOOK alive***: mexer-se; **to LOOK away**: desviar a vista; ***to LOOK back***: olhar para trás; ***to LOOK big***: envaidecer-se; ***to LOOK down***: baixar os olhos; ***to LOOK for***: procurar; ***to LOOK into***: informar-se de; ***to LOOK like***: parecer-se; ***to LOOK on***: considerar; ***to LOOK upon***: considerar; ***to LOOK out***: olhar para fora; ***to LOOK ower***: examinar; ***to LOOK up***: levantar a vista; visitar.
Looker-on (lu-kârónn) *s* espectador; assistente.
Looking (lu-kinn) *s* a ação de olhar; aparência.
Loom (lumm) *s* tear; braço do remo; presença; miragem.
Loom (lumm) *v* assomar; aparecer; luzir; reluzir.
Looming (lu-minn) *s* miragem; visão.
Loon (lunn) *s* tratante; enganador.
Loony (lu-ni) *s* bobo; tolo; paspalhão.
Loop (lup) *s* presilha; alça; alarmar.
Loop (lup) *v* pôr presilha; fazer voltas.
Looping (lup-inn) *s* manobra em espiral (avião etc.).
Loose (luss) *v* soltar; desatar; aliviar; afrouxar.
Loose (luss) *adj* solto; destacado; frouxo; móvel desocupado.
Loosen (lus-n) *s* folgado.
Loosen (lus-n) *v* desprender; soltar; afroxar.
Looseness (lus-néss) *s* frouxidão; relaxamento; liberdade; diarreia.
Looser (lú-ser) *s* perdedor.
Loot (lut) *s* saque; pilhagem.
Loot (lut) *v* saquear; pilhar.
Lop (lóp) *s* ramos; galhos.
Lop (lóp) *v* podar; desbastar; desgalhar.
Lope (lôup) *s* trote largo.
Lope (lôup) *v* galopar; saltar; pular.
Lopping (ló-pinn) *s* poda; decote.
Loquacious (lokuêi-shâss) *adj* loquaz; palrador; conversador.
Lord (lórd) *s* lorde; senhor; dono; monarca; Deus; Criador.
Lord (lórd) *v* governar; mandar; dominar.
Lordliness (lór-dlinéss) *s* grandeza; dignidade; altivez; orgulho.
Lordly (lór-dli) *adj* altivo; fidalgo; senhoril; orgulhoso.
Lordship (lórd-ship) *s* poder; título de fidalgo; senhoria; propriedade de um fidalgo; domínio.
Lore (lór) *s* ciência; saber; erudição; doutrina.
Lorn (lórnn) *adj* sem parentes; sem amigos; abandonado.
Lorry (ló-ri) *s* caminhão de carga; USA truck.
Lory (ló-ri) *s* arara (ave).
Lose (luz) *v* perder; arruinar; desperdiçar; ***I've LOST my key again, I'm always LOSING things!***: perdi minha chave novamente, estou sempre perdendo coisas!; *past or pp* LOST.
Loss (lóss) *s* perda; dano; quebra; desperdício.
Lost (lóst) *adj* desperdiçado; desorientado; desaparecido; perdido.
Lot (lót) *s* lote; fortuna; ventura; grande porção.
Lot (lót) *v* lotear; repartir.
Lotion (lôu-shânn) *s* loção; liquido medicinal.
Lotus (lôu-tâss) *s* lótus; loto (planta).
Loud (láud) *adj* ruidoso; estrondoso; barulhento; escandaloso; vistoso.
Loud (láud) *adv* ruidosamente.
Loudness (láud-néss) *s* ruído; barulho; sonoridade.
Lounge (láun-dj) *s* ociosidade; vadiagem; sofá.
Lounge (láun-dj) *v* vaguear; vadiar.
Lounger (láun-djâr) *s* vadio; mandrião; ocioso.
Louse (láuss) *s* piolho.
Lout (láut) *s* estúpido; bruto; ralaxado; estúpido.
Loutish (láu-tish) *adj* rústico; grosseiro.
Lovable (lâ-vâbl) *adj* amável.
Love (lâv) *s* amor; afeição; amizade; galanteio; pessoa amada.
Love (lâv) *v* amar; gostar de; adorar; estar enamorado.
Lovebird (lâv-bârd) *s* periquito (ave).
Loveless (lâv-léss) *adj* não e amado; sem amor.
Loveliness (lâ-vlinéss) *s* amabilidade; encanto; beleza.
Lovely (lâ-vli) *adj* amável; agradável; simpático; fascinante.
Lover (lâ-vâr) *s* amante; namorado.
Loversome (lâ-vârsâmm) *adj* simpático; atraente.
Loving (lâvinn) *adj* afetuoso; amoroso; terno.
Low (lôu) *s* balido; mugido.
Low (lôu) *v* deprimir; abaixar; balir; mugir; AUT 1ª velocidade (marcha).
Low (lôu) *adj* baixo; pequeno; fraco; humilde; moderado; servil; submisso.
Low (lôu) *adv* baixo; profundamente; vulgarmente; humildemente; servilmente.
Lower (lôu-âr) *adj* inferior; mais baixo.
Lower (lôu-âr) *v* baixar; abaixar; diminuir; escurecer; ameaçar tempestade.
Lowering (lôu-ârinn) *adj* sombrio; ameaçador; nebuloso; carrancudo.
Lowing (lôu-inn) *s* mugido; balido.
Lowliness (lôu-linéss) *s* baixeza; vileza; humildade.
Lowly (lôu-li) *adj* baixo; vil; humilde.
Lowly (lôu-li) *adv* humildemente; modestamente.
Lowness (lôu-néss) *s* pequenez; prostração; ruindade; som grave.

Loyal (ló-iâl) *adj* leal; fiel; sincero.
Loyalty (ló-iâlti) *s* lealdade; fidelidade; sinceridade.
Lozenge (ló-zendj) *s* losango; pastilha.
Lubber (lâ-bâr) *s* desastrado; desajeitado; preguiçoso.
Lubberly (lâ-bârli) *adj* rústico; vadio.
Lubberly (lâ-bârli) *adv* desastradamente.
Lubricant (liu-brikânt) *s* lubrificante.
Lubricant (liu-brikânt) *adj* lubrificante.
Lubricate (liu-brikêit) *v* lubrificar; azeitar; amaciar.
Lucency (liu-sensi) *s* brilho; fulgor; resplandecência.
Lucent (liu-sent) *adj* luzente; brilhante.
Lucid (liu-sid) *adj* lúcido; brilhante; transparente.
Lucidity (liusi-diti) *s* lucidez; claridade.
Lucidness (liu-sidnéss) *s* lucidez; claridade; clareza.
Luck (lâk) *s* fortuna; acaso; sorte; ventura.
Luckiness (lâk-néss) *s* felicidade; boa sorte.
Luckless (lâk-léss) *adj* sem sorte.
Lucky (lâ-ki) *adj* sortudo; propício; afortunado; venturoso; *LUCKY charm*: amuleto, talismã.
Lucubrate (liu-kiubrêit) *v* lucubrar; pensar profundamente.
Lucubration (liukiubrêi-shânn) *s* lucubração; cogitação profunda.
Ludicrous (liu-dikrâss) *adj* burlesco; cômico; ridículo.
Ludicrousness (liu-dikrâsnéss) *s* jocosidade; extravagância.
Luff (lâf) *s* ló; barlavento.
Luff (lâf) *v* NÁUT pôr em direção ao vento.
Lug (lâg) *s* orelha; alça; asa.
Lug (lâg) *v* arrastar; içar; puxar.
Luggage (lâ-ghidj) *s* bagagem; USA BAGGAGE.
Lugubrious (lughiu-briâss) *adj* lúgubre; triste; funerário.
Lukewarm (lu-kuórmm) *adj* morno; tépido; FIG insensível; indiferente; frio.
Lukewarmness (lu-kuórmnéss) *s* mornidão; indiferença; apatia.
Lull (lâl) *s* calmaria; murmúrio.
Lull (lâl) *v* embalar; acalmar; adormecer.
Lullaby (lâ-lâbâi) *s* canção de ninar; arrulho.
Luller (lâ-lâr) *s* embalador; pessoa que acalenta.
Lumbago (lâmbêi-gôu) *s* lumbago, dor forte na região lombar.
Lumbar (lâm-bâr) *adj* lombar; dorsal.
Lumber (lâm-bâr) *s* madeira; madeiramento; trastes.
Lumber (lâm-bâr) *v* amontoar ou cortar madeira; marchar pesadamente.
Lumberman (lâm-bârmaen) *s* madeireiro.
Luminary (liu-minâri) *s* luminar; astro; corpo luminoso.
Lump (lâmp) *s* massa; protuberância; bocado.
Lump (lâmp) *v* amontoar; aglomerar-se.
Lumper (lâm-pâr) *s* amontoador; estivador.
Lumping (lâm-pinn) *adj* grosso; pesado; carregado.
Lumpish (lâm-pish) *adj* pesado; grosseiro; estúpido.
Lumpishness (lâm-pishnéss) *s* grosseria; estupidez; brutalidade.
Lumpy (lâm-pi) *adj* grumoso; granuloso.
Lunacy (liu-nâssi) *s* loucura; demência; insânia.
Lunate (liu-nit) *adj* em forma de meia-lua ou crescente.
Lunatic (liu-nâtik) *s* lunático; alienado.
Lunatic (liu-nâtik) *adj* lunático; alienado.
Lunation (liunêi-shânn) *s* lunação (tempo decorrido entre luas novas).
Lunch (lântsh) *s* almoço; USA fazer merenda.
Lunch (lântsh) *v* almoçar; USA merendar.
Lune (liunn) *s* a lua; mania.
Lung (lânn) *s* pulmão.
Lunge (lândj) *s* investida; bote; investida.
Lunge (lândj) *v* dar botes; investir.
Lupin (liu-pinn) *s* tremoço (grão).
Lurch (lârtsh) *s* desamparo; abandono; ESP partida dupla.
Lurch (lârtsh) *v* iludir; emboscar-se.
Lurcher (lâr-tshâr) *s* larápio; glutão; pessoa que fica de emboscada.
Lurching (lâr-tshinn) *s* balanço rápido; guinada.
Lure (liur) *s* engodo; isca; armadilha.
Lure (liur) *v* engodar; atrair.
Lurid (liu-rid) *adj* lúgubre; sombrio; fúnebre; pálido.
Lurk (lârk) *v* emboscar-se; iludir.
Lurker (lâr-kâr) *s* espia; o que está de emboscada.
Lush (lâsh) *adj* suculento; viçoso.
Lust (lâst) *s* desejo ardente; cobiça; luxúria.
Lust (lâst) *v* cobiçar; desejar.
Luster (lâs-târ) *s* brilho; fulgor; candelabro.
Lustful (lâst-ful) *adj* cobiçoso; sensual; devasso.
Lustiness (lâst-fulnéss) *s* robustez; vigor; força.
Lustrous (lâs-trâss) *adj* lustroso; brilhante.
Lusty (lâs-ti) *adj* forte; robusto; abundante.
Lute (liut) *s* alaúde.
Lute (liut) *v* vedar com luto; tocar alaúde.
Lutist (liu-tist) *s* fabricante ou tocador de alaúde.
Luxate (lâk-sêit) *v* deslocar; desconjuntar.
Luxation (lâksêi-shânn) *s* luxação; deslocamento.
Luxe (luks) *s* luxo; ostentação.
Luxuriant (lâgju-riânt) *adj* luxuriante; viçoso; exuberante.
Luxurious (lâgju-riâss) *adj* luxurioso; exuberante; voluptuoso.
Luxury (lâk-shuri) *s* luxo; suntuosidade; luxúria; prazer.
Lyceum (láissi-âmm) *s* liceu.
Lye (lái) *s* lixívia.
Lying (lái-inn) *s* mentira; engano.
Lying (lái-inn) *adj* falso; mentiroso.
Lykewake (láik-uêik) *s* velório.
Lynch (lintsh) *v* linchar.
Lynx (links) *s* lince (animal felino).
Lyre (láir) *s* MÚS lira (instrumento).
Lyric (li-rik) *s* poema lírico; canção lírica.
Lyric (li-rik) *adj* lírico.
Lyrist (lái-rist) *s* tocador de lira; poeta lírico.

m M

M (émm) *s* décima segunda letra do alfabeto Português e décima terceira do alfabeto Inglês.
M (émm) *s* mil em algarismos romanos.
Ma'am (mémm) *s* senhora; minha senhora (contração de MADAM).
Mab (méb) *s* rainha das fadas no folclore inglês; FIG mulher desalinhada.
Mab (méb) *v* vestir-se desalinhadamente.
Macaroni (mékârôu-nik) *s* macarrão.
Macaw (mâkó-) *s* arara.
Mace (mêiss) *s* maça; clava.
Macerate (mé-sârêit) *v* macerar; mortificar.
Maceration (mé-se-rêi-shânn) *s* maceração.
Machinate (mé-kinêit) *v* maquinar; forjar; arquitetar.
Machine (mâshi-nn) *s* máquina; engenho; instrumento.
Machine (mâshi-nn) *v* trabalhar com máquinas; *MACHINE-gun*: metralhadora.
Machinery (mâshi-nâri) *s* maquinaria.
Machinist (mâshi-nist) *s* mecânico.
Mackintosh (mé-kintósh) *s* capa impermeável; casaco impermeável; USA RAINCOAT.
Maculate (mé-kiulêit) *v* macular.
Maculate (mé-kiulêit) *adj* maculado; manchado.
Maculation (mékiulêi-shânn) *s* ação de macular; mancha.
Mad (méd) *adj* louco; doido; raivoso.
Madam (médam) *s* senhora; FAM lady.
Madcap (méd-kép) *s* maluco; doidivanas; estouvado.
Madcap (méd-kép) *adj* maluco; doidivanas; estouvado.
Madden (méd-n) *v* enlouquecer; enfurecer; encolerizar.
Made (mêid) *adj* feito; fabricado.
Madhouse (méd-háuss) *s* manicômio; hospício.
Madly (mé-dli) *adv* loucamente; furiosamente.
Madman (méd-maen) *s* louco; doido; maníaco.
Madness (méd-néss) *s* loucura; raiva; fúria.
Mag (még) *s* tagarela; palrador; falador; meio pêni (moeda).
Magazine (mégâzi-nn) *s* revista; armazém; paiol; magazine.
Mage (mêidj) *s* mágico.
Maggot (mé-gât) *s* capricho; fantasia; larva.
Maggoty (mé-gâti) *adj* caprichoso; fantástico.
Magic (mêi-djái) *s* magia; mago; mágica.
Magic (mêi-djái) *adj* mágico; feiticeiro.
Magical (mé-djikâl) *adj* mágico; encantador; sedutor.
Magician (mâdji-shânn) *s* mágico; prestidigitador.
Magisterial (médjisti-riâl) *adj* de magistrado; de magistratura; ditatorial; dogmático.
Magistracy (médji-tresi) *s* magistratura.
Magistrate (mé-djistrit) *s* magistrado.
Magnanimity (mégnéni-miti) *s* magnanimidade; nobreza; generosidade.
Magnanimous (mégnéni-mous) *adj* magnânimo; generoso; nobre.
Magnate (még-nêit) *s* magnata.
Magnet (még-nit) *s* ímã; magneto.
Magnetic (mégné-tik) *adj* magnético.
Magnetics (mégné-tiks) *s* magnetismo.
Magnetize (még-netáiz) *v* magnetizar; encantar; seduzir; atração.
Magnification (mégnifikêi-shânn) *s* ampliação; aumento; elevação.
Magnificence (méni-fissénss) *s* magnificência; grandeza; suntuosidade.
Magnificent (mégni-fissént) *adj* magnificente; esplendoroso; pomposo.
Magnifier (még-nifáiâr) *s* ampliador; lente de aumento.
Magnify (még-nifái) *v* aumentar; exaltar; ampliar; engrandecer; glorificar.
Magnitude (még-nitiud) *s* magnitude; grandeza; extensão.
Magpie (még-pái) *s* pega (ave).
Mahogany (má-hó-gâni) *s* mogno (madeira).
Maid (mêid) *s* donzela; moça; empregada doméstica; criada.
Maiden (mêid-n) *adj* inteiro; intacto; novo; virgem; virginal; solteira.
Maidenhood (mêidn-hud) *s* virgindade; pureza.
Maidenliness (mêidn-linéss) *s* modéstia; simplicidade; pudor.
Maidenly (mêidn-li) *adj* virginal; puro; modesto.
Maidenly (mêidn-li) *adv* virginalmente.
Mail (mêil) *s* mala postal; correio; correspondência; cota de malha.
Mail (mêil) *v* enviar; remeter (via mala postal).
Mailbag (mêil-bég) *s* mala postal; mala (Correio).
Mailbox (mêil-bóks) *s* caixa do correio.
Mailman (mêil-maen) *s* USA carteiro; ENGL POSTMAN.
Maim (mêinn) *s* mutilação; ferida; deformidade.
Maim (mêinn) *v* mutilar; cortar.
Maimed (mêim-d) *adj* defeituoso; manco; coxo.
Main (mêinn) *s* força; violência; o principal; essencial; cabo de eletricidade.
Main (mêinn) *adj* principal; essencial; poderoso.
Mainland (mêin-lénd) *s* continente; terra firme.
Mainly (mêin-li) *adv* principalmente; fortemente.
Maintain (mêitêi-nn) *v* manter; defender; sustentar.
Maintainable (mêintêinn-nâbl) *adj* defensável; suportável.
Maintenance (mêin-tinénss) *s* manutenção; sustento; proteção; apoio.
Maize (mê-iz) *s* milho; USA CORN.
Majestic (mâdjés-tik) *adj* majestoso; sublime; grandioso.
Majestical (mâdjés-tikâl) *vide* MAJESTIC.
Majesty (mé-djesti) *s* majestade; pompa; grandeza.
Major (mêi-djâr) *s* major; maioria; maioridade.
Major (mêi-djâr) *adj* maior; principal.
Majority (mâdjó-riti) *s* maioridade; USA maioria absoluta.
Make (mêik) *s* forma; feitio; estrutura; companheiro.
Make (mêik) *v* fazer; fabricar; somar; construir; estabelecer; evidenciar; resultar; causar; descobrir; atingir; atravessar; *past or pp* MADE.
Make-believe (méik-bili-v) *s* embuste; pretexto; ficção.
Make-believe (méik-bili-v) *v* fingir; pretender; pretextar.
Make-believe (méik-bili-v) *adj* falso; imaginário.
Maker (mêi-kâr) *s* autor; fabricante; criador; construtor.
Makeshift (mêik-shift) *s* paliativo; substituto.
Makeshift (mêik-shift) *adj* provisório; temporário.

Make-up (mêi-kâp) *s* composição; ESC segunda época, repetição de ano (exame); TEATR TV caracterização; maquilagem; TIP composição.
Makeweight (mêi-kuêit) *s* contrapeso.
Making (mêi-kinn) *s* manufatura; trabalho; fabrico; composição.
Maladroit (mélâdrói-t) *adj* desastrado; inábil.
Malady (mé-lâdi) *s* MED doença; doença mental.
Malaise (mélêi-z) *s* MED mal-estar; indisposição.
Malaria (mâlé-riânn) *s* MED malária (infecção).
Malcontent (mél-kântént) *s* descontente; insatisfeito.
Malcontent (mél-kântént) *adj* descontente; insatisfeito.
Male (mêil) *s* macho; varão.
Male (mêil) *adj* masculino; varonil.
Malediction (mélidik-shânn) *s* maldição; praga; execração.
Malefactor (mélifék-târ) *s* malfeitor; desordeiro; criminoso.
Maleficent (mâlé-fissént) *adj* maléfico.
Malevolence (mâlé-volénss) *s* malevolência; aversão; ódio.
Malevolent (mâlé-volént) *adj* malevolente; malfazejo.
Malfeasance (mélfi-zânss) *s* malvadeza; malignidade.
Malice (mê-liss) *s* malícia; maldade; JUR má fé: dolo.
Malicious (mâli-shâss) *adj* malicioso; maldoso; velhaco.
Maliciousness (mâli-shâsnéss) *s* malícia; má intenção.
Malign (mâlái-nn) *v* difamar.
Malign (mâlái-nn) *adj* maligno; daninho.
Malignity (mâlig-niti) *s* malignidade; maldade; malícia.
Malinger (mâlin-gâr) *v* fingir-se doente (para não trabalhar).
Malingerer (mâlin-gârâr) *s* falso doente.
Mall (mól) *s* USA rua de comércio (fechada ao trânsito).
Mallard (mé-lârd) *s* pato (ave).
Malleable (mé-liâbl) *adj* maleável; dúctil; flexível.
Mallet (mé-lit) *s* malho; maço; malhete (para presidência de assembleias etc).
Mallow (mé-lôu) *s* malva (planta).
Malodorous (mélôu-dârâss) *adj* mal cheiroso; fétido; desagradável.
Malpractice (mélprék-tiss) *s* abuso; mau procedimento.
Malt (mólt) *s* malte (cevada seca).
Maltreat (méltri-t) *v* maltratar; brutalizar; USA MISTREAT.
Maltreatment (méltrit-ment) *s* maltrato; USA *MISTREATMENT*.
Malversation (mélvârsêi-shânn) *s* prevaricação; má conduta; malversação.
Mama (mâ-ma) *s* mamãe; mãe; ANAT glândula mamária (mama).
Mammal (mé-mâl) *s* mamífero.
Mammoth (mé-mâth) *s* mamute.
Mammoth (mé-mâth) *adj* enorme; gigante; colossal.
Mammy (mé-mi) *s* mamãe (linguagem infantil); vovó na Inglaterra; USA mãe preta.
Man (maen) *s* homem; a humanidade; criado; servo.
Man (maen) *v* tripular; fortificar; equipar.
Manacle (mé-nâkl) *v* algemar.
Manage (mé-nidj) *v* gerir; controlar; conseguir; amansar.
Manageable (mé-nidjâbl) *adj* manejável; dócil.
Management (mé-nidjment) *s* manejo; direção; governo; gerência.
Manager (mé-nidjâr) *s* diretor; administrador; gerente; regente; pessoa econômica; ESP técnico; USA chefe (partido político); presidente (câmara municipal).
Managerial (ménâdji-riâl) *adj* administrativo.
Managing (mé-nidjinn) *s* administração; gerência.
Manciple (maen-sipl) *s* mordomo; despenseiro; fornecedor.
Mandatory (mén-dâtôuri) *s* mandatário.
Mandatory (mén-dâtôuri) *adj* USA obrigatório.
Mandible (mén-dibl) *s* ANAT mandíbula.
Mandrake (mén-drêik) *s* mandrágora (planta narcotizante); personagem de revista em quadrinhos.
Mandrel (mén-drâl) *s* MEC mandril; eixo; fuso.
Mandrill (ménd-ril) *s* mandril.
Mane (mêinn) *s* juba; crina.
Manful (maen-ful) *adj* viril; robusto; varonil; animoso.
Mange (mêindj) *s* sarna; rabugem.
Manger (mén-djâr) *s* manjedoura; ***The Child in the MANGER***: o Menino Jesus.
Mangle (méng-l) *s* calandra; máquina de passar roupa.
Mangle (méng-l) *v* passar roupa; mutilar; deturpar (palavra ou citação).
Mangler (mén-glâr) *s* destroçador; destruidor; lustrador; mutilador.
Mangling (mén-glinn) *s* calandragem; mutilação; destroçamento.
Mango (mén-gôu) *s* manga (fruta).
Mangonel (mén-gôunl) *s* catapulta (máquina de atirar projéteis).
Manhole (maen-hôul) *s* caldeira; mina; abertura para subterrâneo.
Manhood (maen-hud) *s* natureza humana; humanidade; vigor; virilidade.
Mania (mêi-niâ) *s* mania; loucura.
Maniac (mêi-niék) *s* maníaco; maluco; louco.
Maniac (mêi-niék) *adj* maníaco; maluco; louco.
Maniacal (mêi-niékâl) *adj* maníaco.
Manifest (mé-nifést) *s* manifesto; declaração.
Manifest (mé-nifést) *v* manifestar; demonstrar; patentear; evidenciar.
Manifest (mé-nifést) *adj* manifesto; evidente.
Manifestation (méniféstêi-shânn) *s* manifestação; evidência; demonstração.
Manifestly (mé-niféstli) *adv* manifestamente; claramente.
Manifesto (ménifés-tôu) *s* manifesto; protesto público; declaração.
Manifold (mé-nifôuld) *s* cópia; agregado.
Manifold (mé-nifôuld) *adj* múltiplos; diversos.
Manikin (mé-nikinn) *s* manequim; boneco.
Manipulate (mâni-piulêit) *v* manipular; preparar; manejar.
Mankind (maen-káind) *s* humanidade.
Manlike (maen-láik) *adj* varonil; másculo.
Manliness (maen-linéss) *s* virilidade; ânimo; força.
Manly (maen-li) *adj* varonil; corajoso.
Manned (mêned) *adj* guiado; dirigido; humanizado.
Manner (mé-nâr) *s* maneira; modo; espécie; porte; educação.
Mannerism (mé-nârizm) *s* maneirismo; cortesia.
Mannerist (mé-nârist) *s* pessoa afetada.
Mannerly (mé-nârli) *adj* delicado; cortês.
Mannerly (mé-nârli) *adv* cortesmente.
Mannish (mé-nish) *adj* masculino; viril.
Mansion (mén-shânn) *s* mansão; morada; castelo.
Mantle (méntl) *s* manto; camada externa; capa.
Mantle (méntl) *v* cobrir; tapar; disfarçar.
Manufactory (mé-niufék-tori) *s* fábrica; oficina; manufatura.
Manufacture (méniufék-tshur) *s* manufatura; indústria.
Manufacture (méniufék-tshur) *v* manufaturar; fabricar.
Manure (mâniu-r) *s* adubo; estrume.
Manure (mâniu-r) *v* adubar; estercar; fertilizar.
Manuring (mâniu-rinn) *s* estrumação; adubação.
Many (mé-ni) *s* multidão; povo; grande número.
Many (mé-ni) *adj* muitos; muitas; diversos.
Map (mép) *s* mapa; carta geográfica.
Map (mép) *v* traçar; delinear.
Mapping (mé-pinn) *s* cartografia.
Mar (már) *s* mancha; ofensa; borrão.
Mar (már) *v* estragar; desfigurar.
Maraud (mâró-d) *v* pilhar; saquear.
Marauder (mâró-dâr) *s* pilhador; saqueador.
Marble (márb-l) *s* mármore; bolinha de gude.
March (mártsh) *s* março (3º mês do ano); marcha; progresso.
March (mártsh) *v* marchar; caminhar.

Marching (már-tshinn) *s* movimento; marcha.
Marchioness (már-shânéss) *s* marquesa.
Mare (mér) *s* égua.
Margin (már-djinn) *s* margem; extremidade.
Margin (már-djinn) *v* marginar; apostilar.
Marine (mâri-nn) *s* marinha.
Marine (mâri-nn) *adj* marítimo; naval.
Mariner (mé-rinâr) *s* marinheiro; marítimo; USA fuzileiro naval.
Marish (mé-rish) *s* pântano.
Marish (mé-rish) *adj* pantanoso.
Marital (mé-ritâl) *adj* marital; conjugal.
Mark (márk) *s* marca; símbolo; nota escolar; testemunho; prova.
Mark (márk) *v* marcar; notar; observar.
Marker (már-kâr) *s* marcador; ficha; marca.
Market (már-kit) *s* mercado; feira; venda; preço.
Marketing (márk-tinn) *s* atuação ativa do mercado (compra, venda etc.).
Marking (már-kinn) *s* marca; marcação; cotação.
Markup (mar-kâp) *s* alta de preço; remarcação de preços.
Marmalade (már-mâleid) *s* compota (alimento doce).
Maroon (mâru-nn) *s* cor de castanha; marrom.
Maroon (mâru-nn) *adj* castanho; marrom.
Marquees (mârkis) *s* marquises.
Marquis (már-kuiss) *s* marquês (título).
Marriage (mé-ridj) *s* casamento; matrimônio.
Married (mé-rid) *adj* casado; conjugal; ***to get MARRIED***: casar-se.
Marrow (mé-rôu) *s* tutano; medula; essência; substância.
Marry (mé-ri) *v* casar; casar-se com; unir; desposar.
Mars (márz) *s* Marte (4º planeta do nosso sistema solar).
Marsh (mársh) *s* pântano; lodaçal; malária.
Marshal (már-shâl) *s* marechal; mestre-de-cerimônias; USA XERIFE.
Marshy (már-shi) *adj* pantanoso; paludoso; doentio.
Mart (márt) *s* mercado; feira.
Marten (már-ten) *s* marta; pele de marta.
Martial (már-shâl) *s* marciano.
Martial (már-shâl) *adj* marciano (do planeta Marte); belicoso.
Martyr (mâr-târ) *s* mártir.
Martyr (mâr-târ) *v* martirizar; atormentar.
Martyrdom (már-târdâmm) *s* martírio; tormento.
Martyrize (már-târáiz) *v* martirizar; atormentar.
Marvel (már-vel) *s* maravilha; prodígio.
Marvel (már-vel) *v* maravilhar-se; pasmar.
Marvellous (már-velâss) *adj* maravilhoso; pasmoso; surpreendente; amante.
Marvellousness (már-velâssnéss) *s* maravilha; grandeza; singularidade.
Masculine (més-kiulinn) *s* gênero masculino.
Masculine (més-kiulinn) *adj* masculino; varonil.
Mash (mésh) *s* massa; confusão; desordem.
Mash (mésh) *v* amassar; triturar.
Masher (mé-shâr) *s* amassadeira; USA conquistador.
Mashing (mé-shinn) *s* amassamento.
Mashy (mé-shi) *adj* misturado; amassado.
Mask (másk) *s* máscara; disfarce; pretexto; comédia teatral de máscaras.
Mask (másk) *v* mascarar; dissimular; encobrir.
Mason (mêis-n) *s* Maçom; pedreiro; pedreiro-livre.
Masonic (mâssó-nik) *adj* maçônico.
Masonry (mêisn-ri) *s* Maçonaria; ofício de pedreiro; alvenaria.
Masquerade (més-kârêi-d) *s* disfarce.
Masquerade (més-kârêi-d) *v* mascarar-se; disfarçar-se.
Mass (méss) *s* Missa; massa; confusão; volume.
Mass (méss) *v* celebrar Missa; juntar em massa.
Massacre (mé-sâkâr) *s* massacre; extermínio.
Massacre (mé-sâkâr) *v* massacrar.
Massage (mâssá-j) *s* massagem.
Massage (mâssá-j) *v* fazer massagem.
Massagist (mâssâ-jist) *s* massagista.
Masseur (mâssâ-r) *vide* MASSAGIST.
Massiness (mé-sinéss) *s* peso; volume; massa; solidez.
Massive (mé-siv) *adj* maciço; compacto; sólido.
Mast (mést) *s* mastro; mastaréu.
Mast (mést) *v* mastrear.
Master (más-târ) *s* mestre; professor; senhor; patrão; proprietário; chefe.
Master (más-târ) *v* dominar.
Masterdom (más-târdâmm) *s* mando; domínio.
Masterful (más-târful) *adj* altivo; impetuoso.
Masterliness (más-târlinéss) *s* maestria.
Masterly (más-târli) *adj* imperioso; dominante.
Masterly (más-târli) *adv* magistralmente.
Masterpiece (más-târpiss) *s* obra-prima.
Mastership (más-târship) *s* magistério; domínio; maestria.
Mastery (más-târi) *s* poder; superioridade; domínio; supremacia.
Masticate (més-tikêit) *v* mastigar; mascar; triturar.
Mastication (méstiikêi-shânn) *s* mastigação; trituração.
Mastiff (més-tif) *s* mastim (cão de guarda para gado).
Masting (més-tinn) *s* mastreação.
Mat (mét) *s* esteira; tapete; capacho.
Mat (mét) *adj* opaco; fosco.
Match (métsh) *s* companheiro; competidor; fósforo; mecha; torcida.
Match (métsh) *v* emparelhar; casar; igualar; combinar.
Matchable (mé-tshâbl) *adj* proporcionado; igual; condizente.
Matchless (mé-tshléss) *adj* incomparável; inigualável.
Mate (mêit) *s* companheiro; camarada; cônjuge; macho ou fêmea (para animais); piloto; mate (jogo de xadrez).
Mate (mêit) *v* igualar; casar.
Mateless (mêit-léss) *adj* só; sem companheiro.
Material (mâti-riâl) *s* material; ingrediente; tecido; estofo.
Material (mâti-riâl) *adj* material; físico; corpóreo.
Materialism (mâti-riâlizm) *s* materialismo.
Materialist (mâti-rialist) *s* materialista.
Materiality (mâtirié-liti) *s* materialidade.
Materialize (mati-rialáiz) *v* materializar; dar corpo; tornar comum.
Maternal (mâtâr-nâl) *s* maternal; materno.
Maternity (mâtâr-niti) *s* maternidade; estado ou qualidade de mãe.
Mates (mêit-s) *s* amigos; USA FRIENDS.
Math (méth) *s* matemática.
Mathematical (méthimé-tikâl) *adj* matemático.
Mathematician (méthimâti-shânn) *s* matemático.
Mathematics (méthimé-tiks) *s* matemática.
Matin (mé-tinn) *s* a manhã.
Matin (mé-tinn) *adj* matinal; matutino.
Matricide (mêi-trissáid) *s* matricídio (crime da própria mãe).
Matriculate (mâtri-kiulêit) *s* matriculado.
Matriculate (mâtri-kiulêit) *adj* matriculado.
Matriculate (mâtri-kiulêit) *v* matricular; matricular-se.
Matriculation (mâtrikiulêi-shânn) *s* matrícula; inscrição.
Matrimonial (métrimôu-niâl) *adj* matrimonial.
Matrimony (mé-trimôuni) *s* matrimônio; casamento; núpcias.
Matrix (mêi-triks) *s* matriz; molde.
Matron (mêi-trânn) *s* matrona; mãe de família; enfermeira-chefe.
Matter (mé-târ) *s* matéria; substância; questão; assunto; importância; consequência.
Matter (mé-târ) *v* importar; supurar; interessar.
Mattock (mé-tók) *s* alvião (picareta).
Maturate (mé-tiurêit) *v* amadurecer; esgotar um prazo.
Maturation (métiurêi-shânn) *s* maturação; MED supuração.

Mature (mâtiu-r) *v* madurar; amadurecer; COM vencer (título, duplicata etc.).
Mature (mâtiu-r) *adj* maduro; sazonado; completo; acabado; prudente; vencido.
Maturity (mâtiu-rit) *s* maturidade; madureza; COM no vencimento.
Maudlin (mó-dlinn) *adj* embriagado; FIG estúpido.
Maul (mól) *s* malho; martelo.
Maul (mól) *v* malhar; espancar; maltratar.
Maunder (món-dâr) *v* resmungar; andar vagarosamente.
Maw (mó) *s* bucho; papo; moela; ventre; estômago de animais.
Mawkish (mó-kish) *adj* desenxabido; imundo; repugnante; insípido.
Maxim (mék-simm) *s* máxima; preceito; regra; aforismo; axioma.
May (mêi) *s* maio (5º mês do ano); FIG a primavera da vida (mocidade, juventude).
May (mêi) *v* poder; ser possível; ser provável; ter permissão para; ***he MAY be in his office***: ele talvez esteja em seu escritório; *past or pp* MIGHT.
Maybe (mêi-bi) *s* incerteza.
Maybe (mêi-bi) *adv* talvez; quiçá; porventura.
Mayor (mêi-âr) *s* presidente de câmara municipal; USA prefeito.
Maze (mêiz) *s* labirinto; enredo; confusão; *v* confundir; hesitar.
Mazily (mêi-zili) *adv* confusamente.
Maziness (mêi-zinéss) *s* confusão; indecisão.
Mazy (mêi-zi) *adj* confuso; embaraçoso.
Me (mi) *pron* me; mim.
Mead (mid) *s* hidromel (bebida); POES prado; campina.
Meadow (mé-dôu) *s* prado; pasto; campina.
Meager (mi-gâr) *adj* magro; insuficiente; escasso; estéril.
Meagerness (mi-gârnéss) *s* magreza; escassez; esterilidade.
Meagre (mi-gâr) *vide* MEAGER.
Meal (mil) *s* refeição; farinha; comida; bocado.
Mealy (mi-li) *adj* farináceo.
Mean (minn) *s* meios; recursos; modo; forma; médio; expediente; *v* destinar; tencionar; querer dizer; significar; *past or pp* MEANT.
Mean (minn) *adj* baixo; vil; sovina; abjeto; mediano; intermediário.
Meander (mién-dâr) *s* meandro; labirinto.
Meander (mién-dâr) *v* correr tortuosamente.
Meaning (mi-ninn) *s* propósito; significado; sentido; acepção.
Meaning (mi-ninn) *adj* significativo; expressivo.
Meaningless (mi-niléss) *adj* sem sentido; sem significação.
Meanly (min-li) *adv* vilmente; mesquinhamente.
Meanness (min-néss) *s* vileza; baixeza; infâmia; mediocridade.
Meantime (min-táimm) *adv* entretanto; entrementes.
Meanwhile (min-huái-l) *adv* enquanto; entrementes.
Measles (miz-lz) *s* MED sarampo.
Measly (miz-li) *adj* desprezível; MED atacado de sarampo.
Measurable (mé-jurâbl) *adj* mensurável; moderado; limitado.
Measure (mé-jur) *s* medida; medição; cadência; modo; grau; proporção; quantidade; expediente; projeto de lei.
Measure (mé-jur) *v* medir; graduar.
Measurement (mé-jurment) *s* medição; graduação; medida.
Measurer (mé-jurâr) *s* medidor; calculador.
Measuring (mé-jurinn) *s* medição; medida.
Meat (mit) *s* carne; alimento; comida.
Meaty (mi-ti) *adj* carnudo; nutritivo.
Mechanic (miké-nik) *s* mecânico; artífice; operário; *adj* mecânico.
Mechanical (miké-nikâl) *adj* mecânico; da mecânica.
Mechanician (mékâni-shânn) *s* mecânico.
Mechanics (miké-niks) *s* mecânica.
Mechanize (mé-kanáiz) *v* mecanizar.
Medal (mé-dâl) *s* medalha.
Medallion (medé-liânn) *s* medalhão.
Medallist (mé-dâlist) *s* gravador de medalhas; pessoa condecorada.
Meddle (médl) *v* intrometer-se em; meter-se em.
Meddler (mé-dlâr) *s* intrometido; intruso.
Meddlesome (médl-sâmm) *adj* intrometido; intruso; curioso.
Media (mi-diâ) *s* mídia.
Medial (mi-diâl) *adj* médio; medial.
Median (mi-diânn) *adj* mediano; do meio.
Mediate (mi-diêit) *v* mediar, servir de mediador; *adj* intermédio; mediato; interposto.
Mediation (midiêi-shânn) *s* mediação; intervenção; intercessão.
Mediator (mi-diêitâr) *s* mediador; medianeiro.
Medical (mé-dikâl) *s* estudante de medicina; *adj* de médico; medicinal; sanitário.
Medicament (mé-dikâment) *s* medicamento; remédio.
Medicate (mé-dikêit) *v* medicar.
Medication (médikêi-shânn) *s* medicação.
Medicine (mé-dissinn) *s* medicina; remédio; medicamento.
Mediocrity (midió-kriti) *s* mediocridade; medianilidade; trivialidade.
Meditate (mé-ditêit) *v* meditar; cogitar; ponderar.
Meditated (mé-ditêitid) *adj* meditado; projetado.
Meditation (mé-ditêi-shânn) *s* meditação; cogitação; estudo; discurso.
Meditative (mé-ditêitiv) *adj* meditativo; contemplativo.
Medium (mi-diâmm) *s* meio; meio termo; éter; RELIG médium, pessoa inspirada; *adj* médio; moderado; medíocre.
Medley (mé-dli) *s* mistura; miscelânea; *adj* confuso; misturado.
Meed (mid) *s* recompensa; prêmio; pagamento.
Meek (mik) *adj* afável; meigo; manso.
Meekness (mik-néss) *s* brandura; modéstia.
Meet (mit) *s* ponto de reunião; encontro.
Meet (mit) *v* encontrar; reunir-se; satisfazer; pagar; conhecer pessoa; *past or pp* MET.
Meeting (mi-tinn) *s* encontro; entrevista; reunião; comício.
Megrim (mi-grimm) *s* enxaqueca.
Melancholia (mélânkôu-liâ) *s* melancolia.
Melancholic (mélânkó-lik) *adj* melancólico; triste; aflitivo.
Melancholy (mé-lânkóli) *s* melancolia; tristeza; hipocondria.
Melancholy (mé-lânkóli) *adj* melancólico.
Mellifluous (méli-fluâss) *adj* melífluo; doce; harmonioso.
Mellow (mé-lôu) *adj* maduro; sazonado; mole; melodioso; pastoso; meio embriagado.
Mellow (mé-lôu) *v* amadurecer; abrandar; amolecer.
Mellowness (mé-lôunéss) *s* frutos maduros; harmonia; suavidade.
Melodious (mélôu-diâss) *adj* melodioso; doce; suave.
Melody (mé-lodi) *s* melodia; canção; ária.
Melon (mé-lânn) *s* melão, espécie de fruta.
Melt (mélt) *s* substância derretida; derretimento.
Melt (mélt) *v* derreter; dissolver; fundir; *past and pp* MELTED or MOLTEN.
Melted (mél-tid) *adj* derretido; dissolvido.
Melter (mél-târ) *s* fundidor; cadinho; crisol.
Melting (mél-tinn) *s* fundição; fusão.
Melting (mél-tinn) *adj* derretido.
Member (mém-bâr) *s* membro corporal; membro; sócio; representante.
Membership (mém-bârship) *s* sociedade; confraria; irmandade.
Memoir (mé-muór) *s* memória; narrativa.
Memorable (mé-morâbl) *adj* memorável.
Memorial (memóu-riâl) *s* petição; memorial; nota.
Memorial (memóu-riâl) *adj* comemorativo.
Memorize (mé-moráiz) *v* anotar; registrar; USA decorar; recordar.
Memory (mé-mori) *s* memória; lembrança; recordação.
Men (mén) *s* homens; obreiros; operários.

Menace (mé-niss) *s* ameaça.
Menace (mé-niss) *v* ameaçar; intimidar.
Menacing (mé-nissinn) *s* ameaça.
Menacing (mé-nissinn) *adj* ameaçado.
Menage (mená-j) *s* economia doméstica.
Mend (ménd) *s* emenda; melhoria.
Mend (ménd) *v* consertar; restabelecer-se; remendar.
Mendable (mén-dâbl) *adj* corrigível; emendável.
Mendacious (mendêi-shâss) *s* mentiroso; falso.
Mendacity (mendé-siti) *s* mentira; embuste.
Mender (mén-dâr) *s* reformador; remendão.
Mendicancy (mén-dikânsi) *s* mendicância, ação de mendigar.
Mendicant (mén-dikânt) *s* mendigo; pedinte.
Mendicant (mén-dikânt) *adj* mendigo; pedinte.
Mendicity (mendi-siti) *s* mendicidade; mendicância.
Mending (mén-dinn) *s* reparação; emenda; conserto.
Menial (mi-niâl) *s* criado; lacaio.
Menial (mi-niâl) *adj* doméstico; servil; subalterno.
Menses (mén-siz) *s* menstruação; regras.
Menstrual (méns-trual) *adj* menstrual.
Menstruate (méns-truêit) *v* menstruar.
Menstruation (ménstruêi-shânn) *s* menstruação; regras; fluxo.
Mensurable (mén-shurâbl) *adj* mensurável.
Mensuration (ménshurêi-shânn) *s* mensuração; medida; medição.
Mental (mén-tâl) *adj* mental; ideal; intelectual.
Mentality (mênté-liti) *s* mentalidade.
Mention (mén-shânn) *s* menção; alusão.
Mention (mén-shânn) *v* mencionar; aludir.
Mentor (mén-târ) *s* mentor; guia; conselheiro.
Menu (mé-niu) *s* menu; cardápio.
Mercantile (mâr-kântil) *adj* mercantil; comercial.
Mercenary (mâr-sinéri) *s* mercenário.
Mercenary (mâr-sinéri) *adj* mercenário; venal.
Mercer (mâr-sâr) *s* negociante (fazendas e tecidos).
Merchandise (mâr-tshândáiz) *s* comerciante atacadista; USA varejista.
Merchandise (mâr-tshândáiz) *v* negociar; comerciar.
Merchant (mâr-tshânt) *s* negociante atacadista; USA comerciante varejista.
Merchant (mâr-tshânt) *adj* mercantil; comercial.
Merciful (mâr-siful) *adj* misericordioso; clemente; compassivo; humano.
Mercifulness (mâr-sifulnéss) *s* misericórdia; clemência; compaixão.
Merciless (mâr-siléss) *adj* impiedoso; desalmado; cruel.
Mercury (mâr-kiuri) *s* mercúrio; ASTR Mercúrio (planeta do nosso sistema solar).
Mercy (mâr-si) *s* clemência; piedade.
Mere (mir) *adj* mero; simples; puro.
Merely (mir-li) *adv* meramente; simplesmente; inteiramente.
Meretricious (méretri-shâss) *adj* meretrício; prostituição.
Merge (mârdj) *v* amalgamar; unir; fundir; imergir.
Meridian (meri-diânn) *s* meridiano; ponto culminante; zênite; meio-dia.
Meridional (mari-diânal) *s* meridional (sul).
Meridional (mari-diânal) *adj* meridional (lado sul).
Meringue (mâré-nn) *s* suspiro; merenge, doce de clara de ovos.
Merit (mé-rit) *s* mérito; merecimento; prêmio.
Merit (mé-rit) *v* merecer.
Merle (mârl) *s* melro (pássaro).
Merlin (mâr-linn) *s* esmerilhão (ave).
Mermaid (mâr-mêid) *s* MIT sereia (mulher peixe).
Merry (mé-ri) *adj* alegre; jovial; feliz.
Merrymaking (mé-ri-mêi-kinn) *s* festa; folguedo; divertimento.
Mesh (mésh) *s* malha; rede; laço.
Mesh (mésh) *v* prender com rede.
Meshy (mé-shi) *adj* reticulado.
Mesmerism (més-mârizm) *s* mesmerismo (hipnotismo).
Mess (méss) *s* prato de comida; rancho; confusão.
Mess (méss) *v* comer; dar rancho; complicar.
Message (mé-sâdji) *s* mensagem; recado; comunicação; embaixada.
Messenger (mé-sendjâr) *s* mensageiro; precursor; núncio.
Messiah (missaihâ) *s* Messias; Cristo; ungido.
Messy (mé-si) *adj* desordenado; desarranjado; atravancado.
Metabolism (meté-bolizm) *s* MED metabolismo.
Metal (mé-tâl) *s* metal; liga; substância; cascalho.
Metal (mé-tâl) *v* cobrir ou revestir de metal; cobrir de cascalho.
Metalling (meté-linn) *s* revestimento metálico.
Metallurgy (mé-tâlârdji) *s* metalurgia.
Metaphor (mé-tâfâr) *s* metáfora.
Metaplasm (mé-tâplézm) *s* metaplasmo.
Mete (mit) *s* divisa; limite.
Mete (mit) *v* medir; partilhar.
Meteor (mi-tiór) *s* meteoro; estrela cadente.
Meteorology (mitioró-lodji) *s* meteorologia.
Meter (mi-târ) *s* metro, sistema de medida; medidor; contador.
Method (mé-thâd) *s* método; regra; ordem; MÚS execução técnica.
Methodism (mé-thâdizm) *s* método; RELIG Metodismo.
Methodist (mé-thâdist) *s* RELIG metodista.
Methodize (mé-thâdáiz) *v* metodizar; regularizar.
Meticulous (meti-kiulâss) *adj* meticuloso; cuidadoso; sistemático.
Metonymy (metó-nimi) *s* metonímia.
Metrify (mi-trifái) *v* metrificar.
Mettle (mét-l) *s* valor; coragem; vivacidade.
Mettled (mé-tld) *adj* vivo; fogoso; ardente; corajoso; ousado.
Mew (miu-) *v* miar.
Mewl (miul) *s* choro de criança; miado.
Mewl (miul) *v* choramingar; lamentar-se.
Mewling (miu-linn) *s* lamúria; lamentação.
Mexican (mék-sikânn) *s* o mexicano.
Mexican (mék-sikânn) *adj* mexicano.
Mi (mi) *s* MÚS mi, nota musical (E).
Microbe (mái-krôub) *s* micróbio, ser animal ou vegetal microscópico.
Microscope (mái-kroskôup) *s* microscópio, excessivamente pequeno.
Mid (mid) *adj* meio; médio; intermediário.
Midday (mid-dêi) *s* meio-dia; zênite.
Middle (mid-l) *adj* do meio; central; médio; intermediário.
Middling (mi-dlinn) *adj* médio; mediano; regular; medíocre.
Midge (midj) *s* mosquito; anão.
Midget (mid-gét) *s* anão; pigmeu.
Midland (mid-lénd) *s* centro de um país; região central.
Midnight (mid-náit) *s* meia-noite.
Midnight (mid-náit) *adj* escuro; oculto; secreto.
Midst (midst) *s* meio; centro; seio.
Midst (midst) *adv* no meio.
Midst (midst) *prep* entre.
Midsummer (mid-sâmâr) *s* solstício do verão.
Midway (mid-uêi) *s* meio caminho.
Midway (mid-uêi) *adj* a meio caminho.
Midwife (mid-uáif) *s* parteira.
Midwife (mid-uáif) *v* partejar; FIG dar à luz.
Mien (min) *s* ar; semblante.
Might (máit) *s* poder; força.
Might (máit) *v* ser possível.
Mightily (mái-tli) *adv* poderosamente.
Mightiness (máit-néss) *s* poder; poderio; força.
Mighty (mái-ti) *adj* forte; poderoso; importante; eficaz.
Migrate (mái-grêit) *v* migrar.
Migration (máigrêi-shânn) *s* migração.
Migratory (mái-grâtôuri) *s* migração; peregrino; errante.
Milch (miltsh) *adj* lácteo; de leite.

Mild (máild) *adj* suave; doce; ameno; brando; macio; indulgente.
Mildly (mil-dli) *adv* pacificamente; suavemente.
Mildness (mild-néss) *s* brandura; suavidade; indulgência.
Mile (máil) *s* milha (= 1.609 metros).
Mileage (mái-lidj) *s* comprimento em milhas.
Milestone (mail-stôunn) *s* marco (distância em milhas).
Militancy (mi-litânsi) *s* militância; guerra; combate.
Militant (mi-litânt) *adj* militante; combatente.
Military (mi-litéri) *adj* militar; bélico; marcial.
Militate (mi-litêit) *v* militar; contender; combater.
Milk (milk) *s* leite; suco leitoso de algumas plantas.
Milk (milk) *v* ordenhar; mamar.
Milker (mil-kâr) *s* ordenhador.
Milkiness (mil-kinéss) *s* natureza láctea; doçura; ternura; suavidade.
Milkmaid (milk-mêid) *s* leiteira; mulher que vende leite.
Milkman (milk-maen) *s* leiteiro.
Milky (mil-ki) *adj* lácteo; suave; doce.
Mill (mil) *s* moinho; fiação; oficina; fábrica; FAM pugilato.
Mill (mil) *v* moer; triturar; esmagar.
Milled (mild) *adj* pisado; socado.
Millenarian (milinêi-riânn) *vide* **MILLENARY**.
Millenary (mi-linéri) *adj* milenário.
Miller (mi-lâr) *s* moleiro; mariposa.
Milligram (mi-ligrémm) *s* miligrama (mg).
Millimeter (mi-limitâr) *s* milímetro (ml).
Millimetre (mi-limitâr) *vide* **MILLIMETER**.
Milliner (mi-linâr) *s* chapeleira.
Milling (mi-linn) *s* moagem; fresagem; moenda.
Million (mi-liânn) *s* milhão.
Millionth (mi-liânth) *s* o milionésimo.
Millionth (mi-liânth) *adj* milionésimo (ordinal).
Milord (milór-d) *s* milorde.
Milt (milt) *s* esperma de peixe; baço.
Milt (milt) *v* fecundar (ovas).
Mime (máimm) *s* mímica; farsa.
Mimic (mi-mik) *adj* mímico; burlesco; grotesco.
Mimic (mi-mik) *v* arremedar; imitar.
Mimicry (mi-mikri) *s* mímica; pantomima; arremedo.
Mince (minss) *v* picar; pronunciar por partes; medir as palavras no falar; andar com afetação.
Mincemeat (mins-mit) *s* carne picada.
Mind (máind) *s* mente; cabeça; ânimo; gosto; opinião; memória.
Mind (máind) *v* prestar atenção a; cuidar de; importar-se; notar; desconfiar de.
Minded (máin-did) *adj* propenso; inclinado; disposto.
Mindful (máind-ful) *adj* atento; cuidadoso; diligente.
Mine (mainn) *s* mina; jazida; mina explosiva.
Mine (mainn) *v* minar; destruir; explorar minas.
Mine (mainn) *pron* meu; minha; meus; minhas.
Mineralogy (minâré-lodji) *s* mineralogia.
Mingle (ming-l) *v* misturar; juntar; confundir.
Mingled (mingl-d) *adj* misturado; confuso.
Mingling (min-glinn) *s* mistura; confusão.
Mingy (min-dji) *adj* FAM sovina; mesquinho.
Mini (mini) *s* miniatura; automóvel.
Minify (mini-fái) *v* diminuir; reduzir; menosprezar.
Minim (mi-nimm) *s* MÚS mínima; USA **HALF NOTE**.
Minim (mi-nimm) *adj* menor; mínimo.
Minimize (mi-nimáiz) *v* diminuir; encurtar; atenuar.
Minish (mi-nish) *v* diminuir; tornar mais curto.
Minister (mi-nistâr) *s* ministro; sacerdote.
Minister (mi-nistâr) *v* prover; dar; servir; celebrar missa; ministrar.
Ministration (ministrêi-shânn) *s* ministério; funções eclesiásticas; comissão; administração.
Ministry (mi-nistri) *s* ministério; clero; cargo.
Mink (mink) *s* espécie de marta; pele de marta; vison.
Minor (mái-nâr) *s* mínimo; JUR menor.
Minor (mái-nâr) *adj* menor; inferior.
Minority (minó-riti) *s* minoria; menoridade.
Minster (mins-târ) *s* mosteiro; catedral; convento.
Minstrel (mins-trél) *s* menestrel; trovador; cantor.
Mint (mint) *s* casa da moeda; mina.
Mint (mint) *v* cunhar moeda; inventar; forjar.
Minter (min-târ) *s* moedeiro; inventor; forjador.
Minuscule (minâs-k-ul) *s* letra minúscula.
Minuscule (minâs-k-ul) *adj* minúsculo; pequeno.
Minute (mi-nit) *s* minuto; nota; resumo.
Minute (mi-nit) *v* anotar; rascunhar; projetar.
Minute (mi-nit) *adj* diminuto; tênue; detalhado; preciso; exato.
Minuteness (miniut-néss) *s* miudeza; exiguidade; pequenez.
Miracle (mi-râkl) *s* milagre; maravilha.
Miraculous (miré-kiulâss) *adj* miraculoso; maravilhoso.
Mirage (mirâ-j) *s* miragem; ilusão; visão.
Mire (máir) *s* atoleiro; lama; lodo.
Mire (máir) *v* atolar se; enlamear.
Miriness (mái-rinéss) *s* sujidade; porcaria; imundície.
Mirror (mi-râr) *s* espelho; modelo.
Mirror (mi-râr) *v* espelhar; refletir.
Mirth (mârth) *s* alegria; regozijo; contentamento.
Mirthful (mârth-ful) *adj* alegre; jovial; jubiloso.
Mirthless (mârth-léss) *adj* triste; melancólico.
Miry (mái-ri) *adj* lodoso; lamacento; enlameado.
Misadventure (missédvént-shur) *s* infortúnio; desgraça; revés.
Misalliance (misséilái-ânss) *s* casamento não desejado; união imprópria.
Misapplication (misséplikêi-shânn) *s* mau emprego; falsa aplicação.
Misapply (misséplá-i) *v* aplicar mal; fazer mau uso de.
Misapprehend (missépri-hén-d) *v* compreender mal; não perceber.
Misapprehension (missépri-hén-shânn) *s* mal entendido; engano.
Misappropriate (misséprôu-priêit) *v* malversar; obter por fraude.
Misappropriation (misséprôupriei-shânn) *s* apropriação indébita.
Misbegotten (miss-bigotn) *adj* bastardo; ilegítimo.
Misbehave (misbihêi-v) *v* comportar-se mal; conduzir-se mal.
Misbehaved (misbihêiv-d) *adj* mal comportado.
Misbehaviour (misbihêi-viâr) *s* mau comportamento.
Misbelief (misbili-f) *s* falsa crença; erro; descrença.
Misbeliever (misbili-vâr) *s* incrédulo; descrente.
Miscalculate (miskél-kiulêit) *v* calcular mal; calcular erroneamente.
Miscalculation (miskélkiulêi-shânn) *s* cálculo errado; erro de cálculo.
Miscall (miskó-l) *v* difamar; ofender; dar nome errado.
Miscarriage (miské-ridj) *s* aborto; falta; culpa; malogro.
Miscarry (miské-ri) *v* malograr; extraviar.
Miscellaneous (misselêi-niâss) *adj* misturado; misto.
Miscellany (mi-selâni) *s* miscelânea; mistura.
Mischance (mistshén-ss) *s* infortúnio; desgraça; malogro.
Mischief (mis-tshif) *s* mal; prejuízo; travessura.
Mischievous (mis-tshivâss) *adj* malévolo; nocivo; desordeiro.
Misconception (miskânsép-shânn) *s* opinião errônea; noção errada.
Misconduct (miskóndâk-t) *s* má conduta.
Misconduct (miskóndâk-t) *v* conduzir mal; administrar mal.
Misconstruction (miskónstrâk-shânn) *s* interpretação errônea.
Misconstrue (miskónstru-) *v* interpretar mal; construir de maneira péssima.
Miscount (miskáun-t) *s* contagem errônea.
Miscount (miskáun-t) *v* contar errado.
Misdeed (misdi-d) *s* delito; culpa; má ação.

Misdemeanour (misdimi-nâr) *s* pequena contravenção; má conduta.
Misdoing (misdu-inn) *s* falta; delito; culpa; erro.
Miser (mái-zâr) *s* usurário; avarento; avaro.
Miserable (mi-zârâbl) *adj* desgraçado; infeliz; desditoso.
Miserableness (mi-zârâblnéss) *s* desgraça; infelicidade; desventura.
Miserly (mái-zârli) *adj* avaro; avarento.
Misery (mi-zâri) *s* miséria; desdita.
Misfit (misfi-t) *s* o que encaixa mal.
Misfit (misfi-t) *v* não ajustar bem.
Misfortune (misfór-tshunn) *s* infortúnio; desventura; desgraça.
Misgive (misghi-v) *v* inspirar receios; estar receoso.
Misgiving (misghi-vinn) *s* pressentimento; dúvida; desconfiança.
Misgotten (misgót-n) *adj* mal adquirido.
Misgovern (misgâ-vârn) *v* governar mal; dirigir mal.
Misgovernment (misgâ-vârnment) *s* mau governo; desbarato; esbanjamento.
Misguidance (misgái-dânss) *s* direção errônea; desvio; erro.
Misguide (misgái-d) *v* extraviar; desencaminhar.
Misguided (misgái-did) *adj* desencaminhado.
Mishandle (mis-hénd-l) *v* manejar mal; tratar mal; dirigir mal.
Mishap (mis-hé-p) *s* desgraça; infortúnio; contratempo.
Mishappen (mis-hép-n) *v* ter mau êxito; não ter sorte.
Misinformation (missinfórmêi-shânn) *s* informação errônea ou falsa.
Misinterpret (missintâr-prét) *v* interpretar mal; não entender.
Misinterpretation (missintârpré-têi-shânn) *s* má interpretação.
Misjudge (misdjâ-dj) *v* julgar mal; fazer mal juízo de.
Misjudgement (misdjâdj-ment) *s* juízo falso; opinião errônea.
Misjudgment (misdjâdj-ment) *vide* MISJUDGEMENT.
Misknow (miss-nôu) *v* desconhecer; compreender mal.
Mislay (mislê-i) *v* pôr em lugar errado; pôr onde não se lembra.
Mislead (misli-d) *v* desencaminhar; extraviar; enganar; induzir em erro.
Misled (mislé-d) *adj* desencaminhado; iludido.
Mismanage (mismé-nâdj) *v* manejar mal; gerir mal.
Misplace (misplêi-ss) *v* colocar mal; colocar fora de lugar; extraviar.
Misplacement (misplêis-ment) *s* colocação fora de local apropriado.
Misprint (misprin-t) *s* TIP erro.
Misprint (misprin-t) *v* TIP cometer erro.
Mispronounce (mispronáun-ss) *v* pronunciar mal.
Misrepresent (misréprizén-t) *v* deturpar; adulterar.
Misrepresentation (misréprizén-têi-shânn) *s* adulteração; deturpação; violação.
Misrule (misru-l) *s* desgoverno; desordem; confusão.
Miss (miss) *s* erro; engano; menina; jovem; mocinha.
Miss (miss) *v* faltar; perder; omitir; saltar; esquecer; achar falta de; ter saudades de.
Misshapen (mis-shêipn) *adj* disforme; deformado.
Missile (mi-sil) *s* projétil; míssil.
Missing (mi-sinn) *adj* desaparecido; extraviado; ausente; perdido.
Mission (mi-shânn) *s* missão; destino; desígnio.
Missionary (mi-shânéri) *s* o missionário.
Missionary (mi-shânéri) *adj* missionário.
Missioner (mi-shânâr) *s* enviado; emissário; núncio.
Missive (mi-siv) *s* missiva; carta; mensageiro.
Missive (mi-siv) *adj* missivo.
Misspend (mis-spén-d) *v* gastar mal; dissipar; esbanjar.
Misstate (mis-stêi-t) *v* expor mal; relatar inexatamente.
Misstatement (mis-stêit-ment) *s* informação errônea; narração falsa.
Missy (mi-si) *s* menina (diminutivo de MISS).
Mist (mist) *s* neblina; névoa; nevoeiro.
Mistake (mistêi-k) *s* engano; erro.
Mistake (mistêi-k) *v* compreender mal; equivocar-se; tomar por engano; *past* MISTOOK *and pp* MISTAKEN.
Mistaken (mistêik-n) *adj* errado; errôneo; enganado.
Mister (mis-târ) *s* senhor (Mr.).
Mistress (mis-tréss) *s* mestra; preceptora; ama; patroa; dona-de-casa; amada; amante.
Mistrust (mistrâs-t) *s* desconfiança.
Mistrust (mistrâs-t) *v* desconfiar; recear; duvidar.
Misty (mis-ti) *adj* enevoado; obscuro; nublado.
Misunderstand (missândârstén-d) *s* desentendimento.
Misunderstand (missândârstén-d) *v* entender errado; equivocar-se; *past or pp* MISUNDERSTOOD.
Misunderstanding (missândâr-stén-dinn) *s* mal-entendido; equívoco, erro.
Misuse (missiu-z) *s* abuso; maltrato; aplicação errônea.
Misuse (missiu-z) *v* abusar de; empregar mal; maltratar.
Mitigate (mi-tighêit) *v* mitigar; consolar; acalmar; atenuar.
Mitigation (mitighêi-shânn) *s* mitigação; consolo; alívio.
Mitre (mai-târ) *s* RELIG mitra (barrete).
Mix (miks) *s* mistura.
Mix (miks) *v* misturar; baralhar; confundir-se; juntar.
Mixed (miks-t) *s* misturado; misto; ligado.
Mixer (mik-sâr) *s* misturador; batedeira; USA dono ou empregado de bar; pessoa comunicativa.
Mixture (miks-tshur) *s* mistura; misto; mescla.
Mizzle (miz-l) *v* chuviscar; sucumbir; confundir.
Moan (môunn) *s* lamentação; lamúria.
Moan (môunn) *v* lamentar; gemer.
Moanful (môun-ful) *adj* lamentável; triste; lúgubre.
Moat (môut) *s* fosso.
Moat (môut) *v* cercar de fossos.
Mob (mób) *s* motim; turba; multidão.
Mob (mób) *v* provocar um motim.
Mobile (môu-bil) *adj* movediço; móvel; inconstante.
Mobility (môubi-liti) *s* mobilidade; volubilidade.
Mobilization (môubilizêi-shânn) *s* mobilização.
Mobilize (môu-biláiz) *v* mobilizar.
Mock (mók) *adj* burlesco; falso; fingido.
Mock (mók) *v* zombar de; ridicularizar; imitar.
Mocker (mó-kâr) *s* zombador; escarnecedor.
Mockery (mó-kâri) *s* escárnio; zombaria; menosprezo; arremedo.
Mocking (mó-kinn) *s* zombaria; troça; brincadeira.
Mocking (mó-kinn) *adj* escarnecedor.
Modality (modé-liti) *s* modalidade.
Mode (môud) *s* modo; maneira; processo; método; uso; estilo; graduação; grau.
Model (mód-l) *s* modelo; amostra; norma; desenho; figurino.
Model (mód-l) *v* modelar; fazer um molde.
Modeller (mó-delâr) *s* modelador; desenhador.
Modelling (mó-delinn) *s* modelagem; modelação.
Moderate (mó-dârêit) *v* moderar; acalmar; temperar; conter-se.
Moderate (mó-dârêit) *adj* moderado; medíocre; calmo; parco; módico.
Moderation (módârêi-shânn) *s* moderação; temperança; calma.
Modern (mó-dârn) *s* moderno; recente; banal.
Modern (mó-dârn) *adj* moderno; recente; banal.
Modernism (mó-dârnizm) *s* modernismo.
Modernity (módâr-niti) *s* novidade; modernidade.
Modernize (mó-dârnáiz) *v* modernizar; tornar atual.
Modest (mó-dest) *adj* modesto; moderado; casto; humilde.
Modesty (mó-desti) *s* modéstia; recato; humildade.
Modification (módifikêi-shânn) *s* modificação; alteração; mudança.
Modify (mó-difái) *v* modificar; alterar; variar.

Modulate (mó-diulêit) *v* modular; variar o tom; cantar com harmonia.
Modulation (módiulêi-shânn) *s* modulação.
Moist (móist) *adj* úmido; molhado.
Moisten (móist-n) *v* umedecer, tornar úmido.
Mole (môul) *s* verruga; muralha; dique.
Molecule (mó-lekiul) *s* molécula; partícula.
Molest (molés-t) *v* molestar; perturbar; incomodar.
Molestation (molestêi-shânn) *s* incômodo; aborrecimento; estorvo.
Mollification (mólifikêi-shânn) *s* amolecimento; mitigação.
Mollify (mó-lifái) *v* abrandar; aliviar; suavizar.
Mollusc (mó-lâsk) *vide* MOLLUSK.
Mollusk (mó-lâsk) *s* molusco.
Molly (mó-li) *s* homem efeminado; maricas; USA SISSY.
Molten (môult-n) *adj* fundido; derretido; vasado.
Mom (mô-umm) *s* USA mãe.
Moment (môu-mént) *s* momento; instante; importância; peso; gravidade.
Momentary (môu-mentéri) *adj* passageiro; momentâneo.
Momentous (môu-mentâss) *adj* momentoso; grave; importante.
Momentousness (môu-mentâsnéss) *s* gravidade; importância.
Monarch (mó-nârk) *s* monarca; rei.
Monarchism (mó-nârkizm) *s* monarquismo.
Monarchy (mó-nârki) *s* monarquia.
Monastery (mó-nâstéri) *s* mosteiro; convento.
Monasticism (monés-tissizm) *s* monasticismo; vida monástica; ascetismo.
Monday (mâu-dêi) *s* segunda-feira.
Money (mâ-ni) *s* dinheiro; moeda; riqueza.
Money (mâ-ni) *v* cunhar moedas; fazer moedas.
Moneyed (mâ-nid) *adj* endinheirado.
Moneyless (mâ-niléss) *adj* sem dinheiro; pobre.
Monger (mân-gâr) *s* negociante.
Mongrel (mân-grél) *s* cão vira-lata.
Mongrel (mân-grél) *adj* mestiço; híbrido.
Monitor (mó-nitâr) *s* monitor; instrutor; lagarto; navio de guerra.
Monk (mânk) *s* monge; frade.
Monkery (mân-kâri) *s* vida monástica; mosteiro.
Monkey (mân-ki) *s* macaco; bate-estacas; USA brincar; USA mexer com.
Monody (mó-nodi) *s* monodia; canto fúnebre; elegia.
Monogamist (mânâ-gâmous) *s* monógamo.
Monogamy (mânâ-gâmoni) *s* monogamia.
Monologue (mó-nâlóg) *s* TEATR monólogo.
Monopolize (monó-poláiz) *v* monopolizar.
Monopoly (monó-poli) *s* monopólio; abarcamento; entreposto.
Monosyllabic (monossilé-bik) *adj* monossilábico.
Monosyllable (monossi-lâbl) *s* monossílabo.
Monotonous (monó-tânâss) *adj* monótono; enfadonho.
Monster (móns-târ) *s* monstro; prodígio.
Monster (móns-târ) *adj* monstruoso; prodigioso.
Monstrance (móns-trânss) *s* ostensório.
Monstrous (móns-trâss) *adj* monstruoso; prodigioso; pavoroso; disforme.
Month (mânth) *s* mês.
Monthly (mân-thli) *s* publicação mensal; regras, menstruação.
Monthly (mân-thli) *adj* mensal.
Monthly (mân-thli) *adv* mensalmente.
Monument (mó-niumént) *s* monumento; marco; sinal; lápide sepulcral.
Monumental (móniumén-tâl) *adj* monumental; grandioso.
Moo (mu) *s* mugido.
Moo (mu) *v* mugir.
Mooch (mu-tsh) *v* vaguear; vadiar; errar.
Mood (mud) *s* ânimo; humor; modo; disposição.
Moodiness (mu-dinéss) *s* capricho; extravagância; tristeza.
Moody (mu-di) *adj* triste; melancólico; caprichoso; taciturno.
Moon (munn) *s* lua; fase lunar.
Moon (munn) *v* vaguear; andar sem destino.
Moonlight (mun-láit) *s* luar.
Moonlight (mun-láit) *adj* enluarado.
Moonshine (mun-sháinn) *s* luar; disparate; desatino; tolice.
Moony (mu-ni) *adj* simplório; lunar; claro como a lua; maníaco.
Moor (mur) *s* charco; pântano; matagal; terreno baldio; mouro.
Moor (mur) *v* atracar; aportar; ancorar.
Mooring (mu-rinn) *s* ancoragem; amarra; amarração.
Moorish (mu-rish) *adj* pantanoso; mouro.
Moose (muss) *s* alce.
Moot (mut) *v* discutir; debater.
Mop (móp) *s* esfregão.
Mop (móp) *v* esfregar; lavar; limpar; fazer caretas.
Mopboard (mop-bôurd) *s* USA rodapé de parede.
Mope (môup) *s* indivíduo aborrecido.
Mope (môup) *v* desanimar; definhar; entristecer.
Mopish (môu-pish) *adj* triste; enfadado; imbecil; desgostoso.
Mopishness (môu-pishnéss) *s* estupidez; tristeza; enfado.
Moral (mó-râl) *s* moralidade; moral.
Moral (mó-râl) *adj* moral; ético; casto; digno.
Moralism (mó-râlizm) *s* moralismo; religiosidade.
Morality (moré-liti) *s* moralidade; retidão; dignidade; honradez.
Moralization (mórâlizêi-shânn) *s* moralização.
Moralize (mó-râláiz) *v* moralizar; pregar moral.
Morass (moré-ss) *s* pântano; lamaçal.
Morbid (mór-bid) *adj* mórbido; sinistro.
Morbidness (mór-bidnéss) *s* morbidez; caráter doentio.
More (môur) *s* maior quantidade.
More (môur) *adj* adicional; extra; mais; em maior quantidade.
More (môur) *adv* mais; em maior número; além de.
Moreover (môur-ôuvâr) *adv* além disso; demais.
Morn (mârnn) *s* POES manhã.
Morning (mór-ninn) *s* manhã; alvorada.
Morning (mór-ninn) *adj* matutino; matinal.
Morose (morôu-ss) *adj* melancólico; triste; impertinente; misantropo.
Moroseness (morôus-ness) *s* enfado; mau humor; capricho.
Morphine (mâr-finn) *s* morfina.
Morphology (mórfó-lodji) *s* GRAM morfologia.
Morrow (mó-rôu) *s* amanhã.
Morse (mórss) *s* morsa (mamífero); sistema telegráfico em códigos.
Morsel (mór-sel) *s* bocado; manjar; pedaço.
Mortal (mór-tâl) *s* ser mortal.
Mortal (mór-tâl) *adj* mortal; fatal.
Mortality (mórté-liti) *s* mortalidade.
Mortgage (mór-ghidj) *s* hipoteca.
Mortgage (mór-ghidj) *v* hipotecar.
Mortification (mortifikêi-shânn) *s* mortificação.
Mortify (mór-tifái) *v* mortificar; atormentar; humilhar; gangrenar.
Mortise (mór-tiss) *s* entalhe; encaixe (de madeira).
Mortise (mór-tiss) *v* entalhar.
Mortuary (mór-tshuâri) *s* necrotério; cemitério.
Mortuary (mór-tshuâri) *adj* mortuário; fúnebre.
Mosaic (mozêi-k) *s* mosaico.
Mosaic (mozêi-k) *adj* mosaico (pavimento); relativo a Moisés.
Moslem (móz-lemm) *s* muçulmano; islamita.
Moslem (móz-lemm) *adj* muçulmano; islamita.
Mosque (mósk) *s* mesquita, templo muçulmano.
Moss (móss) *s* musgo; lagoa.
Moss (móss) *v* cobrir de musgo.
Mossy (mó-si) *adj* musgoso.

Most (môust) *s* o maior número; a maioria; a maior parte.
Mostly (môus-tli) *adv* na maior parte das vezes; principalmente.
Mote (môut) *s* partícula de pó; molécula.
Moth (móth) *s* traça; mariposa.
Mother (mâ-dhâr) *s* mãe; genitora; madre; causa.
Mother (mâ-dhâr) *adj* materno; natural; ***MOTHER-in-law***: sogra; ***MOTHER-in-God***: madrinha; ***step-MOTHER***: madrasta.
Motherhood (mâ-dhâr-hud) *s* maternidade.
Motherless (mâ-dhârléss) *adj* órfão de mãe.
Motherliness (mâ-dhârlinéss) *s* maternidade; cuidados maternais.
Motif (môuti-f) *s* motivo; assunto; tema.
Motion (môu-shânn) *s* movimento; gesto; moção; proposta; impulso.
Motion (môu-shânn) *v* fazer sinal; propor; aconselhar.
Motionless (môu-shânléss) *adj* imóvel; parado; estupefato.
Motive (môu-tiv) *s* motivo; causa; ideia.
Motive (môu-tiv) *adj* motriz; motor.
Motley (mó-tli) *s* mescla de cores; traje de várias cores.
Motley (mó-tli) *adj* matizado; mesclado.
Motor (môu-târ) *s* motor, máquina motriz.
Motorize (môutâr-ráiz) *v* motorizar; mecanizar.
Motorway (môutâr-uêi) *s* estrada de rodagem; ***My house is very near the motorway***: minha casa é muito próxima da estrada de rodagem.
Mottle (mó-tl) *v* matizar; sarapinar.
Mottled (mó-tld) *adj* mosqueado; matizado.
Motto (moutou) *s* lema; legenda; mote.
Mould (môuld) *v* moldar; modelar; amassar pão; mofar.
Mount (máunt) *s* monte; morro; cavalaria; baluarte.
Mount (máunt) *v* montar; subir; somar; trepar.
Mountain (máun-ten) *s* montanha; serra; massa disforme.
Mountaineer (máunteni-r) *s* montanhês; serrano; rústico.
Mountainous (máun-tenâss) *adj* montanhoso; montês.
Mounting (máun-tinn) *s* montagem; subida; armadura.
Mourn (môur-n) *v* chorar; lamentar-se; deplorar; prantear.
Mourner (môur-nâr) *s* o que está de luto.
Mournful (môurn-ful) *adj* triste; melancólico; choroso.
Mournfulness (môurn-fulnéss) *s* luto; tristeza; melancolia; dor; aflição.
Mourning (môur-ninn) *s* dor; lamentação; luto.
Mourning (môur-ninn) *adj* triste; choroso.
Mouse (máuz) *s* camundongo; rato.
Mouser (máu-zâr) *s* animal rateiro; caçador de ratos.
Moustache (mâsté-sh) *s* bigode.
Mouth (máudh) *s* boca; entrada; bico; gargalo; garganta; embocadura.
Mouth (máudh) *v* mastigar; declamar.
Mouthful (máudh-ful) *s* bocado; pedaço; gole; trago; porção; punhado.
Mouthpiece (máudh-piss) *s* bocal; embocadura; boquilha; órgão; intérprete.
Mouthy (máu-dhi) *adj* maledicente.
Movable (mu-vâbl) *adj* móvel; mutável; movediço.
Movableness (mu-vâblnéss) *s* movimento; mobilidade.
Move (muv) *s* movimento; proposta; manobra; ação; mudança.
Move (muv) *v* mover; mexer-se; pôr se a caminho; mudar-se; comover.
Movement (muv-ment) *s* ação; ato; movimento; impulso; marcha; evolução; incidente; passo.
Mover (mu-vâr) *s* motor; autor de proposta; móvel.
Movie (múvi) *s* filme; fita de cinema.
Movie (múvi) *adj* cinematográfico.
Movies (múvis) *s* USA cinema.
Moving (mu-vinn) *s* movimento; mudança de moradia; moção; remoção.
Moving (mu-vinn) *adj* motriz; patético; comovedor.
Mow (môu) *s* celeiro.
Mow (môu) *v* ceifar; segar; armazenar; *past* **MOWED** ***and pp*** **MOWN**.
Mower (môu-âr) *s* ceifeiro; segador; ceifadeira.
Mowing (môu-inn) *s* ceifa; sega.
Much (mâtsh) *s* abundância; grande quantidade.
Much (mâtsh) *adj* muito; excessivamente; assaz; quase.
Much (mâtsh) *adv* muito; excessivamente; assaz; quase.
Muchness (mâtsh-néss) *s* quantidade; grandeza.
Muck (mâk) *s* porcaria; estrume.
Muck (mâk) *v* estrumar; adubar.
Mucky (mâ-ki) *adj* imundo; sujo; porco.
Mucous (miu-kâss) *adj* mucosa.
Mucus (miu-kâss) *s* muco; mucosidade.
Mud (mâd) *s* lama; lodo; barro.
Mud (mâd) *v* enlamear.
Muddiness (mâ-dinéss) *s* perturbação de espírito; turvação; sujidade.
Muddle (mâd-l) *s* desordem; balbúdia; confusão; (mâdl) *v* turvar; embotar; misturar; entontecer.
Muddy (mâ-di) *adj* turvo; lamacento; lodoso; perturbado de espírito.
Muddy (mâ-di) *v* enlamear; sujar.
Muff (mâf) *s* pessoa desajeitada; pessoa tímida; homem efeminado.
Muff (mâf) *v* proceder ou fazer desajeitadamente.
Muffin (mâ-finn) *s* bolo; FAM galanteador.
Muffle (mâf-l) *s* crisol; forno para esmaltar; luva de pugilista.
Muffle (mâf-l) *v* agasalhar; cobrir.
Muffler (mâ-flâr) *s* capuz; venda; agasalho de pescoço; USA silenciador (auto).
Mug (mâg) *s* caneca; cara; tolo; simplório.
Mugger (mâ-gâr) *s* crocodilo indiano.
Mugginess (mâ-ghinéss) *s* calor úmido.
Muggy (mâ-ghi) *adj* úmido; climal quente (abafado).
Mulch (mâltsh) *s* estrume.
Mulch (mâltsh) *v* cobrir plantas com estrume.
Mulct (mâlkt) *s* multa; penalidade.
Mulct (mâlkt) *v* despojar; multar.
Mule (miul) *s* mula; máquina de fiar algodão; fuso mecânico.
Mulish (miu-lish) *adj* cabeçudo; obstinado; híbrido.
Mulishness (miu-lishnéss) *s* teimosia; obstinação.
Mull (mâl) *s* confusão; desordem; promontório.
Mull (mâl) *v* confundir; atrapalhar; USA cogitar.
Multifarious (mâltifêi-riâss) *adj* variado; vário.
Multiform (mâl-tifórm) *adj* multiforme.
Multiples (mâl-tiplâs) *s* multinacionais.
Multiplication (mâltiplikêi-shânn) *s* multiplicação.
Multiplicity (mâltipli-siti) *s* multiplicidade.
Multiplier (mâl-tipláiâr) *s* multiplicador.
Multiply (mâl-tiplái) *v* multiplicar.
Multiplying (mâl-tiplálinn) *s* multiplicação.
Multiplying (mâl-tiplálinn) *adj* multiplicador.
Multitude (mâl-titiud) *s* multidão; chusma; legião.
Multitudinous (mâltitiu-dinâss) *adj* numeroso; em grande quantidade.
Mum (mâmm) *s* cerveja doce e forte.
Mum (mâmm) *adj* silencioso; calado.
Mum (mâmm) *interj* silêncio! caluda!
Mumble (mâmbl) *v* resmungar; murmurar.
Mumbler (mâm-blâr) *s* murmurador.
Mumbling (mâm-blinn) *s* murmuração; resmungação.
Mummification (mâmifikêi-shânn) *s* mumificação.
Mummify (mâ-mifái) *v* mumificar.
Mummy (mâ-mi) *s* múmia.
Mump (mâmp) *v* mendigar; enganar; lograr; comer vagarosamente.
Mumper (mâm-pâr) *s* mendigo; impostor; resmungador.

Mumpish (mâm-pish) *adj* arisco; pensativo; irritável; intratrável.
Mumps (mâmps) *s* caxumba, inflamação infecciosa das parótidas.
Munch (mântsh) *v* mastigar; mascar.
Munificence (miuni-fissénss) *s* liberalidade; munificência; generosidade.
Munificency (miuni-fissénsi) *vide* MUNIFICENCE.
Munificent (miuni-fissént) *adj* munificente; generoso; liberal.
Muniment (miu-nimént) *s* documento cuidadosamente guardado; título de posse; escritura; fortificação; praça forte.
Munition (miuni-shânn) *s* munição.
Munition (miuni-shânn) *v* municiar; equipar.
Murder (mâr-dâr) *s* assassínio; assassinato; homicídio.
Murder (mâr-dâr) *v* assassinar.
Murderer (mâr-dârâr) *s* assassino; homicida; criminoso.
Murdering (mâr-dârinn) *s* assassínio; homicídio; assassinato.
Murdering (mâr-dârinn) *adj* mortífero.
Murderous (mâr-dârâss) *adj* cruel; homicida; sanguinário.
Murderousness (mârdâ-räsnéss) *s* instinto homicida.
Murkiness (mâr-kinéss) *s* trevas; escuridão.
Murmur (mâr-mâr) *s* murmúrio; lamento; rumor; queixa.
Murmur (mâr-mâr) *v* murmurar; queixar-se.
Murmurer (mâr-mârâr) *s* murmurador.
Murmuring (mâr-mârinn) *s* murmúrio; sussurro.
Murmuring (mâr-mârinn) *adj* murmurante.
Muscle (mâs-l) *s* músculo; força muscular.
Muscular (mâs-kiulâr) *adj* muscular; vigoroso.
Muse (miuz) *s* musa; inspiração.
Muse (miuz) *v* meditar; cismar; absorver-se.
Museum (miuzi-âmm) *s* museu; coleção de peças de arte e históricas.
Mush (mâsh) *s* pirão; POP guarda-sol; USA mingau.
Mushroom (mâsh-rumm) *s* cogumelo.
Mushroom (mâsh-rumm) *v* espalhar-se.
Mushy (mâshi) *s* piegas; sentimental.
Music (miu-zik) *s* música; melodia; harmonia.
Musical (miu-zikâl) *adj* musical; melodioso.
Musicalness (miu-zikâlnéss) *s* melodia; harmonia.
Musician (miuzi-shânn) *s* músico.
Musing (miu-zinn) *s* meditação; êxtase; abstração.
Musing (miu-zinn) *adj* contemplativo; meditativo.
Musk (mâsk) *s* almíscar, substância aromática; almiscareiro.
Musk (mâsk) *v* perfumar com almíscar.
Musket (mâs-két) *s* mosquete.
Musketeer (mâsketi-r) *s* mosqueteiro.
Musketry (mâs-ketri) *s* grupo ou companhia de mosqueteiros.
Musky (mâs-ki) *adj* almiscarado.
Muslim (mâs-linn) *s* islamita; muçulmano (*vide* MOSLEM); musselina (tecido).
Muss (mâss) *s* desordem; confusão.
Muss (mâss) *v* desordenar; pôr em desordem.
Mussel (mâs-l) *s* mexilhão.
Mussulman (mâ-sâlmân) *s* Muçulmano.
Mussulman (mâ-sâlmân) *adj* Muçulmano (que pertence à religião de Maomé).
Must (mâst) *s* sumo de uva; mofo; bolor; obrigação; imposição.
Must (mâst) *v* dever; ser obrigado a; ter de; embolorar; mofar; ***they MUST have gone out, otherwise they would have answered***: eles sairam, caso contrário teriam respondido (atendido).
Mustache (masta-sh) *s* bigode.
Mustard (mâs-târd) *s* mostarda (condimento).
Muster (mâs-târ) *s* MIL revista; rol; lista; chamada.
Muster (mâs-târ) *v* MIL passar em revista; reunir; fazer a chamada.
Mustiness (mâs-tinéss) *s* mofo; bolor.
Musty (mâs-ti) *adj* rançoso; mofado; bolorento; lento; vagaroso.
Mutable (miu-tâbl) *adj* mutável; variável.
Mutate (miu-têit) *v* mudar; alterar; transformar.
Mutation (miutêi-shânn) *s* mutação; mudança; variação.
Mute (miut) *s* mudo; letra muda; MÚS surdina.
Mute (miut) *adj* mudo; silencioso.
Muteness (miut-néss) *s* mudez, privação da fala.
Mutilate (miu-tilêit) *v* mutilar; cortar; truncar.
Mutilated (miu-tilêitid) *v* mutilado; truncado.
Mutilation (miutilêi-shânn) *s* mutilação.
Mutineer (miutini-r) *s* revoltoso; amotinado.
Mutinous (miu-tináss) *adj* amotinador; sedicioso; rebelde.
Mutiny (miu-tini) *s* motim; insurreição; sedição.
Mutiny (miu-tini) *v* amotinar-se; revoltar-se.
Mutism (miu-tizm) *s* mutismo; mudez.
Mutter (mâ-târ) *s* murmúrio; resmungo.
Mutter (mâ-târ) *v* murmurar; resmungar.
Mutterer (mâ-târâr) *s* murmurador; resmungador.
Mutton (mât-n) *s* carne de carneiro.
Mutual (miu-tshuâl) *adj* mútuo; recíproco; comum; em conjunto.
Mutuality (miutshué-liti) *s* mutualidade; reciprocidade.
Muzzle (mâz-l) *s* focinho; focinheira.
Muzzle (mâz-l) *v* fazer calar; farejar; cheirar.
Muzzy (mâ-zi) *adj* confuso; distraído; embriagado.
My (mái) *pron* meu; minha; meus; minhas.
Myope (mái-ôup) *s* MED míope.
Myopia (mâiôu-piâ) *s* MED miopia.
Myopy (mái-opi) *vide* MYOPIA.
Myrrh (môr) *s* mirra (planta).
Myself (máissél-f) *pron* eu próprio; eu mesmo; a mim mesmo.
Mysterious (misti-riâss) *adj* misterioso; enigmático; obscuro.
Mysteriousness (misti-riâsnéss) *s* mistério; caráter misterioso.
Mystery (mis-târi) *s* mistério; enigma; mister.
Mystic (mis-tik) *adj* místico; enigmático; secreto; misterioso.
Mysticism (mis-tissizm) *s* misticismo, contemplação espiritual.
Mystification (mistifikêi-shânn) *s* mistificação; logro; confusão; perplexidade.
Mystify (mis-tifái) *v* mistificar; ofuscar; confundir; tornar misterioso.
Mystifying (misti-fáinn) *adj* mistificador; mistificante.
Myth (mith) *s* mito (fábula); utopia.
Mythic (mi-thik) *adj* mítico; lendário; fabuloso.
Mythical (mi-thikâl) *vide* MYTHIC.
Mythicism (miti-ssizm) *s* mitismo.
Mythologic (mitholó-djik) *adj* mitológico.
Mythological (mitholó-djikâl) *vide* MYTHOLOGIC.
Mythologist (mithó-lódjist) *s* mitologista; mitólogo.
Mythology (mithó-lodji) *s* mitologia; mito; lenda.

nN

N (énn) *s* décima terceira letra do alfabeto Português e décima quarta letra do alfabeto Inglês.
Nab (néb) *v* apanhar rápida e subitamente.
Nabob (nêi-bób) *s* nababo; ricaço; rico.
Nacre (nêi-kâr) *s* nácar; madrepérola.
Nacreous (nêi-kriâss) *adj* nacarado.
Nadir (nêi-dir) *s* ponto oposto ao Zênite (no céu); o ponto mais baixo.
Nag (nég) *s* garrano (cavalo); sendeiro.
Nag (nég) *v* importunar; ralhar; atormentar.
Nail (nêil) *s* unha; prego; cravo; tacha; décima parte da jarda (= 2 1/2 pol).
Nail (nêil) *v* pregar; cravejar; encravar.
Nailer (nêi-lâr) *s* fabricante de pregos.
Nailery (nêi-lâri) *s* fábrica de pregos.
Naive (nai-v) *adj* crédulo; ingênuo; natural.
Naked (nêik-t) *adj* nu; despido; descoberto; puro; simples; indefeso.
Nakedness (nêikt-néss) *s* nudez; evidência; simplicidade.
Name (nêimm) *s* nome; título; fama; crédito; reputação.
Name (nêimm) *v* nomear; mencionar; dar nome a.
Nameless (nêim-léss) *adj* sem nome; anônimo; desconhecido.
Namesake (nêim-sêik) *s* homônimo; GRAM palavra que tem a mesma pronúncia de outra.
Naming (nêi-minn) *s* nomeação, ação de nomear-se.
Nanny (nê-ni) *s* ama-seca; babá.
Nap (nép) *s* sono rápido; soneca; pelo do pano.
Nap (nép) *v* dormir a sesta; cochilar.
Nape (nêip) *s* ANAT nuca.
Napkin (nép-kinn) *s* guardanapo.
Napless (nép-léss) *adj* liso; sem pelo.
Nappy (né-pi) *adj* felpudo; peludo; embriagado; bebida espumante (cerveja, vinho etc.).
Narcotize (nár-kotáiz) *v* narcotizar; anestesiar.
Nard (nárd) *s* nardo (planta); bálsamo.
Nares (nêi-riz) *s* narinas; fossas nasais.
Narrate (nérrêit) *v* narrar; relatar; contar.
Narration (nérrêi-shânn) *s* narração; relatório; resenha.
Narrative (né-râtiv) *s* narrativa; narração; relato.
Narrative (né-râtiv) *adj* narrativo.
Narrator (nérrêi-târ) *s* narrador.
Narrow (né-rôu) *s* desfiladeiro.
Narrow (né-rôu) *v* estreitar; encolher; diminuir.
Narrow (né-rôu) *adj* estreito; apertado; escasso; curto; mesquinho; avarento.
Narrowing (né-rôuinn) *s* estreitamento; limitação; contração.
Nasal (nêi-zâl) *s* som nasal; letra nasal.
Nasal (nêi-zâl) *adj* nasal.
Nasalize (nêi-zâláiz) *v* nasalar; nasalizar.
Nascent (né-sent) *adj* nascente; origem de um rio.
Nastiness (nés-tinéss) *s* imundície; indecência; obscenidade; sujeira.
Nasty (nés-ti) *adj* sujo; imundo; indecente; desonesto.
Natal (nêi-tâl) *adj* natal; RELIG Natal (nascimento do Messias, Jesus).
Natation (nâtêi-shânn) *s* ESP natação.
Nates (nêi-tiz) *s* nádegas.
Nation (nêi-shânn) *s* nação; país; povo.
National (né-shânâl) *adj* nacional; patriótico; público.
Nationalism (né-shânâlizm) *s* nacionalismo.
Nationality (néshâné-liti) *s* nacionalidade; nação; patriotismo.
Nationalization (néshânâlizêi-shânn) *s* nacionalização.
Nationalize (né-shânâláiz) *v* nacionalizar; naturalizar; tornar nacional.
Native (nêi-tiv) *s* nativo; indígena.
Native (nêi-tiv) *adj* nativo; natalício; natural; original; pátrio.
Nativeness (nêi-tivnéss) *s* estado natural.
Nativity (nâti-viti) *s* nascimento; RELIG nascimento (do Messias, Santos, da Virgem etc.).
Natty (né-ti) *adj* elegante; garboso; fino.
Natural (né-tshurâl) *adj* natural; verdadeiro; genuíno; comum.
Naturalism (né-tshurâlizm) *s* FIL naturalismo.
Naturalization (nétiurélizêi-shânn) *s* naturalização; adaptação; aclimatação.
Naturalize (né-tiurâláiz) *v* naturalizar; aclimatar; aclimatar; habituar.
Naturalness (né-tshurâlnéss) *s* naturalidade; estado natural; ingenuidade.
Nature (nêi-tshur) *s* natureza; caráter; gênero; classe; espécie.
Naught (nót) *s* nada; zero.
Naught (nót) *adj* sem valor; inútil.
Naughtiness (nó-tinéss) *s* desobediência; travessura.
Naughty (nó-ti) *adj* mau; malcriado; desobediente; perverso; travesso.
Nauseous (nó-shâss) *adj* repugnante; nauseabundo; asqueroso.
Naval (nêi-vâl) *adj* naval; da marinha; do mar.
Nave (nêiv) *s* parte do Templo entre o átrio e o santuário.
Navel (nêivl) *s* centro; parte de dentro; ANAT umbigo.
Navigable (né-vigâbl) *adj* navegável.
Navigate (né-vighêit) *v* navegar.
Navigation (névighêi-shânn) *s* navegação; pilotagem; marinha.
Navigator (né-vighêitâr) *s* navegador; navegante; piloto.
Navy (nêi-vi) *s* marinha; esquadra; frota de guerra.
Nay (nêi) *s* desmentido; voto contrário.
Nay (nêi) *adv* não; pelo contrário.
Nazarene (nézâri-nn) *s* o nazareno.
Nazarene (nézâri-nn) *adj* nazareno.
Naze (nêi-z) *s* cabo no extremo sul da Noruega.
Neap (nip) *s* águas mortas.
Neap (nip) *adj* baixo; ínfimo; maré vazante.
Near (niâr) *v* aproximar; aproximar-se de.
Near (niâr) *adj* próximo; contíguo; íntimo.
Near (niâr) *adv* cerca; perto; quase.
Near (niâr) *prep* perto de; próximo a; junto a.
Nearby (niâr-bái) *adj* próximo; vizinho; contíguo; adjacente.
Nearly (niâr-li) *adv* quase; perto; intimamente; proximamente.
Neat (nir) *s* gado.
Neat (nir) *adj* limpo; asseado; esmerado; relativo ao gado.
Neatly (ni-tli) *adv* asseadamente; destramente.
Neatness (nit-néss) *s* limpeza; asseio; elegância; esmero; delicadeza.
Neb (néb) *s* bico; ponta de pena; extremidade.

Nebulosity (nébiuló-siti) *s* nebulosidade, estado nebuloso.
Necessary (né-sesséri) *s* o necessário; o essencial.
Necessary (né-sesséri) *adj* necessário.
Necessitate (nessé-sitêit) *v* tornar necessário; constranger.
Necessitous (nessé-sitâss) *adj* necessitado; pobre.
Necessity (nessé-siti) *s* necessidade; precisão; exigência; carência.
Neck (nék) *s* pescoço; colo; gargalo; colarinho; istmo; MÚS braço de instrumento.
Necklace (nék-lêiss) *s* colar.
Necklet (nék-lét) *s* colar pequeno.
Necrology (nekró-lodji) *s* necrologia; obituário.
Need (nid) *s* necessidade; falta; carência; urgência; miséria.
Need (nid) *v* necessitar; precisar.
Needful (nid-ful) *adj* necessário; indispensável; preciso.
Needle (nidl) *s* agulha; bússola; obelisco.
Needless (nid-léss) *adj* desnecessário; imprestável; inútil.
Needlessness (nid-lésnéss) *s* inutilidade; superfluidade.
Needlework (nidl-uârk) *s* trabalho de agulha; costura.
Needs (nids) *adv* necessariamente; indispensavelmente.
Needy (ni-di) *adj* necessitado; indigente; pobre.
Nefarious (nefêi-riâss) *adj* nefando; abominável; malvado.
Nefariousness (nefêi-riâsnéss) *s* abominação; infâmia; vileza; iniquidade.
Negation (neghêi-shânn) *s* negação; negativa.
Negative (né-gâtiv) *s* negativa; denegação.
Negative (né-gâtiv) *v* negar; desaprovar; opor-se; votar contra.
Negative (né-gâtiv) *adj* negativo.
Neglect (neglék-t) *s* negligência; descuido; desprezo; indiferença; desdém.
Neglect (neglék-t) *v* negligenciar; descuidar de; esquecer.
Neglecter (neglék-târ) *s* negligente; descuidado; indiferente.
Neglectful (neglékt-ful) *adj* negligente; preguiçoso; descuidado.
Negligence (né-glidjénss) *s* negligência; descuido; abandono.
Negligent (né-glidjént) *adj* negligente; descuidado.
Negotiable (negôu-shiêit) *adj* negociável.
Negotiate (negôu-shiêit) *v* tratar; parlamentar.
Negotiation (negôushiêi-shânn) *s* negociação; transação.
Negotiator (negôu-shiêitâr) *s* negociador; negociante.
Negress (ni-gréss) *s* negra.
Negro (ni-grôu) *s* negro.
Neigh (nêi) *s* relincho; rincho.
Neigh (nêi) *v* relinchar; rinchar.
Neighbor (nêi-bâr) *s* vizinho; amigo.
Neighbor (nêi-bâr) *v* aproximar; avizinhar; ser vizinho de.
Neighbor (nêi-bâr) *adj* vizinho; próximo.
Neighborhood (nêi-bâr-hud) *s* bairro; vizinhança; proximidade; arredores.
Neighboring (nêi-bârinn) *adj* próximo; adjacente; vizinho.
Neighborly (nêi-bârli) *adj* cortês; atencioso.
Neighbour (nêi-bâr) *vide* NEIGHBOR.
Neighbourhood (nêi-bâr-hud) *vide* NEIGHBORHOOD.
Neighbouring (nêi-bârinn) *vide* NEIGHBORING.
Neighbourly (nêi-bârli) *vide* NEIGHBORLY.
Neither (ni-dhâr) *adj* nenhum dos dois.
Neither (ni-dhâr) *conj* nem; também não.
Neologism (nio-lodjizm) *s* neologismo.
Nephew (né-viu) *s* USA sobrinho.
Neptune (nep-tiun) *s* Netuno.
Nerve (nârv) *s* nervosismo; coragem; sangue-frio; ANAT nervo; tendão;.
Nerve (nârv) *v* revigorizar; animar.
Nerveless (nârv-léss) *adj* abatido; sem força; inerte.
Nervous (nâr-vâss) *adj* nervoso; excitado; vigoroso.
Nervousness (nâr-vâsnéss) *s* nervosidade; força; vigor.
Nervure (nâr-viur) *s* nervura; veia.
Nest (nêst) *s* ninho; ninhada; covil; jogo; série.
Nest (nêst) *v* aninhar; alojar-se; colocar objetos uns dentro dos outros.
Nestle (nést-l) *v* aninhar-se; abrigar; acariciar; afagar; engaiolar-se.
Nestling (nés-tlinn) *s* pintainho; filhote; pinto.
Net (nét) *s* rede; malha.
Net (nét) *v* prender na rede; lançar a rede.
Net (nét) *adj* limpo; puro; líquido; livre de toda despesa.
Nether (né-dhâr) *adj* inferior.
Nethermost (né-dhârmôust) *adj* o mais baixo; o mais profundo.
Netted (né-tid) *adj* coberto com rede; apanhado com rede.
Netting (né-tinn) *s* rede; renda; malha.
Nettle (nét-l) *s* urtiga (planta).
Nettle (nét-l) *v* irritar alguém passando folhas de urtiga; exasperar.
Nettling (né-tlinn) *s* irritação; provocação.
Neuralgic (niurél-djik) *adj* nevrálgico.
Neuter (niu-târ) *adj* neutro; sem sexo.
Neutral (niu-trâl) *s* neutro; indiferente; AUT ponto morto.
Neutral (niu-trâl) *adj* neutro; indiferente.
Neutralism (niu-trálizm) *s* neutralidade.
Never (név-âr) *adv* nunca; jamais; em tempo algum.
Nevermore (né-vârmôur) *adv* jamais: nunca mais.
Nevertheless (névârthlé-ss) *adv* contudo; não obstante; todavia.
New (niu) *adj* novo; moderno; fresco; outro; diferente.
Newcomer (niu-kâmar) *s* recém-chegado; recém-aparecido; recém-vindo.
Newly (niuli) *adv* recentemente; novamente; há pouco.
Newness (niu-néss) *s* novidade; inovação; início; falta de prática.
News (niuz) *s* notícia; novidade; informação; ***what's the NEWS?***: que há de novo?
Newsboy (niuz-bói) *s* jornaleiro; USA NEWSY.
Newspaper (niuz-pêipâr) *s* jornal; diário; gazeta; periódico.
Newspaperman (niuz—peipâr-maen) *s* USA jornalista; ENGL PRESSMAN, JOURNALIST.
Newsstand (nius-stand) *s* banca de jornal.
Newsy (niu-zi) *s* USA jornaleiro.
Newsy (niu-zi) *adj* noticioso.
Next (nékst) *adj* seguinte; próximo; vizinho.
Next (nékst) *adv* logo; imediatamente depois.
Next (nékst) *prep* junto a; ao lado de.
Nexus (nék-sâss) *s* nexo; vínculo; união.
Nib (nib) *s* bico; ponta; bico de ave.
Nib (nib) *v* aguçar; fazer ponta; aparar.
Nibble (nibl) *s* mordedura; dentada.
Nibble (nibl) *v* morder; roer; mordiscar.
Nice (náiss) *adj* bom; ótimo; fino; elegante; simpático; ***It's NICE to see you again***: é bom vê-la novamente.
Niceness (náis-néss) *s* finura; gentileza; delicadeza.
Nicety (nái-siti) *s* finura; gentileza; delicadeza; argúcia.
Niche (nitsh) *s* nicho.
Nick (nik) *s* talho; corte; entalhe; ponto crítico; *old NICK*: demônio.
Nick (nik) *v* entalhar; acertar no alvo; recortar; fazer uma boa jogada.
Nickel (ni-kel) *s* níquel; USA cinco cents (moeda).
Nickname (nik-nêimm) *s* apelido; alcunha.
Nickname (nik-nêimm) *v* apelidar; alcunhar.
Nictate (nik-têit) *v* pestanejar.
Nictation (niktêi-shânn) *s* pestanejo.
Nictitate (nik-têit) *vide* NICTATE.
Niece (niss) *s* sobrinha.
Nig (nig) *s* pedaço.
Nig (nig) *v* lavrar (pedra, madeira etc.); cortar.
Niggard (ni-gârd) *s* mesquinho; sórdido; avaro; avarento.
Niggard (ni-gârd) *adj* mesquinho; sórdido; avaro; avarento.
Niggle (nig-l) *v* zombar; escarnecer; esbanjar tempo com tolices.

Nigh (nái) *adj* próximo; vizinho.
Nigh (nái) *prep* perto de; junto a.
Night (náit) *s* noite; cegueira; obscuridade; trevas; aflição; morte.
Nightgown (náit-gáunn) *s* camisola de dormir.
Nightingale (nái-tinghêil) *s* rouxinol (pássaro).
Nightly (nái-tli) *adj* noturno.
Nightly (nái-tli) *adv* de noite.
Nightmare (náit-mér) *s* pesadelo, sensação que oprime e sufoca durante o sono.
Nightward (náit-uârd) *adj* próximo da noite.
Nil (nil) *s* nulo; nada; nenhum; niihil.
Nimble (nimb-l) *adj* ágil; leve; ligeiro.
Nimbly (nim-bli) *adj* ativo; veloz.
Nimbly (nim-bli) *adv* velozmente; ativamente.
Nine (náinn) *s* o número nove.
Nine (náinn) *adj* nove.
Ninny (ni-ni) *s* tolo; palerma; basbaque.
Ninny (ni-ni) *adj* tolo; palerma; basbaque.
Ninth (náin-th) *s* nono; a nona parte.
Ninth (náin-th) *adj* nono.
Ninthly (náin-thli) *adv* em nono lugar.
Nip (nip) *s* dentada; pedaço; bocado; trago.
Nip (nip) *v* beliscar; picar; morder.
Nipper (ni-pâr) *s* pinça; dente incisivo de cavalo; crítico mordaz.
Nipping (ni-pinn) *s* arranhão; unhada; mordedura.
Nipping (ni-pinn) *adj* penetrante; mordaz; satírico.
Nipple (nip-l) *s* mamilo; bico de mamadeira.
Nippy (ni-pi) *adj* picante; ácido; mordaz; ágil.
Nit (nit) *s* lêndea, ovo de piolho.
Nitrate (nái-trêit) *s* nitrato; azotado.
Nitrogen (nái-trodjénn) *s* QUÍM nitrogênio; azoto.
Nitrous (nái-trâss) *adj* nitroso; salitroso.
Nix (niks) *s* GÍR nada; ninguém.
Nix (niks) *adj* rejeitado; recusado.
No (nôu) *s* voto negativo; não.
No (nôu) *adj* nenhum; nenhuma.
Nob (nób) *s* cabeça; protuberância; nobre.
Nob (nób) *v* dar socos na cabeça; coletar dinheiro.
Nobble (nóbl) *v* enganar; lograr; amarrar cavalo de corrida.
Nobby (nó-bi) *adj* ostentoso; elegante; distinto.
Nobility (nôubi-liti) *s* nobreza; grandeza; aristocracia.
Noble (nôub-l) *s* nobre; aristocrata.
Noble (nôub-l) *adj* nobre; ilustre; fidalgo.
Nobleman (nôubl-maen) *s* nobre; fidalgo.
Nobleness (nôubl-néss) *s* nobreza; dignidade; fidalguia.
Noblewoman (nôubl-umaen) *s* mulher nobre; fidalga.
Nobody (nôu-bódi) *s* "o" ninguém.
Nobody (nôu-bódi) *pron* ninguém.
Noctambulist (nóktém-biulist) *s* sonâmbulo.
Nocturne (nók-târn) *s* noturno.
Nod (nód) *s* sinal; saudação; aceno.
Nod (nód) *v* acenar consentindo (com a cabeça); cochilar.
Nodding (nó-dinn) *s* aceno; cumprimento inclinando a cabeça.
Noddy (nó-di) *s* estúpido; cabeçudo.
Node (nôud) *s* nódulo; nó; tumor; protuberância; TEATR enredo.
Noggin (nó-ghinn) *s* cuba; jarro; bilha.
Nohow (nôu-háu) *adv* de modo algum; de nenhum modo.
Noise (nóiz) *s* barulho; ruído; fama; ***please, don't make so MUCH noise***: por favor, não faça tanto barulho.
Noise (nóiz) *v* fazer barulho; propalar boato.
Noiseful (nóiz-ful) *adj* ruidoso; estrondoso.
Noiseless (noiz-léss) *adj* silencioso; sossegado; tranquilo.
Noiselessness (nóiz-lésnéss) *s* silêncio; tranquilidade.
Noisiness (nói-zinéss) *s* barulho; ruído; estrépito.
Noisy (nói-zi) *adj* ruidoso; clamoroso; estrepitoso.
Nominate (nó-minêit) *v* nomear; designar; propor como candidato.
Nomination (nóminêi-shânn) *s* nomeação; designação como candidato.
Nominee (nómini-) *s* o nomeado; candidato lançado.
Non (nónn) *adv* não.
Nonage (nó-nidj) *s* JUR menoridade.
Nonce (nónss) *s* tempo presente; ocasião; desígnio; fim.
Nonchalance (nónshâlén-ss) *s* descuido; relaxamento; indolência.
Nonchalant (nónshâlén-t) *adj* indiferente; desleixado; indolente.
None (nânn) *adv* não, de modo algum; de nenhum modo.
None (nânn) *pron* nenhum; ninguém; nada.
Nonentity (nónén-titi) *s* o nada; coisa, pessoa sem importância.
Nonpareil (nónnpâré-l) *s* pessoa ou coisa de grande mérito.
Nonpareil (nónnpâré-l) *adj* incomparável; sem par; sem rival.
Nonplus (nónn-plâss) *s* confusão; perplexidade.
Nonplus (nónn-plâss) *v* confundir; embaraçar.
Nonsense (nónn-sénss) *s* contrassenso; tolice; absurdo.
Nonsensical (nónsén-sikâl) *adj* absurdo; disparatado; ridículo.
Nonsensicalness (nónsén-sikâlnéss) *s* absurdo; disparate; insensatez.
Nonsuit (nónn-siut) *s* abandono; revelia.
Nonsuit (nónn-siut) *adj* abandonado.
Noodle (niud-l) *s* simplório; tolo; bobo.
Nook (nuk) *s* canto; recanto; ângulo; esconderijo.
Noon (nunn) *s* meio dia; apogeu.
Noonday (nun-dêi) *s* meio dia.
Noonday (nun-dêi) *adj* meridional.
Nooning (nu-ninn) *s* sesta; almoço (do meio dia).
Noontide (nun-táid) *s* meio dia; apogeu.
Noontide (nun-táid) *adj* meridional.
Noose (nuss) *s* nó corrediço; armadilha; laço.
Noose (nuss) *v* apanhar em laço.
Nop (nôup) *interj* não!
Nor (nór) *conj* nem; tampouco.
Norm (nórmm) *s* norma; regra; lei.
Normal (nór-mâl) *adj* normal; regular; exemplar.
Normality (nórmé-liti) *s* normalidade; regularidade.
Normalization (nórmâlizêi-shânn) *s* normalização; regularização.
Normalize (nór-mâláiz) *v* normalizar; regularizar.
Normally (nór-mâli) *adv* normalmente.
North (nórth) *s* norte; setentrião.
North (nórth) *v* rumar para o norte.
North (nórth) *adj* setentrional; boreal.
Norther (nór-dhâr) *s* vento (do norte).
Northern (nór-dhârn) *adj* setentrional; do norte.
Northward (nórth-uârd) *adv* para o setentrião; rumo ao norte.
Nose (nôuz) *s* nariz; focinho; olfato; sagacidade; NÁUT bico de proa; bico de bule, de jarro etc.
Nose (nôuz) *v* cheirar; defrontar-se.
Noseband (nôuz-bénd) *s* focinheira (de animal).
Nostril (nós-tril) *s* narina; venta.
Nosy (nôu-zi) *adj* narigudo; curioso; fedorento.
Not (nót) *adv* não.
Notability (nôutâbi-liti) *s* notabilidade; importância; valor.
Notable (nôu-tâbl) *adj* notável; atento; vigilante; cuidadoso.
Notableness (nó-tâblnéss) *s* vigilância; atividade; parcimônia; prudência.
Notary (nôu-târi) *s* notário; tabelião.
Notation (notêi-shânn) *s* notação; significação; numeração.
Notch (nótsh) *s* entalhe; encaixe; corte.
Notch (nótsh) *v* entalhar; fazer cortes.
Note (nôut) *s* nota; marca; sinal; conhecimento; observação; vale; ordem de pagamento; tom; nota musical.
Note (nôut) *v* notar; observar; reparar.

Notebook (nôut-buk) *s* caderno; agenda.
Notecase (nôut-kêiss) *s* carteira porta-notas.
Noted (nôu-tid) *adj* notável; insigne; ilustre; conhecido.
Noteless (nôut-léss) *adj* obscuro; desconhecido; pouco notável.
Nothing (nâ-thinn) *s* nada; coisa nenhuma; zero.
Nothing (nâ-thinn) *adv* de modo algum; nada.
Nothingness (nâ-thinnéss) *s* nada; ninharia; insignificância.
Notice (nôu-tis) *s* observação; comunicação; cortesia; nota.
Notice (nôu-tis) *v* notar; olhar.
Noticeable (nôu-tissâbl) *adj* digno de atenção; perceptível; conspícuo.
Notification (nôutifikêi-shânn) *s* notificação; aviso; advertência.
Notify (nôu-tifái) *v* notificar; avisar; participar.
Notion (nôu-shânn) *s* noção; ideia; opinião; voto; parecer.
Notional (nôu-shânâl) *adj* imaginário; ideal; quimérico.
Notoriety (nôutorái-iti) *s* notoriedade; evidência; publicidade.
Notorious (nôtôu-riâss) *adj* notório.
Notoriousness (nôtôu-riâsnéss) *s* notoriedade; publicidade.
Nought (nót) *s* POES nada; MAT zero.
Noun (náunn) *s* GRAM nome; substantivo.
Nourish (nâ-rish) *v* nutrir; alimentar; sustentar; alentar.
Nourishable (nâ-rishâbl) *adj* fomentável; nutrir.
Nourisher (ná-rishâr) *s* nutridor; alimentador.
Nourishment (nâ-rishment) *s* alimento; alimentação; nutrição.
Nous (náuss) *s* inteligência; valor; senso comum; intelecto.
Novation (novêi-shânn) *s* JUR renovação de contrato; renovação de obrigação.
Novel (nóv-l) *s* romance; ficção.
Novel (nóv-l) *adj* novo; moderno; original.
Novelist (nó-velist) *s* novelista; romancista.
Novelize (nó-veláiz) *v* romantizar; romancear.
Novelty (nó-velti) *s* novidade; inovação.
November (novém-bâr) *s* novembro (11º mês do ano).
Novice (nó-viss) *s* noviço; novato; principiante; neófito.
Novitiate (novi-shiêit) *s* noviciado; noviço; neófito.
Now (náu) *s* o presente; o momento atual.
Now (náu) *adv* agora; ora; já; imediatamente; daqui a pouco.
Nowadays (náu-adêiz) *adv* hoje em dia; presentemente; atualmente.
Noway (nôu-uêi) *adv* de nenhum modo.
Nowhere (nôu-huér) *adv* em nenhum lugar; em parte alguma.
Nowise (nôu-uáiss) *adv* de forma alguma; de maneira nenhuma.
Noxious (nók-shâss) *adj* nocivo; pernicioso; insalubre.
Noxiousness (nók-shâsnéss) *s* nocividade; insalubridade.
Nozzle (nózl) *s* embocadura; bico; agulheta de mangueira.
Nubble (nâb-l) *s* protuberância; nó.
Nucleus (niu-kliâss) *s* núcleo; centro; cerne; caroço.
Nude (niud) *adj* nu; despido; nulo; desnudar.
Nudge (nâdj) *s* cotovelada.
Nudge (nâdj) *v* tocar de leve.
Nudity (niu-diti) *s* nudez; nudeza.
Nugatory (niu-gâtôuri) *adj* ineficaz; inútil; vão; nulo.
Nugget (nâ-ghet) *s* pepita.
Nuisance (niu-sânss) *s* incômodo; dano; moléstia; indecência.
Null (nâl) *adj* nulo; inválido; inútil; vão.
Nullification (nâlifikêi-shânn) *s* anulação; invalidação.
Nullify (nâ-lifái) *v* anular; nulificar; invalidar.
Nullity (nâ-liti) *s* nulidade; JUR anulação (de ato).
Numb (nâmm) *adj* entorpecido; paralisado; tolhido.
Numb (nâmm) *v* amortecer; entorpecer.
Number (nâm-bâr) *s* número; número (de jornal, de revista etc.).
Number (nâm-bâr) *v* numerar; contar; importar em.
Numberer (nâm-bârâr) *s* numerador.
Numberless (nâm-barléss) *adj* inumerável; inúmero.
Numbfish (nâm-fish) *s* peixe-elétrico.
Numbness (nâm-néss) *s* torpor; adormecimento; entorpecimento.
Numerable (niu-mârâbl) *adj* numerável.
Numeral (niu-mârâl) *s* número; algarismo.
Numeral (niu-mârâl) *adj* numeral; numérico.
Numeration (niumârêi-shânn) *s* numeração.
Numerator (niu-mârêitâr) *s* numerador; contador.
Numerous (niu-mârâss) *adj* numeroso; copioso; abundante.
Numismatics (niumismé-tiks) *s* numismática.
Numskull (nâm-skâl) *s* parvo; néscio; tolo; bobo.
Numskulled (nâm-skâld) *adj* parvo; lerdo; bobo.
Nun (nânn) *s* monja; religiosa; freira.
Nunnery (nâ-nâri) *s* convento de freiras.
Nuptial (nâp-shâl) *s* casamento; núpcias; bodas.
Nuptial (nâp-shâl) *adj* nupcial; conjugal.
Nurse (nârss) *s* ama; aia; enfermeira; enfermeiro; protetor.
Nurse (nârss) *v* cuidar de; pajear; servir de enfermeira a; criar; embalar.
Nursemaid (nârss-mêid) *s* ama-seca; pajem; aia.
Nursery (nârs-ri) *s* creche; quarto de crianças; viveiro.
Nursing (nâr-sinn) *s* criação; amamentação; alimentação.
Nurture (nâr-tshur) *s* alimentação; criação.
Nurture (nâr-tshur) *v* nutrir; educar.
Nut (nât) *s* noz; avelã; botão; porca de parafuso; GÍR cachola.
Nutation (niutêi-shânn) *s* aceno (de cabeça); mudança (de posição); ASTR nutação.
Nutcracker (nât-kré-kâr) *s* quebra-nozes.
Nutmeg (nât-még) *s* noz-moscada.
Nutrient (nui-trient) *s* alimento nutritivo; nutrição.
Nutrient (nui-trient) *adj* nutriente.
Nutriment (nui-triment) *s* alimento; sustento; nutrimento.
Nutrition (niutri-shânn) *s* nutrição; alimentação; alimento.
Nutritious (niutri-shâss) *adj* alimentício; nutritivo; substancioso.
Nutritiousness (niutri-shâsnéss) *s* nutrição.
Nutshell (nât-shél) *s* casa de noz ou avelã.
Nutshell (nât-shél) *v* sumariar; resumir.
Nutty (nâ-ti) *adj* com sabor de nozes; abundante em nozes; GÍR amalucado.
Nuzzle (naz-l) *v* fossar; focinhar.
Nymph (ninf) *s* ninfa.

O O

O (ôu) *s* décima quarta letra do alfabeto Português e décima quinta letra do alfabeto Inglês.
Oaf (ôuf) *s* criança deformada; criança substituída por outra ao nascer.
Oafish (ôu-fish) *adj* tolo; aparvalhado.
Oafishness (ôu-fishnéss) *s* tolice; estupidez.
Oak (ôuk) *s* carvalho; madeira de carvalho.
Oaken (ôu-kenn) *adj* de carvalho (madeira).
Oar (ôur) *s* remo.
Oar (ôur) *v* remar.
Oared (ôurd) *adj* a remos; com remos.
Oarsman (ôurz-maen) *s* remador.
Oat (ôut) *s* aveia (planta).
Oaten (out-n) *adj* de aveia.
Oath (ôuth) *s* juramento; anátema; praga.
Oatmeal (ôut-mil) *s* mingau; farinha (de aveia).
Obduracy (ób-diurâssi) *s* inflexibilidade; obstinação; perversidade.
Obdurate (ób-diurêit) *adj* endurecido; obstinado; impenitente.
Obedience (óbi-diénss) *s* obediência; sujeição; submissão.
Obedient (obi-diént) *adj* obediente; submisso; dócil.
Obelisk (ó-belisk) *s* obelisco.
Obese (obi-ss) *adj* obeso; gordo.
Obesity (ou-bísiti) *s* obesidade; gordura.
Obey (obêi) *v* obedecer; sujeitar-se a; acatar.
Obeyer (obêi-âr) *s* acatador.
Obfuscate (óbfâs-kêit) *v* ofuscar; cegar; obscurecer.
Obfuscation (óbfâskêi-shânn) *s* ofuscação; obscurecimento.
Obit (ôu-bit) *s* óbito.
Obituary (obi-tshuéri) *s* obituário; nota necrológica.
Object (ó-bjékt) *s* objeto; coisa; assunto; matéria; desígnio; intento; GRAM objeto.
Object (ó-bjékt) *v* objetar; opor-se a; visar.
Objection (óbdjék-shânn) *s* objeção; oposição; reparo.
Objective (óbdjék-tiv) *s* lente de objetiva; destino; acusativo.
Objective (óbdjék-tiv) *adj* objetivo.
Objectivity (óbdjékti-viti) *s* objetividade.
Objurgate (ó-bdjârghêit) *v* objurgar; censurar; repreender.
Objurgation (óbdjurêi-shânn) *s* objurgação; censura; repreensão.
Oblate (óblêi-t) *s* oblata; oferenda.
Oblate (óblêi-t) *adj* achatado nos pólos; consagrado ao culto.
Oblation (óblêi-shânn) *s* oblação; oferenda.
Obligant (ó-bligânt) *s* JUR devedor.
Obligate (ó-blighêit) *v* obrigar; forçar; constranger.
Obligation (óblighêi-shânn) *s* obrigação; dever; obséquio; favor.
Obligatory (ó-bligâtôuri) *adj* obrigatório; compulsório; USA MANDATORY.
Oblige (obláidj) *v* obrigar; obsequiar; constranger; forçar.
Obligee (óblidji-) *s* JUR credor.
Obliging (oblái-djinn) *adj* serviçal; prestativo; cortês.
Obligingness (oblái-djinnéss) *s* delicadeza; polidez; bondade.
Oblique (óblik) *adj* oblíquo; inclinado; indireto; evasivo; insidioso.
Obliquity (óbli-kuiti) *s* obliquidade; inclinação.
Obliterate (óbli-târêit) *v* obliterar; suprimir; apagar.
Obliteration (óblitârêi-shânn) *s* obliteração; extinção.
Oblong (ó-blónn) *adj* oblongo.
Obloquy (ó-blokui) *s* infâmia; censura; difamação.
Oboe (ou-bôu) *s* MÚS oboé.
Oboist (ôu-bóist) *s* MÚS tocador de oboé.
Obol (ó-bol) *s* óbolo.
Obscene (óbsi-nn) *adj* obsceno; imoral; indecente.
Obscenity (óbsi-niti) *s* obscenidade; torpeza; indescência.
Obscuration (óbskiurêi-shânn) *s* obscurecimento; escuridão; trevas.
Obscure (óbskiu-r) *adj* obscuro; confuso; tenebroso; enigmático.
Obscure (óbskiu-r) *v* obscurecer; ofuscar; ocultar-se.
Obscurity (óbskiu-riti) *s* obscuridade; escuridão; sombras; baixeza.
Obsecration (óbsikrêi-shânn) *s* obsecração; súplica; rogo.
Obsequious (óbsi-kaiâss) *adj* obsequioso; servil; adulador.
Obsequiousness (óbsi-kuiâsnéss) *s* obsequiosidade; servilidade.
Observable (óbzâr-vâbl) *adj* observável; perceptível; usual.
Observance (óbzâr-vânss) *s* observância; cumprimento; hábito.
Observant (óbzâr-vânt) *adj* observador; submisso; acatador.
Observation (óbzârvêi-shânn) *s* observação; experiência; reflexão.
Observatory (óbzâr-vâtôuri) *s* observatório.
Observe (óbzâr-v) *v* observar; notar; cumprir; reparar.
Observer (óbzâr-vâr) *s* observador; vigia.
Observing (óbzâr-vinn) *adj* observador; atento; cumpridor.
Obsession (óbsé-shânn) *s* obsessão; assédio; sítio.
Obsolete (ó-bsolit) *adj* obsoleto; antiquado.
Obstacle (ó-bstâkl) *s* obstáculo; dificuldade; contrariedade.
Obstetrician (óbstetri-shânn) *s* obstetriz; parteiro; parteira.
Obstetrics (óbsté-triks) *s* obstetrícia.
Obstinacy (óbs-tinâssi) *s* obstinação; teima; insistência.
Obstinate (óbs-tinit) *adj* obstinado; teimoso; tenaz.
Obstruct (óbstrâkt) *v* obstruir; estorvar; dificultar; USA FILIBUSTER.
Obstruction (óbstrâk-shânn) *s* obstrução; impedimento; obstáculo.
Obstructor (óbstrâk-târ) *s* obstrutor.
Obtain (óbtêi-nn) *v* obter; alcançar; prevalecer.
Obtainable (óbtêi-nâbl) *adj* que se pode obter.
Obtainment (óbtêin-ment) *s* obtenção; consecução.
Obtrude (óbtru-d) *v* impor; ser importuno; apresentar à força.
Obtruder (óbtru-dâr) *s* intrometido; intruso.
Obtrusion (óbtru-jânn) *s* intrometimento; intromissão; intrusão.
Obturate (óbtiurêi-t) *v* obstruir; tapar; obturar.
Obtuse (óbtiu-ss) *s* obtuso; bronco; lerdo; embotado.
Obvert (óbvâr-t) *v* voltar; dirigir para.
Obverting (óbvâr-tinn) *adj* que está no avesso.
Obviate (ób-viêit) *v* obviar; evitar; prevenir; precaver.
Obvious (ób-viâss) *adj* óbvio; manifesto; evidente.
Obviousness (ób-viâsnéss) *s* evidência; clareza.

Occasion (ókêi-jânn) *s* ocasião; oportunidade.
Occasion (ókêi-jânn) *v* ocasionar; causar.
Occasional (ókêi-jânâl) *adj* ocasional; casual; acidental.
Occident (ók-sidént) *s* ocidente; oeste; poente; civilização ocidental.
Occidental (óksidén-tâl) *adj* ocidental.
Occlude (óklud) *v* absorver; tapar; fechar.
Occlusion (óklu-jân) *s* oclusão; obstrução.
Occlusive (óklu-siv) *adj* oclusivo.
Occult (ókâlt) *adj* oculto; secreto; místico.
Occultation (ókâltêi-shânn) *s* ocultação; desaparecimento.
Occultism (ókâl-tizm) *s* ocultismo.
Occupancy (ó-kiupânsi) *s* ocupação: posse.
Occupant (ó-kiupânt) *s* ocupante; inquilino; morador.
Occupation (ókiupêi-shânn) *s* ocupação; trabalho; emprego; destino.
Occupy (ó-kiupái) *v* ocupar; empregar; habitar.
Occur (ôkâ-r) *v* ocorrer; acontecer; suceder.
Occurrence (ókâ-renss) *s* ocorrência; acontecimento; incidente.
Occurrent (ókâ-rent) *adj* ocorrente; casual; acidental.
Ocean (ôu-shânn) *s* oceano; mar; imensidade.
Oceanian (ôushiêi-niânn) *s* oceânico.
Oceanian (ôushiêi-niânn) *adj* oceânico.
Oceanic (ôushié-nik) *adj* oceânico; imenso.
October (óktôu-bâr) *s* outubro (10º mês do ano).
Ocular (ó-kiulâr) *adj* ocular; visual.
Oculist (ó-kiulist) *s* oculista; oftalmologista.
Odd (ód) *adj* singular; excêntrico; curioso; estranho; extraordinário.
Oddity (ó-diti) *s* singularidade; originalidade.
Oddment (ód-ment) *s* coisa supérflua; sobras.
Oddness (ód-néss) *s* disparidade; singularidade; extravagância.
Odds (óds) *s* diferença; vantagem; desigualdade; rixa.
Ode (ôud) *s* ode.
Odious (ôu-diâss) *adj* odioso; detestável; desagradável.
Odontology (odontó-lodji) *s* odontologia.
Odor (ôu-dâr) *s* odor; aroma; perfume.
Odoriferous (ôudâri-fârâss) *adj* odorífero; aromático; cheiroso.
Of (óv) *prep* de.
Off (óf) *adj* desocupado; livre; desligado.
Off (óf) *adv* longe; fora; ao largo.
Off (óf) *prep* de; fora de.
Offal (ó-fâl) *s* sobra; refugo; sobejo.
Offence (ôfens) *s* ofensa; ultraje; pecado; USA **OFFENSE**.
Offend (ofénd) *v* ofender; magoar; desagradar; pecar.
Offender (ófén-dâr) *s* ofensor; transgressor; delinquente.
Offensive (ófén-siv) *s* ataque; ofensiva.
Offensive (ófén-siv) *adj* ofensivo; ultrajante.
Offer (ó-fâr) *s* oferta; convite.
Offer (ó-fâr) *v* oferecer; oferecer-se; sacrificar; intentar.
Offering (ó-fârinn) *s* oferta; oferenda; tributo.
Offhand (óf-hénd) *adj* improvisado; seco; bruto; negligente.
Offhand (óf-hénd) *adv* de improviso.
Office (ó-fiss) *s* escritório; repartição; ofício.
Officer (ó-fissâr) *s* servidor; agente policial; MIL oficial.
Officer (ó-fissâr) *v* comandar; nomear oficiais.
Official (ófi-shâl) *s* Juiz eclesiástico; servidor público.
Official (ófi-shâl) *adj* oficial; autorizado.
Officiate (ófi-shiêit) *v* oficiar; exercer.
Officiating (ófi-shiêitinn) *adj* substituto interino.
Officious (ófi-shâss) *adj* oficioso; não oficial; intrometido.
Offish (ó-fish) *adj* intratável; arisco.
Offprint (óf-print) *s* separata; excerto.
Offprint (óf-print) *v* publicar em separata.
Offside (ófsáid) *s* FUT fora de jogo (impedimento).
Offside (ófsáid) *adj* fora do lugar próprio; FUT jogador impedido.
Offspring (óf-sprinn) *s* geração; descendência; produto; prole.
Often (óf-n) *adj* frequente.
Often (óf-n) *adv* frequentemente.
Ogive (ôu-djiv) *s* ogiva; MIL parte frontal de um míssil, foguete espacial.
Oil (óil) *s* óleo; azeite; petróleo.
Oil (óil) *v* azeitar; olear; untar; alisar.
Oily (ói-li) *adj* oleoso; gorduroso; escorregadio.
Ok. (óukai) *adv vide* ALL RIGHT.
Old (ôuld) *adj* velho; idoso; antigo.
Olden (ôuld-n) *adj* velho; antigo.
Oligarchy (ó-ligárki) *s* oligarquia.
Olive (óliv) *s* azeitona.
Olive (óliv) *adj* azeitonado; esverdeado.
Omen (ôu-ménn) *s* presságio; agouro; prognóstico.
Omened (ôu-mennd) *adj* fatídico; trágico; funesto.
Ominous (ôu-minâss) *adj* ominoso; sinistro; nefasto.
Omissible (omi-sibl) *adj* omissível.
Omission (omi-shânn) *s* omissão; olvido; descuido.
Omissive (omi-siv) *adj* omissivo.
Omit (omi-t) *v* omitir; desprezar; descuidar; excluir.
Omnipotent (ómni-potént) *adj* onipotente, que pode tudo; Deus.
On (ónn) *prep* em; sobre; a; na; no.
On (ónn) *adv* em cima; progressivamente; adiante; sucessivamente.
Once (uânss) *adv* uma vez; um dia; outrora; antigamente; uma só vez.
One (uânn) *s* um; uma; o número um; uma pessoa.
One (uânn) *adj* um; uma; um tal; um certo.
One (uânn) *pron* um; algum; alguém; aquele; aquela; se; qualquer.
Oneness (uân-néss) *s* unidade; indivisão; singularidade.
Oner (uâ-nâr) *s* pessoa habilidosa.
Onerous (ó-nârâss) *adj* oneroso; pesado; opressivo.
Oneself (uânsélf) *pron* si mesmo; si próprio; se; a si mesmo.
Onesided (uânsái-did) *adj* parcial; desigual; unilateral.
Ongoing (óngôui-nn) *s* avanço; progresso.
Ongoing (óngôui-nn) *adj* progressivo; avançado.
Onion (â-niânn) *s* cebola.
Only (ôun-li) *adj* único; só; raro.
Only (ôun-li) *adv* só; somente.
Only (ôun-li) *conj* mas; apenas; exceto.
Onrush (ón-râsh) *s* investida; arremetida; acesso.
Onset (ón-sét) *s* ataque; investida; começo; princípio.
Onslaught (ón-slót) *s* ataque violento; assalto furioso.
Ontology (óntó-lodji) *s* ontologia.
Onward (ón-uârd) *adj* avante; avançado; progressivo.
Onwards (ón-uârdz) *adv* progressivamente; para diante.
Oof (uf) *s* GÍR dinheiro.
Oofy (uf) *adj* GÍR endinheirado.
Ooze (uz) *s* exsudação; lodo; lama.
Ooze (uz) *v* vasar; exsudar; destilar; fluir.
Ooziness (u-zinéss) *s* lama; lodo.
Oozy (u-zi) *adj* lodoso; lamacento.
Opacity (opé-siti) *s* opacidade.
Opal (ôu-pâl) *s* opala (pedra preciosa).
Opaline (ôu-pâlinn) *adj* opalino; cintilante.
Opaque (opêi-k) *adj* opaco; sem brilho; obscuro.
Open (ôupen) *s* lugar descoberto.
Open (ôupen) *v* abrir; revelar; encetar; começar; inaugurar; expor; ***can you OPEN your bag, please?***: pode abrir sua mala, por favor?
Open (ôupen) *adj* aberto; patente; exposto; sincero; franco; suave.
Opener (ôup-nâr) *s* abridor; intérprete.
Opening (ôup-ninn) *s* abertura; orifício; inauguração; meio; expediente; campo aberto.
Opening (ôup-ninn) *adj* que se abre; introdutório.
Openly (ôu-penli) *adv* claramente; abertamente.

Openness (ôu-pennéss) *s* nudez; clareza; franqueza; sinceridade.
Opera (âperâ) *s* opera; ***horse OPERA***: filme do velho oeste (cowboy); ***OPERA house***: novela.
Operate (ó-pârêit) *v* operar; mover; acionar; funcionar.
Operating (ó-pârêitinn) *adj* operante; em serviço.
Operation (ópârêi-shânn) *s* operação; efeito; ofício; manipulação.
Operative (ó-pârêitiv) *s* operário; artífice.
Operative (ó-pârêitiv) *adj* operativo.
Operator (ó-pârêitâr) *s* operador; maquinista; datilógrafo; telegrafista.
Opine (opáinn) *v* opinar; julgar.
Opinion (opi-niânn) *s* parecer; julgamento; fama; reputação.
Opium (ôu-piâmm) *s* ópio (narcótico).
Opponent (ópôu-nent) *adj* oponente; adversário.
Opportune (ópârtiu-nn) *adj* oportuno; favorável; exato.
Opportunity (ópârtiu-niti) *s* oportunidade; ocasião.
Oppose (ópôu-z) *v* opor; objetar; impugnar.
Opposed (ópôuz-d) *adj* oposto; contrário.
Opposer (ópôu-zâr) *s* opositor; rival.
Opposite (ó-pozit) *s* antagonista.
Opposite (ó-pozit) *adj* oposto; fronteiro; contrário.
Opposition (ópozi-shânn) *s* oposição; aversão; resistência.
Oppress (ópré-ss) *v* oprimir; tiranizar; comprimir.
Oppression (ópré-shânn) *s* opressão; calamidade; fadiga.
Oppressive (ópré-siv) *adj* opressivo; cruel; desumano.
Oppressor (ópré-sâr) *s* opressor; tirano; cruel.
Opprobrious (óprôu-briâss) *adj* ignominioso; infamante; ultrajante.
Oppugn (ópiu-nn) *v* opor-se; resistir; combater.
Oppugnancy (ópâg-nânsi) *s* oposição; resistência.
Oppugnant (ópâg-nânt) *adj* opositor; adversário.
Oppugner (ópâg-nâr) *s* opugnador; adversário.
Optic (óp-tik) *s* próprio da visão; vista.
Optic (óp-tik) *adj* óptico.
Optical (óp-tikâl) *adj* óptico.
Optician (ópti-shânn) *s* óptico; oculista.
Optics (óp-tiks) *s* óptica.
Optimism (óp-timizm) *s* otimismo.
Optimist (óp-timist) *s* otimista.
Option (óp-shânn) *s* opção; alternativa; escolha.
Optional (óp-shânâl) *adj* facultativo; USA ELECTIVE.
Opulence (ó-piulénss) *s* opulência; fartura; abundância.
Opulency (ó-piulénsi) *vide* OPULENCE.
Opulent (ó-piulént) *adj* opulento; rico; abundante.
Opus (oupus) *s* obra; obra musical; obra literária.
Opuscule (ópâs-kiul) *s* opúsculo; pequena obra.
Or (ór) *s* ouro.
Or (ór) *conj* ou; ou então; do contrário; quer; seja.
Oracle (ó-râkl) *s* oráculo.
Oracular (oré-kiulâr) *adj* oracular; dogmático; magistral.
Orange (ó-rendj) *s* laranja.
Orange (ó-rendj) *adj* alaranjado.
Orangeade (órendjêid) *s* laranjada.
Orangery (ó-rendjeri) *s* laranjal; abrigo de plantas.
Orate (ôurêit) *v* discursar; tagarelar.
Oration (ôurêi-shânn) *s* oração; discurso; aranga.
Orator (ó-râtâr) *s* orador.
Oratory (ó-râtôuri) *s* oratória; eloquência; oratório de igreja.
Orb (órb) *s* orbe; globo; esfera.
Orb (órb) *v* cercar; arredondar; rodear.
Orbit (ór-bit) *s* órbita; ANAT cavidade ocular.
Orchard (ór-tshârd) *s* pomar.
Orchardist (ór-tshârdist) *s* horticultor; pomicultor.
Orchestra (ór-kestrâ) *s* orquestra.
Orchestrate (ór-kestrêit) *v* orquestrar.
Orchestration (órkestrêi-shânn) *s* orquestração; instrumentação.
Orchid (ór-kid) *s* orquídea (flor).
Ordain (órdêi-nn) *v* ordenar; decretar; nomear um ministério.
Ordainer (órdêi-nâr) *s* ordenador; instituidor.
Ordeal (ór-diâl) *s* prova; exame; ensaio.
Order (ór-dâr) *s* ordem; regra; classe; mandato; condecoração; COM encomenda; sociedade.
Order (ór-dâr) *v* ordenar; arrumar; requisitar.
Ordering (ór-dârinn) *s* ordem; disposição.
Orderless (ór-dârléss) *adj* desordenador; fora de disposição.
Orderliness (ór-dârlinéss) *s* ordem; método; regularidade.
Orderly (ór-dârli) *s* MIL sentinela.
Orderly (ór-dârli) *adj* ordenado; metódico; tranquilo.
Ordinance (ór-dinânss) *s* ordenança; mandato; lei; estatuto.
Ordinary (ór-dinéri) *adj* ordinário; habitual; comum; vulgar; corrente.
Ordinate (ór-dinit) *s* GEOM ordenada.
Ordinate (ór-dinit) *adj* metódico; regulado.
Ordination (órdinêi-shânn) *s* arranjo; ordenação.
Ordure (ór-djur) *s* imundície; excremento.
Ore (ôur) *s* minério.
Organ (ór-gânn) *s* órgão do corpo; MÚS órgão.
Organic (órghé-nik) *adj* orgânico; constitutivo; fundamental.
Organical (órghé-nikâl) *vide* ORGANIC.
Organism (ór-gânizm) *s* organismo; estrutura orgânica.
Organization (órgânizêi-shânn) *s* organização; organismo; sociedade.
Organize (ór-gânáiz) *v* organizar; dispor; constituir.
Organizer (ór-gânáizâr) *s* organizador.
Orgasm (ór-gâzm) *s* orgasmo.
Orgy (ór-dji) *s* orgia; bacana; festim licencioso; tumulto.
Orient (ôu-riént) *s* oriente; leste; este.
Orient (ôu-riént) *adj* nascente; oriental.
Oriental (ôu-riéntal) *s* oriental.
Oriental (ôu-riéntal) *adj* oriental.
Orientalize (ôurién-tâláiz) *v* orientar.
Orientate (ôu-rientêit) *vide* ORIENTALIZE.
Orientation (ôurientêi-shânn) *s* orientação; direção.
Orifice (ó-rifiss) *s* orifício; buraco; boca.
Origan (ó-rigânn) *s* orégano; orégão (planta).
Origin (ó-ridjinn) *s* origem; causa; raiz; nascimento; descendência.
Original (ó-ridjinnâl) *s* original; protótipo.
Original (ó-ridjinnâl) *adj* original; primitivo; radical.
Originality (oridjiné-liti) *s* originalidade.
Originate (ori-djinêit) *v* originar; produzir; inventar; originar-se.
Origination (oridjinêi-shânn) *s* origem; princípio; causa.
Originator (ori-djinêitâr) *s* originador; causador.
Orison (ó-rizânn) *s* oração; prece; rogo.
Ornament (ór-nâmént) *s* ornamento; enfeite; adorno; decoração; insígnia.
Ornament (ór-nâmént) *v* ornamentar; embelezar.
Ornamental (órnâmén-tâl) *adj* ornamental.
Ornate (órnêi-t) *adj* ornado; adornado; embelezado.
Orphan (ór-fânn) *s* órfão; órfã.
Orphan (ór-fânn) *adj* órfão; órfã.
Orphanage (ór-fânidj) *s* orfandade; orfanato.
Orthodox (ór-thodóks) *adj* ortodoxo; correto.
Orthodoxy (ór-thodóksi) *s* ortodoxia.
Orthographic (órthogré-fik) *adj* ortográfico.
Orthographical (órthogré-fikâl) *vide* ORTHOGRAPHIC.
Orthography (órthó-grâfi) *s* ortografia.
Orthopedic (órthopi-dik) *adj* ortopédico.
Orthopedics (órthopi-diks) *s* ortopedia.
Oscillate (ó-silêit) *v* oscilar; vibrar; flutuar.
Oscillating (ó-silêitinn) *adj* oscilante.
Oscillation (óssilêi-shânn) *s* oscilação; balanço; vibração.
Oscillator (ó-silêitâr) *s* oscilador.
Osculate (ós-kiulêit) *v* oscular; beijar.

Osculation (óskiulêi-shânn) *s* osculação; ósculo.
Osier (ôu-jâr) *s* vime; vimeiro.
Osier (ôu-jâr) *adj* de vime.
Osmanli (ózmén-li) *s* otomano.
Osmanli (ózmén-li) *adj* otomano (da Turquia); turco.
Osseous (ó-siâss) *adj* ósseo.
Ossify (ó-sifái) *v* ossificar; ossificar-se; *past or pp* OSSIFIED.
Ossuary (ossié-ri) *s* ossuário; ossário.
Ostensibility (ósténsibi-liti) *s* ostensibilidade.
Ostensible (óstén-sibl) *adj* ostensível; manifesto.
Ostentation (óstentêi-shânn) *s* ostentação; pompa; alarde.
Ostentatious (óstentêi-shâss) *adj* ostentoso; faustoso; magnificente.
Ostracism (ós-trâssizm) *s* ostracismo; degredo; banimento.
Ostrich (ós-tritsh) *s* avestruz; ema.
Other (â-dhâr) *adj* outro; outra; outros; outras.
Other (â-dhâr) *pron* o outro; a outra.
Other (â-dhâr) *adv* de outra forma.
Otherwise (á-dhâr-uáiz) *adj* outro; diferente.
Otherwise (á-dhâr-uáiz) *adv* de outro modo; aliás.
Otiose (ôu-shiôuss) *adj* negligente; ocioso; malandro; vadio.
Otiosity (ôushió-siti) *s* ociosidade; desocupação.
Otter (ó-târ) *s* lontra (animal); pele de lontra; larva.
Ottoman (ó-tomânn) *s* otomano; turco.
Ottoman (ó-tomânn) *adj* otomano.
Ought (ót) *s* zero; nada.
Ought (ót) *v* dever, ter obrigação de.
Ought (ót) *adv* algo; alguma coisa; *past or pp* OUGHT.
Ounce (áunss) *s* onça (animal); peso (1 oz = 28,349 gramas).
Our (áur) *adj* nosso; nossa; nossos; nossas.
Ours (áurs) *pron* nosso; nossa (os, as).
Ourself (áursél-f) *pron* nós mesmos.
Oust (áust) *v* tirar; desalojar; despedir; jogar fora.
Ouster (áus-târ) *s* desapropriação; despojo; expulsão.
Out (áut) *s* exterior; oposição; salto.
Out (áut) *v* expulsar; desalojar; desabrigar.
Out (áut) *adv* fora; fora de.
Out (áut) *prep* fora; fora de.
Out (áut) *interj* fora!
Outbalance (áutbé-lânss) *v* preponderar; imperar; mandar.
Outbid (áutbid) *v* cobrir lance (de leilão).
Outboard (áut-bôurd) *adj* NÁUT na parte externa (de navio).
Outboard (áut-bôurd) *adv* NÁUT fora do centro; distante do centro.
Outbrave (áutbrêi-v) *v* atemorizar.
Outbreak (áutbrêi-k) *s* erupção; distúrbio; paixão.
Outbuilding (áutbil-dinn) *s* construção exterior; dependência exterior.
Outburst (áut-bârst) *s* erupção; explosão; aceso.
Outcast (áut-kést) *s* pária; desterrado.
Outcast (áut-kést) *v* banir; exilar; expulsar.
Outcast (áut-kést) *adj* expulso; banido; exilado; *past or pp* OUTCAST.
Outclass (áutklé-ss) *v* exceder; sobrepujar.
Outcome (áut-kâmm) *s* consequência; resultado; êxito; efeito.
Outcrop (áutkró-p) *v* aparecer; aflorar.
Outcry (áut-krái) *s* clamor; algazarra; gritaria.
Outdare (áutdé-r) *v* afrontar; ousar; atrever-se.
Outdo (áutdu-) *v* exceder; ultrapassar; *past* OUTDID; *pp* OUTDONE.
Outdone (áutdâ-nn) *adj* excedido; vencido; sobrepujado.
Outdoor (áut-dôur) *adj* sob o ar livre; de fora; exterior; em ambiente aberto; BR tapume publicitário.
Outdoors (áut-dourz) *s* o campo; o ar livre.
Outdoors (áut-dourz) *adv* ao ar livre; fora de casa.
Outer (áu-târ) *adj* exterior; externo.
Outermost (áu-târmôust) *adj* extremo; o mais externo.
Outfall (aut-fól) *s* saída; desembocadura.
Outfit (áut-fit) *s* despesas de instalações; armamentos; vestuário.
Outfitter (áut-fitâr) *s* abastecedor; habilitador; armador.
Outflow (áut-flôu) *s* efusão; fluxo; jorro.
Outflow (áut-flôu) *v* correr; fluir; verter.
Outgo (áut-gôu) *s* gasto; despesa.
Outgo (áut-gôu) *v* exceder; sobrepujar; adiantar.
Outgoing (áut-gouinn) *s* ida; partida; saída.
Outgoing (áut-gouinn) *adj* saliente.
Outgrow (áut-grôu) *v* já estar velho para; passar da idade; crescer em demasia.
Outgrowth (áut-grôuth) *s* crescimento excessivo; resultado; consequência.
Outhouse (áut-haus) *s* alpendre; anexo; dependência externa.
Outing (áu-tinn) *s* passeio; excursão; saída.
Outlandish (áutlén-dish) *adj* grotesco; estrangeiro; ridículo.
Outlast (áutlés-t) *v* exceder em duração; sobreviver.
Outlaw (áut-ló) *s* proscrito; banido.
Outlaw (áut-ló) *v* banir; culpar; incriminar.
Outlawry (áut-lóri) *s* incriminação; acusação.
Outlay (áut-lêi) *v* despender; gastar; *past or pp* OUTLAID.
Outlet (áu-tlét) *s* passagem; saída; mercado.
Outlie (áut-lái) *v* exceder em mentiras; *past and pp* OUTLIED.
Outline (áu-tláinn) *s* esboço; perfil; desenho; contorno.
Outline (áu-tláinn) *v* esboçar; delinear.
Outlive (áutli-v) *v* sobreviver; escapar; resistir.
Outlook (áut-luk) *s* vista; perspectiva; vigilância; panorama.
Outlook (áut-luk) *v* fixar os olhos em.
Outlying (áut-láinn) *adj* afastado; exterior; remoto.
Outmost (áut-môust) *adj* extremo; mais exterior; mais saliente.
Outpace (áutpêi-ss) *v* ganhar a dianteira; ultrapassar.
Outpost (áut-pôust) *s* posto avançado.
Outpour (áutpôu-r) *v* jorrar; esguichar.
Outpouring (áutpôu-rinn) *s* emanação; expansão; jorro.
Output (áut-put) *s* produção; rendimento.
Outrage (áu-trêidj) *s* ultraje; violência; transgressão.
Outrage (áu-trêidj) *v* ultrajar; injuriar.
Outrageous (áutrêi-djâss) *adj* ultrajante; injurioso; excessivo.
Outreach (áut-ri-tsh) *v* ir além de; ultrapassar.
Outride (áut-rái-d) *v* ultrapassar a cavalo; *past* OUTRODE *and pp* OUTRIDDEN.
Outright (áut-ráit) *adv* imediatamente; logo; francamente.
Outrival (áut-rái-vâl) *v* exceder; sobrepujar.
Outrun (áut-rânn) *v* correr mais que; ganhar; *past* OUTRAN *and pp* OUTRUN.
Outside (áut-sáid) *s* fora; lado de fora; aparência.
Outside (áut-sáid) *adj* externo; exterior; do lado de fora.
Outside (áut-sáid) *adv* exteriormente.
Outside (áut-sáid) *prep* fora de; além de.
Outsider (áut-sáidâr) *s* estranho; forasteiro; profano.
Outskirt (áut-skârt) *s* bordo; orla; limite.
Outspeak (áut-spik) *v* falar alto; ousar falar; *past* OUTSPOKE *and pp* OUTSPOKEN.
Outspoken (áut-spôukn) *adj* franco; sincero; leal.
Outstand (áutstén-d) *v* demorar-se em excesso; sair do alinhamento; resistir; *past or pp* OUTSTOOD.
Outstanding (áutstén-dinn) *s* saliência. *adj* saliente; pendente; não pago.
Outstretch (áutstré-tsh) *v* estender; alargar; esticar; distender.
Outstrip (áutstri-p) *v* avançar; passar à frente; exceder.
Outtop (áut-tóp) *v* exceder; ultrapassar.
Outward (áut-uârd) *s* exterior; aparência.
Outward (áut-uârd) *adj* exterior; externo; visível.
Outward (áut-uârd) *adv* exteriormente; para o exterior.
Outwit (áutui-t) *v* exceder em astúcia; ser mais esperto que.
Outworn (áutuôur-nn) *adj* gasto pelo uso; desgastado.
Ouzel (uz-l) *s* melro (pássaro).
Ovary (ôu-vâri) *s* ANAT ovário.
Ovate (ou-vêit) *adj* oval.

Ovation (ovêi-shânn) *s* ovação.
Ovenbird (â-vennbârd) *s* joão-de--barro (ave); forneiro.
Over (ôu-vâr) *s* sobra; excesso.
Over (ôu-vâr) *adj* superior; excessivo.
Over (ôu-vâr) *adv* sobre; em cima; defronte.
Over (ôu-vâr) *prep* em cima de; além de; durante.
Overact (ôuvârék-t) *v* exagerar.
Overall (ôu-vâról) *adj* que abrange tudo; completo.
Overall (ôu-vâról) *adv* por toda parte; completamente; também.
Overalls (ôu-var-óls) *s* macacão de operário; aventais.
Overanxious (ôuvârénk-shâss) *adj* ansioso; angustiado; extremamente aflito.
Overbalance (ôuvârbé-lânss) *s* excesso de peso; superioridade.
Overbalance (ôuvârbé-lânss) *v* exceder; preponderar; sobrepujar.
Overbalancing (ôuvârbé-lânss) *s* excesso; preponderância.
Overbear (ôuvârbé-r) *v* vencer; sujeitar; deprimir.
Overbearing (ôuvârbé-rinn) *adj* despótico; altivo; dominante.
Overboil (ôuvârbóil) *v* ferver; cozer (em demasia).
Overbold (ôuvârbôuld) *adj* temerário; presunçoso; audacioso.
Overburden (ôuvârbârd-nn) *adj* sobrecarga.
Overburden (ôuvârbârd-nn) *v* sobrecarregar; oprimir.
Overcare (ôu-vârkér) *s* solicitude; desvelo; carinho excessivo.
Overcast (ôuvârkes-t) *adj* enuviado; tempo encoberto.
Overcast (ôuvârkes-t) *v* escurecer; obscurecer; enevoar; cobrir de nuvens.
Overcharge (ôuvârtshár-dj) *s* sobrecarga; imposto excessivo.
Overcharge (ôuvârtshár-dj) *v* imposto com excesso; extorsão; carregar no preço.
Overcloud (ôuvârkláud) *v* obscurecer; nublar; entristecer.
Overcoat (ôu-vârkôut) *s* sobretudo; capote.
Overcome (ôuvârkâ-mm) *v* tornar-se superior a; vencer obstáculos; conquistar; superar; *past* OVERCAME; *pp* OVERCOME.
Overcooked (ôuvârkukt) *adj* cozido em excesso.
Overcrowd (ôuvârkráu-d) *v* encher em extremo; superlotar; abarrotar.
Overdo (ôuvârdu-) *v* exceder; exagerar; *past* OVERDID; *pp* OVERDONE.
Overdress (ôuvârdré-ss) *v* vestir-se elegantemente.
Overdue (ôuvârdiu) *adj* COM letra vencida e não paga; NÁUT navio em atraso.
Overflow (ôuvârflô-u) *s* inundação; cheia.
Overflow (ôuvârflô-u) *v* transbordar; inundar.
Overflowing (ôuvârflôu-inn) *s* derramamento; superabundância; inundação.
Overground (ôu-vârgráund) *adj* sobre o solo.
Overgrow (ôuvârgrô-u) *v* crescer em excesso; *past* OVERGREW *and pp* OVERGROWN.
Overgrowth (ôuvârgrôu-th) *s* vegetação abundante; crescimento em excesso.
Overhand (ôu-vâr-hénd) *s* superioridade.
Overhang (ôuvâr-hé-nn) *s* saliência; aba (de telhado).
Overhang (ôuvâr-hé-nn) *v* sobressair; pender sobre; *past or pp* OVERHUNG.
Overhaul (ôuvâr-hól) *v* rever; examinar; visitar; beneficiar.
Overhauling (ôuvâr-hó-linn) *s* exame; vistoria; MEC o ato de resfriamento de um aparelho.
Overhead (ôu-vâr-héd) *adj* elevado; aéreo.
Overhead (ôu-vâr-héd) *adv* em cima; no alto; por cima.
Overheat (ôuvâr-hi-t) *s* ato de requentar.
Overheat (ôuvâr-hit) *v* superaquecer.
Overjoy (ôuvârdjó-i) *v* arrebatar; enlevar-se.
Overjoyed (ôuvârdjóid) *adj* contentíssimo; pleno de alegria.
Overland (ôu-vârlénd) *adv* por terra; em terra.
Overlap (ôu-vârlép) *s* envoltório.
Overlap (ôu-vârlép) *v* sobrepor; encobrir; envolver.
Overlay (ôuvârlê-i) *s* capar.
Overlay (ôuvârlê-i) *v* deitar; sobrepor; oprimir.
Overload (ôuvârlôu-d) *s* sobrecarga.
Overload (ôuvârlôu-d) *v* sobrecarregar; abarrotar.
Overlook (ôuvârluk) *s* ato de olhar do alto.
Overlook (ôuvârluk) *v* ver de lugar mais alto; vigiar; descurar; deixar passar.
Overlooker (ôuvârlu-kâr) *s* mestre; chefe; inspetor; superintendente.
Overlooking (ôuvârlu-kinn) *s* inspeção; vigilância; superintendência.
Overmany (ou-varmé-ni) *adj* excessivos; demasiados.
Overmaster (ôuvârmaes-târ) *v* dominar; exercer o controle sobre.
Overmatch (ôuvârmé-tsh) *s* adversário superior.
Overmatch (ôuvârmé-tsh) *v* superar.
Overmuch (ôuvârmâ-tsh) *adj* excessivo.
Overmuch (ôuvârmâ-tsh) *adv* excessivo; demasiado; muito; demais.
Overnight (ôuvârnáit) *adj* da véspera; noturno.
Overnight (ôuvârnáit) *adv* durante a noite.
Overpass (ôuvârpé-ss) *v* atravessar; transpor; menosprezar.
Overpower (ôuvârpáu-âr) *v* domar; vencer; subjugar; acabrunhar.
Overpress (ôuvârpré-ss) *v* oprimir; instar vivamente; apertar demasiado.
Overproduction (ôuvârprodâk-shânn) *s* superprodução.
Overrule (ôuvârrul) *v* rejeitar; ganhar; predominar.
Overruler (ôuvârru-lâr) *s* dominador; senhor; governador.
Overrun (ôuvârrâ-nn) *v* invadir; infestar; espezinhar; *past* OVERRAN *or pp* OVERRUN.
Overrunning (ôuvârrâ-ninn) *s* invasão.
Oversea (ôuvârsi-) *adj* ultramarino; de além-mar.
Oversee (ôuvârsi-) *v* vigiar; inspecionar; descuidar; *past* OVERSAW *and pp* OVERSEEN.
Overseer (ôuvârsi-r) *s* inspetor; capataz; superintendente.
Overset (ôuvârsé-t) *v* derrubar; emborcar; estragar; arruinar; *past or pp* OVERSET.
Overshadow (ôuvârshé-dôu) *v* sombrear; sobrepujar; ultrapassar.
Overshoot (ôuvârshu-t) *v* exceder o alvo; ultrapassar os limites.
Oversight (ôu-vârsáit) *s* descuido; inadvertência; vigilância.
Overstate (ôuvârstêit) *v* exagerar; ampliar; aumentar.
Overstatement (ôuvârstêit-ment) *s* exagero.
Overstep (ôuvârstép) *v* exceder; exceder-se; ultrapassar.
Overstock (ôuvârstók) *s* estoque excessivo.
Overstock (ôuvârstók) *v* abarrotar; armazenar em excesso.
Overstrain (ôuvârstrêi-nn) *s* tensão.
Overstrain (ôuvârstrêi-nn) *v* estender; apertar demasiadamente.
Oversupply (ôuvârsâplá-i) *s* excesso; superabundância.
Overtake (ôuvârtêi-k) *v* alcançar; apanhar, surpreender em flagrante; *past* OVERTOOK *and pp* OVERTAKEN.
Overthrow (ôuvârthô-u) *s* derrota; ruína.
Overthrow (ôuvârthô-u) *v* demolir; derrubar; derrotar; *past* OVERTHREW *and pp* OVERTHROWN.
Overtime (ôu-vârtáimm) *s* hora extra.
Overtire (ôuvârtáir) *v* fatigar excessivamente.
Overtop (ôuvârtóp) *v* exceder; sobressair; superar.
Overvalue (ôuvârvé-liu) *s* supervalia.
Overvalue (ôuvârvé-liu) *v* superestimar.
Overweight (ôuvár-uêit) *s* excesso de peso; superioridade.
Overweight (ôuvár-uêit) *v* exceder em peso; preponderar.
Overworn (ôuvâr-uôur-nn) *adj* usado demais; gasto; esgotado.
Oviform (ôu-vifórm) *adj* oviforme; oval.
Ovine (ôu-váinn) *s* ovino.
Ovine (ôu-váinn) *adj* ovino (de ovelhas).
Oviparous (ovi-pârâss) *adj* ovíparo.
Ovule (ôu-viul) *s* óvulo.
Owe (ôu) *v* ser devedor de; dever dinheiro; dever favores.

Owing (ôu-inn) *adj* devido.
Owl (ául) *s* coruja; mocho; pessoa que fica acordada até tarde da noite.
Owler (áu-lâr) *s* contrabandista.
Own (ôunn) *adj* próprio; particular; real; individual.
Own (ôunn) *v* possuir; acusar a recepção de; admitir; reconhecer.
Owner (áu-nâr) *s* dono; proprietário, amo; patrão.
Ownership (ôu-narship) *s* propriedade; domínio; JUR direito de posse.
Ox (óks) *s* boi; gado.
Oxtail (óks-têil) *s* rabo (de gado).
Oxygen (ók-sidjénn) *s* oxigênio (símbolo O).
Oxygenate (óksi-djinêit) *v* oxigenar; oxidar.
Oxygenation (óksidjinêi-shânn) *s* oxigenação.
Oxytone (ók-sitónn) *s* vocábulo oxítono.
Oxytone (ók-sitónn) *adj* GRAM oxítono.
Oyster (óis-târ) *s* ostra (molusco).

pP

P (pi) *s* décima quinta letra do alfabeto português e décima sexta letra do alfabeto Inglês.
Pace (pêiss) *s* passo; andadura; passada; estrado; tablado.
Pace (pêiss) *v* andar compassadamente; medir os passos.
Pachyderm (pé-kidârmm) *s* paquiderme.
Pacific (pâss-fik) *s* o oceano Pacífico.
Pacific (pâss-fik) *adj* pacífico; quieto; tranquilo.
Pacification (pâssifikêi-shânn) *s* pacificação; apaziguamento.
Pacifier (pé-sifáiâr) *s* pacificador.
Pacifist (pé-sifist) *s* pacifista.
Pacify (pé-sifái) *v* pacificar; acalmar; apaziguar.
Pacing (pêi-sinn) *s* passo; andadura; andar.
Pack (pék) *s* pacote; embrulho; saco; matilha de cães; bando.
Pack (pék) *v* empacotar; embrulhar; acondicionar.
Package (pé-kidj) *s* enfardamento; embalagem; pacote; fardo.
Packer (pé-kâr) *s* enfardador.
Packet (pé-ket) *s* pacote; embrulho; mala; correio.
Packet (pé-ket) *v* enfardar; embrulhar; empacotar.
Pact (pékt) *s* pacto; ajuste; acordo; tratado.
Pad (péd) *s* almofada; qualquer sustentáculo amofadado; estrada; ladrão de estradas; talão de cheques.
Pad (péd) *v* acolchoar; almofadar; saltear nas estradas.
Padding (pé-dinn) *s* chumaço.
Paddle (péd-l) *s* pá de remo.
Paddle (péd-l) *v* remar; brincar na água; patinhar.
Paddler (pé-dlâr) *s* remador.
Paddock (pé-dók) *s* cercado; lugar para guardar cavalos; pastagem para cavalos; espécie de sapo; lugar para pesagem.
Padlock (pé-dlók) *s* cadeado.
Padlock (pé-dlók) *v* fechar a cadeado.
Pagan (pêi-gânn) *s* pagão; infiel; profano.
Pagan (pêi-gânn) *adj* pagão; infiel; profano.
Paganism (péi-gânizm) *s* paganismo.
Page (pêidj) *s* página; pajem; ajudante; criado.
Page (pêidj) *v* paginar; folhear; servir de pajem.
Pageant (pé-djânt) *s* espetáculo; pompa; cortejo cívico.
Pageant (pé-djânt) *adj* pomposo; suntuoso; triunfal.
Pageantry (pé-djântri) *s* pompa; aparato; fausto; ostentação.
Paginate (pé-djinêit) *v* paginar.
Pail (pêil) *s* balde.
Pain (pêinn) *s* pena; dor; tormento.
Pain (pêinn) *v* afligir; causar pena a; atormentar.
Pained (pêin-d) *adj* dolorido; doloroso; aflitivo.
Painful (pêin-ful) *adj* doloroso; aflitivo; penoso; trabalhoso; árduo.
Painfulness (pêin-fulnéss) *s* dor; aflição; fadiga; trabalho.
Painless (pêin-léss) *adj* sem dor; sem trabalho; fácil.
Painstaking (pêinz-têiking) *adj* laborioso; diligente; cuidadoso.
Paint (pêint) *s* tinta; pintura.
Paint (pêint) *v* pintar; descrever; colorir; ***have you painted it?***: você o pintou?
Pair (pér) *s* par; parelha; dupla.
Pair (pér) *v* emparelhar; igualar; casar.
Pajamas (pâdjá-mâss) *s* pijama.
Pal (pél) *s* companheiro; camarada; sócio.
Palace (pé-liss) *s* palácio.
Palatable (pé-litábl) *adj* gostoso; saboroso; de apurado sabor.
Palate (pé-lit) *s* paladar; palato; céu da boca.
Palatial (pâlêi-shâl) *adj* majestoso; suntuoso; magnífico.
Palaver (pâlé-vâr) *s* lisonja; conferência; conversação.
Palaver (pâlé-vâr) *v* adular; lisonjear; palavrear.
Pale (pêil) *s* estaca; paliçada; sociedade; grêmio.
Pale (pêil) *v* encerrar; cercar; empalidecer.
Pale (pêil) *adj* pálido; amarelado; lívido; claro; descorado.
Paleness (pêil-néss) *s* palidez.
Paleontology (pêilióntó-lodji) *s* paleontologia.
Paling (pêi-linn) *s* paliçada; cerca; estacada para defesa.
Palish (pêi-lish) *adj* um pouco pálido; um tanto amarelado.
Pall (pól) *s* pano mortuário; mortalha.
Pall (pól) *v* tornar insípido; enjoar; enfastiar.
Pallet (pé-let) *s* cama para viagem; paleta de pintura; TIP para dourar (instrumento).
Palliate (pé-liêit) *v* paliar; encobrir; disfarçar; desculpar; suavizar.
Palliation (pêliêi-shânn) *s* dissimulação; disfarce; alívio.
Pallid (pé-lid) *adj* pálido; lívido; descorado.
Pallor (pé-lâr) *s* palidez.
Palm (pá-mm) *s* palma da mão; palmo, medida.
Palm (pá-mm) *v* empalmar; esconder na palma da mão; manejar.
Palmate (pél-mit) *adj* espalmado.
Palmy (pá-mi) *adj* florescente; próspero; repleto de palmeiras.
Palpability (pélpâbi-liti) *s* evidência; palpabilidade.
Palpable (pél-pâbl) *adj* palpável; claro; óbvio; evidente.
Palpate (pél-pêit) *v* apalpar; examinar pelo tato.
Palpitate (pél-pitêit) *v* palpitar; pulsar; latejar.
Palpitation (pélpitêi-shânn) *s* palpitação; pulsação irregular.
Palsied (pól-zid) *adj* paralítico.
Palsy (pól-zi) *s* paralisia; apatia; marasmo.
Palsy (pól-zi) *v* paralisar.
Palter (pól-târ) *v* tergiversar; esquivar-se; chicanear.
Palterer (pól-târâr) *s* velhaco; enganador; fraudulento.
Paltriness (pól-trinéss) *s* vileza; mesquinhez; sovinice.
Paltry (pól-tri) *adj* vil; miserável; mesquinho.
Pamper (pém-pâr) *v* nutrir em excesso; engordar; deleitar; acariciar.
Pampered (pém-pârd) *adj* regalado; farto; saciado.
Pamphlet (pén-flit) *s* panfleto; folheto; impresso de publicidade.
Pamphleteer (pénfliti-âr) *s* panfletário.
Pan (paenn) *s* panela; chocolateira; caçarola; chaleira; crânio.
Pan (paenn) *v* cozinhar em caçarola; ferver em panela; criticar; FIG demolir.
Pancake (pén-kêik) *s* panqueca.
Pandemic (péndé-mik) *s* MED pandêmico, epidemia geral localizada.
Pandemic (péndé-mik) *adj* MED epidêmico.
Pander (pén-dâr) *s* alcoviteiro; mexeriqueiro.
Pander (pén-dâr) *v* intrometer-se; mediar malevolamente.
Pane (pêinn) *s* vidro de janela, vidraça; lado; faceta.

Panegyric (péndji-rik) *s* panegírico; apologia.
Panegyrist (pénidji-rist) *s* panegirista.
Panel (pé-nel) *s* caixilho; almofada de porta; lista oficial de jurados; júri.
Panel (pé-nel) *v* almofadar portas.
Pang (pénn) *s* dor; agonia.
Panic (pé-nik) *s* pânico; consternação; terror.
Panicky (pé-niki) *adj* apavorante; que provoca medo.
Pansy (pén-zi) *s* amor-perfeito (flor).
Pant (pént) *s* palpitação; ânsia.
Pant (pént) *v* palpitar; suspirar; ofegar; arquejar.
Pantaloon (péntâlu-nn) *s* arlequim; bobo; calça comprida; calção.
Pantheist (pén-thiist) *s* panteísta.
Panther (pén-thâr) *s* pantera (animal).
Panties (pén-tiss) *s* calcinha feminina; calcinha de criança.
Panting (pén-tinn) *s* palpitação; trepidação; ânsia.
Pantomime (pén-tomáimm) *s* pantomima.
Pantry (pén-tri) *s* despensa.
Pants (pénts) *s* ceroulas; USA calças; ENGL TROUSERS.
Pap (pép) *s* teta; mama; peito; papa; mingau; polpa dos frutos.
Papa (pá-pâ) *s* papai; paizinho; painho.
Papacy (pêi-pâssi) *s* papado; pontificado papal.
Papal (pêi-pâl) *adj* papal; pontifical.
Paper (pêi-pâr) *s* papel; jornal; ensaio; escrito; COM ordem de pagamento.
Paper (pêi-pâr) *v* cobrir de papel; empapelar.
Papilla (pâpi-lâ) *s* papila; glândula; teta.
Papyrus (pé-pâss) *s* papiro.
Par (pár) *s* igualdade; paridade.
Parable (pé-râbl) *s* parábola.
Parabola (peré-bâla) *s* GEOM parábola.
Parachute (pá-râshut) *s* paraquedas.
Parade (pârêi-d) *s* parada; desfile; alarde; MIL revista.
Parade (pârêi-d) *v* alardear; desfilar; MIL passar em revista.
Paradigm (pé-râdimm) *s* paradigma; modelo; cânone.
Paradise (pé-râdáis) *adj* paraíso; céu; éden.
Paradox (pé-râdóks) *s* paradoxo; contradição.
Paraffin (pé-râfinn) *s* parafina, substância extraída do petróleo.
Paragraph (pé-râgráf) *s* parágrafo; alínea.
Paragraph (pé-râgráf) *v* dividir em parágrafos.
Parakeet (pé-râkit) *s* periquito (ave).
Parallel (pé-râlél) *s* linha paralela; comparação.
Parallel (pé-râlél) *v* ser paralelo; confrontar.
Parallel (pé-râlél) *adj* paralelo; igual; semelhante.
Paralysis (pâré-lississ) *s* paralisia; paralisação.
Paralyze (pé-râláiz) *v* paralisar.
Paramount (pé-râmáunt) *adj* soberano; principal; superior; supremo.
Paramour (pé-ramur) *s* amante.
Parapet (pé-râpét) *s* parapeito; muro fortificado; varanda.
Parasite (pé-râssáit) *s* parasita.
Parasol (pé-râssól) *s* sombrinha; guarda-sol.
Parcel (pár-sel) *s* parcela; porção; pacote; COM embarque; remessa.
Parcel (pár-sel) *v* parcelar; repartir; dividir em partes; acondicionar em pacotes.
Parcener (pár-sinâr) *s* JUR coherdeiro; coproprietário.
Parch (pártsh) *v* sapecar; ressecar; tostar; queimar.
Parching (pár-tshinn) *adj* ardente; abrasador; tórrido.
Parchment (pár-tshment) *s* pergaminho.
Pardon (párd-n) *s* perdão; graça; absolvição.
Pardon (párd-n) *v* perdoar; agraciar; remir.
Pardonable (pâr-dnâbl) *adj* perdoável.
Pardoning (pâr-dninn) *adj* clemente; indulgente.
Pare (pér) *v* aparar; cortar; descascar.
Parent (pé-rent) *s* pai; mãe; genitor; autor; gerador; origem.
Parent (pé-rent) *adj* paterno ou materno.
Parentage (pé-rentidj) *s* parentesco; ascendência; família.
Parental (pârén-tâl) *adj* paternal; maternal.
Parenthood (pérân-tehuud) *s* paternidade; maternidade.
Parentless (pârént-léss) *adj* órfão; órfã.
Parer (pé-râr) *s* aparador; tosquiador; raspadeira.
Parietal (pârái-itâl) *s* ANAT osso parietal.
Parietal (pârái-itâl) *adj* parietal.
Paring (pé-rinn) *s* aparas; raspas; refugo.
Parish (pé-rish) *s* paróquia; freguesia.
Parish (pé-rish) *adj* paroquial.
Parishioner (pé-rishnâr) *s* paroquiano.
Parity (pé-riti) *s* paridade; semelhança; igualdade.
Park (párk) *s* parque; campina; ponto de estacionamento; USA campo para esportes.
Park (párk) *v* estacionar um carro; parquear.
Parker (pár-kâr) *s* guarda de parque.
Parking (párkinn) *s* estacionamento de veículos.
Parlance (pár-lânss) *s* conversação; linguagem; debate.
Parley (pár-li) *s* conferência; USA discussão.
Parley (pár-li) *v* parlamentar; falar; conferenciar.
Parliament (pár-limént) *s* parlamento; corte; câmara.
Parliamentary (párlimén-târi) *adj* parlamentar; do parlamento.
Parlour (pár-lâr) *s* sala de visitas; parlatório; USA reunião de políticos (secreta).
Parody (pé-rodi) *s* paródia; caricatura.
Parody (pé-rodi) *v* parodiar; arremedar.
Paroxysm (pé-roksizm) *s* paroxismo.
Paroxytone (péró-ksitôunn) *s* GRAM paroxítono.
Parr (pár) *s* salmão filhote (peixe).
Parricide (pé-rissáid) *s* parricida; parricídio.
Parrot (pé-rât) *s* papagaio (ave).
Parry (pé-ri) *s* movimento defensivo; defesa.
Parse (párss) *v* GRAM analisar (palavra ou sentença).
Parsimonious (pársimôu-niâss) *adj* parcimonioso; econômico; escasso.
Parsimony (pár-simôuni) *s* parcimônia; economia; moderação.
Parsing (pár-sinn) *s* análise gramatical.
Parsley (párs-li) *s* salsa (planta).
Parson (pár-sânn) *s* pastor; clérigo; sacerdote; pároco.
Parsonage (pâr-sânidj) *s* presbitério.
Part (párt) *s* parte; quota; fração; componente; partido.
Part (párt) *v* dividir; separar; apartar; partir; morrer.
Partake (pártêi-k) *s* participante; cúmplice.
Partake (pártêi-k) *v* participar; compartilhar de; *past* PARTOOK *and pp* PARTAKEN.
Partaking (pártêi-kinn) *s* participação; conluio; conspiração.
Partial (pár-shâl) *adj* parcial.
Partiality (párshié-liti) *s* parcialidade; gosto; predileção.
Participant (párti-sipânt) *s* participante.
Participant (párti-sipânt) *adj* participante, que participa.
Participate (párti-sipêit) *v* participar; compartilhar de.
Participation (pártissipêi-shânn) *s* participação; porção; quinhão; parte.
Participator (párti-sipêitâr) *s* participador; participante.
Participle (pár-tissipl) *s* GRAM particípio.
Particle (pár-tikl) *s* partícula; porção; pequena quantidade.
Particular (párti-kiulâr) *s* particularidade; circunstância; pormenor.
Particular (párti-kiulâr) *adj* particular; privado; individual.
Particularity (pártikiulé-riti) *s* particularidade.
Particularize (párti-kiulâráiz) *v* particularizar; pormenorizar; detalhar.
Parting (pár-tinn) *s* separação; adeus; despedida; bifurcação.
Partisan (pár-tizânn) *s* partidário; sequaz; prosélito.
Partition (párti-shânn) *s* separação; divisão; partilha; MÚS partitura.
Partition (párti-shânn) *v* separar; dividir; repartir.
Partner (pár-tnâr) *s* sócio; par numa dança; parceiro no jogo; companheiro.

Partner (pár-tnâr) *v* associar-se com.
Partnership (párt-nârship) *s* parceria; companherismo; associação.
Partridge (pár-tridj) *s* perdiz (ave).
Parturition (pártiuri-shânn) *s* parto.
Party (pár-ti) *s* partido político; festa; facção; parte litigante; reunião festiva; ***let's have a party***: vamos fazer uma festa.
Pass (paess) *s* passagem; caminho; desfiladeiro; salvo-conduto; estado; condição.
Pass (paess) *v* passar; entregar; dar; mover-se; passar por um lugar; passar uma temporada; decretar; ser aprovado; desistir de jogar.
Passable (pae-sâbl) *adj* passável; tolerável, aceitável.
Passage (pae-sidj) *s* passagem; passo; travessia; navegação; incidente; acontecimento; desafio; migração das aves.
Passer (pae-sâr) *s* pedestre; transeunte.
Passible (pae-sibl) *adj* passível.
Passing (pae-sinn) *s* passo; passagem; passamento; morte.
Passing (pae-sinn) *adj* passageiro; transitório; momentâneo.
Passion (pé-shânn) *s* paixão; ira; cólera; paixão.
Passionate (pé-shânit) *adj* apaixonado; arrebatado; vivo; intenso.
Passionateness (pé-shânitnéss) *s* impetuosidade; arrebatamento.
Passive (pé-siv) *s* GRAM voz passiva.
Passive (pé-siv) *adj* passivo; inerte; quieto.
Passivity (péssi-viti) *s* passividade; calma.
Passman (paes-maen) *s* o que é aprovado (em exame).
Passport (paes-pôurt) *s* passaporte.
Password (paes-uârd) *s* palavra de passe.
Past (paest) *s* o passado; GRAM tempo pretérito.
Past (paest) *adj* passado; decorrido; último.
Paste (pêist) *s* pasta; massa; cola; goma.
Paste (pêist) *v* pregar; colar.
Pasteurization (pastârizêi-shânn) *s* pasteurização.
Pasteurize (pastâ-ráiz) *v* pasteurizar; esterilizar.
Pastry (pêis-tri) *s* pastelaria; massas; pastéis.
Pastrycook (pêis-trikuk) *s* pasteleiro.
Pasturage (pás-shurêidj) *s* pasto; pastagem.
Pasture (pás-tshur) *s* pasto.
Pasture (pás-tshur) *v* pastar; apascentar.
Pasty (pêis-ti) *s* pastel.
Pasty (pêis-ti) *adj* pastoso.
Pat (paet) *s* pancadinha; carícia; afago.
Pat (paet) *v* bater de leve; afagar.
Pat (paet) *adj* exato; próprio; oportuno.
Pat (paet) *adv* oportunamente; de modo conveniente.
Patch (pétsh) *s* remendo; emplastro; esparadrapo; terreno minúsculo.
Patch (pétsh) *v* remendar; consertar.
Patchable (pé-tshâbl) *adj* remendável.
Patchwork (pétsh-uârk) *s* obra de remendos; peça de retalhos.
Pate (pêit) *s* GÍR cabeça; cachola; crânio.
Patent (pé-ten) *s* patente; privilégio; diploma; título.
Patent (pé-ten) *v* patentear; privilegiar.
Patent (pé-ten) *adj* patente; manifesto; privilegiado.
Patented (pé-tentd) *adj* patenteado; concedido por alvará.
Pater (pêi-târ) *s* pai; papa.
Paternity (pâtâr-niti) *s* paternidade.
Path (péth) *s* caminho; vereda; senda; passo; conduta.
Pathetic (pâthé-tik) *adj* patético; sentimental; enternecedor.
Pathfinder (peth-fáindâr) *s* explorador; pioneiro.
Pathless (péth-léss) *adj* intransitável.
Pathologic (pétholó-djik) *adj* patológico.
Pathology (pâthó-lodji) *s* patologia.
Pathos (pêi-thóss) *s* sensibilidade; patético; sentimento; compaixão.
Pathway (péth-uêi) *s* caminho; atalho; vereda; senda.
Patience (pêi-shenss) *s* paciência; conformidade; resignação.
Patient (pêi-shent) *s* paciente; doente; enfermo.
Patient (pêi-shent) *adj* paciente; tolerante.
Patriarch (pêi-triárk) *s* patriarca.
Patriarchate (pêi-triârkit) *s* patriarcado.
Patrician (pâtri-shânn) *adj* patrício; nobre; aristocrático.
Patrimony (pé-trimôuni) *s* patrimônio.
Patriot (pêi-triât) *s* patriota.
Patriotic (pêitrió-tik) *adj* patriótico.
Patriotism (pêi-triótizm) *s* patriotismo.
Patrol (pâtrôul) *s* patrulha; ronda; vigilância.
Patrol (pâtrôul) *v* patrulhar; rondar.
Patrolman (pêitrôul-maen) *s* vigilante.
Patron (pêi-trânn) *s* patrono; protetor; benfeitor; padroeiro.
Patronage (pé-trânidj) *s* patrocínio; proteção; amparo.
Patronize (pé-trânáiz) *v* patrocinar; favorecer; apadrinhar.
Patten (pétn) *s* tamanco; coturno; pedestal de coluna.
Patter (pé-târ) *s* murmuração; tagarelice.
Patter (pé-târ) *v* bater como a chuva; gotejar; patear.
Pattern (pé-târn) *s* modelo; norma; espécime; padrão; molde.
Pattern (pé-târn) *v* imitar; copiar; modelar.
Patty (pé-ti) *s* torta; pastel; empada.
Paucity (pó-siti) *s* exiguidade; escassez; insuficiência.
Paunch (pántsh) *s* ANAT pança; abdome; barriga; abdômen.
Paunchy (pán-tshi) *adj* barrigudo; pançudo.
Pauper (pó-pâr) *s* pobre; indigente.
Pauperism (pó-pârizm) *s* pauperismo; indigência; pobreza.
Pauperize (pó-pâráiz) *v* depauperar.
Pause (póz) *s* pausa; interrupção; hesitação.
Pause (póz) *v* pausar; deter-se.
Pausing (pó-zinn) *s* pausa; meditação.
Pave (pêiv) *v* calçar ruas; pavimentar.
Pavement (pêiv-ment) *s* pavimento; piso; calçada; USA SIDEWALK.
Pavillion (pâvi-liânn) *s* pavilhão; barraca; tenda; estandarte.
Paving (pêi-vinn) *s* pavimento; piso.
Paw (pó) *s* garra; pata.
Paw (pó) *v* patadas de cavalo; patear.
Pawkiness (pó-kinéss) *s* astúcia; perspicácia; manha.
Pawky (pó-ki) *adj* astuto; manhoso; hábil; sagaz.
Pawn (pónn) *s* penhor; peão (jogo de xadrez).
Pawn (pónn) *v* penhorar; empenhar.
Pawnbroker (pón-brôukâr) *s* agiota; corretor de penhores; prestamista.
Pawnshop (pón-shóp) *s* casa de penhores; GÍR prego; USA LOAN-OFFICE.
Pay (pêi) *s* soldo; salário; recompensa.
Pay (pêi) *v* pagar; prestar homenagem ou atenção; *past and pp* PAID.
Payable (pei-âbl) *adj* pagável; descontável; amortizável.
Payee (pêi-i) *s* COM sacador.
Payer (pêi-âr) *s* COM sacado.
Payment (pêi-ment) *s* pagamento; prêmio.
Pea (pi) *s* ervilha.
Peace (piss) *s* paz; calma; tranquilidade; concórdia.
Peaceable (pi-sâbl) *adj* pacífico; tranquilo; sossegado.
Peaceful (pis-ful) *adj* pacífico; sossegado; calmo.
Peacefulness (pis-fulnéss) *s* paz; sossego; quietude.
Peacemaker (pis-mêikâr) *s* pacificador.
Peach (pitsh) *s* pêssego; GÍR mulher (jovem e bonita).
Peacher (pi-tshâr) *s* delator; acusador.
Peacock (pi-kók) *s* pagão (ave).
Peacockish (pi-kókish) *adj* pavonesco; vaidoso.
Peahen (pi-hénn) *s* pavoa.
Peak (pik) *s* pico; cume; ponta.
Peaked (pikt) *adj* pontiagudo; GÍR magrelo; enfermiço.
Peal (pil) *s* bulha; repique intenso de sinos.
Peal (pil) *v* ressoar; retinir.
Pean (pi-ânn) *s* hino divino; pele.
Peanut (pi-nât) *s* amendoim; ENGL MONKEYNUT.

Pear (pér) *s* pera, fruta.
Pearl (pârl) *s* pérola; aljôfar, pérola miúda.
Pearled (pârld) *adj* ornado de pérolas.
Peasant (pé-zânt) *s* aldeão; campônio.
Peasant (pé-zânt) *adj* rústico; campestre.
Peasantry (pé-zântri) *s* gente do campo; camponeses.
Peat (pit) *s* MIN turfa (carvão fóssil).
Pebble (péb-l) *s* seixo; cascalho; pedregulho; pólvora grossa.
Pebble (péb-l) *v* lavrar (couro).
Peccancy (pé-kânsi) *s* vício; defeito; imperfeição; falha.
Peccant (pé-kânt) *adj* pecador; faltoso; MED mórbido; doentio; insalubre.
Peck (pék) *s* medida; quantidade.
Peck (pék) *v* picar; espicaçar; bicar.
Pecking (pé-kinn) *s* picada; bicada.
Peckish (pé-kish) *adj* GÍR esfomeado; faminto; irritadiço.
Peculation (pékiulêi-shânn) *s* JUR peculato (roubo praticado por quem administra dinheiro).
Peculiar (pikiu-lâr) *s* aquilo que é peculiar; privilégio.
Peculiar (pikiu-lâr) *adj* peculiar; privativo; específico; singular; distinto.
Peculiarity (pikiulié-riti) *s* peculiaridade; particularidade; singularidade.
Pecuniary (pikiu-niâri) *adj* pecuniário; monetário.
Pedagogic (pédâgó-djik) *adj* pedagógico.
Pedagogue (pé-dâgóg) *s* pedagogo; mestre.
Pedagogy (pédâgó-dji) *s* pedagogia.
Pedal (pé-dâl) *s* pedal.
Pedal (pé-dâl) *adj* relativo ao pé ou aos pedais.
Pedal (pé-dâl) *v* pedalar.
Pedant (pé-dânt) *adj* pedante.
Pedantry (pé-dântri) *s* pedantismo.
Peddle (pédl) *v* vender pelas ruas; mascatear; preocupar-se com vulgaridades.
Pedestrian (pidé-striânn) *s* pedestre; transeunte.
Pedestrian (pidé-striânn) *adj* pedestre; vulgar.
Pedigree (pé-digri) *s* árvore genealógica; casta; linhagem de animais.
Peek (pik) *v* espiar; espreitar; espionar.
Peel (pil) *s* casca; pele; pá de remo; pá.
Peel (pil) *v* descascar.
Peeler (pi-lâr) *s* descascador; ENGL GÍR policial.
Peeling (pi-linn) *s* descascamento.
Peep (pip) *s* indício; relance; olhadela; pio (de pássaro).
Peep (pip) *v* piar; surgir; aparecer; olhar de esguelha.
Peeper (pi-pâr) *s* espreitador; GÍR olho.
Peer (pir) *s* par; companheiro; amigo da mesma idade.
Peer (pir) *v* espiar; espreitar; olhar atentamente.
Peerage (pi-ridj) *s* grandeza; nobreza; fidalguia.
Peerless (pir-léss) *adj* incomparável; sem igual.
Peevish (pi-vish) *adj* impertinente; rabujento; mal-humorado.
Peevishness (pi-vishnéss) *s* impertinência; mau humor; rabugice.
Peg (pég) *s* cavilha; estaca; pretexto; prendedor de roupa.
Peg (pég) *v* fixar com pregos.
Pejorative (pédjó-râtiv) *adj* pejorativo; depreciativo; que tem sentido torpe.
Pelf (pélf) *s* riqueza obtida fraudulentamente.
Pelican (pé-likânn) *s* pelicano (ave).
Pellet (pé-let) *s* bolinha; pelota; bala.
Pellicle (pé-likl) *s* película.
Pellucid (peliu-sid) *adj* transparente; claro; translúcido.
Pellucidity (peliusi-diti) *s* transparência; cristalinidade.
Pelt (pélt) *s* pele; couro não curtido; cacetada.
Pelure (pâliu-r) *s* casca; pele.
Pelvic (pél-vik) *adj* ANAT pélvico.
Pelvis (pél-vis) *s* ANAT pelve.
Pen (pénn) *s* pena de escrever; caneta de pena; caligrafia; escritor; curral; GÍR penitenciária.
Pen (pénn) *v* encurralar; *past* PENNED *or* PENT *and pp* PENNED or PENT.
Penalize (pi-nâláiz) *v* penalizar; punir; declarar culpado.
Penalty (pé-nâlti) *s* pena; penalidade; multa; ESP punição.
Penance (pé-nânss) *s* penitência; mortificação; RELIG confissão.
Pencil (pén-sil) *s* lápis; pincel; pintura.
Pencil (pén-sil) *v* pintar; desenhar, riscar.
Pendant (pén-dânt) *s* pendente; pingente; brinco; flâmula.
Pendency (pén-densi) *s* pendência; indecisão.
Pendent (pén-dent) *adj* pendente; inclinado; suspenso.
Pendulous (pén-djulâss) *adj* pendente; pendurado.
Penetrable (pé-netrâbl) *adj* penetrável.
Penetrate (pé-netrêit) *v* penetrar em; introduzir-se; perceber; comover.
Penetration (pénetrêi-shânn) *s* penetração; perspicácia; discernimento.
Penguin (pén-guinn) *s* pinguim (ave).
Penholder (pén-hôul-dâr) *s* caneta.
Peninsula (penin-siula) *s* península.
Peninsular (penin-siulâr) *s* peninsular.
Peninsular (penin-siulâr) *adj* peninsular.
Penitentiary (pénitén-shâri) *s* penitenciária; presídio.
Penitentiary (pénitén-shâri) *adj* penitenciário; penal.
Penknife (pén-náif) *s* canivete.
Penman (pén-maen) *s* calígrafo; escritor; autor.
Penmanship (pén-maenship) *s* caligrafia; escrita.
Pennant (pé-nânt) *s* bandeirola; flâmula; estandarte; bandeira.
Penny (pé-ni) *s* pêni (moeda inglesa).
Pension (pén-shânn) *s* pensão; renda; mesada; aposentadoria.
Pension (pén-shânn) *v* reformar; aposentar; jubilar.
Pensioner (pén-shânâr) *s* aquele que recebe pensão; reformado; inválido.
Pensive (pén-siv) *adj* pensativo; reflexivo; meditabundo.
Pensiveness (pén-sivnéss) *s* meditação; melancolia; tristeza.
Penthouse (pént-háuss) *adj* sótão; alpendre.
Penury (pé-niuri) *s* penúria; pobreza.
People (pip-l) *s* povo; gente; pessoas; o mundo.
Pepper (pé-pâr) *s* pimenta; pimenteira.
Pepper (pé-pâr) *v* apimentar.
Peppering (pé-pârinn) *s* surra; sova.
Peppering (pé-pârinn) *adj* picante; fogoso; colérico.
Peppery (pé-pâri) *adj* apimentado; irascível; colérico.
Peptic (pép-tik) *adj* digestivo.
Perambulate (pârém-biulêit) *v* perambular; percorrer a pé; andar; passear.
Perambulation (pârémbiulêi-shânn) *s* perambulação; jornada.
Perceivable (pâris-vâbl) *adj* visível; perceptível.
Perceive (pârsi-v) *v* perceber; notar.
Perceiver (pârsi-vâr) *s* percebedor.
Percentage (pârsén-tidj) *s* percentagem; porcentagem.
Perceptible (pârsép-tibl) *adj* percepítvel; palpável; visível.
Perception (pârsép-shânn) *s* percepção; noção; ideia.
Perceptive (pârsép-tiv) *adj* perceptivo.
Perch (pârtsh) *s* perca, peixe; poleiro; vara.
Perch (pârtsh) *v* empoleirar; pousar.
Percipient (pârsi-piént) *s* que tem percepção.
Percipient (pârsi-piént) *adj* sensitivo; perceptivo.
Percolate (pâr-kolêit) *v* coar; filtrar; peneirar.
Percolation (pârkolêi-shânn) *s* filtração; percolação.
Percolator (pâr-kolêitâr) *s* filtro; coador; passador.
Percussion (pârkâ-shânn) *s* percussão; colisão; choque.
Perdition (pârdi-shânn) *s* perdição; ruína.
Peregrinate (pé-rigrinêit) *v* peregrinar; migrar, viajar.
Peregrination (périgrinêi-shânn) *s* peregrinação.
Peregrine (pé-rigrinn) *s* falcão peregrino.
Peregrine (pé-rigrinn) *adj* peregrino; estrangeiro.
Peremptory (pé-remptôuri) *adj* peremptório; decisivo; dogmático.
Perennial (pâré-niâl) *adj* perene; incessante; contínuo.

Perfect (pârfek-t) *v* aperfeiçoar.
Perfect (pârfek-t) *adj* perfeito; acabado; completo.
Perfectible (pârfék-tibl) *v* aperfeiçoar.
Perfectible (pârfék-tibl) *adj* suscetível de aperfeiçoamento.
Perfection (pârfék-shânn) *s* perfeição.
Perfidious (pârfi-diâss) *adj* pérfido; falso; desleal.
Perfidy (pâr-fidi) *s* perfídia; deslealdade.
Perforate (pâr-forêit) *v* perfurar; brocar; furar.
Perforate (pâr-forêit) *adj* perfurado.
Perforce (pârfôur-ss) *adv* por força; necessariamente.
Perform (pârfór-m) *v* fazer; executar; cumprir; interpretar; representar.
Performable (pârfór-mâbl) *adj* executável; realizável.
Performance (pârfór-mânss) *s* execução; desempenho; composição.
Performer (pârfór-mâr) *s* executante; ator; músico; acrobata.
Performing (pârfór-minn) *adj* executante.
Perfume (pârfiu-mm) *s* perfume; fragrância; aroma; perfumista.
Perfume (pârfiu-mm) *v* perfumar, aromatizar.
Perhaps (pâr-hé-ps) *adv* talvez; porventura.
Peril (pé-ril) *s* perigo; risco.
Peril (pé-ril) *v* expor-se (ao perigo); arriscar; arriscar-se; *past and pp* PERILED or PERILLED.
Perilous (pé-rilâss) *adj* perigoso; arriscado.
Perilousness (pé-rilâsnéss) *s* perigo; risco; situação perigosa.
Perimeter (piri-mitâr) *s* perímetro.
Period (pi-riâd) *s* período; era; termo; circuito, fim.
Periodic (pirió-dik) *adj* periódico.
Periphrasis (piri-frâssiss) *s* perífrase.
Perish (pé-rish) *v* perecer; acabar; sucumbir.
Perishable (pé-rishâbl) *adj* perecível; frágil.
Periwig (pé-riuig) *s* peruca; cabeleira falsa.
Perjure (pâr-djur) *v* perjurar, jurar falso.
Perjurer (pâr-djurâr) *s* perjuro.
Perjury (pâr-djuri) *s* perjúrio.
Perk (pârk) *adj* vivo; alegre; altivo.
Perk (pârk) *v* ataviar; ornar; apavonar-se.
Perkiness (pâr-kinéss) *s* aprumo; galhardia, garbo.
Perky (pâr-ki) *adj* vivo; alegre.
Permanence (pâr-mânénss) *s* permanência; constância; perseverança.
Permanent (pâr-mânént) *adj* permanente; firme; imutável.
Permeable (pâr-miâbl) *adj* permeável.
Permeate (pâr-miêit) *v* permear; passar; atravessar.
Permissible (pârmi-sibl) *adj* permissível; admissível.
Permission (pârmi-shânn) *s* permissão; licença; aquiescência.
Permissive (pârmi-siv) *adj* permissivo; tolerado; permitido.
Permit (pârmi-t) *s* permissão; licença.
Permit (pârmi-t) *v* permitir; consentir; autorizar.
Permutable (pârmiu-tâbl) *adj* permutável.
Permutation (pârmiutêi-shânn) *s* permuta; permutação; troca.
Permute (pârmiu-t) *v* permutar; trocar.
Pernicious (pârni-shâss) *adj* pernicioso; perigoso; funesto; fatal.
Perniciousness (pârni-shâsnéss) *s* malignidade; qualidade perniciosa.
Peroration (pérorêi-shânn) *s* peroração.
Perpendicular (pârpéndi-kiulâr) *s* perpendicular; retidão moral.
Perpendicular (pârpéndi-kiulâr) *adj* perpendicular; a prumo.
Perpendicularity (pârpéndikiulé-riti) *s* perpendicularidade.
Perpetrate (pâr-pétrêit) *v* perpetrar; perfazer; realizar.
Perpetration (pârpétrêi-shânn) *s* perpetração.
Perpetrator (pârpétrêi-târ) *s* perpetrador.
Perpetual (pârpé-thsuâl) *adj* perpétuo; perene; permanente.
Perpetuate (pârpé-tshuêit) *s* perpetuação; eternização.
Perpetuate (pârpé-tshuêit) *v* perpetuar; eternizar.
Perpetuity (pârpétshu-iti) *s* perpetuidade.
Perplex (pârplék-s) *adj* embaraçado; enredado.
Perplex (pârplék-s) *v* embaraçar.
Perplexed (pârpléks-t) *adj* perplexo; duvidoso; confuso.
Perplexing (pârplék-sinn) *adj* complicado; embaraçoso; intrincado.
Perplexity (pârplék-siti) *s* perplexidade; embaraço; irresolução.
Perquisite (pâr-kuizit) *s* gratificação.
Persecute (pâr-sikiut) *v* perseguir; atormentar.
Persecution (pârsikiu-shânn) *s* perseguição; opressão.
Persecutor (pâr-sikiutâr) *s* perseguidor; opressor.
Perseverance (pârsivi-rânss) *s* perseverança; persistência.
Persevere (pârsivi-r) *v* perseverar; manter-se firme.
Persevering (pârsivi-rinn) *adj* perseverante; constante.
Persiflage (pérsiflá-j) *s* troça; zombaria; caçoada.
Persist (pârsis-t) *v* persistir; insistir; continuar.
Persistence (pârsis-ténss) *s* persistência; constância; obstinação.
Persistent (pârsis-tént) *adj* persistente; perseverante.
Persisting (pârsis-tinn) *adj* persistente; perseverante; firme.
Person (pâr-sânn) *s* pessoa; indivíduo; personagem.
Personage (pâr-sânidj) *s* personagem.
Personal (pâr-sânál) *adj* pessoal; particular; privado.
Personality (pârsâné-liti) *s* personalidade.
Personalty (pâr-sânâlti) *s* JUR bens móveis.
Personate (pâr-sânêit) *v* fingir; representar.
Personification (pârsânifikêi-shânn) *s* personificação.
Personify (pársâ-nifái) *v* personificar; personalizar.
Perspective (pârspék-tiv) *s* perspectiva.
Perspicacious (pârspikêi-shâss) *adj* perspicaz; sagaz; esclarecido.
Perspicaciousness (pârspikêi-shâsnéss) *s* perspicácia; sagacidade; penetração.
Perspiration (pârspirêi-shânn) *s* transpiração; suor.
Perspire (pârspái-r) *v* transpirar; suar.
Persuade (pârsuêi-d) *v* persuadir; convencer.
Persuasion (pârsuêi-jânn) *s* persuasão; crença; credo.
Persuasive (pârsuêi-siv) *adj* persuasivo.
Pert (pârt) *adj* atrevido; petulante; audaz.
Pertain (pârtêi-nn) *v* pertencer; referir-se.
Pertinacious (pârtinêi-shâss) *adj* pertinaz; obstinado; constante; decidido.
Pertinaciousness (pârtinêi-shâsnéss) *s* pertinácia; obstinação; tenacidade; firmeza.
Pertinence (pâr-tinénss) *s* pertinência; relação; conexão.
Pertinent (pâr-tinént) *adj* pertinente; pertencente a.
Pertness (pârt-néss) *s* insolência; petulância; ousadia.
Perturb (pârtâr-b) *v* perturbar; inquietar; irritar.
Perturbable (pârtâr-bâbl) *adj* perturbável.
Perturbation (pârtârbêi-shânn) *s* perturbação; desordem; desvio; confusão.
Peruke (peru-k) *s* peruca; cabeleira postiça.
Peruse (peru-z) *v* ler atentamente.
Peruser (peru-zâr) *s* leitor atento.
Pervade (pârvêi-d) *v* penetrar; espalhar em; impregnar.
Pervading (pârvêi-dinn) *adj* dominante; impregnante.
Pervasive (pârvêi-siv) *adj* penetrante.
Perverse (pârvâr-ss) *adj* perverso; cruel; injusto; atrevido.
Perverseness (pârvârs-néss) *s* perversidade; crueldade; atrevimento.
Perversion (pârvâr-shânn) *s* perversão; corrupção.
Perversity (pârvâr-siti) *s* perversidade.
Pervert (pâr-vârt) *s* apóstata; corruptor.
Pervert (pâr-vârt) *v* perverter; corromper; depravar.
Perverter (pârvâr-târ) *s* pervertedor; corruptor.
Pervious (pâr-viâss) *adj* permeável; penetrável.
Pessimism (pé-simizm) *s* pessimismo.
Pessimistic (pé-simistik) *adj* pessimista.
Pest (pést) *s* peste; epidemia; praga.
Pester (pés-târ) *v* atormentar; irritar; confundir.

Pesterer (pés-târâr) *s* importuno; inoportuno.
Pestering (pés-târinn) *adj* incômodo; desagradável; importuno.
Pestilence (pés-tilénss) *s* pestilência; praga; peste.
Pestilent (pés-tilént) *adj* pestilento; pernicioso; importuno; contagioso.
Pestle (péstl) *s* mão de pilão.
Pestle (péstl) *v* triturar.
Pet (pét) *s* animal de estimação; enfado.
Pet (pét) *adj* mimado.
Pet (pét) *v* animar; acariciar.
Petal (pé-tâl) *s* pétala.
Petition (peti-shânn) *s* petição; requerimento.
Petition (peti-shânn) *v* solicitar; requerer.
Petitionary (peti-shânéri) *adj* requerente; suplicante.
Petitioner (peti-shânâr) *s* peticionário; suplicante.
Petrifaction (petrifék-shânn) *s* petrificação.
Petrify (pé-trifái) *v* petrificar; fossilizar.
Petrol (pé-trâl) *s* gasolina; petróleo.
Petrology (pétrâ-lódji) *s* petrologia.
Petticoat (pé-tikôut) *s* anágua.
Pettifog (pé-tifóg) *v* chicanear.
Pettifogger (pé-tifôgâr) *s* chicaneiro.
Pettifogging (pé-tifóghinn) *s* chicana.
Pettifogging (pé-tifóghinn) *adj* chicaneiro; velhaco.
Pettish (pé-tish) *adj* rabugento; áspero; impertinente; irascível.
Pettishness (pé-tishnéss) *s* rabugice; impertinência; insignificância.
Petty (pé-ti) *adj* pequeno; mesquinho; insignificante; inferior.
Petulance (pé-tiulânss) *s* petulância; irritação; insolência.
Petulant (pé-tiulânt) *adj* petulante; insolente; de mau humor.
Petunia (pitiu-niâ) *s* petúnia (planta).
Pew (piu) *s* banco comprido de igreja.
Phalange (fâlén-dj) *s* falange; ANAT ossos da mão e do pé; FIG multidão.
Phantasm (fén-tézm) *s* fantasma; espectro.
Phantastic (féntés-tik) *adj* fantástico; fantasia.
Phantom (fén-tâmm) *s* fantasma; espectro; ilusão.
Pharmaceutic (farmâssiu-tik) *adj* farmacêutico; boticário.
Pharmaceutics (farmâssiu-tiks) *s* farmácia.
Pharmacist (far-mâssist) *s* farmacêutico.
Pharmacology (farmâkó-lodji) *s* farmacologia.
Pharynx (fé-rinks) *s* ANAT faringe.
Phase (fêiz) *s* fase; aspecto; época; momento.
Pheasant (fé-sânt) *s* faisão (ave).
Phenomenal (fénó-minâl) *adj* fenomenal; admirável; espantoso.
Phenomenon (fenó-minónn) *s* fenômeno.
Phial (fái-âl) *s* frasco; redoma.
Philander (filén-dâr) *s* galanteador; cortejador.
Philander (filén-dâr) *v* galantear; cortejar.
Philanderer (filén-dârâr) *s* galanteador.
Philanthrope (fi-lénthroup) *s* filantropo; humanista.
Philanthropic (filénthró-pik) *adj* filantrópico.
Philanthropy (filén-thropi) *s* filantropia; altruísmo.
Philologic (filoló-djik) *adj* filológico.
Philologist (filó-lodjst) *s* filólogo.
Philology (filó-lodji) *s* filologia.
Philomel (fi-lomél) *s* filomela; rouxinol (pássaro).
Philosopher (filó-sofâr) *s* filósofo.
Philosophic (filossó-fik) *adj* filosófico.
Philosophize (filó-sofáiz) *v* filosofar.
Philosophy (filó-sofi) *s* filosofia.
Philter (fil-târ) *s* filtro; feitiço.
Philter (fil-târ) *v* enfeitiçar; apaixonar.
Phlegm (flémm) *s* fleuma; impassibilidade.
Phlegmatic (flégmé-tik) *adj* fleumático; frio; indiferente.
Phone (fôunn) *s* telefone; fone.
Phone (fôunn) *v* telefonar.
Phonetic (foné-tik) *adj* fonético.
Phonetics (foné-tiks) *s* fonética.
Phonograph (fôu-nogréf) *s* gramofone; vitrola; fonógrafo.
Phonograph (fôu-nogréf) *v* fonografar.
Phonology (fonó-lodji) *s* fonologia.
Phosphorescence (fósfâré-senss) *s* fosforescência.
Phosphorescent (fósfâré-sent) *adj* fosforescente.
Photo (fôu-to) *s* fotografia.
Photograph (fôu-togréf) *s* fotografia.
Photograph (fôu-togréf) *v* fotografar.
Photographer (fotó-grâfâr) *s* fotógrafo.
Photographic (fotogré-fik) *adj* fotográfico.
Photography (fotó-grâfi) *s* fotografia; arte fotográfica.
Phrase (frêiz) *s* frase, sentença; dito; estilo.
Phrase (frêiz) *v* exprimir; expressar.
Phraseology (frêizió-lodji) *s* fraseologia.
Phrasing (frêi-zinn) *s* fraseologia; fraseado.
Phrenetic (frené-tik) *adj* frenético; impaciente.
Phthisis (thái-siss) *s* MED tísica; tuberculose.
Physic (fi-zik) *s* medicina; remédio; purgante.
Physic (fi-zik) *v* medicar; purgar.
Physical (fi-zikâl) *adj* físico; material; corpóreo.
Physician (fizi-shânn) *s* médico.
Physics (fi-ziks) *s* física.
Physiognomic (fiziognó-mik) *adj* fisionômico.
Physiologic (fizioló-djik) *adj* fisiológico.
Physiology (fizió-lodji) *s* fisiologia.
Pianist (pié-nist) *s* MÚS pianista.
Piano (pié-nôu) *s* piano.
Piano (pié-nôu) *adj* MÚS piano; lento.
Piano (pié-nôu) *adv* lentamente; vagarosamente.
Picaroon (pikâru-nn) *s* pirata; ladrão; salteador.
Pick (pik) *s* picareta; picão; nata.
Pick (pik) *v* pegar; colher; apanhar; escolher; bicar; roer; mascar; palitar; esvaziar os bolsos; procurar luta; abrir com chave falsa.
Pickaxe (pik-éks) *s* picareta com dupla ponta.
Picked (pikt) *adj* escolhido; selecionado; pontiagudo.
Picker (pi-kâr) *s* apanhador; colhedor; ancinho.
Picket (pi-ket) *s* estaca; piquete.
Picket (pi-ket) *v* rodear COM estacas; fazer greve.
Picking (pi-kinn) *s* escolha; roubo; colheita; resíduos.
Pickle (pikl) *s* conserva; salmoura; enredo.
Pickle (pikl) *v* pôr em salmoura.
Picklock (pik-lók) *s* ladrão; gatuno.
Pickpocket (pik-pó-kit) *s* batedor de carteiras; punguista; ladrão.
Pickpocket (pik-pó-kit) *v* bater carteiras.
Picnic (pik-nik) *s* piquenique; convescote.
Picnic (pik-nik) *v* fazer piquenique.
Picture (pik-tshur) *s* pintura; imagem; quadro; descrição; filme; foto.
Picture (pik-tshur) *v* pintar; representar; descrever.
Picturesque (piktshurés-k) *adj* pitoresco.
Pie (pái) *s* torta; pastelão; pastel; empada.
Piece (piss) *s* pedaço; peça; composição; TEATR peça.
Piece (piss) *v* remendar; acrescentar; unir; juntar; ajustar-se.
Piecemeal (pis-mil) *s* fragmento; retalho.
Piecemeal (pis-mil) *adj* retalhado; remendado.
Piecemeal (pis-mil) *adv* em pedaços; gradualmente; pouco a pouco.
Pied (páid) *adj* variegado; pintado com diversas cores.
Pier (pir) *s* pilar; cais; embarcadouro.
Pierce (pirss) *v* furar; transpassar; abrir passagem; internar-se.
Pierceable (pir-sâbl) *adj* penetrável.
Piercing (pir-sinn) *adj* agudo; cortante; comovente.
Piercingness (pir-sinnéss) *s* agudeza; penetração.
Piety (pái-iti) *s* piedade; religiosidade; devoção.
Piffle (pifl) *s* tolice; futilidade.
Piffle (pifl) *v* dizer tolices.

Pig (pig) *s* leitão; porco; barra de ferro; barra de metal; avarento.
Pig (pig) *v* parir (a porca); proceder ou viver como os porcos.
Pigeon (pi-djânn) *s* pombo; ingênuo; simplório.
Pigeonry (pi-djânri) *s* pombal.
Piggery (pi-gâri) *s* chiqueiro; lugar imundo.
Piggish (pi-ghish) *adj* voraz; sujo; imundo.
Piggy (pi-ghi) *s* leitão.
Piggy (pi-ghi) *adj* semelhante a leitão.
Pigheaded (pig-hé-did) *s* teimoso; obstinado.
Pigment (pig-ment) *s* pigmento; coloração; cor.
Pike (páik) *s* pique; caminho; pico de montanha.
Piked (páikt) *adj* pontiagudo; pontudo.
Pilaster (pilés-târ) *s* ARQT pilastra; coluna.
Pilch (piltsh) *s* cueiro.
Pilchard (pil-tshârd) *s* sardinha (peixe).
Pile (páil) *s* pilha; estaca; pira; edifício; pelo.
Pile (páil) *v* empilhar; pôr estacas.
Piles (páils) *s* MED hemorroidas; MIL paliçada.
Pilfer (pil-fâr) *v* furtar; surripiar; enganar.
Pilferage (pil-fâridj) *s* gatunice; roubo.
Pilferer (pil-fârâr) *s* gatuno; ladrão; larápio.
Pilgrim (pil-grimm) *s* peregrino; romeiro.
Pilgrim (pil-grimm) *v* peregrinar.
Pilgrimage (pil-grimidj) *s* peregrinação; romaria.
Piling (pái-linn) *s* acumulação; empilhamento.
Pill (pil) *s* pílula; coisa aborrecida; GÍR médico.
Pillage (pi-lidj) *s* pilhagem; saque; roubo.
Pillage (pi-lidj) *v* pilhar; saquear.
Pillager (pi-lidjâr) *s* saqueador.
Pillar (pi-lâr) *s* pilar; coluna; monumento; GÍR sustentáculo.
Pillory (pi-lori) *s* pelourinho.
Pillow (pi-lôu) *s* travesseiro; almofada.
Pilot (pái-lât) *s* piloto; prático; guia.
Pimping (pim-pinn) *adj* mesquinho; pequeno; insignificante.
Pimple (pimpl) *s* empola; borbulha.
Pimpled (pimpld) *adj* empolado; cheio de borbulhas.
Pin (pinn) *s* alfinete; broche; prego; eixo; coisa sem valor.
Pin (pinn) *v* prender COM alfinetes.
Pincers (pin-sârz) *s* pinça; tenaz; torquês.
Pinch (pintsh) *s* beliscão; aperto; dor; dificuldade; apuro; quina; esquina.
Pinch (pintsh) *v* beliscar; agarrar; apertar; privar; atormentar; USA GÍR furtar.
Pinchbeck (pintsh-bék) *s* ouropel; ouro falso; FIG falso brilho; aparência enganosa.
Pincher (pin-tshâr) *s* pinça; beliscador.
Pinching (pin-tshinn) *s* beliscadura; opressão; tormento.
Pinching (pin-tshinn) *adj* penetrante.
Pine (páinn) *s* pinheiro; pinho.
Pine (páinn) *v* consumir-se; anelar.
Pineapple (páin-aepl) *s* abacaxi; MIL GÍR granada de mão.
Ping (pinn) *s* silvo; sibilo.
Ping (pinn) *v* sibilar.
Pining (pái-ninn) *s* tristeza; languidez; nostalgia.
Pinion (pi-niânn) *s* asa; AUT pinhão.
Pink (pink) *s* cravo, flor; modelo; perfeição.
Pink (pink) *v* furar; picotar; pestanejar.
Pink (pink) *adj* rosa, cor.
Pinker (pin-kâr) *s* recortador.
Pinkish (pin-kish) *adj* cor-de-rosa claro.
Pinky (pin-ki) *adj* rosado; róseo.
Pinnacle (pi-nâkl) *s* auge; apogeu; torre.
Pinnacle (pi-nâkl) *v* elevar; guarnecer de torres.
Pinner (pi-nâr) *s* almofada de alfinetes; touca de mulher.
Pioneer (páionir) *s* pioneiro; descobridor; explorador.
Pioneer (páionir) *v* explorar.
Pious (pái-âss) *adj* pio; piedoso; religioso.
Piousness (pái-âsnéss) *s* piedade; devoção.
Pip (pip) *s* semente; ponto nas cartas de jogar.
Pip (pip) *v* piar.
Pipe (páip) *s* cachimbo; tubo; cano; garganta; gaita de foles; pipa; barril.
Pipe (páip) *v* tocar flauta.
Piper (pái-pâr) *s* flautista; tocador gaita.
Pipette (páipé-t) *s* pipeta.
Piping (pái-pinn) *s* tubulação; canalização; gemido; som de flauta.
Piping (pái-pinn) *adj* sibilante; ardente; adoentado; pastoril.
Piquancy (pi-kânsi) *s* mordacidade; aspereza, dureza.
Piquant (pi-kânt) *adj* picante; mordaz; áspero; satírico.
Pique (pik) *s* melindre; má vontade.
Pique (pik) *v* irritar; ferir o orgulho de.
Piracy (pái-râssi) *s* pirataria.
Pirate (pái-rit) *s* pirata; corsário.
Pirate (pái-rit) *v* piratear; pilhar; furtar.
Piss (piss) *s* urina.
Piss (piss) *v* urinar.
Pistol (pis-tâl) *s* pistola; disparador; revólver.
Piston (pis-tânn) *s* pistão; êmbolo; MÚS instrumento de sopro.
Pit (pit) *s* buraco; fosso; túmulo; mina.
Pit (pit) *v* encerrar num buraco; marcar com furinhos; opor; competir.
Pitch (pitsh) *s* piche; alcatrão; resina; declive; ponto; extremo.
Pitch (pitsh) *v* pôr piche; lançar; atirar; precipitar-se; mergulhar; fixar.
Pitcher (pi-tshâr) *s* bilha; cântaro; picareta; espécie de pé de cabra.
Pitchfork (pi-tshfórk) *s* forcado de lavrador; forquilha.
Pitchy (pi-tshi) *adj* triste; melancólico; tenebroso.
Piteous (pi-tiâss) *adj* compassivo; terno; lastimoso.
Pitfall (pit-fól) *s* armadilha; engodo; buraco aberto.
Pith (pith) *s* seiva; medula; energia; vigor.
Pithiness (pith-néss) *s* energia; vigor.
Pithy (pi-thi) *adj* enérgico; eficaz; que tem seiva.
Pitiable (pi-tiâbl) *adj* lastimável.
Pitiful (pi-tiful) *adj* lastimável; lamentável; detestável.
Pitiless (pi-tiléss) *adj* desapiedado; cruel; desumano.
Pittance (pi-tânss) *s* porção; pequeno rendimento.
Pitting (pi-tinn) *s* corrosão.
Pity (pi-ti) *s* piedade; compaixão; dor; lástima; infortúnio.
Pity (pi-ti) *v* compadecer-se de; ter pena.
Pitying (pi-tiinn) *adj* lamentável; lastimável.
Pivot (pi-vât) *s* pivô; espiga.
Pivot (pi-vât) *v* girar sobre um eixo.
Pixie (pik-si) *s* fada; duende.
Pizza (pítzá) *s* pizza.
Placability (plêikâbi-liti) *s* aplacabilidade; doçura; clemência.
Placable (plêi-kâbl) *adj* aplacável; plácido.
Placard (plâkár-d) *s* cartaz; anúncio.
Placard (plâkár-d) *v* anunciar por cartazes; afixar cartazes.
Placate (plêi-kêit) *v* aplacar; pacificar; acalmar.
Place (plêiss) *s* lugar; sítio; espaço; praça de guerra; fortaleza; emprego.
Place (plêiss) *v* pôr; colocar.
Placer (plêi-sâr) *s* agente; garimpo.
Placet (plêi-set) *s* permissão; autorização por escrito.
Placid (plé-sid) *adj* plácido; sereno; sossegado; calmo.
Placidity (plâssi-diti) *s* placidez; calma; serenidade.
Plagiarism (plêi-djârizm) *s* plágio.
Plagiarist (plêi-djârist) *s* plagiário.
Plagiarize (plêi-djâráiz) *v* plagiar.
Plagiary (plêi-djâri) *s* plagiário.
Plague (plêig) *s* praga; peste; flagelo.
Plague (plêig) *v* infectar; flagelar; atormentar.
Plaguer (plêi-gâr) *s* atormentador; flagelador.
Plaguy (plêi-ghi) *adj* molesto; importuno; maligno.
Plaid (pléd) *s* manta xadrez (escocesa).

Plaided (plé-did) *adj* enxadrezado; em quadrados.
Plain (plêinn) *s* campina; plano; planície.
Plain (plêinn) *v* chorar; lamentar; queixar-se.
Plain (plêinn) *adj* liso; plano; singelo; sincero; evidente; grosseiro.
Plainness (plêin-néss) *s* superfície plana; simplicidade; evidência.
Plaint (plêint) *s* queixa; lamento; queixume.
Plait (plêit) *s* prega; dobra.
Plait (plêit) *v* fazer pregas; dobrar; trançar.
Plan (plénn) *s* plano; projeto; esboço.
Plan (plénn) *v* projetar; desenhar (plantas); elaborar (plantas).
Plane (plêinn) *s* plano; superfície plana; nível; aeroplano.
Plane (plêinn) *v* aplainar.
Planer (plêi-nâr) *s* plaina mecânica; aplanador; alisador.
Planet (plé-net) *s* planeta.
Planish (plé-nish) *v* aplainar; alisar; polir.
Planisher (plé-nishâr) *s* aplainador; polidor.
Plank (plénk) *s* prancha; tábua.
Plank (plénk) *v* assoalhar.
Planking (plén-kinn) *s* tabuado; forro.
Plant (plént) *s* planta vegetal; maquinaria; policial infiltrado.
Plant (plént) *v* plantar; fundar; fixar; instalar.
Plantation (pléntêi-shânn) *s* plantação; latifúndio.
Planter (plén-târ) *s* plantador; colono; lavrador.
Planting (plén-tinn) *s* plantação.
Plash (plésh) *s* atoleiro; charco; lamaçal.
Plash (plésh) *v* enlamear; salpicar.
Plashy (plé-shi) *adj* pantanoso; lamacento.
Plaster (plés-târ) *s* emplastro; estuque; reboco.
Plaster (plés-târ) *v* emplastrar; rebocar (parede).
Plastic (plés-tik) *adj* plástico.
Plat (plét) *s* pedaço de terra; mapa de loteamento.
Plat (plét) *adj* plano; liso.
Plat (plét) *v* trançar; dividir em lotes; fazer uma planta.
Plate (plêit) *s* chapa; lâmina; folha de metal; prataria.
Plate (plêit) *v* chapear; blindar.
Plated (plêi-tid) *adj* prateado; niquelado; chapeado.
Plating (plêi-tinn) *s* chapeado; conjunto de chapas.
Platitude (plé-titiud) *s* vulgaridade; baixeza.
Platonic (plâtó-nik) *adj* platônico; casto.
Platonism (plêi-tonizm) *s* platonismo.
Platoon (plâtu-nn) *s* MIL pelotão.
Platter (plé-târ) *s* travessa; disco de gravação.
Plausible (pló-zibl) *adj* plausível; louvável.
Play (plêi) *s* jogo; brinquedo; comédia; divertimento.
Play (plêi) *v* jogar; brincar; tocar instrumentos; representar; bancar.
Player (plêi-âr) *s* jogador; ator; músico.
Playful (plêi-ful) *adj* brincalhão; travesso.
Playfulness (plêi-fulnéss) *s* jovialidade; brincadeira.
Playground (plêi-gráund) *s* pátio de diversão; espaço para recreio.
Playhouse (plêi-háuss) *s* teatro; sala de espetáculos.
Playwright (plêi-ráit) *s* dramaturgo; autor.
Plea (pli) *s* processo; demanda.
Pleach (plitsh) *v* entretecer; trançar.
Plead (plid) *v* pleitear; demandar; sustentar; justificar.
Pleader (pli-dâr) *s* defensor; advogado; litigante.
Pleading (pli-dinn) *s* alegação; defesa; demanda.
Pleasant (plé-zânt) *adj* agradável; ameno; grato.
Please (pliz) *v* agradar; satisfazer; gostar; apetecer; dignar-se; ***could you repeat what you said, PLEASE?***: pode repetir o que você disse, por favor?
Pleasing (pli-zinn) *adj* agradável; amável; grato; alegre.
Pleasurable (plé-jurâbl) *adj* agradável; divertido; alegre.
Pleasure (plé-jur) *s* prazer; encanto; agrado; satisfação; gozo.
Pledge (plédj) *s* penhor; caução; fiança; brinde à saúde de.
Pledge (plédj) *v* penhorar; prometer; empenhar; beber à saúde de.
Pledgee (plédji-) *s* caucionário.
Plenary (pli-nâri) *adj* pleno; completo; inteiro.
Plenitude (plé-nitiud) *s* plenitude; totalidade.
Plentiful (plén-tiful) *adj* copioso; abundante; fértil.
Plentifulness (plén-tifulnéss) *s* abundância; fertilidade.
Plenty (plén-ti) *s* abundância; fartura.
Plenty (plén-ti) *adj* abundante.
Plenty (plén-ti) *adv* bastante.
Plethora (plé-thorâ) *s* excesso; superabundância de seiva; ANAT pletora.
Pliability (pláiâbi-liti) *s* flexibilidade; docilidade; brandura.
Pliable (plái-âbl) *adj* dobradiço; flexível; brando.
Pliancy (plái-ânsi) *s* flexibilidade; docilidade.
Plier (pláir) *s* alicate; tenaz.
Plight (pláit) *s* penhor; promessa; dobra; aperto.
Plight (pláit) *v* penhorar; empenhar.
Plod (plód) *v* labutar; andar com dificuldade.
Plodder (pló-dâr) *s* trabalhador; labutador.
Plodding (pló-dinn) *s* labuta.
Plodding (pló-dinn) *adj* laborioso; trabalhador.
Plop (plóp) *adv* repentinamente; subitamente.
Plot (plót) *s* conluio; trama; enredo.
Plot (plót) *v* tramar; conspirar.
Plotter (pló-târ) *s* conspirador; maquinador.
Plotting (pló-tinn) *s* traçado de plano; conspiração; loteamento de terras.
Plough (pláu) *s* arado; charrua.
Plough (pláu) *v* lavrar; arar.
Plougher (pláu-âr) *s* lavrador.
Ploughing (pláu-inn) *s* lavra; lavoura.
Ploughman (pláu-maen) *s* lavrador; campônio.
Pluck (plák) *s* valor; ânimo; coragem; resolução.
Pluck (plák) *v* arrancar; depenar.
Plucky (plâ-ki) *adj* valente; corajoso; valoroso.
Plug (plâg) *s* rolha; registro; tabaco torcido; tomada.
Plug (plâg) *v* arrolhar; tapar.
Plum (plâmm) *s* ameixa; GÍR sorte: cem mil libras esterlinas; riqueza; fortuna.
Plumage (plu-midj) *s* plumagem; adorno; enfeite.
Plumb (plâmm) *s* prumo; fio de prumo.
Plumb (plâmm) *v* chumbar; soldar; sondar; pôr a prumo.
Plumb (plâmm) *adj* completo; acabado; perfeito.
Plumb (plâmm) *adv* perpendicularmente.
Plumber (plâ-mâr) *s* chumbador; bombeiro.
Plumbing (plâ-minn) *s* serviço de bombeiro.
Plume (plumm) *s* pluma; orgulho; jactância.
Plume (plumm) *v* jactar-se; depenar.
Plumed (plum-d) *adj* plumoso; emplumado.
Plummet (plâ-met) *s* prumo; sonda; contrapeso.
Plump (plâmp) *s* bando; grupo; aglomerado.
Plump (plâmp) *v* engordar; cair pesadamente.
Plump (plâmp) *adj* gordo; brusco; rude.
Plump (plâmp) *adv* repentinamente.
Plumpness (plâmp-néss) *s* gordura; descortesia.
Plumpy (plâm-pi) *adj* gordo; roliço; corpulento.
Plunder (plân-dâr) *s* saque; pilhagem; roubo.
Plunder (plân-dâr) *v* saquear; pilhar; mergulhar; arremessar-se.
Plunderer (plân-dârâr) *s* pirata; saqueador.
Plundering (plân-dârinn) *s* saque; pilhagem.
Plunderous (plân-dârâss) *adj* espoliador; pilhador.
Plunge (plândj) *s* mergulho; imersão; salto; arremesso; aperto.
Plunge (plândj) *v* mergulhar; submergir.
Plunger (plân-djâr) *s* mergulhador; pescador de pérolas.
Plural (plu-râl) *adj* GRAM plural.
Plurality (pluré-liti) *s* pluralidade; USA maior número (votos).
Plus (plâss) *s* quantidade positiva; MAT sinal de mais.

Plus (plâss) *adj* mais; adicional; MAT positivo.
Plush (plâsh) *s* pelúcia; tecido macio.
Plushy (plâ-shi) *adj* felpudo.
Pluto (plutu) *s* Plutão (9º planeta do sistema solar).
Plutocracy (plutó-krâssi) *s* plutocracia.
Plutocratic (plutokré-tik) *adj* plutocrático.
Pluvial (plu-viâl) *adj* pluvial; chuvoso.
Ply (plâi) *s* prega; dobra; hábito; costume.
Ply (plâi) *v* trabalhar ativamente; insistir; dobrar.
Pneumatic (pniumé-tik) *adj* pneumático.
Pneumonia (niumôu-niâ) *s* pneumonia.
Poach (pôutsh) *v* magoar; pisar; contundir; cozer em água quente; caçar onde é proibido.
Poacher (pôu-tshâr) *s* caçador ilegal; ladrão de caça.
Pock (pók) *s* pústula; varíola.
Pocket (pó-kit) *s* bolso; receptáculo; cavidade.
Pocket (pó-kit) *v* pôr no bolso; embolsar.
Pod (pód) *s* casca; vagem.
Pod (pód) *v* inchar; encher-se.
Podgy (pó-dji) *adj* gordo; graxo; atarracado.
Poem (pôu-emm) *s* poema; poesia.
Poet (pôu-et) *s* poeta.
Poetry (pôu-etri) *s* poesia.
Pogrom (pogró-mm) *s* massacre; morticínio; devastação.
Poignancy (pói-nânsi) *s* violência; aspereza.
Poignant (pói-nânt) *adj* pungente; doloroso; comovente.
Point (póint) *s* ponta; ponto; bico; cabo; promontório; sinal de pontuação; intento; pormenor; ponto de vista.
Point (póint) *v* apontar; aguçar; dirigir; indicar; fazer sentir; salientar.
Pointed (póin-tid) *adj* pontiagudo; aguçado; satírico.
Pointedness (póin-tidnéss) *s* azedume; aspereza; sutileza.
Pointer (póin-târ) *s* indicador; ponteiro; buril; perdigueiro.
Pointing (póin-tinn) *s* pontuação; pontaria; apontamento.
Pointless (póin-tléss) *adj* obtuso; sem ponta.
Poise (póiz) *s* peso; equilíbrio.
Poise (póiz) *v* equilibrar; pesar.
Poison (póiz-n) *s* veneno; tóxico.
Poison (póiz-n) *v* intoxicar; envenenar.
Poisoner (póiz-nâr) *s* envenenador; sedutor; corruptor.
Poisoning (póiz-ninn) *s* envenenamento; intoxicação.
Poisonous (póiz-nâss) *adj* venenoso; tóxico.
Poke (pôuk) *s* impulso; jugo; bolsa; saco.
Poke (pôuk) *v* empurrar; atiçar; andar às apalpadelas.
Poker (pôu-kâr) *s* pôquer (jogo); atiçador de fogo.
Poky (pôu-ki) *adj* lento; estúpido; pequeno; acanhado.
Pole (pôul) *s* polo; estaca; vara de medir; mastro.
Poleaxe (pôul-éks) *s* machadinha.
Polecat (pôul-két) *s* doninha (animal).
Polemic (polé-mik) *adj* polêmico; controverso.
Polemics (polé-miks) *s* polêmica, debate oral.
Police (pôli-ss) *s* polícia.
Police (pôli-ss) *v* policiar; vigiar.
Policeman (pôlis-maen) *s* policial.
Policy (pó-lissi) *s* política; prudência; astúcia.
Polish (pó-lish) *s* polimento; cortesia.
Polish (pó-lish) *v* polir; lustrar; engraxar.
Polite (polái-t) *adj* polido; cortês; fino; elegante.
Politely (polái-tli) *adv* delicadamente; cortesmente.
Politeness (poláit-néss) *s* urbanidade; cortesia; delicadeza.
Politic (pó-litik) *adj* político; sagaz; ladino.
Politician (póliti-shânn) *s* político; estadista.
Politics (pó-litiks) *s* política; artifício eleitoral.
Polity (pó-liti) *s* política; sociedade política.
Poll (pôul) *s* cabeça; lista; rol; nomeação; eleição; escrutínio; matrícula.
Poll (pôul) *v* tosquiar; desramar; votar.
Pollard (pó-lârd) *s* árvore podada.
Pollard (pó-lârd) *v* podar árvores.
Polling (pôu-linn) *s* votação; escrutínio.
Pollute (póliu-t) *v* poluir; manchar; desonrar.
Polluter (póliu-târ) *s* corruptor; profanador; contaminador.
Pollution (póliu-shânn) *s* poluição; corrupção; profanação.
Poltroon (póltru-nn) *s* poltrão; covarde.
Poltroonery (póltru-nâri) *s* covardia.
Polygamous (pol-gâmâss) *adj* polígamo.
Polygamy (poli-gâmi) *s* poligamia.
Polyglot (pó-liglót) *s* poliglota.
Polyglot (pó-liglót) *adj* poliglota.
Pomace (pâ-miss) *s* polpa (maçã, de frutas).
Pomade (pomêi-d) *s* pomada; brilhantina.
Pomegranate (póm-grénit) *s* romã.
Pommel (pâm-mél) *s* pomo; punho de espada.
Pommel (pâm-mél) *v* bater; surrar.
Pomp (pómp) *s* pompa; esplendor; fausto.
Pomposity (pómpó-siti) *s* pompa; ostentação.
Pompous (póm-pâss) *adj* pomposo; aparatoso.
Pond (pómp) *s* tanque; bacia; reservatório (água).
Ponder (pón-dâr) *v* ponderar; meditar; refletir.
Ponderable (pón-dârâbl) *adj* ponderável.
Ponderous (pón-dârâss) *adj* grave; ponderado; veemente.
Ponderousness (pón-dârâsnéss) *s* peso; gravidade.
Poniard (pó-niârd) *s* punhal pequeno.
Poniard (pó-niârd) *v* apunhalar.
Pontiff (pón-tif) *s* pontífice; Papa.
Pontificate (pónti-fikit) *s* pontificado.
Pontoon (póntu-nn) *s* chata; barcaça; doca que flutua; barca.
Pony (pôu-ni) *s* pônei, pequeno cavalo; GÍR dinheiro.
Poodle (pud-l) *s* cachorro.
Pool (pul) *s* lago; piscina; jogo de bilhar; COM fusão de interesses.
Pool (pul) *v* COM conciliar interesses.
Poop (pup) *s* NÁUT popa (posterior à proa).
Poor (pur) *adj* pobre; necessitado; infeliz.
Poorness (pur-néss) *s* pobreza; necessidade; miséria.
Pop (póp) *s* estalo; detonação; estouro; ruído; MÚS concerto popular.
Pop (póp) *v* estalar; sobrevir de repente; atirar; soltar; disparar.
Popcorn (póp-kórnn) *s* milho de pipoca; pipoca estourada.
Pope (pôup) *s* Papa.
Popedom (pôup-dâmm) *s* papado.
Popery (pôu-pâri) *s* papismo; catolicismo.
Popinjay (pó-pindjêi) *s* cafajeste; malandro.
Popish (pôu-pish) *adj* papista; católico.
Poplin (pó-plinn) *s* popelina (tecido).
Popple (póp-l) *v* mexer-se; deslizar; agitar-se.
Poppy (pó-pi) *s* papoula.
Populace (pó-piuliss) *s* populaça; plebe; povo.
Popular (pó-piulâr) *adj* popular; do povo.
Popularity (pópiulé-riti) *s* popularidade.
Popularize (pó-piulâráiz) *v* popularizar; vulgarizar.
Populate (pó-piulêit) *v* povoar; propagar-se.
Population (pópiulêi-shânn) *s* população.
Populous (pó-piulâss) *adj* populoso.
Porcelain (pórs-linn) *s* porcelana; louça refinada.
Porcelain (pórs-linn) *adj* de porcelana.
Porch (pórtsh) *s* pórtico; átrio; vestíbulo.
Porcupine (pór-kiupáinn) *s* porco-espinho; ouriço.
Pore (pôur) *s* poro.
Pore (pôur) *v* ter os olhos fixos em; estudar atentamente.
Pork (pórk) *s* carne de porco; USA negociata.
Porker (pór-kâr) *s* porco; marrão; capado.
Porkling (pór-klinn) *s* leitão.
Porky (pór-ki) *adj* porcino; gordo; USA porco-espinho.
Porosity (pôuró-siti) *s* porosidade.
Porous (pôu-râss) *adj* poroso.
Porridge (pó-ridj) *s* cozido; mingau; papa de aveia.
Porringer (pó-rindjâr) *s* tigela.

Port (pórt) *s* porto; baía; porta; portal.
Port (pórt) *v* levar; conduzir; passar a bombordo.
Portable (pór-tâbl) *adj* portátil; desmontável; manual.
Portage (pór-tidj) *s* porte; espaço entre dois rios ou canais.
Portal (pór-tâl) *s* portal; fachada.
Portative (pór-tâtiv) *adj* portátil.
Portend (pórtén-d) *v* prognosticar; pressagiar; vaticinar.
Portent (pórtén-t) *s* presságio; vaticínio.
Portentous (pórtén-tâss) *adj* nefasto; prodigioso; portentoso.
Porter (pór-târ) *s* porteiro; carregador.
Porterage (pór-târidj) *s* transporte; ofício de porteiro.
Portion (pór-shânn) *s* porção; quinhão.
Portion (pór-shânn) *v* dotar; repartir.
Portioner (pór-shânâr) *s* divididor; distribuidor.
Portliness (pór-tlinéss) *s* ar solene; porte majestoso.
Portly (pór-tli) *adj* majestoso; nobre; grosso.
Portrait (pór-trit) *s* retrato; pintura.
Portray (pórtrê-i) *v* retratar; descrever; pintar.
Portrayal (pórtrêi-âl) *s* retrato; pintura; descrição; desenho.
Portrayer (pórtrêi-âr) *s* pintor; desenhista; retratista.
Portuguese (pórtiughi-z) *s* o português; a língua portuguesa.
Portuguese (pórtiughi-z) *adj* português.
Pose (pôuz) *s* postura; pose estudada.
Pose (pôuz) *v* posar; embaraçar.
Poser (pôu-zâr) *s* pergunta embaraçosa; examinador.
Position (pozi-shânn) *s* posição social; colocação; categoria.
Positive (pó-zitiv) *adj* positivo; formal; categórico; imperativo; teimoso.
Positiveness (pó-zitivnéss) *s* positividade; certeza; segurança; obstinação.
Positivism (pó-zitivism) *s* certeza; positivismo.
Positivist (pó-zitivist) *s* positivista.
Possess (pózé-ss) *v* possuir; ter; apoderar-se de.
Possession (pózé-shânn) *s* possesso; domínio; posse.
Possessive (pózé-siv) *s* GRAM o caso possessivo.
Possessive (pózé-siv) *adj* possessivo.
Possessor (pózé-sâr) *s* possuidor; dominador.
Possibility (póssibi-liti) *s* possibilidade.
Possible (pó-sibl) *adj* possível.
Possibly (pó-sibli) *adv* possivelmente; provavelmente.
Post (pôust) *s* poste; pilar; correio; posto; emprego; mensageiro; cargo.
Post (pôust) *v* lançar; registrar; informar; colocar no correio.
Post (pôust) *adv* rapidamente.
Postage (pôs-tidj) *s* porte; franquia postal; tarifa.
Postal (pôus-tâl) *adj* postal.
Poster (pôus-târ) *s* cartaz; afixador de cartazes.
Posterity (posté-riti) *s* posteridade; as gerações futuras.
Postern (pôus-târn) *s* porta traseira; portinhola.
Posthumous (pós-tiumâss) *adj* póstumo.
Postman (pôust-maen) *s* carteiro; USA **MAILMAN**.
Postmark (pôust-márk) *s* carimbo do correio.
Postmark (pôust-márk) *v* carimbar.
Postmaster (pôust-maestâr) *s* agente do correio.
Postpone (pôust-pôunn) *v* pospor; adiar; transferir.
Postponement (pôst-pôunment) *s* transferência; adiamento.
Postscript (pousscript) *s* pós escrito (postscriptum).
Postulate (pós-tiulit) *s* postulado.
Postulate (pós-tiulit) *v* solicitar.
Posture (pós-tshur) *s* postura; posição; atitude; situação; condição.
Posture (pós-tshur) *v* colocar em posição.
Posy (pôu-zi) *s* divisa; conceito; pensamento; flor.
Pot (pót) *s* panela; pote; aposta conjunta; taça prêmio.
Potable (pôu-tâbl) *s* qualquer bebida.
Potable (pôu-tâbl) *adj* potável.
Potash (pó-tésh) *s* potassa; carbonato de potássio.
Potation (pôutêi-shânn) *s* bebida; gole; trago.
Potato (potêi-tôu) *s* batata.
Potency (pôu-tensi) *s* potência; força; autoridade.
Potent (pôu-tent) *adj* potente; forte; poderoso.
Potentate (pôu-tentêit) *s* potentado; soberano.
Potential (potén-shâl) *s* potencial; potência.
Potential (potén-shâl) *adj* potencial; possível; virtual; eficaz.
Potentiality (poténshié-liti) *s* potencialidade; força; virtualidade; possibilidade.
Pother (pó-dhâr) *s* bulha; confusão; motim.
Pother (pó-dhâr) *v* atormentar; alvoroçar; importunar; esforçar-se em vão.
Potion (pôu-shânn) *s* poção.
Potsherd (pót-shârd) *s* caco.
Pottage (pó-tidj) *s* sopa; mingau; caldo.
Potter (pó-târ) *s* oleiro.
Potter (pó-târ) *v* trabalhar vagarosamente.
Potterer (pó-târâr) *s* preguiçoso.
Pottery (pó-târi) *s* olaria; cerâmica.
Pottle (pót-l) *s* jarro; vaso; pote; cesta de fruta.
Pouch (páutsh) *s* saco; bolso; bolsa; cartucheira.
Pouch (páutsh) *v* embolsar; engolir; tragar; dar gorjeta.
Poult (pôult) *s* pinto; frango.
Poulterer (pôul-târâr) *s* galinheiro; vendedor de galinha.
Poultice (pôul-tiss) *s* emplastro; cataplasma.
Poultice (pôul-tiss) *v* aplicar um cataplasma.
Poultry (pôul-tri) *s* aves domésticas.
Pounce (páunss) *s* garra; unha; pó de carvão.
Pounce (páunss) *v* lançar-se sobre; precipitar-se.
Pound (páund) *s* libra esterlina; curral.
Pound (páund) *v* moer; pilar.
Poundage (páun-didj) *s* porcentagem por libra.
Pounding (páun-dinn) *s* martelamento; pancadaria.
Pour (pôur) *s* temporal; chuvarada.
Pour (pôur) *v* derramar; espalhar; chover a cântaros.
Pourboire (purboá-r) *s* propina; gorjeta.
Pouring (pôu-rinn) *adj* torrencial; de aguaceiro.
Pout (páut) *s* amuo; peru pequeno; enfado; mau humor.
Pout (páut) *v* embirrar; olhar raivoso.
Pouter (páu-târ) *s* pessoa amuada, mal-humorada.
Pouting (páu-tinn) *adj* mal-humorado; carrancudo.
Poverty (pó-vârti) *s* pobreza; indigência.
Powder (páu-dâr) *s* pó; polvilho; talco; pólvora.
Powder (páu-dâr) *v* pulverizar; empoar.
Power (páu-âr) *s* poder; força; energia; potência; força motriz.
Powerful (páu-ârful) *adj* poderoso; potente; forte.
Powerhouse (páu-ârhâuss) *s* usina elétrica; casa das máquinas.
Pox (póks) *s* pústula; doença venérea.
Practicable (prék-tikâbl) *adj* praticável; viável.
Practical (prék-tikâl) *adj* prático; claro; fácil; útil.
Practically (prék-tikâli) *adv* praticamente; virtualmente.
Practice (prék-tiss) *s* prática; experiência; praxe; uso; clientela.
Practice (prék-tiss) *v* praticar; exercer.
Practicer (prék-tissâr) *s* prático; praticante; hábil.
Practitioner (prékti-shânâr) *s* profissional; médico; advogado.
Pragmatic (prég-mé-tik) *adj* pragmático; prático; filosófico.
Pragmatical (prégmé-tikâl) *adj* importuno; intrometido; pragmático.
Pragmatism (prég-mâtizm) *s* pragmatismo.
Pragmatist (prég-mâtist) *s* intrometido; importuno; impertinente.
Prairie (pré-ri) *s* pradaria; campina; planície.
Praise (prêi-z) *s* louvor; elogio; mérito; abono.
Praise (prêi-z) *v* louvar; elogiar; rezar.
Praiser (prêi-zâr) *s* admirador; louvador.
Praiseworthiness (prêiz-uârthinéss) *s* valor; merecimento.
Praiseworthy (prêiz-uârthi) *adj* louvável; meritório; encomiástico.
Pram (prámm) *s* carrinho de criança.
Prance (prénss) *v* empinar-se; saracotear.
Prank (prénk) *s* logro; burla.

Prank (prénk) *v* ornar; enfeitar; adornar.
Pranking (prén-kinn) *s* adorno; enfeite.
Prankish (prén-kish) *adj* travesso; brincalhão.
Prate (prêit) *s* tagarelice; loquacidade.
Prate (prêit) *v* tagarelar.
Prater (prêi-târ) *s* palrador; charlatão.
Prattle (prét-l) *s* murmúrio; tagarelice.
Prattle (prét-l) *v* tagarelar; murmurar.
Prattler (pré-tlâr) *s* tagarela; murmurador.
Prawn (prónn) *s* lagostim.
Pray (prêi) *v* rezar; rogar; orar.
Prayer (prêi-âr) *s* aquele que reza; oração; prece; reza.
Prayer (prêi-âr) *v* rezar.
Prayerful (prér-ful ou prêi-ârful) *adj* devoto; piedoso.
Preach (pritsh) *v* pregar; fazer sermões.
Preacher (pri-tshâr) *s* pregador; que faz sermão.
Preachify (pri-tshifái) *v* arengar; discursar de modo maçante.
Preaching (pri-tshinn) *s* pregação; prédica.
Preamble (pri-émbl) *s* preâmbulo; exórdio; introdução.
Prearrange (priârêin-dj) *v* predispor, dispor com antecedência.
Precarious (prikêi-riâss) *adj* precário; incerto; duvidoso; perigoso.
Precatory (pré-kâtôuri) *adj* precatório; suplicante.
Precaution (prikó-shânn) *s* precaução; reserva; cuidado.
Precede (prissi-d) *v* preceder; antepor.
Precedence (prissi-dénss) *s* precedência; prioridade; superioridade.
Precedent (prissi-dént) *s* precedente; antecedente; exemplo.
Precedent (prissi-dént) *adj* precedente; antecedente; anterior.
Precept (pri-sépt) *s* preceito; regra; mandamento; máxima.
Preceptor (prissép-târ) *s* preceptor; mestre.
Precession (prissé-shânn) *s* precedência; ASTR precessão.
Preciosity (préshió-siti) *s* preciosismo.
Precious (pré-shâss) *adj* precioso; estimado; valioso; querido; amado.
Preciousness (pré-shâsnéss) *s* preciosidade; alto preço; valia.
Precipice (pré-sipiss) *s* precipício; despenhadeiro.
Precipitance (prissi-pitânss) *s* precipitação.
Precipitate (prissi-pitêit) *s* QUÍM precipitado.
Precipitate (prissi-pitêit) *v* precipitar; precipitar-se; apressar-se.
Precipitate (prissi-pitêit) *adj* precipitado; imprudente.
Precipitation (prissipitêi-shânn) *s* precipitação; antecipação.
Precipitous (prissi-pitâss) *adj* precipitado; arrojado; violento.
Precise (prissái-ss) *adj* preciso; exato; definitivo; justo; formal.
Preciseness (prissáis-néss) *s* precisão; exatidão; pontualidade.
Precision (prissi-jânn) *s* precisão; exatidão; justeza.
Preclude (priklud) *v* impedir; excluir.
Preclusion (priklu-jânn) *s* exclusão.
Preclusive (priklu-siv) *adj* exclusivo; preventivo.
Precocious (prikó-shâss) *adj* precoce; prematuro; adiantado.
Precognition (pricóg-níshan) *s* precognição, pré-conhecimento.
Preconceive (prikónsi-v) *v* preconceber.
Preconception (prikónsép-shânn) *s* preconceito; opinião antecipada.
Precursor (prikâr-sâr) *s* precursor.
Predatory (pré-dâtôuri) *adj* predatório; voraz, depredatório.
Predecessor (prédissé-sâr) *s* predecessor; antecessor.
Predestinate (pridés-tinêit) *v* predestinar, destinar de antemão.
Predestinate (pridés-tinêit) *adj* predestinado.
Predestination (pridéstinêi-shânn) *s* predestinação.
Predetermination (priditârminêi-shânn) *s* predeterminação.
Predetermine (priditâr-minn) *v* predeterminar.
Predicament (pridi-kâmént) *s* predicamento; categoria; condição; apuro.
Predicant (pré-diként) *s* afirmador; frade; dominicano.
Predicate (pré-dikêit) *s* GRAM predicado.
Predicate (pré-dikêit) *v* afirmar; basear.
Predictor (pridik-târ) *s* profetizador; profeta.
Predilection (pridilék-shânn) *s* predileção; preferência.
Predispose (pridispôuz) *v* predispor.
Predisposition (pridispôuzi-shânn) *s* predisposição.
Predominance (pridó-minânss) *s* predominância; supremacia.
Predominant (pridó-minânt) *adj* predominante; prepotente; influente.
Predominate (pridó-minêit) *v* predominar; prevalecer; influir.
Preeminence (prié-minénss) *s* preeminência; superioridade.
Preeminent (prié-minént) *adj* preeminente; supremo.
Preempt (priémpt) *v* JUR adquirir o direito de propriedade; apropriar de antemão.
Preemption (priémp-shânn) *s* JUR preempção.
Preemptor (priémp-târ) *s* JUR o que adquire direito de propriedade (de preempção).
Preface (pré-fiss) *s* prefácio; introdução.
Preface (pré-fiss) *v* prefaciar.
Prefatory (pré-fâtôuri) *adj* preliminar; preambular.
Prefect (pri-fékt) *s* prefeito.
Prefecture (prifék-tshur) *s* prefeitura.
Prefer (prifâ-r) *v* preferir; escolher; eleger; apresentar.
Preferable (pré-fârâbl) *adj* preferível.
Preference (pré-fârénss) *s* preferência; predileção; primazia.
Preferential (préfârén-shâl) *adj* preferencial.
Preferment (prifâr-ment) *s* promoção; elevação; cargo.
Prefix (prifik-ss) *v* prefixar.
Prefix (pri-fikiss) *s* prefixo.
Pregnable (prég-nâbl) *adj* expugnável; vencível; superável.
Pregnancy (prég-nânsi) *s* gravidez.
Pregnant (prég-nânt) *adj* grávida; prenhe; fértil.
Prehensile (pri-hén-sil) *adj* capaz de agarrar; tenaz.
Prehistoric (pri-histó-rik) *adj* pré-histórico.
Prejudge (pridjâ-dj) *v* prejulgar; conjeturar.
Prejudgement (pridjâdj-ment) *s* julgamento antecipado.
Prejudice (pré-djudiss) *s* preconceito; dano; prejuízo.
Prejudice (pré-djudiss) *v* predispor; prejudicar; causar dano.
Prejudicial (prédjudi-shâl) *adj* prejudicial; daninho; nocivo.
Prelate (pré-lit) *s* prelado.
Preliminary (prili-minéri) *s* preliminar; prelúdio; exórdio.
Preliminary (prili-minéri) *adj* preliminar; preparatório; introdutório.
Prelude (priliu-d) *s* prelúdio; prólogo; prefácio; *v* preceder.
Premeditate (primé-ditêit) *v* premeditar.
Premeditation (priméditêi-shânn) *s* premeditação.
Premise (primái-z) *s* premissa; instalação.
Premise (primái-z) *v* explicar; expor antecipadamente.
Premonition (primoni-shânn) *s* premonição; presságio; pressentimento.
Preoccupation (priókiupêi-shânn) *s* preocupação; prevenção; posse anterior.
Preoccupied (prió-kiupáid) *adj* preocupado.
Preoccupy (prió-kiupái) *v* preocupar; inquietar; ocupar primeiro.
Preparation (prépârêi-shânn) *s* preparação; preparativo; disposição; fabricação.
Preparative (pripé-râtiv) *s* preparativo.
Preparative (pripé-râtiv) *adj* preparatório.
Preparatory (pripé-râtôuri) *s* preparação.
Preparatory (pripé-râtôuri) *adj* preparatório; prévio.
Prepare (pripé-r) *v* preparar; aprontar.
Preparer (pripé-râr) *s* preparador.
Prepay (pripê-i) *v* pagar adiantadamente; franquear uma carta.
Prepayment (pripêi-ment) *s* pagamento com antecipação; franquia postal.
Prepense (pripén-ss) *adj* premeditado; preparado com antecipação.
Preponderance (pripón-dârânss) *s* preponderância; predomínio; prepotência.

Preponderant (pripón-dârânt) *adj* preponderante.
Preponderate (pripón-dârêit) *v* sobrepujar; predominar; prevalecer.
Preponderation (pripón-dârêi-shânn) *s* predomínio; preponderância.
Preposition (prepózi-shânn) *s* GRAM preposição.
Prepositive (pripó-zitiv) *adj* prepositivo; prefixo; que vai adiante.
Prepossess (pripózé-ss) *v* causar boa impressão; ter a posse anterior.
Prepossession (pripózé-shânn) *s* impressão a favor; ocupação prévia.
Preposterous (pripós-târâss) *adj* absurdo; ridículo; importuno.
Prerogative (priro-gâtiv) *s* prerrogativa; privilégio.
Prerogative (priro-gâtiv) *adj* privilegiado.
Presage (prissêi-dj) *s* presságio; pressentimento; prognóstico.
Presage (prissêi-dj) *v* pressagiar; profetizar; predizer.
Presbyter (prés-bitâr) *s* presbítero; padre; sacerdote; dirigente da Igreja Presbiteriana (Ancião).
Presbyterian (présbiti-riânn) *s* presbiteriano; *adj* presbiteriano.
Presbytery (prés-bitâri) *s* presbitério; RELIG assembleia de pastores e anciãos (Igreja Presbiteriana).
Preschool (priskul) *s* jardim de infância.
Preschool (priskul) *adj* pré-escolar.
Prescience (pri-shiénss) *s* presciência; previsão.
Prescribe (priskrái-b) *v* prescrever; receitar.
Prescript (pris-kript) *s* prescrição; regra; preceito.
Prescription (priskrip-shânn) *s* prescrição; receita médica.
Prescriptive (priskrip-tiv) *adj* prescritivo; sancionado; prescrito.
Presence (pré-zenss) *s* presença; porte; aparição; auditório.
Present (pré-zent) *s* o presente; o tempo atual; GRAM tempo presente; dádiva.
Present (pré-zent) *v* apresentar; presentear.
Present (pré-zent) *adj* presente; vigente; corrente; GRAM presente.
Presentation (prézentêi-shânn) *s* apresentação; exibição; oferecimento.
Presentiment (prissén-timént) *s* pressentimento; prenúncio.
Presently (pré-zentli) *adv* presentemente; daqui a pouco; logo.
Presentment (prizént-ment) *s* apresentação; semelhança; conduta; representação; denúncia; acusação.
Preservation (prézârvêi-shânn) *s* preservação; resguardo.
Preservative (prizâr-vâtiv) *s* preservativo; profilático; preventivo.
Preservative (prizâr-vâtiv) *adj* preservativo; profilático; preventivo.
Preserve (prizâr-v) *s* conserva; compota.
Preserve (prizâr-v) *v* preservar; proteger; conservar.
Preserver (prizâr-vâr) *s* preservador; conservador.
Preside (prizáid) *v* presidir; dirigir; superintender.
Presidency (pré-zidénsi) *s* presidência; governo.
President (pré-zidént) *s* presidente.
Presidential (prézidén-shâl) *adj* presidencial.
Press (préss) *s* prensa; imprensa; multidão; opressão.
Press (préss) *v* apertar; exigir pressa.
Presser (pré-sâr) *s* prensador; impressor.
Pressing (pré-sinn) *s* pressa; diligência.
Pressing (pré-sinn) *adj* urgente; importante.
Pression (pré-shânn) *s* pressão; opressão; urgência.
Pressman (prés-maen) *s* impressor; jornalista.
Pressure (pré-shâr) *s* pressão; aperto; urgência; impulso; impressão.
Prestidigitation (préstididjitêi-shânn) *s* prestidigitação; ilusionismo.
Prestidigitator (préstidi-djitêitâr) *s* prestidigitador.
Prestige (prés-tidj) *s* prestígio; reputação; influência.
Presumable (priziu-mâbl) *adj* presumível; provável.
Presume (priziu-mm) *v* presumir; abusar da bondade de; ousar; atrever-se.
Presumption (prizâmp-shânn) *s* presunção; conjetura; suspeita; arrogância.
Presumptive (prizâmp-tiv) *adj* presuntivo; suposto; presumido; vaidoso.
Presumptuous (prizâmp-tiuâss) *adj* presunçoso; vaidoso; arrogante; insolente.
Presuppose (prissâpôu-z) *v* pressupor; presumir.
Presupposition (prissâpôuzi-shânn) *s* pressuposição; conjetura.
Pretend (pritén-d) *v* pretextar; fingir; simular.
Pretender (pritén-dâr) *s* impostor; embusteiro.
Pretense (pritén-ss) *s* pretexto; pretensão; máscara; simulação.
Pretension (pritén-shânn) *s* pretexto; simulação; pretensão.
Pretentious (pritén-shâss) *adj* pretensioso; afetado.
Preterite (pré-târite) *s* pretérito; passado.
Preterite (pré-târite) *adj* pretérito.
Preternatural (pritârné-tshurâl) *adj* sobrenatural; extraordinário.
Pretext (pritéks-t) *s* pretexto; fingimento; dissimulação.
Prettiness (pri-tinéss) *s* beleza; graça; formosura; elegância.
Pretty (pri-ti) *adj* bonito; mimoso; elegante; garboso; muito.
Prevail (privêi-il) *v* prevalecer; sobrepujar.
Prevailing (privêi-linn) *adj* predominante; eficaz; salutar.
Prevalence (pré-válénss) *s* predomínio; preponderância; domínio.
Prevalent (pré-válént) *adj* predominante; eficaz; preponderante.
Prevaricate (privé-rikêit) *v* prevaricar; tergiversar; mentir.
Prevarication (privérikêi-shânn) *s* falsidade; prevaricação; engano.
Prevaricator (privé-rikêi-târ) *s* prevaricador; embusteiro.
Prevent (privén-t) *v* prevenir; evitar; impedir.
Preventable (privén-tâbl) *adj* evitável.
Prevention (privén-shânn) *s* prevenção; impedimento; estorvo.
Preventive (privén-tiv) *adj* preventivo; profilático.
Preview (pri-viu) *s* pré-estreia.
Previous (pri-viâss) *adj* prévio; antecipado; anterior.
Previousness (pri-viâsnéss) *s* anterioridade; prioridade.
Prevision (privi-jânn) *s* previsão; profecia.
Prexy (préchi) *s* GÍR USA presidente (no jornalismo).
Prey (prêi) *s* presa; depredação; pilhagem.
Prey (prêi) *v* pilhar; devorar; FIG remoer.
Price (práiss) *s* preço; valor; prêmio.
Price (práiss) *v* avaliar; fixar.
Priceless (práis-léss) *adj* inestimável; GÍR bizarro; absurdo.
Prick (prik) *s* instrumento agudo; mira; alfinetada; remorso.
Prick (prik) *v* picar; ferroar; encravar um cavalo; levantar as orelhas; ataviar-se.
Pricker (pri-kâr) *s* ponta; bico; espinho; picador.
Pricking (pri-kinn) *s* picada; comichão.
Prickle (prik-l) *s* bico; pua; espinho.
Pride (práid) *s* orgulho; vaidade; jactância; insolência.
Pride (práid) *v* orgulhar-se; jactar-se; vangloriar-se.
Priest (prist) *s* padre; sacerdote.
Priesthood (prist-hud) *s* sacerdócio; clero.
Priestly (pris-tli) *adj* sacerdotal; clerical; eclesiástico.
Prig (prig) *s* tolo; estúpido; pedante.
Prig (prig) *v* furtar; surrupiar.
Priggish (pri-ghish) *adj* presunçoso; afetado.
Priggishness (pri-ghishnéss) *s* presunção; afetação.
Prim (primm) *adj* afetado; presumido.
Prim (primm) *v* afetar; requebrar-se.
Primacy (prái-mâssi) *s* primazia; superioridade; precedência.
Primal (prái-mâl) *adj* original; primeiro; principal.
Primariness (prái-mârinéss) *s* primazia; superioridade.
Primary (prâi-mâri) *adj* primário; primeiro; primitivo; original; elementar.

Primate (prái-mit) *s* primaz; zoo primata.
Prime (práimm) *s* manhã; alvor; prima.
Prime (práimm) *adj* primeiro; primitivo; principal; seleto; escolhido; MAT número primo.
Prime (práimm) *v* estar preparado; aparelhar; esclarecer.
Primer (prái-mâr) *s* cápsula de cartucho; espoleta; cartilha; livro.
Primeval (práimi-vâl) *adj* primitivo; original; primário; primeiro.
Priming (prái-minn) *s* primeira mão em pintura; preparação; fermentação.
Primitive (pri-mitiv) *adj* primitivo; primordial; originário.
Primness (prim-néss) *s* afetação; pedantismo; melindre.
Primordial (práimór-diâl) *s* primórdio; origem.
Primordial (práimór-diâl) *adj* primordial; primitivo.
Primrose (prim-rôuz) *s* primavera (flor).
Primrose (prim-rôuz) *adj* de cor amarela.
Prince (prinss) *s* príncipe, primogênito do rei.
Princedom (prins-dâmm) *s* principado.
Princelike (prins-láik) *adj* principesco.
Princess (prin-séss) *s* princesa.
Principal (prin-sipâl) *s* chefe; gerente; capital; JUR constituinte; registro de órgão.
Principal (prin-sipâl) *adj* principal; capital; fundamental; essencial.
Principality (prinsipé-liti) *s* superioridade; primazia; soberania.
Principle (prin-sipl) *s* princípio; causa; origem; fundamento; motivo.
Principle (prin-sipl) *v* instruir; incutir; principiar; formar o espírito de alguém.
Prink (prink) *v* enfeitar-se; pavonear-se.
Print (print) *s* impressão; estampa; tipo de imprensa; jornal.
Print (print) *v* imprimir; desenhar letras de forma; moldar a pena.
Printed (prin-tid) *adj* impresso; estampado.
Printer (prin-târ) *s* impressor; tipógrafo.
Printery (prin-târi) *s* tipografia; USA estamparia.
Printing (prin-tinn) *s* impressão; tipografia; imprensa; impresso.
Printworks (print-uórks) *s* estamparia; USA PRINTERY.
Prior (prái-âr) *s* prior.
Prior (prái-âr) *adj* anterior; prévio.
Priority (práió-riti) *s* prioridade; precedência.
Prism (prizm) *s* prisma.
Prismatic (prizmé-tik) *adj* prismático.
Prison (priz-n) *s* prisão; cárcere.
Prison (priz-n) *v* prender; encarcerar.
Prisoner (priz-nâr) *s* prisioneiro; preso.
Pristine (pris-tinn) *adj* pristino; primitivo; original.
Privacy (prái-vâssi) *s* retiro; privacidade; solidão.
Private (prái-viti) *adj* privado; secreto; particular; solitário; reservado.
Privateness (prai-vitnéss) *s* segredo; retiro; recolhimento.
Privation (práivêi-shânn) *s* privação; escassez; carência.
Privative (pri-vâtiv) *s* negação.
Privative (pri-vâtiv) *adj* privativo; negativo.
Privilege (pri-vilidj) *s* privilégio; graça; imunidade.
Privilege (pri-vilidj) *v* privilegiar; eximir.
Privity (pri-viti) *s* confidência; segredo; informe.
Privy (pri-vi) *s* JUR interessados.
Privy (pri-vi) *adj* privado; secreto; íntimo.
Prize (prái-z) *s* prêmio; recompensa; vantagem inesperada.
Prize (prái-z) *v* premiar; avaliar.
Prizer (prái-zâr) *s* avaliador; apreciador.
Pro (prôu) *s* voto a favor.
Pro (prôu) *adv* por; a favor de; para.
Pro (prôu) *prep* por; a favor de; para.
Probability (próbâbi-liti) *s* probabilidade; possibilidade.
Probable (pró-bâbl) *adj* provável; plausível; possível.
Probate (prôu-bêit) *s* JUR determinação do valor das joias deixadas em testamento; comprovação de testamento.
Probation (prôubêi-shânn) *s* prova; exame; provação; noviciado.
Probationer (prôubêi-shânâr) *s* candidato; noviço; aprendiz; aspirante.
Probative (prôu-bâtiv) *adj* probatório.
Probe (prôub) *s* sonda; prova; sindicância.
Probe (prôub) *v* sondar; explorar; provar.
Probity (pró-biti) *s* probidade; honradez; honestidade.
Problem (pró-blémm) *s* problema; questão.
Problematic (próblemé-tik) *adj* duvidoso; problemático.
Procedure (prossi-djur) *s* procedimento; processo; funcionamento.
Proceed (prossi-d) *v* proceder; encaminhar; aviar; provir; prosseguir; processar.
Proceeding (prossi-dinn) *s* procedimento; processo; conduta.
Proceeds (prôu-sidz) *s* produtos; ganhos, rendas.
Process (pró-séss) *s* procedimento; tratamento; curso; processo.
Process (pró-séss) *v* processar.
Procession (prossé-shânn) *s* marcha; andamento; procissão; cavalgada.
Proclaim (proklêi-mm) *v* proclamar; professar.
Proclaimer (proklêi-mâr) *s* proclamador; aclamador.
Proclamation (proklâmêi-shânn) *s* proclamação; edital; édito; edito; decreto.
Proclivity (prokli-viti) *s* propensão; tendência; predisposição.
Procrastinate (prokrés-tinêit) *v* procrastinar; adiar; pospor.
Procrastination (prokréstinêi-shânn) *s* procrastinação; delonga; demora; adiamento.
Procreate (prôu-kriêit) *v* procriar; gerar; ocasionar.
Procreation (prôkriêi-shânn) *s* procriação; germinação; geração.
Procreator (prôu-kriêitâr) *s* procriador; genitor; pai.
Proctor (prók-târ) *s* procurador; censor; inspetor de colégio.
Procuration (prókiurêi-shânn) *s* JUR procuração.
Procurator (pró-kiurêitâr) *s* JUR procurador.
Procure (prokiu-r) *v* achar; obter; encontrar; conseguir.
Prod (pród) *s* objeto de ponta; picada.
Prod (pród) *v* picar; agulhar.
Prodigal (pró-digâl) *adj* pródigo; perdulário; abundante.
Prodigality (pródighé-liti) *s* prodigalidade.
Prodigious (prodi-djâss) *s* prodigioso; maravilhoso; extraordinário.
Prodigy (pró-didji) *s* prodígio; maravilha.
Produce (prodiu-ss) *s* produto; produção; rendimento; provisões.
Produce (prodiu-ss) *v* produzir; render; prolongar; exibir; mostrar.
Producer (prodiu-sâr) *s* produtor; autor; diretor, empresário (de teatro).
Producible (prodiu-sibl) *adj* produtível.
Product (pró-dâkt) *s* produto; resultado; rendimento.
Production (prodâk-shânn) *s* produção; composição; apresentação; produto.
Productive (prodâk-tiv) *adj* produtivo; fértil; lucrativo.
Profanation (profânêi-shânn) *s* profanação.
Profane (profêi-nn) *adj* profano; não sagrado; leigo; secular.
Profane (profêi-nn) *v* profanar; violar.
Profaner (profêi-nâr) *s* profanador; sacrílego; violador.
Profess (profé-ss) *v* professar; exercer; reconhecer; declarar; proclamar.
Professed (profés-t) *adj* professo; manifesto; declarado.
Profession (profé-shânn) *s* profissão; mister; ofício; arte; declaração.
Professional (profé-shânâl) *s* profissional; que tem conhecimento de algum tipo de ofício ou arte.
Professional (profé-shânâl) *adj* de profissão.

Professor (profé-sâr) *s* professor.
Professorate (profé-sârit) *s* professorado; magistério.
Proffer (pró-fâr) *s* oferecimento; proposta.
Proffer (pró-fâr) *v* oferecer; propor.
Profferer (pró-fârâr) *s* ofertante; proponente.
Proficiency (profi-shênsi) *s* proficiência; talento; capacidade.
Proficient (profi-shent) *adj* proficiente; perito; hábil.
Profile (prôu-fáil) *s* perfil; recorte; contorno; recorte.
Profile (prôu-fáil) *v* desenhar o perfil de.
Profit (pró-fit) *s* lucro; proveito; utilidade.
Profit (pró-fit) *v* aproveitar; lucrar.
Profitable (pró-fitâbl) *adj* proveitoso; produtivo; vantajoso.
Profitableness (pró-fitâblnéss) *s* proveito; utilidade; vantagem.
Profiteer (prófitir-) *s* explorador (do povo).
Profitless (pró-fitléss) *adj* desvantajoso; que não tem proveito.
Profligacy (pró-fligâssi) *s* desregramento; libertinagem; depravação.
Profligate (pró-flighêit) *s* desregrado; libertino; imoral.
Profligate (pró-flighêit) *adj* desregrado; libertino; imoral.
Profound (profáund) *s* profundidade.
Profound (profáund) *adj* profundo; fundo; extremo; intenso.
Profuse (profiu-ss) *adj* profuso; copioso; intenso.
Profusion (profiu-jânn) *s* profusão; abundância; prodigalidade; desperdício.
Progenitor (prodjé-nitâr) *s* progenitor.
Progeny (pró-djini) *s* progênie; prole; descendência.
Prognostic (prógnôus-tik) *s* prognóstico.
Prognosticate (prógnôus-tikêit) *v* prognosticar; vaticinar.
Program (prôu-grémm) *s* programa; plano; projeto.
Progress (progré-ss) *s* progresso; avanço; melhoramento.
Progress (progré-ss) *v* melhorar; progredir; avançar; continuar.
Progression (progré-shânn) *s* progressão; marcha; sequência.
Progressist (progré-sist) *s* progressista.
Progressive (progré-siv) *adj* progressivo.
Prohibit (pro-hi-bit) *v* proibir; tolher; obstar.
Prohibition (pro-hibi-shânn) *s* proibição; interdição; impedimento.
Prohibitive (pro-hi-bitiv) *adj* proibitivo.
Prohibitor (pro-hi-bitâr) *s* proibidor.
Project (pró-djékt) *s* projeto; plano; traçado.
Project (pró-djékt) *v* projetar; inventar; lançar-se; arremessar; atirar.
Projection (prodjék-shânn) *s* projeção; ação de projetar-se; efeito de projetar-se.
Proletarian (prôulitêi-riânn) *s* proletário; operário.
Prolific (proli-fik) *adj* prolífico; produtivo; fecundo.
Prolificness (proli-fiknéss) *s* fecundidade; fertilidade.
Prolix (prôu-liks) *adj* prolixo; superabundante.
Prolixity (prolik-siti) *s* prolixidade; superabundância.
Prolog (prôu-lóg) *s* prólogo; introdução; prefácio.
Prolong (proló-nn) *v* prolongar; alongar; dilatar.
Prolongation (prolonghêi-shânn) *s* prolongamento; prorrogação; continuação.
Promenade (prómená-d) *s* passeio; USA baile; *v* passear; dar um passeio.
Prominence (pró-minénss) *s* eminência; importância; distinção.
Prominent (pró-minént) *adj* proeminente; eminente; conspícuo; saliente.
Promiscuity (promiskiu-iti) *s* promiscuidade; mistura; confusão.
Promiscuous (promis-kiuâss) *adj* promíscuo; confuso; misturado.
Promise (pró-miss) *s* promessa; compromisso.
Promise (pró-miss) *v* prometer; dar esperança; ***he promised he wouldn't be late***: ele prometeu que não chegaria atrasado.
Promiser (pró-missâr) *s* prometedor.
Promote (promôut) *v* promover; elevar; favorecer; animar; patrocinar.
Promoter (promôu-târ) *s* promotor; agente; autor.
Promotion (promôu-shânn) *s* promoção; adiantamento; incentivo.
Promotive (promôu-tiv) *adj* aquele que está propenso a promover algo.
Prompt (prómp-t) *s* termo; dia de vencimento.
Prompt (prómp-t) *v* impelir; soprar; cochichar; TEATR ponto (aquele que antecipa as falas da peça aos artistas).
Prompt (prómp-t) *adj* pronto; rápido; vivo; exato; ativo.
Prompter (prómp-târ) *s* incitador; instigador; TEATR ponto (aquele que fica escondido antecipando as falas aos atores).
Prompting (prómp-tinn) *s* insinuação; persuasão; sugestão.
Promptitude (prómp-titiud) *s* prontidão; pontualidade; exatidão.
Promulgate (promâl-ghêit) *v* promulgar; tornar público; anunciar.
Promulgation (promâlghêi-shânn) *s* promulgação.
Promulgator (pro-mâlghêitâr) *s* promulgador.
Prone (prônn) *adj* deitado; debruçado; propenso; inclinado.
Prong (prónn) *s* instrumento pontiagudo; enxadão.
Pronoun (prôu-náunn) *s* GRAM pronome.
Pronounce (pronáun-ss) *v* pronunciar; declarar; JUR dar sentença.
Pronounced (pronáuns-t) *adj* pronunciado; acentuado; marcado.
Pronouncement (pronáuns-ment) *s* declaração ou proclamação formal.
Proof (pruf) *s* prova; experiência; evidência.
Proof (pruf) *adj* impenetrável; comprovante.
Proofless (pruf-léss) *adj* infundado; sem fundamento.
Prop (próp) *s* apoio; suporte; coluna.
Prop (próp) *v* apoiar; suportar; suster; manter; sustentar.
Propagate (pró-pâghêit) *v* propagar; espalhar; propagar-se; reproduzir-se.
Propagation (própâghêi-shânn) *s* propagação; transmissão; multiplicação.
Propel (propél) *v* impelir; propelir; propulsar.
Propeller (propé-lâr) *s* motor; propulsor.
Propensity (propén-siti) *s* propensão; inclinação; vocação.
Proper (pró-pâr) *adj* próprio; devido; justo; adequado; correto.
Properly (pró-pârli) *adv* propriamente; exatamente; adequadamente.
Property (pró-pârti) *s* propriedade; coisa possuída; bens; tendência.
Prophecy (pró-fissi) *s* profecia; presságio; vaticínio.
Prophesier (pró-fissáiâr) *s* profetizador; profeta; vaticinador.
Prophesy (pró-fissái) *v* profetizar.
Prophet (pró-fit) *s* profeta.
Propitiate (propi-shiêit) *v* propiciar; conciliar; favorecer.
Propitious (propi-shâss) *adj* propício; oportuno; benéfico; auspicioso.
Proportion (propôr-shânn) *s* proporção; relação; regra; medida; analogia.
Proportion (propôr-shânn) *v* proporcionar; ajustar; comparar.
Proportionate (propór-shânêit) *adj* simétrico; harmônico; proporcionado.
Propose (propôu-z) *v* propor; pedir em casamento.
Proposer (propôu-zâr) *s* proponente.
Proposition (própozi-shânn) *s* proposição; oferta; proposta; USA caso.
Propound (propáun-d) *v* propor; expor; sustentar uma opinião.
Proprietary (propráі-itéri) *s* proprietário; dono.
Proprietary (propráі-itéri) *adj* de propriedade.
Propriety (propráі-iti) *s* propriedade; conveniência; decoro; decência.
Propulsion (propâl-shânn) *s* propulsão.
Prorogation (prôuroghêi-shânn) *s* prorrogação; adiamento; prolongação.

Prorogue (prorôu-g) *v* prorrogar; diferir; prolongar.
Prosaic (prozêi-k) *adj* prosaico; trivial; vulgar.
Proscribe (proskrái-b) *v* proscrever; interdizer; denunciar.
Proscription (proskrip-shânn) *s* proscrição; proibição; condenação.
Prose (prôuz) *s* prosa; conversa; palestra.
Prosecute (pró-sikiut) *v* prosseguir; executar; processar; continuar; prosseguir.
Prosecution (próssikiu-shânn) *s* prossecução; prosseguimento.
Proselyte (pró-siláit) *s* prosélito; neófito; adepto.
Proser (prôu-zâr) *s* prosador; narrador enfadonho.
Prosodic (prossó-dik) *adj* prosódico.
Prosody (pró-sodi) *s* prosódia.
Prospect (prós-pékt) *s* perspectiva; aspecto; pretendente; vista.
Prospect (prós-pékt) *v* garimpar; aguardar; pôr-se de expectativa.
Prospective (prospék-tiv) *adj* previdente; antecipado; prospectivo.
Prosper (prós-pâr) *v* medrar; prosperar; progredir.
Prosperity (prospé-riti) *s* prosperidade; ventura; felicidade.
Prosperous (prós-pârâss) *adj* próspero; feliz; propício.
Prostate (prós-têit) *s* ANAT próstata (glândula).
Prostitution (próstitiu-shânn) *s* prostituição; desonra; corrupção.
Prostrate (prós-trêit) *adj* prostrado; abatido; humilhado.
Prostrate (prós-trêit) *v* prostrar; derrubar; debilitar.
Prostration (próstrêi-shânn) *s* prostração; abatimento; fraqueza.
Prosy (prôu-zi) *adj* prosaico; sem graça; insípido.
Protect (protékt) *v* proteger; defender; favorecer.
Protection (proték-shânn) *s* proteção; amparo; apoio; auxílio.
Protective (proték-tiv) *s* abrigo.
Protective (proték-tiv) *adj* protetor; defensor.
Protector (proték-târ) *s* protetor; defensor; patrono; tutor.
Protein (prôu-tiinn) *s* proteína.
Protest (prôu-tést) *s* protesto; JUR protesto em cartório de título não pago no vencimento.
Protest (prôu-tést) *v* protestar.
Protestation (protestêi-shânn) *s* protesto; juramento; declaração solene.
Proton (prôu-ton) *s* FÍS próton.
Protoplasm (prôu-toplaesm) *s* protoplasma.
Prototype (prôu-totáip) *s* protótipo.
Protuberance (protiu-bârânss) *s* protuberância; inchação; proeminência.
Protuberant (protiu-bârânt) *adj* protuberante; intumescido; inchado.
Proud (práud) *adj* orgulhoso; soberbo; grande; maravilhoso.
Provable (pru-vâbl) *adj* provável; demonstrável.
Prove (pruv) *v* provar; demonstrar; evidenciar; justificar.
Prover (pru-vâr) *s* provador; demonstrador; argumentador.
Proverb (pró-vârb) *s* provérbio; adágio; sentença.
Provide (provái-d) *v* prover; munir; fornecer; providenciar; estipular.
Provided (provái-did) *adj* provido; abastecido.
Provided (provái-did) *conj* contanto que; com a condição de.
Providence (pró-vidénss) *s* providência; economia; prudência.
Provident (pró-vidént) *adj* previdente; econômico; prudente.
Provider (provái-dâr) *s* provisor; provedor; abastecedor.
Province (pró-vinss) *s* província; cargo; obrigação; competência.
Provision (provi-jânn) *s* provisão; abastecimento; cláusula.
Provision (provi-jânn) *v* prover; abastecer.
Provisional (provi-jânâl) *adj* provisional; temporário; provisório.
Proviso (provái-zôu) *s* condição; item; cláusula.
Provocation (próvokêi-shânn) *s* provocação; estímulo; causa.
Provocative (provó-kâtiv) *adj* provocante; excitante; provocativo.
Provoke (provôu-k) *v* provocar; excitar; irritar; exasperar.
Provoker (provôu-kâr) *s* provocador.
Provoking (provôu-kinn) *adj* provocante; enervante; provocador.
Provost (pró-vâst ou provô-u) *s* preboste; reitor; superintendente.
Prow (práu) *s* NÁUT proa.
Prowess (práu-éss) *s* proeza; ânimo; façanha.
Prowl (prául) *v* rondar; vagabundear.
Prowler (práu-lâr) *s* gatuno; larápio; ladrão; vagabundo.
Proximate (prók-simit) *adj* próximo; imediato; seguinte.
Proximity (prók-simit) *s* proximidade.
Proxy (prók-si) *s* mandatário; delegado; procurador; substituto.
Prudence (pru-dénss) *s* prudência; cautela; ponderação.
Prudent (pru-dént) *adj* prudente; precavido; prevenido.
Prudery (pru-dâri) *s* afetação; falsa modéstia.
Prudish (pru-dish) *adj* com ares de virtude; melindroso.
Prune (prumn) *s* ameixa preta.
Prune (prumn) *v* podar; desramar; aparar.
Pruner (pru-nâr) *s* podador.
Pruning (pru-ninn) *s* poda; desbaste; corte nas árvores.
Prurience (pru-riénss) *s* prurido; comichão; desejo ardente.
Prurient (pru-riént) *adj* pruriente; impuro; sensual.
Pry (prái) *s* bisbilhotice; pesquisa; reconhecimento.
Pry (prái) *v* esquadrinhar; pesquisar; alçar.
Prying (prái-inn) *adj* bisbilhoteiro; reparador; curioso.
Psalm (sámm) *s* RELIG salmo.
Psalmist (sá-mist) *s* RELIG salmista.
Psaltery (sól-târi) *s* RELIG parte da Bíblia que contém os Salmos MÚS instrumento de cordas.
Pseudonym (siu-donimm) *s* pseudônimo.
Psychic (sái-kik) *adj* psíquico.
Psychologic (sáikoló-djik) *adj* psicológico.
Psychologist (saikó-lodjist) *s* psicólogo.
Psychology (sáikó-lodji) *s* psicologia.
Puberty (piu-bârti) *s* puberdade.
Pubescence (piubé-senss) *s* pubescência.
Pubescent (piubé-sent) *adj* pubescente.
Public (pâ-blik) *s* o público; o povo.
Public (pâ-blik) *adj* público; comum; geral; conhecido.
Publican (pâ-blikânn) *s* publicano; USA **SALOON-KEEPER**.
Publication (pâblikêi-shânn) *s* publicação; promulgação; jornal; revista.
Publicity (pâbli-siti) *s* publicidade.
Publicize (pâbli-saiss) *v* dar publicidade a; divulgar.
Publish (pâ-blish) *v* publicar; editar; promulgar.
Publisher (pâ-blishâr) *s* publicador; editor; divulgador.
Puck (pâk) *s* duende; fada; fantasma; gênio.
Pucker (pâ-kâr) *v* enrugar; franzir.
Pudding (pu-dinn) *s* pudim.
Puddle (pâd-l) *s* lamaçal; poça; pântano.
Puddle (pâd-l) *v* cimentar; enlamear.
Pudgy (pâ-dji) *adj* GÍR gorducho; atarracado; rechonchudo.
Puerile (piu-ârâl) *adj* pueril; infantil; ingênuo.
Puerility (piuâri-liti) *s* puerilidade.
Puff (pâf) *s* sopro; aragem; elogio exagerado; baforada.
Puff (pâf) *v* bafejar; soltar baforadas; inchar; gabar-se.
Puffer (pâ-fâr) *s* adulador; assoprador; que faz anúncios grandiosos.
Puffiness (pâ-finéss) *s* inchação; inchaço; intumescência.
Puffy (pâ-fi) *adj* intumescido; inchado; presumido; orgulhoso.
Pug (pâg) *s* argamassa; cãozinho; criança esperta. *v* cimentar.
Pugilism (piu-djilizm) *s* ESP pugilismo; boxe; pugilato.
Pugilist (piu-djilist) *s* pugilista.
Puke (piuk) *s* vômito; vomitivo.
Puke (piuk) *v* vomitar.
Pule (piul) *v* piar; choramingar; chorar.

Puling (piu-linn) *s* pio; lamúria; choro; gemido.
Pull (pul) *s* puxão; sacudidela; influxo; remada.
Pull (pul) *v* puxar; arrancar; remar; despedaçar; içar; dar um puxão.
Pullback (pul-baek) *s* estorvo; obstáculo; impedimento.
Puller (pu-lâr) *s* puxador; arrancador de pregos.
Pulley (pu-li) *s* polia; roldana; ESP joelheira de jogador.
Pullman (pul-mânn) *s* poltrona de dormir; carro-dormitório; carro-salão.
Pullulate (pâ-liulêit) *v* pulular; germinar; brotar.
Pullulation (pâliulêi-shânn) *s* pululação; germinação.
Pulp (pâlp) *s* polpa; medula; pasta; massa.
Pulp (pâlp) *v* descascar; tornar pasta.
Pulpit (pul-pit) *s* púlpito; palanque; tribuna.
Pulpy (pâl-pi) *adj* polposo; carnudo; polpudo.
Pulsate (pâl-sêit) *v* pulsar; bater; palpitar.
Pulsation (pâlsêi-shânn) *s* pulsação; batimento cardíaco; palpitação.
Pulse (pâlss) *s* pulso; pulsação; grãos leguminosos.
Pulse (pâlss) *v* pulsar; bater; palpitar.
Pulverization (pâlvârizêi-shânn) *s* pulverização.
Pulverize (pâl-vâráiz) *v* pulverizar.
Pumice (pâ-miss) *s* pedra-pomes.
Pumice (pâ-miss) *v* alisar (com pedra-pomes).
Pump (pâmp) *s* bomba de puxar água, ar etc.
Pump (pâmp) *v* sondar; tatear.
Pumpkin (pâmp-kinn) *s* abóbora; jerimum.
Pun (pânn) *s* trocadilho.
Pun (pânn) *v* fazer trocadilhos.
Punch (pântsh) *s* punção; furador; palhaço; murro; ponche.
Punch (pântsh) *v* furar; perfurar; ferroar; bater; golpear; esmurrar; empurrar.
Puncheon (pân-tshânn) *s* buril; escora; barril; furador.
Punctilio (pânkti-lio) *s* exatidão; escrúpulo; meticulosidade.
Punctilious (pânkti-liâss) *adj* pontual; exato; escrupuloso.
Punctiliousness (pânkti-liâsnéss) *s* pontualidade rigorosa; exatidão.
Punctual (pânk-tshuâl) *adj* pontual; exato; rigoroso; justo; preciso; certo.
Punctuality (pânktshué-liti) *s* pontualidade; exatidão; presteza.
Punctuation (pânktshuêi-shânn) *s* pontuação.
Puncture (pânk-tshur) *s* picada; punção.
Puncture (pânk-tshur) *v* furar; perfurar.
Pungence (pân-djénss) *s* pungência; acidez; acrimônia; mordacidade.
Pungent (pân-djént) *adj* pungente; mordaz; ferino; acrimonioso; cáustico.
Punish (pâ-nish) *v* punir; corrigir; surrar; castigar.
Punisher (pâ-nishâr) *s* castigador.
Punishment (pâ-nishment) *s* castigo; pena; correção; punição.
Punk (pânk) *s* madeira para isca (com fungos); madeira usada como absorvente; vagabundo (jovem).
Punk (pânk) *adj* GÍR à toa.
Punster (pâns-târ) *s* trocadilhista.
Punt (pânt) *s* barcaça; barca; chata.
Punt (pânt) *v* conduzir (balsa ou catraia).
Punter (pân-târ) *s* apostador (contra a banca); pontos (em jogo); aquele que empurra balsa.
Puny (piu-ni) *adj* pequeno; débil; fraco; insignificante.
Pup (pâp) *s* cachorro pequeno; filhote.
Pup (pâp) *v* ZOO dar cria, parir.
Pupil (piu-pil) *s* aluno; pupila; menina dos olhos; JUR pupilo; tutelado.
Puppet (pâ-pét) *s* boneco; fantoche; manequim.
Puppy (pâ-pi) *s* cachorrinho; fedelho; GÍR velhaco; malandro.
Purchasable (pâr-tshisâbl) *adj* comprável; adquirível.
Purchase (pâr-tshiss) *s* compra; aquisição; USA compra a prestação.
Purchase (pâr-tshiss) *v* comprar; adquirir; ganhar; obter.
Purchaser (pâr-tshisâr) *s* comprador; cliente; freguês.
Pure (piur) *adj* puro; genuíno; legítimo; inocente; simples.
Pureness (piur-néss) *s* pureza; castidade; ingenuidade.
Purgation (pârghêi-shânn) *s* purgação; purga; limpeza; purificação.
Purgative (pâr-gâtiv) *s* purgante.
Purgative (pâr-gâtiv) *adj* purgativo.
Purgatory (pâr-gâtôuri) *s* purgatório.
Purgatory (pâr-gâtôuri) *adj* purgatório; purificador.
Purge (pârdj) *s* purga; purgação; purgante.
Purge (pârdj) *v* purgar; purificar; desobstruir.
Purging (pâr-djinn) *s* purgação; purificação.
Purging (pâr-djinn) *adj* purgativo; purificativo.
Purifier (piu-rifáiâr) *s* purificador.
Purify (piu-rifái) *v* purificar; clarificar; limpar.
Purism (piu-rizm) *s* purismo.
Puritan (piu-ritânn) *s* puritano.
Puritanism (piu-ritânizm) *s* RELIG Puritanismo.
Purity (piu-riti) *s* pureza; castidade; inocência; integridade.
Purl (pârl) *s* murmúrio; ondulação; sussurro.
Purl (pârl) *v* sussurrar; murmurar.
Purloin (pârló-nn) *v* furtar; plagiar; ocultar; subtrair de.
Purloiner (pârlói-nâr) *s* plagiário; ladrão.
Purple (pârp-l) *s* púrpura; dignidade real.
Purple (pârp-l) *v* purpurar; tornar-se vermelho; ruborizar.
Purple (pârp-l) *adj* purpúreo; régio; sangrento.
Purport (pâr-pôurt) *s* significado; conteúdo; teor; escopo; alvo.
Purport (pâr-pôurt) *v* dar a entender; propor-se a.
Purpose (pâr-pâss) *s* propósito; razão; finalidade.
Purpose (pâr-pâss) *v* tencionar; propor-se.
Purposely (pâr-pâsli) *adv* de propósito; expressamente; resolutamente.
Purr (pâr) *s* som que imita o ronronar do gato.
Purse (pârss) *s* bolsa; tesouro; coleta; prêmio em dinheiro.
Purse (pârss) *v* embolsar; franzir.
Purseful (pârs-ful) *adj* rico; abastado; endinheirado.
Pursuance (pârsiu-ânss) *s* prosseguimento; seguimento; continuação.
Pursuant (pârsiu-ânt) *adv* em consequência de.
Pursue (pârsiu) *v* perseguir; seguir; continuar.
Pursuer (pârsiu-âr) *s* perseguidor.
Pursuit (pârsiut) *s* perseguição; caça; ocupação; pretensão.
Pursy (pâr-si) *adj* gordo; obeso; que respira com dificuldade.
Purvey (pârvê-i) *v* prover; abastecer; fornecer.
Purveyance (pârvêi-ânss) *s* abastecimento; provisão; víveres.
Purveyor (pârvêi-âr) *s* abastecedor; fornecedor.
Purview (pâr-viu) *s* JUR esfera.
Push (push) *s* empurrão; arremetida; ataque; encontrão.
Push (push) *v* empurrar; impelir; ativar; acelerar; apressar-se.
Pusher (pu-shâr) *s* impulso; pessoa ativa; diligente; GÍR vendedor de drogas.
Pushing (pu-shinn) *adj* empreendedor; ativo; vigoroso; operoso.
Pusillanimous (piussilé-nimâss) *adj* pusilânime; covarde; medroso.
Puss (puss) *s* bichano; gatinho; menina; mocinha.
Pustule (pâs-tiul) *s* pústula.
Pustulous (pâs-tiulâss) *adj* pustuloso.
Put (put) *s* lançamento; ocorrência; emergência; nome de um jogo de cartas.
Put (put) *v* pôr; colocar; depositar; adiar; propor; inserir; escalar um porto; vestir; calçar.
Putrefaction (piutrifék-shânn) *s* putrefação; decomposição; corrupção.
Putrefy (piu-trifái) *v* putrefazer; putrificar; apodrecer; decompor-se.
Putrescence (piutré-senss) *s* putrescência; corrupção; decomposição.
Putrid (piu-trid) *adj* pútrido; apodrecido.

Puttee (pâ-ti) *s* polaina; perneira.
Putting (pu-tinn) *s* colocação; ato de pôr.
Puzzle (pâz-l) *s* adivinhação; enigma; quebra-cabeça; confusão.
Puzzle (pâz-l) *v* confundir; embaraçar; deixar perplexo; deixar intrigado.
Puzzler (pâz-lâr) *s* embaraçador; intrincador; complicador.
Puzzling (pâz-linn) *s* perplexidade.
Puzzling (pâz-linn) *adj* enigmático; embaraçador.
Pygmy (pig-mi) *s* pigmeu; anão.
Pygmy (pig-mi) *adj* pigmeu; anão.
Pyramid (pi-râmid) *s* pirâmide; monumento.
Pyrotechnic (páirôuték-nik) *s* pirotécnico.
Pyrotechnic (páirôuték-nik) *adj* pirotécnico.
Pyrotechnics (páirôuték-niks) *s* pirotécnica.
Python (pái-thónn) *s* píton; adivinho.

Q

Q (kiu) *s* décima sexta letra do alfabeto português e décima sétima letra do alfabeto Inglês.
Quack (kuék) *s* grasnido; charlatão; curandeiro.
Quack (kuék) *v* grasnar; charlatanear.
Quackery (kué-kâri) *s* charlatanismo; impostura.
Quackish (kué-kish) *adj* charlatanesco.
Quadragesima (kuódrâdjé-simâ) *s* quadragésima; quaresma.
Quadrangle (kuó-drêngl) *s* quadrilátero; pátio; recinto quadrangular.
Quadrant (kuó-drânt) *s* GEOM quadrante.
Quadrate (kuó-drêit) *s* quadrado; MÚS bequadro.
Quadrate (kuó-drêit) *v* quadrar-se; ir bem com; assentar.
Quadrate (kuó-drêit) *adj* quadrado; quadrangular; conveniente; próprio.
Quadrature (kuó-drâtshur) *s* quadratura; esquadro.
Quadrille (kwé-dril) *s* MÚS quadrilha (dança e música).
Quadroon (kuódru-nn) *s* quarteirão; grupo de habitações formando um quadrilátero (casas, edifícios etc.).
Quadruped (kuó-drupéd) *s* quadrúpede.
Quadruped (kuó-drupéd) *adj* quadrúpede.
Quadruple (kuó-drupl) *s* quádruplo.
Quadruple (kuó-drupl) *v* quadruplicar.
Quadruple (kuó-drupl) *adj* quádruplo.
Quadruplicate (kuódru-plikêit) *v* quadruplicar; quadruplicar-se.; *adj* quadruplicado.
Quadruplication (kuódruplikêi-shânn) *s* quadruplicação.
Quaff (kuéf) *s* trago; gole; copo.
Quaff (kuéf) *v* esvaziar; sorver; tragar.
Quaffer (kué-fâr) *s* beberrão; ébrio.
Quaggy (kué-ghi) *adj* pantanoso; alagadiço.
Quail (kuêil) *s* codorniz.
Quail (kuêil) *v* desanimar; coalhar; acovardar-se.
Quaint (kuêint) *adj* belo; bonito; singular; curioso.
Quaintness (kuêint-néss) *s* elegância; singularidade; curiosidade.
Quake (kuêik) *s* tremor; estremecimento; tremer.
Quake (kuêik) *v* tremer; abalar.
Quaker (kuêi-kâr) *s* o que treme; RELIG pertencente a uma seita religiosa (Quaquers).
Quaking (kuêi-kinn) *s* tremor.
Quaking (kuêi-kinn) *adj* tremente.
Qualification (kuólifikêi-shânn) *s* qualificação; habilitação; idoneidade; reserva.
Qualified (kuó-lifáid) *adj* apto; capaz; modificado; idôneo.
Qualifier (kuó-lifáiâr) *s* qualificador; GRAM qualificativo.
Qualify (kuó-lifái) *v* qualificar; limitar; particularizar; habilitar; USA prestar juramento.
Qualifying (kuó-lifáiinn) *adj* qualificativo.
Quality (kuó-liti) *s* qualidade; humor; estilo; temperamento; cargo; agilidade; membro de classe social elevada.
Qualm (kuámm) *s* enjoo; náusea; desfalecimento; desmaio; escrúpulo.
Qualmish (kuá-mish) *adj* desfalecido; que tem remorso; desmaiado; enjoado.
Qualmishness (kuá-mishnéss) *s* náuseas; enjoo.
Quandary (kuón-dâr) *s* dúvida; incerteza; embaraço; dificuldade.
Quantity (kuón-titi) *s* quantidade; soma; número; volume.
Quarantine (kuórânti-nn) *s* quarentena.
Quarantine (kuórânti-nn) *v* pôr em quarentena; determinar quarentena.
Quarrel (kuó-rel) *s* querela; questão, altercação, contenda; diamante de vidraceiro.
Quarrel (kuó-rel) *v* altercar; querelar; disputar; contender.
Quarreller (kuó-relâr) *s* altercador; brigão; disputador; querelador.
Quarrelling (kuó-relinn) *s* disputas; questões; querelas.
Quarrelsome (kuó-relsâmm) *adj* bulhento; brigão.
Quarry (kuó-ri) *s* quadrado; caça; pedra de calçamento; pedreira.
Quarryman (kuó-rimaen) *s* canteiro.
Quart (kuórt) *s* quarto; MÚS quarta.
Quarter (kuór-târ) *s* quarto; quarta parte; bairro; trimestre; MÚS semínima; USA SECTION.
Quarter (kuór-târ) *v* alojar; hospedar; dividir em quartos; esquartejar.
Quarterage (kuór-târidj) *s* pagamento trimestral.
Quartered (kuór-târd) *adj* esquartejado; alojado; aquartelado.
Quarterly (kuór-târli) *s* publicação trimestral; *adj* trimestral.
Quarterly (kuór-târli) *adv* trimestralmente.
Quarter-master (kuór-târmaestâr) *s* NÁUT contramestre; timoneiro.
Quartet (kuórté-t) *s* MÚS quarteto.
Quartz (kwártz) *s* quartzo (mineral).
Quash (kuósh) *v* esmagar; achatar; invalidar; sufocar; anular.
Quashee (kwétchi) *s* GÍR negro.
Quassia (kwétchia) *s* quássia (planta).
Quaternary (kuâtâr-nâri) *s* período quaternário.
Quaternary (kuâtâr-nâri) *adj* quaternário.
Quatrain (kuó-trêinn) *s* quarteto; quadra.
Quaver (kuêi-vâr) *s* trilo; gorjeio; MÚS colcheia; USA EIGHTH NOTE.
Quaver (kuêi-vâr) *v* trilar; gorjear; tremer; vibrar; tremular.
Quavering (kuêi-vârinn) *s* trinado; gorjeio; trino.
Quavering (kuêi-vârinn) *adj* trêmulo.
Quay (ki) *s* cais; doca; muralha; molhe; desembarcadouro.
Quean (kwin) *s* meretriz; rameira.
Queasiness (kui-zinéss) *s* enjoo; náusea.
Queasy (kui-zi) *adj* alimento que enjoa; nojento; escrupuloso; delicado; estomago embrulhado.
Queen (kuinn) *s* soberana; rainha; ESP dama (cartas, xadrez etc.).
Queen (kuinn) *v* fazer o papel de rainha; ESP formar rainha (xadrez etc.).
Queenly (kuin-li) *adj* de rainha; próprio de rainha.
Queenship (kuinn-tship) *s* dignidade de rainha.
Queer (kui-r) *s* moeda falsa.
Queer (kui-r) *v* embaraçar; ridicularizar.
Queer (kui-r) *adj* original; excêntrico; raro.
Queerish (kui-rish) *adj* um tanto estranho; bizarro.

Queerness (kuir-néss) *s* excentricidade; singularidade; originalidade.
Quell (kuél) *v* esmagar; dominar; morrer; aliviar; aplacar.
Queller (kué-lâr) *s* opressor; domador; subjugador.
Quench (kuéntsh) *v* saciar; extinguir; debelar; abafar; esfriar o ferro.
Quenchable (kuén-tshâbl) *adj* saciável; extinguível.
Quencher (kuên-tshâr) *s* extintor; apagador.
Querist (kui-rist) *s* interrogador; curioso; investigador.
Querulous (kué-rulâss) *adj* queixoso; lamuriante; rabujento.
Querulousness (kué-rulâsnéss) *s* lamúria; queixume.
Query (kui-ri) *s* quesito; pergunta; dúvida; o ponto de interrogação.
Query (kui-ri) *v* interrogar; indagar; inquirir; duvidar de; pôr ponto de interrogação.
Quest (kuést) *s* busca; pesquisa; procura; investigação.
Quest (kuést) *v* investigar; buscar; indagar; pesquisar.
Question (kués-tshânn) *s* pergunta; questão; problema; controvérsia; debate.
Question (kués-tshânn) *v* interrogar; perguntar; examinar; duvidar; desconfiar de; opor-se a.
Questionable (kués-tshânâbl) *adj* duvidoso; questionável; contestável.
Questionary (kwést-enéri) *s* questionário.
Questioner (kués-tshânâr) *s* inquiridor; perguntador; interrogador.
Questioning (kués-tshâninn) *s* exame; ato de examinar; interrogatório.
Queue (kiu-) *s* cauda; rabicho; apêndice; fila de pessoas; taco de bilhar.
Quibble (kuib-l) *s* trocadilho; jogo de palavras; argúcia; sofisma.
Quibble (kuib-l) *v* sofismar; chicanar.
Quick (kuik) *adj* rápido; veloz; ligeiro; vivo; esperto; sutil; sagaz; penetrante.
Quick (kuik) *adv* velozmente; agilmente; vivamente.
Quicken (kuik-n) *v* vivificar; apressar-se; animar-se; acelerar.
Quickening (kuik-ninn) *s* vivificação; a primeira movimentação de um feto; aceleração.
Quickly (kuik-li) *adv* rapidamente; vivamente; prontamente.
Quickmarch (kuik-mártch) *s* marcha rápida, acelerada.
Quickmatch (kuik-mátch) *s* estopim (fio de bomba para pôr fogo).
Quickness (kuik-néss) *s* ligeireza; presteza; vivacidade; penetração; prontidão.
Quicksand (kuik-sénd) *s* areia movediça.
Quickset (kuiksét) *s* planta de cercas.
Quickset (kuiksét) *v* prover de cerca viva.
Quicksilver (kuik-silvâr) *s* mercúrio; azougue; *v* azougar.
Quickstep (kuik-stép) *s* MÚS passo dobrado; MIL passo acelerado.
Quid (kuid) *s* fumo (de mascar); remoedura; GÍR libra esterlina.
Quiescence (kuáié-senss) *s* quietude; repouso; imobilidade; descanso.
Quiescency (kuáié-sensi) *vide* QUIESCENCE.
Quiescent (kuáié-sent) *adj* inativo; mudo; imóvel.
Quiet (kuái-et) *s* quietude; sossego; descanso; calma.
Quiet (kuái-et) *v* acalmar; fazer calar; tranquilizar.
Quiet (kuái-et) *adj* calado; sossegado; calmo; pacífico; sereno.
Quietly (kuái-etli) *adv* calmamente; serenamente; tranquilamente.
Quill (kuil) *s* pena de ave; espinho; pena para escrever; torneira; lançadeira.
Quill (kuil) *v* franzir; enrugar; depenar.
Quilling (kui-linn) *s* franzimento; franzido.
Quilt (kuilt) *s* colcha; cobertor; acolchoado; USA comfort.
Quilt (kuilt) *v* pespontar acolchoados; fazer fustão.
Quilter (kuil-târ) *s* estofador; colchoeiro.
Quilting (kuil-tinn) *s* acolchoamento; ação de estofar.
Quince (kuinss) *s* marmelo.
Quinquagenarian (kuinkuâdjiné-riânn) *s* quinquagenário.
Quinquagenarian (kuinkuâdjiné-riânn) *adj* quinquagenário.
Quinquennial (kuinkué-niâl) *s* quinto aniversário.
Quinquennial (kuinkué-niâl) *adj* quinquinal.
Quinsy (quin-zi) *s* MED tonsilite.
Quint (kuint) *s* MÚS um quinteto; um conjunto de cinco; registro de órgão.
Quintessence (kuinté-senss) *s* FIL quintessência.
Quintet (kuinté-t) *s* MÚS quinteto.
Quintuple (kuin-tiupl) *v* quintuplicar.
Quintuple (kuin-tiupl) *adj* quíntuplo; quintuplicado.
Quip (kuip) *s* troça; sarcasmo; zombaria; ironia.
Quip (kuip) *v* ironizar; censurar; replicar.
Quipster (kuipster) *adj* escarnecedor; sarcástico.
Quire (kuáir) *s* coro de igreja; caderno de muitas folhas.
Quirk (kuârk) *s* desvio; volta ou curva fechada; evasiva; rodeio; subterfúgio.
Quirk (kuârk) *v* estriar; acanalar; moldar.
Quisling (kwiz-linn) *s* colaboracionista; traidor.
Quit (kuit) *v* deixar de; abandonar; parar; demitir-se; soltar; dar quitação; desistir; ***Eunice QUIT her last job***: Eunice abandonou o seu último emprego.
Quite (kuáit) *adv* completamente; totalmente; inteiramente.
Quittance (kui-tânss) *s* quitação; pagamento; recibo; recompensa; desforra.
Quitter (kuí-ter) *s* USA desertor; covarde.
Quiver (kui-vâr) *s* coldre.
Quiver (kui-vâr) *v* tremer; arrepiar; estremecer; palpitar.
Quivering (kui-vârinn) *s* estremecimento.
Quivering (kui-vârinn) *adj* tremido.
Quixotic (kwick-shótic) *adj* quixotesco; aventureiro.
Quiz (kuiz) *s* enigma; logro; mistificação; USA arguição.
Quiz (kuiz) *v* zombar de; mistificar; olhar de través ou soslaio; USA arguir.
Quizmaster (kwiz-másster) *s* animador de programa de perguntas.
Quizzical (kui-zikâl) *adj* zombador; motejador; excêntrico; estranho.
Quizzing (kui-zinn) *s* escárnio; chacota.
Quod (kuód) *s* GÍR cadeia; prisão.
Quodlibet (kuó-dlibét) *s* MÚS fantasia; FIG sutileza.
Quoin (kóinn) *s* pedra angular; canto; ângulo; cunha; esquina.
Quoin (kóinn) *v* acunhar, pôr cunhas.
Quoit (kwóit) *s* malha, no jogo de malha.
Quota (kuôu-tâ) *s* cota; contingente; contribuição.
Quotable (kuôu-tâbl) *adj* citável.
Quotation (kuôutêi-shânn) *adj* cotização.
Quotation (kuôutêi-shânn) *s* citação; COM cotação de preços; orçamento.
Quote (kuôut) *v* citar; COM cotar preços.
Quotidian (kuoti-diânn) *adj* cotidiano; diário.
Quotient (kuôu-shent) *s* MAT quociente.
Quoting (kuôu-tinn) *s* cotação; citação.

rR

R (áer) *s* décima sétima letra do alfabeto Português e décima oitava letra do alfabeto Inglês.
Rabbet (ré-bét) *s* malhete; estria.
Rabbet (ré-bét) *v* encaixar; entalhar.
Rabbi (ráebai) *s* RELIG rabino; mestre.
Rabbit (ré-bit) *s* coelho.
Rabble (réb-l) *s* multidão; ralé; turba; gentalha.
Rabid (ré-bid) *adj* rábido; furioso; feroz; fanático.
Rabidness (ré-bidnéss) *s* raiva; violência; fúria.
Rabies (rêi-biiz) *s* raiva; hidrofobia.
Race (rêiss) *s* raça humana; geração; corrida; descendência; regata; canal.
Race (rêiss) *v* correr velozmente; acelerar; disputar, participar de uma corrida.
Racer (rêi-sâr) *s* cavalo de corridas; carro de corridas.
Racing (rêi-sinn) *s* ESP corridas.
Racing (rêi-sinn) *adj* de corridas.
Rack (rék) *s* tortura; suplício; instrumento própria para torturar; pena; dor; angústia; nuvem.
Rack (rék) *v* torturar; puxar atrozmente; torturar.
Racket (ré-két) *s* raqueta; algazarra; sapatos de neve.
Racket (ré-két) *v* jogar com uma raqueta; perturbar fazendo alarido.
Racy (rêi-si) *adj* espirituoso; aromático; picante.
Radiance (rêi-diânss) *s* brilho; fulgor; resplendor.
Radiant (rêi-diânt) *s* foco irradiador; objeto radiante; MAT linha radial.
Radiant (rêi-diânt) *adj* radiante; fulgurante; brilhante.
Radiate (rêi-diêit) *v* irradiar; cintilar; radiar.
Radiation (rêidiêi-shânn) *s* radiação; irradiação.
Radiator (rêi-diêitâr) *s* MEC radiador (que esfria água nos motores a explosão).
Radical (ré-dikâl) *s* radical.
Radical (ré-dikâl) *adj* radical; essencial; fundamental; original.
Radicate (ré-dikêit) *adj* arraigado.
Radicate (ré-dikêit) *v* enraizar; arraigar-se.
Radish (ré-dish) *s* rábano; rabanete.
Radix (rêi-diks) *s* raiz; origem; fonte.
Raffle (réf-l) *s* rifa; sorteio; loteria.
Raffle (réf-l) *v* rifar; sortear.
Raft (ráft) *s* jangada; balsa.
Raft (ráft) *v* transportar jangada; construir jangada.
Rafter (ráf-târ) *s* viga; barrote.
Rag (rég) *s* trapo; farrapo; pessoa esfarrapada; cortina; pendão; bandeira.
Rag (rég) *v* escarnecer de; censurar; incomodar.
Ragamuffin (ré-gâmâfinn) *s* malandro; moleque; velhaco.
Rage (rêidj) *s* raiva; fúria; entusiasmo; despeito; paixão.
Rage (rêidj) *v* enfurecer-se; assolar; devastar.
Rageful (rêidj-ful) *adj* furioso; raivoso; colérico.
Ragged (ré-ghid) *adj* esfarrapado; roto; áspero.
Ragging (rêi-djinn) *s* raiva; ira; furor.
Ragging (rêi-djinn) *adj* violento; furioso.
Ragman (rég-maen) *s* trapeiro.
Ragstone (rég-stôunn) *s* pedra de amolar.
Ragtag (rég-tég) *s* gentalha; ralé; plebe.
Ragtime (rég-táimm) *s* USA dança e música.
Raid (rêid) *s* ataque; invasão; surpresa.
Raid (rêid) *v* invadir.
Raider (rêi-dâr) *s* invasor; corsário.
Rail (rêil) *s* trilho de ferrovia; barra; grade; corrimão; balaústre; ferrovia.
Rail (rêil) *v* fechar com uma grade; zombar.
Railer (rêi-lâr) *s* insultador; zombador.
Railing (rêi-linn) *s* parapeito; injúria; balaustrada; maledicência.
Raillery (rêi-lâri) *s* caçoada; mofa.
Railroad (rêil-rôud) *s* USA via férrea.
Railway (rêi-luêi) *s* via férrea.
Rain (rêinn) *s* chuva.
Rain (rêinn) *v* chover; derramar copiosamente; ***I think it's going to rain***:penso que vai chover.
Rainbow (rêin-bôu) *s* arco-íris.
Raincoat (rêin-kôut) *s* USA casaco próprio para chuva.
Rainfall (rêin-fól) *s* aguaceiro.
Rainproof (rêin-pruf) *v* impermeabilizar.
Rainproof (rêin-pruf) *adj* impermeável.
Rainy (rêi-ni) *adj* chuvoso.
Raise (rêi-z) *s* aumento; aquisição; USA aumento de salário.
Raise (rêi-z) *v* levantar; sublevar; edificar; criar; acumular; suscitar; evocar; cultivar; COM levantar empréstimo.
Raised (rêiz-d) *adj* levantado; em relevo.
Raiser (rêi-sâr) *s* levantador; fundador; autor; cultivador; criador.
Raisin (rêiz-n) *s* uva-passa; uva seca.
Raising (rêi-zinn) *s* levantamento; revolta; sedição; produção; cultivo.
Rake (rêik) *s* ancinho; rodo; NÁUT caimento de mastro.
Rake (rêik) *v* raspar; limpar com ancinho; levar vida pervertida, dissoluta.
Rakeoff (rêik-óf) *s* GÍR lucro ilícito; propina; comissão ilegítima.
Raker (rêi-kâr) *s* raspadeira; trabalhador (com o ancinho).
Raking (rêi-kinn) *s* limpador que usa ancinho; exame meticuloso; censura.
Rakish (rêi-kish) *adj* devasso; libertino.
Rakishness (rêi-kishnéss) *s* devassidão; libertinagem.
Rally (ré-li) *s* reunião; comício; zombaria; recuperação.
Rally (ré-li) *v* reunir; zombar de; reanimar-se.
Ram (rémm) *s* carneiro; martelo; bate-estacas; ASTR constelação de Áries.
Ram (rémm) *v* calcar; enterrar.
Ramble (rémb-l) *s* excursão; passeio.
Ramble (rémb-l) *v* passear (de auto); percorrer; vagar; fazer excursões.
Rambler (rém-blâr) *s* passeante; vadio; peregrinador.
Rambling (rém-blinn) *s* passeio; excursão.
Rambling (rém-blinn) *adj* errante; sem nexo.
Ramification (rémifikêi-shânn) *s* ramificação.
Ramify (ré-mifái) *v* ramificar-se.
Rammer (ré-mâr) *s* maço; martelo (bate-estacas).
Rammish (ré-mish) *adj* fétido; libidinoso; lascivo.

Ramp (rémp) *s* rampa; declive; salto.
Ramp (rémp) *v* pular; dar cambalhotas.
Rampage (rémpêi-dj) *s* barulho; agitação; alvoroço.
Rampage (rémpêi-dj) *v* fazer alvoroço.
Rampageous (rémpê-djâss) *adj* turbulento, agitado.
Rampancy (rém-pânsi) *s* exuberância; extravagância.
Rampant (rém-pânt) *adj* exuberante; excessivo.
Rampart (rém-párt) *s* baluarte; muro; muralha.
Rampart (rém-párt) *v* fortificar.
Ranch (réntsh) *s* fazenda; rancho.
Ranch (réntsh) *v* rasgar; criar gado.
Rancher (rént-shâr) *s* rancheiro; estancieiro; vaqueiro.
Rancid (rén-sid) *adj* rançoso; desagradável; repugnante.
Rancidity (rénsi-diti) *s* ranço.
Rancor (rén-kâr) *s* rancor; ódio.
Rancorous (rén-kârâss) *adj* rancoroso; vingativo.
Random (rén-dâmm) *s* acaso; aleatório.
Random (rén-dâmm) *adj* fortuito; feito ao acaso.
Range (rêindj) *s* fila; fileira; série; classe; extensão; fogão.
Range (rêindj) *v* alinhar; dispor; classificar; percorrer; costear.
Ranger (rêin-djâr) *s* batedor; cão de caça; guarda florestal.
Rank (rénk) *s* fila; fileira; classe; ordem; classe social; grau; dignidade.
Rank (rénk) *v* ordenar, dispor em ordem; classificar; enfileirar.
Rankle (rénkl) *v* ulcerar; inchar; irritar-se.
Rankness (rénk-néss) *s* superabundância; fertilidade; enormidade.
Ransack (rén-sék) *v* saquear; esquadrinhar; revistar com minúcias.
Ransom (rén-sâmm) *s* resgate; preço dum resgate.
Ransom (rén-sâmm) *v* resgatar.
Ransomer (rén-sâmâr) *s* resgatador; redentor.
Rant (rént) *s* linguagem extravagante.
Rant (rént) *v* falar com extravagância.
Rap (rép) *s* pancada; batida na porta; ninharia.
Rap (rép) *v* bater; arrebatar; extasiar; *past or pp* RAPT.
Rapacious (râpêi-shâss) *adj* rapace; ávido; voraz.
Rapaciousness (râpêi-shâsnéss) *s* rapacidade; avidez.
Rape (rêip) *s* roubo; rapto; violação; rapazinho.
Rape (rêip) *v* violar; violentar.
Rapid (ré-pid) *adj* rápido; veloz; ligeiro.
Rapidity (rápi-diti) *s* rapidez; velocidade.
Rapier (rêi-piâr) *s* florete; espadim.
Rapine (ré-pinn) *s* rapina; roubo; saque.
Rapscallion (répské-liânn) *s* patife; malandro.
Rapt (répt) *adj* extasiado; enlevado.
Rapture (rép-tshâr) *s* arroubo; enlevo; êxtase.
Rapturous (rép-tshârâss) *adj* arrebatador; sedutor; encantador.
Rare (rér) *adj* raro; escasso; notável; USA mal passado; mal cozido.
Rarefy (ré-rifái) *v* rarefazer-se.
Rareness (ré-rinéss) *s* superioridade; raridade; preciosidade.
Rascal (rés-kâl) *s* tratante; velhaco; patife.
Rascality (réské-liti) *s* patifaria; plebe; ralé.
Rascally (rés-kâli) *adj* ignóbil; vil; velhaco.
Rash (résh) *s* erupção; borbulha.
Rash (résh) *adj* arrojado; ousado; irrefletido.
Rasher (ré-shâr) *s* pedaço de toucinho (fatia).
Rashness (résh-néss) *s* temeridade; imprudência; precipitação.
Rasp (résp) *s* grosa; lima.
Rasp (résp) *v* raspar (com grosa).
Rasping (rés-pinn) *s* raspagem; limalha.
Rasping (rés-pinn) *adj* irritante; áspero.
Rat (rét) *s* rato; traidor; fura-greve.
Rat (rét) *v* mudar (de partido); virar casaca; ***to smeel a RAT***: suspeitar; pressentir.
Ratable (rêi-tâbl) *adj* avaliável; tributável.
Ratch (rétsh) *s* cremalheira; tambor de relógio.
Rate (rêit) *s* preço; taxa; índice; valor; imposto.
Rate (rêit) *v* avaliar; classificar; repreender.
Rater (rêi-târ) *s* avaliador.
Rather (ra-dhâr) *adv* antes; bastante; um tanto; ao contrário.
Ratification (rétifikêi-shânn) *s* ratificação.
Ratify (ré-tifái) *v* ratificar; aprovar; confirmar.
Rating (rêi-tinn) *s* classe; avaliação; USA grau; nota.
Ratiocinate (réshió-sinêit) *v* raciocinar.
Ratiocination (réshióssinêi-shânn) *s* raciocínio.
Ration (rêi-shânn) *s* ração.
Ration (rêi-shânn) *v* racionar.
Rational (ré-shânâl) *s* ente racional.
Rational (ré-shânâl) *adj* racional; judicioso.
Rationality (réshâné-liti) *s* racionalidade; raciocínio.
Rationalize (ré-shânâláiz) *v* raciocinar; ponderar; refletir.
Ratten (rét-n) *v* ameaçar (quem não adere a uma greve).
Rattle (rétl) *s* estrondo; barulho; tagarelice.
Rattle (rétl) *v* ressoar; agitar com estampidos; atordoar; repreender.
Rattler (ré-tlâr) *s* falador; tagarela.
Rattlesnake (rét-snêik) *s* cascavel (cobra).
Rattletrap (rét-l-trép) *s* calhambeque.
Rattling (ré-tlinn) *adj* alegre; vivo; retumbante.
Raucity (ró-siti) *s* rouquidão.
Raucous (ró-kâss) *adj* rouco.
Ravage (ré-vidj) *s* destruição; devastação; ruína.
Ravage (ré-vidj) *v* assolar; devastar.
Ravager (ré-vidjâr) *s* assolador; devastador.
Ravaging (ré-vidjinn) *s* devastação; ruína.
Ravaging (ré-vidjinn) *adj* devastador; assolador.
Rave (rêiv) *v* delirar; divagar.
Ravel (révl) *v* desfiar; emaranhar; revelar.
Raven (rêiv-n) *s* rapina; restos; presa.
Raven (rêiv-n) *v* apresar; rapinar; devorar.
Ravening (rév-ninn) *s* voracidade.
Ravening (rév-ninn) *adj* rapace; voraz.
Ravenous (rév-nâss) *adj* voraz; ávido.
Ravin (ré-vin) *s* pilhagem; rapacidade; presa.
Ravin (ré-vin) *v* apresar; rapinar; ser voraz.
Raving (rêi-vinn) *s* delírio; alucinação.
Raving (rêi-vinn) *adj* alucinado; delirante.
Ravish (ré-vish) *v* arrebatar; raptar; transportar; encantar.
Ravisher (ré-vishâr) *s* arrebatador; violador.
Ravishing (ré-vishinn) *adj* encantador; arrebatador.
Ravishment (ré-vishment) *s* arrebatamento; êxtase; rapto; violação.
Raw (ró) *adj* cru; verde; fresco.
Rawhide (ró-hái-d) *s* couro cru; chicote (feito de couro cru).
Rawness (ró-néss) *s* crueza; inexperiência; umidade.
Ray (rêi) *s* raio de luz (radiação ou calor); fila; linha reta.
Ray (rêi) *v* irradiar; cintilar; listrar.
Raze (rêiz) *v* arrasar; derrubar; raspar; limar.
Razor (rêi-zâr) *s* navalha (para raspar a barba).
Reach (ritsh) *s* extensão; alcance; desígnio.
Reach (ritsh) *v* estender; tocar; alcançar; atingir.
React (riek-t) *v* reapresentar; reagir; refletir.
Reaction (riék-shânn) *s* reação.
Read (rid) *v* ler; decifrar; interpretar; compreender; ***I am READING an interesting book at the moment***: atualmente estou lendo um livro interessante; *past or pp* READ.
Readable (ri-dâbl) *adj* legível; aprazível.
Reading (ri-dinn) *s* leitura; comentário; estudo.
Reading (ri-dinn) *adj* de leitura.
Readjust (riédjâs-t) *v* reajustar; compor; consertar.
Readjustment (riêdjâst-ment) *s* reajustamento.
Readmission (riêdmi-shânn) *s* readmissão.
Readmit (riédmi-t) *v* readmitir.
Ready (ré-di) *adj* pronto; disposto; rápido; vivo; diligente; hábil; breve.

Real (riâl) *adj* real; autêntico; positivo; sincero; JUR imóvel; FIN BR moeda.
Realism (ri-âlizm) *s* realismo.
Realist (ri-âlist) *s* realista.
Reality (rié-liti) *s* realidade.
Realize (ri-âláiz) *v* compreender; imaginar.
Really (ri-âli) *adv* realmente; na verdade; deveras?
Realm (rélmm) *s* reino; região; domínio.
Reap (rip) *v* ceifar; colher.
Reaper (ri-pâr) *s* ceifeiro; ceifeira (máquina).
Reaping (ri-pinn) *s* ceifa; colheita.
Rear (rir) *s* retaguarda; traseira.
Rear (rir) *v* elevar; educar; discutir; raciocinar; empinar-se.
Rear (rir) *adj* traseiro; posterior; último.
Rearrange (riérén-dj) *v* reajustar; recompor; reorganizar.
Reason (riz-n) *s* razão; motivo; causa; prova; argumento; princípio.
Reason (riz-n) *v* raciocinar; discutir.
Reasonable (riz-nâbl) *adj* razoável; módico; moderado.
Reasonableness (riz-nâblnéss) *s* justiça; moderação; equidade.
Reasoner (riz-nâr) *s* raciocinador; pensador.
Reasoning (riz-ninn) *s* raciocínio; argumento.
Reassemble (riéssémbl) *v* reunir novamente; tornar a juntar.
Rebate (ri-bêit) *s* rebate; desconto; dedução.
Rebate (ri-bêit) *v* abater; diminuir; deduzir.
Rebel (réb-l) *s* rebelde; revoltoso.
Rebel (réb-l) *v* revoltar-se; rebelar-se.
Rebel (réb-l) *adj* rebelde.
Rebellion (ribé-liânn) *s* rebelião; motim.
Rebellious (ribé-liâss) *adj* rebelde; insubordinado.
Rebound (ribáun-d) *s* repercussão.
Rebound (ribáun-d) *v* repercutir.
Rebound (ribáun-d) *adj* reencadernado.
Rebuff (ribâ-f) *s* recusa; resistência.
Rebuff (ribâ-f) *v* repelir; rejeitar.
Rebuke (ribiu-k) *s* repreensão.
Rebuke (ribiu-k) *v* repreender; censurar.
Rebut (ribâ-t) *v* replicar; repelir.
Rebuttable (ribâ-tâbl) *adj* refutável.
Rebuttal (ribâ-tâl) *s* refutação; réplica.
Rebutter (ribâ-târ) *s* refutação; tréplica.
Recalcitrant (rikél-sitrânt) *adj* recalcitrante; teimoso; obstinado.
Recall (rikó-l) *s* revocação; chamada; recordação; MIL toque de reunir.
Recall (rikó-l) *v* retratar-se; anular; lembrar-se.
Recant (rikén-t) *v* retratar-se.
Recantation (rikéntêi-shânn) *s* retratação.
Recapitulate (riképi-tshulêit) *v* recapitular.
Recapitulation (riképitshulêi-shânn) *s* recapitulação; resumo.
Recapture (rikép-shur) *s* recaptura; retomada.
Recapture (rikép-shur) *v* recapturar.
Recast (rikés-t) *v* reformar; refundir.
Recede (rissi-d) *v* retirar-se; desistir.
Receipt (rissi-t) *s* recibo; recebimento.
Receipt (rissi-t) *v* passar recibo.
Receivable (rissi-vâbl) *adj* aceitável.
Receive (rissi-v) *v* receber; permitir; conter.
Receiver (rissi-vâr) *s* recebedor; destinatário.
Recent (ri-sent) *adj* recente; novo.
Receptacle (rissép-tâkl) *s* receptáculo; recipiente.
Reception (rissép-shânn) *s* recepção; recebimento; acolhimento.
Receptive (rissép-tiv) *adj* receptivo.
Recess (rissé-ss) *s* retirada; partida; retiro; férias; suspensão.
Recession (rissé-shânn) *s* recesso; retirada; restituição.
Recipe (récipi) *s* receita (médica, de culinária etc.).
Recipient (rissi-pient) *s* recipiente; receptor; recebedor.
Reciprocal (rissi-prokâl) *adj* recíproco; mútuo.
Reciprocate (rissi-prokêit) *v* reciprocar; retribuir.
Recital (rissái-tâl) *s* exposição; narração; MÚS concerto; recital.
Recitation (réssitêi-shânn) *s* recitação; declamação.
Recite (rissái-t) *v* recitar; narrar.
Reciter (rissái-târ) *s* recitador; declamador; narrador.
Reck (rék) *v* importar-se; ter cuidado.
Reckless (rék-léss) *adj* negligente; descuidado; atrevido.
Recklessness (rék-lésnéss) *s* descuido; negligência; atrevimento.
Reckon (rék-n) *v* contar; calcular; FIG pensar; julgar.
Reckoner (rék-nâr) *s* contador; calculista.
Reckoning (rék-ninn) *s* conta; cálculo; FIG ajuste de contas.
Reclaim (riklêi-mm) *v* reformar; recuperar; amansar; regenerar.
Reclaimable (riklêi-mâbl) *adj* reclamável.
Reclamation (réklâmêi-shânn) *s* reclamação; reforma; emenda.
Recline (riklái-nn) *v* pender; reclinar-se.
Recluse (riklu-ss) *s* recluso; eremita.
Recluse (riklu-ss) *adj* recluso; solitário.
Reclusion (riklu-jânn) *s* reclusão; retiro.
Recognition (rékógni-shânn) *s* reconhecimento; JUR confissão.
Recognizable (ré-kógnaízâbl) *adj* reconhecível.
Recognizance (rikóg-nizânss) *s* reconhecimento; JUR obrigação sob fiança.
Recognize (récâgnaiz) *v* reconhecer; admitir.
Recoil (rikói-l) *s* recuo; coice de arma de fogo; temor; repugnância.
Recoil (rikói-l) *v* recuar; retirar-se.
Recollect (rékóle-k-t) *v* lembrar; recordar-se.
Recollection (rékólék-shânn) *s* recordação; memória; reminiscência.
Recommence (rikómén-ss) *v* recomeçar; reiniciar.
Recommend (rékómén-d) *v* recomendar; aconselhar.
Recommendable (rékómén-dâbl) *adj* recomendável.
Recompense (ré-kómpénss) *s* recompensa; remuneração; indenização.
Recompense (ré-kómpénss) *v* recompensar; indenizar.
Reconcilable (ré-konsáilâbl) *adj* reconciliável.
Reconcile (ré-kónsáil) *v* reconciliar; conciliar; concordar.
Reconciler (ré-kónsáilâr) *s* reconciliador; pacificador.
Recondite (ré-kóndáit) *adj* recôndito; secreto; profundo.
Reconsider (rikónsi-dâr) *v* rever; reconsiderar.
Reconstitute (rikóns-titiut) *v* reconstituir; reorganizar.
Reconstruct (rikónstrâk-t) *v* reconstruir; restabelecer.
Record (rikór-d) *s* registro; disco (de vitrola); crônica; história; testemunho; memória; ESP recorde; *MÚS* gravação.
Record (rikór-d) *v* registrar; anotar; recordar-se; arquivar; gravar.
Recorder (rikór-dâr) *s* registrador; arquivista; juiz municipal; gravador (som).
Recount (rikáun-t) *v* recontar.
Recourse (rikôur-ss) *s* recurso; auxílio; refúgio; JUR apelação judicial.
Recover (rikâ-vâr) *v* recobrir; recuperar; recobrar; convalescer; restabelecer-se.
Recoverable (rikâ-vârâbl) *adj* recuperável; curável.
Recovery (rikâ-vâri) *s* restabelecimento; recuperação.
Recreate (ré-kriêit) *v* recrear; divertir-se.
Recreation (rékriêi-shânn) *s* recreação; recreio.
Re-creation (rikriêi-shânn) *s* recriação.
Recriminate (rikri-minêit) *v* recriminar; acusar; censurar.
Recrudescence (rikrudé-senss) *s* recrudescência.
Recrudescent (rikrudé-sent) *adj* recrudescente.
Recruit (rikru-t) *s* novato; recruta; suprimento.
Recruit (rikru-t) *v* recrutar; refazer-se; restabelecer-se.
Recruitment (rekrut-ment) *s* recrutamento; alistamento.
Rectification (réktifikêi-shânn) *s* retificação; correção.
Rectify (rék-tifái) *v* retificar; corrigir; destilar.

Rectitude (rék-titiud) *s* retidão; equidade; integridade.
Rector (rék-târ) *s* reitor; pároco; cura; USA pastor.
Rectorate (rék-târit) *s* reitoria; reitorado.
Rectory (rék-târi) *s* reitoria; presbitério.
Recumbent (rikâm-bént) *adj* reclinado; deitado.
Recuperate (rikiu-pârêit) *v* recuperar a saúde; convalescer.
Recuperation (rikiupârêi-shânn) *s* recuperação; restabelecimento.
Recur (rikâ-r) *v* ocorrer novamente; recorrer.
Recurrence (rikâ-rânss) *s* volta; retorno; repetição.
Recurrent (rikâ-rânt) *adj* periódico.
Red (réd) *s* cor vermelha (de sangue).
Red (réd) *v* avermelhar.
Red (réd) *adj* vermelho; rubro; FIG comunista.
Redact (ridék-t) *v* redigir; editar.
Redaction (ridék-shânn) *s* redação.
Redactor (ridék-târ) *s* redator.
Redden (réd-n) *v* corar; incandescer; enrubecer.
Reddish (ré-dish) *adj* avermelhado.
Redeem (ridi-mm) *v* remir; redimir; resgatar; compensar; cumprir uma promessa.
Redeemable (ridi-mâbl) *adj* remível; resgatável.
Redeemer (ridi-mâr) *s* resgatador; redentor.
Redemption (ridémp-shânn) *s* redenção; resgate; amortização (de dívida).
Redistribute (ridistri-biut) *v* redistribuir.
Redistribution (ridistribiu-shânn) *s* redistribuição.
Redness (réd-néss) *s* vermelhidão; rubor.
Redolence (ré-dolénss) *s* aroma; perfume; odor.
Redolent (ré-dolént) *adj* fragrante; cheiroso.
Redouble (ridâ-bl) *v* redobrar; repetir.
Redoubt (ridúa-t) *s* reduto; refúgio.
Redoubtable (ridáu-tâbl) *adj* formidável; terrível; respeitável.
Redound (ridáund) *v* redundar; resultar.
Redraft (ridráft) *s* novo projeto; nova redação.
Redraw (ridró) *v* redesenhar; fazer novo projeto; *past* REDREW *and pp* REDRAWN.
Redress (ridré-ss) *s* reparação; correção; alívio.
Redress (ridré-ss) *v* reparar; consolar; aliviar; desagravar.
Reduce (ridiu-ss) *v* diminuir; degradar; reduzir; transformar; subjugar; emagrecer.
Reducer (ridiu-sâr) *s* tubo de redução.
Reducible (ridiu-sibl) *adj* redutível.
Reduction (ridâk-shânn) *s* redução; diminuição; abatimento.
Redundance (ridân-dânss) *s* redundância; pleonasmo.
Redundant (ridân-dânt) *adj* redundante; pleonástico; superabundante.
Reduplicate (ridiu-plikêit) *v* reduplicar; repetir; multiplicar.
Reduplication (ridiuplikêi-shânn) *s* reduplicação; multiplicação; repetição.
Reed (rid) *s* cana; caniço; flecha; ***MÚS*** palheta (para instrumento de sopro); gaita; flauta.
Reedy (ri-di) *adj* coberto de colmo; cheio (de canas); feito de junco; fino como um caniço.
Reef (rif) *s* recife; sarna; erupção; filão.
Reek (rik) *s* fumo; vapor; exalação.
Reek (rik) *v* exalar; lançar vapores; fumegar; cheirar forte.
Reel (ril) *s* torniquete; carretel; bobina.
Reel (ril) *v* cambalear; vacilar; enrolar.
Reelect (rilék-t) *v* reeleger.
Reelection (rilék-shânn) *s* reeleição.
Reembark (riémbár-k) *v* reembarcar.
Reembarkation (riémbárkêi-shânn) *s* reembarque.
Reenact (rinék-t) *v* reinterpretar; reconstituir; restabelecer.
Reenactment (rinékt-ment) *s* restabelecimento; reposição.
Reenforce (riénfôur-ss) *s* reforço.
Reenforce (riénfôur-ss) *v* reforçar; fortificar.
Reengage (rienghêi-dj) *v* recontratar; realistar; readmitir; MIL encetar novo combate.
Reenter (rien-târ) *v* reentrar.
Reestablish (riesté-blish) *v* restabelecer.
Reestablishment (riesté-blishment) *s* restabelecimento; restauração.
Refectory (rifék-tôuri) *s* refeitório; restaurante.
Refer (rifâ-r) *v* referir; referir-se; transmitir.
Referee (réfâri) *s* árbitro; juiz; ESP árbitro.
Reference (ré-fârénss) *s* referência; alusão; menção; observação.
Refill (rifil) *v* reencher; tornar a encher.
Refine (rifái-nn) *v* refinar; polir; educar.
Refined (rifáind) *adj* refinado; purificado; cortês; distinto.
Refinement (rifáin-ment) *s* refinamento; cultura.
Refinery (rifái-nâri) *s* refinaria.
Refining (rifái-ninn) *s* refinação; refinamento; purificação.
Refit (rifi-t) *v* consertar; aparelhar; armar.
Reflect (riflék-t) *v* refletir; ponderar; censurar; projetar; criticar.
Reflection (riflék-shânn) *s* reflexão; reflexo; meditação; consideração.
Reflective (riflék-tiv) *adj* refletivo; mediativo; GRAM reflexivo.
Reflex (ri-flékss) *s* reflexo.
Reflex (ri-flékss) *adj* reflexo; revérbero; reflexivo.
Reflux (riflâk-ss) *s* refluxo; vazante.
Reform (rifór-mm) *s* reforma.
Reform (rifór-mm) *v* reformar; modernizar; emendar.
Reformable (rifór-mâbl) *adj* reformável; corrigível.
Reformation (réfórmêi-shânn) *s* reforma; reformação.
Reformatory (rifór-mâtôuri) *s* reformatório; casa de correção.
Reformatory (rifór-mâtôuri) *adj* reformatório.
Reformer (rifór-mâr) *s* reformador.
Refract (rifrék-t) *v* refratar; refranger.
Refraction (rifrék-shânn) *s* refração.
Refractoriness (rifrék-tôurinéss) *s* teimosia; indocilidade; rebeldia.
Refractory (rifrék-tôuri) *adj* refratário; obstinado; teimoso; indócil.
Refrain (rifrêi-nn) *s* refrão; estribilho.
Refrain (rifrêi-nn) *v* refrear; abster-se; reter.
Refresh (rifré-sh) *v* restaurar; reparar as forças; recrear; divertir-se.
Refresher (rifré-shâr) *s* refresco; que alivia.
Refreshing (rifré-shinn) *adj* refrigerante; reanimador; restabelecedor.
Refreshment (rifrésh-ment) *s* refresco; alívio; refrigério; consolação.
Refrigerate (rifri-djârêit) *v* refrigerar; refrescar.
Refrigerator (rifri-djârêitâr) *s* refrigerador; geladeira.
Refuge (ré-fiudj) *s* refúgio; abrigo; subterfúgio.
Refuge (ré-fiudj) *v* abrigar; proteger.
Refugee (réfiudji) *s* refugiado; asilado.
Refulgence (rifâl-djénss) *s* refulgência; brilho; esplendor.
Refulgent (rifâl-djént) *adj* refulgente; brilhante.
Refund (rifân-d) *v* reembolsar; restituir.
Refusable (rifiu-zâbl) *adj* recusável.
Refusal (rifiu-zâl) *s* recusa; repulsa; JUR direito de opção.
Refuse (rifiu-z) *s* refugo; sobra; resíduo.
Refuse (rifiu-z) *v* recusar; rejeitar.
Refuse (rifiu-z) *adj* rejeitado; de refugo; imprestável.
Refutability (réfiutâbi-liti) *s* refutabilidade.
Refutable (rifiu-tâbl) *adj* refutável.
Refutation (réfiutêi-shânn) *s* refutação.
Refute (rifiu-t) *v* refutar; constestar; rebater.
Regain (righêi-nn) *v* reganhar; recobrar.
Regal (ri-gâl) *adj* real; régio.
Regale (righêi-l) *v* banquetear; recrear; alegrar; lisonjear.
Regard (rigár-d) *s* consideração; respeito; estima.
Regard (rigár-d) *v* considerar; olhar.
Regardless (rigár-dléss) *adj* desatento; indiferente; descuidado.
Regency (ri-djensi) *s* regência.

Regenerate (ridjé-nârêit) *v* regenerar-se; reproduzir.
Regenerate (ridjé-nârêit) *adj* regenerado; renascido; renovado.
Regeneration (ridjénârêi-shânn) *s* regeneração; restauração; reprodução.
Regent (ri-djent) *s* regente; governador.
Regent (ri-djent) *adj* regente; reinante.
Regentship (ri-djentship) *s* regência.
Region (ri-djânn) *s* região; território; distrito.
Register (ré-djistâr) *s* registro; arquivo.
Register (ré-djistâr) *v* registrar; indicar; anotar.
Registration (rédjistrêi-shânn) *s* registro; inscrição.
Registry (ré-djistri) *s* registro; arquivo; protocolo.
Regnant (ré-gnânt) *adj* reinante; dominante.
Regress (rigré-ss) *s* regresso; volta.
Regress (rigré-ss) *v* regressar; retornar.
Regression (rigré-shânn) *s* regressão; regresso.
Regret (rigré-t) *s* pesar; sentimento; pena; dor.
Regret (rigré-t) *v* lamentar; sentir; arrepender.
Regretful (rigrét-ful) *adj* arrependido; pesaroso.
Regrettable (rigré-tâbl) *adj* lastimável; sensível; deplorável.
Regular (ré-ghiulâr) *s* MIL regular; soldado de linha.
Regular (ré-ghiulâr) *adj* regular; pontual; metódico; uniforme; natural.
Regularity (réghiulé-riti) *s* regularidade; ordem.
Regularize (ré-ghiulâráiz) *v* regularizar.
Regulate (ré-ghiulêit) *v* regular; ordenar; dirigir.
Regulating (ré-ghiulêitinn) *adj* regulador.
Regulation (réghiulêi-shânn) *s* regulamento; método; ordem.
Rehabilitate (ri-hâbi-litêit) *v* JUR reabilitar.
Rehabilitation (ri-hâbilitêi-shânn) *s* reabilitação.
Rehearsal (ri-hâr-sâl) *s* narração; ensaio; repetição.
Rehearse (ri-hâr-ss) *v* narrar; repetir; recitar; ensaiar.
Reign (rêinn) *s* reino; reinado; soberania.
Reign (rêinn) *v* reinar; imperar.
Reigning (rêi-ninn) *adj* reinante; predominante; prevalecente.
Reimburse (riimbâr-ss) *v* reembolsar; indenizar.
Reimbursement (riimbârs-ment) *s* reembolso; indenização.
Reimpression (riimpré-shânn) *s* reimpressão.
Rein (rêinn) *s* rédea; governo.
Rein (rêinn) *v* governar; guiar por rédeas.
Reinforce (riinfôur-ss) *v* fortificar; reforçar.
Reinforcement (riinfôurs-ment) *s* reforço.
Reinstall (riinstó-l) *v* reinstalar; reorganizar.
Reinstallment (riinstól-ment) *s* reinstalação; reorganização.
Reinstate (riinstêi-t) *v* reintegrar; restabelecer; repor.
Reiterate (rii-târêit) *v* reiterar; repetir.
Reiteration (riitârêi-shânn) *s* reiteração; repetição.
Reject (ridjék-t) *v* rejeitar; recusar; repudiar.
Rejection (ridjék-shânn) *s* rejeição; recusa; exclusão.
Rejoice (ridjói-ss) *v* regozijar-se; alegrar-se; divertir.
Rejoicing (ridjói-sinn) *s* alegria; júbilo; regozijo.
Rejoicing (ridjói-sinn) *adj* deleitável; alegre.
Rejoin (ridjói-nn) *v* reajuntar; reunir; JUR replicar.
Rejuvenate (ridju-venêit) *v* remoçar; rejuvenescer.
Rejuvenation (ridjuvenêi-shânn) *s* rejuvenescimento.
Relapse (rilép-ss) *s* recaída; reincidência.
Relapse (rilép-ss) *v* recair; reincidir.
Relate (rilêi-t) *v* relatar; referir-se; narrar; ter parentesco.
Related (rilêi-tid) *adj* relativo a; aparentado; aliado; conexo.
Relater (rilêi-târ) *s* relator; historiador; narrador.
Relation (rilêi-shânn) *s* relação; afinidade; parentesco.
Relationship (rilêi-shânship) *s* parentesco; relacionamento.
Relative (ré-lâtiv) *s* parente; GRAM pronome relativo.
Relative (ré-lâtiv) *adj* relativo; referente; concernente.
Relax (rilék-ss) *v* relaxar; afrouxar; soltar; largar; expandir-se; desabrochar.
Relaxation (riléksêi-shânn) *s* afrouxamento; relaxamento; recreio.
Relay (ri-lêi) *s* muda (de cavalos); substituição; ELET relé.
Relay (ri-lêi) *v* repor; mudar animais; substituir; RÁD transmitir em cadeia.
Release (rili-ss) *s* liberação; desobrigação; quitação.
Release (rili-ss) *v* soltar; liberar; livrar; CIN exibir um filme.
Relent (rilén-t) *v* abrandar-se; enternecer-se.
Relenting (rilén-tinn) *s* enternecimento; amolecimento.
Relentless (rilén-tléss) *adj* empedernido; implacável.
Relevance (ré-livânss) *s* relação; pertinência; importância.
Relevant (ré-livânt) *adj* relativo; aplicável; apropriado.
Reliability (riláiâbi-liti) *s* confiança; segurança.
Reliable (rilái-âbl) *adj* de confiança; seguro.
Relic (ré-lik) *s* relíquia; ruína.
Relief (rili-f) *s* alívio; reparação; realce; relevo; JUR recurso.
Relievable (rili-vâbl) *adj* remediável; reparável.
Relieve (rili-v) *v* aliviar; realçar; ressaltar.
Relieving (rili-vinn) *adj* mitigador; consolador.
Religion (rili-djânn) *s* religião.
Religiosity (rilidjió-siti) *s* religiosidade.
Religious (rili-djâss) *adj* religioso; devoto; consciencioso; escrupuloso.
Religiousness (rili-djâsnéss) *s* piedade; religião; sentimento religioso.
Relinquish (rilin-kuish) *v* abandonar; renunciar.
Relinquishment (rilin-kuishment) *s* abandono; cedência; desistência.
Relish (ré-lish) *s* gosto; sabor; gulodice.
Relish (ré-lish) *v* saborear; ter bom gosto.
Relishable (ré-lishâbl) *adj* apetitoso; saboroso.
Reluctance (rilâk-tânss) *s* relutância; objeção; resistência.
Reluctant (rilâk-tânt) *adj* relutante; hesitante; renitente.
Rely (rilái) *v* confiar em; contar com.
Remain (rimêi-nn) *v* ficar; permanecer.
Remainder (rimêin-dâr) *s* resto; restante; saldo.
Remaining (rimêi-ninn) *adj* remanescente; restante.
Remains (rimêins) *s* restos; sobras; restos mortais.
Remake (rimêi-k) *v* refazer; *past or pp* REMADE.
Remand (riménd) *v* reenviar; retornar.
Remark (rimár-k) *s* observação; anotação; advertência; nota.
Remark (rimárk) *v* observar; notar; comentar.
Remarkable (rimár-kâbl) *adj* notável; invulgar; extraordinário.
Remarriage (ri-méridj) *s* segundo casamento.
Remarry (rimé-ri) *v* tornar a casar-se.
Remediable (rimi-diâbl) *adj* remediável.
Remedy (ré-midi) *s* remédio; medicamento; JUR recurso.
Remedy (ré-midi) *v* remediar; reparar.
Remember (rimém-bâr) *v* lembrar-se; recordar; ter em mente.
Remembrance (rimém-brânss) *s* lembrança; recordação; memória.
Remind (rimáind) *v* lembrar; avisar.
Reminder (rimáin-dâr) *s* lembrança; sinal; advertência.
Reminiscence (rémini-senss) *s* reminiscência; memória.
Reminiscent (rémini-sent) *adj* recordativo; rememorativo.
Remise (rimáiz) *s* repetição de golpe (esgrima) JUR renúncia; cessão.
Remise (rimáiz) *v* repetir golpe (esgrima) JUR ceder (direito).
Remiss (rimi-ss) *adj* remisso; lento; negligente; despreocupado.
Remission (rimi-shânn) *s* remissão; indulto; perdão.
Remit (rimit) *v* remeter; largar; perdoar; soltar; abandonar; reduzir.
Remittance (rimi-tânss) *s* remessa (de dinheiro etc.); letra de câmbio.
Remitter (rimi-târ) *s* remetente; JUR transferência de instância; restituição; o que absolve.
Remnant (rém-nânt) *s* remanescente; resto; retalho.
Remodel (rimó-del) *v* remodelar; refazer.
Remodelling (rimó-delinn) *s* remodelação.
Remonstrance (rimóns-trânss) *s* queixa; protesto; censura; objeção.
Remonstrate (rimóns-trêit) *v* censurar; exprobrar.

Remorse (rimórss) *s* remorso; arrependimento.
Remorseful (rimórs-ful) *adj* com remorsos; arrependido; contrito.
Remorseless (rimórs-léss) *adj* sem remorsos; impenitente; cruel; desumano.
Remoselessness (rimórs-lésnéss) *s* impenitência; desumanidade.
Remote (rimôut) *adj* remoto; afastado; retirado; isolado; alheio.
Remoteness (rimôut-néss) *s* afastamento; distância considerável.
Removable (rimu-vâbl) *adj* removível; transportável.
Removal (rimu-vâl) *s* remoção; demissão; retirada; afastamento.
Remove (rimu-v) *s* remoção; mudança; grau de parentesco.
Remove (rimu-v) *v* remover; retirar; transferir-se; mudar-se.
Remunerate (rimiu-nârêit) *v* remunerar; recompensar.
Remuneration (rimiunârêi-shânn) *s* remuneração; recompensa.
Remunerative (rimiu-nârâtiv) *adj* remunerativo; lucrativo.
Renascence (riné-senss) *s* Renascença; renascimento.
Rend (rénd) *v* rasgar; despedaçar; arrancar; *past or pp* RENT.
Render (rén-dâr) *v* prestar favor; restituir; tornar difícil; tornar possível; dispensar atenção; traduzir; executar.
Rendering (rén-dârinn) *s* tradução; versão; interpretação, reboco.
Renegade (ré-nighêid) *s* renegado; desertor.
Renew (riniu) *v* renovar; reiterar; refazer.
Renewal (riniu-âl) *s* renovação; renovo; reforma.
Renounce (rináun-ss) *v* renunciar; rejeitar (em público).
Renouncement (rináuns-mént) *s* renúncia.
Renovate (ré-novêit) *v* renovar; restaurar; reformar.
Renovation (rénovêi-shânn) *s* renovação; purificação; reforma.
Renown (rináu-nn) *s* renome; fama; celebridade.
Renown (rináu-nn) *v* afamar; celebrizar.
Renowned (rináun-d) *adj* famoso; célebre; insigne.
Rent (rént) *s* aluguel; arrendamento; fenda.
Rent (rént) *v* alugar; arrendar.
Renter (rén-târ) *s* arrendatário; locatário; inquilino.
Renunciation (rinânsiêi-shânn) *s* renunciação; renúncia; repúdio.
Reoccupy (rió-kiupái) *v* tornar a ocupar.
Reopen (riôup-n) *v* reabrir.
Reopening (riôup-ninn) *s* reabertura; reinício.
Reorganization (riórgânizêi-shânn) *s* reorganização.
Reorganize (riór-gânáiz) *v* reorganizar; melhorar; reformar.
Repair (ripér) *s* reparo; restauração; guarida.
Repair (ripér) *v* reparar; consertar; transportar-se; dirigir-se; indenizar.
Repairer (ripé-rár) *s* reparador; restabelecedor; restaurador.
Repairing (ripé-rinn) *s* reparação; restauração; remendo.
Reparation (répârêi-shânn) *s* reparação; restauração; reforma; indenização.
Repartee (répârti-) *s* réplica; resposta.
Repartee (répârti-) *v* replicar.
Repass (ripé-ss) *v* repassar.
Repast (ripés-t) *s* refeição; alimento.
Repatriate (ripé-triêit) *v* repatriar.
Repay (ripé-i) *v* repagar; reembolsar indenizar; efetuar um pagamento; *past or pp* REPAID.
Repayable (ripêi-âbl) *adj* reembolsável.
Repayment (ripêi-ment) *s* reembolso; novo pagamento; devolução.
Repeal (ripil) *s* revogação; ab-rogação; anulação.
Repeal (ripil) *v* revogar; ab-rogar; expulsar.
Repealing (ripi-linn) *adj* revogatório.
Repeat (ripit) *s* repetição; *MÚS* estribilho.
Repeat (ripit) *v* repetir; recitar.
Repeater (ripi-târ) *s* repetidor; recitador; de repetição (arma).
Repeating (ripi-tinn) *s* repetição.
Repeating (ripi-tinn) *adj* repetidor; repetente.
Repel (ripél) *v* repelir; rechaçar.
Repellent (ripé-lent) *s* tecido impermeável.
Repellent (ripé-lent) *adj* repelente; repulsivo.
Repent (ripén-t) *v* arrepender-se; mudar de parecer.
Repentance (ripén-tânss) *s* arrependimento; contrição.
Repentant (ripén-tânt) *adj* arrependido; contrito; pesaroso.
Repenting (ripén-tinn) *s* arrependimento.
Repenting (ripén-tinn) *adj* penitente.
Repeople (ripip-l) *v* repovoar.
Repercuss (ripârkâ-ss) *v* repercutir; ressoar.
Repercussion (ripârkâ-shânn) *s* repercussão.
Repetition (répiti-shânn) *s* repetição; recitação.
Repine (ripái-nn) *v* lamentar-se; queixar-se; murmurar.
Repiner (ripái-nâr) *s* murmurador.
Repining (ripái-ninn) *s* queixa; lamentação; pesar; desgosto.
Repining (ripái-ninn) *adj* descontente; magoado.
Replace (riplêi-ss) *v* repor; restabelecer; substituir.
Replacement (riplêis-ment) *s* reposição; reembolso; substituição.
Replenish (riplé-nish) *v* reabastecer; encher.
Replete (riplit) *adj* repleto; cheio; recheado.
Repletion (ripli-shânn) *s* plenitude; exuberância.
Replevin (riplé-vinn) *s* JUR reivindicação; desembargo.
Replication (réplikêi-shânn) *s* JUR réplica; objeção.
Reply (riplá-i) *s* resposta; réplica.
Reply (riplá-i) *v* responder.
Report (ripôur-t) *s* relatório; relação; descrição; boato; rumor.
Report (ripôur-t) *v* referir; relatar; apresentar queixa.
Reporter (ripôur-târ) *s* repórter; noticiarista.
Reporting (ripôur-tinn) *s* relação; reportagem.
Repose (ripôu-z) *s* repouso; descanso; tranquilidade.
Repose (ripôu-z) *v* repousar; confiar em.
Reprehend (répri-hén-d) *v* repreender; ralhar; censurar.
Reprehensible (répri-hén-sibl) *adj* censurável; repreensível.
Represent (réprizén-t) *v* representar; descrever; interpretar.
Representation (réprizentêi-shânn) *s* imagem; representação.
Representative (réprizén-tâtiv) *s* representante; delegado; símbolo.
Representative (réprizén-tâtiv) *adj* representativo.
Repress (ripré-ss) *v* reprimir; dominar; conter.
Repressible (ripré-sibl) *adj* reprimível; dominável.
Repression (ripré-shânn) *s* repressão.
Reprieve (ripri-v) *s* JUR suspensão de pena (temporária).
Reprieve (ripri-v) *v* JUR suspender0 sentença criminal (temporariamente).
Reprimand (réprimén-d) *s* reprimenda; repreensão.
Reprimand (réprimén-d) *v* repreender; reprovar severamente.
Reprint (riprin-t) *s* reimpressão; reedição.
Reprint (riprin-t) *v* reimprimir; reeditar.
Reprisal (riprái-zâl) *s* represália; vingança; desforra.
Reproach (riprôu-tsh) *s* censura; vitupério; opróbrio.
Reproach (riprôu-tsh) *v* exprobrar; censurar; vituperar.
Reproachful (riprôu-tshfâl) *adj* injurioso; ultrajante; condenatório.
Reprobate (ré-probêit) *v* reprovar; condenar; rejeitar.
Reprobation (réprobêi-shânn) *s* condenação; reprovação.
Reproduce (riprodiu-ss) *v* reproduzir.
Reproduction (riprodâk-shânn) *s* cópia; reprodução; traslado.
Reproof (ripru-f) *s* reprovação; censura.
Reprovable (ripru-vâbl) *adj* reprovável; censurável.
Reprove (ripru-v) *v* censurar.
Reprover (ripru-vâr) *s* reprovador; censurador.
Reptile (rép-til) *s* réptil; vil; abjeto.
Reptile (rép-til) *adj* réptil; vil; abjeto.
Reptilian (répti-liânn) *s* réptil.
Reptilian (répti-liânn) *adj* de réptil.
Republic (ripâ-blik) *s* república.

Republican (ripâ-blikânn) *s* republicano.
Republication (ripâblikêi-shânn) *s* reimpressão; reedição.
Repudiate (ripiu-diêit) *v* repudiar; repelir; rejeitar.
Repudiation (ripiudiêi-shânn) *s* repúdio; rejeição; renúncia.
Repugnance (ripâg-nânss) *s* aversão; oposição; repugnância.
Repugnant (ripâg-nânt) *adj* oposto; contrário; repugnante.
Repulse (ripâl-ss) *s* repulsa; rejeição; recusa.
Repulse (ripâl-ss) *v* repelir; recusar.
Repulsion (ripâl-shânn) *s* repulsão; repugnância.
Repulsive (ripâl-siv) *adj* repulsivo; abjeto; vil.
Repulsiveness (ripâl-sivnéss) *s* repelência; aversão.
Reputable (ré-piutâbl) *adj* honrado; estimável; honroso.
Reputation (répiutêi-shânn) *s* reputação; crédito; fama; notoriedade.
Repute (ripiut) *s* fama; crédito.
Repute (ripiut) *v* reputar; considerar; estimar.
Request (rikuést) *s* pedido; requisição; reclamação.
Request (rikuést) *v* pedir; solicitar.
Require (rikuáir) *v* precisar; requerer; exigir; desejar; necessitar.
Requirement (rikuáir-ment) *s* requerimento; petição; exigência.
Requisite (ré-kuizit) *s* coisa indispensável; requisito.
Requisite (ré-kuizit) *adj* necessário; indispensável.
Requisiteness (ré-kuizitnéss) *s* necessidade; exigência; precisão.
Requisition (rékuizi-shânn) *s* requisição; requisito; pedido; solicitação.
Requisition (rékuizi-shânn) *v* requisitar.
Requital (rikuái-tâl) *s* recompensa; paga; revide.
Requite (rikuái-t) *v* recompensar; devolver.
Rescind (rissin-d) *v* rescindir; anular.
Rescission (rissi-jânn) *s* rescisão; anulação.
Rescue (rés-kiu) *s* socorro; libertação; livramento.
Rescue (rés-kiu) *v* livrar; socorrer.
Research (rissâr-tsh) *s* pesquisa; busca; investigação.
Research (rissâr-tsh) *v* pesquisar; investigar; procurar.
Researcher (rissâr-tshâr) *s* investigador; pesquisador.
Resell (rissél) *v* revendedor; *past or pp* RESOLD.
Resemblance (rizém-blânss) *s* semelhança; parecença; analogia.
Resemble (rizémbl) *v* assemelhar-se; parecer-se.
Resembling (rizém-blinn) *adj* semelhante; parecido.
Resent (rizén-t) *v* ressentir-se; indignar-se com.
Resentful (rizént-ful) *adj* ressentido; vingativo; rancoroso.
Resentment (rizént-ment) *s* ressentimento; enfado; queixa.
Reservation (rézârvêi-shânn) *s* reserva; restrição; dissimulação.
Reserve (rizâr-v) *s* reserva; cautela; circunspecção.
Reserve (rizâr-v) *v* reservar; conservar.
Reserved (rizârv-d) *adj* reservado; calado; discreto.
Reset (rissé-t) *s* nova disposição; recolocação.
Reset (rissé-t) *v* recompor; recolocar; retomar.
Reside (rizái-d) *v* residir; habitar; morar.
Residence (rá-zidénss) *s* residência; morada; habitação.
Resident (ré-zidént) *s* residente; morador.
Resident (ré-zidént) *adj* residente; morador.
Residue (ré-zidiu) *s* resíduo; resto; sobra; remanescente.
Resign (rizái-nn) *v* resignar-se; demitir-se.
Resignation (rézignêi-shânn) *s* resignação; demissão; renúncia.
Resigned (rizáin-d) *adj* resignado; conformado; demitido.
Resist (rizis-t) *v* resistir; opor-se; suportar; aguentar.
Resistance (rizis-tânss) *s* resistência; oposição; obstáculo; impedimento.
Resistant (rizis-tânt) *adj* resistente.
Resistible (rizis-tibl) *adj* resistível.
Resoluble (ré-zoliubl) *adj* resolúvel.
Resolute (ré-zoliut) *adj* resoluto; decidido; firme.
Resoluteness (ré-zoliutnéss) *s* resolução; firmeza; constância.
Resolution (rézoliu-shânn) *s* resolução; solução; firmeza.
Resolve (rizólv) *s* resolução; acordo; determinação.
Resolve (rizólv) *v* resolver; dissolver; analisar.
Resonance (ré-zonânss) *s* ressonância.
Resonant (ré-zonânt) *adj* ressonante; retumbante.
Resort (rizórt) *s* lugar de reunião; concurso; concorrência; estação de veraneio.
Resort (rizórt) *v* dirigir-se a; recorrer.
Resound (rizáund) *v* ressoar; retinir; ter fama; ecoar.
Resource (rissôur-ss) *s* recurso; meio; expediente.
Respect (rispékt) *s* respeito; veneração; observância; motivo; cumprimentos; homenagens.
Respect (rispékt) *v* respeitar; referir-se.
Respectable (rispék-tâbl) *adj* respeitável; honroso; venerável.
Respecter (rispék-târ) *s* respeitador.
Respectful (rispékt-ful) *adj* respeitoso.
Respecting (rispék-tinn) *prep* quanto a; com respeito a; relativamente a.
Respective (rispék-tiv) *adj* respectivo; particular; individual.
Respiration (réspirêi-shânn) *s* respiração.
Respirator (rés-pirêitâr) *s* respirador.
Respire (rispáir) *v* respirar; viver.
Respite (rés-pit) *s* descanso; pausa; folga; prorrogação.
Respite (rés-pit) *v* prorrogar; JUR adiar a execução de uma sentença.
Resplendence (risplén-dénss) *s* resplendor; brilho; fulgor.
Resplendent (risplên-dént) *adj* resplendente; brilhante.
Respond (rispónd) *s* resposta; solução.
Respond (rispónd) *v* responder; corresponder.
Response (rispón-ss) *s* resposta; reação; réplica; responsório.
Responsibility (rispónsibi-liti) *s* responsabilidade; dever; obrigação.
Responsible (rispón-sibl) *adj* responsável.
Responsive (rispón-siv) *adj* compreensivo.
Responsiveness (rispón-sivnéss) *s* correspondência; conformidade.
Responsory (rispón-sôuri) *s* responsório; responso.
Responsory (rispón-sôuri) *adj* responsivo.
Rest (rést) *s* repouso; tranquilidade; sustentáculo; resto; os outros (pessoas); *MÚS* pausa.
Rest (rést) *v* descansar; repousar; apoiar.
Restaurant (rés-torânt) *s* restaurante.
Restful (rést-ful) *adj* sossegado; tranquilo; quieto.
Restfulness (rést-fulnéss) *s* tranquilidade; repouso; quietude.
Resting (rés-tinn) *s* descanso; folga; sossego.
Resting (rés-tinn) *adj* de descanso.
Restitution (réstitiu-shânn) *s* restituição; devolução; indenização.
Restive (rés-tiv) *adj* obstinado; teimoso; impaciente.
Restiveness (rés-tivnéss) *s* impaciência; teimosia; obstinação; indocilidade.
Restless (rés-tléss) *adj* inquieto; incessante; insaciável; inquieto.
Restlessness (rés-tlésnéss) *s* inquietação; impaciência.
Restorable (ristôu-râbl) *adj* restituível; restaurável.
Restoration (ristorêi-shânn) *s* restituição; restauração; reintegração.
Restore (ristôur) *v* restaurar; reconstruir, devolver.
Restorer (ristôu-rêr) *s* restituidor; restaurador.
Restrain (ristrêi-nn) *v* refrear; restringir; limitar.
Restrainable (ristrêi-nâbl) *adj* restringível; restringente.
Restraint (ristrêin-t) *s* sujeição; coerção; restrição; constrangimento.
Restrict (ristrikt) *v* restringir; limitar.
Restriction (ristrik-shânn) *s* restrição; limitação.
Restrictive (ristrik-tiv) *adj* restritivo; limitativo.
Result (rizâlt) *s* resultado; efeito; consequência.
Result (rizâlt) *v* resultar; inferir-se.
Resultant (rizâl-tânt) *s* resultado; consequência.
Resultant (rizâl-tânt) *adj* resultante.

Resume (riziu-mm) *v* retomar; renovar; reiniciar; reassumir.
Resumption (rizâmp-shânn) *s* reinício; recobro.
Resurrect (rézârékt) *v* ressuscitar.
Resurrection (rézârék-shânn) *s* ressurreição; restabelecimento.
Resuscitate (rissâ-sitêit) *v* ressuscitar; reviver; renascer; restaurar.
Resuscitation (rissâssitêi-shânn) *s* ressurreição; ressurgimento; renascimento.
Retail (rité-il) *s* retalho.
Retail (rité-il) *v* vender a retalho.
Retailer (ritêi-lâr) *s* retalhista; varejista.
Retain (ritêi-nn) *v* reter; assalariar; contratar; conservar.
Retainer (ritêi-nâr) *s* aderente; partidário; pagamento adiantado (para advogado); dependente; assistente.
Retake (ritêi-k) *v* retomar; recobrar; *past* RETOOK *and pp* RETAKEN.
Retaliate (rité-liêit) *v* vingar-se; retaliar; desagravar.
Retaliation (ritéliêi-shânn) *s* represália; desforra; vingança; desagravo.
Retard (ritâr-d) *s* demora; atraso; delonga.
Retard (ritâr-d) *v* retardar; protelar; demorar.
Retardation (ritárdêi-shânn) *s* retardação; demora.
Retch (rétsh) *v* vomitar.
Retention (ritén-shânn) *s* retenção; limitação; conservação.
Reticence (ré-tissénss) *s* reticência.
Reticulate (riti-kiulêit) *adj* reticulado; reticular.
Retinue (ré-tiniu) *s* comitiva; séquito; cortejo.
Retire (ritái-r) *v* retirar-se; recolher-se ao leito; aposentar-se.
Retired (ritáird) *adj* retirado; ermo; aposentado.
Retirement (ritáir-ment) *s* retiro; retraimento; reforma; aposentadoria.
Retiring (ritái-rinn) *adj* modesto; retraído; referente ao aposentado.
Retort (ritórt) *s* retorta; destilador; recriminação.
Retort (ritórt) *v* retorquir; replicar; repelir.
Retouch (ritâ-tsh) *s* retoque; última demão.
Retouch (ritâ-tsh) *v* retocar; corrigir.
Retrace (ritrêi-ss) *v* retraçar; narrar; remontar; retroceder.
Retract (ritrékt) *v* retratar; recuar; voltar.
Retractation (ritréktêi-shânn) *s* retratação.
Retraction (ritrék-shânn) *s* retração; contração; retraimento.
Retreat (ritrit) *s* retiro; retirada; retraimento.
Retreat (ritrit) *v* retirar-se; fugir; recuar.
Retrench (ritrén-tsh) *v* entrincheirar; poupar; economizar.
Retrenchment (ritrén-tshment) *s* diminuição; redução; cerceamento; economia; MIL entrincheiramento; trincheira.
Retribution (rétribiu-shânn) *s* retribuição; desforra.
Retrievable (ritri-vâbl) *adj* reparável; restaurável; recuperável.
Retrieve (ritriv) *v* reaver; recobrar; restabelecer.
Retriever (ritri-vâr) *s* cão ensinado (de caça).
Retroact (ritrôuék-t) *v* retroagir; ter efeito retroativo.
Retrocede (retrou-sidi) *v* retroceder.
Retrocession (ritrossé-shânn) *s* retrocessão; retrocesso.
Retrograde (ré-trogrêid) *adj* retrógrado.
Retrograde (ré-trogrêid) *v* retrogradar; retroceder.
Retrospect (ré-trospékt) *s* retrospecto.
Retrospective (rétropsék-tiv) *adj* retrospectivo.
Return (ritâr-nn) *s* volta; regresso; reposição; relação; lista; reembolso.
Return (ritâr-nn) *v* restituir; voltar; responder.
Returnable (ritâr-nâbl) *adj* restituível; reversível.
Reunion (riu-niânn) *s* reunião; reconciliação.
Reunite (riunáit) *v* reunir; juntar; reconciliar.
Reveal (rivil) *v* revelar; descobrir; publicar.
Revealable (rivi-lâbl) *adj* revelável; divulgável.
Revealer (rivi-lâr) *s* revelador.
Revel (ré-vel) *s* prazer; brincadeira; folia.
Revel (ré-vel) *v* divertir-se; festejar.
Revelation (révelêi-shânn) *s* revelação; publicação; BÍBL Apocalipse.
Reveller (ré-velâr) *s* amigo de orgias; pândego.
Revelry (ré-velri) *s* festança; folia; orgia.
Revenge (rivén-dj) *s* vingança; desforra.
Revenge (rivén-dj) *v* vingar-se; desforrar-se.
Revengeful (rivén-djful) *adj* vingativo.
Revenue (ré-viniu) *s* renda; fisco; benefício; JUR direitos aduaneiros.
Reverberate (rivâr-bârêit) *v* reverberar; repercutir; retinir; ecoar.
Reverberation (rivârbârêi-shânn) *s* eco; reflexão; reverberação; repercussão.
Revere (rivir) *v* reverenciar; venerar; respeitar.
Reverence (ré-vârênss) *s* reverência; respeito; veneração.
Reverence (ré-vârênss) *v* reverenciar; respeitar; honrar; saudar (com respeito).
Reverend (ré-vârénd) *s* reverendo; pastor; padre.
Reverend (ré-vârénd) *adj* reverendo.
Reverent (ré-vârént) *adj* reverente; submisso.
Reverential (révârén-shâl) *adj* reverencial; respeitoso.
Reverie (ré-vâri) *s* devaneio; sonho; arroubo; *MÚS* fantasia.
Reverse (rivâr-ss) *s* reverso; inverso; verso; contrário; vicissitude; mudança; contratempo.
Reverse (rivâr-ss) *v* inverter (sentido etc.).
Reversible (rivâr-sâbl) *adj* reversível.
Reversion (rivâr-shânn) *s* reversão.
Revert (rivârt) *v* reverter; retroceder; volver.
Review (riviu) *s* revista; exame; análise; TIP revista.
Review (riviu) *v* rever; revisar; passar em revista; criticar.
Reviewer (riviu-âr) *s* inspetor; examinador; revisor; redator de revista.
Revile (riváil) *s* injúria; ultraje.
Revile (riváil) *v* injuriar; caluniar.
Reviler (rivái-lâr) *s* insultador.
Reviling (rivái-linn) *adj* injurioso; ofensivo; insultuoso.
Revise (riváiz) *s* revisão; TIP 2ª prova.
Revise (riváiz) *v* rever; revisar.
Revision (rivi-jânn) *s* revisão; edição; revista; correção.
Revival (rivái-vâl) *s* revivificação; restauração; renovação.
Revive (rivái-v) *v* ressuscitar; reviver.
Reviver (rivái-vâr) *s* revigorador; restaurador; reanimador.
Revivify (rivi-vifái) *v* revivificar; reviver.
Revocable (ré-vokâbl) *adj* revogável.
Revocation (révokêi-shânn) *s* revogação; anulação.
Revoke (rivóu-k) *v* revogar; anular; renunciar.
Revolt (rivôult) *s* sedição; rebelião; revolta.
Revolt (rivôult) *v* revoltar-se.
Revolting (rivôul-tinn) *adj* revoltante; repugnante.
Revolution (révoliu-shânn) *s* revolução; giro; volta; ciclo.
Revolutionary (révoliu-shânéri) *s* revolucionário.
Revolutionary (révoliu-shânéri) *adj* revolucionário.
Revolutionist (révoliu-shânist) *s* revolucionário.
Revolutionize (révoliu-shânáiz) *v* revolucionar; amotinar.
Revolve (rivól-v) *v* virar; girar; relembrar; pensar em.
Revolver (rivól-vâr) *s* revólver (arma); USA GUN.
Revolving (rivól-vinn) *adj* giratório; rotativo.
Revulsion (rivâl-shânn) *s* revulsão; retrocesso; repugnância.
Reward (riuórd) *s* recompensa; prêmio; remuneração.
Reward (riuórd) *v* recompensar; premiar.
Rewardable (riuór-dâbl) *adj* recompensável; premiável.
Rhapsody (rép-sódi) *s* rapsódia.
Rhetoric (ré-torik) *s* retórica.
Rheum (rumm) *s* MED reuma; catarro; expectoração.
Rheumatism (ru-mâtizm) *s* reumatismo.
Rhinoceros (ráinó-serâss) *s* rinoceronte.
Rhyme (ráim) *s* rima.
Rhyme (ráim) *v* rimar; versejar.

Rhythm (ri-thmm) *s* ritmo; cadência; harmonia; compasso.
Rhythmic (rith-mik) *adj* rítmico; ritmado; cadenciado; harmônico.
Rib (rib) *s* costela; carne (porção de costela); faixa; friso; nervura das folhas; vareta (de guarda-chuva).
Rib (rib) *v* estriar; listrar; USA caçoar; *past or pp* RIBBED.
Ribald (ri-bóld) *adj* devasso; obsceno; libertino.
Ribaldry (ri-bóldri) *s* libertinagem; cinismo; obscenidade.
Ribbon (ri-bânn) *s* fita; laço; cinta; banda; faixa; freio.
Ribbon (ri-bânn) *v* ornar; enfeitar.
Rice (ráiss) *s* arroz.
Rich (ritsh) *adj* rico; suntuoso; valioso; fértil; saboroso; espirituoso; divertido.
Riches (ri-tshiz) *s* riquezas; bens.
Richness (ri-tshnéss) *s* riqueza; fertilidade; opulência.
Rick (rik) *s* pilha; monte.
Rick (rik) *v* amontoar.
Rickets (ri-kits) *s* raquitismo.
Rickety (ri-keti) *adj* raquítico.
Rid (rid) *adj* livre; desembaraçado.
Rid (rid) *v* livrar; desembaraçar; *past or pp* RID.
Riddance (ri-dânss) *s* livramento; desembaraço.
Riddle (ridl) *s* enigma; adivinhação; crivo; mistério.
Riddle (ridl) *v* falar enigmaticamente.
Riddler (ri-dlâr) *s* aquele que fala de forma obscura; enigmático.
Riddling (ri-dlinn) *adj* enigmático; intrincado; complicado.
Ride (ráid) *s* passeio (de carro, de bicicleta, cavalo etc.); viagem; trajeto; percurso.
Ride (ráid) *v* cavalgar; montar; pedalar; viajar (nalgum tipo de veículo); *past* RODE *and pp* RIDDEN.
Rider (rái-dâr) *s* cavaleiro; jóquei; ciclista; viajante; passageiro; peão.
Ridge (ridji) *s* espinhaço; cume; recife; rego; cordilheira.
Ridge (ridji) *v* sulcar.
Ridicule (ri-dikiul) *s* ridículo; zombaria; mofa.
Ridicule (ri-dikiul) *v* ridicularizar; zombar de.
Ridiculous (ridi-kiulâss) *adj* ridículo; cômico; burlesco.
Rife (rái-f) *adj* corrente; comum; numeroso; abundante.
Rifeness (ráif-néss) *s* abundância; frequência; grande número.
Rifle (ráifl) *s* carabina; fuzil; rifle.
Rifle (ráifl) *v* pilhar; roubar.
Rift (rift) *s* fenda; racha; brecha.
Rift (rift) *v* fender-se; rachar; rachar-se.
Rig (rig) *v* guarnecer navios; vestir; armar; enfeitar.
Right (ráit) *s* lado direito; prerrogativa; razão; privilégio; equidade; propriedade; domínio; justiça.
Right (ráit) *v* endireitar; fazer justiça a.
Right (ráit) *adj* direito; certo; reto; correto; honesto; conveniente; adequado; verdadeiro; legal; direito.
Right (ráit) *adv* de acordo; neste instante; justamente; diretamente; fielmente.
Righteous (rái-tshâss) *adj* direito; justo; reto; probo; virtuoso.
Righteousness (rái-tshâsnéss) *s* retidão; honestidade; justiça; probidade.
Rightful (raít-ful) *adj* legítimo; justo; reto; equitativo.
Rigid (ri-djid) *adj* rígido; rigoroso.
Rigidity (ridji-diti) *s* rigidez; rigor; aspereza; inflexibilidade.
Rigor (ri-gâr) *s* rigor; calafrio; severidade; dureza; inflexibilidade.
Rigorous (ri-gârâss) *adj* rigoroso; severo; duro; inflexível.
Rill (ril) *s* ribeiro; regato; riacho.
Rill (ril) *v* jorrar; fluir.
Rim (rimm) *s* borda; extremidade; aro; rebordo; pestana.
Rime (ráimm) *s* rima; degrau; fenda; geada.
Rime (ráimm) *v* gelar; gear.
Rind (ráind) *s* casca; vagem; crosta.
Rind (ráind) *v* descascar; pelar.
Rinderpest (rin-dârpést) *s* morrinha; sarna.
Ring (rinn) *s* anel; argola; aro; cerne.
Ring (rinn) *v* cercar; circundar; pôr um anel; encaracolar; mover-se em círculo; *past or pp* RINGED.
Ring (rinn) *v* tocar, repicar (sinos, campainhas, telefone etc.); soar; zumbir os ouvidos; telefonar; *past* RANG or RUNG *and pp* RUNG.
Ringworm (rin-uârmm) *s* impingem.
Rink (rink) *s* pista de patinação.
Rinse (rinss) *v* lavar; enxaguar.
Rinsing (rin-sinn) *s* ação de enxaguar; lavagem.
Riot (rái-ât) *s* tumulto; confusão; motim; revolta.
Riot (rái-ât) *v* fazer distúrbios; meter-se em orgias.
Rioter (rái-âtâr) *s* amotinador; libertino; devasso.
Riotous (rái-âtâss) *adj* turbulento; amotinador; devasso.
Riotousness (rái-âtâsnéss) *s* desordem; devassidão; libertinagem.
Rip (rip) *s* ruptura; rasgão; instrumento de raspar.
Rip (rip) *v* fender; dilacerar; despedaçar.
Ripe (ráip) *adj* sazonado; acabado; oportuno; preparado.
Ripen (ráip-n) *v* amadurecer; tornar-se oportuno.
Ripeness (ráip-néss) *s* maturidade; maturação; amadurecimento.
Ripple (ripl) *s* ondulação; onda; ruído das águas.
Ripple (ripl) *v* ondular; agitar (ondas de um lago etc.); ondear.
Rise (ráiz) *s* levantamento; elevação; subida; grau de ascensão; alta; encarecimento; adiantamento; acesso; cheia.
Rise (ráiz) *v* levantar-se; subir; elevar-se; erguer-se; aumentar; *past* ROSE *and pp* RISEN.
Risen (rizn) *adj* levantado; nascido; surgido.
Riser (rái-zâr) *s* aquele que se levanta (de queda); degrau de escada.
Risible (ri-zibl) *adj* irrisório; ridículo.
Rising (rái-zinn) *s* ato de levantar; ascensão; subida; ressurreição; encerramento de sessão.
Rising (rái-zinn) *adj* que se eleva; que sobe; nascente; levante; crescente; saliente; próspero.
Risk (risk) *s* risco; perigo; acaso.
Risk (risk) *v* arriscar; aventurar.
Riskiness (ris-kinéss) *s* imprudência; temeridade.
Risky (ris-ki) *adj* arriscado; perigoso; imprudente; temerário.
Rite (ráit) *s* rito; cerimônia.
Ritual (ri-tshuâl) *s* cerimonial; praxe; ritual.
Ritual (ri-tshuâl) *adj* ritual.
Rival (rái-vâl) *s* rival; antagonista.
Rival (rái-vâl) *v* rivalizar; competir.
Rivalry (rái-vâlri) *s* rivalidade; emulação.
Rive (ráiv) *s* fenda; racha.
Rive (ráiv) *v* fender; despedaçar; *past* RIVED *and pp* RIVEN.
River (rái-vâr) *s* rio; cópia; abundância.
Riverside (ri-vârsáid) *s* margem de rio; comprimento marginal de um rio (extensão).
Rivet (ri-vet) *s* rebite; arrebite; prego rebitado.
Rivet (ri-vet) *v* rebitar; fixar com rebites; pregar.
Rivulet (ri-viulit) *s* regato; arroio; riacho.
Roach (rôutsh) *s* barata (inseto); USA COCK-ROACH.
Road (rôud) *s* estrada.
Roadhouse (rôud-háuss) *s* estalagem; hospedaria.
Roadside (rôud-sáid) *s* margem da estrada; acostamento.
Roadstead (rôud-stéd) *s* enseada; ancoradouro.
Roadway (rôud-uêi) *s* rodovia; estrada; o leito da rua; USA PAVEMENT.
Roam (rôumm) *v* vagar; percorrer.
Roamer (rôu-mâr) *s* vadio; vagabundo.
Roar (rôur) *s* rugido; estrondo; grito.
Roar (rôur) *v* rugir; vociferar; mugir.
Roaring (rôu-rinn) *s* rugido; bramido.
Roaring (rôu-rinn) *adj* que ruge; que ronca.
Roast (rôust) *s* carne assada; assado.
Roast (rôust) *v* assar (carnes, com óleo); tostar.

Roast (rôust) *adj* assado; tostado.
Roaster (rôus-târ) *s* assador.
Roasting (rôus-tinn) *s* ação de assar; torrefação; troça; zombaria.
Rob (rób) *v* assaltar; saquear; pilhar.
Robber (ró-bâr) *s* ladrão; salteador; assaltante.
Robbery (ró-bâri) *s* roubo; saque; pilhagem.
Robe (rôub) *s* veste; túnica; roupão.
Robe (rôub) *v* vestir; revestir; enfeitar.
Robot (roubôut) *s* autômato; máquina eletrônica automática (para montagem industrial etc.).
Robust (robâst) *adj* robusto; vigoroso; forte; duro; rude.
Robustness (robâst-néss) *s* robustez; força.
Rock (rók) *s* rocha; rochedo; amparo; penhasco; proteção; ESP roque (movimento simultâneo de proteção do rei feito com a torre); *MÚS* roque.
Rock (rók) *v* balançar; agitar; embalar.
Rockery (ró-kâri) *s* gruta artificial; pedras.
Rocket (ró-ket) *s* foguete; foguetão.
Rocking (ró-kinn) *s* ação de embalar; balanço.
Rocky (ró-ki) *adj* pedregoso; empedrado; endurecido.
Rod (ród) *s* vareta; vara (de pescar, de castigo); linhagem.
Roe (rôu) *s* cabrito (montês).
Rogation (roghêi-shânn) *s* rogações; súplicas; preces.
Rogue (rôug) *s* vadio; velhaco.
Roguery (rôu-gâri) *s* velhacaria; vadiagem; malícia.
Roguish (rôu-guish) *adj* velhaco; maldoso; folgazão; travesso.
Roguishness (rôu-ghishnéss) *s* velhacaria; jocosidade, maldade.
Roister (róis-târ) *s* fanfarrão; prosa.
Roister (róis-târ) *v* fazer escarcéu; fazer barulho.
Roisting (róis-tinn) *s* bravata; fanfarronada.
Role (rôul) *s* TEATR papel; função; parte.
Roll (rôul) *s* rolo; cilindro; lista; rol; rufo do tambor, pau de vassoura.
Roll (rôul) *v* rolar; rodar; enrolar; revolver; envolver; rufar o tambor.
Roller (rôu-lâr) *s* rolo; cilindro; vaga; maresia.
Rolling (rôu-linn) *s* rotação; giro; ato de enfaixar; laminação.
Rolling (rôu-linn) *adj* que roda; ondulado.
Roman (rôu-mânn) *adj* romano; severo; austero; nobre.
Romance (romén-ss) *s* romance; conto; namoro.
Romance (romén-ss) *v* fantasiar; romancear.
Romance (romén-ss) *adj* romântico.
Romancer (romén-sâr) *s* romancista; visionário; novelista.
Romantic (romén-tik) *adj* romântico; fabuloso; sentimental; imaginário.
Romany (ró-mâni) *s* cigano; gitano.
Romany (ró-mâni) *adj* dos ciganos.
Romp (rómp) *s* garota desembaraçada.
Romp (rómp) *v* brincar ruidosamente.
Rompish (róm-pish) *adj* brincalhão; gracejador.
Rood (rud) *s* cruz; crucifixo.
Roof (ruf) *s* telhado; abóbada; teto; habitação; abrigo.
Roof (ruf) *v* abrigar; telhar.
Rook (ruk) *s* gralha; torre (xadrez).
Rook (ruk) *v* lograr; trapacear.
Rookery (ru-kâri) *s* antro; casa muito povoada (cortiço); viveiro de gralhas; espelunca.
Room (rumm) *s* quarto; sala; causa; motivo; oportunidade; alojamento; razão.
Room (rumm) *v* alojar.
Roomy (ru-mi) *adj* espaçoso; amplo; vasto.
Roost (rust) *s* poleiro; lugar de descanso.
Roost (rust) *v* empoleirar.
Rooster (rustâr) *s* USA galo; ENGL **cock**; *to ROOSTER the roost*: ditar as regras.
Root (rut) *s* raiz; origem; base; *MÚS* nota tônica.
Root (rut) *v* arraigar-se.
Rooted (ru-tid) *adj* enraizado; fundamental; arraigado.
Rope (rôup) *s* corda; cabo; réstia; enfiada.
Rope (rôup) *v* amarrar; seduzir; enganar; USA laçar.
Rosary (rôu-zâri) *s* rosário; coroa de rosas.
Rose (rôuz) *s* rosa; roseira; cor-de-rosa; rubor.
Rose (rôuz) *adj* cor-de-rosa.
Roseate (rôu-ziêit) *adj* rosado; róseo; ornado de rosas.
Rose-cross (rôuz-cross) *s* a Rosacruz, símbolo do Rosacrucianismo (uma Rosa e uma Cruz unidas); aquele que é membro da ***AMORC***, moderna denominação da **Ordem Rosacruz** (Antiga e Mística Ordem Rosacruz), Sublime Instituição que objetiva servir a humanidade, minimizando a ignorância e buscando a verdade Divina.
Roster (rós-târ) *s* MIL lista (de oficiais e soldados); rol de plantão.
Rosy (rôu-zi) *adj* rosado; róseo; agradável; lisonjeiro; otimista.
Rot (rót) *s* podridão; putrefação; cárie.
Rot (rót) *v* apodrecer; decompor.
Rotary (rôu-târi) *adj* giratório; rotativo.
Rotate (rôu-têit) *adj* em forma de roda.
Rotate (rôu-têit) *v* girar; dar voltas.
Rotation (rotêi-shânn) *s* rotação; volta; revolução; alternativa.
Rote (rôut) *s* rotina; som (de ondas).
Rotten (rót-n) *adj* podre; corrompido; avariado.
Rottenness (rótn-néss) *s* putrefação; podridão; cárie.
Rotund (rotând) *adj* redondo; rotundo; esférico.
Rouble (rubl) *s* rublo (moeda).
Rough (râf) *s* estado tosco; grosseiro; desordeiro.
Rough (râf) *v* tornar; tornar rude; encapelar (o mar).
Rough (râf) *adj* rude; áspero; tosco; duro; mal acabado; severo; ríspido; insolente; aproximado.
Roughness (râf-néss) *s* aspereza; tormenta; tempestade.
Round (ráund) *s* círculo; roda; degrau de escada; giro; orbe; globo; rota; caminho; rodada.
Round (ráund) *adj* redondo; esférico; circular; cilíndrico; sonoro; positivo; veloz; fluente; honrado; íntegro; ingênuo.
Round (ráund) *v* arredondar; andar em torno de; completar.
Round (ráund) *adv* em roda de; ao redor de.
Rounded (ráun-did) *adj* curvo; arredondado.
Rounder (ráun-dâr) *s* para arredondar (dispositivo); circunferência.
Rouse (ráuz) *v* acordar; despertar; excitar.
Rouser (ráu-zâr) *s* despertador; excitador; embuste; mentira.
Rousing (ráu-zinn) *adj* forte; violento; grande; despertador.
Rout (ráut) *s* derrota; tumulto; confusão.
Rout (ráut) *v* derrotar; pôr em fuga.
Route (rut) *s* caminho; rumo; rota.
Routine (ruti-nn) *s* rotina; prática; hábito.
Rove (rôuv) *s* correria; passeio.
Rove (rôuv) *v* percorrer; vagar.
Rover (rôu-vâr) *s* vagabundo; pessoa indecisa; ladrão.
Roving (rôu-vinn) *adj* errante; vagabundo.
Row (rôu) *s* fila; fileira; passeio de barco; contenda; tumulto; algazarra.
Row (rôu) *v* conduzir remando; armar tumulto; repreender.
Rowdiness (ráu-dinéss) *s* turbulência; bulha.
Rowdyism (ráu-diizm) *s* tumulto; desordem; turbulência.
Rowel (ráu-âl) *s* roseta de espora.
Rowel (ráu-âl) *v* meter (a espora).
Royal (rói-âl) *adj* real; régio; excelente; superior.
Royalism (rói-âlizm) *s* realismo; monarquia.
Royalist (rói-âlist) *s* realista.
Royalty (rói-âlti) *s* realeza; dignidade real; JUR direitos de patente.
Rub (râb) *s* fricção; atrito; polimento; sarcasmo; vaia.
Rub (râb) *v* friccionar; lustrar; tirar com borracha.
Rubber (râ-bâr) *s* borracha; caucho; polidor; pedra de amolar; lima; melhor de três (negra).
Rubber (râ-bâr) *adj* de borracha.

Rubbing (râ-binn) *s* polimento; fricção; massagem.
Rubbish (râ-bish) *s* lixo; refugo; insignificância.
Rubble (râbl) *s* cascalho; seixo.
Ruby (ru-bi) *s* rubi.
Ruby (ru-bi) *v* tornar rubro; tornar da cor do rubi.
Ruck (râk) *s* prega; vinco.
Ruck (râk) *v* vincar.
Ruction (râk-shânn) *s* GÍR algazarra; tumulto.
Rudder (râ-dâr) *s* governo; direção; leme.
Ruddy (râ-di) *adj* vermelho; rubro; rosado.
Rude (rud) *adj* rude; imperfeito; turbulento.
Rudeness (rud-néss) *s* rudeza; grosseria; rigor; insolência.
Rudiment (ru-dimént) *s* rudimento; embrião.
Rudimental (rudimén-tâl) *adj* rudimentar; elementar; primário.
Rudimentary (rudimén-târi) *adj* rudimentar; elementar.
Rue (ru) *s* arrependimento; pesar; arruda.
Rue (ru) *v* lastimar; pesar; sentir; arrepender-se.
Rueful (ru-ful) *adj* triste; pesaroso; lúgubre; lamentável.
Ruefulness (ru-fulnéss) *s* pena; tristeza; pesar.
Ruff (râf) *s* rufo; prega; franzido; rufo de tambor.
Ruff (râf) *v* rufar (tambor); pôr em desordem.
Ruffian (râ-fiânn) *s* rufião; alcoviteiro.
Ruffian (râ-fiânn) *adj* brutal; desalmado.
Ruffianism (râ-fiânizm) *s* rufianismo; barbaridade.
Ruffle (râf-l) *s* confusão; desordem; rufar (tambor).
Ruffle (râf-l) *v* franzir; amarrotar; arrepiar-se; perturbar; contrariar.
Rug (râg) *s* tapete; coberta; manta de viagem.
Rugged (râgd) *adj* rude; carrancudo; robusto.
Ruggedness (râgd-néss) *s* rudeza; severidade.
Ruin (ru-inn) *s* ruína; queda; perdição.
Ruin (ru-inn) *v* arruinar; reduzir à mingua.
Ruination (ruinêi-shânn) *s* ruína; perdição; destruição.
Ruinous (rui-nâss) *adj* ruinoso; pernicioso; prejudicial.
Rule (rul) *s* regra; estatuto; preceito; risco; linha traçada; mando; governo; autoridade; régua; norma; regularidade; modelo; JUR decisão de um tribunal; parecer de um tribunal.
Rule (rul) *v* governar; pautar; regular; prevalecer; disciplinar; persuadir; reinar; estar em voga; reprimir.
Ruled (rul-d) *adj* regido; guiado; governado; norteado.
Ruler (ru-lâr) *s* soberano; régua; governador.
Ruling (ru-linn) *s* decisão; parecer.
Ruling (ru-linn) *adj* predominante; dominante.
Rum (râmm) *s* rum; aguardente; USA bebida alcoólica.
Rum (râmm) *adj* estranho; singular; ótimo.
Rumble (râmbl) *s* rumor; ruído; estrondo; tumulto.
Rumble (râmbl) *v* retumbar; ralhar; repreender.
Ruminant (ru-minânt) *s* ruminante.
Ruminant (ru-minânt) *adj* ruminante; pensativo.
Ruminate (ru-minêit) *v* ruminar; meditar; refletir.
Rumination (ruminêi-shânn) *s* ruminação; reflexão; meditação.
Rummage (râm-midj) *s* busca minuciosa; procura; revolta.
Rummage (râm-midj) *v* remexer; esquadrinhar.
Rummer (rum-mâr) *s* copázio; taça; copo.
Rumor (ru-mâr) *s* rumor; boato.
Rumor (ru-mâr) *v* divulgar; espalhar boatos.
Rump (râmp) *s* anca; garupa; traseiro; nádegas.
Rumple (râmpl) *s* prega; dobra; vinco.
Rumple (râmpl) *v* amarrotar; enrugar.
Rumpus (râm-pâss) *s* rebuliço; motim; distúrbio.
Run (rânn) *s* corrida; viagem; movimento; gosto; vontade; aceitação; continuação.
Run (rânn) *v* correr; fugir; controlar; passar; atravessar; exibir filme; administrar; espalhar boatos; estar na moda; publicar; inserir; começar de; colocar em funcionamento; ***to RUN at***: correr sobre; ***to RUN away***: fugir; ***to RUN back***: voltar depressa; ***to RUN down***: descer depressa; ***to RUN into***: entrar precipitadamente; chocar-se com; ***to RUN on***: continuar a correr; ***to RUN out***: sair precipitadamente; ***to RUN out of***: esgotar; ***to RUN over***: atropelar; ***to RUN up***: subir correndo; acumular; ***to RUN upon***: versar sobre; *past* RAN *and pp* RUN.
Runaway (râ-nâuêi) *s* fugitivo; desertor; sequestro.
Runaway (râ-nâuêi) *adj* fugitivo; desertor.
Rung (rânn) *s* degrau (escada); vareta; caverna.
Runner (rân-nâr) *s* corredor; peão; mensageiro; fugitivo; corretor.
Running (rân-ninn) *s* carreira; corrimento; cio (de animais); curso; escoamento; supuração.
Running (rân-ninn) *adj* corredor; corredio; corrente; COM em vigor; a vencer.
Rupture (râp-tshur) *s* ruptura; rompimento; desinteligência; MED ruptura; hérnia.
Rupture (râp-tshur) *v* quebrar-se; romper-se.
Rural (ru-râl) *adj* rural; campestre.
Ruse (ruz) *s* ardil; astúcia; artimanha.
Rush (râsh) *s* ímpeto; carga; choque; arremetida; fúria; precipitação; grande movimentação.
Rush (râsh) *v* fazer com muita urgência; acelerar; lançar-se; arremessar-se.
Rusher (râ-shâr) *s* pessoa que se precipita; pessoa que se arremessa.
Rushing (râ-shinn) *s* corrida; ímpeto; investida; arremetida.
Rusk (râsk) *s* rosca; biscoito; torrada; bolacha.
Russet (râ-set) *s* cor avermelhada; traje.
Russet (râ-set) *adj* avermelhado; rústico; grosseiro.
Rust (râst) *s* ferrugem; bolor.
Rust (râst) *v* enferrujar.
Rustic (râs-tik) *s* campônio; sertanejo.
Rustic (râs-tik) *adj* rústico; grosseiro; bucólico; campestre.
Rusticity (râsti-siti) *s* rusticidade; grosseria.
Rustle (râs-l) *s* murmúrio; sussurro; ruído.
Rustle (râs-l) *v* sussurrar; roçar.
Rustling (râs-linn) *s* sussurro; murmúrio.
Rustling (râs-linn) *adj* sussurrante; murmurante.
Rusty (râs-ti) *adj* inutizável por falta de uso; enferrujado; rude; áspero.
Rut (rât) *s* sulco; rotina; praxe; ruído; mugido.
Rut (rât) *v* fazer sulcos; enrugar; animal no cio.
Rutilate (ru-tilêit) *v* rutilar; brilhar; luzir.
Rye (rái) *s* centeio.
Ryot (rái-ât) *s* lavrador; campesino; inquilino; locatário (na Índia).

S s

S (éss) *s* décima oitava letra do alfabeto Português e décima nona letra do alfabeto Inglês.
Sable (sêibl) *s* zibelina ou marta; pele (de marta); luto.
Sable (sêibl) *adj* negro; sombrio.
Sabotage (sabotá-j) *s* sabotagem.
Sabotage (sabotáj) *v* sabotar.
Sabre (sei-br) *s* sabre (espada).
Sabulous (sé-biulâss) *adj* arenoso; areento.
Sac (sék) *s* saco; bolsa; BIO cavidade.
Sacchariferous (sékâri-fârâss) *adj* sacarífero; sacarino.
Saccharify (séké-rifái) *v* sacarificar.
Saccharine (sé-kârinn) *s* sacarina.
Saccharine (sé-kârinn) *adj* sacarino.
Sacerdotal (séssârdôu-tâl) *adj* sacerdotal.
Sack (sék) *s* saco; saca; bata de mulher; saque.
Sack (sék) *v* ensacar; saquear; pilhar; USA despedir.
Sacker (sé-kâr) *s* ensacador; saqueador.
Sacking (sé-kinn) *s* aniagem (tecido).
Sacrament (sé-krâmént) *s* sacramento.
Sacramental (sékrâmén-tâl) *adj* sacramental.
Sacred (sêi-krid) *adj* sagrado; sacro; inviolável.
Sacredness (sêi-kridnéss) *s* santidade.
Sacrifice (sé-krifáiss) *s* sacrifício; holocausto; vítima.
Sacrifice (sé-krifáiss) *v* sacrificar; imolar.
Sacrilege (sé-krilidj) *s* sacrilégio; profanação.
Sacrilegious (sékrili-djâss) *adj* sacrílego; profano.
Sacristan (sé-kristânn) *s* sacristão.
Sacristy (sé-kristi) *s* sacristia.
Sad (séd) *adj* circunspecto; triste; pesaroso; melancólico; sombrio.
Sadden (séd-n) *v* entristecer-se.
Saddle (sédl) *s* sela; selim.
Saddle (sédl) *v* selar; pôr carga (na sela).
Saddlebag (sédl-bég) *s* alforje.
Saddlery (sé-dlri) *s* selaria.
Sadness (séd-néss) *s* tristeza; melancolia; abatimento.
Safe (sêif) *s* cofre-forte.
Safe (sêif) *adj* salvo; ileso; intacto; leal; digno de confiança.
Safeguard (sêif-gárd) *s* salvaguarda; proteção.
Safekeeping (sêif-ki-pinn) *s* custódia; proteção; guarda.
Safeness (sêif-néss) *s* segurança; confiança.
Safety (sêif-ti) *s* segurança; abrigo; lugar seguro; custódia.
Safron (sêi-frânn) *s* açafrão.
Safron (sêi-frânn) *v* açafroar.
Safron (sêi-frânn) *adj* cor (de açafrão).
Sag (ség) *s* inclinação; dobra; curvatura.
Sag (ség) *v* vergar; curvar; pender.
Sagacious (sâghêi-shâss) *adj* sagaz; perspicaz; astuto.
Sage (sêidj) *s* sábio; salva (planta).
Sage (sêidj) *adj* sábio; prudente.
Sageness (sêidj-néss) *s* sabedoria; prudência.
Sail (sêil) *s* NÁUT vela de navio; barco (vela); passeio de barco.
Sail (sêil) *v* navegar; velejar; viajar por mar.
Sailboat (sêil-bôut) *s* veleiro (barco a vela rápido).
Sailcloth (sêil-klóth) *s* lona.
Sailing (sêi-linn) *s* navegação; mareação; partida; largada.
Sailor (sêi-lâr) *s* marinheiro; navegante.
Saint (sêint) *s* santo; santa.
Saintship (sêint-ship) *s* caráter de santidade.
Sake (sêik) *s* atenção; causa; consideração; fim; motivo; propósito; respeito.
Salacious (sâlêi-shâss) *adj* impudico; lascivo; obsceno.
Salaciousness (sâlêi-shâsnéss) *s* lascívia; luxúria; obscenidade.
Salad (sé-lâd) *s* salada.
Salamander (sé-lâméndâr) *s* salamandra (anfíbio); ESOT gênio que governa o fogo e nele vive (cabala).
Salaried (sé-lârid) *adj* assalariado.
Salary (sé-lâri) *s* salário; ordenado.
Sale (sêil) *s* ação de vender; liquidação; leilão; mercado.
Saleable (sêi-lâbl) *adj* vendável.
Salesman (sêilz-maen) *s* vendedor.
Salience (sêi-liénss) *s* saliência; projeção; proeminência.
Salient (sêi-liént) *s* ângulo saliente (em fortificação).
Salient (sêi-liént) *adj* saliente.
Saline (sêi-láinn) *s* salina.
Saline (sêi-láinn) *adj* salino.
Saliva (sâlái-vâ) *s* saliva.
Salivation (sélivêi-shânn) *s* salivação.
Sallow (sé-lôu) *adj* amarelado; descorado; pálido.
Sallowness (sé-lôunéss) *s* lividez; palidez.
Sallowy (sé-lôui) *adj* cheio de salgueiros; lívido; pálido.
Sally (sé-li) *s* excursão; saída; sortida.
Sally (sé-li) *v* sair às pressas (com ímpeto).
Salmon (sé-mânn) *s* salmão (peixe); salmão (cor).
Saloon (sâlu-nn) *s* salão; carro-salão (nos trens); taverna.
Salsify (sél-sifi) *s* barba-de-bode (planta).
Salt (sólt) *s* sal; sabor; gosto; graça; espírito; marujo.
Salt (sólt) *v* salgar.
Salt (sólt) *adj* salgado; picante.
Saltation (séltêi-shânn) *s* palpitação; pulo; pulsação; salto.
Saltern (sól-târn) *s* salina (mina).
Saltless (sól-tléss) *adj* insípido; insosso.
Salubrious (sâliu-briâss) *adj* salubre; saudável.
Salutary (sé-liutéri) *adj* salutar; saudável.
Salutation (séliutêi-shânn) *s* saudação; estímulo.
Salute (séliut) *s* saudação; MIL continência; salva.
Salute (séliut) *v* saudar.
Salvable (sél-vâbl) *adj* salvável.
Salvage (sél-vidj) *s* salvamento; os salvados.
Salvation (sélvêi-shânn) *s* salvação; redenção.
Salve (sáv) *s* unguento; pomada; emplastro.
Salve (sáv) *v* aplicar unguento; curar com unguento.
Salver (sél-vâr) *s* salva; bandeja de prata.
Same (sêimm) *adj* mesmo (a, os, as); idêntico.
Sameness (sêim-néss) *s* identidade; semelhança.
Sample (sémp-l) *s* amostra; modelo; exemplo.
Sample (sémp-l) *v* dar amostra; experimentar.
Sampler (sém-plâr) *s* que dá amostras; amostra.
Sanctification (sénkitifikêi-shânn) *s* santificação; canonização.
Sanctify (sénk-tifái) *v* santificar.
Sanctifying (sénk-tifáiinn) *adj* santificante.

Sanction (sénk-shânn) *s* sanção; confirmação.
Sanction (sénk-shânn) *v* sancionar.
Sanctity (sénk-titi) *s* santidade.
Sanctuary (sénk-tshuéri) *s* santuário; abrigo; altar; templo.
Sanctum (sénk-tâmm) *s* lugar sagrado.
Sand (saend) *s* areia; areal; praia; momentos de vida.
Sand (saend) *v* arcar; cobrir de areia.
Sandal (saendl) *s* sandália; alparcata.
Sandwich (sén-duitsh) *s* sanduíche.
Sandy (saen-di) *s* alcunha dos escoceses.
Sandy (saen-di) *adj* arenoso; areento; ruivo.
Sane (sêinn) *adj* de mente sã; sensato; sadio.
Saneness (sêin-néss) *s* sanidade; higidez.
Sanguinary (sén-güinéri) *adj* sanguinário; cruel.
Sanguine (sén-güinn) *adj* sanguíneo; vivo; esperançoso.
Sanguineness (sén-güinnéss) *s* ardor; confiança; segurança.
Sanguineous (séngüi-niâss) *adj* sanguíneo.
Sanitary (sé-nitéri) *adj* sanitário.
Sanitation (sénitêi-shânn) *s* higiene; asseio; saneamento.
Sanity (sé-niti) *s* sanidade; razão.
Santa claus (sén-tâklóss) *s* Papai Noel.
Sap (sép) *s* seiva; fluido vital; MIL sapa.
Sap (sép) *v* solapar; escavar.
Sapajou (sé-pâju) *s* macaquinho; mico.
Sapid (sé-pid) *adj* sápido; saboroso; gostoso.
Sapidity (sâpi-diti) *s* sabor; gosto; graça.
Sapience (sêi-piénss) *s* sapiência; sabedoria.
Sapient (sêi-piént) *adj* sapiente; sábio.
Sapling (sé-plinn) *s* árvore nova; um jovem.
Saponaceous (séponêi-shâss) *adj* saponáceo.
Saponification (sâponifikêi-shânn) *s* saponificação.
Saponify (sâpó-nifái) *v* saponificar; *past and pp* SAPONIFIED.
Sapphire (sé-fáir) *s* safira (pedra).
Sappy (sé-pi) *adj* imaturo; sentimental; suculento; tolo; viçoso.
Sarcasm (sár-kézm) *s* sarcasmo; ironia.
Sarcastic (sárkés-tik) *adj* sarcástico.
Sarcenet (sárs-net) *s* tafetá (tecido).
Sarcophagus (sárkó-fâgâss) *s* sarcófago; túmulo.
Sardine (sárdi-nn) *s* sardinha (peixe do mar).
Sark (sárk) *s* camisa; mortalha.
Sash (sésh) *s* cinto; caixilho de janela; faixa; vidraça corrediça.
Satanic (sâté-nik) *adj* satânico; diabólico.
Sate (sêit) *v* saciar; fartar.
Satellite (sé-teláit) *s* satélite (corpo celeste).
Satiate (sêi-shiêit) *v* saciar; satisfazer.
Satiation (sêishiêi-shânn) *s* fartura; saciedade.
Satiety (sâtái-iti) *s* saciedade.
Satin (sé-tinn) *s* cetim.
Satin (sé-tinn) *adj* de cetim; acetinado.
Satire (sé-táir) *s* sátira (composição literária); censura jocosa.
Satiric (sâti-rik) *adj* satírico; picante; mordaz.
Satirist (sé-tirist) *s* escritor satírico.
Satirize (sé-tiráiz) *v* satirizar.
Satisfaction (sétisfék-shânn) *s* satisfação; compensação; confirmação.
Satisfactory (sétisfék-tôuri) *adj* satisfatório.
Satisfy (sé-tisfái) *v* satisfazer; bastar; contentar; convencer; pagar.
Saturate (sé-tshurêit) *v* saturar.
Saturation (sétshurêi-shânn) *s* saturação.
Saturday (sé-târdêi) *s* sábado (7º dia da semana).
Saturnine (sé-târninn) *adj* taciturno; triste; moroso.
Satyr (sé-târ) *s* MIT sátiro.
Sauce (sóss) *s* molho; atrevimento.
Sauce (sóss) *v* temperar (com molho); dizer insolências.
Saucepan (sós-pânn) *s* caçarola (panela).
Saucer (só-sâr) *s* pires.
Saucy (só-si) *adj* insolente; petulante.
Saunter (són-târ) *v* perambular; vaguear; vadiar.
Saunterer (són-târâr) *s* vadio; saracoteador.
Sausage (só-sidj) *s* salsicha; linguiça; chouriço.
Savage (sé-vidj) *s* selvagem.
Savage (sé-vidj) *v* tornar selvagem.
Savage (sé-vidj) *adj* selvagem; feroz; bárbaro; inculto.
Savageness (sé-vidjnéss) *s* selvageria; crueldade; ferocidade.
Savant (savánn-) *s* sábio; erudito.
Save (sêiv) *v* salvar; poupar; socorrer; economizar.
Save (sêiv) *prep* exceto; salvo.
Save (sêiv) *conj* a não ser que.
Saver (sêi-vâr) *s* libertador; pessoa econômica; salvador.
Saving (sêi-vinn) *s* salvação; salvamento; economia.
Saving (sêi-vinn) *adj* econômico; salutar; excepcional.
Saviour (sêi-viâr) *s* salvador.
Savour (sêi-vâr) *s* sabor; gosto.
Savour (sêi-vâr) *v* provar; saborear; sentir.
Savouriness (sêi-vârinéss) *s* aroma; sabor; paladar.
Savoury (sêi-vâri) *s* prato saboroso (servido após a refeição principal).
Savoury (sêi-vâri) *adj* interessante; saboroso; gostoso.
Savoy (sâvó-i) *s* repolho crespo.
Savvy (saevi) *s* habilidade; conhecimento.
Saw (só) *s* serra; provérbio.
Saw (só) *v* serrar; *past* SAWED *and pp* SAWN.
Sawder (sód) *s* adulação; lisonja; bajulação.
Sawer (só-dâr) *s* serrador.
Saxophone (sék-sfôunn) *s* MÚS saxofone (instrumento de sopro).
Say (sêi) *s* fala; palavra; discurso; tecido (lã ou seda).
Say (sêi) *v* dizer; falar; recitar; contar; *past or pp* SAID.
Saying (sêi-inn) *s* ditado; expressão; provérbio; termo.
Scab (skéb) *s* crosta de ferida; ronha; sarna; operário (não participante de sindicato).
Scabbed (skébd) *adj* ranhoso; sarnento; tinhoso; vil.
Scabbiness (ské-binéss) *s* estado sarnento; mesquinhez; vileza.
Scabious (ské-biâss) *adj* casposo; sarnoso; tinhoso.
Scabrous (skêi-brâss) *adj* áspero; escabroso; obsceno; pedregoso.
Scaffold (ské-fâld) *s* estrado; andaime; tablado; cadafalso.
Scaffold (ské-fâld) *v* fazer andaimes (tablados, cadafalsos etc.).
Scaffolding (ské-fâldinn) *s* andaime; armação; tablado.
Scald (skóld) *s* escaldadura; queimadura; tinta.
Scald (skóld) *v* escaldar; limpar (com água quente).
Scald (skóld) *adj* tinhoso; miserável.
Scalding (skól-dinn) *s* escaldadura; coisa escaldada.
Scale (skêil) *s* balança; caspa; escama; escala; prato (de balança); proporção.
Scaled (skêild) *adj* escamado; escamoso.
Scaling (skêi-linn) *s* escalada.
Scalp (skélp) *s* couro cabeludo.
Scalp (skélp) *v* escalpar.
Scalper (skél-pâr) *s* esfolador; máquina (de cortar, de desbastar, de nivelar); corretor de bilhetes.
Scaly (skêi-li) *adj* avaro; escamoso; mesquinho; revestido (com escamas); ruim; sórdido.
Scam (skêim) *s* golpe ("armação").
Scamp (skémp) *s* velhaco; patife.
Scamp (skémp) *v* trabalhar negligentemente.
Scamper (ském-pâr) *s* fuga precipitada.
Scamper (ském-pâr) *v* fugir.
Scan (skénn) *v* examinar; esquadrinhar; metrificar um verso.
Scandal (skén-dâl) *s* escândalo; calúnia; maledicência.
Scandal (skén-dâl) *v* difamar; injuriar.
Scandalize (skén-dâláiz) *v* escandalizar; aviltar; desonrar; difamar.
Scandalous (skén-dâlâss) *adj* escandaloso; difamatório; vergonhoso.
Scant (sként) *v* restringir; limitar.
Scant (sként) *adj* escasso; raro; limitado; deficiente.

Scant (sként) *adv* escassamente.
Scantiness (skén-tinéss) *s* escassez; pequenez; mediocridade.
Scantle (skéntl) *v* despedaçar; picar; cortar em blocos.
Scanty (skén-ti) *adj* avarento; escasso; exíguo; mesquinho; restrito.
Scape (skêip) *s* BOT escapo; haste; pedúnculo.
Scapula (ské-piulâ) *s* MED omoplata; espádua.
Scar (skár) *s* cicatriz; escoriação.
Scar (skár) *v* marcar com cicatrizes.
Scarab (ské-râb) *s* escaravelho; escarabeu (inseto).
Scarce (skérss) *adj* raro; escasso; incomum.
Scarcely (skérs-li) *adv* escassamente; apenas; mal; dificilmente.
Scare (skér) *s* susto; sobressalto; terror.
Scare (skér) *v* assustar; atemorizar; amendrontar.
Scarecrow (skér-krôu) *s* espantalho; pessoa mal vestida.
Scarf (skárf) *s* mantilha; lenço para pescoço; tapete para toucador.
Scarlet (skár-let) *s* escarlate.
Scarlet (skár-let) *adj* escarlate; avermelhado.
Scathe (skêidh) *s* prejuízo; dano.
Scathe (skêidh) *v* prejudicar; criticar severamente.
Scatter (ské-târ) *v* espalhar; dispersar.
Scattered (ské-târd) *adj* espalhado; disseminado.
Scattering (ské-târinn) *adj* ato de espalhar; ato de dispersar; ato de dissipar; espalhado.
Scavenge (ské-vendj) *v* varrer; limpar (rua).
Scavenger (ské-vendjâr) *s* varredor de ruas; animal que come carniça.
Scene (sinn) *s* cena; cenário; paisagem.
Scenery (si-nâri) *s* cenário; paisagem; decoração.
Scenography (sinó-grâfi) *s* cenografia; cenário.
Scent (sént) *s* cheiro; perfume; indício; pista; rastro.
Scent (sént) *v* perfumar; cheirar.
Scentless (sén-tléss) *adj* inodoro.
Scepter (sép-târ) *s* cetro; FIG realeza.
Scepter (sép-târ) *v* dar cetro a; investir de poderes reais.
Scepticism (skép-tissizm) *s* FIL ceticismo.
Schedule (ské-djul) *s* catálogo; horário; inventário; lista.
Schedule (ské-djul) *v* inventariar; incluir numa lista; discriminar; arrolar.
Scheme (skimm) *s* esquema; projeto; esboço; traçado; trama.
Scheme (skimm) *v* projetar; planejar.
Schemer (ski-mâr) *s* projetista; planejador; maquinador; intrigante.
Scheming (ski-minn) *adj* que faz planos.
Schism (sizmm) *s* cisma.
Scholar (skó-lâr) *s* aluno; estudante; sábio; erudito.
Scholarship (skó-lârship) *s* saber; erudição; bolsa de estudos.
Scholastic (skólés-tik) *adj* escolástico; formal; sutil.
Scholiast (skôu-liést) *s* escoliasta; comentador; crítico.
School (skul) *s* escola; classe; aula; cardume de peixes.
Schooling (sku-linn) *s* ensino; instrução; mensalidade escolar.
Schoolmaster (skulmaes-târ) *s* mestre-escola; professor.
Schoolmate (skulmêi-t) *s* condiscípulo; colega de escola.
Schooner (sku-nâr) *s* escuna; galeota; copo (para cerveja).
Science (sái-enss) *s* ciência; saber; erudição.
Scientific (sáienti-fik) *adj* científico.
Scientist (sái-entist) *s* cientista; sábio; conhecedor.
Scintilla (sinti-lâ) *s* centelha; chispa; partícula.
Scintillant (sin-tilânt) *adj* cintilante; luminoso.
Scintillate (sin-tilêit) *v* cintilar; faiscar.
Scintillation (sintilêi-shânn) *s* cintilação; fulguração.
Scion (sái-ânn) *s* enxerto; renovo; broto; descendente.
Scission (si-jânn) *s* cisão; corte; divisão.
Scissors (si-zârss) *s* tesoura.
Scissure (si-jur) *s* cissura; fenda; racha; cisão.
Scoff (skóf) *s* escárnio; zombaria.
Scoff (skóf) *v* escarnecer; zombar de.
Scoffer (skó-fâr) *s* escarnecedor; zombador.
Scoffing (skó-finn) *s* zombaria; escárnio.
Scoffing (skó-finn) *adj* motejador.
Scold (skôuld) *s* pessoa faladora; pessoa rabugenta.
Scold (skôuld) *v* repreender; ralhar.
Scolder (skôul-dâr) *s* ralhador; rabugento.
Scolding (skôul-dinn) *s* repreensão; ralhos.
Scolding (skôul-dinn) *adj* gritador; ralhador; crítico.
Sconce (skónss) *s* arandela (de castiçal); baluarte; fortificação; lanterna; multa; FAM bom senso; cabeça; cachola.
Sconce (skónss) *v* fortificar; abrigar.
Scoop (skup) *s* pá; colher grande; cratera; lucro; furo jornalístico.
Scoop (skup) *v* vazar; despejar com colherão; escavar.
Scoot (skut) *v* fugir (rapidamente); safar-se.
Scooter (sku-ter) *s* motoneta (motocicleta).
Scope (skôup) *s* escopo; esfera; extensão; fim; liberdade de ação.
Scorch (skórtsh) *s* queimadura.
Scorch (skórtsh) *v* crestar; chamuscar; magoar (com palavras).
Scorcher (skór-tshâr) *s* pessoa arrojada; que chamusca; o que irrita.
Scorching (skór-tshinn) *s* vulcanização.
Scorching (skór-tshinn) *adj* abrasador; ardente; causticante.
Score (skôur) *s* incisão; risco; conta; pontos (num jogo); partitura.
Score (skôur) *v* marcar pontos; orquestrar; lançar em conta.
Scorer (skôu-râr) *s* marcador; contador de pontos (em jogo).
Scorn (skórn) *s* desdém; escárnio.
Scorn (skórn) *v* desprezar; escarnecer.
Scorner (skór-nâr) *s* desprezador; escarnecedor.
Scornful (skórn-ful) *adj* desdenhoso; escarnecedor.
Scornfulness (skórn-fulnéss) *s* desprezo; pouco caso; riso de zombaria.
Scorpion (skór-piânn) *s* escorpião; lacrau; ASTR constelação de Escorpião.
Scot (skót) *s* o dialeto escocês; escocês.
Scotch (skótsh) *s* escocês; aguardente escocesa; uísque escocês.
Scotch (skótsh) *adj* escocês.
Scoundrel (skáun-drel) *s* velhaco; biltre; tratante.
Scour (skáur) *s* ação de desentupir; ação de uma corrente.
Scour (skáur) *v* branquear; esfregar; polir.
Scourer (skáu-râr) *s* limpador; esfregador.
Scourge (skârdj) *s* chicote; açoite; castigo.
Scourge (skârdj) *v* flagelar; chicotear; castigar.
Scourging (skâr-djinn) *s* açoite; castigo; flagelação.
Scout (skáut) *s* escoteiro; explorador; batedor.
Scout (skáut) *v* fazer reconhecimento (como o feito no escotismo).
Scow (skáu) *s* barcaça de fundo chato.
Scowl (skául) *s* carranca; olhar ameaçador.
Scowl (skául) *v* fazer carranca.
Scrabble (skrébl) *s* garatuja; arranhão.
Scrabble (skrébl) *v* escrever mal; garatujar; lutar; trepar.
Scrag (skrég) *s* coisa delgada (fina); pessoa magra.
Scrag (skrég) *v* matar (enforcando).
Scragged (skrég-d) *adj* áspero; descarnado; escabroso; magro; rude.
Scragginess (skré-ghinéss) *s* aspereza; escabrosidade; magreza.
Scraggy (skré-ghi) *adj* áspero; escabroso; magro.
Scramble (skrémbl) *s* esforço; diligência; competição renhida.
Scramble (skrémbl) *v* esforçar-se para alcançar um objeto.
Scrambling (skrém-blinn) *s* ato de rastejar; luta para alcançar alguma coisa.
Scrap (skrép) *s* bocado; fragmento; resto; migalha; luta; discussão.
Scrap (skrép) *v* despojar material velho; lutar; discutir.
Scrape (skrêip) *s* embaraço; dificuldade; raspadura; ruído de raspar; cortesia desajeitada.

Scrape (skrêip) *v* raspar; arranhar; apagar; desbastar; desbarbar; fazer reverências desajeitadas; fazer cortesias desajeitadas; MÚS tocar mal (instrumento).
Scraper (skrêi-pâr) *s* raspador; raspadeira; MÚS que toca mal (instrumento).
Scratch (skrétsh) *s* arranhadura; raspadura; risca; unhada; ESP equipe.
Scratch (skrétsh) *v* arranhar; coçar; riscar; ciscar; esgaravatar.
Scratchman (skrétsh-maen) *s* jogador de futebol.
Scratchy (skré-tshi) *adj* esfarrapado; rasgado; roto.
Scrawl (skró) *s* escrita ilegível; rabiscos.
Scrawl (skró) *v* rabiscar; escrever mal.
Screak (skrik) *s* grito agudo.
Screak (skrik) *v* ranger; chiar; gritar.
Scream (skrimm) *s* guincho; pio; grito.
Scream (skrimm) *v* dar gritos agudos; gritar.
Screamer (skri-mâr) *s* o que grita.
Screaming (skri-minn) *s* rangido; gritaria; alarido.
Screaming (skri-minn) *adj* agudo; estridente.
Screech (skri-tsh) *s* guincho; grito agudo.
Screech (skri-tsh) *v* guinchar; soltar gritos agudos.
Screechy (skri-tshi) *adj* agudo; áspero; estridente.
Screed (skrid) *s* fragmento; pedaço; tira; retalho.
Screen (skrinn) *s* biombo; grade; tela de cinema.
Screen (skrinn) *v* abrigar; defender; proteger; esconder; peneirar; CIN exibir um filme.
Screw (skru) *s* parafuso; rosca; hélice; torcedura; avarento; salário.
Screw (skru) *v* parafusar; atarraxar; apertar; oprimir; torcer.
Screwed (skrud) *adj* parafusado; atarraxado; FIG embriagado; ébrio.
Scribble (skribl) *s* garatuja; rabisco.
Scribble (skribl) *v* rabiscar; escrever apressadamente.
Scribbler (skri-blâr) *s* escrevinhador; mau escritor.
Scribe (skráib) *s* escrevente; escritor; escrivão.
Scribe (skráib) *v* escrever; riscar.
Scrimmage (skri-midj) *s* escaramuça; contenda; luta corpo a corpo.
Scrimp (skrimp) *s* USA GÍR pão-duro, pessoa econômica.
Scrimp (skrimp) *v* encurtar; estreitar; restringir; economizar.
Scrip (skrip) *s* bolsa; alforje; certificado provisório.
Script (skript) *s* escrita; manuscrito; JUR documento original; TEATR manuscrito de uma peça (novela etc.).
Scripture (skrip-tshur) *s* escritura; documento; a Sagrada Escritura.
Scrive (skráiv) *v* registrar; inscrever.
Scrivener (skriv-nâr) *s* notário (escrivão).
Scroll (skrôul) *s* rolo de papel; rolo de pergaminho; espiral.
Scrotum (skrôu-tâmm) *s* escroto.
Scrub (skrâb) *s* pobre-coitado; mato; ninharia; cavalo velho.
Scrub (skrâb) *v* esfregar; lavar com uma escova; dar-se ao trabalho; labutar.
Scrub (skrâb) *adj* desprezível; abjeto.
Scrubber (skrâ-bâr) *s* esfregão; vassoura rija; encerador.
Scrubby (skrâ-bi) *adj* mau; sem préstimo; indigente; coberto de mato.
Scruff (skrâf) *s* nuca.
Scrunch (skrântsh) *v* trincar; mascar; esmagar.
Scruple (skrupl) *s* escrúpulo; pequena quantidade; escrópulo (peso antigo = 1,296 grama).
Scruple (skrupl) *v* ter escrúpulos; hesitar; duvidar.
Scrupulous (skru-piulâss) *adj* escrupuloso; delicado; consciencioso.
Scrutinize (skru-tiráiz) *v* examinar; observar cuidadosamente; investigar.
Scrutiny (skru-tini) *s* investigação; exame; pesquisa.
Scud (skâd) *s* fuga precipitada; nuvens soltas impelidas pelo vento.
Scud (skâd) *v* fugir, deslizar, correr apressadamente.
Scuffle (skâfl) *s* briga; rixa; tumulto; luta corpo a corpo.
Scuffle (skâfl) *v* bater-se; lutar contra.
Scuffler (skâ-flâr) *s* altercador; brigão.
Scull (skâl) *s* barquinho; remo (pequeno e leve).
Scull (skâl) *v* remar; impelir barco (com remo).
Sculler (skâ-lâr) *s* barqueiro; barco (movimentado por um único homem).
Scullery (skâ-lâri) *s* copa.
Scullion (skâ-liân) *s* lavador (de pratos); ajudante do cozinha; pessoa vil (sem valor).
Sculp (skâlp) *s* gravura.
Sculp (skâlp) *v* esculpir; gravar.
Sculptor (skâlp-târ) *s* escultor.
Sculpture (skâlp-tshur) *s* escultura.
Sculpture (skâlp-tshur) *v* cinzelar; esculpir; entalhar; gravar.
Scum (skâmm) *s* escória dos metais; espuma; escuma; pessoa mesquinha; ralé.
Scummer (skâ-mâr) *s* escumadeira; espumadeira.
Scurf (skârf) *s* caspa; crosta; tinha.
Scurrility (skâri-liti) *s* linguagem pesada; insolência; obscenidade; imoralidade.
Scurrilous (skâ-rilâss) *adj* grosseiro; vil; indecente; insolente; injurioso.
Scurry (skâ-ri) *s* fuga apressada.
Scurry (skâ-ri) *v* fugir apressadamente.
Scurviness (skâr-vinéss) *s* vileza; que está afetada por escorbuto.
Scurvy (skâr-vi) *adj* desprezível; vil; miserável; atacado de escorbuto.
Scut (skât) *s* cauda; rabinho.
Scut (skât) *v* cortar (cauda de animal).
Scut (skât) *adj* curto (rabo, cauda).
Scutch (skâtsh) *s* estopa.
Scuttle (skât-l) *s* escotilha; cesto; corrida acelerada; passo apressado.
Scuttle (skât-l) *v* fazer rombos (para afundar navio); apressar-se.
Scythe (sáidh) *s* foice.
Scythe (sáidh) *v* ceifar; segar.
Sea (si) *s* mar; oceano; colosso.
Sea (si) *adj* marítimo; naval.
Seafarer (si-férâr) *s* navegante; marinheiro; homem do mar.
Seafaring (si-férinn) *s* navegação (mar).
Seafaring (si-férinn) *adj* marítimo; de profissão marítima.
Seagoing (si-gôuinn) *adj* de alto-mar; marítimo.
Seal (sil) *s* selo, sinete; carimbo; sigilo; foca; pele de foca.
Seal (sil) *v* lacrar; chancelar; afixar sobre (selo ou rubrica); fechar (lacrando); estabelecer; selar; capturar focas (pescar).
Seam (simm) *s* costura; junta; ruga; MED cicatriz; veio.
Seam (simm) *v* costurar; coser; cerzir; juntar; marcar com cicatriz.
Seaman (si-maen) *s* marinheiro.
Seamstress (sims-tréss) *s* costureira.
Seaplane (si-plêinn) *s* hidroavião.
Sear (sir) *s* marca; sinal de queimadura.
Sear (sir) *v* murchar; secar; chamuscar; tostar.
Sear (sir) *adj* murcho; seco; árido.
Search (sârtsh) *s* busca; procura; pesquisa; exame.
Search (sârtsh) *v* procurar; pesquisar; dar busca; investigar.
Searcher (sâr-tshâr) *s* investigador; fiscal de alfândega; pesquisador.
Searching (sâr-tshinn) *s* pesquisa; inquirição; procura.
Searching (sâr-tshinn) *adj* investigador; curioso; olhar penetrante, agudo.
Seashore (si-shôur) *s* litoral; costa; praia.
Seasickness (si-sik-néss) *s* enjoo do mar.
Season (siz-n) *s* estação do ano; época; momento propício.
Season (siz-n) *v* amadurecer; acostumar; aclimatar; endurecer; secar; temperar; adubar.

Seasonable (siz-nâbl) *adj* oportuno; favorável; conveniente.
Seasoning (siz-ninn) *s* condimento; tempero.
Seat (sit) *s* assento; banco de veículo; lugar em veículo; cadeira; fundo; posição; domicílio.
Seat (sit) *v* assentar; sentar; estabelecer o lugar; providenciar assentos.
Seaward (si-uârd) *adj* NÁUT ao largo; voltado ao mar.
Seaward (si-uârd) *adv* em direção do mar.
Secede (sissi-d) *v* fazer corte; ir embora; separar.
Seceding (sissi-dinn) *s* separação.
Seceding (sissi-dinn) *adj* dissidente.
Secession (sissé-shânn) *s* cisão; secessão; separação.
Seclude (siklud) *v* excluir; separar; segregar.
Seclusion (siklu-jânn) *s* afastamento; separação; segregação.
Second (sé-kând) *s* auxiliar; segundo; instante; padrinho (no boxe); testemunha (em duelo); mercadoria (com defeito).
Second (sé-kând) *v* apoiar; secundar; ajudar.
Second (sé-kând) *adj* segundo; inferior.
Secondary (sé-kândéri) *adj* secundário; subordinado.
Secrecy (si-cressi) *s* segredo; retiro; sigilo; reserva.
Secret (si-kret) *s* segredo.
Secret (si-kret) *adj* secreto; oculto; recôndito.
Secretary (sé-kritéri) *s* secretário; escrivaninha.
Secretaryship (sé-kritériship) *s* secretariado.
Secrete (sikri-t) *v* guardar um secredo; ocultar; segregar.
Secretive (sikri-tiv) *adj* reservado; calado.
Sect (sékt) *s* seita; doutrina; partido.
Sectarian (séktêi-riânn) *s* sectário; partidário.
Sectarian (séktêi-riânn) *adj* partidário.
Sectary (sék-târi) *s* sectário; fanático.
Section (sék-shânn) *s* artigo; secção; divisão; parte; parágrafo.
Sectional (sék-shânâl) *adj* local; regional; relacionado a secção.
Secular (sé-kiulâr) *s* secular; temporal; mundano; leigo.
Secular (sé-kiulâr) *adj* secular; temporal; mundano; leigo.
Secularity (sékiulé-riti) *s* secularidade; apego às coisas materiais do mundo.
Securable (sikiu-râbl) *adj* que se pode segurar; que se pode obter.
Secure (sikiu-r) *v* pôr em segurança; resguardar; garantir; obter a posse; trancar.
Secure (sikiu-r) *adj* seguro; em segurança; salvo; sossegado; crente; confiante.
Secureness (sikiur-néss) *s* segurança; confiança.
Security (sikiu-riti) *s* segurança; proteção; garantia; penhor.
Sedate (sidêi-t) *adj* calmo; sossegado; tranquilo.
Sedateness (sidêit-néss) *s* serenidade; calma.
Sedentary (sé-dentéri) *adj* sedentário; inativo, acomodado.
Sediment (sé-dimént) *s* sedimento; terras de aluvião.
Sedimentation (sédimentêi-shânn) *s* sedimentação; solidificação.
Sedition (sidi-shânn) *s* sedição; tumulto; revolta.
Seditious (sidi-shâss) *adj* insurreto; rebelde.
Seduce (sidiu-ss) *v* seduzir; corromper.
Seducement (sidius-ment) *s* corrupção; sedução.
Sedulous (sé-diulâss) *adj* assíduo; ativo; aplicado; diligente.
See (si) *s* sé; catedral.
See (si) *v* compreender; considerar; discernir; enxergar; examinar; frequentar; imaginar; indagar; notar; pensar; perquirir; refletir; visitar; ver; *past* SAW *and pp* SEEN.
Seed (sid) *s* semente; origem; geração; fonte.
Seed (sid) *v* semear; espigar; brotar.
Seeder (si-dâr) *s* semeador.
Seedsman (si-dzmaen) *s* negociante (de semente).
Seedy (si-di) *adj* cheio de sementes; gasto; usado; miserável.
Seeing (si-inn) *s* vista; visão.
Seeing (si-inn) *conj* uma vez que.
Seek (sik) *v* aspirar; ambicionar; buscar; lidar; procurar; pesquisar; tentar; *past or pp* SOUGHT.
Seeker (si-kâr) *s* investigador.
Seem (simm) *v* parecer; aparentar.
Seeming (si-minn) *s* aparência; parecer; semblante.
Seemingness (si-minnéss) *s* aparência; pretensão.
Seemliness (sim-linéss) *s* decoro; decência; graça.
Seemly (sim-li) *adj* decoroso; conveniente.
Seemly (sim-li) *adv* convenientemente; decentemente.
Seer (sir) *s* vidente; profeta.
Seesaw (si-só) *s* gangorra; balanço.
Seesaw (si-só) *v* balançar em gangorra.
Seesaw (si-só) *adj* de balanço; alternado.
Seethe (sidh) *v* ferver; FIG estar furioso; estar agitado; *past* SOD *and pp* SODDEN.
Seether (si-dhâr) *s* caldeira.
Seething (si-dhinn) *s* fervura.
Seething (si-dhinn) *adj* fervente.
Segment (ség-mént) *s* segmento; secção.
Segregate (sé-grighêit) *v* segregar; isolar, separar.
Segregation (ségrighêi-shânn) *s* segregação; separação.
Seismograph (sáis-mogréf) *s* simógrafo.
Seismology (sáismó-lodji) *s* sismologia.
Seizable (sí-zâbl) *adj* agarrável; penhorável.
Seize (siz) *v* agarrar; apoderar-se de; confiscar; embargar; penhorar; prender; sequestrar.
Seizing (si-zinn) *s* tomada de posse; penhora; embargo.
Seizure (si-jur) *s* apreensão; captura; embargo; prisão; tomada.
Seldom (sél-dâmm) *adj* raro.
Seldom (sél-dâmm) *adv* raramente.
Select (silék-t) *v* escolher; selecionar.
Select (silék-t) *adj* seleto; escolhido.
Selection (silék-shânn) *s* seleção; escolha.
Self (sélf) *s* eu; indivíduo; pessoa.
Self (sélf) *adj* se; mesmo; próprio; em pessoa; individual; pessoal.
Self (sélf) *pron* se; mesmo; próprio; em pessoa; individual; pessoal.
Selfish (sél-fish) *adj* egoísta; vaidoso; interesseiro.
Selfishness (sél-fishnéss) *s* egoísmo.
Selfsame (sélf-sêimm) *adj* mesmo; idêntico.
Sell (sél) *v* vender; *past or pp* SOLD.
Seller (sé-lâr) *s* vendedor.
Selling (sé-linn) *s* venda; vendagem.
Selvage (sél-vidj) *s* orla (de tecido); ourela.
Semantics (simén-tiks) *s* semântica.
Semaphore (sé-mâfôur) *s* semáforo.
Semblance (sém-blânss) *s* semelhante; aspecto; aparência.
Semester (simés-târ) *s* semestre.
Semicolon (sé-mi-kôu-lânn) *s* ponto e vírgula.
Seminar (séminá-r) *s* estudante que faz curso especial.
Seminary (sé-minéri) *s* seminário; grupo de estudos.
Semivowel (sé-mi-váu-âl) *s* semivogal.
Senate (sé-nit) *s* Senado.
Senator (sé-nâtâr) *s* senador.
Send (sénd) *v* mandar; enviar; mandar buscar; expedir; transmitir; arrojar; *past and pp* SENT.
Sender (sén-dâr) *s* remetente; expedidor; despachante.
Senile (si-nâil) *adj* senil; tonto; caduco.
Senility (sini-liti) *s* senilidade; velhice.
Senior (si-niâr) *s* sênior; ancião; decano.
Seniority (sinió-riti) *s* antiguidade; ancianidade.
Sensation (sénsêi-shânn) *s* sensação; comoção; excitação.
Sensational (sênsêi-shânâl) *adj* sensacional.
Sensationalism (sénsêi-shânâlizm) *s* sensacionalismo.
Sense (sénss) *s* espírito; face; inteligência; razão; sentimento; significado; senso; sentido.
Sense (sénss) *v* perceber.
Senseless (séns-léss) *adj* insensato; néscio; algo sem sentido.
Senselessness (séns-lésnéss) *s* insensatez; tolice; absurdo.
Sensibility (sénsibi-liti) *s* sensibilidade; susceptibilidade.
Sensible (sén-sibl) *adj* sensível; razoável; sensato.

Sensitive (sén-sitiv) *adj* sensitivo; sensível; impressionável.
Sensual (sén-shuâl) *adj* sensual; lascivo; carnal.
Sensuality (sénshué-liti) *s* sensualidade; volúpia.
Sensuous (sén-shuâss) *adj* sensual; sensitivo; terno.
Sentence (sén-tenss) *s* sentença; decisão; opinião; máxima; GRAM sentença; frase.
Sentence (sén-tenss) *v* sentenciar.
Sentencious (sentén-shâss) *adj* breve; conciso; lacônico; sentencioso.
Sententiousness (sentén-shâsnéss) *s* laconismo; concisão.
Sentiment (sén-timént) *s* sentimento; afeto; juízo; opinião; parecer.
Sentimental (séntimén-tâl) *adj* sentimental; sensível; terno.
Sentimentalism (séntimén-tâlizm) *s* sentimentalismo; sensibilidade.
Sentinel (sén-tinél) *s* sentinela.
Sentry (sén-tri) *s* sentinela; guarda; vigia.
Separability (sépârâbi-liti) *s* separabilidade; divisibilidade.
Separable (sé-pârâbl) *adj* separável; divisível.
Separate (sé-pârêit) *v* separar; distinguir; dividir.
Separate (sé-pârêit) *adj* separado; desunido; distinto.
Separation (sépârêi-shânn) *s* separação; desunião; divisão.
Separatist (sé-pârâtist) *s* separatista.
Separator (sé-pârêitâr) *s* separador.
September (séptém-bâr) *s* setembro (9º mês do ano).
Septic (sép-tik) *adj* séptico; relativo à putrefação (tecido orgânico).
Sepulchral (sipâl-krâl) *adj* sepulcral; sombrio.
Sepulchre (sé-pâlkâr) *s* sepulcro; túmulo.
Sepulchre (sé-pâlkâr) *v* sepultar; enterrar.
Sepulture (sé-pâltshur) *s* túmulo; jazigo; sepultura.
Sequacious (sikuêi-shâss) *adj* sequaz; servil.
Sequel (si-kuél) *s* sequela; resultado; consequência; continuação.
Sequence (si-kuénss) *s* sequência; continuação; série.
Sequential (sikuén-shâl) *adj* seguinte; sequencial.
Sequester (sikués-târ) *v* sequestrar; apoderar-se de algo (confiscando-o); ocultar; separar; pôr em reclusão.
Sequestrate (sikués-trêit) *v* sequestrar; apoderar-se de; confiscar.
Sequestration (sékuéstrêi-shânn) *s* sequestro; embargo; confisco.
Seraphic (seré-fik) *adj* seráfico; angélico; sublime.
Serenade (sérenêi-d) *s* MÚS serenata; seresta.
Serene (siri-nn) *adj* sereno; calmo; plácido; tranquilo.
Serenity (siré-niti) *s* serenidade; sossego; paz.
Serf (sârf) *s* servo; escravo; empregado.
Serfage (sâr-fidj) *s* servidão; sujeição; escravidão.
Serge (sârdj) *s* sarja; tecido (lã ou seda).
Sergeant (sár-djânt) *s* sargento.
Serial (si-riâl) *s* publicação periódica; folhetim.
Serial (si-riâl) *adj* disposto em série; publicado em série; sucessivo.
Series (si-riss) *s* série; sucessão de coisas ou fatos da mesma natureza.
Serious (si-riâss) *adj* sério; grave; circunspecto; solene; importante.
Seriousness (si-riâsnéss) *s* seriedade; gravidade; sinceridade.
Sermon (sâr-mânn) *s* sermão; admoestação.
Serpent (sâr-pént) *s* serpente (répteis ofídeos); ASTR Serpentário (Constelação Boreal).
Serpentine (sâr-pentáinn) *s* serpentina de alambique.
Serpentine (sâr-pentáinn) *adj* serpentino; sinuoso; tortuoso.
Serrate (sé-rit) *adj* dentado; como uma serra.
Serration (serrêi-shânn) *s* recorte dentado.
Servant (sâr-vâl) *s* criado; criada; servo; servidor.
Serve (sârv) *v* servir; servir (à mesa); permanecer no serviço; ser suficiente; exercer (cargo); pagar; compensar; fornecer.
Server (sâr-vâr) *s* servidor; criado de mesa; bandeja.
Service (sâr-viss) *s* serviço; préstimo; utilidade; obséquio; ajuda; baixela.
Serviceable (sâr-vissâbl) *adj* útil; serviçal; proveitoso.
Servile (sâr-vil) *adj* servil; adulador; humilde.
Servility (sârvi-liti) *s* servilidade; servilismo; servidão.
Serving (sâr-vinn) *adj* servente; que serve.
Servitude (sâr-vitiud) *s* servidão; escravidão.
Sesame (sé-sâmi) *s* palavra que expressava poderes mágicos (na antiguidade); BOT sésamo; gergelim.
Session (sé-shânn) *s* sessão; audiência; ENGL sala de Tribunal.
Set (sét) *s* aparelho; classe; coleção; decoração de teatro; direção; grupo; lugar de filmagem; ocaso de astro; postura; série; tendência; ESP partida.
Set (sét) *v* acertar relógio; adaptar-se; amadurecer; causar; colocar; conformar; congelar-se; coagular-se; começar a desenvolver; desfraldar; endireitar; engomar; embutir; embaraçar; enguiçar; ficar preso; fixar; montar; mover-se em certa direção; obrigar; plantar; pôr; pôr em movimento; resolver; repassar; tornar perplexo; TIP MÚS compor; ***to SET about***: começar; ***to SET at***: avaliar; ***to SET aside***: pôr de parte; anular; ***to SET back***: recuar; ***to SET before***: apresentar; dar para escolha; ***to SET down***: citar; censurar; imputar; mencionar; registrar; ***to SET fast***: consolidar; adiantar (relógio); ***to SET forward***: animar; avançar; dirigir; ***to SET from***: sair de; ***to SET in***: principiar; ***to SET off***: embelezar; ***to SET on***: excitar; incitar; acometer; ***to SET on foot***: fundar; ***to SET oneself***: aplicar-se; ***to SET out***: publicar; divulgar; ***to SET right***: corrigir; ***to SET up***: erigir; ocasionar; *past and pp* SET.
Set (sét) *adj* resolvido; determinado; fixo; regulado; estabelecido; formal; sólido; firme; fixo; montado; meditado; equipado; pronto.
Setter (sé-târ) *s* cão (de caça).
Setting (sé-tinn) *s* colocação; direção (do vento); disposição; estabelecimento; montagem; música (escrita para poema etc.); ocaso de astro; regulagem.
Settle (sétl) *v* acalmar; colocar; colonizar; casar-se; decidir; deter; dispor; esclarecer; fixar; regular; parar; saldar.
Settlement (sé-tlment) *s* ajuste; depósito; dote; estabelecimento; fixação; sedimento; saldo.
Settler (sé-tlâr) *s* colonizador; colono; fazendeiro.
Settling (sé-tlinn) *s* assentamento; acordo estabelecimento; instalação.
Sever (sé-vâr) *v* cortar; desfazer; dividir; romper.
Several (sé-vârâl) *adj* alguns; distinto; diversos; diferente; vários.
Severance (sé-vârânss) *s* separação.
Severe (sivir) *adj* austero; difícil; rigoroso; sério; severo.
Severity (sivé-riti) *s* austeridade; rigor; severidade.
Sew (sôu) *v* costurar; cerzir; coser; *past* SEWED *and pp* SEWED or SEWN.
Sewage (siu-idj) *s* imundície; esgotos.
Sewer (siu-âr) *s* alfaiate; costureiro.
Sewer (siu-âr) *s* cano (de esgoto).
Sewing (sôu-inn) *s* costura.
Sex (séks) *s* sexo.
Sexless (séks-léss) *adj* assexual; neutro.
Sextet (séks-tét) *s* MÚS sexteto.
Sexual (sék-shuâl) *adj* sexual.
Sexuality (sékshué-liti) *s* sexualidade.
Shabbiness (shé-binéss) *s* baixeza; desalinho; mesquinhez; vileza.
Shabby (shé-bi) *adj* gasto; mesquinho; sujo; sórdido; vil.
Shackle (shékl) *s* algemas; trava; impedimento.
Shackle (shékl) *v* algemar; estorvar; embaraçar.
Shade (shêid) *s* cortina transparente (de janela); gradação de cor; imagem; ilusão; sombra; visão.
Shade (shêid) *v* escurecer; esconder; proteger da luz; proteger dos raios solares; matizar; sombrear (em pintura).

Shadiness (shêi-dinéss) *s* escuridão; opacidade; sombra; sombreado.
Shading (shêi-dinn) *s* sombreado; quebra-luz; ação de matizar.
Shadow (shé-dôu) *s* abrigo; fantasma; proteção; reflexo (de espelho; etc.); sombra; traço; vestígio.
Shadow (shé-dôu) *v* escurecer; nublar; sombrear; ter mudança de cor (gradual).
Shadowy (shé-dôui) *adj* alegórico; escuro; irreal; simbólico; sombrio; vago.
Shady (shêi-di) *adj* sombrio; opaco; escuro.
Shaft (sháft) *s* cano (de chaminé); eixo; fuso; fuste; haste.
Shag (shég) *s* felpa; pelúcia; pelo áspero.
Shaggy (shé-ghi) *adj* áspero; felpudo; peludo.
Shah (shá) *s* xá, título (soberano persa).
Shake (shêik) *s* sacudidela; meneio; aperto de mão.
Shake (shêik) *v* abalar; agitar; arremessar; apertar (mão); sacudir; titubear; tremer; USA desembaraçar-se; *past* SHOOK *and pp* SHAKEN.
Shaking (shêi-kinn) *s* estremecimento; sacudidela; tremura.
Shaky (shêi-ki) *adj* débil; vacilante.
Shall (shael) *v* GRAM formador do futuro nas primeiras pessoas (como auxiliar); *past* SHOULD.
Shallow (shé-lôu) *s* lugar baixo.
Shallow (shé-lôu) *adj* baixo; superficial; pouco profundo.
Sham (shémm) *s* falsa aparência; fingimento; fraude; pretexto.
Sham (shémm) *v* simular; fingir; enganar.
Sham (shémm) *adj* dissimulado; postiço; suposto.
Shamble (shémb-l) *s* passo vacilante.
Shamble (shémb-l) *v* caminhar com dificuldade (arrastando os pés).
Shambles (shém-bls) *s* matadouro; lugar de destruição; açougue.
Shame (shêimm) *s* vergonha; pudor; desonra.
Shame (shêimm) *v* desonrar; envergonhar-se.
Shameful (shêim-ful) *adj* indecente; indecoroso; vergonhoso.
Shameless (shêim-léss) *adj* descarado; sem vergonha; impudico.
Shammer (shêi-mâr) *s* enganador; trapaceiro.
Shammy (shé-mi) *s* camurça (animal).
Shank (shénk) *s* cabo; haste; perna; tíbia; tubo.
Shanty (shén-ti) *s* barracão; cabana; choça.
Shape (shêip) *s* aspecto; contorno; condição; estado; figura; forma; fantasma; molde; padrão.
Shape (shêip) *v* adaptar; formar; moldar; modelar; regular; *past and pp* SHAPED.
Shapeless (shêip-léss) *adj* informe; disforme.
Shapely (shêi-pili) *adj* bem feito ou modelado; estético; gracioso; simétrico.
Shaping (shêi-pili) *adj* feito para moldar (gravar, estampar).
Share (shér) *s* ação; parte; quota; participação; relha do arado.
Share (shér) *v* compartilhar; distribuir; dividir; repartir; ter parte em.
Shareholder (shér-hôul-dâr) *s* acionista.
Sharer (shé-râr) *s* acionista; partícipe; repartidor.
Sharing (shé-rinn) *s* partilha; divisão.
Shark (shárk) *s* tubarão; FIG tratante; velhaco; gatuno.
Shark (shárk) *v* lograr; roubar.
Sharp (shárp) *s* agulha comprida; MÚS sustenido; som agudo.
Sharp (shárp) *v* afiar; aguçar; enganar; irritar; MÚS elevar meio tom.
Sharp (shárp) *adj* afiado; fino; vivo; mordaz; pontiagudo; perspicaz; severo.
Sharp (shárp) *adv* pontualmente; exatamente.
Sharpen (shárpn) *v* amolar; afiar; aguçar; abrir o apetite; azedar; exasperar; estimular.
Sharper (shár-pâr) *s* vigarista; caloteiro.
Shatter (shá-târ) *v* destruir; despedaçar; esmigalhar; frustrar; quebrar.
Shatters (shá-târz) *s* pedaços; fragmentos; cavacos; lascas.
Shave (shêiv) *s* ato de barbear; ação de aparar; ação de escapar (por um triz).
Shave (shêiv) *v* roçar; extorquir; aplainar; raspar; levar a melhor parte; barbear-se; *past* SHAVED *and pp* SHAVEN.
Shaver (shêi-vâr) *s* aparelho de fazer a barba; barbeiro; espertalhão; garoto; interesseiro.
Shaving (shêi-vinn) *s* ato de barbear; ação de raspar.
Shawl (shól) *s* xale; manta.
Shawl (shól) *v* colocar xale.
Shawm (shóm) *s* MÚS oboé (instrumento de sopro).
She (shi) *pron* ela.
Sheaf (shif) *s* feixe; molho; gavela.
Sheaf (shif) *v* fazer feixes; enfeixar.
Shear (shir) *s* tosquiadela; tosquia.
Shear (shir) *v* tosquiar; tosar; podar; ceifar (o trigo); FIG despojar; *past* SHORE *and pp* SHORN.
Shears (shirz) *s* tesouras (próprias para tosquiar, podar, cortar metais, de alfaiate).
Sheath (shith) *s* bainha; estojo; vagem.
Sheathe (shidh) *v* embainhar a espada; revestir; ocultar.
Shed (shéd) *s* telheiro; alpendre; cabana; barraca.
Shed (shéd) *v* espalhar; derramar; entornar; *past and pp* SHED.
Sheeny (shi-ni) *adj* lustroso; brilhante.
Sheep (ship) *s* carneiro; ovelha; tolo; pele de carneiro.
Sheepish (shi-pish) *adj* tímido; acanhado; envergonhado.
Sheer (shir) *v* desviar-se; afastar-se.
Sheer (shir) *adj* puro; completo; fino; escarpado, perpendicular.
Sheer (shir) *adv* duma vez.
Sheet (shit) *s* lençol; folha de papel; lâmina de metal.
Sheet (shit) *v* envolver em lençóis; estender em folhas.
Shelf (shélf) *s* prateleira; estante; baixio; banco de areia.
Shell (shél) *s* casco; casca (noz, ovo etc.); concha; vagem; carcaça; espécie de barco para regatas.
Shell (shél) *v* descascar; bombardear; mudar a pele; lascar.
Shelter (shél-târ) *s* abrigo; asilo; proteção; amparo.
Shelter (shél-târ) *v* abrigar; proteger.
Shelve (shélv) *v* desprezar; pôr em prateleira; inclinar-se.
Shelving (shél-vinn) *s* ato de pôr em prateleira; ação de equipar com prateleira; ato de pôr de lado; material para prateleiras; prateleiras.
Shelving (shél-vinn) *adj* inclinado.
Shelvy (shél-vi) *adj* inclinado; ressaltado; saliente; protuberante.
Shenn (shin) *s* brilho; luz; reflexo; resplendor.
Shepherd (shé-pârd) *s* pastor; FIG pastor; guia.
Shepherd (shé-pârd) *v* cuidar; guiar; proteger.
Sherbet (shâr-bet) *s* refresco gelado; sorvete.
Sheriff (shé-rif) *s* USA xerife (juiz principal, corregedor e delegado de condado).
Sherry (shé-ri) *s* xerez.
Shield (shild) *s* escudo; proteção; blindagem; amparo.
Shield (shild) *v* escudar; defender; proteger.
Shift (shift) *s* meio; expediente; mudança; revezamento (de operários).
Shift (shift) *v* mudar; mover; esguiar-se; desviar; alterar.
Shiftable (shif-tâbl) *adj* mutável; variável.
Shiftless (shif-tléss) *adj* desamparado; desvalido; negligente.
Shifty (shif-ti) *adj* astuto; velhaco.
Shilling (shi-linn) *s* xêlim (antiga moeda inglesa).
Shim (shimm) *s* calço; enchimento.
Shin (shinn) *s* canela; tíbia.
Shin (shinn) *v* escalar; subir; trepar.
Shindy (shin-di) *s* tumulto; barulho, algazarra.
Shine (sháinn) *s* brilho; resplendor; claridade.
Shine (sháinn) *v* brilhar; luzir; distinguir-se; lustrar; *past or pp* SHONE.
Shiner (shái-nâr) *s* aquilo que brilha; moeda de ouro.
Shingle (shing-l) *s* ripa; sarrafo; letreiro de escritório.
Shingle (shing-l) *v* cobrir de ripas; cortar o cabelo.

Shining (shái-ninn) *s* brilho; lustre; resplendor.
Shining (shái-ninn) *adj* brilhante; lustroso; ilustre.
Shiny (shái-ni) *adj* lustroso.
Ship (ship) *s* avião; barco; navio.
Ship (ship) *v* embarcar; despachar; expedir; receber a bordo.
Shipmaster (ship-maes-târ) *s* capitão de navio.
Shipmate (ship-mêit) *s* camarada.
Shipment (ship-ment) *s* ato de embarcar (mercadorias); carregamento; embarque.
Shipping (shi;pinn) *s* marinha mercante; esquadra; navios.
Shipwreck (ship-rék) *s* naufrágio marítimo; infortúnio; ruína.
Shipwreck (ship-rék) *v* naufragar.
Shipyard (shi-piârd) *s* estaleiro.
Shire (sháir) *s* divisão territorial na Inglaterra; USA condado.
Shirk (shârk) *v* esquivar-se; evitar; fazer-se de preguiçoso.
Shirt (shârt) *s* camisa (para homem).
Shiver (shi-vâr) *s* pedaço; tremor de frio; fragmento.
Shiver (shi-vâr) *v* quebrar; lascar; tremer.
Shivering (shi-vârinn) *s* arrepio; calafrio.
Shivering (shi-vârinn) *adj* que treme.
Shivery (shi-vâri) *adj* friorento; febril.
Shoal (shôul) *s* baixio; banco de areia; cardume; bando; multidao.
Shoal (shôul) *v* juntar-se; encher-se de bancos de areia.
Shoal (shôul) *adj* pouco fundo.
Shock (shók) *s* choque; colisão; impacto; golpe; comoção; acervo; choque elétrico; paralisia.
Shock (shók) *v* chocar; abalar; colidir; ofender; escandalizar; amontoar feixes de trigo.
Shocking (shó-kinn) *adj* chocante; repulsivo; repugnante; ofensivo.
Shoddy (shó-di) *s* imitação de lã; coisa inferior.
Shoddy (shó-di) *adj* aparente; falso; de lã artificial.
Shoe (shu) *s* sapato; ferradura.
Shoe (shu) *v* calçar; ferrar; *past or pp* SHOD.
Shoeing (shu-inn) *s* ato de calçar animal; ação de ferrar animal.
Shoemaker (shu-mêi-kâr) *s* sapateiro.
Shoer (shu-âr) *s* fornecedor de calçados.
Shoot (shut) *s* tiro; rebento; renovo; coador.
Shoot (shut) *v* atirar; filmar; brotar; caçar; lançar. *past or pp* SHOT.
Shooter (shu-târ) *s* atirador de arma de fogo.
Shooting (shu-tinn) *s* ato de atirar (em caça ou em alguém).
Shop (shóp) *s* estabelecimento; loja; oficina.
Shop (shóp) *v* fazer compras (em lojas etc.).
Shopkeeper (shóp-ki-pâr) *s* lojista.
Shopman (shóp-maen) *s* lojista; caixeiro; balconista.
Shopping (shó-pinn) *s* compras; ato de fazer compras.
Shore (shôur) *s* praia; litoral; costa; escora; pontão.
Shore (shôur) *v* escorar; suster.
Shoring (shôu-rinn) *s* escoramento.
Short (shórt) *adj* breve; curto; escasso; insuficiente; limitado; próximo; perto.
Short (shórt) *adv* brevemente.
Shortage (shór-tidj) *s* deficiência; escassez; falta.
Shortcoming (shórtkâ-minn) *s* negligência; deficiência; falta.
Shorten (shórt-n) *v* encurtar; diminuir; abreviar.
Shortening (shórt-ninn) *s* encurtamento; abreviação.
Shorthand (shórt-haend) *s* taquigrafia; estenografia.
Shot (shót) *s* tiro de arma; flecha; alcance de uma arma; atirador; parte.
Shot (shót) *v* carregar uma arma.
Shoulder (shôul-dâr) *s* ombro; espádua; parte saliente.
Shoulder (shôul-dâr) *v* levar ao ombro (a arma); empurrar com o ombro; assumir a responsabilidade de.
Shout (sháut) *s* brado; grito; berro.
Shout (sháut) *v* gritar; berrar; aclamar.
Shouting (sháu-tinn) *s* gritaria; ovação; aclamação.
Shouting (sháu-tinn) *adj* que grita.
Shove (shâv) *s* empurrão; impulso.
Shove (shâv) *v* empurrar.
Shovel (shâv-l) *s* pá; escavadeira.
Shovel (shâv-l) *v* juntar com a pá; escavar.
Show (shôu) *s* exibição; exposição; mostra.
Show (shôu) *v* aparecer; demonstrar; exibir; explicar; guiar; indicar; mostrar; *past* **showed** *and pp* **SHOWN**.
Shower (shôu-âr) *s* aguaceiro; abundância; chuveiro.
Shower (shôu-âr) *v* tomar ducha ou banho; chover a cântaros; conferir.
Showy (shôu-i) *adj* pomposo; alegre; vistoso.
Shred (shréd) *s* pedaço; tira estreita; fragmento.
Shred (shréd) *v* cortar em tiras; retalhar; picar; *past or pp* SHRED.
Shrew (shru) *s* megera; mulher de mau gênio.
Shrewd (shrud) *adj* inteligente; perspicaz.
Shrewdness (shrud-néss) *s* astúcia; perspicácia; sagacidade.
Shrewish (shru-ish) *adj* mal-humorado; impertinente; rabugento.
Shriek (shrik) *s* grito agudo; guincho.
Shriek (shrik) *v* gritar; emitir som agudo.
Shrift (shrift) *s* confissão; desabafo; confidência.
Shrimp (shrimp) *s* camarão; anão; homem sem valor.
Shrine (shráinn) *s* relicário; santuário; túmulo de santo.
Shrink (shrink) *s* contração; encolhimento.
Shrink (shrink) *v* encolher-se; recuar; diminuir; sucumbir; contrair-se; *past* SHRANK or SHRUNK *and pp* SHRUNK or SHRUNKEN.
Shrive (shráiv) *v* ouvir confissão de; confessar; *past* SHRIVED or SHROVE *and pp* SHRIVED or SHRIVEN.
Shroud (shráud) *s* mortalha (para falecido); abrigo.
Shroud (shráud) *v* abrigar-se; refugiar-se.
Shrub (shráb) *s* arbusto; árvore pequena.
Shrug (shrâg) *s* encolhimento de ombros.
Shrug (shrâg) *v* sacudir os ombros; levantar os ombros; dar de ombros.
Shudder (shâ-dâr) *s* tremor; frêmito; arrepio de medo; aversão.
Shudder (shâ-dâr) *v* estremecer; tremer de medo.
Shuffle (shâf-l) *s* confusão; mistura; trapaça; arrastar os pés.
Shuffle (shâf-l) *v* baralhar; misturar; enganar; trapacear; esquivar-se a; andar mancando.
Shun (shânn) *v* evitar; desviar-se de.
Shunt (shânt) *s* desvio; derivação.
Shunt (shânt) *v* desviar-se; mudar de linha.
Shut (shât) *adj* fechado; pouco sonoro.
Shut (shât) *v* fechar; excluir; cerrar; fechar-se; ***to SHUT down on***: suprimir; ***to SHUT from***: excluir; ***to SHUT in***: encerrar; impedir a saída; ***to SHUT off***: excluir; impedir a entrada; ***to SHUT up***: calar-se; aprisionar; encurralar; ***SHUT up!***: cale-se!; *past or pp* SHUT.
Shutter (shâ-târ) *s* postigo, pequena porta; buraco em porta (para observação).
Shutting (shâ-tinn) *s* fechamento.
Shy (shái) *adj* tímido; acanhado; reservado.
Shy (shái) *v* recuar; desviar-se; assustar-se.
Shyness (shái-néss) *s* acanhamento; timidez.
Sibilation (sibilêi-shânn) *s* assobio; silvo.
Sick (sik) *adj* doente; adoentado; enjoado; com náuseas.
Sicken (sik-n) *v* adoecer; cansar-se; aborrecer.
Sickish (si-kish) *adj* adoentado.
Sickle (sikl) *s* segadeira, foice.
Sickly (si-kli) *adj* adoentado; fraco; débil.
Sickly (si-kli) *adv* debilmente.
Sickness (sik-néss) *s* doença; enfermidade; aborrecimento; enjoo.
Side (saíd) *s* lado; ilharga; flanco; declive; facção; partido.
Side (saíd) *v* tomar partido de alguém; estar ao lado de.
Side (saíd) *adj* lateral; secundário.

Sideboard (sáid-bôurd) *s* aparador.
Sideface (sáid-fêiss) *s* perfil.
Sidelong (sáid-lónn) *adj* lateral.
Sidelong (sáid-lónn) *adv* lateralmente.
Sidereal (sáidi-riâl) *adj* sideral; astral; estelar.
Sidewalk (sáid-uólk) *s* calçada; SIDEWALK-superintendent: USA superintendente de calçada (buraco no tapume das construções, criado por J. D. Rockefeller, a fim de que todos pudessem espiar os trabalhos).
Sideways (sáid-uêiz) *adv* obliquamente; de lado.
Siding (sái-dinn) *s* desvio.
Sidle (sáid-l) *v* mover-se de lado; caminhar de lado.
Siege (sidj) *s* sítio; cerco; assédio.
Sieve (siv) *s* peneira; crivo.
Sift (sift) *v* peneirar; examinar com detalhe.
Sigh (sái) *v* suspirar; lamentar.
Sight (sáit) *s* vista; visão; cena; mira de arma de fogo; opinião; julgamento.
Sight (sáit) *v* ver; avistar; fazer pontaria.
Sighted (sái-tid) *adj* assinalado; de vista.
Sign (sáinn) *s* sinal; aviso; indício; símbolo; vestígio; sintoma.
Sign (sáinn) *v* assinar; rubricar; significar; fazer sinais.
Signal (sig-nâl) *s* sinal; aviso.
Signal (sig-nâl) *v* fazer sinais a; indicar.
Signal (sig-nâl) *adj* notável; memorável.
Signalize (sig-nâláiz) *v* assinalar; particularizar; distinguir.
Signaller (sig-nâlâr) *s* sinaleiro.
Signatory (sig-nâtôuri) *s* signatário; assinante.
Signatory (sig-nâtôuri) *adj* signatário; assinante.
Signature (sig-nâtshur) *s* assinatura; firma; sinal.
Signet (sig-nit) *s* carimbo; sinete; selo.
Significance (signi-fikânsi) *s* ênfase; importância; significação.
Significant (signi-fikânt) *adj* significativo; decisivo; importante.
Signification (signifikêi-shânn) *s* significação; sentido.
Signify (sig-nifái) *v* significar; querer dizer; importar; indicar; assinalar.
Silence (sái-lenss) *s* silêncio.
Silence (sái-lenss) *v* impor silêncio; acalmar.
Silent (sái-lent) *adj* calado; letra muda; silencioso; tranquilo.
Silk (silk) *s* seda.
Silk (silk) *adj* de seda.
Silken (silk-n) *adj* de seda; macio; sedoso.
Silkworm (silk-uârmm) *s* bicho-da-seda.
Silky (sil-ki) *adj* de seda; sedoso; macio.
Sill (sil) *s* peitoril de janela.
Silly (si-li) *s* louco; néscio.
Silt (silt) *s* lama; lodo; depósito sedimentar.
Silt (silt) *v* obstruir com lodo.
Silty (sil-ti) *adj* lodoso; sedimentoso.
Silver (sil-vâr) *s* prata; moeda de prata; cor de prata.
Silver (sil-vâr) *v* pratear; estanhar um espelho; branquear.
Silver (sil-vâr) *adj* argênteo.
Silverware (sil-vâr-uér) *s* prataria; artigos de prata.
Silvery (sil-vâri) *adj* como prata; prateado; argênteo.
Simian (si-miânn) *s* mono; bugio; macaco.
Simian (si-miânn) *adj* de mono; simiesco.
Similar (si-milâr) *adj* similar; semelhante.
Similarity (similé-riti) *s* semelhança; conformidade.
Simper (sim-pâr) *s* sorriso afetado.
Simper (sim-pâr) *v* sorrir tolamente.
Simple (simpl) *s* pessoa estúpida, simplória.
Simple (simpl) *adj* simples; cândido; inocente; tolo.
Simpleness (simpl-néss) *s* simplicidade.
Simpleton (simpl-tânn) *s* simplório; pateta.
Simplicity (simpli-siti) *s* simplicidade; clareza; singeleza; sinceridade.
Simplification (simplifikêi-shânn) *s* simplificação.
Simplify (sim-plifái) *v* simplificar.
Simply (sim-pli) *adv* simplesmente; meramente.
Simulacre (si-miulêikâr) *s* simulacro; representação.
Simulate (si-miulêit) *v* simular; fingir; falsificar.
Simulation (simiulêi-shânn) *s* simulação; fingimento.
Simultaneous (simâltêi-niâss) *adj* simultâneo, ao mesmo tempo.
Sin (sinn) *s* pecado; culpa; maldade.
Sin (sinn) *v* pecar; errar.
Since (sinss) *adv* desde; desde então.
Since (sinss) *prep* desde; desde então.
Since (sinss) *conj* desde que; uma vez que.
Sincere (sinsi-r) *adj* sincero; leal; franco; verdadeiro.
Sincerity (sinsé-riti) *s* sinceridade; franqueza.
Sinecure (sái-nikiur) *s* sinecura.
Sinew (si-niu) *s* tendão; fibra; nervo; energia.
Sinew (si-niu) *v* fortalecer; ligar com tendões.
Sinewy (si-niui) *adj* com tendões fortes; duro; vigoroso; resistente como tendão.
Sinful (sin-ful) *adj* pecador; pecaminoso.
Sinful (sin-ful) *adv* pecaminosamente.
Sing (sinn) *v* cantar; celebrar em canto; celebrar em verso; zumbir; exaltar; louvar; *past* SANG or SUNG *and pp* SUNG.
Singer (sin-gâr) *s* cantor; cantora.
Singing (sinninn) *s* canto; música vocal.
Singing (sinninn) *adj* de canto; que canta.
Single (singl) *adj* simples; individual; só; singelo; solteiro; único.
Single (singl) *v* distinguir; destacar; escolher; separar.
Singleness (singl-néss) *s* simplicidade; singeleza; singularidade; solidão.
Singlet (sinn-lit) *s* camiseta.
Singular (sin-ghiulâr) *s* singular; único; extraordinário.
Singular (sin-ghiulâr) *adj* singular; único; extraordinário.
Singularity (singhiulé-riti) *s* singularidade; particularidade.
Sinister (si-nistâr) *adj* sinistro; funesto; pernicioso.
Sink (sink) *s* cano de esgoto; fundo do porão; pia; latrina.
Sink (sink) *v* afundar; soçobrar; sucumbir; diminuir; baixar; escavar um poço; deprimir; humilhar; *past* SANK *or* SUNK *and pp* SUNK or SUNKEN.
Sinkage (sin-kidj) *s* imersão.
Sinker (sin-kâr) *s* o que afunda; perfurador de poços.
Sinking (sin-kinn) *s* afundamento; escavação.
Sinless (sin-léss) *adj* impecável; puro; santo.
Sinner (sin-nâr) *s* pecador; pecadora.
Sinuous (si-niuâss) *adj* sinuoso; curvo; tortuoso.
Sinus (sái-nâss) *s* MED seio; cavidade; abscesso; fístula.
Sip (sip) *s* sorvo; gole.
Sip (sip) *v* bebericar.
Siphon (sái-fânn) *s* sifão.
Sir (sâr) *s* senhor; título de respeito.
Sire (sáir) *s* genitor; pai; progenitor.
Sire (sáir) *v* procriar cavalos.
Siren (sái-renn) *s* sereia.
Sister (sis-târ) *s* irmã; freira.
Sisterhood (sis-târ-hud) *s* RELIG irmãs religiosas; irmandade.
Sit (sit) *v* sentar; empoleirar; posar; velar; assentar um vestido; reunir-se em sessão; ajustar; *past and pp* SAT or SATE.
Site (sáit) *s* sítio; local; lugar; situação.
Sitting (si-tinn) *s* ato de sentar; assento; sessão; audiência; ninhada; pose para fotografia.
Sitting (si-tinn) *adj* sentado; em sessão; em conselho; ave empoleirada.
Situate (si-tshuêit) *v* situar; colocar.
Situation (sitshuêi-shânn) *s* situação; ocupação; emprego.
Size (sáiz) *s* tamanho; medida; estatura; calibre; número de sapato.
Size (sáiz) *v* medir; calibrar; classificar; colar.
Sized (sáiz-d) *adj* de tal tamanho ou dimensão; grossura; estatura; calibrado; adaptado.
Sizzle (siz-l) *s* chiado; sibilo.

Sizzle (siz-l) *v* chiar.
Skate (skêit) *s* patim; arraia.
Skate (skêit) *v* patinar.
Skater (skêi-târ) *s* patinador.
Skating (skêi-tinn) *s* ESP ação de patinar.
Skeleton (ské-letânn) *s* esqueleto.
Skeleton (ské-letânn) *v* esboçar; delinear.
Skeleton (ské-letânn) *adj* esquelético.
Sketch (skétsh) *s* croqui; esboço; desenho gráfico; traçado; rascunho.
Sketch (skétsh) *v* esboçar; desenhar; traçar.
Sketchy (ské-tshi) *adj* esboçado; incompleto.
Skew (skiu) *s* engano; desvio; olhar estrábico.
Skew (skiu) *adj* oblíquo; torcido; esguelhado (olhar).
Ski (ski) *s* esqui.
Skid (skid) *s* calço de roda; travão; sapata; trem de aterrizagem.
Skid (skid) *v* calçar a roda; travar; derrapar.
Skiff (skif) *s* esquife (barco de remos).
Skilful (skil-ful) *adj* hábil; destro; habilidoso.
Skill (skil) *s* perícia; habilidade; destreza.
Skilled (skil-d) *adj* perito; destro; hábil.
Skillet (ski-lit) *s* caçarola; frigideira.
Skim (skimm) *s* escuma; escumadeira.
Skim (skimm) *v* escumar; escorregar; desnatar; folhear (um livro); roçar.
Skimmer (skim-mâr) *s* escumadeira.
Skimp (skimp) *v* descuidar; cercear; restringir.
Skimpiness (skim-pinéss) *s* feito sem cuidado.
Skimpy (skim-pi) *adj* imperfeito.
Skin (skinn) *s* pele; couro; forro; pergaminho.
Skin (skinn) *v* tirar a pele a; esfolar; cicatrizar.
Skinflint (skin-flint) *s* sovina; avarento.
Skinniness (ski-ninéss) *s* magreza excessiva.
Skinny (ski-ni) *adj* magro; definhado; descarnado.
Skip (skip) *s* salto; pulo; omissão.
Skip (skip) *v* pular; omitir; saltar (página etc.); saltar uma linha (etc.).
Skipper (ski-pâr) *s* capitão (de barco de pesca); patrão; bicho do queijo; líder de equipe esportiva.
Skipping (ski-pinn) *s* salto.
Skirmish (skâr-mish) *s* escaramuça; rixa; conflito.
Skirt (skârt) *s* aba; fronteira; limite; orla; saia.
Skirt (skârt) *v* orlar; ladear; costear.
Skit (skit) *s* mofa; panfleto; peça humorística.
Skittish (ski-tish) *adj* leviano; volúvel; caprichoso; excitável.
Skittishness (ski-tishnéss) *s* capricho; leviandade; manha.
Skulk (skâlk) *s* covarde; medroso.
Skulk (skâlk) *v* fugir sorrateiramente; ocultar-se; desviar-se do dever; sair de fininho.
Skull (skâl) *s* crânio; caveira.
Sky (skái) *s* céu; firmamento.
Skylight (skái-láit) *s* claraboia; escotilha vidrada nos navios.
Skyscraper (skái-skrêi-pâr) *s* arranha-céu.
Slab (sléb) *s* folha; prancha; laje.
Slab (sléb) *v* cortar (em pranchas, em tábuas).
Slack (slék) *s* parte bamba de uma corda; carvão miúdo; pausa.
Slack (slék) *v* abrandar; estancar; apagar.
Slack (slék) *adj* bambo; fraco; lento.
Slackness (slék-néss) *s* frouxidão; indolência.
Slacks (sléks) *s* calças.
Slag (slég) *s* escumalha; escória.
Slake (slêik) *v* apaziguar; afrouxar; diminuir; estancar; extinguir.
Slam (slémm) *s* ação de bater porta (com força); estrondo.
Slam (slémm) *v* fechar porta com violência.
Slander (slén-dâr) *s* calúnia; difamação.
Slander (slén-dâr) *v* caluniar; maldizer.
Slanderer (slén-dârâr) *s* difamador; caluniador.
Slandering (slén-dârinn) *s* difamação; calúnia.
Slanderous (slén-dârâss) *adj* caluniador; difamatório.
Slang (slénn) *s* gíria; calão; jargão.
Slanginess (slénninéss) *s* linguagem vulgar; linguagem ofensiva.
Slant (slént) *s* obliquidade; ladeira; inclinação.
Slant (slént) *v* enviesar; inclinar.
Slanting (slén-tinn) *adj* inclinado para o lado.
Slanting (slén-tinn) *adv* obliquamente.
Slap (slép) *s* bofetada; palmada; tapa.
Slap (slép) *v* esbofetear.
Slash (slésh) *s* corte; talho; entalhe; golpe ao acaso; ferida; cicatriz.
Slash (slésh) *v* cortar bastante; esmagar; retalhar; criticar severamente; dar cutiladas a torto e a direito.
Slat (slét) *s* lasca; fragmento de madeira; ripa; pessoa alta e magra.
Slate (slêit) *s* ardósia; lousa; USA chapa eleitoral.
Slate (slêit) *v* cobrir com ardósia; USA pôr o nome na chapa eleitoral.
Slattern (slé-târn) *s* mulher negligente; mulher devassa.
Slaty (slêi-ti) *adj* como ardósia; como lousa.
Slaughter (slâ-târ) *s* matança; carnificina.
Slaughter (slâ-târ) *v* trucidar; matar.
Slave (slêiv) *s* escravo; servo.
Slave (slêiv) *v* trabalhar como escravo; labutar.
Slaver (slêi-vâr) *s* traficante de escravos; negreiro; navio negreiro; baba.
Slaver (slêi-vâr) *v* babar; babar-se.
Slavery (slêi-vâri) *s* escravidão; escravatura.
Slavish (slêi-vish) *adj* de escravo; servil; cativo.
Slavishness (slêi-vishnéss) *s* escravidão; servidão; servilismo.
Slay (slêi) *v* matar; assassinar; *past* SLEW *and pp* SLAIN.
Slayer (slêi-âr) *s* matador; assassino.
Sleave (sliv) *s* seda crua.
Sleave (sliv) *v* desenredar; desembaraçar; destrinçar.
Sled (sled) *s* trenó; ENGL SLEDGE.
Sledge (slédj) *s* malho; marreta.
Sleek (slik) *v* alisar; amaciar; polir.
Sleek (slik) *adj* liso; macio; polido.
Sleeky (sli-ki) *adj* suave; macio; liso.
Sleep (slip) *s* sono; repouso.
Sleep (slip) *v* dormir; adormecer; *past or pp* SLEPT.
Sleeping (sli-pinn) *s* sono; descanso.
Sleeping (sli-pinn) *adj* adormecido.
Sleeplessness (slip-lénéss) *s* insônia.
Sleepy (sli-pi) *adj* sonolento; com sono; preguiçoso.
Sleet (slit) *s* granizo; chuva; neve.
Sleet (slit) *v* chover; nevar.
Sleeve (sliv) *s* manga de camisa.
Slender (slén-dâr) *adj* esbelto; elegante.
Slenderness (slén-dârnéss) *s* delgadeza; elegância; sobriedade.
Slice (sláiss) *s* fatia; posta.
Slice (sláiss) *v* retalhar; cortar em fatias.
Slide (sláid) *s* ato de deslizar; superfície escorregadia; CIN chapa de projeção.
Slide (sláid) *v* resvalar; escorregar; deslizar; escorregar; *past* SLID *and pp* SLIDDEN.
Sliding (slái-dinn) *s* deslizamento; escorregadela; lapso.
Sliding (slái-dinn) *adj* corrediço; inconstante.
Slight (sláit) *s* desprezo; desfeita.
Slight (sláit) *v* desleixar; desprezar; desconsiderar.
Slight (sláit) *adj* ligeiro; leve; fraco; medíocre.
Slighting (slái-tinn) *s* desdém; desprezo.
Slighting (slái-tinn) *adj* desdenhoso.
Slightness (sláit-néss) *s* insignificância; fraqueza; irreverência.
Slim (slimm) *adj* esbelto; esguio; garboso; delgado.
Slime (sláimm) *s* lodo; limo; substância viscosa.
Slimy (slái-mi) *adj* coberto com lodo; trapaceiro.
Sling (slinn) *s* funda; estilingue; bodoque.

Sling (slinn) *v* alçar; lançar com estilingue; *past or pp* **SLUNG**.
Slink (slink) *s* animal nascido prematuramente.
Slink (slink) *v* escapulir-se; esquivar-se; *past or pp* **SLUNK**.
Slip (slip) *s* escorregadela.
Slip (slip) *v* escorregar; escapulir; errar; largar; tirar; despir; pôr (roupa); omitir; fugir da memória.
Slipper (sli-pâr) *s* chinelo.
Slipperiness (sli-pârinéss) *s* incerteza; escorregadio.
Slippery (sli-pâri) *adj* escorregadio; incerto; obsceno.
Slit (slit) *s* fenda; racha.
Slit (slit) *v* rachar; fazer incisão; *past or pp* **SLIT**.
Slobber (sló-bâr) *s* baba.
Slobber (sló-bâr) *v* babar; dizer baboseiras.
Slogan (slôu-gânn) *s* grito de guerra; frase para propaganda; lema.
Sloop (slup) *s* NÁUT chalupa.
Slop (slóp) *s* líquido derramado; roupas de confecção.
Slop (slóp) *v* derramar; verter; entornar.
Slope (slôup) *s* declive; inclinação.
Slope (slôup) *v* inclinar; enviesar.
Sloppy (sló-pi) *adj* lamacento; molhado; sujo.
Slosh (slósh) *s* lama; neve derretida.
Slosh (slósh) *v* enlamear.
Slot (slót) *s* fenda; ranhura; pista.
Sloth (slóth) *s* indolência; preguiça; bicho-preguiça.
Slouch (sláutsh) *s* inclinação do corpo; andar desajeitado.
Slouch (sláutsh) *v* abaixar a cabeça acanhadamente.
Slough (sláutsh) *s* lamaçal; brejo; pântano; pele de cobra.
Slough (sláutsh) *v* mudar (pele de cobra).
Slow (slôu) *adj* vagaroso; demorado; indolente; relógio atrasado.
Slow (slôu) *v* diminuir a velocidade.
Slowly (slôu-li) *adv* vagarosamente; lentamente.
Slowness (slôu-néss) *s* lentidão; morosidade.
Slug (slâg) *s* bloco de chumbo; preguiçoso; lesma; bala (arma de fogo).
Sluggard (slâ-gârd) *s* mandrião; indolente; preguiçoso.
Sluggish (slâghish) *adj* indolente; inerte.
Sluggishness (slâ-ghishnéss) *s* indolência; preguiça; lentidão.
Sluice (sluss) *s* comporta; dique; eclusa; represa.
Slum (slâmm) *s* bairro pobre; favela.
Slum (slâmm) *v* visitar (bairro pobre).
Slumber (slâm-bâr) *s* soneca; cochilo.
Slumber (slâm-bâr) *v* adormecer; cochilar.
Slump (slâmp) *s* fracasso; baixa repentina no preço das mercadorias.
Slump (slâmp) *v* afundar (repentinamente); cair de repente.
Slur (slâr) *s* pronúncia não compreensível; estigma; MÚS modulação.
Slur (slâr) *v* manchar; macular; modular; censurar.
Slush (slâsh) *s* neve derretida; lama; lodo; graxa lubrificante.
Slushy (slâ-shi) *adj* lamacento; lodoso; molhado.
Sly (slái) *adj* manhoso; astuto; dissimulado.
Slyness (slái-néss) *s* manha; astúcia.
Smack (smék) *s* sabor; gosto; aroma; beijoca com estalo; palmada.
Smack (smék) *v* fazer estalo (com beijo).
Small (smól) *adj* tamanho pequeno; baixo; pobre.
Smallness (smól-néss) *s* pequenez; insignificância.
Smalt (smólt) *s* esmalte de pigmento azul.
Smart (smárt) *s* dor aguda; aflição.
Smart (smárt) *v* sofrer; pungir; arder; doer.
Smart (smárt) *adj* vivo; esperto; sagaz; elegante.
Smarten (smárt-n) *v* tornar garboso; embelezar.
Smash (smésh) *s* quebra; estrondo; falência.
Smash (smésh) *v* despedaçar; quebrar; falir.
Smasher (smé-shâr) *s* o que despedaça; que esmaga; que achata.
Smatter (smé-târ) *s* leve noção.
Smatter (smé-târ) *v* falar sem conhecimento.
Smear (smir) *s* borrão; sujeira de gordura.
Smear (smir) *v* lambuzar; sujar.
Smell (smél) *s* cheiro; aroma; perfume; mau cheiro; olfato.
Smell (smél) *v* cheirar; descobrir; ***to SMELL a rat***: suspeitar de alguma coisa; *past or pp* **SMELT**.
Smelt (smélt) *v* fundir; refinar por fusão.
Smile (smáil) *s* sorriso; olhar alegre.
Smile (smáil) *v* sorrir.
Smirch (smârtsh) *s* sujeira; mancha; degradação.
Smirch (smârtsh) *v* sujar; manchar; desacreditar.
Smirk (smârk) *s* sorriso afetado ou forçado.
Smirk (smârk) *v* sorrir com afetação.
Smite (smáit) *s* golpe; soco.
Smite (smáit) *v* atingir; afetar; golpear; castigar *past* **SMOTE or SMIT** *and pp* **SMIT or SMITTEN**.
Smith (smith) *s* ferreiro; forjador.
Smithery (smi-dhâr) *s* forja; ferraria.
Smog (smóg) *s* fumaça (+) nevoeiro (**smoke+fog**).
Smoke (smôuk) *s* fumaça.
Smoke (smôuk) *v* fumar; defumar; fumegar.
Smoker (smôu-kâr) *s* fumante; defumador.
Smoking (smôu-kinn) *s* ato de fumar.
Smoky (smôu-ki) *adj* fumegante; cheio de fumaça; defumado.
Smooth (smudh) *s* ato de alisar ou polir.
Smooth (smudh) *v* alisar; aplainar; suavizar; abrandar; lisonjear.
Smooth (smudh) *adj* liso; macio; suave; polido.
Smother (smâ-dhâr) *s* nuvem (de fumaça, de poeira).
Smother (smâ-dhâr) *v* abafar; extinguir.
Smoulder (smôul-dâr) *v* queimar lentamente; estar latente.
Smudge (smâdj) *s* mancha; fogo com fumaça para espantar os insetos; nódoa.
Smudge (smâdj) *v* lambuzar; sujar.
Smug (smâg) *s* elegante; presumido.
Smug (smâg) *adj* elegante; presumido.
Smuggler (smâ-glâr) *s* contrabandista; navio de contrabando.
Smuggling (smâ-glinn) *s* contrabando; fraude.
Smut (smât) *s* negror que resulta da fuligem; obscenidade.
Smutty (smâ-ti) *adj* manchado; enegrecido; obsceno.
Snack (snék) *s* refeição leve; merenda; quinhão.
Snag (snég) *s* árvore submersa; nó; laço; saliência; empecilho.
Snag (snég) *v* bater em tronco de árvore.
Snail (snêil) *s* caracol; caramujo; lesma.
Snake (snêik) *s* cobra; serpente; pessoa falsa.
Snap (snép) *s* ruptura; estalo; estrépito; dentada; resposta rude; foto instantânea.
Snap (snép) *v* quebrar subitamente; estalar; rachar; agarrar; fotografar; segurar.
Snapper (sné-pâr) *s* o que morde; o que estala; cão bravo.
Snare (snér) *s* laço; armadilha; cilada; ardil.
Snarl (snárl) *s* rosnadura; confusão.
Snarl (snárl) *v* rosnar; ralhar; resmungar.
Snarling (snár-linn) *adj* rabugento; rosnador; impertinente.
Snatch (snétsh) *s* agarramento; breve período.
Snatch (snétsh) *v* agarrar.
Snatcher (sné-tshâr) *s* agarrador; arrebatador.
Sneak (snik) *s* homem vil; dissimulação.
Sneak (snik) *v* introduzir-se furtivamente; agir servilmente.
Sneaker (sniker) *s* USA tênis; alpargatas.
Sneakiness (sni-kinéss) *s* baixeza; mesquinhez.
Sneaky (sni-ki) *adj* baixo; vil; furtivo; servil.
Sneer (snir) *s* olhar de escárnio; riso zombeteiro.
Sneer (snir) *v* zombar.
Sneeze (sniz) *s* espirro.
Sneeze (sniz) *v* espirrar.
Snell (snél) *adj* ativo; agudo; severo.
Snick (snik) *s* corte; entalhe.
Snick (snik) *v* cortar; entalhar.

Sniff (snif) *s* aspiração; fungada.
Sniff (snif) *v* aspirar; fungar; cheirar.
Snigger (sni-gâr) *s* riso abafado.
Snigger (sni-gâr) *v* rir sorrateiramente; rir sem motivo.
Snip (snip) *s* ato de cortar; apara; retalho.
Snip (snip) *v* cortar; aparar.
Snipe (snáip) *s* tiro de tocaia.
Snipe (snáip) *v* atirar em caça (às escondidas).
Snippet (sni-pit) *s* recorte; retalho pequeno.
Snippety (sni-peti) *adj* pessoa arrogante.
Snippy (sni-pi) *adj* mesquinho; mal-humorado; rabugento.
Snivel (snivl) *s* muco nasal; fala hipócrita.
Snivel (snivl) *v* choramingar; pingar do nariz.
Sniveller (sniv-lâr) *s* ranhento; choramingas.
Snob (snób) *s* snob (LAT "Sine Nobilitas" = sem nobreza); pretensioso; presumido.
Snobbism (snó-bizm) *s* esnobismo; altivez tola e presunçosa.
Snooze (snuz) *s* sesta; soneca.
Snooze (snuz) *v* dormir; cochilar.
Snore (snôur) *s* ronco.
Snore (snôur) *v* roncar durante o sono.
Snout (snáut) *s* focinho; tromba de animal.
Snow (snôu) *s* neve.
Snow (snôu) *v* nevar; *past* SNOWED *and pp* SNOW.
Snowfall (snôu-fól) *s* nevada; queda brusca de neve.
Snowflake (snôu-flêik) *s* floco de neve.
Snowslide (snôu-slái-d) *s* alude de neve; avalanche.
Snowstorm (snôu-stórm) *s* nevasca; tempestade de neve.
Snowy (snôui) *adj* imaculado; puro; branco.
Snub (snâb) *s* menosprezo; injúria; afronta; nariz chato; nariz arrebitado.
Snub (snâb) *v* censurar; repreender.
Snuff (snâf) *s* rapé; coto de vela; tabaco em pó.
Snuff (snâf) *v* aspirar; cheirar; fungar.
Snuffle (snâf-l) *s* som fanhoso.
Snuffle (snâf-l) *v* falar fanhoso.
Snuffler (snâ-flâr) *s* pessoa fanhosa.
Snug (snâg) *adj* abrigado; agasalhado; cômodo; bem espaçoso; em boa ordem.
Snuggle (snâg-l) *v* aninhar-se; aconchegar-se.
Snugness (snâg-néss) *s* comodidade; conforto.
So (sôu) *adv* assim; bem; da mesma forma; deste modo; dessa maneira; portanto; por conseguinte; também.
Soak (sôuk) *s* encharcado; orgia; bebedeira; beberrão.
Soak (sôuk) *v* beber demais; embeber; ensopar; mergulhar; molhar; saturar.
Soaker (sôu-kâr) *s* beberrão.
Soaky (sôu-ki) *adj* encharcado; ensopado; impregnado; molhado até os ossos.
Soap (sôup) *s* sabão; sabonete.
Soap (sôup) *v* ensaboar; *SOAP opera*: novela (TV ou Rádio).
Soapy (sôu-pi) *adj* coberto de sabão; FIG adulador.
Soar (sôur) *s* voo.
Soar (sôur) *v* esvoaçar; elevar-se; planar.
Sob (sób) *s* soluço; sussurro.
Sob (sób) *v* soluçar; suspirar; sussurrar.
Sober (sôu-bâr) *adj* sóbrio; moderado; sensato; prudente modesto.
Sober (sôu-bâr) *v* sossegar; tornar-se moderado; sensato.
Soccer (sócker) *s* USA futebol de campo (As*SOC*iation Football and foot*ER*).
Sociability (soshâbi-liti) *s* sociabilidade.
Sociable (sôu-shâbl) *adj* afável; comunicativo; sociável.
Social (sôu-shâl) *adj* social; amável; gregário.
Society (sossái-iti) *s* sociedade; comunidade.
Sociology (soshió-lodji) *s* sociologia.
Sock (sók) *s* meia curta; soco; golpe.
Sock (sók) *v* dar socos; esmurrar.
Socket (só-ket) *s* bocal; soquete de lâmpada; órbita do olho; alvéolo do dente.
Sod (sód) *s* gramado; turfa; torrão.
Sod (sód) *v* cobrir com relva.
Sodality (sodé-liti) *s* confraria; irmandade.
Sodden (sódn) *v* encharcar; embriagar.
Sodden (sódn) *adj* molhado; empapado; encharcado.
Sofa (sôu-fâ) *s* sofá, assento estofado.
Soft (sóft) *s* pessoa simplória.
Soft (sóft) *adj* mole; amolecido; brando; suave; maleável; ameno.
Soften (sóft-n) *v* amolecer; abrandar; suavizar.
Softening (sóft-ninn) *s* amolecimento; brandura.
Softhead (sóft-héd) *s* simplório; pessoa simples.
Softhearted (sófhtâr-tid) *adj* bondoso; compassivo.
Softy (sóf-ti) *s* indivíduo muito sentimental.
Soggy (só-ghi) *adj* encharcado; ensopado.
Soil (sóil) *s* solo; terra; região; país; mancha; sujeira.
Soil (sóil) *v* manchar; sujar; alimentar com mato (gado).
Sojourn (sôu-djârnn) *s* residência temporária; estada.
Sojourn (sôu-djârnn) *v* residir temporariamente.
Solace (só-liss) *s* conforto; alívio; doçura; brandura.
Solace (só-liss) *v* confortar; consolar.
Sold (sôuld) *adj* liquidado; totalmente vendido.
Solder (sôu-dâr) *s* solda.
Solder (sôu-dâr) *v* soldar.
Solderer (só-dârâr) *s* soldador.
Soldier (sôul-djâr) *s* soldado; militar; guerreiro.
Soldier (sôul-djâr) *v* assentar praça.
Soldiery (sôul-djâri) *s* soldadesca.
Sole (sôul) *s* planta do pé; sola do sapato; linguado.
Sole (sôul) *v* pôr solas; solar.
Sole (sôul) *adj* só; único; exclusivo.
Solemn (só-lemn) *adj* solene; majestoso; sério.
Solemnity (sólem-niti) *s* solenidade; seriedade.
Solemnization (sólémnizêi-shânn) *s* celebração; comemoração; solenização.
Solemnize (só-lemnáiz) *v* celebrar solenemente.
Solicit (soli-sit) *v* solicitar; pedir; apelar.
Solicitation (solissitêi-shânn) *s* solicitação; pedido; requerimento.
Solicitous (soli-sitâss) *adj* solícito; ansioso; cuidadoso.
Solicitude (soli-sitiud) *s* solicitude; apreensão; ansiedade.
Solid (só-lid) *adj* sólido; firme; seguro; compacto.
Solidarity (sólidé-riti) *s* solidariedade; fraternidade.
Solidification (solidifikêi-shânn) *s* solidificação; tornar sólido.
Solidify (soli-difái) *v* solidificar; unir de fato.
Soliloquize (sôuli-lokuáiz) *v* monologar.
Soliloquy (sôuli-lokui) *s* solilóquio; monólogo.
Solitaire (sólité-r) *s* solitário (joia).
Solitary (só-litâri) *s* solitário; recluso; ermitão.
Solitary (só-litâri) *adj* solitário; retirado.
Solitude (só-litiud) *s* lugar sem habitantes; solidão.
Solubility (sóliubi-liti) *s* solubilidade.
Soluble (só-liubl) *adj* solúvel.
Solution (soliu-shânn) *s* solução; explicação.
Solvable (sól-vâbl) *adj* solúvel; solvente; pagável.
Solve (sólv) *v* resolver; esclarecer; decifrar.
Solvency (sól-vensi) *s* solvência; solvabilidade.
Solvent (sól-vent) *s* dissolvente.
Solvent (sól-vent) *adj* solvente; que dissolve.
Somber (sóm-bâr) *adj* sombrio; obscuro; melancólico.
Somberness (sóm-bârnéss) *s* escuridão; obscuridade; melancolia.
Some (sâmm) *pron* algum (a); alguns (as); uns; umas; um pouco; uma parte de.
Somebody (sâm-bódi) *s* alguém.
Somehow (sâm-háu) *adv* de alguma forma; seja como for.
Someone (sâm-uan) *pron* alguém.

Somersault (sâ-mârsólt) *s* salto mortal; cambalhota.
Something (sâm-thinn) *s* alguma coisa; qualquer coisa.
Something (sâm-thinn) *adv* algo; um tanto.
Sometime (sâm-táimm) *adv* antigamente; noutra ocasião; outrora.
Sometimes (sâm-táimz) *adv* às vezes; de vez em quando.
Somewhat (sâm-uót) *s* alguma coisa.
Somewhat (sâm-uót) *adv* um tanto; algo.
Somewhere (sâm-uér) *adv* algures; em algum lugar.
Somnolence (sóm-nólénss) *s* sonolência.
Somnolent (sóm-nolênt) *adj* sonolento.
Son (sânn) *s* filho.
Song (sônn) *s* canto; canção; cantiga; poesia; verso; FIG ninharia.
Songster (sóns-târ) *s* ave canora; cantor.
Sonnet (són-net) *s* soneto.
Sonny (sân-ni) *s* filhinho; meu filho.
Sonority (sonó-riti) *s* sonoridade.
Sonorous (sonôu-râss) *adj* sonoro; harmonioso.
Sonship (sân-ship) *s* filiação.
Soon (sunn) *adv* cedo; em breve; de boa vontade; depressa; prontamente.
Soot (sut) *s* fuligem.
Soot (sut) *v* cobrir de fuligem.
Soothe (sudh) *v* acalmar; afagar; aliviar.
Soothing (su-dhiun) *s* mitigação.
Soothing (su-dhiun) *adj* calmante.
Soothsay (sutssei) *v* profetizar; predizer, adivinhar.
Sop (sóp) *s* pão embebido em sopa; sopa; suborno.
Sop (sóp) *v* umedecer; ensopar.
Sophism (só-fizm) *s* sofisma.
Sophist (só-fist) *s* sofista.
Sophistic (sofis-tik) *adj* sofístico; capcioso.
Sophisticate (sofis-tikêit) *v* sofismar; falsificar; adulterar.
Sorcerer (sór-sârâr) *s* feiticeiro; mágico.
Sorcery (sór-sâri) *s* feitiçaria; bruxaria; magia.
Sordid (sór-did) *adj* sórdido; vil; mesquinho; nojento.
Sore (sôur) *s* chaga; desgosto; pena.
Sore (sôur) *adj* dorido; doloroso; sensível; triste.
Sore (sôur) *adv* dolorosamente.
Soreness (sôur-néss) *s* dor; parte doente; sensibilidade; inflamação.
Sorrow (só-rôu) *s* pena; tristeza; infortúnio.
Sorrow (só-rôu) *v* entristecer-se; afligir-se.
Sorrowful (só-rôuful) *adj* pesaroso; aflito; lastimoso.
Sorry (só-ri) *adj* triste; pesaroso; miserável.
Sort (sórt) *s* espécie; sorte; maneira; classe; forma.
Sort (sórt) *v* classificar; sortir; combinar com; associar-se a.
Sorter (sór-târ) *s* classificador.
Sorting (sór-tinn) *s* distribuição correta; escolha.
Sot (sót) *adj* tolo; ébrio, estúpido.
Sottish (só-tish) *adj* bêbedo.
Sottishness (só-tishnéss) *s* estupidez; embriaguez.
Sough (sáu ou sâf) *s* zunido; murmúrio; sussurro.
Soul (sôul) *s* alma; espírito.
Soulless (sôu-léss) *adj* desalmado.
Sound (sáund) *s* som; ruído; sonda; estreito; braço de mar; bexiga natatória do peixe.
Sound (sáund) *v* soar; ecoar; sondar; parecer.
Sound (sáund) *adj* são; sadio; forte; legítimo.
Sound (sáund) *adv* profundamente.
Sounding (sáun-dinn) *s* sonda.
Sounding (sáun-dinn) *adj* sonoro; sonante; retumbante.
Soundness (sáund-néss) *s* sanidade; solidez; firmeza; higidez.
Soup (sup) *s* sopa; caldo.
Sour (sâur) *v* azedar; ficar de mau humor; irritar.
Sour (sâur) *adj* azedo; ácido; mal-humorado.
Source (sôurss) *s* fonte; manancial; origem.
Sourness (sáur-néss) *s* acidez; azedume.

Souse (sáuss) *s* salmoura; conserva em vinagre.
Souse (sáuss) *v* salgar; ensopar.
South (sáuth) *s* sul.
South (sáuth) *adj* meridional; austral.
Southern (sâ-dhârn) *adj* meridional; sulino; do sul.
Southwards (sáu-thuârdz) *adv* para o sul.
Southwest (sáu-thuést) *s* sudoeste.
Southwest (sáu-thuést) *adj* de sudoeste.
Southwest (sáu-thuést) *adv* para sudoeste.
Southwestern (sáuth-uestârn) *adj* do sudoeste.
Sovereign (só-vrinn) *s* monarca; rei; soberano.
Sovereign (só-vrinn) *adj* soberano; muito eficaz.
Sovereignty (só-vrinti) *s* soberania.
Sow (sôu) *s* porca; lingote de chumbo.
Sow (sôu) *v* semear; disseminar; espalhar; fazer a sementeira; *past* SOWED *and pp* SOWN.
Sower (sôu-âr) *s* semeador; máquina de semear.
Soy (sói) *s* soja; feijão-soja (leguminosa).
Space (spêiss) *s* espaço; área; distância; extensão; intervalo.
Space (spêiss) *v* espaçar.
Spacecraft (spêis-cráaft) *s* espaçonave; foguete.
Spacious (spêi-shâss) *adj* espaçoso; vasto; amplo.
Spade (spêid) *s* pá; enxada; naipe de espada.
Span (spénn) *s* palmo; vão; pequeno intervalo.
Span (spénn) *v* medir aos palmos; atravessar.
Spangle (spéngl) *s* lantejoula.
Spangle (spéngl) *v* brilhar; cintilar; ornamentar (com lantejoulas).
Spaniard (spé-niârd) *s* espanhol.
Spanish (spé-nish) *s* espanhol; língua espanhola.
Spank (spénk) *s* palmada.
Spank (spénk) *v* dar palmadas.
Spanker (spén-kâr) *s* que anda apressadamente.
Spanking (spén-kinn) *s* surra; sova.
Spanner (spé-nâr) *s* chave inglesa.
Spar (spár) *s* espato; pugilato; raio de roda.
Spar (spár) *v* altercar; treinar box; esmurrar.
Spare (spér) *adj* econômico; vago; livre; magro; de sobra; sobressalente; ***what do you do in your time SPARE***: o que você faz no seu tempo livre (horas vagas).
Spare (spér) *v* economizar; poupar; dispensar; conceder.
Sparing (spé-rinn) *adj* econômico.
Spark (spárk) *s* faísca; chispa; centelha; vislumbre.
Spark (spárk) *v* lançar faísca.
Sparkle (spárkl) *s* centelha; fagulha pequena.
Sparkle (spárk-l) *v* cintilar; luzir, brilhar; faiscar.
Sparkling (spár-klinn) *s* vinho espumante.
Sparkling (spár-klinn) *adj* cintilante; rutilante.
Sparrow (spé-rôu) *s* pardal.
Sparse (spárss) *adj* disperso; espalhado.
Sparseness (spárs-néss) *s* raridade; pouca densidade; estado do que se acha disperso.
Spasm (spézm) *s* espasmo.
Spat (spét) *s* palmada; disputa; polaina curta.
Spat (spét) *v* dar palmada; questionar.
Spatial (spêi-shâl) *adj* espacial.
Spatter (spé-târ) *s* salpico.
Spatter (spé-târ) *v* salpicar; enlamear; manchar; difamar.
Spawn (spónn) *s* ovas; fruto; prole.
Spawn (spónn) *v* gerar; dar origem a; desovar.
Speak (spik) *v* falar; dizer; pronunciar; revelar; indicar; declarar; *past* SPOKE *and pp* SPOKEN.
Speaker (spi-kâr) *s* orador; RÁD locutor.
Speaking (spi-kinn) *s* ato de falar; oração; discurso.
Speaking (spi-kinn) *adj* falante.
Spear (spir) *s* lança; arpão; folha de erva.
Spear (spir) *v* matar com a lança.
Spearhead (spir-héd) *s* ponta de lança.

Special (spé-shâl) *adj* distinto; de primeira plana; especial; privativo.
Specialism (spé-shâlizm) *s* especialidade.
Specialist (spé-shâlist) *s* especialista.
Specialization (spéshiélizêi-shânn) *s* especialização.
Specialize (spé-shâláiz) *v* especializar-se.
Specific (spissi-fik) *adj* específico; exclusivo; preciso.
Specification (spissifikêi-shânn) *s* especificação.
Specify (spé-sifái) *v* especificar; descrever.
Specious (spi-shâss) *adj* plausível; razoável.
Speck (spék) *s* nódoa; mácula; pinta.
Speck (spék) *v* mosquear; manchar; salpicar.
Spectacle (spék-tâkl) *s* espetáculo; exibição.
Spectacles (spék-tâkls) *s* óculos.
Spectacular (spékté-kiulâr) *adj* espetacular; espetaculoso; observador; sensacional.
Spectator (spéktêi-târ) *s* espectador; assistente; testemunha.
Specter (spék-târ) *s* espectro; aparição.
Spectroscope (spék-troskôup) *s* espectroscópio.
Spectroscopy (spéktros-kôupi) *s* espectroscopia.
Spectrum (spék-trâmm) *s* espectro.
Speculate (spé-kiulêit) *v* analisar; refletir; meditar; especular.
Speculation (spékiulêi-shânn) *s* especulação; suposição; meditação.
Speculative (spé-kiulâtiv) *adj* especulativo; teórico.
Speculator (spé-kiulêitâr) *s* negociador.
Speech (spitsh) *s* palavra; fala; conversação; linguagem; discurso.
Speechless (spi-tshléss) *adj* mudo; sem fala; interdito.
Speed (spid) *s* velocidade; rapidez; pressa.
Speed (spid) *v* apressar; acelerar; apressar-se; *past or pp* SPED.
Speediness (spi-dinéss) *s* velocidade; prontidão.
Speedy (spi-di) *adj* rápido; ligeiro; apressado.
Spell (spél) *s* turno; vez; encanto.
Spell (spél) *v* soletrar; escrever; encantar; significar.
Spellbind (spél-báind) *v* fascinar; enfeitiçar; encantar.
Spellbound (spél-báund) *adj* encantado; enfeitiçado; fascinado.
Speller (spé-lâr) *s* livro de ensino (para escrita); soletrador.
Spelling (spé-linn) *s* soletração; ortografia.
Spencer (spén-sâr) *s* jaqueta curta; jaleco.
Spend (spénd) *v* gastar; despender; passar o tempo; passar uma temporada; empregar. *past or pp* SPENT.
Spender (spén-dâr) *s* gastador; perdulário.
Spent (spént) *adj* gasto; exausto; sem força; bala perdida.
Spew (spiu) *s* vômito.
Spew (spiu) *v* vomitar; lançar.
Sphere (sfir) *s* esfera; globo; astro; posição social.
Spheric (sfé-rik) *adj* esférico; redondo; celeste.
Spice (spáiss) *s* especiaria; condimento; sabor.
Spice (spáiss) *v* temperar; dar sabor a comida.
Spicy (spái-si) *adj* aromático; de especiarias.
Spider (spái-dâr) *s* aranha; USA frigideira.
Spike (spáik) *s* espiga; prego forte; espigão; ponta.
Spike (spáik) *v* encravar; pregar.
Spiky (spái-ki) *adj* agressivo; pontiagudo.
Spill (spil) *s* tombo; queda; derramamento de algo.
Spill (spil) *v* derramar; entornar; *past or pp* SPILT.
Spin (spinn) *s* giro; volta; rodopio; passeio (de automóvel, bicicleta etc.).
Spin (spinn) *v* fiar; entrançar; girar; rodar como pião; *past* SPAN or SPUN; *pp* SPUN.
Spinach (spi-nitsh) *s* espinafre (planta).
Spindle (spind-l) *s* fuso; rosca sem fim.
Spine (spáinn) *s* espinha; coluna vertebral.
Spinner (spi-nâr) *s* fiandeiro; tecelão.
Spinning (spi-ninn) *s* fiação; tecido; manobra arrojada de aviões (parafuso).
Spinous (spái-nâss) *adj* espinhoso.
Spinster (spins-târ) *s* solteirona; donzela.
Spire (spáir) *s* espiral; ápice; agulha de torre; ponta de igreja.
Spirit (spi-rit) *s* espírito; alma; gênio; talento; lealdade; bebida alcoólica.
Spirit (spi-rit) *v* animar; arrebatar em segredo.
Spirited (spi-ritid) *adj* animado; vivo; ardente.
Spiritual (spi-ritshuâl) *adj* espiritual; religioso; eclesiástico.
Spirituality (spiritshué-liti) *s* espiritualidade.
Spirituous (spi-ritshuâss) *adj* alcoólico; destilado.
Spit (spit) *s* cuspe; saliva; espeto para assar; restinga; semelhança.
Spit (spit) *v* espetar; cuspir; *past or pp* SPIT.
Spite (spáit) *s* despeito; rancor; malevolência.
Spite (spáit) *v* mostrar despeito; perseguir; irritar; contrariar.
Spiteful (spáit-ful) *adj* malvado; rancoroso; despeitado.
Spitefulness (spáit-fulnéss) *s* rancor; despeito; malignidade.
Spittle (spit-l) *s* cuspe; saliva.
Spittoon (spitu-nn) *s* escarradeira.
Splash (splésh) *s* salpico de lama.
Splash (splésh) *v* salpicar, enlamear.
Splashy (splé-shi) *adj* enlameado.
Splatter (splé-târ) *s* salpico.
Splatter (splé-târ) *v* esparramar líquidos; espargir; salpicar.
Splay (splêi) *s* inclinação; abertura; alargamento.
Splay (splêi) *v* abrir; alargar; inclinar.
Spleen (splinn) *s* baço; desânimo; rancor; hipocondria.
Spleenful (splin-ful) *adj* rabugento; colérico; impertinente.
Spleenish (spli-nish) *adj* de mau humor.
Spleeny (spli-ni) *adj* rabugento; colérico.
Splendid (splén-did) *adj* esplêndido; brilhante; magnífico; excelente.
Splendor (splén-dâr) *s* esplendor; magnificência; brilho; fulgor.
Splice (spláiss) *s* união de dois cabos ou pontas de corda.
Splice (spláiss) *v* justar; unir; juntar.
Splicing (splái-sinn) *s* enlaçamento; ajuste.
Splint (splint) *s* lasca; fragmento de objeto duro.
Splint (splint) *v* lascar; pôr em talas.
Splinter (splin-târ) *s* lasca; fragmento; estilhaço.
Splinter (splin-târ) *v* lascar; estilhaçar-se.
Split (split) *s* fenda; racha; separação; rompimento.
Split (split) *v* fender; rachar; *past or pp* SPLIT.
Splotch (splótsh) *s* mancha; nódoa; borrão.
Splotch (splótsh) *v* manchar; borrar.
Splotchy (spló-tshi) *adj* manchado; sujo.
Splutter (splâ-târ) *s* azáfama; confusão; barulho.
Splutter (splâ-târ) *v* balbuciar; gaguejar; crepitar; cuspir.
Spoil (spóil) *s* despojos; presa; roubo; saque; dano.
Spoil (spóil) *v* roubar; pilhar; estragar; *past and pp* SPOILED or SPOILT.
Spoiler (spói-lâr) *s* espoliador; saqueador.
Spoiling (spói-linn) *s* espoliação; saque; roubo.
Spoke (spôuk) *s* raio de roda; raio de leme; degrau de escada.
Spoliation (spôuk-n) *s* espoliação; saque; roubo.
Spoliator (spû-liêitâr) *s* espoliador; ladrão.
Sponge (spândj) *s* esponja; parasita; que vive à custa de outrem.
Sponge (spândj) *v* limpar; embeber; enxugar com esponja; viver à custa alheia.
Sponsor (spón-sâr) *s* padrinho de batismo; madrinha de batismo.
Sponsor (spón-sâr) *v* apadrinhar.
Spontaneity (spóntâni-iti) *s* espontaneidade; naturalidade.
Spontaneous (spóntêi-niâss) *adj* espontâneo; voluntário.
Spoof (spuf) *s* burla; imitação; logro.
Spoof (spuf) *v* lograr; enganar; burlar.
Spoof (spuf) *adj* falso; falsificado.
Spook (spuk) *s* fantasma; assombração.
Spookish (spu-kish) *adj* fantástico.
Spool (spul) *s* carretel.

Spool (spul) *v* dobar; enrolar em novelos.
Spoon (spunn) *s* colher; simplório.
Spoon (spunn) *v* apanhar com uma colher; entregar-se a namoro ostensivo.
Spoonful (spun-ful) *s* colherada; colher cheia.
Spoony (spu-ni) *s* simplório; tolo.
Spoony (spu-ni) *adj* sentimental; apaixonado.
Spoor (spur) *s* rasto de animal; trilha de animal.
Spoor (spur) *v* seguir o rastro.
Sporadic (sporé-dik) *adj* esporádico; ocasional; isolado.
Sport (spórt) *s* desporto; esporte; atletismo; passatempo; diversão.
Sport (spórt) *v* ostentar; divertir-se.
Sporting (spór-tinn) *s* desporto; caça.
Sportsman (spór-tzmaen) *s* desportista; esportista; atleta.
Sportswear (spór-tzuér) *s* roupas esportivas.
Spot (spót) *s* mancha; nódoa; salpico; lugar; sítio; *v* manchar; descobrir; notar.
Spotty (spó-ti) *adj* manchado; maculado; sujo; borrado.
Spout (spáut) *s* cano; tubo; bica; jacto; repuxo.
Spout (spáut) *v* esguichar; jorrar; declamar; correr.
Spouting (spáu-tinn) *s* esguicho; declamação fastidiosa.
Sprain (sprêinn) *s* torcedura; mau jeito.
Sprain (sprêinn) *v* torcer; machucar; deslocar.
Sprawl (spról) *s* espreguiçamento.
Sprawl (spról) *v* espichar; espreguiçar-se.
Spray (sprêi) *s* ramo de flores; borrifo; pulverizador.
Spray (sprêi) *v* borrifar.
Spread (spréd) *s* extensão; expansão; propagação; difusão.
Spread (spréd) *v* estender; espalhar; difundir; divulgar; *past or pp* **SPREAD**.
Spreading (spré-dinn) *adj* expansivo; extensivo.
Sprig (sprig) *s* vergôntea; renovo; broto.
Sprig (sprig) *v* enfeitar com ramos; bordar ramos.
Spring (sprinn) *s* salto; pulo; lance; elasticidade; fonte; nascente; primavera; mola.
Spring (sprinn) *v* saltar; brotar; nascer; *past* **SPRANG** or **SPRUNG** *and pp* **SPRUNG**.
Springer (sprin-nâr) *s* saltador; cão que faz a caça levantar.
Springy (sprin-ni) *adj* elástico; ágil.
Sprinkle (sprink-l) *s* borrifo; chuvisco.
Sprinkle (sprink-l) *v* borrifar; aspergir; chuviscar.
Sprinkler (sprin-klâr) *s* hissope; regador de jardim.
Sprint (sprint) *s* corrida para pedestre (curta).
Sprint (sprint) *v* correr a toda velocidade.
Sprinter (sprin-târ) *s* ESP corredor para curtas distâncias; atleta.
Sprinting (sprin-tinn) *s* ESP corrida pedestre em distâncias curtas.
Sprite (spráit) *s* espírito; duende; fada.
Sprocket (spró-ket) *s* MEC dente de roda.
Sprout (spráut) *s* renovo; rebento.
Sprout (spráut) *v* germinar; brotar.
Spry (sprái) *adj* ligeiro; leve; ativo.
Spryness (sprái-néss) *s* leveza; ligeireza.
Spud (spâd) *s* pá de jardineiro; faca pequena; GÍR batata.
Spume (spiumm) *s* espuma; efervescência.
Spume (spiumm) *v* espumar.
Spunk (spânk) *s* coragem; brio; isca; madeira podre.
Spunky (spân-ki) *adj* brioso; corajoso.
Spur (spâr) *s* espora; estímulo.
Spur (spâr) *v* esporear; estimular; andar a cavalo (depressa); apressar-se.
Spurious (spiu-riâss) *adj* espúrio; ilegítimo; adulterado.
Spurn (spârn) *s* desdém; desprezo.
Spurn (spârn) *v* desprezar; rejeitar com desdém.
Spurt (spârt) *s* jorro; esguicho; repente; esforço repentino.
Spurt (spârt) *v* esguichar; fazer esforço repentino.
Sputter (spâ-târ) *s* baba; perdigoto, falar espirrando saliva.
Sputter (spâ-târ) *v* cuspir falando; balbuciar.
Sputterer (spâ-târâr) *s* aquele que fala com rapidez; aquele que cospe ao falar.
Spy (spái) *s* espião.
Spy (spái) *v* espiar; avistar; enxergar; espreitar.
Squab (skuób) *s* pessoa gorda e atarracada; almofada; ave pequena.
Squab (skuób) *v* estofar; cair pesadamente.
Squab (skuób) *adj* atarracado; implume.
Squab (skuób) *adv* pesadamente.
Squabble (skuób-l) *s* questão; rixa; altercação.
Squabble (skuób-l) *v* discutir; altercar.
Squadron (skuó-drânn) *s* esquadrão; uma parte da esquadra; batalhão.
Squalid (skuó-lid) *adj* esquálido; miserável; imundo.
Squalidness (skuó-lidnéss) *s* esqualidez; sordidez; imundície; miséria.
Squall (skuól) *s* tempestade (pé de vento, neve, chuva); borrasca; aguaceiro.
Squall (skuól) *v* gritar agudamente; soltar gritos agudos.
Squalor (skuó-lâr) *s* esqualidez; sujidade; sordidez.
Squander (skuón-dâr) *v* dissipar; esbanjar.
Squanderer (skuón-dârâr) *s* dissipador; esbanjador.
Square (skuér) *s* quadrado; largo; praça; conformidade.
Square (skuér) *v* quadrar; ajustar; equilibrar; elevar ao quadrado.
Square (skuér) *adj* quadrado; perfeito; justo; completo; em nível; forte.
Squash (skuósh) *s* abóbora; coisa mole; polpa; aperto.
Squash (skuósh) *v* esmagar; achatar.
Squashy (skuó-shi) *adj* lamacento; mole como massa; mole polpa.
Squat (skuót) *v* acocorar-se; ocupar terras ilegalmente.
Squat (skuót) *adj* acocorado; agachado.
Squeak (skuik) *s* grito agudo; chiado.
Squeak (skuik) *v* gritar; chiar.
Squeaking (skui-kinn) *adj* agudo; estridente.
Squeal (skuil) *s* grito agudo e intenso.
Squeal (skuil) *v* gritar agudamente; GÍR trair; denunciar.
Squealer (skui-lâr) *s* pássaro novo; POP delator.
Squeeze (skuiz) *s* aperto; abraço; pressão.
Squeeze (skuiz) *v* apertar; abraçar fortemente; comprimir; espremer; extorquir; entrar ou sair (apertando, comprimindo, empurrando).
Squeezer (skui-zâr) *s* espremedor; apertador.
Squelch (skuél-tsh) *s* queda pesada; ruído de esmagamento.
Squelch (skuél-tsh) *v* esmagar; ficar esmagado.
Squemish (skui-mish) *adj* delicado; melindroso; esquisito.
Squib (skuib) *s* busca-pé; pasquinada; sátira.
Squib (skuib) *v* lançar busca-pés; satirizar; escrever em pasquins.
Squiggle (skuig-l) *s* curva pequena e irregular; letra ilegível.
Squiggle (skuig-l) *v* rabiscar.
Squint (skuint) *s* ato de olhar de soslaio; estrabismo.
Squint (skuint) *v* olhar vesgo.
Squint (skuint) *adj* vesgo; estrábico.
Squinting (skuin-tinn) *s* estrabismo.
Squire (skuáir) *s* escudeiro; cavalheiro; proprietário rural; nobre rural; USA juiz de paz.
Squirm (skuârmm) *s* torcedura; torção.
Squirm (skuârmm) *v* torcer; retorcer.
Squirrel (skui-rel) *s* esquilo; pele de esquilo.
Squirt (skuârt) *s* seringa; esguichadela.
Squirt (skuârt) *v* esguichar.
Stab (stéb) *s* golpe; punhalada.
Stab (stéb) *v* apunhalar; ferir; injuriar; ofender.
Stability (stâbi-liti) *s* estabilidade; firmeza; solidez.
Stable (stêibl) *s* estábulo; cavalariça.
Stable (stêibl) *v* ocupar um estábulo; viver em cavalariça.
Stable (stêibl) *adj* estável; firme.

Stack (stéк) *s* pilha de trigo; pilha de feno; cano de chaminé; estante de livros.
Stack (sték) *v* empilhar; amontoar.
Staff (stáf) *s* Estado Maior; corpo administrativo; bastão; pau de bandeira; cajado; báculo.
Stag (stég) *s* veado adulto; macho de vários animais.
Stage (stêidj) *s* estrado; tablado; palco; grau; pousada; carruagem; fase; etapa; cenário; cena.
Stage (stêidj) *v* pôr em cena; exibir no palco.
Stagger (sté-ghâr) *s* vacilação; cambaleio.
Stagger (sté-ghâr) *v* cambalear; vacilar; hesitar.
Staging (stêi-djinn) *s* encenação; andaime; tablado.
Stagnancy (stég-nânsi) *s* estagnação; paralisação.
Stagnant (stég-nânt) *adj* que produz estagnação; paralisado.
Stagnation (stégnêi-shânn) *s* estagnação.
Stagy (stêi-dji) *adj* teatral; pomposo.
Staid (stêid) *adj* grave; sério; sóbrio; sereno; sossegado.
Staidness (stêid-néss) *s* sobriedade; gravidade.
Stain (stêinn) *s* mácula; nódoa.
Stain (stêinn) *v* manchar; macular; enodoar; tingir; infamar.
Stainer (stêi-nâr) *s* que mancha; que polui; tintureiro; difamador; caluniador.
Stainless (stêin-léss) *adj* imaculado; limpo; sem manchas.
Stair (stér) *s* degrau; escada no plural.
Staircase (stér-kêiss) *s* escada.
Stake (stêik) *s* estaca; poste; parada; aposta.
Stake (stêik) *v* apoiar com estacas; escorar; arriscar no jogo; apostar.
Stale (stêil) *adj* velho; antigo; passado; gasto.
Stale (stêil) *v* tornar deteriorado.
Stalemate (stêil-mêit) *s* ESP posição no jogo de xadrez que provoca empate forçado.
Staleness (stêil-néss) *s* ranço; velhice.
Stalk (stók) *s* talo; cano; andar afetadamente.
Stalk (stók) *v* caçar à espreita; perseguir; marcha a passos largos e vagaroso.
Stall (stól) *s* estábulo; lugar no coro da igreja.
Stall (stól) *v* encurralar; sentar-se; enguiçar.
Stallage (stó-lidj) *s* licença para feirantes.
Stallion (sté-liânn) *s* garanhão.
Stalwart (stól-uârt) *s* robusto.
Stalwart (stól-uârt) *adj* forte; rijo; robusto; valente; destemido.
Stalwartness (stól-uârtnéss) *s* valentia; coragem.
Stammer (sté-mâr) *s* gaguez; gagueira.
Stammer (sté-mâr) *v* gaguejar.
Stammerer (sté-mârâr) *s* gago; pessoa gaga.
Stamp (stémp) *s* selo; cunho; impressão; marca; carimbo; prensa.
Stamp (stémp) *v* estampar; cunhar; selar; carimbar; bater com os pés no piso.
Stampede (stémpi-d) *s* estouro; corrida por pânico.
Stampede (stémpi-d) *v* debandar em pânico.
Stance (sténss) *s* lugar; postura; posição.
Stanch (sténtsh) *adj* constante; fiel; são; resoluto; sólido; zeloso.
Stanch (sténtsh) *v* estancar o sangue; vedar.
Stanchion (stén-shânn) *s* escora; suporte; pau de toldo.
Stanchion (stén-shânn) *v* escorar.
Stand (sténd) *s* lugar; local; posto; pedestal; estante; oposição; mesinha; resistência; barraca.
Stand (sténd) *v* achar-se; apresentar-se; canditar-se; consistir; estar em pé; manter-se; permanecer; resistir; suportar; sobressair; significar; *past or pp* STOOD.
Standard (stén-dârd) *s* modelo; norma; padrão; poste; critério; estandarte.
Standard (stén-dârd) *adj* clássico; normal; oficial; típico.
Standardization (sténdârdizêi-shânn) *s* padronização; uniformização.
Standardize (stén-dârdáiz) *v* estandardizar; padronizar; uniformizar.
Standing (stén-dinn) *s* lugar; posição social ou moral; reputação; duração.
Standing (stén-dinn) *adj* em pé; ereto; erguido.
Standish (stén-dish) *s* escrivaninha; porta-canetas.
Standoff (stén-dof) *s* impasse; afastamento; reserva.
Standoff (stén-dof) *adj* frio; afastado; reservado.
Standstill (stén-dstil) *s* pausa; parada; paralisação.
Staple (stêip-l) *s* mercado; empório; produto de uma região (principal); elemento fundamental (vital); matéria bruta; grampo de metal (em U).
Star (stâr) *s* astro; asterisco; destino; estrela; insígnia; TV CIN astro e atores (consagrados).
Star (stâr) *v* estrear; brilhar.
Starboard (stár-bôurd) *s* NÁUT estibordo.
Starboard (stár-bôurd) *v* dirigir para estibordo.
Starboard (stár-bôurd) *adj* de estibordo.
Starch (stártsh) *s* amido; fecula; goma.
Starch (stártsh) *v* engomar.
Starched (stár-tshd) *adj* engomado; duro; formal.
Starchy (stár-tshi) *adj* afetado; engomado; formal; meticuloso.
Stare (stér) *s* olhar fixo.
Stare (stér) *v* fitar os olhos; encarar.
Stark (stárk) *adj* forte; rígido; completo; absoluto; contrastante.
Starlight (stár-láit) *s* luz ou brilho das estrelas.
Starlight (stár-láit) *adj* estrelado.
Starling (stár-linn) *s* estorninho (pássaro); ARQT espigão.
Starred (stárd) *adj* estrelado.
Starry (stá-ri) *adj* estrelado; rutilante, brilhante (como estrela).
Start (stárt) *s* arremesso; arrancada; começo; impulso; partida; sobressalto.
Start (stárt) *v* começar; dar início; dar nova direção; evocar; ir em busca de; pôr-se em marcha; pôr-se em movimento; partir; principiar.
Starter (stár-târ) *s* autor; iniciador; que sinaliza o início de algo; aparelho que avisa o começo ou o movimento de algo.
Starting (stár-tinn) *s* sobressalto; partida; deslocação; ato de movimentar.
Starting (stár-tinn) *adj* de saída; assustadiço.
Startle (stárt-l) *v* espantar; estremecer.
Startling (stár-tlinn) *adj* assustador; surpreendente; aterrador.
Starvation (starvêi-shânn) *s* estado de aguda desnutrição; definhamento; fome.
Starve (stárv) *s* miséria; fome.
Starve (stárv) *v* definhar; morrer de fome.
Starveling (stárv-linn) *s* esfaimado (pessoa ou animal).
Starveling (stárv-linn) *adj* esfaimado; estiolado.
State (stêit) *s* aparato; classe; o povo; condição; dignidade; estado; gala; modo de ser; modo de estar; pompa; poder civil; situação.
State (stêit) *v* afirmar; declarar; expor; fixar; relatar.
Stated (stêi-tid) *adj* fixo; estabelecido; declarado; exposto.
Statement (stêit-ment) *s* declaração; resumo; relato; COM balanço.
Statesman (stêi-tzmaen) *s* homem de estado; político; estadista.
Static (sté-tik) *s* estática.
Static (sté-tik) *adj* estático; parado; imóvel.
Station (stêi-shânn) *s* classe; condição social; estação; posto; posição social; pouso.
Stationary (stêi-shânéri) *adj* estacionário; imutável; imóvel.
Stationer (stêi-shânâr) *s* dono de papelaria.
Stationery (stêi-shânéri) *s* papelaria; artigos de escritório.
Statistics (stâtis-tiks) *s* estatística.
Statuary (sté-tiuéri) *s* estatuária; estatuário; escultura.
Statue (sté-tiu) *s* estátua; imagem.
Stature (sté-tshur) *s* estatura; tamanho.

Statutory (sté-tshutôuri) *adj* legal; estatutário legalmente; obrigatório.
Stave (stêiv) *s* bastão; MÚS pentagrama; POES estrofe; estância.
Stave (stêiv) *v* prover de aduelas; guarnecer de aduelas; quebrar; despedaçar.
Stay (stêi) *s* apoio; demora; escora; estada; obstáculo; parada; residência; suspensão.
Stay (stêi) *v* esperar; deter; ficar; hospedar-se; parar; permanecer; *past or pp* STAID.
Staying (stêi-inn) *s* escoramento; travamento; reforço.
Stead (stéd) *s* lugar; local.
Steadfast (stéd-fést) *adj* estável; constante; firme.
Steady (sté-di) *adj* firme; seguro; sólido; resistente.
Steady (sté-di) *v* firmar; fixar.
Steak (stêik) *s* bife, fatia de carne.
Steal (stil) *s* roubo; furto.
Steal (stil) *v* furtar; roubar; plagiar; entrar furtivamente; sair furtivamente; *past* STOLE *and pp* STOLEN.
Stealer (sti-lâr) *s* ladrão; larápio.
Stealthy (stél-thi) *adj* clandestino; oculto; secreto.
Steam (stimm) *s* vapor; fumaça; exalação; energia.
Steam (stimm) *v* evaporar; mover a vapor; FIG tornar-se enérgico.
Steamboat (stimm-bôut) *s* barco a vapor.
Steamer (sti-mâr) *s* barco ou navio a vapor; dispositivo para colocar água (que se evapora).
Steamship (stimm-ship) *s* navio a vapor.
Steed (stid) *s* cavalo de batalha; ginete; corcel.
Steel (stil) *s* aço (lâmina, folha etc.).
Steel (stil) *adj* de aço; insensível; duro.
Steep (stip) *s* abismo; precipício.
Steep (stip) *v* mergulhar; imergir; ensopar.
Steep (stip) *adj* escarpado; excessivo; difícil.
Steeple (stipl) *s* campanário; torre (de igreja).
Steepness (stip-néss) *s* declividade; ladeira íngreme.
Steer (stir) *s* USA bezerro; novilho.
Steer (stir) *v* dirigir leme.
Steerage (sti-ridj) *s* direção; governo de barco; alojamento inferior.
Steerer (sti-râr) *s* timoneiro; piloto.
Steering (sti-rinn) *s* direção; governo.
Stellar (sté-lâr) *adj* astral; estelar.
Stem (stémm) *s* haste; pedúnculo; proa; talo; GRAM raiz.
Stem (stémm) *v* opor-se; repelir; deter; resistir.
Stench (sténtsh) *s* mau cheiro; fedentina; fedor.
Stencil (stén-sil) *s* estêncil (papel para gravar, servindo como matriz para cópias); modelo; molde; chapa de metal (para gravação).
Stencil (stén-sil) *v* pintar (via moldes); gravar.
Stenographer (stenó-grâfâr) *s* estenógrafo; taquígrafo.
Stenography (stenó-grâfi) *s* estenografia; taquigrafia.
Step (stép) *s* degrau; marcha; passo; passada; passo de dança.
Step (stép) *v* andar; caminhar; dar passos; marchar.
Stepbrother (stép-brâdhâr) *s* meio-irmão.
Stepchild (stép-tsháild) *s* enteado; enteada.
Stepdaughter (stép-dótâr) *s* enteada.
Stepfather (stép-fâdhâr) *s* padrasto.
Stepmother (stép-mâdhâr) *s* madrasta.
Stepsister (stép-sistâr) *s* filha do padrasto; filha da madrasta.
Stepson (stép-sânn) *s* enteado.
Stereotype (sti-riotáip) *v* estereotipar.
Sterility (stéri-liti) *s* esterilidade.
Sterilization (stérilizêi-shânn) *s* esterilização.
Sterilize (sté-riláiz) *v* esterilizar; desinfetar.
Sterling (stâr-linn) *s* libra esterlina.
Sterling (stâr-linn) *adj* pura; genuína; de bom quilate.
Stern (stârn) *s* rabo de animal; NÁUT popa; ré.
Stern (stârn) *adj* severo; duro; rígido; inflexível.
Sternness (stârn-néss) *s* severidade; rigor; austeridade.
Stevedore (sti-vidôur) *s* estivador.
Stew (stiu) *s* guisado; ensopado; agitação mental; ansiedade.
Stew (stiu) *v* estufar; cozer (com fogo lento).
Steward (stiu-ârd) *s* mordomo; intendente; comissário de bordo; administrador de terras.
Stick (stik) *s* pau; bastão; bengala; cavaco.
Stick (stik) *v* furar; apunhalar; afixar; colar; afeiçoar-se; hesitar; enguiçar; *past or pp* STUCK.
Sticky (sti-ki) *adj* viscoso; adesivo; aderente.
Stiff (stif) *s* cadáver; pessoa formal.
Stiff (stif) *adj* duro; teso; firme; afetado; obstinado.
Stiffen (stif-n) *v* entesar; endurecer; obstinar-se.
Stiffness (stif-néss) *s* rigidez; dureza; consistência.
Stifle (stáifl) *v* sufocar; abafar.
Stifling (stái-flinn) *adj* sufocante.
Stigmatic (stigmé-tik) *adj* estigmatizado.
Stigmatization (stigmâtizêi-shânn) *s* estigmatização.
Stigmatize (stig-mâtáiz) *v* estigmatizar; marcar.
Stile (stáil) *s* degrau sobre cercados; barreira.
Still (stil) *s* silêncio; sossego; destilaria de bebidas; alambique.
Still (stil) *v* acalmar; abrandar; apaziguar; destilar; satisfazer.
Still (stil) *adj* calmo; tranquilo; morto.
Still (stil) *adv* ainda; sempre; até agora.
Still (stil) *conj* todavia; entretanto; contudo.
Stillness (stil-néss) *s* silêncio; sossego; calma.
Stilly (sti-li) *adj* calmo; silencioso.
Stilly (sti-li) *adv* silenciosamente; sossegadamente.
Stimulant (sti-miulânt) *adj* estimulante; excitante.
Stimulate (sti-miulêit) *v* estimular; excitar.
Stimulation (stimiulêi-shânn) *s* estímulo; excitação; instigação.
Sting (stinn) *s* ferrão; picada; remorso; dor aguda.
Sting (stinn) *v* picar; aferroar; afligir; sentir remorsos; *past or pp* STUNG.
Stinginess (stin-djinéss) *s* avareza; sovinice; mesquinhez.
Stingy (stin-dji) *adj* mesquinho; sovina; avaro.
Stink (stink) *s* fedentina; fedor; mau cheiro.
Stink (stink) *v* ter mau cheiro; *past* STANK *and pp* STUNK.
Stint (stint) *s* restrição; limite; quantidade.
Stint (stint) *v* restringir; limitar; economizar.
Stipend (stái-pend) *s* estipêndio; salário; paga; soldo.
Stipple (stip-l) *s* gravura ponteado; desenho ponteado.
Stipple (stip-l) *v* enfeitar com pontos; pontuar.
Stipulate (sti-piulêit) *v* estipular; fazer estipulações.
Stipulation (stipiulêi-shânn) *s* estipulação; ajuste; contrato.
Stir (stâr) *s* agitação; atividade; excitação; rebuliço; tumulto.
Stir (stâr) *v* agitar; comover; mexer.
Stirabout (stâr-âbáut) *s* mingau de aveia; pessoa ativa; pessoa muito diligente.
Stirrup (stir-râp) *s* estribo; degrau.
Stitch (stitsh) *s* ponto de costura; ponteada; malha.
Stitch (stitsh) *v* coser; dar pontos.
Stithy (sti-thi) *s* bigorna; forja.
Stoat (stôut) *s* arminho.
Stock (stók) *s* tronco; cepo; estirpe; cabo de ferramenta; COM capital; provisão; estoque; gêneros existentes no armazém.
Stock (stók) *v* armazenar; fornecer; prover; sortir.
Stockade (stókêi-d) *s* estacada; paliçada.
Stockade (stókêi-d) *v* cercar (para fortificação); fortificar com paliçada.
Stockings (stó-kinss) *s* meias; meias longas.
Stodge (stódj) *s* massa confusa; mingau.
Stodge (stódj) *v* comer excessivamente.
Stodgy (stó-dji) *adj* enfadonho.
Stoic (stôu-ik) *adj* estoico; impassível.
Stoicism (stôu-issizm) *s* estoicismo, doutrina de Zenão (3° século a. C.).
Stoker (stôu-kâr) *s* foguista.
Stole (stôul) *s* estola.

Stolid (stó-lid) *adj* parvo; impassível.
Stolidity (stoli-diti) *s* indiferença; impassibilidade.
Stomach (stâ-mâk) *s* ANAT estômago.
Stomach (stâ-mâk) *v* tolerar; suportar.
Stone (stôunn) *s* pedra; pedra preciosa; caroço de frutas; cálculo biliar.
Stone (stôunn) *v* apedrejar; lapidar; endurecer.
Stony (stôu-ni) *adj* pedregoso; cheio de pedras; insensível; duro.
Stool (stul) *s* banco; evacuação; privada; sanitário.
Stoop (stup) *s* condescendência; inclinação; pendor; submissão.
Stoop (stup) *v* abaixar-se; inclinar-se; submeter-se.
Stop (stóp) *s* suspensão; parada; pausa; espera; alojamento; GRAM ponto.
Stop (stóp) *v* deter; fechar; ficar; hospedar-se; impedir; obturar; parar; residir; tapar.
Stoppage (stó-pidj) *s* impedimento; obstáculo; parada.
Stopping (stó-pinn) *s* parada; estacionamento; estancamento.
Storage (stôu-ridj) *s* armazenagem; preço de armazenamento.
Store (stôur) *s* armazém; depósito.
Store (stôur) *v* fornecer; abastecer; armazenar.
Stork (stórk) *s* cegonha.
Storm (stórmm) *s* tempestade; tumulto; assalto.
Storm (stórmm) *v* assaltar; enraivecer-se.
Stormy (stór-mi) *adj* tempestuoso; violento; turbulento.
Story (stôu-ri) *s* história; conto; narrativa; anedota; andar de construção; pavimento de casa.
Stout (stáut) *s* cerveja preta.
Stout (stáut) *adj* forte; vigoroso; intrépido.
Stoutness (stáut-néss) *s* robustez; corpulência.
Stove (stôuv) *s* fogão; fogareiro; estufa.
Stow (stôu) *v* arrumar; armazenar; pôr em ordem.
Stowage (stôu-idj) *s* armazenamento; armazenagem.
Strabismus (strâbis-mâss) *s* MED estrabismo, distúrbio óptico.
Straddle (stréd-l) *s* postura de pernas bem abertas (escarranchado).
Straddle (stréd-l) *v* andar com as pernas abertas.
Straggle (strég-l) *v* afastar-se; perambular; vagar.
Straight (strêit) *s* pista direita em corridas; reta; curso;linha.
Straight (strêit) *adj* direito; reto; franco.
Straight (strêit) *adv* diretamente; imediatamente.
Straighten (strêit-néss) *v* endireitar; pôr em ordem.
Straightway (strêit-uêi) *adv* logo; já; imediatamente.
Strain (strêinn) *s* esforço; tensão; raça; linhagem; condição.
Strain (strêinn) *v* forçar; exagerar; esticar; filtrar; coar; deslocar; ultrapassar a normalidade.
Strainer (strêi-nâr) *s* coador; filtro.
Strait (strêit) *s* desfiladeiro; garganta; dificuldade; apuro.
Strait (strêit) *adj* estreito; rigoroso; estrito.
Straiten (strêi-nâr) *v* estreitar; pôr em apuros; limitar.
Strange (strêin-dj) *adj* estranho; singular; raro; inexperiente.
Strangeness (strêindj-néss) *s* estranheza; reserva; acanhamento.
Stranger (strêin-djâr) *s* estranho; estrangeiro; intruso.
Strangle (stréng-l) *v* estrangular; sufocar.
Strap (strép) *s* correia; tira; alça; presilha.
Strap (strép) *v* apertar com correia.
Strategic (strâté-djik) *adj* estratégico.
Strategy (stré-tidji) *s* estratégia.
Stratification (strétifikêi-shânn) *s* estratificação.
Stratify (stré-tifái) *v* estratificar; *past or pp* STRATIFIED.
Straw (stró) *s* palha; canudo para beber refrescos; ninharia.
Strawberry (stró-béri) *s* morango; morangueiro.
Stray (strêi) *s* animal perdido; extravio.
Stray (strêi) *v* vagar; extraviar-se.
Stray (strêi) *adj* extraviado; desgarrado.
Streak (strik) *s* risca; listra; indício; vestígio; raio de luz.
Streak (strik) *v* listrar; riscar; raiar.
Stream (strimm) *s* corrente; arroio.
Stream (strimm) *v* correr; fluir.
Streamer (stri-mâr) *s* flâmula; fita; aurora Boreal.
Street (strit) *s* rua.
Strength (strén-th) *s* força; vigor físico; energia; eficácia.
Strengthen (strén-thn) *v* fortificar; fortalecer; robustecer.
Strenuous (stré-niuâss) *adj* corajoso; enérgico; tenaz.
Stress (stréss) *s* força; tensão; importância; GRAM acento tônico.
Stress (stréss) *v* insistir em; dar ênfase a; acentuar.
Stretch (strétsh) *s* tensão; dilatação; trecho; pedaço; ato de esticar; esforço.
Stretch (strétsh) *v* estender; estirar; esticar; exagerar.
Stretcher (stré-tshâr) *s* estirador; esticador; padiola; maca para feridos.
Strew (stru) *v* espalhar; derramar; polvilhar; *past* STREWED *and pp* STROWN.
Stricken (strik-n) *adj* acometido; atacado; ferido.
Stricker (strái-kâr) *s* grevista; pessoa que bate.
Strict (strikt) *adj* estrito; exato; estreito; restrito; rigoroso; severo.
Strictness (strikt-néss) *s* exatidão; pontualidade; rigor.
Stride (stráid) *v* cavalgar; galopar; montar; andar apressadamente (a passos largos); *past* STRODE *and pp* STRIDDEN.
Strife (stráif) *s* luta; contenda; discussão.
Strike (stráik) *s* pancada; golpe; greve.
Strike (stráik) *v* bater; achar; cunhar; fazer greve; topar com; *past* STRUCK *and pp* STRICKEN.
Striking (strái-kinn) *adj* espantoso; extraordinário; notável.
String (strinn) *s* cordão; fio; barbante; nervo; tendão; série; fila; MÚS corda.
String (strinn) *v* afinar; amarrar com barbante; esticar; MÚS encordoar; *past or pp* STRUNG.
Stringency (strin-djensi) *s* rigor; severidade; pressão; escassez.
Stringent (strin-djent) *adj* rigoroso; severo; meticuloso.
Strip (strip) *v* despojar; despir; saquear; descascar.
Stripe (stráip) *s* listra; gênero; tipo; chicotada.
Stripe (stráip) *v* riscar; açoitar.
Stripy (strái-pi) *adj* listrado; raiado.
Strive (stráiv) *v* esforçar-se; disputar; competir; *past* STROVE *and pp* STRIVEN.
Striver (strái-vâr) *s* competidor; porfiador.
Striving (strái-vinn) *s* porfia; empenho.
Stroke (strôuk) *s* golpe; pincelada; MED ataque cerebral (hemorragia); ESP tacada (no bilhar).
Stroke (strôuk) *v* acariciar; friccionar.
Stroll (strôul) *s* excursão; giro; volta.
Stroll (strôul) *v* passear; vaguear.
Strong (strónn) *adj* forte; vigoroso; capaz; violento; COM que indica tendência para a alta.
Stronghold (strón-hôuld) *s* praça forte; fortaleza.
Structural (strâk-tshurâl) *adj* estrutural.
Structure (strâk-tshur) *s* estrutura; disposição; organização; constituição.
Struggle (strâg-l) *s* luta; esforço; disputa.
Struggle (strâg-l) *v* lutar; debater; brigar.
Struggler (strâ-glâr) *s* lutador; contendor.
Strum (strâmm) *v* MÚS tocar mal instrumento de corda (desafinando).
Strumpet (strâmp-t) *s* prostituta.
Strumpet (strâmp-t) *v* prostituir.
Strumpet (strâmp-t) *adj* lascivo; inconstante.
Strut (strât) *s* andar altivo; escora; suporte.
Strut (strât) *v* emproar-se; empertigar-se.
Stub (stâb) *s* toco; cepo; fragmento; resto; ponta; talão de cheques.
Stubborn (stâ-bârn) *adj* obstinado; teimoso; intratável; persistente.

Stubby (stâ-bi) *adj* atarracado; curto e grosso.
Stud (stâd) *s* viga; prego de cabeça larga; botão.
Stud (stâd) *v* prover de pregos; semear.
Student (stiu-dent) *s* estudante; aluno.
Studied (stâ-did) *adj* estudado; calculado; premeditado.
Studious (stiu-diâss) *adj* estudioso; aplicado; estudado.
Study (stâ-di) *s* estudo; meditação; atenção.
Study (stâ-di) *v* estudar; meditar; imaginar; projetar.
Stuff (stâf) *s* matéria; material; tecido; tolice; ninharia.
Stuff (stâf) *v* encher; estofar; apertar.
Stuffing (stâ-finn) *s* enchimento; recheio; matéria para estofos.
Stuffy (stâ-fi) *adj* mal ventilado; abafado.
Stultification (stâltifikêi-shânn) *s* embrutecimento de uma pessoa.
Stultify (stâl-tifái) *v* ensandecer; embasbacar; desacreditar.
Stumble (stâmb-l) *s* tropeção; cabeçada; erro.
Stumble (stâmb-l) *v* tropeçar; encontrar por acaso.
Stump (stâmp) *s* cepo; toro; talo de couve; estrado; plataforma.
Stump (stâmp) *v* discursar em praça pública (política); confundir; embaraçar.
Stun (stânn) *s* golpe que atordoa.
Stun (stânn) *v* estontear; aturdir.
Stunning (stâ-ninn) *adj* notável; estonteante; surpreendente; assombroso.
Stunt (stânt) *s* impedimento no progresso de; ocupação; GÍR pirueta.
Stunt (stânt) *v* tolher; atrofiar; feito notável; fazer piruetas.
Stupefaction (stiupifék-shânn) *s* estupefação; estupor; espanto.
Stupefy (stiu-pifái) *v* pasmar; entorpecer; espantar.
Stupendous (stiupén-dâss) *adj* enorme; colossal; prodigioso.
Stupid (stiu-pid) *adj* estúpido; néscio; imbecil; enfadonho.
Sturdy (stâr-di) *adj* forte; sadio; robusto; vigoroso; resoluto.
Sturgeon (stâr-djânn) *s* esturjão (peixe que dá ovas do caviar).
Stutter (stâ-târ) *s* gaguez.
Stutter (stâ-târ) *v* gaguejar; titubear.
Sty (stái) *s* chiqueiro; pocilga; terçol.
Style (stáil) *s* estilo; modo; linguagem; gosto; estilete.
Style (stáil) *v* nomear; chamar; apelidar; intitular.
Stylet (stái-lit) *s* estilete; sonda.
Stylish (stái-lish) *adj* elegante; moderno; na moda.
Stylist (stái-list) *s* estilista.
Suasion (suêi-jânn) *s* persuasão; conselho.
Subconscious (sâbkón-shâss) *adj* subconsciente.
Subdue (sâbdiu-) *v* subjugar; submeter; amansar.
Subduer (sâbdiu-âr) *s* dominador; vencedor.
Subject (sâbjék-t) *s* assunto; texto; tese.
Subject (sâbjék-t) *v* sujeitar; submeter; expor.
Subject (sâbjék-t) *adj* sujeito; subordinado.
Subjectio n (sâbdjék-shânn) *s* sujeição; obediência; dependência; submissão.
Subjoin (sâbdjó-inn) *v* ajuntar; anexar; acrescentar.
Subjugate (sâb-djughêit) *v* subjugar; submeter; dominar.
Subjugation (sâbdjughêi-shânn) *s* subjugação; domínio; jugo.
Subjunctive (sâbdjânk-tiv) *s* GRAM modo subjuntivo.
Subjunctive (sâbdjânk-tiv) *adj* subjuntivo.
Sublease (sâbli-ss) *s* sublocação.
Sublease (sâbli-ss) *v* sublocar.
Sublessee (sâblessi) *s* sublocatário.
Sublessor (sâblé-sâr) *s* sublocador.
Sublet (sâblé-t) *v* sublocar; *past or pp* SUBLET.
Sublimate (sâ-blimit) *s* sublimado; elevado.
Sublimate (sâ-blimit) *v* sublimar; elevar.
Sublimate (sâ-blimit) *adj* sublimado.
Sublimation (sâblimêi-shânn) *s* sublimação.
Sublime (sâblái-mm) *s* o sublime.
Sublime (sâblái-mm) *v* sublimar; exaltar.
Sublime (sâblái-mm) *adj* sublime.
Submerge (sâbmâr-dj) *v* submergir; imergir; afundar.
Submersion (sâbmâr-shânn) *s* submersão; imersão.
Submission (sâbmi-shânn) *s* submissão; obediência.
Submit (sâbmit) *v* submeter; sujeitar.
Subordinate (sâbór-dinêit) *s* subordinado; subalterno.
Subordinate (sâbór-dinêit) *adj* subordinado; subalterno.
Subordinate (sâbór-dinêit) *v* subordinar.
Subscribe (sâbskrái-b) *v* subscrever; endossar; assinar.
Subscriber (sâbskrái-bâr) *s* subscritor; assinante.
Subscript (sâbs-kript) *s* subscrição.
Subscript (sâbs-kript) *adj* subscrito; escrito; firmado.
Subscription (sâbskrip-shânn) *s* subscrição; assinatura.
Subsequence (sâb-sikuénss) *s* subsequência.
Subsequent (sâb-sikuént) *adj* subsequente.
Subserve (sâbsâr-v) *v* servir; estar na dependência de; ser útil; favorecer.
Subservience (sâbsâr-viénss) *s* subserviência.
Subside (sâb-sáid) *v* acalmar-se; assentar; baixar ao fundo.
Subsidence (sâbsái-dénss) *s* calma; apaziguamento; colapso; QUÍM precipitação.
Subsidy (sâb-sidi) *s* subsídio; ajuda; subvenção.
Subsist (sâbssis-t) *v* sustentar-se; subsistir; viver.
Subsistence (sâbssis-ténss) *s* subsistência; sustento; manutenção.
Subsoil (sâb-sóil) *s* subsolo.
Substance (sâbs-tânss) *s* substância; matéria.
Substantial (sâbstân-shâl) *adj* substancial; verdadeiro; real; nutritivo.
Substantive (sâ-bstântiv) *s* GRAM substantivo; nome.
Substitute (sâ-bstitiuti) *s* substituto; suplente.
Substitute (sâ-bstitiuti) *adj* substituto; suplente.
Substitute (sâ-bstitiuti) *v* substituir.
Substitution (sâbstitiu-shânn) *s* substituição; intercâmbio; troca.
Substructure (sâbstrak-tshâr) *s* substrutura; base; alicerce.
Subtenancy (sâbté-nânsi) *s* sublocação.
Subtenant (sâbté-nânt) *s* sublocatário.
Subterfuge (sâb-târfiudj) *s* subterfúgio; pretexto.
Subterranean (sâbterêi-niânn) *adj* subterrâneo.
Subtile (sât-l) *adj* sutil; tênue; astuto.
Subtilize (sâb-tiláiz) *v* requintar; refinar.
Subtle (sâtl) *adj* sutil; delicado; fino; astuto; engenhoso.
Subtract (sâbtrékt) *v* subtrair; tirar; deduzir; diminuir.
Subtraction (sâbtrék-shânn) *s* subtração.
Subtrahend (sâb-trâ-hend) *s* MAT subtraendo.
Suburb (sâ-bârb) *s* subúrbio; arrabalde.
Subvention (sâbvén-shânn) *s* subvenção; subsídio; auxílio pecuniário.
Subvert (sâbvâr-t) *v* subverter; corromper; arruinar.
Subway (sâ-buêi) *s* caminho subterrâneo; metrô; INGL UNDERGROUND.
Succedaneous (sâkssidêi-niâss) *adj* sucedâneo.
Succeed (sâksi-d) *v* suceder; conseguir; sair-se bem.
Succeeding (sâksi-dinn) *adj* seguinte; sucessivo.
Success (sâksé-ss) *s* êxito; triunfo; sucesso.
Successful (sâksés-ful) *adj* feliz; auspicioso.
Succession (sâksé-shânn) *s* sucessão; seguimento; linhagem; sequência.
Successive (sâksé-siv) *adj* sucessivo.
Successor (sâksé-sâr) *s* sucessor; herdeiro.
Succinct (sâksink-t) *adj* sucinto; conciso; resumido.
Succory (sâ-kori) *s* chicória.
Succulence (sâ-kiulénss) *s* suculência.
Succulent (sâ-kiulênt) *adj* suculento.
Succumb (sâkâ-mm) *v* sucumbir; submeter-se.
Such (sâtsh) *adj* tal; tais; semelhante; aquele; aquela.
Such (sâtsh) *pron* tal; tais; o (os) mesmo; aquele (as); o; a; os; as.
Suck (sâk) *s* sucção; mamada; chupada.
Suck (sâk) *v* sugar; chupar; mamar.

Sucker (sâ-kâr) *s* chupador; pessoa ingênua; bacorinho (animal).
Sucking (sâ-klinn) *s* sucção; ato de mamar.
Sucking (sâ-klinn) *adj* que chupa; que suga; que mama.
Suckle (sâk-l) *v* amamentar; criar; nutrir; mamar.
Suckling (sâ-klinn) *s* criança de peito; cria de leite.
Suction (sâk-shânn) *s* sucção; absorção; aspiração.
Sudden (sâd-n) *adj* repentino; súbito; inesperado.
Suddenness (sâdn-néss) *s* precipitação; imprevisto; rapidez.
Suds (sâds) *s* água de sabão e espuma.
Sue (siu) *v* demandar; processar; pleitear; acionar em Juízo.
Suet (siu-et) *s* gordura; sebo.
Suety (siu-eti) *adj* seboso; gorduroso.
Suffer (sâ-fâr) *v* sofrer; tolerar; aguentar; padecer.
Sufferable (sâ-fârâbl) *adj* suportável; tolerável.
Sufferance (sâ-fârânss) *s* sofrimento; dor; paciência; tolerância.
Sufferer (sâ-fârâr) *s* sofredor.
Suffering (sâ-fârinn) *s* sofrimento; dor; padecimento.
Suffering (sâ-fârinn) *adj* sofredor.
Suffice (sâ-fáiss) *v* bastar; satisfazer a; ser suficiente.
Sufficiency (sâfi-shênsi) *s* suficiência; competência; aptidão.
Sufficiency (sâfi-shênsi) *adj* suficiente; competente.
Suffocate (sâ-fokêit) *v* sufocar; asfixiar.
Suffocation (sâfokêi-shânn) *s* sufocação; asfixia.
Suffrage (sâ-fridj) *s* sufrágio; voto; direito de voto.
Suffuse (sâfiu-z) *v* estender; difundir; espalhar sobre.
Sugar (shu-gâr) *s* açúcar; FIG doçura; querido; querida; amorzinho.
Sugar (shu-gâr) *v* açucarar; adoçar.
Sugared (shu-gârd) *adj* açucarado; cristalizado.
Suggest (sâdjés-t) *v* sugerir; insinuar; indicar.
Suggestion (sâdjés-tshânn) *s* sugestão; alvitre; instigação.
Suggestive (sâdjés-tiv) *adj* sugestivo.
Suicidal (siu-issáidâl) *adj* suicida; de suicídio.
Suicide (siu-issáid) *s* suicídio; suicida.
Suit (siut) *s* sortimento; série; traje; terno de roupa; petição; demanda; ação; galanteio; naipe.
Suit (siut) *v* adaptar; ajustar-se; agradar a.
Suitable (siu-tâbl) *adj* conveniente; adequado; apropriado.
Suite (sui-t) *s* suíte; MÚS suíte.
Suitor (siu-târ) *s* noivo.
Sulk (sâlk) *s* mau humor; zanga.
Sulk (sâlk) *v* estar de mau humor; zangar.
Sulky (sâl-ki) *s* carro para uma pessoa.
Sulky (sâl-ki) *adj* rabugento; amuado; zangado.
Sullen (sâ-lenn) *s* mau humor.
Sullen (sâ-lenn) *adj* mal humorado; rabugento; sombrio.
Sullenness (sâ-lennéss) *s* aborrecimento; zanga; birra.
Sully (sâ-li) *s* mancha de sujeira, mácula.
Sully (sâ-li) *v* sujar; manchar; violar.
Sulphur (sâl-fâr) *s* enxofre.
Sultan (sâl-tânn) *s* sultão.
Sultry (sâl-tri) *adj* muito abafado; muito sufocante.
Sum (sâmm) *s* soma; total; quantia.
Sum (sâmm) *v* somar; adicionar; resumir.
Summariness (sâ-mârinéss) *s* brevidade; ação sumária.
Summarize (sâ-mâráiz) *v* resumir; compendiar.
Summary (sâ-mâri) *s* sumário; resumo.
Summary (sâ-mâri) *adj* sumário; curto; resumido.
Summer (sâ-mâr) *s* verão; estio.
Summer (sâ-mâr) *v* veranear.
Summit (sâ-mit) *s* cume; ápice; topo.
Summon (sâ-mânn) *v* apelar; citar; notificar; convocar.
Summons (sâ-mânz) *s* convocação; intimação; citação.
Sump (sâmp) *s* reservatório; tanque; depósito; recipiente.
Sumptuous (sâm-tshuâss) *adj* suntuoso; luxuoso; magnífico.
Sun (sânn) *s* sol; luz do sol; brilho.
Sun (sânn) *v* aquecer, expor ao sol.
Sunbeam (sân-bimm) *s* raio de sol.
Sunbow (sân-bôu) *s* arco-íris.
Sunburn (sân-bârn) *s* queimadura feita pelos raios solares.
Sunday (sân-dêi) *s* domingo.
Sunday (sân-dêi) *adj* domingueiro; dominical.
Sunder (sân-dâr) *v* separar; dividir.
Sundry (sân-dri) *adj* vários; diversos; variados.
Sunflower (sân-fláuâr) *s* girassol.
Sunlight (sân-láit) *s* luz do sol.
Sunny (sân-ni) *adj* ensolarado; brilhante; alegre; risonho; feliz.
Sunrise (sân-ráiz) *s* o nascer do Sol.
Sunshade (sân-shêid) *s* sombrinha; para-sol.
Sunshine (sân-sháinn) *s* brilho do sol; calor.
Sunstroke (sân-strôuk) *s* insolação.
Sup (sâp) *s* gole; trago.
Sup (sâp) *v* cear.
Superable (siu-pârâbl) *adj* superável.
Superabundance (siupârâbân-dânss) *s* superabundância.
Superabundant (siupârâbân-dânt) *adj* superabundante.
Superannuate (siupâré-niuêit) *v* aposentar por idade.
Superannuation (sipâréniuêi-shânn) *s* inabilitação; aposentadoria por idade; reforma.
Superb (siupâr-b) *adj* soberbo; elegante; majestoso.
Supercargo (siupârkár-gôu) *s* NÁUT comissário de bordo; sobrecarga.
Supercilious (siupârsi-liâss) *adj* altivo; arrogante; desdenhoso; orgulhoso.
Superficial (siupârfi-shâl) *adj* superficial.
Superficiality (siupârfishé-liti) *s* superficialidade.
Superficies (siupârfi-shiiss) *s* superfície; área superficial.
Superfluous (siupâr-fluâss) *adj* supérfluo.
Superimpose (siupârimpôu-z) *v* sobrepor.
Superimposition (siupârimpôuzi-shânn) *s* sobreposição.
Superintend (siupârintén-d) *v* superintender; dirigir; controlar; fiscalizar.
Superintendence (siupârintén-dénss) *s* superintendência; direção.
Superintendent (siupârintén-dént) *s* superintendente; diretor.
Superior (siupi-riâr) *s* superior; chefe.
Superior (siupi-riâr) *adj* superior; melhor.
Superiority (siupirió-riti) *s* superioridade; vantagem.
Superlative (siupâr-lâtiv) *adj* superlativo; supremo.
Superman (siu-pârmaen) *s* super-homem.
Superpose (siupârpôu-z) *v* sobrepor.
Superposition (siupârpôuzi-shânn) *s* sobreposição.
Superscribe (siupârskrái-b) *v* sobrescrever; endereçar; sobrescritar.
Superscription (siupârskrip-shânn) *s* sobrescrito; endereço; direção.
Supersede (siupârsid) *v* substituir o lugar de outrem; inutilizar.
Superstition (siupârsti-shânn) *s* superstição; crendice.
Superstitious (siupârsti-shâss) *adj* supersticioso.
Superstructure (siupârstrâk-tshur) *s* superestrutura.
Supervision (siupârvi-jânn) *s* supervisão; inspeção; fiscalização.
Supine (siupái-nn) *adj* supino; deitado de costas; recostado.
Supineness (siupáin-néss) *s* supinação; inércia.
Supper (sâ-pâr) *s* ceia; jantar.
Supplant (sâplén-t) *v* suplantar; substituir; minar; derrubar.
Supple (sâpl) *v* fazer flexível.
Supple (sâpl) *adj* brando; maleável; flexível.
Supplement (sâ-plimént) *s* suplemento; acréscimo.
Supplement (sâ-plimént) *v* acrescentar; suprir.
Suppleness (sâ-plinéss) *s* flexibilidade; bajulação.
Suppliant (sâ-pliânt) *s* suplicante; requerente; impetrante.
Suppliant (sâ-pliânt) *adj* suplicante; requerente; impetrante.
Supplicate (sâ-plikêit) *v* suplicar.
Supplication (sâplikêi-shânn) *s* súplica; rogo.
Supply (sâplái) *s* suprimento; provisão; abastecimento.

Supply (sâplái) *v* suprir; fornecer; completar.
Support (sâpôur-t) *s* sustento; apoio; sustentáculo.
Support (sâpôur-t) *v* sustentar; suportar; desempenhar.
Supportable (sâpôur-tâbl) *adj* suportável; tolerável; sustentável.
Supporter (sâpôur-târ) *s* o que suporta; sustentáculo; defensor; partidário.
Suppose (sâpôu-z) *v* supor; imaginar; conjeturar.
Supposition (sâpôuzi-shânn) *s* suposição; conjetura.
Suppress (sâpré-ss) *v* suprimir; reprimir; dissimular.
Suppression (sâpré-shânn) *s* supressão; repressão.
Suppressor (sâpré-sâr) *s* supressor.
Suppuration (sâpiurêi-shânn) *s* supuração.
Supremacy (siupré-mâssi) *s* supremacia; domínio.
Supreme (siupri-mn) *adj* supremo.
Surcharge (sârtshár-dj) *s* sobrecarga; sobretaxa.
Surcharge (sârtshár-dj) *v* sobrecarregar.
Surcoat (sâr-kôut) *s* sobretudo; capote.
Sure (shur) *adj* certo; seguro; positivo; infalível.
Sure (shur) *adv* naturalmente; certamente.
Sureness (shur-néss) *s* segurança; confiança; certeza.
Surety (shur-ti) *s* segurança; confiança; fiança; certeza.
Suretyship (shur-tiship) *s* caução; fiança.
Surf (sârf) *s* ressaca; rebentação; onda.
Surface (sâr-fiss) *s* superfície; aparência exterior.
Surface (sâr-fiss) *v* nivelar; alisar.
Surfaced (sâr-fist) *adj* nivelado; alisado.
Surfeit (sâr-fit) *s* fartura; excesso; indigestão.
Surfeit (sâr-fit) *v* fartar; saciar.
Surfeiting (sâr-fitinn) *s* glutonaria.
Surge (sârdj) *s* onda; vaga; maré.
Surge (sârdj) *v* encrespar-se; encapelar-se.
Surgeon (sâr-djânn) *s* cirurgião.
Surgery (sâr-djâri) *s* cirurgia; a sala de cirurgia; consultório médico.
Surgical (sâr-djikâl) *adj* cirúrgico.
Surliness (sâr-linéss) *s* mau humor; grosseria.
Surly (sâr-li) *adj* áspero; grosseiro; impertinente; mal humorado.
Surmise (sâr-máiz) *s* desconfiança; suspeita; conjetura.
Surmise (sâr-máiz) *v* conjeturar; supor; pressentir.
Surmount (sârmáun-t) *v* superar; vencer; sobrepujar.
Surmountable (sârmáun-tâbl) *adj* superável.
Surname (sâr-nêimm) *s* sobrenome; apelido.
Surname (sâr-nêimm) *v* apelidar.
Surpass (sârpé-ss) *v* exceder; superar.
Surpassing (sârpé-sinn) *adj* superior; transcendente.
Surplice (sâr-pliss) *s* RELIG sobrepeliz (vestimenta).
Surplus (sâr-plâss) *s* excesso; sobra.
Surprise (sârprái-z) *s* surpresa; admiração.
Surprise (sârprái-z) *v* surpreender; admirar.
Surprising (sârprái-zinn) *adj* surpreendente; inesperado.
Surrender (sârrén-dâr) *s* rendição; entrega; renúncia.
Surrender (sârrén-dâr) *v* entregar-se; render-se; entregar; ceder.
Surrogate (sâ-roghêit) *s* JUR sub-rogado; delegado; substituto.
Surround (sârráun-d) *v* rodear; circundar; cercar.
Surroundings (sârráun-dinns) *s* arredores; cercanias.
Survey (sârvê-i) *s* agrimensura; levantamento de uma planta; exame; vista; perspectiva; inspeção.
Survey (sârvê-i) *v* medir e avaliar terras; inspecionar; examinar.
Surveyor (sârvêi-âr) *s* agrimensor; superintendente; inspetor.
Survival (sâr-váivâl) *s* sobrevivência; resto.
Survive (sârvái-v) *v* sobreviver; permanecer vivo.
Survivor (sârvái-vâr) *s* sobrevivente.
Susceptibility (sâsséptibi-liti) *s* suscetibilidade; sensibilidade.
Susceptible (sâssép-tibl) *adj* suscetível; sensível; melindroso.
Suspect (sâspék-t) *s* pessoa suspeita.
Suspect (sâspék-t) *v* suspeitar; desconfiar.
Suspend (sâspén-d) *v* suspender; enforcar; pendurar.
Suspender (sâspén-dâr) *s* o que suspende; suspensórios.
Suspense (sâspén-ss) *s* dúvida; indecisão; incerteza; suspensão.
Suspension (sâspén-shânn) *s* suspensão; o objeto suspenso.
Suspensive (sâspén-siv) *adj* suspensivo; duvidoso.
Suspicion (sâspi-shânn) *s* suspeita; desconfiança; porção de um ingrediente.
Suspicious (sâspi-shâss) *adj* suspeito; receoso; desconfiado.
Sustain (sâstêi-nn) *v* experimentar; manter; prolongar; sustentar; sofrer.
Sustainer (sâstêi-nâr) *v* sustentador; mantenedor; sustentáculo.
Sustenance (sâs-tinânss) *s* sustento; sustentação; sustentáculo; subsistência.
Sustentation (sâstentêi-shânn) *s* sustentação; manutenção.
Swab (suób) *s* esfregão; pessoa desajeitada.
Swab (suób) *v* esfregar; limpar.
Swagger (sué-gâr) *s* maneiras insolentes; bravata.
Swagger (sué-gâr) *v* mostrar-se insolente; bazofiar; jactar-se.
Swaggerer (sué-gârâr) *s* fanfarrão; gabola.
Swaggering (sué-gârinn) *s* fanfarronada.
Swain (suêinn) *s* jovem camponês; jovem namorado.
Swallow (suó-lôu) *s* andorinha; trago; bocado.
Swallow (suó-lôu) *v* engolir; tragar.
Swamp (suómp) *s* pântano; brejo.
Swamp (suómp) *v* submergir; inundar.
Swan (suónn) *s* cisne.
Swank (suénk) *adj* ágil; exibicionista; arrogante.
Swap (suóp) *s* troca; permuta; barganha.
Swap (suóp) *v* trocar; permutar.
Sward (suórd) *s* erva (fina e rasteira); campo recoberto de relva.
Swarm (suórmm) *s* multidão.
Swarm (suórmm) *v* aglomerar-se; atropelar-se.
Swarthy (suór-thi) *adj* trigueiro; moreno; escuro.
Swash (suósh) *v* agitar; gabar-se; esparramar água.
Swath (suóth) *s* fileira; fiada; tira.
Sway (suêi) *s* agitação; balanço; preponderância; influência.
Sway (suêi) *v* governar; dominar; influir.
Swear (suér) *v* jurar; blasfemar; prometer; *past* SWORE *and pp* SWORN.
Swearer (sué-râr) *s* o que jura; pessoa que blasfema; praguejador.
Swearing (sué-rinn) *s* juramento; blasfêmia.
Sweat (suét) *s* suor; fadiga; cansaço.
Sweat (suét) *v* suar; fatigar-se; cansar-se; *past or pp* SWEAT.
Sweater (sué-târ) *s* que transpira em demasia; patrão explorador de empregado; suéter (blusa de lã).
Sweatiness (sué-tinéss) *s* transpiração; suor.
Sweating (sué-tinn) *s* suor.
Swede (suid) *s* sueco; sueca; espécie de nabo.
Swedish (sui-dish) *s* a língua Sueca.
Swedish (sui-dish) *adj* sueco.
Sweep (suip) *s* varredura; movimento circular; limpeza; carreira rápida; limpador de chaminés; alcance.
Sweep (suip) *v* varrer; arrebatar; dragar; limpar; marchar majestosamente; *past or pp* SWEPT.
Sweepstake (sui-pstêik) *s* jogador que ganha todo o prêmio; BR corrida de cavalo com sorteio de número de loteria simultâneo.
Sweet (suit) *s* doçura; doce; querido; deleite; caro.
Sweet (suit) *adj* belo; doce; suave; melodioso; fresco; agradável; delicado.
Sweeten (suit-n) *v* adoçar; açucarar.
Sweetheart (suit-hárt) *s* namorado; amada; namorada; querido; querida; amante.
Sweetish (sui-tish) *adj* adocicado.

Sweetness (suit-néss) *s* doçura; suavidade; fragrância; delicadeza.
Swell (suél) *s* bojo; intumescer; aumento de volume; inchaço.
Swell (suél) *v* inchar; intumescer; aumentar; engrossar; envaidecer-se.
Swell (suél) *adj* elegante; magnífico; *past* SWELLED *and pp* SWOLLEN.
Swelling (sué-linn) *s* inchaço; tumor; protuberância.
Swelling (sué-linn) *adj* inchado.
Swelter (suél-târ) *v* sufocar; abafar de calor; suar.
Swerve (suârv) *s* desvio; mudança súbita de direção.
Swerve (suârv) *v* afastar-se; desviar.
Swift (suift) *s* gavião; corrente de rio.
Swift (suift) *adj* veloz; ágil; rápido.
Swiftness (suift-néss) *s* ligeireza; rapidez; presteza.
Swig (suig) *s* gole; trago; bêbedo.
Swig (suig) *v* beber demasiadamente.
Swill (suil) *s* trago, excesso de bebida; lavagem de louça.
Swill (suil) *v* beber excessivamente; enxaguar; lavar; banhar.
Swim (suimm) *s* natação, nado; tendência.
Swim (suimm) *v* nadar; boiar; transbordar; ter vertigens; *past* SWAM *and pp* SWUM.
Swimmer (sui-mâr) *s* nadador.
Swimming (sui-minn) *s* natação.
Swimming (sui-minn) *adj* natatório.
Swindle (suindl) *s* logro; trapaça.
Swindle (suindl) *v* enganar; trapacear; defraudar.
Swindler (suin-dlâr) *s* trapaceiro; caloteiro.
Swindling (suin-dlinn) *s* fraude; burla; logro.
Swindling (suin-dlinn) *adj* fraudulento.
Swine (suáinn) *s* porco; suíno.
Swineherd (suáin-hârd) *s* porqueiro (tratador de porco).
Swing (suinn) *s* balanço; livre curso; espaço percorrido; andar desembaraçado; USA dança e música; ESP dança do boxeador.
Swing (suinn) *v* balançar; oscilar; vibrar; *past and pp* SWUNG.
Swinging (suin-ninn) *s* balanço; oscilação.
Swinging (suin-ninn) *adj* desembaraçado.
Swinish (suái-nish) *s* imundície.
Swipe (suáip) *s* golpe; pancada forte.
Swipe (suáip) *v* dar pancada violenta.
Swirl (suârl) *s* redemoinho; friso; movimento giratório.
Swirl (suârl) *v* rodar; girar; dar voltas.
Swiss (suiss) *s* suíço.
Swiss (suiss) *adj* suíço.
Switch (suitsh) *s* vara flexível; chibata; chave de caminho de ferro; comutador; interruptor elétrico.
Switch (suitsh) *v* chicotear; ligar ou desligar.
Swivel (suivl) *s* elo, argola (móvel).
Swivel (suivl) *v* girar sobre um eixo.
Swoon (suunn) *s* desmaio; síncope.
Swoon (suunn) *v* desmaiar; desfalecer.
Swooning (suu-ninn) *s* desmaio.
Swoop (suup) *s* golpe repentino; descida da ave sobre a presa.
Swoop (suup) *v* agarrar; apanhar; colher; cair sobre; abater; arrebatar.
Sword (sôurd) *s* espada; sabre; arma branca.
Swordfish (sôurd-fish) *s* peixe-espada.
Swordsman (sôurdz-maen) *s* esgrimista.
Sycamine (si-kâmáinn) *s* amoreira preta.
Syce (sáiss) *s* criado.
Syllabic (silé-bik) *adj* silábico.
Syllable (si-lâbl) *s* sílaba.
Syllable (si-lâbl) *v* silabar; articular.
Syllabus (si-lâbâss) *s* sílabo; resumo; sumário.
Sylvan (sil-vânn) *adj* silvestre; rústico.
Symbol (sim-bâl) *s* símbolo; figura; emblema.
Symbolic (simbó-lik) *adj* simbólico; figurativo.
Symbolism (sim-bolizm) *s* simbolismo.
Symbolization (simbolizêi-shânn) *s* simbolização.
Symbolize (sim-boláiz) *v* simbolizar.
Symmetric (simé-trik) *adj* simétrico.
Symmetry (sim-metri) *s* simetria; harmonia; proporção.
Sympathetic (simpâthé-tik) *adj* simpático; solidário; harmonioso.
Sympathize (sim-pâtháiz) *v* compadecer-se; condoer-se de.
Sympathy (sim-pâthi) *s* simpatia; compaixão; solidariedade.
Symphonic (simfó-nik) *adj* sinfônico.
Symphony (sim-foni) *s* sinfonia; harmonia; melodia.
Symptom (simp-tâmm) *s* sintoma; sinal; indício.
Synchronization (sinkronizêi-shânn) *s* sincronização.
Synchronize (sin-kronáiz) *v* sincronizar; ter analogia; conservar analogia; ser simultâneo; regular relógio.
Synchronous (sin-kronâss) *adj* síncrono; sincrônico; simultâneo.
Syncopate (sin-kopêit) *v* sincopar.
Syncretism (sin-kritizm) *s* sincretismo.
Syncretize (sin-kritáiz) *v* sincretizar.
Syndic (sin-dik) *adj* síndico.
Syndicate (sin-dikit) *s* sindicato.
Syndicate (sin-dikit) *v* sindicar.
Synod (si-nâd) *s* sínodo (reunião em assembleia de sacerdotes).
Synonym (si-nonimm) *s* sinônimo.
Synoptic (sinóp-tik) *adj* sinótico; resumido.
Syntax (sin-téks) *s* sintaxe.
Synthesis (sin-thississ) *s* síntese.
Synthesize (sin-thissáiz) *v* sintetizar.
Synthetic (sinthé-tik) *adj* sintético; resumido.
Syphilis (si-filiss) *s* MED sífilis.
Syphilitic (sifili-tik) *adj* sifilítico.
Syringa (sirin-gâ) *s* BOT lilás; flor.
Syringe (si-rindj) *s* seringa.
Syrup (si-râp) *s* xarope; melado.
System (sis-témm) *s* sistema; processo; método.
Systematic (sistemé-tik) *adj* sistemático.
Systematize (sis-temâtáiz) *v* sistematizar; reduzir a sistema.
Systematizer (sis-temâtáizâr) *s* sistematizador; autor lógico de um sistema.
Systole (sis-toli) *s* sístole.
Systolic (sistó-lik) *adj* sistólico.

tT

T (ti) *s* décima nona letra do alfabeto Português e vigésima letra do alfabeto Inglês.
Tab (téb) *s* aba; apêndice; chapa; projeção.
Tabby (té-bi) *s* seda ondeada.
Tabby (té-bi) *adj* malhado; mosqueado.
Tabefaction (tébifék-shânn) *s* emaciação; depauperamento.
Tabernacle (té-bârnékl) *s* RELIG tabernáculo (templo móvel).
Tabes (têi-biss) *s* MED tabe; atrofia.
Table (têib-l) *s* mesa; tabela; índice; palma da mão.
Table (têib-l) *v* pôr na mesa; comer à mesa de alguém; exibir; mostrar.
Tableland (têibl-lénd) *s* tabuleiro; planalto.
Tablet (té-blet) *s* tabuleta gravada; painel; comprimido.
Tabloid (tâblói-d) *s* pastilha; comprimido; USA jornal sem expressão, jornaleco.
Taboo (tâbu) *s* tabu; proibição.
Taboo (tâbu) *v* proibir; vedar; interdizer.
Tabor (têi-bâr) *s* tamboril; tamborim.
Tabor (têi-bâr) *v* tamborilar; tocar tamboril.
Tabulate (té-biulêit) *v* pôr em quadros sinóticos; aplanar; alisar.
Tabulation (tébiulêi-shânn) *s* arranjo em forma de tabela; USA apuração de votos.
Tachygrapher (tâki-grâfâr) *s* taquígrafo.
Tachygraphy (tâki-grâfi) *s* taquigrafia.
Tacit (té-sit) *adj* tácito; implícito.
Taciturn (té-sitârnn) *adj* taciturno; calado; silencioso.
Tack (ték) *s* tacha; preguinho; adesão.
Tack (ték) *v* pregar com tachas; ligar.
Tackle (ték-l) *s* roldana; guindaste; flecha; equipamento; USA ESP jogador de linha média.
Tackle (tékl) *v* amarrar; agarrar; atacar; ligar; prover de cordagem.
Tackling (té-klinn) *s* apetrestos; equipamento.
Tact (tékt) *s* tato; jeito; tino; capacidade; discernimento.
Tactic (ték-tik) *adj* tático; estratégico.
Tactician (tékti-shânn) *s* tático; estrategista.
Tactics (ték-tiks) *s* tática; estratégia.
Tadpole (téd-pôul) *s* sapinho; girino.
Taffy (té-fi) *s* puxa-puxa; USA caramelo.
Tag (tég) *s* chapa de metal; atacador; plebe; ponta de cauda de animal; marca; sinal.
Tag (tég) *v* ligar; fixar presilha; fixar etiqueta; seguir de perto; tocar (brinquedo de criança "pega-pega").
Tagger (té-gâr) *s* metal laminado.
Tail (têil) *s* rabo; cauda; cabo; aba de paletó; cortejo; acompanhamento.
Tail (têil) *v* prender à cauda; pender como cauda; puxar pela cauda.
Tailor (téi-lâr) *s* alfaiate.
Taint (têint) *s* mancha; infecção; corrupção.
Taint (têint) *v* infecionar; corromper-se; infectar; poluir; estragar-se.
Taintless (téin-tléss) *adj* imaculado; puro; sem mancha.
Take (têik) *s* ação de tomar.
Take (têik) *v* tomar; pegar; segurar; conceber; apanhar; entender; admitir; simpatizar-se com; levar; ***to TAKE aback***: embaraçar; ***to TAKE away***: levar; roubar; ***to TAKE care***: tomar conta de; cuidar; ***to TAKE the lead***: tomar a liderança; ***to TAKE out***: levar para fora; ***to TAKE part***: participar, tomar parte; ***to TAKE place***: suceder; ***to TAKE pride***: andar orgulhoso; ***to TAKE to***: afeiçoar-se por alguém. *past* TOOK *and pp* TAKEN.
Taking (téi-kinn) *s* tomada; captura; atrativo; simpatia; temor; aflição; sobressalto.
Taking (téi-kinn) *adj* fascinante; atraente; contagioso.
Talc (télk) *s* talco (mineral).
Tale (têil) *s* conto; fábula; narrativa; história.
Talebearer (têil-bérâr) *s* mexeriqueiro.
Talent (té-lent) *s* talento; gênio; engenho; talento (moeda).
Talented (té-lentid) *adj* talentoso, hábil.
Talentless (té-lentléss) *adj* sem talento.
Talk (tók) *s* conversa; conversação; boato; discurso.
Talk (tók) *v* falar; conversar; dizer; narrar.
Talkative (tók-âtiv) *adj* falador; conversador; tagarela.
Talker (tó-kâr) *s* falador; palrador.
Talking (tó-kinn) *s* conversação; tagarelice.
Talking (tó-kinn) *adj* falante; sonoro.
Tall (tól) *adj* alto; elevado; excessivo.
Tallness (tól-néss) *s* altura; estatura.
Tallow (té-lôu) *s* sebo.
Tallow (té-lôu) *v* ensebar; engordurar.
Tally (té-li) *s* contagem; marcação.
Tally (té-li) *v* corresponder; condizer; adaptar-se.
Talon (té-lânn) *s* garra; unha.
Tamable (têi-mâbl) *adj* domesticável; domável.
Tambour (tém-bur) *s* tambor; tamborim; caixilho para bordar (de madeira); tímpano.
Tambourine (témburi-nn) *s* pandeiro; tamboril; tamborim.
Tame (téimm) *adj* dócil; manso; doméstico; desanimado; abatido.
Tame (téimm) *v* amansar; cativar; domar; submeter.
Tamer (têi-mâr) *s* domesticador; domador de animais.
Tamper (tém-pâr) *v* intrometer-se; experimentar; ocupar-se de.
Tan (ténn) *s* casca de árvore que possui tanino; cor parda.
Tan (ténn) *v* curtir; tornar trigueiro.
Tan (ténn) *adj* crestado; trigueiro.
Tandem (tén-demm) *s* carro de dois cavalos; bicicleta com dois selins.
Tandem (tén-demm) *adv* um atrás do outro.
Tang (ténn) *s* espigão; ponta de ferramenta que entra no cabo; som agudo; mau gosto.
Tang (ténn) *v* retinir.
Tangibility (téndjibi-liti) *s* tangibilidade; palpabilidade.
Tangible (tén-djibl) *adj* tangível; palpável.
Tangle (téngl) *s* enredo; confusão; complicação; alga comestível.
Tangle (téngl) *v* emaranhar; entrelaçar; misturar; surpreender.
Tank (ténk) *s* tanque; cisterna; MIL tanque; carro de assalto.
Tanner (té-nâr) *s* curtidor.
Tannery (té-nâri) *s* curtume.

Tantamount (tén-tâmáunt) *adj* equivalente; igual.
Tap (tép) *s* punção; cânula (tubo para instrumento cirúrgicos); torneira; pancada leve.
Tap (tép) *v* bater de leve; dar tapas; furar um tonel.
Tape (têip) *s* trena; fita de medição; cadarço; liga; fita (filme, gravação).
Taper (têi-pâr) *s* círio (vela grande); facho; luz; pavio; afilamento.
Taper (têi-pâr) *v* afilar-se; terminar em ponta; iluminar com círios.
Taper (têi-pâr) *adj* cônico; afilado.
Tapestry (té-pestri) *s* tapete bordado; tapeçaria.
Tapster (tép-stâr) *s* taberneiro.
Tar (tár) *s* QUÍM alcatrão; breu; marujo.
Tardy (tár-di) *adj* vagaroso; moroso; lento.
Tare (tér) *s* COM tara (peso líquido).
Target (tár-djét) *s* alvo; mira; meta; pontaria.
Tariff (táerif) *s* tarifa.
Tarn (tárnn) *s* lago entre montanhas.
Tarnish (tár-nish) *s* mancha; nódoa; deslustre; desdouro.
Tarnish (tár-nish) *v* embaçar; descorar.
Tarrier (té-riâr) *s* retardatário.
Tarry (té-ri) *v* retardar; tardar; deter-se; permanecer no mesmo lugar.
Tart (tárt) *s* torta; pastelão (doce ou salgado).
Tart (tárt) *adj* ácido; picante; azedo; mordaz.
Tartar (tár-târ) *s* tártaro (depósito salino); calcário nos dentes; sarro.
Tartness (tárt-néss) *s* azedume; acidez, coisa ácida.
Task (tésk) *s* tarefa; empreitada; emprego; empresa.
Task (tésk) *v* dar uma tarefa a; sobrecarregar de trabalho; acusar.
Tasker (tés-kâr) *s* empreiteiro.
Tasking (tés-kinn) *s* empreitada; empresa; serviço.
Tassel (tés-l) *s* borla; barrete doutoral.
Taste (têist) *s* gosto; sabor; paladar; prova; amostra.
Taste (têist) *v* provar alimento ou bebida; saborear.
Tasteful (têist-ful) *adj* gostoso; saboroso; de bom gosto.
Tasteless (têist-léss) *adj* insípido; insosso; sem gosto.
Tastiness (têis-tinéss) *s* gosto; sabor; graça; elegância.
Tasty (têis-ti) *adj* gostoso; saboroso; gracioso.
Tatter (té-târ) *s* farrapo; trapo.
Tatter (té-târ) *v* estraçalhar; reduzir a farrapos.
Tattered (té-târd) *adj* esfarrapado; andrajoso.
Tattle (tétl) *v* tagarelar; mexericar.
Tattler (té-tlâr) *s* tagarela; palrador.
Tattoo (té-tu) *s* tatuagem; toque de recolher.
Tattoo (té-tu) *v* tatuar; dar o toque de recolher.
Tattooing (tétu-inn) *s* tatuagem.
Taunt (tónt) *s* mofa; zombaria.
Taunt (tónt) *v* insultar; verberar; exprobar.
Taunt (tónt) *adj* elevado; alto.
Taunter (tón-târ) *s* escarnecedor; insultante; zombador.
Tavern (té-vârn) *s* taberna; estalagem; botequim.
Tawdry (tó-dri) *adj* extravagante; espalhafatoso.
Tawny (tó-ni) *adj* trigueiro; tostado; moreno.
Tax (téks) *s* taxa; encargo; imposto; obrigação.
Tax (téks) *v* taxar; sobrecarregar; acusar.
Taxation (téksêi-shânn) *s* taxação; tributação.
Taxi (ték-si) *s* táxi (carro de aluguel).
Taxidermist (ték-sidârmist) *s* taxidermista.
Taxidermy (ték-sidârmi) *s* taxidermia.
Taximeter (téksi-mitâr) *s* taxímetro.
Tea (ti) *s* chá (bebida estimulante).
Tea (ti) *adj* de chá.
Teach (titsh) *v* ensinar; treinar; instruir; *past or pp* TAUGHT.
Teacher (ti-tshâr) *s* professor; instrutor; mestre.
Teaching (ti-tshinn) *s* ensino; instrução; magistério.
Team (timm) *s* parelha; junta; bando; equipe.
Team (timm) *v* transportar em carro de parelha; juntar numa manada.
Teapoy (ti-pói) *s* mesinha de chá.
Tear (tér) *s* lágrima; choro; pranto.
Tear (tér) *v* rasgar; despedaçar; dilacerar; arrancar; *past* TORE *and pp* TORN.
Tearful (tér-ful) *adj* lacrimoso; choroso; dilacerante.
Tearfulness (tér-fulnéss) *s* lacrimação; choro.
Tearing (té-rinn) *s* dilaceração.
Tearing (té-rinn) *adj* violento; furioso; dilacerante.
Tease (tiz) *s* arrelia; enfado; aborrecimento.
Tease (tiz) *v* atormentar; importunar; cardar; ripar o cânhamo.
Teasel (tiz-l) *s* BOT cardo (planta).
Teasel (tiz-l) *v* cardar.
Teaser (ti-zâr) *s* importuno; aborrecedor.
Teasing (ti-zinn) *s* enfado; importunação.
Teasing (ti-zinn) *adj* atormentador; maçante.
Teat (tit) *s* teta; úbere; bico de seio.
Technical (ték-nikâl) *adj* técnico.
Technician (tékni-shânn) *s* técnico; prático; perito.
Technics (ték-niks) *s* ciências técnicas.
Technology (téknó-lodji) *s* tecnologia.
Techy (té-tshi) *adj* rabugento; colérico.
Ted (téd) *v* espalhar o feno; virar o feno.
Tedious (ti-diâss) *adj* tedioso; enfadonho; maçante; monótono.
Tee (ti) *s* meta; qualquer configuração em forma de "T"; ESP base de certos jogos (elevada).
Teem (timm) *v* gerar; abundar em.
Teeming (ti-minn) *adj* abundante; prolífico; fértil.
Teenager (tin-êidjâr) *s* adolescente (**"teen"** refere-se ao sufixo dos numerais em inglês, de onze até dezenove).
Teeth (tith) *s* dentes.
Teeth (tith) *v* endentecer; nascer os dentes.
Teething (ti-thinn) *s* dentição; primeira ou segunda dentição.
Teetotal (titôu-tâl) *adj* completo; total; abstêmio.
Teetotalism (titôu-tâlizm) *s* abstinência total de alcool (bebida).
Teetotaller (titôu-tâlâr) *s* abstêmio.
Tegument (té-ghiumént) *s* tegumento; BOT invólucro da semente.
Telegram (té-legrémm) *s* telegrama.
Telegraph (té-legréf) *s* telégrafo.
Telegraph (té-legréf) *v* telegrafar.
Telegraphic (télegré-fik) *adj* telegráfico; resumido; lacônico.
Telegraphy (telé-grâfi) *s* telegrafia.
Telepathy (telé-pâthi) *s* telepatia.
Telephone (té-lefôunn) *s* telefone.
Telephone (té-lefôunn) *v* telefonar.
Telephony (telé-foni) *s* telefonia.
Telescope (té-leskôup) *s* telescópio (instrumento óptico).
Telescope (té-leskôup) *v* FIG encaixar; engavetar-se.
Teletubbies (téle-tâbs) *s* TV teletubes (bonecos animados); ***TELETUBBIES, they look like a cross between teddy bears and TV sets***: teletubes, parecem cruzamento entre televisores e ursinhos de pelúcia.
Television (televisiân) *s* televisão.
Tell (tél) *v* dizer; contar; informar; explicar; revelar; distinguir; discernir; ordenar; assegurar; afetar; *past or pp* TOLD.
Teller (té-lâr) *s* narrador; relator; contador de histórias.
Telling (té-linn) *s* narração.
Telling (té-linn) *adj* eficaz.
Telltale (tél-têil) *s* mexeriqueiro; caluniador; indicador.
Telltale (tél-têil) *adj* falador; mexeriqueiro; intrigante.
Temerity (timé-riti) *s* temeridade; ousadia.
Temper (tém-pâr) *s* têmpera; temperamento; gênio; calma; sangue frio.
Temper (tém-pâr) *v* temperar; modelar; misturar; ajustar; acomodar; animar.

Temperament (tém-pârâmént) *s* temperamento; compleição; moderação.
Temperamental (témpârâmén-tâl) *adj* genioso; impetuoso; temperamental.
Temperance (tém-pârânss) *s* temperança; moderado nas paixões; sobriedade.
Temperate (tém-pârit) *adj* temperado; moderado; sóbrio; brando; ameno.
Temperature (tém-pârâtshur) *s* temperatura.
Tempered (tém-pârd) *adj* temperado; moderado; disposto; inclinado.
Tempest (tém-pést) *s* tempestade; tormenta; tumulto.
Tempestuous (témpés-tshuâss) *adj* tempestuoso.
Temple (témp-l) *s* templo; basílica; igreja; MED fonte.
Temporary (tém-poréri) *adj* temporário; transitório; provisório.
Temporize (tém-poráiz) *v* aceder; acomodar-se a; render-se; capitular.
Tempt (témp-t) *v* tentar; atrair; seduzir.
Temptable (témp-tâbl) *adj* exposto à tentação.
Temptation (témptêi-shânn) *s* tentação.
Tempter (témp-târ) *s* tentador.
Tempting (témp-tinn) *adj* tentador; atraente; sedutor.
Tenable (té-nâbl) *adj* defensável; sustentável.
Tenacious (tenêi-shâss) *adj* tenaz; firme; persistente.
Tenancy (té-nânsi) *s* locação; inquilinato; arrendamento.
Tenant (té-nânt) *s* inquilino; locatário.
Tenantless (té-nântléss) *adj* desocupado; devoluto; vago.
Tend (ténd) *v* cuidar de; tratar de; estar atento; acompanhar; contribuir para; servir a.
Tendency (tén-densi) *s* tendência; propensão; inclinação.
Tender (tén-dâr) *s* oferta; proposta; tênder; terna; carinhosa.
Tender (tén-dâr) *v* oferecer; propor; dispensar atenções.
Tender (tén-dâr) *adj* tenro; mole.
Tenderly (tén-dârli) *adv* ternamente, delicadamente.
Tenderness (tén-dârnéss) *s* ternura; suavidade; brandura; escrúpulo.
Tendon (tén-dânn) *s* ANAT tendão.
Tenebrous (té-nibrâss) *adj* tenebroso; escuro.
Tenement (té-nemént) *s* cortiço; habitação coletiva; JUR prazo judicial.
Tenfold (tén-fôuld) *adj* décuplo.
Tennis (tén-niss) *s* tênis (lawn tennis); ***do you want to play*** *TENNIS?*: você quer jogar tênis?
Tense (ténss) *s* GRAM tempo (flexão verbal).
Tense (ténss) *adj* tenso; esticado.
Tenseness (téns-néss) *s* tensão; esforço; rigidez.
Tensity (tén-siti) *s* tensão; rigidez.
Tent (tént) *s* tenda; barraca; atenção.
Tent (tént) *v* sondar; acampar.
Tentacle (tén-tâkl) *s* tentáculo.
Tenter (tén-târ) *s* escápula; gancho.
Tenuity (téniu-iti) *s* tenuidade; rarefação.
Tenuous (té-niuâss) *adj* tênue; delgado; frágil.
Tepid (té-pid) *adj* tépido (morno).
Tergiversate (târ-djivârsêit) *v* tergiversar; buscar evasivas.
Tergiversation (târdjivârsêi-shânn) *s* tergiversação; rodeios; evasivas.
Term (târmm) *s* termo; palavra; limite; prazo.
Term (târmm) *v* nomear; designar.
Termagant (târ-mâgânt) *s* mulher colérica.
Termagant (târ-mâgânt) *adj* turbulento; inquieto.
Terminate (târ-minêit) *v* terminar; concluir.
Termination (târminêi-shânn) *s* terminação; término; conclusão; remate.
Terminative (târ-minâtiv) *adj* terminativo; definitivo; terminante; decisivo.
Terminology (târminó-lodji) *s* terminologia.
Termite (târ-mait) *s* térmita; cupim; formiga branca.
Ternary (târ-nâri) *s* um terno; um grupo de três.
Ternary (târ-nâri) *adj* ternário.
Terrace (té-riss) *s* terraço; balcão; varanda larga.
Terrestrial (terés-triâl) *s* terrestre; habitante da terra; mundano.
Terrestrial (terés-triâl) *adj* terrestre; habitante da terra; mundano.
Terrible (té-ribl) *adj* terrível; horrível; espantoso; tremendo; grave.
Terrier (té-riâr) *s* cão rateiro.
Terrific (téri-fik) *adj* terrível; impressionante; ótimo.
Terrify (té-rifái) *v* terrificar; apavorar; amedrontar.
Terrifying (té-rifáiinn) *adj* terrificante.
Territory (té-ritôuri) *s* território; COM praça; zona.
Terrorize (té-roráiz) *v* aterrorizar; horrorizar.
Terse (târss) *adj* terso; polido; conciso.
Tertian (târ-shânn) *s* sezão; febre intermitente.
Tertian (târ-shânn) *adj* MED terçã.
Test (tést) *s* teste; exame; prova; ensaio; experiência; análise; critério; padrão; distinção.
Test (tést) *v* examinar; experimentar.
Testable (tés-tâbl) *adj* o que se pode legar.
Testament (tés-tâmént) *s* JUR testamento.
Testamentary (téstâmén-târi) *adj* testamentário.
Testator (téstêi-târ) *s* testador.
Tester (tés-târ) *s* testador; examinador; analisador; ensaiador.
Testification (téstifikêi-shânn) *s* atestação; testificação.
Testifier (tés-tifáiâr) *s* depoente; certificante; testemunha.
Testify (tés-tifái) *v* depor; testemunhar; atestar; declarar; *past or pp* TESTIFIED.
Testimonial (téstimôu-niâl) *s* certidão; certificado; atestado.
Testimonial (téstimôu-niâl) *adj* de testemunho; comprovável; testemunhável.
Testimony (tés-timôuni) *s* testemunho; depoimento.
Testiness (tés-tinéss) *s* impertinência; rabugice.
Testing (tés-tinn) *s* ensaio; prova.
Testy (tés-ti) *adj* colérico; irritável; teimoso.
Tetanus (té-tânâss) *s* MED tétano.
Tether (té-dhâr) *s* cabresto; peia; sujeição.
Tether (té-dhâr) *v* pear; travar.
Tetrarch (té-trârk) *s* tetrarca.
Tetrarchy (té-trárki) *s* tetrarquia.
Tetter (té-târ) *s* MED impingem (afecção cutânea).
Text (tékst) *s* texto; tópico; tema.
Texture (té-kstshur) *s* textura; contextura; tecido.
Than (dhenn) *conj* do que; que.
Thank (thénk) *s* agradecimentos; graças.
Thank (thénk) *v* agradecer.
Thankful (thénk-ful) *adj* agradecido; grato.
Thankfulness (thénk-fulnéss) *s* gratidão; reconhecimento.
Thankless (thénk-léss) *adj* ingrato; mal-agradecido.
Thanksgiving (thénksghi-vinn) *s* Ação de Graças.
That (dhét) *pron* esse (a); isso; aquele (a); aquilo.
That (dhét) *conj* que; para que; a fim de que.
That (dhét) *adv* tão; de tal modo; em tal proporção.
Thaw (thó) *s* degelo.
Thaw (thó) *v* degelar; derreter.
The (dhâ) *art* o; a; os; as.
Theater (thi-âtâr) *s* teatro.
Theatre (thi-âtr) *vide* THEATER.
Theatrical (thié-trikâl) *adj* teatral.
Thee (dhi) *pron* POES te; ti; tigo.
Theft (théft) *s* furto; roubo.
Their (dhér) *pron* seu (s); sua (s); deles (as).
Theirs (dhérz) *pron* (o, a) seu, sua; (os, as) seus, suas.
Theism (thi-izm) *s* teísmo.
Theist (thi-ist) *s* teísta.
Them (dhémm) *pron* os; as; lhes; eles (as).
Theme (thimm) *s* tema; tese; assunto; matéria.

Themselves (dhémsélv-z) *pron* se; a si mesmos; eles, elas mesmas.
Then (dhénn) *adj* daquele tempo; daquela época; que existia.
Then (dhénn) *adv* então; naquele tempo; doutra feita; em seguida; portanto.
Thence (dhénss) *adv* daí; dali; de lá; portanto; por essa razão.
Thenceforth (dhéns-fórth) *adv* desde então.
Thenceforward (dhéns-fóruârd) *adv* dali em diante; desde então.
Theocracy (thió-krâssi) *s* teocracia.
Theocratic (thiokré-tik) *adj* teocrático.
Theologic (thioló-djik) *adj* teológico.
Theology (thió-lodji) *s* teologia.
Theorem (thi-orémm) *s* teorema.
Theoretic (thioré-tik) *adj* teórico; teorético; especulativo.
Theorist (thi-orist) *s* teorista; autor de teorias.
Theory (thi-ori) *s* teoria.
Theosophic (thiossó-fik) *adj* teosófico.
Theosophist (thió-sofist) *s* teosofista; teósofo.
Theosophy (thió-sofi) *s* teosofia.
Therapeutic (thérâpiu-tik) *adj* terapêutico.
Therapeutics (thérâpiu-tiks) *s* terapêutica; terapia.
There (dhér) *adv* aí; ali; lá; acolá.
There (dhér) *interj* eis! olha!
Thereabout (dhér-âbáut) *adv* por aí; perto; aproximadamente.
Thereafter (dhér-áfter) *adv* depois disso; desde então.
Thereat (dhér-át) *adv* naquele lugar; nisso; por isso; com isso.
Thereby (dhér-bái) *adv* por aí; com referência a isso; desse modo.
Therefore (dhér-fôur) *adv* por isso; por conseguinte; por essa razão.
Therefrom (dhér-frôumm) *adv* disso; dalí; daí.
Therein (dhér-inn) *adv* ali; lá; então; nisso; nisto.
Thereof (dhér-óv) *adv* disto; disso; daquilo.
Thereon (dhér-ónn) *adv* nisto; nisso; naquilo.
Therewithal (dhér-uidâl) *adv* com isso; além disso; ademais.
Thermal (thâr-mâl) *adj* térmico.
Thermometer (thârmó-mitâr) *s* termômetro.
Thesaurus (thessó-râss) *s* tesouro; léxico; dicionário; enciclopédia.
These (dhiz) *adj* estes; estas.
These (dhiz) *pron* estes; estas.
They (dhêi) *pron* eles; elas.
Thick (thik) *s* espessura; grossura; densidade.
Thick (thik) *adj* grosso; denso; espesso; compacto; apinhado; abundante; íntimo; familiar.
Thick (thik) *adv* densamente; continuamente; abundantemente.
Thicken (thiken) *v* engrossar; densificar; aumentar.
Thicket (thi-ket) *s* bosque; moita; mato.
Thickish (thi-kish) *adj* um tanto espesso.
Thickness (thik-néss) *s* espessura; grossura; grosseria; estupidez.
Thief (thif) *s* ladrão; ladra; gatuno.
Thieve (thiv) *v* roubar; furtar.
Thievery (thi-vâri) *s* roubo; furto; gatunagem.
Thievish (thi-vish) *adj* inclinado ao roubo; furtivo; secreto; matreiro.
Thievishness (thi-vishnéss) *s* hábito de roubar; cleptomania.
Thigh (thái) *s* coxa.
Thill (thil) *s* lança; varal.
Thimble (thimbl) *s* dedal.
Thin (thinn) *adj* magro; fino; franzino; leve; transparente; superficial.
Thin (thinn) *v* emagrecer; afinar; definhar.
Thine (dháinn) *pron* o, os teu; teus; a, as tua; tuas.
Thing (thinn) *s* coisa; objeto; matéria; negócio; coisa.
Think (think) *v* pensar; julgar; achar; imaginar; crer; *past or pp* THOUGHT.
Thinker (thin-kâr) *s* pensador; filósofo.
Thinking (thin-kinn) *s* pensamento; meditação.
Thinness (thin-néss) *s* tenuidade; magreza; falta; escassez.
Thirst (thârst) *s* sede; ânsia; desejo.
Thirst (thârst) *v* ter sede; ambicionar.
Thirsty (thârs-ti) *adj* sequioso; sedento; com sede.
This (dhis) *adj* este; esta; isto.
This (dhis) *pron* este; esta; isto.
Thistle (thisl) *s* cardo (planta).
Thither (dhi-dhâr) *adv* para lá; naquela direção.
Thitherward (dhi-dhâr-uârd) *adv* para ali; para lá; nessa direção.
Thong (thónn) *s* correia; tira.
Thorax (thôu-réks) *s* tórax; peito.
Thorn (thórn) *s* espinho; pico; espinheiro; FIG tormento.
Thornbush (thórn-bâsh) *s* espinheiro (planta).
Thorny (thór-ni) *adj* espinhoso; penoso; incômodo.
Thorough (thâ-ro) *adj* inteiro; completo; meticuloso.
Thoroughbred (thâ-robréd) *s* animal de puro sangue.
Thoroughbred (thâ-robréd) *adj* de puro sangue.
Thoroughfare (thâ-rofér) *s* via pública; estrada; entrada principal.
Thoroughgoing (thâ-rogôuinn) *adj* completo; cabal; extremo.
Those (dhôuz) *adj* esses (as); aqueles (as); os; as.
Those (dhôuz) *pron* esses (as); aqueles (as); os; as.
Though (dhôu) *conj* contudo; não obstante; conquanto; posto que.
Thought (thót) *s* pensamento; meditação; opinião; juízo.
Thoughtful (thót-ful) *adj* pensativo; atencioso; cuidadoso.
Thoughtfulness (thót-fulnéss) *s* meditação; inquietação; ansiedade.
Thoughtless (thót-léss) *adj* irrefletido; descuidado; imprevidente.
Thraldom (thról-dâmm) *s* cativeiro; escravidão; servidão.
Thrall (thról) *s* escravo; cativo; servo.
Thrall (thról) *v* escravizar.
Thrash (thrésh) *v* debulhar; sovar; espancar; labutar; trabalhar.
Thrashing (thré-shinn) *s* debulha de trigo; malha; batedura; sova.
Thread (thréd) *s* linha; fio; rosca.
Thread (thréd) *v* enfiar a linha na agulha; atravessar; traspassar.
Threat (thrét) *s* ameaça; promessa de castigo.
Threaten (thrét-n) *v* ameaçar; assustar.
Threefold (thri-fôuld) *adj* triplo; triplicado.
Threshold (thré-shâld) *s* limiar; soleira; estreia.
Thrice (thráiss) *adv* três vezes.
Thrift (thrift) *s* economia; parcimônia; ganho; lucro; prosperidade.
Thrifty (thrif-ti) *adj* econômico; sóbrio; próspero.
Thrill (thril) *s* estremecimento.
Thrill (thril) *v* furar; palpitar; emocionar.
Thrilling (thri-linn) *adj* comovente; vibrante; emocionante.
Thrive (thráiv) *v* medrar; prosperar; enriquecer-se; crescer forte; ser bem sucedido; *past* THROVE *and pp* THRIVEN.
Thriving (thrái-vinn) *adj* próspero; desenvolvido.
Throat (thrôut) *s* garganta; goela; gargalo; orifício.
Throb (thrób) *s* pulsação; palpitação.
Throb (thrób) *v* bater; pulsar; palpitar.
Throbbing (thró-binn) *adj* palpitante.
Throe (thrôu) *s* angústia; agonia.
Throe (thrôu) *v* agonizar.
Throne (thrôunn) *s* trono.
Throne (thrôunn) *v* entronar; entronizar; exaltar; enaltecer.
Throng (thrónn) *s* multidão; aglomerado.
Throng (thrónn) *v* acorrer em multidão; atropelar-se.
Throttle (thrót-l) *s* garganta; traqueia.
Throttle (thrót-l) *v* estrangular; asfixiar-se.
Throttling (thró-tlinn) *s* estrangulamento.

Through (thru) *adj* completo; contínuo; direto.
Through (thru) *prep* através de; devido a; por causa de.
Through (thru) *adv* cabalmente; completamente.
Throughout (thru-áut) *prep* duma à outra extremidade; através de.
Throughout (thru-áut) *adv* por toda a parte; inteiramente.
Throw (thrôu) *s* lanço; arremesso; movimento brusco; impulso; risco.
Throw (thrôu) *v* atirar; lançar; arremessar; *past* THREW *and pp* THROWN.
Thrum (trâmm) *v* MÚS arranhar, tocar mal um instrumento.
Thrush (thrâsh) *s* tordo; pássaro canoro; MED afta; "sapinho".
Thrust (thrâst) *s* golpe de esgrima; ataque; bote; arremetida; empurrão.
Thrust (thrâst) *v* empurrar; arrombar; forçar; apunhalar; *past or pp* THRUST.
Thud (thâd) *s* baque; pancada; ruído surdo.
Thud (thâd) *v* baquear.
Thug (thâg) *s* assassino; matador.
Thumb (thâmm) *s* dedo polegar.
Thumb (thâmm) *v* manusear; folhear.
Thump (thâmp) *s* murro; soco.
Thump (thâmp) *v* dar um murro; golpear surdo.
Thunder (thân-dâr) *s* trovão; estrondo; gritaria.
Thunder (thân-dâr) *v* trovejar; retumbar; reboar.
Thunderbolt (thân-dârbôult) *s* raio; faísca elétrica.
Thundering (thân-dârinn) *adj* estrondoso; excessivo.
Thunderstrike (thân-dârstráik) *v* fulminar; eletrocutar; estupefar; *past* THUNDERSTRUCK *and pp* THUNDERSTRUCKED.
Thursday (thârs-dêi) *s* quinta-feira; ***Maundy Thursday***: Quinta-Feira Santa.
Thus (dhâs) *adv* assim; desta forma; por conseguinte.
Thwart (thuórt) *s* banco de remador.
Thwart (thuórt) *v* atravessar; contrariar.
Thwart (thuórt) *adj* transversal; atravessado.
Thwarting (thuór-tinn) *adj* contrário; oposto; perverso.
Thy (dhái) *pron* POES teu (us); tua (as).
Thyroid (thái-roid) *s* ANAT tiroide; tireoide.
Thyroid (thái-roid) *adj* ANAT tiroide; da glândula tiroide.
Thyself (dháissél-f) *pron* POES tu mesmo; a ti mesmo.
Tick (tik) *s* toque leve; crédito; conta; empréstimo; carrapato.
Tick (tik) *v* fiar; comprar a crédito; vender a crédito; bater (como relógio); fazer conferência grafando o sinal em *v*.
Ticket (ti-ket) *s* bilhete; etiqueta; rótulo; passagem; letreiro; cédula.
Ticket (ti-ket) *v* marcar; etiquetar; rotular.
Tickle (tikl) *s* cócega.
Tickle (tikl) *v* fazer cócegas; lisonjear; divertir.
Tickle (tikl) *adj* inconstante.
Ticklish (ti-klish) *adj* coceguento; instável; melindroso.
Tickly (ti-kli) *adj* coceguento; difícil; crítico.
Tick-tack (tik-ték) *s* tique-taque; pulsação.
Tide (táid) *s* maré; corrente; curso; estação.
Tide (táid) *v* ir com a maré.
Tidiness (tái-dinéss) *s* asseio; elegância; ordem.
Tidy (tái-di) *v* arrumar; assear; arranjar.
Tidy (tái-di) *adj* asseado; limpo; elegante.
Tie (tái) *s* laço; nó; gravata; obrigação moral; obrigação legal.
Tie (tái) *v* atar; ligar; amarrar; sujeitar; empatar; constranger.
Tiff (tif) *s* gole; trago de bebida; discórdia; aborrecimento.
Tiff (tif) *v* disputar; zangar-se: enfeitar; ornar.
Tige (tidj) *s* ARQT haste; fuste de coluna.
Tiger (tái-gâr) *s* tigre; jaguar; lacaio; fanfarrão.
Tigerish (tái-gârish) *adj* feroz; sanguinário.
Tight (táit) *adj* apertado; avarento; embriagado.
Tighten (táit-n) *v* apertar; estreitar; tornar rijo.
Tightness (táit-néss) *s* impermeabilidade; tensão.
Tigress (tái-gréss) *s* fêmea do tigre.
Tilbury (til-bâri) *s* tíburi (carro de duas rodas).
Tile (táil) *s* telha; ladrilho; azulejo.
Tile (táil) *v* entelhar; ladrilhar; segregar.
Tiling (tái-linn) *s* telhado; azulejo; ladrilho.
Till (til) *s* caixa (de guardar dinheiro).
Till (til) *v* cultivar; lavrar.
Till (til) *conj* até; até que.
Tillage (ti-lidj) *s* lavoura; cultivo da terra.
Tiller (ti-lâr) *s* broto; rebento; lavrador; cultivador.
Tilt (tilt) *s* toldo; coberta de lona; torneio; justa; estocada; inclinação.
Tilt (tilt) *v* cobrir com toldo; cobrir com lona; inclinar; pender; empurrar.
Tilth (til-th) *s* lavoura.
Timbal (tim-bâl) *s* ANAT timbale; tímpano.
Timber (tim-bâr) *s* madeira para construção; vigamento.
Timber (tim-bâr) *v* guarnecer de madeira.
Timbering (tim-bârinn) *s* madeiramento; vigamento; escoramento.
Time (táimm) *s* tempo; época; hora; momento; vez.
Time (táimm) *v* adaptar ao tempo; observar a hora exata; servir de cronometrista; MÚS medir.
Timekeeper (táim-kipâr) *s* cronômetro; cronometrista.
Timeliness (táim-linéss) *s* oportunidade; momento propício; ocasião.
Timely (táim-li) *adj* oportuno; conveniente; a propósito.
Timepiece (táim-piss) *s* relógio de mesa.
Timer (tái-mâr) *s* cronometrista; cronômetro.
Timid (ti-mid) *adj* tímido; acanhado; medroso.
Timidity (timi-diti) *s* timidez; acanhamento.
Timing (tái-minn) *s* adaptação; ajustamento.
Timorous (ti-mârâss) *adj* medroso; tímido.
Tin (tinn) *s* estanho; folha-de-flandres; latinha; USA **can**.
Tin (tinn) *v* enlatar.
Tincture (tink-tshur) *s* tintura; cor; essência; gosto; aparência.
Tinder (tin-dâr) *s* mecha para isqueiro.
Tinderbox (tin-dârbóks) *s* isqueiro.
Ting (tinn) *s* tinido.
Ting (tinn) *v* tinir; tilintar.
Tinge (tindj) *s* cor; matiz; gosto; sabor.
Tinge (tindj) *v* tingir; colorir.
Tingle (tingl) *s* dor; formigueiro; formigamento.
Tingle (ting-l) *v* tinir; formigar; arder; estremecer.
Tinker (tin-kâr) *s* caldeireiro; latoeiro; funileiro.
Tinker (tin-kâr) *v* consertar.
Tinkle (tink-l) *v* zunir; tinir; soar.
Tinman (tin-maen) *s* funileiro; lanterneiro; latoeiro.
Tint (tint) *s* tinta; cor.
Tint (tint) *v* tingir; matizar.
Tiny (tái-ni) *adj* minúsculo; pequenino; ínfimo.
Tip (tip) *s* ponta; ponteira; pancada leve; gorjeta; aviso secreto; palpite.
Tip (tip) *v* dar gorjetas; formar uma extremidade; guarnecer uma extremidade; dar conselho; pender; cair; bater de leve.
Tipping (ti-pinn) *s* ação de dar gorjetas; remoção de entulho; informação sobre apostas nas corridas.
Tipple (tip-l) *s* bebida; licor; bebedeira; USA jazida; mina.
Tipple (tip-l) *v* beber com frequência; embebedar-se.
Tippling (ti-plinn) *s* embriaguez; bebedeira.
Tipster (ti-pstâr) *s* informante de apostas (corrida de cavalo, bolsa etc.).
Tipsy (ti-psi) *adj* ébrio; embriagado.
Tiptoe (tip-tôu) *s* ponta do pé.
Tiptoe (tip-tôu) *v* andar na ponta dos pés.
Tiptop (tip-tóp) *s* auge; cume; topo.
Tiptop (tip-tóp) *adj* supremo; excelente.
Tire (táir) *s* pneumático; adorno; fileira.
Tire (táir) *v* cansar; fatigar; aborrecer-se; colocar um pneu.
Tired (táir-d) *adj* cansado; fatigado; USA aborrecido.

Tiredness (táird-néss) *s* cansaço; fadiga; aborrecimento.
Tireless (táir-léss) *adj* incansável; infatigável.
Tiresome (táir-sâmm) *adj* fatigante; aborrecido; cansativo.
Tiring (tái-rinn) *adj* fatigante; maçante.
Tissue (ti-shu) *s* tecido fino; encadeamento; ANAT tecido.
Tit (tit) *s* cavalinho; naco; mulherzinha ordinária; passarinho; teta.
Titanic (táitâ-nik) *adj* titânico; hercúleo; gigantesco.
Titbit (tit-bit) *s* gulodice; migalha; bocado.
Titillation (titilêi-shânn) *s* titilação; excitação agradável.
Title (táit-l) *s* título; documento.
Title (táit-l) *v* intitular; qualificar.
Titled (táitl-d) *adj* titulado; intitulado.
Titter (ti-târ) *s* riso abafado.
Titter (ti-târ) *v* rir à surdina.
Tittle (tit-l) *s* ponto; pingo; nada; ninharia.
To (tu) *prep* a; para; em; até; para com; por; em comparação com; ao som de.
To (tu) *adv* em direção a; para diante.
Toad (tôud) *s* sapo; USA HOPTOAD.
Toady (tôu-di) *s* adulador; bajulador.
Toady (tôu-di) *v* adular; bajular.
Toadyism (tôu-diizm) *s* bajulação; servilismo; adulação.
Toast (tôust) *s* brinde; torrada.
Toast (tôust) *v* brindar à mesa; torrar ao fogo.
Toaster (tôus-târ) *s* torrador; brindador.
Tobacco (tobé-kôu) *s* tabaco; fumo.
Toboggan (tobó-gânn) *s* tobogã, espécie de trenó; rampa de deslizar.
Toboggan (tobó-gânn) *v* deslizar em tobogã.
Today (tudêi) *s* hoje; ***you haven't seen Irani today, have you?***: você por acaso não viu a Irani hoje, viu?
Today (tudêi) *adv* hoje; na época atual.
Toddle (tód-l) *s* andar vacilante.
Toddle (tód-l) *v* andar como um bebê.
Toe (tôu) *s* dedo do pé.
Toe (tôu) *v* tocar com a ponta do pé; pisar.
Toffee (tó-fi) *s* caramelo; bala de caramelo; USA TAFFY.
Tog (tóg) *s* peça de vestuário.
Together (tughé-dhâr) *adv* juntamente; em companhia de; simultaneamente.
Toil (tóil) *s* trabalho; fadiga; laço; cilada.
Toil (tóil) *v* trabalhar; mourejar.
Toiler (tói-lâr) *s* trabalhador; o que moureja.
Toilful (tóil-ful) *adj* árduo; penoso; trabalhoso.
Token (tôuk-n) *s* sinal; marca; lembrança.
Token (tôuk-n) *v* marcar; fazer saber.
Tolerable (tó-lârâbl) *adj* tolerável; suportável; aceitável.
Tolerance (tó-lârânss) *s* tolerância; complacência.
Tolerant (tó-lârânt) *adj* tolerante; paciente.
Tolerate (tó-lârêit) *v* tolerar; suportar.
Toleration (tólârêi-shânn) *s* tolerância, qualidade de tolerante.
Toll (tôul) *s* dobre de sinos em dia de Finados.
Toll (tôul) *v* tocar os sinos; badalar.
Tom (tómm) *s* macho de alguns animais.
Tomato (tomêi-tôu) *s* tomate, vegetal.
Tomb (tumm) *s* túmulo; sepultura.
Tomb (tumm) *v* sepultar; enterrar.
Tomcat (tóm-két) *s* gato; felídeo.
Tome (tôumm) *s* tomo; volume; livro.
Tomfool (tóm-ful) *s* tolo, pessoa tola; palerma.
Tommy (tó-mi) *s* gato; comida dada como ordenado.
Tomorrow (tumó-rôu) *s* amanhã; o dia de amanhã.
Tomorrow (tumó-rôu) *adv* amanhã.
Ton (tânn) *s* tonelada, ton. (1.000 quilos); USA 907,2 quilos; INGL 1.016, 06.
Tonality (toné-liti) *s* tonalidade.
Tone (tôunn) *s* tom; som; entonação; timbre; acento; inflexão.
Tone (tôunn) *v* entoar; mudar o tom; falar afetadamente.
Tongue (tânn) *s* língua; idioma; lingueta; fiel de balança.
Tongueless (tân-léss) *adj* sem língua; mudo.
Tonic (tónik) *s* tônico, revigorante.
Tonic (tónik) *adj* tônico.
Tonight (tunáit) *adv* hoje à noite.
Toning (tôu-ninn) *s* tonalidade.
Tonnage (tân-nidj) *s* tonelada; porte.
Tonsil (tón-sil) *s* tonsila (amídalas).
Tonsillitis (tónsilái-tiss) *s* MED tonsilite.
Too (tu) *adv* demais; demasiado; também; igualmente.
Tool (tul) *s* ferramenta; instrumento.
Tool (tul) *v* talhar; modelar.
Tooth (tuth) *s* dente; sabor; gosto; paladar.
Tooth (tuth) *v* dentear; colocar dentes.
Toothache (tuth-êik) *s* dor de dente.
Toothbrush (tuth-brâsh) *s* escova de dente.
Toothless (tuth-léss) *adj* desdentado.
Toothpast (tuth-pêist) *s* pasta de dente; dentifrício.
Toothpick (tuth-pik) *s* palito.
Toothsome (tuth-sâmm) *adj* gostoso; saboroso.
Toothy (tu-thi) *adj* dentado; saboroso; gostoso.
Top (tóp) *s* cume; alto; cimo; topo; pico; remate; copa da árvore; cabeceira de mesa; chefe.
Top (tóp) *v* dominar; primar; elevar-se; encimar; encabeçar; coroar.
Top (tóp) *adj* superior; mais elevado.
Topaz (tôu-pés) *s* topázio.
Tope (tôup) *s* tubarão; túmulo budista.
Tope (tôup) *v* bebericar.
Toper (tôu-pâr) *s* beberrão; bêbado.
Topic (tó-pik) *s* tópico; assunto; ponto; matéria.
Topmost (tóp-môust) *adj* o mais alto; superior.
Topographer (topó-grâfâr) *s* topógrafo.
Topography (topó-grâfi) *s* topografia.
Topple (tópl) *v* desabar; cair.
Topsyturvy (tópsitâr-vi) *s* confusão; bagunça.
Topsyturvy (tópsitâr-vi) *v* pôr de pernas para o ar.
Topsyturvy (tópsitâr-vi) *adj* virado de cima para baixo.
Topsyturvy (tópsitâr-vi) *adv* de pernas para o ar; às avessas.
Torch (tórtsh) *s* tocha; archote.
Torment (tórmén-t) *s* tormento; suplício; sofrimento.
Torment (tórmén-t) *v* atormentar; torturar; irritar.
Tormenting (tór-mentinn) *adj* atormentador; perturbador.
Torpid (tór-pid) *adj* adormecido; dormente; entorpecido; apático.
Torpidity (tórpi-diti) *s* torpor; entorpecimento.
Torrent (tó-rent) *s* torrente; corrente.
Torrid (tó-rid) *adj* tórrido; torrado.
Torsion (tór-shânn) *s* torção; torcedura.
Tortuous (tór-shâss) *adj* tortuoso; sinuoso.
Torture (tór-tshur) *s* tortura; tormento.
Torture (tór-tshur) *v* torturar; atormentar; irritar.
Torturer (tór-tshurâr) *s* atormentador; algoz.
Toss (tóss) *s* lance; arremesso.
Toss (tóss) *v* lançar; atirar para o ar; jogar; lograr; arremessar; sacudir.
Tossing (tó-sinn) *s* sacudidela; agitação.
Tossing (tó-sinn) *adj* agitado; que sacode.
Tot (tót) *s* criança; soma de uma coluna; gole de bebida alcoólica.
Total (tôu-tâl) *s* total; soma.
Total (tôu-tâl) *v* somar; totalizar.
Total (tôu-tâl) *adj* total; cabal.
Totality (tôuté-liti) *s* soma; totalidade.
Totalize (tôu-tâláiz) *v* totalizar; somar; completar.
Totter (tó-târ) *v* vacilar; cambalear; oscilar.
Tottery (tó-târi) *adj* cambaleante; vacilante; hesitante.
Toucan (tu-kânn) *s* ZOO tucano (ave).
Touch (tâtsh) *s* toque; tato; contato; tintura; dor; apalpadela.

Touch (tâtsh) *v* tocar em; apalpar; comover; atracar em; escalar; referir-se a; GÍR morder, pedir dinheiro; *to TOUCH off*: bosquejar; traçar; *to TOUCH on*: aludir a; *to TOUCH up*: retocar; aprimorar.
Touchable (tâ-tshâbl) *adj* palpável; que pode ser tocado; tangível.
Touching (tâ-tshinn) *s* toque; escala; toque.
Touching (tâ-tshinn) *adj* tocante; comovente.
Touching (tâ-tshinn) *prep* tocante a; relativo a; concernente a.
Touchstone (tâ-tshtôunn) *s* pedra de toque; exame.
Touchy (tâ-tshi) *adj* irascível; melindroso.
Tough (táf) *s* durão; violento.
Tough (táf) *adj* duro; rijo; resistente.
Toughen (táf-n) *v* enrijecer.
Toughness (tâf-néss) *s* dureza; rijeza; tenacidade.
Tour (tur) *s* jornada; passeio; giro.
Tour (tur) *v* viajar; dar um giro.
Tourism (tu-rizm) *s* turismo.
Tourist (tu-rist) *s* turista.
Tourmalin (tur-mâlinn) *s* turmalina (pedra preciosa).
Tourney (tur-ni) *s* torneio; competição.
Touse (táuss) *v* puxar; sacudir; amarrotar.
Tousle (táuzl) *v* desarranjar; desordenar.
Tout (táut) *s* angariador; agenciador.
Tout (táut) *v* procurar freguesia.
Tow (tôu) *s* reboque; cabo de reboque; USA rebocador.
Tow (tôu) *v* rebocar.
Towage (tôu-idj) *s* reboque; custo do reboque.
Toward (tôu-ârd) *adj* dócil; favorável; propício.
Towards (tôu-ârdz) *prep* para; voltado para; acerca de; com respeito a.
Towel (táu-el) *s* toalha.
Tower (táu-âr) *s* torre; fortaleza; cidadela; rebocador.
Tower (táu-âr) *v* elevar-se.
Towering (táu-ârinn) *adj* elevado; alto; sublime; violento.
Town (táun) *s* cidade; povoação; aldeira; burgo; vila.
Toxic (tók-sik) *adj* tóxico, prejudicial à saúde.
Toxicology (tóksikó-lodji) *s* toxicologia.
Toy (tói) *s* brinquedo; berloque; ninharia; galanteio.
Toy (tói) *v* brincar; divertir-se; galantear.
Trace (trêiss) *s* sinal; pista; vestígio; trilha.
Trace (trêiss) *v* traçar; esboçar; içar; andar; viajar; dançar.
Trachea (trêi-kiâ) *s* ANAT traqueia.
Tracheotomy (trêikió-tomi) *s* MED traqueotomia.
Track (trék) *s* pegada; rasto; pista; trilha; via férrea; estrada; rumo; curso; leito de rio.
Track (trék) *v* seguir a rastro de; rebocar.
Tracking (tré-kinn) *s* reboque.
Tract (trékt) *s* região; área; extensão; curso; série; tratado; panfleto.
Tractable (trék-tâbl) *adj* tratável; dócil; meigo.
Traction (trék-shânn) *s* tração.
Trade (trêid) *s* comércio; tráfico; ocupação; arte; navegação.
Trade (trêid) *v* negociar; traficar; permutar.
Trader (trêi-dâr) *s* negociante; comerciante; navio mercante.
Trading (trêi-dinn) *s* comércio; negócio.
Trading (trêi-dinn) *adj* comercial.
Tradition (trâdi-shânn) *s* tradição.
Traduce (trâdiu-ss) *v* caluniar; difamar; detratar; censurar; vituperar.
Traducer (trâdiu-sâr) *s* difamador; caluniador.
Traffic (tré-fik) *s* tráfico; comércio; transporte.
Traffic (tré-fik) *v* comerciar; traficar.
Trafficker (tré-fikâr) *s* comerciante; traficante.
Tragedy (tré-djidi) *s* tragédia.
Tragic (tré-djik) *adj* trágico.
Trail (trêil) *s* pista; rasto; atalho.
Trail (trêil) *v* arrastar; baixar; rastejar.
Trailer (trêi-lâr) *s* rastejador; reboque; trecho de um filme.
Train (trêinn) *s* trem; comboio; séquito; cortejo; cauda; rabo; cilada.
Train (trêinn) *v* treinar; puxar; educar; disciplinar.
Trainer (trêi-nâr) *s* instrutor; domesticador; disciplinador.
Training (trêi-ninn) *s* treino; exercício; instrução.
Trait (trêit) *s* ação; característica pessoal; feição; gesto.
Traitorous (trêi-târâss) *adj* traidor; pérfido.
Trajectory (trâdjék-tôuri) *s* trajetória; itinerário.
Tram (trémm) *s* bonde.
Trammel (tré-mel) *s* rede; impedimento.
Trammel (tré-mel) *v* algemar; limitar; impedir.
Tramp (trémp) *s* caminhada; ruído feito com os pés; vadio.
Tramp (trémp) *v* vagar; caminhar; perambular; pisar.
Tramper (trém-pâr) *s* caminhante; pedestre; vagabundo.
Trample (trémp-l) *v* pisar; calcar; insultar.
Trampler (trém-plâr) *s* que atropela; que pisa.
Trance (trénss) *s* êxtase; enlevo; letargia; arrebatamento.
Transact (trénsék-t) *v* realizar um negócio; manejar; dispor.
Transaction (trénsék-shânn) *s* transação; operação; negócio.
Transactor (trénsék-târ) *s* negociador; comerciante.
Transcend (trénsén-d) *v* transcender; sobrepujar; exceder.
Transcendence (trénsén-denss) *s* transcendência; qualidade do que é transcedente.
Transcendent (trénsén-dent) *adj* transcendente; excelente.
Transcendental (trénsendén-tâl) *adj* FIL transcendental.
Transcribe (trénskrái-b) *v* transcrever; copiar; transladar.
Transcript (tréns-kript) *s* transcrição; cópia.
Transcription (trénskrip-shânn) *s* transcrição.
Transfer (trénsfâ-r) *s* transferência.
Transfer (trénsfâ-r) *v* transferir; transmitir; remover; vender; ceder; reproduzir.
Transferee (trénsfâri-) *s* cessionário.
Transference (trénsfâ-renss) *s* transferência; transmissão.
Transfiguration (trénsfighiurêi-shânn) *s* transfiguração.
Transfigure (trénsfi-ghiur) *v* transfigurar; transformar.
Transfix (trénsif-ks) *v* perfurar; trespassar.
Transform (trénsfór-mm) *v* transformar; transformar-se; modificar.
Transformation (trénsformêi-shânn) *s* transformação; modificação.
Transformer (trénsfór-mâr) *s* transformador.
Transfuse (trénsfiu-z) *v* transfundir; transvasar.
Transfusion (trénsfiu-jânn) *s* transfusão.
Transgress (trénsgré-ss) *v* transgredir; infringir; exceder; pecar.
Transgression (trénsgré-shânn) *s* transgressão; violação; ofensa; pecado.
Transgressor (trénsgré-sâr) *s* transgressor; violador; pecador.
Transient (trén-shent) *adj* transitório; passageiro; breve; de pouca duração.
Transit (trén-sit) *s* trânsito.
Transition (trénsi-shânn) *s* transição; mudança; passagem.
Transitive (trén-sitiv) *adj* transitório; GRAM transitivo.
Transitory (trén-sitôuri) *adj* transitório; provisório; passageiro.
Translate (trénslêi-t) *v* traduzir; transferir; remover.
Translation (trénslêi-shânn) *s* tradução; interpretação; transferência.
Translator (trénslêi-târ) *s* tradutor.
Translucent (trénsliu-sent) *adj* translúcido; diáfano; transparente.
Transmigration (trénsmigrêi-shânn) *s* transmigração.
Transmissible (trénsmi-sibl) *adj* transferível; transmissível.
Transmission (trénsmi-shânn) *s* transmissão.
Transmit (traenz-mit) *v* transmitir; propagar.
Transmitter (trénsmi-târ) *s* transmissor.
Transmutation (trénsmiutêi-shânn) *s* transmutação; conversão.
Transmute (trénsmiu-t) *v* transmutar; alterar; transformar.
Transom (trén-sâmm) *s* trave; viga; pranchão.
Transparency (trénspé-rensi) *s* transparência.

Transparent (trénspé-rent) *adj* transparente.
Transparentness (trénspé-rentnéss) *s* transparência.
Transpiration (trénspirêi-shânn) *s* transpiração.
Transpire (trénspái-r) *v* transpirar; exalar; divulgar-se; propalar-se; acontecer.
Transplantation (trénsplântêi-shânn) *s* transplantação.
Transport (trénspór-t) *s* transporte; arrebatamento; êxtase.
Transport (trénspór-t) *v* transportar; exilar.
Transportation (trénsportêi-shânn) *s* transporte; transportação; deportação; exílio.
Transporter (trénspór-târ) *s* transportador.
Transporting (trénspór-tinn) *s* transporte; entusiasmo; êxtase.
Transposal (trénspôu-zâl) *s* transposição.
Transpose (trénspôu-z) *v* transpor; mudar de lugar.
Transposition (trénspozi-shânn) *s* transposição.
Transverse (trénsvâr-ss) *adj* transversal; atravessado; oblíquo.
Trap (trép) *s* laço; armadilha; ratoeira.
Trap (trép) *v* apanhar no laço.
Trapeze (trâpi-z) *s* MAT trapézio.
Trappings (tré-pinz) *s* arreios; enfeites; adornos.
Trash (trésh) *s* refugo; lixo; imundície; gente vil.
Trash (trésh) *v* impedir.
Trashy (tré-shi) *adj* desprezível; vil; inútil.
Travel (trévl) *s* viagem; peregrinação; jornada.
Travel (trévl) *v* viajar; andar.
Traveler (tré-vlâr) *s* viajante; caminhante; viandante.
Traverse (tré-vârss) *s* contratempo; aborrecimento.
Traverse (tré-vârss) *v* atravessar; obstruir; examinar.
Traverse (tré-vârss) *adj* atravessado; oblíquo.
Travesty (tré-vesti) *s* dissimulado; mascarado.
Travesty (tré-vesti) *v* disfarçar; fingir.
Trawl (tról) *s* rede de arrasto.
Trawl (tról) *v* pescar com rede de arrasto.
Tray (trêi) *s* tabuleiro; bandeja; salva.
Treacherous (tré-tshârâss) *adj* pérfido; insidioso; traiçoeiro.
Treachery (tré-tshâri) *s* traição; perfídia; insídia.
Treacly (tri-kli) *adj* meloso; melado.
Tread (tréd) *s* passo; passada; pegada; trilha.
Tread (tréd) *v* pisar; andar por; *past* TROD *and pp* TRODDEN.
Treadle (trédl) *s* pedal.
Treadle (trédl) *v* pedalar.
Treason (trizn) *s* traição; deslealdade; perfídia.
Treasure (tré-jur) *s* tesouro; riqueza.
Treasure (tré-jur) *v* entesourar; acumular riqueza; dar grande valia a.
Treasurer (tré-jurâr) *s* tesoureiro.
Treasury (tré-juri) *s* tesouraria; erário; fazenda; tesouro.
Treat (trit) *s* convite; festim; gosto.
Treat (trit) *v* tratar; pagar para; entreter; obsequiar; regalar.
Treatise (tri-tiss) *s* tratado; discurso; exposição.
Treatment (trit-ment) *s* tratamento; trato.
Treaty (tri-ti) *s* negociação; convênio; ajuste.
Treble (trébl) *s* MÚS soprano; triple.
Treble (trébl) *v* triplicar; desdobrar.
Treble (trébl) *adj* triplo; triplicado.
Tree (tri) *s* árvore; madeiro; lenho.
Tree (tri) *v* abrigar-se numa árvore.
Trefoil (tri-fóil) *s* trevo (planta); trifólio.
Tremble (trémbl) *s* tremor.
Tremble (trémbl) *v* tremer; estremecer.
Trembling (trém-blinn) *adj* trêmulo; bamboleante.
Tremendous (trimén-dâss) *adj* tremendo; formidável; terrível.
Tremulous (tré-miulâss) *adj* trêmulo; vacilante.
Tremulousness (tré-miulâsnéss) *s* tremor; tremura; tremedeira.
Trench (tréntsh) *s* trincheira; vala.
Trench (tréntsh) *v* abrir valetas; cavar; fazer trincheiras; invadir; intrometer-se.
Trenchancy (trén-tshânsi) *s* causticidade; mordacidade; malícia.
Trenchant (trén-tshânt) *adj* trinchante; cortante; agudo.
Trend (trénd) *s* inclinação; tendência.
Trend (trénd) *v* tender; dirigir-se; inclinar-se.
Trepan (tripé-nn) *s* MED trépano.
Trepan (tripé-nn) *v* trepanar; emboscar; enganar.
Trepanning (tripé-ninn) *s* MED trepanação.
Trespass (trés-pâss) *s* violação; ofensa.
Trespass (trés-pâss) *v* usurpar; invadir; pecar.
Tress (tréss) *s* trança; cacho de cabelo.
Tressed (trést) *adj* entrançado; cacheado.
Trestle (trésl) *s* tripeça; cavalete.
Triad (trái-éd) *s* tríade; trio; trindade.
Trial (trái-âl) *s* julgamento; exame; sofrimento; provação; expiação.
Triangle (trái-éngl) *s* triângulo.
Triangular (tráién-ghiulâr) *adj* triangular.
Tribe (tráib) *s* tribo.
Tribulation (tribiulêi-shânn) *s* tribulação; aflição; infortúnio.
Tribute (tri-biut) *s* tributo; imposto; taxa.
Trice (tráiss) *s* instante; momento.
Trice (tráiss) *v* içar; guindar.
Trick (trik) *s* artifício; farsa; astúcia; fraude; engano; manha.
Trick (trik) *v* lograr; pregar uma peça; trapacear no jogo; enfeitar.
Tricker (tri-kâr) *s* enganador; trapaceiro; defraudador.
Trickery (tri-kâri) *s* trapaça; velhacaria; fraude.
Trickiness (tri-kinéss) *s* astúcia; manha; maldade.
Trickish (tri-kish) *adj* trapaceiro; velhaco.
Trickle (trikl) *s* gota; pingo d'água; respingo; FIG número pequeno.
Trickle (trikl) *v* escoar; pingar.
Tricycle (trái-sikl) *s* triciclo.
Tricycle (trái-sikl) *v* andar de triciclo.
Tried (tráid) *adj* experimentado; ensaiado; JUR julgado.
Trier (trái-âr) *s* experimentador; ensaiador; provador.
Trifle (tráifl) *s* ninharia; bagatela; frioleira.
Trifle (tráifl) *v* divertir-se frivolamente; vadiar; dissipar.
Trifler (trái-flâr) *s* leviano; frívolo; zombador.
Trifling (trái-flinn) *adj* frívolo; insignificante.
Trig (trig) *adj* forte; são; bonito.
Trig (trig) *v* travar; calçar.
Trigger (tri-gâr) *s* gatilho de arma de fogo; gancho; calço; início, desencadeador.
Trigonometry (trigonó-mitri) *s* MAT trigonometria.
Trill (tril) *s* trinado; vibração; gorjeio.
Trill (tril) *v* trinar; vibrar a voz.
Trilling (tri-linn) *s* garganteio; trigêmeos; MED nervo trifacial.
Trilogy (tri-lodji) *s* trilogia.
Trim (trimm) *s* enfeite; arrumação; garbo; NÁUT estiva; calado; navegabilidade.
Trim (trimm) *v* endireitar; arranjar; equipar; ornar; enfeitar; podar; censurar.
Trim (trimm) *adj* enfeitado; composto.
Trimmer (tri-mâr) *s* estivador; viga mestra; arrumador.
Trimness (trim-néss) *s* asseio; elegância; limpeza.
Trinket (trin-kit) *s* ninharia; bugiganga; berloque.
Trip (trip) *s* excursão; pequena viagem; tropeção; topada; passo.
Trip (trip) *v* dar rasteiras em; tropeçar e cair; errar; enganar-se; correr de leve; dançar; NÁUT levantar âncoras.
Triple (trip-l) *v* triplicar.
Triple (tripl) *adj* triplo.
Tripper (tri-pâr) *s* turista; viajante.
Tripping (tri-pinn) *s* o andar ligeiro; dança (espécie).
Trite (tráit) *adj* trivial; comum; vulgar.
Triteness (tráit-néss) *s* trivialidade; banalidade; coisa estragada.
Triumph (trái-âmf) *s* triunfo; vitória.
Triumph (trái-âmf) *v* triunfar; vencer.
Triumpher (trái-âmfâr) *s* triunfador.
Trivial (tri-viâl) *adj* trivial; banal; vulgar; comum.

Triviality (trivié-liti) *s* trivialidade; banalidade.
Troll (tról) *s* canção que tem diversas estrofes; repetição; rotina.
Troll (tról) *v* cantar em grupo; virar; rodar; pescar com anzol.
Troop (trup) *s* tropa; companhia militar; bando; companhia.
Troop (trup) *v* correr aos bandos; marchar em tropa.
Trophy (trôu-fi) *s* troféu.
Tropic (tró-pik) *s* trópico.
Tropical (tró-pikâl) *adj* tropical.
Trot (trót) *s* trote; USA burro.
Trot (trót) *v* trotar.
Troth (tróth) *s* verdade; fé; fidelidade.
Trotting (tró-tinn) *s* trote.
Trouble (trâbl) *s* perturbação; aflição; dissabor; calamidade.
Trouble (trâbl) *v* importunar; perturbar.
Troubler (trâ-blâr) *s* aborrecedor; desordeiro; perturbador.
Troublesome (trâb-l-sâmm) *adj* importuno; aflitivo; aborrecido.
Troublous (trâ-blâss) *adj* tumultuoso; turbulento; impaciente.
Trough (tróf) *s* tina; gamela; cadinho.
Trousers (tráu-zârss) *s* calças.
Trousseau (truçou) *s* enxoval de noiva.
Trout (tráut) *s* truta, peixe; BR *GÍR* logro; trapaça.
Trowel (tráu-el) *s* trolha; colher de pedreiro.
Trowel (tráu-el) *v* rebocar; estucar.
Truancy (tru-ânsi) *s* vadiagem; malandragem.
Truant (tru-ânt) *s* vadio; gazeador.
Truant (tru-ânt) *adj* vadio; gazeador.
Truce (truss) *s* armistício; pausa; trégua.
Truck (trâk) *s* troca; permuta; carrinho de mão; vagão ferroviário; USA caminhão.
Truck (trâk) *v* transportar (em caminhão); trocar.
Truckage (trâ-kidj) *s* transporte em vagão; transporte em caminhão; permuta.
Truckling (trâ-klinn) *s* submissão; servilismo; sujeição.
Truculence (tru-kiulénss) *s* truculência; atrocidade.
Truculent (tru-kiulént) *adj* truculento; cruel; atroz.
Trudge (trâdj) *v* caminhar com esforço.
True (tru) *adj* verdadeiro; autêntico; genuíno; puro; fiel; sincero; constante; leal.
True (tru) *adv* verdadeiramente.
Trueness (tru-néss) *s* verdade; veracidade; lealdade; sinceridade.
Truffle (trâ-fl) *s* trufa, túbera (cogumelo).
Truism (tru-izm) *s* truísmo; evidência; verdade clara.
Truly (tru-li) *adv* verdadeiramente; sinceramente; exatamente.
Trump (trâmp) *s* trombeta; clarim; jogo de trunfo.
Trump (trâmp) *v* jogar trunfo; inventar; forjar; MÚS tocar trombeta.
Trumpery (trâm-pâri) *s* resto; sobra; ninharia.
Trumpery (trâm-pâri) *adj* vistoso.
Trumpet (trâm-pet) *s* trombeta; trompa; clarim.
Trumpet (trâm-pet) *v* proclamar; tocar trombeta; exaltar as virtudes de.
Truncate (trân-kêit) *adj* truncado.
Truncate (trân-kêit) *v* truncar.
Truncation (trânkêi-shânn) *s* truncamento; mutilação.
Truncheon (trân-tshânn) *s* clava; bastão; cassetete.
Trunk (trânk) *s* tronco; baú; cofre; mala; tromba de elefante.
Truss (trâss) *s* suporte de teto; suporte de ponte; molho.
Truss (trâss) *v* embrulhar; enfeixar.
Trust (trâst) *s* confiança; cuidado; fé; COM crédito; privilégio.
Trust (trâst) *v* confiar em; dar crédito.
Truster (trâs-târ) *s* fiador.
Trustful (trâst-ful) *adj* confiante; honesto; leal.
Trustfulness (trâst-fulnéss) *s* confiança.
Trusty (trâs-ti) *adj* fiel; leal; seguro; firme; resoluto.
Truth (truth) *s* verdade; verdadeiro; verídico; realidade.
Truthless (truth-léss) *adj* falso; inverídico; fingido.
Try (trái) *s* prova; ensaio; experiência.
Try (trái) *v* tentar; julgar; experimentar.
Tub (tâb) *s* tina; cuba; pote; GÍR púlpito.
Tub (tâb) *v* pôr numa tina; banhar.
Tubby (tâ-bi) *adj* corpulento; gordo.
Tuck (tâk) *s* dobra; prega.
Tuck (tâk) *v* arregaçar; acomodar; fazer pregas em.
Tuesday (tius-dêi) *s* terça-feira.
Tuft (tâft) *s* penacho; borla; ramalhete.
Tuft (tâft) *v* empenachar; enfeitar.
Tufty (tâf-ti) *adj* espesso; copado; enfeitado.
Tug (tâg) *s* ato de puxar com força; custo; esforço.
Tug (tâg) *v* puxar, arrastar com esforço.
Tuition (tiui-shânn) *s* instrução; ensino; educação.
Tulip (tiu-lip) *s* tulipa (planta).
Tumble (tâmbl) *s* tombo; confusão; desordem.
Tumble (tâmbl) *v* cair; dar cambalhotas; derrubar; amarrotar; rolar.
Tumbler (tâm-blâr) *s* saltador; acrobata; copo.
Tumbrel (tâm-blâr) *s* carroça; carreta.
Tumescent (tiumé-sent) *adj* intumescente; túmido; inchado.
Tumid (tiu-mid) *adj* túmido; inchado; intumescido.
Tumidity (tiumi-diti) *s* intumescência; turgescência; inchação.
Tumult (tiu-mâlt) *s* tumulto; motim; desordem.
Tun (tânn) *s* tonel; pipa; barril; tina.
Tun (tânn) *v* pôr, guardar em pipa.
Tune (tiunn) *s* melodia; cantiga; toada; consonância.
Tune (tiunn) *v* MÚS afinar instrumento; cantar.
Tuneful (tiun-ful) *adj* melodioso; afinado.
Tuneless (tiun-léss) *adj* dissonante; desarmônico; discordante.
Tuner (tiu-nâr) *s* afinador; MÚS tornar harmônico.
Tunic (tiu-nik) *s* túnica.
Tunnel (tân-nel) *s* túnel; cano de chaminé; funil.
Tunnel (tân-nel) *v* construir em túnel.
Tunny (tân-ni) *s* atum (peixe).
Turban (târ-bân) *s* turbante.
Turbid (târ-bid) *adj* lodoso; turvo; turvado.
Turbidity (târ-biditi) *s* confusão; desordem; perturbação.
Turbulence (târ-biulênss) *s* turbulência; confusão; perturbação.
Turbulent (târ-biulént) *adj* turbulento; desordeiro; confuso.
Turd (târd) *s* GÍR USA um merda.
Tureen (tiuri-nn) *s* terrina.
Turf (târf) *s* turfa; gramado; gleba.
Turf (târf) *v* cobrir com relva.
Turfman (târf-maen) *s* turfista.
Turfy (târ-fi) *adj* relvoso; relativo ao turfe; corrida de cavalos.
Turgescence (târdjé-senss) *s* turgescência; tumidez; intumescência.
Turgescent (târdjé-sent) *adj* turgescente; inchado.
Turgid (târ-djid) *adj* túrgido; inchado.
Turgidity (târdji-diti) *s* inchação; turgescência.
Turk (târk) *s* turco.
Turkey (târ-ki) *s* peru (ave).
Turkish (târ-kish) *adj* turco; a língua turca.
Turmoil (târ-móil) *s* tumulto; perturbação.
Turmoil (târ-móil) *v* perturbar; enfraquecer.
Turn (târnn) *s* favor; forma; giro; inclinação; mudança; pender; procedimento; passeio; volta; vez.
Turn (târnn) *v* adaptar; aproveitar; converter; desviar-se; girar; virar.
Turncoat (târn-kôut) *s* desertor; vira-casaca.
Turning (târ-ninn) *s* esquina; rodeio; sinuosidade; volta.
Turnip (târ-nip) *s* nabo; relógio de bolso.
Turnkey (târn-ki) *s* carcereiro.
Turret (tâ-ret) *s* torre; torre blindada.
Turtle (târt-l) *s* tartaruga (réptil).
Tusk (tâsk) *s* presa de animais.
Tussle (tâs-l) *s* briga; contenda; luta.
Tussle (tâs-l) *v* lutar; briga.

Tussock (tâ-sâk) *s* tufo de ramos; tufo de cabelos.
Tutelage (tiu-telidj) *s* tutela; tutoria; proteção.
Tutelar (tiu-telâr) *adj* tutelar.
Tutor (tiu-târ) *s* professor particular; mestre; instrutor; JUR tutor.
Tutor (tiu-târ) *v* instruir; educar; treinar; JUR tutelar; proteger como tutor.
Twaddle (tuódl) *s* bisbilhotice; disparates.
Twaddle (tuód-l) *v* tagarelar; mexericar.
Twaddler (tuó-dlâr) *s* tagarela; bisbilhoteiro; palrador.
Twang (tuénn) *s* som agudo; som fanhoso.
Twang (tuénn) *v* ressoar; zunir.
Tweed (tuid) *s* pano de duas cores.
Tweed (tuid) *adj* feito com pano de duas cores.
Tweedle (tiudl) *s* o som do violino.
Tweezers (tui-zârss) *s* pinças; tenazes.
Twice (tuáiss) *adv* duas vezes; dupladamente.
Twiddle (tuid-l) *s* giro; volta.
Twiddle (tuid-l) *v* fazer girar.
Twig (tuig) *s* rebento; broto; ramal.
Twig (tuig) *v* observar; castigar; compreender; avistar.
Twilight (tuái-láit) *s* crepúsculo; noitinha; sombra.
Twilight (tuái-láit) *adj* crepuscular; obscuro; sombrio.
Twin (tuinn) *s* gêmeo.
Twine (tuáinn) *s* fio; barbante.
Twine (tuáinn) *v* torcer; enroscar; entrelaçar; serpear.
Twinge (tuindj) *s* dor aguda; aflição; beliscão.
Twinge (tuindj) *v* arder; picar; latejar.
Twinkle (tuinkl) *s* cintilação; brilho; piscar os olhos; momento; instante.
Twinkle (tuinkl) *v* brilhar; cintilar; piscar.
Twinkling (tuin-klinn) *s* volver de olhos; instante; vislumbre.
Twirl (tuârl) *s* volta; giro; rotação.
Twirl (tuârl) *v* girar; voltear.
Twist (tuist) *s* trança; cordão; fio; torcedura.
Twist (tuist) *v* torcer; girar; entrelaçar.
Twit (tuit) *v* censurar; acusar.
Twitch (tuitsh) *s* puxão; espasmo; beliscão.
Twitch (tuitsh) *v* puxar; beliscar; pungir; contorcer.
Twitter (tui-târ) *s* chilro; trinado.
Twitter (tui-târ) *v* chilrear; pipilar; tagarelar.
Twofold (tu-fôuld) *adj* duplo; duplicado.
Twofold (tu-fôuld) *adv* duplamente.
Type (táip) *s* tipo; modelo; padrão; cunha; gênero; emblema; TIP tipo.
Type (táip) *v* datilografar; imprimir.
Typewrite (táip-ráit) *v* datilografar; *past* TYPEWROTE *and pp* TYPEWRITTEN.
Typewriter (táip-ráitâr) *s* datilógrafo; máquina de escrever.
Typewriting (táip-ráitinn) *s* datilografia.
Typhoon (táifu-nn) *s* tufão; furacão.
Typhus (tái-fâss) *s* MED tifo.
Typical (ti-pikâl) *adj* típico; simbólico; característico.
Typify (ti-pifái) *v* tipificar; representar; simbolizar; *past or pp* TYPIFIED.
Typing (tái-pinn) *s* datilografia.
Typist (tái-pist) *s* datilógrafo.
Typographer (táipó-grâfâr) *s* TIP tipógrafo.
Typographic (táipogré-fik) *adj* tipográfico.
Typography (táipó-grâfi) *s* tipografia.
Tyrannical (táire-nikâl) *adj* tirânico; despótico; bárbaro.
Tyrannize (ti-rânáiz) *s* tirania; despotismo.
Tyrannize (ti-rânáiz) *v* tiranizar.
Tyrant (tái-rânt) *s* tirano; déspota.
Tyro (tái-rôu) *s* principiante; novato.

uU

U (in) *s* vigésima letra do alfabeto Português e vigésima primeira letra do alfabeto Inglês.
Ubiquitous (iubi-kuitâs) *adj* ubíquo; onipresente.
Ubiquity (iubi-kuiti) *s* ubiquidade; onipresença.
Udder (â-dâr) *s* úbere; teta.
Ugliness (â-glinéss) *s* fealdade; torpeza; vileza.
Ugly (â-gli) *adj* feio; mal encarado; torpe; vil.
Ulcer (âl-sâr) *s* chaga; ferida; úlcera.
Ulcerate (âl-sârêit) *v* ulcerar.
Ulceration (âlsârêi-shânn) *s* chaga; ferida; ulceração.
Ultimate (âl-timit) *adj* derradeiro; definitivo; fundamental; último.
Ululate (â-liulêit) *v* ulular; uivar.
Ululate (â-liulêit) *adj* ululante.
Ululation (âliulêi-shânn) *s* uivo; berro; latido.
Umbilicus (âmbilái-kâss) *s* umbigo.
Umbilicus (âmbilái-kâss) *adj* umbilical.
Umbrage (âm-bridj) *s* sombra; ressentimento.
Umbrella (âmbré-lâ) *s* guarda-chuva.
Umpire (âm-pâir) *s* árbitro.
Umpire (âm-pâir) *v* arbitrar.
Unable (ânêib-l) *adj* incapaz; fraco; impotente.
Unabridged (ânâbri-djd) *adj* não abreviado; completo.
Unaccented (ânéksén-tid) *adj* GRAM átono.
Unacceptable (ânéksép-tâbl) *adj* inaceitável; inadmissível.
Unaccountable (ânékâun-tâbl) *adj* inexplicável; irresponsável.
Unacknowledged (ânéknó-ledj) *adj* desconhecido.
Unacquainted (ânékuêin-tid) *adj* estranho; desconhecido.
Unadvised (ânédváiz-d) *adj* indiscreto; imprudente.
Unaffected (ânéfék-tid) *adj* franco; ingênuo.
Unaffectedness (ânéfék-tidnéss) *s* simplicidade; naturalidade; franqueza.
Unafraid (ânâfrêi-d) *adj* intimorato; sem medo.
Unallowable (ânéláu-âbl) *adj* inadmissível.
Unalterable (ânól-târâbl) *adj* inalterável; imutável.
Unambiguous (ânémbi-ghiuâss) *adj* claro; evidente.
Unanimity (iunâni-miti) *s* unanimidade.
Unanimous (iuné-nimâss) *adj* unânime; geral.
Unanswerable (ânân-sârâbl) *adj* irrespondível; irrefutável; incontestável.
Unappeasable (ânépi-zâbl) *adj* implacável.
Unapproachable (ânéprôu-tshâbl) *adj* inacessível; inabordável.
Unappropriate (ânéprôu-priêit) *adj* inapropriado.
Unapproved (ânépruv-d) *adj* desaprovado.
Unapt (ânép-t) *adj* inapto; incapaz.
Unargued (ânâr-ghiud) *adj* não debatido; não contestado.
Unarmed (ânárm-d) *adj* desarmado; inerme.
Unartful (ânâr-tful) *adj* sem artifício; ingênuo.
Unashamed (ânashêim-d) *adj* desavergonhado; descarado.
Unassailable (ânéssêi-lâbl) *adj* inexpugnável; inatacável.
Unassuming (ânéssiu-minn) *adj* modesto; despretensioso.
Unattached (ânété-tsht) *adj* desligado; solto; separado.
Unattainable (ânétêi-nâbl) *adj* inacessível; inatingível.
Unattended (ânétén-did) *adj* negligenciado; só; desacompanhado.
Unavailable (ânâvêi-linn) *adj* inalcançável.
Unaware (ânâué-r) *adj* despercebido; desatento; desprevenido.
Unbaked (âmbêi-kt) *adj* não cozido.
Unbearable (ambé-râbl) *adj* insuportável; intolerável.
Unbecoming (ânbikâ-minn) *adj* indecente; impróprio; indecoroso.
Unbelieff (ânbilif) *s* descrença; incredulidade.
Unbelievable (ânbili-vâbl) *adj* incrível; inacreditável.
Unbend (ânbénd) *v* endireitar; afrouxar-se; descurvar; descansar; *past or pp* UNBENT.
Unbending (ânbén-dinn) *adj* intransigente; firme.
Unbent (ânbént) *adj* direito; não arqueado.
Unbidden (ânbidn) *adj* espontâneo; inesperado.
Unbind (ânbáind) *v* desatar; soltar; desligar; *past or pp* UNBOUND.
Unblushing (ânblâ-shinn) *adj* sem-vergonha.
Unboiled (ânbóild) *adj* cru; que não está cozido.
Unbolt (âmboult) *v* destrancar; abrir; explicar.
Unborn (ânbórn) *adj* futuro; nascituro.
Unbosom (ânbu-zâmm) *v* revelar; confessar; confiar.
Unburied (ânbé-rid) *adj* insepulto.
Unbutton (ânbât-n) *v* desabotoar.
Uncandid (ânkén-did) *adj* falso; insincero; traidor.
Uncanny (ânké-ni) *adj* imprudente; perigoso; inábil; sobrenatural.
Uncared (ânkérd) *adj* desamparado; abandonado.
Unceasing (ânsi-sinn) *adj* incessante; ininterrupto.
Uncertain (ânsâr-tinn) *adj* incerto; duvidoso; indeciso.
Uncertainty (ânsâr-tinti) *s* incerteza; dúvida; risco; irresolução.
Unchain (ântshêi-nn) *v* desencadear; liberar; desacorrentar.
Unchangeable (ântshén-djâbl) *adj* imutável; inalterável; constante.
Unchaste (ântshêist) *adj* impudico; lascivo; desonesto.
Unchastity (ântshêis-titi) *s* impudicícia; lascívia; desonestidade.
Unchecked (ântshék-t) *adj* desenfreado; desembaraçado.
Unchristian (ânkris-tshânn) *adj* anticristão; pagão.
Uncivil (ânsi-vil) *adj* incivil; rude; descortês.
Unclasp (ânklésp) *v* desabotoar; desprender; soltar.
Uncle (ânkl) *s* tio.
Unclean (ânkli-nm) *adj* sujo; imundo; obsceno.
Unclose (ânklôu-z) *v* abrir; desabrochar; revelar.
Unclothed (ânklôu-thd) *adj* nu; despido; despojado.
Unclouded (ânkláu-did) *adj* claro; sereno; sem nuvens.
Uncoil (ânkóil) *v* desenrolar; desdobrar; estender.
Uncollected (ânkolék-tid) *adj* inacessível.
Uncomfortable (ânkâm-fârtâbl) *adj* penoso; incômodo; desagradável; aborrecido.
Uncommon (ânkó-mânn) *adj* incomum; extraordinário.
Uncomplaining (ânkómpléi-ninn) *adj* paciente.
Uncompromising (ânkóm-promáizinn) *adj* incondicional; intransigente; irreconciliável.
Unconcern (ânkón-sârn) *s* indiferença; apatia; frieza; desleixo; negligência.
Unconcerned (ânkón-sârnd) *adj* negligente; apático; insensível.
Unconditional (ânkóndi-shânâl) *adj* incondicional; absoluto.

Unconfined (ânkónfáind) *adj* ilimitado; desimpedido.
Unconfirmed (ánkónfârmd) *adj* não confirmado; indeciso.
Unconquerable (ânkón-kârâbl) *adj* inconquistável; invencível.
Unconscionable (ânkón-shânâbl) *adj* injusto; irracional; exorbitante.
Unconscious (ânkón-shâss) *adj* inconsciente; ignorante.
Unconsidered (ânkónsi-dârd) *adj* irrefletido; insignificante.
Unconstitutional (ânkónstitiu-shânâl) *adj* JUR inconstitucional.
Uncontestable (ânkóntés-tâbl) *adj* incontestável.
Unconventional (ânkónvén-shânâl) *adj* despreocupado.
Uncooked (ânku-kt) *adj* cru.
Uncork (ân-kêrk) *v* desarrolhar.
Uncorrected (ânkórék-tid) *adj* incorreto.
Uncorrupt (ânkórâp-t) *adj* incorrupto; probo.
Uncouth (ânku-th) *adj* tosco; rude; inculto.
Uncouthness (ânku-thnéss) *s* estranheza; grosseria; singularidade.
Uncover (ânkâ-vâr) *v* descobrir; destampar.
Unction (ânk-shânn) *s* unção; fervor; unguento.
Uncultured (ânkâl-tâhurd) *adj* inculto; rude; grosseiro.
Uncut (ânkâ-t) *adj* inteiriço.
Undamaged (ândé-midjd) *adj* indene; ileso; NÁUT sem dano; sem avaria.
Undated (ândêi-tid) *adj* sem data; ondulado.
Undaunted (ândón-tid) *adj* ousado; intrépido.
Undauntedness (ândissáidi-dnéss) *s* intrepidez; ousadia.
Undecided (ândissái-did) *adj* indeciso; indeterminado.
Undecked (ândé-kt) *adj* sem ornamentos; sem decorações.
Undefiled (ândifáild) *adj* sem mancha; puro.
Undefined (ândifáind) *adj* indefinido.
Undeniable (ândinái-âbl) *adj* inegável; incontestável.
Under (ân-dâr) *adj* inferior; subordinado.
Under (ân-dâr) *adv* debaixo; embaixo; por baixo.
Under (ân-dâr) *prep* debaixo; embaixo; por baixo.
Underaged (ân-dâridjd) *adj* JUR menoridade.
Underbred (ân-dârbred) *adj* malcriado; rude; mal educado.
Undercoat (ân-dârkôut) *s* roupa usada sob o paletó ou casaco.
Undercroft (ân-dârkróft) *s* câmara subterrânea; cripta (de igreja).
Underdone (ân-dârdânn) *adj* mal passado (mal cozido ou assado); meio cru.
Underfoot (ân-dârfut) *adj* abjeto; vil.
Underfoot (ân-dârfut) *v* escorar.
Underfoot (ân-dârfut) *adv* sob os pés.
Undergarment (ân-dâr-gar-ment) *s* roupa íntima (de baixo).
Undergo (ân-dârgôu) *v* sofrer; sujeitar-se; passar por; *past* UNDERWENT; *pp* UNDERGONE.
Underground (ân-dârgráund) *s* subterrâneo; masmorra; USA SUBWAY.
Underground (ân-dârgráund) *adj* subterrâneo.
Underhand (ân-dâr-hénd) *adj* secreto; clandestino.
Underhand (ân-dâr-hénd) *adv* clandestinamente.
Underhanded (ân-dâr-hén-did) *adj* secreto; dissimulado; clandestino.
Underlease (ân-dârliss) *s* sublocação.
Underlease (ân-dârliss) *v* sublocar.
Underline (ân-dârláinn) *s* sublinha.
Underline (ân-dârláinn) *v* sublinhar.
Underlying (ân-dârláinn) *adj* subjacente; FIG fundamental; principal.
Undermentioned (ân-dâr-mén-shând) *adj* abaixo-mencionado.
Undermost (ân-dârmôust) *adj* o mais baixo; ínfimo.
Underneath (ândârni-th) *adv* debaixo; por baixo; abaixo.
Underplot (ân-dârplót) *s* maquinação; trama; intriga; cilada.
Underprize (ân-dârpráiz) *v* menosprezar.
Underprop (ân-dârpróp) *v* escorar; sustentar.
Underscore (ân-dêrs-kâr) *v* sublinhar.
Undersecretary (ân-dâr-sé-kritéri) *s* subsecretário.
Underset (ân-dârsét) *v* reforçar; suportar; escorar.
Undershirt (ân-dârshârt) *s* camiseta.
Underside (ân-dârsáid) *s* lado de baixo; face inferior.
Undersign (ân-dârsáinn) *v* subscrever; assinar; firmar.
Underskirt (ân-dâr-skârt) *s* saia de baixo; combinação.
Understand (ândârstén-d) *v* estar informado; saber; supor; compreender; saber; *past or pp* UNDERSTOOD.
Understandable (ândârstén-dâbl) *adj* compreensível; inteligível.
Understanding (ândârstén-dinn) *s* compreensão; entendimento.
Undertake (ândârtêi-k) *v* empreender; prometer; contratar; *past* UNDERTOOK *and pp* UNDERTAKEN.
Undertaker (ândârtêi-kr) *s* dono de empresa funerária (ou funcionário).
Undertaking (ândârtêi-kinn) *s* empreendimento; empreitada.
Undertenancy (ândârté-nânsi) *s* sublocação.
Undertone (ân-dârtôunn) *adj* meia tinta; a meia voz.
Undertow (ân-dârtôu) *s* ressaca; fluxo e refluxo; cansaço (por embriaguês ou por não dormir).
Underwear (ân-dâr-uér) *s* roupa de baixo.
Underwood (ân-dâr-uud) *s* arbusto; mato (rasteiro).
Underwork (ân-dâr-uârk) *s* trabalho subordinado; rotina.
Underwork (ân-dâr-uârk) *v* trabalhar pouco (menos do que o necessário).
Underworld (ân-dâr-uârld) *s* gente vil; gente má.
Underwrite (ân-dâráit) *v* subscrever; garantir; tomar um seguro; *past* UNDERWROTE *and pp* UNDERWRITTEN.
Underwriter (ân-dâráitâr) *s* agente de seguro (vendedor); segurador.
Underwriting (ân-dâráitinn) *s* seguro.
Undescribable (ândiskrâi-bâbl) *adj* indescritível.
Undeserved (ândizârv-d) *adj* injusto; imerecido.
Undesigned (ândizáin-d) *adj* involuntário.
Undesirable (ândizái-râbl) *adj* indesejável; inconveniente.
Undetermination (ânditârninêi-shânn) *s* indecisão.
Undetermined (ânditâr-mind) *adj* incerto; indeterminado; indeciso.
Undigested (ândijés-tid) *adj* indigesto.
Undiscovered (ândiskâ-vard) *adj* oculto; encoberto; desconhecido; inexplorado.
Undisguised (ândisgáiz-d) *adj* franco; simples; sem disfarce.
Undismayed (ândisméi-d) *adj* firme; animoso; corajoso; destemido.
Undisputed (ândispiu-tid) *adj* incontestável; evidente; incontroverso.
Undistinctive (ândistink-tiv) *adv* imparcial.
Undistinguished (ândistin-güisht) *adj* indistinto.
Undisturbed (ândistârb-d) *adj* impassível; tranquilo; sereno.
Undivided (ândivái-did) *adj* indiviso.
Undo (ându-) *v* desfazer; desmanchar; desatar; empobrecer; arruinar; *past* UNDID *and pp* UNDONE.
Undoing (ându-inn) *s* ruína; destruição; arrasamento.
Undone (ândâ-nn) *adj* desfeito; invalidado; arruinado.
Undoubted (ândáu-tid) *adj* indubitável; certo; evidente.
Undress (ândré-ss) *s* roupa caseira.
Undress (ândré-ss) *v* despir.
Undue (ândiu-) *adj* indevido; ilegal; excessivo.
Undulate (ân-diulêit) *v* ondular; ondear.
Undulation (ândiulêi-shânn) *s* ondulação.
Unduly (ândiu-li) *adv* ilegalmente; indevidamente; irregularmente.
Undutiful (ândiu-tiful) *adj* desobediente.
Undying (ândái-in) *adj* imortal; perene; eterno.
Unearth (ânâr-th) *v* desenterrar; descobrir; revelar.
Uneasiness (âni-zinéss) *s* desassossego; abalo; mal-estar.

Uneasy (âni-zi) *adj* penoso; desassossegado; inquieto; enfadonho.
Uneducated (âné-diukêitid) *adj* inculto; rude.
Unembarrassed (ânimbé-râst) *adj* desembaraçado; livre; altivo; esperto.
Unemployed (ânimplói-d) *adj* desempregado; ocioso; desocupado.
Unemployment (ânimplói-ment) *s* desemprego; inatividade.
Unending (ânén-dinn) *adj* infinito; eterno.
Unendurable (ânêndiu-râbl) *adj* insuportável.
Unequal (âni-kuâl) *adj* desigual; irregular.
Unequalness (âni-kuâlnéss) *s* irregularidade; desigualdade.
Unequitable (âné-kuitâbl) *adj* parcial; injusto.
Unequivocal (ânikui-vokâl) *adj* inequívoco; claro.
Unerring (ânâ-rinn) *adj* infalível.
Uneven (ânivn) *adj* desigual.
Unevenness (ânivn-néss) *s* desigual; irregular; acidentado.
Uneventful (ânivén-tiful) *adj* calmo; tranquilo; sossegado.
Unexceptionable (âneksép-shânâbl) *adj* irrepreensível; irrecusável; perfeito.
Unexceptional (âniksép-shânâl) *adj* usual; corrente; banal; trivial.
Unexcusable (ânekskiu-sâbl) *adj* indesculpável.
Unexpected (ânékspék-tid) *adj* inesperado; imprevisto.
Unexperienced (ânekspi-rienst) *adj* ingênuo; inexperiente; bisonho.
Unexplored (ânékspló-rd) *adj* inexplorado; desconhecido; ignorado.
Unexpressed (ânéksprés-t) *adj* tácito; subentendido.
Unfading (ânfêi-dinn) *adj* perpétuo; eterno; imorredouro.
Unfair (ânfé-r) *adj* injusto; desleal; infiel; falso.
Unfairness (ânfér-néss) *s* deslealdade; infidelidade; deslealdade.
Unfashionable (ânfé-shânâbl) *adj* desusado; raro.
Unfasten (ânfés-n) *v* desparafusar; desabotoar; soltar; desligar.
Unfavorable (ânfêi-vârâbl) *adj* desfavorável; adverso; desvantajoso.
Unfeeling (ânfi-linn) *adj* insensível; cruel.
Unfeigned (ânfêin-d) *adj* verdadeiro.
Unfetter (ânfé-târ) *v* soltar; libertar.
Unfinished (ânfi-nisht) *adj* não acabado; incompleto; imperfeito.
Unfit (ânfi-t) *adj* incapaz; inadequado.
Unfit (ânfi-t) *v* inabilitar; incapacitar.
Unfitness (ânfit-néss) *s* incapacidade; impropriedade.
Unfitting (ânfi-tinn) *adj* impróprio; inconveniente.
Unfix (ânfi-ks) *v* destacar; desfazer.
Unflagging (ânflé-ghinn) *adj* constante; persistente.
Unfledged (ânflé-djid) *adj* implume; imaturo.
Unflinching (ânflin-tshinn) *adj* firme; resoluto.
Unfold (ânfôul-d) *v* revelar-se; desenvolver-se; realizar-se; esclarecer; denunciar.
Unfolding (ânfôul-dinn) *s* desdobramento; expansão; solução.
Unforeseen (ânfôr-siinn) *adj* imprevisto; inesperado.
Unforgivable (ânfórghi-vâbl) *adj* imperdoável.
Unforgiving (ânfórghi-vinn) *adj* implacável; inflexível; inexorável.
Unformed (ânfórm-d) *adj* informe; disforme.
Unfortunate (ânfór-tshânit) *adj* infortunado; infeliz.
Unfounded (ânfáun-did) *adj* infundado; falso.
Unfriendly (ânfrén-dli) *adj* inamistoso; hostil.
Unfriendly (ânfrén-dli) *adv* hostilmente.
Unfruitful (ânfru-tful) *adj* estéril; infrutífero.
Ungear (ânghir-) *v* AUT desengrenar; desembrear.
Ungenerous (ândjé-nârâss) *adj* mesquinho; egoísta.
Ungenial (ândji-niâl) *adj* insalubre; rude; áspero.
Ungentle (ândjént-l) *adj* rude; grosseiro; descortês.
Unglorious (ângló-riâss) *adj* inglório.
Unglue (ânglu) *v* descolar; desgrudar.
Ungovernable (ângâ-vârnâbl) *adj* ingovernável.
Ungoverned (ângâ-vârnd) *adj* insubordinado; desregrado.
Ungracious (ângrêi-shâss) *adj* desagradável.
Ungrateful (ângrêit-ful) *adj* ingrato; desagradável.
Ungratefulness (ângrêit-fulnéss) *s* ingratidão; desagrado.
Unguarded (ângár-did) *adj* sem proteção; desguarnecido; descuidado.
Ungula (ân-ghiulâ) *s* unha; garra; casco.
Unhand (ân-hénd) *v* largar; soltar.
Unhandy (ânhén-di) *adj* desajeitado; incômodo; inconveniente.
Unhappiness (ân-hé-pinéss) *s* infelicidade; infortúnio.
Unhappy (ân-hé-pi) *adj* infeliz.
Unharmed (ân-hárm-d) *adj* incólume; são e salvo.
Unhealthy (ân-hél-thi) *adj* insalubre; doentio.
Unheeding (ân-hi-dinn) *adj* descuidado; negligente.
Unhesitating (ân-hé-zitêitinn) *adj* resoluto; decidido.
Unhinge (ân-hindz) *v* desmontar; confundir; desarranjar.
Unholiness (ân-hôu-linéss) *s* impiedade; descrença; profanação.
Unholy (ân-hôu-li) *adj* ímpio; profano; hereje.
Unhook (ân-hu-k) *v* desenganchar, desprender.
Unhorse (ân-hór-ss) *v* desmontar (do cavalo).
Unhospitable (ân-hós-pitâbl) *adj* inóspito.
Unhouse (ân-háu-ss) *v* desalojar; despejar.
Unhuman (ân-hiu-mânn) *adj* desumano.
Unicorn (iu-nikórn) *s* unicórnio; MIT cavalo (com um chifre na testa).
Unification (iunifikêi-shânn) *s* unificação.
Uniform (iu-nifórmm) *adj* uniforme; igual.
Uniformity (iunifór-miti) *s* uniformidade.
Unify (iu-nifái) *v* unificar; uniformizar.
Unimpaired (ânimpérd) *adj* intacto; ileso; inteiro.
Unimpeachable (ânimpi-tshâbl) *adj* impecável; irrepreensível.
Uninhabitable (ânin-hé-bitâbl) *adj* inabitável.
Uninhabited (ânin-hé-bitid) *adj* inabitado; deserto; desabitado.
Uninjured (ânin-djurd) *adj* ileso; intacto.
Unintelligent (ânintè-lidjént) *adj* estúpido; ignorante.
Unintelligible (âninté-lidjibl) *adj* ininteligível; incompreensível.
Uninterested (ânin-târéstid) *adj* indiferente; desinteressado.
Uninteresting (ânin-târéstinn) *adj* desinteressante; insípido.
Uninterrupted (ânintârâp-tid) *adj* ininterrupto.
Union (iu-niân) *s* união; aliança; sindicato de empregados; *UNION Jack*: pavilhão do Reino Unido.
Unique (iuni-k) *adj* único; singular.
Unison (iu-nissânn) *s* unissonância; harmonia.
Unison (iu-nissânn) *adj* uníssono.
Unit (iu-nit) *s* unidade.
Unitary (iu-nitâri) *adj* unitário; integral.
Unite (iunái-t) *v* unir; aliar-se; reunir.
United (iunái-tid) *adj* unido; reunido; junto.
Unity (iu-niti) *s* unidade; união; concórdia.
Universal (iunivâr-sâl) *adj* universal.
Universe (iu-nivârss) *s* universo.
University (iu-nivârsiti) *s* universidade.
Unjust (ândjâst) *adj* injusto.
Unjustifiable (ândjâs-tifáiâbl) *adj* injustificável.
Unjustness (ândjâst-néss) *s* injustiça; iniquidade.
Unkempt (ânkémpt) *adj* despenteado; inculto; áspero.
Unkind (ânkáind) *adj* indelicado; descortês; grosseiro.
Unkindness (ânkáind-néss) *s* indelicadeza; grosseria; maldade.
Unknot (ân-nót) *v* desatar; desenlaçar; abrir.
Unknowing (ânôu-inn) *adj* ignorante.
Unknowingness (ânôu-innéss) *s* ignorância.
Unknown (ânôu-nn) *adj* ignorado; incógnito; desconhecido; estranho.
Unlace (ânlêi-ss) *s* indivíduo desconhecido.
Unlace (ânlêi-ss) *v* desapertar; desatar.

Unlade (ânlêi-d) *v* descarregar mercadorias; desembaraçar.
Unlading (ânlêi-dinn) *s* descarregamento; desembarque.
Unlawful (ânló-ful) *adj* ilegal; bastardo; ilegítimo.
Unlearned (ânlârnd) *adj* iletrado; ignorante.
Unleavened (ânlévnd) *adj* ázimo.
Unless (ânlé-ss) *conj* salvo se; a não ser que; a menos que.
Unlettered (ânlé-târd) *adj* iletrado; ignorante.
Unlike (ânláik) *adj* diferente; desigual.
Unlimber (ânlim-bâr) *adj* rígido; pouco flexível.
Unlimited (ânli-mitd) *adj* ilimitado; irrestrito.
Unlink (ânlink) *v* desfazer; desenrolar; desunir; desacorrentar; desligar.
Unload (ânlôud) *v* descarregar; aliviar; exonerar.
Unloading (ânlôu-dinn) *s* descarregamento; descarga.
Unlock (ânló-k) *v* destrancar; desferrolhar; abrir.
Unlooked (ânlukt) *adj* inesperado; imprevisto.
Unloose (ânlu-ss) *v* desatar; afroxar.
Unlovely (ânlâ-vli) *adj* desagradável; não amado.
Unluckiness (ânlâ-kinéss) *s* infelicidade; desventura; infortúnio.
Unlucky (ânlâ-ki) *adj* infeliz; funesto; que dá azar.
Unman (ânmaen) *v* desanimar; efeminar; castrar.
Unmanliness (ânmaen-linéss) *s* efeminação; desumanidade.
Unmanly (ânmaen-li) *adj* efeminado; afemindado; inumano.
Unmarried (ânmé-rid) *adj* não casado.
Unmeasurable (ânmé-jârâbl) *adj* ilimitado; imensurável.
Unmerciful (ânmâr-siful) *adj* impiedoso; cruel; inexorável.
Unmercifulness (ânmâr-sifulnéss) *s* crueldade; inclemência.
Unmindful (ânmáind-ful) *adj* descuidado; esquecido; negligente.
Unmistakable (ânmistêi-kâbl) *adj* manifesto; claro; evidente; óbvio.
Unmixed (âmi-kst) *adj* sem mistura; puro.
Unmoor (ânmu-r) *v* NÁUT desamarrar; levantar ferros.
Unmovable (ânmu-vâbl) *adj* imóvel; firme; inabalável.
Unmoved (ânmu-vd) *adj* fixo; imóvel; impassível.
Unnamed (ânêim-d) *adj* anônimo; sem nome.
Unnatural (âné-tshurâl) *adj* artificial; forçado; inatural.
Unnecessary (âné-sesséri) *adj* desnecessário; dispensável; supérfluo.
Unnerve (ânârv) *v* enervar; tirar a coragem; enfraquecer.
Unnumbered (ânâm-bârd) *adj* inumerável.
Unobservance (ânâbzâr-vânss) *s* inobservância.
Unobservant (ânâbzâr-vânt) *adj* inobservante; negligente.
Unobserved (ânâbzâr-vd) *adj* despercebido.
Unobtrusive (ânâbtru-siv) *adj* discreto; modesto; recatado.
Unoffensive (ânofén-siv) *adj* inofensivo.
Unopened (ânôu-pând) *adj* fechado.
Unorganized (ânór-gânáizd) *adj* inorgânico; inorganizado.
Unostentatious (ânóstentêi-shâss) *adj* simples; modesto; sem ostentação.
Unowned (ânôund) *adj* sem dono.
Unpack (ânpék) *v* desenfardar; desembrulhar; desabafar.
Unpeople (ânpipl) *v* despovoar; devastar.
Unperceivable (ânpârsi-vâbl) *adj* imperceptível.
Unperceived (âmpârsi-vd) *adj* despercebido; inobservado.
Unperturbed (ânpârtâr-bd) *adj* impassível; calmo.
Unpick (ânpi-k) *v* desatar; desfazer; descoser.
Unpitied (âmpi-tid) *adj* desapiedado; cruel.
Unpitying (ânpi-tiinn) *adj* cruel; inexorável.
Unpleasant (ânpléznat) *adj* desagradável; enfadonho; aborrecido.
Unpleasantness (ânplézan-tnéss) *s* desagrado; enfado; aborrecimento.
Unpleasing (ânpli-zinn) *adj* desagradável; indelicado.
Unpolished (ânpó-lisht) *adj* incivil; bruto; áspero; indelicado.
Unpolite (ânpoláit) *adj* descortês.
Unpoliteness (ânpoláit-néss) *s* descortesia; indelicadeza.
Unpolluted (ânpoliu-tid) *adj* impoluto; sem mancha; imaculado.
Unpractical (ânprék-tikâl) *adj* impraticável.
Unprejudiced (ânpré-djudist) *adj* imparcial; sem preconceitos.
Unpretending (ânpritén-dinn) *adj* modesto; sem pretensão.
Unpretentious (ânpritén-shâss) *adj* modesto; despretensioso.
Unpreventable (ânprivén-tâbl) *adj* inevitável.
Unproductive (ânprâdâk-tiv) *adj* estéril; improdutivo.
Unproductiveness (ânprâdâk-tivnéss) *s* esterilidade; infecundidade.
Unprofitable (ânpró-fitâbl) *adj* inútil; inaproveitável.
Unpropitious (ânpropi-shâss) *adj* impróprio; desfavorável; não favorável.
Unprotected (ânproték-tid) *adj* desprotegido; desamparado.
Unprovided (ânprovái-did) *adj* desprovido; desprevenido.
Unpublished (ân-pâblisht) *adj* não publicado; inédito.
Unpunished (ânpâ-nisht) *adj* impune.
Unqualified (ânkuó-lifáid) *adj* inábil; incompetente.
Unquestionable (ânkués-tshânâbl) *adj* indiscutível; inquestionável.
Unravel (ânré-vâl) *v* desenredar; desfiar; desemaranhar; esclarecer.
Unread (ânré-d) *adj* não lido; ignorante.
Unready (ânré-di) *adj* desprevenido; não preparado.
Unreal (ânri-âl) *adj* irreal; fantasioso; falso.
Unreality (ânrié-liti) *s* irrealidade.
Unreason (ânriz-n) *s* tolice; absurdo.
Unreasonable (ânriz-nâbl) *adj* desarrazoado; exorbitante.
Unrecognizable (ânré-kognáizâbl) *adj* irreconhecível.
Unreconcilable (ânré-kânsáilâbl) *adj* irreconciliável.
Unrefined (ânrifáin-d) *adj* não refinado; inculto; impolido.
Unrelenting (ânrilén-tinn) *adj* implacável; duro; inflexível.
Unreliable (ânrilái-âbl) *adj* inexato; duvidoso.
Unremitting (ânrimi-tinn) *adj* persistente; contínuo; incessante.
Unremovable (ânrimu-vâbl) *adj* imóvel; inamovível.
Unrepairable (ânripé-râbl) *adj* irreparável.
Unrepentant (ânripén-tânt) *adj* impenitente.
Unrest (ânrést) *s* inquietação; desassossego; inquietude.
Unrestful (ânrést-ful) *adj* desassossegado; inquieto; agitado.
Unrestrained (ânristrêind) *adj* desenfreado; livre; imoderado; impedido.
Unrighteous (ânrái-tshâss) *adj* perverso; cruel; mau.
Unrightful (ânráit-ful) *adj* injusto; perverso.
Unripe (ânrái-p) *adj* não maduro (verde).
Unripeness (ânráip-néss) *s* estado imaturo; falta de amadurecimento.
Unrobe (ânrôub) *v* desnudar-se; despir-se.
Unrope (ânrôup) *v* desatar; desmanchar um nó.
Unruly (ânru-li) *adj* indômito; desenfreado; turbulento.
Unsafe (ânséif) *adj* perigoso; arriscado.
Unsatisfied (ânsé-tisfáid) *adj* insatisfeito; descontente.
Unsavory (ânsêi-vâri) *adj* insípido; sem sabor; desagradável.
Unsay (ânsê-i) *v* desdizer; retratar-se; *past or pp* UNSAID.
Unscrew (âns-kru) *v* desparafusar; desapertar; desenroscar; desatarrachar.
Unscrupulous (ânskrup-piulâss) *adj* inescrupuloso.
Unsearchable (ânsâr-tshâbl) *adj* inescrutável; insondável.
Unseasonable (ânsâr-tshâbl) *adj* extemporâneo; inoportuno; intempestivo.
Unseat (ânsit) *v* derrubar; remover do cargo; tirar do lugar.
Unseemly (ânsim-li) *adj* indecoroso; indecente; feio.
Unseen (ânsi-nn) *adj* invisível; oculto; despercebido.
Unselfish (ânsél-fish) *adj* altruísta; que faz caridade; desinteressado.
Unserviceable (ânsâr-visâbl) *adj* inútil; imprestável.
Unsettle (ânsétl) *v* deslocar; remover; alterar; perturbar.
Unsettled (ânsé-tld) *adj* variável; inconstante; indeciso.

Unsevered (ânsé-vârd) *adj* indiviso; pertencente a diversas pessoas (ao mesmo tempo).
Unshaken (ânshêikn) *adj* imóvel; firme.
Unshapen (ânshêipn) *adj* disforme; informe.
Unship (ânshi-p) *v* NÁUT descarregar; desembarcar.
Unshipment (ânship-ment) *s* descarregamento; desembarque.
Unshod (ânshód) *adj* descalço; desferrado.
Unskilful (ânskil-ful) *adj* inábil; inexperiente.
Unskilfulness (ânskil-fulnéss) *s* imperícia; falta de habilidade.
Unsociable (ânsôu-shâbl) *adj* insociável; intratável.
Unsought (ânsót) *adj* inexplorado; involuntário.
Unsound (ânsáund) *adj* doente; corrompido; pouco firme.
Unsoundness (ânsáund-néss) *s* falta de força; corrupção; fraqueza.
Unspeakable (ânspi-kâbl) *adj* inexprimível; inefável.
Unspoiled (ânspóilt) *adj* intacto; livre de dano; não defeituoso.
Unspoilt (âns-pêilt) *adj* preservado; indene.
Unstability (ânstâbi-liti) *s* instabilidade.
Unstable (ânstêibl) *adj* instável; variável.
Unsteady (ânsté-di) *adj* inconstante; irresoluto.
Unstitch (ânsti-tsh) *v* descoser; descosturar.
Unstressed (ânstrést) *adj* átono; não acentuado.
Unstudied (ânstâ-did) *adj* não estudado; improvisado.
Unsubduable (ânsâbdiu-âbl) *adj* indomável; inconquistável.
Unsubdued (ânsâbdiu-d) *adj* indomado.
Unsubmissive (ânsâbmi-siv) *adj* insubmisso.
Unsubstantial (ânsâbstén-shâl) *adj* imaterial; impalpável.
Unsuccessful (ânsâksés-ful) *adj* infeliz.
Unsuitable (ânsiu-tâbl) *adj* impróprio; desproporcionado.
Unsurmountable (ânsârmáun-tâbl) *adj* insuperável.
Unsuspected (ânsâspék-tid) *adj* insuspeito.
Unsuspecting (ânsâspék-tinn) *adj* confiante; ingênuo.
Unsuspicious (ânsâspi-shâss) *adj* sem suspeita.
Unsymmetric (ânsimé-trik) *adj* assimétrico.
Unsympathetic (ânsimpâthé-tik) *adj* pouco simpático.
Untainted (ântêin-tid) *adj* não corrompido; imaculado.
Untamable (ântêi-mâbl) *adj* indomável.
Untangle (ânténgl) *v* desembaraçar; desenredar.
Untaught (ântót) *adj* analfabeto; ignorante; natural; espontâneo.
Unteachable (ânti-tshâbl) *adj* indócil; que não aprende.
Untenable (ânti-nâbl) *adj* indefensável; insustentável.
Unthankful (ânthénk-ful) *adj* ingrato.
Unthinking (ânthin-kinn) *adj* irrefletido; indiscreto.
Unthriftiness (ânthrif-tinéss) *s* desperdício; prodigalidade.
Unthrifty (ânthrif-ti) *adj* pródigo; esbanjador; improfícuo.
Untidiness (ântái-dinéss) *s* falta de asseio; negligência.
Untidy (ântái-di) *adj* desarranjado; sujo; negligente.
Untie (ântá-i) *v* desatar; desamarrar; soltar; afrouxar.
Until (ântil) *prep* até.
Until (ântil) *conj* até que.
Unto (ân-tu) *prep* a; ao; aos; em; para; dentro.
Untouchable (ântâ-tshâbl) *adj* intocável; inatacável.
Untouched (ântâ-tsht) *adj* intacto; ileso.
Untoward (ântôu-ârd) *adj* perverso; desagradável.
Untowardness (ântôu-ârdnéss) *s* teima; perversidade.
Untraceable (ântrêi-sâbl) *adj* impenetrável; inexplicável.
Untransferable (ântrénsfâ-râbl) *adj* intransferível.
Untranslatable (ântrânslêi-tâbl) *adj* intraduzível.
Untroubled (ântrâ-bld) *adj* quieto; calmo; sossegado.
Untrue (ântru) *adj* não verídico; inverossímil; falso.
Untruth (ântru-th) *s* falsidade; mentira.
Untruthful (ântru-thful) *adj* falso; inverídico; desleal.
Untwist (ântuíst) *v* destorcer; desentrançar; desenrolar.
Unusual (âniu-juâl) *adj* raro; incomum; desusado; estranho.
Unutterable (ânâ-târâbl) *adj* inexprimível; inenarrável.
Unvariable (ânvé-riâbl) *adj* invariável; constante.
Unwarrantable (ânuó-rântâbl) *adj* injustificável; indefensável.
Unwarranted (ânuó-rântid) *adj* incerto; não garantido; não autorizado.
Unwary (ânué-ri) *adj* incauto.
Unwell (ânuél) *adj* indisposto; adoentado.
Unwholesome (ân-hôul-sâmm) *adj* insalubre; doentio.
Unwise (ânuái-z) *adj* imprudente; ignorante; insensato.
Unwitting (ânui-tinn) *adj* inconsciente; despercebido.
Unwitting (ânui-tinn) *adv* sem perceber.
Unwonted (ânuôun-tid) *adj* invulgar.
Unwontedness (ânuôun-tidnéss) *s* raridade.
Unworthiness (ânuâr-thinéss) *s* indignidade.
Unworthy (ânuâr-thi) *adj* indigno; desonroso; vil.
Unwrap (ânré-p) *v* desembrulhar; desenrolar; abrir.
Unwritten (ânrit-n) *adj* verbal; não escrito.
Unyielding (âni-ildinn) *adj* inflexível; tenaz; inabalável.
Up (âp) *s* o alto; subida; prosperidade.
Up (âp) *v* levantar-se.
Up (âp) *adj* ascendente.
Up (âp) *adv* em cima; em posição vertical; com segurança.
Up (âp) *prep* em cima; acima; para cima; sobre; em.
Up (âp) *interj* de pé!.
Upbear (âp-bêr) *v* elevar; sustentar; sublevar; *past* UPBORE *or pp* UPBORNE.
Upbraid (âpbrêid) *v* censurar; repreender; afrontar; ultrajar.
Upcast (âp-kást) *s* arremesso para o alto.
Upcast (âp-kást) *adj* levantado.
Update (âp-dêit) *v* atualizar; tornar moderno.
Upgrade (âp-grêid) *s* elevação; subida; aclive; elevar a qualidade.
Upheave (âp-hi-v) *v* levantar; sublevar; soerguer; alçar.
Uphold (âp-hôuld) *v* levantar; elevar; sustentar; proteger; *past or pp* UPHELD.
Upholder (âp-hôul-dâr) *s* apoio; sustentáculo.
Upholster (âp-hôuls-târ) *v* acolchoar; estofar.
Upland (âp-lénd) *s* terreno elevado; região montanhosa.
Upland (âp-lénd) *adj* montanhoso; elevado.
Uplander (âp-léndâr) *s* montanhês.
Uplift (âp-lift) *s* elevação; melhoria.
Uplift (âp-lift) *v* levantar; elevar.
Upon (âpó-nn) *prep* sobre; em cima de; próximo de.
Upper (â-pâr) *s* parte superior dum calçado.
Upper (â-pâr) *adj* superior; mais alto ou elevado; de cima.
Uppercase (â-pâr-keiz) *s* TIP maiúscula.
Uppermost (â-pârmôust) *adj* o mais alto; o mais elevado.
Uppish (â-pish) *adj* altivo; soberbo; orgulhoso.
Uppishness (â-pishnéss) *s* soberba; arrogância.
Upraise (âprêi-z) *v* levantar; erguer; excitar; exaltar.
Upright (âp-ráit) *adj* direito; ereto; vertical; de pé.
Upright (âp-ráit) *adv* verticalmente.
Uprightness (âp-ráitnéss) *s* prumo; retidão; justiça; honradez.
Uprise (âprái-ss) *s* subida; ladeira.
Uprise (âprái-ss) *v* levantar; surgir.
Uprising (âprái-zinn) *s* ato de levantar-se; revolta motim.
Uproar (â-prôur) *s* tumulto; algazarra; barulho.
Uproarious (âprôu-riâss) *adj* ruidoso; tumultuoso.
Upset (âpsét) *s* transtorno; desarranjo.
Upset (âpsét) *v* derrubar; entornar; chatear; entristecer; desapontar; *past or pp* UPSET.
Upset (âpsé-t) *adj* contrariado; aborrecido.
Upshot (âp-shót) *s* fim; remate; conclusão.
Upside (âp-sáid) *s* a parte superior.
Upstairs (âp-stérz) *s* o andar superior.
Upstairs (âp-stérz) *adj* pertencente a um pavimento ou andar superior.
Upstairs (âp-stérz) *adv* no andar superior.
Upstart (âp-stárt) *s* pessoa de classe inferior que chegou ao sucesso; novo-rico.
Upstart (âp-stárt) *v* elevar-se subitamente; levantar-se.

Uptake (âp-têik) *s* ato de levantar; tubo de caldeira; FIG apreensão mental.
Upthrust (âp-thrâst) *s* impulso para cima.
Upward (âp-uârd) *adj* dirigido para cima; levantado.
Upward (âp-uârd) *adv* para cima; subindo; mais; além.
Uranus (jue-rêinês) *s* Urano (7º planeta do nosso sistema solar).
Urban (âr-bânn) *adj* urbano; da cidade.
Urbanity (ârbé-niti) *s* urbanidade; cortesia.
Urchin (âr-tshinn) *s* ouriço; moleque; menino travesso.
Urge (ârdj) *v* urgir; insistir com; apressar; empurrar.
Urgency (âr-djensi) *s* urgir; insistir; instar; provocar.
Urgent (âr-djent) *adj* urgente; insistente.
Urinal (iu-rinâl) *s* urinol.
Urine (iu-rinn) *v* urinar.
Urn (ârn) *s* urna; vaso; cântaro.
Ursine (âr-sáinn) *adj* ursino; de urso; peludo.
Us (âs) *pron* nós; nos.
Usage (iu-zidj) *s* uso; prática; costume; hábito; procedimento.
Use (iuz) *s* uso; costume; hábito.
Use (iuz) *v* usar; utilizar; acostumar-se; habituar; ***my parents USED to work in a circus***: meus pais trabalhavam num circo.
Used (iuzt) *adj* acostumado; habituado.
Useful (iuz-ful) *adj* útil; proveitoso; lucrativo.
Usefulness (iuz-fulnéss) *s* utilidade; vantagem; lucro.
Usher (â-shâr) *s* porteiro; escudeiro.
Usher (â-shâr) *v* introduzir; anunciar.
Usual (iu-juâl) *adj* usual; frequente; habitual.
Usually (iu-juâli) *adv* usualmente.
Usurious (iujiu-riâss) *adj* usuário.
Usurp (iuzâr-p) *v* usurpar; apoderar-se de.
Usurpation (iuzârpêi-shânn) *s* usurpação.
Utensil (iutén-sil) *s* utensílio; instrumento; vasilha.
Utilitarian (iutilitêi-riânn) *s* utilitário.
Utilitarian (iutilitêi-riânn) *adj* utilitário.
Utility (iuti-liti) *s* utilidade; proveito.
Utilization (iutilizêi-shânn) *s* utilização.
Utilize (iu-tiláiz) *v* utilizar; aproveitar; tirar proveito de.
Utmost (ât-môust) *adj* extremo; derradeiro; máximo.
Utter (â-târ) *adj* exterior; total; completo.
Utter (â-târ) *v* proferir; pronunciar; revelar.
Utterance (â-târânss) *s* elocução; articulação.
Uvula (iu-viulâ) *s* ANAT úvula; campainha.
Uxorious (âksôu-riâss) *adj* uxório; muito carinhoso; terno para com a mulher.

V v

V (vi) *s* vigésima primeira letra do alfabeto Português e vigésima segunda letra do alfabeto Inglês.
Vacancy (vêi-kânsi) *s* vaga; lacuna; vácuo.
Vacant (vêi-kânt) *adj* vago; livre; desocupado.
Vacate (vé-kêit) *v* vagar; anular.
Vacation (vêikêi-shânn) *s* férias; descanso; anulação; tranquilidade; sossego.
Vacation (vêikêi-shânn) *v* tirar férias; gozar férias.
Vaccinate (vaéksinêit) *v* vacinar.
Vaccination (véksinêi-shânn) *s* vacinação.
Vaccine (vé-ksinn) *s* vacina.
Vacillate (vé-silêit) *v* vacilar; hesitar.
Vacillation (véssilêi-shânn) *s* vacilação; hesitação.
Vacuity (vâkiu-iti) *s* vacuidade; estupidez; vão; vácuo.
Vacuous (vé-kiuâss) *adj* vazio; estúpido.
Vagabond (vé-gâbónd) *s* vagabundo; vadio.
Vagabond (vé-gâbónd) *adj* vagabundo; vadio.
Vagary (vâghêi-ri) *s* excentricidade; capricho.
Vagina (vâ-dejain) *s* ANAT vagina.
Vagrancy (vêi-grânsi) *s* vadiagem; ociosidade.
Vagrant (vêi-grânt) *s* vagabundo; vadio; errante.
Vagrant (vêi-grânt) *adj* vagabundo; vadio; errante.
Vague (vêig) *adj* vago; incerto; impreciso.
Vagueness (vêig-néss) *s* incerteza; imprecisão.
Vain (vêinn) *adj* vão; vaidoso; fútil.
Vainglory (vêin-glôuri) *s* vanglória; vaidade; frivolidade.
Valediction (véledik-shânn) *s* adeus; despedida.
Valedictory (véledik-tôuri) *s* USA discurso de formatura.
Valedictory (véledik-tôuri) *adj* relativo a despedida.
Valentine (váelentainn) *s* galã; namorado.
Valet (vé-let) *s* valete; servo; criado; pajem.
Valet (vé-let) *v* pajear.
Valiant (vé-liânt) *adj* valente; corajoso.
Valid (vé-lid) *adj* válido; poderoso; eficaz.
Validate (vé-lidêit) *v* validar, tornar válido.
Validation (vélidêi-shânn) *s* validação.
Validity (vâli-diti) *s* validade.
Valor (vé-lâr) *s* valor; brio; coragem.
Valorous (vé-lârâss) *adj* valoroso.
Valuable (vé-liuâbl) *adj* valioso; precioso; útil.
Valuation (véliuêi-shânn) *s* avaliação; apreciação.
Value (vé-liu) *s* valor; preço; mérito.
Value (vé-liu) *v* avaliar; estimar; taxar.
Valuer (vé-liuâr) *s* avaliador; apreciador; perito.
Vamoose (vâmôu-ss) *v* USA GÍR sair na surdina; sair secretamente (rapidamente).
Vamose (vâmôu-ss) *vide* VAMOOSE.
Vamp (vém-p) *s* remendo.
Vamp (vém-p) *v* recolocar couro no cano de uma botina; TEATR interpretar um vampiro.
Vampire (vémpáir) *s* vampiro.
Van (vénn) *s* vanguarda; carroça; crivo; joeira; caminhão.
Vandal (vén-dâl) *s* bárbaro; vândalo.
Vandal (vén-dâl) *adj* destruidor.
Vandalism (vén-dâlizm) *s* vandalismo; destruição.
Vanguard (vén-gárd) *s* que está à frente; MIL vanguarda.
Vanilla (vâni-lâ) *s* baunilha (planta).
Vanish (vé-nish) *v* desaparecer; dissipar-se; desfalecer.
Vanity (vé-niti) *s* vaidade; orgulho; arrogância; USA penteadeira.
Vanquish (vén-küish) *v* vencer; conquistar; domar.
Vanquisher (vén-küishâr) *s* vencedor; conquistador.
Vantage (vén-tidj) *s* vantagem; proveito; lucro.
Vapid (vé-pid) *adj* evaporado; insípido.
Vapidity (vépi-diti) *s* insipidez; sem gosto.
Vapor (véi-pâr) *s* vapor; fumo; sonho; quimera; presunção.
Vapor (véi-pâr) *v* evaporar; gabar-se.
Vaporize (vêi-pâráiz) *v* vaporizar; evaporizar-se.
Vaporous (vêi-pârâss) *adj* vaporoso; etéreo; quimérico.
Variable (vêi-riâbl) *s* quantidade variável.
Variable (vêi-riâbl) *adj* variável; inconstante.
Variance (vêi-riânss) *s* variação; discórdia; desinteligência.
Variation (vâriêi-shânn) *s* variação; diferença; mudança; alteração.
Variegate (vêi-righêit) *v* matizar; variar; diversificar.
Variegation (vêirighêi-shânn) *s* variegação; matiz.
Variety (vârái-iti) *s* variedade; diversidade; sortimento.
Various (vêi-riâss) *adj* vário; variado; diverso, variável.
Variousness (vêi-riâsnéss) *s* diversidade; variedade.
Varnish (vár-nish) *s* verniz.
Varnish (vár-nish) *v* envernizar; lustrar.
Varsity (vâr-siti) *s* universidade; ESP representação universitária.
Varsity (vâr-siti) *adj* universitário.
Vary (vê-ri) *v* variar; diferir; discordar; desviar.
Vast (vést) *s* vastidão; imensidade.
Vast (vést) *adj* vasto.
Vat (vét) *s* tina; tanque; tonel.
Vat (vét) *v* pôr em tinas.
Vault (vólt) *s* abóbada; catacumba; adega.
Vault (vólt) *v* abobadar; arquear; saltar.
Vaunt (vánt) *v* gabar-se; exibir ostentação.
Veal (vil) *s* carne de vitela.
Vegetable (vé-djitâbl) *s* vegetal; planta.
Vegetable (vé-djitâbl) *adj* vegetal; planta.
Vegetation (védjitêi-shânn) *s* vegetação.
Vehemence (vi-himénss) *s* veemência; ímpeto.
Vehement (vi-himént) *adj* veemente; impetuoso.
Vehicle (vi-ikl) *s* veículo; carro.
Veil (vêil) *s* véu; faixa; capa.
Veil (vêil) *v* velar; cobrir; disfarçar; ocultar.
Vein (vêinn) *s* veia; veio; filão; talento.
Velocity (viló-siti) *s* velocidade; celeridade; rapidez.
Velvet (vé-lvet) *s* veludo.
Velvet (vé-lvet) *adj* de veludo; aveludado.
Velvety (vél-veti) *adj* aveludado; macio.
Venal (vi-nâl) *adj* venal; mercenário.
Venality (viné-liti) *s* venalidade.
Vend (vénd) *v* vender; oferecer para vender.
Veneer (veni-r) *s* embutido.
Veneer (veni-r) *v* embutir; chapear.
Venerable (vé-nârâbl) *adj* venerável; respeitável.

Venerate (vé-nârêit) *v* venerar; respeitar.
Veneration (vénârêi-shânn) *s* veneração; respeito.
Venerator (vé-nârêitâr) *s* venerador; reverenciador.
Venetian (veni-shânn) *s* veneziano.
Venetian (veni-shânn) *adj* veneziano (de Veneza, na Itália).
Vengeance (vén-djânss) *s* vingança; desforra.
Vengeful (véndj-ful) *adj* vingativo.
Venial (vi-niâl) *adj* venial; perdoável.
Venison (vé-nizânn) *s* carne de veado.
Venom (vénâmm) *s* veneno; rancor; maldade; peçonha.
Venomous (vé-nâmâss) *adj* venenoso; peçonhento; odiento.
Vent (vént) *s* saída; passagem; vento.
Vent (vént) *v* dar saída a; desafogar; divulgar.
Ventilate (vén-tilêit) *v* ventilar; elucidar; arejar; discutir; examinar.
Ventilation (véntilêi-shânn) *s* ventilação; arejamento.
Ventilator (vén-tilêitâr) *s* ventilador.
Ventriloquism (ventri-loküizm) *s* ventriloquismo; ventriloquia.
Ventriloquist (véntri-loküist) *s* ventríloquo.
Venture (vén-tshur) *s* aventura; risco; COM especulação.
Venture (vén-tshur) *v* expor-se; aventurar-se; arriscar-se.
Venturer (vén-tshurâr) *s* aventureiro.
Venturesome (vén-tshursâmm) *adj* aventureiro; ousado; atrevido; arriscado.
Venturesomeness (vén-tshursâmnéss) *s* ousadia; temeridade.
Venturous (vén-tshurâss) *adj* atrevido; corajoso; audaz.
Venturousness (vén-tshurâsnéss) *s* ousadia; atrevimento; coragem.
Venue (vêniu) *s* local; lugar onde foi cometido um crime (jurisdição).
Venus (vínâs) *s* Vênus (2º planeta do nosso sistema solar).
Veracious (verêi-shâss) *adj* verídico; verdadeiro.
Veracity (veré-siti) *s* veracidade; verdade.
Verb (vârb) *s* GRAM verbo.
Verbose (vârbôu-ss) *adj* verboso; loquaz.
Verbosity (vârbó-siti) *s* verbosidade; prolixidade.
Verdancy (vâr-dânsi) *s* inexperiência; imaturidade.
Verdant (vâr-dânt) *adj* verde; verdejante; inexperiente.
Verdict (vâr-dikt) *s* veredicto; juízo; opinião.
Verge (vârdj) *s* borda; margem; limite; extremidade.
Verge (vârdj) *v* tender; pender a; inclinar-se a; aproximar-se.
Verger (vâr-djâr) *s* porteiro (para auditório); bedel; oficial de justiça.
Verifiable (vé-rifáiâbl) *adj* verificável; confirmável.
Verification (verifikêi-shânn) *s* verificação; confirmação.
Verify (vé-rifái) *v* verificar; autenticar; provar.
Veritable (vé-ritâbl) *adj* verdadeiro; real; autêntico.
Verity (vé-riti) *s* verdade; realidade.
Verjuice (vâr-djuss) *s* acidez (de frutos); mordacidade.
Vermicide (vâr-missáid) *s* vermicida.
Vernacular (vârné-kiulâr) *adj* vernáculo; nacional; pátrio.
Versatile (vâr-sâtáil) *adj* versátil; mutável.
Verse (vârss) *s* verso; estrofe; poesia.
Verse (vârss) *v* versificar.
Versed (vârst) *adj* versado; experimentado; perito.
Versicle (vâr-sikl) *s* versículo; verso bíblico; verseto.
Versification (vârsifikêi-shânn) *s* versificação; metrificação.
Versify (vâr-sifái) *v* versificar; versejar.
Version (vâr-shânn) *s* versão; tradução.
Vertebrate (vâr-tibrêit) *adj* vertebrado.
Vertiginous (vârti-djinâss) *adj* vertiginoso; estonteante.
Very (vé-ri) *adj* verdadeiro; mesmo; próprio.
Very (vé-ri) *adv* muito; bastante; perfeitamente.
Vesper (véspâr) *s* Vésper, estrela da tarde; véspera; tarde.
Vessel (vésl) *s* vaso; navio; embarcação; vaso; canal.
Vest (vést) *s* camiseta; USA colete.
Vest (vést) *v* vestir; empossar; investir; incumbir a; caber a.
Vestment (vést-ment) *s* vestimenta; vestuário.
Vestry (vés-tri) *s* sacristia.
Vesture (vés-tshur) *s* veste; cobertura; investidura.
Vesture (vés-tshur) *v* vestir; envolver.
Veteran (vé-târânn) *adj* veterano.
Veterinary (vé-târinéri) *s* veterinário.
Veterinary (vé-târinéri) *adj* concernete a veterinária ou veterinário.
Vex (véks) *v* atormentar; irritar-se; disputar.
Vexation (véksêi-shânn) *s* opressão; tormento; irritação.
Vexatious (véksêi-shâss) *adj* irritante; penoso; incômodo.
Vexed (vékst) *adj* irritado; molestado.
Vexing (vék-sinn) *adj* aflitivo; atormentador.
Viable (vái-âbl) *adj* viável; hábil para viver.
Viaduct (vái-âdâkt) *s* viaduto.
Vial (vái-âl) *s* frasco; ampulheta; pequena garrafa.
Viand (vái-ând) *s* provisão; abundância.
Vibrant (vái-brânt) *adj* vibrante; trêmulo.
Vibrate (vái-brêit) *v* vibrar; oscilar; agitar; balançar.
Vibration (vâibrêi-shânn) *s* vibração; oscilação.
Vibratory (vái-brâtôuri) *adj* vibratório; vibrante.
Vicar (vi-kâr) *s* vigário; cura.
Vicarious (váikêi-riâss) *adj* de vigário; vicário; substituto.
Vice (váiss) *s* vício; defeito; mácula; maldade; substituto; vice.
Vice (váiss) *prep* em lugar de.
Vicinity (vissi-niti) *s* vizinhança; adjacência; proximidade.
Vicious (vi-shâss) *adj* vicioso; corrompido; viciado.
Victim (vik-timm) *s* vítima.
Victimize (vik-timáiz) *v* vitimar; enganar.
Victorious (vik-tôu-riâss) *adj* vitorioso; triunfante.
Victoriousness (viktôu-riâsnéss) *s* caráter vitorioso.
Victory (vik-tôuri) *s* vitória; triunfo.
Victual (vit-l) *v* fornecer víveres; abastecer.
Victualling (vi-tlinn) *s* víveres; mantimentos.
Video (vídiou) *s* vídeo.
Vie (vái) *v* disputar; rivalizar; competir; desafiar.
View (viu) *s* vista; paisagem; modo de ver.
View (viu) *v* ver; observar; investigar; contemplar; considerar.
Viewer (viu-âr) *s* observador; espectador; inspetor.
Viewless (viu-léss) *adj* invisível.
Vigil (vi-djil) *s* vigília; velório.
Vigilance (vi-djilânss) *s* vigilância; prevenção; sentinela.
Vigilant (vi-djilânt) *adj* vigilante; atento; cauteloso.
Vigor (vi-gâr) *s* vigor; força; poder; energia; vitalidade espiritual.
Vigorous (vi-gârâss) *adj* vigoroso; enérgico; forte.
Vigorousness (vi-gârâsnéss) *s* vigor; força; robustez.
Vile (váil) *adj* vil; desprezível; indigno.
Vileness (váil-néss) *s* vileza; aviltamento; baixeza.
Vilifier (vi-lifáiâr) *s* difamador; caluniador.
Vilify (vi-lifái) *v* aviltar; difamar; vilipendiar; *past or pp* VILIFIED.
Village (vi-lidj) *s* vila; aldeia; povoação.
Village (vi-lidj) *adj* de aldeia.
Villager (vi-lidjâr) *s* aldeão; aldeã; burguês.
Villain (vi-linn) *s* vilão; pessoa vil; bandido.
Villainous (vi-linâss) *adj* vil; infame; abjeto.
Vim (vimm) *s* energia; força; vigor.
Vincible (vin-sibl) *adj* vencível; conquistável.
Vindicate (vin-dikêit) *v* justificar; defender; sustentar; punir; vingar.
Vindication (vindikêi-shânn) *s* justificação; defesa.
Vindicative (vindikâ-tiv) *adj* vingativo.
Vine (váinn) *s* videira; vinha; trepadeira.
Vinegar (vi-nigâr) *s* vinagre.
Vineyard (vi-niârd) *s* vinha (plantação de videiras).
Violate (vái-olêit) *v* violar; ultrajar; profanar; transgredir; desonrar.
Violation (váiolêi-shânn) *s* violação; transgressão; desonra.
Violence (vái-olénss) *s* violência; fúria; tirania.

Violent (vái-olént) *adj* veemente; impetuoso; violento.
Violet (vái-olét) *s* a cor violeta; violeta (flor).
Violet (vái-olét) *adj* violeta; de cor violeta.
Violin (váioli-nn) *s* violino.
Violinist (váiolio-nist) *s* MÚS violinista.
Violoncello (váiolóntshé-lôu) *s* violoncelo.
Viper (vái-pâr) *s* víbora (réptil); pessoa de mau gênio.
Virgin (vár-djinn) *s* virgem; donzela.
Virgin (vár-djinn) *adj* virginal; puro.
Virginity (vârdji-niti) *s* virgindade; pureza.
Viridity (viri-diti) *s* verdura; verdor.
Virile (vi-ril) *adj* viril; varonil; másculo.
Virility (viri-liti) *s* virilidade; masculinidade.
Virosis (váirôu-siss) *s* infecção (por vírus).
Virosis (váirôu-siss) *adj* virulento; peçonhento.
Virtue (vâr-tshu) *s* virtude; mérito; valor.
Virtuous (vârt-shuâss) *adj* virtuoso; casto; puro.
Virulence (vi-ruiénss) *s* virulência; rancor; malignidade.
Virulent (vi-rulént) *adj* virulento; venenoso.
Virus (vái-râss) *s* vírus (germe patogênico).
Visage (vi-zidj) *s* semblante; aspecto; rosto.
Viscera (vi-sâra) *s* entranha; vísceras.
Viscid (vi-sid) *adj* viscoso; pegajoso.
Viscidity (visi-diti) *s* viscosidade.
Viscosity (viskó-siti) *vide* VISCIDITY.
Viscount (vái-káunt) *s* visconde.
Viscous (vis-kâss) *adj* viscoso; pegajoso.
Vise (váiss) *s* USA torno mecânico; ENGL VICE.
Visibility (vizibi-liti) *s* visibilidade.
Visible (vi-zibl) *adj* visível; claro; evidente.
Vision (vi-jânn) *s* visão; fantasma.
Vision (vi-jânn) *v* visionar; imaginar.
Visionary (vi-jânéri) *s* visionário; utopista.
Visionary (vi-jânéri) *adj* visionário; imaginativo.
Visit (vi-zit) *s* visita; reconhecimento.
Visit (vi-zit) *v* visitar; inflingir; frequentar.
Visitant (vi-zitânt) *s* visitante; visita.
Visitation (vizitêi-shânn) *s* visita; inspeção; recompensa.
Visiting (vi-zitinn) *s* visitação.
Visiting (vi-zitinn) *adj* visitante; que visita.
Visitor (vi-zitâr) *s* visitador; visita; hóspede.
Visor (vái-zâr) *s* viseira; máscara.
Visual (vi-juâl) *adj* visual; aparência.
Visualization (vijuélizêi-shânn) *s* visualização.
Visualize (vi-juéláiz) *v* visualizar; imaginar.
Vital (vái-tâl) *adj* vital; essencial; capital; fundamental.
Vitality (váité-liti) *s* vitalidade; vigor; ânimo.
Vitalize (vái-tâláiz) *v* vitalizar; animar; reanimar.
Vitamin (vái-tâminn) *s* vitamina.
Vitiable (vi-shiâbl) *adj* corruptível.
Vitiate (vi-shiêit) *v* viciar; arruinar; JUR invalidar um documento.
Vitiator (vi-shiêitâr) *s* viciador; corruptor.
Viticulture (vi-tikâltshur) *s* viticultura.
Vitreous (vi-triâss) *adj* vítreo; vidroso.
Vitrify (vi-trifái) *v* vitrificar; vitrificar-se.
Vituperate (váitiu-pârêit) *v* vituperar; ralhar; censurar; injuriar.
Vituperation (váitiupârêi-shânn) *s* vituperação; censura; exprobração.
Vituperator (váitiu-pârêitâr) *s* vituperador.
Vivacious (vivêi-shâss) *adj* vivaz; vivo; animado.
Vivacity (vivé-siti) *s* vivacidade; perspicácia.
Vivid (vi-vid) *adj* vívido; esperto; intenso.
Vivification (vivifikêi-shânn) *s* vivificação.
Vivify (vi-vifái) *v* avivar; vivificar.
Viviparous (váivi-pârâss) *adj* vivíparo.
Vivisect (vivissék-t) *v* dissecar (animal vivo).
Vixen (vi-ksn) *s* raposa fêmea; mulher alcoviteira, megera.

Vocable (vôu-kâbl) *s* vocábulo; palavra.
Vocabulary (voké-biuléri) *s* vocabulário; glossário.
Vocal (vôu-kâl) *adj* vocal; oral.
Vocalic (vôuké-lik) *adj* GRAM vocálico.
Vocalist (vôu-kâlist) *s* vocalista; cantor.
Vocalize (vôu-kâláiz) *v* vocalizar; pronunciar.
Vocation (vokêi-shânn) *s* vocação; posto; ofício; tendência.
Vociferate (vôussi-fârêit) *v* vociferar; bramar; berrar.
Vociferation (vôussifârêi-shânn) *s* vociferação; vozerio.
Vociferous (vôussi-fârâss) *adj* vociferante; barulhento.
Vogue (vôug) *s* voga; moda.
Voice (vóiss) *s* voz; palavra; tom; sufrágio; voto; GRAM voz do verbal.
Voice (vóiss) *v* divulgar; proclamar; vociferar.
Voiceful (vóiss-ful) *adj* dotado de voz; sonoro.
Voiceless (vóis-léss) *adj* sem voz; mudo.
Void (vóid) *s* vácuo; vacuidade.
Void (vóid) *v* tornar vago; evacuar; anular; esvaziar; invalidar.
Void (vóid) *adj* vazio; desocupado.
Voidable (vói-dâbl) *adj* anulável; invalidável; cancelável.
Voidance (vói-dânss) *s* vocatura; invalidação; expulsão.
Volatile (vó-lâtil) *adj* volátil; inconstante.
Volatileness (vó-lâtilnéss) *s* volatilidade; mutabilidade; inconstância.
Volatilization (vólâtilizêi-shânn) *s* volatilização.
Volatilize (vó-lâtiláiz) *v* volatilizar-se.
Volcano (vólkêi-nôu) *s* vulcão.
Volition (vôuli-shânn) *s* volição; vontade.
Volley (vó-li) *s* descarga; aclamação; salva de artilharia; aclamação.
Volley (vó-li) *v* MIL dar salva com descarga.
Voltage (vól-tidj) *s* voltagem; potencial.
Voluble (vó-liubl) *adj* volúvel; tagarela; prolixo.
Volume (vó-liubl) *s* volume; tamanho; tomo; livro.
Volumetric (vóliumé-trik) *adj* volumétrico.
Voluminous (vóliu-minâss) *adj* volumoso; extenso; grosso.
Voluminousness (vóliu-minâsnéss) *s* volume; grossura.
Voluntary (vó-lântéri) *s* teima; arbítrio.
Voluntary (vó-lântéri) *adj* voluntário; espontâneo.
Volunteer (vólânti-r) *s* voluntário.
Volunteer (vólânti-r) *adj* voluntário.
Volunteer (vólânti-r) *v* alistar-se; oferecer-se.
Voluptuous (volâp-tshuâss) *adj* voluptuoso; sensual.
Voluptuousness (volâp-tshuâsnéss) *s* voluptuosidade; sensualidade.
Volution (voliu-shânn) *s* volta; giro; revolução.
Vomit (vó-mit) *s* vômito.
Vomit (vó-mit) *v* vomitar.
Voracious (vorêi-shâss) *adj* voraz; ávido; devorador.
Voraciousness (vorêi-shâsnéss) *s* voracidade.
Voracity (voré-siti) *s* voracidade; avidez.
Vote (vôut) *s* voto; escrutínio; ***to put to the VOTE***: colocar em votação.
Vote (vôut) *v* votar em; eleger; deliberar.
Voter (vôu-târ) *s* votante; eleitor.
Voting (vôu-tinn) *s* votação; escrutínio.
Votive (vôu-tiv) *adj* comemorativo.
Vouch (váutsh) *s* garantia; testemunho.
Vouch (váutsh) *v* atestar; certificar; ***VOUCH for***: responder por; garantir.
Voucher (váu-tshâr) *s* fiador; prova; testemunho.
Vouchsafe (váutshsêi-f) *v* conceder; outorgar, permitir; dignar-se; desprezar.
Vow (váu) *s* voto; promessa.
Vow (váu) *v* jurar; fazer um voto a Deus.
Vowel (váu-âl) *s* GRAM vogal.
Vowel (váu-âl) *adj* de vogal.
Voyage (vói-idj) *s* viagem; travessia (por mar).
Voyage (vói-idj) *v* viajar (por mar); navegar.

Voyager (vói-idjâr) *s* viajante.
Vulcanization (vâlkanizêi-shânn) *s* vulcanização (borracha).
Vulcanize (vâl-kánaiz) *v* vulcanizar; calcinar; IND provocar vulcanização (borracha).
Vulgar (vâl-gâr) *s* o povo; a plebe.
Vulgar (vâl-gâr) *adj* vulgar; comum; grosseiro.
Vulgarity (vâlghé-riti) *s* vulgaridade; banalidade.
Vulgarization (vâlgârizêi-shânn) *s* vulgarização.
Vulgarize (vâl-gâráiz) *v* vulgarizar; popularizar; generalizar.
Vulnerability (vâlnârâbi-liti) *s* vulnerabilidade.
Vulnerable (vâl-nârâbl) *adj* vulnerável.
Vulnerary (vâl-nâréri) *s* remédio vulnerário.
Vulnerary (vâl-nâréri) *adj* vulnerário.
Vulture (vâl-tshur) *s* abutre (ave).
Vulturine (vâl-tshurinn) *adj* de abutre; FIG voraz; covarde.
Vulva (vâl-vâ) *s* ANAT vulva.
Vying (vái-nn) *adj* rival; desafiante; concorrente.

W W

W (dâ-bliu) *s* vigésima terceira letra do alfabeto Inglês (esta letra é utilizada na língua Portuguesa para representar símbolos, abreviações científicas e de informática).
Wad (uód) *s* estopa; molho; monte de palha.
Wad (uód) *v* acolchoar; encher; fartar.
Wadding (uó-dinn) *s* bucha; chumaço; enchimento.
Waddle (uódl) *s* bamboleio.
Waddle (uódl) *v* balançar; bambolear; gingar.
Wade (uêid) *s* vau.
Wader (uêi-dâr) *s* o que anda com dificuldade; o que anda em água rasa; vadeador.
Waffle (uófl) *s* bolo; panqueca.
Waft (uáft) *s* ato de flutuar.
Waft (uáft) *v* acenar (com as mãos); boiar; flutuar.
Waftage (uáf-tidj) *s* condução (por água ou ar); transporte.
Wag (uég) *s* balanço; sacudidela.
Wag (uég) *v* agitar; oscilar; remexer; sacudir.
Wage (uêidj) *s* paga (para mão de obra); salário.
Wage (uêidj) *v* apostar; empreender; empenhar-se; levar avante.
Wager (uêi-djâr) *s* aposta.
Wager (uêi-djâr) *v* apostar; arriscar (no jogo).
Wagerer (uêi-djârâr) *s* apostador.
Waggery (uêi-djârâr) *s* brincadeira; esperteza; jocosidade.
Waggish (ué-ghish) *adj* brincalhão; divertido; jocoso; malicioso.
Waggishness (ué-ghishnéss) *s* brincadeira; esperteza; gracejo.
Waggon (ué-gânn) *vide* WAGON.
Wagon (ué-gânn) *s* carroça; caminhão; vagão.
Wagon (ué-gânn) *v* transportar (em vagão).
Wagonette (uégâné-t) *s* carro pequeno; vagoneta.
Wail (uêil) *s* lamento; queixume.
Wail (uêil) *v* lamentar; lastimar; prantear.
Wailing (uêi-linn) *s* lamento; queixume.
Wailing (uêi-linn) *adj* lamentoso; lamurioso.
Wain (uêinn) *s* carro; carroça; carreta rural.
Wainscoat (uêin-skât) *s* estuque; rodapé de madeira das paredes internas.
Wainscoat (uêin-skât) *v* emadeirar; forrar de madeira as paredes.
Waist (uêist) *s* cintura; cinta; meio; talhe.
Waistcoat (uêist-kôut) *s* colete masculino; USA VEST.
Wait (uêit) *s* demora; espera.
Wait (uêit) *v* atender; esperar; servir.
Waiter (uêi-târ) *s* bandeja; garçom; garção; servidor.
Waiting (uêi-tinn) *s* ato de esperar; serviço.
Waitress (uêi-tréss) *s* copeira; garçonete.
Waive (uêlv) *s* desistência; renúncia.
Waive (uêlv) *v* desistir de; renunciar a.
Wake (uêik) *s* insônia; vigília.
Wake (uêik) *v* acordar; despertar; velar; *past* WOKE or WAKED *and pp* WOKEN or WAKED.
Wakeful (uêik-ful) *adj* alerta; desperto; vigilante.
Wakefulness (uêik-fulnéss) *s* insônia; vigília.
Wale (uêil) *s* marca (de pancada); vinco; vergão.
Wale (uêil) *v* açoitar; vincar; vergastar.
Walk (uók) *s* carreira; giro; o andar; passeio.
Walk (uók) *v* andar; ir-se embora; passear a pé.
Walking (uó-kinn) *s* caminhada; passeio.
Wall (uól) *s* muro; parede.
Wall (uól) *v* murar; emparedar.
Wallet (uó-let) *s* carteira (para bolso); mochila; sacola.
Wallop (uó-lâp) *s* golpe; pancada.
Wallop (uó-lâp) *v* bater; ferver; surrar.
Wallow (uó-lôu) *s* chafurdice; lamaçal.
Wallow (uó-lôu) *v* gabar-se; rolar.
Walnut (uól-nât) *s* noz; nogueira.
Walrus (uól-râss) *s* morsa (mamífero).
Walrus (uól-râss) *adj* relativo ao animal Morsa.
Waltz (uól-ts) *s* valsa.
Waltz (uól-ts) *v* valsar.
Wamble (uómbl) *s* barulho que faz o intestino; enjoo; náusea.
Wamble (uómb-l) *v* palpitar.
Wan (uónn) *adj* descorado; doentio; lívido; pálido.
Wand (uónd) *s* batuta; bastão; vara.
Wander (uón-dâr) *s* excursão; viagem.
Wander (uón-dâr) *v* delirar; desviar-se; errar; peregrinar.
Wanderer (uón-dârâr) *s* caminhante; peregrino; viajor.
Wandering (uón-dârinn) *s* erro; peregrinação; viagem; vadiagem.
Wandering (uón-dârinn) *adj* errante; inconstante; vadio.
Wane (uêinn) *s* decadência; míngua; quarto minguante (Lua).
Wane (uêinn) *v* declinar; diminuir; enfraquecer.
Wanness (uón-néss) *s* lividez; languidez; palidez.
Want (uónt) *s* carência; escassez.
Want (uónt) *v* desejar; necessitar; querer; ***I WANT to go away for a holiday but I don't know where to go***:quero "tirar" umas férias mas não sei onde ir.
Wantage (uón-tidj) *s* carência; deficiência; falta.
Wanting (uón-tinn) *adj* que falta; que escasseia.
Wanton (uón-tânn) *s* pessoa libertina.
Wanton (uón-tânn) *v* praticar libertinagem.
Wanton (uón-tânn) *adj* libertino; petulante.
War (uór) *s* ciência de operações bélicas; arte de operações bélicas; guerra; luta.
War (uór) *v* guerrear; combater.
Warble (uórbol) *s* gorjeio; trinado.
Warble (uórbol) *v* chilrear; gorjear; trinar.
Warbling (uór-blinn) *s* trinado.
Warbling (uór-blinn) *adj* canoro; melodioso.
Ward (uórd) *s* guarda; proteção; quarteirão.
Ward (uórd) *v* enfeitar; ornar; proteger.
Warden (uór-dn) *s* diretor de colégio; guarda; USA diretor de presídio.
Wardrobe (uór-drôub) *s* guarda-roupa; vestuário.
Wardship (uór-dship) *s* custódia; tutela; tutoria.
Ware (uér) *s* artigos de comércio; mercadoria.
Ware (uér) *adj* acautelado.
Ware (uér) *v* ter cuidado com.
Warehouse (uér-háuss) *s* armazém; depósito.
Warehouse (uér-háuss) *v* armazenar; abastecer.

Warehousing (uér-háu-sinn) *s* armazenamento; lugar para armazenamento.
Warfare (uór-fér) *s* conflito; guerra.
Wariness (ué-rinéss) *s* cuidado; cautela; prudência.
Warlike (uór-láik) *adj* belicoso; hostil; marcial.
Warm (uórmm) *adj* apaixonado; quente; tépido.
Warm (uórmm) *v* aquecer; irritar-se.
Warming (uór-minn) *s* aquecimento; surra.
Warming (uór-minn) *adj* aquecedor.
Warmish (uér-mish) *adj* esquentado.
Warmness (uórm-néss) *s* calor moderado; entusiasmo; seriedade.
Warn (uórnn) *v* avisar; advertir; admoestar; prevenir.
Warning (uór-ninn) *s* admoestação; advertência; aviso.
Warp (uórp) *s* urdidura; trama (de tecido).
Warp (uórp) *v* corromper; empenar (madeira); perverter; rebocar (barco); tecer.
Warrant (uó-rânt) *s* autorização; fiança; garantia; poder.
Warrant (uó-rânnt) *v* afiançar; autorizar; garantir; justificar.
Warrantee (uórânntii) *s* JUR afiançado; abonado.
Warranter (uó-rânntâr) *s* JUR abonador; fiador; responsável.
Warranty (uó-rânnti) *s* JUR fiança; garantia; penhor.
Warrior (uó-riâr) *s* guerreiro; soldado experimentado.
Wart (uórt) *s* cravo; excrescência; verruga.
Wary (uêi-ri) *adj* cauteloso; prudente; previdente.
Wash (uósh) *s* camada de tinta; lavagem; roupa lavada.
Wash (uósh) *v* dar uma demão de tinta; lavar; transbordar.
Washboard (uósh-bôurd) *s* rodapé; tábua (de lavar roupa).
Washer (uó-shâr) *s* lavadeira; máquina (para lavar); rodela de couro.
Washerwoman (uó-shâr-uu-men) *s* lavadeira.
Washing (uó-shinn) *s* lavagem; roupa lavada.
Washing (uó-shinn) *adj* lavável.
Washy (uó-shi) *adj* aguado; fraco; molhado.
Wasp (uósp) *s* vespa; FIG pessoa intratável.
Waspish (uó-pish) *adj* impertinente; intratável; rabugento.
Waspishness (uó-pishnéss) *s* impertinência; irritabilidade; mau humor.
Wassail (uós-sil) *s* brinde; banquete; festim; orgia.
Wassail (uós-sil) *v* brindar; beber à saúde de; festejar.
Wastage (uêis-tijj) *s* desperdício; desgaste; quebra.
Waste (uêist) *s* desgaste; detrito; desperdício.
Waste (uêist) *v* desperdiçar; dissipar; esbanjar.
Waste (uêist) *adj* arruinado; supérfluo.
Wasteful (uêist-ful) *adj* devastador; gastador; pródigo.
Wastefulness (uêist-fulnéss) *s* esbanjamento; desperdício; prodigalidade.
Waster (uêis-târ) *s* cinzel; arruinador; artigo estragado; gastador.
Wasting (uêis-tinn) *s* desperdício; perdulário; refugo.
Wasting (uêis-tinn) *adj* debilitante; que gasta; que consome.
Watch (uótsh) *s* guarda; relógio de pulso; vigília.
Watch (uótsh) *v* espreitar; observar; velar; vigiar.
Watcher (uó-tshâr) *s* guarda; sentinela; vigia.
Watchful (uó-tshful) *adj* atento; cauteloso; vigilante.
Watchfulness (uó-tshfulnéss) *s* atenção; guarda; vigilância.
Water (uó-târ) *s* água; chuva; excelência; maré.
Water (uó-târ) *v* banhar; molhar; regar.
Water (uó-târ) *adj* aquático; de água.
Waterage (uó-târidj) *s* frete; transporte por água.
Waterer (uó-târâr) *s* aguador; regador.
Watering (uó-târinn) *s* abastecimento (de água); irrigação; rega.
Waterish (uó-târléss) *adj* aguado; molhado; úmido.
Waterless (uó-târléss) *adj* árido; sem água; seco.
Waterlogged (uó-târlóghid) *adj* encharcado de água; alagado; ensopado.
Waterman (uó-tarmaen) *s* barqueiro; remador.
Watermelon (uó-târ-mé-lon) *s* melancia (fruta).
Waterproof (uó-târpruf) *s* impermeável.
Waterproof (uó-târpruf) *v* impermeabilizar.
Waterproof (uó-târpruf) *adj* impermeável.
Watery (uó-târi) *adj* aquoso; líquido.
Wave (uêiv) *s* aceno; onda; vaga.
Wave (uêiv) *v* acenar; ondular; vibrar.
Waved (uêivd) *adj* ondulado; ondeado; recortado.
Waver (uêi-vâr) *v* ondear; ondular; oscilar.
Waverer (uêi-vârâr) *s* hesitante; pessoa indecisa.
Wavering (uêi-vârinn) *s* indeciso; irresoluto.
Wavering (uêi-vârinn) *adj* de modo oscilante.
Waviness (uêi-vinéss) *s* flutuação; indecisão; ondulação.
Wavy (uêi-vi) *adj* flutuante; ondulatório; ondulado.
Wax (uéks) *s* cera; cerume.
Wax (uéks) *v* crescer; encerar; engrandecer.
Waxen (uék-sân) *adj* feito com cera; revestido com cera.
Waxing (uék-sinn) *s* aumento.
Waxing (uék-sinn) *adj* crescente.
Waxy (uó-ksi) *adj* de cera; ceroso; ceráceo.
Way (uêi) *s* canal; caminho; modo; passagem; via.
Wayfarer (uêi-férâr) *s* caminhante; pedestre; transeunte.
Waylay (uêi-lêi) *v* emboscar-se; surpreender; *past or pp* **WAYLAID**.
Wayless (uêi-léss) *adj* ínvio; intransitável; sem caminho.
Wayward (uêi-uârd) *adj* caprichoso; impertinente; instável; travesso.
Waywardness (uêiúârdnéss) *s* capricho; instabilidade; mau humor.
W.c. (dâ-bliu-si) *s* privada (**WATER-CLOSET**).
We (ui) *pron* nós.
Weak (uik) *adj* débil; fraco; frágil; inábil; tolerante.
Weaken (uik-nn) *v* atenuar; debilitar; enfraquecer.
Weakly (ui-kli) *adj* doentio; enfermo; fraco.
Weakly (ui-kli) *adv* debilmente; fracamente.
Weakness (uik-néss) *s* debilidade; fraqueza.
Weal (uil) *s* bem-estar; felicidade; prosperidade.
Weald (uild) *s* descampado; extensão de mata.
Wealth (uélth) *s* bens de fortuna; prosperidade; riqueza.
Wealthiness (uél-thinéss) *s* fortuna; opulência; prosperidade.
Wealthy (uél-thi) *adj* abastado; opulento; rico.
Wean (uinn) *v* desmamar; desacostumar; separar.
Weapon (ué-pânn) *s* arma; armamento; FIG defesa (com chifre, dente, garra etc.).
Wear (uér) *s* gasto; moda; uso.
Wear (uér) *v* passar o tempo; trajar; usar; vestir; *past* **WORE** *and pp* **WORN**.
Wearing (ué-rinn) *s* desgaste; roupa; uso; vestimenta.
Wearing (ué-rinn) *adj* de uso; exaustivo; fatigante.
Weary (ui-ri) *adj* aborrecido; cansado.
Weary (ui-ri) *v* aborrecer; cansar.
Weasel (uiz-l) *s* doninha; fuinha.
Weather (ué-dhâr) *s* clima; estado atmosférico; tempo.
Weather (ué-dhâr) *v* dobrar um cabo; navegar ao vento; resistir a.
Weave (uiv) *s* ato de tecer; tecido; trama.
Weave (uiv) *v* entrelaçar; tecer; trançar; *past* **WOVE** *and pp* **WOVEN**.
Weaver (ui-vâr) *s* fiandeiro; tecelão.
Weaving (ui-vinn) *s* tecelagem.
Web (uéb) *s* enredo; rolo de papel contínuo; tecido fino; teia.
Webster (ué-bstâr) *s* tecelão.
Wed (uéd) *v* casar com; desposar; contrair matrimônio.
Wed (uéd) *s* quarta-feira (**Wednesday**).
Wedding (ué-dinn) *s* bodas; casamento; núpcias.
Wedge (uédj) *s* calço; cunha.
Wedge (uédj) *v* apertar; encravar; fender; talhar.
Wedlock (uéd-lok) *s* matrimônio; vida matrimonial.
Wedlock (uéd-lok) *v* casar.
Wednesday (uenz-dêi) *s* quarta-feira.

Wee (ui) *s* espaço (de tempo ou distância).
Wee (ui) *adj* pequenino; pequerrucho.
Weed (uid) *s* erva daninha; joio; sinal de luto.
Weed (uid) *v* capinar; limpar.
Weedy (ui-di) *adj* coberto (de ervas); sem préstimo.
Week (uik) *s* semana.
Weekly (ui-kli) *s* semanário.
Weekly (ui-kli) *adj* semanal.
Weekly (ui-kli) *adv* semanalmente.
Weening (ui-ninn) *s* imaginação; pensamento.
Weep (uip) *s* choro.
Weep (uip) *v* chorar; lamentar; *past or pp* WEPT.
Weeper (ui-pâr) *s* aquele que chora; aquele que lamenta; sinal de luto.
Weeping (ui-pinn) *s* choro; lamento; lágrimas.
Weeping (ui-pinn) *adj* que pranteia.
Weft (uéft) *s* urdidura; trama; tecido.
Weigh (uêi) *v* calcular a importância de; considerar; pesar.
Weighing (uêi-inn) *s* ato de calcular; ato de avaliar; pesagem.
Weight (uêit) *s* importância; lastro; peso; ***gross** WEIGHT*: peso bruto; ***net** WEIGHT*: peso líquido.
Weightiness (uêi-tinéss) *s* gravidade; importância; peso.
Weighty (uêi-ti) *adj* eficaz; grave pesado.
Weir (uir) *s* açude; dique; represa.
Weird (uird) *s* destino; sorte, sina.
Weird (uird) *adj* misterioso; sobrenatural.
Welcome (uél-kâmm) *s* boas-vindas; saudação.
Welcome (uél-kâmm) *v* acolher; bendizer; dar boas-vindas.
Welcome (uél-kâmm) *adj* agradável; bem-vindo.
Welcome (uél-kâmm) *interj* seja bem-vindo!
Welcoming (uél-kâminn) *s* ser bem acolhido.
Weld (uéld) *s* solda; soldadura.
Weld (uéld) *v* caldear; soldar.
Welfare (uél-fér) *s* bem-estar; saúde; ventura.
Well (uél) *s* fonte; nascente; poço; NÁUT porão de navio.
Well (uél) *v* brotar; esguichar; emanar; nascer.
Well (uél) *adj* bom; confortável; de boa saúde; feliz.
Well (uél) *adv* bem; devidamente; felizmente; muito.
Well (uél) *interj* ora, ora!
Welt (uélt) *s* debrum; margem; orla; vinco.
Welt (uélt) *v* debruar; orlar.
Wen (uénn) *s* lobinho; quisto sebáceo.
Wend (uénd) *v* ir; passar.
Werewolf (ué-ruulf) *s* lobisomem.
West (uést) *s* oeste; ocidente; poente.
West (uést) *adj* do oeste; ocidental.
West (uést) *adv* para o oeste.
Westerly (ués-târli) *adj* ocidental.
Westerly (ués-târli) *adv* em direção do ocidente.
Western (ués-târn) *s* ocidental; CIN fita de "mocinho".
Western (ués-târn) *adj* do oeste.
Wet (uét) *s* água; chuva; umidade.
Wet (uét) *v* umedecer; molhar.
Wet (uét) *adj* molhado; úmido.
Wetness (uét-néss) *s* umidade; umedecimento.
Whale (huêil) *s* baleia (mamífero).
Whalebone (huêil-bôunn) *s* barba de baleia; barbatana.
Whalecalf (huêil-káf) *s* baleoto; filhote de baleia.
Whaler (huêi-lâr) *s* NÁUT baleeiro (navio de pesca).
Whaling (huêi-linn) *s* pesca (de baleia); USA surra; sova.
Whang (huénn) *s* pancada; surra.
Whang (huénn) *v* cortar em fatias; espancar.
Whap (huáp) *s* pancada.
Whap (huáp) *v* bater fortemente; espancar; surrar.
Wharf (huórf) *s* cais; desembarcadouro; molhe.
What (huót) *adj* aquilo; aquele (a) que; aqueles (as) que; o que; que.
What (huót) *pron* aquilo; aquele (a) que; aqueles (as) que; o que; que.
What (huót) *conj* que.
What (huót) *adv* de que maneira; em que.
Whatever (huót-évâr) *adj* seja o que for; tudo aquilo que; todo que.
Whatever (huót-évâr) *pron* seja o que for; tudo aquilo que; todo que.
Whatsoever (huót-sôué-vâr) *pron* por mais que; seja qual for; tudo quanto.
Wheal (huil) *s* mina de estanho; pústula; vinco.
Wheat (huit) *s* trigo, trigo (para uso no pão).
Wheaten (huit-n) *adj* de trigo.
Wheedle (huid-l) *s* engodo; lisonja; sedução.
Wheedle (huid-l) *v* acariciar; afagar; seduzir.
Wheedler (hui-dlâr) *s* adulador; lisonjeiro.
Wheedling (hui-dlinn) *s* afago; lisonja; sedução.
Wheedling (hui-dlinn) *adj* sedutor.
Wheel (huil) *s* bicicleta; circuito; polia; rotação; roda; POP dólar; leme.
Wheel (huil) *v* girar; passear de bicicleta; rodar.
Wheeze (huiz) *s* respiração ofegante.
Wheeze (huiz) *v* resfolegar; respirar com esforço.
Whelp (huélp) *s* filhote (de animal).
Whelp (huélp) *v* dar cria.
When (huénn) *adv* logo; no tempo; no momento em que; quando.
When (huénn) *conj* logo; no tempo; no momento em que; quando.
Whence (huénss) *adv* consequentemente; donde; por essa razão.
Whenever (huéné-vâr) *adv* quando; sempre que; todas as vezes que.
Whenever (huéné-vâr) *conj* quando; sempre que; todas as vezes que.
Where (huér) *adv* em que lugar; para onde; onde.
Whereabout (huér-âbáut) *adv* perto; próximo.
Whereabout (huér-âbáut) *conj* perto; próximo.
Whereby (huér-bái) *adv* como; por que meio; por onde.
Wherefore (huér-fôur) *s* causa; motivo.
Wherefore (huér-fôur) *adv* para que; por que.
Wherefore (huér-fôur) *conj* para que; por que.
Wheresoever (huérsoé-vâr) *adv* em qualquer parte; sempre que.
Whet (huét) *s* estimulante; excitante.
Whet (huét) *v* afiar; excitar; estimular.
Whether (hué-dhâr) *conj* ou; quer seja; se.
Whether (hué-dhâr) *pron* qual dos dois.
Which (huitsh) *pron* a (o) qual; as (os) quais; cujo (os); cuja (as); que.
Whichever (huitshé-vâr) *adj* qualquer; um ou outro.
Whichever (huitshé-vâr) *pron* qualquer; um ou outro.
Whiff (huif) *s* baforada; bafejo; brisa; cheiro; sopro.
Whiffler (hui-flâr) *s* assobio; pessoa inconstante; pessoa frívola.
Whiffler (hui-flâr) *v* mudar; prevaricar; ser inconstante; variar.
Whiffling (hui-flinn) *s* evasiva; rodeio.
Whiffling (hui-flinn) *adj* frívolo; inconstante; volúvel.
Whig (huig) *adj* liberal.
While (huáil) *s* espaço de tempo; momento; vez.
While (huáil) *v* distrair; entreter; passar; retardar.
Whimper (huim-pâr) *s* lamúria; queixume.
Whimper (huim-pâr) *v* choramingar; lamuriar.
Whip (huip) *s* açoite; chicote; chibata; cocheiro.
Whip (huip) *v* açoitar; alinhavar costura; chicotear; mover com rapidez.
Whipping (hui-pinn) *s* açoite; flagelação.
Whir (huâr) *s* silvo; zunido; zumbido.
Whir (huâr) *v* girar zunindo; voar.
Whirl (huârl) *s* giro; remoinho; turbilhão; volta.
Whirl (huârl) *v* girar rapidamente; rodopiar; voltear.
Whiskey (huis-ki) *s* uísque.

Whisky (huis-ki) *vide* WHISKEY.
Whisper (huis-pâr) *s* murmúrio; sussurro.
Whisper (huis-pâr) *v* cochichar; sussurrar.
Whispering (huis-pârinn) *s* insinuação; maledicência; murmúrio.
Whispering (huis-pârinn) *adj* murmurante; sussurrante.
Whistle (huistl) *s* assobio; silvo; sibilo; FUT apito.
Whistle (huistl) *v* assobiar; apitar; sibilar; silvar.
Whistler (huis-lâr) *s* assobiador; apitador.
Whistling (huis-linn) *s* assobio; apito.
Whit (huit) *s* porção mínima.
White (huáit) *s* branco; brancura; branco do olho; clara (ovo); pessoa branca.
White (huáit) *v* branquear; caiar.
White (huáit) *adj* branco; inocente; puro.
Whiten (huáit-n) *v* alvejar; branquear; tornar branco.
Whiteness (huáit-néss) *s* alvura; brancura; inocência; pureza.
Whitening (huáit-ninn) *s* alvejamento; branqueamento.
Whitish (huái-tish) *adj* esbranquiçado.
Whitsun (huitsn) *adj* RELIG relativo a Pentecostes.
Whitsunday (huit-sândêi) *s* RELIG domingo de Pentecostes (festa Cristã comemorando a descida do Espírito Santo, feita no sétimo domingo após a Páscoa).
Whittle (huitl) *s* canivete; faca.
Whittle (huit-l) *v* aparar; modelar (com faca).
Who (hu) *pron* a (o) qual; as (os) quais; aquele (s) que; aquela (s) que; que; quem.
Whoever (hué-vâr) *pron* quem quer que; qualquer; seja quem for.
Whole (hôul) *s* a totalidade; o todo.
Whole (hôul) *adj* inteiro; todo; total.
Wholeness (hôul-néss) *s* integridade; o todo; totalidade.
Wholesale (hôul-sêil) *s* venda por atacado.
Wholesale (hôul-sêil) *adj* por atacado.
Wholesome (hôul-sâmm) *adj* benéfico; saudável; são; salutar.
Whom (humm) *pron* a quem; quem; que; o (a) qual.
Whoop (hup) *s* algazarra; grito de guerra; pio da coruja.
Whoop (hup) *v* apupar; berrar; piar (como coruja); vaiar.
Whose (huz) *pron* cujo (os); cuja (as); de quem.
Why (huái) *adv* por quê; por que razão.
Why (huái) *interj* caramba!
Wick (uik) *s* mecha; pavio; torcida.
Wicked (ui-kid) *adj* perverso; nocivo; ruim.
Wickedness (ui-kidnéss) *s* iniquidade; imoralidade; maldade.
Wicker (ui-kâr) *s* vime; trabalho (de vime).
Wicket (ui-ket) *s* postigo; portinhola; cancela.
Wide (uáid) *s* amplidão; largura.
Wide (uáid) *adj* amplo; largo; vasto; FIG inteligente; liberal.
Wide (uáid) *adv* ao longe; extensamente; longe.
Widen (uáid-n) *v* alargar; dilatar; estender.
Widespread (uáids-prid) *adj* amplo; muito difundido.
Widow (ui-dôu) *s* viúva.
Widow (ui-dôu) *v* despojar; enviuvar.
Widower (ui-dôuâr) *s* viúvo.
Widowhood (ui-dôu-hud) *s* viuvez.
Width (uidth) *s* amplitude; extensão; largura.
Wield (uild) *v* dirigir; manejar.
Wife (uáif) *s* dona de casa; esposa; mulher.
Wifehood (uáif-hud) *s* condição de mulher casada; estado de mulher casada.
Wifeless (uáif-léss) *adj* sem esposa; solteiro; viúvo.
Wig (uig) *s* cabeleira postiça; peruca.
Wig (uig) *v* repreender; ralhar.
Wiggery (ui-gâri) *s* cabelo postiço; peruca.
Wigging (ui-ghinn) *s* censura; descompostura; repreensão.
Wild (uáild) *s* deserto; ermo.
Wild (uáild) *adj* bravo; feroz; inculto; selvagem.
Wildboar (uáild-bór) *s* javali, porco selvagem.
Wildcat (uáld-két) *s* gato selvagem; lince.
Wildcat (uáld-két) *adj* arriscado; insensato.
Wildness (uáild-néss) *s* ferocidade; loucura; selvageria.
Wile (uáil) *s* ardil; engano; logro.
Wile (uáil) *v* lograr; usar de astúcia.
Will (uil) *s* escolha; inclinação; vontade; GRAM auxiliar que forma o futuro dos verbos.
Will (uil) *v* desejar; legar; querer; *past or pp* WOULD.
Willful (uil-ful) *adj* obstinado; teimoso; voluntarioso.
Willing (ui-linn) *adj* desejoso; disposto; inclinado; pronto.
Willow (ui-lôu) *s* salgueiro.
Wilt (uilt) *v* definhar; esmorecer; murchar.
Wily (uái-li) *adj* astuto; manhoso.
Wimble (uimbl) *s* broca; furador; pua.
Wimble (uimbl) *adj* ágil; ativo.
Wimple (uimpl) *s* flâmula; touca de freira.
Wimple (uimpl) *v* cobrir com véu; velar.
Win (uinn) *v* cativar; ganhar; induzir; vencer; *past or pp* WON.
Wince (uinss) *s* retraimento.
Wince (uinss) *v* escoicear; retrair-se; pestanejar.
Winch (uintsh) *s* guincho; manivela.
Wind (uind) *s* aragem; brisa; faro, cheiro (de caça); gases (flatulência); instrumento (de sopro); vento.
Wind (uind) *v* arejar; abanar; tomar alento; ventar.
Wind (uaind) *s* enroscamento; curvatura; torcedura; volta.
Wind (uaind) *v* enroscar; enlaçar-se; girar; serpentear; *past or pp* WOUND.
Wind (uaind) *v* buzinar; tocar instrumento de sopro; *past or pp* WOUND *or* WINDED.
Winder (uin-dâr) *s* pessoa que enrola corda em relógio; BOT manivela; planta trepadeira.
Windiness (uin-dinéss) *s* flatulência; inchação; presunção; vento; vaidade.
Winding (uáin-dinn) *s* ângulo; curva; dobagem; enrolamento; inflexão; modulação de sons; rodeio; sinuosidade.
Winding (uáin-dinn) *adj* em espiral; retorcido; sinuoso.
Windlass (uind-lâss) *s* molinete.
Windlass (uind-lâss) *v* fazer rodeios; içar com molinete.
Windmill (uind-mil) *s* moinho de vento.
Window (uin-dôu) *s* janela; postigo; coberta; tampa; vitrina; abertura.
Window (uin-dôu) *v* expor em vitrina; munir de janelas.
Windscreen (uins-crinn) *s* AUT para-brisa; USA WINDSHIELD.
Windward (uind-uârd) *s* barlavento.
Windward (uind-uârd) *adj* de barlavento.
Windward (uind-uârd) *adv* a barlavento.
Windy (uin-di) *adj* oco; pomposo; ventoso.
Wine (uáinn) *s* vinho.
Wing (uinn) *s* asa; ala; bastidor; voo; FUT ponta; MIL flanco.
Wing (uinn) *v* dar asas a; levar sobre as asas; pôr asas; voar.
Winged (uinnd) *adj* alado; ferido na asa (pássaro); rápido; veloz.
Wink (uink) *s* cochilo; piscadela; soneca.
Wink (uink) *v* disfarçar; fazer sinal (piscando); fingir não ver; pestanejar; piscar.
Winker (uin-kâr) *s* pestanejador.
Winking (uin-kinn) *s* ato de pestanejar.
Winking (uin-kinn) *adj* hesitante; que pestaneja.
Winner (uin-nâr) *s* ganhador; vencedor.
Winning (uin-ninn) *s* ganho; lucro; triunfo.
Winning (uin-ninn) *adj* atraente; sedutor; vitorioso.
Winnow (ui-nôu) *v* bater de asas; examinar; joeirar; peneirar.
Winter (uin-târ) *s* inverno.
Winter (uin-târ) *v* invernar.
Winter (uin-târ) *adj* hibernal.
Wintry (uin-tri) *adj* de inverno; frio; gélido; hibernal.
Wipe (uáip) *s* ato de limpar; bofetada; gracejo.
Wipe (uáip) *v* enxugar; limpar.
Wire (uáir) *s* arame; fio elétrico; telégrafo; MÚS corda.

Wire (uáir) *v* cercar (com arame); instalar fios elétricos; ligar; telegrafar.
Wireless (uáir-léss) *s* radiotelegrafia; radiotelefonia.
Wisdom (uis-dâmm) *s* discernimento; juízo; sabedoria.
Wise (uáiz) *s* maneira de agir; modo.
Wise (Ouáiz) *adj* discreto; douto; prudente; sábio; sensato.
Wiseacre (uái-zêikâr) *s* pedante; sabichão; tolo.
Wish (uish) *s* desejo; vontade; voto; ***I wish it would stop raining***: gostaria que parasse de chover.
Wish (uish) *v* desejar; querer.
Wishful (uish-ful) *adj* ansioso; ávido; desejoso.
Wisp (uisp) *s* bando (de pássaros); escova; feixe; punhado.
Wisp (uisp) *v* esfregar; enfeixar; escovar.
Wistful (uist-ful) *adj* ansioso; anelante; atento; pensativo.
Wistfulness (uist-fulnéss) *s* anseio; desejo ardente.
Wit (uit) *s* aptidão; destreza; engenho; imaginação.
Wit (uit) *v* cientificar-se; saber.
Witch (uitsh) *s* bruxa; feiticeira.
Witch (uitsh) *v* encantar; enfeitiçar; fascinar.
Witching (uit-shinn) *s* feitiçaria.
Witching (uit-shinn) *adj* encantador; sedutor.
With (uídh) *prep* com; contra; em; entre; por.
Withal (uidhól) *adv* além disso; demais; por outra parte.
Withdraw (uidhdró) *v* desviar; desdizer-se; retirar; separar; tirar; *past* WITHDREW *and pp* WITHDRAWN.
Wither (ui-dhâr) *v* definhar; murchar; mirrar; secar.
Withered (ui-dhârd) *adj* murcho; mirrado; ressequido; seco.
Witheredness (ui-dhârdnéss) *s* aquilo que se acha murcho; definhamento.
Withhold (uidh-hôuld) *v* deter; impedir; negar; reter; recusar; *past or pp* WITHHELD or WITHHOLDEN.
Within (uidhi-nn) *adv* dentro; em; no interior; na parte de dentro.
Within (uidhi-nn) *prep* dentro; em; no interior; na parte de dentro.
Without (uidháu-t) *adv* destituído; exteriormente; fora de; sem.
Without (uidháu-t) *prep* destituído; exteriormente; fora de; sem.
Witless (ui-tléss) *adj* imbecil; néscio; sem graça.
Witness (uit-néss) *s* testemunha; JUR declarante; indício; testemunho.
Witness (uit-néss) *v* JUR atestar; depor; presenciar; testemunhar.
Witticism (ui-tissizm) *s* chiste; dito espirituoso.
Witty (ui-ti) *adj* chistoso; divertida; engenhoso; mordaz.
Wive (uáiv) *v* casar-se com; contrair matrimônio.
Wizard (ui-zârd) *s* adivinho; feiticeiro; mago; sábio.
Wizard (ui-zârd) *adj* encantador; mágico.
Wizardry (ui-zârdri) *s* feitiçaria; magia; prestidigitação.
Wizen (uizn) *adj* murcho; seco.
Wizen (uizn) *v* murchar; secar.
Woe (uôu) *s* calamidade; dor; desgraça.
Woe (uôu) *interj* êh!, ô!
Woefulness (uôu-fulnéss) *s* aflição; desgraça; miséria; tristeza.
Wold (uôuld) *s* descampado; duna; planície.
Wolf (uulf) *s* conquistador; lobo.
Wolfish (uul-fish) *adj* carniceiro; feroz; voraz.
Wolfishness (uul-fishnéss) *s* crueldade; ferocidade; voracidade.
Woman (uu-men) *s* mulher.
Woman (uu-men) *adj* feminino.
Womanhood (uu-maen-hud) *s* estado de mulher; condição de mulher; sexo feminino.
Womanish (uu-maenish) *adj* efeminado; fraco; gracioso.
Womanly (uu-maenli) *adj* adamado; feminil; gracioso.
Womanly (uu-maenli) *adv* do modo feminino.
Womb (uumm) *s* cavidade; entranhas; útero; ventre.
Wonder (uân-dâr) *s* admiração; espanto; prodígio; maravilha.
Wonder (uân-dâr) *v* admirar-se; estranhar.
Wonderful (uân-dârful) *adj* admirável; estupendo; magnífico; prodigioso.
Wonderfulness (uân-dârfulnéss) *s* beleza; esplendor; maravilha; prodígio.
Wonderment (uân-dârment) *s* admiração; pasmo; prodígio.
Wondrous (uân-drâss) *adj* extraordinário; maravilhoso; notável.
Wont (uónt) *s* costume; hábito; uso.
Wont (uónt) *v* acostumar; estar acostumado.
Woo (uu) *v* cortejar; solicitar; suplicar amor.
Wood (uud) *s* bosque; floresta; lenha; madeira; pau; selva.
Wood (uud) *v* fornecer lenha; fornecer madeira.
Woodcut (uud-kât) *s* xilografia.
Woodcutter (uud-kâ-târ) *s* lenhador.
Wooded (uu-did) *adj* arborizado; coberto de mato.
Wooden (uud-n) *adj* desastrado; estúpido; feito de madeira; grosseiro; rude.
Woodland (uud-lénd) *s* habitante da floresta; lenhador; madeireiro.
Woodpecker (uud-pékâr) *s* pica-pau (ave).
Woody (uu-di) *adj* de madeira; silvestre; terreno cheio de árvores.
Woof (uuf) *s* trama (em tecido).
Wool (uul) *s* cabelo; lã; lanugem; pelo.
Woolen (uuln) *s* tecido de lã.
Woolen (uu-ln) *adj* de lã; lanoso.
Word (uârd) *s* dito; expressão; linguagem; ordem; sinal; termo; vocábulo.
Word (uârd) *v* exprimir; enunciar; escrever; frasear; redigir.
Wording (uâr-dinn) *s* dicção; expressão; enunciação; redação.
Wordless (uâr-dléss) *adj* calado; silencioso.
Wordy (uâr-di) *adj* falador; prolixo; verbal.
Work (uârk) *s* emprego; ocupação; obra; trabalho; tarefa.
Work (uârk) *v* bordar; explorar; funcionar; operar; lavrar; produzir; trabalhar; ***to be at WORK***: estar ocupado; ***to set to WORK***: entregar-se ao trabalho; ***to WORK at***: ocupar-se; ***to WORK down***: fazer descer; ***to WORK off***: produzir; ***to WORK on***; influenciar; ***to WORK out***: completar; ***to WORK up***: elaborar; *past or pp* WORKED or WROUGHT.
Workable (uâr-kâbl) *adj* em condições de funcionar; em condições trabalhar; viável.
Workaday (uâr-kâdêi) *adj* de todos os dias; laborioso; rotineiro.
Worker (uâr-kâr) *s* artífice; operário; trabalhador.
Workhouse (uârk-háuss) *s* asilo; reformatório.
Working (uâr-kinn) *s* funcionamento; jogo; movimento; obra; trabalho.
Working (uâr-kinn) *adj* trabalhador.
Workman (uârk-maen) *s* artífice; operário; trabalhador.
Workmanly (uârk-maenli) *adj* bem acabado; primoroso.
Workmanship (uârk-maenship) *s* feitio; habilidade; mão de obra; trabalho.
Workshop (uórk-shóp) *s* fábrica; oficina.
Workwoman (uârk-uumaen) *s* costureira; operária.
World (uârld) *s* gente; mundo; sociedade; terra.
Worm (uârmm) *s* larva de inseto; pessoa vil; remorso; rosca de parafuso; saca-trapo; verme.
Worm (uârmm) *v* arrastar-se; insinuar-se; escorregar; introduzir-se; minar.
Wormy (uâr-mi) *adj* bichento; carunchoso; rastejante.
Worn (uórn) *adj* gasto.
Worried (uâ-rid) *adj* apreensivo; aflito; inquieto; incomodado.
Worry (uâ-ri) *s* incômodo; inquietação; tormento.
Worry (uâ-ri) *v* afligir-se; aborrecer; despedaçar (com os dentes); preocupar-se; *past or pp* WORRIED.
Worse (uârss) *s* o pior; prejuízo.
Worse (uârss) *adj* pior.
Worse (uârss) *adv* pior.
Worship (uâr-ship) *s* adoração; culto; veneração.
Worship (uâr-ship) *v* adorar; venerar.

Worshipful (uâr-shipful) *adj* adorável; respeitável; venerável.
Worst (uârst) *adj* o pior; o mais doente; péssimo.
Worst (uârst) *v* derrotar; vencer.
Worst (uârst) *adv* o pior possível; pessimamente.
Worsted (uârs-tâd) *s* lã fiada.
Worsted (uârs-tâd) *adj* feito de lã fiada.
Wort (uârt) *s* cerveja (sem fermento); erva; planta.
Worth (uârth) *s* custo; importância; mérito; preço; valor.
Worth (uârth) *adj* digno; que vale; que merece.
Worthiness (uâr-dhinéss) *s* dignidade; mérito; merecimento.
Worthless (uâr-dhléss) *adj* desprezível; indigno.
Worthy (uâr-dhi) *adj* digno; merecedor.
Wound (uáund) *s* ferida; ferimento; ofensa; úlcera.
Wound (uáund) *v* ferir; lastimar.
Wounder (uun-dâr) *s* coisa que fere; ofensor.
Wrack (rék) *s* alga; naufrágio; ruína.
Wrangle (réngol) *s* altercação; contenda; disputa.
Wrangle (réngol) *v* altercar-se; contender; discutir.
Wrangler (rén-glâr) *s* altercador; disputador.
Wranglesome (rén-glsâmm) *adj* bulhento; desordeiro.
Wrangling (rén-glinn) *s* altercação; disputa; rixa.
Wrap (rép) *s* agasalho.
Wrap (rép) *v* cobrir; dobrar; envolver; embrulhar; encerrar; *past or pp* WRAPPED or WRAPT.
Wrapper (ré-pâr) *s* capa; envoltório; faixa de criança; papel de embrulho; papel de cigarro; pano.
Wrath (rath) *s* ira; indignação; raiva.
Wrathful (réth-ful) *adj* furioso; irado; raivoso.
Wreak (rik) *v* desafogar; infligir; saciar; satisfazer; vingar.
Wreaker (uri-kâr) *s* vingador.
Wreath (rith) *s* espiral; grinalda; nuvem.
Wreathe (ridh) *v* coroar; entrelaçar; enroscar-se; engrinaldar.
Wreck (urék) *s* alga marinha; destroços de um naufrágio; naufrágio; ruína.
Wreck (urék) *v* destruir; naufragar; arruinar.
Wreckage (ré-kidj) *s* NÁUT destroços; naufrágio; resgatador de naufrágio.
Wrecker (ré-kâr) *s* que provoca naufrágio; saqueador.
Wrench (réntsh) *s* arranco; chave de parafuso; puxão.
Wrench (réntsh) *v* arrancar; arrebatar; forçar; torcer.
Wrest (rést) *s* deslocação; impulso; perversão.
Wrest (rést) *v* arrancar à força; falsear a verdade.
Wrested (rés-tid) *adj* forçado; torcido.
Wrester (rés-târ) *s* infrator; que arrebata; que arranca; violador.
Wrestle (rés-l) *v* brigar; combater.
Wrestler (rés-lâr) *s* lutador; competidor.
Wretch (rétsh) *s* desgraçado; infeliz; miserável.
Wretched (ré-tshd) *adj* abjeto; indigno; infeliz; desditoso; vil.
Wretchedness (ré-tshdnéss) *s* desdita; desgraça; infelicidade; miséria.
Wriggle (rigl) *s* movimento em ziguezague.
Wriggle (rigl) *v* enroscar; remexer-se; torcer.
Wriggler (ri-glâr) *s* insinuador; que se move (em ziguezague).
Wright (ráit) *s* artífice; operário; obreiro.
Wring (rinn) *v* aperto; espremedura; torcedura.
Wring (rinn) *v* arrancar; torcer; torturar; *past or pp* WRUNG.
Wringing (rinn-ninn) *s* que espreme a roupa (para secá-la); torcedura.
Wringing (rinn-ninn) *adj* que exerce pressão.
Wrinkle (rinkol) *s* prega; ruga; vinco.
Wrinkle (rinkol) *v* enrugar; dobrar; franzir.
Wrinkled (rinkld) *adj* enrugado; franzido.
Wrinkling (rin-klinn) *s* ato de enrugar; encolhimento.
Wrist (rist) *s* munheca; pulso; punho.
Writ (rit) *s* JUR citação; mandado; ordem; ***Holy WRIT***: a Sagrada Escritura (Bíblia).
Write (ráit) *v* compor; escrever; redigir; ***to WRITE after***: copiar; ***to WRITE back***: responder carta; ***to WRITE oneself***: assinar; qualificar-se; ***to WRITE up***: exaltar; *past* WROTE *and pp* WRITTEN.
Writer (rái-târ) *s* escritor; escrevente; escrivão.
Writing (rái-tinn) *s* artigo; composição; escrito; manuscrito; obra.
Wrong (rónn) *s* crime; delito; dano; injustiça; mal.
Wrong (rónn) *v* fazer mal; lesar; prejudicar; tratar com injustiça.
Wrong (rónn) *adj* errôneo; injusto; irregular; inoportuno.
Wrong (rónn) *adv* às avessas; injustamente; mal.
Wronged (rónnd) *adj* injuriado; lesado; ofendido.
Wrongful (rón-ful) *adj* falso; injusto; iníquo.
Wrongfulness (rón-fulnéss) *s* falsidade; injustiça.
Wrongheaded (rón-hé-did) *adj* disparatado; estouvado; obstinado; teimoso.
Wronging (rón-ninn) *s* ação de lesar; ato de prejudicar; injustiça.
Wrongness (rón-néss) *s* desacerto; erro; iniquidade; injustiça; inexatidão.
Wroth (rôuth) *adj* aborrecido; furioso; irado.
Wrought (rót) *adj* batido; forjado; lavrado; manufaturado.
Wry (rái) *adj* forçado; torto; torcido; pervertido.
Wry (rái) *v* desviar-se; retorcer; torcer.
Wryneck (rái-nék) *s* aquele que tem pescoço torto; dor reumática no pescoço.
Wryness (rái-néss) *s* contorção; posição de esguelha.

X X

X (éks) *s* vigésima segunda letra do alfabeto Português e vigésima quarta letra do alfabeto Inglês.
X (éks) *s* MAT símbolo em álgebra (incógnita); símbolo da abscissa (X-axis), no sistema de coordenadas Cartesiano.
X (éks) *s* número romano equivalente a dez.
Xantho (zén-thôu) *s* MIN xanto (pedra preciosa); BOT planta.
Xebec (zi-béck) *s* NÁUT xaveco (barco de três mastros).
Xenon (ze-nân) *s* xenônio (gás).
Xenophobia (zenâ-foubjâ) *s* xenofobia (aversão ao que é estrangeiro).
X-eyed (éks-aid) *adj* GÍR estrábico; zarolho.
X-legged (éks-legid) *adj* que tem pernas tortas.
Xmas (kris-mâss) *s* Natal, ABREV de Christmas; *merry XMAS*: feliz Natal.
X-rays (éks-rêis) *s* raios X; ***to have an X-RAY***: tirar uma radiografia.
X-rays (éks-rêis) *adj* radiográfico; radiológico.
X-rays (éks-rêis) *v* fotografar por meio de raios X; examinar por meio de raios X; tratar por meio de raios X.
Xylograph (zái-lograf) *s* xilogravura; xilografia (gravura obtida por meio da xilografia).
Xylographer (záiló-grâfâr) *s* xilógrafo (aparelho que serve para gravar em madeira).
Xylography (záiló-grâfi) *adj* xilografia (impressão feita com tipos de madeira).
Xylonite (zái-lonáit) *s* celuloide.
Xylophone (zái-lofôunn) *s* MÚS xilofone; marimba (instrumento de teclas).
Xylotile (zái-lotáil) *s* celuloide (nome antigo).

yY

Y (uái) *s* vigésima quinta letra do alfabeto Inglês e é usada no alfabeto Português muitas vezes para representar símbolos químicos, nomes estrangeiros etc.
Y (uái) MAT símbolo que representa uma das incógnatas em álgebra.
Yacht (iót) *s* iate; barco (de recreio).
Yacht (iót) *v* dirigir, governar, viajar (um iate).
Yachting (ió-tinn) *s* ESP iatismo.
Yah (iá) *interj* bolas! pílulas! (exclamação de desagrado).
Yahoo (iá-hu) *s* brutamonte; pessoa vil; selvagem; USA caipira (do interior).
Yak (iék) *s* iaque (animal).
Yankee (iénk) *s* ianque (cidadão norte-americano do sul).
Yankee (ién-k) *adj* ianque.
Yap (iép) *s* GÍR conversa; caipira; latido; prosa; prosador.
Yap (iép) *v* falar; ganir; ladrar; palrar.
Yard (iárd) *s* pátio; jarda (= 914,4 mm); vara de medir.
Yard (iárd) *v* encurralar.
Yarn (iárnn) *s* conto; fio (de lã, algodão etc.); história.
Yarrow (ié-rôu) *s* milefólio; milfolheada; mil-em-ramas (planta).
Yawl (iól) *s* gritaria; iole (embarcação a vela); lamento.
Yawl (iól) *v* berrar.
Yawn (iónn) *s* bocejo; hiato; precipício; voragem.
Yawn (iónn) *v* ansiar; bocejar; desejar; suspirar.
Yawner (ión-nâr) *s* bocejador.
Yea (iê) *s* afirmação; o sim.
Yea (iê) *adv* certamente; sim.
Yeanling (iin-linn) *s* cordeirinho; ovelhinha.
Yeanling (iin-linn) *adj* novo; recém-nascido.
Year (iâr) *s* ano; ***leap YEAR***: ano bissexto; ***happy new YEAR***: feliz (próspero) ano novo.
Yearly (iâr-li) *adj* anual.
Yearly (iâr-li) *adv* anualmente; todos os anos; uma vez por ano.
Yearn (iârnn) *s* ânsia; anelo; ansiedade; saudade.
Yearn (iârnn) *v* aspirar; compadecer; almejar; sentir saudades; suspirar.
Yearning (iâr-ninn) *s* aspiração; ânsia; ansiedade; anelo; saudade.
Yeast (iist) *s* espuma; fermento; levedura.
Yeast (iist) *v* fermentar.
Yegg (jég) *s* USA ladrão de cofres (arrombador).
Yell (iél) *s* brado; grito; uivo.
Yell (iél) *v* berrar; gritar; urrar.
Yellow (ié-lôu) *s* cor amarela; gema.
Yellow (ié-lôu) *adj* amarelo; ***YELLOW boy***: USA mulato.
Yellowback (ié-loubéck) *s* novela (popular, grosseira, reles).
Yellowish (ié-lôuish) *adj* amarelado.
Yellowness (ié-lôunéss) *s* amarelidão; covardia; ciúme; inveja.
Yellowy (ié-lôui) *adj* amarelado.
Yelp (iélp) *s* latido; uivo.
Yelp (iélp) *v* ladrar; latir; uivar.
Yeoman (iôu-maen) *s* burguês; guarda da Torre (Londres); lavrador; membro (da Guarda Nacional, do corpo de guardas); proprietário.
Yep (iéss) *interj* USA sim!
Yes (iéss) *adv* certamente; sim; ***to say YES***: dizer que sim.
Yesterday (iés-târdêi) *adv* ontem; ***the day before YESTERDAY***: anteontem.
Yet (iét) *adv* ainda; até agora; ao mesmo tempo; até; já; todavia; ***not YET***: ainda não; ***as YET***: até agora.
Yet (iét) *conj* contudo; mas.
Yiddish (éidich) *s* iídiche (língua dos guetos Judeus).
Yield (iild) *s* AGRIC colheita; COM produção.
Yield (iild) *v* assentir; conceder; dar; produzir; render; restituir; sujeitar-se.
Yielding (iil-dinn) *s* consentimento; rendição; submissão.
Yielding (iil-dinn) *adj* dócil; fácil; indulgente.
Yoke (iôuk) *s* canga; escravidão; jugo; opressão; submissão.
Yoke (iôuk) *v* conter; escravizar; ligar; unir.
Yokel (iôuk-l) *s* caipira; camponês; campônio.
Yolk (iôuk) *s* gema (de ovo); gordura.
Yon (iónn) *adj* aquele (a); aqueles (as).
Yon (iónn) *adv* além; acolá.
Yonder (ión-dâr) *vide* YON.
Yore (iôur) *adv* outrora; antigamente.
You (iu-) *pron* ti; tu; você; vós.
Young (iânn) *s* juventude; mocidade.
Young (iânn) *adj* jovem; moço; novo.
Youngish (iân-nish) *adj* pouco jovem; um tanto jovem.
Youngling (iân-linn) *s* animal (pequeno); cria.
Youngster (iâns-târ) *s* adolescente; jovem; rapaz; rapazola.
Your (iur ou iôur) *adj* seu (s); sua (as); teu (ua); teus (uas); vosso (a); vossos (as).
Yourself (iôursélf) *pron* você mesmo; vós mesmo.
Youth (iuth) *s* adolescência; jovem; juventude; mocidade.
Youthful (iuth-ful) *adj* alegre; juvenil; vigoroso.
Youthfulness (iuth-fulnéss) *s* juventude; mocidade; vigor.
Yttrium (i-triam) *s* QUÍM ítrio (símbolo Y).
Yule (iul) *s* Natal; festejos natalinos.

Z

Z (zed) *s* vigésima terceira letra do alfabeto Português e vigésima sexta letra do alfabeto Inglês.
Z (zi) *s* MAT símbolo que representa uma terceira quantidade (incógnita).
Zany (zê-ni) *s* artista de circo; cômico; palhaço.
Zany (zê-ni) *v* imitar; macaquear.
Zeal (zil) *s* cuidado; escrúpulo; paixão; zelo.
Zealot (zé-lât) *s* afetado; entusiasta; fanático.
Zealotry (zé-lâtri) *s* fanatismo; paixão política (extrema); paixão religiosa (extrema); superstição.
Zealous (zé-lâss) *adj* cuidadoso; escrupuloso; entusiasta.
Zealousness (zé-lâsnéss) *s* desvelo; entusiasmo; zelo.
Zebra (zi-brâ) *s* zebra (mamífero).
Zebu (zi-biu) *s* zebu (bovino).
Zenith (zi-nith) *s* ASTR zênite (ponto onde a vertical de um lugar encontra a esfera celeste, acima do horizonte).
Zephyr (zé-fâr) *s* zéfiro (briza, aragem).
Zeppelin (zi-pêlin) *s* zepelin (aeronave-balão inventada pelo conde Zeppelin – 1838/1917).
Zero (zi-rôu) *s* zero; começo.
Zest (zést) *s* casquinha (de limão, laranja etc.); gosto; sabor.
Zest (zést) *v* dar gosto; saborear; temperar.
Zestful (zést-fâl) *adj* agradável; gostoso; saboroso.
Zinc (zink) *s* folha de zinco; QUÍM zinco (símbolo Zn, número atômico 30).
Zincographer (zinkó-grâfâr) *s* zincógrafo, aparelho que serve para zincografar (gravar no zinco).
Zincography (zinkó-grâfi) *s* zincografia, método de gravação no zinco.
Zingaro (zin-garou) *s* zíngaro; cigano.
Zipper (zi-pâr) *s* fecho dentado (para roupas, bolsas etc.).
Zippy (zi-pi) *adj* alegre; animado; ativo; vivo.
Zither (zi-thâr) *s* MÚS cítara; guitarra.
Zodiac (zôu-diék) *s* ASTR zodíaco (zona da esfera celeste, dividida em doze signos, que o Sol aparentemente percorre, no espaço de doze meses).
Zombie (zâmbi) *s* zumbi, pessoa não inteligente (tonta, sem objetividade); fantasma (que vagueia à noite); bebida (forte); Zumbi (chefe do Quilombo dos Palmares).
Zone (zôunn) *s* cinta; lugar; ponto; região; zona;.
Zoned (zôun-d) *adj* delimitado; demarcado.
Zoo (zu) *s* zoológico (parque de animais); jardim zoológico; (ABREV de ZOOLOGICAL).
Zoographer (zôuó-grâfâr) *s* zoógrafo (desenho de animais; pinturas de animais).
Zoolatry (zôuó-lâtri) *s* zoolatria (adoração de animais).
Zoological (zôuoló-djikâl) *s* zoológico (jardim zoológico).
Zoological (zôuoló-djikâl) *adj* zoológico (relativo à zoologia).
Zoologist (zôuó-lodjist) *s* zoólogo; zoologista.
Zoology (zôuó-lodjist) *s* zoologia, ciência que trata dos animais.
Zoom (zum) *s* aumento (rápido e repentino); subida (rápida e vertical).
Zoom (zum) *v* vibrar, zumbir, zunir.
Zoomorphy (zôuó-morfi) *s* MIT zoomorfia, zoomorfismo (culto que dá forma animal à divindade ou ao ser humano).
Zooscopy (zoós-kopi) *s* zooscopia (observação científica dos animais).
Zoot suit (zut-sut) *s* traje masculino (largo e comprido).
Zygoma (zái-gôu-mâ) *s* ANAT zigoma, osso do rosto (maçã do rosto).
Zyme (záimm) *s* QUÍM fermentação.
Zymology (záimó-lodji) *s* QUÍM zimologia (estudo dos processos da fermentação).
Zymotic (záimó-tik) *adj* QUÍM zimótico (próprio ou inerente à fermentação).

Minidicionário Escolar

Português – Inglês

a A

A *s* the first letter of the Portuguese and of the English alphabets.
A *s* MÚS symbol of lah or la (cipher).
A *pron* her; it; the one; **eu a perdi**: I lost her.
A *prep* to; at; on; by; of.
A *art* ***def***, the; ***A Bíblia que está em cima da mesa pertence a mim***: the Bible wich is on the table belongs to me.
À *art* plus *prep* (a+a) at the; for the; to the; ***quando o Gregório retornou À festa, o David Jr. não estava lá***: when Gregório arrived at the party, David Jr. wasn't there.
Aba *s* brim of hats; flap of a coat; edge; ledge; rim.
Abacate *s* alligator pear; avocado.
Abacaxi *s* pine-apple; GÍR mess; difficult affair; difficult situation; mix-up.
Abade *s* abbot; FIG fat man.
Abafado *adj* muggy; airless; stuffy; opressed.
Abafar *v* to suffocate; to smother; to cover; GÍR to steal.
Abaixar *v* to lower; to turn down; to bring down; to drop.
Abaixo *adv* below; under; down.
Abajur *s* lampshade; shade for lamp.
Abalado *adj* shaken; upset; loose; FIG disturbed.
Abalar *v* to upset; to shake; to stir.
Abalizado *adj* marked out; distinguished.
Abalizar *v* to survey; to estimate; to demarcate; to mark.
Abalo *s* shake; trouble; commotion; shakiness; trembling; shock; alarm.
Abalroamento *s* crash; collision; collide with.
Abalroar *v* to crash; to collide with.
Abanar *v* to fan; to flutter.
Abanar-se *v* to fan oneself.
Abandonado *adj* abandoned; left behind; left; forsaken; unaided.
Abandonar *v* to give up; to cast off or aside; to quit; to desert; ***eu ABANDONEI as oportunidades que tinha***: I gave up the opportunities I had; ***Mary ABANDONOU seu último emprego***: Mary quit her last job.
Abandono *s* desertion; abandonment; desolation.
Abano *s* fly-flap; fan; fire-fan.
Abarcar *v* to embrace; to contain; to monopolize; to enclose; to include.
Abarrotado *adj* full; crammed; filled-up; crowded.
Abarrotar *v* to stuff; to cram; to crowd.
Abastado *adj* rich; wealthy; well off; well-to-do.
Abastecer *v* to supply; to fill up; ***alguém vai ao posto de gasolina para ABASTECER o tanque***: one goes to the gas station in order to fill up his tank.
Abastecimento *s* stock; provisions; supplying; fueling.
Abater *v* to reduce; to abate; to slaughter (cattle).
Abatimento *s* depression; abatement; reduction.
Abdicação *s* abdication; renunciation.
Abdicar *v* to renounce; to give up; to abdicate.
Abdome *s* abdomen; belly.
Abdômem *vide* ABDOME.
Abdução *s* abduction.
Abecedário *s* the alphabet; abecedary; spelling-book.
Abecedário *adj* abecedarian; alphabetical.

Abelha *s* bee; honey bee.
Abelhudo *adj* FIG indiscreet; curious.
Abençoado *adj* blessed; holy; hallowed.
Abençoar *v* to bless; to praise; to give blessing.
Aberração *s* aberrance; aberration; anomaly.
Abertamente *adv* frankly; openly.
Aberto *adj* open; exposed.
Abertura *s* aperture; opening; gape; openess.
Abiscoitar *v* to bake like a biscuit; to gain from; to steal.
Abismado *adj* be upset; greatly surprised; amazed.
Abismar *v* to amaze; to astonish; to astound.
Abismo *s* chasm; abyss; abysm.
Abjeto *adj* vile; abject; mean; base.
Abjuração *s* abjuration; repudiation.
Abjurar *v* to forsake an error; to abjure; to forswear.
Ablação *s* cutting off; removal; ablation.
Ablativo *s* GRAM ablative, Latin declination (sixth case).
Ablativo *adj* ablative; removing; depriving; extractive; pertaining to a grammatical case expressing separation or instrumentality.
Ablução *s* ablution; cerimonial purification; to purify with water.
Abnegação *s* abnegation; selfdenial; renunciation.
Abnegar *v* to renounce; to abnegate; to sacrifice oneself.
Abóbada *s* vault; cupola; arched roof; dome.
Abobado *adj* stupid; dull; silly; foolish; imbecile.
Abobalhado *adj* silly; foolish; dazzled; simple.
Abobar-se *v* to become stupid.
Abóbora *s* pumpkin; GÍR a fat person.
Abobrinha *s* summer squash; BR GÍR chitchat.
Abocanhar *v* to bite; to snap with his teeth; to seize with the mouth.
Abolição *s* extinction; abolition; abolishment.
Abolir *v* to suppress; to abolish; to ban; to revoke.
Abominação *s* hatred; abomination; abhorrence.
Abominar *v* to hate; to abominate; can' t stand; ***eu ABOMINO pessoas que jogam fumaça no meu rosto***: I can't stand people who blow smoke in my face.
Abonado *adj* creditable; warranted; rich; wealthy; full of cash (money).
Abonar *v* to guarantee; to warrant; to assure.
Abono *s* advance-money; bonus; allowance; warranty.
Abordagem *s* abordage; boarding.
Abordar *v* to attack; NÁUT to approach; to board.
Aborrecer *v* to abhor; to bore; to annoy; to bother; ***crianças gritando ABORRECEM-me muito***: children screaming bother me a lot.
Aborrecido *adj* annoyed; bored; weary; tedious.
Aborrecimento *s* boredom; trouble; bother.
Abortar *v* to fail; to abort; to miscarry; to balk.
Aborto *s* miscarriage; abortion; GÍR monster; ***ele é um "ABORTO" da natureza***: he is a monster.
Abotoadura *s* cuff-link; set of buttons; stud.
Abotoar *v* to button; to fasten.
Abraçar *v* to embrace; to hug; to clasp.
Abraço *s* embrace; hug; clasp.

Abrandar *v* to soften; to make tender; to quiet.
Abranger *v* to encompass; to contain; to comprise; to cover.
Abrasado *adj* burning; inflamed.
Abrasar *v* to set on fire; to inflame; to burn down; to be excited; to blaze.
Abrasileirar *v* to brazilianize.
Abre-lata *s* can-opener; tin opener.
Abreviação *s* shortening; abbreviation.
Abreviar *v* to shorten; to abbreviate; to condense.
Abreviatura *s* abbreviation.
Abridor *s* opener; can-opener.
Abrigar *v* to shelter; to protect; to cover; to shield.
Abrigar-se *v* to take cover.
Abrigo *s* shelter; protection; cover; asylum; home for helpless people.
Abril *s* April, the 4th month of the year; ***no 1º de ABRIL, às vezes as pessoas "pregam trote" em seus amigos***: April fool's day, people sometimes play tricks on their friends on this day.
Abrilhantar *v* to brighten; to embellish; FIG to enliven.
Abrir *v* to open; to unfold; to unlock; to cut; ***devo ABRIR a janela?***: shall I open the window?
Abrupto *adj* rugged; sudden; abrupt.
Abrutalhado *adj* rude; coarse; rought.
Absolutamente *adv* absolutely; Completely.
Absolutismo *s* POL absolutism, the government system or the doctrine of unlimited authority or control; despotism.
Absoluto *adj* complete; absolute; despotic.
Absolver *v* to acquit; to absolve; to pardon; USA to set free.
Absolvição *s* acquital; absolution; pardon.
Absorto *adj* absorbed in thought; ecstatic.
Absorver *v* to consume; to exhaust; to absorb; QUÍM to occlude.
Abstêmio *s* abstainer; teetotaller.
Abstêmio *adj* abstemious; teetotal.
Abster *v* to restrain; to keep back.
Abster-se *v* to abstain; to refrain from.
Abstinência *s* fast; temperance; abstinence.
Abstração *s* abstraction; concentration; revery.
Abstrair *v* to separate; to abstract; to isolate.
Abstrair-se *v* to collect one's thoughts; abstracted.
Absurdo *adj* nonsensical; absurd; foolish.
Abundância *s* plenty; abundance; affluence.
Abundante *adj* plentiful; abundant; ample.
Abundar *v* to abound; to be rich in; to teem.
Abusar *v* to annoy; to abuse; to revile; to violate.
Abusivo *adj* abusivo; improper.
Abuso *s* misuse; abuse; excess.
Abutre *s* vulture.
Acabado *adj* complete; finished; perfect.
Acabar *v* to end; to finish; to complete; to accomplish.
Acabrunhado *adj* downcast; dejected; prostrate; broken.
Acabrunhar *v* to opress; to distress; to crush.
Acácia *s* BOT acacia; flowering tree; arabic-gum.
Academia *s* academy; a intermediate school; HIST the garden near Athens where Plato thought (428-347 a.C.).
Acadêmico *s* academic.
Acadêmico *adj* academic; academical.
Acalentador *adj* warming; lulling.
Acalentar *v* to lull; to rock gently; to pamper.
Acalento *s* lullaby; lulling; rocking.
Acalmar *v* to calm; to becalm; to pacify.
Acalmar-se *v* to grow quiet; to lull.
Acalorado *adj* heated; angry; vehement.
Acalorar *v* to stir up; to excite; to warm.
Acamado *adj* lying in bed; bedridden; USA bedfast.
Açambarcar *v* to buy up; to engross; to monopolize.
Acampamento *s* camp; camping; encampment.
Acampar *v* to camp; to go camping; to encamp.
Acanhado *adj* timid; too tight; bashful; shy; narrow.
Acanhamento *s* shyness; timidity.
Acanhar *v* to depress; to dwarf.
Ação *s* action; activity; COM share; MIL battle.
Ação de graças *s* thanksgiving; USA ***dia de AÇÃO DE GRAÇAS, normalmente a última terça-feira do mês de Novembro***: Thanksgiving Day; usually the last Thursday in November.
Acariciar *v* to fondle; to caress; to cherish; to touch; ***ACARICIAR alguém com ternura***: to touch somebody tenderly.
Ácaro *s* acarus; mite; tick.
Acarretar *v* to cause; to cart; to bring about.
Acasalar *v* to mate; to pair; to couple (animals).
Acaso *s* luck; sort; chance; fortuity; hazard; accident.
Acaso *adv* by the way; by chance.
Acastelar *v* to fortify with castles; to protect.
Acastelar-se *v* to take shelter.
Acatamento *s* respect; esteem; duty.
Acatar *v* to fulfil; to respect; to accept.
Acautelado *adj* prudent; cautious; astute.
Acautelar *v* to take care; to caution; to beware of; to warn.
Acautelar-se *v* to be on one's guard.
Aceder *v* to agree to; to accede; to add.
Acéfalo *adj* without head; acephalous; headless.
Aceiro *s* backfire; firebreak.
Aceitar *v* to agree; to admit; to accept.
Aceite *s* COM acceptance; an agreement to pay a bill of exchange, draft, order, etc., according to its terms.
Aceito *adj* accepted.
Aceleração *s* haste; acceleration; pickup.
Acelerar *v* to quicken; to accelerate; to move fast.
Acém *s* foreribs (beef); loin.
Acenar *v* to beckon; to make a sign; to wave; **ACENAR para o ônibus ou táxi**: wave to the bus or taxi.
Acendedor *s* lamp-lighter; igniter; stimulator.
Acender *v* to set on fire; to light; to light up; ELET to switch on; ***venha ACENDER o meu fogo garota***: come on baby light my fire.
Aceno *s* beckon; nod; sign; gesture.
Acento *s* stress; tone; accent.
Acentuação *s* accent; accentuation; emphassis; stress.
Acepção *s* meaning; sense; acceptance; ***na ACEPÇÃO da palavra***: in the fullest sense of the word.
Acerca *adv* about; near; nearly.
Acerca de *prep* about; as regards; concerning.
Acercar *v* to draw near; to approach; to surround.
Acercar-se *v* to bring near; to draw near.
Acertado *adj* proper; right.
Acertar *v* to hit the mark; to guess right; to set right.
Acervo *s* pile; heap; patrimony; lot.
Aceso *adj* alight; lighted; lit; FIG excited.
Acessibilidade *s* accessibility.
Acessível *adj* approachable; accessible; affable.
Acesso *s* admittance; approach; access.
Acessório *adj* attachment; accessory; additional.
Acetinado *adj* satin-like; glossy; satiny.
Acetinar *v* to soften; to gloss; to make satin-like.
Acetona *s* remover; acetone.
Achacar *v* to assault; to rob; to vex.
Achaque *s* chronic ailment; habitual pain; imputation.
Achar *v* to find; to hit upon; to come across; to discover; to think; ***ACHEI o meu caminho***: I found my way.
Achatado *adj* flat.
Achatar *v* to make flat; to flatten; to overcome; FIG to crush.
Achegar *v* to bring near; to approach.
Achegar-se *v* to draw near; to seek help; to approach.
Achincalhação *s* act of scoffing; degradation; mockery.
Achincalhamento *vide* ACHINCALHAÇÃO.
Achincalhar *v* to mock at; to degrade; to ridicule.
Acidentado *s* victim of an accident; an injured person.

Acidentado *adj* rough; irregular; uneven.
Acidental *adj* casual; accidental; unexpected.
Acidentalmente *adv* accidentally.
Acidentar *v* to produce irregularities in; to modify; to vary.
Acidentar-se *v* to injure oneself accidentally.
Acidente *s* accident; ***ACIDENTES podem ser evitados***: accidents can be prevented.
Ácido *s* acid.
Ácido *adj* acid; sour; tart.
Acima *adv* above; besides; ***somente o sol ACIMA de nós***: above us only sky.
Acima de *prep* on top of.
Acinte *s* spite, something done intentionally to offend.
Acintoso *adj* malevolent, done to offend; provocative.
Acinzentado *adj* grayish.
Acionar *v* to bring into action; to operate; to move; JUR to sue at law.
Acionista *s* COM shareholder; stockholder.
Acirrado *adj* stired up; stubborn; obstinate.
Acirrar *v* to irritate; to stir up; to incite; to provoke.
Aclamação *s* applause; acclamation; acclaim.
Aclamar *v* to applaud; to acclaim; to hail; to proclaim.
Aclarar *v* to clarify; to explain; to make clear.
Aclimar *v* to acclimate; to acclimatize.
Aclimatação *s* acclimatization; acclimation.
Aclimatar *v* to acclimate; to acclimatize.
Aclive *s* acclivity; steep hillside; upward slope.
Aclive *adj* steep; acclivous; sloping upward.
Aço *s* steel; ***AÇO forjado***: steel forging.
Acobertar *v* to disguise; to cover; to conceal.
Acobertar-se *v* to cover oneself.
Acocorado *adj* squatted; crouching.
Acocorar-se *v* to crouch; to squat.
Açodado *adj* hasty; hurried.
Açodamento *s* incitement; hurry; hastiness.
Açodar *v* to incite; to hurry; to hasten; to instigate.
Açoitar *v* to whip; to scourge; to chastise; to lash.
Açoite *s* scourge; whip; lash; lashing; whipping.
Acolá *adv* over there; there.
Acolchoado *s* bedquilt; quilt; USA comfort; comforter.
Acolchoado *adj* quilted; padded.
Acolchoar *v* to quilt; to upholster; to pad.
Acolhedor *adj* hospitable; welcoming.
Acolher *v* to welcome; to shelter; to protect.
Acolhida *s* shelter; reception; welcome.
Acolhimento *s* shelter; reception; welcome.
Acólito *s* an assistant; an attendant; acolyte.
Acometer *v* to attack; to charge; to undertake; to assault.
Acometimento *s* attack; assault; sudden attack; attempt; fit.
Acomodação *s* settlement; accommodation; arrangement; position.
Acomodar *v* to lodge; to arrange; to accommodate; to adapt.
Acomodar-se *v* to adapt oneself to; to adjust oneself.
Acompanhamento *s* accompaniment; attendance; retinue; MÚS accompaniment; vamp.
Acompanhar *v* to escort; to keep company; MÚS to accompany.
Aconchegado *adj* comfortable; cosy; tucked in.
Aconchegar *v* to shelter; to bring near; to cuddle.
Aconchegar-se *v* to snuggle up to.
Acondicionamento *s* conditioning; wrapping; packing (of goods).
Acondicionar *v* to arrange; to pack (goods); to wrap up.
Aconselhar *v* to consult; to advise; to counsel.
Acontecer *v* to happen; to come about; to take place; GÍR ***o que ACONTECE?***: what's up? - what's going on?
Acontecimento *s* happening; incident; event; occurrence.
Acoplamento *s* connection; coupling; union.
Acoplar *v* to join; to connect; to couple.
Acordado *adj* awaked; agreed; settled.
Acórdão *s* JUR superior sentence; judgement.
Acordar *v* to awake; to wake up; to awaken; to agree with; to come to an agreement.
Acorde *s* MÚS chord; accord; harmony.
Acorde *adj* MÚS harmonious; agreed.
Acordeão *s* MÚS accordion.
Acordo *s* accord; deal; bond; agreement; ***quebrar um acordo***: break a bond.
Acordoar *adv* MÚS to put strings in a musical instrument; NÁUT to put ropes in a ship.
Acorrentar *v* to put in fetters; to chain; to fetter.
Acorrer *v* to run to help; to run to aid; to seek aid.
Acossar *v* to vex; to hunt; to pursue; to chase.
Acostamento *s* place alongside in a high-way or road.
Acostumado *adj* used; accustomed; used to; usual.
Acostumar *v* to accustom; to inure.
Acostumar-se *v* to get accustomed; to get used to; to become accustomed.
Acotovelar *v* to jostle; to elbow; to nudge.
Açougue *s* butcher shop; butchery.
Açougueiro *s* butcher; slaughterer.
Acovardado *adj* cowardly; GÍR chicken.
Acovardar *v* to intimidate; to fright; to frighten.
Acre *adj* bitter; tart; acrid; sharp.
Acreditar *v* to believe; to warrant; to trust; ***nós ACREDITAMOS em Deus,***: In God we trust.
Acreditável *adj* believable; credible.
Acrescentar *v* to add; to increase; to augment; to append.
Acrescer *v* to grow; to add; to augment; to increase.
Acréscimo *s* addition; increase; augmentation.
Acromático *adj* achromatic; without colour.
Acróstico *s* acrostic; ***um poema ou composição em que a inicial ou algumas letras, colocadas em ordem, formam uma frase ou palavra especial***: a poem or other composition in which inicial or other letters, taken in order, form a special phrase or word.
Acuar *v* to drive against a wall or into a corner; to corner.
Açúcar *s* sugar; ***AÇÚCAR em tabletes***: lump, cube loaf.
Açucarar *v* to sweeten; to sugar.
Açucareiro *s* sugar-basin; USA sugar-bowl.
Açude *s* dam.
Acudir *v* to go to help; to run for aid; to give first aid.
Acuidade *s* sharpness; perspicacity; acuteness.
Açulamento *s* sicking; provocation; instigation.
Açular *v* to instigate; to provoke; to set on (a dog).
Acumulação *s* accumulation; hoarding.
Acumulador *s* battery; accumulator; USA storage battery.
Acumular *v* to heap up; to accumulate; to pile up.
Acurado *adj* painstaking; accurate; careful.
Acurar *v* to make precise or accurate.
Acusação *s* charge acknowledgment; accusation.
Acusado *s* defendant; accused.
Acusado *adj* accused; charged; blamed; acknowledge.
Acusador *s* accuser; plaintiff.
Acusar *v* to accuse; to acknowledge; to blame.
Adaga *s* dagger.
Adágio *s* adage; proverb; MÚS adage; slowly movement.
Adaptabilidade *s* adaptability.
Adaptação *s* adjustment; adaptation; accommodation.
Adaptar *v* to fit; to adjust; to adapt.
Adaptar-se *v* to adapt oneself; to adjust oneself to.
Adega *s* wine-cellar; cellar.
Ademais *adv* beside; also; in addition; as well as; further; moreover.
Adendo *s* appendix; addition; addend.
Adentro *adv* inward; indoors; inside.
Adepto *s* admirer; follower; partisan; supporter.
Adequação *s* fitness; adequacy; adequateness.
Adequadamente *adv* properly; adequately.

Adequado *adj* appropriate; suitable; fit; fitting; adequate.
Adequar *v* to adapt; to fit; to adjust.
Adereçar *v* to trim up; to adorn; to bejewel.
Adereço *s* adornment; set of jewels; ornament; finery.
Aderência *s* adhesion; adherence; adhesiveness.
Aderente *adj* adhering; adherent; adhesive; attached.
Aderir *v* to join; to adhere; to unite.
Adesão *s* support; adhesion; following.
Adesivo *s* sticking plaster.
Adesivo *adj* adhesive.
Adestrado *adj* skilled; trained; skilful; drilled.
Adestramento *s* training; drilling.
Adestrar *v* to instruct; to train; to teach.
Adeus *interj* so long; bye-bye; good-bye (contracted form of God be with you); farewell.
Adiantado *adj* advanced; in advance; fast; ahead.
Adiantamento *s* advancement; progress; improvement.
Adiantar *v* to progress; to pay in advance; to forward.
Adiante *adv* forward; ahead; farther on; along.
Adiar *v* to delay; to adjourn; to postpone; to hold off.
Adição *s* increase; addition; sum; accretion.
Adicionar *v* to add; to join; to attach.
Adido *s* attaché.
Adido *adj* adjoined.
Aditamento *s* supplement; addition; addendum.
Adivinhação *s* guessing; fortune-telling; puzzle.
Adivinhar *v* to guess; to foretell; to divine.
Adivinho *s* guesser; fortune-teller; soothsayer.
Adjacência *s* adjacency; proximity; adjacence.
Adjacente *adj* adjacent; next; adjoining.
Adjetivo *s* GRAM adjective.
Adjetivo *adj* JUR additional.
Adjudicação *s* JUR adjudgment; adjudication.
Adjudicar *v* to adjudicate; to award; to adjudge; to allot.
Adjunto *s* assistant; adjunct; accessory.
Adjunto *adj* adjoined; united; connected.
Adjurar *v* to adjure; to invoke.
Administração *s* direction; management; administration.
Administrador *s* boss; manager; ***ADMINISTRADOR de bancos***: bank manager; ***ADMINISTRADOR de empresas***: company manager.
Administrar *v* to govern; to administer; to conduct; to run.
Admiração *s* wonder; astonishment; admiration.
Admirado *adj* astonished; surprised.
Admirador *s* admirer.
Admirador *adj* admiring.
Admirar *v* to admire; to be astonished or amaze at.
Admirável *adj* admirable; astonishing; wonderful.
Admissão *s* admittance; admission; entrance.
Admitir *v* to receive; to admit; to hire; ***ADMITIR alguém num emprego***: to hire someone in a job.
Admoestação *s* warning; admonition; advice.
Admoestador *s* admonisher; cautioner.
Admoestar *v* to caution; to admonish; to warn.
Adoçante *adj* sweetening.
Adoçar *v* to soften; to sweeten.
Adocicado *adj* sweetish.
Adoecer *v* to fall ill; to become ill; to get sick.
Adoidado *adj* mad; haywire; crazy.
Adoidar *v* to madden; to make or become mad.
Adolescência *s* youth; young people; adolescence; teens (young people with the age from thirteen to nineteen); ***na minha ADOLESCÊNCIA***: in my teens.
Adolescente *s* youth; adolescent; teenager.
Adolescente *adj* adolescent.
Adoração *s* worship; adoration; idolatry.
Adorar *v* to adore; to love excessively; to worship.
Adormecedor *s* sleeper.
Adormecedor *adj* sleepy; inducing sleep.
Adormecer *v* to lull; to fall asleep; to numb.
Adormecimento *s* sleepiness; drowsiness; torpor.
Adornar *v* to ornament; to adorn; to embellish.
Adorno *s* ornament; ornamentation; adornment.
Adotado *adj* adopted; ***ele é ADOTADO***: he is adopted.
Adotar *v* to adopt; to affiliate.
Adquirir *v* to obtain; to get; to acquire; to buy.
Adrede *adv* purposely; deliberately; intentionally.
Adstringente *adj* astringent; astrictive.
Adstrito *adj* astricted; astringed; tight.
Aduaneiro *s* custom-house employee.
Adubação *s* fertilization; manuring.
Adubar *v* to manure; to season; to fertilize; to spice.
Adubo *s* manure;fertilizer.
Adulação *s* flattery; adulation; cajolery.
Adulador *s* fawner; flatterer; toady.
Adular *v* to toady; to flatter; to fawn upon.
Adúltera *s* adulteress.
Adulterado *adj* adultered; spurious; debased.
Adulterar *v* to commit adultery; to adulterate; to forge.
Adúltero *s* adulterer.
Adulto *adj* grown-up; adult; mature; full-grown; ***fase ADULTA***: adulthood.
Adutor *s* MED abductor (muscle).
Aduzir *v* to bring forward; to adduce.
Adventício *s* a foreigner; a newcomer.
Advento *s* advent; coming; arrival.
Adversário *s* opponent; adversary; enemy; antagonist.
Adverso *adj* contrary; adverse; untoward.
Advertência *s* warning; advertence; foreword.
Advertir *v* to admonish; to warn; to advise.
Advir *v* to come or follow upon; to result from.
Advocacia *s* advocateship; advocacy; law; legal profession; ***eu estudo ADVOCACIA***: I study law.
Advogado *s* lawyer; attorney; counsellor; advocate.
Aéreo *adj* aerial; ***espaço AÉREO***: aerial space.
Aerodinâmico *adj* aerodynamic.
Aeródromo *s* airport; airfield.
Aeromoça *s* air-girl; flight stewardess; air hostess; USA flight attendant.
Aeromoço *s* flight steward; air steward.
Aeronave *s* airship; aircraft.
Aeroplano *s* aeroplane; USA airplane.
Aeroporto *s* airport.
Aerovia *s* airway; air lane.
Afã *s* eagerness; diligence; anxiety; toil; care.
Afabilidade *s* affability; friendliness; graciousness.
Afagar *v* to caress; to pet; to fondle; to cherisch.
Afago *s* caress.
Afamado *adj* famous; notable; famed.
Afamar *v* to make famous.
Afanar *v* to steal; to tire; to toil.
Afastado *adj* far away; remote; distant; long ago.
Afastamento *s* removal; separation; deviation.
Afastar *v* to drive away; to remove; to push.
Afastar-se *v* to go away; to move away.
Afável *adj* courteous; affable; amiable.
Afazer *v* to accustom; to habituate.
Afazeres *s* affairs; business; duties; chores; household chores.
Afecção *s* MED disease; affection.
Afeição *s* fondness; affection; liking; ***jamais perderei minha AFEIÇÃO por você***: I'll never lose my affection for you.
Afeiçoado *adj* fond of; addicted.
Afeiçoar *v* to shape; to fashion; to mold.
Afeito *adj* used to; accustomed to; habituated.
Aferição *s* checking; comparing; gauging.
Aferido *adj* gauged; compared; checked.
Aferir *v* to compare; to gauge; to check.
Afetação *s* affectation; mannerism; pretension.

Afetado *adj* affected; exaggerated; grandiose.
Afetar *v* to affect; to feign; to simulate.
Afetivo *adj* affective; devoted; dedicated.
Afeto *s* love; affection; fondness.
Afiação *s* sharpening; grind; whetting.
Afiado *adj* sharp; sharpened; whetted.
Afiador *s* grinder; whetstone; sharpener.
Afiançado *adj* warranted; bonded; vouched.
Afiançar *v* to assure; to bail; to guarantee.
Afiar *v* to sharpen; to grind; to edge.
Aficionado *s* amateur; enthusiast; fan.
Afigurar *v* to shape; to figure; to picture.
Afigurar-se *v* to fancy; to appear; to seem.
Afilado *adj* thin; slender; slim; fine.
Afilar *v* to sharpen; to gauge; to incite.
Afilhada *s* goddaughter; godchild.
Afilhado *s* godson; godchild.
Afiliação *s* affiliation; association.
Afiliar *v* to join; to admit; to affiliate.
Afim *s* relative; relation by affinitty; affine.
Afim *adj* similar; related; akin; kin.
A fim de *conj* so as to; so that; in order to.
Afinação *s* refinement; MÚS tuning.
Afinal *adv* after all; at last.
Afinar *v* to adjust; MÚS to tune.
Afinco *s* perseverance; tenacity.
Afinidade *s* relationship; affinity; rapport.
Afirmação *s* assertion; affirmation; protestation.
Afirmar *v* to assert; to confirm; to affirm.
Afirmativa *s* affirmative; affirmation.
Afirmativo *adj* affirmative; positive; affirmatory.
Afixar *v* to stick; to affix; to post.
Aflição *s* distress; sorrow; affliction.
Afligir *v* to cause pain; to afflict; to trouble; to worry; to grieve; to distress.
Afligir-se *v* to worry.
Aflitivo *adj* distressing; afflictive.
Aflito *adj* distressed; afflicted; ***estar AFLITO***: to be on the rack.
Aflorar *v* to appear on the surface; GEOL to crop; to outcrop.
Afluência *s* plenty; abundance; crowd; affluence.
Afluente *s* tributary; affluent.
Afluente *adj* affluent; abundant.
Afluir *v* to flow into; to run into; to flock together.
Afluxo *s* affluxion; afflux; flowing.
Afobação *s* bustle; hurry; excited activity.
Afobar *v* to hurry; to upset; to bustle.
Afobar-se *v* to become flustered.
Afofar *v* to make fluffy; to fluff.
Afogadilho *s* hurry; haste.
Afogar *v* to drown; to suffocate; to choke.
Afogar-se *v* to be drowned.
Afoito *adj* daring; bold; audacious.
Afora *adv* outside.
Afora *prep* except; apart from; excepting.
Afortunado *adj* lucky; happy; fortunate.
Afrodisíaco *s* aphrodisiac; anything that tends to increases sexual passion or power.
Afrodite *s* aphrodite; the Greek godeness of love; identified with the Roman Venus and the Phenecian Astarte.
Afronta *s* outrage; affront; dishonor.
Afrontar *v* to insult; to affront; to face.
Afrouxamento *s* slackening; loosening.
Afrouxar *v* to loosen; to slacken; to loose.
Afta *s* MED thrush; aphtha.
Afugentar *v* to chase; to banish; to drive away.
Afundamento *s* sinking.
Afundar *v* to send to the bottom; to deepen; to sink; ***o Titanic AFUNDOU***: The Titanic ship sank.
Afunilado *adj* funnel-shaped; funnelled.
Afunilar *v* to make like funnel; to narrow.
Agachar-se *v* to squat; to crouch.
Ágape *s* agape, The Love Feast of the primitive Christians; ceremonial dinner.
Agarrado *adj* held fast; caught.
Agarrar *v* to seize; to grasp; to catch.
Agasalhado *adj* well sheltered; covered; snug.
Agasalhar *v* to receive and treat kindly; to shelter; to protect.
Agasalhar-se *v* to cover oneself up; to keep warm.
Agasalho *s* hospitality; shelter; warm clothes; wrap.
Agastar-se *v* to become irritated; to tiff; to rile.
Agência *s* agency; office; branch office; ***AGÊNCIA de turismo***: tourism agency.
Agenciar *v* to manage; to solicit; to negotiate.
Agenda *s* notebook; agenda; appointment book.
Agente *s* agent; broker.
Agigantado *adj* gigantic. giant.
Agigantar-se *v* to grow much higher; to excel; FIG to loom.
Ágil *adj* active; limber; agile; nimble.
Ágio *s* COM agiotage; interest; usury.
Agiota *s* usurer; speculator; money-lender; loan shark (a person lending money at very high rates of interest).
Agiotagem *s* usury; agiotage; stockjobbing.
Agiotar *v* to practice usury; to speculate.
Agir *v* to work; to proceed; to act; to operate.
Agitação *s* excitement; agitation; emotion.
Agitado *adj* agitated; excited; disturbed.
Agitar *v* to perturb; to agitate; to disturb; to wave.
Aglomeração *s* mass; crowd; agglomeration.
Aglomerar *v* to heap up; to agglomerate; to pile up.
Aglutinar *v* to glue together; to agglutinate.
Agonia *s* anguish; agony; affliction.
Agoniado *adj* distressed; anxious; lineasy.
Agonizar *v* to be dying; to agonize; to be at the point of death.
Agora *adv* at this moment; the present time; just now; now; at present.
Agosto *s* August; the eigth month of the year.
Agouro *s* omen; augury; presage.
Agraciar *v* to grace; to decorate with; to reward with a medal; title; etc.
Agradar *v* to please; to gratify; to delight.
Agradável *adj* agreeable; pleasant; enjoyable; delightful.
Agradecer *v* to give tanks; to be grateful for; to thank for; to acknowledge.
Agradecido *adj* thankful; grateful.
Agrado *s* liking; pleasure; courtesy.
Agravar *v* to aggravate; to vex; to aggrieve.
Agravo *s* offence; injury; JUR appeal.
Agredir *v* to assault; to attack; to provoke.
Agregar *v* to join; to associate; to add; to amass; to aggregate.
Agremiação *s* fraternity; club; association; society.
Agressão *s* attack; aggression; offense.
Agreste *s* BR arid zone in northeastern.
Agreste *adj* rough; rustic; rural; agrestic; agrestical.
Agrião *s* water cress.
Agricultor *s* farmer; agriculturist.
Agricultura *s* farming; agriculture.
Agropecuária *s* art and science of agriculture.
Agrupamento *s* cluster; gathering; grouping.
Agrupar *v* to group; to cluster; to assort.
Agrupar-se *v* to form a team; to form a group.
Agrura *s* sourness; roughness; severity.
Água *s* water; ***ÁGUA doce***: fresh water; ***você entende que é seguro beber dessa ÁGUA?***: do you think this water is safe to drink?
Aguaceiro *s* squall; cloudburst; downpour; shower.
Aguado *adj* watery; watered.
Aguar *v* to dilute; to water; ***você deve AGUAR as plantas todos os dias***: you should water the plants everyday.

Aguardar *v* to expect; to wait for; to await.
Aguardente *s* any alcoholic liquor; brandy; firewater.
Aguçado *adj* sharpened; sharp.
Aguçar *v* to excite; to sharpen; to luff.
Agudez *s* acuteness; sharpness; perspicacity; smartness.
Agudeza *s* acuteness; sharpness; perspicacity; smartness.
Agudo *adj* acute; sharp.
Aguentar *v* to support; to sustain; to stand firm.
Aguerrido *adj* warlike; bellicose; valiant.
Aguerrir *v* to be warlike; to accustom to war.
Águia *s* eagle; aquilla; FIG a person very smart; a clever person.
Agulha *s* needle; withers; USA switch.
Ai *interj* oh! ah! alas! ouch! dear me!; ***AI de mim!***: whoe is me!
Aí *adv* there; in this place; in that place; over there; there upon.
Ainda *adv* yet; still; even; some day; ***AINDA não estive nos USA***: I haven't been to USA, yet.
Ajeitar *v* to arrange; to adapt; to adjust; to fix up.
Ajoelhado *adj* falled on the knees; kneeling.
Ajoelhar *v* to fall on the knees; to kneel down; to make kneel.
Ajuda *s* assistance; help; aid; COM ***AJUDA de custos***: expense allowance.
Ajudante *s* assistant; helper.
Ajuizado *adj* discreet; wise; sensible; judicious.
Ajuizar *v* to estimate; to judge; to consider.
Ajuntar *v* to join; to assemble; to lay up; to mass.
Ajustar *v* to adjust; to settle; to fit.
Ajuste *s* settlement; pact; adjustment.
Ala *s* row; rank; tier; wing.
Alado *adj* winged; alated.
Alagadiço *adj* swampy; marshy.
Alagar *v* to flood; to inundate; to overflow.
Alambique *s* alembic; still.
Alambrado *s* an enclosing structure of wires or the like; a defense.
Alambrar *v* to fence with wire.
Alameda *s* a row of trees; park; tree-lined street.
Alar *v* NÁUT to haul.
Alar-se *v* to take flight; to rise; to fly; to soar.
Alaranjado *adj* orange-shaped.
Alarde *s* ostentation; parade; show.
Alargamento *s* enlargement; widening; dilation; dilatation.
Alargar *v* to widen; to extend; to enlarge.
Alarido *s* out-cry; shout; din.
Alarma *s* alert; alarm.
Alarmante *s* alarming; scary.
Alarmar *v* to alert; to alarm.
Alarme *s* alert; alarm.
Alarmista *s* alarmist.
Alastramento *s* spreading; diffusion.
Alastrar *v* to scatter; to spread; to strew.
Alaúde *s* MÚS lute.
Alavanca *s* lever; crowbar; crank.
Alazão *s* said about lineage of horses; sorrel (a reddish or yellowish-brown horse).
Albergue *s* shelter; hospice; lodging-house; hostel inn.
Albinismo *s* MED albinism, lack of pigment (skin).
Álbum *s* scrapbook; snaps-book.
Alça *s* handle; grip; loop.
Alcachofra *s* artichoke.
Alcaçuz *s* liquorice plant; licorice.
Alçada *s* competence; jurisdiction; power.
Alçamento *s* elevation; lifting; hoisting.
Alcançado *s* caught; reached; achieved.
Alcançar *v* to reach; to arrive at; to attain; to achieve.
Alcance *s* competence; reach; range; scope.
Alçar *v* to lift up; to raise; to rise up.
Alcateia *s* gang; pack of wolves.
Alcorão *s* Koran, Islamic Divine Book; Alcoran; *vide* CORÃO.
Alcova *s* alcove; bedroom; hiding-place.
Alcovitar *v* to pander; to gossip.
Alcoviteiro *s* panderer; pander; pimp.
Alcunha *s* nickname; sobriquet.
Alcunhar *v* to give a nickname to; to nickname; to dub.
Aldeão *s* villager; peasant.
Aldeia *s* borough; village; hamlet.
Aldeola *s* hamlet; small village.
Aldeota *s* hamlet; small village.
Aleatório *adj* aleatory.
Alecrim *s* rosemary.
Alegação *s* argument; allegation; claim.
Alegar *v* to quote; to allege; to claim; ***ele pode ALEGAR que você está simplesmente maluca***: he may claim you're just mad.
Alegoria *s* GRAM allegory, figurative or symbolic language.
Alegrar *v* to cheer up; to gladden; to make happy; to please.
Alegre *adj* cheerful; lively; merry; joyful; happy.
Alegrete *s* flower-bed.
Alegria *s* cheerfulness; merriment; joy.
Alegro *s* MÚS allegro; musical moviment in quick time.
Aleijado *s* cripple.
Aleijado *adj* lame; crippled.
Aleijar *v* to disable; to maim; to cripple.
Aleitamento *s* nursing; suckling; lactation.
Aleitar *v* to feed on milk; to suckle; to nurse.
Aleluia *s* halleluiah.
Além *adv* beyond; further.
Além disso *prep* besides; plus; moreover.
Alemão *s* german.
Alemão *adj* german.
Alentado *adj* brave; bold; encouraged.
Alentar *v* to comfort; to encourage; to cheer.
Alerta *s* alert; alarm.
Alerta *adj* alert; alive.
Alerta *adv* vigilantly; on the alert.
Alerta *interj* attention!
Alertar *v* to put on guard.
Alfabeto *s* alphabet; abc's.
Alface *s* lettuce.
Alfacinha *s* native of Lisbon; small head of lettuce.
Alfaia *s* ornament; household equipment; jewelry.
Alfaiataria *s* tailor's shop.
Alfândega *s* custom-house.
Alfarrábio *s* old book; dull book; manuscript.
Alfazema *s* perfumed water; lavender.
Alferes *s* second lieutenant; ancient official in brazilian arm; standard-bearer.
Alfinete *s* pin.
Alforjar *v* to bag; to pocket.
Alforje *s* bag; saddlebag; knapsack.
Alforria *s* freedom's letter; emancipation.
Algaravia *s* arabic; gibberish.
Algarismo *s* symbol for a number; numeral; figure.
Algazarra *s* tumult; hubbub; outcry; clamour; clamor.
Algema *s* manacle; handcuff.
Algemar *v* to hundcuff; to fetter.
Algibeira *s* pocket; back-pocket.
Algodão *s* cotton.
Algodoal *s* cotton plantation; cotton field.
Algodoeiro *s* cotton plant.
Algoz *s* executioner; hangman.
Alguém *pron* someone; somebody; anybody; anyone; one; ***uma pessoa (ALGUÉM) muito importante (VIP)***: very important person (VIP); ***magoar ALGUÉM***: to break someone's heart.
Algum *adj* something; some; any; ***preciso de ALGUM papel para escrever***: I need some paper to write on.
Algum *pron* some; any.
Algures *adv* somewhere.
Alheio *s* strange; another's.
Alheio *adj* strange; another's; someone else's.

Alho *s* garlic.
Alhures *adv* elsewhere.
Ali *adv* there; over there; in this place; in that place; yonder.
Aliado *s* ally.
Aliado *adj* allied.
Aliança *s* wedding-ring; alliance; covenant.
Aliar *v* to join; to ally; to associate.
Aliás *adv* on the other hand; as a matter of fact; besides; moreover; otherwise.
Álibi *s* alibi; justification.
Alicate *s* pliers.
Alicerçar *v* to build foundation of; base; to cement.
Alicerce *s* foundation; base; bottom.
Aliciamento *s* enticement; allurement; bribery.
Aliciar *v* to entice; to seduce; to allure.
Alienação *s* JUR e PSIC, alienation; insanity; transfer.
Alienado *adj* insane; alienated; transferred; outminded.
Alienígena *s* foreigner; alien; E.T (extra terrestrian).
Aligátor *s* cayman; aligator.
Alijar *v* to throw overboard; to jettison; to trow off (goods or cargo; especially from a ship in danger of foundering).
Alimentação *s* nutrition; alimentation; food.
Alimentar *v* to feed; to nourish; ***ALIMENTE o seu animal de estimação***: feed your pet.
Alimento *s* food; nourishment; aliment.
Alínea *s* sub-paragraph; subheading.
Alinhamento *s* alignment; ranging.
Alinhar *v* to line up; alignment; to align.
Alinhavar *v* to tack; to baste.
Alisado *adj* polished; smoothed; leveled.
Alisar *v* to level; to plane; to smooth; to polish.
Alísios *adj* wind from tropical zone; pertaining to trade winds.
Alistamento *s* enlistment; enrolment; register.
Alistar *v* to enlist; to recruit; to join up; to enrol.
Aliviar *v* to lighten; to alleviate; to soften.
Alívio *s* relief; alleviation; respite.
Alma *s* soul; spirit; essence.
Almaço *s* foolscap (paper).
Almanaque *s* almanac, a yearly calendar.
Almeirão *s* chicory.
Almejar *v* to long for; to crave; to hanker.
Almirante *s* admiral; red admiral.
Almíscar *s* musk.
Almoçar *v* to have lunch; to eat for lunch.
Almoço *s* lunch; luncheon; brunch.
Almofada *s* pad; pillow; cushion.
Almofariz *s* basin; mortar.
Almôndega *s* croquette; meat ball.
Almoxarifado *s* stock room; warehouse.
Almoxarife *s* stockman; stock clerk; bailiff.
Alô *interj* hi! hello!
Alocução *s* allocution; address.
Alojamento *s* accommodation; lodging; USA dormitory.
Alojar *v* to lodge; to billet; to shelter.
Alongamento *s* lengthening; prolongation; enlogation.
Alongar *v* to prolongate; to lengthen; to extend.
Alpendre *s* porch; shed; USA piazza.
Alpestre *adj* alpine; subalpine.
Alpinismo *s* mountaineering; mountain climbing.
Alpinista *s* alpinist; mountaineer.
Alpiste *s* birdseed; alpist.
Alquebrado *adj* weakened; worn-out; exhausted.
Alquebrar *v* to weaken; to stoop; to become bent.
Alquimia *s* alchemy, the speculative chemistry of middle ages.
Alta *s* rise; increase; discharge.
Altaneiro *adj* haughty; arrogant; towering.
Altar *s* altar.
Alta-roda *s* high life society.
Alteração *s* alteration; change; tumult.
Alterado *adj* altered; disturbed; someone who is out of his usual way of being.
Alterar *v* to alter; to change; to modify; to disturb; to falsify.
Altercação *s* quarrel; altercation.
Altercar *v* to quarrel; to altercate; to wrangle.
Alternar *v* to take turns; to alternate.
Alternativa *s* option; alternative; choice.
Alteza *s* highness; elevation; excellence.
Altibaixos *s* ups and downs; uneven places.
Altíssimo *s* very high; God; The Almighty.
Altissonante *adj* high-sounding; high-flown.
Altivo *adj* haughty; arrogant; elevated.
Alto *s* top; height. halt.
Alto *adj* high; tall.
Alto *adv* loudly.
Alto *interj* halt.
Alto-falante *s* loudspeaker.
Alto-relevo *s* high relief.
Altura *s* height; stature; altitude.
Aluado *s* foolish; monstruck; lunatic.
Alucinação *s* hallucination.
Alucinado *adj* crazy; hallucinated; foollish.
Alucinar *v* to hallucinate; to crazy; to madden.
Alude *s* avalanche.
Aludir *v* to refer; to allude; to mention.
Alugar *v* to hire; to rent; to let; to lease; ***ALUGA-SE***: for rent.
Aluguel *s* rental; hire; rent.
Aluir *v* to shake; to collapse; to ruin; to wreck.
Alumiar *v* to give light to; to illuminate; to light; to enlighten.
Aluno *s* student; apprentice; pupil.
Alusão *s* reference; allusion; hint.
Alusivo *adj* referring to; allusive; alluding.
Alvaiade *s* lead-paint; white lead; ceruse.
Alvará *s* license; warrant; certificate; charter.
Alvejante *adj* whitening; bleaching.
Alvejar *v* to whiten; to blanch.
Alvenaria *s* masonry; brickwork; bricklaying.
Álveo *s* river bed; furrow.
Alvissareiro *adj* favorable; good news.
Alvitrar *v* to suggest; to propose; to counsel.
Alvitre *s* advice; suggestion; pointer.
Alvo *s* target; objective; aim.
Alvo *adj* white.
Alvorada *s* dawn; day-break; aurora.
Alvoroçado *adj* stired up; anxious; upset.
Alvoroçar *v* to stir up; to excite; to agitate; to disturb.
Alvoroço *s* riot; disturbance; commotion.
Alvura *s* purity; whiteness; limpidity.
Ama *s* nurse; governess; nanny; nursemaid.
Amabilidade *s* affability; kindness; amiability.
Amacacado *adj* monkeyish; monkeylike.
Amaciar *v* to soften; to smooth; to soothe.
Amada *s* darling; lover; sweetheart.
Amado *adj* beloved; dear; sweetheart.
Amador *s* amateur; lover; fancier; ***rádio AMADOR***: amateur radio.
Amadorismo *s* amateurism.
Amadrinhar *v* to be godmother to; to serve as godmother.
Amadurecer *v* to age; to mature; to ripen.
Âmago *s* core; soul; heart; pith.
Amainar *v* to furl; to relax; to calm; to lessen.
Amaldiçoado *adj* damned; cursed; accursed.
Amaldiçoar *v* to execrate; to curse; to damn.
Amalucado *adj* giddy; mad; shaky; daft.
Amalucar *v* to go mad; to become crazy.
Amamentar *v* to suckle; to feed; ***AMAMENTAR no peito***: to breast-feed.
Amancebar-se *v* to take a mistress; to cohabit.
Amanhã *s* tomorrow.

Amanhã *adv* tomorrow; ***a que horas você viaja AMANHÃ?***: what time are you leaving tomorrow?
Amanhecer *v* to dawn; to break.
Amansador *s* tamer; trainer.
Amansar *v* to train; to pacify; to tame.
Amante *s* lover; admirer; paramour.
Amar *v* to love; to like.
Amarelado *adj* yellowish; sallow.
Amarelo *adj* yellow.
Amargar *v* to embitter; to make bitter.
Amargo *s* bitterness.
Amargo *adj* bitter.
Amargor *s* bitterness.
Amargura *s* affliction; grief; bitterness.
Amargurado *adj* painful; afflicted; sorrowful.
Amarra *s* hawser; cord; cable.
Amarração *s* hawse; anchorage.
Amarrado *adj* chained; moored.
Amarrar *v* to fasten; to tie up.
Amarrotar *v* to crease; to wrinkle; to crumple.
Ama-seca *s* nurse maid; nanny; dry-nurse.
Amásia *s* concubine; mistress.
Amassadeira *s* mixer; mixing bowl.
Amassar *v* to knead; to mix.
Amável *adj* kind; amiable; pleasant; likeable.
Ambição *s* aspiration; ambition.
Ambicionar *v* to covet; to desire; to crave.
Ambicioso *adj* eager; greedy; aspiring; ambitious.
Ambiente *s* surroundings; atmosphere; environment.
Ambiguidade *s* ambiguity; double meaning.
Ambíguo *adj* ambiguous; equivocal; doubtful.
Âmbito *s* circuit; ambit; field; sphere of action.
Ambos *pron* both.
Ambulância *s* field hospital; ambulance.
Ambulante *adj* itinerant; shifting; ambulant.
Ameaça *s* menace; threat; threatening.
Ameaçar *v* to threaten; to menace.
Ameaço *s* threat; menace; MED sympton.
Amealhar *v* to economize; to save money.
Amedrontado *adj* afraid; scared; frightened.
Amedrontar *v* to scare; to frighten; to intimidate.
Ameigar *v* to fondle; to coax; to pamper.
Ameixa *s* prune; plum.
Ameixeira *s* plum-tree.
Amém *s* so be it! amen!
Amém *interj* amen! so be it!.
Amêndoa *s* almond.
Amendoim *s* goober; monkey-nut; peanut.
Amenidade *s* pleasantness; amenity.
Ameninado *adj* childish; boyish.
Amenizar *v* to make pleasant; to sooth.
Ameno *adj* agreeable; pleasing; delightful.
Americano *adj* American.
Amesquinhar *v* to disparage; to degrade.
Amestrar *v* to instruct; to train; to teach.
Amídala *s* tonsil; amygdala.
Amiga *s* mistress; concubine.
Amigar-se *v* to live in concubinage.
Amigável *adj* amiable; friendly; amicable.
Amigo *s* friend; friendly.
Amigo *adj* friend; friendly.
Amistoso *adj* afflable; friendly; cordial.
Amiúde *adv* often; frequently.
Amizade *s* amity; friendship.
Amo *s* landlord; master.
Amofinar *v* to harass; to vex.
Amolação *s* grinding; annoying; worry.
Amolado *adj* sharp; cutting; keen.
Amolador *s* sharpener; honer; grinder.
Amolar *v* to sharpen; to grind.
Amoldar *v* to mould; to adapt; to fashion.
Amolecer *v* to weaken; to melt; to soften.
Amontoar *v* to accumulate; to heap up; to pile up.
Amor *s* love; fondness; affection; love affair.
Amora *s* mulberry.
Amordaçar *v* to muzzle; to gag; to silence.
Amornado *adj* tepid; warm.
Amornar *v* to warm; to make warm.
Amor-perfeito *s* pansy (flower).
Amortização *s* amortizement; payment off; amortization.
Amostra *s* model; specimen; sample.
Amotinar *v* to incite to rebellion.
Amotinar-se *v* to mutiny.
Amparado *adj* supported; sheltered.
Amparar *v* to take care; to protect; to support.
Ampliação *s* enlargement; amplification.
Ampliar *v* to augment; to enlarge.
Amplidão *s* vastness; range.
Amplo *adj* ample; extensive; wide.
Ampulheta *s* hourglass; sandglass.
Amputado *adj* multilated; amputated.
Amuado *adj* sulky; sullen.
Amuleto *s* charm; talisman; amulet.
Amuralhar *v* to bulwark; aboard; to haul.
Amurar *v* to wall; to aboard; to haul.
Anã *s* woman dwarf.
Anágua *s* slip; petticoat.
Anais *s* chronicles; annals.
Analfabetismo *s* illiteracy.
Analfabeto *s* illiterate.
Analisar *v* to examine; to parse; to analyse.
Análogo *adj* alike; similar; analogous.
Anão *s* man dwarf; dwarf; midget.
Anarquia *s* lawlessness; anarchy.
Anatematizar *v* to exclude; to excommunicate; to anathematize.
Anatômico *adj* anatomical; anatomic.
Anciã *s* old woman; elderly woman.
Ancião *s* old man; patriarch; ancient.
Ancinho *s* rake.
Âncora *s* anchor; lever.
Ancoradouro *s* harbour; harbor; anchorage.
Andador *s* walker; fast walking.
Andador *adj* pacing.
Andaime *s* scaffold; stage.
Andamento *s* walking; running; course.
Andar *v* to pace; to walk; to go; to move; ***eles ANDAVAM ao longo do caminho de gelo com muito cuidado***: they walked very carefully along the icy path.
Andorinha *s* swallow; martin.
Anelar *v* to pine; to long for; to desire.
Anelo *s* craving; desire; longing.
Anexar *v* to annex; to join.
Anexo *adj* joined; annexed.
Angariação *s* recruiting; allurement.
Angariar *v* to attract; to entice; to solicit; to angle for.
Angra *s* cove; small bay; inlet.
Angular *adj* angular.
Ângulo *s* corner; edge; angle.
Angústia *s* anxiety; affliction.
Angustiar *v* to worry; to afflict; to anguish.
Anil *s* anil; bluing; indigo.
Animação *s* bustle; liveliness; animation.
Animador *adj* animating; cheering.
Animar *v* to comfort; to enliven; to put somebody up.
Anímico *adj* spiritual, concerning to the soul.
Animosidade *s* animosity; enmity; rancor.

Aniquilar *v* to destroy; to annihilate.
Anistiar *v* to amnesty.
Aniversariante *s* person's birthday.
Anjo *s* angel.
Ano *s* year; ***dizem que ela tem 144 ANOS***: people say that she is 144 years old; ***a véspera de ANO novo (31 de dezembro)***: new year's eve (December 31).
Anoitecer *s* dusk; evening; eventide.
Anomalia *s* anomaly; irregularity.
Anotação *s* note; annotation; notation.
Anseio *s* ardent desire; longing.
Antanho *adv* long ago; in the past.
Antebraço *s* forearm.
Antecedência *s* antecedence; precedence.
Antecipado *adj* in advance.
Antegozar *v* to foretaste.
Antemão *adv* beforehand; previously; first of all.
Antena *s* antenna; spar.
Antenome *s* forename; first name; title before a proper name.
Anteontem *adv* the day before yesterday.
Antepassado *s* forefather; ancestor.
Antepassado *adj* past; bygone.
Antepasto *s* appetizer; dish that comes before a principal meal.
Antepor *v* to place before; to set before; to prefer.
Anterior *adj* former; previous; front.
Anterioridade *s* anteriority; priority; precedence.
Anteriormente *adv* previously; before.
Antes *adv* before; formerly; ago.
Antessala *s* ante-chamber.
Antever *v* to forsee; to foreknow.
Antiaéreo *adj* anti-aircraft.
Anticorpo *s* antibody.
Antídoto *s* antidote.
Antigamente *adv* anciently.
Antigo *adj* ancient; old; former; antique.
Antiguidade *s* antiquity; ancient times; seniority.
Antipatia *s* aversion; dislike; antiphaty.
Antipático *adj* disagreeable; unpleasant.
Antiquado *adj* archaic; out of date; antiquated.
Antítese *s* contraposition; antithesis; oposition side.
Antro *s* cavern; cave; hangout.
Anual *s* yearly; annual.
Anuência *s* consent; approval; assent.
Anuir *v* to approve; to assent; to agree.
Anulação *s* cassation; cancellation; annulment.
Anunciador *s* announcer; advertiser.
Anunciar *v* to advertise; to announce.
Anúncio *s* advertisement; notice.
Anverso *s* obverse; the front as oposed to the back.
Anzol *s* hook; fishhook.
Ao *prep* + *art* **(a+o)** at the; to the one; to the.
Aonde *adv* whence; to what place; whiter; where.
Apadrinhar *v* to act as a godfather; to sponsor.
Apagado *adj* dim; put out; extinguished; erased.
Apagador *s* eraser.
Apagar *v* to put out; to switch off; to erase; ***posso APAGAR a lousa?***: may I erase the board?
Apaixonado *adj* glowing passionate; in love; falled in love.
Apaixonar *v* to fall in love; to exalt; to inspire passion.
Apalpar *v* to touch; to feel.
Apanágio *s* attribute; appanage.
Apanhado *adj* caught; taken.
Apanhar *v* to pick up; to catch; to seize.
Aparar *v* to plane; to pare; to clip.
Aparato *s* array; display; pageantry; pomp.
Aparecer *v* to turn up; to appear; to show up; to come round; ***APAREÇA em casa amanhã***: show up in my house tomorow.
Aparelhagem *s* gear; equipment; apparatus.
Aparelho *s* set; equipment; gear.
Aparência *s* garb; aspect; appearance.
Aparentado *adj* related; ***bem APARENTADO:*** well connected.
Aparentar *v* to appear; to affect; to feign.
Aparente *adj* pretended; apparent; feigned.
Aparição *s* vision; apparition; ghost; appearance.
Apartamento *s* wall seclusion; separation; suit of rooms; apartment; ENGL flat; ***sempre que estiver em São Paulo, pode vir e ficar em meu apartamento***: you can come and stay at my flat if you are ever in São Paulo.
Aparte *adv* yield; interruption; remark.
Apartear *v* asides; to heckle.
Apascentar *v* to heard; to pasture; to feed; to shepherd.
Apátrida *s* stateless person.
Apavorar *v* to scare; to make somebody frightened.
Apaziguar *v* to pacify; to appease; to calm.
Apear *v* to drop; to set down; to dismount.
Apedrejar *v* to pelt; to throw stones on somebody.
Apegar-se *v* to sink; to attach oneself; to cling to.
Apego *s* tenacity; fondness; affection.
Apelar *v* to apply; to appeal; to have recourse to.
Apelidar *v* to dub; to name; to nickname.
Apelo *s* appeal; call.
Apenas *adv* just; only.
Apenso *adj* added; attached; appendant.
Aperceber *v* to perceive; to supply.
Aperfeiçoar *v* to polish; to improve; to perfect.
Aperitivo *s* appetizer; aperitif.
Apertão *s* pressure; tight squeeze.
Apertar *v* to tie; to compress; to clasp.
Aperto *s* pressing; jam; oppression.
Apiedar-se *v* to have compassion for; to take pity on.
Apinhar *v* to jam; to heap up; to crowd.
Apito *s* whistle; hooter.
Aplacar *v* to pacify; to calm; to appease.
Aplainado *adj* planed; levelling; planing.
Aplainar *v* to plane; to level.
Aplanar *v* to smooth; to remove.
Aplaudir *v* to cheer; to clap; to applaud.
Aplauso *s* clap; applause.
Aplicado *adj* applied; hard-working.
Aplicar *v* to affix; to apply; to put on; to lay on.
Apocalipse *s* apocalypse; the book of revelation.
Apoderar-se *v* to invade; to lay hold of; to gain possession of.
Apodrecer *v* to rot; to make rotten; to corrupt.
Apoiar *v* to support; to back up.
Apólice *s* share; bond; policy.
Apologia *s* eulogy; defence; apology.
Apontar *v* to sight; to point out; to aim.
Apoquentar *v* to worry; to vex; to importune.
Apor *v* to add; to appose; to apply.
Após *prep* after; afterwards; then; behind; since.
Após *adv* after; afterward; afterthat.
Aposentado *adj* retired; pensioned off.
Aposentar *v* to retire; to lodge; to pension off.
Aposento *s* room; home; apartment.
Apossar *v* to master; to take possession of.
Aposta *s* bet; stake; wager.
Aposta *v* to stake.
Apóstolo *s* apostle; disciple; adept.
Aprazar *v* to summon; to arrange; to appoint.
Aprazível *adj* agreeable; leasant; charming; pleasing.
Apreciar *v* to value; to appreciate; to estimate.
Apreço *s* account; estimation; consideration.
Apreender *v* to fear; to apprehend; to seize.
Apregoar *v* to herald; to proclaim; to cry.
Aprender *v* to learn; ***crianças APRENDEM muito brincando***: children learn a lot from playing.
Aprendiz *s* novice; apprentice.
Apresentar *v* to introduce; to present; to show.

Apresentar-se *v* to come forward.
Apressado *adj* rash; hurried; hasty; in a hurry.
Aprimorado *adj* nice; perfect; excellent.
Aprimorar *v* to perfect; to improve; to excel in.
Aprisionar *v* to jail; to capture; to imprison; to rest.
Aprontar *v* to equip; to prepare; to get ready.
Apropriação *s* taking; appropriation.
Apropriado *adj* fit; suitable; appropriate.
Apropriar *v* to adopt; to appropriate.
Aprovação *s* approbation; approval.
Aprovar *v* to approve; to pass.
Aproveitar *v* to profit by; to make use of; to enjoy.
Aproximação *s* approach; approximation.
Aproximar *v* to draw near; to approach; to approximate.
Aprumar *v* to place upright; to plumb; to put upright.
Aptidão *s* ability; aptness; aptitude; fitness; capacity.
Apto *adj* able; capable; apt.
Apunhalar *v* to stabto dirk.
Apupar *v* to hoot; to boo; to hiss at.
Apurar *v* to prove; to clear up; to purify.
Apuro *s* refinement; style; elegance.
Apuro *s* danger; **estar em APURO**: to be in danger; to be in trouble.
Aquário *s* aquarium; fish bowl.
Aquário *s* ASTR a constellation of zodiac; the eleventh sign of the zodiac.
Aquecedor *s* heater; **O AQUECEDOR central**: central heating.
Aquecer *v* to irritate; to warm; to heat.
Aquele *adj* that; that one; ***AQUELES***: those ones.
Aquele *pron* that; that one.
Aquém *adv* beneath; on this side; below; less than.
Aqui *adv* here; herein; in this place.
Aquiescência *s* consent; compliance; agreement.
Aquiescer *v* to consent; to agree; to comply with.
Aquisição *s* purchase; acquisition; loanword.
Ar *s* air; weather; wind; atmosphere.
Árabe *s* the arabic language; ***há quanto tempo você está aprendendo a língua ÁRABE?***: how long have you been learning Arabic?
Árabe *adj* Arabian; Arabic; Arab.
Arado *s* plow; plough.
Arame *s* wire; GÍR money; cash.
Aranha *s* spider; candelabra; arained.
Arar *v* to plow; to plough.
Arbitragem *s* mediation; opinion; arbitration.
Arbítrio *s* opinion; decision; will.
Arbusto *s* bush; shrub.
Arca *s* ark; coffer; chest.
Arcada *s* arcade; archway.
Arcebispo *s* archbishop.
Arco *s* arch; bow.
Arco-íris *s* rainbow.
Arder *v* to flam; to burn; to blaze.
Ardil *s* stratagem; trick.
Árduo *adj* hard; arduous.
Areia *s* sand.
Arejar *v* to air; to get some fresh air.
Aresta *s* awn; edge; corner.
Argamassa *s* cement; mortar.
Argila *s* adobe; clay; argil.
Argola *s* ring; hoop; rig.
Argúcia *s* astuteness; acuteness; acumen.
Arguir *v* to argue; to accuse; to reprehend.
Argumentação *s* argument; debate.
Argumentar *v* to argue; to discuss; to infer.
Arlequim *s* harlequin; buffoon.
Arma *s* arm; weapon; gun.
Armação *s* arming; preparation; framework.
Armada *s* army; fleet.
Armadilha *s* snare; trap; pitfall.
Armadura *s* armour; armor; frame.
Armamento *s* arming; armament; arsenal.
Armário *s* chest; closet; wardrobe.
Armazém *s* store; shop; warehouse.
Armistício *s* truce; armistice.
Aro *s* ring; hoop; felly.
Aroma *s* scent; balm; fragrance.
Arpão *s* drag; gig; harpoon.
Arquiteto *s* architect; ***meu irmão é um ARQUITETO***: my brother is an architect.
Arquivar *v* to file; to shelve; to defer.
Arquivo *s* file; folder; register; record.
Arrabaldes *s* outskirts; suburbs; environs.
Arraial *s* camp; small village; encampment; hamlet.
Arraigado *adj* fixed; rooted; ingrained; deep-rooted.
Arraigar *v* to take root; to fix; to root; to settle down.
Arrancada *s* sudden pull; impulse; dash.
Arrancar *v* to drag; to pull out; to draw out.
Arranha-céu *s* skyscraper.
Arranhar *v* to scratch; scrape; MÚS to thrum (a instrument).
Arranjar *v* to tidy up; to set in order; to dispose.
Arrasar *v* to ruin; to demolish; to raze.
Arrastado *adj* dragged; drawling.
Arrastar *v* to trail; to drag; to haul.
Arrebatar *v* to grab; to carry off; to snatch.
Arrebitado *adj* pert; turned-up.
Arrecadar *v* to collect; to take possession of.
Arredio *s* strayed; solitary.
Arredondar *v* to round out; to round off.
Arredores *s* outskirts; surroundings.
Arredores *adv* around; about.
Arrefecer *v* to chill; to cool; to lose energy.
Arregaçar *v* to turn up; to tuck up; to roll up.
Arreganhar *v* to grin; to slip; to burst open.
Arreganhar-se *v* to grin; to slip; to burst open; to provoke to sneer.
Arreio *s* harness; adornment.
Arrelia *s* worry; trouble.
Arrematar *v* to hoe; to conclud; to buy at auction.
Arremedo *s* mockery; imitation; mimicry.
Arremessar *v* to hurl; to throw; to cast away.
Arremessar-se *v* to hurtle; to hurl.
Arremesso *s* attack; throwing; impetus; flinging.
Arrendamento *s* lease; renting; letting.
Arrendar *v* to lease; to let; to rent.
Arrepender-se *v* to rue; to repent; to regret.
Arrependimento *s* sorrow; regret; repentance.
Arrepiar *v* to horrify; to cause horror.
Arrepiar-se *v* to shiver.
Arrepio *s* gooseflesh; chill; shiver.
Arresto *s* JUR distraint; confiscation; arrest.
Arrimo *s* support; aid; protection.
Arriscar *v* to chance; to risk; to hazard.
Arriscar-se *v* to gamble; to dare.
Arrogância *s* pride; haughtiness; arrogance.
Arrogar *v* to arrogate; to usurp; to seize.
Arroio *s* brook; rill; streamlet.
Arrojado *adj* daring; fearless.
Arrojar *v* to hurl; to drag.
Arrombamento *s* break; act of breaking down.
Arrombar *v* to break down; to burst.
Arrostar *v* to face; to brave; to dare.
Arrotar *v* to brag; to belch; to boast.
Arroz *s* rice; ***eu como ARROZ todo dia***: I eat rice every day.
Arruaça *s* tumult; mess; riot.
Arruela *s* washer.
Arruinar *v* to destroy; ruin; to demolish.

Arrulho *s* cooing; lullaby.
Arrumar *v* to tidy; to put in order; to arrange.
Arrumar-se *v* to manage; to make out.
Arte *s* art; skill; craft; ***a conversação é uma ARTE***: the conversation is an art.
Artelho *s* ankle; anklebone.
Articular *v* to articulate; to put together.
Artífice *s* artisan; craftsman.
Artificial *adj* artificial; forced.
Artifício *s* skill; trick; device; artifice; craft.
Artimanha *s* fraud; stratagem; trick; snare.
Arvorar *v* to lift up; to set oneself up as; to hoist.
Arvorar-se *v* to run away; to escape.
Árvore *s* tree; shaft; axle; spindle.
Ás *s* ace; the first card in the pack of cards; crack.
Asa *s* wing; lug; handle.
Ascendência *s* origin; ascendance.
Ascensorista *s* elevator operator; liftman.
Asco *s* aversion; gorge; loathing.
Asilado *adj* given asylum; cared for.
Asneira *s* nonsence; folly; stupid remark.
Aspas *s* inverted commas.
Aspecto *s* expression; air; aspect.
Áspero *adj* rough; severe; harsh.
Aspirador *s* suction pump.
Aspirar *v* to inhale; to suck; to aspirate.
Assado *s* roasted; baked.
Assalariar *v* to hire; to pay salary to.
Assaltar *v* to assault; to rob.
Assanhar *v* to irritate; to incite.
Assar *s* to burn; to roast; to bake; **batata assada**: baked potato.
Assassinar *v* to murder; to kill.
Assassinato *s* murder; killing.
Assaz *adv* enough; sufficiently.
Asseado *adj* clean; tidy; neat.
Assediar *v* to harass; to importune.
Assegurar *v* to assure; to assert; to make sure.
Asseio *s* cleanliness; neatness.
Assembleia *s* congress; meeting; assembly.
Assemelhar *v* to make similar; to resemble.
Assentar *v* to seat; to place; to fix.
Assentimento *s* accord; consent; assent.
Assento *s* rump; seat; site.
Assessor *s* adviser; aide; assessor.
Asseverar *v* to asseverate; to affirm; to declare solemny.
Assiduidade *s* perseverance; diligence.
Assíduo *adj* frequent; constant.
Assim *adv* thus; so; therefore; ***ASSIM, faça questão de incluí-la em seus projetos***: so, make a point to include her in your plans.
Assimilar *v* to absorb; to assimilate.
Assinado *adj* signed; to subscribe.
Assinalar *v* to mark; to signalize.
Assinar *v* to sign; subscribe; to appoint; to assign.
Assinatura *s* signing; signature.
Assistência *s* audience; attendance; aid.
Assistir *v* to stand by; to be present; to attend.
Assobiar *v* to hoot at; to whistle; to boo.
Associação *s* company; society; association.
Assumir *v* to assume; to take on.
Assunto *s* matter.
Assustar *v* to scare; to frighten.
Assustar-se *v* to alarm.
Astro *s* star.
Astúcia *s* slyness; sagacity; cunning.
Ata *s* minute; record of a meeting.
Atacar *v* to charge; to attack; to lace up.
Atalho *s* short cut; bypath; byway.
Ataque *s* assault; insult; attack.
Atar *v* to tie; to fasten.
Atarefado *adj* occupied; busy.
Atarefar *v* to overwork.
Ataúde *s* coffin; casket.
Ataviar *v* to dress out; to trim; to adorn.
Até *prep* till; until; up to; ***estou morando com alguns amigos em Santos, ATÉ que encontre um apartamento***: I'm living with some friends in Santos, until I find a flat.
Atear *v* to light; to inflame; to stir up.
Atenção *s* attention; kindness; ***ele realmente está querendo um pouco mais de ATENÇÃO***: he is really looking for a little extra attention.
Atender *v* to notice; to pay attention.
Atentado *s* criminal attack; outrage; offence.
Atentar *v* to mind; to consider; to attack.
Atenuação *s* diminution; attenuation.
Atenuar *v* to attenuate; to lessen.
Aterrar *v* to frigten; to terrify; to land.
Aterrissagem ***veja*** ATERRIZAGEM.
Aterrissar ***veja*** Aterrizar.
Aterrizagem *s* landing; landfall.
Aterrizar *v* to land an airplane; to touch down.
Atestado *s* certificate; testimonial.
Atestar *v* to attest; declare; to certify.
Atinar *v* to hit on; to guess.
Atingir *v* to reach; to attain.
Atirado *adj* bold; saucy; daring.
Atirar *v* to shoot; to fire; to throw.
Atirar-se *v* to venture.
Atitude *s* posture; position; attitude.
Atleta *s* athlete.
Atoleiro *s* swamp; deep miry place.
Atônito *adj* amazed; aghast; astonished.
Atordoamento *s* daze; stupefaction.
Atormentar *v* to torture; to torment; to tease.
Atrabiliário *adj* atrabilious; bad-tempered.
Atração *s* magnetism; appeal; attraction.
Atracar *v* to moor; to land; to dock.
Atraente *adj* charming; attractive.
Atraiçoar *v* to betray; to double-cross.
Atrair *v* to allure; to attract.
Atrapalhar *v* to confound; to disturb; to bother.
Atrás *adv* behind; before; back; ago.
Atrasado *adj* backward; late; delayed.
Através *adv* across; transversally.
Através de *prep* across; through.
Atravessar *v* to pass through; to cross.
Atrevimento *s* boldness; daring; pertness.
Atribuição *s* privilege; competence; attribution.
Átrio *s* atrium; hall; vestibule.
Atrito *s* friction; chafing; attrition.
Atrocidade *s* cruelty; outrage; atrocity.
Atropelar *v* to trample on; to knock down; to push.
Atroz *adj* atrocious; grievous.
Atual *adj* present; current; present day.
Aturar *v* to support; to bear; to endure.
Aturdir *v* to make dizzy; to amaze.
Audácia *s* audacity; courage.
Audição *s* hearing.
Audiência *s* chamber; audience; session.
Auge *s* pinnacle; summit; apogee.
Augurar *v* to presage; to augur; to divine.
Aula *s* class; lecture-room; classroom.
Aumentar *v* to add to; to enlarge; to increase.
Aura *s* gale; aura; gentle breeze.
Ausência *s* absence; lack of.
Auspício *s* patronage; auspice; omen.
Austero *adj* stern; rigid; severe.
Autenticar *v* to certify; to attest; to notarize.

Auto *s* document; official report.
Automóvel *s* car; automobile; private vehicle.
Autônomo *adj* free; autonomous; self employed.
Autor *s* author; creator; discoverer; JUR plaintiff.
Autorizar *v* to empower; to authorize.
Auxiliar *v* to assist; to help out; to aid.
Ave *s* bird; fowl.
Aventurar *v* to risk; to dare; to hazard; to venture.
Averiguação *s* inquiry; inquest; investigation.
Averiguar *v* to check; to inquire into; to investigate.
Aversão *s* dislike; aversion.
Avesso *adj* adverse; averse; contrary.
Avestruz *s* ostrich; big-bird.
Aviamento *s* preparation; execution; shipping.
Avião *s* aircraft; aeroplane; airplane; ***Santos Dumont construiu o 14 Bis, no século 19, fazendo-o girar em volta da torre Eifell***: in the 19th century Santos Dumont built the first airplane, the 14 Bis, and flew around the Eifell tower.
Avidez *s* voracity; greediness.
Aviltar *v* to vilify; to debase; to degrade.
Avisar *v* to inform; to advice; to warn.
Aviso *s* notice; warning; advice.
Avistar *v* to catch sight of; to have an interview with.
Avô *s* grandfather; grandpapa; USA grandpa.
Avó *s* grandmother; grandmamma; USA grandmom.
Avocar *v* to draw; to call; to evoke.
Avultado *adj* large; bulky.
Avultar *v* to enlarge; to spread.
Axila *s* armpit; axilla; axil.
Azar *s* adversity; bad luck; disgrace.
Azedo *adj* sour; acid; tart.
Azeite *s* oil; olive-oil; salad oil.
Azia *s* heartburn; pyrosis; stomach acidity.
Ázimo *adj* azymic; unleavened.
Azul *adj* blue.
Azular *v* to flee; to colour with indigo blue; to blue.
Azulejo *s* ornamental tile; glazed tile.

bB

B *s* second letter of the Portuguese and of the English alphabets.
B *s* MÚS symbol of the key **si** or **ti**.
B *s* MÚS symbol of the flat (b).
B *s* QUÍM symbol of the element Boro.
Bá *vide* BABÁ.
Baba *s* slaver; slime; drool; dropping spittle.
Babá *s* nurse; nanny; maid.
Babaca *adj* a foolish person.
Babaçu *s* babassu palm; babassu nut.
Babaçual *s* grove of babassu palms.
Babado *s* flounce; frill.
Babado *adj* slobbery; drooling; slavered.
Babador *s* drooler; slobberer.
Babão *s* driveller; drooler.
Babão *adj* slavering; slobbering; foolish.
Babar *v* to drivel; to slaver; USA to drool.
Babau! *interj* gone!; no more!
Babel *s* babel tower; FIG tumult; bedlam.
Babilônico *adj* babylonian; confused.
Baboseira *s* silliness; slobber; nonsense.
Bacalhau *s* codfish; cod.
Bacalhoada *s* dish made with codfish, potatoes, etc.
Bacana *adj* GÍR smart person; a handsome boy; first rate.
Bacanal *s* orgy; bacchanal.
Bacante *s* bacchante; a dissolute woman; priestess of bacchus.
Bacará *s* baccarat; bacara; (cardgame).
Bacharel *s* bachelor; law school degree; graduate of law.
Bacharelado *s* bachelor's degree; bachelorship.
Bacharelar *v* to receive the degree of bachelor.
Bacia *s* basin; MED the pelvic cavity.
Bacilo *s* baccillus, name of a great number of bacterias.
Baço *s* MED spleen.
Baço *adj* dull; lusterless.
Bacorinho *s* little pig; sucking-pig.
Bactéria *s* germ; microbe; bacterium, micro-organism with only one cell.
Báculo *s* staff; RELIG crosier or crozier.
Badalada *s* clang; stroke of a bell.
Badalar *v* to ring; to blab; to set bells clanging; to tinkle.
Badalo *s* bell clapper; tongue.
Badejo *s* several kinds of fish.
Baderna *s* revelry; tumult; NÁUT plat.
Badulaque *s* trash; cosmetic; junk.
Bafafá *s* dispute; uproar; tumult; riot.
Bafejador *s* inspirer; exhaler; puffer.
Bafejar *v* to breath gently; to exhale.
Bafejo *s* puff; waft.
Bafo *s* breath; exhalation; GÍR BR lie.
Baforada *s* puff; breath.
Bagaceira *s* brandy; BR trash; junk.
Bagaço *s* bagasse; pomace; husks of fruits.
Bagageiro *s* luggage-man; luggage-car; USA striker.
Bagagem *s* luggage; USA baggage.
Bagatela *s* bauble; bagatelle; trifle.
Bago *s* grain; grape; grapelike fruit; GÍR BR testicle.
Bagre *s* catfish; bagre.
Bagulho *s* trash; GÍR BR ugly woman.
Bagunça *s* disorder; mess.
Bagunceiro *s* jumbler; troublesome; messer.
Bagunceiro *adj* messy.
Baia *s* bail; stall in a stable; for horses.
Baía *s* bay; harbor; harbour; inlet.
Baiano *s* native of Bahia; born in Bahia.
Baiano *adj* native of Bahia.
Baiano *s* native of Bahia; born in Bahia; pertaining to Bahia state.
Baião *s* MÚS BR popular folk music and dance.
Bailado *s* dance; ballet; ball.
Bailar *v* to dance.
Bailarino *s* dancer; ballet dancer.
Baile *s* dance; ball.
Bainha *s* sheath; case; scabbard of a sword.
Baio *s* chest nut horse; bay horse.
Baio *adj* bay.
Baioneta *s* bayonet.
Baionetada *s* a touch; a stab with a bayonet.
Bairrismo *s* local pride; localism.
Bairrista *s* sectionalist; parochialist.
Bairro *s* district of a city; USA neighborhood; section.
Baita *adj* GÍR big; large; enormous; huge.
Baixa *s* decrease; drop; fall of price; low area.
Baixada *s* swale; botton land; lowland.
Baixa-mar *s* low water of the sea; ebb tide; neap tide.
Baixar *v* to come down; to lower; to take down.
Baixela *s* tableware; silver plate; table service.
Baixeza *s* vileness, meanness lowness, baseness.
Baixinho *adv* softly; in low voice; secretly.
Baixio *s* shoal; sandbank.
Baixo *s* low; short; small.
Bajulação *s* adulation; flattery; toadyism.
Bajulador *s* fawner; flatterer.
Bajulador *adj* fawning; flattering.
Bajular *v* to toady; to curry favour with; to flatter; to fawn.
Bala *s* bullet; candy; sweet.
Balaço *s* gunshot; large ball.
Balada *s* ballad; ballade; pop song.
Balaio *s* large basket; hamper.
Balalaica *s* MÚS balalaika (guitar).
Balança *s* balance; scale.
Balançar *v* to swing; to rock; to balance.
Balanceamento *s* swinging; oscillation; balancing.
Balancete *s* COM financial statement; trial balance.
Balanço *s* swinging; COM balance sheet; take stock; stock taking.
Balandrau *s* overcoat; mantle; large cape.
Balangandã *s* trinket; knick-knack.
Balão *s* balloon; globe.
Balastro *s* ballast.
Balaustrada *s* banister, balustrade.
Balaústre *s* baluster; stanchion.
Balbuciação *s* stammering; faltering.
Balbuciante *adj* stammering; stuttering.
Balbuciar *s* to stutter; to babble.
Balbúrdia *s* disorder; noise.

Balcão *s* balcony; counter.
Balconista *s* sale clerk; saleswoman; shop assistent.
Baldar *v* to frustrate; to foil.
Balde *s* pail; USA bucket.
Baldeação *s* transshipment; USA transfer.
Baldear *v* to decant; to bail water; USA to transfer from one subway to another (train).
Baldio *s* fallow ground; fallow land.
Baldio *adj* fallow; barren.
Balear *v* to shoot; hiting with a bullet.
Baleia *s* whale; baleen.
Balela *v* lie; false report; fib.
Balido *s* bleat; baa.
Balir *v* to bleat; to baa.
Balística *s* ballistics.
Baliza *s* landmark; belize; seamark.
Balizar *v* to set up a landmark; to demarcate.
Balneário *s* bathing place; balneary.
Balofo *adj* puffy; fat; fluffy.
Balsa *s* ferry boat; raft; float.
Bálsamo *s* balsam; balm; FIG fragance.
Baluarte *s* bastion; defence.
Bamba *adj* GÍR expert rowdy; USA cracker jack; sharp.
Bambear *v* to weaken; to become slack.
Bambo *adj* slack; lax; indolent.
Bamboleio *s* waddling; swinging.
Bambu *s* bamboo; cane; reed.
Bambual *s* bamboo plantation; canebrake.
Banal *adj* banal; commonplace; trivial.
Banalidade *s* banality; triteness; triviality.
Banana *s* banana.
Bananada *s* sweet of bananas and sugar.
Bananeira *s* banana tree; banana plant.
Banca *s* lawyer's office; game of chance; USA newsstand; newspaper stand.
Bancada *s* delegation; congressional bloc.
Bancar *v* to play; to bank.
Bancário *s* bank clerk; bank teller.
Bancário *adj* banking.
Bancarrota *s* bankruptcy; failure; insolvency.
Banco *s* bench; bank.
Banda *s* side; ribbon.
Bandagem *s* bandage; compress.
Bandalheira *s* vileness; lowness.
Bandalho *s* a depraved fellow; scoundrel.
Bandear *v* to rat; to desert one's party; USA to flop.
Bandeira *s* banner; flag; standard.
Bandeirante *s* BR girl scout; native of state of São Paulo; member of exploratory expeditions in the 16th, 17th and 18th centuries.
Bandeirinha *s* little flag; ESP FUT line referee.
Bandeja *s* tray; salver.
Bandido *s* gangster; robber; bandit.
Banditismo *s* banditry; robbery; brigandage.
Bando *s* group; crew; gang; band.
Bandoleiro *s* robber; highwayman.
Bandolim *s* MÚS mandolim (instrument).
Bangalô *s* bungalow.
Banha *s* pig's fat; grease.
Banhado *s* swamp land; marsh.
Banhado *adj* watered; wet.
Banhar *v* to bathe; to steep.
Banheira *s* bathtub; bath attendant.
Banheiro *s* bathroom.
Banhista *s* bather.
Banho bath.
Banimento *s* deportation; exile; banishment.
Banir *v* to expatriate; to deport; to banish.
Banqueiro *s* banker; bookie.
Banqueta *s* small bench.
Banquete *s* banquet.
Banzé *s* disturbance; disorder; riot.
Baque *s* disaster; fall; trud.
Baquear *v* to tumble down.
Bar *s* bar; saloon; tavern; public house.
Barafunda *s* confusion; mob; trong.
Baralhar *v* to shuffle; to jumble.
Baralho *s* pack of cards; USA deck of cards.
Barão *s* baron.
Barata *s* cockroach; coupe.
Barateamento *s* reduction in price; cheapening.
Baratear *v* to reduce price; to sell cutrate.
Barateiro *adj* cheap; cheapinexpensive.
Barato *adj* inexpensive; cheap.
Báratro *s* abyss; pit; hell.
Barba *s* beard.
Barbada *s* GÍR sure thing; push-over.
Barbante *s* string; packingthread.
Barbaridade *s* barbarity, cruelty; absurdity; blunder.
Barbárie *s* barbarism.
Bárbaro *adj* barbarous; savage; cruel.
Barbatana *s* fin of a fish; whalebone; collar stay.
Barbear *v* to shave.
Barbearia *s* barbershop; barber's trade.
Barbeiragem *s* bad driving of an automobil; sunday driving.
Barbeiro *s* barber; GÍR reckless driver.
Barbicha *s* goatee; bearded man; sparse beard.
Barbudo *s* full-bearded.
Barca *s* ferryboat; barge.
Barcaça *s* large barge.
Barco *s* boat; vessel; ship.
Bardo *s* bard; poet; hedge.
Barganha *s* exchange; trade; USA dicker.
Barganhar *v* to bargain; to exchange; to swap.
Barítono *s* baritone.
Barlavento *s* windward; weatherboard; luff.
Baronato *s* baronage; barony.
Barqueiro *s* boatman; ferryman.
Barqueta *s* little boat; small boat.
Barra *s* bar; beam; rod; steering bar; hem line.
Barraca *s* barraks; hut; shanty; stall.
Barracão *s* shack; bunkhouse; shed.
Barraco *s* shanty; hut; shack.
Barracuda *s* barracuda (sphyraena barracuda), a fish of two metres long.
Barrado *adj* deceived; barred; striped.
Barragem *s* dam; weir; barrage.
Barranco *s* ravine; gully; steep bank.
Barrancoso *adj* full of ravines; gullied.
Barrar *v* to frustrate; to bar; to obstruct.
Barreira *s* barrier; obstacle; stockade.
Barreiro *s* claypit; muddy land.
Barrento *adj* muddy; mud-colored.
Barrete *s* nightcap; bastion.
Barrica *s* cask; keg.
Barricada *s* barricade.
Barricar *v* to barricade; to entrench.
Barriga *s* belly; pregnancy.
Barrigada *s* bellyful.
Barrigudo *adj* potbellied; paunchy.
Barrigueira *s* saddle girth; cinch.
Barril *s* barrel; cask.
Barro *s* mud; clay.
Barroco *adj* baroque.
Barulho *s* uproar; din; noise.
Basbaque *s* idiot; gaper; rubberneck.
Basculante *s* bascule.

Base *s* base; support; foundation; ***BASE aérea***: air base; ***BASE do pescoço***: root of the neck.
Basear *v* to base; to establish.
Basebol *s* baseball.
Básico *adj* basic; fundamental.
Basificar *v* QUÍM to basify.
Basilar *adj* fundamental; basilar.
Basílica *s* basilica: main church; principal temple.
Basquetebol *s* basketball.
Basta! *interj* stop! it's enough! shut up!
Bastante *adj* enough.
Bastante *adv* enough; sufficiently; fairly; quite.
Bastão *s* slapstick; cane; baton; staff.
Bastar *v* to suffice; to be enough.
Bastardo *s* bastard.
Bastardo *adj* bastard; degenerate.
Bastidor *s* embroidery frame; wing.
Bastonete *s* stick; MED rod.
Batalha *s* battle; combat; fight.
Batalhador *s* battler; fighter.
Batalhão *s* battalion; crowd.
Batata *s* potato.
Bate-boca *s* altercation; dispute; quarrel.
Batedeira *s* mixer.
Batedor *s* beater; scout; ***BATEDOR de carteira***: pickpocket.
Bate-estaca *s* pile-driver; ram.
Batel *s* little boat; canoe.
Batelada *s* boatload; load; lot.
Batente *s* doorpost; leaf.
Bate-papo *s* chitchat; chat; small talk.
Bater *v* to beat; to streak; to knock.
Bateria *s* battery.
Baterista *s* drum player; drum; drummer.
Batida *s* beating; crash; collision.
Batido *adj* beaten; trite; stale.
Batimento *s* beat; beatting; clash.
Batina *s* cassock; soutane.
Batismo *s* baptism; christening.
Batizado *s* baptism; the act of being baptized.
Batizar *v* to baptize; to name.
Batom *s* lipstick.
Batoque *s* stopper; bung; plug; bunghole.
Batucada *s* BR dance and rhythm.
Batucar *v* hammer; pound; beat.
Batuque *s* generic name of Afro-Brazilian rhythm and dance.
Batuta *s* expert; past master; MÚS baton.
Baú *s* locker; trunk chest.
Baunilha *s* vanilla.
Bazar *s* bazaar; bazar.
Bazófia *s* brag; boast; swank.
Bazuca *s* bazooka.
Be-a-bá *s* basic knowledge; spelling exercise.
Beatice *s* bigotry; sanctimony.
Beatitude *s* blessedness.
Beato *s* beatified person; pious man; hypocrite.
Bêbado *s* drunken.
Bebê *s* baby; infant.
Bebedeira *s* drunkenness; intoxication.
Bêbedo *vide* BÊBADO.
Bebedor *s* drunk; toper; guzzler.
Bebedouro *s* drinking fountain; watering trough.
Beber *v* to drink; to swallow.
Bebericar *v* to sip; to nip; to tipple.
Beberrão *s* drunkard; guzzler.
Bebida *s* beverage; USA hard liquor.
Bebível *adj* drinkable; potable.
Beca *s* academic gown.
Beça *s* used in a large way; meaning too much; a lot; a great deal.
Beco *s* alley; lane; court.
Bedel *s* beadle; servant.
Bedelho *s* latch; lad; boy.
Beduíno *s* bedouin.
Bege *adj* beige.
Beiço *s* lip; bad bill; edge; rim.
Beiçudo *adj* thick-lipped; blubber-lipped.
Beija-flor *s* humming-bird; hummer.
Beijar *v* to kiss.
Beijo *s* kiss touching closely.
Beijoca *s* smack; kiss.
Beijoqueiro *adj* fond of kissing; kisser.
Beiju *s* a sweet made of tapioca.
Beira *s* vicinity; border; bank; brink; brim; edge.
Beirada *s* border; eaves; margin; edge.
Beiral *s* edge of roof; eaves.
Beira-mar *s* seashore; coast; beach.
Beirar *v* to follow the edge; to approach.
Belas-artes *s* arts; the fine arts.
Belchior *s* junkman; secondhand store; secondhand dealer.
Beldade *s* beauty; belle.
Beleza *s* loveliness; beauty.
Belga *s* Belgian.
Beliche *s* bunk; cabin; NÁUT berth.
Bélico *adj* warlike; martial.
Belicoso *adj* bellicose; hostile; warlike.
Beligerância *s* belligerence.
Beligerante *adj* belligerent.
Beliscão *s* nip; pinch; tweak.
Beliscar *v* to pinch; to nip; to twitch; to nibble; to peck.
Belo *s* beauty; beautiful; belle.
Belonave *s* warship; battleship.
Bel-prazer *s* choice; pleasure.
Beltrano *s* so-and-so.
Bem *s* a good; happiness; **BEM-vindo**: welcome; RELIG ***BEM-aventurado***: beatified; blissful.
Bemol *s* MÚS flat.
Bênção *s* benediction; blessing.
Bendito *adj* blessed; praised.
Bendizer *v* to consecrate; to praise; to bless.
Beneditino *s* benedictine.
Beneditino *adj* benedictine.
Beneficência *s* beneficence; charity.
Beneficente *adj* charitable; beneficent.
Beneficiamento *s* processing; improvement.
Beneficiar *v* to better; to improve; to process.
Benefício *s* benefit; kindness; gift.
Benéfico *adj* advantageous; beneficial.
Benemérito *adj* benefactor; worthy.
Beneplácito *s* sanction; approval.
Benevolência *s* benevolence; goodness.
Benevolente *adj* kind; benign.
Benévolo *vide* BENEVOLENTE.
Benfazejo *adj* beneficent; salutary.
Benfeitor *s* benefactor.
Benfeitoria *s* improvement.
Bengala *s* bengaline; walking-stick; USA cane.
Benigno *adj* mild; indulgent; benign.
Benjamim *s* the youngest child; electrical socket; branch socket.
Benquerença *s* affection; fondness.
Benquisto *adj* well-liked; loved.
Bens *s* property.
Bentinho *s* scapular; scapulary.
Bento *adj* blessed; holy; sacred.
Benzedor *s* healer; curer.
Benzedura *s* magic blessing; conjuration.
Benzer *v* to bless; to consecrate.
Benzido *adj* blessed.
Benzina *s* QUÍM benzine: petrol product.

Beque *vide* ZAGUEIRO.
Berçário *s* nursery.
Berço *s* cradle; ARQT dome; cupola.
Bergamota *s* bergamot; tangerine.
Berinjela *s* aubergine; eggplant.
Berloque *s* watch-trinket; charm; trinket.
Berrador *s* bellower; screamer.
Berrar *v* to bellow; to bawl; to scream.
Berreiro *s* screaming; wailing; bawling.
Berro *s* bawl; scream; shout.
Besouro *s* horn-beetle; beetle.
Besta *s* beast; blockhead; insolent.
Bestalhão *s* dull-witted person; fool; nit wit; idiot.
Besteira *s* foolishness; nonsense.
Besteiro *s* crossbowman; arbalester; archer.
Bestial *adj* bestial; brutal.
Bestialidade *s* bestiality; stupidity.
Bestializar *v* to bestialize; to stupefy.
Bestificar *v* to make stupid
Beterraba *s* beetroot; USA beet.
Betoneira *s* cement mixer.
Betume *s* asphalt; tar; pitch.
Betuminoso *s* bituminous.
Bexiga *s* MED bladder; smallpox (plural).
Bexiguento *s* pock-marked.
Bezerra *s* young cow; calf.
Bezerro *s* yearling-calf; calf; calfskin.
Bibe *s* bib; child's pinafore; child's smock.
Bibelô *s* bibelot; knick-knack.
Bíblia *s* Bible.
Bíblico *adj* biblical.
Biblioteca *s* library; book case.
Bibliotecário *s* librarian.
Biboca *s* straw hut; shanty.
Bica *s* water-pipe; stream of liquid.
Bicada *s* peck; swallow.
Bicanca *s* GÍR big-nosed person; beak.
Bicar *v* to peck; to get tipsy.
Bíceps *s* MED biceps.
Bicha *s* worm; leech; queue.
Bichado *adj* wormy; maggoty.
Bichano *s* pussy; kitty; young cat.
Bichar *v* to become wormy; to ge wormy.
Bicharada *s* a lot of animals.
Bicheira *s* sore cause by a blow-fly.
Bichento *adj* wormy; MED infested with chigoes.
Bicho *s* worm; animal; bug.
Bicicleta *s* bicycle; bike; cycle.
Bico *s* beak; bill; GÍR an odd job.
Bicolor *adj* bicoloured; bicolored.
Bicudo *adj* beaked; sharp; pointed.
Bidê *s* bidet; washtub.
Biela *s* MEC connecting-rod.
Bienal *s* biennial.
Bienal *adj* biennial.
Biênio *s* bienium (two years).
Bifar *v* to steal; to pilfer.
Bife *s* beefsteak; steak.
Bifurcação *s* bifurcation; branch.
Bifurcar *v* to bifurcate; to fork; to branch.
Bigamia *s* bigamy.
Bígamo *s* bigamist.
Bígamo *adj* bigamous.
Bigode *s* moustache; mustache.
Bigorna *s* anvil; incus.
Bijuteria *s* trinkets; brummagem; jewelry.
Bilha *s* earthen-pot; pitcher.
Bilhão *s* milliard; USA billion.
Bilhar *s* billiards; billiard table.
Bilharista *s* billiard player.
Bilhete *s* note; ticket; USA one-way ticket; ***BILHETE de ida e volta***: return ticket; ***USA***, round-trip ticked.
Bilheteria *s* booking-office; box office.
Bilião *vide* BILHÃO.
Biliar *adj* MED biliary.
Bilíngue *adj* bilingual.
Bilionário *s* billionaire.
Bilionário *adj* billionaire.
Bilioso *adj* bilious.
Bílis *s* bile; gall.
Biltre *s* rascal; cheat; scoundrel.
Bimensal *adj* twice a month; monthly.
Bimestral *adj* bimonthly; every two months.
Bimotor *s* AER two-motor; bimotor.
Binário *adj* binary; binomial.
Binóculo *s* binocular; binnocle.
Binômio *s* MAT binomial.
Bínubo *adj* married twice.
Biodinâmica *s* biodynamics.
Biografar *v* to write a biography.
Biografia *s* biography.
Biográfico *adj* biographical; biographic.
Biombo *s* screen; partition.
Biópsia *s* MED biopsy.
Bioquímica *s* biochemistry.
Bioquímico *s* biochemist.
Bípede *adj* two-footed; biped.
Biplano *s* biplane.
Bipolaridade *s* bipolarity.
Biqueira *s* extremity; toe-cap; cleat.
Birmanês *s* Burmese.
Birmanês *adj* Burmese.
Birra *s* freak; whim; anger.
Birrento *adj* obstinate; mulish.
Biruta *s* AER windvane; weather cock; GÍR crazy; mad.
Bis *adv* bis twice; MÚS repeat.
Bis *interj* encore! again!
Bisão *s* bison.
Bisar *v* to repeat; to encore.
Bisavô *s* great-grandfather.
Bisavó *s* great-grandmother.
Bisbilhotar *v* to intrigue; to snoop; to peer.
Bisbilhoteiro *s* intriguer; meddler; snooper.
Biscate *s* odd job; chore.
Biscateiro *s* odd-jobber; odd-jobman.
Biscoiteiro *s* biscuit-maker; crackers.
Biscoito *s* biscuit; USA cracker.
Bisnaga *s* tube for holding paste.
Bisneta *s* great-granddaughter.
Bisneto *s* great-grandson.
Bisonho *adj* inexperienced; shy.
Bispado *s* bishopric; diocese.
Bispo *s* bishop.
Bissemanal *adj* biweekly; semiweekly.
Bissetriz *s* MAT bisector.
Bissexto *s* bissext.
Bissexto *adj* bissextile; ***ano BISSEXTO***: leap year.
Bissexual *s* bisexual; hermaphroditic.
Bisturi *s* scalpel; bistoury.
Bitola *s* standard measure; gauge.
Bizarria *s* bravery; gallantry.
Bizarro *adj* gallant; brave; bizarre.
Blague *s* joke; gag.
Blasfemador *s* blasphemer.
Blasfemar *v* to blaspheme.
Blasfêmia *s* blasphemy.
Blefar *v* to bluff.
Blefe *s* bluff.

Blindagem *s* armour plating; armor; blindage; iron plating.
Blindar *v* to armour; to armor; to cover.
Bloco *s* block; writing pad.
Bloquear *v* to blockade; to bar.
Bloqueio *s* blockade; blockage.
Blusa *s* blouse; USA shirtwaist.
Blusão *s* field jacket; overblouse.
Boa *s* serpente.
Boa-noite *s* good-night; good-evening.
Boas-festas *interj* season's greetings!; merry christmas!
Boas-vindas *s* welcome.
Boataria *s* false reports; gossip; rumors.
Boato *s* hearsay; rumour; rumor.
Bobagem *s* nonsense; foolishness.
Bobalhão *s* great fool; silly; idiot.
Bobear *v* to behave like a foul; to miss out; to miss the boat.
Bobina *s* bobbin; spool; reel; coil.
Bobinador *s* coil-winder.
Bobinar *v* to coil; to spool.
Bobo *s* jester; buffoon; jerk.
Boca *s* mouth; *BOCA do estômago*: pit of the stomach.
Bocado *s* mouthful; morsel; bite.
Bocal *s* socket; nozzle; MÚS mouthpiece.
Boçal *adj* stupid; unrefined; rude.
Bocejador *s* yawner; gaper.
Bocejar *s* to yawn; to gap.
Bocejo *s* yawn; gape.
Bochecha *s* cheek.
Bochechar *v* to wash the mouth; to rinse the mouth; to gargle.
Bochecho *s* mouth-wash; mouthful of liquid; wash moutful.
Bochechudo *s* round-cheeked.
Bócio *s* MED goiter; bronchocele; struma.
Bocó *s* fool; simpleton.
Bocó *adj* foolish.
Bodas *s* wedding.
Bode *s* he goat; goat.
Bodega *s* tavern; bar; dirty house.
Boemia *s* loose life; unconvencional living.
Boêmia *s* bohemia; bohemianism.
Boêmio *s* bohemian; playboy; unconvential person.
Bofar *v* to gush; to throw out of the lungs; to vomit.
Bofetada *s* slap in the face; clout.
Bofetão *s* strong slap in the face.
Bofete *s* slap; buffet; facer; clout.
Boi *s* ox.
Boia *s* buoy; GÍR grub; USA chow.
Boiada *s* herd of cattle; drove.
Boiadeiro *s* hedsman; cowboy; cattleman.
Boiar *v* to float; GÍR to eat.
Boicotar *v* to boycott.
Boicote *s* boycott.
Boina *s* beret; cap.
Bojo *s* belly of a bottle; bulge.
Bojudo *s* big bellied; bulging.
Bola *s* ball; sphere; globe; *BOLA DE GUDE*: marble.
Bolacha *s* biscuit; USA cooky; cracker; cookie.
Bolada *s* a great deal of money; pile of money.
Bolar *v* to tip; to perceive; to hit; to plan.
Bolbo *s* bulb.
Bolear *v* to drive a carriage; to round; to turn.
Boleia *s* driver's seat on a carriage.
Bolero *s* bolero, a musical rithm for dancing.
Boletim *s* bulletin; periodic publication.
Bolha *s* blister; bubble.
Boliche *s* bowling.
Bólido *s* bolide; flaming meteor.
Bolinho *s* little cake.
Bolo *s* cake; cupcake.
Bolor *s* mould; mold.
Bolorento *adj* mouldy; moldy.
Bolsa *s* handbag; pouch.
Bolsista *s* scholarship holder.
Bolso *s* pocket; wrinkle.
Bom *adj* good; kind; *BOM-dia*: good morning.
Bomba *s* bomb; shell; *BOMBA de combustível*: petrol pump.
Bombachas *s* wide breeches; galligaskins.
Bombardão *s* MÚS bombardon; bass horn.
Bombardeio *s* bombing; bombardment.
Bombardeiro *s* bomber; bombardier.
Bombardino *s* MÚS baritone horn.
Bombástico *adj* bombastic; pompous.
Bombeiro *s* fireman; plumber.
Bombordo *s* NÁUT larboard, the left side of a ship.
Bonança *s* fair weather; calm; peacefulness.
Bondade *s* goodness; benevolence.
Bonde *s* tram-car; trolley car; USA streetcar.
Bondoso *adj* good; kind; benevolent.
Boné *s* cap; hat with a visor.
Boneca *s* doll; puppet.
Boneco *s* puppet; dandy.
Bonificação *s* bonus allowance.
Bonificar *v* to give a bonus; to reward.
Boniteza *s* prettiness; beauty.
Bonito *adj* fine; pretty; handsome.
Bonomia *s* good nature; goodness; kindness.
Bônus *s* bonus; bond.
Boquiaberto *adj* astonished; open-mouthed.
Boquinha *s* little mouth.
Borboleta *s* butterfly.
Borbulha *s* pimple on the skin.
Borda *s* edge; border.
Bordadeira *s* embroideress; embroiderer.
Bordado *s* embroidery.
Bordão *s* staff; crook.
Bordar *v* to embroider; to edge.
Bordel *s* brothel; bordel.
Bordo *s* board; border.
Bordoada *s* knock.
Boreal *adj* boreal; northern.
Boreste *s* starboard.
Bornal *s* feed-bag; nose bag.
Borocoxô *adj* GÍR weak; discouraged.
Borra *s* trash; dregs; lees; sediment.
Borracha *s* rubber; india rubber; USA eraser.
Borracheiro *s* tire repair man; one who repairs tires.
Borracho *s* drunkard; baby pigeon.
Borracho *adj* drunk; borracho.
Borrachudo *s* blackfly; turkey gnat; BR mosquito.
Borrado *adj* dirty; smeabed.
Borralho *s* embers; cinders.
Borrão *s* blot; stain; sketch.
Borrasca *s* storm; gale.
Borrego *s* male lamb; lamb.
Borrifar *v* to spray; to sprinkle.
Borrifo *s* sprinkling; drizzle.
Bosque *s* woods; forest; grove.
Bosquejo *s* outline; draft; sketch.
Bossa *s* bump; GÍR talent; *BOSSA nova*: new style of doing things; MÚS new pop brazilian rithm and song.
Bota *s* high boot; boot; cask.
Botânica *s* botany.
Botão *s* button.
Botar *v* to put; to set; to place.
Bote *s* boat; thrust; lunge.
Boteco *s* cheap bar; dive; public house.
Botelha *s* bottle; flask.
Botequim *vide* BOTECO.
Botica *s* drugstore; pharmacy.

Boticão *s* toth extractor.
Botina *s* boot; high shoes.
Boto *s* bouto (fish).
Bovino *adj* bovine.
Boxe *s* boxing; pugilism.
Boxeador *s* boxer; pugilist.
Braça *s* NÁUT fathom.
Braçada *s* armful; stroke.
Braçadeira *s* armstrap; tieback.
Braçal *adj* made by strength of arms; manual.
Bracejar *v* to move the arms; to strentch.
Bracelete *s* bracelet; bangle.
Braço *s* arm; hand worker; foreleg.
Bradar *v* to cry out; to shout.
Brado *s* cry; shout; roar.
Braguilha *s* fly of trouser.
Bramir *v* to bluster; to roar; to bellow.
Branca *s* white hair; white woman.
Branco *s* white.
Brancura *s* whiteness; hoariness.
Brando *s* gentle; soft; mild.
Brânquia *s* gill of a fish; gill; branchia.
Brasa *s* live coal; glow; ember.
Brasão *s* coat of arms; seal; blazon.
Braseiro *s* brazier; live coals.
Brasil *s* Brazil.
Brasileirismo *s* Brazilian expression; Brazilianism.
Brasileiro *s* Brazilian.
Brasileiro *adj* Brazilian.
Brasilidade *s* patriotism for Brazil.
Brasiliense *adj* inhabitant or native of Brasilian.
Bravata *s* brag-boast; bluster.
Braveza *s* fury; ferocity; savagery.
Bravio *adj* untamed; savage; wild; fierce.
Bravo *adj* courageous.
Bravo *interj* bravo! well done!
Brecar *v* to brake.
Brecha *s* gap; breach; rift.
Brejeiro *s* waggish; wicked; saucy.
Brejo *s* swamp; bog; marsh.
Breque *s* brake; break.
Bretão *s* breton.
Bretão *adj* breton.
Breu *s* tar; bitumen; pitch.
Breve *adj* short; rapid.
Breve *adv* soon; shortly.
Brevemente *adv* briefly; soon; shortly.
Breviário *s* breviary; brevier.
Brevidade *s* briefness; terseness.
Brigadeiro *s* brigadier.
Brigão *s* quarrelsome; contentious.
Brigar *v* to fight; to argue.
Brilhante *s* bright; shining; diamond; brilliant.
Brilhar *v* to shine; to glitter.
Brim *s* duck (cloth); drill.
Brincadeira *s* joke; fun; jest.
Brincalhão *adj* playful; jesting.
Brincar *v* to play; to joke.
Brinco *s* earring; jewel.
Brinde *s* present; gift.
Brinquedo *s* toy; game; play.
Brio *s* honour; pride.
Brioso *adj* brave; dignified; proud.
Brisa *s* breeze; gentle wind.
Britador *s* stone-breaker; rock crusher.
Britânico *s* british; britisher.
Britânico *adj* british; britannic.
Broa *s* baking-powder biscuit; corn bread; cake; ***BROA de milho***: johnny cake.
Broca *s* drill; burr; auger.
Brocado *s* brocade; maxim; axium.
Brocar *v* to drill; to bore; to perforate.
Brochura *s* paper-bound book; paperback; brochure.
Brócolis *s* broccoli.
Bronco *adj* dull; stupid; rough.
Brônquio *s* bronchus brochial tube.
Bronquite *s* bronchitis.
Bronze *s* bronze; bearing.
Broquel *s* shield; buckler; protection.
Brotar *v* to germinate; to sprout; to bud.
Broto *s* bud; sprouting; a teenager.
Brotoeja *s* rash blotches; prickly heat.
Bruma *s* fog; brume; mist.
Brunir *v* to polish; to shine.
Brusco *adj* rude; sudden; rough.
Brutalidade *s* brutality; violence.
Brutamontes *s* stupid fellow; savage; brute.
Bruxa *s* witch; hag; sorceress.
Bruxaria *s* sorcery; witchcraft.
Bruxo *s* wizard; sorcerer.
Bruxuleante *adj* flickering; lambent.
Bruxulear *s* to gleam; to waver; to flicker.
Bucal *adj* buccal; oral.
Bucha *s* wad; tampion; bushing; bung.
Buço *s* down moustache; fuzz.
Bucólico *adj* bucolic; simple; pastoral.
Budismo *s* Buddhism.
Bueiro *s* drain-trap; flue; culvert.
Búfalo *s* buffalo.
Bufão *s* buffoon; boaster; clown.
Bufê *s* buffet.
Bugiganga *s* trinket; bauble.
Bugio *s* howling monkey.
Bujarrona *s* baloon jib; NÁUT jib sail.
Bula *s* bulla seal; MED bulla; bull, instructions for use medicine.
Bulbo *s* bulb.
Bule *s* teapot; coffeepot.
Bulevar *s* boulevard.
Búlgaro *s* Bulgarian.
Búlgaro *adj* Bulgar; Bulgarian.
Bulha *s* noise; confusion.
Buliçoso *adj* turbulent; agitation; lively.
Bumbo *s* bass drum.
Buraca *s* marbles.
Buraco *s* hole; gap; cavity.
Burburinho *s* murmur; buzz; tumult.
Burgo *s* small town; burg; village; borough.
Burgomestre *s* burgomaster.
Burguês *s* citizen; burgher; bourgeois.
Buril *s* burin; graver; stone chisel.
Burilador *s* engraver.
Burilar *v* to engrave with a burin; to cute; to incise.
Burla *s* trick; fraud.
Burlar *v* to trick; to mock; to cheat.
Burlesco *adj* burlesque; ludicrous; mocking.
Burocracia *s* bureaucracy.
Burocrata *s* bureaucrat.
Burrada *s* drove of asses; idiocy; stupidity.
Burrice *s* nonsense; sulleness.
Burrinho *s* little ass; donkey engine; feed pump.
Burro *s* donkey; ass.
Burro *adj* silly; stupid.
Busca *s* search; quest; ***BUSCA-pé***: fireworks.
Buscar *v* to search; to seek; to look for.
Bússola *s* compass; magnetic needle.
Busto *s* bust; torso; woman's breasts.
Buzina *s* horn; trumpet; automobile horn.
Buzinar *v* to honk; to blow a horn.

C

C *s* the third letter of the Portuguese and of the English alphabets.
C *s* MÚS symbol (cipher) of the key dó.
Cá *adv* here; hither.
Caatinga *s* yellow elder.
Cabaça *s* bottle-gourd; calabash.
Cabal *adj* complete; just; perfect; full; thorough.
Cabalá *s* cabal; cabala; canvass; intrigue.
Cabalar *v* to intrigue; to electioneer; to cabal; to canvass; to ask for vote.
Cabalista *s* cabalist.
Cabalístico *adj* cabalistic; cabalistical.
Cabana *s* cottage; cot; hut; cabin.
Cabaré *s* night club; cabaret.
Cabeça *s* head; mind; talent; brain; chief; leader.
Cabeçada *s* to bang one's head; nod; nonsense.
Cabeçalho *s* headline; pole; preface; letter head.
Cabeção *s* headpiece; cape of a cloak; large collar.
Cabecear *v* to head; to nod; to sway.
Cabeceira *s* top of a table.
Cabeçote *s* headstock; tailstock.
Cabeçudo *adj* having a large head; a big head; obstinate.
Cabedal *s* funds; capital; fortune; leather.
Cabeleira *s* peruke; wig; POP tail of a comet.
Cabeleireiro *s* coiffeur; hairdresser.
Cabelo *s* hair; hairspring.
Caber *v* to be contained; to suit; to fit; to be fix; to be becoming.
Cabide *s* rack; peg; coat hanger; bracket; hat-tree.
Cabido *s* cathedral chapter.
Cabido *adj* opportune; proper.
Cabimento *s* acceptance; fitness; opportunity.
Cabina *s* cabin; cockpit.
Cabisbaixo *adj* downcast; FIG ashamed.
Cabo *s* extremity; cape; limit; headland.
Caboclo *s* backwoodsman; frontiersman.
Cabografar *v* to cable.
Cabograma *s* cablegram.
Cabotagem *s* cabotage; coastal trade; coastwise navigation.
Cabotinismo *s* brag; buffoonery; barnstorming.
Cabotino *s* bad actor; barnstormer; strolling comedian.
Cabra *s* goat; she-goat; ***CABRA cega***: man's-buff.
Cabresto *s* halter; headstall; NÁUT bobstay.
Cabriola *s* capriole; skip; leap.
Cabriolar *v* to caper; to gambol; to skip; to leap; USA to cavort.
Cabriolé *s* cabriolet; gig; curricle.
Cabrito *s* kid; suckling goat.
Cábula *s* truant; idler; slacker.
Cábula *adj* astute; wily; truant.
Cabuloso *adj* unlucky; pesky; truant.
Caça *s* hunting; hunt; pursuit; investigation; chase.
Caçada *s* hunt; hunting; chase.
Caçador *s* hunter; jager; huntsman.
Cação *s* squaloid fish; shark; dogfish.
Caçar *v* to hunt; to chase; to pursue.
Cacarecos *s* junk; trash.
Cacarejar *v* to cluck; to chuck; to cackle.
Caçarola *s* casserole; saucepan.
Cacatua *s* cockatoo (bird).
Cacau *s* cocoa; cacao bean.
Cacaual *s* cocoa plantation.
Cacaueiro *s* cocoa palm; cocoa tree; cacoa tree.
Cacetada *s* beating; stroke with a stick.
Cacete *s* stick; bludgeon; club; cudgel.
Cacete *adj* boring; bored job; bothersome.
Cachaça *s* BR drink; white rum.
Cachaceiro *s* sot; tippler; drunkard.
Cachaço *s* nape; boar; scruff.
Cachalote *s* cachalot; sperm whale.
Cachimbada *s* pipeful of smoke; tobacco smoke; puff.
Cachimbar *v* to scorn; to smoke a pipe.
Cachimbo *s* pipe; socket; tobacco-pipe.
Cacho *s* bunch; cluster; lock.
Cachoeira *s* waterfall; falls; cataract.
Cachola *s* noddle; socket; nut; head.
Cachopa *s* girl; maiden; lass.
Cachopo *s* lad; boy; sandbar; rock.
Cachorra *s* bitch.
Cachorrada *s* dog pack; FIG dirty trick.
Cachorrinho *s* puppy; whelp; pup.
Cachorro *s* dog; canine; cur; pooch; ***CACHORRO quente***: hot dog.
Cachucha *s* cachucha (Spanish dance).
Cacique *s* cacique; sachem; boss.
Caco *s* shard; shiver; TEATR gag; potsherd.
Caçoada *s* mockery; chaff; jest.
Caçoador *s* jester.
Caçoador *adj* jeering; jesting; joking.
Caçoar *v* to jest; to jeer; to josh; to tease; to banter.
Cacoete *s* cacoethes; bad habit; nervous tic.
Cacofonia *s* GRAM cacophony.
Cacto *s* BOT cactus (plant).
Caçula *s* youngest child.
Cada *adj* every; each.
Cadafalso *s* scaffold; gibbet; gallows.
Cadarço *s* tape; silk braid; braid.
Cadastro *s* cadaster; cadastre; dossier.
Cadáver *s* cadaver; corpse.
Cadavérico *adj* cadaverous; pale.
Cadeado *s* padlock.
Cadeia *s* chain; series; gaol; penitentiary; USA jail.
Cadeira *s* chair; seat; FIG subject taught; *pl* hips.
Cadeirinha *s* sedan chair; small chair; rumble seat.
Cadela *vide* CACHORRA.
Cadência *s* cadence; beat; cadency.
Cadenciado *adj* cadenced; measured; rhythmical.
Cadenciar *v* to cadence; to render rhythmical.
Cadente *adj* cadent; shooting; falling.
Caderneta *s* chainwork; passbook of a bank; notebook.
Caderno *s* exercise-book; copybook; notebook.
Cadete *s* MIL cadet (student).
Cádi *s* cadi, a judge or magistrate among Turks, Arabs, etc.
Cadinho *s* crucible; melting pot.
Caducante *adj* decrepit; senile; weakening.

Caducar *v* to become decrepit; to grow old; to be mentally decrepit.
Caduceu *s* caduceus, symbol of Mercury (ancient divinity).
Caducidade *s* caducity; lapse; decrepitude; craziness.
Caduco *adj* caducous; decrepit; senile.
Caduquice *s* craziness; dotage; madness.
Cafajeste *s* a shrimp; vulgar person; boor.
Cafajeste *adj* good-for-nothing fellow.
Café *s* coffee; coffee house; café.
Cafeína *s* caffein; caffeine.
Cafeteira *s* coffee pot.
Cafezal *s* coffee plantation.
Cafezinho *s* small cup of black coffee.
Cáfila *s* caravan; gang; drove of camels.
Cafuá *s* cave; cavern; hiding-place.
Cágado *s* tortoise; turtle.
Caiação *s* whitewash; whitewashing.
Caiador *s* whitewasher.
Caiaque *s* kayak (boat).
Caiar *v* to whitewash; to calcimine.
Cãibra *s* cramp; kink; crick.
Caiçara *s* fence of poles; corral; palisade; hayseed; a rustic.
Caída *s* decay; fall; decline; decadence.
Caído *adj* fallen; dejected; sad; gloomy.
Caídos *s pl* caresses; arrears; kind feelings; fondness.
Caimento *s* fall; downfall; discouragement; depression.
Caipira *s* backwoodsman; hick; countryman; bumpkin; yokel; USA hayseed; yahoo.
Caipora *s* unlucky person.
Caipora *adj* boorish; unfortunate; unlucky.
Caiporismo *s* misfortune; run of bad luck; unhappiness; voodoo.
Cair *s* to fall; to relapse; drop; to tumble down.
Cais *s* quay; pier; USA dock.
Caixa *s* box; chest; case; cashier.
Caixão *s* coffin; USA bin; box; doorframe; case; large box; caisson.
Caixeiro *s* boxmaker; shop-assistant; salesman; USA clerk; salesclerk.
Caixilho *s* window frame; sash; molding; casement; doorcase.
Caixinha *s* pork-barrel; pool.
Caixote *s* package; small rough box; packing case.
Cajadada *s* blow; rap; ***matar dois pássaros com uma só*** *CAJADADA*: to kill two birds with one stroke.
Cajado *s* shepherd's staff; crook.
Caju *s* cashew nut; cashew; acasou.
Cajueiro *s* cashew tree; acasou.
Cal *s* lime; whitewash; lump lime.
Calaboca *s* blackjack; GÍR hush-money; rake-off.
Calabouço *s* dungeon; gaol; lockup; prison; USA calaboose; jail.
Calada *s* silence; hush; quietness.
Calado *s* NÁUT draught; draft.
Calado *adj* silent; quiet; reserved.
Calafrio *s* shiver; shakes; chill.
Calamidade *s* calamity; affliction.
Calamitoso *adj* calamitous; disastrous.
Cálamo *s* calamus; quill; stem.
Calandra *s* calender; lark; mangle.
Calão *s* jargon; argot; slang.
Calar *v* to conceal; to hush; to omit; to silence; to impose silence.
Calçada *s* walkway; pavement; USA sidewalk; ***superintendente de*** *CALÇADA*: sidewalk superintendent.
Calçadeira *s* shoehorn; rammer.
Calçado *s* footwear; footgear; shoe.
Calçamento *s* pavement; paving.
Calcanhar *s* heel; heelpiece.
Calção *s* breeches; shorts; trunks; *CALÇÃO* ***de banho***: swimming suit; bathing truncks.
Calçar *s* to shoes; to put on shoes (boots, slippers, trousers, gloves, etc).
Calcar *v* to tread; to trace; to trample on; to crush; to pound.
Calcário *adj* calcareous; limy.
Calças *s* trousers; pants; panties.
Calcinar *v* to calcine; to burn to ashes; to cauterize.
Cálcio *s* calcium; white-yellow metal.
Calço *s* wedge; chock; shim.
Calcular *v* to calculate; to compute; to reckon; to conjecture.
Calculável *adj* calculable; computable; ratable.
Cálculo *s* calculation; computation; estimate.
Calda *s* sauce; melted sugar; syrup; welding of iron.
Caldeação *s* blending; fusing; welding.
Caldeira *s* sump; kettle; boiler.
Caldeirada *s* kettleful; fish stew.
Caldeirão *s* cauldron; boiler; pothole.
Caldo *s* soup; gravy; broth; a ducking.
Calefação *s* calefaction; heating.
Calejado *adj* hardened; indurate; callous.
Calejar *v* to be callous; to harden; to develop calluses.
Calendário *s* calendar; almanac.
Calendas *s* calends.
Calha *s* trough; gutter; trench.
Calhambeque *s* junk-heap; trash; USA jalopy.
Calhar *v* to tally; to fit in; to square.
Calibrador *s* gauge; caliper.
Calibrar *v* to calibrate; to gauge.
Calibre *s* calibre; caliber; capacity; bore.
Cálice *s* chalice; cup; wine-glass; BOT calyx.
Cálido *adj* hot; ardent; fiery; warm.
Califa *s* caliph.
Caligrafia *s* calligraphy; handwriting; penmanship.
Calista *s* chiropodist; pedicure; pediatrist.
Calma *s* calm; calmness; tranquility; quiet.
Calmante *s* calmative; sedative.
Calmante *adj* soothing; calming; anodyne.
Calmaria *s* calm; still; FIG serenity.
Calmo *adj* calm; quiet; cool; serene.
Calo *s* corn; callus; callosity.
Calor *s* heat; warmth; hotness.
Caloria *s* calory; calorie.
Caloroso *adj* warm; hot; ardent; enthusiastic.
Calota *s* hub cap; skull cap.
Calote *s* swindle; bad debt.
Calotear *v* to swindle; to bilk; to evade payment; to cheat.
Caloteiro *s* swindler; bilker; GÍR dead beat.
Calouro *s* neophyte; novice; freshman.
Calúnia *s* calumny; defamation; slander.
Caluniador *s* slanderer; maligner.
Caluniador *adj* slandering; slanderous.
Caluniar *v* to calumniate; to slander; to backbite.
Calva *s* baldness; bald-headed person.
Calvário *s* Calvary; Golgotha.
Calvinismo *s* RELIG calvinism (John Calvin - 16th and 17th centuries).
Calvo *vide* CALVA.
Cama *s* bed; sack; bunk.
Camada *s* layer; stratum; coat.
Camaleão *s* chameleon; iguana.
Câmara *s* chamber; cabin; room in a house; stateroom.
Camarada *s* fellow; comrade; pal; companion; USA hired man; guy.
Camaradagem *s* society; comradeship; companionship; intimacy.
Camarão *s* shrimp; hook; prawn.
Camareira *s* chambermaid; maid of honour; waiting-maid.
Camareiro *s* chamberlain; valet.
Camarim *s* cabinet; dressing room; greenroom.
Camarote *s* cabin; ship's cabine; stateroom; box.

Cambada *s* GÍR band; gang; rabble.
Cambalacho *s* barter; bargaining; fraud; logrolling.
Cambaleante *adj* tottering; staggering; reeling.
Cambalear *v* to totter; to dodder; to stagger; to reel.
Cambalhota *s* gambol; flip-flop; USA monkeyshine.
Cambeta *adj* bow-legged; lame.
Cambial *s* bill; bill of exchange.
Cambial *adj* money-exchange.
Cambiar *v* to change; to exchange money; to convert.
Cambraia *s* chambray; cotton cloths; cambric.
Caminhada *s* walk; hike; jaunt.
Caminhão *s* lorry; camion; van; USA truck.
Caminho *s* way; route; road; path.
Camisa *s* shirt; chemise; jacket.
Camisaria *s* shirt factory.
Camiseta *s* undershirt; vest; singlet.
Camisola *s* camisole; nightdress.
Campainha *s* bell; buzzer; electric bell; MED uvula.
Campanário *s* steeple; belfry.
Campanha *s* campaign; fields; plains.
Campeão *s* champion; champ; defender.
Campeonato *s* championship.
Campestre *adj* rustic; bucolic; rural.
Campo *s* camp; field; outdoors.
Camuflagem *s* camouflage; disguise.
Camundongo *s* mouse.
Camurça *s* chamois; shammy; deer skin.
Cana *s* cane; stem; reed.
Canal *s* channel; groove; duct.
Canalha *s* rabble; heel.
Canalização *s* canalization; piping.
Canário *s* canary (bird).
Canavial *s* a cane plantation; canebrake.
Canção *s* song; air.
Cancela *s* barred gate; gate.
Cancelamento *s* cancel; cancellation.
Cancelar *v* to cancel; to call off; to repeal; to recall; to erase.
Câncer *s* ASTRL cancer (fourth sign of the zodiac); MED cellule's disease.
Cancioneiro *s* songbook; collection of songs (or poems).
Cançoneta *s* canzonet; air; ditty.
Cançonetista *s* ditty singer; canzonet composer.
Candelabro *s* chandelier; candelabrum.
Candidato *s* candidate.
Candidatura *s* candidacy; candidature.
Cândido *adj* candid; white; pure; sincere.
Candura *s* candour; candor candidness; innocence; purity.
Caneca *s* cannikin; tin cup; beaker; mug.
Caneco *s* mug.
Canela *s* cinnamon; shin; shinbone.
Canelada *s* blow on the shin.
Canelado *adj* grooved; striated.
Canelar *v* to groove; to furrow; to flute.
Caneleira *s* cinnamon tree; greave.
Caneta *s* pen; penholder.
Canga *s* yoke; cangue.
Cangaceiro *s* bandit; outlaw; highwayman.
Cangote *s* occipital region; back of the neck; GÍR nape.
Canguru *s* ZOO kangaroo (animal).
Cânhamo *s* hemp (tree).
Canhão *s* cannon; gun.
Canhonaço *s* cannon shot.
Canhota *s* the left hand.
Canhoto *s* USA stub.
Canhoto *adj* left handed.
Canibal *s* cannibal; man-eater.
Caniço *s* reed; fishing rod.
Canícula *s* great hotness; ASTR Dog Star; Sirius.
Canil *s* kennel.
Canino *s* canine tooth; doglike.
Canivete *s* penknife; jackknife; pocketknife.
Canja *s* chicken broth; chicken soup; GÍR cinch.
Canjica *s* grits; hominy; BR special food.
Cano *s* pipe; barrel; tube; conduit.
Canoa *s* canoe (boat).
Canonizar *v* to canonize; to saint.
Cansaço *s* tiredness; fatigue; weariness.
Cansado *adj* tired; beaten; weary; wearied.
Cansar *v* to tire; to weary; to fatigue; to irk.
Canseira *s* fatigue; weariness; toil.
Cantador *s* popular singer.
Cantante *adj* singing; swinging.
Cantão *s* canton.
Cantar *v* to sing; to croon; to chant.
Cântaro *s* water-pot; jar; jug; USA pitcher; ***chover a CÂNTAROS***: to rain cats and dogs.
Cantarolar *v* to hum; to croon; to sing out of tune.
Canteiro *s* quarryman; patch; stonecutter; flower bed.
Cântico *s* canticle; chant; hymn.
Cantiga *s* song; lay; ditty.
Cantil *s* canteen; flask; pottle.
Cantochão *s* plain chant; Gregorian song.
Cantor *s* singer; crooner; vocalist.
Canudo *s* slender tube; pipe; ringlet.
Cão *s* dog; cock or hammer of a gun; canine.
Caolho *adj* one-eyed; cross-eyed; cockeyed.
Caos *s* chaos; anarchy; FIG big confusion; in disorder.
Caótico *adj* chaotic; to be in very confusion state; anarchical; anarchic.
Capa *s* cloak; mantle; cape; cover.
Capacete *s* helmet; headpiece; casque.
Capacho *s* mat; door mat; FIG a servile person; fawner.
Capacidade *s* capacity; content; ability.
Capacitar *v* to enable; to qualify; to capacitate.
Capado *s* barrow; gelding.
Capado *adj* castrated; spayed.
Capanga *s* BR bodyguard; gangster; hired murder.
Capataz *s* foreman; boss; gang boss.
Capaz *adj* capable; able; capacious; competent.
Capcioso *adj* captious; crafty; insidious; artful.
Capela *s* chapel; shrine; garland.
Capelão *s* chaplain.
Capenga *s* a lame person; cripple.
Capenga *adj* lame; footsore; halt.
Capengar *v* to stump; to limp; to hobble; to halt.
Capilar *s* capillary (hair).
Capilar *adj* capillary; concerning about hair.
Capim *s* grass; dought.
Capinar *v* to cut the grass; to scram; to weed; to hoe.
Capital *s* capital; money; stock.
Capital *adj* capital; leading.
Capitalismo *s* ECON capitalism.
Capitalista *s* capitalist; wealthy person; GÍR gold-bug.
Capitalista *adj* capitalistic.
Capitania *s* captaincy; captainship.
Capitânia *s* flagship.
Capitão *s* captain.
Capitel *s* ARQT capital; upper part of a column.
Capitulação *s* capitulation; surrender.
Capitular *v* to capitulate; to surrender; to come to terms.
Capitular *adj* capitulary.
Capítulo *s* chapter; book's division; capitulum.
Capivara *s* ZOO capybara (mammiferous).
Capô *s* bonnet; cowling; USA hood.
Capoeira *s* brush; coop; BR corporal fight.
Capota *s* hood; bonnet; USA top.
Capotar *v* to turn over; to turn over a car; to capsize.
Capote *s* cloak; capote; overcoat.

Caprichar *v* to perfect; to perform carefully.
Capricho *s* care; whim; fancy; caprice.
Caprichoso *adj* capricious; USA choosy.
Capricórnio *s* goat; ASTR Capricorn; the tenth sign of the zodiac.
Caprino *adj* goatlike; he-goat.
Cápsula *s* capsule; little pack; cartridge; cachet; boll.
Captar *v* to catch; to receive; to entrap.
Captura *s* capture; seizure; arrest.
Capturar *v* to capture; to arrest; to prize; to nab.
Capuchinho *s* capuchin (chocolate drink).
Capuchinho *adj* RELIG capuchin.
Capuz *s* hood; calash; cowl.
Caqui *s* kaki; persimmon.
Cáqui *adj* khaki (colour of cloth).
Cara *s* face; countenance; visage; look; aspect; GÍR fellow; chap; USA man; guy.
Carabina *s* rifle; carbine.
Caracol *s* caracole; curl; snail.
Caráter *s* character.
Caracteres *s pl* characters; charactery.
Característica *s* feature; rank; characteristic.
Característico *s* characteristic.
Característico *adj* distinctive; characteristic; individual.
Caracterizar *v* to define; to characterize; to disnguish.
Caradura *s* barefaced; flare; sparkler.
Caramanchão *s* bower; USA arbor.
Carambola *s* billiard; carom; cannon; FIG trick; BOT carambola (fruit).
Carambolar *v* to cannon; FIG to deceive.
Caramelo *s* caramel; toffee; frost; USA taffy.
Cara-metade *s* wife; better half; rib.
Caramujo *s* periwinkle; figurehead.
Caranguejo *s* crab; ASTR cancer.
Carapuça *s* conical cap; cap; phrygian.
Caravana *s* caravan.
Caravela *s* caravel (ship).
Carbonário *s* carbonaro, a member of a political Neapolitan anti-French secret society of the19th century.
Carbonizar *v* to carbonize; to char; to coal.
Carbono *s* carbon; carbon paper.
Carburador *s* carburettor.
Carcaça *s* carcass; body; skeleton.
Cárcere *s* gaol; jail; prison.
Carcereiro *s* gaoler; jailer; jailor; USA warden.
Carcomido *adj* worm-eaten; rotten.
Cardápio *s* bill of fare; menu.
Cardar *v* to card; to comb.
Cardeal *s* cardinal; redbird.
Cardeal *adj* fundamental; principal; cardinal.
Cardíaco *adj* MED cardiac (heart).
Cardinal *adj* cardinal; principal.
Cardume *s* shoal (fish).
Careca *s* baldy;baldness.
Careca *adj* bald; balding.
Carecer *v* to lack; to need; to want.
Carência *s* lack; need; want.
Carestia *s* costliness; scarcity; high cost of living.
Careta *s* grimace; mask.
Carga *s* load; burden; freight; cargo; loading.
Cargo *s* function; office; charge; employment.
Cargueiro *adj* freight-carrying; freighter ship.
Cariado *adj* carious; decayed.
Caricato *adj* grotesque; burlesque; ridiculous.
Caricatura *s* cartoon; caricature.
Carícia *s* caress; fondness.
Caridade *s* charity; pity; mercy.
Caridoso *adj* charitable; kind; gracious.
Cárie *s* caries; decay.
Carimbar *v* to seal; to stamp.
Carimbo *s* seal; stamp.
Carinho *s* love; fondness; affection; caress.
Carioca *s* BR native of the city of Rio de Janeiro.
Carisma *s* charism; leader quality.
Carlinga *s* carlingue; cockpit; mast step.
Carmesim *adj* crimson; carmine.
Carmim *s* carmine; crimson; rouge.
Carnal *adj* sensual; carnal.
Carnaúba *s* carnauba (tree).
Carnaval *s* carnival.
Carnavalesco *adj* ridiculous; grotesque.
Carne *s* flesh; meat.
Carnegão *s* core; hardened.
Carneiro *s* sheep; ram.
Carniça *s* decayed meat; carrion; prey.
Carniceiro *s* butcher.
Carniceiro *adj* carnivorous; bloodthirsty.
Caro *adj* dear; beloved; expensive.
Caro *adv* dearly; expensively.
Caroço *s* seed; stone of a fruit; USA pit.
Carola *adj* fanatical; sanctimonious.
Carona *s* panel; a saddle pad; lift; free ride.
Carpa *s* carp; a fish.
Carpido *s* weeping; cry; sob.
Carpintaria *s* carpentry; carpenter's shop.
Carpir *v* to mourn; to complain; to tear one's hair.
Carrancudo *adj* sullen; grim; stern.
Carrapato *s* tick; jigger.
Carrapicho *s* bur; knot; BOT cocklebur.
Carrasco *s* hangman; executioner; FIG a cruel person.
Carrear *v* to cart; to drive; to drag.
Carregação *s* load; cargo; lading.
Carregado *adj* charged; loaded; heavy; sad; oppressed.
Carregador *s* loader; packer; shipper; porter; USA redcap.
Carregamento *s* cargo; shipment; loading.
Carregar *v* to load; to charge; to carry.
Carreira *s* run; race; career; row.
Carreta *s* cart; handcart; wagon.
Carreteiro *s* cartman; wagoner; driver.
Carretel *s* bobbin; coil; reel; USA spool.
Carretilha *s* small wheel; wagon; bow drill.
Carreto *s* freight charge; cartage; portage.
Carrilhão *s* carillon; peal; chimes; set of bells.
Carrinho *s* little cart; toy cart.
Carro *s* cart; van; wagon; motor-car; car; USA automobile.
Carroça *s* smart cart; wagon.
Carrossel *s* merry-go-round; roundabout; USA carroussel.
Carruagem *s* carriage; coach.
Carta *s* letter; card; charter.
Cartão *s* card; pasteboard.
Cartaz *s* bill; poster; placard; hoarding; USA billboard.
Cartear *v* to play cards; to plot; to determine.
Carteira *s* desk; pocket book; notebook; wallet; USA pocketbook; driver's licence.
Carteiro *s* postman; USA mailman.
Cartilha *s* spelling-book; hornbook; primer; first reader.
Cartografia *s* cartography; mapping.
Cartola *s* top hat; silk hat; USA plug hat.
Cartolina *s* board paper; bristol board; light cardboard.
Cartomancia *s* cartomancy; fortunetelling with cards.
Cartomante *s* fortune-teller; fortuneteller.
Cartonar *v* to board; to bind in books.
Cartório *s* notary's office; register office; registry.
Cartucheira *s* cartridge-belt.
Cartucho *s* cartridge; roll; horn-shaped packet.
Carunchoso *adj* worm-eaten; wormy; rotten.
Carvalho *s* oak (tree).
Carvão *s* coal; charcoal.
Carvoeiro *s* coal-man; coal-seller.

Cãs *s* white hair.
Casa *s* house; dwelling; home.
Casaca *s* dress-coat; dresscoat; swallow-tailed coat; swallow-tail.
Casacão *s* overcoat; top coat.
Casaco *s* coat; jacket; suit coat; USA topper.
Casado *adj* married; wedded; matched.
Casal *s* couple; creel; married couple.
Casamenteiro *s* match-maker; matchmaker.
Casamento *s* marriage; wedding.
Casar *v* to marry; to match; to join.
Casca *s* peel; skin; rind; husk; pod; shell; bark.
Cascalho *s* gravel; pebble-stones; broken stone.
Cascata *s* cascade; waterfall.
Cascavel *s* ZOO rattle-snake; rattlesnake; viper; poison snake.
Casco *s* cask; scalp; hoof.
Caseiro *s* house-keeper; housekeeper.
Caseiro *adj* homeloving; homely; homespun.
Caserna *s* MIL caserns; barracks.
Casimira *s* cashmere; soft; cassimere.
Caso *s* case; tale; event; occurrence.
Caspa *s* scurf; furfur; dandruff.
Casquinha *s* a thin bark; a bit; lath; veneer; USA ICE-CREAM; *CASQUINHA de sorvete*: cornet.
Cassar *v* to annul; to repeal; to quash.
Cassetete *s* truncheon; club; USA billy; night stick; billy club.
Cassino *s* casino; gambling house.
Casta *s* caste; race; lineage; generation.
Castanha *s* chestnut; chignon.
Castanhal *s* chestnut-grove; chestnut grove.
Castanholas *s* castanets; snappers.
Castelo *s* castle; fort; fortification.
Castiçal *s* candlestick; taperstand.
Castiço *adj* pure; well-bred; correct; good lineage.
Castidade *s* chastity; continence.
Castigar *v* to chastise; to punish; to chasten.
Castigo *s* chastisement; punishment; penalty.
Casto *adj* chaste; pure.
Castor *s* castor; beaver.
Castração *s* castration; gelding.
Castrado *s* eunuch; barrow.
Castrado *adj* castrated; spayed.
Castrador *s* castrator; gelder.
Castrar *v* to geld; to castrate.
Casual *adj* accidental; casual; fortuitous.
Casualidade *s* hazard; accident; fortuity; accidental; casualty.
Casuísta *s* casuist.
Casula *s* chasuble.
Casulo *s* cocoon; husk; cod; chrysalis; boll.
Cataclisma *s* cataclysm.
Catacumba *s* catacomb.
Catálogo *s* catalogue; index; file; *CATÁLOGO telefônico*: telephone directory; USA telephone book.
Catapulta *s* catapult.
Catar *v* to look for; to search; to catch.
Catarata *s* cataract. waterfall.
Catarro *s* catarrh; sputum.
Catástrofe *s* catastrophe; disaster.
Catavento *s* weather-cock; weathercock; vane.
Catecismo *s* catechism.
Cátedra *s* cathedra; professorship; chair.
Catedral *s* cathedral.
Catedral *adj* cathedral.
Catedrático *s* a university teacher; full professor.
Categoria *s* category; class; condition; rank.
Categórico *adj* categorical; absolute.
Catequizar *v* to catechize; to instruct.
Catinga *s* stink; avarice; rankness.
Cativante *adj* fetching; winsome; captivating.
Cativar *v* to captivate; to charm; to attract.
Cativeiro *s* captivity; prison; bondage.
Católico *s* catholic.
Católico *adj* catholic; belonging to the Catholic Church; universal.
Catorze *adj* fourteen.
Catraca *s* ratchet.
Caução *s* bail; security; guarantee.
Cauda *s* tail end; train of dress; extremity.
Caudilho *s* commander; chief; leader; boss.
Caule *s* BOT caulis; stem; stalk; axis.
Causa *s* cause; ground; lawsuit; case.
Causalidade *s* causality.
Causar *v* to cause; to induce; to occasion.
Causídico *s* lawyer; barrister.
Cáustico *adj* caustic; burning; biting.
Cautela *s* caution; prudence; care.
Cauteloso *adj* wary; discreet; cautious; prudent.
Cauterizar *v* to cauterize; to burn; to fire.
Cavaco *s* sliver; chat; chip.
Cavado *adj* hollowed; dug out; cleft; excavated.
Cavalaria *s* cavalry; horsemanship.
Cavalariça *s* stable.
Cavalariço *s* hostler; groom.
Cavaleiro *s* knight; horseman; rider.
Cavalete *s* easel; rack; trestle; frame.
Cavalgada *s* cavalcade.
Cavalgadura *s* mount; FIG a rude person; stupid.
Cavalgar *v* to ride; to jump.
Cavalheirismo *s* nobility; knightliness; knighthood; chivalry.
Cavalheiro *s* gentleman.
Cavalheiro *adj* noble; cultured; gentlemanly; gallant.
Cavalo *s* horse; knight (chess).
Cavanhaque *s* goatee.
Cavaquinho *s* small guitar.
Cavar *v* to dig; to excavate; to hoe.
Caveira *s* skull.
Caverna *s* cavern; cave; large cave; den.
Cavidade *s* cavity; hole; hollow.
Caxumba *s* mumps; paratitis.
Cear *v* to supper; to have one's supper.
Cearense *s* BR native of Ceará.
Cebola *s* onion (plant).
Cebolinha *s* shallot; onion set.
Cebolinho *s* onion set; chive.
Cedência *s* cession; yielding; grant.
Cedente *adj* yielding; ceding; granting.
Ceder *v* to yield; to give in; to cede.
Cedilha *s* cedilla.
Cedinho *adv* very early; quite soon.
Cedo *adv* early; soon.
Cédula *s* bank note; USA bill.
Cegar *v* to blind; to dazzle.
Cego *s* blind man; blindman.
Cego *adj* blind.
Cegonha *s* stork; well sweep.
Cegueira *s* blindness; FIG ignorance; fanaticism.
Ceia *s* supper.
Ceifar *s* to reap; to harvest; to crop.
Ceifeira *s* woman reaper; harvest woman.
Celebérrimo *adj* most celebrated; most famous.
Celebração *s* celebration.
Celebrar *v* to celebrate; to solemnize; to commemorate.
Celebrável *adj* praiseworthy.
Célebre *adj* celebrated; renowned; famous.
Celebridade *s* celebrity; fame; renown.
Celebrizar *v* to render famous; to become famous.
Celeiro *s* granary; storehouse.
Celeridade *s* haste; celerity; quickness.

Celeste *adj* celestial; heavenly.
Celestial *vide* CELESTE.
Celeuma *s* alarm; uproar; row.
Celibatário *s* bachelor; celibate.
Celibatário *adj* unmarried; celibate.
Celibato *s* celibacy; single state; bachelorhood.
Célula *s* cell; cellule.
Celular *adj* cellular.
Cem *adj* hundred.
Cementar *v* to cement; to caseharden.
Cemitério *s* cemetery; graveyard; churchyard; God's acre.
Cena *s* scene; sight; stage scenery.
Cenário *s* scenery; decor; setting.
Cenografia *s* sets; scenography.
Cenógrafo *s* scene painter; scenographer; scenario writer.
Cenoura *s* carrot.
Censo *s* census; quitrent.
Censor *s* censor; critic.
Censual *adj* censual; lascivo.
Censura *s* censure; reaproach; censorship.
Censurar *v* to censure; to blame; USA to knock; to criticize.
Censurável *adj* censurable; blamable.
Centavo *s* cent; penny; centavo.
Centeio *s* rye.
Centelha *s* spark; sparkle; flash of fire.
Centelhar *v* to sparkle; to gleam.
Centena *s* a hundred.
Centenário *s* century; centennial; centenarian.
Centenário *adj* centenary; a hundred years old.
Centesimal *adj* centesimal; hundredth.
Centésimo *s* centesimal; hundredth.
Centésimo *adj* hundredth.
Centígrado *adj* centigrade.
Centigrama *s* centigram; centigramme.
Centilitro *s* centilitre; centiliter.
Centímetro *s* centimetre; centimeter.
Cento *s* a hundred.
Centopeia *s* centipede; millipede.
Central *adj* central; centrical.
Centralização *s* centralization.
Centralizar *v* to center; to centralize.
Centro *s* centre; center; core.
Cêntuplo *s* hundredfold.
Cêntuplo *adj* centuple.
Centúria *s* century; centenary.
Céptico *adj* sceptical; cynic; incredulous.
Cera *s* wax; cerumen.
Cerâmico *s* ceramics.
Cerâmico *adj* ceramic.
Cerca *s* fence; hedge.
Cerca *adv* nearly; about.
Cercado *s* pound; enclosure.
Cercado *adj* fenced; surrounded.
Cercadura *s* border; garniture; belt.
Cercania *s* surroundings; vicinity; neighbourhood; neighborhood.
Cercar *v* to enclose; to surround; to fence in; to wall.
Cerceamento *s* clipping; retrenchment.
Cercear *v* to pare; to clip; to curtail; to cut down.
Cerco *s* siege; circle; ring.
Cerda *s* bristle.
Cereal *s* cereal; grain.
Cereal *adj* cereal; grain.
Cerebelo *s* cerebellum.
Cérebro *s* brain; cerebrum; FIG intellgence.
Cereja *s* cherry; cerise.
Cerejeira *s* cherry tree.
Cerimônia *s* formality; ceremony; form.
Cerimonioso *adj* cerimonious; formal.
Cerne *s* heart; core of trees; chark.
Ceroulas *s* drawers; USA long drawers; long johns.
Cerração *s* mist; fog; haze; gloom.
Cerrado *adj* shut; gloomy; cloudy.
Cerrar *v* to close; to shut; to join.
Certame *s* contest; competition; struggle.
Certamente *adv* sure; certainly; surely; by all means.
Certeiro *adj* sure; well-aimed; exact.
Certeza *s* certainty; assurance.
Certidão *s* certificate; affidavit; voucher; copy.
Certificado *s* warranty; certificate.
Certificar *v* to certify; to attest; to assure.
Certo *adj* certain; right; sure; assured.
Cerveja *s* malt; beer; ale.
Cervejaria *s* brewery; alehouse; beer-house; pub; USA joint; saloon.
Cervejeiro *s* brewer; beer seller; beer dealer.
Cervo *s* stag; hart; deer.
Cerzideira *s* female finedrawer; mender; darner.
Cerzidor *s* darner; patcher.
Cerzidura *s* darning; finedrawing; patching.
Cerzir *v* to darn; to fine-draw; to patch.
Cessação *s* cessation; discontinuance; surcease.
Cessão *s* cession; transfer; given up; JUR remise; release.
Cessar *v* to cease; to come to an end; to bring to the end; to stop.
Cesta *s* basket; pannier; hamper.
Cesto *s* basket; pannier; creel.
Cetim *s* satin.
Cetro *s* scepter; sceptre.
Céu *s* heaven; sky; firmament.
Cevada *s* barley; barleycorn.
Cevado *s* pig; fatling.
Cevado *adj* fattened; fat.
Cevar *v* to fatten; to glut; to lure.
Chá *s* tea; tea plant.
Chacal *s* jackal.
Chácara *s* country-house; country-place.
Chacina *s* slaughter; smoked-meat; slaughtering.
Chacota *s* jest; fun; jeer; mock.
Chafariz *s* fountain; public fountain.
Chafurdar *s* to wallow; to mire; to bemire.
Chaga *s* ulcer; wound; sore.
Chalé *s* chalet; cottage.
Chaleira *s* tea-kettle; pot.
Chalupa *s* sloop; long boat; cutter.
Chama *s* flame; blaze; fire; FIG ardour; ardor.
Chamada *s* call; catchword; roll call.
Chamamento *s* call; calling; convocation.
Chamar *v* to call; to convoke; to name.
Chamariz *s* bird-call; allurement; bait; lure.
Chamejante *adj* flashy; burning; sparkling.
Chaminé *s* chimney; funnel.
Champanha *s* champagne (France wine).
Chamuscar *v* to singe; to scorch.
Chancela *s* oficcial seal; seal; rubber stamp.
Chancelaria *s* chancery; chancellery.
Chanceler *s* chancellor; secretary.
Chanfrado *adj* canted; beveled; fluted.
Chantagem *s* blackmail; extortion.
Chão *s* ground; soil; floor.
Chão *adj* level; smooth; plane; simple.
Chapa *s* metal sheet; plate; slate; sheet.
Chapada *s* plateau; glade.
Chapar *v* to plate; to coin; to stamp.
Chapelaria *s* hattery; hatter's shop; hat-trade.
Chapéu *s* hat; bonnet.
Charadista *s* guesser of charades.
Charco *s* puddle; muddy swamp; marsh; bog.

Charlatanice *s* charlatanry; charlatanism; quackery; quackism.
Charlatanismo *vide* CHARLATANICE.
Charlatão *s* charlatan; quack; cheat.
Charrete *s* buggy.
Charutaria *s* cigar-shop; cigar store.
Charuto *s* cigar; cheroot.
Chateado *adj* upset; bored; weary.
Chateza *s* flatness; lowness; wearisomeness.
Chato *s* crablouse.
Chato *adj* flat; plain; level; tiresome.
Chave *s* key; brace.
Chaveiro *s* key-keeper; key rack; turnkey.
Chávena *s* cup; teacup; tea-cup.
Chefão *s* big-boss; bigwig.
Chefe *s* chief; leader; master.
Chefia *s* leadership; chiefdom.
Chegado *adj* arrived; close; adjacent; near.
Chegar *v* to arrive; to approach; to come.
Cheia *s* rise; full; flood; increase; inundation.
Cheio *adj* full; filled; occupied; plenty; complete.
Cheirar *v* to smell; to scent; to snuff.
Cheiro *s* smell; odor; scent.
Cheque *s* check; cheque.
Chiar *v* to creack; to squeak.
Chibata *s* wicker; rod; quirt; slender cane.
Chicana *s* chicanery; chicane.
Chiclete *s* chewing gum; gum.
Chicória *s* endive; chicory.
Chicotada *s* lash; whiplash; stroke with a whip.
Chicote *s* whip; horsewhip; quirt.
Chifre *s* horn; antler.
Chimarrão *s* unsweetened mate tea; unsweetened mate.
Chimpanzé *s* ape; chimpanzee.
Chinelo *s* slipper; carpet slipper.
Chique *adj* chic; stylish; smart.
Chiqueiro *s* pigpen; pigsty.
Chistoso *adj* facetious; funny; witty.
Chita *s* chintz.
Chitão *s* cheap printed cotton fabric.
Choça *s* hut; hovel; shack.
Chocadeira *s* incubator; brooder.
Chocalho *s* cowbell; rattle; jingle.
Chocar *v* to hatch; to offend; to shock; to hit; to brood.
Choco *adj* brooding; hatching; addled.
Chocolate *s* chocolate; cocoa.
Chofer *s* motorist; driver; chauffer.
Chope *s* draft beer; fresh beer from barrels.
Choque *s* shock; clash; collision.
Choradeira *s* lament; wailing; complaint.
Choramingar *v* to cry; to whimper; to whine.
Chorar *v* to weep for; to deplore; to mourn; to lament.
Choro *s* weeping; tears; sobbing; complaint.
Choupana *s* hut; shack.
Chouriço *s* smoked sausage.
Chover *v* to rain; to pour.
Chuchar *v* to suck; to draw; to suckle.
Chuchu *s* edible fruit of a plant; chayote.
Chulé *s* stink from unclean feet; cheesy-feet.
Chumaço *s* wadding; padding.
Chumbada *s* wound made by small shots; lead shot.
Chumbar *v* to lead; to solder.
Chumbo *s* lead; shot; sinker.
Chupada *s* sucking; suck.
Chupar *v* to suck; to absorb; to draw.
Chupeta *s* pipette; sucker; tube for liquids; BR rubber nipple.
Churrasco *s* a steak grilled on live coals; barbecued beef.
Chutar *v* to kick a ball in the soccer or another games; POP to tell lies.
Chute *s* kick.
Chuva *s* rain; shower; rainfall.
Chuveiro *s* shower; shower-bath.
Chuviscar *v* to mizzle; to drizzle; to sprinkle.
Chuvoso *adj* rainy; showery; wet.
Cibernética *s* cybernetics.
Cicatriz *s* scar; cicatrice; cicatrix.
Cicatrizar *v* to cicatrize; to heal; to scar.
Cicerone *s* cicerone; guide.
Cíclico *adj* cyclical; cyclic.
Ciclismo *s* cycling; cyclism; bicycle riding.
Ciclista *s* cyclist; USA cycler.
Ciclo *s* cycle.
Ciclone *s* cyclone; hurricane; whirlwind.
Cicuta *s* hemlock; cicuta (poison).
Cidadão *s* citizen; city-dweller.
Cidade *s* city; town.
Ciência *s* science; knowledge.
Ciente *adj* aware; notified; conscious; knowing.
Cientificar *v* to advise; to notify.
Científico *adj* scientific.
Cifrar *v* to cipher; to abridge.
Cigano *s* gypsy.
Cigarra *s* cicada; locust; buzzer.
Cigarreira *s* cigarette-case; cigarette case.
Cigarro *s* cigarette.
Cilada *s* snare; trap; ambush.
Ciliar *adj* ciliary.
Cilindro *s* cylinder; beam; roller.
Cimentação *s* cementing; cementation.
Cimentar *v* to cement; to unite.
Cimento *s* cement; groundmass.
Cimo *s* top; apex; summit.
Cinco *s* five.
Cindir *v* to divide; to cut apart; to separate.
Cineasta *s* film maker; cinematographer.
Cinema *s* cinema; motion picture; cinematograph; movie.
Cinematográfico *adj* cinematographic; motion picture.
Cingido *adj* belted; girdled; limited.
Cingir *v* to belt; to gird; to limit.
Cínico *adj* cynical; cynic.
Cinquenta *s* fifty.
Cinta *s* girdle; waist; cementationband; belt.
Cintilação *s* gleam; scintillation.
Cintilante *adj* scintillant; scintillating; sparkling.
Cintilar *v* to scintillate; to sparkle.
Cinto *s* belt; sash.
Cintura *s* waist; waist line; belt.
Cinza *s* ash; cinder; gray; grey.
Cinzeiro *s* ash-tray; ash bin; ashtray.
Cinzel *s* chisel; chaser; burin.
Cinzento *adj* grey; ashen; gray.
Cio *s* rut; rutting; heat.
Cioso *adj* jealous; zealous.
Cipó *s* liana; liane; vine.
Cipreste *s* cypress.
Ciranda *s* screen; a popular child dance.
Cirandar *v* to winnow; to screen.
Circence *s* circus acts.
Circence *adj* circus.
Circo *s* circus; cirque; ring.
Circuito *s* circuit; circle.
Circulação *s* circulation; currency.
Circular *s* circular notice; circular letter.
Circular *v* to circle; to move round; to circulate; to go round.
Circular *adj* circular.
Circulatório *adj* circulatory.
Círculo *s* circle; club; society.
Circuncisão *s* RELIG circumcision, Jews cerimony (a cut in the foreskin of penis, prepuce, soon as the child is borne.

Circundar *v* to surround; to encircle.
Circunferência *s* circumference; circuit.
Circunflexo *adj* GRAM circumflex symbol (^).
Circunscrever *v* to circumscribe; to encircle; to bound; to limit.
Circunspecto *adj* cautious; circumspect; prudent.
Circunstância *s* event; circumstance; motive.
Círio *s* taper; torch; wax-torch; large candle.
Cirurgia *s* surgery.
Cisalhas *s pl* small metal fragments.
Cisão *s* scission; divergence; split.
Cisco *s* dust; filth; trash; culm.
Cisma *s* schism; mania; fancy.
Cismar *v* to dream; to fancy; to muse; USA to mull.
Cisne *s* swan.
Cisterna *s* cistern; well; water tank.
Cistite *s* MED cystitis (bladder infection).
Citação *s* citation; quotation.
Citar *v* to cite; to quote; to mention.
Cítara *s* MÚS cithara; cither; zither.
Citável *adj* quotable; citable.
Ciúme *s* jealousy; envy.
Cível *adj* civil.
Cívico *adj* civic; patriotic.
Civil *s* civilian.
Civil *adj* civil; gentle; polite; urbane.
Civilização *s* civilization.
Civilizar *v* to civilize.
Civismo *s* civism; patriotism.
Cizânia *s* darnel; dissent; discord.
Clã *s* clan; tribe.
Clamar *v* to cry out; to clamor for; to want.
Clamor *s* clamor; uproar; outcry.
Clamoroso *adj* noisy; clamant; clamorous.
Clandestino *adj* clandestine; secret; underhand.
Clara *s* egg white; albumen.
Claraboia *s* skylight; pithead; glass-roof.
Clarão *s* bright light; glade; gleam of light; flash.
Clarear *v* to make clear; to explain; to give light to.
Clareira *s* glade; clearing.
Clareza *s* clearness; intelligibility.
Claridade *s* clarity; clearness; brightness.
Clarificação *s* clarification.
Clarificar *s* to clarify; to make clear; to purify.
Clarim *s* clarion; bugle.
Clarineta *s* clarinet; clarionet; clarinetist.
Clarividência *s* clear-sightedness; insight.
Claro *adj* clear; bright; light; plain.
Classe *s* class; rank; order; kind; class-room.
Clássico *adj* classical; classic; usual.
Classificação *s* classification.
Classificar *v* to classify; to group in classes; to organize.
Claudicante *adj* lame; crippled; halting.
Claudicar *v* to be lame; to limp; to hobble.
Claustral *adj* monastical; cloistral.
Claustro *s* cloister; convent.
Cláusula *s* clause; article; condition.
Clausura *s* reclusion; closure; cloister.
Clava *s* club; cudgel; bludgeon.
Clave *s* MÚS clef; key.
Clavícula *s* clavicle; collar-bone; collarbone.
Clemência *s* clemency; mercy.
Clepsidra *s* clepsydra; water-clock.
Cleptomania *s* cleptomania; kleptomania.
Clérigo *s* priest; cleric; clergyman.
Clero *s* clergy; ministry.
Clichê *s* cliché; plate; cut; newspaper cut.
Cliente *s* client; customer.
Clima *s* clime; climate.
Clímax *s* climax; culmination; the upper point.
Clínica *s* clinic; hospital.
Clínico *s* physician; medical doctor.
Clínico *adj* clinical.
Clitóris *s* clitoris.
Cloaca *s* cloaca; water-closet; cesspool.
Clorofila *s* chlorophyll.
Clorofórmio *s* chloroform.
Clube *s* club; clubhouse.
Coabitação *s* cohabitation.
Coação *s* coaction; compultion; duress.
Coadjuvar *v* to help; to aid; to assist.
Coado *adj* strained; percolated.
Coador *s* strainer; filter bag; colander.
Coadunar *v* to join; to conciliate; to combine.
Coagir *s* to coerce; to restrain; to constrain.
Coagulação *s* coagulation.
Coagulador *s* coagulator.
Coágulo *s* coagulum; clot; curd.
Coalhada *s* curdled-milk; clabber; yogurt.
Coalhar *v* to curdle; to curd; to clot.
Coalizão *s* coalition; union; fusion.
Coar *v* to strain; to distill; to filter.
Coativo *adj* coercive; coactive.
Cobaia *s* cavy; guinea pig.
Coberta *s* covering; cover; blanket; coverlet.
Coberto *adj* covered; sheltered; overcast.
Cobertura *s* covering; coverage.
Cobiça *s* covetousness; greediness; greed.
Cobra *s* snake.
Cobrador *s* receiver; collector; USA bill-collector.
Cobrança *s* receiving; collecting.
Cobrar *v* to receive payment of debt; to collect; to bill; to charge.
Cobre *s* copper; cuprum; FIG money.
Cobrir *v* to cover; to envelop; to clothe.
Cocada *s* coconut candy; FIG butt (with the head).
Coçar *v* to scratch; to rub; to spank.
Cócegas *s* tickling sensation; tickle.
Coceira *s* itch; itchiness; itching.
Coche *s* coach; carriage.
Cocheira *s* coach-house; USA barn.
Cochichar *v* to whisper; to murmur.
Cochilar *v* to doze; to slumber; to nod.
Cocho *s* hod; trough.
Coco *s* coconut; cocoanut; coco-palm.
Códice *s* codex, an ancient code book.
Codificador *s* codifier.
Codificar *v* to codify.
Código *s* code.
Codorniz *s* quail; tinamou.
Coeficiente *s* factor; coefficient.
Coelho *s* rabbit; coney; cony; bunny.
Coentro *s* coriander (medicinal tree).
Coerção *s* coercion; repression.
Coercível *adj* coercible.
Coercivo *adj* coercive; coercitive.
Coerência *s* coherence; connexion; logical way.
Coesão *s* cohesion; cohering.
Coesivo *adj* cohesive; sticking.
Coeso *adj* united; combined.
Coevo *s* contemporary; coeval.
Coevo *adj* contemporary; coeval.
Coexistência *s* coexistence.
Coexistir *v* to coexist.
Cofre *s* coffer; chest; safe.
Cogitar *v* to cogitate; to ponder.
Cognome *s* cognomen; surname; nickname.
Cognoscível *adj* cognoscible; knowable.
Cogumelo *s* mold; fungus; mushroom.
Coibição *s* repression; cohibition.

Coibir *v* to repress; to restrain; to cohibit.
Coice *s* kick; spurn; rear; heel.
Coifa *s* coif; caul; root cap.
Coincidência *s* coincidence.
Coincidir *v* to coincide; to correspond exactly; to conciliate.
Coisa *s* thing; matter; affair.
Coitado *s* poor devil.
Coitado *adj* poor; miserable.
Coitado *interj* poor man!
Cola *s* glue; gum; paste.
Colaboração *s* collaboration.
Colaborar *v* to be a contributor; to collaborate.
Colação *s* graduation; bestowal; collation.
Colado *adj* glued; pasted.
Colagem *s* gluing; collage; pasting.
Colar *s* necklace.
Colar *v* to paste; to glue; to graduate.
Colarinho *s* shirt collar.
Colateral *adj* collateral; parallel.
Colcha *s* bedspread; counterpane; coverlet.
Colchão *s* mattress.
Colchete *s* clasp; clasp-book; hook.
Coldre *s* holster.
Coleção *s* collection; gathering.
Colecionador *s* collector.
Colecionar *v* to collect; to assemble.
Colega *s* fellow; classmate; colleague; schoolmate.
Colegial *s* collegian; student; school boy.
Colegial *adj* collegial; collegiate.
Colégio *s* college; school.
Coleguismo *s* group spirit; solidarity.
Coleira *s* collar (for animals).
Cólera *s* choler; anger; passion; MED cholera.
Colérico *adj* choleric; angry; passionate.
Coleta *s* collect; collection at mass.
Coletânea *s* collectanea; collection; anthology.
Coletar *v* to collect; to tax; to assess.
Colete *s* waistcoat; corset; USA **VEST**.
Coletividade *s* collectivity; community.
Coletivo *s* collective noum; street-car.
Coletivo *adj* collective.
Coletoria *s* tax office; tax bureau.
Colheita *s* crop; harvest; picking.
Colher *s* spoon.
Colher *v* to catch; to gather; to crop; to cut off; to get.
Colhimento *s* gathering; picking.
Colibri *s* humming bird; colibri.
Cólica *s* colic (any pain in abdominal region).
Colidir *v* to collide; to clash.
Coligação *s* union; alliance; coalition; USA fusion.
Coligar *v* to ally; to bind together; to bloc.
Coligir *v* to collect; to gather; to glean.
Colina *s* hill; choline.
Colisão *s* collision; crash; chock.
Coliseu *s* colosseum; coliseum.
Colite *s* colitis; colon inflamation.
Colmeia *s* beehive; swarm.
Colo *s* lap; neck.
Colocação *s* collocation; post; place.
Colocar *s* to collocate; to set; to place; to put.
Colônia *s* colony; settlement.
Colonização *s* colonization.
Colonizar *v* to colonize; to settle.
Colono *s* colonist; settler.
Coloquial *adj* colloquial; to join in conversation.
Coloração *s* colouring; coloration.
Colorante *s* dye; colouring.
Colorante *adj* colorable.
Colorido *adj* colorful; vivid; bright.
Colorir *v* to color; to paint; to brighten; to blush.
Colossal *adj* colossal; monumental; huge.
Coluna *s* column; pillar; line.
Colunista *s* columnist.
Com *prep* with.
Comando *s* command; order; control.
Comarca *s* bailiwick; district (judicial division of a state).
Combalido *adj* weak; decayed; sickly.
Combalir *v* to weaken; to impair; to shake.
Combate *s* combat; battle; FIG contest.
Combatente *adj* warrior; combatant; fighting; combative.
Combater *v* to combat; to fight; to battle.
Combinação *s* accord; combination; combine; agreement.
Combinado *adj* combined; settled; joint.
Combinar *v* to combine; to settle; to agree.
Comboio *s* convoy; train.
Combustão *s* combustion; burning; FIG disorder.
Combustível *s* fuel.
Combustível *adj* combustible.
Começar *v* to begin; to commence; to start.
Começo *s* beginning; start; origin.
Comédia *s* comedy; play.
Comediante *s* player; comedian; comedienne.
Comedido *adj* moderate; prudent; reserved.
Comedir *v* to temper; to moderate; to restrain.
Comemorar *s* to commemorate; to celebrate.
Comemorativo *adj* commemorative; memorial.
Comenda *s* insignia; badge; commendam.
Comendador *s* knight commander; commendator.
Comensal *s* commensal; messmate; fellow-boarder.
Comentar *v* to comment; to explain.
Comentário *s* commentary; comment.
Comentarista *s* commentator.
Comer *v* to eat; FIG to consume; to destroy; to dissipate; to swallow.
Comercial *adj* commercial; businesslike.
Comerciante *s* merchant; businessman; trader.
Comerciante *adj* business; trade.
Comércio *s* trade; commerce; business.
Comestível *s* food.
Comestível *adj* comestible; eatable.
Cometa *s* comet.
Cometer *v* to perpetrate; to perform; to entrust; to commit.
Cometimento *s* undertaking; enterprise; perpetration.
Comichão *s* itch; itching.
Comício *s* meeting; assembly.
Cômico *s* comedian.
Cômico *adj* comical; comic; funny.
Comida *s* food; meals; board.
Comigo *pron* with me; to me.
Comilão *s* glutton.
Comilão *adj* gluttonous.
Cominar *v* to comminate; to threaten; to menace.
Comiseração *s* pity; commiseration; sorrow.
Comissão *s* commission; committee.
Comitê *s* committee.
Comitiva *s* train; retinue; entourage; escort.
Como *conj* as; like; since.
Como *adv* how; what; how much.
Comoção *s* commotion; shock; tumult.
Cômoda *s* dresser; chest of drawers.
Comodidade *s* comfort; well-being; ease.
Comodismo *s* selfishness; selfindulgence.
Cômodo *s* room; comfort.
Cômodo *adj* commodious; ample; spacious; comfortable.
Comovente *adj* moving; touching.
Comover *v* to move; to touch.
Compacto *adj* compact; dense; close; solid.
Compadecer *v* to pity; to commiserate.

Compadecimento *s* compassion; sympathy; condolence.
Compadre *s* godfather.
Compaixão *s* compassion; pity.
Companheiro *s* partner; companion; fellow.
Companhia *s* company; society; fellowship; association.
Comparação *s* comparison; estimate.
Comparar *v* to compare; to balance; to liken.
Comparativo *adj* comparative.
Comparecer *v* to appear; to turn up; to show up.
Comparecimento *s* appearance; presentation; coming into court.
Comparsa *s* dumb actor; figurant; FIG partner; copartner.
Compartilhar *v* to partake; to share; to participate.
Compartimento *s* room; compartment; section; division.
Compassado *adj* measured; moderate; slow; rhythmic.
Compassar *v* to slow; MÚS to beat time; to arrange properly.
Compassivo *adj* compassionate; merciful.
Compasso *s* compasses; MÚS compass; cadence; rhythm.
Compatibilidade *s* compatibility.
Compatível *adj* compatible; suitable.
Compatriota *s* compatriot.
Compatriota *adj* compatriot; people born in the same country.
Compelir *v* to compel; to oblige.
Compêndio *s* compendium; abridgment; synopsis; summary.
Compenetração *s* compenetration; grave; conviction.
Compenetrar *v* to convince; to penetrate deeply; to be fully convinced.
Compensação *s* amends; balance; compensation.
Compensador *s* compensator.
Compensador *adj* compensating.
Compensar *v* to compensate; to be equivalent to; to pay to remunerate.
Competência *s* compentence; ability; province.
Competente *adj* competent; capable; fit; proper; qualified; able.
Competição *s* competition; match; contest; USA game.
Competir *v* to compete; to strive; to behoove.
Compilação *s* compilation; collection.
Compilar *v* to compile; to collect.
Complacência *s* complacency; pleasure.
Compleição *s* constitution; complexion.
Complementar *adj* complementary; completing.
Complemento *s* complement.
Completamente *adv* completely.
Completar *v* to complete; to perfect; to conclude.
Complexidade *s* complexity; intricacy.
Complexo *s* complex.
Complexo *adj* complex; composed of several parts; complicated.
Complicação *s* complication; complexity.
Complicado *adj* complicated; complex.
Complicar *v* to complicate; to difficult; to snarl.
Componente *s* ingredient.
Componente *adj* component; constituent.
Compor *v* to compose; to compound; to adjust.
Comporta *s* gate; dam; floodgate.
Comportado *adj* well-behaved; behaved.
Comportar *v* to bear; to stand; to allow.
Comportar-se *v* to behave; to comport.
Composição *s* composition; USA typesetting.
Compositor *s* composer; TIP typesetter.
Composto *s* compound.
Composto *adj* composed.
Compostura *s* composure; structure.
Compota *s* compote; stewed fruit.
Compra *s* purchase; buying; shopping.
Comprar *v* to buy; to purchase; to shop.
Comprazer *v* to pleasure; to take pleasure in; to rejoice.
Compreender *v* to understand; to comprise.
Compreensão *s* comprehension; understanding.
Compreensível *adj* comprehensible; intelligible.
Compressa *s* compress.
Compressão *s* compression; pressure.
Compressivo *adj* compressive; repressive.
Comprido *adj* long; extended; lengthy.
Comprimento *s* lenght.
Comprimido *s* tablet.
Comprimido *adj* compressed; pressed.
Comprimir *v* to compress; to jam.
Comprometedor *adj* compromising; imperiling.
Comprometer *v* to compromise; to pledge; to risk; to promise.
Comprometido *adj* engaged; pledged; obliged.
Compromisso *s* compromise; obligation; appointment.
Comprovação *s* confirmation.
Comprovar *v* to confirm; to ratify; to prove.
Compulsão *s* compulsion; coercion.
Compulsar *v* to examine; to con; to thumb.
Compulsório *adj* compulsory.
Compunção *s* qualm; compunction; remorse.
Compungido *adj* compunctious; contrite; penitent.
Compungir *v* to touch; to move.
Computação *s* computation.
Computador *s* computer.
Computador *adj* computing.
Computar *v* to compute; to determine by calculation; to estimate; to calculate.
Cômputo *s* computation; estimate; tally.
Comum *s* majority; vulgarity.
Comum *adj* common; public; ordinary; vulgar; plain.
Comuna *s* commune.
Comungante *s* communicant.
Comungar *v* to communicate; to partake of; to commune.
Comunhão *s* communion; holy communion.
Comunicabilidade *s* communicability.
Comunicação *s* communication; intercourse; message; report.
Comunicado *adj* communicated.
Comunicar *v* to communicate; to impart; to tell; to transmit.
Comunicativo *adj* commnicative; frank; sociable.
Comunidade *s* community.
Comunismo *s* communism.
Comunista *adj* communist.
Comutação *s* commutation; change.
Comutador *s* commutator; switch.
Comutar *v* to commute; to exchange.
Concatenação *s* concatenation.
Concatenar *v* to concatenate; to connect; to join; to link.
Côncavo *s* concavity.
Côncavo *adj* concave; hollow.
Conceber *v* to conceive; to realize; to think; to become pregnant.
Concebível *adj* conceivable.
Conceder *v* to concede; to accord; to yield.
Conceito *s* concept; idea; thought.
Conceituado *adj* esteemed; deemed; regarded.
Conceituar *v* to judge; to esteem; to deem.
Concentração *s* concentration; focusing.
Concentrar *v* to concentrate; to centralize; to absorb; to gather; to mass; to meditate.
Concepção *s* conception; idea.
Concernência *s* concern; relation; regard.
Concernente *adj* concerning; regarding.
Concernir *v* to concern; to regard.
Concertado *adj* concerted; calm.
Concertar *v* to concert; to settle; to dispose; to put in order; to conciliate.
Concertista *s* MÚS soloist; concert artist.
Concessão *s* grant; concession; right.
Concessionário *s* concessionaire.
Concessionário *adj* concessionary.
Concha *s* shell; conch; ladle.

Conchavar *v* to unite; to adjust; to agree.
Concidadão *s* fellow-citizen.
Conciliação *s* conciliation; reconcilement.
Conciliar *v* to conciliate; to reconcile; to gain; to agree.
Conciliar *adj* conciliar.
Concílio *s* council; covenant.
Concisão *s* conciseness; concision; precision.
Conciso *adj* concise; terse; brief.
Concitar *v* to incite; to stir up; to instigate.
Conclamar *v* to acclaim together; to clamor.
Concludente *adj* conclusive.
Concluir *v* to conclude; to finish.
Conclusão *s* conclusion; inference.
Conclusivo *adj* conclusive; decisive; final.
Concomitância *s* concomitance; concurrence.
Concomitante *adj* concomitant; simultaneous; attendant.
Concordância *s* concordance; agreement; accord.
Concordar *v* to accord; to conciliate; to agree; to harmonize; to combine; to concur.
Concordata *s* COM concordat; covenant.
Concorde *adj* concordant; unanimous; agreeing.
Concórdia *s* concord; harmony; peace.
Concorrência *s* competition; concurrence.
Concorrente *s* competitor; rival.
Concorrente *adj* concurrent; competitive; competing.
Concorrer *v* to concur; to compete.
Concretização *s* concreting; concretizing.
Concretizar *v* to concrete; to make true.
Concreto *s* concrete object.
Concreto *adj* concrete; solid; real; not abstract.
Concubina *s* concubine; mistress.
Concupiscência *s* concupiscence; lust.
Concurso *s* concourse; competition; contest.
Condado *s* county; shire; earldom.
Condão *s* gift; supernatural power.
Conde *s* count; earl.
Condecoração *s* badge; honorary insignia; medal.
Condecorar *v* to decorate; to grand a badge.
Condenação *s* doom; condemnation; censure.
Condenado *s* convict; damned.
Condenado *adj* condemned; sentenced.
Condenar *v* to damn; to condemn; to convict.
Condensação *s* condensation.
Condensar *s* to condense; to make more compact; to become more dense; to concentrate.
Condescender *v* to condescend; to comply; to acquiesce.
Condição *s* condition; restriction.
Condicionado *adj* conditioned; dependent.
Condicional *adj* conditional; contingent.
Condigno *adj* condign; merited; adequate; deserved.
Condimentar *v* to season; to flavor; to spice.
Condimento *s* condiment; spice.
Condiscípulo *s* school-fellow; classmate; schoolmate.
Condizente *adj* suitable; fitting; fit.
Condizer *v* to suit; to fit; to match; to accord.
Condoer *v* to arouse pity; to arouse compassion.
Condoer-se *v* to condole with; to pity; to commiserate.
Condoído *adj* compassionate; touched.
Condolência *s* condolence; compassion.
Condor *s* condor.
Condução *s* carriage; transportation; GÍR vehicle.
Conduta *s* conduct; levy; guidance.
Conduto *s* conduit; pipe.
Condutor *s* conductor; leader; guide.
Condutor *adj* leading; conducting.
Conduzir *v* to conduct; to direct; to lead; to guide; to drive; to convey; to carry.
Cônego *s* canon.
Conexão *s* connection; relationship.
Conexo *adj* connected; united; coherent.
Confabulação *s* chat; chit-chat.
Confabular *v* to chat; to confabulate; to converse.
Confecção *s* conclusion; confection; executing; making.
Confeccionar *v* to make; to prepare.
Confederação *s* confederation; alliance.
Confeitar *v* to make comfit; to coat with sugar; to make a color cake.
Confeito *s* comfit; sugarplum; sweets.
Conferência *s* conference; lecture.
Conferenciar *v* to lecture; to consult.
Conferir *v* to confer; to check; to grant.
Confessar *v* to confess; to acknowledge; to admit.
Confiado *adj* confident; bold; impudent; trusting.
Confiança *s* confidence; trust; reliance; intimacy; boldness.
Confiante *adj* sure; confident; trusty.
Confiar *v* to confide; to hope; to trust.
Confidência *s* confidence; secret.
Configuração *s* outline; configuration; aspect; figure; shape.
Configurar *v* to configure; to shape; to form.
Confinar *v* to border upon; to limit; to confine.
Confirmação *s* confirmation; seal.
Confirmar *v* to confirm; to ratify; to verify; to corroborate.
Confiscar *v* to confiscate; to seize.
Confisco *s* arrest; confiscation; seizure.
Confissão *s* confession; avowal.
Conflagração *s* conflagration; fire; FIG revolution; war.
Conflagrar *v* to burn; to rouse; to inflame.
Conflito *s* conflict; contest; struggle.
Confluência *s* confluence; conflux; concourse.
Confluente *s* confluent.
Confluente *adj* confluent.
Confluir *v* to run into; to flow into; to flock together.
Conformação *s* conformation; structure; shape; form; resignation.
Conformado *adj* shapely; patient.
Conformar *v* to conform; to accommodate; to adapt; to harmonize.
Conforme *adj* conformable; resigned; similar; alike.
Conforme *conj* as; according to.
Conforme *prep* according to.
Conforme *adv* in conformably; accordingly.
Conformista *s* conformist.
Confortador *adj* comforting; consoling.
Confortar *v* to comfort; to console; to encourage; to fortify.
Conforto *s* comfort; solace; welfare; consolation; encouragement.
Confrade *s* colleague; fellow member; associate.
Confraria *s* confraternity; brotherhood.
Confraternizar *v* to fraternize.
Confrontação *s* confrontation; comparison; collation.
Confrontar *v* to confront; to face.
Confundir *v* to mix; to confound; to confuse.
Confusão *s* confusion; tumult; agitation; shame.
Confuso *adj* confused; perplexed; snarly.
Congelação *s* freezing; congelation.
Congelador *s* freezer.
Congelar *v* to congeal; to freeze.
Congênere *s* congener.
Congênere *adj* congenial; congenerous; identical; congeneric.
Congestão *s* MED congestion, great accumulation of blood in vessels.
Congestionamento *s* congestion; FIG traffic; big congestion.
Congestionar *v* to congest.
Conglobar *v* to conglobate; to accumulate; to heap up.
Conglomerar *v* to conglomerate; to gather.
Congraçar *v* to reconcile; to harmonize.
Congratulação *s* congratulation.
Congratular *v* to congratulate; to felicitate.

Congregação *s* congregation; assembly; brotherhood.
Congregar *v* to congregate: to assemble; to convoke.
Congressista *s* delegate; congressman; congresswoman.
Congresso *s* congress; convention; conference.
Congruência *adj* congruence; coherence.
Congruente *adj* congruent; suitable; congruous.
Conhaque *s* cognac; brandy.
Conhecedor *s* connoisseur; expert.
Conhecedor *adj* expert; knowing; experienced.
Conhecer *v* to know; to recognize; to understand; to acknowledge.
Conhecido *s* acquaintance.
Conhecido *adj* well-known; public; famous.
Conhecimento *s* knowledge; understanding; skill.
Cônico *adj* conic; conical.
Conivência *s* connivance; collusion.
Conivente *s* accomplice.
Conivente *adj* conniving; collusive.
Conjetural *adj* conjectural.
Conjeturar *v* to conjecture; to guess.
Conjugação *s* conjugation; GRAM inflexion of a verb.
Conjugal *adj* conjugal; matrimonial; connubial.
Conjugar *v* to conjugate; to unite; to conjoin.
Cônjuge *s* consort; husband; wife.
Conjunção *s* conjunction; union; opportunity.
Conjuntivo *adj* conjunctive; connective.
Conjunto *s* assemblage; group; collection; mass.
Conjunto *adj* conjoint; conjunct; joint.
Conjuntura *s* conjuncture; occasion.
Conjuração *s* conjuration; plot.
Conjurar *v* to conjure; to exorcise; to implore; to conspire.
Conluiar *v* to collude; to connive; to cabal.
Conluio *s* collusion; conspiracy; plot.
Conosco *pron* with us; concerning us.
Conotação *s* connotation.
Conquanto *conj* although; though.
Conquista *s* conquest; conquering.
Conquistador *s* conqueror; victor; lady-killer.
Conquistar *v* to conquer; to subdue; to win.
Consagração *s* consecration; renown.
Consagrar *v* to consecrate; to authorize; to devote.
Consanguíneo *adj* consanguineous; akin; kin.
Consciência *s* conscience; perception; awareness.
Consciente *adj* conscious; aware; mentally awake; sentient.
Cônscio *adj* conscious; aware.
Conscrito *s* conscript; person forced into militar service; recruit.
Conscrito *adj* conscript; drafted.
Consecução *s* consecution; attainment.
Consecutivo *adj* consecutive; successive.
Conseguinte *adj* consequent; consecutive; successive.
Conseguir *v* to obtain; to get; to acquire.
Conselheiro *s* counsellor; adviser.
Conselho *s* advice; counsel; council.
Consenso *s* consensus; approval; assent.
Consentimento *s* consent; approval; pemission.
Consentir *v* to consent; to assent; to accede; to agree; to approve; to allow; to admit.
Consequência *s* consequence; result.
Consertar *v* to mend; to repair; to fix.
Conserto *s* mend; mending; repair.
Conserva *s* conserve; preserve; tinned food.
Conservação *s* conservation; conserving; preserving; upkeep.
Conservador *s* conservator; conserver.
Conservador *adj* conservative; conserving.
Conservar *v* to conserve; to preserve; to keep; to hold.
Consideração *s* consideration; respect; esteem; regard; concern.
Considerado *adj* esteemed; considered.
Considerar *v* to consider; to regard; to esteem; to think over.
Consignação *s* consignment; appropriation.
Consignar *v* to consign; to entrust; to assign.
Consigo *pron* with himself; to himself; with him; with herself; with her; with themselves.
Consistência *s* consistency; consistence; FIG firmness; solidity.
Consistente *adj* consistent; consisting; FIG solid.
Consistir *v* to consist; to be included in; to be composed.
Consoante *s* consonant.
Consoante *adj* consonant.
Consoante *prep* according to.
Consolação *s* consolation; relief; comfort.
Consolador *s* consoler; comforter.
Consolador *adj* consoling.
Consolar *v* to console; to comfort; to solace; to soothe.
Consolar-se *v* to be consoled.
Consolidar *v* to consolidate; to fund.
Consonância *s* consonance; harmony.
Consonante *adj* consonant; consonantal; concordant.
Consórcio *s* marriage; fellow-ship; partnership.
Consorte *s* consort; partner; companion; husband; wife; spouse.
Conspícuo *adj* conspicuous; notable.
Conspiração *s* conspiracy; plot.
Conspirador *s* plotter; conspirator.
Conspirar *v* to collude; to conspire; to plot.
Conspurcar *v* to soil; to stain; to corrupt; to dirty; to spot.
Constância *s* persistence; constancy; stability.
Constar *v* to be said; to be clair; to evident.
Constar de *v* to consist of.
Constatar *v* to verify; to confirm; to discover.
Constelação *s* constellation (great group of stars).
Consternação *s* consternation; distress; dismay; affliction.
Consternar *v* to consternate; to distress; to dismay.
Constipação *s* constipation; GÍR cold; common cold.
Constipar *v* to constipate.
Constipar-se *v* to catch a cold.
Constitucional *adj* constitutional.
Constituição *s* constitution; establishment; appointment; temperament; disposition.
Constituinte *s* constituent.
Constituinte *adj* constituent.
Constituir *v* to constitute; to form; to appoint.
Constrangedor *adj* constraining.
Constranger *v* to constrain; to compel; to force; to confine; to restrain.
Constringir *v* to compress; to constrict; to contract.
Construção *s* construction; structure; building.
Construir *v* to construct; to build; to construe.
Consubstanciar *v* to consubstanciate; to consubstantiate.
Cônsul *s* consul; diplomat.
Consular *adj* consular.
Consulente *s* consulter; consultant.
Consulente *adj* consulting.
Consulesa *s* consul's wife; woman consul.
Consulta *s* consultation.
Consultar *v* to consult; to ask advice of; to advise.
Consultor *s* consulter; adviser; advisor; consultee.
Consultório *s* medical office.
Consumação *s* trade; cover; consummation; completion; termination.
Consumado *adj* all round; consummate; accomplished.
Consumar *v* to consummate; to complete; to achieve; to perform; to finish.
Consumido *adj* gone; spent; exhausted.
Consumidor *s* consumer; waster.
Consumidor *adj* consumptive; consuming.
Consumir *s* to consume; to distress; to fret.
Consumo *s* consumption; use; expenditure.

Conta *s* account; bill; reckoning; score; value; bead; amount; computation.
Contábil *adj* pertaining to accounting; pertaining to bookkeeping.
Contabilidade *s* accounting; book-keeping; bookkeeping.
Contagiar *v* to contaminate; to transmit something contagious; to infect.
Contaminação *s* contamination; corruption.
Contaminar *v* to contaminate; to defile; to corrupt; to pullute; to soil.
Contar *v* to count; to reckon; to number; to tell; to relate; to expect.
Contato *s* contact; touch; proximity.
Contemplação *s* contemplation.
Contemplar *v* to contemplate; to ponder; to meditate.
Contemplativo *adj* contemplative.
Contemporâneo *s* contemporary.
Contemporâneo *adj* contemporaneous; contemporary.
Contemporização *s* compliance; condescension; temporization.
Contemporizar *v* to comply with; to temporize; to time.
Contenção *s* contention; contest; restraint.
Contencioso *adj* contentious; quarrelsome; litigious.
Contenda *s* contention; altercation; quarrel.
Contentamento *s* contentment; joy; pleasure.
Contentar *v* to content; to please; to be satisfied.
Contente *adj* contented; content; satisfied; agreeing.
Contento *s* satisfaction; contentment.
Conter *v* to contain; to include; to hold.
Conterrâneo *s* compatriot; fellow countryman.
Conterrâneo *adj* of the same country; compatriot.
Contestação *s* contestation; dispute; debate.
Contestar *v* to contest; to reply; to dispute.
Conteúdo *s* content; contents; matter.
Contexto *s* context; contexture.
Contextura *s* contexture.
Contido *adj* contained; included; enclosed.
Contigo *pron* with you.
Contiguidade *s* contiguity; proximity; closeness.
Continência *s* continence; continency; military salute.
Continental *adj* continental.
Continente *s* continent; mainland.
Continente *adj* continent.
Contingente *s* contingent.
Contingente *adj* contingent.
Continuação *s* continuation; extension; prolongation.
Continuar *v* to continue; to persist in; to keep; to go on; to persevere.
Contínuo *adj* continual; continuous; uninterrupted.
Conto *s* tale; conte; fable story; narrative.
Contorcer *v* to contort; to distort; to twist.
Contornar *v* to contour; to border; to turn round.
Contorno *s* circuit; contour; outline.
Contra *s* reply; answer; objection; obstacle; hindrance.
Contra *adv* counter.
Contra *prep* against; contrary to; opposite to.
Contrabaixo *s* contrabass; double bass.
Contrabalançar *v* to counterbalance; to countervail.
Contrabandear *v* to smuggle; to run.
Contrabandista *s* contrabandist; runner.
Contrabando *s* contraband; illegal trade; smuggling.
Contração *s* contraction; reduction in length; abbreviation.
Contradição *s* contradiction.
Contraditar *v* to contradict; to oppose in words; to deny.
Contradizer *v* to contradict; to deny; to refute.
Contrafeito *adj* constrained; forced; upset.
Contraforte *s* counterfort; buttress.
Contragolpe *s* counterblow; counterstroke; recoil.
Contragosto *s* aversion; dislike; distaste.
Contrair *v* to contract; to shorten; to shrink; to acquire.
Contralto *s* MÚS contralto (women's grave voice).
Contramarcha *s* countermarch.
Contramaré *s* ebb tide; countertide.
Contramestre *s* foreman; overseer.
Contrapeso *s* counterpoise; counterbalance; counterweight.
Contraponto *s* counterpoint.
Contrapor *v* to confront; to oppose; to compare.
Contraproducente *adj* giving the opposite result.
Contraproposta *s* counterproposal.
Contraprova *s* counterproof; second proof.
Contrariante *adj* contradicting.
Contrariar *v* to contradict; to oppose.
Contrariedade *s* contrariety; annoyance.
Contrário *adj* contrary; adverse; unfavorable.
Contrastante *adj* contrasting.
Contratar *v* to make a contract; to deal; to business transaction.
Contratempo *s* reverse; accident; drawback.
Contrato *s* contract; convenant; agreement.
Contratorpedeiro *s* destroyer.
Contravenção *s* contravention; violation; transgression.
Contraveneno *s* antidote.
Contribuição *s* contribution; tax; tribute.
Contrição *s* contrition; repentance.
Contrito *adj* sorrowful; grievous; penitent.
Controlar *v* to control; to run.
Controle *s* control; reins.
Controvérsia *s* controversy; disputation; discussion.
Controverso *adj* controverted; controversial; questionable.
Contudo *conj* nevertheless; however; yet; none the less.
Contumácia *s* default; obstinacy; contumacy; stubbornness.
Contumaz *adj* contumacious; obstinate.
Contundente *adj* contusing; bruising.
Contundir *v* to contuse; to bruise.
Conturbar *v* to trouble; to agitate; to disturb.
Convalescença *s* convalescence.
Convalescer *s* to convalesce; to recover.
Convenção *s* pact; convention; agreement.
Convencer *v* to convince; to persuade.
Convencido *adj* convinced; sure; certain; BR presumptuous.
Convencimento *s* certainty; conviction; vanity.
Convencional *s* member of a convention.
Convencionar *v* to agree; to stipulate; to covenant.
Conveniência *s* convenience; fitness; advisability.
Conveniente *adj* convenient; suitable; agreeable.
Convênio *s* convention; pact; covenant.
Convento *s* convent; cloister; nunnery.
Convergência *s* convergence; convergency.
Conversa *s* chatter; conversation; talk; chat; causerie.
Conversação *vide* CONVERSA.
Conversão *s* conversion; change.
Conversar *v* to talk; to chat; to chatter.
Conversível *adj* convertible; conversional.
Converso *s* lay-brother; convert.
Converso *adj* converted.
Converter *v* to convert; to change.
Convertido *s* convert.
Convertido *adj* converted.
Convés *s* deck; weather deck.
Convexo *adj* convex; rounded; bulgy.
Convicção *s* conviction; persuasion.
Convicto *adj* convinced; convicted.
Convidado *s* guest.
Convidado *adj* invited.
Convidar *v* to invite; to bid; to tempt.
Convincente *adj* convincing; cogent.
Convir *v* to agree; to correspond; to coincide.
Convite *s* invitation; bidding.
Conviva *s* guest; commensal; banqueter.

Convivência *s* household; sociability; familiarity.
Conviver *v* to live together; to be sociable.
Convívio *s* banquet; sociability; society.
Convocação *s* convocation; meeting; calling.
Convocar *v* to convoke; to call together.
Convosco *pron* with you.
Convulsão *s* convulsion; spasm.
Convulsionar *v* to convulse; to excite; to agitate.
Convulso *adj* tremulous; convulsed; convulsive.
Cooperação *s* co-operation; cooperation.
Cooperar *v* to co-operate; to cooperate.
Cooperativa *s* co-operative society; cooperative society.
Cooperativismo *s* co-operative system; cooperative system.
Coordenação *s* co-ordination; coordination.
Coordenadas *s* MAT co-ordinates; coordinates.
Coordenar *v* co-ordinate; coordinate.
Copa *s* cupboard; buffet; pantry; hat crown; top; clump of a tree.
Copado *s* bushy.
Cópia *s* copy; abundance; imitation.
Copiador *s* copyst; copier; copybook.
Copiar *v* to copy; to transcribe; to ape; to imitate.
Copioso *adj* copious; plentiful; profuse.
Copista *s* copyst; FIG plagiarist.
Copo *s* glass; glassful.
Coproprietário *s* fellow-proprietor; co-owner.
Cópula *s* copula; copulation.
Copular *s* to copulate; to couple.
Coque *s* coke; chignon.
Coqueiral *s* coco-palm plantation; coconut plantation.
Coqueiro *s* coco-palm; cocoa.
Coqueluche *s* fad; whooping-cough.
Cor *s* colors; tint; color; rosiness.
Coração *s* heart; core; FIG courage; breast.
Corado *adj* red; rosy; blushing; FIG ashamed.
Coragem *s* courage; valor; boldness; bravery.
Corajoso *adj* courageous; brave.
Coral *s* coral; BR a small snake.
Corante *s* dye.
Corante *adj* colouring; coloring.
Corar *v* to color; to dye; to bleach.
Corbelha *s* basket; small basket.
Corça *s* doe; hind; roe.
Corcel *s* steed; charger; courser.
Corço *s* roebuck.
Corcova *s* hump; hunch.
Corcovado *adj* humpbacked; humped.
Corcunda *s* hunch; hump; hunchback.
Corda *s* rope; cord.
Cordame *s* cordage; ropes; NÁUT rigging.
Cordão *s* twist; string; fillet; cordon of troops.
Cordato *adj* sage; wise; prudent.
Cordeiro *s* lamb.
Cordel *s* string; cord; twine.
Cordial *adj* cordial; sincere; hearty.
Cordialidade *s* cordiality; heartiness.
Cordilheira *s* chain; ridge of mountains; cordillera.
Coreografia *s* choreography.
Coreto *s* bandstand; gazebo.
Coríntio *s* corinthian.
Coríntio *adj* corinthian.
Coriscar *v* to coruscate; to lighten; to shine; to glitter; to scintillate.
Corisco *s* flash of lightning; spark.
Corista *s* chorister; show girl; chorus girl.
Corja *s* rabble; multitude; mob.
Córneo *adj* corneous; horny.
Corneta *s* cornet; bugler; trumpet.
Cornija *s* cornice; mold.
Corno *s* horn; antler; cornu.
Cornucópia *s* cornucopia; abundance.
Cornudo *adj* horned; cornuted.
Coro *s* choir; chorus; choristers; chancel.
Coroa *s* crown; clerical tonsure; glory; crownwork.
Coroação *s* coronation; crowning; deer's antlers.
Coroar *v* to crown; to wreathe; to dignify; to adorn.
Corolário *s* corollary; consequence.
Coronha *s* gunstock; butt.
Corpo *s* body; person; corps; corporation; substancy; part of a bulding.
Corpóreo *adj* material; corporeous; corporeal.
Corpulento *adj* corpulent; USA hefty.
Corpúsculo *s* corpuscle; corpuscule.
Correção *s* correction; accuracy; editing.
Correcional *adj* correctional.
Corredeira *s* rapids; dalles.
Corredor *s* runner; racer; corridor; gallery.
Corredor *adj* running.
Córrego *s* ravine; stream; streamlet; brook.
Correia *s* leather strap; thong; rein; belt.
Correio *s* postman; mail; messenger; post-office; USA mailman.
Correlacionar *v* to correlate; to interrelate.
Correligionário *s* coreligionist.
Corrente *adj* current; instant; fluent; present; chain; trend.
Correnteza *s* row of houses; stream; current; flow.
Correr *v* to run; to flow; to hurry.
Correria *s* incursion in road; raid; scamper; foray.
Correspondência *s* letters; correspondence; tally; USA mail.
Corresponder *v* to correspond; to fit; to tally; to match.
Corretagem *s* brokerage; agency.
Corretivo *s* corrective; amendatory.
Corretivo *adj* corrective.
Correto *adj* correct; decorous; accurate; proper; honest; elegant.
Corretor *s* broker; amender; chastener.
Corrida *s* run; race; course; raid; coursing.
Corrido *adj* confused; ashamed; degraded.
Corrigir *v* to correct; to set right; to emend; to chastise.
Corrigir-se *v* to amend.
Corrigível *s* corrigible.
Corrigível *adj* emendable.
Corrimão *s* banister; rail; hand-rail; handrail.
Corrimento *s* flowing; vexation; running sore.
Corriqueiro *adj* vulgar; trivial; commonplace; usual.
Corroboração *s* corroboration; confirmation.
Corroborar *v* to corroborate; to confirm.
Corroer *v* to corrode; to eat into; to waste.
Corromper *v* to corrupt; to debase; to taint; to pervert; to falsify.
Corrompido *adj* corrupt; putrid; degenerate.
Corrosão *s* corrosion; wasting; erosion.
Corrosivo *s* corrosive.
Corrosivo *adj* caustic; corrosive; FIG fretting; biting; destructive.
Corrupção *s* depravity; subornation; corruption.
Corruptível *adj* corruptible.
Corrupto *adj* corrupt; dissolute; depraved.
Corsário *s* corsair; pirate.
Cortado *adj* cut; banged; cleft.
Cortador *s* cutter; butcher; slicer.
Cortar *v* to cut; to intercept; to interrupt; to divide.
Corte *s* edge; cut; gash; incision; section; oxen-stall; court.
Cortejador *s* courtier; galantman; adulator; wooer.
Cortejar *v* to court; to woo; to allure; to attract.
Cortejo *s* attendance; procession; following; cortege.
Cortês *adj* courteous; civil; polite; gracious.
Cortesão *s* courtier.
Cortesão *adj* courtly.
Cortesia *s* courtesy; civility; gallantry.
Cortiça *s* cork; bark.

Cortiço *s* hive; beehive; flophouse.
Cortina *s* curtain; screen.
Coruja *s* screech; owl; owl butterfly.
Coruscar *v* to coruscate; to sparkle; to flash.
Corvina *s* corvine; croaker.
Corvo *s* raven; crow.
Cosedura *s* sewing; lashing; seizing.
Cosseno *s* cosine.
Coser *v* to sew; to stitch.
Cosmético *s* cosmetic.
Cosmético *adj* cosmetic.
Cósmico *adj* cosmical; cosmic.
Cosmo *s* cosmos; the universe.
Cosmogonia *s* cosmogony.
Cosmopolita *s* cosmopolite.
Cosmopolita *adj* cosmopolitan.
Cosmos *vide* COSMO.
Costa *s* coast; shore; bank; beach; *pl* back; shoulders.
Costear *v* to coast; to skirt.
Costeiro *adj* coasting; coastal.
Costela *s* rib; wife.
Costeleta *s* cutlet; chop; sparerib; USA sideburns.
Costumado *adj* usual; accustomed; habitual.
Costumar *v* to accustom; to habituate.
Costume *s* custom; manner; practice; usage; fashion; costume; suit of clothes; habit.
Costumeiro *adj* usual; habitual; customary.
Costura *s* seam; scar; sewing; needlework.
Costurar *v* to sew; to seam.
Cota *s* coat of mail; quota.
Cotação *s* quotation; FIG credit; steem.
Cotangente *s* co-tangent; cotangent.
Cotar *v* to quote; to estimate; to value; to classify.
Cotejar *v* to compare; to collate; to confront.
Cotejo *s* comparing; comparison; collation.
Cotidiano *adj* quotidian; daily.
Cotovelo *vide* CÚBITO.
Cotovia *s* lark; crested-lark; skylark.
Coturno *s* sock; half boot; buskin.
Couraça *s* cuirass; armour plate; armor plate.
Couraçado *s* armoured vessel; dreadnought; battleship.
Couraçado *adj* armoured; armored; cuirassed.
Couro *s* hide; leather; FIG skin.
Couve *s* colewort; kale; cole.
Couve-flor *s* cauliflower.
Cova *s* hole; ditch; pit; cave; grave.
Covarde *adj* coward; craven; chicken-hearted.
Covardia *s* cowardice; cravenness.
Coveiro *s* grave-digger; gravedigger.
Covil *s* den; lair; burrow; USA hangout.
Coxa *s* thigh; haunch.
Coxear *v* to limp; to halt; to hobble.
Coxim *s* cushion; divan; pad.
Coxo *adj* lame; limping.
Cozedura *s* cooking; baking; boiling.
Cozer *v* to cook; to boil.
Cozimento *s* baking; boiling.
Cozinha *s* kitchen; cookery.
Cozinhar *v* to cook; to boil.
Crânio *s* skull; cranium.
Crápula *s* debauchery; scoundrel.
Craque *s* crash; USA crackerjack; winner race horse.
Craque *adj* first-rate; crack.
Crase *s* crasis.
Crasso *adj* crass; thick; dense; coarse.
Cratera *s* crater; cup.
Cravação *s* setting of stones; studwork.
Cravar *v* to rivet; to nail; to fix; to set precious stones.
Cravejar *v* to nail; to rivet; to set precious stones.
Cravista *s* MÚS harpsichord player; harpsichordist.
Cravo *s* nail; spike; MÚS harpsichord; pink flower.
Creche *s* day nursey; nursery.
Credencial *s* letter of credence; *pl* credentials.
Credencial *adj* credential.
Credibilidade *s* credibility.
Creditar *v* to credit; to believe; to chalk up.
Crédito *s* credit; trust; faith; credence.
Credo *s* creed; rule.
Credo *interj* God forbid! gosh!
Credulidade *s* credulity; gullibility.
Crédulo *adj* credulous; ready to believe; gullible.
Cremação *s* cremation; burning; incineration.
Cremalheira *s* rack-rail; rack rod.
Cremar *v* to cremate; to incinerate.
Creme *s* cream; custard.
Crença *s* belief; faith; conviction.
Crendice *s* absurd belief; superstition.
Crente *s* sectarian; believer.
Crente *adj* sectarian; believing.
Crepe *s* crepe; crape; a crapelike paper; mourning crape.
Crepitação *s* crackle; crepitation.
Crepitante *adj* crackling; crepitant.
Crepitar *v* to crepitate; to crackle.
Crepúsculo *s* crepuscle; twilight; dusk.
Crer *v* to believe; to presume; to trust.
Crescente *adj* crescent; growing.
Crescer *v* to grow; to increase.
Crescimento *s* growth; progress; increase.
Crespar *v* to curl; to wave; to wrinkle.
Crespo *adj* curled; curly; wavy.
Crestar *v* to toast; to burn; to singe.
Cretino *s* cretin; idiot; imbecile.
Cria *s* young horse; colt; brood of animals; suckling.
Criação *s* creation; invention; livestock cattle; breed.
Criada *s* maid; servant.
Criadagem *s* servants.
Criado *s* servant; waiter; groom.
Criador *s* creator; cattle raiser.
Criança *s* child; brat; kiddie.
Criancice *s* childish manners; baby act.
Criar *v* to create; to raise; to invent; to produce; to nurse; to breed.
Criatura *s* creature; human being; person.
Crime *s* crime; felony; misdeed.
Criminalidade *s* criminality.
Criminalista *s* criminalist.
Criminoso *adj* criminal; guilty; felonious.
Crina *s* horse hair; crest; mane.
Cripta *s* crypt.
Crisântemo *s* chrysanthemun.
Crise *s* crisis; emergency.
Crisma *s* RELIG chrism (baptism confirmation).
Crismar *v* RELIG to confirm the Christian baptism.
Crista *s* comb of a cock; crest of a helmet; ridge of a mountain.
Cristal *s* crystal; flint glass.
Cristalino *s* MED lens; crystalline lens.
Cristalino *adj* crystalline; glassy; pellucid.
Cristalizar *v* to crystallize; to candy.
Cristandade *s* christendom; christianity.
Cristão *s* christian.
Cristão *adj* christian.
Cristianismo *s* christianism; christianity.
Cristo *s* Christ.
Critério *s* criterion; wisdom; judgment.
Criterioso *adj* sensible; judicious; wise.
Crítica *s* criticism; critique; censure.
Criticar *v* to criticize; to censure; to blame; USA to knock.
Crítico *adj* critical; critic.

Crivar *v* to sift; to riddle.
Crível *adj* credible; believable.
Crivo *s* sieve; riddle; sifter.
Crochê *s* crochet.
Crocodilo *s* crocodile.
Cromado *adj* chromium-plated; chrome-plated.
Cromático *adj* chromatic.
Crônica *s* chronicle; history.
Crônico *adj* chronic; inveterate.
Cronologia *s* chronology.
Cronômetro *s* chronometer; stop watch.
Croquete *s* croquette.
Croqui *s* sketch; rough design; outline.
Crosta *s* crust; scab.
Cru *adj* raw; crude; uncooked.
Crucial *adj* crucial; critical.
Cruciante *adj* mortifying; tormenting; excrucianting.
Crucificação *s* crucifixion.
Crucificar *v* to crucify; to torture.
Crucifixo *s* crucifix.
Cruel *adj* cruel; ruthless; inhuman.
Crueldade *s* cruelty; devilry; USA delvitry.
Cruento *adj* bloody; pungent.
Crueza *s* crudity; cruelty.
Crustáceo *adj* crustaceous.
Cruz *s* cross; rood; FIG affliction.
Cruzada *s* crusade.
Cruzado *adj* crossed.
Cruzador *s* cruiser; panhandler.
Cruzamento *s* crossing; interception; USA intersection.
Cruzar *v* to cross; to pass across; to cruise; to intersect.
Cruzeiro *s* cross-aisle of a church; crossing; crucifix; cruise.
Cuba *s* vat; hogshead used in making wine; tub.
Cubagem *s* cubage; cubing; cubature.
Cubar *v* to make the cubage of; to cube.
Cúbico *adj* cubic; cubical.
Cubículo *s* cubicle; cell.
Cubismo *s* cubism (painter style).
Cúbito *s* elbow.
Cubo *s* cube; bucket of watermill; nave of a wheel.
Cuco *s* cuckoo; cuckold.
Cueca *s* breeches; short under pants; drawer.
Cueiro *s* swaddle; *pl* swaddling clothes.
Cuidado *s* care; diligence; attention; anxiety.
Cuidado *interj* take care!; careful!; watch out!
Cuidadoso *adj* careful; diligent.
Cuidar *v* to think; to reflect; to take care.
Cujo *pron* whose; of whom; of which.
Culatra *s* breech of a firegum.
Culinária *s* cookery; cooking; cuisine.
Culminação *s* culmination; apogee.
Culminância *s* culmination; climax.
Culminante *adj* culminating.
Culminar *v* to culminate; to rise to a peak; to reach the highest point.
Culpa *s* fault; offense; sin; guilt.
Culpado *s* guilty person; felon.
Culpar *v* to accuse; to blame; to charge; to incriminate; to indict.
Culpável *adj* culpable; guilty; blameable.
Culposo *adj* culpatory; guilty.
Cultivado *adj* cultivated; tilled; cultured.
Cultivador *s* cultivator; tiller; grower.
Cultivar *v* to cultivate; to till; to grow; USA to raise.
Cultivo *s* cultivation.
Culto *s* cult; worship; homage; respects; religion; adoration.
Culto *adj* cultured; educated; learned.
Cultor *s* cultivador; follower.
Cultuar *v* to worship; to adore.
Cultura *s* culture; tillage; growth; polish.
Cultural *adj* cultural.
Cume *s* top; summit; apex; apogee.
Cúmplice *s* accomplice; conniver; abettor.
Cumplicidade *s* complicity; abetment.
Cumpridor *s* accomplisher; executor.
Cumprimentar *v* to compliment; to greet; to congratulate.
Cumprimento *s* salutation; greeting; accomplishment; performance.
Cumprir *v* to fulfill; to accomplish; to execute; to perform.
Cumular *v* to heap; to accumulate; to gather.
Cúmulo *s* cumulus; highest point.
Cuneiforme *adj* cuneiform; cuneated.
Cunha *s* wedge; quoin.
Cunhada *s* sister-in-law.
Cunhado *s* brother-in-law.
Cunhador *s* coiner.
Cunhar *v* to coin; to turn out; to mint; to stamp.
Cunho *s* incuse; FIG mark; type; coin; stamp.
Cupão *s* coupon; stub.
Cupidez *s* cupidity; greed; avarice.
Cupido *s* cupid.
Cúpido *s* covetous; greed.
Cupim *s* termite; white-ant.
Cúpula *s* cupola; cupule; dome.
Cura *s* cure; healing; curate.
Curado *adj* cured; hardened; healed.
Curador *s* trustee; guardian; tutor.
Curadoria *s* guardianship; trusteeship.
Curandeiro *s* quack; charlatan.
Curar *v* to cure; to restore; to heal; to bleach.
Curativo *s* dressing.
Curativo *adj* curative.
Curável *adj* curable; medicable.
Cúria *s* curia; papal court.
Curiosidade *s* curiosity; oddity; *pl* rarity.
Curioso *adj* curious; strange; rare; odd.
Curral *s* cow-house; ox-stall; USA corral.
Currículo *s* run; path; curriculum; running; course.
Cursar *v* to frequent; to follow; to blow; to travel.
Curso *s* course; lectures; direction; path.
Curteza *s* shortness; scarcity.
Curtidor *s* tanner; currier.
Curtir *v* to tan; to inure; to harden; to prepare.
Curto *adj* short; brief; concise.
Curtume *s* tanning; tannery.
Curva *s* curve; bend; hough of the leg.
Curvar *v* to curve; to droop; to bend; to bow; to stoop.
Curvatura *s* curvature; bend; sag.
Curvilíneo *adj* curvilinear; curvilineal.
Curvo *adj* curved; crooked; bent.
Cúspide *s* ANAT cusp; apex; sharp.
Cuspidela *s* spitting; spit.
Cuspir *v* to spit; to dart; to fling; to scorn; to spew.
Cuspo *s* spittle; saliva; spit.
Custar *v* to cost; to stand in; to tarry.
Custear *v* to defray; to disburse; to pay.
Custeio *s* expense; defrayal.
Custo *s* cost; price.
Custódia *s* custody; keeping; care.
Custoso *adj* dearly; dear; costly; hard; difficult.
Cutâneo *adj* dermal; cutaneous.
Cutela *s* large meat-knife.
Cutelaria *s* cutlery; cutler's shop.
Cutelo *s* cutlass; chopping knife; chopper.
Cutícula *s* cuticle.
Cuticular *adj* cuticular.
Cútis *s* cutis; skin; epidermis; complexion.
Cutucar *v* to nudge; to jog; to poke.

dD

D *s* the fourth letter of the Portuguese and of the English alphabets.
D *s* MÚS symbol (cipher) of the second musical note.
D *s* Roman numeral for five hundred.
Dádiva *s* gift; keepsake; boon.
Dado *s* die; datum; basic fact; ESP dice.
Dado *adj* given; free; fond of; affable.
Dado *conj* in view of; considering that.
Daí *prep* plus *adv* **(de+aí)** thence; from there; for that reason; therefore; ***DAÍ em diante***: thenceforth.
Dali *prep* plus *adv* **(de+ali)** thence; therefrom; from there.
Dálmata *s* dalmatian; dog.
Daltônico *s* one who is color-blind.
Daltônico *adj* daltonian; colour-blind.
Daltonismo *s* daltonism; colour-blindness; color-blindness.
Dama *s* lady; maid; queen; in the game of chess; at cards; etc.; USA maid of honour.
Damasco *s* damascus; damson; apricot; damask fabric; an ancient city; capital of Siria.
Danação *s* damnation; fury; rabies; anger; rage; hydrophobia.
Danado *adj* damned; wicked; angry; smart.
Danar *v* to harm; to hurt; to injure; to damage.
Dança *s* dance; dancing; ball.
Dançante *adj* dancing.
Dançar *v* to dance.
Dançarino *s* dancer.
Danificação *s* injury; harm; damage.
Danificar *v* to damage; to harm; to hurt.
Daninho *adj* hurtful; damaging; harmful.
Dano *s* damage; hurt; harm; injury.
Danoso *adj* damaging; injurious; harmful.
Dantes *adv* formerly; before; heretofore.
Dantesco *adj* dantesque; dantean; horrible; fightful; (allusive to the poet Dante Alighiere, 1265-1321).
Daquele *prep* plus *pron* **(de+aquele)** from that; from yon (yonder); of that; from the one; of the one.
Daqui *prep* plus *adv* **(de+aqui)** from here; from now; hence.
Daquilo *prep* plus *pron* **(de+aquilo)** from that; of that.
Dar *v* to give; to concede; to present; to beat; to grant.
Dardo *s* dart; spear; javelin.
Darwinismo *s* darwinism, the doctrine of natural selection (Charles Robert Darwin, 1809-1882).
Data *s* date.
Datar *v* to date.
Datilografar *v* to typewrite; to type; to take down; ***ele está DATILOGRAFANDO algumas cartas***: he's typing some letters.
Datilografia *s* typewriting.
Datilógrafo *s* typist; typewriter.
De *prep* of; from; at; for; by; to; on; in.
Debaixo *adv* under; underneath; beneath; below; ***de cabo a rabo, de alto a baixo***: from top to botton.
Debalde *adv* in vain; vainly.
Debandar *v* MIL to disperse; to scatter; to rout; to disband.
Debate *s* debate; discussion; argument.
Debater *v* to debate; to discuss; to contest; to argue.
Debater-se *v* to strive; to struggle.
Debelação *s* conquering; opposition; suppression.
Debelar *v* to conquer; to combat; to subdue.
Débil *adj* weak; feeble.
Debilitar *v* to debilitate; to enfeeble; to weaken.
Debitar *v* to debit; to charge.
Débito *s* debt; debit; charge.
Debochar *v* to debauch; to mock; to poke fun at; to scoff at.
Deboche *s* mockery; debauchery.
Debruçar-se *v* to stoop; to lean over; to bend oneself.
Debulhar *v* to thrash; to shell; to hull.
Década *s* decade; decennium.
Decadência *s* decadence; decay; decline.
Decadente *adj* decadent; declining; decaying.
Decaído *adj* decrepit; decayed; fallen.
Decair *v* to decay; to decline; to fade; to go down; to fail.
Decalque *s* decal; tracing; transference of a drawing; FIG copy; plagiarism.
Decano *s* decano; dean; senior; elder.
Decapitar *v* to decapitate; to behead.
Decência *s* decency; decorum; seemliness.
Decente *adj* decent; honest; fair; becoming.
Decepar *v* to mutilate; to sever; to cut off; to amputate.
Decepção *s* disappointment; fraud; disillusionment; deception.
Decepcionar *v* to disappoint; to trick; to deceive.
Decibel *s* decibel; power unity of sound wave.
Decidido *adj* resolute; decided; bold; determined.
Decidir *v* to decide; to settle; to determine.
Decifrar *v* to decipher; to solve; to decode.
Decifrável *adj* decipherable.
Decimal *adj* decimal; denary.
Decímetro *s* decimetre; decimeter.
Décimo *s* tenth; the tenth part.
Décimo *adj* tenth.
Decisão *s* decision; resolution.
Decisivo *adj* decisive; conclusive; final.
Declamar *v* to declaim; to recite.
Declaração *s* declaration; assertion; statement.
Declarar *v* to declare; to assert; to announce; to proclaim.
Declinar *v* to decline; to lower; to decrease; to refuse.
Declinável *adj* declinable.
Declínio *s* decline; decay; decadence.
Declive *s* descending; declivity; slope.
Decolagem *s* take-off.
Decolar *v* to take off; to hop off.
Decompor *v* to decompose; to analyze; to break down.
Decompor-se *v* to rot; to decay.
Decomposição *s* decomposition; FIG analysis; rottenness.
Decoração *s* decoration; ornamentation; ornament.
Decorador *s* decorator; memorizer.
Decorar *v* to decorate; to adorn; to ornament; to learn by heart.
Decorativo *adj* decorative; ornamental.
Decoro *s* decency; decorum; honesty; seemliness.
Decoroso *adj* decent; seemly; decorous.
Decorrente *adj* decurrent; passing; elapsing.
Decorrer *v* to elapse; to pass; to happen; to occur.

Decotado *adj* low-necked; décolleté; bare-necked.
Decotar *v* to cut a dress low; to cut low; to excise.
Decote *s* low neckline; cutting out of dresses; décolletage.
Decrépito *adj* decrepit; feeble; decayed with age; worn-out.
Decrescer *v* to diminish; to abate; to wane; to decrease; to drop off; to decline.
Decretar *v* to decree; to rule; to determine.
Decreto *s* decree; order; mandate.
Decurso *s* lapse of time; succession; duration; passing; course.
Dedicação *s* devotion; dedication.
Dedicado *adj* dedicated; devoted; hard-working; ***ela é muito dedicada***: she's very hard-working.
Dedicar *v* to dedicate; to offer; to inscribe.
Dedicar-se *v* to devote oneself to.
Dedicatória *s* dedication; inscription.
Dedilhar *v* to finger; to strum; to pluck.
Dedo *s* finger; toe; ***DEDO polegar*** (mata-piolho): thumb; ***DEDO indicador*** (fura-bolo): forefinger; index finger; ***DEDO médio*** (pai-de-todos): middle finger; ***DEDO anular*** (seu vizinho): ring finger; ***DEDO mínimo*** (mindinho): little finger.
Dedução *s* deduction; discount.
Dedutivo *adj* deductive; discursive.
Deduzir *v* to deduce; to deduct; to subtract; to draw.
Defecar *v* to defecate; to evacuate.
Defeito *s* defect; fault; shortcoming.
Defeituoso *adj* defective; imperfect; faulty; incomplete.
Defender *v* to defend; to uphold; to shield; to vindicate; to support.
Defender-se *v* to defend oneself.
Defensiva *s* defensive.
Defensivo *adj* defensive; justificatory.
Defensor *s* defender; advocate.
Deferência *s* deference; respect; regard.
Deferido *adj* granted; conceded; approved.
Deferimento *s* granting; approval; compliance.
Deferir *v* to grant; to approve; to yeld.
Defesa *s* defence; USA defense.
Deficiência *s* deficiency; fault; imperfection; disability.
Deficiente *adj* deficient; defective; imperfect.
Déficit *s* deficit; shortage; especially of revenue; negative balance between expense and income.
Deficitário *adj* in deficit; in negative income; sowing a deficit.
Definhar *v* to dwindle; to droop; to weaken; to sink; to waste away; to pine away.
Definição *s* definition; decision; explanation.
Definir *v* to define; to determine; to explain.
Definir-se *v* to be defined; to become defined.
Definitivamente *adv* for good; definitily.
Definitivo *adj* definitive; conclusive.
Deflação *s* ECON deflation; a decrease in the amount of currency in a coutry.
Deflagrar *v* to deflagrate; to break out.
Deformação *s* deformation; distorted; defacement.
Deformar *v* to deform; to deface; to disfigure; to distort; to misshape.
Deformidade *s* deformity; alteration; defacement.
Defraudar *v* to defraud; to cheat; to bilk.
Defrontação *s* facing; confrontation.
Defrontar *v* to confront; to face; to affront.
Defronte *adv* in opposition to; face to face; confronting; facing.
Defronte de *adv* in face of; opposing.
Defumação *s* smoking; curing.
Defumar *v* to smoke; to cure.
Defunto *s* corpse; dead person; deceased.
Degelar *v* to defrost; to melt.
Degelo *s* defrosting; melting; thaw.
Degenerar *v* to degenerate; to deteriorate.
Degolador *s* headsman; executioner; swage.
Degolar *v* to behead; to decapitate.
Degradação *s* degradation; degeneration; debasement.
Degradar *v* to degrade; to debase.
Degradar-se *v* to degrade oneself.
Degrau *s* degree; stair; step; doorstep; ***cuidado com o DEGRAU!***: mind the steps!
Degredado *s* exile; expatriate.
Degredado *adj* banished; exiled.
Degredar *v* to banish; to exile.
Degustação *s* tasting.
Degustar *v* to taste; to degust.
Deidade *s* deity; divinity; goddess.
Deitar *v* to cast; to throw; to lay; to sleep.
Deitar-se *v* to lie down; to bed down.
Deixar *v* to leave; to quit; to abandon; to let.
Dejeção *s* dejection; defecation.
Dejejuar *v* to breakfast.
Dela *s contr* **prep,** plus **pron,** (de+ela) her; hers; of her; from her.
Delação *s* denunciation; accusation; delation.
Delatar *v* to accuse; to squeal; to denounce; to delate.
Delator *s* informer; snitch; denouncer.
Dele *prep* plus *pron* (de+ele) his; of him; from them.
Delegação *s* deputation; USA delegation.
Delegacia *s* police precinct; delegacy.
Delegado *s* delegate; representative; commissioner.
Delegar *v* to delegate; to commission; to intrust; to entrust.
Deleitar *v* to delight; to please; to charm.
Deleite *s* pleasure; relish; delight; enjoyment.
Deletar *v* to delete.
Deletério *adj* deleterious; harmful; desmoralizing.
Delével *adj* erasable; effaceable.
Delgado *adj* thin; slim; delicate.
Deliberação *s* deliberation; decision.
Deliberar *v* to deliberate; to consider; to decide.
Delicadeza *s* delicacy; politeness; courtesy.
Delicado *adj* delicate; gentle; fine; courteous; polite.
Delícia *s* delight; satisfaction; joy.
Deliciar *v* to delight; to entrance; to please.
Delicioso *adj* delicious; delightful; enjoyable.
Delimitar *v* to delimit; to bound.
Delinear *v* to delineate; to sketch; to outline; to trace.
Delinquente *adj* guilty; delinquent; offender; criminal; outlaw; felon.
Delinquir *v* to transgress; to be guilty; to be delinquent.
Delirante *adj* delirious; exuberant; insane.
Delirar *v* to be delirious; to rage; to rave.
Delírio *s* delirium; insanity; rapture.
Delito *s* delict; offense; crime.
Delonga *s* delay; procrastination.
Delongar *v* to delay; to defer; to postpone.
Delta *s* delta; the fourth letter of the Greek alphabet.
Demagogia *s* demagogy; demagoguery.
Demagogo *s* demagogue; agitator; revolutionist.
Demais *adv* too much; moreover; more than enough; besides.
Demanda *s* demand; lawsuit; claim; action.
Demandar *v* to ask; to require; to call for; to demand; to claim; to request.
Demarcar *v* to demarcate; to bound; to delimit; to landmark.
Demasia *s* surplus; excess; abuse.
Demasiado *adj* excessive; too much; to many.
Demasiado *adv* too much; to many; excessively.
Demente *adj* demented; insane; mad; crazy.
Demissão *s* discharge; removal; dismissal.
Demissionário *adj* resigning.
Demitir *v* to dismiss; to lay off; to discharge; to give someone the sack.
Demitir-se *v* to resign.
Democracia *s* democracy.

Democrata *s* democrat.
Democrático *adj* democratic; democratical.
Democratizar *v* to democratize.
Demolição *s* demolition; destruction; demolishment.
Demolir *v* to demolish; to destroy; to pull down; to tear down; to throw down.
Demoníaco *adj* demoniac; demoniacal; devilish.
Demônio *s* demon; devil; old nick.
Demonstração *s* demonstration; proof; manifestation; exhibition; show.
Demonstrar *v* to demonstrate; to prove; to explain; to display; to show; to evince.
Demonstrativo *adj* demonstrative.
Demora *s* delay; detention; tardiness.
Demorar *v* to delay; to tarry; to retard; to loiter.
Demorar-se *v* to loiter.
Demover *v* to dissuade.
Denegação *s* denial; refusal; denegation.
Denegar *v* to deny; to refuse; to disallow.
Denegrir *v* to blacken; to soil; to smut; FIG to stain; to revile.
Dengoso *adj* affected; finicky; conceited.
Dengue *s* affectation; ostentation; MED affectation; infectious and eruptive disease with fever, sick-headache, muscular pain etc., transmitted by the mosquito "aëdes aegypti".
Dengue *adj* finicky; effeminate.
Denguice *s* affectation; coquetry; coyness.
Denodo *s* daring; courage; boldness.
Denominação *s* denomination; designation.
Denominador *s* denominator.
Denominar *v* to denominate; to designate; to name; to call.
Denominar-se *v* to call oneself.
Denotar *v* to denote; to express; to signify; to indicate.
Densidade *s* density; heaviness.
Denso *adj* dense; thick; compact; close.
Dentada *s* bite; nibble.
Dentado *adj* toothed; dentated; cogged.
Dentadura *s* denture; set of teeth; ***DENTADURA postiça***: false teeth.
Dentário *adj* dental; ***aparelho* DENTÁRIO**: brace.
Dente *s* tooth; dent; fang; cog; tusk.
Dentição *s* dentition; teething.
Dentifrício *s* dentifrice; toothpaste; dental cream.
Dentista *s* dentist.
Dentre *prep* plus ***prep***, **(de+entre)** among; in the midst of.
Dentro *adv* inside; within; in; into; indoors.
Denúncia *s* denunciation; accusation.
Denunciante *s* denouncer; denunciator.
Denunciante *adj* denunciatory.
Denunciar *v* to denounce; to accuse; to disclose.
Denunciável *adj* impeachable.
Deparar *v* to find; to present; to fall in with; to meet.
Departamental *adj* departmental.
Departamento *s* departament; USA bureau.
Depauperar *v* to weaken; to deplete; to impoverish.
Depenado *adj* plucked; picked clean; deplumed.
Depenar *v* to deplume; to pluck; GÍR strip of money.
Dependência *s* dependence; dependency; outhouse; subordination.
Dependente *adj* dependent; appendant.
Depender *v* to depend on; to be under; to rely on.
Dependurado *adj* hanging; suspended; dangling.
Dependurar *v* to hang; to suspend; to hock.
Depilar *v* to depilate; to strip off hair.
Depleção *s* depletion; decrease of liquids in the human body.
Deplorar *v* to deplore; to lament; to regret.
Deplorável *adj* deplorable; pitiful; lamentable; pitiable.
Depoimento *s* testimony; evidence; deposition.
Depois *adv* after; next; afterwards; then; besides; moreover.
Depor *v* to lay down; to depose; to testify; to bear witness; to dethrone.
Deportação *s* banishment; exile; deportation.
Deportado *adj* exiled; deported.
Deportar *v* to deport; to exile; to banish.
Deposição *s* deposition; overthrow.
Depositar *v* to deposit; to lay; to place; to intrust.
Depósito *s* deposit; depot; store; sediment; settlings; storage yard.
Deposto *adj* deposed; ousted; overthrow.
Depravado *adj* depraved; corrupt; degenerate; lewd.
Depravar *v* to corrupt; to deprave; to pervert.
Deprecar *v* to entreat; to invoke; to beseech; to implore.
Depreciação *s* depreciation; disdain; disparagement.
Depreciar *v* to depreciate; to lessen; to cheapen; to disparage.
Depreciativo *adj* depreciative; disdainful; derogatory.
Depreciável *adj* depreciable.
Depredar *v* to depredate; to plunder; to destroy; to spoil.
Depreender *v* to infer; to deduce; to gather.
Depressa *adv* fast; quick; quickly; swiftly.
Depressão *s* depression; melancholy.
Deprimente *adj* depressing; depressive.
Deprimido *adj* downcast; dejected; glum.
Deprimir *v* to depress; to weaken; to humiliate.
Depuração *s* depuration; purification.
Depurar *v* to purify; to clean; to depurate.
Depurativo *s* depurative.
Depurativo *adj* purifying; depurative.
Deputado *s* deputy; representative; delegate.
Deputar *v* to depute; to deputize; to empower.
Deriva *s* drift; leeway.
Derivação *s* GRAM derivation; NÁUT sag; drift.
Derivar *v* to derive; to proceed; to originate.
Derme *s* derm; skin; dermis.
Derradeiro *adj* last; final; hindmost.
Derramamento *s* spilling; flowing; pouring.
Derramar *v* to shed; to spill; to pour.
Derrame *s* scattering; shedding; overflow; hemorrhage.
Derrapagem *s* skidding; skid.
Derrapar *v* to skid.
Derreter *v* to melt; to dissolve; to soften; to thaw; FIG to fall in love easily.
Derretido *adj* molten; melted; FIG deeply in love.
Derretimento *s* melting; fusion.
Derrocada *s* ruin; demolition; destruction; overthrow; fall; decline.
Derrocar *v* to demolish; to pull down; to destroy; to ruin; to overthrow.
Derrogação *s* derogation; repeal.
Derrogar *v* to derogate; to annul; to repeal.
Derrota *s* defeat; rout; licking; balk.
Derrotar *v* to defeat; to beat; to rout; to destroy.
Derrotismo *s* defeatism.
Derrubada *s* the felling of trees; defeat; downfall.
Derrubar *v* to throw down; to drop; to blow down; to knock down; to fell.
Desabafar *v* to uncover; to expose; to air.
Desabafo *s* relief; opening of one's heart; redress; release.
Desabar *v* to crumble; to fall down; to tumble; to cave in.
Desabitado *adj* uninhabited; deserted; vacated.
Desabitar *v* to depopulate; to vacate; to desert.
Desabituar *v* to disaccustom; to break off a habit; to out of habit.
Desabonar *v* to discredit; to depreciate.
Desabotoar *v* to unbutton; to unclasp; to unsnap.
Desabrigar *v* to deprive of shelter; to abandon.
Desabrochar *v* to bloom; to blossom; to unbutton.
Desacatar *v* to disrespect; to insult.
Desacato *s* disrespect; discourtesy; offense.

Desacertado *adj* mistaken; crazy; wrong.
Desacerto *s* mistake; error; blunder.
Desacompanhado *adj* alone; unattended; unaccompanied.
Desaconselhável *adj* inadvisable; inexpedient.
Desacoplar *v* to disunite; to uncouple; to disconnect.
Desacordo *s* disagreement; dissension; disaccord.
Desacostumar *v* disaccustom.
Desacostumar-se *v* to lose a habit.
Desacreditado *adj* discredited; disreputable.
Desacreditar *v* to discredit; to disrepute; to stop believing.
Desafeto *s* adversary; opponent; enemy; rival.
Desafiante *s* challenger.
Desafiante *adj* defying; challenging.
Desafiar *v* to challenge; to call out; to set at defiance; to defy; to incite.
Desafinado *adj* out of tune; dissonant; flat; tuneless.
Desafinar *v* to sing out of tune; to get out of tune.
Desafio *s* challenge; defiance; match.
Desafogar *v* to relieve; to ease.
Desafogar-se *v* to relieve oneself; to set oneself at ease.
Desafogo *s* ease; relief; firmness.
Desaforado *adj* insolent; abusive; forward.
Desaforo *s* insolence; impudence; abuse.
Desafortunado *adj* unlucky; hapless; unfortunate.
Desagasalhado *adj* lightly clothed; dressed; poor; homeless.
Desagradar *v* to displease; to dislike; to offend; to disfavor.
Desagradável *adj* disagreeable; uggly; unpleasant.
Desagrado *s* discontent; unpleasantness; displeasure; disfavor.
Desagravo *s* relief; revenge; separation; retaliation; redress.
Desagregar *v* to disintegrate; to separate; to disjoin; to desaggregate.
Desajeitado *adj* unskillful; uncouth; awkward; clumsy.
Desajuizado *adj* unwise; irrational; thoughtless; foolish.
Desajustado *adj* maladjusted.
Desajustar *v* to disagree; to disorder; to disjoin; to disadjust.
Desajuste *s* disagreement; maladjustment; separation.
Desalentador *adj* discouraging; dismaying; dispiriting.
Desalentar *v* to discourage; to dismay; to dishearten; to dispirit.
Desalento *s* discouragement; despair; prostration; dismay.
Desalinhado *adj* sluttish; disorderly; slovenly.
Desalinhar *v* to disarrange; to disorder; to put out of line.
Desalinho *s* disorder; disarray; dishevelment; slovenliness.
Desalmado *adj* soulless; merciless; inhuman.
Desalojamento *s* dislodging; dislodgment; displacement; displacing.
Desalojar *v* to dislodge; to remove; to displace.
Desamarrar *v* to untie; to cast off; to unbind; to unmoor.
Desamarrar-se *v* to free oneself.
Desamarrotar *v* to unwrinkle; to smooth out.
Desamor *s* dislike; disaffection; disdain.
Desamparado *adj* forlorn; helpless; forsaken; abandoned.
Desamparar *v* to abandon; to forsake; to desert.
Desamparo *s* abandonment; distress; helplessness.
Desandar *v* to spoil; to turn back; to strike.
Desanimado *adj* discouraged; depressed; downhearted.
Desanimar *v* to deject; to cast down; to discourage; to depress; to dishearten.
Desanimar-se *v* to lose heart.
Desânimo *s* discouragement; prostration; depression.
Desanuviar *v* to cloudless.
Desapaixonado *adj* dispassionate; impartial; disinterested.
Desaparecer *v* to disappear; to vanish; to die; to be lost; to die away; to wear off; to get out of sight.
Desaparecido *adj* missing; absent; lost; gone.
Desaparecimento *s* disappearance.
Desapegado *adj* detached; separated.
Desapego *s* indifference; detachment; unconcern.
Desapertar *v* to loosen; to untie; to unlace.
Desaperto *s* looseness; loosening; FIG relief; easing.
Desapiedado *adj* inhuman; pitiless; merciless.
Desapoiar *v* to withdraw support off.
Desapontado *adj* disappointed.
Desapontamento *s* disappointment.
Desapontar *v* to disappoint; to disconcert; to fail; to frustrate.
Desapreciar *v* to undervalue; to disparage; to belitlle.
Desapreço *s* lack of appreciation; depreciation.
Desaprender *v* to unlearn; to forget.
Desapropriação *s* transfer of ownership; dispossesion.
Desapropriar *v* to expropriate; to alienate; to dispossess.
Desaprovação *s* disapproval; censure; reprehension.
Desaprovador *s* disapprover; critic; censurer.
Desaprovar *v* to disprove; to refute; to disapprove; to dislike; to censure.
Desarborizar *v* to cut down trees; to clear of trees.
Desarmamento *s* disarmament.
Desarmar *v* to disarm; to unarm; to disband.
Desarmonia *s* discord; disharmony; disagreement.
Desarmônico *adj* disharmonious; discordant; inharmonious.
Desarmonizar *v* to put out of harmony; to discompose; to upset.
Desarraigamento *s* rooting out; extirpation; eradication.
Desarraigar *v* to root out; to eradicate; to uproot.
Desarranjar *v* to derange; to put out of order; to disarrange; to upset.
Desarranjo *s* disarrangement; disorder; breakdown.
Desarrolhar *v* to uncork; to unstop.
Desarrumação *s* untideness; disarray; confusion.
Desarrumado *adj* disordered; disorderly; untidy.
Desarrumar *v* to disarrange; to displace; to mess; to disorder.
Desarticular *v* to disjoint; to disconnect; to disarticulate.
Desarvorado *adj* dismasted; dismantled.
Desarvoramento *s* dismasting; dismantling.
Desarvorar *v* to dismast; to dismantle.
Desasseio *s* dirtiness; untidiness; uncleanliness.
Desassossegar *v* to disquiet; to trouble; to disturb.
Desassossego *s* restlessness; unquietness; uneasiness; unrest.
Desastrado *adj* unfortunate; awkward; disastrous; clumsy.
Desastre *s* disaster; accident; misfortune.
Desastroso *adj* disastrous; calamitous; hazardous.
Desatar *v* to unfasten; to untie; to unbind; to unloose.
Desatento *adj* heedless; careless; negligent; inattentive.
Desatinado *adj* inconsiderate; mad; crazy; insane.
Desatinar *v* to rattle; to madden; to act foolishly.
Desatino *s* madness; folly; nonsense.
Desatolar *v* to pull out of mud; to draw out of mud.
Desautorização *s* discredit.
Desautorizar *v* to discredit; to deprave of authority.
Desavença *s* discord; disagreement; dissension.
Desavergonhado *adj* insolent; brazen; shameless.
Desavisado *adj* imprudent; ill-advised; foolish; rash.
Desavisar *v* to countermand; to rescind.
Desbancar *v* to beat; to outclass; to supplant; to break the bank.
Desbaratar *v* to waste; to scatter; to disorder; to rout; to destroy; to smash; to ruin.
Desbastar *v* to cut off; to chop; to pare; to trim; ***DESBASTAR a pedra bruta***: to pare the rough ashlar.
Desbocado *adj* big-mouth; hard-mouthed of a horse; unrestrained.
Desbotamento *s* discolouring; discoloration; fading.
Desbotar *v* to discolour; to discolor; to wash off.
Desbotar-se *v* to fade.
Desbravar *s* to tame; to domesticate; AGRIC to grub up.
Descabelado *adj* bald; balding; disheveled.
Descabido *adj* improper; inadequate; irrelevant.
Descair *v* to decay; to decline; to droop.
Descalabro *s* calamity; great; holocaust; defeat; loss.
Descalçadeira *s* bootjack.
Descalçar *v* to remove; to take off shoes; gloves; etc.

Descalço *adj* barefooted; barefoot; shoeless.
Descambar *v* to slide down; to backfire; to degenerate into.
Descamisado *adj* shirtless; poor.
Descampado *s* desert; open field; open country.
Descansado *adj* quiet; undisturbed; calm; rested; tranquil.
Descansar *v* to rest; to relax; ***DESCANSAR em paz***: to rest in peace.
Descanso *s* rest; resting; quiet; refreshment; relaxation; repose; pause; ***você precisa de um DESCANSO***: you need a break.
Descarado *adj* shameless; saucy; cheeky; impudent; barefaced.
Descaramento *s* shamelessness; boldness; sauciness.
Descarga *s* discharge; delivery; unloading.
Descarnar *v* to pit; to make lean; to recede.
Descaroçar *v* to remove the seeds of; to core or seed.
Descarregador *s* unloader; steve; lighterman.
Descarregar *v* to discharge; to unload; to unburden; to unpack.
Descarrilamento *s* derailment.
Descarrilar *v* to derail; to throw off the rail; to go astray; to run off the rails.
Descartar *v* to discard; to reject; to dismiss.
Descartar-se de *v* get rid of; put off.
Descarte *s* discard; excuse; act of discarding; FIG evasion.
Descascar *v* to peel; to husk; to hull; to skin; to shell.
Descaso *s* negligence; disregard; neglect.
Descendência *s* descent; lineage; progeny.
Descendente *s* descendant; offspring.
Descendente *adj* descending; proceeding.
Descender *v* to descend; to come off; to proceed from; to be derived from.
Descentralizar *v* to decentralize; to separate.
Descer *v* to descend; to get down; to incline; to go down; to come down; to step down; to get off.
Descerrar *v* to open; to disclose; to reveal.
Descida *s* descent; going down; descension; down grade.
Desclassificar *v* to disqualify; to disable; to dishonor.
Descoberta *s* discovery; gold strike; ***DESCOBERTA chocante***: startling finding.
Descobrimento *s* discovery; finding; disclosure.
Descobrir *v* to detect; to discover; to uncover; to disclose; to expose; to make visible; to find out.
Desconcertante *adj* disconcerting; baffling; upsetting.
Desconcertar *v* to disconcert; to disturb; to upset; to puzzle.
Desconexão *s* disconnection; incoherence.
Desconexo *adj* disconnected; abrupt.
Desconfiado *adj* suspicious; wary; diffident.
Desconfiança *s* suspicion; distrust; fear.
Desconfiar *v* to suspect; to distrust; to suppose.
Desconforto *s* discomfort; distresss.
Descongelar *v* to thaw; to melt; to defreeze; deice.
Desconhecer *v* to ignore; to be unaware.
Desconhecido *s* stranger.
Desconhecido *adj* unknown; unfamiliar; strange.
Desconhecimento *s* ignorance; ingratitude.
Desconjuntar *v* to disjoint; to disarticulate; to disconnect; to separate.
Desconsideração *s* disrespect; disregard; discourtesy.
Desconsiderar *v* to disrespect; to ignore.
Desconsolo *s* desolation; disconsolation.
Descontar *v* to discount; to deduct; to diminish.
Descontentamento *s* discontentment; displeasure.
Descontentar *v* to discontent; to displease; to dissatisfy.
Descontente *adj* discontented; unsatisfied; annoyed.
Descontinuar *v* to discontinue; to interrupt; to cease.
Descontínuo *adj* discontinuos; interrupted; intermittent.
Desconto *s* discount; abatement; deduction; allowance.
Descontrolar *v* to get out of control.
Descontrolar *v* to lose control.
Desconversar *v* to break off a conversation; to dissimulate.
Desconvir *v* to disagree; to be inappropriate; to be unlike.
Descorado *adj* discoloured; discolored; pale.
Descorar *v* to discolour; to discolor; to fade.
Descortês *adj* discourteous; unkind; ill-mannered; impolite.
Descortesia *s* discourtesy; impoliteness; incivility.
Descortinar *v* to reveal; to unveil; to find out; to disclose; to lay open; to expose to view.
Descrédito *s* discredit; disrepute.
Descrença *s* disbelief; doubt.
Descrente *s* unbeliever.
Descrente *adj* unbelieving; infidel; incredulous.
Descrever *v* to describe; to portray; to explain; to trace out; to relate; to narrate.
Descrição *s* description; outline.
Descruzar *v* to uncross.
Descuidado *adj* careless; sloppy; thoughtless; unkempt.
Descuidar *v* to neglect; to despise; to disdain; to disregard.
Descuido *s* carelessness; lack; slip.
Desculpa *s* excuse; apology; pardon.
Desculpar *v* to make an excuse; to excuse; to forgive.
Desde *prep* since; from; after.
Desdém *s* disdain; disregard; scorn.
Desdenhar *v* to disregard; to neglect; to disdain; to scorn; to despise; to ignore.
Desdenhoso *adj* disdainful; scornful; contemptuous.
Desejar *v* to wish for; to want; to will; to desire.
Desejável *adj* desirable.
Desejo *s* desire; wish; will.
Desejoso *adj* desirous; wishful.
Desemaranhar *v* to disentangle; to unravel; to extricate.
Desembainhar *v* to unsheathe; to release; to draw a sword.
Desembaraçado *adj* disengaged; unembarrassed; free.
Desembaraçar *v* to disembarrass; to disentangle; to extricate; to disengage.
Desembaraço *s* freedom; alertness; disembarrassment.
Desembarcar *v* to debark; to land; to get ashore; to disembark.
Desembargo *s* JUR raising of an embargo; dispatching.
Desembarque *s* landing; debarkation.
Desembocar *v* to run into; to empty; to lead to.
Desembolsar *v* to disburse; to pay out; to spend.
Desembolso *s* disbursement.
Desembrulhar *v* to unpack; to uncover; to unwrap.
Desempatar *v* to decide; to resolve; to break a tie.
Desempate *s* act of deciding a tie vote; resolution; decision.
Desempenhar *v* to perform; to practice; to accomplish; to carry out.
Desempenho *s* performance; discharge.
Desempregado *adj* unemployed; jobless; out of job; unoccupied.
Desencadear *v* to unchain; to set off; to loosen; to break out.
Desencaixar *v* to disjoint; to fire; to throw out of gear.
Desencaixe *s* disjointing; dislocating.
Desencaixotar *v* to unpack; to unbox; to uncrate.
Desencaminhamento *s* misconduct; misguidance.
Desencaminhar *v* to misguide; to mislead; to lead astray.
Desencaminhar-se *v* to go astray; to be corrupted.
Desencantar *v* to decharm; to disenchant; to disillusion.
Desencontrar *v* to go different way; to fail to meet one another.
Desencontro *s* failure to meet; disagreement; dissent.
Desencorajar *v* to discourage; to deter.
Desenferrujar *v* to take off the rust of; to polish; to cheer up.
Desenfreado *adj* unruled; unbridled; rampant.
Desenfrear *v* to let loose; to grow unruly; to unbridle.
Desengano *s* disillusion; undeceiving.
Desengrenar *v* to put out of gear; to disengage; to uncouple.
Desenhar *v* to design; to draw; to sketch; to outline; to trace.
Desenhista *s* drawer; limner; draftsman; designer.
Desenho *s* design; sketch; drawing.
Desenlace *s* end; outcome; upshot.
Desenrolar *v* to deploy; to unroll; to spread out.

Desenrolar-se *v* to develop; to unfold itself.
Desenroscar *v* to untwist; to untwine; to unscrew.
Desenrugar *v* to unwrinkle; to unline.
Desentendimento *s* stupidity; quarrel; disagreement; misunderstanding.
Desenterrar *v* to dig up; to disinter.
Desentortar *v* to unbend; to make straight.
Desentupir *v* to free; to clear; to unstop.
Desenvencilhar *v* to disentangle; to disengage; to loosen; unfasten; to untie.
Desenvolto *adj* agile; nimble; brisk; forward.
Desenvoltura *s* agility; nimbleness; michief.
Desenvolver *v* to unroll; to develop; to expand; to explain; to unfold.
Desenvolver-se *v* to grow.
Desenvolvido *adj* grown-up; advanced; developed.
Desenvolvimento *s* development; growth; unfolding.
Desequilibrar *v* to unbalance.
Desequilibrar-se *v* to lose one's balance.
Desequilíbrio *s* unbalance; lack of equilibrium; instability.
Deserção *s* desertion; forsaking.
Deserdar *v* to disinherit; to deprive of heritage; to cutt off.
Desertar *v* to desert; to abandon; to forsake.
Deserto *s* desert; wasteland.
Deserto *adj* deserted; barren; uninhabited; wild.
Desertor *s* deserter; runaway.
Desesperado *adj* hopeless; reckless; desperate.
Desesperança *s* despair; desperation; hopelessness.
Desesperançar *v* to deprive of hope; to depress; to discourage.
Desesperançar-se *v* to lose hope.
Desesperar *v* to despair; to despond; to discourage; to dishearten; to fret.
Desespero *s* despair; desperation; rage.
Desfaçatez *s* impudence; insolence; shamelessness.
Desfalcar *v* to diminish; to embezzle; to reduce; to defalcate.
Desfalecer *v* to faint; to weaken; to droop; to sink.
Desfalecido *adj* unconscious; weak; weary.
Desfalecimento *s* swoon; weakness; faint.
Desfalque *s* defalcation; peculation; embezzlement.
Desfavorável *adj* unfavourable; unfavorable; unfriendly; adverse.
Desfavorecer *v* to disfavor; to disgrace; to oppose; to discountenance.
Desfazer *v* to undo; to unmake; to unpack; to demolish; to break; to destroy.
Desfazer-se *v* to get rid of; to get off.
Desfecho *s* outcome; upshot; ending.
Desfeita *s* affront; insult; affront; outrage.
Desfeitear *v* to insult; to offend; to affront.
Desfeito *adj* undone; melted; dissolved.
Desfiar *v* to unthread; to ravel; to shred.
Desfiguração *s* deformation; defacement; disfigurement.
Desfigurar *v* to disfigure; to mangle; to deface; to deform.
Desfiladeiro *s* defile; botteneck; pass.
Desfilar *v* to march; to parade; to procession.
Desfile *s* parade; review.
Desfolhar *v* to defoliate; to strip of the leaves of.
Desforra *s* revenge; redress.
Desforrar *v* to avenge; to revenge.
Desfraldar *v* to unfurl; to flutter; to ruffle.
Desfrutar *v* to usufruct; to enjoy; to relish.
Desfrute *s* usufruct; enjoyment; profit.
Desgarrar-se *v* to lose one's way; to stray.
Desgastar *v* to consume; to wear away; to wear down.
Desgastar-se *v* wear oneself out.
Desgaste *s* wear; consuming; erosion; abrasion.
Desgostar *v* to displease; to disgust; to worry; to grieve; to dislike.
Desgosto *s* disgust; displeasure; sorrow; grief.
Desgostoso *adj* displeased; dissatisfied; unhappy.
Desgovernado *adj* misgoverned; ungoverned.
Desgovernar *v* to squander; to waste; to misgovern.
Desgraça *s* misfortune; distress; misery.
Desgraçado *adj* unhappy; piteous; unlucky.
Desgraçar *v* to ruin; to deflower; to make unhappy.
Desgrudar *v* to unglue.
Desguarnecer *v* to strip; to disarm.
Desguarnecido *adj* unprotected; dismantled; unrigged.
Desiderato *s* desideratum; a wish; a desire.
Designação *s* designation; indication; nomination;.
Designar *v* to designate; to indicate; to denominate; to appoint; to express.
Desígnio *s* design; intention; purpose.
Desigual *adj* unequal; unlike; different; uneven.
Desigualar *v* to be unequal; to differentiate.
Desiludido *adj* disillusioned; disappointed.
Desiludir *v* to disillusion; to disenchant.
Desilusão *s* disillusionment; disillusion.
Desimpedir *v* to free; to disencumber.
Desinchar *v* to reduce; to humble; to deflate.
Desincorporar *v* to disembody; to disincorporate.
Desincumbir-se *v* to discharge.
Desinfetante *s* disinfectant; antiseptic.
Desinfetante *adj* disinfectant.
Desinfetar *v* to disinfect; to deodorize; to purify.
Desintegração *s* decay; disintegration.
Desintegrar *v* to disintegrate; to decompose.
Desintegrar-se *v* to dissolve; to be divided.
Desinteresse *s* disinterestedness; indifference; apathy.
Desistência *s* cancellation; abdication; abandonment.
Desistir *v* to give up; to put off; to relinquish; to renounce; to cease; to desist; to drop out.
Desjejuar *vide* DEJEJUAR.
Deslavado *adj* discoloured; discolored; FIG impudent; barefaced.
Desleal *adj* disloyal; false; treacherous.
Desleixado *adj* careless; sloppy; negligent.
Desleixar *v* to be negligent; to be careless with.
Desleixo *s* negligence; carelessness; neglect; sloppiness.
Desligado *adj* off; turned off; sepatate; unattached.
Desligamento *s* detachment; severance.
Desligar *v* to turn off; to switch off; to disconnect; to loosen; to unbind.
Deslindar *v* to clear up; to explain; to solve.
Deslizamento *s* sliding; skid; slide.
Deslizar *v* to slide; to skid; to slip; to glide.
Deslize *s* slip; sliding; skid; false step.
Deslocado *adj* dislocated; displaced.
Deslocar *v* to dislocate; to disjoint; to displace; to put out of place; to put out of joint.
Deslocar-se *v* shift one's place.
Deslumbrante *adj* dazzling; glaring flaring.
Deslumbrar *v* to dazzle; to fascinate; to seduce.
Desmaiar *v* to faint; to pass out; to swoon; to fade.
Desmaio *s* faint; a fainting fit; swoon; syncope.
Desmamar *v* to wean.
Desmanchado *adj* upset; broken; undone.
Desmanchar *v* to undo; to smash; to unmake; to break up; to break off a match.
Desmanchar-se *v* to get out of joint.
Desmando *s* excess; immoderation; exorbitance.
Desmantelado *adj* dismantled; ruined; disarranged.
Desmantelar *v* to dismantle; to demolish; to ruin.
Desmantelar-se *v* to fall in; to tumble down.
Desmarcar *v* to remove; to cancel.
Desmascarar *v* to unmask; to debunk; to show up; to expose.
Desmascarar-se *v* take off one's mask.
Desmatamento *s* deforestation; jungle clearing.

Desmazelo *s* negligence; carelessness; disarray; slovenliness.
Desmedido *adj* excessive; disproportionate; immense; undue.
Desmembrar *v* to dismember; to divide; to separate.
Desmemoriado *adj* amnesic; devoid of memory; deprived of memory; forgetful.
Desmentido *s* denial; contradiction.
Desmentir *v* to contradict; to deny.
Desmentir-se *v* to contradict oneself.
Desmerecer *v* to demerit; to deprive of merit; to belittle.
Desmiolado *adj* silly: crack-brained; brainless; forgetful.
Desmobilizar *v* to demobilize; to disarm; to demob.
Desmontagem *s* dismounting; dismantlement.
Desmontar *v* to dismount; to alight; to unhorse; to disjoint; to pull down; to get off; to take apart.
Desmoralizar *v* to demoralize; to pervert; to discredit; to deprave; to abase; to mar.
Desmoronamento *s* tumbling; falling in; crumbling.
Desmoronar *v* to pull down; to destroy; to demolish; to crumble; to fall in.
Desnatado *adj* skimmed; skim milk.
Desnaturado *adj* unnatural; monstruous; inhuman; cruel.
Desnecessário *adj* unnecessary; inessential; needless.
Desnível *s* unevenness; fall; drop.
Desnortear *v* to misguide; to mislead; to bewilder; to puzzle.
Desnudar *v* to denude; to bare; to strip.
Desnudo *adj* nude; naked; bared.
Desnutrição *s* malnutrition; undernourishment.
Desobedecer *v* to disobey; to transgress; to refuse to obey.
Desobediência *s* disobedience; contumacy; insubordination.
Desobediente *adj* disobedient; contumacious.
Desobrigar *v* to exempt; to release; to dispense.
Desobrigar-se *v* to discharge; to perform one's duty.
Desobstruir *v* to remove obstructions from; to unstop; to clear.
Desocupado *adj* disengaged; idle; vacant; unoccupied.
Desocupar *v* to vacate; to rid; to empty.
Desodorante *s* deodorizer; deodorant.
Desodorizar *v* to deodorize; to disinfect.
Desolação *s* desolation; harshness; affliction.
Desolado *adj* desolate; lonely; bleak.
Desolar *v* to lay waste; to desolate; to distress; to ravage.
Desonerar *v* to exonerate; to dispense.
Desonestidade *s* dishonesty; crookedness.
Desonesto *adj* dishonest; knavery; crooked.
Desonra *s* dishonour; disgrace.
Desonrar *v* to dishonor; to discredit; to disgrace; to defame.
Desonroso *adj* disgraceful; dishonourable; dishonorable.
Desordeiro *s* hooligan; rowdy.
Desordeiro *adj* rowdy; USA GÍR roughneck.
Desordem *s* disorder; confusion; disturbance; riot; tumult; turmoil.
Desordenar *v* to disorder; to disorganize; to disarrange; to disarray; to disturb.
Desorganizar *v* to disorganize; to disarrange; to break up; to disorder.
Desorientado *adj* disoriented; puzzled.
Desorientar *v* to bewilder; to disconcert.
Desorientar-se *v* to lose one's way.
Desova *s* spawning; laying of eggs.
Desovar *v* to spawn; to lay eggs; to spill.
Despachado *adj* dispatched; quick; expeditious.
Despachante *s* dispatcher; forwarder; forwarding agent; shipping clerk.
Despachar *v* to forward; to dispatch; to send away; to ship; to clear away.
Despacho *s* dispatch; decision; expedition; resolution.
Despedaçar *v* to cut into pieces; to break; to crumble; to crash; to destroy.
Despedida *s* farewell; departure; dismissal; leave-taking.
Despedir *v* to discharge; to lay off; to go off; to dismiss; USA POP to fire.
Despejar *v* to spill; to empty; to remove.
Despejo *s* clearing; expulsion; rubbish.
Despencar *v* to fall down; to slump.
Despender *v* to spend; to expend; to waste.
Despenhadeiro *s* cliff; precipice; crag.
Despentear *v* to dishevel; to mess up; to undress the hair.
Desperdiçar *v* to waste; to fritter away; to squander; to misspend.
Desperdício *s* waste; loss; squandering.
Despertador *s* alarm-clock.
Despertar *v* to awaken; to rouse; to awake; to raise; to wake.
Despesa *s* disbursement; cost; expense; expenditure; ***livre de DESPESAS a bordo, posto a bordo (FOB)***: free on board (FOB).
Despir *v* to disrobe; to put off; to undress; to strip; to bare; to divest.
Despir-se *v* pull off one's clothes; undress.
Despistar *v* to mislead; to misguide; to lead astray; to turn from the right trail.
Despojar *v* to despoil; to put off; to strip; to deprive; to dispossess.
Despojar-se *v* divest oneself of; renounce to; to relinquish.
Despojo *s* booty; spoil.
Despontar *v* to blunt; to cropping up; to break; to peep.
Desportista *s* athlete; sportsman; sportswoman.
Desportivo *adj* athletic; sporting; sportive.
Desporto *s* sport; play; game.
Desposar *v* to marry; to wed; to husband.
Déspota *s* despot; autocrat; tyrant; oppressor.
Despótico *adj* despotic; imperious; tyrannical.
Despotismo *s* despotism; autocracy.
Despovoado *adj* deserted; uninhabited; wilderness.
Despovoamento *s* depopulation.
Despovoar *v* to depopulate; to depeople; to unpeople.
Desprazer *s* displeasure; disgust.
Despregar *v* to loosen; to unnail; to detach.
Desprender *v* to loose; to unfasten; to untie.
Desprendimento *s* act of loosening; altruism; detachment.
Despreocupado *adj* carefree; light-hearted; concerned.
Desprestigiar *v* to depreciate; to discredit.
Desprestígio *s* disrepute; discredit.
Desprevenido *adj* unready; unwary; unprepared.
Desprezar *v* to despise; to scorn; to disdain; to neglect; to reject; to ignore.
Desprezível *adj* despicable; base; vile; sordid.
Desprezo *s* scorn; neglect; disregard.
Desproporção *s* disproportion; unbalance; without proportion.
Despropósito *s* absurdity; overdose; nonsense.
Desprovido *adj* unprovided; unfurnished; devoid of; lacking.
Desqualificar *v* to disqualify; to unfit; to disable.
Desquitar *v* to divorce; to separate; to free.
Desquitar-se *v* to get a divorce; to separate legally.
Desquite *s* divorce; legal separation of a married couple.
Desregrado *adj* disorderly; put out of order; immoderate; intemperate.
Desrespeitar *v* to disrespect; to slight; to afront.
Desrespeito *s* disrespect; affront; disregard.
Desse *prep* plus *pron* (de+esse) from that; of that.
Desta *prep* plus *pron* (de+esta) from this; of this.
Destacar *v* to detach; to unfasten; to emphasize; to point out.
Destacar-se *v* to show off; to stand out.
Destampar *v* to take off the lid of; to uncover; to open.
Destaque *s* prominence; eminence; projection.
Deste *prep* plus *pron* (de+este) of this; from this.
Destemido *adj* fearless; dauntless; bold.
Destilar *v* to distil; to extract; to strain; to filter.
Destilaria *s* distillery.

Destinado *adj* destined; reserved; fated.
Destinar *v* to mean; to destine; to appoint; to allot.
Destinar-se *v* to dedicate to oneself; to be destined to.
Destinatário *s* addressee; receiver.
Destino *s* destiny; fate; fortune.
Destituir *v* to dismiss; to displace; to fire; to deprive.
Destoar *v* to be dissonant; to jar; to discord; to diverge.
Destra *s* right hand.
Destrancar *v* to unlock; to open.
Destratar *v* to affront; to mistreat; to insult.
Destreza *s* dexterity; skill; craft.
Destrinçar *v* to disentangle; to extricate; to resolve; to explain.
Destrinchar *vide* DESTRINÇAR.
Destro *adj* right-handed; skilled.
Destroçar *v* to break into pieces; to devaste; to destroy; to mangle.
Destroço *s* destruction; rout; havoc.
Destronar *v* to dethrone; to depose; to discrown.
Destruir *v* to destroy; to tear; to rend; to demolish; to pull down; to crush; to ruin.
Desumano *s* inhuman; savage; brutal.
Desunião *s* dissenssion; disjunction; disunion.
Desunir *v* to disconnect; to disunite; to disjoint; to separate.
Desusado *adj* obsolete; unused; out of date; archaic.
Desvairado *adj* delirious; varied; frenzied.
Desvalor *s* depreciation; discredit.
Desvalorização *s* depreciation; devaluation.
Desvalorizar *v* to devaluate; to depreciate; to undervalue; to debase.
Desvanecedor *adj* something that makes a person very proud.
Desvantagem *s* disadvantage; handicap; draw-back.
Desvantajoso *adj* disadvantageous; harmful; prejudicial.
Desvario *s* extravagance; delirium; madness; raving.
Desvelado *adj* careful; watchful.
Desvelar-se *v* to be watchful; to be careful.
Desvelo *s* care; diligence; zeal.
Desvencilhar *vide* DESENVENCILHAR.
Desvendar *v* to unmask; to unveil; to disclose; to resolve.
Desventura *s* misadventure; mishap; misfortune; unhappiness.
Desviar *v* to deviate from; to divert; to deflect; to shunt; to turn aside; to bend.
Desviar-se *v* to go out of the way; to miss one's way; to go astray; lose one's head; to turn off.
Desvio *s* deviation; deflection; turning away; USA switch; by-pass; side track.
Desvirtuar *v* to depreciate; to pervert; to distort.
Detalhar *v* to detail; to specify; to particularize.
Detalhe *s* detail; particularity.
Detenção *s* detention; confinement; arrest.
Deter *v* to detain; to arrest; to hold back; to retard; to retain; to keep back.
Deter-se *v* to linger; to pause; to stop.
Detergente *adj* detergent; detersive.
Deterioração *s* deterioration; decay.
Deteriorar *v* to deteriorate; to waste; to rot; to spoil; to degenerate.
Deteriorar-se *v* to go bad; to rotten.
Determinação *s* determination; purpose; resolution; decision.
Determinar *v* to determine; to settle; to order; to define; to fix.
Detestar *v* to detest; to dislike; to abhor; to abominate; to hate; to loathe.
Detestável *adj* hateful; detestable.
Detetive *s* detective; GÍR dick; sleuth; cop.
Detetor *s* detector; ***DETETOR de mentira***: lying detector.
Detido *adj* detained; held back; in custody.
Detonar *v* to detonate; to blast; to fire with a gun; to explode.
Detrás *adv* after; behind; aback; in back.
Detrimento *s* detriment; damage; harm; loss; disadvantage.
Detrito *s* detritus; dregs; remains.
Deturpar *v* to disfigure; to distort; to falsify; to mangle; to corrupt.
Deus *s* God; Lord; ***DEUS todo poderoso***: The Almighty God; ***graças a DEUS***: thank to God; thank Goodness.
Deusa *s* goddess.
Devagar *adv* slowly; easy.
Devanear *v* to muse; to daydream.
Devaneio *s* fancy; musing; daydream.
Devassa *s* inquiry; probe; inquest.
Devassado *adj* open to view; exposed; unprotected.
Devassar *v* to trespass; to probe; to invade; to lay open to the public.
Devasso *s* libertine; rake.
Devasso *adj* dissolute; licentious.
Devastar *v* to devastade; to desolate; to destroy; to ruin; to ravage.
Devedor *s* debtor; defaulter.
Dever *s* obligation; duty; task; business; burden.
Dever *v* to owe; to must; to ought to.
Deveras *adv* indeed; truly; really; in fact.
Devidamente *adv* duly; justly.
Devido *adj* due; just; owing.
Devoção *s* devotion; dedication; affection.
Devolução *s* devolution; refund; return.
Devolver *v* to return; to refund; to give back; to restore.
Devorar *v* to devour; to consume; to eat up.
Devotar *v* to devote; to dedicate.
Devoto *s* devotee; churchgoer; votary.
Devoto *adj* devoted; religious; devout.
Dez *adj* ten.
Dezembro *s* December; the last month of the (Gregorian) year.
Dezena *s* ten; a set of ten; a tenth; group of ten.
Dezenove *adj* nineteen.
Dezesseis *adj* sixteen.
Dezessete *adj* seventeen.
Dezoito *adj* eighteen.
Dia *s* day; ***DIA de Natal***: Christmas Day (25 de dezembro); ***DIA de Ano Bom***: new year's day (1º de janeiro); ***DIA das Mães***: Mother day; ***DIA de Finados***: all Soul's day; ***DIA do Trabalho***: Labor Day; ***DIA Santo***: holiday; ***DIA de São João***: Midsummer Day.
Diabo *s* devil; demon; satan.
Diabrura *s* deviltry; mischief; devilishness.
Diafragma *s* MED diaphragm; midriff.
Diagnosticar *v* to make a diagnosis; to diagnose.
Diagnóstico *s* diagnosis.
Diagonalmente *adv* cornerwise.
Diagrama *s* diagram; chart; scheme.
Dialeto *s* dialect; idiom; jargon.
Dialogar *v* to dialogue.
Diálogo *s* dialogue; talk; conversation; USA dialog.
Diamante *s* diamond.
Diante *adv* before; in front.
Dianteira *s* forepart; front; forefront; lead.
Diapasão *s* MÚS diapason; pitch; tuning fork.
Diária *s* daily wages; daily income; daily expenses; daily rate at a hotel.
Diário *s* diary; journal; newspaper.
Diário *adj* daily; diurnal; everyday; quotidian.
Dicas *s* GÍR tips.
Dicção *s* diction; accent; good vocal expression.
Dicionário *s* dictionary; wordbook.
Dieta *s* diet; regimen.
Difamar *v* to detract; to defame; to blemish; to slander; to malign.
Diferença *s* difference; divergence.
Diferenciação *s* differentiation.
Diferenciar *v* to differentiate; to distinguish.
Diferenciar-se *v* to differ; to vary.

Diferente *adj* different; unequal; unlike; sundry.
Diferir *v* to differ; to disagree; to delay; to vary.
Difícil *adj* difficult; queasy; hard; uneasy; FIG ***senhor DIFÍCIL***: Mr. awkward.
Dificílimo *adj* most difficult; very difficult.
Dificilmente *adv* with difficulty.
Dificuldade *s* difficulty; hardness; trouble.
Dificultar *v* to make difficult; to hamper; to raise difficulties.
Difundir *v* to diffuse; to outspread; to disseminate; to divulge; to propagate.
Difusão *s* diffusion; spread.
Digerir *v* to digest; to assimilate.
Digerível *adj* digestible.
Digestão *s* digestion.
Digital *adj* digital; ***impressão DIGITAL***: fingerprint.
Dignar-se *v* to condescend; to deign.
Dignidade *s* dignity; honour; honor; nobleness.
Dignificar *s* to dignify; to exalt.
Digno *adj* worthy; deserving; dignified.
Digressão *s* digression; diversion; deviation.
Dilacerar *v* to dilacerate; to tear asunder; to distress.
Dilapidar *v* to dilapidate; to ruin; to demolish; to waste; to squander.
Dilatação *s* dilatation; expansion; enlargement.
Dilatar *v* to distend; to swell; to dilate; to lengthen.
Dilema *s* dilemma; crux; doubt.
Dileto *adj* dear; favorite. beloved.
Diligência *s* stagecoach; diligence; care; attention.
Diligenciar *v* to do one's best; to endeavor; to strive.
Diligente *adj* diligent; quick; assiduous; active.
Diluir *v* to dilute; to dissolve.
Dilúvio *s* deluge; overflow; flood.
Dimensão *s* dimension; measure; extent; size.
Diminuição *s* diminution; decrease.
Diminuir *v* to decrease; to lower; to dwindle; to lessen; to diminish.
Dinamarquês *adj* Danish.
Dinâmico *adj* dynamic; dynamical; a smart person.
Dinamitar *v* to dynamite; to blast; to blow up.
Dinamite *s* dynamite; blasting powder.
Dínamo *s* dynamo; USA generator.
Dinastia *s* dynasty.
Dinheiro *s* money; coin; cash; GÍR dibs; USA dough.
Dinossauro *s* dinosaur.
Diocese *s* diocese.
Dionisíaco *adj* MIT dionysiac, allusive to the Greek god of wine, Dionysus or Bacchus.
Diploma *s* diploma; charter; sheepskin.
Diplomacia *s* diplomacy; tact.
Diplomado *adj* graduate; diplomate; BR a person who has a superior course.
Diplomar *v* to graduate; to confer.
Diplomata *s* diplomatist; diplomat.
Dique *s* dike; dam; levee; check.
Direção *s* direction; course; USA operation.
Direita *s* right side; right hand; right.
Direito *s* right; law.
Direito *adj* straight; direct; just; right; upright.
Direito *adv* straight; directly; ***DIREITOS autorais***: author's copyright; ***DIREITO civil***: civil law; ***DIREITO consuetudinário***: commom law; unwritten law; ***DIREITO hereditário***: right of succession; ***DIREITO público***: the law of the land.
Diretamente *adv* directly.
Direto *s* direct; straight.
Direto *adj* direct; plain; straight.
Diretor *s* director; manager; USA director; ***DIRETOR de escola***: principal.
Diretor *adj* directing.
Diretoria *s* directory; the director's office; USA directory; board of directors.
Diretriz *s* MAT directrix; directive.
Dirigente *s* manager; director; leader.
Dirigente *adj* leading; directing.
Dirigir *v* to lead; to direct; to manage; USA to address; to operate.
Dirigível *s* airship; dirigible.
Dirigível *adj* dirigible.
Dirimir *v* to settle; to annul; to break off.
Discernimento *s* discernment; judgment.
Discernir *v* to discern; to distinguish; to discriminate.
Disciplina *s* discipline.
Disciplinar *v* to discipline; to school.
Discípulo *s* disciple; follower; pupil.
Disco *s* disk; dial; platter; record; ***DISCO compacto (CD)***: compact disc (CD); ***DISCO de longa duração (LP)***: long play (LP); ***DISCO voador***: flying saucer.
Discordância *s* disagreement; disharmony; discordance.
Discordante *adj* dissonant; incompatible; discordant.
Discordar *v* to differ; to diverge; to dissent from; to discord; to disagree.
Discórdia *s* discord; disagreement; dissension.
Discorrer *v* to expatiate; to run over; to discourse.
Discoteca *s* record collection; phonograph record collection.
Discrepância *s* discrepancy.
Discrepar *v* to disagree; to differ.
Discreto *adj* discreet; circumspect.
Discrição *s* discretion; reserve.
Discricionário *adj* discretionary; discretional.
Discriminar *v* to discriminate.
Discursar *v* to make a speech; to discourse.
Discussão *s* discussion; debate; quarrel; USA parley.
Discutir *v* to argue; to discuss; to debate.
Disfarçado *adj* disguised; dissembled.
Disfarçar *v* to disguise; to conceal; to dissemble; to cloak.
Díspar *adj* unmatched; disparate; unequal.
Disparador *s* shutter release; trigger; tripper of snap machine.
Disparar *v* to shoot; to go off; to fire; to discharge.
Disparate *s* nonsense; absurdity; USA boner; ***USA***, GÍR poppycock.
Disparo *s* shot; discharge; detonation.
Dispender *v* to spend.
Dispêndio *s* expense; loss; cost.
Dispendioso *adj* dear; costly; expensive.
Dispensa *s* dispensation; license; permission.
Dispensar *v* to dispense with; to bestow; to do without.
Dispensável *adj* dispensable; nonessential.
Dispersão *s* dispersion; scatter; scattering.
Dispersar *v* to disperse; to scatter; to strew; to break up.
Disperso *adj* dispersed; scattered.
Displicência *s* displeasure; negligence; unconcern.
Displicente *adj* disagreeable; indifferent; displeasing.
Disponível *adj* available; spare; disposable; disengaged.
Dispor *v* to arrange; to sell; to dispose; to provide; to resolve; to lay out; to order.
Dispor-se *v* to be inclined.
Disposição *s* arrangement; provision; disposition.
Dispositivo *s* device; contrivance.
Disposto *adj* disposed; ready; willing.
Disputa *s* dispute; controversy; debate.
Disputar *v* to contend; to dispute; to fight for; to contest.
Disputável *adj* disputable; debatable.
Dissabor *s* displeasure; chagrin; annoyance.
Dissecar *v* to dissect; to anatomize; to cut asunder.
Disseminação *s* dissemination; spreading; scattering.
Disseminar *v* to divulge; to propagate; to dissiminate; to spread; to scatter.
Dissentir *v* to dissent; to differ; to disagree.
Dissertação *s* dissertation; disquisition; essay.

Dissertar *v* to discourse at length; to dissertate.
Dissidência *s* dissidence; schism; nonconformity.
Dissidente *s* dissenter; dissentient; dissident.
Dissidente *adj* dissident; dissentient.
Dissimulação *s* dissimulation; cunning.
Dissimulado *adj* dissimulated; sly; cunning.
Dissimular *v* to disguise; to dissimulate; to dissemble; to feign.
Dissipação *s* dissipation; dispersion; waste.
Dissipado *adj* raffish; disreputable; dissolute; wasteful.
Dissipar *v* to dispel; to squander; to dissipate; to scatter.
Dissociar *v* to dissociate; to separate.
Dissolução *s* dissolution; dissoluteness.
Dissoluto *adj* dissolute; licentious.
Dissolver *v* to dilute; to melt; to dissolve; to break up.
Dissonância *s* discord; discordance; dissonance.
Dissuadir *v* to dissuade; to deter; to talk out of; to call off.
Distância *s* distance; space; farness.
Distanciar *v* to distance; to surpass; to separate.
Distante *adj* far; distant; remote.
Distar *v* to be distant.
Dístico *s* distich; couplet.
Distinção *s* distinction; difference; honour; honor; eminence.
Distinguir *v* to discriminate; to discern; to tell apart; to distinguish.
Distintivo *s* badge; plaque; emblem.
Distinto *adj* different; distinct.
Distração *s* heedlessness; absent-mindedness; absence; amusement.
Distraído *adj* absent-minded; heedless; inattentive.
Distrair *v* to amuse; to divert; to entertain.
Distratar *v* to annul; to nullify; to cancel.
Distribuição *s* distribution; deal; disposal.
Distribuidor *s* distributer; dealer; distributor; MEC slide valve; valve gear.
Distribuir *v* to distribute; to dispose of; to share; to portion out; to deal; to dispense; to hand out.
Distrital *adj* relative to a district.
Distrito *s* district; region; section.
Distúrbio *s* riot; disturbance.
Ditado *s* dictation; saying.
Ditadura *s* dictatorship.
Ditame *s* dictate; direction; rule.
Ditar *v* to dictate; to indite; ***DITAR as regras***: to rule the roost.
Dito *s* saying; dictum; gossip.
Dito *adj* aforesaid; above; said.
Ditoso *adj* happy; fortunate.
Diurno *adj* diurnal; quotidian.
Diva *s* diva; goddess.
Divã *s* divan; settee; USA davenport.
Divagação *s* wandering; ramble; digression.
Divagar *v* to roam; to wander; to digress.
Divergência *s* divergence; discord.
Divergente *adj* divergent; discrepant.
Divergir *v* to disagree; to diverge; to dissent; to differ.
Diversão *s* entertainment; amusement.
Diversidade *s* diversity; variety.
Diversificar *v* to diversify; to vary.
Diverso *adj* diverse; different.
Divertido *adj* amusing; funny.
Divertimento *s* amusement; pastime; entertainment; POP ***muito trabalho sem DIVERTIMENTO faz com que uma pessoa fique desinteressante e "chata"***: all work and no play makes Jack a dull boy.
Divertir *v* to amuse; to entertain; to put down; to divert; to play; to disport.
Dívida *s* debt; due; debit; indebtedness.
Dividendo *s* dividend; bonus.
Dividir *v* to divide into; to allot; to share; to split.
Divindade *s* divinity; deity.
Divinizar *v* to deify; to divinize.
Divino *adj* divine; heavenly; supernal.
Divisa *s* badge; emblem; motto.
Divisão *s* division; cleavage.
Divisar *v* to descry; to espy; to notice.
Divisível *adj* divisible.
Divisor *s* divider; divisor.
Divisória *s* mark; landmark; demarcation line.
Divorciar *v* to separate; to divorce; to sever.
Divulgação *s* divulgation; publication.
Divulgar *v* to disseminate; to spread; to scatter; to set abroad; to divulge; to disclose.
Dizer *s* saying; expression.
Dizer *v* to tell; to say; to speak.
Dízima *s* tax; tenth; tithe.
Dizimar *v* to decimate; to mow.
Dízimo *s* tithe; tax.
Do *prep* plus *art* (de+o) of that; from that; from the one; of the one.
Dó *s* pity; compassion; MÚS first note of the scale (C).
Doação *s* donation; grant; gift; endowment.
Doador *s* donor; giver; bestower.
Doar *v* to give; to donate; to bestow.
Dobra *s* fold; plait.
Dobrada *s* triple fried in fat.
Dobradiça *s* hinge; joint.
Dobradiço *adj* flexible; collapsible; pliabe.
Dobradinha *vide* DOBRADA.
Dobrado *s* military band.
Dobrado *adj* folded; doubled.
Dobrar *v* to double; to duplicate; to fold; to bend; to toll.
Doce *s* comfit; sugar-plum; sweetmeat.
Doce *adj* sweet; pleasant; mild; USA candy.
Docente *s* professor.
Docente *adj* teaching.
Dócil *adj* docile; meek; tractable.
Docilidade *s* docility; compliance; pliancy.
Documentação *s* documentation; documents.
Documentar *v* to document.
Documento *s* document; paper.
Doçura *s* sweetness; meekness; gentleness.
Doença *s* sickness; illness; disease.
Doente *s* sick person; patient.
Doente *adj* sick; ill.
Doer *v* to pain; to ache; to hurt.
Dogma *s* RELIG dogma; fundamental points that can not be changed.
Dogmático *adj* dogmatic; dogmatical.
Dogmatismo *s* dogmatism; positivism.
Doideira *s* madness; silliness; foolishness.
Doidice *vide* DOIDEIRA.
Doidivana *s* madcap.
Doido *adj* insane; crazy; mad.
Doído *adj* hurt; pained; sore; aching; painful.
Dois *adj* two; FIG a worthless person; ***DOIS de paus***: the deuce of clubs; ***DOIS pontos***: colon.
Dólar *s* dollar; USA GÍR buck; smasher; simoleon.
Dolente *adj* doleful; sorrowful; mournful.
Dólmã *s* dolman; a long Turkish outer garment.
Dólmen *s* dolmem; cromlech.
Dolo *s* fraud; deceit; guile; JUR malice.
Dolorido *adj* aching; painful; sore.
Doloroso *adj* painful; sorrowful.
Doloso *adj* deceitful; fraudulent.
Dom *s* gift; present; ability; knack; sir.
Domador *s* tamer; animal trainer.
Domar *v* to tame; to subdue; to domesticate; to conquer.
Domesticação *s* domestication; taming.
Domesticar *v* to tame; to break in; to domesticate.

Domesticável *adj* tamable; domesticable.
Doméstico *s* servant; manservant.
Doméstico *adj* domestic; household.
Domiciliar *v* to domicile; to domiciliate.
Domiciliar-se *v* to settle in a place.
Dominação *s* domination; command.
Dominador *s* dominator; master; ruler.
Dominar *v* to govern; to dominate; to rule arbitrarily; to prevail over.
Domingo *s* sunday; *DOMINGO de Páscoa*: Easter Sunday; *DOMINGO de Ramos*: Palma sunday.
Dominicano *adj* Dominican.
Domínio *s* dominion; domination; power; domain.
Dominó *s* domino; game of dominoes.
Dom juan *s* lady-killer; masher.
Dona *s* name given to a lady; like Mrs or Miss in English; owner.
Donatário *s* grantee; donee.
Donativo *s* donation; gift; grant.
Donde *prep* plus *adv* (de+onde) from where; whence.
Dono *s* owner; proprietor; master.
Donzela *s* maid; lass; damsel; maiden.
Dor *s* pain; ache; affliction; grief.
Dórico *adj* doric, allusive to the people that invaded the ancient Greece.
Dormência *s* dormancy; numbness; restfulness; pins and needles.
Dormente *s* sleeper; USA crosstie.
Dormente *adj* sleeping; dormant; benumbed.
Dorminhoco *s* sleepyhead; dozer.
Dorminhoco *adj* sleepy; drowsy.
Dormir *v* to sleep; to slumber.
Dormitório *s* bedroom; dormitory.
Dorso *s* back; FIG reverse.
Dosar *v* to dose; to gause.
Dossel *s* dossal; tester; valance; canopy.
Dotação *s* dotation; endowing; allotment.
Dotado *adj* portioned; gifted; endowed with.
Dotar *v* to portion; to endow; to dower.
Dote *s* dowry; dot; endowment.
Douração *s* gilding.
Dourado *adj* gilt; golden.
Dourador *s* gilder.
Dourar *v* to gild; to brighten.
Douto *adj* learned; erudite; scholarly.
Doutor *s* doctor.
Doutoramento *s* act of taking the degree of doctor.
Doutorar *v* to confer the degree of doctor; to confer a doctor's degree upon.
Doutrina *s* doctrine; dogma; tenet.
Doutrinar *v* to indoctrinate.
Doutrinário *adj* doctrinal; doctrinaire.
Doze *adj* twelve; twelfth.
Dracma *s* drachma (Greek coin).
Draconiano *adj* Draconian; stern.
Draga *s* dredge; dredger.
Dragagem *s* dredging.
Dragão *s* dragon; dragoon.
Dragar *v* to dredge; to drag; to exhaust.
Drama *s* drama.
Dramático *adj* dramatic.
Dramaturgo *s* dramatist; dramaturge; playwright.
Drástico *adj* drastic.
Drenagem *s* drainage.
Drenar *v* to drain; to sap; to bleed.
Droga *s* drug; rubbish; medicine; trash.
Drogaria *s* drug-store; pharmacy; USA chemist-shop.
Droguista *s* chemist; USA druggist.
Druida *s* druid, allusive to the ancient sacerdotal celts.
Dualidade *s* duality.
Dualismo *s* dualism.
Dualista *s* dualist.
Dualista *adj* dualistic.
Duas *s* two.
Dúbio *adj* dubious; hesitant; doubtful.
Ducado *s* duchy; ducat; dukedom.
Ducentésimo *s* two hundredth.
Ducha *s* douche; damper; shower-bath.
Duelo *s* duel; contest.
Duende *s* hobgobling; fairy; pixy; pixie.
Dueto *s* duet; dud.
Duna *s* dune; sand dune.
Dundum *s* dumdum; bullet (explosive).
Duo *s* duet; duo.
Duodecimal *s* duodecimal.
Duplicação *s* duplication; doubling.
Duplicar *v* to duplicate; to ditto; to double.
Duplicata *s* duplicate; copy.
Dúplice *adj* double.
Duplicidade *s* duplicity; duplexity; double-dealing.
Duplo *adj* double; twofold.
Duque *s* duke; deuce.
Duquesa *s* duchess.
Durabilidade *s* durability; serviceability.
Duração *s* duration; lenght.
Duradouro *adj* lasting; durable; longlived.
Durante *prep* during.
Durar *v* to last; to endure; to live.
Durável *adj* durable; lasting.
Dureza *s* hardness; obduracy; cruelty.
Duro *adj* hard; solid; tough; unkind.
Dúvida *s* doubt; uncertainty; hesitancy.
Duvidar *v* to doubt; to be uncertain of; to question.
Duvidoso *adj* doubtful; insecure; dubious; hazardous.
Duzentos *s* two hundred.
Dúzia *s* dozen.

e E

E *s* the fifth letter of the Portuguese and the English alphabets.
E *s* MÚS the symbol of Mi note.
E *conj* and; ***E assim por diante***: and so on.
Ébano *s* ebony; a hard black wood tree.
Ebriedade *s* ebriety; intoxication; drunkenness.
Ébrio *adj* ebrious; drunk; boozy; intoxicated.
Ebulição *s* boiling; ebullition; effervescence; FIG agitation; excitement.
Eclesiástico *s* clergyman, ecclesiastic.
Eclesiástico *adj* ecclesiastical.
Ecletismo *s* eclecticism (a system of philosophy composed of doctrines selected from different sources).
Eclipsar *v* to eclipse; to obscure; to disappear.
Eco *s* echo.
Ecoar *v* to echo; to send back a sound; to repeat a noise; to give an echo; to reverberate.
Economia *s* economy; economics; thriftiness.
Econômico *adj* economic; economical; thrifty.
Economista *s* economist; bachelor in economy.
Economizar *v* to economize; to retrench; to save.
Ecumênico *adj* ecumenical; universal; ecumenic.
Éden *s* Eden; Paradise.
Edição *s* edition; issue.
Edificação *s* edification; building; construction.
Edificador *s* builder; edifier.
Edificador *adj* edifying.
Edificante *adj* edifying.
Edificar *v* to build; to raise; to construct; to set up; to edify.
Edifício *s* building; edifice; USA APARTMENT HOUSE.
Edital *s* placard; proclamation; edict.
Editar *v* to publish; to edit; to print.
Edito *s* edict; regulation.
Édito *s* edict; writ; judicial order.
Editor *s* publisher; editor.
Editora *s* publishing house.
Editorial *s* leading article; USA editorial.
Editorial *adj* editorial.
Edredão *s* eider-down; quilt; USA coverlet; comfort.
Educação *s* education; instruction; breeding; background.
Educadamente *adv* politely.
Educado *adj* well-bred; polite; educated.
Educador *s* educator; instructor; teacher.
Educandário *s* educational school; institution.
Educando *s* student; pupil.
Educar *v* to educate; to bring up; to nurture; to refine; to train; to rear; to teach.
Efeito *s* effect; purpose; result; ESP spin; in the billiards game.
Efemérides *s* ephemerides.
Efêmero *adj* ephemeral; short-lived.
Efeminado *adj* effeminate; unmanly; womanish.
Efeminar *v* to effeminate; to sissify.
Efervescente *adj* effervescent; restless.
Efetivar *v* to accomplish; to realize; to effect.
Efetivo *s* MIL a exact number of military components.
Efetivo *adj* effective; real; permanent; actual.
Efetuação *s* effectuation; achievemente; accomplishment.
Efetuar *v* to effect; to accomplish; to fulfill; to carry out.
Eficácia *s* efficacy; thoroughness; efficiency.
Eficaz *adj* efficacious; competent; capable.
Eficiência *s* efficiency; effectiveness.
Eficiente *adj* efficient; effective.
Efígie *s* effigy; a figure representing a person.
Eflorescência *s* efflorescence; the time of flowering.
Eflorescente *adj* efflorescent.
Eflorescer *v* to effloresce; to blossom; to flower.
Efluência *s* irradiation; emanation; effluence.
Efluente *adj* emanating; effluent.
Eflúvio *s* effluvium, a volatile fluid that emanates from the person's body.
Efusão *s* effusion; gushing.
Efusivo *adj* effusive; pouring forth; expansive; gushing.
Égide *s* aegis; egis; shield; defence; protection.
Egípcio *adj* Egyptian.
Egiptologia *s* Egyptology; study of the antiquities of Egypt.
Egiptólogo *s* egyptologist; a person versed in Egyptology.
Ego *s* FIL ego; the entire man; body and mind; PSIC ego; the individual self.
Egocêntrico *adj* egocentric; self centered.
Egoísmo *s* egoism; selfishness; self-interest.
Egoísta *s* selfseeker.
Egoísta *adj* selfish; egoistic.
Egrégio *adj* illustrious; egregious; eminent; distinguished.
Egressão *s* egression.
Égua *s* mare; horse female.
Eis *adv* here is; here are.
Eivado *adj* cracked; cleft; contaminated.
Eivar *v* to contaminate; to infect; to stain; to begin deteriorate.
Eixo *s* axle; axis; arbor; spindle.
Ejaculação *s* ejaculation; strong emission; ejection.
Ejacular *v* to ejaculate; to eject fluids from the body; to throw out.
Ela *pron* she; it; her.
Elaboração *s* elaboration; digestion.
Elaborar *v* to elaborate; to produce with labor; to work out; to think up.
Elação *s* elation; high spirits; haughtiness.
Elasticidade *s* elasticity.
Elástico *s* elastic band; rubber band.
Elástico *adj* elastic; flexible.
Ele *pron* he; it; him.
Elefante *s* elephant.
Elegância *s* elegance; gracefulness; grace; chic.
Elegante *adj* elegant; smart; stylish; ritzy.
Eleger *v* to elect; to choose; to ballot.
Elegia *s* elegy; lament.
Elegível *adj* eligible.
Eleição *s* election; choice; a choosing; selection.
Eleito *s* elect.
Eleito *adj* elected; chosen; selected.
Eleitor *s* elector; constituent; voter.
Elementar *adj* elementary; primary; USA *escola ELEMENTAR*: elementary school.

Elemento *s* element; principle; rudiments; part.
Elenco *s* list; cast; BR group of actors; troupe.
Eletricidade *s* electricity.
Eletricista *s* electrician.
Eletrificar *v* to electrify.
Eletródio *vide* ELETRÓDO.
Elétrodo *s* electrode.
Eletrodoméstico *s* electrical goods.
Eletromagnético *adj* electromagnetic; electromagnetical.
Eletromagnetismo *s* electromagnetism.
Eletrônica *s* electronics.
Eletrônico *adj* electronic.
Elevação *s* elevation; height; a raised place; exaltation.
Elevado *adj* elevated; high; noble; sublime.
Elevador *s* lift; USA elevator.
Elevar *v* to elevate; to lift; to rear; to enhance; to rise; to exalt.
Elidir *v* to elide; to supress; to strike out.
Eliminação *s* elimination; exclusion.
Eliminar *v* to eliminate; to kill; to expel; to exclude.
Eliminatório *adj* eliminatory.
Elipse *s* GRAM ellipsis; GEOM ellipse.
Elíptico *adj* eliptic.
Elite *s* élite; the choice.
Elmo *s* helmet.
Elo *s* link in a chain; BOT tendril.
Elocução *s* elocution.
Elogiar *v* to praise; to eulogize; to exalt; to extol.
Elogio *s* praise; eulogy; encomium.
Eloquência *s* eloquence.
Eloquente *adj* eloquent.
Elucidação *s* elucidation; exposition; explanation.
Elucidar *v* to elucidate; to clarify; to make clear; to explain.
Elucidativo *adj* elucidative; elucidatory.
Elucubração *s* lucubration; close meditation.
Em *prep* in; at; into; upon; on; by; ***EM vez de***: instead of.
Emagrecer *v* to emaciate; to reduce; to become thin.
Emagrecimento *s* weakening; emaciation.
Emanação *s* emanation; vapor; issue.
Emanar *v* to emanate; to issue; to arise.
Emancipação *s* emancipation; liberation.
Emancipado *adj* emancipated; freed.
Emancipar *v* to emancipate; to liberate.
Emaranhar *v* to entangle; to tangle.
Embaçar *v* to shade; to cheat; to dull.
Embainhar *v* to hem; to sheathe.
Embaixada *s* embassy; ambassador ship.
Embaixador *s* ambassador; emissary.
Embaixatriz *s* ambassadress; intermediary.
Embaixo *adv* below; under; down.
Embalagem *s* packing; boxing; wrapping.
Embalar *v* to pack; to dandle; to lull; to cradle.
Embalo *s* rocking; swinging; lulling.
Embalsamador *s* embalmer.
Embalsamamento *s* embalmment; embalming.
Embalsamar *v* to embalm; to perfume.
Embandeirar *v* to flag; to deck; to adorn with flags.
Embaraçado *adj* embarrassed; disturbed; perplexed.
Embaraçar *v* to embarrass; to encumber; to entangle; to perplex.
Embaraço *s* embarrassment; difficulty; hesitation.
Embaraçoso *adj* embarrassing; puzzling; awkward.
Embarcação *s* craft; ship; vessel; boat.
Embarcadouro *s* harbour; harbor; wharf; dock; pier.
Embarcar *v* to embark; to ship; to board; to load.
Embargado *adj* embargoed; paralyzed; stopped.
Embargar *v* to suspend; to restrain; JUR to embargo.
Embargo *s* embargo; attachment; seizure.
Embarque *s* shipping; shipment; embarkment; embarkation of persons.
Embasbacar *v* to be stupefied; to amaze; to stupefy; to gape.
Embate *s* collision; bang; shock; clash.
Embater *v* to dash; to shock; to collide; to clash.
Embeber *v* to imbibe; to drink in; to soak in; to drench.
Embebido *adj* soaked; FIG absorbed in thoughts.
Embelezamento *s* embellishment; adornment.
Embelezar *v* to embellish; to beautify; to adorn.
Embevecer *v* to charm; to ravish; to enrapture.
Embevecimento *s* rapture; ecstasy.
Embirrar *v* to stubborn; to be obstinate; to have an aversion to.
Emblema *s* emblem; symbol.
Embocadura *s* mouth of a river; embouchure; MÚS mouthpiece.
Embocar *v* to put into the mouth; to lip.
Êmbolo *s* piston; sucker; embolus.
Embolsar *v* to pocket; to pouch; to pay; to reimburse.
Embora *conj* in spite of; even; although; though.
Embornal *s* bag; feed-bag; nose-bag; embornal.
Emborrascar *v* to make stormy; to agitate.
Emboscada *s* ambush; ambuscade; snare; trap.
Emboscar *v* to ambush; to ambuscade.
Embotamento *s* dullness; bluntness.
Embotar *v* to blunt; do dull.
Embranquecer *v* to whiten; to bleach.
Embravecer *v* to enrage; to irritate; to get angry; to infuriate.
Embravecimento *s* enragement; anger; fury.
Embreagem *s* AUT clutch.
Embrenhar *v* to penetrate into woods; to penetrate into wild forests.
Embriagado *adj* drunk; intoxicated; inebriated.
Embriagar *v* to intoxicate; to fuddle; to inebriate; to get drunk.
Embriaguez *s* drunkeness; intoxication; inebriation; FIG rapture.
Embrulhada *s* confusion; disorder; jumble; mess.
Embrulhar *v* to pack up; to wrap up; to cheat; to embroil.
Embrulho *s* packet; bundle; package; jumble; confusion.
Embrutecer *v* to brutify; to brutalize.
Embrutecimento *s* brutishness; brutification; bestiality; brutalization.
Embuste *s* artifice; fraud; stratagem; trick; trickery.
Embusteiro *s* liar; tale-teller; USA four-flusher.
Embutido *s* inlaid work; mosaic; marquetry.
Embutido *adj* built in; inlaid.
Embutidor *s* inlayer; worker; mosaicist.
Embutir *v* to inlay; to insert; to enchase.
Emenda *s* emendation; mend; correction.
Emendar *v* to amend; to emend; to correct.
Emendável *adj* reparable; amendable.
Emergência *s* emergency; emergence.
Emergente *adj* emergent; arising.
Emergir *v* to emerge; to appear; to erupt.
Emérito *adj* emeritus; remarkable.
Emersão *s* emersion.
Emigração *s* emigration; migration.
Emigrado *s* emigrant; emigré.
Emigrado *adj* emigrant.
Emigrante *s* emigrant.
Emigrante *adj* emigrant.
Emigrar *v* to emigrate.
Eminência *s* eminence; elevation; height.
Eminente *adj* eminent; high; lofty; distinguished.
Emissão *s* emission; discharge; issue.
Emissário *s* emissary; messenger; envoy.
Emissor *s* sender; transmitter.
Emissor *adj* issuing; emitting; RÁD broadcasting.
Emitir *v* to emit; to announce; to divulge; to issue.
Emoção *s* emotion; a human feeling.
Emocional *adj* emotional; soulful; emotive.
Emocionante *adj* stirring; exciting; touching.
Emoldurar *v* to frame; to surround.

Emolumento *s* emolument; fees.
Emotividade *s* emotiveness; emotivity.
Emotivo *adj* emotive; emotional.
Empacotamento *s* packing; binding; baling.
Empacotar *v* to pack; to bale; to bind.
Empada *s* small pie of meat or fish.
Empalhação *s* packing with straw; stuffing of animals.
Empalhar *v* to surround with straw; to stuff with straw.
Empalidecer *v* to pale; to make pale; to bleach.
Empanar *v* to tarnish; to dull; to dim; to obscure.
Empanzinar *v* to glut; to cram.
Empapar *v* to soak; to imbibe; to steep.
Empapelar *v* to wrap up in paper; to paper; to caress.
Emparelhado *adj* matched; paired; linked.
Emparelhar *v* to match; to couple; to pair; to unite.
Empastar *v* to paste up; to make clammy; to impaste.
Empatar *v* to tie; to equal; to check.
Empate *s* tie; stalemate; indecision.
Empecilho *s* impediment; hindrance; obstacle.
Empedernido *adj* hard-hearted; petrified; callous.
Empedernir *v* to harden; to petrify; to cruel.
Empedrado *s* stone-pavement.
Empedrado *adj* paved.
Empedramento *s* pavement; paving; petrification.
Empedrar *v* to pave with stones; to petrify; to gravel.
Empenado *adj* warped; crooked; buckled.
Empenamento *s* warping; buckling.
Empenar *v* to warp; to twist; to distort.
Empenhado *adj* indebted; being in debt; engaged.
Empenhar *v* to pawn; to commit; to bind; to engage; to pledge.
Empenho *s* pawn; pledge; guaranty; protection.
Emperrado *adj* hard; jammed; stiff; stuck.
Emperrar *v* to harden; to stick; to jam.
Emperrar-se *v* to be obstinate.
Empertigar *v* to strut; to firm; to stiffen.
Empestar *v* to infect; to deprave; to blight.
Empilhamento *s* heaping up; piling up; pile.
Empilhar *v* to pile; to stack; to heap up.
Empinar *v* to tip up; to empty; to raise.
Empinar-se *v* to prance.
Empíreo *s* empyrean.
Empíreo *adj* empyreal; celestial; divine.
Empírico *s* quack; empiric.
Empírico *adj* empirical; experimental.
Empirismo *s* FIL empiricism, the doctrine that all knowledge is derived from experience through the senses.
Emplastar *v* to plaster.
Emplasto *s* plaster; poultice.
Emplastro *vide* EMPLASTO.
Emplumar *v* to feather.
Empoado *adj* powdery powdered.
Empoar *v* to powder; to dust.
Empobrecer *v* to impoverish; to sap; to deplete.
Empobrecimento *s* impoverishment; depletion.
Empoçar *v* to form a puddle; to make a puddle.
Empoeirado *adj* dusty.
Empoeirar *v* to dust; to cover with dust; to fill with dust.
Empolado *adj* swollen; bombastic; hilly; whitecapped.
Empolar *v* to blister; to puff up; to bubble.
Empoleirar-se *v* to perch; to raise.
Empolgante *adj* breath-taking; overpowering; thrilling.
Empolgar *v* to grasp; to seize; to thrill; to grip.
Emporcalhar *v* to dirty; to soil; to befoul.
Empório *s* emporium; stores; mart.
Empossar *v* to put in possesion; to empower.
Emprazamento *s* summons; convocation.
Emprazar *v* to summon; to provoke; to challenge.
Empreendedor *s* undertaker; enterpriser.
Empreendedor *adj* enterprising; bold.
Empreender *v* to undertake; to enterprise.
Empreendimento *s* to endeavor; endeavour; enterprise.
Empregado *s* employee; servant; clerk.
Empregado *adj* employed; busy.
Empregador *s* employer.
Empregar *v* to employ; to hire; to make use of; to bestow.
Emprego *s* use; occupation; job; employ; employment.
Empreitada *s* contract work; job; piecework.
Empreiteiro *s* contractor.
Empresa *s* enterprise; firm; undertaking; company.
Empresário *s* contractor; undertaker; USA producer.
Emprestado *adj* lent; borrowed.
Emprestar *v* to lend; to loan; to impart.
Empréstimo *s* lending; loan; borrowing.
Empunhar *v* to grasp; to gripe; to grip.
Empurrão *s* push; shove; jostle; thrust.
Empurrar *v* to push; to jog; to jostle; to poke; to shove; to thrust.
Emudecer *v* to become dumb; to silent; to silence; to hush.
Emulação *s* emulation; competition; rivalry.
Emular *v* to emulate; to compete; to rival.
Emulsão *s* emulsion.
Enaltecer *v* to exalt; to laud; to elevate; to extol; to praise.
Enamorar *v* to charm; to captivate.
Enamorar *v* to fall in love with someone.
Encabeçar *v* to lead; to conduct; to head.
Encabrestar *v* to halter; to subdue.
Encadeamento *s* link; connection; series.
Encadear *v* to enchain; to link; to connect.
Encadernação *s* binding; cover; apparel.
Encadernador *s* bookbinder.
Encadernar *v* to bind.
Encaixar *v* to pack up; to encase; to insert.
Encaixe *s* socket; groove; notch.
Encaixotamento *s* packing up; boxing.
Encaixotar *v* to box; to crate; to pack.
Encalço *s* track; footprint; pursuit.
Encalhar *v* to ground; to strand; to beach.
Encalhe *s* grounding; stranding; to hindrance.
Encaminhar *v* to lead; to direct; to guide.
Encanamento *s* conduit; canalization; piping.
Encanar *v* to canalize; to pipe; MED to splint; to set a bone.
Encantado *adj* enchanted; magical; fairy.
Encantador *s* enchanter; magician; charmer.
Encantador *adj* charming; lovely.
Encantamento *s* enchantment; charm; fascination.
Encantar *v* to enchant; to delight; to charm.
Encanto *s* enchantment; appeal; grace.
Encantoar *v* to drive into a corner; to isolate.
Encapar *v* to wrap up; to cloak; to bind a copybook; to cover (a book).
Encapelado *adj* rough; choppy.
Encapelar *v* to roughen; to ruffle.
Encapotado *adj* cloaked; disguised; hidden.
Encapotar *v* to cloak; to disguise; to conceal.
Encaracolado *adj* curly.
Encaracolar *v* to curl; to twist; to spiral.
Encarapinhado *adj* curly; concerning to the hair.
Encarapinhar *v* to curl; to frizz; to kink.
Encarar *v* to face; to gaze at; to glare; to look.
Encarceramento *s* incarceration; durance; imprisonment.
Encarcerar *v* to incarcerate; to imprison; to confine.
Encarecer *v* to raise the price of; to enhance.
Encarecimento *s* the raising of prices; entreaty; enhancement.
Encargo *s* charge; office; duty; commision.
Encarnação *s* incarnation; embodiment.
Encarnado *s* red color; reddening.
Encarnado *adj* incarnate; red; rosy; blood-red.
Encarnar *v* to redden; to incarnadine; to embody.

Encarniçado *adj* eager; fierce; furious; savage.
Encarniçar *v* to grow cruel; to sic (a dog); to irritate.
Encarregado *s* manager; agent; representative; commissioner.
Encarregar *v* to put in charge; to entrust with.
Encasquetar *v* to persuade; to influence; to cover with a cap.
Encastelado *adj* hoofbound; castellated.
Encastelar *v* to fortify; to pile; to confine oneself in a castel.
Encefálico *adj* encephalic, allusive to the encephalon, situated within the cranial cavity.
Encéfalo *s* encephalon; part of the brain.
Encenação *s* staging.
Encenar *v* to stage; to display; to show.
Encerado *s* oilcloth; oilskin; NÁUT tarpaulin.
Encerado *adj* waxed; wax-colored.
Encerar *v* to wax; to polish.
Encerramento *s* closing; close; confinement.
Encerrar *v* to enclose; to close; to confine; to lock up.
Encharcar *v* to inundate; to soak; to flood; to swamp.
Enchente *s* flood; inundation; overflow; abundance.
Encher *v* to fill up; to occupy; to crowd.
Enchimento *s* filling up; filler; stuffing.
Enchumaçar *v* to wad; to pad; to stuff.
Encíclica *s* encyclic.
Enciclopédia *s* encyclopedia.
Encimar *v* to top; to surmount; to crown.
Enclausurar *v* to cloister; to seclude; to immure.
Encobertar *v* to cover; to defend; to conceal; to disguise; to cloak.
Encoberto *adj* hidden; disguised; cloaked; covered; shrouded.
Encobrir *v* to hide; to conceal; to disguise.
Encolerizar *v* to anger; to incense; to irritate; to exasperate.
Encolher *v* to shrink; to shorten; FIG to be timid; to be bashful.
Encolhido *adj* shrunken; contracted; timid.
Encolhimento *s* shrinkage; contraction; bashfulness; timidity.
Encomenda *s* order; commission; package.
Encomendação *s* ordering; commendation.
Encomendar *v* to commend; to order; to charge; to entrust.
Encomiar *v* to praise; to laud; to panegyrize; to eulogize.
Encômio *s* encomium; panegyric; praise; eulogy.
Encontrão *s* shock; push; collision.
Encontrar *v* to meet; to find; to come across; to encounter; to discover.
Encontrar-se *v* to find oneself.
Encontro *s* meeting; date; encounter; collision; clash; ***marcar um ENCONTRO com alguém***: to make a date with someone.
Encorpado *adj* thick; strong; corpulent; bulky.
Encorpar *v* to thicken; to grow corpulent; to fatten.
Encosta *s* slope; hillside; declivity.
Encostar *v* to support; to prop; to pull over.
Encosto *s* stay; prop; support; backboard.
Encovado *adj* sunken; hollow.
Encovar *v* to shut up in a cave; to bury; to sink.
Encravado *adj* nailed; toenail.
Encravamento *s* nailing; cheat; fixing.
Encravar *v* to prick a horse; to spike; to nail.
Encrenca *s* trouble; snare; snag; row.
Encruado *adj* half cooked; raw.
Encruamento *s* crudity; bad digestion; indigestion; rawness.
Encruar *v* to make crude; to become crude; to irritate.
Encruzamento *s* crossing.
Encruzilhada *s* crossroads; intersection.
Encubar *v* to put into a tub; to vat; to barrel.
Encurralar *v* to corral; to confine; to pen; to corner.
Encurtar *v* to shorten; to curtail; to abridge.
Encurvadura *s* incurvation; bending; buckling.
Encurvamento *vide* ENCURVADURA.
Encurvar *v* to incurvate; to bend; to incurve.
Endemoninhado *adj* devilish; naughty; demoniac.
Endentar *v* to indent; to dent; to engage; to mesh.
Endereçar *v* to address; to guide; to direct.
Endereço *s* address.
Endeusamento *s* deification; transport.
Endeusar *v* to deify.
Endiabrado *adj* devilish; naughty.
Endinheirado *adj* rich; moneyed; wealthy.
Endireitar *v* to straighten; to correct; to set right; to right. ENDIREITAR-SE *v*, to right.
Endividar *v* to run into debts; to contract debts; to obligate.
Endoenças *s* sufferings; afflictions; RELIG ***quinta-feira de ENDOENÇAS***: Maundy Thursday; Holy Thursday Services.
Endoidecer *v* to madden; to crazy; to make insane; to go mad.
Endossado *s* ECON endorse; to write upon the back of.
Endossante *s* endorser.
Endossar *v* to back; to endorse.
Endurecer *v* to harden; toughen; to stiffen.
Endurecimento *s* hardness; induration.
Enegrecer *v* to blacken; to become dark; to defame.
Enegrecimento *s* blackening; darkening.
Energia *s* energy; strength; vigour; vigor.
Enérgico *adj* energetic; vigorous; eager.
Enervação *s* enervation; nervation.
Enervar *v* to enervate; to weaken; to aggravate.
Enevoar *v* to sully; to grow misty; to dim.
Enfadar *v* to bore; to irk; to annoy.
Enfado *s* weariness; boredom; displeasure.
Enfadonho *adj* tiresome; dull; troublesome; boring.
Enfaixar *v* to swaddle; to bind; to band; to bandage.
Enfardamento *s* packing up; package; baling.
Enfarinhado *adj* covered with flour; powdered; floured.
Enfarinhar *v* to cover with flour; to powder.
Ênfase *s* emphasis; accentuation.
Enfastiar *v* to cause loathing; to loathe; to tire.
Enfático *adj* emphatic.
Enfeitar *v* to adorn; to flourish; to beautify; to ornament; to deck.
Enfeite *s* ornament; frippery; attire.
Enfeitiçar *v* to bewitch; to enchant; to charm; USA to hoodoo.
Enfeixar *v* to bundle up; to truss; to fagot.
Enfermar *v* to make sick; to become sick; to fall ill.
Enfermaria *s* ward; infirmary.
Enfermeira *s* nurse.
Enfermeiro *s* male-nurse; nurse.
Enfermiço *adj* sickly; unhealthy.
Enfermidade *s* sickness; illness; feebleness; weakness.
Enfermo *s* sick person; patient. **ENFERMO** *adj* sick; ill.
Enferrujar *v* to rust; to corrode.
Enfestar *v* to fold lengthwise.
Enfezado *adj* dwarfish; angry; upset.
Enfezar *v* to stunt; to dwarf; to be upset; to annoy.
Enfiar *v* to thread; to string; to enfilade; to put on.
Enfileirar *v* to place in a file; to range; to rank; to line up.
Enfim *adv* at last; after all; finally.
Enfolhar *v* to leaf; to cover with leaves.
Enforcamento *s* hanging.
Enforcar *v* to hang; to renounce.
Enforcar-se *v* to hang oneself.
Enfraquecer *v* to enfeeble; to droop; to faint; to weaken.
Enfraquecimento *s* weakness; debility.
Enfrentar *v* to face; to defy; to oppose; to come to grips.
Enfunar *v* to swell out; to fill; to puff up.
Enfurecer *v* to enrage; to rage; to madden.
Enfurecer-se *v* to become furious.
Enfurecido *adj* furious; enraged; rough.
Engaiolar *v* to cage; to encage; to imprison.
Engajamento *s* engagement; employment.
Engajar *v* to engage; to hire; MIL to enlist.
Engalanar *v* to adorn; to decorate; to embellish; to deck.
Enganado *adj* mistaken; deceived; wrong.

Enganador *s* deceiver; delusive; bluffer.
Enganar *v* to deceive; to trick; to fool; to beguile; to delude; to cheat.
Engano *s* deceit; mistake; error; cheat.
Enganoso *adj* deceitful; false; catchy.
Engarrafamento *s* bottling; bottleneck.
Engarrafar *v* to bottle.
Engasgar *v* to stifle; to gag; to choke.
Engasgo *s* choking; gagging; suffocation.
Engasgue *vide* ENGASGO.
Engatar *v* to cramp; to couple a railway carriage; to join; to clamp.
Engate *s* clamp; link; hook.
Engatilhar *v* to cock a gun; to prepare.
Engatinhar *v* to crawl on all fours; to creep.
Engendrar *v* to engender; to create; to beget; to cook up.
Engenhar *v* to invent; to conceive; to engineer.
Engenharia *s* engineering.
Engenheiro *s* engineer.
Engenho *s* talent; skill; wit; machine; engine.
Engenhoso *adj* ingenious; clever; inventive.
Englobar *v* to join; to globe; to add; to englobe.
Engodar *v* to angle; to grease; to lure.
Engodo *s* lure; decoy; bait.
Engolir *v* to swallow; to gobble; to gulp.
Engomadeira *s* ironer; starcher.
Engomar *v* to starch; to clarify; to iron.
Engorda *s* fattening.
Engordar *v* to fatten; to fat.
Engordurar *v* to grease; to smear.
Engraçado *adj* funny; pleasant; merry.
Engradamento *s* railing; crating.
Engradar *v* to crate; to rail.
Engrandecer *v* to enlarge; to augment; to increase; to aggrandize.
Engrandecimento *s* increase; enlargement; exaltation.
Engraxar *v* to black; to grease; to clean a shoe; to shine boot; USA to shine.
Engraxate *s* shoeshiner; shoeblack; USA boot black.
Engrenagem *s* gear; cogwheel; gearing.
Engrenar *v* to gear; to mesh.
Engrossar *v* to enlarge; to swell; to thicken.
Enguia *s* eel.
Enguiçar *v* to break down; to hex; to conk.
Enguiço *s* breakdown; hex; jinx.
Enigma *s* enigma; puzzle; riddle.
Enigmático *adj* enigmatic; enigmatical; obscure.
Enjaular *v* to cage; to jail; to arrest.
Enjeitado *s* foundling; waif.
Enjeitado *adj* rejected; abandoned.
Enjeitar *v* to reject; to abandon; to refuse.
Enjoado *adj* nauseated; seasick; tiresome.
Enjoar *v* to nauseate; to repel; to pall; to get seasick.
Enjoativo *adj* nauseous; sickish.
Enjoo *s* seasickness; nausea.
Enlaçar *v* to bind; to knot; to lace; to connect; to tie.
Enlace *s* union; enlacement; marriage.
Enlamear *v* to muddy; to puddle; to daggle; to mire.
Enlatado *adj* tinned; trellised; USA canned.
Enlatar *v* to tin; to trellis; USA to can.
Enlevação *s* rapture; dream; ecstasy.
Enlevado *adj* taken; enraptured.
Enlevar *v* to ravish; to charm; to exalt; to enrapture.
Enlevo *s* rapture; dream; ecstasy.
Enlouquecer *v* to madden; to craze; to run mad; to go mad.
Enlouquecimento *s* madness; lunacy; insanity.
Enlutar *v* to mourn; to darken; to grieve.
Enodoar *v* to stain; to blotch; to soil.
Enorme *adj* enormous; vast; bulky; big; huge.
Enormidade *s* enormity; hugeness; huge size; atrocity.
Enquadrar *v* to frame; to discipline.
Enquanto *adv* while; meanwhile.
Enraivecer *v* to enrage; to foam; to rage; to anger.
Enraizar *v* to root; to radicate; to cling.
Enrascada *s* jam; mess; complication.
Enrascar *v* to net; to frame; to cheat; to get into trouble.
Enredar *v* to entangle; to intrigue; to plot.
Enredo *s* intrigue; entanglement; plot of a play.
Enregelar *v* to freeze; to congeal; to cool.
Enrijar *v* to harden; to strengthen; to toughen.
Enriquecer *v* to enrich; to exalt; to glorify.
Enriquecimento *s* enrichment.
Enrolar *v* to roll; to coil; to wrap up.
Enroscado *adj* curled up; spiraled.
Enroscar *v* to twine; to curl; to wind.
Enrubescer *v* to redden; to flush; to blush.
Enrugado *adj* wrinkled; creased; furrowing.
Enrugamento *s* wrinkling; purl; crimp.
Enrugar *v* to wrinkle; to crease; to pucker.
Ensaboar *v* to soap; to lather.
Ensacar *v* to bag; to sack; to pack.
Ensaiador *s* rehearser; director; tester.
Ensaiar *v* to assay; to essay; to experiment; to try; to attempt; to rehearse.
Ensaio *s* essay; USA rehersal; assay; attempt.
Ensaísta *s* essayist; a person who writes essays.
Ensandecer *v* to make mad; to become mad; to crazy; to mad.
Ensanguentado *adj* bloody; gory; bloodstained.
Ensanguentar *v* to make bloody; to stain with blood; to blemish.
Enseada *s* inlet; bay; cove.
Ensejar *v* to try; to attempt.
Ensejo *s* opportunity; occasion; chance.
Ensinamento *s* teaching; education; lesson.
Ensinar *v* to teach; to instruct; to educate.
Ensino *s* teaching; instructions; education.
Ensolarado *adj* sunny; sun-filled.
Ensopado *adj* wet; sopping; soaked.
Ensopar *v* to soak; to drench; to stew.
Ensurdecedor *adj* earsplitting; deafening.
Ensurdecer *v* to deafen; to dull; to become deaf.
Entalhador *s* wood-engraver; sculptor; carver.
Entalhar *v* to engrave; to nick; to rabbet; to carve in wood.
Entalhe *s* carving; engraving; notch.
Entanto *adv* meanwhile; meantime; ***no ENTANTO***: nevertheless; yet.
Então *adv* then; so; at that time. ENTÃO *interj* what!; how!
Ente *s* being; existence; person.
Enteada *s* stepdaughter.
Enteado *s* stepson; stepchild.
Entediar *v* to annoy; to weary; to bore.
Entendedor *s* connoisseur; critic.
Entender *v* to understand; to comprehend; to mean; to know.
Entendido *adj* understood; skilled; agreed.
Entendimento *s* understanding; intellect; mind.
Enternecer *v* to touch; to move; to pity; to mellow.
Enterramento *vide* ENTERRO.
Enterrar *v* to bury; to inter; to plunge.
Enterro *s* funeral; burial; interment.
Entidade *s* entity; existence; being.
Entoação *s* intonation; modulation; pitch.
Entoar *v* to intone; to pitch; to tone.
Entontecer *v* to stun; to become mad; to dizzy; to dazzle.
Entornar *v* to pour; to spill; to upset.
Entorpecer *v* to benumb; to grow benumbed; to swoon.
Entorpecimento *s* torpor; numbness; drowsiness.
Entortar *v* to crook; to bend; to twist.
Entrada *s* entry; entrance; orifice; access.

Entranhado *adj* penetrated; deep; profound.
Entranhar *v* to drive in; to pierce; to embed.
Entranhas *s* entrails; bowels; insides.
Entrar *v* to enter; to come in; to come into; to go in.
Entravar *v* to encumber; to hamper; to clog; to block.
Entrave *s* encumbrance; pullback; clog.
Entre *prep* between; among; amidst.
Entreaberto *adj* ajar; half-opened.
Entreabrir *v* to set ajar; to bloom; to half-open.
Entrechocar-se *v* to collide; to clash.
Entrecortar *v* to intersect; to interrupt; to punctuate.
Entrega *s* delivery; surrender; cession.
Entregador *s* deliverer; roundsman.
Entregar *v* to deliver; to hand; to give up to; to surrender.
Entregar-se *v* to addict.
Entregue *adj* delivered; addicted.
Entrelaçar *v* to interlace; to entwine.
Entrelinha *s* interlineation; space between two lines; slug.
Entreluzir *v* to glimmer; to perceive.
Entremeado *adj* interposed; intermittence.
Entremear *v* to intermingle; to intermix.
Entrementes *adv* meanwhile; however.
Entreposto *s* storehouse; emporium; warehouse.
Entretanto *adv* meanwhile.
Entretanto *conj* however; nevertheless.
Entretenimento *s* amusement; entertainment; distraction.
Entreter *v* to amuse; to entertain.
Entrevado *s* paralytic.
Entrevado *adj* paralyzed.
Entrevar *v* to paralyze; to become paralytic; to hamper; to hinder.
Entrever *v* to get a glimpse of; to see imperfectly; to glance; to glimpse.
Entrevista *s* interview; appointment; USA date.
Entrevistar *v* to interview.
Entrincheiramento *s* entrenchment; recourse; refuge.
Entrincheirar *v* to entrench; to barricade.
Entristecer *v* to sadden; to upset; to become sad; to grieve.
Entristecimento *s* sadness; gloom; melancholy.
Entroncamento *s* junction; joining.
Entroncar *v* to join; to make a junction; to stocky.
Entronização *s* enthronization; enthronement.
Entronizar *v* to enthrone; to exalt.
Entulhar *v* to fill up; to heap up; to cram.
Entulho *s* debris; rubbish; trash; rubble.
Entupimento *s* obstruction; stopping up; stoppage.
Entupir *v* to stop up; to jam; to obstruct; to choke; to block up.
Entusiasmar *v* to become enthusiastic; to enrapture; to enthuse.
Entusiasmo *s* enthusiasm; zeal; fervor.
Entusiasta *s* enthusiast; fan.
Entusiasta *adj* enthusiast.
Entusiástico *adj* enthusiastic; keen; eager.
Enumeração *s* enumeration; reckoning.
Enumerar *v* to enumerate; to count over; to recite.
Enunciação *s* enunciation; thesis; assertion.
Enunciado *s* enunciation; proposition; wording; declaration.
Enunciador *s* enunciator.
Enunciador *adj* enunciative.
Enunciar *v* to enunciate; to express; to state; to announce.
Enunciativo *adj* enunciative.
Envaidecer *v* to make proud; to make vain; to become vain.
Envasilhar *v* to barrel; to cask; to vat; to bottle.
Envelhecer *v* to make old; to hoar; to grow old; to age.
Envelhecido *adj* old-looking; old; aged.
Envenenamento *s* poisoning; intoxication.
Envenenar *v* to poison; to intoxicate; to envenom.
Enveredar *v* to follow; to be on the way to; to proceed.
Envergadura *s* capacity; span; breadth of the sails; wingspread.
Envergar *v* to bend the yacht's sails; to dress; to lath; to curve.
Envergonhar *v* to shame; to embarass; to abash.
Envergonhar-se *v* to be ashamed.
Envernizar *v* to varnish; to japan; to gloss.
Enviado *s* envoy; messenger.
Enviar *v* to send; to dispatch; to forward.
Envidraçado *adj* glazed; glassed.
Envidraçar *v* to glaze; to glass.
Enviesado *adj* sloping; slanting; aslant; askew.
Enviesar *v* to slope; to bevel; to slant.
Envilecer *v* to vilify; to debase; to grow vile.
Enviuvar *v* to become a widow or a widower.
Envolto *adj* wrapped up; involved; enveloped.
Envoltório *s* wrapper; cover.
Envolver *v* to wrap; to entail; to entangle; to involve; to cover; to envelop.
Envolver-se *v* to get involved.
Enxada *s* hoe.
Enxadada *s* stroke with a hoe.
Enxadão *s* mattock.
Enxadrezar *v* to checker.
Enxaguar *v* to rinse.
Enxame *s* swarm of bees.
Enxaqueca *s* megrim; headache.
Enxerga *s* pallet; straw bed.
Enxergar *v* to see; to deserv; to distinguish.
Enxertar *v* to graft; to foist; to insert.
Enxerto *s* graft; licking.
Enxofre *s* sulphur; sulfur; brimstone.
Enxotar *v* to scare; to drive away; to throw away.
Enxoval *s* outfit; trousseau.
Enxugar *v* to dry; to wipe.
Enxurrada *s* torrent; abundance.
Enxuto *adj* dry; free from moisture; svelte.
Épico *adj* epic; heroic; epical.
Epicurismo *s* epicureanism, the doctrine of the Greek philosopher Epicurus (342-270 b.C).
Epidemia *s* epidemic.
Epidêmico *adj* epidemic.
Epiderme *s* epidermis (exterior skin).
Epiglote *s* epiglottis.
Epígrafe *s* epigraph.
Epigrama *s* epigram, litlle poem.
Epilepsia *s* epilepsy.
Episcopado *s* episcopacy; episcopate.
Episcopal *adj* episcopal; episcopalian.
Episódio *s* episode.
Epístola *s* epistle.
Epistolar *adj* epistolary.
Epitáfio *s* epitaph.
Epíteto *s* epithet; nickname.
Época *s* epoch; era; cycle.
Epopeia *s* epic; epopee; an epic poem; epic poetry.
Equador *s* equator; ecuador.
Equanimidade *s* equanimity; calm temper; calmness.
Equestre *adj* equestrian; concerning to a horse.
Equidade *s* equity; justness; fairness.
Equidistância *s* equidistance.
Equidistante *adj* equidistant; halfway.
Equidistar *v* to be equidistant.
Equilibrar *v* to equilibrate; to poise; to counterbalance; to balance.
Equilíbrio *s* equilibrium; balance; ***perder o* EQUILÍBRIO**: to lose one's balance.
Equilibrista *s* equilibrist; acrobat; rope walker; balancer.
Equimose *s* ecchymosis; buise.
Equino *adj* equine; concerning to a horse.
Equinocial *adj* equinoctial; concerning to the equinox.
Equinócio *s* equinox.

Equipagem *s* equipage; equipment; furnishing.
Equipamento *s* equipment; gear; supply.
Equipar *v* to equip; to appoint; to fit out.
Equiparar *v* to mention; to match; to even.
Equiparável *adj* comparable; matchable.
Equipe *adj* team; gang; staff; ESP ***EQUIPE fora da liga***: non-league side.
Equitação *s* horsemanship; riding; equitation.
Equitativo *adj* equitable; just; fair-minded.
Equivalência *s* equivalence; equality of value; correspondence.
Equivalente *adj* equivalent; counterpart; identical.
Equivaler *v* to be equivalent; to countervail; correspond.
Equivocado *adj* wrong; mistaken.
Equivocar *v* to equivocate; to mistake.
Equívoco *s* mistake; pun.
Equívoco *adj* equivocal; dubious.
Era *s* era; epoch; age.
Erário *s* exchequer; treasury.
Ereção *s* erection; erectness.
Eremita *s* hermit; eremite; recluse.
Erétil *adj* erectile.
Ereto *adj* erect; upright.
Erguer *v* to raise; to stand up; to rise up; to build; to rear.
Eriçado *adj* bristiling; on end; bristly; shaggy.
Erigir *v* to erect; to raise; to set up; to build.
Erisipela *s* erysipelas (skin disease).
Ermida *s* hermitage; little church.
Ermo *s* desert; solitary place.
Ermo *adj* solitary; lonely.
Erótico *s* erotic poetry.
Erótico *adj* erotic; erotical.
Erotismo *s* erotism; eroticism; sensual passion.
Erradicar *v* to eradicate; to uproot.
Errado *adj* wrong; mistaken; erroneous.
Errante *adj* errant; vagrant; lost.
Errar *v* to mistake; to err; to miss; to gad.
Erro *s* error; mistake; slip.
Erudição *s* erudition; learning; culture.
Erudito *adj* erudite; learned; scholar.
Erupção *s* eruption; rash.
Erva *s* herb; grass; herbage.
Ervilha *s* pea.
Esbaforido *adj* out of breath; tired; hurried.
Esbanjador *s* spendthrift; waster.
Esbanjador *adj* prodigal; squandering.
Esbanjar *v* to lavish; to waste; to squander.
Esbarrar *v* to knock against; to hurtle; to hurl; to throw.
Esbelto *adj* slender; elegant.
Esboçar *v* to sketch; to delineate; to draft; to outline.
Esboço *s* sketch; drawing.
Esbofetear *v* to buffet; to slap.
Esbordoar *v* to cudgel; to baste.
Esborrachar *v* to crush; to squash; to flatten; to overwhelm.
Esbranquiçado *adj* whitish; whity; hoar.
Esburacar *v* to bore; to make holes in; to hole.
Escabrosidade *s* roughness; coarseness.
Escabroso *adj* rough; coarse; churlish.
Escada *s* staircase; stairs; ladder; USA stairway.
Escadaria *s* staircase; stairway.
Escafandrista *s* diver.
Escala *s* scale; gauge.
Escalada *s* escalade; scaling.
Escalão *s* step; echelon.
Escalar *v* to escalade; to scale; to ravage; to climb.
Escaldante *adj* burning; scalding.
Escaldar *v* to scald; to burn.
Escalpelar *v* to scalp.
Escalpo *s* scalp.
Escama *s* squama; scale.
Escamoso *adj* scaly; squamate; flaky.
Escancarar *v* to set wide open; to fling open.
Escandalizar *v* scandalize; to be scandalized; to offend.
Escândalo *s* scandal; disgrace.
Escandaloso *adj* scandalous; outrageous.
Escangalhar *v* to break up; to break into pieces; to ruin.
Escanhoar *v* to shave.
Escanteio *s* ESP corner kick.
Escapamento *s* escapement; exhaust piping.
Escapar *v* to escape; to slip out; to get away; to evade.
Escapulir *v* to escape; to sneak away; to run away; to slip.
Escaramuça *s* skirmish; quarrel; scuffle.
Escaramuçar *v* to skirmish; to scuffle.
Escaravelho *s* scarab; beetle; USA lady-bug.
Escarcéu *s* billow; big noise; surge.
Escarlate *s* scarlet; with the red color.
Escarlate *adj* scarlet; with the red color.
Escarlatina *s* MED scarlet fever; scarlatina; infectious disease.
Escarnecedor *s* mocker; scoffer; jeerer.
Escarnecer *v* to mock; to scoff; to jest; to make fun of.
Escárnio *s* mockery; mock; jeer; scoff.
Escarpa *s* scarp.
Escarpado *adj* steep; abrupt.
Escarradeira *s* spittoon; USA cuspidor.
Escarrar *v* to spit; to expectorate.
Escarro *s* spittle; phlegm; spit.
Escassear *v* to become scarce; to skimp; to stint.
Escassez *s* scarcity; want; shortage; lack.
Escasso *s* scanty; stingy; limited; scarce.
Escavação *s* dig; digging; excavation.
Escavar *v* to dig; to excavate; to wash out.
Esclarecer *v* to clear up; to illuminate; to elucidate; to enlighten.
Esclarecido *adj* cleared; famous; enlightened.
Esclarecimento *s* clearing up; explanation; elucidation.
Esclerótica *s* sclerotic, (eye membrane).
Escoadouro *s* drain; trench; sewer.
Escoamento *s* drainage; outflow; flow.
Escoar *v* to drain; to glide; to flow; to drop.
Escol *s* choice; elite.
Escola *s* school; college.
Escolar *s* student; pupil; scholar.
Escolar *adj* school.
Escolha *s* choice; selection.
Escolher *v* to choose; to elect; to single; to select.
Escolhido *adj* chosen; select.
Escolta *s* escort; convoy.
Escoltar *v* to escort; to accompany; to guard.
Escombros *s* trash; refuse; remains; ruins.
Esconder *v* to hide; to lurk; to conceal.
Esconderijo *s* hiding place; cover.
Escondido *adj* hidden; masked.
Esconjurar *v* to exorcise; to conjure; to adjure.
Esconjuro *s* exorcism; conjuration.
Escora *s* prop; stay; support.
Escorar *v* to prop; to brace; to shore; to bear up; to rest on; to lean on.
Escorbuto *s* scurvy, human disease originated by the absence of C vitamin.
Escorchar *v* to skin; to peel; to strip.
Escória *s* scoria; slag; dross.
Escoriação *s* excoriation; chafing.
Escoriar *v* to excoriate; to chafe.
Escorraçar *v* to expel; to expulse; to drive away.
Escorregadio *adj* slippery; slithery.
Escorregadouro *s* slippery place.
Escorregão *s* a slide; slip; slipping.
Escorregar *v* to slide; to slip.
Escorreito *adj* perfect; with good aspect; immaculate.

Escorrer *v* to run; to drain off a vessel; to droop.
Escoteiro *s* boy scout.
Escotilha *s* hatch; scuttle.
Escotismo *s* scouting; scotism.
Escova *s* brush; ***ESCOVA de dentes***: tooth brush; ***ESCOVA de cabelos***: hair brush; ***ESCOVA de roupa***: clothes brush.
Escovar *v* to brush; to scrub.
Escravatura *s* slavery; slave trade.
Escravidão *s* slavery; enslavement.
Escravizar *v* to enslave; to enthrall; enthral.
Escravo *s* slave; vassal.
Escravo *adj* slave; vassal.
Escrevente *s* clerk; scribe.
Escrever *v* to write; to scribe; to produce books.
Escriba *s* scribe; copyist.
Escrita *s* writing; handwriting.
Escrito *s* bill; note; memo.
Escrito *adj* written.
Escritor *s* writer; author.
Escritório *s* office; study.
Escritura *s* scripture; deed; writ; **Sagrada ESCRITURA**: Holy Scripture.
Escrituração *s* bookkeeping; accounting.
Escriturar *v* COM to keep books; to register.
Escriturário *s* clerk; amanuensis.
Escrivaninha *s* desk; bureau; USA writingdesk.
Escrivão *s* notary; court clerk.
Escrúpulo *s* scruple; hesitation; hesitancy.
Escrupuloso *adj* scrupulous; conscientious; punctilious.
Escrutinar *v* to scrutinize; to poll; to count votes.
Escrutínio *s* scrutiny; ballot box.
Escudar *v* to shield.
Escudeiro *s* shield-bearer; page; squire.
Escudo *s* shield; escutcheon; the Portuguese Coin.
Esculpir *v* to sculpture; to carve; to grave.
Escultor *s* sculptor; carver.
Escultura *s* sculpture; carving.
Escultural *adj* sculptural; sculpturesque.
Escuma *s* foam; scum; froth.
Escumadeira *s* skimmer.
Escumar *v* to skim; to foam.
Escuna *s* schooner.
Escurecer *v* to darken; to gloom; to get dark; to obscure.
Escuridão *s* darkness; obscurity; ignorance; blindness.
Escuro *s* obscurity; darkness.
Escuro *adj* dark; gloomy; dim.
Escusa *s* excuse; exemption.
Escusado *adj* useless; needless.
Escusar *v* to excuse; to justify; to apologize.
Escusável *adj* excusable.
Escuso *adj* hidden; secret; excused.
Escuta *s* listening; hearing.
Escutar *v* to listen to; to harken; to heed to.
Esfacelamento *s* damage; ruin; collapse; destruction.
Esfacelar *v* to ruin; to collapse; to break.
Esfaimado *adj* starved; hungry; famished.
Esfaimar *v* to famish; to starve.
Esfarelar *v* to crumble; to crumb; to reduce to bran.
Esfarrapado *adj* ragged; torn.
Esfarrapar *v* to tear; to rend; to rag; to lacerate.
Esfera *s* sphere; globe.
Esférico *adj* spheric; spherical.
Esfinge *s* sphinx, monster with human's head and lion's body.
Esfolar *v* to flay; to fret; to gall; to skin.
Esfolhar *v* to husk; to strip; to shuck.
Esforçado *adj* bold; brave; strong; hard-working.
Esforçar *v* to strengthen; to exert; to endeavor.
Esforço *s* effort.
Esfregação *s* scrubbing; rubbing.
Esfregão *s* rubbing-cloth; dishcloth; mop.
Esfregar *v* to rub; to scour; to clean; to scrub.
Esfriamento *s* cooling; chilling.
Esfriar *v* to cool; to make cool; to cool down; to chill.
Esgalhado *adj* antlered; concerning to a stag; branched.
Esgalhar *v* to cut branches of; to branch out; to lop.
Esganar *v* to strangle; to throttle; to choke.
Esganiçar *v* to yelp; to bark; to screech.
Esgarçar *v* to tear; to rend; to open.
Esgotado *adj* exhausted; worn out; out of print.
Esgotamento *s* exhaustion; breakdown.
Esgotar *v* to exhaust; to tire out; to use up; to drain.
Esgotar-se *v* to peter out.
Esgotável *adj* exhaustible; drainable.
Esgoto *s* drainage; drain; drainpipe; gutter; sewer.
Esgrima *s* fencing; concerning to this art.
Esgrimir *v* to fence; to wield.
Esgrimista *s* fencer.
Esguichadela *s* spout; squirt; spurt.
Esguichar *v* to spirt; to flush; to gush; to spout; to squirt.
Esguicho *s* spout; squirt; jet of water spout; hose.
Esguio *adj* slender; slim; thin.
Esmaecer *v* to faint; to swoon; to lose color; to lade.
Esmagador *s* crusher.
Esmagador *adj* crushing; overwhelming.
Esmagamento *s* crushing; crush.
Esmagar *v* to crush; to smash; to overwhelm.
Esmaltar *v* to enamel; to glaze.
Esmalte *s* enamel; smalt; ***USA, ESMATE de unha***: nail polish.
Esmeralda *s* emerald; precious gem.
Esmerar *v* to perfect.
Esmerar-se *v* to do one's best.
Esmeril *s* emery; gritrock.
Esmerilhar *v* to polish; to grind; to burnish.
Esmero *s* care; accuracy.
Esmigalhar *v* to crumble; to crush.
Esmiuçar *v* to analyse; to analyze; to search; to examine closely.
Esmo *s* estimate; roughguess.
Esmola *s* alms; beating.
Esmolar *v* to give alms; to ask for alms; to beg.
Esmoler *s* almoner.
Esmoler *adj* charitable; generous.
Esmorecer *v* to lose heart; to discourage; to dismay.
Esmorecido *adj* discouraged; feeble.
Esmorecimento *s* discouragement; weakness.
Esmurrar *v* to box; to buffet; to cuff.
Esnobe *s* snob.
Esnobe *adj* snobbish.
Espaçado *adj* spaced; slow.
Espaçar *v* to space; to adjourn; to delay.
Espaço *s* space; room; interval.
Espaçoso *adj* spacious; ample; vast in extent.
Espada *s* sword.
Espadas *s* spades (card playing).
Espadaúdo *adj* broad-shouldered.
Espadim *s* small sword; rapier.
Espádua *s* shoulder; blade bone.
Espairecer *v* to amuse; to relax; to divert.
Espairecimento *s* amusement; diversion.
Espalhador *s* spreader; one who spreads; scatterer.
Espalhafato *s* confusion; fuss.
Espalhafatoso *adj* noisy; exaggerated; garish; showy.
Espalhar *v* to scatter; to dispel.
Espalhar-se *v* to spread.
Espalmar *v* to flatten; to level; to smooth.
Espanador *s* duster.
Espanar *v* to dust; to clean.
Espancar *v* to beat; to strike; to thrash; to bang; to maul.
Espantalho *s* scarecrow.

Espantar *v* to frighten; to scare; to astonish; to amaze.
Espanto *s* fright; scare; astonishment.
Espantoso *adj* dreadful; frightful.
Esparadrapo *s* adhesive bandage; adhesive tape.
Espargimento *s* scattering; dissemination.
Espargir *v* to scatter; to spread; to spill.
Esparrela *s* snare; noose; cheat.
Esparso *adj* scattered; spilled.
Espartilho *s* stays; corset.
Espasmo *s* spasm; fit; rapture.
Espasmódico *adj* spasmodic; convulsive.
Espatifar *v* to crash; to break into pieces; to shatter.
Espátula *s* spatula; palette knife; spoonbill.
Espavorir *v* to frighten; to terrify; to alarm.
Especial *adj* special; private; particular.
Especialidade *s* specialty; COM particular line.
Especialista *s* specialist; expert.
Especializar *v* to specialize; to make speciality of.
Especialmente *adv* especially.
Especiaria *s* spicery.
Especiarias *s* spices.
Espécie *s* species; kind; sort; ***ESPÉCIE humana***: mankind.
Especificar *v* to specify; to name; to detail.
Específico *adj* specific; particular.
Espécime *s* specimen; sample; pattern.
Espectador *s* spectator; onlooker; viewer.
Espectral *adj* spectral; ghostly; relating to a specter.
Espectro *s* spectrum; specter; ghost.
Especulação *s* speculation; venture.
Especular *v* to speculate; to explore.
Especulativo *adj* speculative; theoretical.
Espelhar *v* to reflect; to mirror; to shine.
Espelho *s* mirror; looking-glass.
Espelunca *s* cave; den; honky-tonk; joint.
Espera *s* expectation; waiting; hope; delay; ambush.
Esperança *s* hope; promise; expectation.
Esperançar *v* to give hope to; to animate.
Esperançoso *adj* hopeful; promising.
Esperanto *s* Esperanto, a universal language created by Luís Lázaro Zamenhof (1859-1917).
Esperar *v* to wait; to hope; to expect; to await; to suppose.
Esperma *s* sperm; masculine semen.
Espermatozoide *s* spermatozoon; sperm.
Espernear *v* to kick; to revolt.
Esperteza *s* vivacity; smartness; sagacity; cunning.
Esperto *adj* smart; sharp; clever; artful.
Espesso *adj* thick; gross; close; dense.
Espessura *s* thickness; density.
Espetacular *adj* spectacular.
Espetáculo *s* spectacle; show.
Espetar *v* to spit; to skewer; to pierce.
Espeto *s* spit; spike; broach.
Espezinhar *v* to tread on; to trample.
Espia *s* spy; lookout; sentinel.
Espião *s* spy.
Espiar *v* to spy; to watch; to observe; USA to peek.
Espiga *s* spike; ear of corn; grain head.
Espigar *v* to ear; to grow up.
Espinafre *s* spinach.
Espinal *adj* spinal; dorsal.
Espingarda *s* rifle; gun.
Espinha *s* spine; fishbone; thorn; ***ESPINHA dorsal***: backbone; fish bone.
Espinhaço *s* spinal column; backbone; chine.
Espinhal *adj* spinal.
Espinho *s* thorn; prickle; aculeus.
Espinhoso *adj* thorny; troublesome; difficult.
Espionagem *s* spying; espionage.
Espionar *v* to spy; to snoop.
Espira *s* spire; spiral; coil.
Espirar *v* to breathe out; to expire; to end; to exhale.
Espírita *s* spiritist.
Espiritismo *s* spiritism (Alan Kardec doctrine).
Espírito *s* spirit; soul; a specter; ghost; mind; any distilled alcoholic liquor.
Espiritualista *s* spiritualist.
Espiritualizar *v* to spiritualize; to distill.
Espirituoso *adj* witty; spirituous.
Espirrar *v* to sneeze; to spout out.
Espirro *s* sneeze; sneezing.
Esplêndido *adj* splendid; very fine; magnificent.
Esplendor *s* splendour; splendor; magnificence.
Espoleta *s* blasting cap; quick-match; cape; fuse.
Espoliação *s* plunder; spoliation.
Espoliar *v* to spoil; to plunder; to rob.
Espólio *s* spoils; loot.
Esponja *s* powder puff; souse; sponge.
Esponjoso *adj* porous; spongy.
Esponsais *s* betrothal; the act of betrothing; engagement or contract to marry; marriage.
Espontaneidade *s* spontaneity.
Espontâneo *adj* spontaneous; automatic.
Espora *s* spur; crampon.
Esporada *s* stroke with a spur; rebuke.
Esporádico *adj* sporadic; scatered.
Esporte *s* sport; sportmanship; ***ESPORTE wear***: roupa esportiva.
Esposa *s* wife; spouse.
Esposar *v* to marry; to spouse; to espouse; to wed.
Esposo *s* husband; spouse.
Espraiar *v* to spread; to scatter.
Espreguiçadeira *s* couch; deck chair; easy chair.
Espreguiçar-se *s* to stretch oneself; to spread out.
Espreita *s* peep; look.
Espreitar *v* to peep; to spy; to lurk; USA to peek.
Espremedor *s* squeezer; presser.
Espremedura *s* pressing; squeezing.
Espremer *v* to press out; to crush; to jam; to squeeze.
Espuma *s* foam; froth.
Espumadeira *s* skimmer.
Espumar *v* to foam; to froth; to skim.
Espumoso *adj* foamy; frothy.
Espúrio *adj* spurious; bogus; illegitimate.
Esquadra *s* fleet; squad.
Esquadrão *s* squadron; mob.
Esquadria *s* square; sash.
Esquadrilha *s* squadron of airplanes; flotilla.
Esquadro *s* square; T-square.
Esqualidez *s* squalidness; squalor; gauntness.
Esquálido *adj* squalid; pale; weak.
Esquartejamento *s* quartering; dilaceration.
Esquartejar *v* to quarter; to tear.
Esquecer *v* to forget; to neglect; to omit; to slip from memory.
Esquecido *adj* forgotten; slept from memory; forgetful.
Esquecimento *s* forgetfulness.
Esqueleto *s* skeleton.
Esquema *s* scheme; sketch; outline; plan.
Esquentador *s* heater.
Esquentamento *s* warming; heating.
Esquentar *v* to heat; to warm; to grow angry.
Esquerda *s* left hand; left side; the left.
Esquerdo *adj* left; awkward.
Esquife *s* skiff; coffin.
Esquilo *s* squirrel.
Esquina *s* angle; corner.
Esquisitice *s* whim; quip; extravagance.
Esquisito *adj* strange; odd; whimsical.
Esquivar *v* to avoid; to dodge; to slink; to duck; to shun.

Esquivo *adj* disdainful; rude; coy.
Esquizofrênico *adj* PSIQ schizophrenic.
Esse *adj* that; that one.
Esse *pron* that; that one.
Essência *s* essence; core.
Essencial *adj* essential; vital.
Esta *adj* this; this one.
Esta *pron* this; this one.
Estabelecer *v* to establish; to set up; to settle.
Estabelecimento *s* establishment; settlement; shop.
Estabilidade *s* stability; tenure.
Estabilizar *v* to stabilize.
Estábulo *s* stable; cowshed; USA barn.
Estaca *s* stake; prop; pale.
Estação *s* station; season; ***ESTAÇÃO de trem***: railway station.
Estacar *v* to stake; to shore; to stop short; to prop.
Estacionamento *s* parking; standing; ***ESTACIONAMENTO proibido***: no parking.
Estacionar *v* to park; to stop; to stand.
Estacionário *adj* stationary; fixed; stopped.
Estada *s* stay; permanence; sojourn.
Estádio *s* stadium; coliseum.
Estadista *s* statesman.
Estado *s* state; condition; nation.
Estafado *adj* tired; jaded.
Estafar *v* to tire; to weary.
Estafeta *s* estafet; courier.
Estagiário *s* trainer apprentice; probationer.
Estágio *s* stage; phase.
Estagnação *s* stagnation; inertia.
Estagnar-se *v* to stagnate; to be inert.
Estalagem *s* inn; hotel; hostelry; USA flophouse.
Estalar *v* to crack; to break; to crackle; to break out.
Estaleiro *s* shipyard; dockyard; USA navy yard.
Estalido *s* clap; crackling; snap click.
Estalo *s* noise; crack; clap.
Estampa *s* stamp; print; engraving.
Estampador *s* printer; stamper.
Estampagem *s* stamping; engraving cloth; printing; impression.
Estampar *v* to print; to stamp; to goffer; to press.
Estamparia *s* printery; print shop.
Estampido *s* clap; noise; report.
Estancar *v* to stanch; to stop; to check.
Estância *s* sojourn; stay; station; farm; stanza.
Estandarte *s* standard; guidon; emblem; banner.
Estanhagem *s* tinning; tin-plating.
Estanhar *v* to tin; to cover with tin; to tin-coat.
Estanho *s* tin.
Estante *s* bookshelf; rack; bookcase.
Estar *v* to be; to stand.
Estarrecer *v* to frighten; to be struck with terror.
Estátua *s* statue.
Estatueta *s* statuette; a little statue.
Estatuir *v* to establish; to decree; to settle.
Estatura *s* stature; height.
Estatuto *s* statute; rule; a legislative act; law.
Estável *adj* stable; firmly established; fixed; steady.
Este *adj* this; this one.
Este *pron* this; this one.
Este *s* east; sunrise.
Esteio *s* support; prop; stay.
Esteira *s* mat; the wake of a ship.
Esteirar *v* to mat; to sail.
Estelar *adj* stellar.
Estender *v* to extend; to reach; to stretch out; to spread.
Estendido *adj* outspread; stretched-out.
Estenógrafo *s* stenographer.
Estercar *v* to dung; to manure.
Esterco *s* dung; manure; animal excrement; muck.
Estéril *adj* sterile; barren.
Esterilidade *s* sterility; barrenness.
Esterilização *s* sterilization.
Esterilizar *v* to sterilize; act to destroy germs by process of disinfection.
Esterno *s* sternum; breastbone.
Estética *s* esthetics; aesthetics.
Estetoscópio *s* stethoscope, medical equipment for sound's auscultation of the human body and heart.
Estiagem *s* good weather after storm; dry weather.
Estiar *v* to stop raining.
Estibordo *s* starboard.
Esticar *v* to stretch; to make tense.
Estigmatizar *v* to stigmatize; to brand; to blot; to taint.
Estilete *s* stiletto; stylet; BOT style.
Estilhaçar *v* to splinter; to spall.
Estilhaço *s* splinter; chip.
Estilo *s* style; diction.
Estima *s* esteem; consideration; regard.
Estimação *s* esteem; estimate; ***animal de ESTIMAÇÃO***: pet.
Estimar *v* to esteem; to estimate; to value; to respect.
Estimativa *s* estimation; calculation.
Estimativo *adj* estimative; forecasting.
Estimulante *s* stimulant; stimulative.
Estimular *v* to stimulate; to act as a stimulant.
Estímulo *s* stimulus; encouragement; pride.
Estio *s* summer.
Estipulação *s* stipulation; provision; agreement.
Estipular *v* to stipulate; to settle; to contract.
Estirar *v* to stretch; to pull; to extend.
Estirpe *s* origin; lineage; pedigree.
Estiva *s* stowage; ballast.
Estivador *s* stevedore; docker; longshoreman.
Estocada *s* thrust; jab; stab.
Estofador *s* upholsterer.
Estofar *v* to upholster; to pad; to stuff.
Estofo *s* stuff; padding; cloth.
Estoicismo *s* stoicism.
Estoico *adj* stoic; stoical; a person that keeps calm in face of the pain and misfortune.
Estojo *s* case; set; box.
Estola *s* stole; part of sacerdotal clothes; scarf.
Estomacal *adj* stomachic; stomachical.
Estômago *s* stomach; belly.
Estonteante *adj* stunning; heady.
Estontear *v* to stun; to astound; to daze.
Estopa *s* tow; cotton waste; flock.
Estopim *s* match-rope; quick-match; blasting fuse.
Estoque *s* rapier; supply; stock; goods stored in a shop.
Estornar *v* to transfer; to offset; to rescind.
Estorno *s* cross entry; offsetting.
Estorvar *v* to embarrass; to hinder; to cumber; to hamper.
Estorvo *s* hindrance; nuisance; obstacle.
Estourar *v* to burst; to explode; to break up; to blow up.
Estouro *s* detonation; burst; bursting.
Estouvado *adj* hattle-brained; heedless; harebrained.
Estouvamento *s* heedlessness; frivolity; giddiness.
Estrábico *adj* squint-eyed; cross-eyed; strabismic.
Estrabismo *s* strabismus; squint.
Estrada *s* road; way; ***ESTRADA de ferro***: railroad; ***ESTRADA de rodagem***: roadway; highway.
Estrado *s* platform; estrade; stand.
Estragado *adj* spoiled; damaged; rotten.
Estragar *v* to damage; to corrupt; to waste; to spoil.
Estragar-se *v* to deteriorate.
Estrago *s* deterioration; degeneration; damage; waste.
Estrambótico *adj* extravagant; odd; queer.
Estrangeiro *s* foreigner.

Estrangeiro *adj* foreign.
Estrangulação *s* strangulation; choking.
Estrangulador *s* strangler; choker.
Estrangular *v* to strangle; to choke; to throttle.
Estranhar *v* to find strange something; to wonder at.
Estranhável *adj* strange; odd; peculiar.
Estranheza *s* strangeness; wonderment.
Estranho *adj* foreign; strange; outlandish; odd; queer.
Estratagema *s* stratagem; device.
Estratégia *s* strategy; organization and planning of war operation.
Estratificar *v* to stratify; to form deposit or arrange in strata.
Estrato *s* stratus; stratum.
Estreante *s* *début*; débutante.
Estrear *v* to handsel; to début; to inaugurate.
Estrebaria *s* stable.
Estreia *s* beginning; début; first appearance; first performance.
Estreitar *v* to narrow; to contract; to tighten.
Estreiteza *s* narrowness; tightness; want.
Estreito *s* strait.
Estreito *adj* narrow; tight.
Estrela *s* star; FIG destiny.
Estrelado *adj* starry; starlit.
Estrelar *v* to star; to shine.
Estrelinha *s* asterisk; starlet.
Estrema *s* demarcation; landmark.
Estremar *v* to demarcate; to distinguish.
Estremecer *v* to shake; to love deeply; to tremble.
Estremecido *adj* well-beloved; jolted; shaken.
Estremecimento *s* shock; commotion; shake; jolt; quiver.
Estrepar *v* to provide with a caltrop; to palisade.
Estrepe *s* thorn; caltrop.
Estrepitar *v* to make noise; to clash; to bang.
Estrépito *s* noise; clash.
Estrepitoso *adj* noisy; loud.
Estria *s* stria; groove.
Estriado *adj* striated; grooved.
Estriamento *s* grooving; fluting; striation; rifling.
Estriar *v* to striate; to flute; to channel; to groove.
Estribeira *s* step; stirrup.
Estribilho *s* refrain; chorus.
Estribo *s* stirrup; support; side-step of any vehicle.
Estridente *adj* stridulous; harsh; shrill.
Estrito *adj* strict; exact; proper.
Estrofe *s* strophe; stanza.
Estroina *s* profligate; bohemian.
Estroina *adj* hare-brained; wild; extravagant.
Estrondoso *adj* tumultuous; noisy; clamorous.
Estropiar *v* to maim; to cripple; to gravel.
Estrume *s* manure; dung.
Estrutura *s* framework; structure.
Estuário *s* estuary; inlet.
Estudantada *s* a group of students; students.
Estudante *s* schoolboy or schoolgirl; learner; scholar; USA student.
Estudar *v* to study; to examine; to observe.
Estúdio *s* studio; atelier.
Estudioso *adj* studious; scholarly.
Estudo *s* study; learning.
Estufa *s* stove; heater; greenhouse; USA hothouse.
Estufado *s* stew; pan roast.
Estufado *adj* hothouse; heater.
Estufar *v* to stew; to bulge out; to heat; to sterilize.
Estupefato *adj* stupefied; astonished.
Estupendo *adj* stupendous; overwhelming.
Estupidez *s* stupidity; boorisheness; silliness.
Estúpido *adj* stupid; dull; coarse.
Estupor *s* stupor; amazement.
Estuprador *s* violator; ravisher.
Estuprar *v* to rape; to violate; to ravish; to deflower.
Estupro *s* rape; ravishment.
Estuque *s* stucco; plaster.
Esvaído *adj* faint; exhausted.
Esvair-se *v* to vanish; to disappear; to faint away.
Esvaziamento *s* emptying.
Esvaziar *v* to empty; to pick; to deflate.
Esverdeado *adj* greenish.
Esvoaçar *v* to flutter; to flit.
Etapa *s* stage; halting place; GÍR leg.
Etéreo *adj* ethereal; concerning to the ether; sublime; high.
Eternidade *s* eternity.
Eternizar *v* to eternize; to immortalize; to perpetuate; to eternalize.
Eterno *s* eternal; everlasting; ***Deus é ETERNO***: God is eternal.
Ética *s* ethic; ethical.
Ético *adj* ethical, allusive to the ETHICS.
Etiqueta *s* etiquette; label.
Etiquetar *v* to label; to ticket.
Étnico *adj* ethnic; ethnical.
Eu *pron* I; first personal pronoun; ***EU também***: so do I.
Eucaristia *s* RELIG Eucharist, the communion of the body and bloof of Jesus Christ.
Euforia *s* euphory; euphoria.
Eunuco *s* eunuch; castred slave.
Eureca *interj* eureka! (interjection said by Archimedes, 287?-212? b.C., famous Greek mathematician, meaning "I discovered!").
Europeu *adj* European.
Eurritmia *s* eurhythmics.
Evacuação *s* evacuation.
Evacuar *v* to evacuate; to eject; to defecate; to excrete.
Evadir *v* to evade; to escape.
Evangelho *s* the Gospel; Evangel.
Evangelizar *v* to evangelize.
Evaporação *s* evaporation.
Evaporar *v* to evaporate; to emit; to vapor.
Evaporar-se *v* to vanish; to disappear.
Evasão *s* evasion; subterfuge; escape.
Evasiva *s* evasion; USA pretense.
Evasivo *adj* evasive.
Evento *s* event; occurrence; circumstance.
Eventual *adj* eventual; fortuitous.
Eventualidade *s* eventuality; fortuity.
Evidência *s* obviousness; evidence; sign; patency.
Evidenciar *v* to evidence; to prove; to attest.
Evidente *adj* evident; plain; obvious.
Evitar *v* to avoid; to evade; to help; to shirk; to prevent; to shun.
Evitável *adj* avoidable; preventable.
Evocação *s* evoking; evocation.
Evocar *v* to evoke; to conjure up; to summon; to call out.
Evolução *s* evolution.
Evolucionar *v* to evolve; to develop.
Evolucionismo *s* evolutionism; theory of evolution.
Evoluir *v* to progress; to evolve; to develop.
Evolutivo *adj* evolutionary; evolutional.
Exacerbação *s* exacerbation.
Exacerbar *v* to exasperate; to exacerbate; to become irritated.
Exagerar *v* to exaggerate; to overdo.
Exalação *s* exhalation; a breathe emanation.
Exalar *v* to exhale; to breathe out; to emit.
Exaltação *s* exaltation; excitement; elevation.
Exaltar *v* to praise; to irritate; to exalt; to extol.
Exame *s* examination; exam; inquiry; research; ***EXAME de direção***: driving-test.
Examinador *s* examiner.
Examinador *adj* examining.
Examinar *v* to examine; to investigate; to scan; to inspect; to look into; COM to audit.

Exasperação *s* exasperation; irritation.
Exasperar *v* to exasperate; to exacerbate; to enrage.
Exatamente *adv* exactly; just; ***EXATAMENTE como você disse***: just as you said.
Exatidão *s* exactness; accuracy.
Exato *adj* exact; precise; accurate.
Exaurir *v* to drain; to exhaust.
Exaustão *s* exhaustion; concerning to the human limit of tireness.
Exausto *adj* exhausted; tired out; toilworn.
Exceção *s* exception; everything that is out of natural way.
Excedente *s* overplus; excess; surplus.
Excedente *adj* exceeding.
Exceder *v* to excel; to surpass; to exceed.
Excedível *adj* surpassable; exceedable.
Excelência *s* excellence; excellency; superiority.
Excelente *adj* excellent.
Excentricidade *s* eccentricity; odditty.
Excêntrico *adj* eccentric; odd; USA choosy.
Excepcional *adj* exceptional; unusual.
Excerto *s* excerpt; offprint; extract.
Excessivo *adj* excessive; exteme.
Excesso *s* excess; great abundance; surplus; ***EXCESSO de velocidade***: speeding.
Exceto *prep* except; with the exception of; save.
Excetuar *v* to except; to omit; to exclude; to bar.
Excitação *s* excitement; excitation.
Excitante *s* excitant; stimulant.
Excitante *adj* exciting.
Excitar *v* to excite; to edge; to ferment; to stimulate; to arouse.
Excitável *adj* excitable; irritable.
Exclamação *s* outcry; exclamation.
Exclamar *v* to exclaim; to cry out; to shout.
Excluir *v* to exclude; to debar; to preclude; to discard.
Exclusão *s* exclusion; omission.
Exclusivo *adj* exclusive; excluded; unique.
Excomungado *adj* RELIG excommunicated; damned.
Excomungar *v* to excommunicate; expel from communion; to conjure.
Excreção *s* excretion; excreta. **EXCREÇÃO** *adj* excreted.
Excremento *s* excrement; fecal matter.
Excursão *s* excursion; expedition; trip; tour.
Excursionista *s* excursionist.
Execração *s* execration; curse; horror.
Execrar *v* to execrate; to curse; to detest; to abhor; to hate.
Execrável *adj* execrable; damnable; detestable; abominable.
Execução *s* execution; capital punishment; performance.
Executante *s* executor; performer; player; executant.
Executar *v* to execute; to fulfil; to fulfill; to perform; to put to death; to carry out.
Executável *adj* executable; practicable; performable.
Executivo *s* executive.
Executivo *adj* executive.
Executor *s* executor; performer; executioner.
Exegese *s* exegesis.
Exemplar *s* exemplar; specimen; model; pattern; copy; type.
Exemplar *adj* exemplary.
Exemplificação *s* illustration; exemplification.
Exemplificar *v* to exemplify; to illustrate.
Exemplo *s* example; pattern; ***por EXEMPLO***: for instance.
Exéquias *s* obsequies; exequies; funeral rites; burial cerimonies.
Exequibilidade *s* execution; practicability; performance.
Exequível *adj* executable; feasible; practicable.
Exercer *v* to exercise; to exert; to perform; to practise; to carry out.
Exercício *s* exercise; practice; drill; train.
Exercitar *v* to exercise; to train; to practise; MIL to drill.
Exército *s* army; host; legion.
Exibição *s* exhibition; show; exhibit; display.
Exibicionismo *s* exhibitionism.
Exibidor *s* exhibitor; displayer; exhibiter.
Exibir *v* to exihibit; to produce; to release; to show; to display; ***EXIBIR um filme***: to screen.
Exigência *s* exigence; requirement; demand; exigency.
Exigente *adj* exigent; urgent.
Exigir *v* to require; to exact; to claim; to demand.
Exigível *adj* exigible.
Exíguo *adj* exiguous; scant; small; scanty; meager.
Exilado *s* exile.
Exilado *adj* exiled.
Exilar *v* to exile; to banish from one's native country.
Exílio *s* exile; banishment.
Exímio *adj* excellent; eminent; accomplished; distinguished.
Eximir *v* to exempt; to release; to exonerate.
Existência *s* existence; being; life.
Existente *adj* existent; existing; living.
Existir *v* to exist; to be; to live.
Êxito *s* result; success.
Êxodo *s* exodus; emigration; RELIG one of the Old Testament Book.
Exoneração *s* exoneration; dismissal.
Exonerar *v* to exonerate; to dismiss.
Exorbitância *s* exorbitance; extravagance.
Exorbitante *adj* exorbitant; excessive; extravagant.
Exorbitar *v* to exorbitate; to go beyond the limits; to overstep.
Exorcisar *v* to exorcise; to swear; to curse.
Exorcista *s* exorcist; person who is able to practice the exorcism.
Exórdio *s* RET exordium; first part of the speech.
Exortação *s* admonition; exhortation.
Exortar *v* to exhort.
Exotérico *adj* exoteric.
Exótico *adj* exotic; extravagant; foreign; queer; odd.
Expandir *v* to expand; to spread out.
Expandir-se *v* to boorn.
Expansivo *adj* expansive; outgoing; communicative; sociable.
Expatriação *s* expatriation; banishment; exile.
Expatriar *v* to expatriate; to exile; to banish.
Expectador *s* expectant; assistant.
Expectativa *s* expectation; expectancy; hope.
Expectorar *v* to expectorate; to cough out.
Expedição *s* expedition; journey; COM forwarding.
Expedicionário *adj* expeditionary.
Expediente *s* expedient; shift; resource.
Expedir *v* to expedite; to dispatch; to forward.
Expedito *adj* expeditious; speedy; quick; prompt.
Expelir *v* to expel; to throw out; to dispel; to protude; to eject.
Expensas *s* expense; cost.
Experiência *s* experience; experiment; trial; test.
Experiente *adj* skilled; experienced.
Experimentado *adj* experienced; tried; expert.
Experimentar *v* to experiment; to sample; to try; to test.
Experimento *s* experiment; experience; test.
Experto *s* expert.
Expiação *s* atonement; expiation.
Expiar *v* to expiate; to make amends for; to atone for.
Expiração *s* expiration; emission of air from the lungs; end.
Expirar *v* to expire; to end; to breathe out; to exhale; to die.
Explanação *s* explanation; elucidation.
Explanar *v* to explain; to expound.
Explicação *s* explication; apology.
Explicar *v* to explain; to expound; to illustrate; to make explanation.
Explicativo *adj* explanatory; explicative.
Explicável *adj* explicable; explainable.
Explícito *adj* clear; explicit.
Explodir *v* to explode; to blow up; to blast; to fulminate.
Exploração *s* exploration; exploitation.
Explorador *s* explorer; exploiter.

Explorar *v* to explore; to exploit; USA to sting.
Explorável *adj* workable; explorable.
Explosão *s* explosion; bang.
Explosivo *s* explosive.
Explosivo *adj* explosive.
Expoente *s* exponent.
Expor *v* to expose; to endanger; to display; to set forth; to show.
Exportação *s* exportation; export.
Exportador *s* exporter.
Exportar *v* to export; to carry or send abroad.
Exportável *adj* exportable.
Exposição *s* exposition; exhibition; exhibit; exposure; report.
Exposto *s* foundling.
Exposto *adj* exposed.
Expressão *s* expresion; utterance.
Expressar *v* to express; to represent in words; to utter.
Expressivo *adj* expressive.
Expresso *s* express; a very rapid tram; special delivery; a service post that deliver letters very fast.
Expresso *adj* express; clear; formal.
Exprimir *v* to express, to enunciate.
Exprobração *s* reproach; upbraiding; censure; invective.
Exprobrar *v* to reproach; to upbraid; to censure.
Expropriação *s* JUR expropriation.
Expropriar *v* JUR to expropriate.
Expulsão *s* expulsion; driving out; expelling; ejection.
Expulsar *v* to expel; to banish; to eject; to oust.
Exsudação *s* sweating; exudation.
Exsudar *v* to sweat out; to exude.
Êxtase *s* rapture; ecstasy.
Extasiar *v* to delight; to enrapture.
Extemporâneo *adj* untimely; extemporaneous; inopportune.
Extensão *s* extension; extending.
Extensível *adj* extensible; extensile.
Extensivo *adj* extensive; far-reaching; comprehensive.
Extenso *adj* extensive; ample; wide; spacious.
Extenuação *s* enfeeblement; feebleness.
Extenuante *adj* extenuating; exhausting.
Extenuar *v* to exenuate; to tire out; to enfeeble.
Exterior *s* exterior; outside.
Exterior *adj* exterior; external; foreign.
Exterior *adv* abroad.
Exterioridade *s* exteriority.
Exteriorização *s* exteriorization; externalization.
Exteriorizar *v* to exteriorize; to manifest.
Exterminar *v* to exterminate; to annihilate.
Externato *s* day school.
Externo *adj* external; outward.
Extinção *s* suppression; extinction; abolition.
Extinguir *v* to extinguish; to quench; to slake; to suppress; to put out.
Extinto *s* dead person; deceased.
Extinto *adj* extinct; extinguished.
Extintor *s* fire extinguisher.
Extirpar *v* to extirpate; to eradicate; to extract; to excise; to root up.
Extorquir *v* to extort; to black-mail; to extract.
Extorsão *s* extorsion; USA racket.
Extração *s* extraction; drawing of a lotery; lineage.
Extradição *s* extradiction; extradition.
Extraditar *v* to deliver up; to extradite.
Extrair *v* to extract; to remove.
Extraordinário *adj* extraordinary; remarkable; notable.
Extraterrestre *s* alien; foreign; (**E.T.**).
Extrato *s* extract; summary.
Extravagância *s* extravagance; excess; fancy.
Extravagante *adj* extravagant; wasteful; freakish; whimsical.
Extravasar *v* to extravasate; to overflow; to flow out.
Extraviado *adj* astray; lost; missing.
Extraviar *v* to lead astray; to mislead; to embezzle; to go astray.
Extravio *s* deviation; embezzlement.
Extremado *adj* distinguished; extreme.
Extremar *v* to extol; to exalt.
Extremidade *s* extremity; end; border; edge.
Extremo *s* extreme; extremity. **EXTREMO** *adj* extreme; utmost.
Extrovertido *s* extrovert.
Extrovertido *adj* extroversive; extroverted.
Exuberância *s* exuberance; exuberancy; rankness.
Exuberante *adj* exuberant; plentiful; luxuriant.
Exuberar *v* to exuberate; to superabound; to be exuberant.
Exultante *adj* exultant; elated.
Exultar *v* to exult; to joy; to rejoice; to delight.
Exumação *s* exhumation; disinterment.
Exumar *v* to unbury; to exhume; to disinter.

f F

F *s* the sixth letter of the Portuguese and English alphabets.
F *s* MÚS symbol of the key fá.
Fã *s* fan; admirer.
Fábrica *s* factory; mill; manufactory; plant; fabric.
Fabricação *s* manufacture; making; fabrication.
Fabricante *s* maker; manufacturer, fabricator.
Fabricar *v* to fabricate; to built; to till; to manufacture.
Fabricável *adj* makable; constructed.
Fabril *adj* manufacturing.
Fábula *s* fable; lie; legend; tale.
Fabulação *s* fable; fiction; narrative; moral.
Fabular *v* to fable; to compose fable.
Fabulário *s* fable-book, collection of fables.
Fabulista *s* fabulist; lier; cheater.
Fabuloso *adj* fabulous; marvellous.
Faca *s* knife.
Facada *s* stab; knifing.
Façanha *s* exploit; achievement; feat.
Facão *s* large knife; sword; saber.
Facção *s* faction; party spirit.
Faccionar *v* to divide into factions; to incite.
Face *s* face; cheek; visage.
Faceiro *adj* elegant; coquettish; foppish.
Faceta *s* facet; side; pane.
Facetado *adj* faceted.
Facetar *v* to facet; to work facets on; to polish; to refine.
Fachada *s* façade; cover; front; GÍR face; air; figure.
Facho *s* torch; beam.
Facial *adj* facial.
Fácil *adj* easy; simple; facile.
Facilidade *s* facility; ease; readiness.
Facilitar *v* to facilitate; to make easier.
Facilmente *adv* easily.
Facínora *s* gangster; criminal.
Facínora *adj* criminal; wicked.
Fac-símile *s* facsimile; replica.
Factício *adj* factitious; artificial; unnatural.
Factível *adj* feasible; practicable.
Factótum *s* factotum; man friday.
Faculdade *s* faculty; power; ability; college.
Facultar *v* to permit; to facilitate; to allow.
Facultativo *adj* facultative; optional; USA elective, concerning to a course of study.
Fada *s* fairy; pixy; pixie; FIG a charming woman.
Fadado *adj* fated; predestined; doomed; bound.
Fadar *v* to fate; to destine; to doom; to endow.
Fadiga *s* fatigue; toil; weariness.
Fado *s* fate; destiny; MÚS Portuguese folk song.
Fagulha *s* spark; flake; flash.
Faina *s* toil; chore; board job; the working in a ship.
Faisão *s* pheasant.
Faísca *s* spark; flash; flake.
Faiscante *adj* sparkling; flashing; scintillating.
Faiscar *v* to spark; to sparkle; to flash; to glisten.
Faixa *s* band; belt; bandage.
Fala *s* speech; language; talk; voice.
Falácia *s* fallacy; hubbub; deceit.
Falado *adj* famous; talked about.
Falador *s* talker; talkative; babbler; chatterer.
Falange *s* phalanx; phalange; knuck lebone.
Falangeta *s* terminal phalanx of a finger or toe; third phalanx.
Falanginha *s* middle phalanx of a finger or toe; seconde phalanx.
Falar *v* to speak; to talk; to tell; to say; to address; to discourse.
Falatório *s* chit-chat; babbling; prattle.
Falaz *adj* fallacious; deceitful.
Falcão *s* falcon; hawk.
Falcatrua *s* cheat; knavery; trick.
Falecer *v* to die; to pass away; to fail.
Falecido *s* deceased.
Falecido *adj* deceased; late; wanting.
Falecimento *s* death; demise.
Falência *s* failure; bankruptcy; insolvency.
Falha *s* mistake; error; fault; flaw; blemish; failure.
Falhado *adj* cracket; faulty; split.
Falhar *v* to crack; to misfire; to fail; to split.
Falho *adj* lacking; faulty; wanting.
Falido *adj* failed; bankrupt.
Falir *v* to fail; to go bankrupt; to go up; to break.
Falível *adj* fallible.
Falsário *s* falsifier; forger; perjurer.
Falsear *v* to misrepresent; to betray.
Falsete *s* MÚS falsetto.
Falsidade *s* falseness; untruth; falsehood.
Falsificação *s* falsification; forgery; sham.
Falsificador *s* falsifier; folger.
Falsificar *v* to falsify; to forge; to counterfeit; to simulate.
Falso *adj* false; untrue; sham; wrong.
Falta *s* flaw; failing; mistake; foul; lack; fault; defect; misdeed.
Faltar *v* to be missing; to miss; to be absent; to lack; to fail.
Fama *s* fame; reputation; renown.
Famigerado *adj* renowned; notorious; famous.
Família *s* family; parents; parentage; folks.
Familiar *adj* familiar; homelike; USA homey.
Familiaridade *s* familiarity; intimacy.
Familiarizado *adj* acquainted; familiarized.
Familiarizar *v* to familiarize; to become familiar; to acquaint.
Faminto *adj* hungry; starveling; famished; starving.
Famoso *adj* famous; well-known; renowned.
Fanático *s* fanatic; zealot.
Fanático *adj* rabid; fanatical.
Fanatismo *s* fanaticism; overzealousness.
Fanatizar *v* to fanatize; to become fanatical.
Fanfarra *s* fanfare; brass band.
Fanfarrão *s* braggart; bluster; bully.
Fanfarrão *s* blustery.
Fanhoso *adj* snuffling; nasal; twangy.
Fantasia *s* fantasy; freak; fancy; whim.
Fantasiar *v* to fantasy; to fancy; to imagine.
Fantasioso *adj* fanciful; fictitious; imaginative.
Fantasma *s* phantom; ghost.
Fantasmagórico *adj* phantasmagoric; phantasmagorial.

Fantasticamente *adv* exhilaratingly.
Fantástico *adj* fantastic; terrific; fantastical; unreal; fanciful.
Fantoche *s* puppet.
Faqueiro *s* knife-case; silver chest; cutler.
Faquir *s* fakir; fakeer.
Farad *s* farad, unity of electrical capacity.
Faraó *s* pharaoh, ancient kings of Egypt.
Faraônico *adj* pharaonic.
Farda *s* uniform; livery.
Fardado *adj* in uniform.
Fardamento *s* military uniform; soldier's clothe; livery.
Fardar *v* to dress in uniform.
Fardo *s* load; bale; parcel; baggage; burden (weight).
Farejar *v* to scent; to smell.
Farelo *s* bran; chaff.
Farináceo *adj* farinaceous; mealy.
Farinha *s* meal; flour.
Fariseu *s* pharisee; hypocrite.
Farmacêutico *s* chemist; USA druggist.
Farmacêutico *adj* pharmaceutic; pharmaceutical.
Farmácia *s* pharmacy; chemist's store; USA drugstore.
Farnel *s* provision for a trip; knapsack.
Faro *s* scent; flair; smell.
Farol *s* lighthouse; street lamp; beacon; lantern; ship's light; FIG ostentation.
Faroleiro *s* light-houseman; lighthouse keeper; braggart.
Faroleiro *adj* boastful.
Farpa *s* barb; splinter; banderilla; little dart.
Farpado *adj* barbed; scraggy.
Farpão *vide* FISGA.
Farpear *v* to barb; to strike with a dart; to injure.
Farrapo *s* rag; frazzle.
Farsa *s* farce; dodge; trickery.
Farsante *s* buffoon; fake; impostor; mime.
Fartar *v* to satiate; to overfeed; to cram with food; to satisfy.
Farto *adj* satiate; fed up; ample; irked.
Fartura *s* plenty; abundance.
Fasciculado *adj* fasciculate, composed of or growing in bundles.
Fascicular *adj* fascicular, of or pertaining to a fascicle; fasciculate.
Fascículo *s* fascicle, a number of sheets of printed work bound together.
Fascinação *s* fascination; glamor.
Fascinante *adj* fascinating; glamorous; charming.
Fascinar *v* to fascinate; to captivate; to charm; to enchant; to bewitch.
Fascínio *s* enchantment; fascination.
Fase *s* phase; stage.
Fastidioso *adj* wearisome; boring; tiresome; USA pesky.
Fastígio *s* summit; top; pinacle.
Fastio *s* weariness; want of appetite.
Fatal *adj* fatal, mortal; deadly.
Fatalidade *s* fatality; disaster; destiny; a fatal event.
Fatalismo *s* fatalism.
Fatalista *s* fatalist.
Fatia *s* slice; piece; cut.
Fatiar *s* to slice; to wedges; to pieces.
Fatídico *adj* fatidical; tragic; fateful.
Fatigado *adj* tired; weary; fatigued.
Fatigante *adj* laborious; wearisome; tiresome.
Fatigar *v* to tire; to fatigue; to weary.
Fato *s* suit; fact; event.
Fator *s* factor; coefficient.
Fatuidade *s* fatuity; vanity.
Fátuo *adj* fatuous; vain; foppish.
Fatura *s* invoice; bill of parcels.
Faturar *v* to invoice; to bill.
Fauno *s* MIT faun.
Fausto *s* pomp; ostentation.
Fava *s* broad bean; cocoon.
Favela *s* shantytown; slum.
Favo *s* honeycomb; favus.
Favor *s* favor; favour; protection; help.
Favorável *adj* favorable; favoring.
Favorecer *v* to favor; to further; to befriend; to smile on; to support.
Favorito *s* favorite.
Favorito *adj* favorite; darling.
Fax *vide* FAC-SIMILE.
Faxina *s* fascine; fagot; cleanup.
Faxinar *v* to clean something.
Faxineiro *s* janitor; cleaner.
Fazenda *s* farm; plantation.
Fazendeiro *s* farmer; planter; rancher.
Fazer *v* to do; to make; to perform; to create; to carry out; *FAZER o melhor que se pode*: to do one's best.
Fé *s* faith; trust; faithfulness; testimony.
Fealdade *s* ugliness; outrage.
Febre *s* fever.
Febrífugo *s* febrifuge.
Febrífugo *adj* febrifuge; antifebrile.
Febril *adj* febrile; hectic.
Fechado *adj* closed; shut.
Fechadura *s* lock.
Fechamento *s* closure; closing.
Fechar *v* to shut; to fasten; to close; to lock.
Fecho *s* bolt; conclusion; close; latch.
Fécula *s* starch; farina.
Fecundação *s* fecundation; impregnation.
Fecundante *adj* fecundative; fertilizing.
Fecundar *v* to fecundate; to fertilize.
Fecundidade *s* fecundity; fruitfulness.
Fecundo *adj* fecund; fruitful; fertile.
Feder *v* to stink.
Federação *s* federation.
Federalismo *s* federalism.
Fedor *s* stink; fetidness.
Fedorento *adj* stinking; fetid.
Feição *s* figure; feature; form; aspect.
Feijão *s* bean; bean plant.
Feio *adj* ugly; improper.
Feira *s* fair; market; ***segunda-FEIRA***: monday; ***terça-FEIRA***: tuesday; ***quarta-FEIRA***: wednesday; ***quinta-FEIRA***: thursday; ***sexta-FEIRA***: friday.
Feirante *s* trader at fairs; hawker.
Feitiçaria *s* sorcery; witchcraft.
Feiticeira *s* witch; hag; sorceress.
Feiticeiro *s* sorcerer; wizard.
Feiticeiro *adj* bewitching.
Feitiço *s* sorcery; witchcraft; charm; fetish.
Feitio *s* fashion; sort; shape; workmanship.
Feito *s* fact; deed; exploit.
Feito *adj* done; grown; made.
Feitor *s* boss; manager; foreman.
Feitoria *s* administration; factorship.
Feitura *s* making; work.
Feixe *s* sheaf; bundle of sticks; faggot.
Fel *s* bile; gall; FIG bitterness; hatred.
Felicidade *s* felicity; happiness; bliss.
Felicitação *s* felicitation; congratulation.
Felicitar *v* to felicitate; to congratulate.
Feliz *adj* happy; fortunate; merry; glad; ***FELIZ aniversário***: happy anniversary, happy birthday.
Felizardo *s* a happy man; a lucky fellow.
Felizmente *adv* fortunately.
Felonia *s* felony.
Felpa *s* shag; nap of a cloth.
Felpado *adj* shaggy; nappy of a cloth; fuzzy.

Felpudo *vide* FELPADO.
Fêmea *s* female; woman.
Feminidade *s* feminity; women collectively; feminist.
Feminilidade *vide* FEMINIDADE.
Feminino *adj* feminine; female; womanish.
Feminismo *s* feminism.
Feminista *s* feminist, one who advocates feminism.
Femoral *adj* femoral, pertaining to the femur; also the femoral artery.
Fêmur *s* femur; thighbone.
Fenda *s* chap; chink; crack; crevasse; fissure; gap.
Fender *v* to slit; to cleave; to crack; to chap; to split; to chink.
Fenecer *v* to end; to fade; to wither; to die.
Fênico *vide* FENOL.
Feno *s* hay; vernal grass.
Fenol *s* QUÍM phenol, a composite and a powerfull caustic poison.
Fenomenal *adj* phenomenal; unusual; admirable.
Fenômeno *s* phenomenon.
Fera *s* wild beast, beast of prey.
Feracidade *s* feracity; fruitful.
Féretro *s* coffin; bier.
Feriado *s* holiday; USA legal holiday.
Feriado *adj* holiday.
Ferida *s* wound.
Ferimento *s* injury; wound.
Ferino *adj* ferine; wild; savage.
Ferir *v* to wound; to hurt; to hit; to knock; to offend; to strike; to injure.
Fermentação *s* fermentation; ferment.
Fermentar *v* to ferment; to leaven.
Fermento *s* ferment; yeast.
Ferocidade *s* ferocity; fierceness.
Feroz *adj* ferocious; fierce.
Ferrador *s* farrier; horseshoer.
Ferradura *s* horseshoe.
Ferragem *s* ironmongery; ironwork; ironware; USA HARDWARE.
Ferramenta *s* tool; utensil.
Ferrão *s* stick; prick; spike; stinger.
Ferrar *v* to iron; to shoe; to mark a cattle; to nail.
Ferraria *s* farriery; smith's store; ironworks.
Ferreiro *s* blacksmith; forger; smith.
Ferrenho *adj* hard; inflexible; iron-like; hard as iron.
Férreo *adj* ferreous; hard; stern.
Ferrete *s* stigma; marking iron.
Ferro *s* iron; fetters.
Ferroada *s* sting; prick.
Ferrolho *s* bolt; latch; catch.
Ferroso *adj* ferrous.
Ferrovia *s* rail; railway; railroad.
Ferroviário *s* railway workman; railroader.
Ferrugem *s* rust.
Ferruginoso *adj* ferruginous.
Fértil *adj* fertile; fruitful.
Fertilidade *s* fertility; fecundity; fruitfulness.
Fertilização *s* fertilization.
Fertilizante *s* fertilizer; manure.
Fertilizar *v* to fertilize.
Férula *s* ferule; ferula.
Fervedouro *s* boiling; ebullition; agitation; bubbling.
Ferver *v* to boil; to effervesce; to seethe.
Férvido *adj* fervid; ardent; hot.
Fervilhar *v* to boil; to swarm.
Fervor *s* fervor; zeal; fervour.
Fervoroso *adj* ardent; fervent; fervid.
Fervura *s* ebullition; effervescence; seething.
Festa *s* feast; festival; festivity; party.
Festança *s* merrymaking; feast; frolic.
Festão *s* festoon; big party.
Festeiro *s* feaster; merrymaker.
Festejar *v* to celebrate; to wassail; to make marry.
Festejo *s* festivity; celebration.
Festim *s* little feast; small part; banquet.
Festival *s* festival; feast.
Festival *s* merry, festive.
Festividade *s* festivity.
Festivo *adj* festive; joyous.
Fetiche *s* fetish.
Fétido *adj* fetid; stinking.
Feto *s* fetus; foetus.
Feudal *adj* feudal.
Feudalismo *s* feudalism.
Feudo *s* feud; fief.
Fevereiro *s* February (the second month of the year, having twenty-eight days or, in bissextiles years, twenty-nine days).
Fez *s* fez.
Fezes *s* faeces; feces; dregs.
Fiação *s* spinning; spinnery.
Fiada *s* file; row; line.
Fiadeira *s* spinner.
Fiado *adj* spun; on trust; trustful.
Fiador *s* bondsman; bail.
Fiança *s* bail; surety; security.
Fiar *v* to spin; to sell on trust; to confide; to wiredraw.
Fiasco *s* fiasco; failure; USA flop; fizzle.
Fibra *s* fibre; staple; fiber; ***FIBRA óptica***: fiber optic.
Ficar *v* to remain; to hold out; to stay; to abide.
Ficção *s* fiction.
Ficha *s* file card; index card; chip.
Fictício *adj* fictitious; imaginary.
Fidalgo *s* nobleman; lord; aristocrat.
Fidalgo *adj* noble; generous.
Fidedigno *adj* credible; reliable; creditable.
Fidelidade *s* fidelity; faithfulness; loyalty.
Fiduciário *s* fiduciary.
Fiduciário *adj* fiduciary.
Fiel *s* warden; churchgoer.
Fiel *adj* faithful; loyal.
Figa *s* amulet; mockery.
Fígado *s* liver; guts.
Figo *s* fig.
Figueira *s* fig tree.
Figura *s* figure; looks; shape; appearence.
Figurado *adj* figurative; figured.
Figurante *s* figurant; extra; super.
Figurão *s* big shot; big boss; bigwig.
Figurar *v* to imagine; to draw; to figure.
Figurativo *adj* figurative.
Figurino *s* model; fashion magazine; pattern.
Fila *s* file; rank; row; tier; USA line.
Filamento *s* thread; filament.
Filamentoso *adj* fibrous; filamentous.
Filantropia *s* philanthropy.
Filantrópico *adj* philantropic; philantropical.
Filantropo *s* philanthropist; humanitarian.
Filão *s* lode; vein; loaf of bread.
Filar *v* to catch; to mooch; to cheat.
Filarmônica *s* orchestra; musical society.
Filarmônico *adj* philarmonic.
Filatelia *s* stamp-collecting; philately.
Filatélico *adj* philatelic.
Filatelista *s* philatelist.
Filé *s* steak; fillet, a strip of lean meat.
Fileira *s* file; row; rank.
Filete *s* narrow hem; fillet; filament.
Filha *s* daughter.
Filharada *s* a great number of children; brood.

Filho *s* son.
Filhote *s* native; nestling; litter of any animal.
Filiação *s* filiation; relationship.
Filial *s* branch.
Filial *adj* filial.
Filigrana *s* filigree; filigrane.
Filmar *v* to film; to make motion pictures.
Filme *s* film; USA movie; moving picture; motion picture.
Filó *s* net-lace; nat; tulle.
Filologia *s* philology.
Filologista *s* philologist.
Filosofal *adj* philosophical.
Filosofar *v* to philosophize; to imagine.
Filosofia *s* philosophy.
Filosófico *adj* philosophic; philosophical.
Filosofismo *s* philosophism, unsound or pretended philosophy.
Filósofo *s* philosopher.
Filtração *s* filtration.
Filtrar *v* to filter; to strain; to percolate.
Filtro *s* sieve; philter.
Fim *s* end; close; downfall; aim; purpose.
Finado *adj* deceased; dead; ***dia de FINADOS***: all soul's day.
Final *s* finale; conclusion; end.
Final *adj* final; conclusive.
Finalidade *s* finality; end; aim.
Finalista *s* finalist.
Finalização *s* finish; conclusion; end.
Finalizar *v* to finish; to end; to conclude; to complete.
Finalmente *adv* finally; at last; lastly.
Finanças *s* finances; public funds; treasury.
Financeiro *s* financier.
Financeiro *adj* financial.
Financiar *v* to finance.
Fincar *v* to fix; to drive; to root.
Findar *v* to finish; to end; to conclude.
Findo *adj* finished; consummate; ended.
Fineza *s* kindness; favor; goodness.
Fingido *adj* feigned; simulate; false.
Fingimento *s* feigning; false pretence; fraud.
Fingir *v* to feign; to pretend; to act; to sham; to make believe.
Fino *adj* thin; fine; polite; courteous; sharp; shrewd; cunning.
Finura *s* cunning; subtlety; finesse.
Fio *s* thread; yarn; wire; edge.
Firma *s* firm; signet; signature.
Firmamento *s* firmament; foundation; sky.
Firmar *v* to firm; to fix; to establish.
Firme *adj* firm; steady; constant, unswerving.
Firmeza *s* firmness; constancy; steadiness.
Fiscal *s* ticket-inspector; shop-walker; controller; USA floorwalker.
Fiscal *adj* fiscal.
Fiscalização *s* inspection; control.
Fiscalizar *v* to inspect; to survey; to examine; to control.
Fisco *s* the exchequer; fisc.
Fisga *s* harpoon; slit; gig.
Fisgar *v* to harpoon; to hook; to fish with a harpoon.
Física *s* physics.
Físico *s* physicist; build, form.
Físico *adj* physical.
Fisiologia *s* physiology.
Fisiológico *adj* physiological.
Fisiologista *s* physiologist.
Fisionômico *adj* physiognomic.
Fissura *s* fissure; cleft; cleavage.
Fita *s* ribbon; band; lie; film; USA movie; moving picture.
Fitar *v* to look at; to gaze; to stare; to prick up the ears.
Fivela *s* buckle; clasp.
Fixação *s* fixation; fixing.
Fixador *s* fixer; fixing liquid to revelation.
Fixar *v* to fix; to assign; to state; to settle; to establish; to fasten.
Fixidez *s* fixity; fixedness.
Fixo *adj* fixed; firm; steady; settled.
Flacidez *s* laxity; flaccidity.
Flagelação *s* flagellation; whipping.
Flagelar *v* to flagellate; to beat.
Flagelo *s* flagellum; calamity; scourge.
Flagrante *adj* flagrant; notorious.
Flagrar *v* to burn; to inflame.
Flama *s* flame; ardor; blaze.
Flamejante *adj* flaming; blazing.
Flamejar *v* to flame; to blaze; to burn; to shine.
Flamingo *s* flamingo (long-necked and long legs bird).
Flâmula *s* pennant; streamer.
Flanco *s* flank; side.
Flanela *s* flannel, a woven woolen stuff with soft nap-like surface.
Flanquear *v* to flank; to attack the flank of.
Flauta *s* flute; scorn.
Flautim *s* small flute; piccolo.
Flautista *s* flutist; flautist.
Flecha *s* dart; arrow; bolt.
Flechada *s* arrow-shot; arrow wound; bowshot.
Flechar *v* to arrow; to wound with an arrow; FIG to offend.
Flecheiro *s* archer; bowman.
Flertar *s* to flirt; to dally.
Fleuma *s* phlegm; impassibility.
Fleumático *adj* phlegmatic; impassible.
Flexão *s* flexion; flexure.
Flexibilidade *s* flexibility; pliancy.
Flexível *adj* flexible; pliant.
Flibusteiro *s* filibuster; buccaneer.
Floco *s* flock; wool-dust; flake.
Flor *s* flower; blossom; bloom.
Flora *s* flora.
Floração *s* blooming; florescence; flowering.
Floral *adj* floral.
Florear *v* to flower; to blossom; to brandish.
Florescente *adj* florescent.
Florescer *v* to bloom; to flower; to flourish.
Floresta *s* forest; wood.
Florete *s* fencing foil.
Floricultor *s* floriculturist.
Floricultura *s* floriculture.
Florido *adj* flowered; flowery.
Florim *s* florin, coin of several countries.
Florir *v* to bloom; to blossom; to flower; to flourish.
Flotilha *s* flotilla.
Fluência *s* fluency; abundance.
Fluente *adj* fluent; flowing; fluency.
Fluidez *s* fluidity; fluidness.
Fluido *s* fluid; gas; liquid.
Fluido *adj* fluid; soft; loose.
Fluir *v* to flow; to run out; to ooze; to issue; to flux.
Flúor *s* fluorine; fluor.
Fluorescência *s* fluorescence.
Flutuação *s* fluctuation; wavering.
Flutuador *s* floater.
Flutuante *adj* floating; wavering.
Flutuar *v* to float; to waver; to fluctuate.
Fluvial *adj* fluvial.
Fluxo *s* flux; tide; abundance.
Fobia *s* phobia; fear; aversion.
Foca *s* phoca; seal; sea dog; calf; POP a cub reporter.
Focalizar *v* to focalize; to focus; CIN to feature.
Focar *v* to focus; to focalize; to adjust the focus of.
Focinho *s* muzzle; snout; nose.
Foco *s* focus; center; centre; focal point; MED source.
Fofo *adj* cute; soft; smooth; fluffy.

Fogão *s* stove; cooker; USA cookstove.
Fogareiro *s* little stove; brazier.
Fogaréu *s* bonfire; fire.
Fogo *s* fire; flame; hearth.
Fogo-fátuo *s* fatuous fire; will-o'-the-wisp.
Fogosidade *s* heat; impetuosity; fieriness.
Fogoso *adj* fiery; spirited.
Fogueira *s* bonfire; stake.
Foguete *s* rocket; spacecraft; missile.
Foguista *s* fireman; stoker.
Folclore *s* folkore.
Fole *s* bellows; blower.
Fôlego *s* breath.
Folga *s* rest; recreation; day off.
Folgado *adj* loose; easy; wide; not tight; free; ample; GÍR lazy; loafer.
Folgar *v* to rest; to laze; to dawdle; to rejoice; to be glad.
Folguedo *s* amusement; pastime; merrymaking.
Folha *s* leaf; sheet; blade; newspaper; USA pay-roll.
Folhado *adj* leafy, having leaves; full of leaves; plated.
Folhagem *s* foliage; leafage.
Folhear *v* to turn over pages of; to foliate; USA to leaf.
Folheto *s* pamphlet; booklet.
Folhinha *s* leaflet; calendar; small calendar.
Folia *s* merrymaking; gay time; riot; frolic.
Folião *s* merrymaker; buffoon; jester.
Folículo *s* follicle; leaflet; small cavity.
Fome *s* hunger; famine.
Fomentação *s* fomentation.
Fomentador *s* fomenter; promoter.
Fomentar *v* to foment; to encourage; to further.
Fomento *s* fomentation; encouragement.
Fonação *s* phonation.
Fone *s* phone; telephone.
Fonética *s* phonetics.
Fonográfico *adj* phonographic; phonographical.
Fonte *s* fountain; spring; source.
Fora *adv* outside.
Fora *prep* except; besides.
Fora *interj* out! begone!
Foragido *s* fugitive; outlaw; wandering; fugitive; outlaw.
Foragido *adj* fugitive; emigrant; expatriated; USA wanted.
Forasteiro *s* foreigner; stranger; alien.
Forca *s* gallows; noose; gibbet.
Força *s* strenght; power; force.
Forçado *s* convict.
Forçado *adj* forced; compulsory.
Forçar *v* to force; to drive; to ravish; to strain; to prize; USA to pry.
Forcejar *v* to endeavour; to struggle.
Fórceps *s* MED forceps.
Forçoso *adj* unavoidable; necessary.
Forense *adj* forensic.
Forja *s* forge; smithy.
Forjado *adj* put-up; wrought; forged.
Forjador *s* forger; smith.
Forjar *v* to forge; to coin; to invent; to concoct.
Forma *s* form; way; manner; order; USA shape.
Forma *s* mould; mold; pattern.
Formação *s* formation; background; forming; array.
Formal *adj* formal; regular; plain; evident; genuine.
Formalidade *s* formality; tradition.
Formalismo *s* formalism.
Formalizar *v* to formalize.
Formão *s* chisel; carpenter's chisel; wood chisel.
Formar *v* to form; to fashion; to shape; to frame; to take a degree.
Formatura *s* graduation; formation.
Formidável *adj* formidable; immense; huge.
Formiga *s* ant; termite; pismire.
Formigamento *s* itching; itch; formication.
Formigão *s* large ant.
Formigar *v* to itch; to tingle; to swarm.
Formigueiro *s* anthill; crowd.
Formoso *adj* beautiful; handsome.
Formosura *s* beauty; fairness.
Fórmula *s* medical prescription; formula; USA blank.
Formular *v* to formulate; to express; to conceive.
Fornalha *s* furnace; firebox.
Fornecedor *s* furnisher; supplier.
Fornecer *v* to furnish; to accomodate; to cater for; to stock; to provide; to supply.
Fornecimento *s* supply; furnishing.
Fornicação *s* fornication; copulation.
Fornicador *s* fornicator.
Fornicar *v* to fornicate.
Forno *s* oven; furnace; forge.
Foro *s* court of Justice; jurisdiction; grant; right.
Forquilha *s* pitchfork; crotch.
Forragem *s* forage, food suitable for horses or cattle; feed; fodder.
Forrar *v* to line; to cover; to pad.
Forro *s* lining; ceiling; padding.
Forro *adj* free; liberated.
Fortalecer *v* to strengthen; to invigorate; to fortify; to encourage.
Fortaleza *s* fortress; strength; fort.
Forte *s* fort; fortress.
Forte *adj* strong; powerful; robust; vigorous.
Fortificação *s* fortification; fortress.
Fortificante *s* tonic.
Fortificante *adj* fortifying.
Fortificar *v* to fortify; to strengthen.
Fortim *s* small fort; fortin; sconce.
Fortuito *adj* fortuitous; accidental.
Fortuna *s* fortune; wealth; fate; chance.
Foscar *v* to tarnish; to dim.
Fosco *adj* dim; dull.
Fósforo *s* phosphorus; match.
Fossa *s* dimple; cesspool.
Fóssil *s* fossil.
Fóssil *adj* fossil.
Fosso *s* ditch; moat; trench.
Fotogênico *adj* photogenic.
Fotografar *v* to photograph; to shoot.
Fotografia *s* photograph; picture; photo.
Fotógrafo *s* photographer.
Fotosfera *s* photosphere.
Foz *s* mouth of a river.
Fração *s* fraction.
Fracassar *v* to fail; to break down; to go wrong; to ruin; to shatter.
Fracasso *s* failure; misfortune; disaster.
Fracionar *v* to divide into fractions; to fractionize.
Fracionário *adj* fractional.
Fraco *adj* feeble; weak; poor.
Frade *s* friar; monk.
Fraga *s* bluff; crag.
Fragata *s* frigate.
Frágil *adj* fragile; frail; brittle.
Fragilidade *s* fragility; brittleness.
Fragmentação *s* desintegration; fragmentation; breaking up.
Fragmentar *v* to break up; to fragmentize.
Fragmentário *adj* fragmentary; snippy.
Fragmento *s* fragment; nip; *pl* scrap.
Fragor *s* noise; roar; crash.
Fragoroso *adj* noisy; clamorous.
Fragrância *s* fragrance; odor; aroma.

Fragrante *adj* fragrant; balmy.
Fralda *s* skirt; nappies; diaper; swaddling-clothes; napkin.
Framboesa *s* raspberry.
Franciscano *s* franciscan.
Franco *s* frank; franc, coin of several countries.
Franco *adj* frank; free; outspoken; *FRANCO-MAÇONARIA*: Freemasonry.
Franga *s* pullet.
Frangalho *s* rag; tatter.
Frango *s* chinken; cockerel.
Franja *s* fringe; bangs.
Franquear *v* to free; to enfranchise; to exempt.
Franqueza *s* frankness; sincerity.
Franquia *s* franchise; grant; exemption from taxes.
Franzido *s* plait; fold.
Franzido *adj* gathered; ruffled.
Franzimento *s* frowning; gathering.
Franzino *adj* thin; feeble; slender; USA pindling.
Franzir *v* to wrinkle; to quill.
Fraque *s* cutaway-coat; morning coat.
Fraquejar *v* to flag; to become weak; to weaken.
Fraqueza *s* weakness; debility.
Frascaria *s* great number of flasks; dishes; debauchery.
Frasco *s* bottle; flask.
Frase *s* phrase; expression.
Frasear *v* to phrase, to express in words.
Fraseologia *s* phraseology.
Fraternal *adj* fraternal; brotherly.
Fraternidade *s* fraternity; brotherhood.
Fraternizar *v* to fraternize; to associate as brother.
Fraterno *adj* fraternal; brotherly.
Fratricida *s* fratricide.
Fratricida *adj* fratricidal.
Fratricídio *s* fratricide.
Fratura *s* fracture; rupture; breaking; break.
Fraturar *v* to fracture; to break; to crack.
Fraudação *s* defraudation.
Fraudador *s* defrauder.
Fraudar *v* to defraud; to cozen.
Fraude *s* fraud; deceit; trickery; cheat; USA shenanigan.
Fraudulento *adj* fraudulent; deceitful.
Freguês *s* customer; shopper; parishioner.
Freguesia *s* clientele; customers; parish; goodwill.
Frei *s* friar; fra.
Freio *s* bit; curb; brake; restraint; check; stop; obstacle.
Freira *s* nun; sister.
Freixo *s* ash-tree; ash.
Fremir *v* to roar; to quiver; to moan; to rustle.
Frêmito *s* roaring; roar; quivering; quiver; trembling; tremble.
Frenesi *s* frenzy; madness; fury.
Frenético *adj* frantic; mad; frenetic; frenzied.
Frente *s* face; front; façade.
Frequência *s* frequency.
Frequentar *v* to attend; to frequent.
Frequente *adj* frequent; constant.
Frequentemente *adv* frequently; often; constantly.
Fresca *s* evening breeze.
Fresco *s* fresh air.
Fresco *adj* fresh; cool; new.
Frescor *s* bloom; coolness; freshness.
Frescura *s* freshness; coolness; bloom; newness.
Fresta *s* gap window; cleft.
Fretagem *s* freightage; chartering.
Fretamento *s* freighting; freightage.
Fretar *v* to freight; to charter; to load.
Frete *s* carriage; USA freight.
Friagem *s* cold; coldness.
Fricativo *adj* GRAM fricative.
Fricção *s* rubbing; friction; chafe.
Friccionar *v* to rub; to stroke; to make friction.
Frieira *s* chilblain.
Frieza *s* coldness; frigidity.
Frigideira *s* frying-pan; USA skillet.
Frigidez *s* frigidity; neglect.
Frigir *v* to fry.
Frigorífico *s* cooler; cold-storage room; coolant.
Frigorífico *adj* frigorific.
Frio *s* cold; chill; freezing.
Frio *adj* cold; cool; dull; freezing.
Friorento *adj* chilly; cold-blooded.
Frisar *v* to frizzle; to curl; to frizz; to emphasize.
Friso *s* frieze; molding.
Fritar *v* to fry; to frit.
Frivolidade *s* frivolity; levity.
Frívolo *adj* trifling; frivolous.
Frondoso *adj* leafy; dense.
Fronha *s* pillowcase; cover.
Frontal *s* frontal; frontlet.
Frontal *adj* frontal; front.
Fronte *s* forehead; front; brow.
Fronteira *s* frontier; boundary; border.
Fronteiro *adj* opposite; facing; borderline.
Frontispício *s* frontispiece; front-page; title of page.
Frota *s* fleet; air-force; armada.
Frouxo *adj* slack; flabby; lax; loose.
Frugal *adj* thrift; frugal; thrifty.
Frugalidade *s* frugality; thrift.
Fruição *s* fruition; gratification; enjoyment.
Fruir *v* to enjoy; to derive.
Frustração *s* frustration, to fail in attainment; defeat.
Frustrar *v* to frustrate; to baffle; to fall through.
Fruta *s* fruit.
Fruteira *s* fruit-plate; fruit-basket; fruit tree; fruit basket.
Fruteiro *s* fruiterer; USA pushcart man.
Fruticultor *s* fruit grower; fruiter.
Fruticultura *s* fruit growing; fruit culture.
Frutificação *s* fructification; fruitfulness.
Frutificar *v* to fructify; to bear fruit.
Fruto *s* fruit; profit; product; effect.
Fuga *s* flight; elopement; escape; MÚS fugue.
Fugacidade *s* fugacity.
Fugaz *adj* fugacious; fugitive; transitory.
Fugida *s* escape; flight.
Fugidio *adj* fleeting; shy.
Fugido *adj* fugitive; runaway.
Fugir *v* to flee; to fly; to run away; to give in; to bolt; to elude.
Fugitivo *s* fugitive.
Fugitivo *adj* fugitive; runaway.
Fulano *s* fellow; "*seu FULANO*": "mister so-and-so".
Fulcro *s* fulcrum.
Fulgor *s* splendor; brilliancy; radiance.
Fulguração *s* fulguration; flashing; coruscation.
Fulgurante *adj* fulgurant; shining; fulgurous.
Fulgurar *v* to shine; to flash.
Fuligem *s* soot; grime.
Fulminante *adj* fulminating; thundering.
Fulminar *v* to fulminate; to thunderstrike; to destroy.
Fumaça *s* smoke; puff; *nevoeiro com FUMAÇA*: smog (smoke+fog).
Fumante *s* smoker.
Fumar *v* to smoke.
Fumegante *adj* smoking; fuming.
Fumegar *v* to smoke; to reek.
Fumigar *v* to fumigate; to smoke.
Fumigatório *adj* fumigatory; fumigating.
Fumo *s* smoke; crape; tobacco.
Função *s* function; performance; employment.
Funcho *s* fennel, medicinal herb.

Funcionar *v* to work; to run; to function; to fulfill.
Funcionário *s* functionary; official; employee.
Funda *s* sling; truss.
Fundação *s* foundation; founding; base; bottom.
Fundador *s* founder; establisher.
Fundamental *adj* fundamental; essential.
Fundamentar *v* to found; to ground.
Fundamento *s* fundament; fundamental; basis; foundation; reason.
Fundar *v* to found; to establish; to base.
Fundição *s* foundry; melting; iron-works; ironwork; smelter.
Fundilho *s* seat of trousers; path for a seat; patch.
Fundir *v* to melt; to cast; to smelt; to fuse.
Fundo *s* bottom; depth; end; fund; background; capital.
Fundo *adj* deep; hollow.
Fúnebre *adj* funeral; mournful.
Funeral *s* funeral; burial.
Funerário *adj* funerary; mortuary.
Funesto *adj* fatal; dismal; untoward; dire.
Fungar *v* to sniff; to whine.
Fungo *s* fungus; mushroom.
Funil *s* funnel, a conical vessel for filling liquids; filler.
Funileiro *s* tinsmith; tinker; tinman.
Furacão *s* hurricane; whirlwind.
Furado *adj* bored; holey.
Furador *s* borer; awl; bodkin; piercer.
Furar *v* to bore; to puncture; to drill; to pierce.
Furgão *s* luggage-van; van; baggage car.
Fúria *s* fury; rage.
Furibundo *adj* furious; frenzied.
Furioso *adj* furious; frantic; enraged; strong.
Furo *s* hole; bore; orifice.
Furor *s* fury; furor; rage; madness.
Furta-cor *adj* dove-colored; changeable; shot.
Furtar *v* to steal; to finger; to lift; to hook; to rob; to thieve.
Furtivo *adj* furtive; clandestine; secret.
Furto *s* robbery; booty.
Furúnculo *s* furuncle; boil.
Fusa *s* MÚS demisemiquaver.
Fusão *s* fusion; melting.
Fusco *adj* dusky; brown; dark.
Fusibilidade *s* fusibility.
Fusiforme *adj* fusiform.
Fúsil *vide* FUSÍVEL.
Fusível *adj* fusible.
Fuso *s* spindle; spool.
Fustigação *s* fustigation; flogging; whipping; beating; harassment.
Fustigar *v* to whip; to harass; to beat; to flog.
Futebol *s* soccer; football.
Fútil *adj* futile; frivolous; flimsy.
Futilidade *s* futility; frivolity; trifle.
Futuro *s* future.
Futuro *adj* future.
Fuzil *s* rifle; gun.
Fuzilamento *s* shooting; execution.
Fuzilar *v* to shoot; to sparkle; to execute by shooting.
Fuzileiro *s* fusileer; fusilier; marine.

G

G *s* the seventh letter of the Portuguese and of the English alphabets.
G *s* MÚS the symbol (cipher) of note sol.
Gabar *v* to praise; to bounce; to crack; to swash; to vaunt; to boast; to brag.
Gabardina *s* gabardine; wool's tissue.
Gabo *s* praise; praising; boast; brag.
Gado *s* cattle; livestock; oxen.
Gafanhoto *s* grasshopper; locust.
Gago *s* stutterer; stammerer.
Gago *adj* stammering.
Gagueira *s* stuttering; stammering.
Gaguejar *v* to stutter; to drawl; to falter; to stammer.
Gaiatice *s* prank; mischief.
Gaiola *s* cage; frame work of any structure; FIG jail.
Gaita *s* pipe; reed; harmonica; BR POP money.
Gaiteiro *s* bagpiper.
Gaiteiro *adj* playful; frolicsome.
Gaivota *s* sea-gull; mew.
Gajo *s* guy; fellow; ruffian.
Gala *s* gala; pomp; festivity.
Gala *adj* festive.
Galã *s* galant; lover.
Galante *s* gallant.
Galante *adj* gallant; smart.
Galanteador *s* gallant.
Galantear *v* to court; to woo; to gallant.
Galanteio *s* gallantry; courtliness; courtship.
Galanteria *s* gallantry.
Galão *s* gallon (ENGL gallon = 4.55 liters *and* USA gallon = 3.79 liters).
Galardão *s* reward; guerdon; prize; meed.
Galardoar *v* to reward; to pay; to recompense.
Galáxia *s* galaxy.
Galé *s* galley (ship).
Galeão *s* galleon (warship).
Galera *s* galley (ship).
Galeria *s* gallery; arcade.
Galgar *v* to jump over; leap.
Galgo *s* greyhound (dog).
Galhardete *s* pennant; signal flag; banneret.
Galhardia *s* bravery; gallantry; gracefulness.
Galho *s* branch; horn; quarrel.
Galhofa *s* mirth; jest; frolic; joke.
Galhofar *v* to jest; to make fun of; to frolic.
Galinha *s* hen; chicken.
Galinheiro *s* poultry yard; chicken yard; hen-house; chicken-run.
Galo *s* cock; USA rooster.
Galocha *s* galoshes; overshoes; USA gumshoes; rubbers.
Galopada *s* gallopade; gallop.
Galopador *s* galloper.
Galopante *adj* galloping.
Galopar *v* to ride hard; to gallop; to lope.
Galope *s* gallop; lope; galop.
Galvanizar *v* to galvanize; to stimulate; to reanimate.
Gama *s* MÚS range; gamut.
Gamão *s* gammon; backgammon; hazard's game.
Gambiarra *s* foot-lights; stage lights.
Gambito *s* trick; trip; toothpick; ESP gambit (chess).
Gamboa *s* quince (fruit).
Gamboeiro *s* quince-tree.
Gamela *s* trough; wooden manger.
Gamo *s* buck; stag; fallow deer.
Gana *s* desiré; wish; hunger.
Ganância *s* greed; covetousness; rapacity.
Ganancioso *adj* covetous; greedy.
Gancho *s* crook; hook; gaff.
Gandaia *s* vagrancy; loafing; ragpicking.
Gangrena *s* gangrene; demoralization.
Gangrenar *v* to gangrene; to mortify; FIG to corrupt.
Ganhar *v* to win; to attach; to conciliate; to gain; to reach.
Ganho *s* gain; profit; cleanup.
Ganido *s* howl; yelp; yowl.
Ganir *v* to bark; to howl; to yelp.
Ganso *s* goose; gander.
Garagem *s* garage.
Garanhão *s* stallion; studhorse.
Garante *s* guarantor; warranter.
Garantia *s* guarantee; warrant; guaranty.
Garantir *v* to guarantee; to assure; to warrant.
Garatujar *v* to scrabble; to scrawl.
Garbo *s* gracefulness; gentility; distinction.
Garboso *adj* gallantry; graceful.
Garça *s* heron.
Garçom *s* waiter.
Gardênia *s* gardenia (flower).
Garfada *s* forkful.
Garfeira *s* fork-case; fork-box.
Garfo *s* fork; graft.
Gargalhada *s* loud laughter; laughter; belly laughter.
Gargalhar *v* to laugh loudly.
Gargalo *s* neck of a bottle; bottleneck.
Garganta *s* throat; gullet; gorge; canyon.
Gargantear *v* to warble; to quaver; to trill.
Garganteio *s* quavering; warble; quaver.
Gargantilha *s* necklace; collar.
Gargarejar *v* to gargle.
Gargarejo *s* gargling; gargle.
Garimpar *v* to prospect; to pan.
Garimpeiro *s* gravel washer; prospector.
Garimpo *s* mining claim.
Garoto *s* urchin; child; boy.
Garra *s* claw; clutch; talon.
Garrafa *s* bottle.
Garrafão *s* flagon; demijohn; large bottle.
Garrancho *s* scrawl; scribble.
Garrote *s* garrote.
Garupa *s* croup of a horse; buttocks.
Gás *s* gas; *fogão a GÁS*: gas-stove.

Gaseificação *s* gasification; act of gasifying.
Gaseificar *v* to gasify; to make gaseous.
Gasolina *s* gas; gasoline; petrol; ***posto de GASOLINA***: gas station.
Gasômetro *s* gasometer; USA gas tank; gasworks.
Gasosa *s* soda; soda-water; soda pop.
Gasoso *adj* gaseous; gassy.
Gastador *s* spendtrift.
Gastador *adj* wasting; prodigal; squandering.
Gastar *v* to spend; to use up; to wear out; to wear down; to expend.
Gasto *s* expense; use; waste.
Gasto *adj* worn; spent; marfim.
Gastronomia *s* gastronomy.
Gastronômico *adj* gastronomic; gastronomical.
Gastrônomo *s* gastronomer; gastronome; gourmet.
Gatilho *s* trigger.
Gatinho *s* kitten; kitty; little cat.
Gato *s* cat; metal cramp; mistake; thief.
Gatunagem *s* theft; robbery.
Gatuno *s* thief; pilferer.
Gáudio *s* pleasure; joy; fun.
Gaulês *s* Gaul.
Gaulês *adj* Gaulish.
Gávea *s* topsail; lookout.
Gaveta *s* drawer; stir.
Gavião *s* hawk; sparrow; falcon.
Gaze *s* gauze; cheesecloth.
Gazeta *s* gazette; truancy.
Gazeteiro *s* truant; newsboy; hack.
Geada *s* hoar-frost; frost; rime.
Gear *v* to frost; to freeze; to rime.
Geladeira *s* a fridge; icebox; refrigerator.
Gelado *adj* icy; frozen.
Gelar *v* to freeze; to congeal; to ice; to cool.
Gelatina *s* jelly; gelatine.
Gelatinoso *adj* gelatinous; jellied.
Geleia *s* jelly; jam.
Geleira *s* glacier; freezer.
Gélido *adj* frozen; gelid; bleak.
Gelo *s* ice; FIG coldness; indifference.
Gema *s* yolk of an egg; gemma; bud; gem.
Gemada *s* egg-flip; egg-nog.
Gemar *v* to germinate; to graft with buds; to bud.
Gêmeo *s* twin.
Gêmeo *adj* twin.
Gemer *v* to moan; to wail; to groan; to lament.
Gemido *s* moan; groan; wail.
Geminação *s* doubling; gemination.
Geminado *adj* geminate; doubled.
Geminar *v* to geminate; to double.
Genealogia *s* genealogy.
Genealógico *adj* genealogical.
Genebra *s* gin; a kind of spirit; a beverage; geneva.
Generalato *s* generalship.
Generalidade *s* generality.
Generalizar *v* to generalize.
Genérico *adj* generic; generical.
Gênero *s* kind; sort; class; genus; GRAM gender.
Generosidade *s* generosity; benevolence; bounty.
Generoso *adj* generous; openhanded; noble.
Gênese *s* genesis; origin; beginning; RELIG the Old Testament or Torá.
Genética *s* genetics.
Gengibre *s* ginger (plant).
Gengiva *s* gum.
Genial *adj* genius-like; talented.
Genialidade *s* geniality; talent.
Gênio *s* genius; spirit; temperament; temper.
Genioso *adj* ill-natured; temperamental.
Genitor *s* procreator; father; begetter.
Genro *s* son-in-law.
Gentalha *s* mob; the rabble; populace.
Gente *s* people; folks; humanity.
Gentil *adj* elegant; sweet; graceful; well-bred.
Gentileza *s* kindness; gentility; courtesy; politeness.
Gentílico *adj* heathen; pagan.
Gentio *s* gentile; savage; pagan.
Gentio *adj* gentile; savage; pagan.
Genuflexório *s* kneeling-desk; prie-diev.
Genuinidade *s* genuineness; authenticity.
Genuíno *adj* genuine; authentic.
Geodésia *s* geodesy; geodetics.
Geografia *s* geography.
Geográfico *adj* geographical.
Geógrafo *s* geographer.
Geologia *s* geology.
Geológico *adj* geological.
Geólogo *s* geologist.
Geômetra *s* geometrician.
Geometria *s* geometry.
Geométrico *adj* geometric; geometrical.
Geração *s* procreation; generation.
Gerador *s* generator.
Gerador *adj* generative.
Geral *s* generality; RELIG superior.
Geral *adj* general; common.
Gerânio *s* crane's bill; geranium (flour).
Gerar *v* to beget; to breed; to generate; to produce.
Gerência *s* management; administration.
Gerente *s* manager; chief; administrator.
Gergelim *s* sesame; hedge-mustard; gama grass; gingili.
Geringonça *s* gibberish; strange-machine; gadget.
Gerir *v* to manage; to govern; to conduct; to administer; to run.
Germânico *adj* Germanic; German.
Germe *s* germ; source.
Germinação *s* germination.
Germinar *v* to germinate; to grow from earth; to bud.
Gesso *s* gypsum; pipe clay; plaster.
Gesta *s* gest; broom; adventure.
Gestação *s* gestation; pregnancy.
Gestante *s* pregnant.
Gestão *s* administration; management.
Gesticulação *s* gesticulation.
Gesticulador *s* gesticulator.
Gesticulador *adj* gesticulator.
Gesticular *v* to gesticulate.
Gesto *s* gesture; countenance; deed; act.
Gigante *s* giant.
Gigante *adj* giant; gigantic.
Gigantesco *adj* gigantic; gigantesque; colossal.
Ginasial *adj* gymnasial.
Ginásio *s* gymnasium; grammar school; high school.
Ginasta *s* gymnast.
Ginástica *s* gymnastics; calisthenics.
Ginecologia *s* gynecology.
Ginecologista *s* gynecologist.
Ginete *s* a small horse; genet; jennet.
Ginga *s* scull.
Gingar *v* to scull a boat; to waddle; to jiggle.
Girafa *s* giraffe.
Girândola *s* girandole; pinwheel.
Girar *v* to gyrate; to wind; to slue; to twirl; to go round; to spin round; to turn.
Girassol *s* sunflower; helianthus.
Giratório *adj* gyratory; turning.
Gíria *s* slang; slanguage; argot; jargon.
Giro *s* rotation; turnover; turn; ***dar um GIRO***: to go for a stroll.

Giz *s* chalk.
Gizar *v* to chalk; to outline; to sketch.
Glacial *adj* glacial; icy.
Gladiador *s* gladiator.
Gládio *s* sword; glaive.
Glande *s* acorn; the penis' head; glans.
Glândula *s* gland; glandule.
Glaucoma *s* MED glaucoma (disease).
Gleba *s* glebe; clod; land; soil.
Glicerina *s* glycerine; glycerol.
Glicose *s* glucose.
Glifo *s* notch; glyph.
Global *adj* global; overall.
Globo *s* globe; sphere; ball.
Globular *adj* globular.
Glóbulo *s* globule; small globe.
Glória *s* glory; fame; praise.
Glorificação *s* glorification; beatification.
Glorificar *v* to glorify; to worship; to extol; to honor.
Glorioso *adj* glorious; famous.
Glosa *s* comment; gloss.
Glosador *s* commentator; glosser.
Glosar *v* to gloss; to explain; to comment.
Glossário *s* glossary; a small dictionary.
Glote *s* glottis.
Glutão *s* glutton.
Glutão *adj* gluttonous; greedy.
Glutinoso *adj* viscous; glutinous.
Gnomo *s* gnome; kobold.
Gnômon *s* gnomon; solar clock.
Gnose *s* gnosis.
Gnosticismo *s* FIL gnosticism.
Gnóstico *adj* gnostic.
Goela *s* throat; gullet; gorge.
Goiaba *s* guava.
Goiabada *s* guava-jam; guava past.
Goiabeira *s* guava-tree; guava.
Gol *s* ESP goal; ***defender o GOL***: to keep goal.
Gola *s* collar; neckband of a shirt; dress; etc.
Gole *s* gulp; swallow.
Goleiro *s* ESP goal-keeper; goalkeeper.
Golfada *s* gush; vomit.
Golfe *s* ESP golf.
Golfo *s* gulf.
Golpe *s* blow; hit; stroke; knock; slash; scam; ***de um GOLPE***: at a go; at one dash.
Golpear *v* to slash; to beat; to strike; to knock.
Goma *s* gum; glue; starch; USA mucilage; ***GOMA de mascar***: chewing gum.
Gomado *adj* gummy.
Gomo *s* bud; shoot; sprout; gore.
Gomoso *adj* gummy.
Gôndola *s* gondola; gondola car.
Gondoleiro *s* gondolier.
Gongorismo *s* gongorism; euphuism; cultism.
Gonococo *s* gonococcus; gonorrhea microbe.
Gonorreia *s* gonorrhea (venereal contagious disease).
Gorar *v* to frustrate; to miscarry; to fail.
Gordo *adj* fat; stout; fatty.
Gordura *s* fat; fatness; obesity; grease.
Gorduroso *adj* greasy; oily; fatty.
Gorgear *v* to warble.
Gorgolejar *v* to gurgle; flow noisily.
Gorgolhar *vide* GORGOLEJAR.
Gorgonzola *s* gorgonzola (cheese).
Gorila *s* gorilla.
Gorjear *v* to warble; to cheep; to chirp; to trill.
Gorjeio *s* warble; trilling.
Gorjeta *s* tip; gratuity.
Gorro *s* coif; beret; cap.
Gosma *s* strangles of horses; pip of fowl; gape; mucus; phlegm.
Gostar *v* to enjoy; to taste; to please; to like; to be fond of.
Gosto *s* taste; flavor; savor.
Gostoso *adj* appetizing; palatable; savoury; savory.
Gota *s* drop; bead; MED gout.
Goteira *s* gutter; leak.
Gotejar *v* to drop; to ooze; to leak; to drip.
Gótico *adj* gothic (architecture); kind of typewriting.
Governador *s* governor.
Governamental *adj* governmental.
Governanta *s* governess; housekeeper.
Governante *s* governor; ruler.
Governar *v* to govern; to rule; to sway; to rein; to head; to run it.
Governativo *adj* governmental; administrative.
Governo *s* government; control; management; guidance; NÁUT steerage.
Gozar *v* to enjoy; to amuse.
Gozo *s* pleasure; enjoyment; orgasm.
Graal *s* grail; chalice.
Grã-bretanha *s* Great Britain; Britannia.
Graça *s* grace; joke; favour; jest; gracefulness; pardon; kindness; mercy; charm.
Gracejador *s* jester; joker witcraker.
Gracejador *adj* jesting; joking.
Gracejar *v* to jest; to joke.
Gracejo *s* joke; quip; jest.
Graciosidade *s* graciousness; gracefulness.
Gracioso *adj* graceful; charming; gracious; USA cute; cunning.
Grã-cruz *s* gran cross; grand cross.
Gradação *s* gradation; shade.
Gradar *v* to harrow; to level; to grade.
Grade *s* rail; AUT grille.
Gradear *v* to rail; to grate.
Gradil *s* picket fence; low fence; railing; USA iron fence.
Grado *s* will.
Grado *adj* illustrious; important.
Graduação *s* graduation; scale.
Graduado *s* graduate.
Graduado *adj* graduated; graded; classified.
Gradual *s* gradual.
Gradual *adj* gradual; progressive.
Gradualmente *adv* gradually; seamlessly.
Graduar *v* to graduate; to gauge.
Grafar *v* to spell; to write down.
Grafia *s* spelling.
Gráfico *s* printer; graph.
Gráfico *adj* graphic; graphical; spelling.
Grafite *s* black lead; graphite.
Grafólogo *s* graphologer; graphologist.
Grafômetro *s* graphometer.
Gralha *s* rook; jackdaw.
Gralhar *v* to croak; to caw; FIG to chatter.
Grama *s* grama; grass.
Gramática *s* grammar; grammar book.
Gramatical *adj* grammatical.
Gramático *s* grammarian.
Gramíneo *adj* grassy; gramineous.
Gramofone *s* gramophone USA phonograph.
Grampeador *s* stapling machine.
Grampo *s* cramp; iron dog; hairpin; agraffe; staple.
Grana *s* GÍR BR money; dibs; USA dough; corn; pony; sand.
Granada *s* grenade; garnet.
Granadeiro *s* grenadier.
Grandalhão *adj* huge; very large; USA gangling.
Grande *adj* big; grand; large; great.
Grandeza *s* greatness; size; grandeur; magnitude.
Grandíloquo *adj* grandiloquent.

Grandiosidade *s* grandiosity; greatness; magnificence; grandeur.
Grandioso *adj* grand; grandiose; magnificent.
Granel *s* granary; bin; barn.
Granito *s* granite; a sort of stone.
Granizo *s* graupel; hail.
Granja *s* grange; farm.
Granjeiro *s* farmer; tiller; granger.
Granulação *s* granulation; grit.
Granulado *adj* granulated; granular.
Grão *s* grain; seed; corn; particle; grain (weight).
Grasnar *v* to caw; to croak; to quack.
Grassar *v* to become widespread; to rage.
Gratidão *s* gratitude; thank-fulness; gratefulness.
Gratificação *s* bonus; gratuity; reward; tip.
Gratificador *s* tipper; rewarder; remunerator.
Gratificar *v* to reward; to tip.
Grátis *adv* gratis; free; without charge.
Grato *adj* pleasant; grateful; thankful.
Gratuidade *s* gratuitousness.
Gratuito *adj* free; gratuitous.
Grau *s* degree; grade; mark.
Graúdo *s* nob; big shot.
Graúdo *adj* big; great; important; large.
Gravação *s* engraving; record.
Gravador *s* engraver; recorder.
Gravar *v* to engrave; to stamp; to record.
Gravata *s* cravat; neck-tie; necktie.
Gravataria *s* neck-tie shop; neck tie shop.
Grave *adj* heavy; weighty; grave; serious; MÚS not acute.
Graveto *s* brushwood; stick.
Grávida *adj* pregnant; full.
Gravidade *s* gravity; seriousness; graveness; MÚS lowness of sound; FÍS gravitation.
Gravidez *s* pregnancy; gestation.
Gravitação *s* gravitation; gravitating.
Gravitar *v* to gravitate.
Gravura *s* picture; engraving; illustration.
Graxa *s* grease; blacking of shoes.
Gregário *adj* gregarious.
Gregoriano *adj* gregorian.
Grei *s* flock; party; herd; society.
Grelar *v* to sprout; to bud; to spring.
Grelha *s* grill; grate; gridiron.
Grelhar *v* to broil; to cook on gridiron; to grill.
Grelo *s* sprout; shoot of plant; bud.
Grêmio *s* guild; association.
Greta *s* cleft; rift; crack; crevice.
Gretado *adj* cracked; choppy.
Gretar *v* to crack; to rift; to chap.
Greve *s* walk-out; walkout; strike.
Grevista *s* striker.
Grifado *adj* underlined.
Grifar *v* to underline; to italicize.
Grifo *s* griffin; griffon; underline.
Grilhão *s* chain; shackle.
Grilo *s* cricket; grig.
Grinalda *s* wreath; garland; chaplet.
Gripe *s* MED influenza; grippe; cold; flu.
Gris *adj* grey.
Grisalho *adj* grayish; greyish; hoary.
Gritar *v* to cry out; to shout; to call out; to scream; to screech.
Gritaria *s* shouting; outcry.
Grito *s* cry; shout; scream; shriek; ***GRITO de guerra***: battle cry; rallyng cry.
Grogue *s* grog.
Grogue *adj* groggy.
Grosa *s* gross (twelve times twelve); rasp.
Groselha *s* currant; gooseberry.
Grosseirão *adj* rude; impolite; unmannerly.
Grosseiro *adj* coarse; rough; rude.
Grosseria *s* rudeness; coarseness.
Grosso *adj* thick; swollen; bulky; big.
Grossura *s* thickness; bulk.
Grotesco *adj* grotesque; farcical.
Grudar *v* to glue; to gum; to paste; to stick; to cling.
Grude *s* glue; paste; USA chow.
Grumete *s* ship-boy; cabin-boy; cabin boy.
Grunhido *s* grunt; grumble.
Grunhir *v* to grunt; to growl.
Grupamento *s* grouping.
Grupar *v* to group.
Grupo *s* group; gang; cluster.
Gruta *s* grotto; cavern; den.
Guapo *adj* brave; handsome; bold.
Guarda *s* guard; care; watch; defence; care; protetion; ***GUARDA-comida***: cupboard; ***GUARDA-chuva***: umbrella; pantry closet; ***GUARDA-louças***: cupboard; ***GUARDA-roupa***: wardrobe.
Guardador *s* keeper; warden; guardian.
Guardanapo *s* serviette; USA napkin.
Guardar *v* to keep; to defend; to protect; to shield; to watch; to guard.
Guardião *s* keeper; warden; guardian.
Guarida *s* cave; den; shelter.
Guarita *s* sentry box; lookout.
Guarnecer *v* to furnish; to provide with; to adorn.
Guarnição *s* garrison; garniture; ornament; furnishing.
Guelras *s* branchias; gills of a fish.
Guerra *s* war; warfare.
Guerrear *v* to fight; to war; to contend.
Guerreiro *s* warrior.
Guerreiro *adj* warlike.
Guerrilha *s* guerilla warfare.
Guerrilhar *v* to engage in guerilla or warfare.
Guerrilheiro *s* a guerilla; partisan; partizan.
Guia *s* guide; leader; guide-book; adviser; guideline.
Guiado *adj* manned.
Guiador *s* guide; leader.
Guiar *v* to guide; to drive; to conduct; to head; to lead.
Guilhotina *s* guillotine; beheading instrument; intrument to cut paper.
Guilhotinar *v* to guillotine; to cut.
Guinada *s* NÁUT twinge; veer; yaw.
Guinar *v* NÁUT to sheer; to yaw; to veer.
Guinchar *v* to screech; to yell; to squeak.
Guincho *s* screeching; crab; squealing.
Guindar *v* to crane; to lift; to crane up; to hoist.
Guindaste *s* crane; hoist.
Guinéu *s* guinea; a former coin.
Guisa *s* manner; way; fashion.
Guisado *s* stew; shepherd's pie; USA hash.
Guisar *v* to stew.
Guitarra *s* guitar.
Guitarrista *s* guitarist; guitar's player.
Guizo *s* rattle; little bell.
Gula *s* gluttony.
Gulodice *s* delicacy; greed; tasty bit.
Guloseima *s* dainty; titbit.
Guloso *adj* gluttonous; greedy.
Gume *s* bezel; edge; acumen.
Guri *s* kiddy; buster; little boy; child.
Gusa *s* pig-iron; pig iron; MET non-purified iron.
Gustação *s* tasting; gustation.
Gutural *adj* guttural.
Guturalizar *v* to gutturalize.

h H

H *s* the eighth letter of the Portuguese and of the English alphabets.
H *s* QUÍM symbol of hydrogen.
Hábil *adj* capable; skilled; able; clever; skilful.
Habilidade *s* ability; skill; talent.
Habilidoso *adj* skilful; skilled; expert; clever; ***uma pessoa HABILITOSA***: handy person.
Habilitação *s* capacity; ability; competence.
Habilitar *v* to qualify; to fit up; to enable; to fit out.
Habitação *s* residence; dwelling; habitation.
Habitante *s* inhabitant; citizen; dweller.
Habitar *v* to inhabit; to bower; to abide; to live; to dwell in.
Habitat *s* habitat.
Habitável *adj* habitable; livable; fit to be inhabited.
Hábito *s* habit; way; custom; dress; ***mau HÁBITO***: bad habit.
Habitual *adj* habitual; ordinary; customary; usual.
Habituar *v* to habituate; to accustom.
Hagiografia *s* hagiography (list of saints).
Hagiógrafo *s* hagiographer.
Hagiologia *s* hagiology.
Hagiólogo *s* hagiologist.
Hálito *s* breath; respiration.
Halo *s* halo; aureole; aureola.
Haltere *s* dumb-bell; dumbbell; USA GÍR a stupid person.
Hangar *s* hangar; shelter; shed.
Hansa *s* corporation; league.
Hanseático *adj* hanseatic.
Haraquiri *s* hara-kiri; self-murder.
Harém *s* harem.
Harmonia *s* harmony; agreement; peace; order.
Harmônica *s* harmonica (musical instruments).
Harmônico *s* harmonic; overtone.
Harmônico *adj* harmonic; harmonious.
Harmônio *s* harmonium; reed-organ.
Harmonioso *adj* harmonious; dulcet; well proportioned; symmetrical.
Harmonista *s* harmonist; harmonium player.
Harmonização *s* harmonization; conciliation.
Harmonizar *v* to harmonize; to reconcile.
Harpa *s* MÚS harp.
Harpista *s* MÚS harpist.
Hasta *s* lance; auction.
Haste *s* staff; rod; spindle; shaft; stem; trunk.
Hastear *v* to hoist; to raise.
Haurir *v* to exhaust; to drain; to suck in.
Haurível *adj* exhaustible; absorbable.
Hausto *s* draught; gulp.
Haver *v* to have; to possess.
Haveres *s* wealth; richness; possessions; property; estate.
Haxixe *s* hashish (narcotic).
Hebraico *adj* Hebraic.
Hebraísmo *s* Hebraism.
Hebreu *s* Hebrew.
Hecatombe *s* hecatomb; slaughter; butchery.
Hectare *s* hectare (= 10;000 square meters).
Hectolitro *s* hectoliter; hectolitre (= 100 liters).
Hediondez *s* hideousness; horror; abjection.
Hediondo *adj* repugnant; hideous; sordid.
Hegemonia *s* hegemony, supreme command or leadership.
Hégira *s* hegira (Muslim period).
Helênico *adj* hellenic.
Helenismo *s* hellenism.
Helenista *s* hellenist.
Helenizar *v* to hellenize.
Hélice *s* helix; airscrew; propeller.
Helicoidal *adj* helical; helicoid; helicoidal.
Helicóptero *s* helicopter.
Hélio *s* QUÍM helium (symbol He).
Heliocêntrico *adj* heliocentric; heliocentrical.
Hematita *s* hematite; haematite; bloodstone.
Hematologia *s* BIO hematology.
Hematologista *s* hematologist.
Hematose *s* BIO hematosis.
Hemisférico *adj* hemispherical; hemispheric.
Hemoglobina *s* BIO hemoglobin.
Hemorragia *s* MED hemorrhage.
Hemorrágico *adj* MED hemorrhagic.
Hepático *adj* hepatic.
Hepatite *s* MED hepatitis.
Heptágono *s* heptagon; septangle.
Heptassílabo *adj* heptasyllabic.
Heráldica *s* heraldry; blazonry.
Heráldico *adj* heraldic; armorial.
Herança *s* inheritance; heritage.
Hercúleo *adj* herculean.
Herdade *s* estate; inheritance; grange.
Herdar *v* to inherit; to get by inheritance.
Herdeiro *s* heir; inheritor.
Hereditariedade *s* heredity; succesion.
Hereditário *adj* hereditary; lineal; heritable.
Herege *s* heretic.
Herege *adj* heretical.
Heresia *s* heresy.
Heresiarca *s* heresiarch.
Herético *s* heretic.
Herético *adj* heretical.
Hermafrodita *s* hermaphrodite (two sexes).
Hermafrodita *adj* hermaphrodite.
Hermenêutica *s* hermeneutics.
Hermético *adj* hermetic; airproof; airtight.
Hérnia *s* hernia; rupture.
Herói *s* hero.
Heroico *adj* heroic; heroical; epic.
Heroína *s* heroine (powerful toxic).
Heroísmo *s* heroism.
Herpes *s* MED herpes.
Hertziano *adj* hertzian.
Hesitação *s* hesitation; hesitancy; indecision.
Hesitante *adj* hesitant; hesitating; diffident.
Hesitar *v* to hesitate; to vacillate; to boggle at; to shudder; to falter; to waver; USA to teeter.
Heterodoxia *s* heterodoxy.

Heterodoxo *adj* heterodox; unorthodox.
Heterogeneidade *s* heterogeneity.
Heterogêneo *adj* heterogeneous.
Hexagonal *adj* hexagonal (six angles).
Hexágono *s* hexagon.
Hiato *s* hiatus; gap.
Hibernação *s* hibernation.
Hibernal *adj* hibernal; wintry.
Hibernar *v* to hibernate; to winter.
Hibridismo *s* hybridism.
Híbrido *s* hybrid.
Híbrido *adj* hybrid.
Hidrácido *adj* hydracid.
Hidratação *s* hydration.
Hidratar *v* to hydrate.
Hidrato *s* hydrate.
Hidráulica *s* hydraulics.
Hidráulico *adj* hydraulic.
Hidroavião *s* seaplane; hydroplane; hydroairplane.
Hidrodinâmica *s* hydrodynamics.
Hidrodinâmico *adj* hydrodynamic.
Hidrófilo *s* hydrophilous.
Hidrofobia *s* hydrophobia; rabies.
Hidrófobo *adj* hydrophobic.
Hidrogenação *s* hydrogenation.
Hidrogenar *v* to hydrogenate.
Hidrogênio *s* QUÍM hydrogen (symbol H).
Hidrografia *s* hydrography.
Hidrográfico *adj* hydrographic; hydrographical.
Hidromancia *s* hydromancy.
Hidromecânica *s* hydromechanics.
Hidrômetro *s* hydrometer; densimeter.
Hidroplano *vide* HIDROAVIÃO.
Hidrosfera *s* hydrosphere.
Hidrostática *s* hydrostatics.
Hidroterapia *s* hydrotherapy.
Hidróxido *s* hydroxide.
Hiena *s* hyena.
Hierarquia *s* hierarchy; hierarchal.
Hierárquico *adj* hierarchic.
Hieróglifo *s* hieroglyph.
Hífen *s* hyphen.
Higiene *s* hygiene; FIG cleanliness.
Higiênico *adj* hygienic; hygienical.
Higienista *s* hygienist; sanitarian.
Hilariante *adj* exhilarating; laughing; exhilarant.
Hilariedade *s* hilarity; mirth; cheerfulness.
Hímen *s* hymen.
Himeneu *s* marriage; wedding.
Hino *s* hymn; anthem.
Hinterlândia *s* hinterland; back country.
Hiper *s* hyper; over; beyond; above the ordinary.
Hipérbole *s* hyperbole; hyperbola; exaggeration.
Hiperbólico *adj* hyperbolic; hyperbolical.
Hipertensão *s* MED hypertension.
Hipertrofia *s* hypertrophy.
Hipertrofiar *v* to hypertrophy.
Hipismo *s* riding; horse-racing; horse racing.
Hipnose *s* hypnosis.
Hipnótico *adj* hypnotic.
Hipnotismo *s* hypnotism.
Hipnotizador *s* hypnotizer; hypnotist; mesmerist.
Hipnotizar *v* to hypnotize.
Hipocondria *s* hypochondria.
Hipocondríaco *s* hypochondriac.
Hipocondríaco *adj* hypochondriac.
Hipocrisia *s* hypocrisy; simulation; pretence.
Hipócrita *s* hypocrite; deceiver; dissembler.
Hipócrita *adj* hypocritical; two-faced.
Hipodérmico *s adj* hypodermic.
Hipodérmico *s* hypodermic.
Hipódromo *s* hippodrome; a horse racecourse; race track.
Hipogástrico *s* hypogastrium.
Hipopótamo *s* hippopotamus; hippo.
Hipoteca *s* hypothec; mortgage.
Hipotecar *v* to mortgage; to bond; to pledge as security; to hypothecate.
Hipotecário *adj* hypothecary.
Hipotenusa *s* MAT hypotenuse; ***o quadrado da HIPOTENUSA é igual à soma dos quadrados dos catetos***: the square on the hypotenuse is equal to the sum of the squares on the other two sides.
Hipótese *s* hypothesis; theory.
Hipotético *adj* hypothetic; hypothetical; conjectural.
Hispânico *adj* Hispanic.
Histeria *s* hysteria; hysterics.
Histérico *adj* hysteric; hysterical.
Histerismo *s* hysterism; hysteria; hysterics.
História *s* history; story; tale.
Historiador *s* historian; a chronicler.
Historiar *v* to narrate; to record; to tell.
Histórico *adj* historical.
Historiografia *s* historiography.
Hodierno *adj* hodiernal; up-to-date; modern.
Hoje *adv* today; nowadays; now; at present time.
Holanda *s* holland (fabric).
Holandês *s* the Dutch language; hollander.
Holandês *adj* Dutch.
Holocausto *s* holocaust; genocide.
Holofote *s* holophote; spotlight; limelight; projector; searchlight.
Hombridade *s* manliness.
Homem *s* man; human being; male person.
Homenagear *v* to honor.
Homenagem *s* homage; respect; reverence.
Homeopata *s* MED homeopath.
Homeopatia *s* MED homeopathy.
Homeopático *adj* homeopathic; extremely small in quantity.
Homérico *adj* homeric.
Homicida *s* homicide; murderer; slayer.
Homicida *adj* homicidal.
Homicídio *s* homicide; assassination; manslaughter.
Homilia *s* homily.
Hominal *adj* mannish.
Homiziado *s* refugee; fugitive.
Homiziado *adj* absconder; concealed; hidden.
Homiziar *v* to shelter; to hide oneself; to refuge; to conceal.
Homogeneidade *s* homogeneity.
Homogeneizar *v* to make homogeneous; to homogenize.
Homogêneo *adj* homogeneous; uniform.
Homologação *s* homologation; agreement.
Homologar *v* to homologate; to ratify; to confirm; to approve.
Homonímia *s* homonymy.
Homônimo *s* homonym; namesake.
Homônimo *adj* homonymous.
Homossexual *adj* homosexual.
Homúnculo *s* homunculus; midget; dwarf; manikin.
Honestidade *s* honesty; chastity; integrity.
Honesto *adj* honest; chaste; virtuous; decent; ***será que ela é HONESTA***: is she honest?
Honorabilidade *s* honorableness; honorability.
Honorário *s* honorarium.
Honorário *adj* honorary.
Honorífico *adj* honorary; honorific; honorable.
Honra *s* honour; honor; reputation; reverence; respect; probity.
Honradez *s* probity; integrity.
Honrado *adj* upright; honourable; honorable; honest.
Honrar *v* to honor; to grace.

Honraria *s* honours; honor; distinction.
Honroso *adj* honorable; creditable.
Hóquei *s* hockey.
Hora *s* time; o'clock; hour.
Horário *s* timetable; USA schedule.
Horda *s* horde; gang.
Horizontal *adj* horizontal; line or surface.
Horizonte *s* sky-line; horizon; skyline.
Horoscópio *s* horoscopic.
Horóscopo *s* horoscope.
Horrendo *adj* horrible; fearful; hideous; dreadful.
Horripilante *adj* horripilant; horrifying; ghoulish.
Horripilar *v* to horrify; to produce horripilation.
Horrível *adj* horrible; terrible; hideous.
Horroroso *adj* horrible; frightful; dreadful.
Horta *s* kitchen garden; vegetable garden.
Hortaliça *s* green stuff; potherb; vegetables.
Hortelã *s* mint.
Hortelão *s* market-gardener; gardener.
Hortênsia *s* hydrangea.
Horticultor *s* plantsman; horticulturist; planter.
Horticultura *s* horticulture.
Horto *s* garden; small vegetable garden.
Hospedagem *s* lodging; hospitality.
Hospedar *v* to lodge; to shelter; to house.
Hospedaria *s* inn; lodging house; USA rooming house.
Hóspede *s* paying guest; guest; boarder.
Hospedeira *s* hostess.
Hospedeiro *s* host; innkeeper.
Hospício *s* hospice; asylum; madhouse.
Hospital *s* clinic; hospital.
Hospitaleiro *adj* hospitable.
Hospitalidade *s* entertainment; hospitality.
Hospitalização *s* hospitalization.
Hospitalizar *v* to hospitalize.
Hoste *s* host; crowd; arm; band; group.
Hóstia *s* Host; Holy; Bread; Eucharist.
Hostil *adj* hostile; unfriendly.
Hostilidade *s* enmity; hostility.
Hostilizar *v* to antagonize; to be hostile.
Hotel *s* hotel; inn; lodge house.
Hoteleiro *s* hotel keeper; hotel owner.
Huguenote *s* RELIG huguenot.
Hulha *s* pit-coal; mineral coal; stone-coal.
Hulheira *s* coal mine; colliery; coal pit.
Humanidade *s* humanity; mankind; humaneness.
Humanismo *s* FIL humanism.
Humanista *s* humanist.
Humanitário *s* humanitarian; philanthropist.
Humanitarismo *s* humanitarianism.
Humanizar *v* to humanize; to refine.
Humanizar-se *v* to become human.
Humano *adj* human; humane.
Humildade *s* humility; humbleness; modesty.
Humilde *adj* humble; modest; submissive.
Humilhação *s* disgrace; humiliation.
Humilhante *adj* humiliating.
Humilhar *v* to humiliate; to humble; to abase.
Humo *s* vegetable mould; humus.
Humor *s* humor; temper; disposition; ***de bom HUMOR***: in a good mood.
Humorado *adj* humorous; humoured; humored.
Humorismo *s* humorism.
Humorista *s* humorist.
Húmus *vide* HUMO.
Hurra *interj* hurrah! (rejoice expression).

i I

I *s* the ninth letter of the Portuguese and of the English alphabets.
Ianque *s* USA yankee (American nickname).
Ianque *adj* USA yankee.
Iate *s* yacht.
Ibérico *s* Iberian, languages and inhabitants of Spain and Portugal (ancient).
Ibérico *adj* iberian.
Ibero *vide* IBÉRICO.
Íbis *s* ibis (bird).
Içar *v* to lift up; to hoist; to heave.
Ícone *s* icon.
Icterícia *s* MED jaundice; icterus.
Ida *s* departure; going; ***bilhete de IDA***: single ticket.
Idade *s* age; ***certidão de IDADE***: birth certificate; ***IDADE média***: Middle Age.
Ideal *s* ideal; perfection.
Ideal *adj* ideal.
Idealidade *s* ideality.
Idealista *s* idealist.
Idealista *adj* idealistic; idealistical.
Idealização *s* idealization.
Idealizar *v* to idealize, to form ideas.
Idear *v* to conceive; to fancy.
Ideia *s* idea.
Idem *adv* idem.
Idêntico *adj* identic; identical.
Identidade *s* identity.
Identificação *s* identification.
Identificar *v* to identify.
Identificar-se *v* to identify oneself with.
Ideologia *s* ideology.
Ideológico *adj* ideologic; ideological.
Ideólogo *s* ideologist.
Idílico *adj* idyllic; idyllical.
Idílio *s* idyll (poem); mind love affair; MÚS song (with sentimental character).
Idioma *s* idiom; language.
Idiomático *adj* idiomatic; idiomatical.
Idiossincrasia *s* idiosyncrasy.
Idiota *s* idiot; fool; simpleton.
Idiota *adj* idiotic.
Idiotice *s* silliness; foolisheness.
Idólatra *s* idolater.
Idólatra *adj* idolatrous.
Idolatrar *v* to worship; to idolize.
Idolatria *s* idolatry; idolism; paganism.
Ídolo *s* idol; icon.
Idoneidade *s* aptness; fitness.
Idôneo *adj* competent; fit.
Idoso *adj* aged; old.
Ignaro *adj* ignorant; unlearned.
Ignóbil *adj* ignoble; dishonourable.
Ignobilidade *s* ignobleness; baseness.
Ignomínia *s* ignominy; dishonor; dishonour.
Ignominioso *adj* ignominous; humiliating.
Ignorado *adj* ignored; unknown; obscure.
Ignorância *s* ignorance; illiteracy.
Ignorante *s* ignoramus.
Ignorante *adj* ignorant.
Ignorar *v* to ignore; to be ignorant of; not to know.
Ignoto *adj* unknown; incognito.
Igreja *s* church; temple.
Igual *s* equal.
Igual *adj* equal; equable.
Igualador *s* equalizer.
Igualar *v* to equalize; to even.
Igualável *adj* matchable.
Igualdade *s* equality; evenness.
Igualitarismo *s* equalitarianism.
Iguaria *s* dish; dainty.
Ilação *s* illation; dedution.
Ilegal *adj* illegal; unlawful.
Ilegalidade *s* illegality; lawlessness.
Ilegibilidade *s* illegibility.
Ilegitimidade *s* illegitimacy; illegality.
Ilegítimo *adj* illegitimate; illegal.
Ilegível *adj* illegible; unreadable.
Ileso *adj* unhurt; uninjured.
Iletrado *adj* illiterate; unlearned.
Ilha *s* island; isle.
Ilhar *v* to isolate; to separate; to insulate.
Ilhéu *s* islander; islet.
Ilhéu *adj* insular.
Ilhó *s* eylet; lace-hole.
Ilhota *s* islet; reef; cay.
Ilíaco *s* ANAT iliac bone.
Ilíaco *adj* ANAT iliac.
Ilibar *v* to pronounce not guilty of.
Iliberalidade *s* illiberality; parcimony.
Ilícito *adj* illicit; under-the-table; unlawful.
Ilídimo *adj* illegitimate; unlawful.
Ilimitado *adj* illimited; boundless; huge.
Iliterato *adj* illiterate; unlearned.
Ilógico *adj* illogical; absurd.
Ilogismo *s* illogicalness; illogicality.
Iludir *v* to illude; to deceive; to delude.
Iluminação *s* illumination; lighting.
Iluminado *s* illuminate.
Iluminado *adj* illuminated; enlightened; highlighted.
Iluminar *v* to illuminate; to illustrate.
Iluminismo *s* RELIG *and* FIL illuminism (doctrine from 17th and 18th century).
Iluminista *s* illuminist.
Ilusão *s* illusion; delusion.
Ilusionismo *s* illusionism; prestidigitation.
Ilusionista *s* illusionist; prestidigitador.
Ilusório *adj* illusory; deceptive; false.
Ilustração *s* illustration; learning; eruditicon.
Ilustrado *adj* illustrated; enlightened; erudite.
Ilustrador *s* engraver; illustrator.
Ilustrar *v* to illustrate; to dignify; to elucidate.

Ilustrativo *adj* illustrative; elucidative.
Ilustre *adj* illustrious; distinguished.
Ímã *s* magnet; loadstone.
Imaculado *adj* immaculate.
Imaculável *adj* blameless.
Imagem *s* image; likeness; picture.
Imaginação *s* imagination.
Imaginar *v* to imagine; to fancy; to figure out.
Imaginário *adj* imaginary; fantastic; illusory.
Imaginativo *adj* imaginative.
Imaginável *adj* imaginable; contrivable.
Imaginoso *adj* imaginative; fantastic.
Imanência *s* immanence; immanency.
Imanente *adj* immanent; inherent.
Imantar *v* to magnetize.
Imarcescível *adj* unfading; unwithering.
Imaterial *adj* immaterial; spiritual.
Imaterialidade *s* immateriality.
Imaterializar *v* to immaterialize.
Imaturidade *s* immaturity; unripeness.
Imaturo *adj* immature.
Imbecil *s* imbecile; simpleton.
Imbecil *adj* idiotic; stupid; USA dumb.
Imbecilidade *s* imbecility; silliness.
Imberbe *adj* beardless; unbearded.
Imbuir *v* to imbue; to soak; to infuse.
Imediação *s* immediacy; proximity.
Imediatamente *adv* at once; immediately; right away.
Imediato *s* mate; NÁUT officer.
Imediato *adj* immediate; next.
Imemorável *adj* immemorial; extending.
Imensidade *s* immensity; infinity.
Imenso *adj* immense; vast; huge.
Imensurável *adj* immeasurable; boundless.
Imerecido *adj* unmeritorious; undeserved.
Imergente *adj* immersing; immergent.
Imergir *v* to immerse; to plunge; to dip.
Imersão *s* immersion.
Imerso *adj* immersed; plunged; sunk.
Imigração *s* immigration.
Imigrado *adj* immigrant.
Imigrante *s* immigrant.
Imigrante *adj* immigrant.
Imigrar *v* to immigrate.
Imigratório *adj* immigratory.
Iminência *s* imminence; impendence.
Iminente *adj* imminent; impending.
Imiscível *adj* immiscible.
Imiscuir-se *v* to interfere; to meddle.
Imitação *s* imitation; copy; likeness.
Imitador *s* imitador.
Imitador *adj* imitation.
Imitar *v* to imitate; to copy; to follow.
Imitativo *adj* imitative; mimic; imitational.
Imitável *adj* imitable.
Imo *adj* inmost; deepest.
Imobiliário *adj* immovable; landed.
Imobilidade *s* immobility; stillness.
Imobilização *s* immobilization.
Imobilizar *v* to immobilize; to fix.
Imoderação *s* immoderation; immoderacy.
Imoderado *adj* immoderate; excessive.
Imodesto *adj* immodest; forward; indecent.
Imódico *adj* immoderate; excessive.
Imolação *s* immolation; sacrifice.
Imolador *s* immolator.
Imolador *adj* immolating.
Imolar *v* to immolate; to offer sacrifice.
Imoral *adj* immoral; indecent.
Imoralidade *s* immorality; vice.
Imorredouro *adj* imperishable; immortal.
Imortal *adj* immortal; undying; eternal.
Imortalidade *s* immortality.
Imortalizar *v* to immortalize; to perpetuate.
Imóvel *s* JUR immovable.
Imóvel *adj* JUR immovable; fixed; motionless.
Impaciência *s* impatience; eagerness.
Impacientar *v* to irritate; to vex.
Impacientar-se *v* to become impatient.
Impaciente *adj* impatient; anxious.
Impacto *s* impact; smash.
Impagável *adj* priceless; funny.
Impalpável *adj* impalpable; intangible.
Impaludismo *s* MED malaria; paludism.
Ímpar *v* to sob; to pant; FIG to brag.
Ímpar *adj* unmatched; MAT odd.
Imparcial *adj* impartial; even-handed.
Imparcialidade *s* impartiality; fairness.
Impasse *s* standoffy.
Impassibilidade *s* impassibility.
Impassível *adj* impassible; insensitive.
Impatriótico *adj* unpatriotic.
Impavidez *s* intrepidity; fearlessness.
Impávido *adj* intrepid; fearless.
Impecável *adj* impeccable; faultless.
Impedido *adj* hindered; impeded; ESP FUT off-side.
Impedimento *s* encumbrace; impediment; obstacle; ESP off-side.
Impedir *v* to delay; to prevent; to bar.
Impelir *v* to impel; to drive; to force on.
Impenetrabilidade *s* impenetrability.
Impenetrável *adj* impenetrable.
Impenitência *s* impenitence; obduracy.
Impenitente *adj* impenitent; obdurate.
Impensado *adj* thoughtless; unexpected.
Imperador *s* emperor; kaiser.
Imperante *s* sovereign; ruler.
Imperante *adj* regning; ruling.
Imperar *v* to rule; to reign.
Imperativo *s* GRAM imperative (mood).
Imperativo *adj* imperative; commanding.
Imperatriz *s* empress.
Imperceptível *adj* imperceptible; imperceivable.
Imperdível *adj* unlosable.
Imperdoável *adj* unpardonable; unforgivable.
Imperecível *adj* imperishable; undying.
Imperfeição *s* imperfection; imperfectness; flaw; blemish.
Imperfeito *s* GRAM imperfect (tense).
Imperfeito *adj* imperfect; faulty; defective.
Imperial *adj* imperial; imperious.
Imperialismo *s* imperialism.
Imperialista *s* imperialist.
Imperialista *adj* imperialistic.
Imperícia *s* unskilfulness; inadequacy.
Império *s* empire; sway.
Imperioso *adj* imperious; overbearing.
Imperito *adj* unskilful; inexpert.
Impermeabilidade *s* impermeability.
Impermeabilizar *v* to impermeabilize; to waterproof.
Impermeável *s* waterproof; USA raincoat.
Impermeável *adj* impermeable; impervious.
Impermutável *adj* unchangeable; impermutable.
Imperscrutável *adj* inscrutable; imperscrutable.
Impertinência *s* impertinence; peevishness.
Impertinente *adj* impertinent; fretful.
Imperturbabilidade *s* imperturbility; impertur-bableness.
Imperturbável *adj* imperturbable; calm; unemotional.
Impessoal *adj* impersonal.

Ímpeto *s* impetus; impulse.
Impetração *s* impetration; request; petition.
Impetrante *adj* supplicant; supplictory.
Impetrar *v* to impetrate; to request.
Impetuosidade *s* impetuosity.
Impetuoso *adj* impetuous; violent.
Impiedade *s* wickedness; impiety.
Impiedoso *adj* pitiless; unmerciful.
Impigem *s* dermatosis; tetter; eczema.
Impingir *v* to force; to palm off; to impose on.
Ímpio *adj* impious; wicked; godless.
Implacável *adj* implacable; inexorable.
Implantação *s* implantation.
Implantar *v* to implant; to plant.
Implemento *s* implement; instrument; tool.
Implicação *s* implication; implicating.
Implicância *s* implication; dislike; aversion.
Implicante *adj* implicating; complaining.
Implicar *v* to implicate; to involve; to imply.
Implícito *adj* implicit; tacit.
Imploração *s* imploration; supplication.
Implorar *v* to implore; to entreat; to beseech.
Implorável *adj* implorable.
Implume *adj* unfeathered; bald.
Impolido *adj* impolite; rude.
Impoluto *adj* stainless; spotless.
Imponderável *adj* imponderable.
Imponência *s* splendor; majesty; pomp.
Imponente *adj* imposing; magnificent.
Impopular *adj* unpopular.
Impopularidade *s* unpopularity.
Impor *v* to impose; to demand; to entail.
Importação *s* importation; import.
Importância *s* importance; consequence; significance.
Importante *adj* important; significant.
Importar *v* to import; to bring from abroad; to order from abroad; to care.
Importunação *s* importunity; to bore.
Importuno *adj* importune; annoying; boring; USA pesky.
Imposição *s* imposition; order; assessment.
Impossibilidade *s* impossibility.
Impossibilitar *v* to impossibilitate.
Impossível *adj* impossible; impracticable; USA impractical.
Imposto *s* tax; impost; duty.
Impostor *s* impostor; pretender; deceiver.
Impostura *s* imposture; fraud; deceit.
Impotável *adj* undrinkable; impotable.
Impotência *s* impotence.
Impotente *adj* impotent; powerless.
Impraticabilidade *s* impracticability.
Impraticável *adj* impracticable; out of the question.
Imprecação *s* imprecation; curse.
Imprecar *v* to imprecate; to swer; to curse.
Imprecatório *adj* imprecatory; maledictory.
Imprecaução *s* unawariness; imprudence.
Impreciso *adj* inaccurate; indeterminate.
Impregnação *s* impregnation; infusion; fecundation.
Impregnar *v* to imbue; to infuse; to impregnate.
Imprensa *s* press; printing-press; printing.
Imprensar *v* to press; to squeeze.
Imprescindível *adj* indispensable; essential.
Imprescritível *adj* imprescriptible.
Impressão *s* impression; printing.
Impressionante *adj* touching; impressing.
Impressionar *v* to impress; to affect deeply.
Impressionável *adj* impresssionable; impressible.
Impressionismo *s* impressionism; impressionability.
Impressionista *s* impressionist.
Impressionista *adj* impressionistic.
Impresso *s* printed work; pamphlet; print.
Impresso *adj* printed.
Impressor *s* pressman; printer.
Imprestável *s* useless; good-for-nothing.
Impreterível *adj* undelayable; unavoidable.
Imprevidência *s* improvidence.
Imprevidente *adj* improvident; careless.
Imprevisão *s* improvidence; unexpectedness.
Imprevisto *adj* unforeseen; unexpected.
Imprimir *v* to stamp; to print; to imprint on.
Improbabilidade *s* improbability; improbableness.
Improbidade *s* improbity; dishonesty.
Ímprobo *adj* arduos; dishonest.
Improcedência *s* groundlessness; unfoundedness.
Improdutivo *adj* unfruitful; unproductive.
Improfícuo *adj* unprofitable; gainless.
Impropério *s* affront; outrage.
Impropriedade *s* impropriety; unfitness.
Impróprio *adj* unsuitable; inappropriate; improper.
Improvável *adj* unlikely; improbable.
Improvidência *s* improvidence; thoughtlessness.
Improvidente *adj* improvident; inconsiderate; improvident.
Improvisação *s* improvisation.
Improvisador *s* improvisator; improviser.
Improvisar *v* to improvise; to extemporize.
Improviso *s* improvisation.
Improviso *adj* off-hand.
Imprudência *s* imprudence; rashness; indiscretion.
Imprudente *adj* imprudent; unwise.
Impuberdade *s* impuberty.
Impúbere *adj* impuberal; teen.
Impudência *s* impudence; brazeness; lewdness.
Impudente *adj* impudent; shameless.
Impudico *adj* lewd; obscene.
Impudor *s* impudence; impudency; insolence.
Impugnação *s* impugnation; opposition.
Impugnador *s* impugner; objector.
Impugnar *v* to impugn; to attack; to oppose.
Impulsão *s* impulsion; impelling.
Impulsionar *v* to impel; to drive.
Impulsivo *adj* impulsive; impetuous.
Impulso *s* impulse; vim; impulsion; USA pep; zip.
Impune *adj* unpunished.
Impunidade *s* impunity.
Impureza *s* unchastity; impurity.
Impuro *adj* impure; defiled; adulterated.
Imputabilidade *s* imputableness; imputability.
Imputação *s* imputation; accusation; attribution.
Imputar *v* to impute; to charge; to attribute.
Imputável *adj* imputative; imputable; attributable.
Imundície *s* dirt; filth.
Imundo *adj* dirty; unclean; filthy.
Imune *adj* immune; exempt.
Imunidade *s* immunity; exemption.
Imunização *s* immunization.
Imunizar *v* to immunize.
Imutabilidade *s* immutability; immutableness.
Imutável *adj* immutable; unchangeable.
Inabalável *adj* unshakable; steadfast.
Inábil *adj* inapt; incompetent; unskilful.
Inabilidade *s* inability; unskilfulness.
Inabilitação *s* inability; disablement; incapacitation.
Inabilitar *v* to disable; to disqualify; to debar.
Inabitável *adj* uninhabitable.
Inação *s* inaction; indecision.
Inacessibilidade *s* inaccessibility.
Inacessível *adj* inaccessible; unaccessible.
Inadaptável *adj* inadaptable; unaccusable.

Inadequado *adj* inadequate; improper; unqualified.
Inadiável *adj* urgent; pressing.
Inadmissível *adj* inadmissible; unpermissible.
Inadvertência *s* inadvertence; oversight.
Inadvertido *adj* inadvertent; thoughtless; heedless.
Inalação *s* MED inhalation.
Inalador *s* inhaler.
Inalante *adj* MED inhalant.
Inalar *v* to inhale; to inspire; to breathe in.
Inalienável *adj* inalienable; indefeasible.
Inalterado *adj* unaltered; unchanged.
Inane *adj* inane; empty.
Inanição *s* inanition; inanity; emptiness.
Inanimado *adj* inanimate; lifeless.
Inapelável *adj* unappealable.
Inapetência *s* inappetence; inappetency.
Inapetente *adj* inappetent.
Inaplicabilidade *s* inapplicability.
Inaplicação *s* inapplication.
Inaplicável *adj* inapplicable; unsuitable.
Inapreciável *adj* inappreciable.
Inaptidão *s* inaptitude; inaptness; incapacity.
Inapto *adj* inapt; unfit; inept.
Inarrável *adj* unrelatable; indescribable; inexpressible.
Inarticulado *adj* inarticulate; unable to articulate.
Inatacável *adj* unassailable; unimpeachable.
Inatendível *adj* unworthy of attention.
Inatingível *adj* unattainable; inaccessible.
Inatividade *s* inactivity; inertness; passiveness.
Inativo *adj* inactive; iddle.
Inato *adj* innate; inborn.
Inaudito *adj* unheard of; untold; strange.
Inaudível *adj* inaudible.
Inauguração *s* inauguration.
Inaugural *adj* inaugural; initial; inauguratory.
Inaugurar *v* to inaugurate; to open; to begin.
Inautêntico *adj* not authentic; unauthentic.
Inavegável *adj* unnavigable.
Incalculável *adj* incalculable; incommensurable.
Incandescência *s* incandescence; incandescency.
Incandescente *adj* incandescent; shining.
Incandescer *v* to incandesce.
Incansável *adj* indefatigable; untiring; tireless.
Incapacidade *s* incapacity; inability.
Incapacitar *v* to incapacitate; to disable; to disqualify.
Incapaz *adj* incapable; incompetent.
Incauto *adj* incautious; heedless; rash.
Incendiar *v* to set on fire; to inflame; to set fire to.
Incendiário *s* incendiary; firer; USA fire-bug.
Incendiário *adj* incendiary.
Incendiar-se *v* to catch fire; to take fire.
Incêndio *s* fire; conflagration.
Incensação *s* incensation; incensement.
Incensar *v* to incense; to perfum; to fawn on; to flatter.
Incenso *s* incense; flattery.
Incentivo *s* incentive; stimulus.
Incerteza *s* uncertainty; indecision.
Incerto *adj* uncertain; doubtful.
Incessante *adj* incessant; uninterrupted.
Incesto *s* incest; incestuousness.
Incesto *adj* infamous.
Incestuoso *adj* incestuous.
Inchação *s* swelling; tumefaction.
Inchaço *s* tumour; swelling.
Inchado *adj* swollen; puffed up.
Inchar *v* to swell; to puffy up; to inflate.
Incidência *s* incidence; incidency.
Incidente *s* incident; occurence; episode.
Incidente *adj* incidental.
Incidir *v* to incise; to occur; to happen.
Incineração *s* incineration; cremation.
Incinerar *v* to incinerate; to burn to ashes.
Incipiente *adj* incipient; inicial; beginning.
Incisão *s* incision; cut; gash.
Incisivo *adj* incisive; cutting; sharp.
Inciso *adj* incised; cutting; incisive.
Incitação *s* incitation; incitement.
Incitamento *vide* INCITAÇÃO.
Incitar *v* to urge; to incite.
Incivil *adj* uncivil; discourteous.
Incivilidade *s* incivility; rudeness.
Inclassificável *adj* unclassifiable; censurable.
Inclemência *s* inclemency; severity.
Inclemente *adj* inclement; harsh; severe.
Inclinação *s* inclination; bending; slope.
Inclinado *adj* inclined; slanting; biased.
Inclinar *v* to tilt; to lean; to bent.
Inclinável *adj* inclinable.
Incluir *v* to include; to enclose; to inclose.
Inclusão *s* inclusion.
Incluso *adj* included; enclosed.
Incobrável *adj* uncollectable; uncoverable.
Incoercível *adj* incoercible; irrepressible.
Incoerência *s* incoherence; incoherency.
Incoerente *adj* incoherent; nonsensical.
Incógnita *s* unknown quantity.
Incógnito *s adj* incognito.
Incognoscível *adj* incognoscible; unknowable.
Incolor *adj* colourless; blank.
Incólume *adj* safe and sound; unharmed.
Incombustível *adj* fireproof; incombustible.
Incomensurável *adj* incommensurable; unmeasurable.
Incomodar *v* to incommode; to trouble.
Incomodativo *adj* troublesome; cumbersome.
Incômodo *s* inconvenience; trouble.
Incômodo *adj* troublesome.
Incomparável *adj* incomparable; peerless.
Incompatibilidade *s* incompatibility; unconformity.
Incompatibilizar *v* to grow incompatible.
Incompatível *adj* incompatible; contraditory.
Incompetência *s* incompetency; inability.
Incompetente *s* incompetent; inapt.
Incompetente *adj* incompetent; inapt.
Incompleto *adj* incomplete; unfinished.
Incomplexo *adj* incomplex; artless; simple.
Incompreensão *s* incomprehension; misunderstanding.
Incompreensível *adj* incomprehensible.
Incomunicabilidade *s* incommunicability.
Incomunicável *adj* incommunicable; noncommunicable.
Inconcebível *adj* unconceivable; unbelievable.
Inconciliável *adj* irreconcilable; incompatible.
Inconcludente *adj* unconclusive; indeterminate.
Incondicionalidade *s* unconditionalness; unconditionality.
Inconfesso *adj* unconfessed; unacknowledged.
Inconfidência *s* unfaithfulness.
Inconfidente *adj* unfaithful; treacherous.
Inconfortável *adj* uncomfortable; uneasy.
Inconfundível *adj* unmistakable.
Incongruência *s* incongruence; incongruity; incompatibility.
Incongruente *adj* incongruent; incogruous.
Inconsciência *s* unconsciousness; inconsiderateness.
Inconsequência *s* inconsequence; inconclusiveness.
Inconsistência *s* inconsistency; inconsistence.
Inconsistente *adj* inconsistent; incoherent.
Inconsolável *adj* inconsolable; disconsolately.
Inconstância *s* inconstancy; fickleness.
Inconstante *adj* inconstant; changeable; fickle.
Inconstitucional *adj* unconstitutional; unstatutable.

Inconstitucionalidade *s* unconstitutionality.
Inconsumível *adj* inconsumable; inconsumptible.
Incontestável *adj* incontestable; unanswerable.
Incontinência *s* incontinence; incontinency.
Incontinente *adj* incontinent; unrestrained.
Incontrastável *adj* insuperable; unanswerable.
Inconveniência *s* inconvenience; trouble.
Inconveniente *adj* inconvenient; improper.
Inconversível *adj* inconvertible.
Incorporação *s* incorporation; merger.
Incorporar *v* to incorporate; to hold.
Incorporar-se *v* to join; to mingle.
Incorpóreo *adj* incorporeal.
Incorreção *s* incorrectness; mistake; impropriety.
Incorrer *v* to incur; to bring upon oneself.
Incorreto *adj* incorrect; improper.
Incorrigível *adj* incorrigible; unruly.
Incorruptibilidade *s* incorruptibility.
Incorruptível *adj* incorruptible; unalterable; unchangeable.
Incorrupto *adj* incorrupt; unspoiled.
Incredulidade *s* incredulity; distrust; ungodliness.
Incrédulo *adj* incredulous; unbeliever; skeptic.
Incrementar *v* to increase; to add.
Incremento *s* increase; increment; augment.
Incriminação *s* incrimination; accusation.
Incriminar *v* incriminate; to inculpate; to accuse.
Incrível *adj* incredible; unbelievable.
Incrustação *s* incrustation; incrusting.
Incrustar *v* to incrust; to inlay; to encase.
Incubação *s* incubation; brooding.
Incubadora *s* incubator; hatching.
Incubar *v* to incubate; to hatch; to brood.
Inculcar *v* to inculcate; to impress; to instill.
Inculpabilidade *s* inculpability.
Inculpação *s* inculpation; imputation.
Inculpar *v* to inculpate; to incriminate; to accuse.
Inculpável *adj* inculpable; blameless.
Incultivável *adj* uncultivable; unproductive.
Inculto *adj* uncultivated; uncultured; wild.
Incumbência *s* incumbency; obligation; USA assignment.
Incumbir *v* to charge; to confide; to concern.
Incumbir-se *v* to take charge of.
Incurabilidade *s* incurability; incurableness.
Incurável *adj* past recovery; incurable.
Incúria *s* carelessness; negligence.
Incursão *s* incursion; raid.
Incurso *adj* liable to; incurred.
Incutir *v* to suggest; to impress; to infuse.
Indagação *s* investigation; search; inquiry.
Indagador *s* investigator; inquirer.
Indagador *adj* investigating.
Indagar *v* to investigate; to inquire; to ask.
Indecência *s* indecency; obscenity.
Indecente *adj* indecent; improper; foul.
Indecifrável *adj* indecipherable.
Indecisão *s* indecision; vacilation.
Indeciso *adj* undecided; indecisive.
Indeclarável *adj* unutterable; unspeakable.
Indeclinável *adj* unavoilable; GRAM indeclinable.
Indecoro *s* indecorum; indecency.
Indecoroso *adj* indecorous; unbecoming.
Indefectível *adj* indefectible; unfailing.
Indefensável *adj* indefensible; fenceless.
Indefenso *adj* defenceless; undefended.
Indeferimento *s* denial; refusal.
Indeferir *v* to deny; to refuse; to reject.
Indefeso *adj* undefended; defenceless.
Indefinível *adj* undefinable; indefinable.
Indelével *adj* indelible; ineffaceable.
Indelicadeza *s* indelicacy; rudeness.
Indene *adj* unhurt; safe.
Indenidade *s* indemmity.
Indenização *s* indemnification; indemnity.
Indenizar *v* to indemnify; to compensate.
Independência *s* independence; self-support.
Independente *adj* independent; self-supporting.
Indescritível *adj* indescribable.
Indesculpável *adj* inexcusable; unexcusable.
Indesejável *adj* undesirable; undesired.
Indestrutível *adj* indestructible.
Indeterminação *s* indetermination.
Indeterminado *adj* indeterminate; undetermined.
Indeterminável *adj* indeterminable; undefinable.
Indevido *adj* unjust; undue.
Índex *s* index; forefinger.
Indicação *s* indication; direction.
Indicador *s* indicator; directory.
Indicador *adj* indicating.
Indicar *v* to indicate; to denote; to express.
Indicativo *s* GRAM indicative (mood of verb).
Índice *s* index; rate.
Indiciar *v* to accuse; to denounce.
Indício *s* signal; mark; trace.
Indiferença *s* unconcern; indifference.
Indiferente *adj* indifferent; neutral.
Indígena *s* indigene; native.
Indígena *adj* native; indigenous.
Indigência *s* indigence; poverty.
Indigente *adj* indigent; needy.
Indigestão *s* indigestion; dyspepsia.
Indigesto *adj* indigestible; indigested.
Indignação *s* indignation; repulsion.
Indignar *v* to be indignant.
Indignidade *s* indignity.
Indigno *adj* unworthy; despicable.
Índigo *s* indigo; anil.
Índio *adj* indian; inhabitant of India.
Indireto *adj* indirect; mediate; disguised.
Indisciplina *s* indiscipline; disorder.
Indisciplinado *adj* undisciplined; disobedient.
Indisciplinar *v* to render undisciplined.
Indiscreto *adj* indiscret; rash.
Indiscrição *s* indiscretion; imprudence.
Indiscriminado *adj* indiscriminate.
Indiscutível *adj* incontestable; unquestionable.
Indispensável *adj* indispensable.
Indisponibilidade *s* inalienability.
Indisponível *adj* inalienable; untransferable.
Indispor *v* to indispose; to make sick.
Indisposição *s* indisposition.
Indisposto *adj* indisposed; seedy; USA mean.
Indissolubilidade *s* indissolubility.
Indissolúvel *adj* indissoluble.
Indistinção *s* indistinctness; indiscrimination.
Indistinguível *adj* undistinguishable; indistinctive.
Indistinto *adj* indistinct; vague.
Individual *adj* individual; single.
Individualidade *s* individuality; personality.
Individualismo *s* individualism; egoism.
Individualista *s* individualist.
Individualista *adj* individualist.
Individualização *s* individualization.
Individualizar *v* to individualize; to particularize.
Indivíduo *s* individual; fellow; person.
Indivisão *s* undivision.
Indivisibilidade *s* indivisibility; indivisibleness.
Indivisível *adj* indivisible.
Indizível *adj* unspeakable; inexpressible.

Indócil *adj* indocile; unruly.
Índole *s* character; temper; disposition.
Indolência *s* indolence; habitual idleness.
Indolente *adj* indolent; lazy; idle.
Indolor *adj* painless; free from pain.
Indomável *adj* indomitable; unconquerable.
Indomesticável *adj* untamable; savage; wild.
Indômito *adj* untamable; indomitable.
Indubitável *adj* indubitable; unquestionable.
Indução *s* induction.
Indulgência *s* indulgence; forbearance.
Indulgente *adj* indulgent; indulging; clement.
Indultar *v* to pardon.
Indulto *s* indult; pardon.
Indumentária *s* clothes; vestiments.
Indústria *s* industry; manufacture; application.
Industrializar *v* to industrialize.
Industriar *v* to teach; to instruct; to train.
Indutivo *adj* inductive; persuasive; ELET produced by induction.
Indutor *s* inductor; ELET inductor.
Induzir *v* to induce; to head; to prevail on.
Inebriante *adj* inebriating; inebriant.
Inebriar *v* to inebriate; to fall into ecstasy.
Inédito *adj* inedited; FIG unusual.
Inefabilidade *s* ineffableness; ineffability.
Inefável *adj* ineffable; unspeakable.
Ineficácia *s* inefficacy; inefficiency.
Ineficaz *adj* inefficacious; ineffective.
Inegável *adj* incontestable; undeniable.
Inelegibilidade *s* ineligibility; ineligibleness.
Inelegível *adj* ineligible; unworthy.
Inelutável *adj* ineluctable; unavoidable.
Inépcia *s* ineptitude; silliness.
Inepto *adj* inept; foolish; incompetente.
Inequívoco *adj* unmistakable; unequivocal.
Inércia *s* inertia; inertness.
Inerente *adj* inherent; intrinsical; ingrained.
Inerte *adj* inert; sluggish.
Inescrutável *adj* unfathomable; inscrutable.
Inesgotável *adj* inexhaustible; unfailing.
Inesperado *adj* unforeseen; unexpected.
Inesquecível *adj* unforgettable.
Inestimável *adj* inestimable; inapreciable.
Inevitável *adj* unavoidable; inevitable.
Inexatidão *s* inexactitude; inaccuracy.
Inexato *adj* inexact; inaccurate.
Inexaurível *adj* inexhaustible.
Inexecutável *adj* inexecutable; unworkable.
Inexequível *adj* unworkable; unworkable.
Inexistência *s* inexistence.
Inexorabilidade *s* inexorability.
Inexorável *adj* inexorable; relentless.
Inexperiência *s* inexperience.
Inexperiente *adj* inexperienced.
Inexplicável *adj* inexplicable; obscure.
Inexplorado *adj* inexplored; untravelled.
Inexplorável *adj* inexplorable; unwokable.
Inexpressivo *adj* inexpressive; inexpressible.
Inexprimível *adj* inexpressible; indescribable.
Inexpugnável *adj* inexpugnable; invulnerable.
Inextinguível *adj* unquenchable; inextinguishable.
Inextricável *adj* inextricable; entangled.
Infalibilidade *s* infallibility; infallibleness.
Infalível *adj* infallible; USA POP surefire.
Infalsificável *adj* unfalsifiable.
Infamante *adj* defaming; opprobrious.
Infamar *v* to defame; to disgrace.
Infame *adj* infamous.
Infâmia *s* baseness; infamy.
Infância *s* infancy; babyhood; childhood.
Infantaria *s* infantry.
Infante *s* infante.
Infanticida *s* infanticide.
Infantil *adj* infantile; childish; childlike.
Infatigável *adj* untiring; indefatigable.
Infecção *s* infection; contagion.
Infeccionar *v* to infect; to taint.
Infectar *v* to infect; to taint.
Infecundidade *s* infecundity; sterility.
Infecundo *adj* infecund; barren.
Infelicidade *s* infelicity; unhappiness; misfortune.
Infeliz *adj* unhappy; unfortunate; unlucky.
Infelizmente *adv* unfortunately.
Infenso *adj* unfriendly; adversary.
Inferência *s* inference; inferring.
Inferior *s* inferior.
Inferior *adj* inferior; lower.
Inferiorizar *v* to render inferior.
Inferir *v* to infer; to deduce; to conclude.
Infernal *adj* infernal; hellish.
Inferno *s* hell.
Infértil *adj* infertile; sterile.
Infestação *s* molestation; infestation.
Infestar *v* to infest; to harass; to ravage.
Infidelidade *s* infidelity; unfaithfulness.
Infiel *s* unbeliever; infidel.
Infiel *adj* unfaithful; infidel.
Infiltração *s* percolate; infiltration.
Infiltrar *v* to infiltrate; to penetrate.
Ínfimo *adj* lowermost; meanest.
Infindável *adj* endless; unending.
Infindo *adj* endless; infinite; unending.
Infinidade *s* infinity.
Infinito *s* GRAM infinitive (mood).
Infinito *adj* infinite; endeless.
Inflação *s* inflation; swelling.
Inflamação *s* inflammation; enthusiasm.
Inflamado *adj* excited; inflamed.
Inflamar *v* to inflame; to flame up; to set on fire; MED to become inflamed.
Inflamar-se *v* to catch fire; to become fiery.
Inflamável *adj* inflammable; combustible.
Inflar *v* to inflate; to swell; to elate.
Inflável *adj* inflatable.
Inflexão *s* inflection; bending.
Inflexibilidade *s* inflexibility.
Inflexível *adj* inflexible; unalterable.
Infligir *v* to inflict on; to impose.
Influência *s* influence; power.
Influenciar *v* to influence.
Influenza *s* grippe; influenza; flu.
Influir *v* to influence on; to affect.
Influxo *s* influx; influence.
Informação *s* information; data; inquiry.
Informante *s* informant; informer.
Informar *v* to inform; to advice; to acquaint.
Informe *s* information; advice.
Informe *adj* shapeless; formeless.
Informidade *s* shapelessness; deformity.
Infortúnio *s* misfortune; bad luck.
Infra *adv* bellow; infra.
Infração *s* infraction; transgression; violation.
Infrator *s* transgressor; infringer.
Infringir *v* to infringe; to contravene.
Infrutífero *adj* unfruitful; fruitless.
Infundado *adj* unfounded; groundless.
Infundir *v* to infuse; to imbue.
Infusão *s* infusion; instilling; imbuing.

Infusível *adj* infusible.
Ingênito *adj* inborn; innate.
Ingente *adj* large; huge; enormous.
Ingenuidade *s* ingenuousness; ingenuity.
Ingênuo *adj* ingenuous; artless.
Ingerência *s* interference; intermeddling.
Ingerir *v* to ingest; to put in.
Ingestão *s* ingestion; deglutician; swallowing.
Inglês *s* English (language); Englishman.
Inglês *adj* English.
Inglório *adj* inglorious; modest.
Ingratidão *s* ingratitude.
Ingrato *adj* ungrateful; thankless.
Ingrediente *s* ingredient.
Íngreme *adj* steep; sheer; acclivitous.
Ingresso *s* ingress; entrance; access.
Ingurgitar *v* to ingurgitate; to swell.
Inibição *s* inhibition; inhibiting.
Inibir *v* to inhibit; to forbid; to hinder.
Inibitivo *adj* inhibitive; inhibitory.
Iniciação *s* initiation; beginning; starting.
Iniciado *s* initiate; novice.
Iniciador *s* initiator; starter.
Iniciador *adj* initiation.
Inicial *s* initial.
Inicial *adj* initial.
Iniciar *v* to initiate; to start; to begin.
Iniciativa *s* initiative; enterprise; activity.
Início *s* start; trigger; outset; beginning.
Inigualável *adj* matchless; incomparable.
Iniludível *adj* unmistakable; undeceivable; undoubtful.
Inimaginável *adj* unimaginable; unthoughtful.
Inimigo *s* enemy.
Inimigo *adj* inimical; hostile; adverse.
Inimitável *adj* inimitable; unmatchable.
Inimizade *s* enmity; hostility.
Inimizar *v* to make enemies.
Ininteligível *adj* unintelligible.
Iniquidade *s* iniquity; wickedness.
Iníquo *adj* unrighteous; iniquitous.
Injeção *s* injection; USA POP shot.
Injetar *v* to inject; to throw into.
Injunção *s* injunction; enjoinment.
Injúria *s* injury; offence; insult.
Injuriar *v* to injure; to offend.
Injurioso *adj* injurious; offensive.
Injustiça *s* injustice; wrong.
Injustificável *adj* unjustiafible.
Injusto *adj* unfair; unjust.
Inobservância *s* non observance.
Inobservante *adj* unobservant; inobservant.
Inocência *s* innocence; innocency; guiltlessness.
Inocentar *v* to free from guilt.
Inocente *adj* innocent; guiltless; harmless.
Inocuidade *s* innocuity; innocuousness.
Inoculação *s* inoculation; vaccination.
Inocular *v* to inoculate; to insert.
Inócuo *adj* innocuous; harmless.
Inodoro *adj* inodorous; odourless.
Inofensivo *adj* harmless; inoffensive.
Inolvidável *adj* unforgettable.
Inominável *adj* unspeakable.
Inoportuno *adj* inopportune; untimely.
Inorgânico *adj* inorganic.
Inóspito *adj* inhospitable; wild; barren.
Inovação *s* innovation.
Inovar *v* to innovate; to change.
Inoxidável *adj* stainless; inoxidable.
Inqualificável *adj* unqualifiable; ambiguos.
Inquebrantável *adj* inflexible; indefatigable.
Inquebrável *adj* shatterproof; unbreakable.
Inquérito *s* inquest; inquiry.
Inquestionável *adj* unquestionable; doubteless; indisputable.
Inquietação *s* restlessness; uneasiness.
Inquietar *v* to trouble; to worry.
Inquietar-se *v* to become uneasy; to fret.
Inquieto *adj* unquiet; restless; apprehensive.
Inquilinato *s* lodgment; lease.
Inquilino *s* lodger; USA renter; roomer.
Inquinação *s* pollution; infection.
Inquirição *s* inquiry; cross-examination.
Inquirir *v* to inquire; to investigate.
Inquisição *s* inquisition; inquiry; Holy Office.
Inquisidor *s* inquisitor; member of Holy Office.
Inquisitorial *adj* inquisitorial; inhuman; cruel.
Insaciabilidade *s* insatiability.
Insaciável *adj* insatiable; greedy; insatiate.
Insalubre *adj* insalubrious; unhealthy.
Insanável *adj* incurable; irremediable.
Insânia *s* insanity; mental disorder; madness.
Insano *adj* insane; mad.
Insatisfeito *adj* unsatisfied; discontented; dissatisfied.
Inscrever *v* to register; to inscribe; to enter.
Inscrição *s* inscription; inscribing.
Inscrito *adj* inscribed; registered.
Insculpir *v* to engrave; to inscribe; to carve.
Insegurança *s* insecurity.
Inseguro *adj* insecure.
Inseminação *s* insemination.
Insensatez *s* insensateness; foolishness.
Insensato *adj* insensate; without sense; foolish.
Insensibilidade *s* insensibility; consciousness.
Insensibilizar *v* to render insensitive.
Insensível *adj* insensible; unconscious.
Inseparável *adj* inseparable; undisjoinable.
Insepulto *adj* unburied.
Inserção *s* insertion; implantation.
Inserir *v* to insert; to put in; to set in.
Inseticida *s* insecticide.
Inseto *s* bug.
Insídia *s* insidousness; snare; ambush.
Insidioso *adj* insidious; sly; treacherous.
Insigne *adj* notable; remarkable; ilustrious.
Insígnia *s* insignia; badge; emblem.
Insignificância *s* trifle; triviality.
Insignificante *adj* insignificant; unimportant.
Insinuação *s* insinuation; hint.
Insinuar *v* to insinuate; to hint; to suggest.
Insipidez *s* insipidness; insipidity.
Insípido *adj* insipid; unsavoury; tasteless.
Insistência *s* insistence; persistence.
Insistente *adj* insistent; persistent.
Insistir *v* to insist; to persist; to dwell.
Insociabilidade *s* unsociability.
Insolação *s* sunstroke; insolation.
Insolência *s* insolence; cheek; USA gall.
Insólito *adj* uncommon; unusual.
Insolubilidade *s* insolubility; insolubleness.
Insolúvel *adj* insoluble.
Insolvência *s* insolvency.
Insolvente *adj* insolvent.
Insondável *adj* fathomless; unfathomable.
Insônia *s* insomnia; sleeplessness.
Insosso *adj* insipid; unsalted.
Inspeção *s* survey; inspection.
Inspecionar *v* to inspect; to survey.
Inspetor *s* inspector; overseer.
Inspetoria *s* inspectorate; investigation bureau.

Inspiração *s* inspiration; inhalation.
Inspirador *s* inspirer; animator; stimulator.
Inspirar *v* to inspire; to instill; to influence.
Inspirável *adj* inspirable.
Instabilidade *s* instability.
Instalação *s* installation; installment; plant.
Instalar *v* to install; to establish; to lodge.
Instância *s* instance; request.
Instantâneo *s* snapshot; USA POP a candid picture.
Instantâneo *adj* instantaneous.
Instante *s* instant; moment; a very short time.
Instante *adj* instant; pressing.
Instar *v* to insist on; to urge; to press.
Instauração *s* establishment; instauration.
Instaurar *v* to repair; to establish; to found.
Instável *adj* unstable; unsetled; changeable.
Instigar *v* to instigate; to stimulate; to incite.
Instilação *s* instillation; instillment.
Instilar *v* to instill; to infuse.
Instintivo *adj* instinctive; spontaneous.
Instinto *s* instinct.
Instituição *s* institution; establishment.
Instituir *v* to institute; to establish; to set up.
Instituto *s* institute; school; established law.
Instrução *s* instruction; education; learning.
Instruir *v* to instruct; to educate; to bring up.
Instrumentação *s* instrumentation.
Instrumental *s* instruments.
Instrumental *adj* instrumental.
Instrumentar *v* to instrument; MÚS to orchestrate.
Instrumentista *s* MÚS instrumentist.
Instrumento *s* instrument; tool; utensil; implement.
Instrutivo *adj* instructive; educative; didatic; instructional.
Instrutor *s* instructor; instructer.
Insubmissão *s* insubmission; unruliness.
Insubmisso *adj* unsubmissive; insubordinate.
Insubordinação *s* insubordination.
Insubordinado *adj* insubordinate; disorderly.
Insubordinar *v* to make insubordinate; to mutiny.
Insubstituível *adj* irreplaceable.
Insucesso *s* unsuccess; failure.
Insuficiência *s* insufficiency; inadequacy; deficiency.
Insuficiente *adj* insufficient; deficient.
Insuflação *s* insuflation.
Insuflar *v* to insufflate; FIG to inspire.
Insular *v* to insulate; to isolate.
Insular *adj* insular.
Insulina *s* MED insulin.
Insultar *v* to insult; to abuse; to outrage.
Insulto *s* insult; affront.
Insuperável *adj* insuperable; insurmountable; USA top-notch.
Insuportável *adj* insupportable; intolerable.
Insurgir *v* to revolt; to rebel.
Insurrecional *adj* insurrectional; insurrectionary.
Insurrecionar *v* to excite insurrection.
Insurreição *s* insurrection; rebellion.
Insurreto *s* insurgent; rebel.
Insurreto *adj* insurgent; rebel; insurrectionist.
Insuspeito *adj* unsuspected; unsuspecting.
Insustentável *adj* untenable; unsustainable.
Intangibilidade *s* intangibility.
Intangível *adj* intangible; untoutchable.
Intato *adj* untouched; intact.
Íntegra *s* complete text; totality.
Integração *s* integration.
Integral *adj* integral; entire; whole; complete.
Integrante *adj* integrant; constituent; integral.
Integrar *v* to integrate; to make entire.
Integridade *s* integrity; uprightness.
Íntegro *adj* entire; complet; upright.
Inteirar *v* to complete; to inform.
Inteireza *s* integrity; honesty; wholeness.
Inteiro *adj* entire; whole; complete.
Intelecto *s* intellect; understanding.
Intelectual *s* brain-worker.
Intelectual *adj* intellectual mental.
Intelectualidade *s* intellectuality.
Inteligência *s* intelligence; mind; intellect.
Inteligente *adj* intelligent; smart; clever.
Inteligibilidade *s* intelligibility.
Inteligível *adj* intelligible; comprehensible.
Intemerato *adj* intemerate; undefiled.
Intempérie *s* inclemency.
Intempestivo *adj* untimely; unseasonable.
Intenção *s* intention; purpose.
Intencionado *adj* minded.
Intencional *adj* intentional.
Intendência *s* intendancy.
Intendente *s* intendant; USA councilman.
Intensidade *s* intensity; intenseness.
Intensificar *v* to intensify; to accelerate; to augment.
Intensivo *adj* intensive; adding force.
Intenso *adj* intense; vehement; ardent.
Intentar *v* to intend; to endeavour; to attempt.
Intento *s* intent; purpose.
Intentona *s* rebellion; conspiration.
Intercalação *s* insertion; intercalation.
Intercalar *v* to intercalate; to interpose.
Interceder *v* to intercede; to plead.
Intercepção *s* interception; interruption; obstruction; intervention.
Interceptação *vide* INTERCEPÇÃO.
Interceptar *v* to intercept; to cut off.
Intercessão *s* intercession; interceding; mediation.
Intercessor *s* intercessor; mediator.
Intercontinental *adj* intercontinental, between continents.
Intercorrência *s* intercurrence; incident; modification.
Intercorrente *adj* intercurrent; intervening.
Interdição *s* interdiction; prohibition; forbidding.
Interditar *v* to interdict; to prohibit.
Interdito *s* interdict; prohibition.
Interdito *adj* interdicted; prohibited.
Interessado *adj* interested; attentive.
Interessante *adj* interesting; savoury.
Interessar *v* to interest; to affect; to concern.
Interesse *s* interest; advantage; profit.
Interesseiro *adj* self-seeking; selfish.
Interestadual *adj* interestate.
Interferência *s* interference; interfering.
Interferir *v* to intefere; RÁD to jam.
Ínterim *s* interim; meanwhile.
Interino *adj* provisional; temporary.
Interior *s* interior; inside; indoor; upcountry.
Interior *adj* interior; inside; inner.
Interjeição *s* interjection; exclamation.
Interlocutor *s* interlocutor; speaker.
Intermediar *v* to intermediate; to mediate; to intervene.
Intermediário *s* intermediary; mediator.
Intermediário *adj* intermediary; intermediate.
Interminável *adj* interminable; endless.
Intermissão *s* intermittence; interposition.
Intermitência *vide* INTERMISSÃO.
Intermitente *adj* remittent; intermittent.
Internação *s* internment.
Internacional *adj* international.
Internacionalizar *v* to internationalize.
Internado *s* intern; interne.

Internamento *s* internation.
Internar *v* to intern; to inclose; to confine.
Internato *s* boarding-school.
Interno *s* boarder; USA interne.
Interno *adj* internal.
Interpelação *s* interpellation.
Interpelar *v* to interpellate; to question formally.
Interpor *v* to interpose; to place between; to intervene.
Interposição *s* mediation; interposition.
Interposto *s* entrepot; emporium; store; trading lodge.
Interpretação *s* construction; interpretation.
Interpretador *s* interpreter.
Interpretador *adj* interpreting.
Interpretar *v* to interpret; to construe; to represent.
Interpretativo *adj* interpretative.
Interpretável *adj* interpretable; definable.
Intérprete *s* interpreter; explainer.
Interregno *s* interval; interregnum.
Interrogação *s* interrogation; question; inquiry.
Interrogador *s* interrogator; inquirer.
Interrogar *v* interrogate; to inquire of; to question; to examine.
Interrogativo *adj* interrogative; interrogatory.
Interrogatório *s* interrogatory; inquiry.
Interromper *v* to interrupt; to break in; to stop.
Interrupção *s* interruption; cessation; discontenuance.
Interruptor *s* interrupter; switch.
Interseção *s* intersection.
Interstício *s* interstice; crevice; interval.
Interurbano *adj* trunk (telephone call); USA long-distance.
Intervalo *s* interval; break; ESP FUT half-time; USA intermission.
Intervenção *s* intervention; interference; intermediation.
Intervir *v* to intervene; to meddle with; to interfere with.
Intestinal *adj* intestinal; enteric.
Intestino *s* intestine.
Intestino *adj* intestine; internal; domestic.
Intimação *s* intimation; notification; summons.
Intimador *s* summoner; intimater.
Intimar *v* to notify; to summon; to enjoin.
Intimidação *s* intimidation; threat.
Intimidade *s* intimacy; intimity; privacy.
Intimidar *v* to intimidate; to cause; to daunt; USA to bulldoze.
Íntimo *s* intimate; a crony.
Intitular *v* to entitle; to head; to call.
Intolerância *s* intolerance; narrow-mindedness.
Intolerante *adj* intolerant; narrow-minded.
Intolerável *adj* intolerable; unbearable.
Intonação *s* intonation; modulation; tone.
Intoxicação *s* intoxication; poisoning.
Intoxicado *adj* intoxicated.
Intoxicar *v* to intoxicate; to poison.
Intraduzível *adj* untranslatable; inexpressible.
Intranquilidade *s* agitation; disturbance; restless.
Intranquilo *adj* agitated; quietless; disturbed.
Intransferível *adj* untransferable.
Intransigência *s* intransigence; intransigency.
Intransigente *adj* intransigent; irreconciable.
Intransitável *adj* impassable; untransitable; invious.
Intransitivo *adj* GRAM intransitive (verb).
Intransmissível *adj* intransmissible.
Intratável *adj* intractable; rude.
Intravenoso *adj* intravenous.
Intrepidez *s* intrepidity; fearlessness.
Intrépido *adj* intrepid; fearless; dauntless.
Intriga *s* intrigue; plot.
Intrigante *s* intriguer; telltale.
Intrigante *adj* intriguing.
Intrigar *v* to intrigue; to puzzle; to plot.
Intrincado *adj* intricate; knotty.
Intrínseco *adj* intrinsic; inherent.
Introdução *s* introduction; preface.
Introdutivo *adj* introductive; introdutory; initiative.
Introduzir *v* to introduce; to put in; to usher in; to insert.
Introito *s* preface; introit.
Intrometer *v* to intrud on; to meddle with; to trespass.
Intrometido *s* meddler; busybody.
Intrometido *adj* meddlesome; bold.
Intromissão *s* intromission; meddlesomeness.
Introspecção *s* introspection; self-examination.
Introspectivo *adj* introspective; self-concentration.
Intrujão *s* deceiver; cheat; humbug.
Intrujar *v* to deceive; to delude; to cheat.
Intrusão *s* intrusion; trespass; encroachment.
Intuição *s* intuition; insight.
Intuitivo *adj* intuitive.
Intumescência *s* intumescence; swelling.
Intumescer *v* to become tumid; to swell.
Inumação *s* interment; inhumation.
Inumanidade *s* inhumanity; barbarity; cruelty.
Inumano *adj* inhuman; brutal; cruel.
Inumar *v* to inhume; to inter; to bury.
Inúmero *adj* numberless; countless; innumerable.
Inundação *s* inundation; flood.
Inundar *v* to inundate; to flood; to overflow.
Inusitado *adj* out of use; unusual; unwonted.
Inútil *adj* inutile; vain; useless; needless.
Inutilidade *s* inutility; uselessness; needlessness.
Inutilizar *v* to make useless; to frustrate.
Invadir *v* to invade; to trespass; to encroach.
Invalidação *s* invalidation; annulment; cancellation.
Invalidar *v* to invalidate; to annul; to nullify.
Invalidez *s* invalidity; disability.
Inválido *s* invalid; USA shut-in.
Inválido *adj* invalid; null; void.
Invariabilidade *s* invariableness; invariability.
Invariável *adj* unchangeable; invariable.
Invasão *s* invasion; raid; incursion; inroad.
Invasor *s* forayer; invader.
Invasor *adj* invading.
Invectiva *s* invective.
Invectivar *v* to rail; to inveigh against.
Inveja *s* envy; jealousy; enviousness; rivalry.
Invejar *v* to envy; to grudge; to long for.
Invejável *adj* enviable; covetable; desirable.
Invejoso *adj* envious; feeling envy.
Invenção *s* invention; contrivance.
Invencibilidade *s* invincibility; invincibleness.
Invencionice *s* lie; falsehood; story.
Invencível *adj* invincible; unconquerable.
Invendável *adj* unsaleable; unmarketable.
Inventar *v* to invent; to create; to produce.
Inventariar *v* to inventory; to schedule; to list; stocktaking.
Inventário *s* stock-taking; inventory.
Inventiva *s* inventiveness.
Inventivo *adj* inventive; imaginative; ingenious; creative.
Invento *s* invention; contrivance; witcraft.
Inventor *s* inventor; author.
Invernada *s* winter season; feedlot.
Invernar *v* to hibernate; to winter.
Inverno *s* winter.
Inverossimilhança *s* inveracity; unlikelihood.
Inversamente *adv* inversely, inverted condition.
Inversão *s* inversion; inverting.
Inverso *s* e *adj* inverse; contrary; reverse.
Invertebrado *s* invertebrate.
Invertebrado *adj* invertebrate.
Inverter *v* to invert; to reverse.
Invertido *adj* inverted; reverse; inverse.
Investida *s* investing; assault; charge.

Investidura *s* investiture; vesture.
Investigação *s* investigation; inquiry; research.
Investigar *v* to investigate; to look; to examine.
Investigável *adj* investigable.
Investir *v* to invest; to attack; to assault.
Inveterado *adj* inveterate; deep-roted; habitual.
Inviabilidade *s* impracticableness; impracticability.
Inviável *adj* impracticable; impractical.
Invicto *adj* unvanquished; invincible; undefeated.
Inviolabilidade *s* inviolability; inviolableness.
Inviolado *adj* inviolate; unviolated; unhurt.
Inviolável *adj* inviolable.
Invisibilidade *s* invisibility; invisibiliness.
Invisível *adj* invisible.
Invocação *s* invocation; invoking.
Invocar *v* to invoke; to appeal; to implore.
Involtório *s* coverning; wrapper.
Invólucro *s* involucre; wrapper; packing.
Involuntário *adj* involuntary; unintentional.
Invulgar *adj* exceptional; uncommon.
Invulnerabilidade *s* invulnerability.
Invulnerável *adj* invulnerable.
Ioga *s* yogi.
Íon *s* ion.
Iota *s* iota.
Ir *v* to go; to move; to depart; to walk; to die; to go away.
Ira *s* ire; rage; anger.
Irado *adj* irate; angry; enraged.
Irar *v* to make angry; to anger; to enrage.
Irascibilidade *s* irascibility; irascibleness; choleric character.
Irascível *adj* irascible; choleric; irritable.
Íris *s* MED iris; MIT goddess of the rainbow.
Irmã *s* sister.
Irmanar *v* to match; to pair; to mate.
Irmandade *s* brotherhood; sisterhood; fraternity.
Irmão *s* brother.
Ironia *s* irony; sarcasm; mordacity.
Irônico *adj* ironical; ironic; sarcastic; sarcastical.
Irracional *adj* irrational; unreasonable; absurd.
Irracionalidade *s* irrationality; unreasonableness.
Irradiação *s* irradiation; broadcasting.
Irradiador *s* irradiator.
Irradiador *adj* irradiative.
Irradiar *v* to irradiate; to shine; to broadcast.
Irreal *adj* unreal; illusive; chimeric.
Irrealizável *adj* irrealizable; impraticable.
Irreconciliável *adj* irreconcilable; incompatible.
Irrecuperável *adj* irrecoverable; irretrievable; irreclaimable.
Irrecuperavelmente *adv* irretrievably.
Irrecusável *adj* irrecusable; unobjectionable; unimpeachable.
Irredimível *adj* irredeemable; irreclaimable.
Irredutível *adj* irreducible; not reducible.
Irreduzível *vide* IRREDUTÍVEL.
Irrefletido *adj* thoughtless; unthinking; inconsiderate.
Irreflexão *s* irreflection; rashness.
Irrefutável *adj* irrefutable; indisputable; unanswerable.
Irregular *adj* irregular; unnormal; unnatural.
Irregularidade *s* irregularity; laxity; unevenness.
Irreligião *s* irreligion; impiety.
Irreligiosidade *s* irreligiousness; without religion; impiety.
Irreligioso *adj* irreligious.
Irremediável *adj* irremediable; incurable.
Irremissível *adj* unpardonable; irremissible.
Irremovível *adj* irremovable; unremovable.
Irreparável *adj* irreparable; irretrievable.
Irrepreensibilidade *s* irreprehensibility; irreproachability.
Irrepreensível *adj* irreprehensible; irreproachable; blameless.
Irreprimível *adj* irrepressible.
Irrequieto *adj* restless; turbulent; fidgety.
Irresistível *adj* irresistible; resistless; charming.
Irresolução *s* irresolution; irresolutioness; indecision.
Irresoluto *adj* irresolute.
Irrespirável *adj* unbreathable; irrespirable.
Irresponsabilidade *s* irresponsibility.
Irresponsável *adj* irresponsible.
Irrestrito *adj* unrestrict; unrestricted.
Irretorquível *adj* unanswerable; irrefutable.
Irreverência *s* irreverence; insolence; disrespect.
Irreverente *adj* irreverent; insolent; disrespectful.
Irrevogabilidade *s* irrevocability; irrevocableness.
Irrevogável *adj* irrevocable; indefeasible.
Irrigação *s* irrigation; irrigating.
Irrigador *s* irrigator.
Irrigador *adj* irrigating; watering.
Irrigar *v* to irrigate; to water.
Irrigável *adj* irrigable.
Irrisório *adj* derisive; derisory.
Irritabilidade *s* irritability; irritableness; excitableness.
Irritação *s* irritation; annoyance.
Irritado *adj* excited; angry.
Irritante *adj* irritant; irritating.
Irritar *v* to irritate; to grate; to chafe; to gall.
Irromper *v* to burst; to break forth; to erupt.
Irrupção *s* irruption; outburst.
Isca *s* bait; tinder; FIG enticement; allurement.
Iscar *v* to bait; FIG to allure; to entice.
Isenção *s* exemption; impartiality.
Isentar *v* to exempt from; to free.
Islâmico *adj* islamic; islamitic.
Islamismo *s* Islamism.
Islamita *s* islamite; mussulman.
Islão *s* Islam.
Ismaelita *s* ishmaelite.
Isolado *adj* stranded.
Isolamento *s* isolation; separation; lonesomeness.
Isolar *v* to isolate; to insulate; to detach.
Isósceles *adj* GEOM isosceles.
Isqueiro *s* lighter; tinder-lighter; USA match.
Israelita *s* Israelite; Jew; Hebrew.
Isso *pron* that; it.
Isto *pron* this.
Itálico *s* TIP italics; italic.
Itálico *adj* italic.
Italizar *v* to italicize.
Item *s* item; an article.
Item *adv* item; also.
Iterativo *adj* iterative; reiteration.
Itinerante *adj* itinerant; tramp.
Itinerante *adj* itinerant; peripatetic.
Itinerário *s* itinerary; route.
Itinerário *adj* itinerary; route; regular way.

j J

J *s* the tenth letter of the Portuguese and of the English alphabets.
Já *adv* already; in this moment; now; at present; at once.
Jaça *s* spot in precious stones; stain blemish; flaw; defect.
Jacaré *s* alligator; cayman.
Jacente *adj* situated; recumbent; lying.
Jacinto *s* hyacinth, jacinth.
Jacobinismo *s* jacobinism.
Jacobino *s* jacobin; nationalist.
Jacobita *s* jacobite.
Jactância *s* boasting; vanity; pride.
Jactancioso *adj* boastful; bragging; proud; arrogant.
Jactar-se *v* to boast; to brag.
Jacto *vide* JATO.
Jaculatória *s* short prayer; ejaculation; ejaculatory prayer.
Jade *s* GEOL jade, white or green little stone.
Jaez *s* harness; ilk; FIG kind; quality; sort.
Jaezar *v* to harness; to caparison; to cover with trappings.
Jaguar *s* jaguar.
Jalapa *s* jalap; jalapa, medicinal plant.
Jaleco *s* jacket, a profissional cloth.
Jamais *adv* never; ever; not at any time.
Jambo *s* jamb; iamb (fruit).
Janeiro *s* January (the first month of the year).
Janela *s* window.
Jangada *s* raft; float, ocean boat.
Jangadeiro *s* raftsman.
Janota *s* dandy; fop.
Janota *adj* foppish; dandyish.
Janotismo *s* dandyism; foppery; foppishness.
Jansenismo *s* RELIG jansenism.
Jansenista *s* jansenist.
Janta *s* dinner, to eat at night.
Jantar *s* dinner.
Jantar *v* to dine.
Japonês *s* Japanese; Jap; Japanese language.
Japonês *adj* Japanese; Jap.
Japonizar *v* to japanize; to become like a Japanese.
Jaqueta *s* jacket; short coat.
Jaquetão *s* coat, double-breasted jacket.
Jarda *s* yard (yd), English measure lenght (914 mm = 36 polegadas).
Jardim *s* garden; flower-garden.
Jardinagem *s* gardening.
Jardinar *v* to garden.
Jardineira *s* flower-stand; jumper; pinafore (clothes); BR small bus.
Jardineiro *s* gardener.
Jarra *s* jar; vase; flowerpot; pitcher.
Jarrão *s* large jar; large vase.
Jarrete *s* hamstring; hock.
Jarreteira *s* garter.
Jarro *s* pot; jug; jar; USA pitcher.
Jasmim *s* jasmine; jasmin; jessamine.
Jaspe *s* GEOL jasper, a quartz stone.
Jato *s* throw; cast; hurl; jet; stream; impulse; ***motor a JATO***: jet engine; ***avião a JATO***: jet plane.
Jaula *s* cage; jail; ***elas adorarão colocá-lo na JAULA***: they'll love to throw your ass in jail.
Javali *s* wild boar; wild pig.
Jazer *v* to lie; to rest; to be in the grave; to be buried.
Jazida *s* mine; mineral vein; large deposit of ore.
Jazigo *s* grave; charnel; tomb; GEOL bed; deposit; field of minerals.
Jeans *s* youth trousers.
Jeito *s* mode; manner; skill; knack; ***ter JEITO para***: to have a talet for.
Jeitoso *adj* apt; handy; skilful.
Jejuador *s* faster; abstinent.
Jejuar *v* to fast, to abstain from food.
Jejum *s* fast; fasting.
Jerico *s* ass; donkey.
Jesuíta *s* RELIG jesuit.
Jesuítico *adj* jesuitic; jesuitical; GÍR fanatic; hipocritical.
Jesus *s* Jesus.
Jesus *interj* **Jeez! Gee!** (Jesus!; puxa vida!).
Jiboia *s* boa constrictor; python.
Jipe *s* jeep; blitz buggy.
Joalheiro *s* jeweller; jeweler.
Joalheria *s* jewellery; jewelry; jewelry shop.
Joanete *s* knuckle bone; bunion; NÁUT topsail; topgallant sail.
Joaninha *s* ladybug; ladybird.
João-ninguém *s* nobody; unimportant person; no merit man; a shrimp.
Jocosidade *s* jocosity; jocoseness; waggery.
Jocoso *adj* jocose; waggish; humorous.
Joeira *s* fan; sieve; winnowing fan.
Joeirar *v* to fan; to winnow; to sift.
Joelheira *s* knee-piece; kneepad; knee cap.
Joelho *s* knee.
Jogada *s* throw; hit; stroke; cast.
Jogador *s* gambler; gamester; player; ***JOGADOR de futebol***: soccer player.
Jogar *v* to play; to throw; to risk; to stake; to gamble.
Jogo *s* play; game; gambling.
Jogral *s* jester; buffoon; scoffer.
Joguete *s* mockery; toy; plaything.
Joia *s* jewel; a precious stone; gem; piece of jewelry; USA entrance fee.
Joio *s* darnel.
Jônico *adj* jonic; ionic; ionian; ARQT jonic column.
Jornada *s* journey; tour; trip; one-day-march; MIL expedition.
Jornal *s* journal; newspaper; papers; day wages; day's journey.
Jornaleco *s* a shabby newspaper; rag; cheap newspaper.
Jornaleiro *s* news boy; day labourer; day laborer; news-agent; USA newsdealer; BR newspaper's seller.
Jornalismo *s* journalism, the profession of journalist.
Jornalista *s* journalist; news reporter; pressman; USA newspaperman.
Jorrar *v* to spout; to spurt out; to gush.

Jorro *s* jet; waterspout; gush; outpouring.
Jota *s* the letter "J"; jot.
Jovem *s* youth; young man or woman; adolescent.
Jovem *adj* young; youthful.
Jovial *adj* jovial; merry; gay; jolly; cheerful.
Jovialidade *s* joviality; gaiety; jollity.
Jovializar *v* to jovialize; to make jovial; to be jovial.
Juba *s* lion's mane.
Jubado *adj* maned.
Jubilação *s* jubilation; retirement; exultation; rejoicing.
Jubilante *adj* jubilant; happy; exulting; joyful.
Jubilar *v* to jubilate; to exult; to pension off; to retire.
Jubileu *s* jubilee (fiftieth anniversary).
Júbilo *s* jubilation; exultation; joy; glee; rejoicing.
Jubiloso *adj* joyful; jubilant; merry; elated; gay.
Judaico *adj* judaic; judaical; jewish.
Judaísmo *s* judaism, the Judaic Religion.
Judeu *s* Jew; judean; judaean.
Judeu *adj* Jewish; judean; judaean.
Judiar *v* to mock; to scorn; to afflict; to ridicule; to torture.
Judicativo *adj* judicative; judicial.
Judicatório *adj* judicatory.
Judicatura *s* judicature; a Court of Justice; judicial authority.
Judicial *adj* judicial.
Judiciário *adj* judiciary; judicial.
Judicioso *adj* judicious; wise; well-advised; sensible.
Jugo *s* yoke; submission; servitude; oppression.
Jugular *s* jugular.
Jugular *adj* neck vein; throat vein.
Jugular *v* to crush; to subdue; to hang; to suppress.
Juiz *s* judge; umpire; ESP referee.
Juízo *s* judgment; court of justice; wisdom.
Julgado *s* judicature; the office of a judge; judgeship.
Julgado ***adj*** judged; sentenced.
Julgador *s* judge; critic; judger; arbiter.
Julgador *adj* judging.
Julgamento *s* judgement; judgment; trial; sentence; decision.
Julgar *v* to judge; to adjudge; to deem; to estimate; to think; USA to grade.
Julho *s* July, the seventh month of the year.
Jumento *s* jackass; ass; donkey.
Junção *s* junction; joining; union; connection.
Juncar *v* to strew; to bestrew; to spread.
Junco *s* junk; rush; bulrush; reed.
Jungir *v* to yoke; to join; to link; to couple.
Junho *s* June, the sixth month of the year.
Júnior *adj* junior; younger.
Junta *s* joint; junta; council; committee.
Juntar *v* to adjoin; to join; to put together; to connect.
Junto *adj* near; joined; close.
Junto *adv* together; near; jointly; close.
Juntura *s* juncture; junction; joint; union.
Jura *s* oath; vow; curse; swearing.
Jurado *s* juryman; juror; USA venireman.
Jurado *adj* sworn.
Juramentado *adj* sworn in; authenticated.
Juramento *s* oath, act of swear; vow.
Jurar *v* to swear; to promise; to take oath; to make swear; to curse.
Jurássico *adj* Jurassic (second Mesozoic era).
Júri *s* jury.
Jurídico *adj* juridical.
Jurisconsulto *s* jurisconsult; jurist.
Jurisdicão *s* jurisdiction.
Jurisperito *s* jurisprudent.
Jurisprudência *s* jurisprudence; a body of law; a system of law; the science of law.
Jurista *s* jurist; lawyer; jurisconsult.
Juro *s* interest; monetary compensation.
Jus *s* right; legal right.
Jusante *s* ebb; ebb tide; low tide.
Justa *s* joust; tilt; tournament.
Justalinear *adj* in parallel columns; line by line.
Justapor *v* to juxtapose; to place side by side.
Justaposição *s* juxtaposition; contiguity.
Justar *v* to joust; to engage in a joust.
Justeza *s* justness; accuracy; exactness.
Justiça *s* justice; rightness; fairness.
Justiçar *v* to punish; to chastise; to execute.
Justiceiro *adj* impartial; fair; severe; rigorous; BR murder.
Justificação *s* justification; warrant; vindication; excuse.
Justificador *s* justificator; justifier.
Justificador *adj* justifying.
Justificante *adj* justifying.
Justificar *v* to justify; to vindicate; account for.
Justificativo *adj* justificative; justifying; justificatory.
Justificável *adj* justifiable; accountable.
Justo *adj* just; fair; true; accurate; equitable; righteous; tight; close; ***o juiz tenta ser JUSTO***: the judge tries to be just.
Juta *s* jute; a glossy fiber.
Juvenil *adj* juvenile; young; youthful.
Juventude *s* youth; youthfulness; adolescence; teenage; teen age.

k K

K *s* eleventh letter of the English alphabet (this letter is no longer included in the official Portuguese alphabet).
K *s* QUÍM potassium symbol.
Kaiser *s* kaiser; emperor; emperator.
Kantismo *s* FIL kantism; kantianism (doctrine by Immanuel Kant - 1724/1804).
Kantista *s* kantian.
Kantista *adj* kantian.
Kart *s* AUT kart.
Kepleriano *adj* ASTR keplerian (from Johann Kepler - 1571/1638).
Kg *s* kilogram (abbreviature).
Kibutz *s* kibuttz (Jewish inhabitation - popular in Israel).
Kilowatt *s* kilowatt.
Kl *s* kiloliter (abbreviation).
Km *s* kilometer (abbreviation).
Krypton *s* CIN krypton (supposed Superman's planet).

L

L *s* the eleventh letter of the Portuguese alphabet and the twelfth of the English alphabet.
L *s* Roman numeral for fifty.
Lá *s* MÚS la, the sixth note of the scale.
Lá *adv* there; yonder; in that place.
Lã *s* wool; fuzz; fleece.
Labareda *s* flame; blaze; FIG vivacity; ardor; excitement.
Lábaro *s* labarum; flag.
Lábia *s* astuteness; cunning; guile.
Labiado *adj* labiate; labiated; lip-shaped.
Labial *adj* labial.
Lábio *s* lip; border; labium.
Labirinto *s* labyrinth; maze; ANAT labyrinth; the internal ear.
Labor *s* labor; labour; toil; work; task.
Laboração *s* working; activity; laboring.
Laborar [] *v* to labor; to toil; to work.
Laboratório *s* laboratory.
Laborioso *adj* laborious; toilsome; tiring; industrious.
Labuta *s* toil; labor; drudgery.
Labutar *v* to work hard; to toil; to drudge; to plug.
Laçada *s* slipknot; bowknot; loop.
Lacaio *s* lackey; footman; valet.
Laçar *v* to lace; to lasso; to rope.
Laceração *s* laceration.
Lacerar *v* to lacerate; to mangle; to tear.
Laço *s* knot; snare; trap; noose; lasso.
Lacônico *adj* laconic; brief; concise.
Laconismo *s* laconism; laconicism.
Lacrar *v* to seal with wax; to seal.
Lacrau *s* scorpion.
Lacre *s* sealing-wax.
Lacrimação *s* lachrymation; tearing.
Lacrimejante *adj* tearful; teary; whimpering.
Lacrimejar *v* to whine; to whimper; to cry.
Lactação *s* lactation.
Lactante *adj* lactant; giving suck; suckling.
Lactar *v* to lactate; to suckle; to nurse; to suck.
Lactário *s* milk dispensary.
Lactário *adj* lacteous.
Lácteo *adj* lacteous; lacteal; milky white.
Lacticínio *s* milk-food; dairy product.
Láctico *s* acid lactic.
Láctico *adj* lactic.
Lacuna *s* lacuna; gap; omission.
Lacustre *adj* lacustrine; lacustrian.
Ladainha *s* litany; FIG rigmarole.
Ladear *v* to flank; to evade.
Ladeira *s* slope; acclivity; hill; upgrade.
Ladino *s* GRAM Ladin (language from Latin).
Ladino *adj* sly; cunning; astute.
Lado *s* side; face; flank.
Ladra *s* woman thief.
Ladrão *s* thief; burglar; robber; crook.
Ladrar *v* to bark; to bay; to yelp.
Ladrilhado *adj* tiled.
Ladrilhar *v* to pave with tile; to tile.
Ladrilho *s* tile; brick.
Ladroeira [] *s* theft; extortion; robbery.
Lagarta *s* caterpillar; palmer-worm.
Lagartixa *s* small lizard.
Lagarto *s* lizard.
Lago *s* lake; pond; pool.
Lagoa *s* lagoon.
Lagosta *s* lobster.
Lagostim *s* norway-lobster; crawfish; small lobster.
Lágrima *s* tear; drop; *pl* weeping.
Laia *s* gang; kind; sort.
Laical *adj* laical; leic; lay; secular.
Laico *adj* laic; secular.
Laivo *s* spot; stain; blemish; FIG slight knowledge.
Laje *s* flagstone; slab.
Lajeado *adj* paved; flagging; slab covering.
Lajeamento *s* paving; paving with slabs.
Lajear *v* to pave with flagstones.
Lama *s* mud; mire; RELIG Lama.
Lamaçal *s* muddy place; slough; puddle.
Lamaceiro *vide* LAMAÇAL.
Lamacento *adj* miry; muddy.
Lamaísmo *s* RELIG lamaism.
Lambada *s* lash; stroke; blow.
Lambão *s* glutton; fool.
Lambão *adj* gluttonous; silly.
Lamber *v* to lick; to polish.
Lambida *s* licking; FIG flattery.
Lambiscar *v* to nibble; to have a snack.
Lambujem *s* dainty; dainties; tidbits.
Lambuzar *v* to dirty; to soil; to besmear.
Lameiro *s* slough; bog.
Lamentação *s* lamentation; wail.
Lamentar *v* to lament; to weep; to mourn; to grieve; to regret.
Lamentável *adj* lamentable; pitiable; sorrowful; pitiful.
Lamento *s* lament; complaint; moan.
Lâmina *s* lamina; axe; blade; sheet.
Laminação *s* lamination; rolling.
Laminado *adj* laminated; rolled; laminate.
Laminar *v* to laminate.
Lâmpada *s* lamp; electric light-bulb; lantern.
Lampadário *s* candelabrum; candlestick; chandelier.
Lamparina *s* night lamp; night candle; oil lamp.
Lampejante *adj* sparkling; shining; glittering; gleaming.
Lampejar *v* to shine; to glitter; to flash; to sparkle; to gleam.
Lampejo *s* spark; sparkle; flash; glimmer.
Lampião *s* lampion; a street lamp.
Lamúria *s* lamentation; lament; complaint.
Lamuriante *adj* lamenting; complaining; crying.
Lamuriar *v* to lament; to moan; to complain.
Lança *s* lance; spear; pole of a carriage.
Lançador *s* bidder; thrower.
Lançar *v* to throw; to cast; to vomit; to throw up.
Lançar-se *v* to rush.
Lance *s* cast; throw; event; risk; danger.
Lancetar *v* to lance; to open with a lancet.

Lancha *s* launch; motor boat.
Lanchão *s* large barge.
Lanchar *v* to snack; to lunch; to eat a snack.
Lanche *s* snack; sandwich; coffee break.
Lancinante *adj* piercing; lancinating.
Lancinar *v* to lancinate; to lacerate; to torment.
Languidez *s* languidness; languishment; languor.
Lânguido *adj* languid; weak; faint.
Lanhar *v* to cut; to slash; to wound.
Lanho *s* gash; slash.
Lanífero *adj* laniferous, producing wool; fleecy; woolly.
Lanifício *s* woollen manufacture; woollen goods.
Lanterna *s* lantern; spotlight; flashlight.
Lanterneiro *s* lanter maker; lamplighter.
Lapela *s* lapel.
Lapidação *s* lapidation; stoning; FIG improvement.
Lapidar *v* to polish stones; to cut stones; to lapidate.
Lapidário *s* lapidary; stone-cutter; jeweler.
Lapidário *adj* lapidary.
Lápide *s* gravestone; tombstone; memorial stone.
Lapidificação *s* lapidification.
Lapidificar *v* to lapidify; to petrify.
Lápis *s* pencil.
Lapiseira *s* pencil box; pencil holder; pencil case.
Lapso *s* lapse; slip; space of time.
Laqueação *s* MED ligature of arteries; lacquering.
Laquear *v* MED to tie of arteries; to enamel; to lacquer.
Lar *s* home; household; fireside; house.
Laranja *s* orange.
Laranjada *s* orangeade; orange juice plus water.
Laranjal *s* orange grove.
Laranjeira *s* orange tree.
Larápio *s* filcher; thief; pilferer.
Lardear *v* to lard; to interlard.
Lareira *s* fireplace; fireside.
Largar *v* to let go; to loosen; to leave; to abandon.
Largo *s* square; small public square.
Largo *adj* wide; broad; ample; spacious; extensive.
Largueza *s* width; breadth; FIG generosity; liberality.
Largura *s* width; breadth.
Laringe *s* ANAT larynx.
Laríngeo *adj* laryngeal; laryingical.
Laringite *s* MED laryngitis.
Larva *s* larva; worm.
Lasca *s* scrap; chip; splinter; fragment.
Lascar *v* to splinter; to sliver; to split; to slap.
Lascívia *s* lasciviousness; lewdness.
Lascivo *adj* lascivious; lewd.
Lassidão *s* lassitude; languor; weariness; slackness.
Lasso *adj* weary; exhausted; tired.
Lástima *s* pity; lament; compassion.
Lastimar *v* to regret; to feel sorrow; to express sorrow; to be sorry for.
Lastimável *adj* deplorable; pitiable.
Lastro *s* ballast.
Lata *s* tin; tin-plate; USA can; POP face.
Latão *s* brass.
Látego *s* scourge; whip.
Latejante *adj* throbbing; beating.
Latejar *v* to beat; to throb.
Latente *adj* latent.
Lateral *adj* sidelong; lateral; ESP ***LATERAL direito***: right back (futebol).
Látex *s* latex (fluid from the rubber tree).
Laticínio *vide* LACTICÍNIO.
Latido *s* barking; yelping; bark; yelp.
Latifúndio *s* large landed estate; latifundium; large landowner.
Latim *s* Latin.
Latir *v* to bark; to bay; to yelp.
Latitude *s* latitude.
Lato *adj* vast; ample; extensive; wide.
Latrina *s* water closet; privy; latrine.
Latrocínio *s* larceny; robbery; holdup.
Lauda *s* page.
Laudo *s* certificate; award; finding.
Láurea *s* laurel; prize.
Laureado *adj* laureate; distinguished.
Laurear *v* to laureate; to honor; to distinguish.
Lauto *adj* sumptuous; opulent; abundant.
Lavabo *s* lavabo; washbasin.
Lavadeira *s* washerwoman; laundress; USA washwoman.
Lavadouro *s* washing-place; washboard; washtub.
Lavagem *s* washing; wash; hog-wash; panning.
Lavandaria *s* laundry; laundromat.
Lavanderia *vide* LAVANDARIA.
Lava-pés *s* foot washing; foot bath.
Lavar *v* to wash; to wash out; to launder; to flush.
Lavar-se *v* to lave.
Lavatório *s* lavatory; washhandstand; USA wash-stand.
Lavável *adj* washable.
Lavoura *s* farming; tillage; husbandry.
Lavra *s* tillage; mining.
Lavradio *adj* arable.
Lavrado *s* tillage.
Lavrado *adj* tilled.
Lavrador *s* tiller; farmer; countryman; husbandman.
Lavrar *v* to plough; to till; to carve; to rage.
Laxação *s* laxity; slackness; laxation.
Laxante *s* laxative.
Laxante *adj* laxative; purgative.
Lazer *s* leisure.
Leal *adj* loyal; leal; faithful; frank.
Lealdade *s* loyalty; fair play; fidelity.
Leão *s* lion; ASTR Leo.
Lebre *s* hare.
Lecionar *v* to teach; to give private lessons; to lecture.
Ledo *adj* joyful; gay; merry; cheerful.
Ledor *s* reader.
Legação *s* legation; embassy.
Legado *s* legate; ambassador.
Legal *adj* legal; lawful.
Legal *interj* GÍR terrific! cool!
Legalidade *s* legality.
Legalista *s* legalist.
Legalização *s* legalization.
Legalizar *v* to legalize; to legitimize; to authenticate.
Legar *v* to bequeath; to leave.
Legatário *s* legatee; devisee.
Legenda *s* legend; inscription; caption.
Legendário *adj* legendary.
Legião *s* legion.
Legionário *s* legionary; legionnaire.
Legionário *adj* legionary.
Legislação *s* legislation.
Legislador *s* legislator; lawgiver; lawmaker.
Legislar *v* to legislate; to make laws.
Legislativo *adj* legislative.
Legislatura *s* legislature.
Legista *s* legist; coroner.
Legítima *s* legitim.
Legitimação *s* legitimation.
Legitimar *v* to legalize; to authenticate; to legitimize; to legitimate.
Legitimidade *s* legitimacy.
Legítimo *adj* legitimate; genuine.
Legível *adj* legible.
Légua *s* league.
Legume *s* legume; vegetable; cereal.

Leguminoso *adj* leguminous.
Lei *s* law; an edict; an act; rule; norm.
Leigo *s* layman.
Leigo *adj* lay; secular; laic.
Leilão *s* auction.
Leiloar *v* to auction.
Leiloeiro *s* auctioneer.
Leitão *s* sucking pig; piggy; piggie.
Leite *s* milk; latex.
Leiteira *s* milkmaid; milk pot; dairymaid.
Leiteiro *s* milkman.
Leiteiro *adj* milky.
Leiteria *s* dairy; creamery.
Leito *s* bed; bedsteady; berth; bedrock.
Leitor *s* reader; lector.
Leitura *s* reading; literature.
Lema *s* lemma; proposition; motto; slogan.
Lembrança *s* remembrance; memory; souvenir; keepsake.
Lembrar *v* to remind; to recollect; to recall; to remember.
Lembrete *s* note; reminder; memorandum.
Leme *s* helm; rudder.
Lenço *s* handkerchief; neckerchief; neckloth.
Lençol *s* sheet.
Lenda *s* legend; fable.
Lendário *adj* legendary; fabled.
Lêndea *s* nit (egg of a louse).
Lengalenga *s* chit-chat; rigmarole.
Lenha *s* wood; firewood; lumber.
Lenhador *s* woodcutter; woodman; lumberjack.
Lenimento *s* lenitive; liniment.
Lenitivo *s* lenitive; emollient.
Lenitivo *adj* lenitive; assuaging.
Lenocínio *s* JUR the act of promoting prostitution.
Lente *s* lens; professor; teacher.
Lentejoula *s* spangle; sequin.
Lentidão *s* slowness; sluggishness.
Lentilha *s* lentil.
Lento *adj* slow; lazy; idle; low; sluggish.
Leopardo *s* leopard.
Lépido *adj* merry; swift; quick.
Leproso *s* leper.
Leproso *adj* leprous.
Leque *s* fan.
Ler *v* to read; to interpret.
Lerdo *adj* heavy; lazy; dull.
Lesão *s* lesion; damage; injury.
Lesar *v* to hurt; to damage; to injure.
Lesivo *adj* injuring; offensive; damaging.
Lesma *s* slug; FIG sluggard.
Leso *adj* hurt; offended.
Leste *s* east; orient.
Letal *adj* lethal; deadly; mortal.
Letargia *s* lethargy; drowsiness; torpor.
Letárgico *adj* lethargic; lethargical.
Letra *s* letter; handwriting; character of the alphabet; ***LETRA maiúscula***: capital letter.
Letrado *s* man of letters; doctor.
Letrado *adj* erudite; learned.
Letreiro *s* label; title; inscription.
Leucemia *s* leukemia.
Leucócito *s* leucocyte.
Levantado *adj* lifted; raised; rebellious.
Levantamento *s* raising; statistics; lift; uprising.
Levantar *v* to lift; to raise; to build; to rise.
Levante *s* levant; orient; east; riot.
Levar *v* to carry; to convey; to take away; to bring; to lead; to take (time).
Leve *adj* slight; light; quick.
Levedura *s* leaven; yeast.
Leveza *s* lightness; levity.
Leviandade *s* frivolousness; imprudence.
Leviano *adj* frivolous; giddy; unstable.
Levitação *s* levitation.
Levítico *s* leviticus (3º book of the Pentateuch).
Léxico *s* lexicon; dictionary.
Lhama *s* llama.
Lhaneza *s* sincerity; candor; affability.
Lhano *adj* sincere; frank; amiable.
Lhe *pron* him; her; it; to him; to her; to it; to you.
Liame *s* bond; link; tie.
Libação *s* libation.
Libar *v* to drink; to suck; to taste.
Libelo *s* libel, lampoon; bill of indictment.
Libélula *s* dragonfly; libellula.
Liberação *s* liberation; release; discharge; quittance.
Liberal *adj* liberal; broad-minded; generous.
Liberalidade *s* liberality; broad-mindedness; generosity.
Liberalismo *s* liberalism.
Liberar *v* to liberate; to free; to release; to discharge.
Liberdade *s* liberty; freedom.
Libertação *s* liberation; freedom.
Libertador *s* liberator; deliverer.
Libertar *v* to free; to set free; to liberate; to discharge.
Libertinagem *s* libertinism; licentiousness; debauchery.
Libertino *s* libertine.
Libertino *adj* libertine; lascivious.
Libidinagem *s* lewdness.
Libido *s* libido (sex instinct).
Libra *s* pound; ASTR Libra; ***LIBRA esterlina***: pound sterling.
Libração *s* libration.
Librar *v* to poise; to balance.
Librar-se *v* to librate.
Lição *s* lesson; lecture; reading.
Licença *s* license; licence; permit; permission.
Licenciado *s* licentiate.
Licenciado *adj* discharged; exempt.
Licenciamento *s* licentiate; MIL discharge (of soldiers).
Licenciar *v* to license; to authorize; to allow.
Licenciosidade *s* licentiousness.
Licencioso *adj* licentious; lascivious.
Liceu *s* secondary school; lyceum; high school.
Licitação *s* bidding; auction; bid.
Licitante *s* bidder.
Licitante *adj* bidder.
Licitar *v* to bid; to auction.
Lícito *adj* licit; lawful.
Licor *s* liqueur; liquor.
Licoroso *adj* like liquor; sweet.
Lida *s* work; toil; drudgery; fag.
Lidar *v* to cope; to work; to deal; to labor; to toil.
Líder *s* leader; chief; conductor.
Liderança *s* leadership; command.
Liderar *v* to lead.
Lídimo *adj* legitimate; genuine; authentic.
Lido *adj* well-read; read.
Liga *s* league; union; junction; alloy (of metals); USA garter.
Ligação *s* binding; connection; junction; union; FIG friendship.
Ligadura *s* ligature; tie; bandage.
Ligamento *s* band; tie; binding; MED ligament.
Ligar *v* to bind; to tap; to tap into; to append; to attach; to alloy metals; to annex; to join; to fasten; to fasten on; to connect; to connect with.
Ligeireza *s* lightness; agility; quickness.
Lilás *s* lilac (flor).
Lima *s* file; sweet lime.
Limado *adj* filed.
Limalha *s* filings; filing; file dust; rasping.
Limão *s* lemon.

Limar *v* to file; to rasp; to polish.
Limbo *s* limb; border; edge; leaf blade.
Limeira *s* lime-tree.
Limiar *s* threshold; doorstep; doorsill.
Liminar *s* JUR threshold; granted at the beggining of a lawsuit (by a judge).
Limitação *s* limitation; restriction.
Limitar *v* to limit; to stint; to confine.
Limitar-se *v* to adhere; to confine to.
Limite *s* limit; boundary; border.
Limítrofe *adj* frontier; limitrophe; borderline.
Limo *s* mud; slime.
Limoeiro *s* lemon tree.
Limonada *s* lemonade.
Limosine *s* limousine.
Limoso *adj* muddy; slimy.
Limpa-chaminés *s* chimmey-sweeper; chimmey sweep.
Limpador *s* cleaner.
Limpar *v* to clean; to cleanse; to sweep; to do up; to dust (sacudir o pó).
Limpeza *s* cleanliness; neatness; cleaning.
Limpo *adj* clean; neat; cleanly.
Lince *s* lynx; bobcat.
Linchamento *s* lynching; lynch law.
Linchar *v* to lynch; to punish by lynch-law.
Lindeza *s* beauty; elegance; prettiness.
Lindo *adj* fine; nice; pretty; beautiful.
Linear *adj* linear; liny.
Linfático *adj* lymphatic.
Língua *s* tongue; language; speech.
Linguagem *s* language; speech.
Linguarudo *s* taleteller; telltale.
Linguarudo *adj* loquacious; talkative.
Lingueta *s* little tongue; bolt; latch.
Linguiça *s* kind of sausage.
Linguista *s* linguist.
Linha *s* line; thread; string; boundary; ***FUT, LINHA da grande área***: penalty area marking; ***LINHA de meio campo***: halfway line; ***LINHA lateral***: touchline.
Linhaça *s* linseed; flaxseed.
Linhagem *s* lineage; pedigree; ancestry.
Linho *s* linen; flax.
Linifício *s* industry of linen; linen work.
Linimento *s* liniment.
Linotipista *s* linotypist; linotyper.
Linotipo *s* linotype.
Liquefação *s* liquefaction; melt.
Liquefazer *v* to liquefy; to melt.
Liquefeito *adj* liquefied; melted.
Liquidação *s* settlement; bargain sale; liquidation.
Liquidificar *v* to liquefy; to melt; to dissolve.
Líquido *s* liquid; fluid.
Líquido *adj* liquid; fluid; COM net.
Lira *s* lira (Italian coin); MÚS lyre (instrument).
Lírico *adj* lyric; lyrical.
Lirismo *s* lyricism.
Liso *s* flat.
Liso *adj* smooth; even; plain; GÍR broke (without money).
Lisonja *s* soft soap; flattery.
Lisonjeador *s* flatterer.
Lisonjear *v* to flatter; to praise; to blandish.
Lisonjeiro *s* flatterer; wheedler.
Lisonjeiro *adj* flattering; pleasing.
Lista *s* list; roll; catalogue; stripe; schedule.
Listra *s* stripe; band; streak.
Listrar *v* to stripe.
Lisura *s* smoothness; sincerity; honesty.
Liteira *s* sedan chair; litter.
Literal *adj* literal.
Literário *adj* literary.
Literato *s* literate; writer; man of letters.
Literatura *s* literature; letters.
Litigante *s* litigant; litigator.
Litigante *adj* litigant.
Litigar *v* to litigate; to contest in law.
Litígio *s* litigation; dispute; lawsuit.
Litigioso *adj* litigious; contentious; quarrelsome.
Litoral *s* coastland; seashore; coast line; littoral.
Litosfera *s* lithosphere.
Litro *s* litre; liter.
Liturgia *s* liturgy; ritual; ceremony.
Litúrgico *adj* liturgical; liturgic.
Lívido *adj* livid; discolored; wan; pale.
Livramento *s* deliverance; setting free; liberation; release.
Livrar *v* to deliver; to rescue; to free; to release.
Livraria *s* book-shop; bookstore; library; bookshop.
Livrar-se *v* to get rid of; to be rid of; to escape.
Livre *adj* free; duty; loose; licentious.
Livreiro *s* bookseller; bookman.
Livro *s* book.
Lixa *s* sandpaper; dogfish; glass-paper.
Lixar *v* to sandpaper; to rub with sandpaper.
Lixeiro *s* rubbish collector; USA ashman; garbage man.
Lixo *s* rubbish; garbage; waste; trash; FIG mob.
Loba *s* she-wolf.
Lobinho *s* a little wolf; wen;wolf cub; cyst.
Lobisomen *s* werewolf.
Lobo *s* wolf; ***LOBO-do-mar***: sea-wolf; sea dog ***LOBO-marinho***: seal; sea lion.
Lôbrego *adj* gloomy; murky; lugubrious.
Lóbulo *s* lobule; lobe.
Locação *s* location; rental; lease.
Locador *s* locator; landbord; lessor.
Local *s* place; site; locality; setting.
Local *adj* local; sectional.
Localidade *s* locality; place; village.
Localização *s* localization.
Localizar *v* to localize; to situate.
Loção *s* lotion; hair lotion; wash.
Locar *v* to let; to hire; to lease.
Locatário *s* lodger; renter; tenant.
Locomoção *s* locomotion.
Locomotiva *s* locomotive; engine.
Locomover-se *v* to move.
Locução *s* locution; phrase; speech.
Locupletar *v* to enrich; to fill.
Locupletar-se *v* to become rich; to grow rich.
Locutor *s* speaker.
Lodo *s* mud; mire; ooze.
Lodoso *adj* muddy; miry.
Lógica *s* logic; smartness.
Lógico *s* logician.
Lógico *adj* logical; logic; sound.
Logo *adv* pretty soon; immediately; without delay; soon.
Logo *conj* therefore; then.
Logração *s* deceit; trap; trick; cheat.
Logradouro *s* common ground; park; plaza.
Lograr *v* to obtain; to get; to cheat.
Logro *s* gain; cheat; trick.
Loja *s* shop; USA store; lodge.
Lojista *s* shopkeeper; storekeeper.
Lombada *s* table-land; rump; spine back of a book.
Lombo *s* loin; loins; back.
Lombriga *s* worm.
Lona *s* canvas; sail-duck; sailcloth.
Longe *adv* far; far away; far off.
Longevidade *s* longevity.
Longevo *adj* long-lived; longevous.

Longínquo *adj* distant; remote.
Longitude *s* longitude.
Longitudinal *adj* longitudinal; lengthwise.
Longo *adj* long; not short; not brief; drawn-out.
Lontra *s* otter.
Loquacidade *s* loquacity; talkativeness.
Loquaz *adj* loquacious; garrulous; talkative.
Lotação *s* budget; capacity.
Lotado *adj* crowded; full; ***ônibus LOTADOS***: coachloads.
Lote *s* lot; portion; share; parcel.
Lotear *v* to lot; to allot; to share; to parcel.
Loteria *s* lottery; USA policy.
Loto *s* lotus; lotos; lotto.
Louça *s* tableware; china; plate; dish.
Louco *s* madman; lunatic; fool.
Louco *adj* mad; crazy; insane.
Loucura *s* madness; folly; insanity.
Loura *s* blonde.
Louro *s* poll; laurel; parrot.
Louro *adj* blond; fair; bright; golden.
Lousa *s* blackboard; slate; paving stone; flagstone.
Louva-a-deus *s* mantis; praying mantis.
Louvação *s* appraisement; praise; appraisal.
Louvado *s* valuer; appraiser.
Louvado *adj* praised.
Louvador *s* eulogizer; glorifier; praiser.
Louvador *adj* lauding.
Louvar *v* to praise; to laud; to eulogize; to appraise; to set forth.
Louvável *adj* laudable; praiseworthy.
Louvor *s* praise; commendation; eulogy; honor.
Lua *s* moon; mood.
Luar *s* mooshine; moonlight.
Lúbrico *adj* lubricous; slippery; lascivious; lustful.
Lubrificação *s* greasing; lubricate; lubrication.
Lubrificante *s* lubricant.
Lubrificante *adj* lubricant.
Lubrificar *v* to grease; to oil; to lubricate.
Lucidez *s* lucidity; clearness; brilliance.
Lúcido *adj* lucid; clear; bright.
Lúcifer *s* lucifer; satan.
Luciférico *adj* luciferian; devilish; diabolic.
Lucrar *v* to gain; to profit; to drow; to clear; to acquire.
Lucrativo *adj* lucrative; profitable; advantageous.
Lucro *s* profit; gain; lucre; advantage.
Lucubração *s* lucubration.
Lucubrar *v* to lucubrate.
Ludibriar *v* to deceive; to delude; to mock.
Ludíbrio *s* deceit; mockery; scorn.
Lufada *s* puff; gust; blast.
Lufar *v* to puff; to pant.
Lugar *s* place; space; room; spot; site.
Lugarejo *s* hamlet; small village; village.
Lúgubre *adj* lugubrious; mournful; gloomy; dismal.
Lugubridade *s* lugubriousness; gloom; lugubrity; sadness.
Lula *s* calamary; squid; cuttlefish.
Lumbago *s* MED lumbago; backache.
Lume *s* fire; flame; light; FIG perspicacity.
Luminar *s* luminary.
Luminosidade *s* luminosity; brilliance.
Luminoso *adj* luminous; shining; bright.
Lunar *adj* lunar; moony.
Lunático *s* lunatic; madman; an insane person.
Lunático *adj* lunatic; insane; crazy.
Luneta *s* lunette; spectacles lens; eyeglass; lens.
Lupa *s* magnifying glass; bloom.
Lúpulo *s* hop.
Lusco-fusco *s* nightfall; twilight; dusk.
Lusitânico *vide* LUSITANO.
Lusitanismo *s* portuguese manner; portuguese expression.
Lusitano *s* lusitanian; portuguese.
Lusitano *adj* lusitanian; portuguese.
Luso *s* lusitanian; portuguese.
Luso *adj* lusitanian; portuguese.
Lustração *s* lustrum; lustration; polish.
Lustral *adj* lustral; purifying.
Lustrar *v* to gloss; to glaze; to polish.
Lustre *s* luster; gloss; chandelier.
Lustro *s* luster; lustrum; a period of five years; quinquennium.
Lustroso *adj* lustrous; glossy; shining.
Luta *s* struggle; combat; contest; fight; ***LUTA livre***: catch-as-cath-can.
Lutador *s* wrestler; fighter.
Lutar *v* to fight; to contend; to struggle; to wrestle.
Luteranismo *s* lutheranism.
Luterano *s* lutheran.
Luterano *adj* lutheran.
Luto *s* mourning; lute; grief.
Luva *s* glove; sleeve.
Luvaria *s* glover shop.
Luveiro *s* glover.
Luxação *s* wrench; luxation; dislocating.
Luxar *v* to luxate; to dress showily; MED to dislocate.
Luxo *s* luxe; luxury; sumptuous quality; fleshpots.
Luxuoso *adj* luxurious showy; sumptuous; ritzy.
Luxúria *s* lewdness; lust; lasciviousness; lascivity.
Luxuriar *v* to luxuriate; to grow profusely; to live luxuriously; to be lascivious.
Luxurioso *adj* luxurious; lustful; lewd; lascivious.
Luz *s* light; knowledge; enlightenment.
Luzeiro *s* luminary; light; brightness.
Luzente *adj* bright; brilliant; luminous.
Luzidio *adj* glittering; glistening; shining.
Luzido *adj* sumptuous; splendid; showy.
Luzir *v* to shine; to gleam; to glow; to flash; to glance.

m M

M *s* the twelfth letter of the Portuguese alphabet and the thirteenth of the English alphabet and of several alphabets.
Má *adj* bad.
Maca *s* hammock; stretcher.
Maça *s* club; bat; mace.
Maçã *s* apple.
Macabro *adj* macabre; ghastly.
Macaco *s* monkey; ape; MEC jack machine for lifting heavy weights.
Maçada *s* blow with a club; tiresome work; boring conversation.
Maçador *s* bore.
Maçador *adj* tiresome; bother-some; USA pesky.
Macambúzio *adj* sad; melancholic; sullen; surly.
Maçaneta *s* knob; door handle; pommel.
Maçante *adj* boring.
Macaquear *v* to ape; to imitate; to mimic.
Maçar *v* to beat; to flail; to tire; to bore; to annoy.
Maçarico *s* blow-pipe; blow torch; soldering pipe.
Macarrão *s* macaroni (dish).
Macedônico *s* Macedonian.
Macedônico *adj* Macedonian.
Maceração *s* maceration; mortification.
Macerar *v* to macerate; to bruise; to mortify.
Machadada *s* cut or blow with an axe.
Machadinha *s* hatchet.
Machado *s* ax; axe; hatched.
Macho *s* male.
Macho *adj* male; robust; virile.
Machucar *v* to crush; to bruise; to hurt; to pound.
Maciço *s* massif.
Maciço *adj* massive; solid.
Macieira *s* aple tree.
Maciez *s* softness; smoothness.
Macio *adj* smooth; soft; pleasant.
Maço *s* mallet; package; packet.
Maçom *s* Mason; Freemason.
Maçonaria *s* Mansory.
Maçônico *adj* masonic.
Macrobiótica *s* macrobiotics.
Macrocosmo *s* macrocosm.
Mácula *s* spot; stain; blemish.
Macular *v* to stain, to tarnish, to maculate.
Madeira *s* wood; timber; USA lumber.
Madeiramento *s* framework; timberwork.
Madeirar *v* to timber; to furnish with timber.
Madeireiro *s* lumber-man; timber-dealer.
Madona *s* madonna; RELIG the Virgin Mary.
Madrasta *s* stepmother; step-mother.
Madre *s* num; superior mother.
Madrepérola *s* mother-of-pearl.
Madrigal *s* MÚS madrigal.
Madrileno *adj* inhabitant of Madrid (or borned).
Madrinha *s* god-mother, witness at a marriage; patroness.
Madrugada *s* dawn; dawning; daybreak.
Madrugador *s* early-riserb.
Madrugador *adj* early-rising.
Madrugar *v* to dawn; to rise early.
Madurar *v* to mature; to ripen.
Madureza *s* maturity; ripeness.
Maduro *adj* mature; ripe.
Mãe *s* mother; mom.
Maestria *s* mastership; mastery.
Maestro *s* maestro; master in music; master.
Magia *s* fascination; enchantment; magic.
Mágica *s* sorceress; sorcery; witch; magic.
Mágico *s* magician; sorcerer.
Mágico *adj* magic; magical.
Magister *s* magister; teacher; master.
Magistério *s* magistery, mastership; professorship.
Magistrado *s* magistrato.
Magistral *adj* masterly; excellent; magisterial.
Magnanimidade *s* magnanimity; magnanimousness.
Magnânimo *adj* magnanimous.
Magnata *s* magnate; big-shot; USA tycoon; a powerful financier.
Magnético *adj* magnetic.
Magnetismo *s* magnetism; personal charm; mesmerism.
Magnetizador *s* magnetizer; mesmerist.
Magnetizador *adj* magnetizing.
Magnetizar *v* to magnetize; to charm; to hypnotize; to mesmerize.
Magneto *s* magneto; spark-coil.
Magnificar *v* to magnify; to extol; to exalt.
Magnificência *s* magnificence; stateliness.
Magnífico *adj* magnificent; splendid; excellent.
Magniloquência *s* magniloquence.
Magnitude *s* magnitude; greatness; importance.
Magno *adj* great; important; grand.
Mago *s* magnus; magician; sorcerer.
Mágoa *s* grief; sadness; sorrow; envy.
Magoar *v* to offend; to disfavor; to displease.
Magreza *s* meagerness; thinness; leaness.
Magricela *s* skinny person.
Magricela *adj* skinny.
Magro *adj* lean; thin; meager; ***manter-se MAGRO e em forma***: to keep lean and fit.
Maio *s* May (the fifth month of the year).
Maiô *s* bathing suit.
Maior *adj* greater; larger.
Maioral *s* chief; head; big shot.
Maioria *s* the greater number; majority; USA plurarity.
Maioridade *s* majority; full legal age.
Mais *adj* more; most; further.
Mais *adv* more; most; over; ***MAIS ou menos***: so and so; more or less; ***não aguento MAIS isto***: I don't hack this any more.
Maisena *s* maizena.
Maiúsculo *adj* upper-case; capital letter; majuscule.
Majestade *s* majesty; grandeur; stateliness.
Majestoso *adj* majestic; grand.
Major *s* major.
Mal *s* evil; ill; barely; injury; disease; trouble; pain; ache.
Mal *adv* ill; badly; hardly.
Mala *s* suitcase; case; bag; trunk; mail; handbag.

Malabarismo *s* jugglery.
Malagueta *s* indian pepper (condiment).
Malandragem *s* loafness; vagrancy.
Malandro *s* loafer; vagabond; vagrand; USA bun; scamp.
Malária *s* malaria; ague; jungle fever.
Malbaratador *s* squanderer; spendthrift.
Malbaratar *v* to waste; to squander; to lavish.
Malbarato *s* squandering; underselling.
Malcriado *adj* rude; ill-bred; unmanerly; impolite.
Maldade *s* iniquity; mischief; wickedness; USA deviltry.
Maldição *s* malediction; a curse.
Maldito *adj* cursed; wicked; damned.
Maldizente *s* slanderer; gossiper.
Maldizente *adj* slanderous.
Maldizer *v* to slander; to curse; to damn.
Maldoso *adj* bad; malicious; wicked; mischievous.
Malear *v* to malleate; to hammer; FIG to soften.
Maleável *adj* malleable; pliant; pliable.
Maledicência *s* ill-report; slander; backbiting.
Maledicente *s* slanderer.
Maledicente *adj* slanderous.
Maleficente *adj* maleficent; harmful; hurtful.
Maleficiar *v* to harm; to hurt; to bewitch.
Malefício *s* witchcraft; damage; misdeed.
Maléfico *adj* harmful; maleficient.
Maleiro *s* trunkmaker; trunk-seller.
Maleta *s* hand-bag; suit-case; USA valise.
Malevolência *s* malevolence; malice; ill will.
Malevolente *adj* malevolent; malicious.
Malévolo *adj* malevolent; malicious; malignant.
Malfadado *adj* unlucky; unfortunate; ill-fated.
Malfadar *v* to curse; to make unhappy.
Malfazejo *adj* maleficent; harmful.
Malfeito *adj* ill-done; ill-shaped; badly done.
Malfeitor *s* malefactor; criminal; evil-doer.
Malgrado *prep* in spite of.
Malha *s* mail of a colt; mesh of a net; spot.
Malhado *adj* spotted; speckled; piebald.
Malhar *v* to thresh; to beat; to hammer.
Malhete *s* dovetail; mallet.
Malho *s* mallet; sledge hammer; flail.
Malícia *s* maliciousness; smartness.
Malicioso *adj* malicious; sly; mischievous.
Maligna *s* malignant fever; BR malaria.
Maligno *adj* malignant; malign.
Malogrado *adj* frustrated; failed; unsuccessful.
Malograr *v* to frustrate; to fail; to disappoint.
Malogro *s* frustration; failure.
Malquerença *s* ill will; aversion.
Malquisto *adj* hated; disliked.
Malsoante *adj* lacking symphony; unpleasant to ear.
Malta *s* gang; mob.
Malte *s* malt, barley to make beer.
Maltrapilho *s* beggar.
Maltrapilho *adj* ragged.
Maltratar *v* to maltreat; to treat ill; to abuse.
Maltusiano *s* ECON malthusian (doctrine of Thomas Robert Malthus -1766 - 1834).
Maluco *s* insane person; mad-man.
Maluco *adj* mad; insane; crazy.
Maluquice *s* madness; foolishness; USA GÍR wackiness.
Malva *s* mallow (plant).
Malvadeza *s* perversity; wickedness; cruelty.
Malvado *adj* cruel; bad; wicked.
Malversação *s* malversation; embezzlement.
Malvisto *adj* suspect; disliked; hated.
Mama *s* teat; breast; mamma.
Mamadeira *s* nursing-bottle; baby's bottle.
Mamaluco *s* mameluke.
Mamão *s* papaya; sucker.
Mamão *adj* suckling.
Mamar *v* to suck; to nurse.
Mamário *adj* mammary.
Mamata *s* theft; GÍR shady transaction.
Mameluco *vide* MAMALUCO.
Mamífero *s* mammal.
Mamífero *adj* mammiferous.
Mamilo *s* mammilla; nipple.
Mamoeiro *s* papaya-tree; papaw tree.
Mamona *s* castor oilbean; castorbean.
Mamoneiro *s* castor-oil plant.
Mamute *s* mammoth (prehistoric animal).
Mana *s* sister.
Maná *s* RELIG manna.
Manada *s* herd of cattle; drove; herd.
Manancial *s* spring; fountain; origin.
Mancal *s* bearing; pillow.
Mancar *v* to limp; to hobble; to walk lamely; to stump.
Manceba *s* mistress; concubine.
Mancebo *s* youth; young man.
Mancha *s* spot; stain; blemish.
Manchar *v* to stain; to spot; to blemish.
Manco *s* cripple; a lame person.
Manco *adj* crippled; lame.
Mancomunação *s* collusion; conspiracy; plot.
Mancomunar-se *v* to plot; to make common cause with.
Mandachuva *s* big shot; magnate; USA boss; big shot.
Mandado *s* command; order; mandate; writ.
Mandamento *s* commandment; divine command.
Mandante *s* commander; mandator; instigator.
Mandar *v* to command; to order; to direct; to send.
Mandarim *s* mandarin.
Mandatário *s* mandatary; delegate.
Mandato *s* tenure of office; mandate.
Mandíbula *s* mandible; jaw; jawbone.
Mandinga *s* witchcraft; sorcery.
Mandioca *s* manioc (plant).
Mando *s* command; authority; power; rule.
Mandrágora *s* mandragora; mandrake.
Mandrião *s* idler; sluggard; loafer.
Mandrião *adj* idle; lazy.
Mandriar *v* to idle; to loiter; to loaf.
Mandril *s* MEC mandrel; ZOO mandrill.
Maneira *s* manner; fashion; mode; a way; style; placket.
Maneirismo *s* mannerism; affection.
Maneirista *s* mannerist.
Manejar *v* to handle; to manage; to deal with.
Manejo *s* handling; management.
Manequim *s* manikin; tailor's dummy.
Maneta *s* one-handed person.
Manga *s* sleeve; waterspout; cattle chute; mango.
Mangação *s* mockery; derision; taunt.
Manganês *s* QUÍM manganese.
Mangar *v* to mock; to deride; to ridicule.
Mangue *s* marshy ground; mangrove.
Mangueira *s* hose; mango (tree).
Manha *s* skill; astuteness; trick; whimper.
Manhã *s* morning; forenoon; morrow.
Manhoso *adj* crafty; skilful; cunning.
Mania *s* mania (hobby).
Maníaco *s* maniac.
Maníaco *adj* maniac; maniacal.
Manicômio *s* madhouse; lunatic-asylum.
Manicure *s* manicure.
Manietar *v* to manacle; to handcuff; to fetter.
Manifestação *s* manifestation.
Manifestante *adj* manifestant; demonstrator.
Manifestar *v* to manifest; to show plainly; to evince.

Manifesto *adj* manifest; plain; obvious.
Manilha *s* bracelet; shackle; a card game.
Manipulação *s* manipulation; handling.
Manipulador *s* manipulator.
Manipular *v* to manipulate; to handle; to deal with.
Manivela *s* crank; lever; handle.
Manjar *s* food; delicacy.
Manjedoura *s* manger; crib.
Manjericão *s* sweet basii.
Mano *s* FAM brother; friend.
Mano *adj* very friedly.
Manobra *s* MIL manoeuvre; stratagem; rigging; shunting of railway cars.
Manobrar *v* to handle; to manage; to direct.
Manômetro *s* MEC manometer; air gauge; pressure gauge.
Manopla *s* gauntlet; armour iron glove.
Manquitola *adj* lame; limping; halt.
Mansão *s* mansion; countryseat; dwelling; stately home.
Manso *adj* mild; meek; gentle; tame.
Manta *s* blanket; coverlet; cloak.
Manteiga *s* butter; ***pão com MANTEIGA***: bread and butter.
Manteigueira *s* butter-dish.
Mantenedor *s* maintainer; champion; defender.
Manter *v* to maintain; to keep up; to carry on; to hold.
Manto *s* mantle; veil; cloak.
Manual *s* manual; handbook.
Manual *adj* manual; handy.
Manufatura *s* manufacture.
Manufaturar *v* to manufacture; to fabricate; to produce.
Manuscrever *v* to write by hand.
Manuscrito *s* manuscript.
Manuscrito *adj* handwritten.
Manuseação *s* handling.
Manusear *v* to handle.
Manuseio *s* handling.
Manutenção *s* maintenance; support; upkeep.
Mão *s* hand; coat of paint (varnish, etc).
Maometano *s* RELIG Mohammedan; Mahometan.
Maometano *adj* RELIG Mohammedan; Mahometan.
Maometismo *s* RELIG Mohammedanism; Mahometanism.
Mapa *s* map; chart; catalogue.
Maquiavélico *adj* machiavellian; FIG astute; shrewd.
Maquiavelismo *s* POL machiavellism; FIG astuteness.
Maquiavelista *s* POL machiavellian (from the name of Niccolò Machiavelli - 1469/1527).
Maquilagem *s* make-up.
Máquina *s* machine; engine; USA gadget.
Maquinação *s* machination; plot; contrivance.
Maquinador *s* machinator; intriguer; plotter.
Maquinal *adj* machinal; mechanical; automatic.
Maquinar *v* to adjust; to plot; to plan.
Maquinaria *s* machinery.
Maquinista *s* machinist; engine-driver of a locomotive; USA engineer.
Mar *s* sea.
Maracujá *s* maracock (fruit).
Marasmo *s* marasmus; inactivity.
Maratona *s* ESP marathon; FIG hard work.
Maravilha *s* marvel; wonder.
Maravilhado *adj* astonished; marvelled; wonder-struck.
Maravilhar *v* to wonder; to marvel; to astonish.
Maravilhoso *adj* marvellous; wonderful.
Marca *s* mark; sign; make; brand.
Marcação *s* demarcation; marking.
Marcante *adj* leading; striking.
Marcar *v* to mark; to stigmatize; to brand.
Marcenaria *s* joinery.
Marceneiro *s* joiner; cabinet maker.
Marcha *s* march; advance; progress.
Marchante *s* cattle dealer; merchant.
Marchar *v* to march; to advance; to stalk.
Marchetar *v* to inlay; to adorn; to shade.
Marcial *adj* martial; warlike.
Marciano *s* Martian.
Marciano *adj* Martian.
Marco *s* stake; landmark; boundary; mark (German coin).
Março *s* March (third month of the year).
Maré *s* tide.
Marear *v* to steer; to sail; to be seasick.
Marechal *s* MIL marshal.
Marejar *v* to drop; to spot out; to trickle.
Maremoto *s* seaquake.
Maresia *s* sea-smell.
Marfim *s* ivory.
Margarida *s* daisy; marguerite (flor).
Margarina *s* margarine; butterin.
Margear *v* to border.
Margem *s* margin; border; bank.
Marginal *s* marginal.
Marginal *adj* marginal; criminal.
Marginar *v* to make marginal notes on.
Maricas *s* milksop; USA sissy.
Marido *s* husband.
Marimba *s* MÚS marimba.
Marinha *s* navy; marine.
Marinhar *v* to sail; to navigate; to climb.
Marinheiro *s* sailor; seaman.
Marinho *adj* marine.
Mariposa *s* moth; butterfly.
Mariscar *v* to gather shellfish; to fish.
Marisco *s* shellfish (mollusc).
Marital *adj* marital; matrimonial.
Marítimo *adj* maritime; nautic; marine.
Marmanjo *s* a grown up person.
Marmelada *s* marmalade (jam); BR quince marmalade.
Marmelo *s* quince (fruit).
Marmita *s* kettle; pot; USA dinner pail.
Marmorário *s* marble-cutter.
Mármore *s* marble.
Marmorear *v* to marble, to make products with marble.
Marmoreiro *s* marble-cutter.
Marmota *s* ZOO marmot.
Maroteira *s* knavery; roguishness.
Maroto *s* scoundrel; rogue.
Maroto *adj* malicious; lewd.
Marquês *s* marquis.
Marquesa *s* marchioness; marquise.
Marreco *s* duck.
Marreta *s* stone-hammer; spalling hammer.
Marretada *s* a blow with a stone-hammer.
Marrom *s* maroon; chestnut; brown.
Marrom *adj* maroon; chestnut; brown.
Marroquino *s* Moor.
Marroquino *adj* Moorish; Moroccan.
Marta *s* ZOO marten.
Marte *s* ASTR Mars.
Martelada *s* hammer-blow.
Martelar *v* to hammer.
Martelo *s* hammer; mallet.
Mártir *s* martyr.
Martírio *s* martyrdom; torture.
Marujo *s* sailor; seaman.
Marxismo *s* ECON marxism (doctrine by Karl Marx -1818/1883).
Marxista *s* marxist.
Marxista *adj* marxian.
Mas *s* defect; difficulty; obstacle.
Mas *conj* but; however; yet.

Mascar *v* to chew; to masticate; to munch.
Máscara *s* mask; false face.
Mascarado *s* mask; masquerader.
Mascarado *adj* disguised.
Mascarar *v* to mask; to disguise.
Mascate *s* pedlar; hawker; cheap-jack.
Mascatear *v* to peddle; to hawk.
Mascote *s* mascot.
Masculinidade *s* masculinity; manhood.
Masculinizar *v* to render masculine.
Masculino *adj* masculine; male.
Másculo *adj* mannish; vigorous; virile; masculine.
Masmorra *s* dungeon; prison; jail.
Masoquismo *s* masochism.
Massa *s* dough; bulk; mass.
Massacrar *v* to massacre; to slaughter; to slay.
Massacre *s* massacre; carnage.
Massagem *s* massage.
Massagista *s* massagist; masseur; masseuse.
Mastigação *s* mastication; chewing.
Mastigador *s* masticator; chewer.
Mastigador *adj* chewing.
Mastigar *v* to masticate; to chew; to munch.
Mastodonte *s* mastodon.
Mastoide *adj* ANAT mastoid.
Mastrear *v* to mast; to furnish with masts.
Mastro *s* mast; flag pole.
Masturbação *s* masturbation; onanism.
Mata *s* wood; forest.
Matador *s* murderer; killer; assassin.
Matadouro *s* slaughterhouse; abattoir.
Matagal *s* thicket; jungle.
Matança *s* killing; slaughter; butchery.
Matar *v* to kill; to slay; to bump out; to murder.
Mate *s* mate; Paraguay tea; ESP checkmate (end of the game in chess).
Matemática *s* mathematics; maths.
Matemático *s* mathematician.
Matemático *adj* mathematical.
Matéria *s* matter; material; subject matter.
Material *s* material; equipment.
Materialismo *s* FIL materialism.
Materialista *s* materialist.
Materializar *v* to materialize.
Maternal *adj* maternal; mother like; motherly.
Maternidade *s* maternity; motherhood; maternity hospital.
Materno *adj* maternal; motherly.
Matilha *s* pack of hounds or dogs.
Matinal *adj* morning; early.
Matinê *s* matinée.
Matiz *s* shade; tint; hue.
Matizar *v* to shade; to variegate; to adorn.
Mato *s* brushwood; bush; wood.
Matraca *s* wooden rattle; FIG talkative person.
Matraquear *v* to rattle; to hoot at.
Matreiro *adj* sagacious; crafty.
Matriarcado *s* matriarchy.
Matricida *s* matricide.
Matrícula *s* matriculation; registration; enrolment; list.
Matricular *v* to matriculate.
Matrimonial *adj* matrimonial; nupcial.
Matrimônio *s* matrimony; marriage; wedlock.
Matriz *s* matrix; womb; mother church.
Matrona *s* matron.
Maturação *s* maturation; ripening.
Maturar *v* to mature; to ripen.
Maturidade *s* maturity; ripeness; full age.
Matutino *adj* matutinal; morning; early.
Matuto *s* bumpkin; yokel; fieldworker; USA hayseed.
Mau *adj* bad; ill; evil.
Mausoléu *s* mausoleum; magnificent tomb.
Maviosidade *s* suavity; sonority; harmony.
Mavioso *adj* tender; gentle; harmonious; sweet.
Maxila *s* maxilla; jawbone; jaw.
Maxilar *s* ANAT maxillary.
Máxima *s* maxim; axiom; precept.
Máximo *adj* maximum; greatest; USA top-notch.
Mazela *s* wound; sore; stain on the reputation.
Mazurca *s* MÚS mazurka (Polish dance and music).
Me *pron* me; to me; myself.
Meada *s* skein; quantity of yarn.
Mealheiro *s* savings; money box.
Meandro *s* meander; a labyrinth.
Mear *v* to divide into two equal parts.
Meca *s* RELIG Mecca.
Mecânica *s* mechanics.
Mecânico *s* mechanician; mechanic.
Mecânico *adj* mechanical.
Mecanizar *v* to mechanize; to reduce to a mechanical routine.
Mecha *s* lamp-wick; linstock.
Medalha *s* medal; locket.
Medalheiro *s* medal maker; a set of medals.
Média *s* mean; average; mean rate.
Mediação *s* mediation; intervention; intercession.
Mediador *s* mediator; interposer.
Mediano *adj* median; being in the middle; intermediate.
Mediante *s* meantime.
Mediante *prep* by means of.
Mediar *v* to mediate; to intervene; to meddle with.
Mediato *adj* mediate; not direct.
Medicação *s* medication; medical treatment.
Medicamentar *v* to medicate.
Medicamento *s* medicament; medicine; drug.
Medição *s* measurement; measuring.
Medicar *v* to medicate; to prescribe; to treat with medicine.
Medicina *s* medicine.
Médico *s* physician; practitioner; doctor.
Medida *s* measure; measurement; extent; length.
Medieval *adj* medieval.
Medievo *vide* MEDIEVAL.
Médio *adj* medium; middle; average.
Medíocre *s* mediocre (without merit or value).
Medíocre *adj* mediocre; average.
Mediocridade *s* mediocrity.
Medir *v* to measure; to gauge.
Meditação *s* meditation; cogitation; thoughtful.
Meditar *v* to meditate; to cogitate; to muse; USA to mull.
Meditativo *adj* meditative.
Mediterrâneo *s* Mediterranean.
Mediterrâneo *adj* Mediterranean.
Médium *s* RELIG psychic; medium.
Medível *adj* measurable.
Medo *s* fear; fright; dread.
Medonho *s* a bird known as mandrião.
Medonho *adj* awful; horrible; fearful.
Medrar *v* to thrive; to prosper; to increase.
Medroso *adj* fearful; timorous.
Medula *s* medulla; marrow; pith; essence.
Medular *adj* medullary; pithy.
Medusa *s* ZOO medusa; jellyfish.
Meeiro *s* share-cropper.
Megalítico *adj* megalithic.
Megalomaníaco *adj* megalomaniac.
Megera *s* shrew; cruel woman.
Meia *s* stocking; sock.
Meigo *adj* mild; gentle; kind.
Meiguice *s* mildness; gentleness; tenderness.
Meio *s* middle; midst; way; means.

Meio *adj* middle; half.
Mel *s* honey.
Melado *s* sugar-cane syrup.
Melancia *s* watermelon.
Melancolia *s* melancholy; depression of spirit; blues.
Melancólico *adj* melancholy; gloomy; out of spirit.
Melanina *s* melanin.
Melanismo *s* melanism.
Melão *s* melon; muskmelon.
Melar *v* to sweeten with honey; to become sweet as honey.
Melhor *adj* better; best.
Melhor *adv* better; best.
Melhora *s* improvement; upswing.
Melhorado *adj* improved; ameliorated; amender.
Melhoramento *s* improvement; melioration.
Melhorar *v* to ameliorate; to improve; to better.
Melhoria *s* improvement; betterment.
Melindre *s* susceptibility; prudery.
Melindroso *adj* delicate; touchy; fastidious.
Melodia *s* melody; tune; air.
Melódico *adj* melodious; melodic.
Melodioso *adj* melodious; gentle; tuneful.
Melodrama *s* TEATR melodrama.
Meloeiro *s* melon plant.
Meloso *adj* honeylike; syrupy; sweet like honey.
Melro *s* blackbird.
Membro *s* member.
Memorando *s* memorandum; memo.
Memorando *adj* memorable.
Memorável *adj* memorable; remarkable.
Memória *s* memory; remembrance; recollection.
Menção *s* mention; citation.
Mencionar *v* to mention; to cite; to name.
Mendicante *s* beggar.
Mendicante *adj* mendicant.
Mendigar *v* to beg.
Mendigo *s* beggar; mendicant.
Menear *v* to shake; to wag; to manage.
Meneio *s* wriggling; shake; wagging.
Menestrel *s* minstrel; bard.
Menina *s* girl.
Meningite *s* MED meningitis.
Menino *s* boy; lad; infant.
Menisco *s* MED meniscus.
Menor *s* minor.
Menor *adj* younger; smallest; less.
Menoridade *s* minority; underage; JUR minor.
Menos *adj* less; least; fewer.
Menos *adv* less; least; fewer.
Menos *prep* except; but; save.
Menoscabo *s* disdain; scorn; depreciation.
Menosprezar *v* to undervalue; to disdain; to scorn.
Menosprezo *s* scorn; didain; contempt.
Mensageiro *s* messenger; courier; USA expressman.
Mensagem *s* message; a little communication.
Mensal *adj* monthly; every month.
Mensalidade *s* monthly pay; monthly instalment.
Mensalmente *adv* monthly.
Menstruação *s* MED menses; the flowing of the menstrual flux.
Mênstruo *s* menses; courses.
Mensurável *adj* mensurable; measurable.
Mental *adj* mental; intellectual.
Mentalmente *adv* mentally.
Mente *s* the mind; understanding.
Mentecapto *adj* insane; mad; crazy; foolish.
Mentir *v* to lie; to falsify; to deceive; to delude.
Mentira *s* a lie; a falsehood; fib.
Mentiroso *s* liar.
Mentiroso *adj* deceitful; false.
Mentor *s* mentor; guide; counsellor.
Menu *s* menu; list; a bill of fare.
Mequetrefe *s* busybody; rascal.
Mercadejar *v* to trade; to traffic; to deal.
Mercado *s* market; outlet.
Mercador *s* merchant; tradesman.
Mercadoria *s* merchandise; commodity; goods.
Mercante *adj* merchant.
Mercantil *adj* mercantile; commercial.
Mercê *s* grace; mercy; reward.
Mercearia *s* grocer's shop; USA grocery.
Merceeiro *s* grocer.
Mercenário *adj* mercenary; self-interested.
Mercúrio *s* mercury, quicksilver; ASTR Mercury (planet).
Merda *s* excrement; feccal matter.
Merecedor *adj* worthy; deserving.
Merecer *v* to deserve; to merit; to be worthy of.
Merecimento *s* worth; merit; valor.
Merenda *s* lunch; light meal; snack.
Merendar *v* to have lunch; to eat a light lunch.
Meretrício *s* prostitution.
Meretrício *adj* meretricious; lewd.
Meretriz *s* prostitute; harlot; strumpet.
Mergulhador *s* diver; plunger.
Mergulhão *s* diver (bird).
Mergulhar *v* to cast into water; to plunge; to dive.
Mergulho *s* dive; plunge.
Mérito *s* merit; worth; deserving.
Meritório *adj* meritorious; deserving.
Mero *adj* plain; mere; simple.
Mês *s* month.
Mesa *s* table; board; ***mesinha de cabeceira***: bedside table.
Mesada *s* allowance; monthly.
Mescla *s* mixture; variety of colors.
Mesclar *v* to mix; to join; to add.
Mesmo *adj* same; like.
Mesmo *adv* even.
Mesquinharia *s* meanness; paltrines.
Mesquinhez *vide* MESQUINHARIA.
Mesquinho *adj* mean; closefisted; USA tightwad.
Mesquita *s* mosque (temple).
Messe *s* harvest; crop.
Messiânico *adj* messianic.
Messias *s* Messiah; Messias; Christ.
Mestiçagem *s* crossbreeding; hybridism.
Mestiço *s* hybrid; mestizo; half-breed.
Mestiço *adj* hybrid; mestizo; half-breed.
Mestra *s* schoolmistress; teacher.
Mestrado *s* mastership.
Mestre *s* master; school-master; teacher.
Mesura *s* courtesy; a bow; reverence.
Mesurar *v* to make courtesies; to bow; to court.
Meta *s* goal; limit; boundary.
Metabolismo *s* metabolism.
Metacarpo *s* ANAT metacarpus.
Metade *s* half; halves.
Metafísica *s* metaphysics.
Metafísico *adj* metaphysic; supernatural.
Metáfora *s* metaphor.
Metal *s* metal; FIG money.
Metálico *adj* metallic.
Metalizar *v* to metallize.
Metalurgia *s* metallurgy, science of metals.
Metalúrgico *s* metallurgist.
Metalúrgico *adj* metallurgic; metallurgical.
Metamorfose *s* matamorphosis; transformation.
Metamorfosear *v* to matamorphose.
Metatarso *s* ANAT metatarsus.
Metediço *adj* meddlesome; intrusive; inquisitive.

Meteorito *s* fallen meteor; meteorite.
Meteorologia *s* metereology.
Meter *v* to introduce; to place in; to put in; to lay.
Meticulosidade *s* meticulosity; punctilousness.
Meticuloso *adj* meticulous; punctilious; scrupulous.
Metido *adj* meddling; acquainted; bold; dare.
Metódico *adj* methodical; methodic; cautious.
Metodismo *s* RELIG Methodism.
Metodista *s* RELIG Methodist.
Metodizar *v* to methodize; to systematize; to regularize.
Metodologia *s* methodology.
Metonímia *s* metonymy.
Metragem *s* BR length in meters.
Metralha *s* grapeshot; barrelshot.
Metralhar *v* to shoot with a machine-gun.
Métrico *adj* metrical; metric.
Metrificação *s* versification.
Metro *s* meter; metre (1 meter = 39.37 inches).
Metrônomo *s* metronome.
Metrópole *s* metropolis.
Metropolitano *s* subway, underground railway.
Metropolitano *adj* metropolitan.
Meu *adj* my.
Meu *pron* mine.
Mexer *v* to mix; to agitate; to budge.
Mexericar *v* to gossip; to chatter; to blab; to twaddle.
Mexerico *s* intrigue; whispering; chit-chat.
Mexeriqueiro *s* talebearer; telltale; whisperer.
Mexeriqueiro *adj* gossipy.
Mexida *s* confusion; fuss; disorder.
Mexilhão *s* busybody; mussel; clam.
Miado *s* mew; mewing.
Miar *v* to mew; to caterwaul.
Micagem *s* grimace.
Miçanga *s* bead glass pearl; trifles.
Micção *s* urination; piss.
Mico *s* a small monkey.
Micro *s* micro.
Microbial *adj* microbial.
Microcéfalo *s* one who has a small head.
Microcéfalo *adj* microcephalous.
Microcosmo *s* microcosm.
Microfone *s* microphone; mike.
Mícrom *s* micron.
Micro-organismo *s* microorganism.
Microscopia *s* microscopy.
Microscópio *s* microscope.
Migalha *s* crumb; a little bit; nip.
Migalhar *v* to crumble; to break into small pieces.
Mijar *v* to piss; to make water; to urinate.
Mil *adj* one thousand.
Milagre *s* miracle; wonder.
Milagroso *adj* miraculous; astonishing; performed supernaturally wonderful.
Milha *s* mile (= 1,609.35 meters).
Milhão *s* million.
Milhar *s* thousand.
Milheiro *s* maize plant.
Milho *s* indian corn; maize; USA corn.
Milícia *s* militia; military; warfare.
Miliciano *s* militiaman.
Miligrama *s* milligram.
Mililitro *s* milliliter.
Milímetro *s* millimeter.
Milionário *s* millionaire.
Milionário *adj* very rich.
Milionésimo *s* millionth.
Milionésimo *adj* millionth.
Militante *adj* military.
Mimar *v* to fondle; to pet; to mimie.
Mímica *s* mimicry; pantomime; imitation.
Mímico *adj* mimic; mimical.
Mimo *s* gift; caress; delicacy.
Mimosear *v* to caress; to give a gift to.
Mimoso *adj* delicate; tender; soft.
Mina *s* mine; spring; source.
Minar *v* to mine; to demolish; to excavate.
Mindinho *s* the little finger.
Mineiro *s* a miner.
Mineiro *adj* miner; BR born in the state of Minas Gerais.
Mineração *s* mining; purification of ores.
Mineral *s* mineral, inorganic body.
Mineral *adj* mineral, inorganic body.
Mineralogia *s* mineralogy.
Mingau *s* mush; gruel; pap; USA cereal; BR wheat or manioc pap.
Míngua *s* wane; need; lack.
Minguado *adj* needy; scanty; scarce.
Minguante *adj* decreasing; diminishing.
Minguar *v* to decrease; to diminish.
Minha *adj* my.
Minha *pron* mine.
Minhoca *s* earthworm; angleworm.
Miniatura *s* miniature.
Mínimo *s* minimum.
Mínimo *adj* minimum; the least.
Ministerial *adj* ministerial; USA departmental.
Ministério *s* ministry; USA department.
Ministrar *v* to provide; to dispense; to administer.
Ministro *s* minister.
Minoração *s* lessening; diminution.
Minorar *v* to lessen; to diminish.
Minoria *s* minority.
Minúcia *s* minute; detail; trifle.
Minucioso *adj* minute; precise.
Minúsculo *adj* minute; very small; tiny.
Minuta *s* minute; the first draught; memo.
Minuto *s* minute.
Miolo *s* brain; crumb; pith; marrow.
Míope *s* myope.
Míope *adj* short-sighted; myopic.
Miopia *s* myopia; short-sightedness.
Miosótis *s* myosotis; forget-me-not.
Mira *s* sight of a gun; aim; intention.
Miraculoso *adj* miraculous.
Miragem *s* mirage; FIG illusion; deception.
Mirar *v* to aim at; to stare at; to look at.
Miríade *s* myriad.
Mirificar *v* to render wonderful.
Mirra *s* myrrh.
Mirrado *adj* lean; shrivelled; dry.
Mirrar *v* to wither; to dry; to grow lean.
Misantropia *s* misanthropy.
Misantrópico *adj* misanthropical; misanthropic.
Miscelânea *s* miscellany; mixture; medley.
Miscibilidade *s* miscibility.
Miscível *adj* miscible.
Miseração *s* compassion; pity.
Miserável *s* miser; skinflint.
Miserável *adj* miserable; wretched; stingy.
Miséria *s* misery; destitution; trifle.
Misericórdia *s* compassion; mercy; pity.
Misericordioso *adj* compassionate; merciful.
Mísero *adj* miserable; wretched; FIG mean.
Missa *s* Mass.
Missal *s* the mass-book; missal.
Missão *s* mission.
Missionário *s* missionary.
Missiva *s* missive; letter; message.

Mister *s* employment; need; want.
Mistério *s* mystery.
Misterioso *adj* mysterious.
Misticismo *s* mysticism.
Místico *adj* mystic; mystical.
Mistificação *s* mistification; cheat; dodge.
Mistificar *v* to mystify; to hoodwink; to hoax.
Misto *adj* mixed; confused.
Mistura *s* mixture; blend.
Misturar *v* to mix; to blend; to jumble.
Mitigação *s* mitigation; soothing.
Mitigar *v* to mitigate; to allay; to soften.
Mito *s* myth.
Mitologia *s* mythology.
Mitológico *adj* mythological.
Mitra *s* mitre.
Miudeza *s* minuteness; smallness.
Miúdo *adj* little; small; minute.
Mixórdia *s* mess; confusion; medley.
Mnemônico *adj* mneumonic; mneumonical.
Mó *s* millstone; grindstone.
Moagem *s* grinding; grist; milling.
Mobília *s* furniture.
Mobiliar *v* to furnish; to provide with furniture.
Mobilidade *s* inconstancy; mobility.
Mobilização *s* mobilization.
Mobilizar *v* mobilize.
Moca *s* mocha.
Moça *s* a girl; young woman.
Moção *s* motion; proposition.
Mochila *s* knapsack; haversack.
Mocidade *s* youth; youngthfulness.
Moço *s* young man; youth.
Moço *adj* young; youthful.
Moda *s* mode; fashion; manner.
Modalidade *s* modality; way; manner.
Modelagem *s* modelling; moulding.
Modelar *v* to model; to mould; to shape.
Modelar *adj* model.
Modelo *s* model; pattern; standard.
Moderação *s* moderation; restriction.
Moderado *adj* moderate.
Moderador *s* moderator.
Moderador *adj* moderating.
Moderar *v* to moderate; to temperate; to restrain.
Modernidade *s* modernity; modernness; something modern.
Modernismo *s* modernism.
Modernista *s* modernist.
Modernização *s* modernization.
Modernizar *v* to modernize; to fashion.
Moderno *adj* modern; up-to-date; update.
Modéstia *s* modesty; shyness; chastity.
Modesto *adj* modest; moderate; umpretentious; shy; chaste.
Módico *adj* small; moderate; reasonable.
Modificação *s* modification; alteration; change.
Modificador *s* modifier.
Modificador *adj* modifying.
Modificar *v* to modify; to chante; to vary.
Modificável *adj* modifiable.
Modinha *s* popular song.
Modista *s* dressmaker; modiste.
Modo *s* mode; manner; way; GRAM mood.
Modulação *s* MÚS modulation.
Modulador *s* modulator.
Modulador *adj* modulating.
Modular *v* to modulate; to inflect; to slur.
Módulo *s* module, unit of any measure.
Moeda *s* coin; hard cash; USA hard money.
Moedeiro *s* coiner; mintman.
Moedor *s* grinder; miller; pounder.
Moedura *s* grinding; milling.
Moela *s* gizzard; second stomach of birds.
Moenda *s* millstone; grinding.
Moer *v* to grind; to mill; to pound.
Mofar *v* to mock; to hoar; to mould.
Mofo *s* mold; mustiness.
Mogno *s* mahogany.
Moído *adj* ground; tainted; tired.
Moinho *s* mill.
Moita *s* thicket; coppice.
Mola *s* spring.
Molar *adj* molar; molar tooth.
Molar *adj* molar; grinding.
Moldagem *s* moulding; casting.
Moldar *v* to cast; to mould; to model.
Molde *s* mould; pattern.
Moldura *s* moulding; picture-frame.
Mole *adj* soft; weak; indolent.
Molécula *s* molecule.
Moleiro *s* miller; owner of a mill.
Molenga *s* lazy-bones.
Molenga *adj* sluggish; indolent.
Moleque *s* street-urchin; gamin; little boy.
Molestador *s* teaser; molester; annoyer.
Molestar *v* to molest; to bother; to annoy.
Moléstia *s* MED disease; illness.
Moleza *s* softness; laziness; idleness.
Molhado *adj* wet; damp.
Molhar *v* to wet; to soak; to drench.
Molhe *s* mole; sea-wall; pier.
Molho *s* a bundle; faggot; sheaf; handful.
Molificar *v* to mollify; to mitigate; to soften.
Molinete *s* windlass; turnpike; crab.
Molusco *s* ZOO mollusc; shellfish.
Momentâneo *adj* momentary; instantaneous.
Momento *s* moment; an instant.
Momices *s* monkey-shine; grimaces.
Momo *s* momus; mimic; mome.
Monarca *s* monarch.
Monarca *adj* monarchal.
Monarquia *s* monarchy.
Monarquista *s* monarchist.
Monástico *adj* monastical; monasterial.
Monazita *s* monazite.
Monção *s* monsoon.
Mondar *v* to weed; to clear.
Monetário *s* collection of coins.
Monetário *adj* monetary; financial.
Monge *s* monk; friar.
Mongol *s* Mongol; Mongolian.
Mongol *adj* Mongol; Mongolian.
Mongólico *adj* Mongolian.
Monismo *s* FIL monism.
Monista *s* monist.
Monitor *s* monitor; adviser.
Monociclo *s* monocycle.
Monocórdio *s* monochord.
Monocromático *adj* monochromatic; monochromatical.
Monóculo *s* monocle.
Monogamia *s* monogamy.
Monografia *s* monograph.
Monograma *s* monogram.
Monolítico *adj* monolithic.
Monólito *s* monolith.
Monologar *v* to monologize.
Monólogo *s* monologue; soliloquy.
Monômio *s* MAT monomial.
Monoplano *s* monoplane.

Monopólio *s* monopoly.
Monopolizar *v* to monopolize; to embrace; to forestall.
Monossílabo *s* monosyllable.
Monossílabo *adj* monosyllabic.
Monoteísmo *s* monotheism.
Monotonia *s* monotony; monotonousness.
Monótono *adj* monotone; wearisomeness.
Monsenhor *s* Monsignor; Monseigneur.
Monstro *s* monster.
Monstruosidade *s* monstrosity; cruelty; malformation.
Monstruoso *adj* monstrous; abnormal; huge; enormous.
Monta *s* amount; total; cost.
Montagem *s* setting up; mounting; assembly.
Montanha *s* mountain.
Montanhês *s* mountaineer; highlander.
Montanhês *adj* of the mountain.
Montanhoso *adj* mountainous.
Montante *s* amount; sum.
Montar *v* to ride; to get on; to climb; to mount; to back.
Montaria *s* hunting; saddle horse.
Monte *s* mount; heap; pile.
Montepio *s* a pension society.
Montículo *s* monticle; little hill.
Monumental *adj* monumental; colossal; huge.
Monumento *s* monument; majestic building.
Mor *adj* chief; principal.
Mora *s* delay; extension of time; mora; respite.
Morada *s* dwelling; habitation; house; abode.
Moradia *s* residence; housing; house; pension of the noble-men.
Morador *s* dweller; resident.
Morador *adj* dwelling.
Moral *s* morality; ethics.
Moral *adj* moral.
Moralidade *s* morality.
Moralização *s* moralization.
Moralizador *s* moralizer.
Moralizador *adj* moralizing.
Moralizar *v* to moralize; to apply to a moral purpose.
Morangal *s* strawberry plantation.
Morango *s* strawberry.
Morangueiro *s* strawberry plant.
Morar *v* to reside; to live; to dwell.
Moratória *s* moratorium; reprieve.
Morbidez *s* morbidity; morbidness.
Mórbido *adj* morbid; soft; delicate.
Morcego *s* bat; flittermouse.
Mordaça *s* gag; muzzle.
Mordacidade *s* sarcastic language; mordacity.
Mordaz *adj* mordacious; bitting; mordant.
Mordedor *s* biter.
Mordedor *adj* bitting.
Mordente *s* mordent; fixative.
Mordente *adj* biting; caustic.
Morder *v* to bite; to sting; to nibble.
Mordiscar *v* to munch; to nibble.
Mordomia *s* stewardship.
Mordomo *s* major-domo; steward.
Moreno *adj* brown; tawny.
Morfeia *s* leprosy.
Morfético *s* leper.
Morfético *adj* leprous.
Morfina *s* morphina; morphia.
Morfologia *s* morphology.
Moribundo *adj* moribund; dying; near death.
Moringa *s* water-pot; monkey-jar.
Mormaço *s* warm; dull weather; haze.
Morno *adj* lukewarm; tepid; warm.
Morosidade *s* slowness; tardiness; moroseness.
Moroso *adj* slow; tardy.
Morrer *v* to die; to depart; to pass away.
Morro *s* hill; low mountain.
Mortal *s* mortal.
Mortal *adj* mortal; deadly.
Mortalha *s* shroud; winding sheet.
Mortalidade *s* mortality; death rate.
Mortandade *s* mortality; slaughter; butchery.
Morte *s* death; extinction; end.
Morteiro *s* MIL mortar.
Morticínio *s* slaughter; massacre; butchery.
Mortiço *adj* dead; pale; dying; not bright.
Mortífero *adj* mortiferous; deadly.
Mortificação *s* mortification; torment; grief.
Mortificar *v* to mortify; to humble; to torment; to torture.
Morto *s* a dead man; corpse.
Morto *adj* dead; lifeless; insensible.
Mosaico *s* mosaic, miscellany.
Mosaico *adj* mosaic, miscellany.
Mosca *s* fly; house fly.
Moscado *adj* musky; aromatic.
Moscatel *s* muscatel.
Moscatel *adj* muscatel.
Mosquear *v* to spot; to speckle.
Mosquetão *s* large musket.
Mosquete *s* musket, a type of gun.
Mosqueteiro *s* musketeer, ancient soldiers.
Mostarda *s* mustard.
Mosteiro *s* cloister; monastic house; monastery.
Mosto *s* must; new wine.
Mostra *s* exhibition; act of showing.
Mostrador *s* dial; face (clock).
Mostrar *v* to show; to exhibit; to display.
Mostruário *s* shop-window; show-case.
Motejar *v* to scoff; to jest; to jeer; to mock.
Motim *s* mutiny; revolt; riot; insurrection.
Motivação *s* motivation; inducement.
Motivar *v* to motivate; to cause; to bring about.
Motivo *s* motive; reason; cause; purpose; MÚS theme.
Moto *s* motto; motion.
Motocicleta *s* motorcycle.
Motor *s* engine; motor.
Motorista *s* motorist; chauffeur; driver.
Motriz *adj* motive; moving.
Mouro *s* moor.
Mouro *adj* moorish.
Movediço *adj* movable; shifting; moving; quick.
Móvel *s* motive; piece of furniture.
Móvel *adj* movable; mobile.
Mover *v* to move; to budge; to set in motion.
Movimentação *s* moving; motion.
Movimentar *v* to move; to set in motion.
Movimento *s* motion; movement; moving.
Muco *s* mucus; slime.
Mucosa *s* mucous membrane.
Mucosidade *s* mucosity; mucousness.
Muçulmano *s* Mussulman.
Muçulmano *adj* Moslem; Mohammedan.
Muda *s* change; transplanting; alteration; USA molt.
Mudança *s* change; moving; removal.
Mudar *v* to change; to shift; to exchange; to trade.
Mudável *adj* changeable; inconstant; unstable.
Mudez *s* dumbness; muteness.
Mudo *s* deaf person.
Mudo *adj* dumb; mute; silent.
Mugido *s* mooing; lowing.
Mugir *v* to bellow; to low.
Mui *adv* most; very; too.
Muito *adj* much; many; a great deal of.

Muito *adv* very; much; too; plus; a lot.
Mula *s* she-mule.
Mulato *s* mulatto, dark-coloured.
Muleta *s* crutch; support; prop.
Mulher *s* woman; wife; female.
Mulherengo *adj* womanish; fond of women.
Mulheril *adj* womanish; womanly.
Mulo *s* mule; mu.
Multa *s* mulct; fine; penalty.
Multar *v* to mulct; to fine.
Multicor *adj* many-coloured.
Multidão *s* multitude; crowd; mob.
Multiforme *adj* multiform; variform.
Multinacional *s* ECON multiples.
Multiplicação *s* multiplication; increasing.
Multiplicador *s* multiplier.
Multiplicador *adj* multiplying.
Multiplicando *s* multiplicand.
Multiplicar *v* to multiply; to increase; to augment.
Multiplicativo *adj* multiplicative.
Multíplice *s* multiple.
Multíplice *adj* multiple; manifold.
Múmia *s* mummy.
Mumificar *v* to mummify.
Mundanismo *s* mundanism; mundaneness.
Mundano *adj* mundane; worldly.
Mundial *adj* world-wide.
Mundo *s* world; the universe.
Mungir *v* to milk.
Munheca *s* wrist.
Munhequeira *s* ESP wristlet.
Munição *s* ammunition; munition.
Municionar *v* to provide with munitions.
Municipal *adj* municipal.
Munícipe *s* citizen.
Município *s* municipality; a county.
Munificência *s* munificency; munificence; liberality.
Munificente *adj* munificent; liberal.
Munir *v* to provide; to furnish; to supply.
Muralha *s* wall; rampart.
Muralhar *v* to wall; to mure; to immure.
Murar *v* to inwall; to immure; to block up.
Murchar *v* to wither; to blight; to fade.
Murcho *adj* withered; faded; FIG sad.
Muriático *adj* muriatic; chloride.
Murmuração *s* whisper; gossip; backbiting.
Murmurador *s* murmurer; whisperer.
Murmurador *adj* murmuring.
Murmurar *v* to murmur; to whisper; to bable.
Murmurejar *v* to murmur; to produce mumur.
Murmúrio *s* murmur; humming; muttering.
Muro *s* wall; defense.
Murro *s* punch; buffet; sock.
Musa *s* muse.
Musculação *s* musculation.
Muscular *adj* muscular.
Musculatura *s* musculature.
Músculo *s* muscle.
Musculoso *adj* brawny; muscular.
Museu *s* museum.
Musgo *s* moss.
Musgoso *adj* mossy.
Música *s* music.
Musical *adj* musical.
Musicar *v* to music; to set to music.
Músico *s* musician.
Músico *adj* musical; music.
Musselina *s* muslin.
Mutabilidade *s* mutability.
Mutação *s* mutation; change.
Mutável *adj* mutable; changeful.
Mutilação *s* mutilation; maiming.
Mutilar *v* to mutilate; to mangle; to haggle.
Mutismo *s* mutism; dumbness; muteness.
Mutual *adj* mutual; reciprocal.
Mutualidade *s* mutuality; reciprocity.
Mutuar *v* to exchange; to borrow; to lend.
Mutuário *s* mutuary; borrower.
Mútuo *s* loan.
Mútuo *adj* mutual; reciprocal.

nN

N *s* the thirteenth letter of the Portuguese alphabet and the fourteeth of the English alphabet.
Na *contr* (*prep + art*) (**em+a**) in; on; at.
Nababo *s* nabob.
Nabo *s* turnip.
Nação *s* nation; country.
Nacional *s* native.
Nacional *adj* national.
Nacional *adj* national.
Nacionalidade *s* nationality; citizenship.
Nacionalismo *s* nationalism.
Nacionalista *s* nationalist.
Nacionalizar *v* to nationalize; to make national.
Naco *s* slice; piece; bit.
Nada *s* nothing; non-existence; trifle.
Nada *adv* not; nothing; not at all.
Nadador *s* swimmer.
Nadador *adj* swimming.
Nadar *v* to swim.
Nádega *s* buttock; rump; bum.
Nado *s* ESP swimming.
Nafta *s* QUÍM naphta.
Naipe *s* suit of cards; MÚS groups of instruments.
Namorada *s* sweetheart; girlfriend.
Namoradeira *s* flirt; coquette.
Namoradeira *adj* coquettish.
Namorado *s* lover; boyfriend; sweetheart.
Namorar *v* to make love; to coquet; to flirt.
Namorico *s* flirtation; calf-love.
Namoro *s* love-making; courtship; lover.
Nanar *v* to sleep.
Nanismo *s* nanism; dwarfishness.
Nanquim *s* nankeen; Indian ink.
Não *s* a refusal; a no.
Não *adv* no; not.
Napolitano *s* Neapolitan.
Napolitano *adj* Neapolitan.
Naquele *contr* (***prep+pron***) (**em+aquele**) in that; on that.
Naquilo *contr* (***prep+pron***) (**em+aquilo**) in that; on that.
Narcisismo *s* narcissism.
Narciso *s* narcissus (flower).
Narcose *s* narcosis; narcotism.
Narcótico *s* narcotic; drug; GÍR dope; USA stuff.
Narcótico *adj* narcotic.
Narcotizar *v* to narcotize.
Narigão *s* large nose; conk.
Narigudo *adj* long-nosed; conky.
Narina *s* nostril.
Nariz *s* nose.
Narração *s* narrative; narration.
Narrador *s* narrator; chronicler.
Narrar *v* to narrate; to tell; to relate.
Narrativa *s* narrative; narration.
Nasal *adj* nasal.
Nasalação *s* nasalization.
Nasalar *v* to nasalize; to change to a nasal sound.
Nascença *s* birth; nascency; origin.
Nascente *s* East; Orient.
Nascente *adj* nascent; rising.
Nascer *v* to be born; to rise.
Nascido *adj* born; native; natural.
Nascimento *s* birth; origin.
Nascituro *adj* begotten.
Nata *s* cream.
Natação *s* swimming; natation.
Natal *s* Christmas (Xmas); Christmas Day.
Natal *adj* native; natal.
Natalício *s* birthday.
Natalício *adj* natal.
Natividade *s* nativity.
Nativismo *s* nativism.
Nativista *s* nativist.
Nativo *s* home-born; native.
Nativo *adj* indigenous; national; native.
Nato *adj* born; innate; natural; native.
Natural *s* native; nature; disposition.
Natural *adj* natural.
Naturalidade *s* naturalness; naturality; simplicity.
Naturalismo *s* naturalism; realism; materialism.
Naturalista *s* naturalist.
Naturalização *s* naturalization.
Naturalizar *v* to naturalize.
Naturalmente *adv* of course.
Natureza *s* nature; kind; sort.
Nau *s* vessel; ship.
Naufragar *v* to shipwreck; to founder; to sink.
Naufrágio *s* shipwreck; sinking; disaster.
Náufrago *s* wrecked person; shipwrecked person.
Náusea *s* nausea; loathing; seasickness.
Nauseabundo *adj* nauseous; loathsome.
Nausear *v* to cause nausea; to loathe; to nauseate.
Náutica *s* nautical science; seamanship.
Náutico *adj* nautical; marine; naval.
Naval *adj* naval; maritime; marine.
Navalha *s* razor.
Navalhada *s* cut with a razor.
Nave *s* nave; vessel; ship.
Navegabilidade *s* navigability; navigableness.
Navegação *s* navigation; shipping.
Navegador *s* navigator.
Navegador *adj* navigant.
Navegante *s* navigator; seafarer.
Navegar *v* to navigate; to sail; to voyage.
Navegável *adj* navigable; floatable; voyageable.
Navio *s* vessel; ship.
Nazi *s* nazi.
Nazismo *s* POL nazismo.
Neblina *s* mist; fog.
Nebulosa *s* ASTR nebula.
Nebulosidade *s* nebulosity; nebulousness.
Nebuloso *adj* nebulous; cloudy; hazy.
Necessário *adj* necessary; needful; indispensable.

Necessidade *s* necessity; need; want.
Necessitado *s* an indigent person; an indigent man.
Necessitado *adj* necessitous; needy.
Necessitar *v* to need; to require; to demand.
Necrologia *s* necrology; a death-roll.
Necrológico *adj* necrologic; necrological; obituary.
Necrológio *s* necrology.
Necromancia *s* necromancy; gramarye; conjuration.
Necrópole *s* necropolis; cemetery.
Necropsia *s* autopsy; necropsy.
Necroscopia *vide* NECROPSIA.
Necrose *s* necrosis; sphacelation.
Necrotério *s* morgue; dead-house.
Néctar *s* nectar; MIT drink of the gods.
Nefando *adj* nefandous; infamous; execrable; hateful.
Nefasto *adj* inauspicious; ill-omened; funest; doleful.
Nefrite *s* nephritis.
Negaça *s* lure; allurement; cheat; trick.
Negação *s* negation; negativity; denial.
Negar *v* to disown; to deny; to negate.
Negativa *s* negative; refusal.
Negativismo *s* negativism; negative philosophy.
Negativo *adj* negative; denying.
Negável *adj* deniable.
Negligência *s* negligence; neglect; inattention; inadvertence.
Negligente *adj* negligent; caressless.
Negociação *s* negotiation; trading.
Negociador *s* negotiator; merchant; a trader.
Negociante *s* negotiator; merchant; trader.
Negociar *v* to negotiate; to trade in; to deal.
Negociata *s* a dishonest transaction; a shady trade.
Negociável *adj* negotiable; sellable; marketable.
Negócio *s* business; trade; commerce; affair; transaction.
Negreiro *s* slaver.
Negrejar *v* to become black; to look black.
Negro *s* negro.
Negro *adj* black; dark.
Negrume *s* blackness; darkness; mist.
Negrura *s* blackness; darkness.
Nem *adv* not.
Nem *conj* nor; neither.
Nenê *s* baby; little child.
Nenhum *adj* no; any.
Nenhum *pron* none; no one; any.
Neófito *s* neophyte; beginner; novice.
Neolatino *adj* Neo-latin.
Neolítico *adj* neolithic.
Neologismo *s* neologism.
Neologista *s* neologist.
Néon *s* neon.
Nepotismo *s* nepotism.
Nervo *s* nerve; sinew; plunck.
Nervosidade *s* nervosity; nervousness.
Nervosismo *s* nervousness; nerves; nervous energy.
Nervoso *adj* nervous; excitable.
Nervura *s* BOT nervure; rib; vein.
Néscio *s* fool; mug; USA nitwit; sucker.
Néscio *adj* silly; foolish.
Neta *s* granddaughter; grandchild.
Neto *s* grandson; grandchild.
Netuno *s* Neptune.
Neurastenia *s* MED neurasthenia; irritability; ill humour.
Neurastênico *adj* MED neurasthenic.
Neurologia *s* MED neurology.
Neurologista *s* MED neurologist.
Neurose *s* MED neurosis.
Neutralidade *s* neutrality; indifference.
Neutralização *s* neutralization, action to neutralize.
Neutralizar *v* to neutralize; to render neutral.
Neutro *adj* neutral; neuter.
Nevada *s* downfall; snowfall.
Nevado *adj* snowy; snow-white.
Nevar *v* to snow.
Nevasca *s* snow storm; blizzard.
Neve *s* snow.
Névoa *s* fog; mist.
Nevoeiro *s* a thick fog.
Nevoento *adj* foggy; obscure.
Nevralgia *s* MED neuralgia.
Nevrálgico *adj* MED neuralgic.
Newtoniano *adj* newtonian (from Sir Isaac Newton -1642/1727).
Nexo *s* nexus; coherence; link; connection.
Nicho *s* niche; small home; alcove.
Nicotina *s* nicotine; nicotin.
Nigérrimo *adj* very black.
Nigromancia *s* necromancy; *vide* NECROMANCIA.
Nigromante *s* necromancer.
Niilismo *s* nihilism, cabal disbelief.
Niilista *s* nihilist.
Nimbo *s* nimbus; halo.
Nimboso *adj* stormy; rainy.
Ninfa *s* nymph.
Ninguém *pron* no-one; nobody; anyone; anybody.
Ninhada *s* brood; nestful.
Ninharia *s* bagatelle; trifle; insignificance.
Ninho *s* nest; lair; hole.
Nipônico *adj* Japanese; Nipponese.
Níquel *s* nickel; nickel coin.
Niquelagem *s* nickel-plating.
Niquelar *v* to nickel-plate.
Nirvana *s* RELIG Nirvana.
Nisso *contr* (***prep+pron***) (**em+isso**) in that; on that; at that.
Nitidez *s* clearness; neatness; brightness.
Nítido *adj* nitid; neat; clear; bright.
Nitroglicerina *s* nitroglycerine or nitroglycerin.
Nível *s* level; plummet; rate.
Nivelador *s* leveller.
Nivelamento *s* levelness; levelling.
Nivelar *v* to level; to grade.
No *contr* (*prep + art*) (**em+o**) in the.
Nó *s* knot; tie; joint; node; snag; FIG hitch.
Nobiliário *adj* nobiliary.
Nobilitante *adj* ennobling; dignifying.
Nobilitar *v* to ennoble; to make noble; to exalt.
Nobre *s* nobleman.
Nobre *adj* noble; honorable.
Nobreza *s* nobleness; nobility; noblesse.
Noção *s* notion; idea; conception.
Nocividade *s* noxiousness; hurtfulness; harmfulness.
Nocivo *adj* noxious; harmful; pernicious; insalubrious.
Nódoa *s* spot; stain.
Nodosidade *s* nodosity, knottiness.
Nódulo *s* nodule.
Noduloso *adj* nodulous; noduled.
Nogueira *s* walnut-tree.
Noitada *s* the whole night; night out.
Noite *s* night; evening.
Noitinha *s* nightfall; twilight.
Noiva *s* bride; fiancée.
Noivado *s* betrothal; engagement.
Noivar *v* to court.
Noivo *s* bridegroom; USA groom.
Noivo *adj* engaged.
Nojento *adj* nauseous; disgusting; loathsome.
Nojo *s* nausea; loathing; aversion; repugnance.
Nômade *s* nomad; wanderer.
Nômade *adj* nomadic; wandering.

Nomadismo *s* nomadism, wandering people.
Nome *s* name; fame; title.
Nomeação *s* appointment; designation.
Nomeada *s* reputation; fame.
Nomear *v* to appoint; to ordain.
Nomenclatura *s* nomenclature.
Nominação *s* nomination.
Nominal *adj* nominal.
Nominalismo *s* nominalism.
Nominativo *s* nominative.
Nominativo *adj* nominative; nominated.
Nonagenário *s* nonagenarian.
Nonagenário *adj* nonagenarian.
Nonagésimo *adj* nonagesimal; ninetieth.
Nono *adj* ninth.
Nora *s* daughter-in-law, noria; scoop-wheel.
Nordeste *s* North-East.
Nórdico *adj* Nordic.
Norma *s* norm; model; pattern; standard.
Normal *s* normal.
Normal *adj* normal; ordinary; regular; usual.
Normalidade *s* normality; USA normalcy.
Normalizar *v* to normalize; to make normal.
Noroeste *s* North-West.
Norte *s* North; guide; direction.
Nortear *v* to guide; to lead.
Norueguês *s* Norwegian.
Norueguês *adj* Norwegian.
Nós *pron* we; us; ourselves.
Nos *pron* us.
Nossa *adj* our.
Nossa *pron* our, ours; of us.
Nostalgia *s* nostalgia; homesickness.
Nostálgico *adj* nostalgic; nostalgical; homesick.
Nota *s* note; a money paper; communication; mark; MÚS note.
Notabilidade *s* notability; USA crackerjack, shark.
Notabilizar *v* to become notable; to excel.
Notação *s* notation.
Notar *v* to note; to observe; to notice.
Notário *s* notary.
Notável *adj* notable; remarkable; noteworthy.
Notícia *s* news; information; knowledge.
Noticiar *v* to notice; to inform; to communicate news.
Noticiário *s* news section; news bulletin.
Noticiarista *s* columnist; reporter.
Notificação *s* notification; summons; JUR garnishment.
Notificar *v* to notify; to report; to relate; to state; to announce.
Notoriedade *s* notoriety; notoriousness.
Notório *adj* notorious; generally known.
Nova *s* news; novelty.
Novação *s* novation, change; innovation.
Novamente *adv* again.
Novato *s* novice; beginner; USA freshman.
Nove *adj* nine.
Novel *adj* new; inexperienced.
Novela *s* tale; story; soap-opera.
Novelesco *adj* novel-like; novelistic.
Novelista *s* noveslit.
Novelo *s* ball of thread.
Novembro *s* November (the eleventh month of the year).
Novena *s* RELIG novena, nine-days of devotian and prayer.
Noviciado *s* novitiate; novice.
Noviço *s* novice; beginner; apprentice.
Novidade *s* novelty; newness; news.
Novilha *s* helfer; young cow.
Novilhada *s* herd of steers, group of bullocks.
Novilho *s* steer; bullock; bullcalf.
Novilúnio *s* new moon.
Novíssimo *adj* very new; newest; latest.
Novo *adj* new; modern; young.
Noz *s* nut; walnut a dried fruit.
Nu *s* nude.
Nu *adj* naked; nude; bare.
Nubente *s* betrothed.
Nubente *adj* betrothed.
Núbil *adj* nubile; marriageable.
Nublado *adj* cloudy; overcast.
Nublar *v* to cloud; become cloudy.
Nuca *s* nape; back of the neck.
Nuclear *adj* nuclear; nucleal.
Núcleo *s* nucleous; kernel; centre; core.
Nudez *s* nudness; nudity; nakedness; bareness.
Nudismo *s* nudism.
Nudista *s* nudist.
Nulidade *s* nullity; a nobody.
Nulo *adj* null; void; invalid; of no account.
Numeração *s* numeration; numbering.
Numerador *s* numerator; numberer.
Numeral *s* numeral.
Numeral *adj* numeral.
Numerar *v* to number; to amount to; to count; to mark.
Numerário *s* money; cash; coin.
Numerário *adj* numerary.
Numerável *adj* numerable.
Numérico *adj* numeric; numerical.
Número *s* number; a sum; figure.
Numeroso *adj* numerous; abundant; multitudinous.
Numismata *s* numismatist.
Numismática *s* numismatics.
Numismático *adj* numismatical.
Nunca *adv* never.
Nunciatura *s* nunciature.
Núncio *s* nuncio; messenger; legate.
Nupcial *adj* nuptial; matrimonial.
Núpcias *s* nuptial; marriage; wedding.
Nutrição *s* nutrition; nourishment; nutriment.
Nutricionista *s* nutricionist.
Nutrido *adj* nourished; well-fed.
Nutriente *adj* nutritive; alimentative; nutrient.
Nutrimento *s* nutriment; food; aliment.
Nutrir *v* to nourish; to feed; nurture.
Nutritivo *adj* nutritive; nourishing.
Nuvem *s* cloud; haze.
Nuvioso *adj* cloudy; overcast.

oO

O *s* the fourteeth letter of the Portuguese alphabeth and the fifteenth letter of the English alphabet.
O *art* the.
O *pron* he; him; that; the one; it.
Oásis *s* oasis.
Obcecação *s* obduracy; obstinacy.
Obcecar *v* to blind; to obsess.
Obedecer *v* to obey; to yield; to conform to.
Obediência *s* obedience; compliance; obediency.
Obediente *adj* obedient; biddable; submissive.
Obelisco *s* obelisk.
Obesidade *s* obesity; fatness; corpulence.
Obeso *adj* obese; fat.
Óbice *s* hindrance; impediment; obstacle.
Obituário *s* obituary.
Obituário *adj* obituary.
Objeção *s* objection; protest; complaint; USA exception.
Objetar *v* to object; to oppose.
Objetiva *s* FOT objective; lens; object-glass.
Objetivar *v* to objectify; to aim at; to intend.
Objetividade *s* objectivity.
Objetivo *s* objective; end; goal; purpose; GRAM objective case.
Objetivo *adj* objective.
Objeto *s* object; aim; purpose.
Objurgação *s* objurgation; reproof; censure; reproach.
Objurgatório *adj* objurgatory, reprehensive; reproachful; rebuking.
Oblação *s* oblation offering.
Oblíqua *s* GEOM oblique line.
Obliquidade *s* obliquity.
Oblíquo *adj* oblique; slanting.
Obliteração *s* obliteration.
Obliterar *v* to obliterate; to blot out; to efface.
Oblongo *adj* oblong; oval; elliptic.
Oboé *s* MÚS oboe; hautboy.
Oboísta *s* oboist; hautboyist.
Óbolo *s* obolus; alms.
Obra *s* work; labor; production; task; book.
Obrar *v* to work; to act; to perform.
Obreira *s* workwoman; bee.
Obreiro *s* worker; workman.
Obrigação *s* obligation; duty; debenture; bound.
Obrigado *adj* obliged; grateful.
Obrigado *interj* thank you; thanks.
Obrigar *v* to oblige; to obligate; to bind; to compel.
Obrigatório *adj* compulsory; obligatory; statutory; USA mandatory.
Obscenidade *s* obscenity.
Obsceno *adj* obscene; indecent; ribald.
Obscurantismo *s* obscurantism.
Obscurecer *v* to obscure; to lower; to darken.
Obscurecimento *s* obscuration; darkness.
Obscuridade *s* obscurity; FIG darkness of meaning.
Obscuro *adj* obscure; dark; dim; intricate.
Obsequiador *adj* obliging.
Obsequiar *v* to favor; to entertain; to please; to oblige.
Obséquio *s* kindness; favour.
Obsequioso *adj* serviceable; attentive; kind.
Observação *s* observation; notation; remark.
Observador *s* observer.
Observância *s* observance.
Observar *v* to observe; to look; to watch; to mind.
Observatório *s* observatory.
Observável *adj* observable.
Obsessão *s* obsession.
Obsessivo *adj* obsessing; obsessive.
Obsesso *adj* beset; obsessed.
Obstáculo *s* obstacle; hindrance; obstruction.
Obstante *adj* hindering.
Obstar *v* to impede; to avoid; to obviate.
Obstetrícia *s* MED obstetrics.
Obstinação *s* obstinacy; selfwill; stubbornness.
Obstinado *adj* obstinate; stubborn; headstrong.
Obstinar *v* to obstinate; to make obstinate.
Obstrução *s* obstruction.
Obstrucionismo *s* obstructionism.
Obstrucionista *s* obstructionist; USA filibuster.
Obstrucionista *adj* obstructionist.
Obstruir *v* to obstruct; to block; to retard; USA to filibuster.
Obstrutivo *adj* obstructive.
Obtenção *s* obtainment; obtention.
Obter *v* to obtain; to get; to secure.
Obturação *s* obturation; USA filling a tooth.
Obturador *s* plugger; MED obturator; FOT a camera shutter.
Obturar *v* MED to obturate; to stop; USA to fill; to close.
Obtuso *adj* obtuse; blunt; dull.
Obus *s* MIL howitzer.
Obviar *v* to obviate; to prevent; to surmount.
Óbvio *adj* obvious; evident.
Ocar *v* to hollow; to excavate.
Ocasião *s* occasion; opportunity; chance.
Ocasional *adj* occasional; casual; incidental.
Ocasionar *v* to cause; to bring about; to give rise.
Ocaso *s* sunset; end; death.
Occipital *s* ANAT occipital.
Occipital *adj* ANAT occipital.
Oceânico *adj* oceanic; marine.
Oceano *s* ocean; the sea.
Oceanografia *s* oceanography.
Oceanográfico *adj* oceanographic; oceanographical.
Ocidental *adj* occidental; western.
Ocidentalizar *v* to occidentalize; to render occidental.
Ocidente *s* occident; west.
Ócio *s* leisure; idleness; laziness.
Ociosidade *s* laziness; idleness; leisure.
Ocioso *s* a lazy person; lazybones.
Ocioso *adj* idle; lazy; useless.
Oclusão *s* occlusion.
Oclusivo *adj* occlusive.
Ocluso *adj* occluded; closed.
Oco *adj* hollow; empty; vain; futile.
Ocorrência *s* occurrence; incident; happening.

Ocorrente *adj* occurrent; happening; occuring.
Ocorrer *v* to occur; to come round; to take place.
Octaedro *s* octahedron.
Octogenário *s* octogenarian; octogenary.
Octogenário *adj* octogenarian; octogenary.
Ocular *adj* ocular.
Oculista *s* oculist; eye doctor; ophthalmologist.
Óculo *s* eye-glass.
Ocultação *s* occultation; hiding; concealment.
Ocultante *adj* concealing; hiding.
Ocultar *v* to occult; to hide; to cover.
Ocultismo *s* occultism.
Ocultista *s* occultist.
Oculto *adj* occult; hidden; concealed.
Ocupação *s* occupation; job; task; employment.
Ocupado *adj* busy; occupied.
Ocupante *s* occupant, tenant; inmate.
Ocupar *v* to occupy; to hold; to employ; to engage; to keep.
Ode *s* ode.
Odiar *v* to hate; to detest; to abhor.
Odiável *adj* odious; hateful.
Ódio *s* hate; hatred; odium.
Odioso *adj* odious; hateful.
Odômetro *s* odometer.
Odontologia *s* odontology.
Odor *s* odour; scent; smell.
Odre *s* wine-skin; leather-bottle; FIG drunkard.
Oeste *s* west.
Oeste *adj* western.
Ofegante *adj* out of breath; panting; gasping.
Ofegar *v* to pant; to breathe convulsively; to gasp.
Ofego *s* difficult breathing; panting.
Ofender *v* to offend; to hurt.
Ofendido *adj* offended; hurted.
Ofensa *s* offense; grievance; insult; transgression.
Ofensiva *s* offensive; attack.
Ofensivo *adj* offensive; attacking; aggressive.
Ofensor *s* offender.
Oferecer *v* to offer; to propose; to bid; to tender.
Oferecimento *s* offering; offer.
Oferenda *s* offering; gift; offer; oblation; proffer.
Oferta *s* offering; offer.
Ofertar *v* to offer; to make an offering.
Ofertório *s* offertory.
Oficiador *s* officiator.
Oficial *s* officer; craftsman; clerk.
Oficial *adj* official; ***OFICIAL de justiça***: catchpole.
Oficiante *s* officiator; officiant; celebrant.
Oficiar *v* to officiate; to perform official duties; to serve at Mass.
Oficina *s* workshop; works.
Ofício *s* occupation; official letter; trade.
Oficioso *adj* officious; obliging; semiofficial.
Oftálmico *s* MED ophthalmic.
Oftálmico *adj* ophthalmic.
Oftalmologia *s* MED ophthalmology.
Oftalmologista *s* MED ophthalmologist.
Ofuscação *s* dazzling; offuscation.
Ofuscar *v* to offuscate; to dim; to dazzle; to overshadow.
Ogiva *s* ARQT ogive.
Ogival *adj* ogival.
Oitavado *adj* eight-sided; octogonal.
Oitavar *v* to make eight-sided.
Ojeriza *s* antipathy; aversion; dislike.
Ojerizar *v* to dislike.
Olaria *s* pottery; brick-field.
Oleado *s* oil-cloth; linoleum.
Olear *v* to oil.
Óleo *s* oil.
Oleômetro *s* oleometer.
Oleoso *adj* oily; greasy.
Olfação *s* olfaction.
Olfativo *adj* olfactory; olfactive.
Olfato *s* olfact; smell.
Olhada *s* glance; glimpse.
Olhar *s* look; glance.
Olhar *v* to look; to observe; to behold.
Olho *s* eye; sight; view.
Oligarquia *s* oligarchy.
Oligárquico *adj* oligarchical.
Olimpíada *s* olympiad.
Olímpico *adj* olympic.
Olimpo *s* olympus.
Oliva *s* olive.
Olival *s* olive-yard.
Oliveira *s* olive tree.
Olmeiro *s* elm tree.
Olmo *vide* OLMEIRO.
Olor *s* odor; perfume; fragrance.
Olvidar *v* to forget, to lose the remembrance.
Olvido *s* forgetfulness; oblivion.
Ombrear *v* to rival; to vie with another.
Ombreira *s* shoulder-strap; jamb; door.
Ombro *s* shoulder.
Omelete *s* omelet.
Omissão *s* omission; oversight; USA out.
Omisso *adj* omitted; neglectful; remiss.
Omitir *v* to omit; to miss; to skip; to give forth.
Omoplata *s* omoplate; shoulder-blade.
Onça *s* ounce (= 28. 349 gramas); ZOO ounce (animal).
Onda *s* wave; ripple; billow.
Onde *adv* where; in which.
Ondeado *adj* wavy; undulated.
Ondear *v* to wave; to undulate; to flutter.
Ondulação *s* undulation; waving.
Ondular *v* to undulate; to wave.
Onerar *v* to burden with; to encumber; to charge.
Onerosidade *s* onerousness; burdensomeness.
Oneroso *adj* onerous; burdensome.
Ônibus *s* omnibus; bus.
Onipotente *adj* omnipotent; almighty.
Onipresença *s* omnipresence; ubiquity.
Onipresente *adj* omnipresent; ubiquitous.
Onisciência *s* omniscience, infinitive knowledge.
Onisciente *adj* omniscient; all-knowing.
Onívoro *adj* omnivorous, all-devouring.
Ônix *s* MIN onyx.
Onomatopaico *adj* onomatopoeic.
Onomatopeia *s* FIL onomatopoeia.
Ontem *adv* yesterday.
Ontogenia *s* ontogeny; embryology.
Ontogênico *adj* ontogenic; embryological.
Ontologia *s* ontology.
Ontológico *adj* ontological.
Ônus *s* onus; burden; load; obligation.
Opacidade *s* opacity; opaqueness; gloominess.
Opaco *adj* opaque; dull; obscure.
Opala *s* MIN opal.
Opalescência *s* opalescence.
Opção *s* option; choise; selection.
Ópera *s* MÚS opera.
Operação *s* operation; working; action.
Operador *s* operator; surgeon.
Operante *adj* operating.
Operar *v* to operate; to handle; to perform; to act.
Operariado *s* workmen; the working class.
Operário *s* workman; labourer; worker.
Operativo *adj* operative.
Operatório *adj* operatory.

Opereta *s* MÚS operetta.
Operoso *adj* laborious; diligent; productive.
Opilar *v* to oppilate; to block up; to obstruct.
Opinar *v* to opine; to suppose; to judge.
Opinião *s* opinion; hint; tip; USA pointer.
Ópio *s* opium (narcotic).
Oponente *s* opponent; antagonist; adversary.
Opor *v* to oppose; to object to; to run against.
Oportunidade *s* opportunity; chance.
Oportunismo *s* opportunism.
Oportunista *s* opportunist; timeserver; temporizer.
Oportuno *adj* opportune; seasonable.
Oposição *s* oppostion; resistance.
Oposicionista *s* oppositionist.
Oposto *s* opposite.
Oposto *adj* opposite; contrary; contradictory.
Opressão *s* oppression; tyranny.
Opressivo *adj* oppressive; tyrannical.
Opressor *s* opressor.
Opressor *adj* oppressive.
Oprimir *v* to oppress; to grind; to depress; to subdue.
Opróbrio *s* opprobrium; infamy.
Optar *v* to choose; to select.
Optativo *adj* optative.
Óptica *s* MED optics.
Óptico *adj* optic; optical.
Opulência *s* opulence; wealth.
Opulento *adj* opulent; wealthy; rich.
Opúsculo *s* opuscule; small work.
Ora *conj* but; now.
Oração *s* oration; speech; GRAM sentence.
Oráculo *s* oracle.
Orador *s* orator; public-speaker.
Oral *adj* oral; verbal.
Orangotango *s* orangutan; orangoutang; an ape.
Orar *v* to pray; to implore; to beseech.
Oratória *s* oratory; eloquence.
Oratório *s* oratory.
Oratório *adj* oratorial; oratorical.
Orbe *s* orb; a globe; sphere; the world.
Órbita *s* orbit.
Orçamento *s* budget; estimate; USA bid.
Orçar *v* to budget; to estimate; to amount to.
Ordeiro *adj* peaceable; methodical.
Ordem *s* order; kind; sequence; sort; class.
Ordenação *s* ordinance; disposition; arrangement.
Ordenada *s* GEOM ordinate.
Ordenado *s* salary; wages.
Ordenança *s* orderly.
Ordenar *v* to order; to command; to bid; to charge.
Ordenha *s* milking.
Ordenhar *v* to milk.
Ordinal *adj* ordinal.
Ordinário *adj* ordinary; usual; customary; commonplace.
Orelha *s* ear.
Orelheira *s* animal's ear; pig's ears.
Orelhudo *adj* long-eared; flap-eared.
Orfanato *s* orphanage; asylum.
Orfandade *s* orphanage; orphanhood.
Órfão *s* orphan.
Órfão *adj* orphan.
Orfeão *s* singing society; glee club.
Organdi *s* organdy.
Orgânico *adj* organic.
Organismo *s* organism; body.
Organista *s* MÚS organist.
Organização *s* organization.
Organizar *v* to organize; to arrange; to institute; to stage.
Órgão *s* organ; instrument; MÚS organ; USA pipe-organ.
Orgia *s* orgy; revel.
Orgulhar *v* to flush; to exalt; to elate.
Orgulho *s* pride; haughtiness.
Orgulhoso *adj* proud; stuck up; haughty.
Orientação *s* orientation; directions.
Orientador *s* guide; director.
Orientador *adj* orienting.
Oriental *s* oriental; eastern.
Oriental *adj* oriental; eastern.
Orientalismo *s* orientalism.
Orientar *v* to orient; to direct; to guide.
Oriente *s* orient; east.
Orifício *s* orifice; opening; hole.
Origem *s* origin; beginning; source.
Original *s* original.
Original *adj* original; odd; quaint.
Originalidade *s* originality, inventiveness.
Originar *v* to originate; to create; to produce; to bear.
Originário *adj* native; proceeding; originating.
Oriundo *vide* ORIGINÁRIO.
Orla *s* border; fringe; edge.
Orlar *v* to border; to edge.
Ornamentação *s* ornamentation; decoration.
Ornamentar *v* to ornament; to decorate; to adorn.
Ornamento *s* ornament; decoration.
Ornar *v* to adorn; to deck; to fit; to suit; to become.
Ornato *s* ornament; decoration.
Orquestra *s* orchestra.
Orquestração *s* orchestration.
Orquestrar *v* to orchestrate.
Orquídea *s* orchid.
Ortodoxia *s* orthodoxy.
Ortodoxo *adj* orthodox.
Ortogonal *adj* orthogonal; perpendicular.
Ortografia *s* orthography.
Ortográfico *adj* orthographic; orthographical.
Ortopedia *s* orthopedics.
Ortopédico *adj* orthopedic.
Orvalhar *v* to bedew; to drizzle; to wet.
Orvalho *s* dew; mist; drizzle.
Oscilação *s* oscilation; variation.
Oscilante *adj* oscillating; changing.
Oscilar *v* to oscillate; to fluctuate; to hesitate.
Oscilatório *adj* oscillatory.
Osculação *s* osculation; a kiss.
Oscular *v* to osculate; to kiss.
Ósculo *s* kiss; osculum.
Osmose *s* osmosis.
Ossada *s* heap of bones; skeleton; carcass.
Ossário *s* ossuary; charnel house; bone house.
Ossatura *s* skeleton; framework.
Ósseo *adj* osseous; bony.
Ossificação *s* ossification.
Ossificar *v* to ossify.
Osso *s* bone.
Ossudo *adj* bony; raw-boned.
Ostensível *adj* ostensible; ostensive.
Ostentação *s* ostentation; splurge; show.
Ostentador *s* boaster; ostentatious person.
Ostentador *adj* ostentatious.
Ostentar *v* to flaunt; to show off; to display; to boast.
Osteomielite *s* MED osteomyelitis.
Ostra *s* oyster (mollusk).
Ostracismo *s* ostracism; relegation.
Otário *s* a fool person; GÍR gull; ninny; dupe; USA sucker.
Ótica *s* MED otic.
Ótico *s* otic.
Ótico *adj* situated near or pertaining to the ear.
Otimismo *s* optimism.

Otimista *s* optimist.
Otimista *adj* optimistic.
Ótimo *s* very good; excellent; fine.
Otite *s* otitis.
Otologia *s* MED otology.
Otomana *s* ottoman.
Otomano *adj* Ottoman.
Ou *conj* either; or.
Ourela *s* border; edge; fagend.
Ouriço *s* bur of chestnuts.
Ourives *s* goldsmith.
Ourivesaria *s* goldsmith's shop.
Ouro *s* gold (symbol Au).
Ouropel *s* tinsel; ormolu.
Ousadia *s* boldness; audacity; daring; insolence.
Ousado *adj* bold; daring; USA nervy.
Ousar *v* to dare; to venture; to embolden.
Outeiro *s* hill; small mound; hillock.
Outonal *adj* autumnal; fall.
Outono *s* autumn; USA fall.
Outorga *s* grant; granting.
Outorgante *s* granter; grantor.
Outorgante *adj* bestowing; granting.
Outorgar *v* to grant; to agree; to approve.
Outrem *pron* somebody else.
Outro *adj* other.
Outro *pron* other; another.
Outrora *adv* formerly; once; of yore.
Outubro *s* October (the tenth month of the year).
Ouvinte *s* hearer; listener.
Ouvir *v* to hear; to listen to; to learn of; to heed to.
Ova *s* spawn; roe.
Ovação *s* ovation; applause.
Ovacionar *v* to give an ovation to; to acclaim.
Oval *adj* oval; egg-shaped.
Ovalar *v* to ovalize; to make oval; to shape into oval form.
Ovário *s* ANAT ovary.
Ovelha *s* ewe; sheep.
Ovíparo *adj* oviparous; laying eggs.
Ovo *s* egg.
Ovoide *adj* ovoid; egg-shaped.
Ovular *adj* ovular.
Óvulo *s* ovule; egg-cell.
Oxalá *interj* would to god!; may it be so!
Oxidação *s* oxidation.
Oxidar *v* to oxidize; to oxidate.
Oxidável *adj* oxidable.
Óxido *s* oxide.
Oxigenação *s* oxygenation.
Oxigenar *v* to oxygenate.
Oxigênio *s* oxygen (symbol O).
Oxítono *s* oxytone.
Oxítono *adj* oxytone.
Ozônio *s* ozone.
Ozonização *s* ozonization.
Ozonizar *v* to impregnate with ozone; to ozonize; to treat with ozone.

pP

P *s* the fifteenth letter of the Portuguese alphabet and the sixteenth letter of the English alphabet.
Pá *s* spade; shovel; shoulder-bladeb.
Pacato *adj* peaceful; pacific; quiet; tranquil; mild.
Pachorra *s* sluggishness; calmness; phlegm.
Paciência *s* patience; resignation; forbearange; solitaire.
Paciente *s* patient; sick-person.
Paciente *adj* patient; enduring.
Pacificação *s* pacification.
Pacificador *s* pacificator; pacifier; peace-maker; appeaser.
Pacificar *v* to pacify; to appease; to soothe; to calm; to quiet.
Pacificidade *s* pacificity.
Pacífico *adj* pacific; peaceful; peaceable; quiet; calm; tranquil.
Pacifismo *s* pacifism.
Pacifista *s* pacifist.
Pacifista *adj* pacifist.
Paço *s* palace; court.
Pacote *s* pack; packet; package; bundle; parcel.
Pacto *s* pact; agreement.
Pactuar *v* to pact; to agree; to bargain; to covenant.
Padaria *s* bakery; bakehouse; baker's shop.
Padecer *v* to suffer; to bear; to endure; to support; to tolerate.
Padecimento *s* enduring; suffering.
Padeiro *s* baker.
Padiola *s* handbarrow; stretcher.
Padrão *s* pattern; model; specimen; sample; outline.
Padrasto *s* step-father.
Padre *s* priest; clergyman; father.
Padrinho *s* godfather; protector; paranymph.
Padroeiro *s* patron; patron saint.
Paga *s* pay; remuneration; wagees; salary.
Pagador *s* payer; paymaster.
Pagadoria *s* pay-office; treasury; paying office.
Pagamento *s* pay; payment; remuneration; wages; salary; reward; recompense.
Paganismo *s* paganism; heathenism.
Paganizar *v* to paganize.
Pagão *s* pagan; heathen.
Pagão *adj* pagan; idolatrous; irreligious.
Pagar *v* to pay up; to remunerate; to acquit; to reward.
Pagável *adj* payable.
Página *s* page; writing.
Paginação *s* pagination; paging.
Paginar *v* to page; to paginate.
Pago *s* reward; recompense.
Pago *adj* paid; rewarded.
Pagode *s* pagoda; feasting.
Pai *s* father; male parent; ancestor.
Painel *s* picture; panel.
Paiol *s* store-room; powder; magazine.
Pairar *v* to ply; to bring to; to lie to hover; to soar.
País *s* country; nation; fatherland; land.
Paisagem *s* landscape; scenery; scene; seascape.
Paisagista *s* landscape-painter; painter.
Paisano *s* countryman; civilian.
Paixão *s* passion; love; violent or intense emotion; rage; anger; ***Sexta-Feira da PAIXÃO***: Good Friday.
Pajear *v* to page; to attend or follow as pages; to act as page; BR to attend children.
Pajem *s* dry-nurse.
Pala *s* eye-shade; bezel of a jewel; peak of a cap.
Palacete *s* small palace.
Palaciano *s* courtier.
Palaciano *adj* palacial.
Palácio *s* palace.
Paladar *s* palate; taste.
Paladino *s* paladin; champion.
Palafita *s* palafitte.
Palanca *s* pile; palisade.
Palanque *s* plataform; scaffold; platform; stand.
Palatal *adj* palatal; palatine.
Palatino *s* palatine; palatial; a fur covering.
Palato *s* palate; taste.
Palavra *s* word; verbal expression; term; speech; promise; command.
Palavrão *s* obscenity; coarse word.
Palavreado *s* rigmarole; chatter.
Palavrear *v* to talk; to palaver; to speak foolishly.
Palavrório *s* babbling verbiage; prating.
Palavroso *adj* verbose; prolix; wordy; long-winded.
Palco *s* stage; FIG the theatre.
Paleolítico *adj* paleolithic; paleolithical.
Paleozoico *s* paleozoic.
Paleozoico *adj* paleozoic.
Palerma *s* blockhead; stupid; fool; simpleton.
Palerma *adj* silly; foolish.
Palermice *s* stupidity; silliness; foolishness.
Palestra *s* talking; talk; chat; chattiness; conversation.
Palestrar *v* to talk; to chat; to prattle; to prate; to chatter.
Paleta *s* palette; pallet.
Paletó *s* paletot; jacket; coat; single-breasted coat.
Palha *s* straw.
Palhaçada *s* buffoonery.
Palhaço *s* clown; buffoon.
Palheta *s* pallet; reed of wind instrument; rack.
Palhinha *s* a kind of straw; a heap of straw.
Palhoça *s* thatched cottage; cot; hut; shack; house.
Paliação *s* palliation; palliating; extenuation.
Paliar *v* to palliate; to hide; to shelter; to disguise; to mitigate; to lessen; to excuse; to extenuate; to dissemble.
Paliçada *s* palisade.
Palidez *s* pallidness; paleness; colorlessness; dimness; faintness; pallor; wanness.
Pálido *adj* pale; pallid; faint; dim; light in color; wan.
Pálio *s* canopy carried over the Sacrament in processions.
Palitar *v* to pick the teeth; to cleanse teeth.
Paliteiro *s* toothpick-case.
Palito *s* toothpick.
Palma *s* palm; BOT palm; FIG victory; triumph.
Palmada *s* slap.

Palmatória *s* ferule; rod; candlestick.
Palmeira *s* palm-tree.
Palmilha *s* inner sole of a shoe; foot of a stocking.
Palmilhar *v* to put sock in shoes; to mend; to foot; to walk.
Palmital *s* grove of dwarf fan-palms.
Palmito *s* a dwarf fan palm; palmetto; fan-palm; dwarf.
Palmo *s* palm; a linear measure; measure of length; span.
Palpação *s* touching; palpation.
Palpar *v* to touch; to examine by touch; to explorer by palpation.
Palpável *adj* palpable; clear; obvious; plain.
Pálpebra *s* eye-lid.
Palpitação *s* palpitation; tremble.
Palpitante *adj* palpitating; thrilling; throbbing.
Palpitar *v* to palpitate; to thrill; to throb; to flutter; to fidget; to hint.
Palpite *s* palpitation; hint; conjecture; tip; misgiving.
Palpo *s* palp; palpus.
Palrador *s* prattler; babbler; chatterer.
Palrador *adj* prattling.
Palrar *v* to prattle; to chatter.
Palude *s* moor; marsh; fen.
Paludial *adj* marshy; fenny; paludal.
Paludismo *s* paludism.
Paludoso *adj* paludine; marshy; malarial.
Palustre *adj* palustral; paludal; swampy; paludous.
Pampa *s* pampa; extensive plain.
Panaceia *s* panacea.
Panariz *s* whith law; aganil; felon; witlow.
Panca *s* wooden lever.
Pança *s* belly; paunch; potbelly.
Pancada *s* a blow; stroke; knock; GÍR craze; mania.
Pancadaria *s* brawl; tumult.
Pâncreas *s* pancreas: sweetbread.
Pançudo *adj* big-bellied; paunchy; potbellied.
Panda *s* panda.
Pândega *s* merry-making; spree; junketing.
Pândego *s* merry-maker; fond of feasting.
Pandeiro *s* tambourine; timbrel.
Pandemônio *s* pandemonium.
Panegírico *s* panegyric.
Panegírico *adj* panegyric; panegyrical.
Panela *s* pot; pan.
Panfletista *s* pamphleteer.
Panfleto *s* pamphlet; booklet.
Pânico *s* panic; fright.
Pânico *adj* panic; fright.
Panificação *s* panification.
Panificar *v* to make bread; to bake.
Pano *s* cloth; fabric; sails; curtain.
Panorama *s* panorama; landscape; view.
Panorâmico *adj* panoramic.
Panqueca *s* pancake; idleness.
Pantalonas *s* pantaloons.
Pantanal *s* marshy place; swampy.
Pântano *s* swamp; marsh; bog; fen.
Pantanoso *adj* swampy; marshy; bog.
Panteão *s* pantheon.
Panteísmo *s* pantheism.
Panteísta *s* pantheisty.
Panteísta *adj* pantheistic; pantheistical.
Pantera *s* panther.
Pantomima *s* pantomime; dumb show; trick.
Pão *s* bread; sustenance.
Papa *s* Pope; pap (food).
Papada *s* double chin.
Papagaio *s* parrot (a bird); kite.
Papaguear *v* to parrot.
Papai *s* papa; daddy; *PAPAI Noel*: Santa Claus.
Papão *s* bugbear; bugaboo; body.
Papar *v* to eat; to extort; to gobble.
Paparicar *v* to pick; to nibble at food; to caress; to fondle.
Papear *v* to prate; to chatter.
Papeira *s* mumps; goitre.
Papel *s* paper; sheet.
Papelada *s* heap of papers (documents).
Papelão *s* pasteboard; cadboard; FIG complete failure; blunder.
Papelaria *s* stationer's shop; stationery.
Papeleiro *s* paper maker; stationer.
Papeleta *s* poster; announcement.
Papelotes *s* curling papers; curl papers.
Papiro *s* papyrus.
Papismo *s* papism; popery.
Papo *s* double chin; craw.
Papoula *s* poppy (opium).
Papudo *adj* double-chinned; goitrous; FIG boastful; braggartlike.
Paquiderme *s* pachyderm; thick-skinned.
Par *s* pair; couple; fellow; partner (at a dance); peer (dignity).
Par *adj* even; equal; like.
Para *prep* for; to; in order to; ready to; about.
Parabéns *s* congratulations.
Parábola *s* parable; MAT parabola.
Parabólico *adj* parabolic.
Para-brisas *s* windshield; windscreen.
Para-choque *s* buffer; bumper.
Parada *s* stop; delay; pause; halt.
Paradeiro *s* whereabouts; end; stopping place.
Paradigma *s* paradigm; example.
Paradisíaco *adj* paradisiac; paradisiacal.
Parado *adj* stopped; FIG quiet; unemployed; indolent.
Paradoxal *adj* paradoxical.
Paradoxo *s* paradox.
Paradoxo *adj* paradoxical.
Parafina *s* paraffin.
Parafinar *v* to paraffin.
Paráfrase *s* paraphrase.
Parafrasear *v* to paraphrase.
Parafusar *v* to screw; to muse; to meditate.
Parafuso *s* screw; spindle of a press.
Paragem *s* stopping-place; spot.
Parágrafo *s* paragraph.
Paraíso *s* paradise; heaven; FIG a place of state of bliss.
Para-lama *s* fender; mudguard; wing.
Paralela *s* parallel.
Paralelepípedo *s* parallelepiped.
Paralelismo *s* parallelism.
Paralelo *s* parallel; similar; corresponding.
Paralelo *adj* parallel; similar; corresponding.
Paralelogramo *s* parallelogram.
Paralisação *s* paralysation; stopping; stoppage; stagnation.
Paralisar *v* to paralyse; to stop; to palsy.
Paralisia *s* paralysis; palsy.
Paralítico *s* paralytic.
Paralítico *adj* paralytic.
Paramentar *v* to adorn; to attire.
Paramento *s* hanging; ornament; trappings.
Parâmetro *s* parameter.
Paraninfo *s* paranymph; protector; godfather.
Parapeito *s* parapet.
Paraquedas *s* parachute.
Paraquedista *s* parachutist.
Parar *v* to cease; to stop; to halt; to block.
Para-raios *s* lightning-rod.
Parasita *s* parasite; a hanger on; toady; BIO parasite; FIG sponger.
Para-sol *s* parasol.
Para-vento *s* windscreen.
Parceiro *s* partner; participant; play fellow.

Parcela *s* portion; item.
Parcelar *v* to parcel out; to divide or distribute by parts or portions.
Parceria *s* partnership.
Parcial *adj* partial; biased; unfair.
Parcialidade *s* partiality.
Parcializar *v* to render partial; to bias.
Parcimônia *s* parsimony; stinginess.
Parcimonioso *adj* parsimonious; stingy; penurious.
Parco *adj* saving; sober; moderate.
Pardal *s* sparrow.
Pardieiro *s* hovel; shed.
Pardo *s* mulatto.
Pardo *adj* gray; dark; brown.
Parecença *s* resemblance; likeness; similitude.
Parecer *s* appearance; opinion; judgement; aspect.
Parecer *v* to seem; to appear; to look like; to resemble.
Parecido *adj* like; alike; resembling.
Paredão *s* thick wall; break water.
Parede *s* wall; strike.
Paregórico *adj* paregoric.
Parelha *s* pair; couple; match; team.
Parenta *s* kinswoman.
Parente *s* relative; relation; kinsman.
Parentesco *s* relationship; kinship; kindred.
Parêntese *s* parenthesis; FIG an interval or interlude.
Pária *s* pariah; outcast; FIG one despised by society.
Paridade *s* parity; par of exchange.
Parietal *s* ANAT parietal (bone).
Parietal *adj* parietal; mural.
Parir *v* to bring forth; to give birth; to whelp.
Parisiense *s* parisian.
Parisiense *adj* parisian.
Parlamentar *s* parliamentarian.
Parlamentar *v* to parley; to parliament; to converse; to parliamentarize.
Parlamentar *adj* parliamentary.
Parlamento *s* parliament; parliament-house.
Parlar *v* to prattle; to chatter; to chat; to prate.
Parmesão *s* parmesan cheese.
Parmesão *adj* parmesan.
Pároco *s* parish priest; parson.
Paródia *s* parody.
Parodiar *v* to parody; to burlesque.
Paróquia *s* parish.
Paroquial *adj* parochial.
Parque *s* park.
Parreira *s* vine; spreading vine.
Parreiral *s* vineyard.
Parte *s* part; piece; fragment; section; MÚS part.
Parteira *s* midwife.
Parteiro *s* obstetrician; accoucher.
Participação *s* participation; communication.
Participante *s* participant; sharer; sharing; participator.
Participar *v* to give notice; to participate; to partake; to share.
Partícipe *s* partaker; participator.
Particípio *s* participle.
Partícula *s* particle.
Particular *adj* particular; individual; private; peculiar; personal.
Particularidade *s* particularity; peculiarity; detail.
Particularizar *v* to particularize; to detail; to specify.
Partida *s* departure; match; game.
Partidário *s* partisan; party; supporter; follower.
Partidarismo *s* partisanship.
Partido *s* party; side; advantage; profit; match; marriage.
Partido *adj* parted; divided; broken; split.
Partilha *s* partition; division; share; sharing.
Partilhar *v* to partition; to share.
Partir *v* to part; to depart; to split; to break.
Partitura *s* MÚS partitur; partitura.
Parto *s* parturition; delivery; childbirth.
Parturiente *s* expectant mother.
Parturiente *adj* parturient.
Parvo *s* fool; blockhead.
Parvo *adj* small; simple; stupid.
Páscoa *s* Easter; Passover (of the Jews).
Pasmado *adj* astonished; gasping; perplex; amazed; gaping.
Pasmar *v* to be astonished; to be amazed.
Pasmo *s* astonishment; amazement; surprise.
Paspalhice *s* foolishness; nonsense; silliness.
Paspalho *s* scarecrow; fool; dolt; dunce; simpleton.
Pasquim *s* pasquinade; satirical writing.
Pasquinar *v* to pasquinade; to lampoon; to satirize.
Passa *s* raisin.
Passadeira *s* strainer; filter; narrow carpet.
Passadiço *s* footbridge; passage; corridor.
Passado *s* past; past time; former time.
Passado *adj* past; out of fashion; old; last; ago.
Passageiro *s* passenger; traveller.
Passageiro *adj* temporaty; transitory.
Passagem *s* passage; way; road; passageway.
Passamanaria *s* lace-work; lace-making.
Passante *s* passer-by.
Passante *adj* walking; passing; exceeding.
Passaporte *s* passport.
Passar *v* to pass; to move; to change possession; to elapse; to go away; to occur; to happen.
Passarada *s* crowd of birds.
Passarinho *s* little bird.
Pássaro *s* bird.
Passatempo *s* pastime; recreation; amusement; diversion; hobby.
Passável *adj* passable; tolerable; bearable.
Passe *s* pass; free-pass.
Passeador *s* walker.
Passear *v* to walk; to take a walk.
Passeata *s* tour; promenade.
Passeio *s* walk; sidewalk; pavement; stroll.
Passional *adj* passional.
Passiva *s* GRAM passsive voice; passive.
Passível *adj* passible; liable.
Passividade *s* passiveness; passivity; submissiveness.
Passivo *adj* passive; inactive; inert; submissive; responsive.
Passo *s* pace; step; gait; walk.
Pasta *s* portfolio; paste; folder; batter.
Pastagem *s* pasturage; pasture.
Pastar *v* to pasture; to graze; to grass.
Pastel *s* pastel; small meat pie; *art* pastel; TIP pie.
Pastelão *s* a great pie.
Pastelaria *s* pastry.
Pasteleiro *s* pastry-cook; pastry-dealer.
Pastilha *s* pastille.
Pasto *s* pasture; food; aliment; nourishment.
Pastor *s* shepherd; herder; pastor; parson.
Pastora *s* shepherdess.
Pastoral *s* pastoral; rural.
Pastoral *adj* pastoral; rural; MÚS pastorale.
Pastorear *v* to pasture; to graze; to grass; to tend.
Pastoso *adj* viscous; sticky; pasty.
Pata *s* duck; paw; foot.
Patacoada *s* nonsense; boasting; bragging.
Patada *s* kick, a blow with the foot or paws.
Patamar *s* stair-head; landing.
Patavina *s* nothing.
Patente *s* patent; license; licence.
Patente *adj* patent; evident; obvious; manifest.
Patentear *v* to manifest; to charter; to franchise; to patent.
Paternal *adj* paternal; fatherly.

Paternidade *s* paternity; fatherhood.
Paterno *adj* paternal; fatherly.
Pateta *s* simpleton; block-head.
Patetice *s* stupidity; silliness; nonsense.
Patíbulo *s* gallows; scaffold; gibbet.
Patifaria *s* kanvery; roguery; mischief; BR cowardness.
Patife *s* rascal; kanve; scoundrel.
Patife *adj* kanvish; rascally.
Patim *s* skate; landing; roller-skate.
Patinador *s* skater.
Patinar *v* to skate.
Patinha *s* small paw or foot.
Patinhar *v* to paddle; to dabble.
Patinho *s* duckling.
Pátio *s* yard; court-yard.
Pato *s* duck; drake; FIG a fool or idiot person.
Patoá *s* patois; dialect.
Patogênico *adj* pathogenic.
Patologia *s* pathology.
Patranha *s* lie; story; fake; whopper.
Patrão *s* master; boss; patron.
Pátria *s* native country; home; fatherland.
Patriarca *s* Patriarch.
Patriarcado *s* patriarchate.
Patriarcal *s* patriarchal.
Patriarcal *adj* patriarchal.
Patrício *s* patrician; fellow countryman.
Patrício *adj* patrician; fellow countryman.
Patrimônio *s* patrimony; inheritance.
Pátrio *adj* home; paternal.
Patriota *s* patriot.
Patrioteiro *s* patrioteer; chauvinist; jingo.
Patriótico *adj* patriotic; patriotical.
Patriotismo *s* patriotism.
Patroa *s* patroness; housewife.
Patrocinador *s* patronizer; protector; sponsor.
Patrocinar *v* to patronize; to protector; to help; to support.
Patrocínio *s* patronage; protection; support; sponsorship.
Patrono *s* patron; defender.
Patrulha *s* patrol; a guard.
Patrulhar *v* to patrol.
Pau *s* wood; piece of wood; stick; club at cards.
Paulada *s* blow with a stick; stroke with a stick.
Paulatino *adj* done slowly, by degrees; slow; gradual.
Paupérrimo *s* pauper; miserable person.
Paupérrimo *adj* very poor.
Pausa *s* pause; MÚS pause.
Pausado *adj* paused; slow; calm; quiet.
Pausar *v* to pause; to cease for a time; to hesitate; to stop.
Pauta *s* guide lines (in paper); rule paper; list; staff.
Pautado *adj* ruled of paper; methodical; moderate.
Pautar *v* to rule lines on paper; to direct; to rule (paper).
Pavão *s* peacock, a kind of bird.
Pavilhão *s* pavilion; a large tent; flag; canopy.
Pavimentar *v* to pave.
Pavimento *s* pavement; floor.
Pavio *s* wick of a candle; taper.
Pavoa *s* peahen.
Pavonear *v* to pavonize; to adorn with gaudy colors.
Pavor *s* dread; terror; fright.
Pavoroso *adj* dreadful; frighful; horrible; awful.
Paxá *s* pasha.
Paz *s* peace; calmness; tranquillity; quiet.
Pé *s* foot; base; support; stand; paw.
Peão *s* a foot traveller; foot soldier; pedestrian.
Pear *v* to retard; to hinder; to embarass; to clog.
Peça *s* piece; a literary, artistic or musical composition; one of the objects moved on the board (games).
Pecado *s* sin; any offense.
Pecador *s* sinner; pecant; offender.
Pecador *adj* sinful.
Pecaminoso *adj* sinful; wicked.
Pecar *v* to sin.
Pecha *s* blemish; fault; spot.
Pechincha *s* godsend; bargain; easy profit.
Pechinchar *v* to chaffer; to bargain; to profit.
Peçonha *s* poison; venom.
Peçonhento *adj* venomous; poisonous.
Pecuária *s* cattle-raising; cattle-breeding; livestock; raising.
Peculato *s* peculation; peculate; embezzlement.
Peculiar *adj* peculiar; singular; special.
Peculiaridade *s* peculiarity; singularity.
Pecúlio *s* savings; economy; property.
Pecúnia *s* money; pecuniary.
Pecuniário *adj* pecuniary.
Pedacinho *s* a little piece; a bit.
Pedaço *s* piece; a fragment; bit; morsel.
Pedagogia *s* pedagogy.
Pedagógico *adj* pedagogical.
Pedagogo *s* pedagogist; pedagogue; educator.
Pedal *s* pedal; foot-lever; treadle.
Pedalar *v* to pedal.
Pedante *s* pedant.
Pedante *adj* pedant; pedantic; pretentious.
Pedantismo *s* pedantism; pedantry.
Pederasta *s* pederast; GÍR gay.
Pederastia *s* pederasty.
Pedestal *s* pedestal; stand; support.
Pedestre *s* pedestrian; a walker.
Pedestre *adj* pedestrian.
Pediatra *s* pediatrician; pediatrist.
Pediatria *s* pediatrics.
Pedicuro *s* pedicure; chiropodist.
Pedido *s* request; petition; supplication; demand.
Pedinte *s* beggar.
Pedir *v* to call for; to beg; to request; to desire; to supplicate; to ask for; to ask alms.
Pedra *s* stone; MED gall-stone; gravel; hail; slate.
Pedrada *s* throw of a stone; blow with a stone.
Pedraria *s* precious stones; gems; freestone.
Pedregulho *s* gravel; boulder.
Pedreira *s* stone-pit; quarry.
Pedreiro *s* Mason.
Pegada *s* footmark; footprint; footstep; mark; trace; track.
Pegar *v* to seize; to hold; to take up; to stick; to glue; to join; to unite; to infect; to contaminate.
Peito *s* breast, the lower part of the body between the neck and the abdomen; torax.
Peitoral *s* breastplate; poitrel; MED pectoral.
Peitoral *adj* pectoral.
Peixe *s* fish; the flesh of fish used at food.
Peixeira *s* fishwife; fishwoman.
Peixeiro *s* fishman; fishmonger; coster-monger.
Pejo *s* bashfulness; shame; modesty; shyness.
Pejorativo *adj* pejorative; depreciatory.
Pela *contr* (*prep* + *art*) (**per+a**) by; along; about.
Pelada *s* alopecia; loss of hair; ESP GÍR soccer.
Pelado *s* bald person.
Pelado *adj* without hair; bald.
Pelagem *s* pelage.
Pelanca *s* wrinkled skin.
Pelar *v* to skin; to strip the skin from; to peel.
Pele *s* skin; pelt; hide; fell; fur simples.
Peleja *s* fight; battle; struggle; combat.
Pelejar *v* to fight; to struggle; to contend; to battle; to combat.
Pelica *s* kid leather.
Pelicano *s* pelican (bird).
Película *s* pellicle (skin, film); membrane.

Pelicular *adj* pellicular.
Pelo *contr* (*prep* + *art*) (**per+o**) by.
Pelo *s* hair.
Pelota *s* pellet; small ball; pelota game.
Pelotão *s* MIL platoon; troop.
Pelourinho *s* pillory.
Pelúcia *s* plush.
Peludo *adj* hairy; shaggy.
Pelugem *s* down; soft fluffy feathers; soft hairy growth.
Pelve *s* MED pelvis.
Pena *s* feather; plume; pity; compassion; regret; plumage.
Penacho *s* panache.
Penado *adj* feathery; painful; grievous.
Penal *s* penal; punitive.
Penalidade *s* penalty; punishment for crime.
Penalizar *v* to pain; to afflict; to move one's heart.
Pênalti *s* FUT penalty, maximun foul.
Penar *v* to suffer; to pain; to grieve; to mourn.
Penca *s* BR bunch.
Pendão *s* pennon; flag; banner.
Pendência *s* dispute; quarrel; fight; strife.
Pendente *adj* pendent; suspended; pending; hanging.
Pender *v* to hang; to pend; to incline.
Pendor *s* slope; declivity; inclination; tendency.
Pêndulo *s* pendulum.
Pendurar *v* to hang; to suspend; to fasten; to droop.
Penedo *s* rock.
Peneira *s* sieve.
Peneiração *s* sifting.
Peneirar *v* to sift; to pass through a sieve; to bolt; to drizzle.
Penetra *s* peevish person; insolent person; cracker; intruder.
Penetração *s* penetration; penetrating; entering; discernment.
Penetrante *adj* penetrant; piercing; discerning.
Penetrar *v* to penetrate; to enter into; to pierce.
Penhasco *s* high cliff or rock.
Penhor *s* pledge; pawn; guaranty.
Penhora *s* seizure; confiscation.
Penhorado *adj* seized; confiscated; obliged.
Penhorar *v* to seize; to pledge; to confiscate; to pawn; to oblige.
Peninsular *adj* peninsular.
Penitenciar *v* to impose penance on; to repent; to regret.
Penitenciária *s* penitentiary; prison.
Penitenciário *s* penitentiary prisoner; prisoner.
Penitenciário *adj* penitentiary; penitential.
Penitente *s* penitent.
Penitente *adj* penitent; repentant; sorry.
Penoso *adj* painful; difficult; hard; laborious; toilsome.
Pensado *adj* deliberate; premeditated.
Pensador *s* thinker.
Pensamento *s* thought; reflection; imagination.
Pensão *s* pension; annuity.
Pensar *s* thought; reflection.
Pensar *v* to think; to reflect; to reason; to have in mind; to ponder; to meditate.
Pensativo *adj* thoughful; meditative; sad; gloomy.
Pensionista *s* pensionary; pensioner; boarder.
Pentágono *s* Pentagon.
Pentagrama *s* pentagram; musical staff.
Pentateuco *s* RELIG Pentateuch.
Pente *s* comb.
Penteadeira *s* hairdresser; dressing-table.
Penteado *s* hairdressing; coiffure; hair-dress.
Penteado *adj* combed.
Pentear *v* to comb; to comb oneself; to comb one's hair.
Pentecostes *s* RELIG Pentecost (Christian feast of Whitsunday, Whitsuntide).
Penugem *s* down; fluff.
Penúltimo *s* penultimate.
Penúltimo *adj* penultimate.
Penumbra *s* penumbra; dim-light.
Penumbroso *adj* dim-lighted; penumbral; penumbrous.
Penúria *s* penury; indigence.
Pepinal *s* plantation of cucumbers.
Pepino *s* cucumber.
Pepita *s* nugget.
Pequenez *s* smallness; childhood; FIG lowness; meanness.
Pequeno *adj* little; small; short; insignificant.
Pequerrucho *s* baby; child.
Pequerrucho *adj* very small; tiny.
Pera *s* pear.
Peralta *s* beau; dandy; fop; BR a naughty boy.
Peraltear *v* to play the dandy.
Peraltice *s* dandyism; BR naughtiness.
Perante *prep* before; in presence of.
Perceber *v* to perceive; to notice; to note; to comprehend; to understand; to realize.
Percepção *s* perception; discernment; apprehension.
Perceptível *adj* perceptible; perceivable; discernible.
Percevejo *s* bug; USA bedbug; chinch.
Percorrer *v* to percur; to traverse; to travel all over.
Percurso *s* travelling over; way; course; road; route; path.
Percussão *s* percussion.
Percussor *s* percussive.
Percussor *adj* percussive.
Percutir *v* to percuss; to strike; to beat.
Perda *s* a loss; damage; ruin; waste.
Perdão *s* pardon; forgiveness; excuse for a fault.
Perdição *s* loss; losing; ruin; destruction; perdition.
Perdida *s* prostitute; harlot.
Perdido *adj* lost; ruined; misguided; dissolute.
Perdigão *s* male partridge.
Perdigueiro *s* setter; pointer; retriever.
Perdiz *s* partridge.
Perdoador *s* pardonner.
Perdoar *v* to pardon; to forgive; to spare; to excuse.
Perdulário *s* spendthrift.
Perdulário *adj* prodigal; wasteful.
Perdurar *v* to last a long.
Perecer *v* to perish; to be destroyed or ruined; to die.
Perecimento *s* perishability; death; loss; decay.
Perecível *adj* perishable.
Peregrinação *s* peregrination; pilgrimage.
Peregrinar *v* to peregrinate; to travel; to pilgrimage.
Peregrino *s* pilgrim.
Peregrino *adj* foreign; outlandish.
Pereira *s* pear-tree.
Peremptório *adj* peremptory; conclusive; absolute; decisive; positive.
Perene *adj* perennial; perpetual.
Perenidade *s* perenniality; perennity; continuity.
Perfazer *v* to perfect; accomplish; to complete; to make up.
Perfeição *s* perfection; beauty; thoroughness.
Perfeito *adj* perfect; whole; complet; exact; accomplished.
Perfídia *s* perfidy; faithelessness; treachery.
Pérfido *adj* perfidious; guilty of perfidy; faithless.
Perfil *s* profile; outline.
Perfilar *v* to profile; to draw up in line soldiers.
Perfilhamento *s* adoption; affiliation.
Perfilhar *v* to adopt; to affiliate.
Perfumado *adj* perfumed; scented with perfume.
Perfumador *s* perfumer.
Perfumador *adj* fragrant; perfuming.
Perfumar *v* to perfume; to scent; to aromatize.
Perfumaria *s* perfumary; perfumer's shop; GÍR soft drinks.
Perfume *s* perfume; a scent; a pleasant fragrance; smell.
Perfumista *s* perfumer.
Perfuração *s* perforation; an aperture; punching; boring.
Perfurado *adj* perforated; pierced.

Perfurar *v* to perforate; to bore through; to pierce; to drill.
Pergaminho *s* parchment.
Pergunta *s* question; a query; a doubt.
Perguntar *v* to ask for; to question; to inquire; to query.
Perícia *s* skill; skillfulness; expertness.
Periclitante *adj* in danger; risky; hazardous.
Periclitar *v* to be in danger or risk; to peril; to hesitate.
Periferia *s* periphery; the surface of any body; the circumference of a circle; perimeter of a circle.
Perífrase *s* periphrasis; circumlocution; evasive.
Perifrástico *adj* periphrastic.
Perigar *v* to peril; to be in danger.
Perigo *s* danger; peril; risk.
Perigoso *adj* dangerous; risky; hazardous.
Periódico *s* periodical, newspaper published at regular intervals.
Periódico *adj* periodic; periodical; regular.
Periodismo *s* journalism.
Periodista *s* journalist; editor.
Periodizar *v* to divide into periods.
Período *s* period; age; era; cycle; sentence; term; duration of time.
Peripécia *s* peripetia; POP incident; unexpected occurrence.
Périplo *s* periplus; circumnavigation.
Periquito *s* perakeet; lovebird.
Periscópio *s* periscope.
Perito *s* expert; connoisseur.
Perito *adj* skilled; skillful; clever; able.
Perjurar *v* to perjure; to forswear; to violate one's oath; to abjure.
Perjúrio *s* perjury; false swearing.
Perjuro *s* perjurer.
Perjuro *adj* perjurious; perjured.
Perlongar *v* to coast along (ship); to delay; to postpone.
Permanecente *adj* permanent; lasting.
Permanecer *v* to remain; to stay to rest; to continue; to persevere; to persist.
Permanência *s* permanence; permanency; duration; lasting.
Permanente *s* permanent wave.
Permanente *adj* permanent; lasting; enduring; not changed; fixed.
Permear *v* to permeate; to bore; to pierce; to pervade.
Permeável *adj* permeable.
Permeio *adv* in the middle.
Permissão *s* permission; authorization; leave; permit.
Permitir *v* to permit; to allow; to consent to; to tolerate.
Permuta *s* exchange; permutation; barter.
Permutação *s* permutation; exchange of one thing to another; MAT permutation.
Permutar *v* to permute; to interchange; to exchange.
Permutável *adj* permutable; exchangeable.
Pernada *s* walk with long steps; main bough of a tree; kick.
Pernalta *s* ZOO stilt-bird.
Pernalta *adj* long-legged.
Pernão *s* a thick leg.
Pernear *v* to kick or shake the legs; to gambol.
Pernicioso *adj* pernicious; ruinous; malign; harmful; noxious.
Pernil *s* slender leg; pestle.
Pernilongo *adj* long-legged; mosquito.
Pernoitar *v* to pass the night.
Pernóstico *adj* pedantic; antipathic; flippant.
Pernudo *adj* long-legged; big legged.
Pérola *s* pearl.
Perônio *s* MED fibula.
Peroração *s* peroration.
Perorar *v* to perorate; to speak at length.
Perpassar *v* to pass by; to move.
Perpendicular *s* perpendicular.
Perpendicular *adj* perpendicular; vertical; upright.
Perpendicularidade *s* perpendicularity.
Perpetração *s* perpetration.
Perpetrador *s* perpetrator.
Perpetrador *adj* perpetrating.
Perpetrar *v* to perpetrate; to commit.
Perpetuação *s* perpetuation.
Perpetuador *s* perpetuator.
Perpetuador *adj* perpetuating.
Perpetuar *v* to perpetuate; to make perpetual; to last for ever.
Perpétuo *adj* perpetual; endless; eternal; constant; everlasting.
Perplexidade *s* perplexity; irresolution; bewilderment.
Perplexo *adj* perplexed; confused; irresolute; puzzled.
Perquirição *s* search; inquiry.
Perquirir *v* to search; to inquire.
Perscrutação *s* perscrutation, close examianation.
Perscrutar *v* to perscrutate; to scrutinize; to inquire into.
Perseguição *s* persecution; pursuit; to hant; chase.
Perseguidor *s* persecutor; pursuer.
Perseguir *v* to persecute; to pursue; to chase; to hunt down; to prosecute.
Perseverança *s* perseverance; persistence; constancy.
Perseverante *adj* perseverant; persevering.
Perseverar *v* to persevere; to persist; to remain; to last.
Persiana *s* persian blinds.
Pérsico *s* Persian.
Pérsico *adj* Persian.
Persignar-se *v* to make the signal of cross; to cross oneself.
Persistência *s* persistence; perseverance; constancy.
Persistente *adj* persistent; steady; persevering; determined.
Persistir *v* to persist; to persevere; to remain; to continue.
Personagem *s* personage.
Personalidade *s* personality; person; individuality.
Personalizar *v* to personalize; to personify; to personate.
Personificação *s* personification; embodiment.
Personificar *v* to personify; to personalize; to embody.
Perspectiva *s* perspective; view; prospecty.
Perspicácia *s* perspicacity; shrewdness; sagacity.
Perspicaz *adj* perspicacious; sagacious; clear sighted.
Persuadir *v* to persuade; to induce; to be convinced.
Persuasão *s* persuasion; persuading; conviction.
Persuasivo *adj* persuasive; convincing.
Pertence *s* pertaining.
Pertencente *adj* belonging.
Pertencer *v* to pertain; to belong; to appertain; to concern.
Pertinácia *s* pertinacity; obstinacy.
Pertinaz *adj* pertinacious; obstinate; tenacious; stubborn.
Pertinente *adj* pertinent; appropriated; concerning.
Perto *adv* near; close by; about; almost; at short distance.
Perturbação *s* perturbation; perturbing; agitation of mind.
Perturbador *s* perturber; disturber.
Perturbador *adj* perturbative; disturbing.
Perturbar *v* to perturb; to disturb; to trouble; to agitate.
Perturbável *s* perturbable; easily; disturbed.
Peru *s* turkey.
Perua *s* turkey-hen; a station waggon.
Peruca *s* wig; peruke; periwig.
Perversidade *s* perversity; perverseness; cruelty.
Perverso *adj* perverse; corrupt; perverted; vicious; cruel.
Pervertedor *s* perverter.
Pervertedor *adj* perverse; cruel.
Perverter *v* to pervert; to corrupt; to deprave; to debase.
Pervertido *adj* perverted; corrupt; vicious; wicked.
Pesadelo *s* nightmare.
Pesado *adj* weight; weighty; heavy; burdensome; troublesome; BR unlucky.
Pesagem *s* weighing.
Pêsame *s* condolences.
Pesar *v* to weigh; to ponder; to sorrow; to think over.
Pesaroso *adj* sorry; sorrowful; sad.

Pesca *s* fishing; fishery.
Pescada *s* withing (fish).
Pescado *s* fish caught.
Pescador *s* fisher; fisherman; fishmonger; angler.
Pescar *v* to fish; to find out; to angle.
Pescaria *s* fishing; fishery; angling.
Pescoço *s* neck.
Peseta *s* peseta (coin).
Peso *s* weight; importance; authority; load; heaviness; burden; ***PESO bruto***: gross weight; ***PESO líquido***: net weight.
Pespontar *v* to quilt; to stitch together; to sew together.
Pesponto *s* quilting-stitch; bakstitch.
Pesqueira *s* fishery; fishing grouds.
Pesquisa *s* research; search; inquiry; investigation.
Pesquisador *s* researcher; searcher; inquirer; investigator.
Pesquisar *v* to research; to search; to investigate.
Pessegada *s* peach jam.
Pessegal *s* peach-trees grove.
Pêssego *s* peach.
Pessegueiro *s* peach-tree.
Pessimismo *s* pessimism.
Pessimista *s* pessimist.
Pessimista *adj* pessimistic.
Péssimo *adj* very bad.
Pessoa *s* person.
Pessoal *s* personnel.
Pessoal *adj* personal; private people.
Pestana *s* eyelash.
Pestanejante *adj* winking; that winks; blinking.
Pestanejar *v* to blink; to wink.
Pestanejo *s* blinking; winking.
Peste *s* pest; pestilence.
Pestilência *s* pestilence.
Pestilento *adj* pestilent; pernicious; deadly; foul.
Pétala *s* petal.
Petardo *s* petard; bomb.
Peteca *s* shuttlecock.
Petição *s* petition; request; a solemn entreaty; supplication.
Peticionário *s* petitioner; orator.
Petiscar *v* to nibble at food; to taste; to eat dainty bits.
Petisco *s* titbit; dainty bit; daintiness.
Petisqueira *s* dainty dish.
Petizada *s* a number of boys together.
Pétreo *adj* stony; rocky.
Petrificação *s* petrification; petrifaction.
Petrificador *s* petrifier.
Petrificador *adj* petrifying.
Petrificar *v* to petrify; to convert into stone; to make rigid.
Petroleiro *s* petroleur; oil-tanker.
Petroleiro *adj* petrolic.
Petróleo *s* petrol; petroleum; oil.
Petrolífero *adj* petroliferous; oil-bearing.
Petulância *s* petulance; petulancy; insolence; immodesty.
Petulante *adj* petulant; insolent; brazen; bold; USA nervy.
Pia *s* sink; sink-stone; basin; trough; trough watering; lavatory.
Piada *s* biting; jeer; joke; taunt; BR peep.
Piadista *s* taunter; jeerer; joker.
Pianista *s* pianist; piano-player.
Piano *s* piano.
Piar *v* to chirp; to pule; to peep.
Picada *s* pricking; sting; peak; puncture.
Picado *s* minced-meat.
Picado *adj* pricked.
Picante *adj* pricking; stinging; piquant; pungent.
Pica-pau *s* woodpecker.
Picar *v* to prick; to sting; to peck; to mince; to pick; to bite.
Picardia *s* kanvery; malice; roguery.
Picareta *s* pick; pickaxe; mattock.
Pichar *v* BR to smear with pitch; to pitch.
Piche *s* pitch.
Pico *s* peak; summit; top; prickle; thorn; sharp point.
Picota *s* pillory; plumb-brake; piston-rod.
Picotar *v* to punch (tickets); to perforate (stamps).
Piedade *s* piety; piousness; pity; compassion; commiseration.
Piedoso *adj* pious; devout.
Piegas *s* ninny; trifler; mushy.
Piegas *adj* tender; gentle; finical; squeamish.
Pieguice *s* an excessive or affected sentimentalism; tenderness.
Pigarrear *v* to hoarsen; to hoarse; to clear one's throat.
Pigarro *s* hoarseness; hawk; hem; a frog in the throat.
Pigmentação *s* pigmentation.
Pigmentar *v* to give pigment to; to color; to give the colour of the skin to.
Pigmento *s* pigment.
Pigmeu *s* pigmy; dwarf.
Pigmeu *adj* dwarfish.
Pijama *s* pyjamas; USA pajamas.
Pilão *s* pestle; punner.
Pilar *s* pillar; pier.
Pilar *v* to bray; to peel; to pound.
Pilastra *s* pilaster; square column.
Pileque *s* GÍR drunkennes; intoxication; booze.
Pilha *s* pile; heap; ELETR pile; battery; cell.
Pilhagem *s* pillage; plundering; plunder; spoil; foray.
Pilhar *v* to pillage; to plunder; to rob; to catch; to grasp.
Pilhéria *s* fun; jesting; joke.
Piloro *s* MED pylorus.
Piloso *adj* pilose; hairy; pilous.
Pilotagem *s* pilotage.
Pilotar *v* to pilot; to serve as a pilot.
Piloto *s* pilot; guide; leader.
Pílula *s* pill; pilule; pellet.
Pilular *adj* pilulous; pilular.
Pimenta *s* pepper.
Pimentão *s* pimiento; guinea pepper; Spanish paprika.
Pimenteira *s* peppershrubs; pepper-hot; USA pepper-shaker.
Pimpolho *s* young shoot; FIG a baby.
Pináculo *s* pinnacle; peak; apex.
Pinça *s* pincers; clip; tweezers.
Píncaro *s* pinnacle; peak; apex; summit; top.
Pincel *s* brush; colour brush; paint brush.
Pincelada *s* stroke with a brush; touch.
Pincelar *v* to paint; to daub.
Pinga *s* brandy; drop; FAM wine; rum; brandy.
Pingar *v* to drop; to drip; to fall; to start raining.
Pingente *s* ear-drop; pendant; straphanger.
Pingo *s* drop; dripping.
Pinha *s* pine-cone; fruit of pine; heap.
Pinhão *s* seed of the pine-tree; MEC pinion.
Pinheiral *s* pine-grove; pine-wood; pinery.
Pinheiro *s* pine-tree; pine.
Pinho *s* pine-wood; pine timber.
Pino *s* peg; top; the highest point; summit; pianncle.
Pinote *s* jump; leap; bound.
Pinta *s* spot; mark; GÍR aspect.
Pintadela *s* light painting.
Pintado *adj* painted; mottled.
Pintainho *s* chick; young bird; small chicken.
Pintar *v* to paint; to color; to portray; to describe.
Pintassilgo *s* goldfinch; yellow bird.
Pinto *s* chicken.
Pintor *s* painter.
Pintora *s* paintress.
Pintura *s* painting; paint; rouge.
Pio *s* peep (the cry of a chicken).
Pio *adj* pious; devout; charitable.
Piolho *s* louse; lice.
Pioneiro *s* pioneer; early settler; explorer; path-finder.

Pior *adv* worse.
Piorar *v* to make worse; to become worse.
Pipa *s* pipe; barrel.
Pipi *s* BR piss; urination.
Pipoca *s* POP-corn; popped corn.
Pique *s* ESP hide-and-seek; pique; piquant taste.
Piquenique *s* picnic.
Piquete *s* picket.
Pira *s* pyre; FIG crucible.
Pirâmide *s* pyramid.
Pirata *s* pirate; corsair; robber.
Pirataria *s* piracy.
Piratear *v* to pirate; to play the pirate.
Pires *s* saucer.
Pirilampo *s* glow-worm; fire-fly.
Pirraça *s* teasing; insult; provocation.
Pirueta *s* pirouette.
Pisada *s* footstep; pressing of grapes; treading.
Pisadela *s* treading.
Pisadura *s* treading; bruise.
Pisão *s* fulling-mill, BR footstep; treading.
Pisar *v* to bruise; to trample; to crush (with feet); to hurt.
Piscadela *s* twinkling; twinkle; wink; blinking.
Piscar *v* to twinkle; to blink at; to wink.
Piscian *s* piscian; swimming pool; bathing-pond.
Piscicultor *s* pisciculturist; fish-breeder.
Piscicultura *s* pisciculture; fish-breeding.
Pisciforme *adj* pisciform; fish-like.
Piso *s* floor; pavement; ground; level; tread; walking; footing.
Pista *s* trail; track; trace; footprint; clue; runway.
Pistão *s* MÚS piston; MEC plunger pump.
Pistola *s* pistol; USA gun.
Pistolão *s* BR pull.
Pitada *s* pinch of snuff; pinch.
Pitagórico *adj* Pythagorean.
Pitagorismo *s* pythagorism.
Piteira *s* cigaret-holder.
Pitéu *s* dainty; delicacy.
Pitonisa *s* pythoness.
Pitoresco *adj* picturesque.
Pituitária *s* MED pituitary.
Pituitário *adj* ANAT pituitary.
Placa *s* plate; plaque; door-plate.
Placidez *s* placidity; calmness; serenity; quietness.
Plácido *adj* placid; undisturbed; quiet; peaceful; calm.
Plaga *s* region; zone; country.
Plagiador *s* plagiarist; plagiary.
Plagiador *adj* plagiary.
Plagiar *v* to plagiarize; to crib.
Plágio *s* plagiarism.
Plaina *s* plane; shaver.
Plaino *s* plane; level; plan.
Plaino *adj* plane; level.
Plana *s* class; category; rank; order; reputation.
Planalto *s* plateau; upland; table-land.
Planejamento *s* planning.
Planejar *v* to plan out; to schedule; to intend.
Planeta *s* planet.
Planetário *s* planetarium.
Planetário *adj* planetary.
Plangente *adj* plangent; pitiful; sad; clangorous; plaintive.
Planície *s* plan; level land; plain; open country.
Planisfério *s* planisphere.
Plano *s* plan; prospects; MAT plane.
Plano *adj* level; even; flat; plane.
Planta *s* plant; plan.
Plantação *s* plantation; grove; planting.
Plantão *s* guard; service; night watchman.
Plantar *v* to plant; to set.
Plantio *s* plantation; planting.
Planura *s* plain; level land.
Plasmar *v* to mold; to mould; to shape.
Plasticidade *s* plasticity.
Plástico *s* plastic.
Plástico *adj* plastic; formative.
Plataforma *s* platform; flat; POL platform.
Plateia *s* pit of a theatre; USA parterre.
Platina *s* platinum.
Platinagem *s* platinizing.
Platinar *v* to platinize.
Platônico *adj* platonic.
Platonismo *s* platonism.
Plausibilidade *s* plausibility; plausibleness.
Plausível *adj* plausible; applausible; expressing approval.
Plebe *s* plebe; common people; mob; populace.
Plebeu *s* plebeian.
Plebeu *adj* plebeian.
Plebiscito *s* plebiscite; plebiscitum.
Pleiteador *s* pleader.
Pleiteante *s* litigant.
Pleiteante *adj* litigant; engagged in lawsuit.
Pleitear *v* to plead; to argue before a court; to apology.
Pleito *s* law-suit; plea; an appeal.
Plenário *s* congress.
Plenário *adj* pleanry; full; complete.
Plenilunar *adj* plenilunar; plenilunary.
Plenilúnio *s* plenilune; full moon.
Plenipotência *s* plenipotence; full powers.
Plenipotente *adj* plenipotent.
Plenitude *s* plenitude; fullness; completeness.
Pleno *adj* full; complete; entire.
Pleonasmo *s* pleonasm; super-abundance.
Pleonástico *adj* pleonastic.
Pletórico *adj* plethoric.
Pleura *s* ANAT pleura.
Plexo *s* plexus; network.
Pluma *s* plume; feather; pen.
Plumagem *s* plumage.
Pluralidade *s* plurality.
Pluralizar *v* to pluralize.
Plutocracia *s* plutocracy.
Pluvial *adj* pluvial; rainy.
Pneumático *s* pneumatic; pneu; tire.
Pneumático *adj* pneumatic.
Pneumonia *s* MED pneumonia.
Pó *s* powder; dust.
Pobre *s* poor; beggar.
Pobre *adj* poor; needy; indigent.
Pobreza *s* poverity; poorness; scarcity.
Poça *s* pool; a puddle.
Poção *s* potion; a dose; draft; draught.
Pocilga *s* pig-sty; sty; piggery.
Poço *s* well; pit; shaft of a mine.
Poda *s* pruning; lopping.
Podadeira *s* pruning-hook.
Podar *v* to prune; to lop; to cut down; to trim off.
Poder *s* power; ability; authority; influence; state government; force.
Poder *v* to can; to be possible; to have power.
Poderio *s* power; domination; authority; might.
Poderoso *adj* powerful; potent; mighty; influential.
Podre *s* rottenness.
Podre *adj* rotten; decomposed; putrid.
Podridão *s* rottenness.
Poeira *s* dust; fine; dry.
Poeirento *adj* dusty.
Poema *s* poem.
Poente *s* West; Occident.

Poesia *s* poetry; poem; poetic works.
Poeta *s* poet.
Poetar *v* to poetize; to write poetry.
Poético *adj* poetical; poetic.
Poetisa *s* poetess.
Poetizar *v* to poetize.
Pois *conj* because; then; since; therefore; for; as.
Polaca *s* polacca, a Polish dance.
Polaco *s* Pole.
Polaco *adj* Polish.
Polainas *s* gaiters; spats.
Polar *adj* polar.
Polegada *s* inch (= 2,54 cm).
Polegar *s* roost; perch; thumb.
Polêmica *s* polemics; controversy.
Polêmico *adj* polemic; polemical; controversial.
Polemizar *v* BR to polemize.
Polenta *s* polenta (dish).
Polícia *s* police; policeman; USA patrolman.
Policial *s* policeman; police officer; cop; USA patrolman.
Policiar *v* to police.
Polidez *s* politeness; civilty; breeding; courteousness.
Polido *adj* polished; shining; polite; civil; courteous.
Polidor *s* polisher; shining brush.
Polidor *adj* polishing.
Polidura *s* polishing.
Poligamia *s* polygamy.
Poligâmico *adj* polygamous.
Poliglota *s* polyglot.
Poliglota *adj* polyglot.
Polimento *s* polish; polishing; polishment.
Polir *v* to polish; to give luster to; to burnish.
Politeísmo *s* polytheism.
Politeísta *s* polytheist.
Politeísta *adj* polytheistic.
Política *s* politics; political science; statecraft.
Politicagem *s* petty politics; peanut politics.
Politicar *v* to politicize; to discuss; to take part in politics.
Político *s* politician; statesman.
Político *adj* political; politic.
Politiqueiro *s* petty politician; babby kisser.
Polpa *s* pulp.
Polpudo *adj* pulpous; pulpy.
Poltrão *s* poltroon.
Poltrão *adj* cowardly; coward; sluggard.
Poltrona *s* arm-chair;easy-chair.
Poltronaria *s* poltroonery.
Poluição *s* pollution; impurity.
Poluir *v* to pollute; to defile; to stain; to spot.
Polvilhar *s* to powder.
Polvilho *s* powder; hair powder; fecula; starch.
Polvo *s* ZOO pouple; octopus.
Pólvora *s* gunpowder; powder.
Polvorosa *s* haste; rush; agitation; confusion; disorder; uproar.
Pomáceo *adj* pomaceous.
Pomada *s* pomade (perfume); MED salve; pomatum.
Pomar *s* orchard.
Pomba *s* dove (female); pigeon.
Pombal *s* dove-cot; dovecote; pigeoncove; pigeon-lot.
Pombo *s* dove; pigeon.
Pomo *s* pome; apple.
Pompa *s* pomp; magnificence; ostentation; pride; splendour.
Pomposo *adj* pompous; splendid; pretentious; high-sounding.
Ponche *s* punch (beverage).
Poncheira *s* punch-bowl.
Ponderação *s* ponderation; consideration; reflection.
Ponderado *adj* ponderate; judicious; wise.
Ponderar *v* to ponderate; to weigh; to ponder; to consider.
Ponderável *adj* ponderable; ponderous; weighty.
Pônei *s* pony, a little horse.
Ponta *s* extremity; point; tip; end; top; head; edge horn; stub of cigar; stub of cigarette.
Pontada *s* smart; stitch; sharp pain.
Pontapé *s* kick.
Pontaria *s* aim; aiming.
Ponte *s* bridge; NÁUT deck.
Ponteado *adj* stitched; stippled.
Pontear *v* to stipple; to dot; to sew; to mark with ponts.
Ponteiro *s* pointer; quill; hand of a clock; point of a tool.
Pontiagudo *adj* sharp-pointed.
Pontificado *s* pontificate; papacy; papedom.
Pontifical *adj* pontifical; episcopal; papal.
Pontificar *v* to pontificate; to celebrate pontifical Mass.
Pontífice *s* pontiff; bishop; chief or high priest.
Pontilhar *v* to dot; to mark with dots.
Ponto *s* point; dot; spot; stitch; item; detail; question; place; site; situation; full stop; place; spot.
Pontuação *s* punctuation; pointing.
Pontual *adj* punctual; precise.
Pontualidade *s* punctuality.
Pontualmente *adj* punctually; in time.
Pontuar *v* to punctuate; to point; to use punctuation marks; to dot.
Pontudo *adj* pointed; piercing; stinging; poignant; sharp.
Popa *s* poop; stern (ship).
Populaça *s* populace; the mob.
População *s* population.
Popular *s* proletarian; the common people.
Popular *adj* popular.
Popularidade *s* popularity.
Popularizar *v* to popularize.
Populoso *adj* populous; abounding in people.
Pôquer *s* poker (game at cards).
Por *prep* for; by; through; for; across; about; out of about; in; on account of.
Pôr *v* to put; to place; to lay; to set; to fix.
Porão *s* basement; cellar; hold of a ship.
Porca *s* sow.
Porcada *s* herd of swine.
Porcalhão *s* dirty fellow.
Porcalhão *adj* dirty.
Porção *s* portion; share; part; lot.
Porcaria *s* dirt; dirtiness; filth; filthness; uncleanliness; obscenity; lewdness.
Porcelana *s* porcelain; china; chinaware.
Porcentagem *s* percentage.
Porcino *adj* porcine; hoggish.
Porco *s* pig; hog; swine.
Porém *conj* but; yet; however.
Porfia *s* quarrel; obstinacy; perseverance; competition.
Porfiador *s* contender; striver; a stubborn person; competitor.
Porfiar *v* to quarrel; to strive; to be obstinate; to discuss.
Pormenor *s* detail; particular.
Pormenorização *s* detailing; detailment.
Pormenorizar *v* to detail.
Pornografia *s* pornographic.
Poro *s* pore; spiracle; interstice.
Porosidade *s* porosity; porousness.
Poroso *adj* porous; porose.
Porquanto *conj* considering that; since; because.
Porque *conj* because; as; since.
Porquê *s* reason; cause; motive.
Porqueira *s* sty; piggery; woman pig-driver; pig-sty; hog-pen.
Porqueiro *s* pig-driver; swine breeder.
Porquinho *s* young pig; a bundle of hemp.
Porre *s* BR drunkenness; intoxication.
Porretada *s* blow with a stick; blow with a club.
Porrete *s* stick; cudgel; club.

Porta *s* door; doorway; gateway; access; entrance.
Portador *s* porter; bearer.
Portal *s* portal; doorway.
Portanto *conj* therefore; consequently.
Portão *s* gate; large door; gateway.
Portaria *s* main gate; entrance; hall; front office.
Portar-se *v* to behave; to conduct oneself; to act.
Portátil *adj* portable; easily transported.
Porte *s* postage; behavior; port; portance; presence; size.
Porteiro *s* door-keeper; doorman; USA janitor.
Portentoso *adj* portentous; marvellous; prodigious.
Pórtico *s* portico; porch.
Portinhola *s* door of a carriage; porthole; coach-door.
Porto *s* port; harbor; haven; harbour; shelter.
Português *s* Portuguese.
Português *adj* Portuguese.
Porventura *adv* by chance; perhaps.
Porvir *s* future.
Posar *v* to sit for a portrait; to pose.
Pose *s* attitude; posture; pose.
Pós-escrito *s* postscript.
Posição *s* position; posture; mental attitude; site; location; place; official rank; social rank or status.
Positividade *s* positivity; positiviness.
Positivismo *s* positivism.
Positivista *s* positivist.
Positivo *s* positive.
Positivo *adj* positive; affirmative; concrete.
Pospor *v* to postpone; to defer; to delay; to put off.
Posposição *s* postponement; posposition.
Posposto *adj* postponed; put after.
Possante *adj* powerful; mighty; vigorous; strong; puissant.
Posse *s* possession; power; property; wealth.
Possessão *s* possession.
Possessivo *adj* possessive; GRAM possessive.
Possesso *s* one possessed with evel spirits.
Possesso *adj* possessed; mad; crazed.
Possessório *adj* possessory; JUR possessory, arising out of.
Possibilidade *s* possibility.
Possibilitar *v* to possibilitate; to make possible.
Possível *s* possible; the attainable; best.
Possível *adj* possible; praticable; feasible; *fazer o POSSÍVEL:* to do one's best.
Possuído *adj* possessed.
Possuidor *s* possessor; owner; holder.
Possuir *v* to possess; to have; to own; to copulate.
Postal *adj* postal; postcard.
Postar *v* to post; to send by mail; to station in a given place.
Poste *s* post; pillar; stake.
Postergação *s* contempt; despise; disregard.
Postergar *v* to leave behind; to postpone; to put off; to despise; to scorn; to disdain; to disregard; to slight.
Posteridade *s* posterity; descendants; future time.
Posterior *adj* posterior; later; rear; hinder; buttocks.
Póstero *adj* future; descendants; coming.
Postiço *adj* artificial; false; dummy.
Posto *s* place; stead; employment; office; post.
Posto *adj* placed; put; set.
Postulação *s* postulation; request; petition.
Postulado *s* postulate.
Postular *v* to postulate; to demand; to request.
Postura *s* posture; position; situation; laying (of eggs).
Potável *adj* potable; drinkable.
Pote *s* pot; water-pot; jar.
Potência *s* potency; potence; power; force; strength.
Potenciação *s* raising to a power.
Potencial *adj* potencial; latent; virtual.
Potencialidade *s* potentiality; potentialness.
Potenciar *v* to raise to power.
Potentado *s* potentate.
Potente *adj* potent; strong; vigorous; powerful; mighty.
Potestade *s* potestate; potentate; divine power.
Potro *s* colt; foal; young horse.
Pouco *s* little; few.
Pouco *adj* little; few.
Pouco *adv* little; few.
Poupado *adj* saved; saving; sparing; thrifty.
Poupar *v* to save; to spare; to spare trouble; to dodge.
Pousada *s* inn; lodging; dwelling-house; lodging-house.
Pousar *v* to put; to lay down; to set; to perch; to alight; to sit down; to lodge.
Pouso *s* resting-place; anchorage; AER landing.
Povo *s* people; tribe; nation; mob.
Povoação *s* village; town; borough; population; settlement.
Povoado *s* village.
Povoador *s* colonist; colonizer; settler.
Povoador *adj* peopling.
Povoar *v* to people; to supply; to populate; to settle.
Praça *s* square; market-place; a fortified place; bull-ring; a soldier.
Pradaria *s* meadow-land; prairie; grass-land.
Prado *s* meadow; lawn.
Praga *s* curse; imprecation; plague.
Pragmática *s* pragmatic; etiquette.
Pragmático *adj* pragmatic; pragmatical; conventional.
Pragmatismo *s* pragmatism.
Praguejador *s* curser, one who curses.
Praguejador *adj* cursing.
Praguejar *v* to swear; to curse.
Praia *s* shore; seaside cost; USA beach.
Prancha *s* plank; board.
Prancheta *s* plane-table; little plank; drawing-board.
Prantear *v* to mourn; to weep for; to feel sorrow or regret.
Pranto *s* weeping; mourning; wailing; tears.
Prata *s* silver; silverware.
Prataria *s* silver-plate; lots of plates.
Prateação *s* silvering.
Prateado *adj* silvered; silver colored; silvery.
Prateador *s* silverer.
Pratear *v* to silver; to cover with silver.
Prática *s* practice; usage; habit; exercise.
Praticabilidade *s* practicability; practicableness; feasibility.
Praticante *s* practicant; practitioner.
Praticar *v* to practice; to do; to perform; to fulfil; to exercise; to train; to operate; to preach.
Praticável *adj* practicable; feasible.
Prático *s* practitioner; practicer.
Prático *adj* practical; experienced; expert.
Prato *s* plate; dish.
Praxe *s* praxis; practise; use; habit; custom.
Prazenteiro *adj* joiful; gay; cheerful; merry; pleasurable.
Prazer *s* pleasure; enjoyment; joy.
Prazer *v* to please; to be pleasant; to give pleasure to.
Prazo *s* term; time; delay; appointment time.
Preamar *s* high tide; high flood.
Preambular *v* to preamble; to make a preamble; to preface.
Preambular *adj* preambulary; introductory; preliminary.
Preâmbulo *s* preamble; preface.
Precariedade *s* precariousness.
Precário *adj* precarious; unsettled; dubious; insecure; unstable; hard; difficult.
Precatória *s* JUR deprecative letter.
Precaução *s* precaution.
Precaver *v* to prevent from; to precaution; to forewarn.
Prece *s* prayer; supplication.
Precedência *s* precedence; precedency; priority.
Precedente *s* precedent.
Precedente *adj* preceding; foregoing.

Preceder *v* to precede.
Preceito *s* precept; order; rule.
Preceituar *v* to precept; to establish.
Preceptor *s* preceptor (teacher).
Preciosidade *s* preciosity; preciousness; worth.
Precioso *adj* precious; valuable; costly; very valuable.
Precipício *s* precipice; cliff; chasm; abysm; FIG damage; ruin.
Precipitação *s* precipitation; rashness; precipitance; precipitancy; rush; haste; QUÍM precipitation.
Precipitado *adj* precipitate; abrupt; hurried; hasty; rash.
Precipitar *v* to precipitate; to throw headlong; to dash headlong; to move rapidly; to urge; to hurry.
Precisado *adj* needy; necessitous; wanting.
Precisão *s* precision; exactness; accuracy; accurateness; necessity; want; need.
Precisar *v* to precise; to state; to particularize; to want; to need; to necessitate.
Preciso *adj* precise; define; exact; accurate; needful; necessary; indispensable.
Precitado *adj* aforesaid; forementioned.
Preço *s* price; value; worth; cost of obtaining; rate; reward.
Precoce *adj* precocious; forward.
Precocidade *s* precocity; forwardness.
Precognição *s* precognition.
Preconceber *v* to preconceive.
Preconcebido *adj* preconceived; preconcerted.
Preconceito *s* preconception; prejudice; prepossession.
Preconização *s* preconization.
Preconizador *s* preconizer.
Preconizador *adj* preconizing.
Preconizar *v* to preconize; to commend; to praise.
Precursor *s* precursor; harbinger.
Precursor *adj* precursory.
Predatório *adj* predatory.
Predecessor *s* predecessor.
Predefinição *s* predefinition.
Predefinir *v* to predefine.
Predestinação *s* predestination; fate; destiny.
Predestinado *adj* predestinate; predestinated; foreordained; fated; RELIG elect.
Predestinar *v* to predestinate; to predestine; to foredoom.
Predeterminar *v* to predetermine; to settle in advance.
Predicação *s* predication.
Predicado *s* predicate; ability; virtue.
Predição *s* prediction; prophecy.
Predileção *s* predilection; sympathy; partiality; preference.
Predileto *adj* dear; darling; favourite.
Prédio *s* house; property; edifice; building; landed property.
Predispor *v* to predispose; to prejudice.
Predisposição *s* predisposition; previous inclination; tendency or propensity; predilection; susceptibility.
Predizer *v* to foretell; to predict; to prognosticate.
Predominância *s* predominance; predominancy; prevalence.
Predominante *adj* predominant; prevailing; prevalent.
Predominar *v* to predominate; to prevail; to preponderate.
Predomínio *s* predomination; predominance.
Preeminência *s* pre-eminence.
Preeminente *adj* pre-eminent.
Preencher *v* to fulfil; to perform; USA to fill.
Preenchimento *s* fulfilment; performance.
Preestabelecer *v* to pre-establish.
Preestabelecido *adj* pre-established.
Preexistir *v* to pre-exist; to exist before.
Prefaciar *v* to preface; to furnish with a preface.
Prefácio *s* preface; introduction; prologue; preamble; foreword.
Prefeito *s* prefect; BR mayor.
Prefeitura *s* prefecture.
Preferência *s* preferable; preference; choice; predilection.
Preferente *adj* preferable; more desirable.
Preferir *v* to prefer; to like better; to have rather.
Preferível *adj* preferable.
Prefiguração *s* prefiguration.
Prefigurar *v* to prefigurate; to prefigure; to figure to oneself.
Prefixar *v* to prefix; to predetermine.
Prefixo *s* prefix.
Prefixo *adj* prefixed.
Prega *s* fold; plait; wrinkle; gather; gathering.
Pregação *s* preaching; sermon; chiding; reprehension.
Pregador *s* preacher.
Pregão *s* ban; outcry; proclamation; cry.
Pregar *v* to nail; to fix; to preach; to sermonize.
Prego *s* nail.
Pregoar *v* to proclaim; to divulge.
Preguear *v* to plait; to fold; to wrinkle.
Preguiça *s* laziness; idleness; indolence; slothfulness; barker.
Preguiçoso *adj* lazy; indolent; slothful; idle; workshy.
Prejudicador *s* injurer; one who causes damage.
Prejudicar *v* to prejudice; to damage; to impair.
Prejudicial *adj* prejudicial; harmful; damaging; noxious.
Prejuízo *s* prejudice; damage; loss; injury; USA bias.
Prejulgar *s* prejudge.
Prejulgar *adj* to prejudge.
Prelado *s* prelate.
Preleção *s* prelection; lecture.
Prelecionador *s* prelector; a reader; lecturer; professor.
Prelecionar *v* to prelect; to lecture.
Prelegar *v* to prelegate.
Prelibação *s* prelibation; a foretaste.
Preliminar *s* preliminary; a preparatory step; measure; etc.
Preliminar *adj* preliminary; prefactory; preparatory; introductory.
Prelo *s* printing-press; press.
Preludiar *v* to prelude; to play an introduction; to introduce.
Prelúdio *s* MÚS prelude; introductory.
Prematuridade *s* prematurity; precocity; prematuriness.
Prematuro *adj* premature; happening; arriving; unripe.
Premeditação *s* premeditation; premeditating; planning beforehand.
Premeditação *adj* premeditate; premeditated.
Premeditar *v* to premeditate; to consider or plane beforehand.
Premência *s* urgency; pressure.
Premente *adj* pressing; compressing; urgent.
Premer *v* to compress; to press; to oppress; to squeeze.
Premiar *v* to reward; to recompense; to requite.
Prêmio *s* reward; recompense; COM premium; USA prize.
Premissa *s* premise.
Premonitório *adj* premonitory.
Premunir *v* to warn; to caution; to guard; to provide.
Prenda *s* gift; present; endowments; talents.
Prendar *v* to make a gift to; to reward.
Prendedor *s* holder; fixer.
Prendedor *adj* fixing.
Prender *v* to clasp; to catch; to take up; to imprision; to detain; to attach to.
Prenhe *adj* pregnant; full of; plentiful; replete.
Prenhez *s* pregnancy.
Prenome *s* prename; prenomen.
Prensa *s* press; printing-press; MEC press.
Prensagem *s* pressing.
Prensar *v* to press; to compress; to squeeze; to crush.
Prenunciação *s* prediction; foretelling; foreshadowing.
Prenunciar *v* to predict; to foretell; to prophesy; to foreshadow.
Prenúncio *s* prediction; presage; foretoken.
Preocupação *s* preoccupation; worry; care.
Preocupado *adj* worried.
Preocupar *v* to preoccupy; to prepossess; to engage; to occupy; to worry about.
Preordenar *v* to preordain; to order beforehand; to foreordain.

Preparação *s* preparation.
Preparado *s* chemical product; a drug.
Preparado *adj* prepared; ready.
Preparar *v* to prepare; to provide; to fit; to get ready; to dispose; to dress; to cook; to compound.
Preparativo *adj* preparative; preparation.
Preparatório *s* preparatory studies; preparatory school.
Preparatório *adj* preparatory; preliminary.
Preponderância *s* preponderance; preponderancy; supremacy.
Preponderante *adj* preponderant; prevalent; prevailling.
Preponderar *v* to preponderate; to exceed in weight; to prevail; to predominate; to overweight.
Prepor *v* to prepose; to place before; to put forward.
Preposição *s* preposition.
Prepositivo *adj* prepositive.
Prepotência *s* prepotency; prepotence; predominance.
Prepotente *adj* prepotent; very powerful; predominating over; despotic; tyrannical.
Prepúcio *s* prepuce; the foreskin.
Prerrogativa *s* prerogative; privilege.
Presa *s* prey; booty; spoils; capture; claw; fang; a person given up or seized as a victim.
Presbiterianismo *s* Presbyterianism.
Presbiteriano *s* presbyterian.
Presbiteriano *adj* presbyterian.
Presbítero *s* presbyter; priest.
Prescindir *v* to prescind; to abstract; to detach; to spare; to renounce.
Prescindível *adj* prescindent.
Prescrever *v* to ordain; to dictate; to guide; to limit; to confine; to dispose; JUR to prescribe.
Prescrição *s* precept; order; JUR prescription.
Prescrito *adj* prescribed, ordained by authority.
Presença *s* presence; port; air; mien; appearance; aspect.
Presenciar *v* to be present; to assist; to see; to witness.
Presente *s* present; present (time); a thing presented; a gift; donation; GRAM the present tense.
Presente *adj* present.
Presenteador *s* gifter.
Presentear *v* to present; to give.
Presépio *s* stable; manger; crip; The Sculpture of The Nativity.
Preservador *s* preserver.
Preservador *adj* preservable; preserving.
Preservar *v* to preserve; to protect; to defend; to guard.
Preservativo *s* preservative; preserver.
Preservativo *adj* preservative.
Presidência *s* presidency; chairmanship.
Presidente *s* chairman; president; governor.
Presidiário *s* convict.
Presidiário *adj* presidial; presidiary.
Presídio *s* garrison; prison; presidium; jail; gaol; penitentiary.
Presidir *v* to preside; to direct; to rule.
Presilha *s* loop; strap; footstrap.
Preso *s* prisoner; convict.
Preso *adj* bound; fastened; imprisioned.
Pressa *s* haste; hurry; speed; urgency.
Pressagiador *s* presager.
Pressagiador *adj* foreboding; foretelling.
Pressagiar *v* to presage; to forebode; to foretell.
Presságio *s* presage; presentiment; foreboding; prediction.
Pressentimento *s* presentiment; apprehension; premonition.
Pressentir *v* to surmise; to forebode; to have a presentiment.
Pressupor *v* to presuppose; to suppose beforehand; to involve.
Pressuposição *s* presupposition; conjecture; supposition.
Pressuposto *s* presupposition; conjecture; design; motive; pretext.
Pressuposto *adj* presupposed.
Prestação *s* lending; instalment.
Prestamista *s* pawnbroker; pawnbrokeress; money-lander.
Prestar *v* to be usefull; to be fit; to lend; to impart.
Prestável *adj* obliging; useful; serviceable.
Prestes *adj* ready to; speedy.
Prestes *adv* quick; hastily.
Presteza *s* agility; nimbleness; quickness; dispatch.
Prestidigitação *s* prestidigitation; jugglery; sleight of hand.
Prestidigitador *s* prestidigitator; juggler.
Prestigiar *v* to give prestige to; to make prestigious.
Prestígio *s* prestige; influence; renown.
Prestigioso *adj* prestigious; respected; renowned.
Préstimo *s* serviceableness; usefulness; aid; assistance.
Préstito *s* retinue; train; attendants; procession.
Presumido *adj* presumptuous; presumptive; self-conceited.
Presumir *v* to presume; to suppose; to guess; to conjecture.
Presumível *adj* presumable.
Presunção *s* presumption; conjecture; vanity; insolence.
Presunçoso *adj* presumptuous; too pround; self-confident.
Presuntivo *adj* presumptive; supposed.
Presunto *s* ham.
Preta *s* color black; color woman, Negress.
Pretendente *s* pretendant; pretender.
Pretender *v* to claim; to aim at; to aspire; to long for.
Pretensão *s* pretension; boasting; aim; claim; design.
Pretensioso *adj* pretentious; showy; ostentatious; ambitious.
Preterição *s* preterition; omission.
Preterir *v* to pretermit; to pass over; to omit; to slight.
Pretérito *s* preterit; past tense.
Pretérito *adj* preterit; past.
Pretextar *v* to pretext.
Pretexto *s* pretext; excuse; pretence; USA pretense.
Preto *s* color black.
Preto *adj* black; having dark skin; negro.
Pretoria *s* praetorship.
Prevalecente *adj* prevalent; prevailing; widespread.
Prevalecer *v* to prevail; to predominate; to be prevalent.
Prevalência *s* prevalency.
Prevaricação *s* prevarication; corruption.
Prevaricador *s* prevaricator; quibbler; shuffler; transgressor.
Prevaricar *v* to prevaricate; to corrupt; to quibble.
Prevenção *s* prevention; caution; foresight; warning.
Prevenido *adj* prevented; prepared; provided; ready.
Prevenir *v* to prevent; to caution; to advise; to warn.
Preventivo *s* MED preventive.
Preventivo *adj* preventive.
Prever *v* to foresee; to presuppose.
Previdência *s* foresight; providence; precaution.
Previdente *adj* provident; wise; cautious; USA forehanded.
Prévio *s* previous; preliminary; anterior; foregoing.
Previsão *s* previsious; foresight; foreknowledge; prevision.
Previsto *adj* foreseen.
Prezado *adj* dear; esteemed; beloved.
Prezar *v* to esteem; to valve; to value; to honor; to cherish.
Prima *s* female cousin; MÚS prime.
Primacial *adj* primatial; chief; essential.
Primar *v* to excel; to surpass.
Primário *adj* primary; original; basic; BR mediocre; common.
Primata *s* primate.
Primavera *s* spring; springtime; BOT primrose.
Primaveril *adj* spring.
Primaz *s* primate.
Primazia *s* primacy; primateship.
Primeiro *s* former; first.
Primeiro *adj* former; first.
Primeiro *adv* first; sooner; rather.
Primevo *adj* primeval; primal; primitive.
Primícias *s* firstling; first fruits.
Primitivismo *s* primitiveness; primitivity.
Primitivo *adj* primitive; primary; primordial; original.
Primo *s* cousin.

Primo *adj* prime; first.
Primor *s* beauty; delicacy; accuracy; perfection; excellence.
Primordial *adj* primordial; primary; essential.
Primórdio *s* primordial; origin.
Princesa *s* princess.
Principado *s* princedom; principality.
Principal *s* principal; leader; chief; head; superior of a religious community.
Principal *adj* principal; chief; main; capital.
Principar *v* to begin; to commence; to start; to set about.
Príncipe *s* prince; a sovereign; ruler.
Principesco *adj* princelike; princely.
Principiante *s* beginner; apprentice.
Princípio *s* beginning; principle.
Prior *s* prior; a monastic superior.
Priorato *s* prioracy; priorate.
Prioridade *s* priority; precedence.
Prisão *s* prision; jail; incarceration; seizing; arrest.
Prisioneiro *s* prisoner; a captive.
Privação *s* privation; destitution; want; hardship.
Privada *s* water-closet; latrine; USA toilet.
Privado *s* favourite.
Privado *adj* private; privy; deprived.
Privar *v* to deprive; to take away from; to strip.
Privativo *adj* privative; depriving; privater; exclusive.
Privilegiar *s* to privilege; to charter.
Privilégio *s* privilege; prerogative.
Proa *s* prow; the bow of a vessel.
Probabilidade *s* probability; likelihood.
Probatório *adj* probatory; probationary.
Probidade *s* probity; integrity; honesty.
Problema *s* problem; question.
Problemático *adj* problematic; problematical; uncertain.
Probo *adj* honestic;virtuous; upright; honest.
Procedência *s* origin; derivation from; provenance.
Procedente *adj* coming; resulting; consequent proceeding.
Proceder *v* to proceed; to originate; to descend; to spring.
Procedimento *s* proceeding; procedure; behaviour; conduct.
Prócer *s* grand; stateman; leader.
Processamento *s* proceedings; make up of a process.
Processar *v* to process; to prosecute; to sue.
Processo *s* process; law-suit; legal proceedings; prosecution.
Processual *adj* processal.
Procissão *s* procession.
Proclama *s* proclamation; ban of a marriage.
Proclamação *s* proclamation; a public declaration; announcement.
Proclamar *v* to proclaim; to promulgate.
Procrastinação *s* procrastination; delay; dilatoriness.
Procrastinador *s* procrastinator.
Procrastinador *adj* procrastinating.
Procrastinar *v* to procrastinate; to defer; to delay; to put off.
Procriação *s* procreation; begetting.
Procriador *s* procreator.
Procriador *adj* procreate.
Procriar *v* to procreate; to beget; to engender.
Procura *s* search; to look for; searching; examination; research; pursuit; quest; demand.
Procuração *s* procuration; proxy; letter of attorney.
Procurador *s* proxy; procurator; solicitor; attorney.
Procuradoria *s* proctorship; procuratorship; attorneyship.
Procurar *v* to search; to look for; to ask for; to procure.
Prodigalidade *s* prodigality; excessive liberality; waste.
Prodigalizador *s* prodigal; squander; waster.
Prodigalizador *adj* prodigal; squandering.
Prodigalizar *v* to prodigalize; to lavish; to squander.
Prodígio *s* prodigy; wonder; marvel.
Prodigioso *adj* prodigious; wondrous; astounding.
Pródigo *s* prodigal; spendthrift.
Pródigo *adj* prodigal; lavish; wasteful.
Produção *s* production; produce; performance.
Producente *adj* productive; producible.
Produtibilidade *s* productibility; productiveness.
Produtivo *adj* productive; fruitful; generative; profitable.
Produto *s* product; production; produce; article.
Produtor *s* producer.
Produtor *adj* productive; producing.
Produzir *v* to produce; to bring forth; to cause; to exhibit.
Proeminência *s* prominence; something prominent; projection.
Proeminente *adj* prominent; jutting out; leading; eminent.
Proeza *s* prowness; courage; prowess; feat; exploit.
Profanação *s* profanation; desecration; sacrilege.
Profanador *s* profaner; desecrator.
Profanador *adj* profanatory.
Profanar *v* to profane; to desecrate; to defile; to vulgarize.
Profano *s* profaner.
Profano *adj* profane; secular; wordly.
Profecia *s* prophecy.
Proferir *v* to profer; to utter; to pronounce; to express.
Professar *v* to profess; to practice the profession of; to teach as professor; to follow.
Professor *s* professor; teacher; master; lecturer; lady teacher.
Professorado *s* professorship; teaching; teacher.
Profeta *s* prophet.
Profético *adj* prophetical; prophetic.
Profetisa *s* prophetess; sibyl.
Profetizar *v* to prophesy; to foretell; to predict.
Proficiente *adj* proficient; versed; skilled; competent.
Profícuo *adj* profitable; useful; lucrative.
Profilático *adj* prophylatic; prophylatical; preventive.
Profilaxia *s* prophylaxis; preventive; medicine.
Profissão *s* profession; affirmation; calling; occupation; work.
Profundamente *adv* profoundly; deeply.
Profundeza *s* profundity; depth; profoundness; intensity.
Profundo *adj* profound; deep; intense; dense.
Profusão *s* profusion; abundance; lavish supply; exuberance.
Profuso *adj* profuse; lavish; exuberant; plenteous.
Progênie *s* progeny; offspring.
Progenitor *s* progenitor; forefather.
Progenitura *s* progeniture; progeny.
Prognosticar *v* to prognosticate; to predict; to prophesy.
Prognóstico *s* prognostic; omen; presage.
Programa *s* programme; scheme; schedule; USA program.
Progredir *v* to progress; to move forward; to advance.
Progressão *s* progression.
Progressista *s* progressionist; progressive.
Progressista *adj* progressionist; progressive.
Progresso *s* progress; progression; advancement.
Proibição *s* prohibition; interdition; forbidding.
Proibir *v* to prohibit; to forbid by authority; to interdict.
Projeção *s* projection; prominence.
Projetar *v* to project; to plan; to design; to contrive.
Projétil *s* projectile.
Projeto *s* project; scheme; projection.
Projetor *s* projector.
Prol *s* profit; advantage.
Prolapso *s* MED prolapse.
Prole *s* issue; offspring; progeny.
Proletariado *s* proletariat; proletariate.
Proletário *s* proletarian; proletary; worker; workman.
Proliferação *s* proliferation.
Proliferar *v* to proliferate; to breed; to bear.
Prolífico *adj* proliferous; fruitful; fertile.
Prolixidade *s* prolixity.
Prolixo *adj* prolix; verbose; profuse; diffuse; long-winded.
Prologar *v* to prologue; to preface; to introduce with a preface.
Prólogo *s* prologue; preface.

Prolongação *s* prolongation; retard; delay.
Prolongado *adj* prolonged; delayed.
Prolongamento *s* prolongation; a lengthening; extension.
Prolongar *v* to prolong; to lengthen; to extend.
Promanar *v* to emanate; to derivate from; to proceed.
Promessa *s* promise; engage; pledge; vow.
Prometedor *s* promiser.
Prometedor *adj* promising.
Prometer *v* to promise; to engage; to pledge one's word.
Promiscuidade *s* promiscuity.
Promíscuo *adj* promiscuous; indiscriminate; confused.
Promissor *adj* promising.
Promissória *s* promissory note.
Promissório *adj* promissory.
Promoção *s* promotion; raise (in rank).
Promontório *s* promontory; headland.
Promotor *s* promoter; a public prosecutor; furtherer.
Promotoria *s* prosecutor's office.
Promover *v* to promote; to advance; to foster.
Promulgação *s* promulgation.
Promulgador *s* promulgator.
Promulgar *v* to promulgate; to declare; to publish.
Pronome *s* pronoum.
Prontidão *s* promptness; promptitude; speed; speedness.
Pronto *adj* prompt; quick; ready.
Pronto *adv* promptly; quickly.
Prontuário *s* promptuary.
Pronúncia *s* pronunciation; JUR formal accusation.
Pronunciamento *s* pronouncement; revolt; sublevation.
Pronunciar *v* to pronounce; to utter officially.
Propagação *s* propagation; diffusion; dissemination; spreading.
Propagador *s* propagator; spreader.
Propaganda *s* propaganda; advert; advertising; publicity.
Propagandista *s* propagandist; propagator; canvasser.
Propagar *s* to propagate; to diffuse; to transmit; to spread.
Propalar *s* to publish; to blow; to divulge; to spread.
Proparoxítono *s* proparoxytone.
Proparoxítono *adj* proparoxytone; proparoxytonic.
Propelir *v* to propel; to push ahead.
Propensão *s* propension; propensity; tendency; bent.
Propenso *adj* propense; inclined; disposed; prone; minded.
Propiciação *s* propitiation; opportunity.
Propiciar *v* to propitiate; to pacify; to render favourable.
Propício *adj* propitious; promising; opportune; lucky.
Propina *s* fee; a tip; perquisite.
Proponente *s* proposer; proponent.
Proponente *adj* proponent.
Propor *v* to propose; to propound; to intend; to suggest.
Proporção *s* proportion.
Proporcionado *adj* proportioned; regular; conformable.
Proporcional *s* proportional.
Proporcional *adj* proportional.
Proporcionalidade *s* proportionality.
Proporcionar *v* to proportion to adjust; to afford; to supply.
Propositado *adj* on purpose; intencional.
Propósito *s* purpose; design; aim; intention; resolution; plan.
Proposta *s* proposal; proposition; suggestion; motion; offer.
Proprietário *s* proprietary; owner.
Proprietário *adj* proprietary.
Próprio *adj* proper; own; appropriate; peculiar; inherent.
Propugnador *s* defender; propugnator; vindicator; furtherer.
Propugnar *v* to contend for; to defend; further.
Propulsão *s* propulsion.
Propulsar *v* to propel; to propulse; to repel.
Propulsivo *adj* propulsive.
Propulsor *s* propeller.
Propulsor *adj* propelling.
Prorrogação *s* prorogation; extension (of time); prolongation; FUT extra-time.
Prorrogar *v* to prorogue; to defer; to postpone; to extend.
Prorrogativo *adj* that prorogues.
Prorromper *v* to start; to burst; to break out.
Prosa *s* prose; BR talking.
Prosaico *adj* prosaic; dull; humdrum; commonplace.
Prosar *v* to prose; to write; to talk.
Proscrever *v* to proscribe; to condemn; to prohibit; to outlaw.
Proscrição *s* proscription; prohibition; banishment.
Proscrito *s* outlaw.
Proscrito *adj* proscribed.
Prosear *v* to talk; to boast; to brag; to chat.
Prosélito *s* proselyte; a new convert; follower.
Prosódia *s* prosody; pronunciation; orthoepy.
Prosperar *v* to prosper; to succeed; to be successful; to thrive.
Prosperidade *s* prosperity; success; happiness.
Próspero *adj* prosperous; successful; thriving; fortunate.
Prospetivo *adj* prospective; of the future; looking forward.
Prospeto *s* prospectus.
Prossecução *s* prosecution; pursuit.
Prosseguimento *s* prosecution; pursuit.
Prosseguir *v* to prosecute; to follow; to pursue; to continue.
Prosternação *s* prostrate; prostration.
Prosternar *v* to prostrate.
Prostíbulo *s* brothel; bawdy-house.
Prostituição *s* prostitution; whoredom.
Prostituir *v* to prostitute; to debase; to prostitute oneself.
Prostituta *s* prostitute; a harlot; whore.
Prostração *s* prostration; despondency.
Prostrar *v* to prostrate; to bend; to humble; to enfeeble.
Protagonista *s* protagonist.
Proteção *s* protection; patronage; cover; help; aid; shelter.
Proteger *v* to protect; to defend; to guard; to shelter; to patronage; to help; to aid.
Protegido *s* protegé; favourite.
Protegido *adj* protected.
Protelar *v* to protract; to postpone; to put off; to delay.
Prótese *s* prothesis.
Protestante *s* protestant.
Protestantismo *s* protestantism.
Protestar *v* to protest; to assert; to affirm; to testify.
Protesto *s* protest; a protestation; a formal objection.
Protético *adj* prothetic.
Protetor *s* protector; protectress; patron; supporter.
Protetorado *s* protectorship; protectorate.
Protocolar *adj* protocolar.
Protocolo *s* protocol; registry.
Protomártir *s* protomartyr.
Protótipo *s* prototype; pattern; original; model.
Protuberância *s* protuberance; projection; prominence; lump.
Protuberante *adj* protuberant; swelling.
Prova *s* proof; testimory; test; taste; probation; proof sheet; test; trial; experiment.
Provação *s* probation; trial.
Provador *s* taster; trier.
Provar *v* to demonstrate; to try; to test; to prove.
Provável *adj* probable; likely.
Provavelmente *adv* probably.
Provecto *adj* provect; advanced in years; mature.
Provedor *s* purveyor; provider; furnished; supplier.
Proveito *s* profit; gain; advantage; utility; benefit.
Proveitoso *adj* profitable; advantageous; useful; beneficial.
Proveniência *s* provenance; origin; provenience.
Proveniente *adj* proceeding; provenient; arising; coming.
Provento *s* profit; gain; revenue.
Prover *v* to provide; to supply; to provide oneself; to see to.
Proverbial *adj* proverbial.
Provérbio *s* proverb; saying; saw; adage; by-word.

Proveta *s* test-tub; gauge.
Providência *s* providence; prudence; foresight; disposition.
Providencial *adj* providential; opportune; lucky.
Providenciar *v* to provide for; to make provision on.
Providente *adj* providential; furnishing; cautions; prudent.
Provido *adj* furnished; provided.
Provimento *s* provious; supply; stock; appointment.
Província *s* province; country.
Provincial *s* provincial.
Provincial *adj* provincial.
Provindo *adj* proceeding; coming forth.
Provir *v* to proceed from; to issue from; to come from.
Provisão *s* stock; provision; supplying; store.
Provisionar *v* to provision; to supply with provisions; to supply; to furnish.
Provisório *adj* provisional; temporary.
Provocação *s* provocation; challenge; allurement.
Provocador *s* challenger; provocator; provoker.
Provocador *adj* provoking.
Provocar *v* to provoke; to challenge; to excite; to arouse.
Provocativo *adj* provocative.
Proximidade *s* proximity; nearness; vicinity.
Próximo *s* neighbor or neighbour.
Próximo *adj* near; adjacent; next.
Prudência *s* prudence; foresight; forethought; wisdom.
Prudente *adj* prudent; cautions; wary; wise; discreet.
Prumo *s* prummet; plumb; plumbline.
Prurido *s* pruritus; prurience; itch; itching.
Prussiano *s* Prussian.
Prussiano *adj* Prussian.
Pseudônimo *s* pseudonym; pen name.
Pseudônimo *adj* pseudonymous.
Psicanálise *s* psychoanalysis.
Psicanalista *s* psychoanalizer; psychoanalist.
Psicanalista *adj* psychoanalistic.
Psicologia *s* psychology.
Psicólogo *s* psychologist; shrink.
Psicopata *s* psychopath; psychopathist.
Psicopatia *s* psychopathly; mental disorder.
Psicopático *adj* psychopathic.
Psicose *s* psychosis; mental disorder.
Psicoterapia *s* psychotherapy.
Psique *s* psyche; mental life; the mind.
Psiquiatra *s* psychiatrist; psychiater; psychopathist.
Psiquiatria *s* psychiatry.
Psíquico *adj* psychic; psychical.
Pua *s* sharp point; prong; prick; prong; gimlet; wimble.
Puberdade *s* puberty.
Púbere *adj* pubescent.
Pubescência *s* pubescence.
Púbis *s* pubes; pubis.
Publicação *s* publication.
Publicar *v* to publish; to print; to spread; to announce.
Publicidade *s* publicity; advertising.
Publicista *s* publicist.
Público *s* public; audience.
Público *adj* common; notorius; general.
Pudico *adj* chaste; shameful; bashful.
Pudim *s* pudding.
Pudor *s* pudicity; decency; shame; modesty; bashfulness.
Pueril *adj* puerile; childish; boy-blind.
Puerilidade *s* puerility; childishness; silliness.
Pugilato *s* pugilism; boxing; a quarrel.
Pugilismo *s* pugilism; boxing.
Pugilista *s* pugilist; boxer.
Pugna *s* battle; combat; fight; struggle.
Pugnador *s* pugnacious; quarrelsome; combative; belligerent.
Pugnar *v* to combat; to fight against; to defend; to struggle.
Pujança *s* strength; vigor; vitality; powerfulness; might.
Pujante *adj* strong; powerful; vigorous.
Pulador *s* jumper.
Pulador *adj* jumping; hopping; leaping.
Pular *v* to jump; to leap; to spring; to fidget; to jump; to skip.
Pulga *s* flea.
Pulgão *s* plant louse.
Pulmão *s* lung; lungs.
Pulmonar *adj* pulmonary.
Pulo *s* leap; jump; spring; bound.
Púlpito *s* pulpit; preaching place.
Pulsação *s* pulsation; pulse; throbbing.
Pulsar *v* to strike; to pulsate; to pulse; to beat; to throb.
Pulseira *s* bracelet.
Pulso *s* pulse; wrist; beat; energy.
Pulular *v* to pullulate; to germinate; to bud; to abound.
Pulverização *s* pulverization.
Pulverizar *v* to pulverize; to smash; to demolish; to spray.
Puma *s* puma.
Punção *s* puncture; pricking; bradawal; punching; punch.
Puncionar *v* to puncture; to punch.
Pundonor *s* self respect; nobility of character; pride; mettle.
Pungente *adj* pungent; poignant; sharp.
Pungir *v* to pinch; to prick; to puncture; to sting; to stimulate.
Punhado *s* handful; few.
Punhal *s* dagger; poniard.
Punho *s* first; wrist; cuff; ruffle; clenched hand.
Punibilidade *s* punishability; punishableness.
Punição *s* punishment; chastisement; punishing.
Punidor *s* punisher.
Punidor *adj* punitory.
Punir *v* to punish; to correct; to discipline; to chastise.
Punitivo *adj* punitive.
Punível *adj* punishable.
Pupila *s* pupil; eye-ball; apple of the eye.
Pupilar *adj* pupilar; pupillary.
Pupilo *s* pupil; a boy ward.
Purê *s* puree; thick soup.
Pureza *s* purity; chastity; innocence; cleanness.
Purga *s* purge; purgative; purgation.
Purgação *s* purgation; purification.
Purgante *s* purgative medicine; laxative; purge.
Purgante *adj* purgative medicine; laxative; purge.
Purgar *v* to purge; to purify; to cleanse.
Purgatório *s* purgatory.
Puridade *s* purity.
Purificação *s* purification; cleansing.
Purificador *s* purifier.
Purificador *adj* purificative; purifying.
Purificar *v* to purity; to make pure; to cleanse.
Purismo *s* purism.
Purista *s* purist.
Puritanismo *s* puritanism.
Puro *adj* pure; not mixed; clear; mere; faultless; chaste.
Púrpura *s* purple; purple-shell; dignity of a king; rank of a cardinal.
Purpurar *v* to purple; to turn purple; to dye purple.
Purpúreo *adj* purpureal; purple; red; purpuric.
Purpurina *s* purpurin.
Purpurino *adj* purple; purpurate.
Purulência *s* purulence; purulency.
Purulento *adj* purulent; pussy; gleety.
Pusilânime *adj* pusillanimous; cowardly; fainthearted.
Pusilanimidade *s* pulsillanimity; cowardliness; faintheartedness.
Pústula *s* pustule; whelk; blister.
Pustulado *adj* pustule.
Pustulento *adj* pustulatous.
Putativo *adj* putative; reputed; supposed.
Putrefação *s* putrefaction.

Putrefaciente *adj* putrefactive.
Putrefato *adj* putrefied; rotten; putrid; decayed.
Putrefazer *v* to putrefy; to become putrid; to decompose; to rot; to make putrid.
Puxadela *s* pull.
Puxado *adj* pulled; spruce; exaustive; expensive.
Puxão *s* a pull; draw; strain; a sharp sudden push.
Puxar *v* to pull; to draw; to stretch; to end; to strain; to drag; to tug.

q Q

Q *s* the sixteenth letter of the Portuguese alphabet and the seventeeth of the English alphabet.
Quacre *s* RELIG quaker.
Quadra *s* square room; four (cards); block (houses); square bed (garden); FIG season; age.
Quadrado *s* square.
Quadrado *adj* square.
Quadrangular *adj* quadrangular.
Quadrante *s* MAT dial; quadrant.
Quadratura *s* squaring; quadrature.
Quadriculado *adj* cross section.
Quadriênio *s* quadriennium.
Quadril *s* hip; rump; haunch.
Quadrilátero *s* quadrilateral.
Quadrilátero *adj* foursided.
Quadrilha *s* gang; party; group; band; quadrille.
Quadrimestral *adj* four-monthly.
Quadro *s* square; map; picture; list; board; spectacle.
Quadrúpede *adj* four footed; quadruped.
Quadruplicar *v* to quadruplicate.
Qual *adj* which; what.
Qual *pron* which; whom; such as; as; one; another.
Qual *conj* like; as.
Qual *interj* nonsense!
Qualidade *s* quality; kind; rank; condition; accomplishment.
Qualificação *s* qualification; classification; qualifying.
Qualificador *s* qualifier; classifier.
Qualificador *adj* qualifying.
Qualificar *v* to qualify; to class; to authorize; to rate.
Qualificativo *adj* qualifying.
Qualquer *adj* any.
Qualquer *pron* any one; anybody; whoever; whichever.
Quando *adv* when.
Quando *conj* though; although.
Quantia *s* amount; sum.
Quantidade *s* quantity.
Quanto *adj* all that; what; how much; whatever; how many; how far.
Quanto *pron* all that; as much as.
Quão *adv* how.
Quarentena *s* quarantine.
Quaresma *s* lent.
Quarta *s* quarter; fourth; fourth part.
Quarteirão *s* quarter; block (houses).
Quartel *s* quarter; fourth part; barracks.
Quarteto *s* MÚS quartet; quartete.
Quartilho *s* pint.
Quarto *s* quarter; fourth; room; bedroom.
Quartzo *s* quartz (stone).
Quase *adv* almost; all but; nearly.
Quê *s* a bit; little; something; difficulty; complication.
Que *adj* what; which.
Que *pron* what; which; that; who.
Que *adv* how.
Que *interj* is that so!; what!
Quebra *s* breaking; bankruptcy; interruption.
Quebradiço *adj* fragile; broken.
Quebrado *s* fraction.
Quebrado *adj* broken; tired out; bankrupt.
Quebrantamento *s* depression; weariness; dejection.
Quebrantar *v* to break; to weary; to infringe.
Quebrantar-se *v* to become dejected; to lose heart.
Quebranto *s* weakness; dejection; evil eye; prostration.
Quebrar *v* to break; to infringe; to conquer; to weaken; to twist.
Queda *s* downfall; fall; drop; falling.
Queijaria *s* cheese making; cheese dairy.
Queijeiro *s* cheese monger; cheese maker.
Queijo *s* cheese.
Queima *s* burning; combustion.
Queimada *s* forest fire; burning of wood; burning of fields.
Queimado *adj* burnt.
Queimadura *s* burn; sunburn.
Queimar *v* to burn; to scald; to scorch; to blast.
Queixa *s* protest; complaint.
Queixada *s* jawbone; chap; mandible.
Queixar-se *v* to complain.
Queixo *s* chin; jawbone.
Queixoso *adj* plaintive; plaintiff; moanful; complaining.
Queixudo *adj* big-chinned.
Queixume *s* moan; lamentation.
Quem *pron* who; that; whom.
Quente *adj* warm; hot; sensual.
Quentura *s* warmth; heat.
Quer *conj* either; or; whether.
Querela *s* controversy; charge.
Querelante *s* complainant; plaintiff.
Querelante *adj* complaining.
Querelar *v* JUR to complain; to make a formal accusation.
Querer *v* to wish; to desire; to wish; to like; to will.
Querido *s* dear; darling.
Querido *adj* beloved; dear.
Querubim *s* cherub; RELIG angel.
Quesito *s* query; question.
Questão *s* question; matter; quarrel; affair.
Questionar *v* to question; to argue; to dispute; to quarrel.
Questionário *s* questionnaire.
Questionável *adj* questionable; doubtful.
Questiúncula *s* petty question; petty controversy.
Quiçá *adv* maybe; perhaps.
Quietação *s* quietness; tranquillity; stilness; ease.
Quieto *adj* quiet; peaceful; still; peaceable.
Quietude *s* quietude; peacefulness; tranquillity; quietness.
Quilate *s* superiority; perfection; carat; excellence.
Quilha *s* keel (ship).
Quilo *s* kilogram; kilogramme; MED chyle.
Quilograma *s* kilogram (= 1,000 grams).
Quilolitro *s* kilolitre (= 1,000 liters).
Quilometrar *v* to measure in kilometers.
Quilométrico *adj* kilometric.
Quilômetro *s* kilometer (=1,000 meters).

Quilowatt *s* kilowatt (=1,000 watts or rate of work).
Quimera *s* chimera; fancy.
Quimérico *adj* fantastic; fanciful; chimerical.
Química *s* chemistry.
Químico *s* chemist.
Químico *adj* chemical.
Quimono *s* kimono (cloth).
Quina *s* corner; five (cards).
Quinhão *s* share; lot; portion.
Quinhentista *s* cinquecentist.
Quinhoar *v* to share; to partake with anothers.
Quinquênio *s* quinquennium.
Quinquilharias *s* hardwares; toys; trifles; playthings.
Quinta *s* farm; marm; manor-house; ***QUINTA-feira***: thursday; ***QUINTA-feira Santa***: Maundy Thursday.
Quintal *s* back-garden; back-yard; USA door-yard.
Quinteto *s* MÚS quintet.
Quintuplicar *v* to quintuplicate.
Quinzena *s* a fortnight.
Quinzenal *adj* bi-monthly.
Quiosque *s* kiosk; news-stand.
Quiproquó *s* confusion; misunderstanding; mistake.
Quiromancia *s* chiromancy; palmistry.
Quiromante *s* chiromancer; palmister.
Quisto *s* MED cyst; wen.
Quisto *adj* beloved; well-liked.
Quitação *s* acquittance; receipt; discharge.
Quitanda *s* greengrocery; market.
Quitandeiro *s* greengrocer; seller (of vegetables).
Quitar *v* to acquit; to discharge.
Quite *adj* free from debt; free from obligation.
Quociente *s* MAT quotient.
Quota *s* quota; part; share; portion.
Quotidiano *adj* daily.
Quotização *s* assessment.
Quotizar *v* to assess; to fix amount of; to rate.

r R

R *s* the seventeenth letter of the Portuguese alphabet and the eighteenth letter of the English alphabet.
Rã *s* frog.
Rabada *s* rump; an ox; tail (pig).
Rabanada *s* french toast.
Rabanete *s* small radish.
Rabear *v* to wag (tail); to frisk about; to caper.
Rabeca *s* MÚS rebec (fiddle).
Rabecão *s* MÚS contrabass; double-bass; POP vehicle in which corpses are transported.
Rabeira *s* track.
Rabequista *s* MÚS fiddle violinist.
Rabi *s* RELIG rabbi.
Rabicho *s* crupper (horse); pigtail.
Rabino *s* RELIG rabbi; rabbin.
Rabiscador *s* scrawler.
Rabiscador *adj* scrawling.
Rabiscar *v* to scrawl; to doodle; to scribble.
Rabisco *s* scrawl; scribbling; doodle.
Rabo *s* tail; train; backside; handle.
Rabudo *s* long tailed.
Rabugento *adj* peevish; morose; fretful.
Rabugice *s* peevishness; fretfulness; moroseness.
Rábula *s* pettifogger; quibbler; lawmonger.
Raça *s* race; breed.
Ração *s* ration; allowance.
Racha *s* clink; chap; crack; cleft.
Rachador *s* splitter; slitter; woodcutter.
Rachar *v* to clink; to rift; to chap; to cleave; to split; to crack.
Raciocinar *v* to reason; to raciocinate.
Raciocínio *s* reasosing; ratiocination.
Racional *s* racional being.
Racional *adj* rational; reasonable.
Racionalidade *s* rationality; reasonableness.
Racionalismo *s* rationalism.
Racionalista *s* rationalist.
Racionalista *adj* rationalistic.
Racionalização *s* rationalization.
Racionalizar *v* to rationalize.
Radiação *s* radiation.
Radiador *s* radiator.
Radiante *adj* radiant; beaming; brilliant.
Radiar *v* to radiate; to shine; to beam; to sparkle.
Radicação *s* radication.
Radical *adj* radical; essencial.
Radicalismo *s* radicalism.
Radicar *v* to radicate; to take root; to settle; to root; to fix.
Rádio *s* radium; radio; ANAT radius; radium.
Radioatividade *s* radioactivity; radioactiveness.
Radioativo *adj* radioactive.
Radiografar *v* to radiograph; take X-ray pictures.
Radiografia *s* radiography; radiograph.
Radiográfico *adj* radiographic.
Radiograma *s* radiogram; radiotelegram; wireless message.
Radioso *adj* radiant; beaming; glowing; joyful; merry.
Raia *s* line; stripe; boundary; stroke.
Raiar *v* to break; to beam; to emit; to radiate; to shine.
Rainha *s* queen.
Raio *s* ray; beam; thunderbolt; MAT radius; spoke.
Raiva *s* rage; fury; anger; madness; hydrophobia.
Raivoso *adj* rageful; furious; angry; mad.
Raiz *s* root; basis; MAT radix; source; foundation.
Rajá *s* rajah.
Rajada *s* gust; sudden motion.
Ralar *v* to grate; to scrape; to vex; to afflict; to trouble.
Ralé *s* mob; rabble; riff-raff.
Ralhador *s* scolder; nagger; childer.
Ralhador *adj* scolding; faultfinding; chiding.
Ralhar *v* to scold; to chide; to rebuke; to snap; to nag.
Ralho *s* scolding; chiding; rebuke; admonition.
Ralo *s* a grater; arasp; botton.
Ralo *adj* thin; sparce; rare.
Rama *s* foliage; chase.
Ramagem *s* foliage; boughs of a tree.
Ramal *s* ramification; extension phone.
Ramalhete *s* nosegay; a bunch of flowers; bouquet.
Rameira *s* prostitute; harlot; strumpet.
Ramela *s* rheum or rheuma.
Ramificação *s* ramification; branching off.
Ramificar *v* to ramify.
Ramo *s* branch; bough; off-shoot; nosegay.
Ramoso *adj* branchy; full of branches.
Rampa *s* ramp; a sloping passage; slope; stage.
Rancheiro *s* messman; messmate; a cowboy.
Rancho *s* mess; food for soldier; band; troop; shanty.
Ranço *s* rancidity; rankness.
Ranço *adj* rancid.
Rancor *s* rancor; rancour; enmity; spite.
Rancoroso *adj* rancorous; deeply malevolent; hateful; resentful.
Rançoso *adj* rancid; rank; stale; FIG dull; insipid.
Ranger *v* to creak; to grind.
Rangido *s* creak; creaking; grinding squeak.
Ranhento *adj* FAM snotty.
Ranheta *s* gouchy.
Ranheta *adj* peevish; crabby.
Ranho *s* snivel; snot; mucus of the nose.
Ranhoso *adj* snotty; snivelling.
Ranhura *s* groove; rabblet; spline; notch.
Rapadeira *s* scraper; scratching knife; rasp.
Rapapé *s* flattery.
Rapar *v* to scrape; to gather and board money; to shave; to rasp; to crop.
Rapariga *s* girl; lass; servant girl; POP trumpet.
Rapaz *s* boy; young man; lad; youth; hobbledehoy.
Rapaziada *s* a group of boys.
Rapazola *s* stout boy; grown-up boy.
Rapazote *s* any young boy.
Rapé *s* snuff.
Rapidez *s* rapidity; swiftness; speed; quickness.
Rápido *adj* rapid; fast; quick; swift; flyer.
Rapina *s* rapine; pillage; plundering; robbery.
Rapinar *v* to plunder; to rob; to pillage; to pilfer.

Raposa *s* fox; sly; cunning; crafty person.
Rapsódia *s* rhapsody.
Raptar *v* to ravish; to kidnap.
Rapto *s* ravishing; kidnapping; kidnap; abduction.
Rapto *adj* quick; rapt.
Raptor *s* ravisher; kidnaper.
Raqueta *s* racket.
Ráquis *s* ANAT rachis; spine.
Raquítico *adj* MED rachitic; richety; puny; pindling.
Raquitismo *s* MED rachitis; rickets.
Raramente *adj* seldom; rarely.
Rarear *v* to make thin; to become rare.
Rarefação *s* rarefaction; rarefication.
Rarefazer *v* to rarely; to rarefy.
Rarefeito *adj* rarefied.
Raridade *s* rarity; rareness; freak.
Raro *adj* rare; very uncommon; scarce; strange; unusual; exceptional.
Rascunhar *v* to sketch; to outline.
Rascunho *s* sketch; outline; first plan; rough copy.
Rasgado *adj* torn; rent; lavish.
Rasgão *s* rent; tear; rip.
Rasgar *v* to tear; to rip; to rend.
Rasgo *s* dash; stroke; flourish.
Raso *adj* level; plain; flat; holow.
Raspa *s* scraping; shaving.
Raspadeira *s* scraper; scratcher; currycomb.
Raspador *s* scraper.
Raspagem *s* scraping; erasure; rasping; abrasion.
Raspão *s* scrape; scratch.
Raspar *v* to scrape; to rasp; to scratch; to erase.
Rasteira *s* trip.
Rasteiro *adj* creeping; low; abject; base.
Rastejador *s* tracer; crawler.
Rastejador *adj* searching; creeping.
Rastejar *v* to trace; to track; to creep.
Rastilho *s* train of gunpowder.
Rastrear *v* to trace; to creep; to crawl.
Rastro *s* rake; trace; track; footprint; trail.
Rasura *s* erasure; scratching; rubbing out.
Ratazana *s* rat; a large rat.
Ratear *v* to share; to apportion.
Rateio *s* apportionment; proration.
Ratificação *s* ratification; confirmation.
Ratificar *v* to ratify; to confirm; to corroborate.
Rato *s* mouse; rat.
Ratoeira *s* a mouse trap; snare.
Ravina *s* ravine; gluch; gully.
Razão *s* reason; good sense; purpose.
Razoar *v* to reason; to argue.
Razoável *adj* reasonable; just.
Ré *s* accused woman; NÁUT stern; MÚS note (symbol "D").
Reabastecer *v* to revictual; to equip again; to refuel.
Reabertura *s* reopening.
Reabilitação *s* rehabilitation.
Reabilitar *s* to rehabilitate; to restore; to reinstate.
Reabrir *v* to reopen.
Reação *s* reaction; test; revolution.
Reacender *v* to light again; to rekindle; to revive; to stimulate.
Reacionário *s* reactionary.
Reacionário *adj* reactionary.
Readmissão *s* readmission.
Readmitir *v* to readmit.
Readquirir *v* to get back; to regain; to recover.
Reafimar *v* to reaffirm; to reassert.
Reagente *s* reagent.
Reagente *adj* reactive.
Reagir *v* to react; to oppose; to resist.
Real *s* real; BR real (coin).
Real *adj* royal; kinglike; real; kingly.
Realçar *v* to extol; to set forth; to emphasize; to excel.
Realce *s* relief; distinctness; emphasis; stress; vividness.
Realejo *s* barrel organ; streetorgan; hand organ.
Realengo *adj* royal; kinglike.
Realeza *s* royalty; sovereignty.
Realidade *s* reality; royalty; truth.
Realismo *s* realism, royalism.
Realista *s* realist.
Realista *adj* realistic; royalistic.
Realistar *v* to enlist again.
Realização *s* realization; accomplishment; achievement.
Realizar *v* to fulfil; to achieve; to perform; to accomplish; to unfold.
Realizável *adj* accomplishable; performable; practicable.
Realmente *adv* really; actually.
Reanimação *s* reanimation; reviving.
Reanimar *v* to reanimate; to revive; to cheer; to comfort.
Reaparecer *v* to reappear.
Reaparição *s* reappearance.
Reaquisição *s* recovering, requisition.
Reascender *v* to reascend; to ascend again.
Reassumir *v* to reassume; to resume; to retake.
Reatamento *s* renewing; renewal; resumption.
Reatar *v* to bind again; to tie again; to renew; to resume.
Reaver *v* to recover; to get back; to regain.
Reavivar *v* to revive; to reawaken; to renew.
Rebaixamento *s* lowering; debasement; degradation.
Rebaixar *v* to low; to lessen; to lower; to debase; to demote.
Rebanho *s* herd of oxen; flock of sheep.
Rebarba *s* bezel; seam; fash; fin; burr.
Rebate *s* alarm; sudden attack; charge.
Rebater *v* to beat again; to refute; to repress.
Rebatido *adj* repelled.
Rebelar *v* to rebel; to revolt; to rise up.
Rebelde *s* rebellions; rebel; obstinate; stubborn; unruly.
Rebelde *adj* rebellions; rebel; obstinate; stubborn; unruly.
Rebeldia *s* rebellion; revolt; obstinacy.
Rebelião *s* rebellion; insurrection; revolt.
Rebentação *s* bursting; breaking; surge.
Rebentar *v* to burst; to sprout; to bud.
Rebento *s* sprout; shoot; spring.
Rebitar *v* to rivet; to turn up; to clinch.
Rebite *s* rivet; bolt.
Reboar *v* to echo; to resound; to reverberate.
Rebocador *s* tow-boat; tug-boat.
Rebocar *v* to plaster; to tow; to render.
Reboco *s* plaster; plastering; rough-cast.
Rebolado *s* wadding; swinging.
Rebolar *v* to roll; to swing; to tumble.
Rebolo *s* grindstone; cylinder; whetstone.
Reboque *s* tow; towing; trailer.
Rebordo *s* edge; border; rim.
Rebrilhar *v* to glitter; to glow.
Rebrotar *v* to sprout again.
Rebuliço *s* noise; tumult; uproar; turmoil.
Rebuscado *adj* far ferched; finical.
Rebuscar *v* to research; to search; to ransack.
Recaída *s* relapse; falling back.
Recair *v* to fall again; to relapse.
Recalcado *adj* rammed; repressed; compressed; trod down.
Recalcar *v* to press; to repress; to trample.
Recalcitrante *adj* recalcitrant; refractory; unwilling.
Recalcitrar *v* to recalcitrate; to object.
Recalque *s* repression.
Recamado *adj* embroidered; adorned; spangled.
Recamar *v* to embroider; to deck.
Recapitulação *s* recapitulation; summing up.
Recapitular *v* to recapitulate; to summarize; to sum up.

Recapturar *v* to recapture; to capture again.
Recarga *s* overcharge; fresh attack.
Recatado *adj* shy; bashful; modest; reserved; cautious.
Recatar *v* to conceal; to shield.
Recato *s* modesty; prudence; protection.
Recear *v* to fear; to be afraid; to dread.
Recebedor *s* receiver; collector.
Recebedoria *s* collectorship; receiver's office.
Receber *v* to receive; to accept; to welcome.
Recebimento *s* reception; receiving; admission.
Receio *s* fear; dread; apprehension.
Receita *s* receipt; recipe; revenue.
Receitar *v* to prescribe.
Recém *adv* recently; newly.
Recenseamento *s* census.
Recente *adj* recent; new; late; fresh.
Receoso *adj* afraid; fearful; apprehensive.
Recepção *s* reception; welcome.
Receptáculo *s* receptacle; repository.
Receptar *v* to receive (stolen goods); conceal.
Receptividade *s* receptivity.
Receptivo *adj* receptive.
Recessão *s* depression.
Recesso *s* recess; retirement; nook.
Rechaçar *v* to repel; to refute; to beat.
Recheado *adj* filled; stuffed; crammed.
Rechear *v* to stuff; to cram; to fill up.
Recheio *s* stuff; stuffing; forcemeat.
Recibo *s* receipt; aquittance.
Recife *s* reef; ridge; rocks.
Recinto *s* enclosure; place; precint.
Recipiendário *s* recipiendary; new member.
Recipiente *s* recipient; container.
Recipiente *adj* recipient; receiving.
Reciprocidade *s* reciprocity.
Recíproco *adj* reciprocal; mutual.
Recisão *s* abrogation; annulling.
Recital *s* recital; concert.
Recitar *v* to recite; to rehearse; to declaim; to narrate.
Reclamação *s* reclamation; claim; demand; complaint.
Reclamador *s* claimer; complainer; objector.
Reclamar *v* to reclaim; to call up; to complain.
Reclamável *adj* reclaimable.
Reclamo *s* advertisemnet; bird call; claim.
Reclinação *s* reclination; reclining.
Reclinado *adj* reclined; reclining; leaned.
Reclinar *v* to recline; to lean back.
Reclusão *s* reclusion; seclusion.
Recluso *s* recluse.
Recluso *adj* recluse.
Recobramento *s* recovery; getting again; recuperation.
Recobrar *v* to regain; to recuperate.
Recobrável *adj* recoverable.
Recobrir *v* to recover.
Recolher *v* to gather; to reap; to collect; to take up; to retire; to go to bed.
Recolhido *adj* retired.
Recolhimento *s* retirement; seclusion; meditation; privacy.
Recomeçar *v* to commend; to praise; to recommend; to resume.
Recomeço *s* recommencement.
Recomendação *s* recommendation; advice; warring.
Recomendar *v* to recommend; to commend.
Recompensa *s* recompense; reward; indemnity.
Recompensador *s* recompenser; reward.
Recompensar *v* to recompense; to compense; to reward.
Recompensável *v* to recompense; to compose again; to reconcile.
Recomposição *s* recomposition; reconciliation.
Recomposto *adj* recomposed.
Recôncavo *s* recess; environs; surroundings; cave.
Reconciliação *s* reconciliation.
Reconciliador *s* reconciler.
Reconciliador *adj* reconciling.
Reconciliar *v* to reconcile; to concilite; to accord.
Reconciliatório *adj* reconciliatory.
Reconciliável *adj* reconcilable.
Recôndito *adj* hidden; unknown.
Recondução *s* reconduction; reconveyance.
Reconduzir *v* to reconduct; to lead; to reconvey.
Reconfortante *adj* invigorating; refreshing, enlivening.
Reconfortar *v* to cheer up; to console; to comfort; to enliven.
Reconhecer *v* to recognize; to admite; to own; to admit; to acknowledge.
Reconhecido *adj* grateful; thankful; obliged.
Reconhecimento *s* recognition; acknowledgement; gratitude.
Reconquista *s* reconquest; reconquering.
Reconquistar *v* to reconquer; to recover; to regain.
Reconsideração *s* reconsideration.
Reconsiderar *v* to reconsider.
Reconstituir *v* to reconstitute.
Reconstrução *s* reconstruction; rebuilding.
Reconstruir *v* to rebuild; to reconstruct.
Recontar *v* to reckon; to recount.
Recopilação *s* recopilation; recollection; abridgement.
Recopilar *v* to recopile; to recollect; to compile.
Recordação *s* remembrance; rememoration; keepsake.
Recordar *v* to remember; to keep in mind; to remind.
Recorde *s* record.
Recordista *s* recordist.
Recorrente *s* appellant.
Recorrente *adj* appellant.
Recorrer *v* to resort; to appeal; to recur; to apply.
Recorrido *s* appellee.
Recortar *v* to cut; to cut away; to clip.
Recorte *s* cutting; clipping; outline.
Recoser *v* to sew again.
Recostar *v* to lean; to recline; to lean back.
Recozer *adj* overboiled; overbaked.
Recozimento *s* rebaking.
Recreação *s* recreation; divertion; amusement.
Recrear *v* to recreate; to amuse; to gladden; to entertain.
Recreativo *adj* recreative; amusing; recreation.
Recreio *s* recreation; pastime; playground.
Recriar *v* to recreate.
Recriminação *s* recrimination; retort.
Recriminar *v* to recriminate; to retort; to blame.
Recrudescência *s* recrudescence; recrudescency.
Recrudescente *adj* recrudescent.
Recrudescer *v* to recrudesce; to increase.
Recruta *s* recruit; trainee; galoot.
Recrutar *v* to recruit; to enlist.
Recuamento *s* recoil; recoiling; retreat.
Recuar *v* to draw back; to recoil; to recede.
Recuo *s* recoil; recolling; retreat.
Recuperação *s* recuperation; recovery; salvage.
Recuperar *v* to recuperate; to recover; to regain; to get over.
Recurso *s* recourse; resort; appeal; remedy.
Recurvar *v* to bend; to recurve; to crook.
Recurvo *adj* recurvate; crooked; recurved.
Recusa *s* refusal; refusing; rejection.
Recusar *v* to refuse; to decline; to reject; to deny.
Redação *s* redaction; editorial office; wording.
Redarguição *s* retort; reply.
Redarguir *v* to retort; to refute; to reply.
Rede *s* a net; network; trap.
Rédea *s* rein; bridle.
Redemoinho *s* whirl.
Redenção *s* redemption; release; restoration.

Redentor *s* redeemer.
Redigir *v* to draw up; to redact; to write out.
Redimir *v* to redeem; to ransom.
Redivivo *adj* resuscitated; revived.
Redobra *s* a double fold.
Redobrar *v* to redouble; to double; to increase; to intensify.
Redoma *s* glass case; glass bell; bell jar.
Redondela *s* a little wheel.
Redondeza *s* roundness; environs; surroundings.
Redondo *adj* round; rotunted; circular; plumb; spheriacal.
Redor *s* circuit; contour.
Redor *prep* around; about.
Redução *s* reduction; cutback; decrease.
Redundância *s* redundance; redundancy; pleonasm.
Redundar *v* to redound; to ensue; to be redundant; to overflow.
Redutível *adj* reducible.
Reduto *s* redoubt; reduct.
Reduzir *v* to reduce; to diminish; to lessen; to lower.
Reedição *s* reprint; reissue.
Reedificação *s* rebuilding; reedification
Reedificar *v* to rebuilt; to reedificate.
Reeditar *v* to reprint; to print again; to reproduce.
Reeleger *v* to re-elect; to elect again.
Reembarcar *v* to re-embark; to embark again; to reship.
Reembarque *s* re-embarkation; reshipment.
Reembolsar *v* to reimburse; to repay; to refund.
Reembolso *s* reimbursement; replacement; repayment.
Reempossar *v* to re-empower.
Reempregar *v* to re-employ; to employ again.
Reencarnação *s* reincarnation.
Reencarnar *v* to reincarnate; to be reincarnate.
Reencontrar *v* to find again; to re-encounter.
Reencontro *s* a finding again.
Reengajamento *s* re-engagement.
Reengajar-se *v* to re-engage.
Reentrância *s* re-entrance; re-entrancy.
Reentrante *adj* re-entrant; re-entering.
Reentrar *v* to re-enter; to enter gain.
Reenviar *v* to send again; to send back; to remand.
Reestabelecer *v* to re-establish; to establish anew.
Reestabelecimento *s* re-establishment.
Reexportação *s* re-exportation.
Refazer *v* to remake; to restore; to repair; to mend.
Refeição *s* meal; repast.
Refeito *adj* refreshed; restored; recovered; remade.
Refeitório *s* refectory; dining hall.
Refém *s* hostage.
Referência *s* reference; relation; allusion; regard.
Referendar *v* to countersign; to reference; to authenticate.
Referente *adj* relating; referring; concerning.
Referido *adj* related; named, above mentioned; referred to.
Referir *v* to refer; to apply; to relate; to tell; to concern.
Referver *v* to boil again; to ferment; to rage; to boil over.
Refestelar-se *v* to accost; to rejoice, to loll; to lean back.
Refinação *s* refinig; refinement.
Refinado *adj* refined; exquisite; utter.
Refinador *s* refiner.
Refinamento *s* refinement; elegance; cultivation.
Refinar *v* to refine; to polish; to finish; to purify.
Refletir *v* to reflect; to mirror; to cogitate; to ponder; to consider.
Refletor *s* reflector.
Refletor *adj* reflective; searchlight.
Reflexão *s* reflection; meditation; contemplation; consideration.
Reflexibilidade *s* reflexibility; reflebleness.
Reflexionar *v* to reflect; to think; to ponderate.
Reflexo *s* reflex; a mirrored image; reflection.
Reflexo *adj* reflex; reflected; reflexive.
Reflorestamento *s* reforestation.
Reflorestar *v* to reforest; to afforest.
Reflorir *v* to reflower; to reflourish; to blossom again.
Refluir *v* to flow back; to reflow; to ebb.
Refluxo *s* reflux; a flowing back; ebb; refluence.
Refogado *s* stew; onion gravy; tomato gravy.
Refolhar *v* to cover with leaves; to fold.
Reforçar *v* to reinforce; to strengthen; to fortify.
Reforço *s* reinforcement, backing, bracing; welt.
Reforma *s* reform; alteration; renewal.
Reformado *adj* reformed; retired officer; reshaped.
Reformador *s* reformer.
Reformador *adj* reforming.
Reformar *v* to reform; to retire; to reverse; to mend.
Reformatório *s* reformatory; work house; penitentiary.
Reformável *adj* reformable; mendable.
Refrão *s* refrain; burden; saw; saying.
Refratar *v* to refract; to be refracted.
Refratário *adj* refractory; unruly; obstinate.
Refreamento *s* refrainment; check; restraint; coercion.
Refrear *v* to bridle; to restrain; to hold back; to check.
Refrega *s* fray; affray; fight; combat.
Refreio *s* bridle; curb; check.
Refrescante *adj* cooling; refreshing.
Refrescar *v* to refresh; to freshen; to cool; to relieve.
Refresco *s* refreshment.
Refrigeração *s* refrigeration.
Refrigerador *s* refrigerator; freezer.
Refrigerador *adj* refrigerative.
Refrigerante *s* refrigerant; refreshment; coolant.
Refrigerante *adj* refrigerant; refreshment; coolant.
Refrigerar *v* to refrigerate; to cool; to refresh; to comfort; to relieve.
Refrigério *s* refrigeration; freshness; relief; consolation.
Refugar *v* to reject; to refuse; to throw aside.
Refugiado *s* refugee.
Refugiar-se *v* to take refuge; to shelter.
Refúgio *s* refuge; shelter; asylum; protection.
Refugo *s* refuse; rubbish; waste; trash; dross.
Refulgência *s* refulgence; radiance; brightness; splendour.
Refulgente *adj* refulgent; radiant; brilliant; shinning; bright.
Refulgir *v* to shine; to be refulgent; to glitter.
Refundição *s* recasting; remelting.
Refundir *v* to found; to cast again; to recast.
Refutador *s* refuser; refuter.
Refutar *v* to refuse; to oppose; to reject; to confute; to rebut.
Refutável *adj* refutable.
Rega *s* irrigation; watering.
Regador *s* watering-can, watering-pot; sprinkling.
Regalar *v* to regale; to entertain; to delight.
Regalia *s* regale; prerogative; privilege.
Regalo *s* delight; pleasure; present; gift; muff.
Reganhar *v* to regain.
Regar *v* to irrigate; to water; to spray.
Regata *v* to huckster; rowing-match; regatta.
Regateador *s* bargaining; haggler, higgler.
Regatear *v* to cheapen; to bargain; to grudge.
Regateio *s* bargaining; haggling.
Regato *s* brook; rill; creek; rivulet.
Regelado *adj* frozen; congealed.
Regelar *v* to freeze; to congeal.
Regelo *s* iciness; coolness; FIG insensibility.
Regência *s* regency.
Regeneração *s* regeneration; regeneracy.
Regenerado *adj* regenerate.
Regenerar *v* to regenerate; to reproduce; to reform.
Regente *s* MÚS regent; conductor.
Regente *adj* governing; MÚS acting as regent.
Reger *v* to govern; to conduct; to direct.

Região *s* region; province; district.
Regime *s* regime; regimen; rule.
Regimental *adj* regimental.
Regimentar *adj* regimentary.
Regimento *s* regime; regiment; discipline; regulation.
Régio *adj* royal; kinglike; regal; kingly.
Regional *adj* regional; local.
Regionalismo *s* regionalism; sectionalism.
Regionalista *s* regionalist.
Regionalista *adj* regionalistic.
Registrador *s* recorder; register; registering.
Registrar *v* to register; to enroll; to record.
Registro *s* register; entry; registry.
Rego *s* trench; drain, ditch; groove.
Regozijar *v* to rejoice; to gladden; to be glad.
Regozijo *s* rejoicing; joy; mirth; glee.
Regra *s* rule; regulation; standard; ***ditar as REGRAS***: to rule the roost.
Regrado *adj* regular; orderly.
Regrar *v* to rule; to moderate; to regulate.
Regredir *v* to regress; to retrograde; to return.
Regressão *s* regression; regress; return; retrogression.
Regressar *v* to return; to come back; to restem.
Regressivo *adj* regressive; retroactive; retrogressive.
Regresso *s* return; regression.
Régua *s* ruler; straight.
Regulação *s* regulation; rule; law.
Regulador *s* regulator.
Regulador *adj* rulling; regulating; governing.
Regulamentação *s* regularization; regulation.
Regulamento *s* regulation; rule; order; direction.
Regular *v* to regulate; to rule; to dispose; to adjust.
Regular *adj* regular; ordinary; moderate.
Regularidade *s* regularity.
Regularização *s* regularization.
Regurgitação *s* regurgitation; overflowing.
Regurgitar *v* to regurgitate; to overflow; to vomit up.
Rei *s* king; king (chess, card).
Reimpressão *s* reprinting; reprint.
Reimprimir *v* to reprint; to print again.
Reinação *s* romping; play; prank; antic.
Reinado *s* reign; sway; dominion.
Reinante *adj* reigning; reignant; prevailling.
Reinar *v* to reign; to govern as king; to prevail.
Reincidência *s* reiteration; relapse; wayward; recurrence.
Reincidente *adj* reiterating; relapsing.
Reincidir *v* to relapse; to fall back; to backslide.
Reino *s* reign; kingdom; realm.
Reinstalação *s* reinstatement; reinstalment.
Reinstalar *v* to reinstate; to reinstall.
Reintegração *s* reintegration; reinstatement.
Reintegrar *v* to reintegrate; to reinstate; to restore.
Reiteração *s* reiteration; repetition; renewal.
Reiterar *v* to renew; to repeat; to reiterate.
Reitor *s* rector.
Reitoria *s* rectory; rectorship.
Reivindicação *s* revindication; claim; vindication.
Reivindicar *v* to revindicate; to claim; to vindicate.
Rejeição *s* rejection; reject.
Rejeitar *v* to reject; to repel; to refuse; to blackball.
Rejeitável *adj* rejective; refusable; objectionable.
Rejubilar *v* to rejoice; to be glad.
Rejúbilo *s* rejoicing; joyfulness; cheerfulness.
Rejuvenescer *v* to rejuvenate; to restore to youth; to get younger.
Relação *s* relation; respect; affairs; account; relationship.
Relacionado *adj* related; connected.
Relacionamento *s* relationship.
Relacionar *v* to relate; to connect; to report.
Relâmpago *s* lightning; flash.
Relampejante *adj* glittering; flashing; lighting.
Relampejar *v* to lighten; to glitter; to shine brightly.
Relance *s* quick glance; at a glance.
Relancear *v* to glance; to glance at.
Relapso *s* relapser.
Relapso *adj* relapsed.
Relatador *s* relater; narrator; reporter.
Relatar *v* to relate; to narrate; to report; to recount.
Relatividade *s* relativity.
Relativismo *s* relativism.
Relativo *adj* pertaining; relating.
Relato *s* report; account.
Relator *s* relator; relater; narrator, reporter.
Relatório *s* report; statement; account, write up.
Relaxação *s* relaxation; looseness.
Relaxado *adj* relaxed; loose; negligent; careless.
Relaxar *v* to relax; to slacken; to loosen.
Relegar *v* to relegate.
Relembrança *s* remembrance.
Relembrar *v* to remind; to rememorate; to remember.
Reler *v* to read over again.
Reles *adj* vile; base; mean; shabby.
Relevação *s* remission; forgiveness; pardon; exemption.
Relevância *s* importance; eminence; weight.
Relevar *v* to release; to pardon; to relieve.
Relevo *s* relief; embossment; set-off; relievo.
Relicário *s* reliquary; shrine.
Religar *v* to bind again.
Religião *s* religion.
Religiosa *s* nun.
Religiosidade *s* religiousness; devotion.
Religioso *adj* religious; devout; pious; scrupulous; strict.
Relinchar *v* to neigh; to whinny.
Relincho *s* neigh; neighing.
Relíquia *s* relic; ruins; memento.
Relógio *s* watch; clock; timepiece.
Relojoaria *s* clock and watch making; watchmaker's (shop).
Relojoeiro *s* watchmaker.
Relutância *s* reluctance; obstinacy; opposition; aversion.
Relutante *adj* reluctant; uniwilling; averse; disinclined.
Relutar *v* to reluct; to resist; to struggle.
Reluzente *adj* relucent; shining; bright.
Reluzir *v* to reluce; to glisten; to shine; to glitter.
Relva *s* grass; turf; sod; sward.
Remador *s* a rower; oarsman.
Remadura *s* rowing.
Remanescente *s* remainder; remnant.
Remanescente *adj* remaining; lasting.
Remar *v* to row; to paddle.
Remarcar *v* to mark again; to re-mark.
Rematar *v* to end; to consummate; to finish; to complete; to accomplish.
Remate *s* end; finishing; conclusion; top.
Remedar *v* to mimic; to ape.
Remediado *adj* remedied; well-off; well-to-do.
Remediador *s* helper.
Remediador *adj* remedial.
Remediar *v* to remedy; to cure; to repair; to redress.
Remédio *s* medicine.
Remedo *s* imitation; mockery; mimicry; mimicking.
Remela *s* blearness; blearedness; rheum of the eye.
Remelar *v* to blear; to become blear-eyed.
Rememoração *s* rememoration; remembrance.
Rememorar *v* to rememorate; to remembrance; to remind.
Rememorativo *adj* rememorative; recalling; reminding.
Remendado *adj* patched; mended; spotted.
Remendão *s* patcher; botcher; job-tailor; cobbler; bungler.
Remendar *v* to piece; to patch; to mend.

Remendo *s* patch; piece; mend; botch, clout.
Remessa *s* remittance; payment; remission.
Remetente *s* remittor; remitter; sender; shipper.
Remeter *v* to send; to forward; to remit.
Remexer *v* to stir up; to rummage; to turn upside down.
Remexida *s* stir; stirring; rummaging; confusion; disorder.
Remexido *s* bustle; stirring.
Remexido *adj* restless; bustling.
Reminiscência *s* reminiscence; remembrance; recollection.
Remir *v* to redeem; to ransom; to deliver; to make amends for.
Remirar *v* to look again; to gaze at.
Remissão *s* remission; pardon; forgiveness; relaxation.
Remitir *v* to remit; to forgive; to pardon; to abate.
Remo *s* oar; boat-oar; paddle; rowing.
Remoção *s* removal; remove.
Remoçar *v* to rejuvenate.
Remodelação *s* remodelment; remodelling; refashioning.
Remodelar *v* to remodel; to mold anew; to refashion.
Remoedura *s* rumination.
Remoer *v* to chew the cud; to fret; to repeat; to prey.
Remontar *v* to remount; to raise; to repair.
Remonte *s* vamping; soaring; rapairing.
Remorder *v* to bite again; to fret; to torment.
Remorso *s* remorse; compunction.
Remoto *adj* remote; distant; far-off.
Remover *v* to remove; to move; to transfer; to get rid of.
Remuneração *s* remuneration; payment; recompense; salary.
Remunerar *v* to remunerate; to reward; to pay; to satisfy.
Rena *s* ZOO reindeer.
Renal *adj* renal.
Renano *adj* rhenish.
Renascença *s* renascence; rebirth; revival; renaiscence.
Renascente *adj* renascent.
Renascimento *s* renaissance.
Renda *s* lace; rent.
Rendado *adj* laced; lacy.
Rendar *v* to rent; to lace.
Rendeiro *s* renter; tenant; lace seller.
Render *v* to subject; to subdue; to yield; to render; to produce.
Rendição *s* surrender; giving up; delivery.
Rendido *adj* overcome; conquered; ruptured.
Rendilhar *v* to adorn with laces.
Rendimento *s* income; revenue; rupture; produce; yield.
Rendoso *adj* lucrative; profitable; gainful.
Renegação *s* renegation.
Renegado *s* renegate; renegade; apostate.
Renegar *v* to deny; to renounce; to disown; to disclaim.
Renhido *adj* fierce; furious; bloodly; dogged.
Renhir *v* to dispute; to contend, to wrangle.
Renome *s* renown; fame; celebrity; reputation.
Renovação *s* renovation; renewal; renewing.
Renovador *s* renewer; renovator.
Renovador *adj* renewing, renovating.
Renovamento *s* renovation.
Renovar *v* to renew; to renovate; to reform; to replace.
Renque *s* row; file; rank; tier.
Rente *adj* close; close to.
Rente *adv* close; close to.
Renúncia *s* renunciation; renouncing; resignation.
Renunciar *v* to renounce; to give up; to reject publicity.
Renunciável *adj* renunciative.
Reocupar *v* to reoccupy; to occupy again.
Reordenar *v* to reordain.
Reorganização *s* reorganization.
Reorganizar *v* to reorganize; to improve; to amend.
Reparação *s* reparation; amends; compensation; indemnity.
Reparador *s* repairer; restorer.
Reparador *adj* repairing; restoring.
Reparar *v* to repair; to restore; to make good; to mend; to renew; to notice.
Reparável *adj* reparable; remediable; retrievable.
Reparo *s* repair; defence; remark; notice.
Repartição *s* partition; office; department; section; division.
Repartimento *s* partition; compartment.
Repartir *v* to share; to distribute; to portion out; to allot; to apportion.
Repartível *adj* distributable.
Repassado *adj* soaker; imbued; soaked; steeped.
Repassar *v* to repass; to pass; to soak.
Repastar *v* to pasture again; to feed again; to feast.
Repasto *s* repasture; food; meal; banquet.
Repatriação *s* repatriation.
Repatriar *v* to repatriate.
Repelão *s* thrust; violent pull.
Repelência *s* repellence; repellency; repulsion.
Repelente *adj* repellent; repulsive; revolting.
Repelir *v* to repel; to drive back; to repulse; to reject.
Repente *s* outburst; sudden fit.
Repentino *adj* sudden; impetuous; abrupt; rapid.
Repentista *s* extemporizer.
Repercussão *s* repercussion; reband; rebound; reverberation.
Repercutir *v* to repercuss; to resound; to reflect; to echo.
Repertório *s* repertory; a list; index; repertoire; collection.
Repesar *v* to reweigh; to weigh again.
Repeso *s* reweight; reweighting.
Repeso *adj* contrite; sorry.
Repetente *s* repeater.
Repetente *adj* repeating.
Repetição *s* repetition.
Repetidor *s* repeater; tutor.
Repetidor *adj* repeating.
Repetir *v* to repeat; to reiterate; to reproduce; to recur.
Repicar *v* to ring (bells); to chime.
Repintar *v* to repaint; to paint again.
Repique *s* chime; peal; ringing.
Repisar *v* to press again; to insist; to repeat over and over.
Replantar *v* to replant.
Repleto *adj* replete; crammed; stuffed.
Réplica *s* reply; answer; reproduction; rejoinder.
Replicador *s* replier; refuter.
Replicar *v* to reply; to retort; to rebut; rejoin.
Repolho *s* cabbage.
Repontar *v* to appear; to begin; to come up.
Repor *v* to replace; to restore; to put again; to reinstate.
Reportagem *s* reportage; feature.
Reportar *v* to turn backwards; to attribute; to report; to refer.
Repórter *s* reporter.
Reposição *s* reposition; restitution; replacement; reinstatement.
Repositório *s* repository.
Repousante *adj* reposeful; restful; quiet; tranquil.
Repousar *v* to repose; to rest; to take a rest; to lie down.
Repouso *s* rest; repose; tranquillity.
Repovoar *v* to repeople; to people anew.
Repreendedor *s* reprehender; childer; reaproacher.
Repreender *v* to reprehend; to rattle; to reprimand; to censure.
Repreensão *s* reprehension; rebuke; reproach; reprimand.
Repreensível *adj* reprehensible; blamefull; blamable.
Repreensor *s* reprehender.
Repreensor *adj* reprehensory; reprehensive.
Repregar *v* to nail again; to bestud.
Represa *s* dam; sluice; recapture.
Represado *adj* dammed; confined.
Represália *s* reprisal, retaliation.
Represar *v* to dam; to restrain; to embank; to stop; to hold.
Representação *s* representation; figure; image; petition.
Representador *s* representer; actor; player.

Representante *s* representative; proxy.
Representante *adj* representing.
Representar *v* to represent; to portray; to act; to perform.
Representável *adj* representable.
Repressão *s* repression; restraint; check; suppression.
Repressivo *adj* repressive; restrictive.
Repressor *s* represser; repressive.
Reprimenda *s* reprimand; rebuke.
Reprimir *v* to repress; to bridle; to restrain; to curb; to check.
Réprobo *s* reprobate.
Réprobo *adj* reprobate.
Reprodução *s* reproduction; act or process of reproducing.
Reprodutor *s* reproducer; breeder.
Reprodutor *adj* reproducing; breeding.
Reproduzir *v* to produce anew; to produce again; to transfer.
Reprovação *s* reprobation; failure; reproof; disapproval.
Reprovado *s* repeat.
Reprovado *adj* reproved; refused; rejected; flunked.
Reprovar *v* to reprove; to censure; to rebuke; to reject; to refuse; to condemn.
Reprovável *adj* reprovable; reprehensive; blameworthy.
Réptil *s* reptile; creeping; crawling.
Réptil *adj* reptile; creeping; crawling.
Repto *s* challenge.
República *s* republic; commonwealth; the state.
Republicano *s* republican.
Republicano *adj* republican.
Repudiado *adj* repudiated; divorced.
Repudiar *v* to repudiate; to discard; to cast off; to disown.
Repúdio *s* repudiation; divorce; disavowal.
Repugnância *s* repugnance; loathing; reluctance; repugnancy.
Repugnante *adj* repugnant; ugly; disgusting; adverse; distasteful.
Repugnar *v* to repugn; to oppose; to be repugnant.
Repulsa *s* refusal; repulse; rejection, repulsion; opposition.
Repulsão *s* repulsion.
Repulsar *v* to repulse; to repel; to reject; to drive back.
Repulsivo *adj* repulsive; loathsome; repellent.
Reputação *s* reputation; repute; fame; renown.
Reputar *v* to repute; to esteem; to reckon; to estimate.
Repuxado *adj* drawn back.
Repuxar *v* to draw back; to pull back; to spout.
Repuxo *s* drawing back; water spout; recoil.
Requebrar *v* to woo; to waddle; to move languidly.
Requebro *s* waddle; movement; voluptuos movement.
Requeijão *s* curd; curd-cheese; pot-cheese..
Requeimar *v* to roast excessively; to overcook; to scorch.
Requentado *adj* warmed up again; heated again.
Requentar *v* to warm again; to warm up.
Requerente *s* solicitor; petitioner; requester.
Requerente *adj* requesting; requiring.
Requerer *v* to require; to demand; to claim; to call for; to petition; to apply for.
Requerido *adj* required; requisite; necessary.
Requerimento *s* request; petition; demand; application.
Réquiem *s* requiem.
Requintado *adj* dressed up; refined; exquisite; perfect; accomplished.
Requintar *v* to refine; to surpass; to dress up; to perfect.
Requinte *s* refinement; elegance; affectation.
Requisição *s* requisition; request.
Requisitar *v* to requisition; to order; to request; to demand.
Requisito *s* requisite; requirement.
Rés *adj* even; level; close; plain.
Rescaldar *v* to scald again; to scald very; to scorch; to heat.
Rescindir *v* to rescind; to annul; to cancel; to abolish.
Rescisão *s* rescission; annulment; cancellation.
Rescisório *adj* rescissory; rescinding.
Rescrever *v* to rewrite; to write again.
Resenha *s* report; description; list.
Reserva *s* reserve; stock; store; restriction; ESP reserve (substitute).
Reservado *adj* reserved; stand-offish; circumspect.
Reservar *v* to reserve; to keep in store; to put by; to retain; to conceal.
Reservatório *s* reservoir.
Reservista *s* reservist.
Resfolegar *v* to breathe; to gasp for breath; to snort.
Resfôlego *s* respiration; breath.
Resfriado *s* cold; cooling.
Resfriar *v* to cool; to catch a cold; to catch a chill.
Resgatar *v* to ransom; to rescue; to redeem.
Resgate *s* ransom; redemption.
Resguardar *v* to preserve; to shelter; to defend; to protect.
Resguardo *s* guard; foresight; care; prudence; caution.
Residência *s* residence; abode; dwelling; home.
Residencial *adj* residential.
Residente *s* abider; dweller.
Residente *adj* resident; residing; dwelling.
Residir *v* to reside; to live; to dwell; to abide; to stay.
Residual *adj* residual; remaining.
Resíduo *s* residue; remnant; remainder; rest.
Resignação *s* resignation; renunciation; abdication; submission.
Resignante *s* resigner.
Resignante *adj* resignful; resigning.
Resignar *v* to resign; to abdicate; to give up.
Resinar *v* to resin; to apply resin to.
Resistência *s* resistance; opposition; power or capacity to resist.
Resistente *s* resistant; strong.
Resistente *adj* resistant.
Resistir *v* to resist; to oppose; to stand; to strive against.
Resistível *adj* resistible; endurable.
Resma *s* ream; twenty quires.
Resmungação *s* grumbler.
Resmungação *adj* grumbling.
Resmungar *v* to grumble; to mumble; to mutter; to growl.
Resolução *s* resolution; resoluteness; firmness; courage.
Resoluto *adj* resolute; daring; bold; audacious.
Resolver *v* to resolve; to decide; to solve; to explain; to clear up.
Resolvível *adj* resoluble.
Respectivo *adj* respective.
Respeitador *s* respecter.
Respeitador *adj* repectful.
Respeitar *v* to respect; to regard; to observe; to honour.
Respeitável *adj* respectable; honourable.
Respeito *s* respect; esteem; regard; consideration; relation.
Respeitoso *adj* respectful.
Respingar *v* to sprinkle; to splash; to crackle.
Respingo *s* sprinkling; sparkling.
Respiração *s* respiration; breathing (inspiration and expiration).
Respiradouro *s* air hole; vent.
Respirar *v* to respire; to breathe out; to exhale.
Respirável *adj* respirable.
Respiro *s* breath; breathing; respite.
Resplandecência *s* resplendency; resplendence; glare.
Resplandecente *adj* resplendent; lustrous; shining.
Resplandecer *v* to resplend; to be resplendent; to glisten.
Resplendor *s* splendor; resplendence; aureola; halo; radiance.
Responder *v* to answer; to respond; to reply.
Responsabilidade *s* responsibility; responsibleness; burden.
Responsabilizar *v* to hold responsible; to be responsible for.
Responsável *adj* responsible; answerable; accountable.
Resposta *s* answer; reply; response.
Resquício *s* vestige; reminder; cleft; slit; clink; chap; chink.
Ressabiado *adj* skittish; nervous; suspicious; disgusted.
Ressaca *s* ebb; reflux of tide; hang-over.

Ressair *v* to project; to jut out; to stand out.
Ressaltar *v* to jut out; to be in evidence; to stand out.
Ressalva *s* safeguard; provision; correction; exception.
Ressalvar *v* to safeguard; to correct; to caution; to except.
Ressarcir *v* to compensate for; to indemnify; to make up for.
Ressecar *v* to overdry; to dry again; to dry up.
Ressentimento *s* rancor; spite; grudge.
Ressentir *v* to resent.
Ressoante *adj* resounding.
Ressoar *v* to resound; to reverberate; to ring; to clash; to echo.
Ressonância *s* resonance; ring; jingle; echo; sonority.
Ressonante *adj* resonant; resounding; echoing back.
Ressonar *v* to resound; to re-echo; to ring; to reverberate.
Ressudar *v* to perspire; to sweat; to transude; to exude.
Ressurgimento *s* resurrection; renaissance; renewal; revival.
Ressurgir *v* to resurge; to rise again; to resurrect.
Ressurreição *s* resurrection.
Ressuscitação *s* resuscitation; revival; renewal; restoration.
Ressuscitador *s* reviver; restorer; resuscitator.
Ressuscitador *adj* reviving; restoring; resuscitative.
Ressuscitar *v* to resuscitate; to revive; to restore; to resurrect.
Restabelecer *v* to re-establish, to establish anew; to recover.
Restabelecimento *s* recovery; re-establishment.
Restante *s* remainder; rest.
Restante *adj* remaining; resting.
Restar *v* to remain; to rest; to be left out; to remin over.
Restauração *s* restoration; renovation; repair; restoring.
Restaurador *s* restorer.
Restaurador *adj* restoring; restorative.
Restaurante *s* restorative; restorer; restaurant.
Restaurante *adj* restoring; restorative.
Restaurar *v* to restore; to give back; to return; to repair.
Réstia *s* rope of onions (etc.); ray of light.
Restinga *s* reef; shallow; sand-bank; shoal; beach ridge.
Restituição *s* restituition; return; reparation; rehabilitation.
Restituir *v* to restitute; to give back; to restore; to return.
Restituível *adj* restitutive; restorable; returnable.
Resto *s* rest; remainder; residue; remnant; scraps.
Restrição *s* restriction; limitation; restricting.
Restringir *v* to restrict; to bound; to restrain; to restringe.
Restrito *adj* restricted; limited; confined.
Resultado *s* result; effect; consequence; FUT outcome.
Resultar *v* to result from; to follow; to proceed; to spring.
Resumir *v* to summarize; to epitomize; to condense; to sum up.
Resumo *s* resume; abridgement; summary.
Resvalar *v* to slip; to slide; to glide; to steal away.
Reta *s* straight line.
Retaguarda *s* rear-guard; rear.
Retalhador *s* slasher.
Retalhadura *s* cutting into small pieces; slash.
Retalhar *v* to cut up; to slash; to cut into pieces; to retail.
Retalho *s* shred; strip; rag; retail.
Retaliação *s* retaliation; reprisal; punishment; tit for tat.
Retaliar *v* to retaliate.
Retardamento *s* delay; retardment; retardation.
Retardar *v* to retard; to delay; to slow; to defer; to be late.
Retardatário *s* laggard.
Retardatário *adj* retardatory; loiterer.
Retelhar *v* to tile anew.
Retemperar *v* to temper again; to revigorate; to brace.
Retenção *s* retention; keeping; holding.
Retentor *s* retainer; keeper; armature.
Reter *v* to retain; to hold; to restrain.
Retesar *v* to stretch; to draw tight; to stiffen; to tighten.
Reticência *s* reticence; suspension-mark; ellipses.
Reticente *adj* reticent.
Retícula *s* reticle; reticule; screen.
Reticulado *adj* reticulated.
Reticular *adj* reticular.
Retidão *s* rectitude; integrity; uprightness; righteousness.
Retificação *s* rectification.
Retificador *s* rectifier.
Retificador *adj* rectifying; stripper.
Retificar *v* to rectify; to correct; to adjust; to set right.
Retina *s* ANAT retina.
Retinir *v* to tinkle; to blow; to echo; to resound; to clink; to jingle.
Retirada *s* MIL retreat; retirement; withdrawal.
Retirado *adj* retired; solitary; remote.
Retirar *v* to retreat; to retire; to withdraw.
Retirar-se *v* to go back.
Retiro *s* retirement; reclusion; solitude; seclusion; retreat.
Reto *s* rectum.
Reto *adj* right; straight; just; equitable.
Retocar *v* to retouch; to finish; to improve; to perfect.
Retomada *s* recapture; reconquest.
Retomar *v* to take back; to get back; to recover; to retake.
Retoque *s* retouch; improvement.
Retorcer *v* to twist; to twine; to writhe.
Retorcido *adj* twisted; crooked; farferched.
Retórica *s* rhetoric.
Retórico *s* rhetorician.
Retórico *adj* rhetorical.
Retornar *v* to return; to come back; to bring back.
Retorno *s* return; returning; reexchange; barter.
Retorquir *v* to retort; to answer; to say in reply.
Retração *s* retraction; drawing back.
Retraçar *v* to retrace; to trace again.
Retraído *adj* withdraw; reserved; reticent; shy; timid.
Retraimento *s* retraction; reserve; shyness; bashfulness.
Retrair *v* to retract; to withdraw; to draw back; to shrink.
Retratação *s* retraction; retractation; recantation.
Retratado *adj* portrayed; painted; photographed.
Retratar *v* to retract; to portray; to rescind; to paint; to describe.
Retratar-se *v* to take back.
Retratista *s* portraitist; portrait-painter; photographer.
Retrato *s* portrait; photograph; image; picture.
Retribuição *s* retribuition; return; free; recompense.
Retribuidor *s* retributor; retributing.
Retribuidor *adj* retributive.
Retribuir *v* to retribute; to return; to reward; to recompense.
Retroação *s* retroaction.
Retroagir *v* to retroact; to act backward; to react.
Retroatividade *s* retroactivity; retroactiveness.
Retroativo *adj* retroactive; reactive.
Retroceder *v* to retrocede; to go back; to recede; to fall back; to go backward.
Retrocesso *s* retrocession; back-spacer; retrogression.
Retrogradação *s* retrogradation; retrogression.
Retrogradar *v* to retrograde; to retrogress.
Retrógrado *s* retrograde; retrogressive; reactionary.
Retrógrado *adj* retrograde; retrogressive; reactionary.
Retrós *s* twist; twisted; silk; sewing silk.
Retrospecção *s* retrospection.
Retrospectivo *adj* retropective; contemplative.
Retrospecto *s* retrospect; a review of the past; flashback.
Retroverter *v* to retrovert; to turn back; to retranslate.
Retrucar *v* to reply; to retort, to talk back.
Retumbância *s* resounding; resonance.
Retumbante *adj* resounding; echoing; resonant; bombastic.
Retumbar *v* to resound; to re-echo; to thunder.
Réu *s* culprit; JUR defendant.
Réu *adj* guilty; criminal; wicked.
Reumatismo *s* rheumatism.
Reunião *s* meeting; reunion; social party; gathering; assembly.
Reunir *v* to reunite; to unite again; to rejoin; to draw together; to put together.
Revacinar *v* to revaccinate; to vaccinate a second time.

Revalidação *s* revalidation; ratification; confirmation.
Revalidar *v* to revalidate; to restore validity to; to ratify.
Revel *adj* rebel; obstinate; defaulter; unruly.
Revelação *s* revelation; disclosure.
Revelador *s* revealer; FOT developer.
Revelador *adj* revealing.
Revelar *v* to ravel; to disclose; to divulge; to discover; FOT to develop; **REVELAR-SE** ***v***, to unfold; ***REVELAR-SE ser um "pé no saco"***: to makes a pain of himself.
Revelia *s* default; contumacy; stubbornness.
Revenda *s* reselling; resale.
Revendedor *s* reseller.
Revendedor *adj* reselling.
Revender *v* to resell; to sell again.
Rever *v* to review; to examine again; to meet again.
Reverberação *s* reverberation; reverberating.
Reverberar *v* to reverberate; to reflect; to return back; to send back.
Reverência *s* reverence; bow; respect; deference; courtesy.
Reverenciar *v* to revere; to honor; to reverence; to venerate.
Reverendo *s* reverend; clergyman.
Reverendo *adj* reverend.
Reverente *adj* reverent.
Reversão *s* reversion.
Reversibilidade *s* reversibility; reversibleness.
Reversível *adj* reversible.
Reverso *s* the reverse; lower side of a surface.
Reverso *adj* reverse; contrary; inverted.
Reverter *v* to revert; to return; to result in; to turn to.
Revés *s* reverse; backstroke; misfortune; setback.
Revestimento *s* revestment; coating; facing.
Revestir *v* to attire; to revet; to assume; to coat.
Revezamento *s* alternation.
Revezar *v* to alternative; to carry out by turns; to take turns.
Revigorar *v* to revigorate; to invigorate.
Revirar *v* to turn again; to turn round; to turn inside out.
Reviravolta *s* turning round; complete turn; reversal.
Revisão *s* revision; revisal; revise; proof-reading.
Revisar *v* to verify; to control; to revise; to make a revision.
Revisor *s* reviser; proof reader; ticket collector.
Revista *s* review; a periodical; revue; magazine; survey.
Revistar *s* to review troops; to look over; to inspect.
Reviver *v* to revive; to reawaken.
Revivescência *s* revivescence; reviviscence; revival.
Revivescente *adj* revivescent; reviviscent; reviving.
Revivescer *v* to revive.
Revivificação *s* revivification; revival.
Revivificar *v* to revivify; to revive.
Revoada *s* flight (birds).
Revoar *v* to fly again; to flutter.
Revogação *s* revocation; cancellation; repeal.
Revogar *v* to revoke; to annul; to rescind; to repeal.
Revogatório *adj* revocatory; repealing.
Revogável *adj* revocable; defeasible; repealable.
Revolta *s* revolt; rebellion; uprising; mutiny; rising.
Revoltado *s* rebel; mutineer.
Revoltado *adj* revolted.
Revoltante *adj* revolting; disgusting; offensive.
Revoltar *v* to revolt; to rebel; to offend; to shock; to rise up.
Revolto *adj* turbulent; troubled; hooked; boisterous; furious.
Revoltoso *s* rebel; insurgent.
Revoltoso *adj* turbulent; rebel.
Revolução *s* revolution; rebellion; ASTR revolution.
Revolucionar *v* to revolutionize; to revolution; to change.
Revolucionário *s* revolutionist; revolutionary.
Revolver *v* to revolve; to rotate; to welter; to agitate; to stir.
Revólver *s* revolver; firearm; gun.
Reza *s* prayer; praying.
Rezar *v* to pray; to state; to say a prayer.
Riacho *s* brook; rill; streamlet; creek; rivulet.
Ribalta *s* footlights; the stage.
Ribanceira *s* ravine; chasm.
Ribeira *s* riverside; river bank; bank.
Ribombar *v* to resound; to thunder; to reverberate; to roar.
Ricaço *s* a very rich man.
Ricaço *adj* very rich.
Rícino *s* BOT ricinus; castor-oil plant.
Rico *adj* rich; wealthy; moneyed; opulent; well-off; costly.
Ridente *adj* smiling; cheerful; gay; joyfull; FIG blooming.
Ridicularizar *v* to ridicule; to mock; to make ridiculous; to make fun of.
Ridículo *s* ridicule; mockery; irony; sarcasm.
Ridículo *adj* ridiculous.
Rifa *s* raffle; saying.
Rifar *v* to raffle; to dispose by a raffle.
Rigidez *s* rigidity; rigidness; severity; rigor; sternness.
Rígido *adj* rigid; not flexible; stiff; strict; hard; austere.
Rigor *s* rigor; rigidity; stiffness; severity; harshness; austerity.
Rigoroso *adj* rigorous; inflexible; inexorable; harsh; severe.
Rijo *adj* stiff; hard; harsh; severe; fierce; strong; vigorous.
Rim *s* kidney.
Rima *s* rhyme; heap; chink.
Rimado *adj* versified; rhymed.
Rimar *v* to rhyme; to make rhymes; to versify.
Rincão *s* corner; nook, angle; remote place.
Rinchar *v* to neigh; to whinny.
Rincho *s* neighing of horses.
Rinoceronte *s* rhinoceros.
Rio *s* river; stream.
Ripa *s* lath work; slat; batten.
Ripar *v* to hackle (the flax); to lath; to rake; to criticize.
Riqueza *s* wealth; opulence, richness; abundance.
Rir *v* to laugh; to smile; to jeer; to titter.
Risada *s* laughter; laughing.
Risca *s* line; mark; stripe; stroke.
Riscado *s* gingham.
Riscado *adj* striped.
Riscar *v* to scratch out; to strike; to streak; to cancel; to annul; to score.
Risco *s* stripe; scratch; outline; danger; risk.
Riso *s* laughter; laugh; laughing.
Risonho *adj* smiling; cheerful.
Rispidez *s* hardness; rudeness; roughtness.
Ríspido *adj* harsh; rough; rude; severe.
Ritmado *adj* rhythmic; rhythmical; cadenced.
Rítmico *adj* rhythmic; rhytmical.
Ritmo *s* rhytm; cadence; rime; rhythm.
Rito *s* rite; ceremony.
Ritual *s* ritual; ceremonial.
Ritualismo *s* ritualism.
Ritualista *s* ritualist; ritualistic.
Rival *s* rival; emulator.
Rivalidade *s* rivalry; rivalship; jealousy.
Rivalizar *v* to rival; to vie with; to emulate; to compete.
Rixa *s* quarrel; dispute; wrangle; disorder; disagreement; brawl.
Rixar *v* to quarrel.
Robalo *s* robalo; sergean-fish; the snook (fish).
Roble *s* roble; oak tree.
Robustecer *v* to strengthen; to grow robust; to confirm.
Robustez *s* robustness; vigor; vigour; strength; stoutness.
Robusto *adj* robust; strong; vigorous; sound; stout; hale.
Rocambolesco *adj* extravagant; fantastic.
Roçar *v* to graze; to grub; to skim.
Rocha *s* rock.
Rochedo *s* large rock; cliff.
Rochoso *adj* rocky; ricky.
Roda *s* wheel; circle; circuit; circumference; orb; turning-box.
Rodado *adj* wheeled; wide.

Rodapé *s* footnote; baseboard; washboard.
Rodar *v* to roll; to move on rollers; to move wheels; to turn around; to rotate; to wheel.
Rodear *v* to enclose; to encircle; to turn around; to surround.
Rodeio *s* round-about way; shift; evasion; rodeo; winding.
Rodela *s* round shield; small wheel; slice (lemon, orange, etc.).
Rodízio *s* water-wheel; turn; round.
Rodo *s* rake; wooden rake.
Rodopiar *v* to whirl; to turn round; to turn about; to spin.
Rodopio *s* whirl; whirling.
Roedor *s* rodent.
Roedor *adj* gnawing; rodent; corroding.
Roer *v* to gnaw; to bite repeatedly; to eat away; to corrode.
Rogação *s* rogation; a petition; request; rogations.
Rogador *s* supplicant.
Rogar *v* to beg; to supplicate; to implore; to entreat; to ask.
Rogativo *adj* supplicatory.
Rogatória *s* request; supplication; prayer.
Rogo *s* request; supplication; prayer; entreaty.
Roído *adj* gnawed; corroded.
Rol *s* roll; register; record; list; catalogue.
Rolador *s* roller.
Rolamento *s* rolling; MEC bearings.
Rolante *adj* rolling.
Rolar *v* to roll; to tumble; to drive forward; to twist the body (as an acrobat).
Roldana *s* pulley.
Roleta *s* roulette.
Rolha *s* cork; stopper.
Roliço *adj* round; plump; stocky.
Rolo *s* roll; bundle; roll of paper; roll of notes; package.
Romã *s* pomegranate.
Romance *s* romance; novel; a fictious tale; fantasy.
Romancear *v* to romance; to write or tell romances.
Romancista *s* romancist; novelist.
Romanesco *adj* romanesque; fanciful; imaginative; chimerical.
Românico *adj* romanic; romance.
Romântico *s* romantic.
Romântico *adj* romantic; sentimental; imaginative; fantastic.
Romantismo *s* romanticism.
Romaria *s* pilgrimage; religious event.
Romãzeira *s* pomegranate tree.
Rombo *s* hole; leak; blunt; FIG dull.
Romeiro *s* pilgrim.
Romeno *adj* Rumanian.
Rompante *s* impetuosity; fury.
Rompante *adj* arrogant; haughty.
Romper *v* to break up; to split; to impair; to destroy; to defeat; to transgress; to cleave.
Rompimento *s* breaking; breach; rupture; falling.
Roncador *s* snorer; boaster; snoring.
Roncar *v* to snore; to roar; to brag; to rumble.
Ronco *s* snoring; roaring; rumbling.
Ronda *s* rounds; patrol; round dance; beat.
Rondar *v* to patrol; to round; to haunt.
Rondó *s* MÚS rondo.
Ronquidão *s* hoarseness; snoring.
Ronronar *v* to purr.
Rosa *s* rose.
Rosácea *s* rose-window; rosace.
Rosáceo *adj* rosaceous.
Rosa-cruz *s* Rosicrucianism, The Ancient and Mystical Order Rose Cross, AMORC; Rosicrucian.
Rosa-cruz *adj* Rosicrucian, member of an ancient and international fraternity; the symbol of the Rosicrusians: a Rose and Cross.
Rosado *adj* rose; rosy.
Rosário *s* rosary; a string of beads; chaplet.
Rosbife *s* roast-beef.
Rosca *s* screw; coil of a serpent thread; rusk, sweet biscuit.
Roseira *s* rose-bush; rambler.
Roseiral *s* bed of rose; rose garden; rose plot.
Róseo *adj* rosy; blooming; roseate.
Roseta *s* small rose; rosette.
Rosnar *v* to drumble; to snarl; to growl; to grumble; to mutter.
Rosto *s* face; visage; countenance; frontispiece of a book; head of a coin.
Rota *s* route; course; way; path.
Rotação *s* rotation; turn; revolution.
Rotativo *adj* rotative; rotating; rotary.
Rotatório *adj* rotatory; rotary.
Roteiro *s* logbook; guideline; roadbook; directions.
Rotina *s* routine; any regular procedure.
Rotineiro *adj* routine; routinary; work-a-day.
Roto *adj* ragged; in rags; broken; torn; shattered.
Rótula *s* patella; kneecap; kneepan.
Rotular *v* to ticket; to label; to inscribe.
Rotular *adj* rotular; to label.
Rótulo *s* inscription; label; mark.
Rotura *s* rupture; fracture.
Roubalheira *s* robbery; thievery; pilfering; fraud; cheat.
Roubar *v* to rob; to steal; to plunder; to pillage; to thieve.
Roubo *s* robbery; theft; plunder.
Rouco *adj* hoarse; husky; raucous.
Roupa *s* clothes; clothing; linen.
Roupagem *s* drapery; clothes.
Roupão *s* dressing-gnown; morning-dress; wrapper.
Roupeiro *s* linen-keeper.
Rouquidão *s* hoarseness; roughness; snoring.
Rouxinol *s* nightingale.
Roxear *v* to purple; to color with purple.
Roxo *s* purple; violet.
Roxo *adj* purple; violet.
Rua *s* street; thoroughfare; way.
Rua *interj* be off! get you gone!
Rubi *s* ruby.
Rublo *s* rouble (monetary unit of Russia).
Rubor *s* redness; blush; flush; shame.
Ruborescer *v* to redden; to shame; to become red (in face); to flush.
Ruborização *s* reddening; blushing.
Ruborizar *v* to redden; to make red; to blush; to flush.
Rubrica *s* rubric; rubrication; initials.
Rubricar *v* to rubricate; to ribricize; to mark.
Rubro *adj* red; ruddy; red-hot.
Ruço *adj* grey; faded; gray; a thick fog.
Rude *adj* rude; discourteous; unpolite; coarse; vulgar; rugged; uncivilized.
Rudeza *s* rudeness; coarseness; roughness.
Rudimentar *adj* rudimental; rudimentary; undeveloped.
Rudimento *s* rudiment.
Ruela *s* lane; alley; by street.
Rufador *adj* drumming.
Rufar *v* to beat a drum; to ruff; to plait; to roll.
Rufião *s* ruffian; hooligan; rowdy.
Rufiar *v* to ruffian; to pander.
Rufo *s* roll of a drum; ruffle; plait.
Ruga *s* wrinkle; furrow.
Rugido *s* roar.
Rugidor *s* roarer.
Rugidor *adj* roaring; bellowing.
Rugir *v* to roar; to utter; to rustle; to bellow.
Rugosidade *s* rugosity; wrinkleness.
Rugoso *adj* rugous; wrinkled; wrinkly.
Ruído *s* noise; uproar; rumor; bustle; rumour; hearsay.
Ruidoso *adj* noisy; uproarious; showy.
Ruim *adj* bad; wricked; vile; low; mean.
Ruína *s* ruin; destruction; downfall.

Ruindade *s* meanness; wickedness; badness; malice.
Ruinoso *adj* ruinous; baneful.
Ruir *v* to tumble; to fall down; to fall into ruins; to crumble down.
Ruivo *adj* red; red-haired; ruddy.
Rum *s* rum.
Rumar *v* to put a ship on the due course; to steer for; to head; to make for.
Ruminação *s* rumination.
Ruminante *s* ruminant; ruminantia.
Ruminante *adj* ruminant; ruminantia.
Ruminar *v* to ruminate; to chew the cud; to ponder; to muse; to brook over.
Rumo *s* rhumb; course of a ship; route; bearing.
Rumor *s* rumor; noise; hearsay; report.
Rumorejante *adj* murmuring; rustling; rippling.
Rumorejar *v* to rustle; to babble; to rumor; to tell or spread by rumor; to ripple.
Rumorejo *s* rustling; bubbling; rumor; common talk; ripple.
Rumoroso *adj* rumorous; noisy.
Rupestre *adj* rupestral; rupestrian.
Rúpia *s* rupee (East Indian silver coin).
Rural *adj* rural; rustic; rustical; pastoral; country.
Rusga *s* noise; uproar; disorder; search; quarrel; disturbance.
Russo *adj* Russian.
Rústico *s* rustic.
Rústico *adj* rustic; rude; coarse; artless; rural.
Rutilação *s* brightness; shining; intense brilliancy; splendour.
Rutilar *v* to glitter; to shine; to gleam; to sparkle.

S

S *s* the eighteenth letter of the Portuguese alphabet and the nineteenth letter of the English alphabet.
Sã *adj* healthy.
Sábado *s* Saturday; Sabbath.
Sabão *s* soap; POP scolding; dressing down.
Sabatina *s* repetition; recapitulation (lessons); school quiz; discussion.
Sabedor *s* learned man.
Sabedor *adj* acquainted with; knowing.
Sabedoria *s* wisdom; knowledge; sagacity.
Saber *v* to know; to be skilled in; to have knowledge.
Sabiá *s* BR bird.
Sabichão *s* know-all; GÍR USA smart aleck.
Sabido *adj* known; wise; prudent; crafty.
Sábio *s* wise man.
Sábio *adj* wise; learned.
Sabonete *s* toilet soap; cake of soap; soapball.
Saboneteira *s* soap-case; soap-dish.
Sabor *s* savor; taste; flavor.
Saborear *v* to savor; to savour; to taste.
Saboroso *adj* savoury; savorous; tasty; appetizing.
Sabotagem *s* sabotage.
Sabotar *v* to sabotage.
Sabre *s* saber; sabre.
Sabugal *s* elder-trees (plantation).
Sabugo *s* elder; pitch (elder tree).
Sabugueiro *s* elder-tree.
Sabujo *s* bloodhound; FIG cringe.
Saca *s* bag.
Sacada *s* balcony; drawing.
Sacado *s* COM drawee.
Sacador *s* COM drawer.
Sacar *v* to draw; to pull out.
Sacaria *s pl* bags; sacks.
Saca-rolhas *s* corkscrew.
Sacerdócio *s* priesthood; sacerdotage.
Sacerdotal *adj* sacerdotal; priestly.
Sacerdote *s* priest; clergyperson; clergyman.
Saci *s* MIT BR a little one-legged black boy.
Saciar *v* to saciate; to sate; to cloy.
Saciedade *s* saciety; replition; surfeit.
Saco *s* sack; grab-bag.
Sacola *s* wallet; knapsack; grip-sack.
Sacolejar *adj* to shake; to rattle; to rock; to swing; to sway.
Sacramentar *v* to take the Sacraments; to receive the Sacraments.
Sacramento *s* Sacrament.
Sacrificador *s* sacrificer.
Sacrificador *adj* sacrificing.
Sacrificar *v* to sacrifice.
Sacrifício *s* sacrifice; immolation; privation; renouncement.
Sacrilégio *s* sacrilege; profanation.
Sacrílego *adj* sacrilegious.
Sacristão *s* sacristan; sexton.
Sacristia *s* sacristy; vestry.
Sacro *s* ANAT sacrum.
Sacro *adj* sacred; sacral.
Sacrossanto *adj* sacrosanct.
Sacudida *s* shaking; shake.
Sacudido *adj* shaken; harsh.
Sacudir *v* to shake; to jerk; to jolt; to wag.
Sádico *adj* sadistic; sadist.
Sadio *adj* healthy; wholesome.
Sadismo *s* sadism.
Safado *adj* worn out; POP shameless; BR licentious; immoral.
Safanão *s* a jerk; flounce; shove; push; GÍR a slap.
Safar *v* to wear out; to clear; to wipe out.
Safena *s* MED saphena.
Safira *s* sapphire.
Safra *s* harvest; crop.
Saga *s* saga.
Sagacidade *s* sagacity; penetration; discerment; perspicacity.
Sagaz *adj* sagacious; shrewd; perspicacious.
Sagração *s* consecration.
Sagrado *adj* sacred; divine; holy; sacrosanct.
Sagrar *v* to consecrate; to bless; to hallow; to dedicate.
Sagu *s* sago.
Saguão *s* inner yard; passage; entrance; hall.
Saia *s* skirt.
Saibro *s* gravel; gross sand.
Saída *s* way out; exit; issue; outlet; going out.
Saiote *s* short petticoat; short skirt.
Sair *v* to go; to proceed; to go out; to get out; to come out; to turn out; to go away; GÍR **sai fora!**: get lost!
Sal *s* salt; piquancy; wit; grace.
Sala *s* room.
Salada *s* salad.
Salamaleque *s* salaam.
Salamandra *s* ZOO salamander.
Salame *s* salami.
Salão *s* salon; saloon.
Salário *s* wages; hire; pay given for labor.
Saldar *v* to balance; to settle; to pay off.
Saldo *s* COM balance of an account; remainder.
Saleiro *s* salt-cellar; salt-shaker.
Salgado *adj* salted; salty; FIG witty.
Salgar *v* to salt; to flavor.
Salgueiro *s* willow; wipping.
Saliência *s* salience; projection; jutting; protuberance.
Salientar *v* to point out; to jut out; to set off; to insist on; to emphasize; to accent.
Salina *s* saline.
Salitre *s* saltpeter; nitrate.
Saliva *s* spittle; saliva.
Salivar *v* to spit; to produce salivation.
Salmão *s* salmon (fish).
Salmo *s* RELIG psalm.
Salmoura *s* brine; pickle.
Salobre *adj* brackish; briny; saltish.
Salpicado *adj* besprinkled; spotted; speckled.
Salpicar *v* to speckle; to speck; to besprinkle; to sprinkle.
Salsa *s* parsley.

Salsicha *s* sausage.
Salsicharia *s* pork-shop.
Salsicheiro *s* pork-butcher.
Saltador *s* jumper; hopper.
Saltador *adj* leaping; jumping.
Saltar *v* to jump; to leap; to spring.
Saltear *v* to assault; to overtake; to surprise.
Saltimbanco *s* mountebank; quack.
Saltitante *adj* hopping; skipping.
Saltitar *v* to skip; to hop; to move with light leaps.
Salto *s* leap; jump; bound.
Salubre *adj* salutary; salubrious; wholesome.
Salutar *adj* salutary; healthy.
Salva *s* volley of guns; salver; tray; BOT garden sage.
Salvação *s* salvation; deliverance.
Salvador *s* sayer; saviour.
Salvador *adj* saving.
Salvaguardar *v* to safeguard; to protect against; to defend.
Salvamento *s* safety; salvation.
Salvar *v* to save; to rescue; to deliver.
Salve *interj* hail!
Salvo *adj* safe; secure; saved.
Salvo *prep* save; except; saving.
Salvo-conduto *s* safe-conduct; passport.
Samba *s* BR music; dance; rythm.
Sanar *v* to heal; to restore; to health; MED to cure.
Sanatório *s* sanatorium.
Sanável *adj* curable; removable.
Sanção *s* sanction; ratification.
Sancionar *v* to sanction; to ratify; to confirm; to authorize.
Sandália *s* sandal (shoe).
Sanduíche *s* sandwich.
Saneamento *s* sanitation.
Sanear *v* to sanitare; to drain; to improve lands.
Sanfona *s* MÚS hurdy-gurdy; accordion.
Sangrar *v* to bleed; to let bleed.
Sangrento *s* bleeding; bloody.
Sangria *s* bleeding; blood-letting; negus.
Sangue *s* blood; bloodlife; life; race.
Sanguessuga *s* ZOO leech.
Sanguinário *adj* sanguinary; bloody; bloodthirsty.
Sanha *s* fury; anger; rage.
Sanidade *s* healthy; sanity; lucidity; wholesomeness.
Sanitário *adj* sanitary; hygienic; hygienical.
Sânscrito *s* Sanskrit (ancient language).
Santidade *s* sanctity; holiness; saintliness; godliness.
Santificar *v* to sanctify; to make sacred or holy; to hallow.
Santíssimo *adj* most holy.
Santo *s* Saint.
Santo *adj* holy; sacred; saintly.
Santuário *s* sanctuary; shrine; Holy of Holies.
São *adj* sound; wholesome; entire; healthy; healthy.
Sapa *s* shove; sap; sapping.
Sapataria *s* shoemaker's shop.
Sapateado *s* clog-dance; tap-dance; cloging-dance.
Sapatear *v* to beat time with the foot; to stamp the feet.
Sapateira *s* shoemaker's wife.
Sapateiro *s* shoemaker; shoe-dealer.
Sapato *s* shoe.
Sapiência *s* sapience; wisdom; sageness.
Sapiente *adj* wise; sapient; sage; sagacious; learned.
Sapinhos *s* MED thrush.
Sapo *s* toad; kibitzer; disguised inspector.
Saponáceo *adj* saponaceous; soapy.
Saque *s* sack; plunder; pillage; COM draft.
Saqueador *s* plunderer; pillager.
Saquear *v* to sack; to loot; to plunder; to pillage; to rob.
Saraiva *s* hail.
Saraivada *s* hail-storm; shower.
Saraivar *v* to haill; to shower down like hail.
Sarampo *s* MED measles.
Sarar *s* to heal; to cure a disease; to recover.
Sarau *s* soirée.
Sarcasmo *s* sarcasm; irony; ridicule; taunt.
Sarcástico *adj* sarcastic; sardonic; sarcastical.
Sarcófago *s* sarcophagus.
Sarda *s* freckle; spleckle.
Sardento *adj* freckled; freckly.
Sardinha *s* sardine.
Sargento *s* sergeant; clamp iron.
Sarjeta *s* gutter; thin; serge.
Sarna *s* itch; itching.
Sarraceno *adj* saracen.
Sarrafo *s* fath; shingle; batten.
Sarro *s* tartar.
Satanás *s* satan.
Satânico *adj* satanic; devilish; infernal.
Satélite *s* satellite.
Sátira *s* satire; irony.
Satirizar *v* to satirize; to write satires upon; to lampoon.
Satisfação *s* satisfation; plesure; apologies.
Satisfatório *adj* satisfactory.
Satisfazer *v* to satisfy; to please; to fulfil.
Satisfeito *adj* satisfied; content; happy.
Sátrapa *s* satrap.
Saturar *v* to saturate; to soak; to drench; to steep.
Saturno *adj* ASTR Saturn.
Saudação *s* salutation; salute; greeting.
Saudade *s* regret; sorrow; longing.
Saudar *v* to salute; to compliment; to greet; to welcome.
Saudável *adj* sound; wholesome; salutary; healthy.
Saúde *s* health.
Saudoso *adj* longing; regretted; nostalgic.
Saxão *adj* saxon.
Sazonar *v* to season; to mature; to ripen; to grow ripe.
Se *conj* if; whether.
Se *pron* himself; itself; themselves; each other; one another; one; people; they.
Sebo *s* tallow; BR second hand book store.
Seca *s* drying; dryness; drouth; drought.
Secador *s* desiccator; dryer.
Secagem *s* drying.
Seção *s* section; portion; intersection.
Secar *v* to dry; to dry up; to season (wood).
Seccionar *v* to section; to cut into sections.
Secessão *s* secession.
Seco *adj* dry; rude; lean; lank; plain.
Secretaria *s* secretariat; secretary; writing desk.
Secretariado *s* secretaryship; secretariat.
Secretariar *v* to act as secretary; to be a secretary of.
Secretário *s* Secretary.
Secreto *s* secret; mystery.
Secreto *adj* secret; private; reserved.
Sectarismo *s* sectarianism; partisanship; sectarism.
Secular *s* layman.
Secular *adj* secular.
Secularizar *v* to secularize.
Século *s* century (100 years); age.
Secundar *v* to second; to follow or attend; to back up.
Secundário *adj* secondary; subsidiary.
Secura *s* dryness; thirst; insensibility; indifference.
Seda *s* silk.
Sedação *s* mitigation.
Sedar *v* to allay; to alleviate; to hackle; to hatchel.
Sedativo *adj* sedative;depressant.
Sedativo *adj* sedative;depressant.
Sede *s* see; headquarters; seat.
Sede *s* thirst; desire; eagerness.

Sedentário *s* sedentary man.
Sedentário *adj* sedentary; inactive.
Sedento *s* thirsty; eager; avid; anxious.
Sediar *v* to host.
Sedição *s* sedition; tumult; dissension; mutiny; revolt.
Sedicioso *adj* seditious; guilty of sedition; disobedient.
Sedimentação *s* sedimentation.
Sedimentar *v* to sedimentate; sedimentary.
Sedimento *s* sediment; setlling; dregs.
Sedoso *adj* silky; silken; hairy.
Sedução *s* seduction; charm; enticement; attraction.
Sedutor *s* seducer; allurer.
Sedutor *adj* seductive; alluring.
Seduzir *v* to seduce; to lead; to allure; to mislead; to entice.
Segador *s* reaper; mower.
Segar *v* to mow; to cut the grass; to reap; to harvest.
Segmentação *s* segmentation.
Segmentar *v* to segment; to separate into segments.
Segmento *s* segment; section.
Segredar *v* to whisper; to speak secretly; to mention privately.
Segredo *s* secret; mystery.
Segregação *s* segregation.
Segregar *v* to segregate; to separate; to cut off from others.
Seguida *s* following; continuation.
Seguido *adj* followed; continuous; constant; incessant.
Seguidor *s* disciple; partisan.
Seguimento *s* following; pursuing; continuation; consequence.
Seguinte *s* follower.
Seguinte *adj* next; immediate; continuous; adjoining; following.
Seguir *v* to follow; to go chase; to pursue; to obey; to mind; to proceed along.
Segunda *s* MÚS second; MEC second gear; second speed.
Segundar *v* to second; to follow; to assist; to support.
Segundo *s* second; a moment; an instant; one who comes after; a backer; an assistant.
Segundo *adj* second; secondary; inferior.
Segundo *prep* according to.
Segurança *s* safety; security; guarantee; protection; assurance.
Segurar *v* to firm; to hold; to grab; to assure; to ensure; to insure; to garantee.
Seguro *s* insure; insuring; premium.
Seguro *adj* secure; safe; firm; steady.
Seio *s* breast; bosom; heart; womb; sinus; bay.
Seita *s* sect; religious order; party; faction.
Seiva *s* sap; sapwood; vital juice; blood.
Seixo *s* pebble.
Sela *s* saddle.
Selado *adj* saddled (horse); sealed (stamped).
Selador *s* sealer.
Selar *v* to saddle; to seal; to stamp; to conclude; to finish.
Seleção *s* selection; ESP scratch team.
Selecionar *v* to select; to choose; to pick up.
Seleiro *s* saddler.
Seletivo *adj* selective.
Seleto *adj* selected; select; picked; choosen.
Selo *s* seal; postage-stamp; stamp; postmark.
Selva *s* jungle.
Selvagem *s* savage.
Selvagem *adj* savage; wild; untamed; uncivilized.
Selvajaria *s* savagery; barbarity; wildness.
Sem *prep* without; lacking.
Semáforo *adj* semaphore.
Semana *s* week.
Semanal *adj* weekly.
Semanário *s* weekly (publication).
Semanário *adj* weekly.
Semblante *s* semblant; face; air; figure.
Semeador *s* sower; seeder.
Semeador *adj* sowing.
Semeadura *s* sowing; seedind.
Semear *v* to sow; to scatter; to spread.
Semelhança *s* resemblance; similarity; likeness; similute; analogy; semblance.
Semelhante *adj* resembling; like; similar; alike; such.
Sêmen *s* semen; seed; sperm.
Semente *s* seed; any small seedlike fruit; semen; FIG origin.
Sementeira *s* seedtime; seeding; sowing.
Semestral *adj* semestral.
Semestre *s* semester.
Semestre *adj* semestral.
Seminação *s* semination; dissemination; BOT semination.
Seminal *adj* seminal.
Seminário *s* seminary; seminar.
Seminário *adj* seminal.
Seminarista *s* seminarist.
Semínima *s* MÚS crotchet; quarter note.
Seminu *adj* half-naked.
Semioficial *adj* semiofficial.
Semita *s* semite; semitic.
Semítico *adj* semitic.
Semitismo *s* semitism.
Semitom *s* MÚS semitone.
Semivogal *s* GRAM semivowel.
Semolina *s* semola; semoline.
Sempiterno *adj* sempiternal; everlasting.
Sempre *adj* always; ever.
Senado *s* the Senate; Senate-House.
Senador *s* senator.
Senão *s* fault; defect.
Senão *conj* otherwise; else.
Senão *prep* but; execpt.
Senda *s* pathway; footpath; routine; path; way.
Senha *s* watchword; password; shibboleth.
Senhor *s* master; Lord; sir; mister.
Senhora *s* lady; wife; mistress.
Senhorear *v* to master; to subdue; to domineer.
Senhoria *s* lordship; landlady.
Senhorio *s* seigniory; lordship; landlord; owner.
Senhorita *s* miss.
Senil *adj* senile.
Senilidade *s* senility; old age.
Sênior *adj* senior; elder.
Seno *s* MAT sine.
Sensabor *adj* tasteless; insipid.
Sensação *s* sensation.
Sensacional *adj* sensational.
Sensatez *s* sensibleness; prudence; wisdow; good sense.
Sensato *adj* sensible; responsive; reasonable; rational.
Sensibilidade *s* sensibility; sensitiveness; tender heartedness.
Sensibilizar *v* to sensibilize; to render sensitive; to move.
Sensitivo *adj* sensitive; susceptible; impressionable.
Sensível *adj* sensitive; tender; touchy; grievous.
Senso *s* sense; reason; intelligence.
Sensorial *adj* sensorial.
Sensório *s* MED sensorium.
Sensório *adj* sensory.
Sensual *adj* sensual; sensuous; fleshy; lewd; lustful.
Sensualidade *s* sensuality; lewdness.
Sensualismo *s* sensualism.
Sensualista *s* sensualist.
Sensualizar *v* to sensualize; to make sensual.
Sentar *v* to fix; to sit.
Sentença *s* sentence; maxim; axiom; verdict; award.
Sentenciado *adj* judged; sentenced; convict.
Sentenciar *v* to sentence; to pass judgment on; to adjudge; to pronounce sentence; to determine; to decide.
Sentido *s* sense; meaning; care; direction; way.

Sentido *adj* sensible; grievous; sorry; sorrowful.
Sentido *interj* alert!
Sentimental *adj* sentimental; romantic; mushy.
Sentimentalismo *s* sentimentalism; sentimentality.
Sentimento *s* sentiment; feeling; sensibility; passion; perception; sorrow; distress; resentment.
Sentinela *s* sentry; watchtower.
Sentir *s* sentiment; feeling.
Sentir *v* to feel; to be sensible of; to be sorry for; to foresee; to perceive.
Separação *s* separation; split; dissociation; partition; divorce.
Separado *adj* separate; unconnected.
Separar *v* to separate; to disconnect; to take asunder.
Separata *s* separatum.
Separatismo *s* separatism.
Separatista *adj* separatist.
Separável *adj* separable.
Séptico *adj* septic; putrefactive.
Sepulcral *adj* sepulchral; gloomy; funeral.
Sepulcro *s* sepulchre; grave; tomb; ***Santo SEPULCRO***: Holy Sepulchre.
Sepultador *s* burier.
Sepultar *v* to sepulcher; to sepulchre; to bury; to entomb.
Sepultura *s* sepulture; sepulcher; grave; burial; tomb.
Sequaz *s* follower; partisan; supporter; hench man.
Sequência *s* sequence; succession.
Sequente *adj* sequent; following.
Sequer *adj* at least; however; even.
Sequestrador *s* sequestrator; kidnapper.
Sequestrador *adj* sequestrating.
Sequestrar *v* to sequestrate; to confiscate; to kidnap.
Sequestro *s* sequestration, kidnapping.
Sequioso *adj* thisty; dry; FIG eager; greedy; avid.
Séquito *s* retinue; body of retainers.
Ser *s* being.
Ser *v* to be; to exist; to live.
Sereia *s* mermaid.
Serenar *v* to calm; to soothe; to quiet; BR to drizzle.
Serenata *s* serenade.
Serenidade *s* serenity; calmness; quietness; calmness of mind.
Sereno *s* dew; evening damp.
Sereno *adj* serene; calm; placid; undisturbed; tranquil; quiet.
Seriamente *adj* seriously; earnestly; thoughtfully.
Seriar *v* to classify; to order.
Sericicultura *s* sericiculture; sericulture.
Série *s* a series; succession; a continuation; a sequence.
Seriedade *s* seriousness; integrity; gravity.
Seringa *s* syringe; syringa; the mock orange.
Seringal *s* seringal.
Seringueira *s* seringa (tree).
Sério *adj* serious; earnest; thoughtful; solemn; grave.
Sermão *s* sermon.
Seroso *adj* serous; thin; watery.
Serpear *v* to meander; to wind; to wringgle.
Serpentário *s* secretary-bird; serpent-eater; BR serpentarium.
Serpente *s* serpent (snake); POP ugly woman.
Serpentina *s* serpentine; carnival ribbon; streamer.
Serra *s* saw; chain of mountains.
Serração *s* sawing; sawdust.
Serrador *s* sawyer.
Serragem *s* sawing; sawdust.
Serralha *s* BOT sow-thistle.
Serralharia *s* locksmith's trade; locksmith's shop.
Serralheiro *s* locksmith.
Serrar *v* to saw.
Serraria *s* saw-mill.
Sertanejo *s* inlander; forester.
Sertanejo *adj* rude; inland.
Sertão *s* backwoods.
Serva *s* a maid; a domestic servant; a woman slave.
Servente *s* servant; cleaner; a domestic servant.
Serventia *s* service; use; entrance; usefulness.
Serviçal *adj* serviceable; useful; doing service; servant.
Serviço *s* service; duty; set; course.
Servidão *s* servitude; slavery; bondage.
Servidor *s* servant; attendant.
Servil *adj* servile; abject; obsequious; subservient; manial.
Servilismo *s* servility; servilism.
Servir *v* to serve; to help persons to food at table; to wait on.
Servo *s* servant; slave; serf.
Sésamo *s* gergelim; sesame (Indian herb).
Sessão *s* session; meeting.
Sesta *s* siesta.
Seta *s* arrow.
Setáceo *adj* setaceous; bristly.
Setada *s* arrowshot.
Seteira *s* loophole; looplight.
Seteiro *s* archer; bowman.
Setembro *s* September (ninth mounth of the year).
Setentrião *s* septentrion; the North Pole.
Seu *adj* his; its; your; one's; their; yours; theirs.
Severidade *s* severity; austerity; harshness.
Severo *adj* severe; grave; austere; rigorous.
Sevícia *s* cruelty; ill-treatment.
Seviciar *v* to treat with cruelty.
Sexo *s* sex.
Sexta *s* sext; MÚS sixty; sext.
Sexta-feira *s* Friday; ***SEXTA-FEIRA Santa***: Good Friday.
Sextante *s* sextant.
Sexteto *s* MÚS sextet.
Sexual *adj* sexual.
Sexualidade *s* sexuality.
Sexualismo *s* sexualism.
Si *s* MÚS si note (symbol "B").
Si *pron* himself; herself; itself; oneself; yourself.
Siberiano *adj* Siberian.
Sibila *s* sibyl; witch.
Sibilação *s* sibilance; sibilancy.
Sibilante *adj* sibilant; hissing.
Sibilar *v* to sibilate; to hiss.
Sicrano *s* such a one.
Sideral *adj* sideral; starry; astral.
Siderurgia *s* siderurgical.
Siderúrgico *adj* siderurgical.
Sidra *s* cider.
Sifão *s* siphon; syphon.
Sífilis *s* MED syphilis.
Sifilizar *v* to syphilize.
Sigilar *v* to sigillate; to seal.
Sigilo *s* a secret; reserve.
Sigla *s* sigla; abbreviature; monogram.
Sigma *s* sigma (18th letter of the Greek alphabet).
Signa *s* flag; standard; emblem.
Signatário *s* signatory; signer; subscriber.
Significação *s* signification; meaning; significancy.
Significado *s* signification; meaning.
Significador *s* signifier.
Significador *adj* significative; indicative; suggestive.
Significante *adj* significant; meaningful.
Significar *v* to signify; to mean; to denote; to express.
Significativo *adj* significative; significant; meaningful.
Signo *s* ASTR sign.
Silabar *v* to syllabicate; to syllabize.
Silenciar *v* to silence; to quiet; to stop the noise of.
Silêncio *s* silence; stillness.
Silencioso *adj* silent; mute; taciturn; reserved; speechless.
Silente *adj* silent.
Silhueta *s* silhouette.

Sílica *s* silex; silica; flint.
Silo *s* silo.
Silogismo *s* syllogism.
Silogizar *v* to syllogize.
Silvestre *adj* wild; woody; sylvestral.
Silvicultor *s* silviculturist; forester.
Silvicultura *s* silviculture; forestry.
Silvo *s* whistle; whistling; hissing; swish.
Sim *s* yes; indeed; assent; consent.
Simbiótico *adj* symbiotic.
Simbólico *adj* symbolic; symbolical.
Simbolismo *s* symbolism.
Simbolista *s* symbolist.
Simbolista *adj* symbolistic.
Simbolizar *v* to symbolize; to use symbols; to typify.
Símbolo *s* symbol; emblem; figure; type; sign.
Simbologia *s* symbology.
Simetria *s* symmetry.
Simétrico *adj* symmetrical.
Simetrizar *v* to symmetrize; to make symmetrical.
Símil *s* simile; analogy.
Símil *adj* similiar; like.
Similar *adj* similar.
Similaridade *s* similarity; resemblance; likeness.
Símile *s* simile; comparison; similarity.
Símile *adj* simile; similar.
Similitude *s* semilitude; resemblance.
Símio *s* ape-monkey.
Símio *adj* simian; apelike.
Simpatia *s* approval; fellow-feeling.
Simpático *adj* charming; nice; likeable.
Simpatizante *s* supporter.
Simpatizante *adj* sympathizing; supporting.
Simpatizar *v* to take to; to have a liking for.
Simples *adj* simple; single; plain.
Simplesmente *adv* just.
Simplicidade *s* simplicity; simpleness; modesty; plainness.
Simplificação *s* simplification; the act of simplifying.
Simplificador *s* simplifier.
Simplificar *v* to simplify; to make simple; to make clear.
Simplório *s* simpleton; a fool; a silly person.
Simplório *adj* simple; silly; dunce.
Simulação *s* simulation; disguise; camouflage.
Simulacro *s* simulacrum; pretense; resemblance.
Simulado *adj* feigned; pretended; simulate; false.
Simulador *s* simulator; dissembler.
Simular *v* to simulate; to act; to feign; to imitate; to pretend; to sham.
Simultaneidade *s* simultaneity; simultaneousness.
Simultâneo *adj* simultaneous.
Sina *s* fate; destiny; lot.
Sinagoga *s* synagogue.
Sinal *s* sign; a conventional symbol; a conventional emblem.
Sinalar *v* to sign; to signalize.
Sinaleiro *s* signalman; signalist; signater; flagman.
Sinalização *s* road-signs; signalling.
Sinceridade *s* sincerity; honesty; heartness; sincereness.
Sincero *adj* sincere; unfeigned; frank upright; honest; artless.
Sincopar *v* GRAM to syncopate.
Síncope *s* MED syncope.
Sincretismo *s* syncretism.
Sincrônico *s* synchronous.
Sincronizar *v* to synchronize; to agree in time.
Sindical *adj* syndical; trade union.
Sindicalismo *s* syndicalism.
Sindicalizar *v* to syndicate.
Sindicância *s* inquiry; investigation.
Sindicante *s* inquirer; questioner; investigator.
Sindicar *v* to inquire; to investigate.
Sindicato *s* syndicate; trade-union.
Síndico *s* syndic; trustee.
Síndrome *s* MED syndrome.
Sinecura *s* sinecure; soft job; plum; a snap.
Sineiro *s* a bell-ringer; bell-founder; bell-man.
Sineta *s* small bell.
Sinete *s* a signet; seal; small seal.
Sinfonia *s* symphony.
Sinfônico *adj* symphonic.
Singeleza *s* simplificity; plainness; sincerity; innocense.
Singelo *adj* simple; plain; sincere; true; honest.
Singrar *v* to sail; to steer.
Singular *s* GRAM singular; the singular number.
Singular *adj* singular; eccentric; peculiar; extraordinary.
Singularidade *s* singularity; peculiarity; oddity.
Singularizar *v* to singularize; to distinguish; to particularize.
Sinistra *s* the left hand.
Sinistro *s* disaster; damage; loss; accident; catastrophe.
Sinistro *adj* sinister; evil; ill-omened; sinistrous; perverse.
Sino *s* bell.
Sínodo *s* synod.
Sinônimo *s* GRAM synonym.
Sinóptico *adj* synoptic; synoptical.
Sintático *adj* syntactic; syntactical.
Sintaxe *s* GRAM syntax.
Síntese *s* synthesis.
Sintético *adj* synthetic; not genuine; artificial.
Sintetizar *v* to synthesize; to combine by synthesis; to put together by synthesis; to produce by synthesis.
Sintoma *s* symptom.
Sintonia *s* syntony; radio check.
Sintonização *s* syntonization; tuning.
Sintonizar *v* to syntonize; to tune in; to put in tune.
Sinuosidade *s* sinuosity; tortuosity; circumlocution.
Sinuoso *adj* sinuous; intricate; wavy; winding.
Sinusite *s* MED sinusitis.
Sionismo *s* zionism.
Sionista *s* zionist.
Siríaco *adj* syriac.
Sirigaita *s* GÍR a restless and sly girl.
Sírio *s* Syrian; ASTR Sirius.
Sírio *adj* Syrian.
Sísmico *adj* seismic; seismical.
Sismo *s* earthquake.
Sismografia *s* seismography.
Sismógrafo *adj* seismographic; seismographical.
Sismologia *s* seismology.
Siso *s* sense; judgement; wisdom.
Sistema *s* system; method.
Sistemático *adj* systematic; methodical.
Sistematizar *v* to systematize; to organize; to arrange methodically.
Sístole *s* MED systole.
Sistólico *adj* MED systolic.
Sisudez *s* circunspection.
Sitiante *s* BR small farmer; besieger.
Sitiante *adj* besieging.
Sítio *s* siege; place; site.
Sito *adj* situated; placed.
Situação *s* situation; condition; site; position.
Situar *v* to situate; to locate; to place.
Só *adj* alone; only; sole.
Só *adv* only; lonely.
Soalho *s* floor.
Soante *adj* sonorous; sounding.
Soar *v* to sound; to ring; to produce a sound.
Sob *prep* under; beneath; below.
Sobejar *v* to exceed; to be left over; to remain over.
Sobejo *v* remains; leavings; left-over.

Sobejo *adj* excessive.
Soberania *s* sovereignty; sway.
Soberanizar *v* to sovereignize; to be sovereign.
Soberano *s* sovereign; supreme.
Soberano *adj* sovereign; supreme.
Soberba *s* pride; arrogance; haughtiness; presumption.
Soberbo *adj* proud; arrogant; superb; majestic; grand.
Sobra *s* rest; remains; overplus; excess; surplus.
Sobradar *v* to floor; to cover with a floor; to furnish with a floor.
Sobrado *s* second floor.
Sobrado *adj* left; excessive; plentiful.
Sobranceiro *adj* towering; hanging-over; haughty; proud.
Sobrancelha *s* the eyebrow.
Sobrar *v* to remain; to be left over.
Sobre *prep* on; upon; over; about.
Sobreaviso *s* look-out; previous advice.
Sobrecarga *s* surcharge; overburden; overload.
Sobrecarregar *v* to surcharge; to overload; to overburden.
Sobrecasaca *s* frock-coat.
Sobrelevar *v* to surpass; to surmount; to tower above.
Sobreloja *s* entresol; mezzanine.
Sobremaneira *adv* excessively; most; exceedingly.
Sobremesa *s* dessert.
Sobremodo *adv* excessively; most; exceedingly.
Sobrenatural *adj* supernatural; miraculous; superhuman.
Sobrenome *s* surname; nickname.
Sobrenomear *v* to surname.
Sobrepeliz *s* surplice.
Sobrepor *v* to surpose; to lay upon; to overlap; to put over.
Sobreposição *s* superposition.
Sobreposto *adj* superposed; trimming.
Sobrepujar *v* to surpass; to excel; to exced; to preponderate.
Sobrescrever *v* to superscrible; to address.
Sobrescritar *v* to superscribe; to address.
Sobrescrito *s* address.
Sobressair *v* to surpass; to excel; to exceed; to overtop.
Sobressalente *adj* spare; superabundant.
Sobressaltado *adj* surprised; frighetened; taken aback.
Sobressaltar *v* to surprise; to frighten; to startle.
Sobressalto *s* alarm; fear.
Sobretaxa *s* extra tax; additional tax; overtax.
Sobretudo *s* overcoat.
Sobretudo *adv* above all.
Sobrevir *v* to supervene; to follow; to happen; to occur.
Sobrevivência *s* survival.
Sobrevivente *s* survivor.
Sobrevivente *adj* surviving.
Sobreviver *v* to survive; to outlive; to outlast.
Sobrevoar *v* to fly over.
Sobriedade *s* sobriety; frugality.
Sobrinha *s* niece.
Sobrinho *s* nephew.
Sóbrio *adj* sober; not drunk; frugal.
Socar *v* to box; to strike; to pound.
Sócia *s* female associate.
Sociabilidade *s* sociability; sociableness.
Sociabilizar *v* to make sociable.
Social *adj* social; sociable; convivial.
Socialismo *s* socialism.
Socializar *v* to socialize.
Sociável *adj* sociable; companionable.
Sociedade *s* society; relationship; association; alliance.
Sócio *s* partner; sharer; associate.
Sociologia *s* sociology.
Sociológico *adj* sociologistic; sociologistical.
Sociólogo *s* sociologist; sociologian.
Soco *s* sock; socking; a box; a punch.
Soçobrar *v* to sink; to overwhelm; to capsize.
Soçobro *s* sinking; shipwreck; ruin; fall; foundering.
Socorrer *v* to help; to aid; to assist; to succor; to relief.
Socorro *s* succor; help; aid; assistance.
Socorro *interj* help!
Soda *s* soda.
Soerguer *v* to lift; to raise.
Sofá *s* sofa; couch; settee.
Sofisma *s* sophism; fallacy; quibble.
Sofismar *v* to sophisticate; to quibble; to equivocate.
Sofista *s* sophist; quibbler.
Sofisticação *s* sophistication.
Sofisticado *adj* sophisticated; prim; priggish.
Sofisticar *v* to sophisticate; to become artificial.
Sofredor *s* sufferer.
Sofredor *adj* suffering.
Sôfrego *adj* eager; greedy; voracious; impatient.
Sofreguidão *s* eagerness; greediness; greed.
Sofrer *v* to suffer; to bear; to undergo.
Sofrido *adj* suffered; patient.
Sofrimento *s* suffering; pain.
Sogra *s* mother-in-law.
Sogro *s* father-in-law.
Sol *s* the Sun.
Sola *s* leather; sole of a foot.
Solapado *adj* undermined; hidden; secret.
Solapar *v* to undermine; to hide; to ruin; to sap.
Solar *s* manor; manor-house.
Solar *adj* solar.
Solavanco *s* a jerk; a jolt.
Solda *s* solder.
Soldadesca *s* soldiery.
Soldado *s* soldier.
Soldador *s* solderer; welderer.
Soldagem *s* soldering; welding.
Soldar *v* to solder; to weld.
Soleira *s* threshold.
Solene *adj* solemn; stately; formal; grave; pompous.
Solenidade *s* solemnity; celebration; ceremony.
Solenizar *v* to solemnize; to celebrate.
Solércia *s* artfulness; cunning; skill; skillfulness.
Soletração *s* spelling.
Soletrar *v* to spell.
Solfejar *v* MÚS to sol-fa; to solmizate.
Solfejo *s* MÚS solfeggio.
Solfista *s* sol-faist.
Solicitação *s* solicitation; request; entreaty.
Solicitador *s* solicitor; petitioner.
Solicitante *s* applicant; petitioner.
Solicitante *adj* soliciting.
Solicitar *v* to solicit; to beg; to apply for; to entreat.
Solícito *adj* solicitous; careful; eager to do; diligent.
Solicitude *s* solicitude; diligence; carefulness.
Solidão *s* solitude; loneliness; seclusion; wilderness.
Solidariedade *s* solidarity.
Solidário *adj* solidary.
Solidarizar *v* to solidarize.
Solidez *s* solidity; solidness; firmness.
Solidificação *s* solidification.
Solidificar *v* to solidify; to make firm.
Sólido *s* solid.
Sólido *adj* solid; compact; firm; sound.
Solilóquio *s* soliloquy.
Solista *s* soloist.
Solitária *s* tapeworm; a solitary cell.
Solitário *adj* solitary; alone; lone; lonely; lonesome.
Solo *s* soil; ground; earth; MÚS solo.
Solsticial *adj* solstitial.
Solstício *s* solstice.
Soltar *v* to untie; to loosen; to let go; to set free; to release.

Solteirão *s* bachelor.
Solteiro *adj* unmarried; single; bachelor.
Solteirona *s* spinster; old maid.
Solto *adj* loose; free; not tied; licentious.
Soltura *s* letting loose; licentiousness.
Solubilidade *s* solubility.
Solubilizar *v* to render soluble.
Solução *s* solution; explanation; solution; solving; conclusion.
Soluçar *v* to sob; to hiccup.
Solucionar *v* to solve; to puzzle out; to answer.
Soluço *s* sob; hiccup.
Solúvel *adj* soluble.
Solvência *s* solvency.
Solvente *adj* solvent; dissolving; COM solvent.
Solver *v* to solve; to explain; to resolve; to puzzle out; to pay.
Solvível *adj* solvable.
Som *s* sound.
Soma *s* sum; amount.
Somar *v* to sum; to add.
Somático *adj* somatic; physical; corporeal.
Somatório *s* total; sum; amount.
Sombra *s* shade; shadow
Sombreado *s* shady; shading.
Sombrear *v* to shade; to shadow.
Sombrinha *s* small sun umbrella; parasol; sunshade.
Sombrio *adj* shady; dark; gloomy; sad; harsh; sombre; sullen.
Somenos *adj* of little worth; cheaper; inferior.
Somente *adv* only; merely; solely.
Sonambulismo *adj* somnambulism.
Sonâmbulo *s* somnambulist; sleep-walker.
Sonâmbulo *adj* somnambulistic; somnambulistical.
Sonante *adj* sonant; sounding.
Sonata *s* sonata.
Sonatina *s* sonatina.
Sonda *s* MED probe; plumb; bob; a well drill.
Sondar *v* to sound; to bore; MED to probe.
Soneca *s* a nap; a short slumber; doze; forty winks.
Sonegação *s* concealing; concealment.
Sonegador *s* concealer.
Sonegamento *s* concealment.
Sonegar *v* to conceal; to hide; to hold back.
Sonetista *s* sonneteer.
Soneto *s* sonnet.
Sonhador *s* dreamer; muser.
Sonhador *adj* dreaming; dreamy.
Sonhar *v* to dream; to have a dream or dreams; to muse.
Sonho *s* dream; vision; reverie; muse; fiction.
Sonido *s* sound; noise; acute sound; crash.
Sonífero *s* hypnotic; soporific.
Sonífero *adj* somnific; somniferous; soporific.
Sono *s* sleep.
Sonolência *s* somnolence; sleepiness; drowsiness.
Sonolento *adj* somnolent; sleepy; FIG slow; lazy.
Sonoridade *s* sonorousness; sonority.
Sonorização *s* sonorousness.
Sonorizar *v* to render sonorous; to sound.
Sonoro *adj* sonorous; resonant.
Sonsa *s* slyness; sham.
Sonso *s* shammer; pussy-footed.
Sonso *adj* sly; cunning.
Sopa *s* soup; cinch.
Sopapo *s* slap; blow; punch; box.
Sopé *s* base; foot (hill).
Sopeira *s* soup tureen; porridge-dish.
Sopitar *v* to make drowsy; to allay; to soothe; to quiet.
Sopor *s* sopor; lethargic sleep; drowsiness.
Soporífero *adj* soporiferous; soporific.
Soprano *s* MÚS soprano.
Soprar *v* to blow; to prompt; to incite.
Sopro *s* blowing; puff; whiff; breath; hint.
Soquete *s* rammer; socket; land packer; ramrod.
Sordidez *s* sordidness; meanness; stinginess; filth.
Sórdido *adj* sordid; vile; mean; base; dirty; filthy.
Soro *s* serum; whey.
Soror *s* sister.
Sorrateiramente *adv* sneakily.
Sorrateiro *adj* cunning; sly; crafty.
Sorridente *adj* smiling; gay; pleasant.
Sorrir *v* to smile; to look or appear gay.
Sorriso *s* smile; sickly smile.
Sorte *s* luck; fortune; chance; lottery.
Sortear *v* to lot; to raffle; to cast lots.
Sorteio *s* balloting; drawing lots; assortment; lottery; raffle.
Sortilégio *s* sortilege; sorcery; witchery; witchcraft.
Sortimento *s* assortment; stock; supply.
Sortir *v* to furnish; to supply; to furnish oneself.
Sorvedouro *s* abyss; pit; whirpool; gulf.
Sorver *v* to sip; to suck; to absorb; to swallow.
Sorvete *s* ice-cream; ice.
Sósia *s* sosia.
Soslaio *s* slant; obliquity.
Sossegado *adj* tranquil; quiet; calm; still.
Sossegador *s* quieter; appeaser.
Sossegar *v* to appease; to calm; to quiet; to tranquilize.
Sossego *s* calmness; quietness; stillness.
Sótão *s* garret; an attic; penthouse.
Sotaque *s* accent.
Sota-vento *s* leeward; lee.
Soterramento *s* burying; interment.
Soterrâneo *s* subterrane.
Soterrâneo *adj* suberraneous; subterranean.
Soterrar *v* to bury; to put under ground.
Soturnidade *s* sadness; surlinness; gloominess.
Soturno *adj* sullen; dull; sad; surly.
Sova *s* thrashing; beating.
Sovaco *s* armpit.
Sovar *v* to thrash; to beat; to knead; to mold; to mould.
Soviético *adj* sovietic; soviet.
Sovina *s* a wooden pin; miser; niggard.
Sovina *adj* sordid; miserly; stingy.
Sovinar *v* to sting; to prick; FIG to molest; to hurt.
Sovinice *s* stinginess; niggardliness; avarice.
Sozinho *adj* alone; lonely; on my own.
Sua *adj* your; its; her.
Sua *pron* yours; hers; its.
Suado *adj* sweaty; perspiring.
Suador *s* sweater.
Suador *adj* sweating.
Suadouro *s* sudorific; saddlecloth.
Suar *v* to sweat; to work hard; to labor.
Suástica *s* swastika.
Suave *adj* smooth; soft; gentle; sweet; pleasant.
Suavidade *s* suavity; softness; gentleness.
Suavização *s* smoothing; softness; softening.
Suavizar *v* to soften; to appease; to mitigate; to ease.
Subalternar *v* to subordinate; to render subject.
Subalternizar *v* to subordinate; to make subaltern.
Subchefe *s* assistant chief; second in command.
Subclasse *s* subclass.
Subconsciência *s* subconsciousness.
Subconsciente *s* subconscious.
Subcultura *s* subculture.
Subcutâneo *adj* subcutaneous.
Subdelegação *s* subdelegation.
Subdelegado *s* assistant deputy; subdelegate.
Subdelegar *v* to subdelegate.
Subdividir *v* to subdivide; to divide again.
Subdivisão *s* subdivision.

Subdivisível *adj* subdivisible.
Subentender *v* to understand; to assume; to be implied.
Subespécie *s* subespecies.
Subida *s* ascension; going up; rise; ascent.
Subido *adj* raised; mounted; dear; expensive; excessive; finest.
Subinspetor *s* deputy inspector; subinspector.
Subir *v* to go up; to climb; to ascend; to mount; to rise.
Súbito *s* some sudden event.
Súbito *adj* sudden; unexpected.
Súbito *adv* suddenly.
Subjacente *adj* subjacent; lying under; lying below; underlying.
Subjetivismo *s* subjectivity; subjectivism.
Subjetivo *adj* subjective.
Subjugação *s* subjugation.
Subjugador *s* subjugator; conqueror.
Subjugar *v* to subjugate; to conquer by force; to subdue.
Subjuntivo *s* subjunctive mood.
Subjuntivo *adj* GRAM subjunctive.
Sublevação *s* sublevation; insurrection; uprising; raising up.
Sublevar *v* to sublevate; to raise up; to rebel; to revolt.
Sublimação *s* sublimation.
Sublimar *v* to sublimate; to sublime; to exalt; to heighten.
Sublime *s* sublime; the supreme degree; the acme.
Sublime *adj* sublime; noble; majestic.
Sublimidade *s* sublimity; perfection.
Sublinear *adj* sublinear; underline.
Sublingual *adj* MED sublingual.
Sublinhar *v* to underline; to underscore.
Sublocação *s* underlitting; subcontract.
Sublocar *v* to sublet; to underlet.
Sublocatário *s* undertenant; subcontractor.
Sublunar *adj* sublunary; sublunar; earthly.
Submarino *s* submarine (ship).
Submergir *v* to submerge; to put under water; to sink.
Submeter *v* to subject; to submit; to subdue; to yield.
Submissão *s* submission; submissiveness.
Subordinação *s* subordination; subjection.
Subordinado *s* subordinate.
Subordinado *adj* subordinate; subservient; obedient.
Subordinador *adj* subordinating.
Subordinar *v* to subordinate; to make subject; to make subservient; to subdue.
Subornação *s* subornation.
Subornador *s* suborner; briber.
Subornar *v* to suborn; to buy off; to bribe.
Suborno *s* subornation; bribe; graft; bribery.
Sub-reptício *adj* subreptitious; clandestine; secret.
Sub-rogação *s* subrogation; surrogation.
Sub-rogar *v* to subrogate; to substitute; to surrogate.
Subscrever *v* to subscribe; to sign; to approve; to agree to.
Subscrição *s* subscription; whip round.
Subscrito *adj* subscript; written below; signed.
Subscritor *s* subscriber.
Subsecretário *s* subsecretary; undersecretary.
Subsequência *s* subsequence.
Subsequente *adj* subsequent; ensuing; succeeding.
Subserviência *s* subserviency; subservience.
Subserviente *adj* subservient; servile.
Subsidiar *v* to subsidize; to furnish with subsidy.
Subsidiário *adj* subsidiary; branch.
Subsídio *s* subsidy; aid; assistance; subvention.
Subsistência *s* subsistence; livelihood.
Subsistente *adj* subsistent; subsisting.
Subsistir *v* to subsist; to remain; to live.
Subsolo *s* subsoil.
Substabelecer *v* to substitute; to replace.
Substância *s* substance; value; gist; matter.
Substancial *s* essential; material; real.
Substancial *adj* substantial.
Substancializar *v* to substantialize.
Substanciar *v* to substantiate; to nourish; to put into substance; to put into concrete form.
Substancioso *adj* substantial; nourishing; nutritious.
Substantivo *s* substantive; noun.
Substituição *s* substitution; replacement.
Substituir *v* to substitute; to make up for; to commute.
Subtender *v* to subtend; to extend under.
Subterfúgio *s* suberfuge; evasion; shift.
Subterrâneo *s* subterrane.
Subterrâneo *adj* subterraneous; subterranean.
Subtração *s* subraction; thievery; stealing.
Subtrair *v* to subract; to pilfer; to shun; to steal; to deduct.
Suburbano *adj* suburban.
Subúrbio *s* suburb; faubourg; outskirts.
Subvenção *s* subvention; subsidy; grant.
Subvencionar *v* to subsidize.
Subversão *s* subversion; overthrow.
Subversivo *adj* subversive.
Subversor *s* subverter.
Subverter *v* to subvert; to overthrow.
Sucata *s* scrap iron; junk iron.
Sucção *s* suction; sucking.
Sucedâneo *s* succedaneum; substitute.
Sucedâneo *adj* succedaneous.
Suceder *v* to succeed; to take place; to follow; to happen; to come about.
Sucedido *s* event; happening; occurence.
Sucessão *s* succession; sequence; series; issue.
Sucessivo *adj* successive; consecutive.
Sucesso *s* success; prosperity; luck.
Sucinto *adj* succint; concise; brief; short.
Suco *s* juice; sap.
Sucoso *adj* julev; full of juice; juicy.
Súcubo *s* succubus.
Súcubo *adj* succubuous.
Suculência *s* succulency; succulence; juiciness.
Suculento *adj* succulent; juicy.
Sucumbir *v* to succumb; to yield; to submit; to die; to perish.
Sucuri *s* BR snake.
Sudação *s* perspiration; sweat.
Sudário *s* shroud.
Sudeste *s* Southeast.
Sudeste *adj* Southeast.
Sudoeste *s* Southwest.
Sudoeste *adj* Southwest.
Sudorífero *s* sudorific.
Sudorífero *adj* sudorific.
Sudoríparo *adj* sudoriparous.
Sueco *s* Swede.
Sueco *adj* Swedish.
Suficiência *adj* sufficient; enough; sufficiency; ability.
Sufixo *s* suffix.
Sufocação *s* suffocation.
Sufocar *v* to suffocate; to smother; to stifle.
Sufragar *v* to elect by vote; to suffrage; to approve; to support.
Sufrágio *s* suffrage; vote.
Sufragista *s* suffragist; suffragette.
Sufragista *adj* suffragial.
Sugação *s* suck; sucking.
Sugador *s* sucker.
Sugador *adj* sucking.
Sugar *v* to suck.
Sugerir *v* to suggest; to hint; to insinuate.
Sugestão *s* suggestion; tip.
Sugestionar *v* to suggest; to hint; to insinuate.
Sugestionável *adj* suggestible.
Sugestivo *adj* suggestive.
Suíças *s* whisker.

Suicida *s* suicide.
Suicidar-se *v* to commit suicide; to kill oneself; to do way with one self.
Suicídio *s* suicide; self-murder; self-destruction.
Suíço *adj* Swiss.
Suíno *s* swine; pig.
Sujar *v* to dirty; to soil; to foul; to tarnish; to sully.
Sujeição *s* subjection; obedience; control; subjugation.
Sujeira *s* dirt; filth; nastiness.
Sujeitar *v* to subject; to subdue; to submit; to subject oneself.
Sujeito *s* guy.
Sujeito *adj* subject; liable; exposed.
Sujo *adj* dirty; foul; filthy; nasty; dishonest; deceiful.
Sul *s* South.
Sul *adj* South.
Sulcar *v* to furrow; to plough; to line.
Sulco *s* furrow; track; channel.
Sulista *s* southerner.
Sulista *adj* southern.
Sultão *s* sultan.
Suma *s* summa; summary; abridgment.
Sumariar *v* to summarize; to sum up.
Sumário *s* summary.
Sumário *adj* summary; short; brief; succint.
Sumiço *s* vanishment; disappearance.
Sumidade *s* summit; pinnacle; peak; FIG prominent person.
Sumido *adj* low; sunken; overwhelmed; disappeared.
Sumir *v* to banish; to disappear; to sink; to hide.
Sumo *s* juice; sap.
Sumo *adj* great; supreme.
Súmula *s* summula; abridgment; summary.
Suntuosidade *s* sumptuosity; sumptuousness.
Suntuoso *adj* sumptuous; costly; lavish; splendid; magnificent.
Suor *s* sweat; perspiration; toil.
Superabundância *s* superabundance; great abundance; excess.
Superabundante *adj* superabundant; excessive; exuberant.
Superabundar *v* to superabound.
Superalimentação *s* overfeed.
Superalimentar *v* to overfeed.
Superaquecer *v* to overheat.
Superar *v* to surmount; to surpass; to exceed; to overcome.
Superável *adj* superable; surmountable.
Superavit *s* superavit; surplus; excess supply.
Supercílio *s* brow; eyebrow.
Superestimar *v* BR to overestimate.
Superexcitar *v* to overexcite.
Superficial *adj* superficial; shallow.
Superficialidade *s* superficiality; shallowness.
Superfície *s* superficies; surface; the exterior part; area.
Supérfluo *s* surplus; superfluty; excess.
Supérfluo *adj* superfluous; nonessential; needless.
Superintendência *s* superintendence; supervision.
Superintender *v* to superintend; to supervise; to oversee.
Superior *s* superior; head of a religious house.
Superior *adj* superior; higher; upper.
Superiora *s* superioress.
Superioridade *s* superiority; preeminence; excellence; predominancy.
Superlativar *v* to make superlative.
Superlotado *adj* overcrowded.
Superlotar *v* to overcrowd; to overload.
Superpopulação *s* superpopulation.
Superpor *v* to superpose; to lay above; to place over; to place above.
Superposição *s* superposition.
Superprodução *s* overproduction.
Supersensível *adj* supersensible.
Superstição *s* supertition.
Supersticioso *adj* superstitious.
Superveniente *adj* supervenient; supervening.
Supervivência *s* survival.
Supervivente *s* surviver.
Supervivente *adj* surviving.
Suplantação *s* supplanting.
Suplantar *v* to supplant; to supersede.
Suplementar *adj* supplementary; supplemental; additional.
Suplementar *v* to supplement.
Suplemento *s* supplement.
Suplente *s* substitute.
Suplente *adj* substitutive.
Supletivo *adj* supplementary; suppletory.
Súplica *s* supplication; entreaty; solicitation.
Suplicante *s* supplicant; petitioner.
Suplicar *v* to supplicate; to beseech; to entreat; to petition.
Súplice *adj* supplicant; supplicanting.
Supliciado *adj* punished.
Supliciar *v* to punish; to execute; to torture; to distress.
Suplício *s* supplice; torture; torment; affliction.
Supor *v* to suppose; to assume as true; to accept as true.
Suportar *v* to support; to bear; to sustain; to endure.
Suportável *adj* supportable; endurable; bearable.
Suporte *s* prop; stay; support.
Suposição *s* supposition; conjecture; hypothesis; surmise.
Supositório *s* suppository.
Supostamente *adv* allegedly.
Suposto *adj* supposed; assumed; would-be.
Supracitado *adj* above mentioned.
Supradito *adj* above mentioned.
Supramencionado *adj* above mentioned.
Supranaturalismo *s* supernaturalism.
Supranaturalista *s* supernaturalist.
Suprassumo *s* acme; the highest point.
Supremacia *s* supremacy; supreme authority; supreme power; ascendancy.
Supremo *adj* supreme; highest; paramount.
Supressão *s* suppression; stoppage.
Supressivo *adj* suppressive.
Supridor *s* supplier; substitute.
Suprimento *s* supply; reinforcement.
Suprimir *v* to suppress; to conceal; to omit.
Suprir *v* to supply; to make up for; to fill up.
Supuração *s* suppuration.
Supurar *v* to suppurate; to cause to generate pus.
Supurativo *adj* suppurative.
Surdez *s* deafness.
Surdina *s* MÚS sordine; mute; damper.
Surdir *v* to appear; to come forth; to emerge; to spring.
Surdo *adj* deaf; surd; voiceless.
Surgir *v* to rise; to appear; to come forth; to arise.
Surpreendente *adj* surprising; astonishing; amazing.
Surpreender *v* to surprise; to astonish; to amaze; to astound.
Surpresa *s* surprise; amazement; trick.
Surra *s* thrashing; whipping; flogging.
Surrar *v* to beat; top thrash; to wear.
Surripiador *s* pilferer.
Surripiar *v* to pilfer; to filch; to thieve; to swindle; to steal.
Surtir *v* to produce; to succeed; to thrive; to originate.
Surto *s* start.
Surto *adj* anchored; moored.
Susceptibilidade *s* susceptibility; feeling; emotion; sensibility; impressibility.
Susceptibilizar *v* to offend; to hurt; to resent.
Susceptível *adj* susceptible.
Suscitador *s* instigator; exciter.
Suscitar *v* to suscitate; to raise; to excite; to stir up.
Suserania *s* suzerainty.
Suserano *s* suzerain.
Suspeição *s* suspicion; doubt; mistrust.

Suspeitar *v* to suspect; to mistrust; to be suspicious.
Suspeito *adj* suspicious; suspected; doubtful.
Suspeitoso *adj* suspicious.
Suspender *v* to suspend; to heave; to hold over.
Suspensão *s* suspension; interruption; cessation.
Suspensivo *adj* suspensive.
Suspenso *adj* hung; hunging; suspended.
Suspensório *s* braces; suspenders.
Suspensório *adj* suspensory.
Suspirante *adj* sighing.
Suspirar *v* to sigh; to take a long deep; to long for; to crave.
Suspiro *s* sigh; breath; icing.
Sussurrador *s* whisperer.
Sussurrador *adj* murmuring; whispering.
Sussurrante *adj* whispering; murmuring; susurrant.
Sussurrar *v* to hum; to buzz; to murmur; to whisper.
Sussurro *s* whispering; susurration; susurrus; murmur; whisper.
Sustar *v* to stop; to hold up.
Sustenido *s* MÚS diesis; sharp.
Sustenizar *v* to MÚS to sharp; to sharpen; to raise in pitch.
Sustentação *s* sustenance; maintenance; sustentation; livehood.
Sustentáculo *s* prop; support; stay.
Sustentador *s* sustainer.
Sustentar *v* to sustain; to support; to maintain; to feed; to bear; to aid; to help.
Sustentável *adj* sustainable; defensible.
Sustento *s* sustenance; maintenance; nourishment.
Susto *s* sudden terror; fright; dread; fear.
Sutil *adj* subtile; skill; crafty; subtle; subletly; shrewdness; acute.
Sutileza *s* subtility; subtileness; subtlety; shrewdness; cunning.
Sutilizar *v* to make subtile; to perfect; to subtilize.
Sutura *s* suture; seam; stitch.
Sutural *adj* sutural.

tT

T *s* the ninteenth letter of the Portuguese alphabet and the twentieth letter of the English alphabet.
Tá *interj* o.k.!
Taba *s* indian village; indian settlement.
Tabacal *s* tobacco plantation.
Tabacaria *s* tobacco shop; tobacconist's shop; USA cigarstore.
Tabaco *s* tobacco (plant).
Tabagismo *s* tobaccoism.
Tabefe *s* slap; cuff; blow; spat.
Tabela *s* table; board; slab; index.
Tabelamento *s* price control.
Tabelar *v* to price; to control prices.
Tabelião *s* notary.
Tabelionato *s* establishment of a notary.
Taberna *s* tavern; pub; tap house.
Tabernáculo *s* RELIG tabernacle.
Taberneiro *s* tavern-keeper; inn-keeper.
Tablado *s* scaffold; bridge floor.
Tabu *s* taboo; tabu; prohibition ban.
Tábua *s* index; table of contents; list.
Tabuada *s* multiplication table; elementary arithmetic.
Tábula *s* round table.
Tabuleiro *s* chess-board; low plateau.
Tabuleta *s* sign-board; bill-board.
Tacada *s* stroke with a cue; continuos score in billiards.
Tacanho *adj* stingy; short; mean.
Tacão *s* heel.
Tacha *s* tack; stud; FIG blemishflaw; fault.
Tachão *s* large tack; large pail.
Tachinha *s* small tack.
Tacho *s* wide pan; pot; pail; shallow.
Tácito *adj* tacit; silent; unspoken; implied.
Taciturno *adj* taciturn; reserved; silent; quiet.
Taco *s* cue; parquet; block; billiard cue; stick.
Tafetá *s* taffeta.
Tagarela *s* talkative; talker; chatterer.
Tagarela *adj* chatty; talkative.
Tagarelar *v* to chatter; to prattle; to jabber; to gossip.
Tagarelice *s* chatter; prattle; gossip; jabber.
Tainha *s* mullet (fish).
Tal *adj* such; like; so; so much.
Tal *pron* that; a certain.
Tal *adv* so; in such manner; *fulano de TAL*: Mr. So-and-So.
Talão *s* counterfoil; counterpart; ticket.
Talco *s* talc.
Talento *s* talent.
Talentoso *adj* talented; crafty; skill; able.
Talhadeira *s* chopping-knife; cleaver; chisel.
Talhado *adj* carved; able; fit.
Talhar *v* to cut; to carve; to curdle (milk); to engrave.
Talhe *s* shape; fashion; make; style.
Talher *s* cover; table fittings; cutlery.
Talho *s* carving; fashion; cut; incision.
Talismã *s* talisman; luck charm; amulet.
Talmude *s* talmud.
Talmúdico *adj* talmudic.
Talo *s* stalk; stump.
Taludo *adj* stalky; corpulent; big.
Talvez *adv* perhaps; maybe.
Tamanco *s* clog; wooden-shoe.
Tamanduá *s* tamandua; ant-bear; ant-eater.
Tamanho *s* bulk; size.
Tamanho *adj* so great; so big; so large.
Tamanquear *v* to wear clogs.
Tâmara *s* date.
Tamareira *s* date tree; date palm.
Também *conj* also; besides; too; as well; moreover; likewise.
Também *adv* also; too; as well; besides.
Tambor *s* drum; barrel.
Tamborilar *v* to drum.
Tampa *s* cover; lid; case; cap.
Tampar *v* to cover; to stop up.
Tampo *s* cover; cap; soundboard.
Tampouco *adv* either; neither.
Tanga *s* tanga; loin-cloth; sarong.
Tangente *s* GEOM tangent.
Tangente *adj* tangent; touching.
Tangerina *s* mandarin; tangerine.
Tangerineira *s* tangerine (tree).
Tangibilidade *s* tangibility.
Tangível *adj* tangible; palpable; real; actual.
Tango *s* tango (dance and music).
Tanque *s* vat; tank; MIL tank (engine).
Tantã *s* gong; tom-tom; silly; stupid.
Tanto *s* so much.
Tanto *adj* as much; as well as; so much; so many; as much.
Tanto *adv* as much; so much; so.
Tão *adv* so; such; as much.
Tapa *s* rap; slap; blow.
Tapado *adj* closed; shut; covered; FIG stupid; fool.
Tapar *v* to cover; to fence; to close; to stop up; to wall.
Tapeçaria *s* tapestry; hangings.
Tapeceiro *s* tapestry maker.
Tapetar *v* to carpet.
Tapete *s* carpet; rug.
Tapume *s* fence; paling; hedge.
Taquicardia *s* tachycardia.
Taquigrafia *s* shorthand; stenography.
Taquígrafo *s* stenographer.
Tara *s* tare.
Tarado *adj* deranged.
Tardar *v* to delay; to put off; to linger.
Tarde *s* afternoon.
Tarde *adv* late.
Tardinha *s* evening.
Tardio *adj* late; tardy; lazy.
Tarefa *s* task; toil; job.
Tarifa *s* tariff; fare; rate; quotation.
Tarifar *v* to tariff; to list the tariff of; to schedule the tariff of.
Tarimba *s* wooden couch; bedstead; FIG soldier's life.
Tarja *s* target; border; buckler.
Tarjar *v* to border.

Tarrafa *s* casting-net; sweep-net.
Tarraxa *s* screw; wedge; screw tap.
Tarraxar *v* to screw; to rivet.
Tártaro *s* tartar; tartarus.
Tartaruga *s* tortoise; turtle.
Tatear *v* to grope; to feel; to touch.
Tática *s* tactics; clever devices for accomplishing.
Tático *s* tactician.
Tático *adj* tactical.
Tátil *adj* tactile.
Tato *s* touch; tact; skill.
Tatu *s* ZOO armadillo.
Tatuagem *s* tattoo; tattooing.
Tatuar *v* to tattoo.
Taumaturgia *s* thaumaturgy.
Taumaturgo *s* thaumaturge.
Taumaturgo *adj* thaumaturgic.
Tauro *s* ASTR Taurus (constellation).
Taverna *s* tavern; inn; pub; saloon.
Taverneiro *s* tavern-keeper; inner; saloon-keeper; publican.
Távola *s* round table.
Taxa *s* tax; rate; royalties.
Taxação *s* rating; taxation; appraisement.
Taxar *v* to tax; to rate; to charge.
Taxativo *adj* taxing; limitative; restricted.
Táxi *s* taxicab.
Taxidermia *s* taxidermy.
Taxímetro *s* taximeter.
Te *pron* you; yourself; thee; to thee.
Tear *s* loom; weaving machine.
Teatral *adj* theatral; theatrical; FIG ostentatious.
Teatro *s* theatre; theater.
Tecelagem *s* weaving business; weaver's trade.
Tecelão *s* weaver; fuller.
Tecer *v* to weave; to contrive; to knit.
Tecido *s* woven; fabric; cloth; tissue.
Tecido *adj* woven.
Tecla *s* key.
Teclado *s* keyboard.
Técnica *s* technique; technics.
Técnico *s* technician; technist.
Técnico *adj* technical.
Tecnologia *s* technology.
Tecnológico *adj* technological.
Tecnologista *s* technologist.
Tectônica *s* tectonics.
Tectônico *adj* tectonic.
Tédio *s* tedium; ennui; boredom.
Tedioso *adj* tedious; bore; tiresome.
Tegumento *s* tegument.
Teia *s* web; weft; plot.
Teima *s* obstinacy; stubbornness; wilfulness.
Teimar *v* to be obstinate; to insist.
Teimosa *s* obstinacy; stubbornness.
Teimoso *adj* obstinate; stubborn; headstrong.
Teísmo *s* theism.
Teísta *s* theist; theistic.
Tela *s* web; canvas; painting; screen.
Telefonar *v* to telephone; to call up; to ring up.
Telefone *s* telephone.
Telefonema *s* calling; phone call.
Telefonia *s* telephony.
Telefonista *s* telephonist; operator.
Telegrafar *v* to telegraph; to wire; to cable.
Telegrafia *s* telegraphy.
Telégrafo *s* telegraph.
Telegrama *s* telegram; cable; wire.
Telepatia *s* telepathy.
Telepático *adj* telepathic.
Telescópico *adj* telescopic.
Telescópio *s* telescope; glass.
Telespectador *s* televiewer.
Televisão *s* television; television receiver set.
Televisor *s* televisor set; "TV" receiver; television receiving set.
Telha *s* tile; whim.
Telhado *s* roof; house top.
Telhador *s* tiler.
Telhar *v* to tile.
Tema *s* theme.
Temente *adj* fearful; afraid; fearing.
Temer *v* to fear; to dread; to be afraid of; to respect.
Temerário *adj* temerarious; venturous; daring; rash; hasty.
Temeridade *s* temerity; rashness; folly.
Temeroso *adj* temerous; rash; venturesome; bold; afraid.
Temido *adj* dreaded; feared.
Temível *adj* dreadful; terrible; redoubtable.
Temor *s* dread; fear; awe.
Têmpera *s* temper; composure; self-control.
Temperado *adj* temperate; mild; seasoned; moderate.
Temperamento *s* temperament; temper; disposition.
Temperar *v* to temper; to season; to flavor; MÚS to tune.
Temperatura *s* temperature.
Tempero *s* seasoning; flavoring; condiment.
Tempestade *s* tempest; thunderstorm.
Tempestivo *adj* tempesty; stormy; tempestuous.
Tempestuoso *adj* tempestuous; stormy; turbulent; violent.
Templário *s* templar.
Templo *s* temple.
Tempo *s* time; opportunity; leisure; period; epoch.
Temporada *s* season; spell; along while.
Temporal *s* tempest; storm; gale.
Temporal *adj* temporal; secular.
Temporão *adj* premature; untimely.
Temporário *adj* temporary; transitory; not permanent.
Têmporas *s* ember days; MED temple.
Temporizador *s* temporizer.
Temporizar *v* to temporize; to retard; to put off.
Tenacidade *s* tenacity; persistency; contumacy.
Tenaz *adj* tenacious; pertinacious; obstinate.
Tenção *s* intension; plan; purpose.
Tencionar *v* to intent; to purpose; to plan; to contemplate.
Tenda *s* tent; stall; booth.
Tendão *s* tendon; sinew.
Tendência *s* tendency; bent; drift; trend.
Tendencioso *adj* tendentious; prejudiced.
Tender *v* to tend; to bias; to have tendency.
Tenebrosidade *s* tenebrosity.
Tenebroso *adj* tenebrous; dark; dusky.
Tenente *s* lieutenant.
Tênis *s* lawn tennis; tennis shoe; sneaker.
Tenor *s* MÚS tenor.
Tenro *adj* tender; soft; fragile; delicate.
Tensão *s* tension; stretching; tensing; mental strain; tenseness.
Tenso *adj* tense; stretched; tight; rigid; feeling.
Tentação *s* temptation; tempting; longing; enticement.
Tentáculo *s* tentacle.
Tentado *adj* allured; captivated.
Tentador *s* tempter.
Tentar *v* to attempt; to try; to inite; to entice; to allure; to provoke.
Tentativa *s* tentative; attempt.
Tento *s* counter; goal; mark; point (in games).
Tênue *adj* tenuous; subtile; rare; thin; faint.
Tenuidade *s* tenuity; rarity; faintness.
Teologal *adj* theological; theologic.
Teologia *s* theology.
Teor *s* purport; substance; tenor.
Teorema *s* theorem.

Teoria *s* theory; hypothesis; guess.
Teorizar *s* to theorize; to speculate.
Teosofia *s* theosophy.
Tepidez *s* tepidity FIG likewarmness; indolence.
Tépido *adj* tepid; warm; moderately warm.
Ter *v* to have; to possess; to hold; to contain; to own; to obtain; to acquire.
Terapêutica *s* therapeutics.
Terapia *s* therapy; therapeutics.
Terça-feira *s* Tuesday.
Terceto *s* tercet; triplet.
Terciário *adj* tertiary.
Terço *s* the third part; chaplet; beads.
Terçol *s* MED sty.
Tergiversação *s* tergiversation; subterfuge; evasion; fencing.
Tergiversador *s* tergiversant; tergiversator.
Tergiversador *adj* tergiversant; tergiversatory.
Tergiversar *v* to tergiversate; to use subterfuges; to shuffle.
Termas *s* thermae; hot baths; hot springs.
Térmico *adj* thermic; thermal.
Terminal *adj* terminating.
Terminar *v* to terminate; to complete; to finish.
Término *s* term; limit; end.
Terminologia *s* terminology.
Termo *s* term; limit; condition.
Termologia *s* thermology.
Termômetro *s* thermometer.
Ternário *adj* ternary; ternal.
Terno *s* ternary; three (at card); male suit.
Terno *adj* tender; delicate; loving.
Ternura *s* tenderness; love; kindness; fondeness.
Terra *s* earth; land; soil; ground; region; the world.
Terraplenagem *s* earthwork.
Terraplenar *v* to level; to make even; to embank; to fill.
Terreiro *s* yard; backyard; dooryard.
Terremoto *s* earthquake.
Terreno *s* ground; soil.
Terreno *adj* terrene.
Térreo *adj* low ground.
Terrestre *adj* terrestrial; earthly.
Terrificante *adj* terrific; terrible.
Terrificar *v* to terrify; to frighten.
Território *s* territory.
Terrível *adj* terrible; dreadful; horrible; appalling.
Terror *s* terror; violent dread; extreme fear; awe.
Terrorismo *s* terrorism.
Teso *adj* stiff; rigid; firm; strong.
Tesoura *s* scissors; shears; back biter.
Tesoureiro *s* treasure; riches; treasury; treasure house.
Testa *s* forehead; forepart; front; head.
Testamento *s* testament; a will.
Testar *v* to testate; to make a testament; to test.
Teste *s* test; proof; experiment.
Testemunha *s* witness; testify.
Testemunhar *v* to witness; to testify; to be the scene of.
Testemunho *s* testimony; declaration; affirmation.
Testificar *v* to testify; to bear witness; to declare.
Teta *s* teat; nipple; udder; FIG source.
Tetânico *adj* tetanic; tetanical.
Tétano *s* tetanus; lockjaw.
Teto *s* shelder; protection; AER ceiling.
Tétrico *adj* tetric; austere; harsh; gloomy.
Teu *adj* your; thy.
Teu *pron* yours; thine.
Têxtil *adj* textile.
Texto *s* text; theme; topic; letterpress.
Textura *s* texture; construction.
Tez *s* skin; complexion.
Ti *pron* thee; you.
Tia *s* aunt; FAM spinster.
Tiara *s* tiara.
Tíbia *s* MED tibia; MÚS flutelike (instrument).
Tição *s* firebrand; brand; negro.
Tifo *s* typhus; jail fever; famine fever.
Tifoide *adj* typhoidal; typhoid.
Tifoso *adj* typhous.
Tigela *s* bowl; porringer.
Tigre *s* tiger.
Tijoleiro *s* bricker maker.
Tijolo *s* brick.
Til *s* tilde mark.
Tilintar *v* to clink; to chink.
Timão *s* beam of a plow; pole of a couch; NÁUT helm; rudder.
Timbrar *v* to stamp; to take pride in.
Timbre *s* timbre; peculiar tone; distinctive tone; tone color.
Time *s* ESP team.
Timidez *s* timidity; shyness; bashfulness.
Tímido *s* shy person; timid person.
Tímido *adj* timid; fearful; shy.
Timoneiro *s* steersman; helmsman.
Timorato *adj* timorous; fearful.
Tímpano *s* tympanum; eardrum; TIP tympan.
Tina *s* tub; pail; vat.
Tingidor *s* dyer.
Tingidor *adj* dyeing.
Tingir *v* to tinge; to color; to stain.
Tinhoso *adj* scurfy; scabby.
Tinir *v* to tinkle.
Tino *s* sense; judgement.
Tinta *s* ink; hue; color; tint; paint.
Tinteiro *s* inkstand; inkwell; inkpot.
Tinto *adj* dyed; tinted.
Tintura *s* tint; tincture; color; tinge.
Tinturaria *s* dry-cleaning shop; dye house.
Tintureiro *s* dyer; patrol-van; prison-van.
Tio *s* uncle.
Típico *adj* typical; characteristic.
Tipo *s* type; pattern; figure; sort.
Tipografia *s* typography; printery; printing.
Tipográfico *adj* typographyc; typographycal.
Tipógrafo *s* typographer; printer; typesetter.
Tipoia *s* palanquim; sling; splint.
Tique *s* MED tic; twitching.
Tira *s* strip; band; wisp; policeman.
Tiracolo *s* shoulderbelt; baldric.
Tirada *s* stretch; long speech.
Tirania *s* tyranny; despotism.
Tirânico *adj* tyrannical; oppressive; despotic.
Tiranizar *v* to tyrannize; to act as a tyrant.
Tirano *s* tyrant.
Tirano *adj* tyrannous; tyrannical.
Tirante *s* joist; tie-rod; stay; brace.
Tirante *adj* seeming; pulling.
Tirante *prep* save; except.
Tirar *v* to remove; to draw out; to abolish.
Tireoide *s* MED thyroid (gland).
Tiro *s* shot; shooting; firing.
Tirocínio *s* tirocinium; apprenticeship.
Tirolês *s* Tyrolese; Tyrolian.
Tirolês *adj* Tyrolese; Tyrolian.
Tiroteio *s* firing; fusillade.
Tísica *s* phthisis; tuberculosis.
Tísico *adj* phthisical.
Titânico *adj* titanic; gigantic.
Títere *s* marionette; puppet; clown; dandy; fop.
Titubeação *s* titubation; hesitation; wavering.
Titubeante *adj* titubant; staggering; vacillant; unsteady.
Titubear *v* to titubate; to stagger; to totter; to reel.

Titular *v* to title; to entitle.
Título *s* title; headline; caption.
Toada *s* tune; continual sounding.
Toalha *s* towel.
Toalheiro *s* towel-stand; towel-horse; towl-rack.
Toca *s* burrow; hole.
Tocar *v* to touch; to ring; MÚS to play an instrument.
Tocata *s* MÚS toccata.
Tocha *s* torch.
Toco *s* stub.
Todavia *conj* yet; however; nevertheless.
Todo *s* whole; entire.
Todo *adj* all; every; whole.
Toga *s* toga; gown; judicial robe.
Togado *adj* togated; togate.
Toldo *s* awning; tilt; covering; canopy.
Tolerância *s* tolerance; toleration; complaisance.
Tolerante *adj* tolerant; forbearing; broad-minded.
Tolerar *v* to tolerate; to suffer; to bear with.
Tolerável *adj* tolerable; supportable; sufferable.
Tolher *v* to hinder; to stop; to benumb.
Tolhido *adj* hindered; crippled.
Tolhimento *s* hindrance; benumbing; lameness.
Tolice *s* folly; silliness; foolishness.
Tolo *s* a fool.
Tolo *adj* foolish; silly.
Tom *s* tone; character; quality.
Tomada *s* taking; seizure; capture.
Tomado *adj* taken; seized; captured.
Tomar *v* to take; to require; to assume; to drink.
Tomate *s* tomato.
Tomateiro *s* tomato-plant.
Tombadilho *s* NÁUT the quarter-deck.
Tombar *v* to throw down; to tumble; to fall down.
Tombo *s* tumble; fall; waterfall.
Tômbola *s* tombola.
Tomo *s* tome.
Tonalidade *s* tonality; hue.
Tonel *s* vat; tank.
Tonelada *s* ton.
Tonelagem *s* tonnage; shipping; load; charge.
Tônica *s* MÚS tonic; key-note; key-tone.
Tônico *s* tonic.
Tônico *adj* tonic; GRAM accented.
Tonificar *v* to tonic; to stengthen by a tonic; to invigorate.
Tonitruante *adj* tonitruous; thundering; thunderous.
Tonsura *s* tonsure.
Tonteira *s* dizziness; foolery; nonsense.
Tontice *s* foolery; silliness.
Tonto *s* fool.
Tonto *adj* silly; foolish; stupid; dizzy.
Tontura *s* dizziness; vertigo; giddiness.
Topada *s* stumbling; tripping.
Topar *v* to find; to stumble; to come across.
Topázio *s* topaz.
Tope *s* top; cockade; clashing.
Topete *s* foretop; toupee; a mass of hair.
Topetudo *adj* tufty; tufted.
Topo *s* summit; extremity; end.
Toque *s* touch; assay; touch; test of metal.
Torar *v* to cut up.
Tórax *s* ANAT thorax.
Torção *s* torsion; twisting; sprain.
Torcedor *s* twister; fan; cheerer.
Torcedor *adj* twisting.
Torcedura *s* twisting; torsion; sprain.
Torcer *v* to twist; to distort; to sprain; to twine.
Torcicolo *s* roundabout way; stiff neck.
Torcida *s* wick; fans; rooters; cheer.
Torcido *adj* twisted; winding; oblique; tortuous; bent.
Tormenta *s* storm; torment; tempest; FIG agitation; disorder.
Tormento *s* torment; torture; affliction; misfortune; bad luck.
Tornar *v* to return; to bring; to convey; to come back; to retort; to turn.
Torneado *adj* turned.
Tornear *v* to turn; to surround.
Torneio *s* tourney; contest; turning.
Torneira *s* tap; cock; spigot.
Torneiro *s* turner.
Torniquete *s* turnstile; tourniquet; swivel.
Torno *s* lathe; vice; engine lathe.
Tornozelo *s* ankle.
Torpe *adj* obscene; vile; unchaste; indecorous; infamous.
Torpedear *v* to torpedo; to discharge.
Torpedeiro *s* torpedo boat.
Torpedo *s* torpedo.
Torpeza *s* obscenity; lascivity; impurity; infamy; baseness.
Torpor *s* torpor; apathy; lethargy.
Torquês *s* pincers.
Torrada *s* toast.
Torrado *adj* toasted.
Torrão *s* clod; country; ground; soil.
Torrar *v* to toast; to roast coffee; to sunburn.
Torre *s* tower; tower castle at chess.
Torrefação *s* torrefaction; roasting.
Torrencial *adj* torrential; outpouring; overwhelming.
Torrente *s* torrent; flood.
Torresmo *s* cracklings; scrap; hard fried bacon.
Tórrido *adj* torrid; parched; burning.
Torrificar *v* to torrefy; to roast; to parch.
Torta *s* tart; pie; apple-pie; griddle-cake.
Torto *adj* crooked; tortuous; deformed; oblique; squint-eyed.
Tortuosidade *s* tortuosity; sinuosity.
Tortuoso *adj* tortuous; sinuous; wavy.
Tortura *s* torture; extreme pain; torment; affliction.
Torturante *adj* torturing; tormenting.
Torturar *v* to torture; to torment.
Torvelinho *s* whirlwind; whirlpool.
Tosa *s* sheep shearing.
Tosador *s* a shearer; shearman.
Tosadura *s* shearing; sheep shearing.
Tosar *v* to shear; to pasture; to grass.
Tosco *adj* coarse; unpolished; rude; rough.
Tosquia *s* sheep shearing.
Tosquiar *v* to shear; to cut; clip; to pillage; to plunder; to loot.
Tosse *s* cough; coughing.
Tossir *v* to cough.
Tostado *adj* parched; toasted; tanned by sun.
Tostadura *s* toasting; parching.
Tostão *s* BR coin.
Tostar *v* to toast; to parch; to roast.
Total *s* whole; total; totality; amount.
Total *adj* total; entire; complete; utter; absolute.
Totalidade *s* totality; whole.
Totalitarismo *s* totalitarism.
Totalitarista *s* totalitarian.
Totalização *s* totalization.
Totalizar *v* to totalize; to make total.
Touca *s* coif; cap; mob-cap; bonnet.
Toucador *s* dressing table; dressing room.
Toucinho *s* lard; *TOUCINHO defumado*: bacon.
Toupeira *s* mole; idiot; adumbell.
Tourada *s* bull-fight.
Toureador *s* bullfighter.
Tourear *v* to fight bulls.
Toureiro *s* bullfighter.
Touro *s* bull.
Toxicar *v* to intoxicate; to poison.

Tóxico *s* toxic; poison.
Tóxico *adj* toxic; poison.
Toxicologia *s* toxicology.
Toxicólogo *s* toxicologist.
Toxina *s* toxin; toxine.
Trabalhado *s* labored; well-done; elaborated; wrought.
Trabalhador *s* worker; workman.
Trabalhador *adj* industrious; hardworking.
Trabalhar *v* to work; to be employed; to operate.
Trabalhista *s* laborite; laborist; labour.
Trabalho *s* labor; work; industry; toil; job.
Trabalhoso *adj* laborious; troublesome; toilsome.
Trabuco *s* blunderbuss; trabuco; catapult.
Traça *s* clothesmoth.
Traçado *s* outline; sketch; draw.
Traçado *adj* moth-eaten; outlined.
Tração *s* traction.
Traçar *v* to trace; to draw; to outline; to sketch.
Tracejar *v* to draw; to sketch; to outline.
Traço *s* trace; a vestige; a sign; track; line.
Tradição *s* tradition.
Tradicional *s* traditional.
Tradução *s* translation.
Traduzir *v* to translate; to turn into one's own or another language; to express.
Traduzível *adj* translatable.
Trafegar *v* to traffic; to carry on traffic; to deal; to move.
Tráfego *s* traffic; intercourse; traffic jam.
Traficante *s* knave; trader; rogue; crook.
Traficar *v* to traffic; to trade.
Tráfico *s* traffic; trade; illicit sale or trade.
Tragar *v* to swallow; to devour; to suffer; to bear.
Tragédia *s* tragedy.
Trágico *s* tragedian.
Trágico *adj* tragical; tragic; calamitous.
Trago *s* draught; gulp.
Traição *s* treason; treachery; sedition; betrayal.
Traiçoeiro *adj* treacherous; perfidious; traitorous.
Traidor *s* traitor; betrayer.
Traidor *adj* treacherous; disloyal.
Trair *v* to betray.
Trajar *v* to dress; to clothe; to wear.
Traje *s* dress; suit; garb; garment; costume.
Trajeto *s* traject; course; route; way; stretch.
Trajetória *s* trajectory; traject; way; course.
Trajo *s* dress; garment; garb.
Trama *s* woof; FIG a plot; intrigue.
Tramar *v* to weave; to hatch; to scheme; to plot; to conspire.
Trambolho *s* clog; FIG hindrance; obstacle; heavy person.
Trâmite *s* path; means; course.
Tramoia *s* trick; cheat; plot; intrigue.
Trampolim *s* spring-board; leaping-board; diving-board.
Trança *s* tress; pigtail; curl; intrigue.
Tranca *s* transverse bar; cross-bar; hindrance; obstacle.
Trançado *adj* tressed.
Trancafiar *v* to imprison; to put in jail; to shut up.
Trancar *v* to bar; to shut up.
Trançar *v* to weave.
Tranco *s* jerk; jolt; shock; BR dash.
Tranqueira *s* palisade; trench.
Tranquilidade *s* tranquility; calm; quiet.
Tranquilizador *s* tranquilizer; quieter; pacifier; soothing.
Tranquilizar *v* to calm; to pacify; to quiet.
Tranquilo *adj* tranquil; quiet; calm; undisturbed.
Transação *s* transaction; negotiation; compromise.
Transacionar *v* to transact; to compromise.
Transatlântico *adj* transatlantic.
Transbordamento *s* overflowing.
Transbordar *v* to overflow; to tranship.
Transcendência *s* transcendency.
Transcendental *adj* transcendental; transcendent.
Transcendente *adj* transcendent; surpassing; transcendental.
Transcender *v* to transcend; to surpass; to excel.
Transcontinental *adj* transcontinental.
Transcorrer *v* to elapse; to go by; to pass.
Transcrever *v* to transcribe; to write a copy of.
Transcrição *s* transcription; transcript; a copy.
Transcurso *s* course of time; elapse of time.
Transe *s* anguish; distress; plight; apprehension; predicament.
Transeunte *s* passer by; passer.
Transeunte *adj* passing; transitory.
Transferência *s* transference; passage; conveyance; transfer.
Transferir *v* to transfer; to devolve; to remove; to put off.
Transferível *adj* transferable; transportable.
Transfiguração *v* to transfiguration.
Transformação *s* transformation; complete change.
Transformador *s* transformer.
Transformador *adj* transforming.
Transformante *adj* transforming; changing.
Transformar *v* to transform; to change; to reshape.
Transformável *adj* changeable; mutable.
Transformismo *s* transformism; evolutionism; evolution.
Transformista *s* transformist; rapid impersonator.
Transformista *adj* transformist; rapid impersonator.
Transgredir *v* to transgress; to break (law); to violate.
Transgressão *s* transgression; misdeed; infringement; trespass.
Transgressor *s* transgressor; infrator; lawbreaker.
Transição *s* transition.
Transigência *s* condescendence; consent; compliance.
Transigente *adj* condescendent; compliant; tolerance.
Transigir *v* to compound; to condescend; to give in.
Transitar *v* to transit; to pass; to change; to travel.
Transitável *adj* passable; practicable.
Transitivo *adj* GRAM transitive.
Trânsito *s* transit; passage.
Transitório *adj* transitory; temporary; momentary.
Translação *s* translation; removal; change of place.
Translucidez *s* translucence; transparency.
Translúcido *adj* translucent; semi-transparent.
Transmigração *s* transmigration.
Transmigrar *v* to transmigrate.
Transmissão *s* transmission; broadcast.
Transmissível *adj* transmissible.
Transmitir *v* to transmit; to broadcast; to devolve.
Transmontar *v* to pass over; to overpass.
Transmudar *v* to transmute; to change.
Transmutação *s* transmutation; conversion; change.
Transmutar *v* to transmute; to change; to transform.
Transparecer *v* to appear through; to reveal itself.
Transparência *s* transparency; transparence.
Transparente *s* transparent slate.
Transparente *adj* transparent.
Transpiração *s* transpiration; perspiration.
Transpirar *v* to transpire; to excrete; to leak out; to perspire.
Transplantar *v* to transplant.
Transpor *v* to transpose; to surmount; to pass over.
Transportar *v* to transport; to convey; to carry; to remove.
Transportável *adj* transportable; conveyable.
Transporte *s* transport; transfer; conveyance.
Transposição *s* transposition.
Transtornar *v* to overthrow; to upset; to disturb; to trouble.
Transtorno *s* overthrow; trouble; reverse; upsetting.
Transubstanciação *s* transubstantiation.
Transubstanciar *v* to transubstantiate.
Transudar *v* to transude; to cause to exude; to perspire.
Transversal *s* transversal; cross; transverse.
Transversal *adj* transversal; cross; transverse.
Transverso *adj* transverse.

Transviar *v* to mislead; to lead astray.
Trapaça *s* cheat; trickery; fraud.
Trapacear *v* to cheat; to trick; to defraud; to deceive.
Trapaceiro *s* cheat; cheater; trickster; cardsharper (at cards).
Trapaceiro *adj* cheating.
Trapalhada *s* entanglement; disorder; mess.
Trapalhão *s* ragged man; impostor; bungler.
Trapeira *s* dormer-window.
Trapeiro *s* rag-gatherer; ragman.
Trapézio *s* trapezium; trapeze.
Trapezista *s* trapezist.
Trapo *s* rag; tatter.
Traqueia *s* trachea; windpipe.
Traquejar *v* to pursue; to go after; to train; to drill; to scold.
Traquinar *v* to troublesome; to play pranks; to be naughty.
Trás *adv* behind; after.
Trás *prep* behind; after.
Trás *interj* bang!
Trasbordamento *s* overflowing; overflow.
Trasbordar *v* to overflow; to tranship; to spread.
Traseira *s* rear; tail.
Traseiro *s* hinder part; buttock.
Traseiro *adj* back; hind; coming behind.
Traslação *s* translation; removal.
Trasladação *s* translation; transfer; conveyance; removal.
Trasladar *v* to translate; to remove; to transfer; to transcribe.
Traslado *s* copy; transcript; model; counterpart.
Traspassar *v* to transpass; to cross; to violate; to transgress; to pierce.
Traste *s* truck; scamp; rogue; rascal.
Tratadista *s* treatiser.
Tratado *s* treaty; treatise; tract; essay.
Tratador *s* horse breeder; treater.
Tratamento *s* treatment; title; appellation.
Tratante *s* rogue; knave; sharper.
Tratar *v* to treat; to handle; to deal with; to care for.
Tratável *adj* tractable; affable.
Trato *s* treatment; trade.
Trauma *s* MED trauma; traumatism.
Traumático *adj* traumatic.
Traumatismo *s* traumatism; trauma.
Traumatizar *v* to traumatize.
Trava *s* clog; trammel; beam.
Travação *s* connexion; joining; link.
Travado *adj* linked; joined; connected; braced.
Travador *s* saw-set.
Travador *adj* linking; joining; cheking.
Travamento *s* staying; joining; connection.
Travar *v* to pull up; to stop; to fetter.
Trave *s* a beam; rafter; girder.
Travessa *s* cross-bar; sleeper; plate; transom; dish; crossroad; by way.
Travessão *s* beam of a balance; dash; large dish.
Travesseiro *s* pillow; bolster.
Travessia *s* crossing; voyage; passage.
Travesso *adj* naughty; restless; turbulent; noisy.
Travessura *s* trick; wile; prank; caper; antic.
Trazer *v* to bring; to fetch; to take; to carry; to wear; to bear.
Trecho *s* space; distance; stretch; MÚS passage.
Treino *s* training; practice; drill.
Trejeitar *v* to grim at.
Trejeito *s* grimace; grin; twist.
Trem *s* train; carriage; coach; equipage.
Trema *s* dieresis.
Tremendo *adj* dreadful; awful; tremendous; frightful; terrific; terrible.
Tremer *v* to tremble; to shake; to shiver; to quiver; to quaker; to feel fear.
Tremido *adj* shaky; doubtful; risky; trembling.
Tremoço *s* lupine-seed.
Tremor *s* trembling; tremor; vibration.
Tremulação *s* shivering; wavering; oscilation; waving.
Tremular *v* to wave; to swing; to tremole; to speak in a tremolo; to sing in a tremolo.
Trêmulo *s* MÚS tremolo.
Trêmulo *adj* tremulous; quivering; vibratory.
Tremura *s* tremor; tremble; shake; vibration; quiver.
Trena *s* topcord; fillet; tape.
Trenó *s* sledge; sleigh; sled.
Trepadeira *s* creeping plant; climbing plant.
Trepanação *s* trepaning; trepanning.
Trepanar *v* to trepan.
Trépano *s* trepan; trephine.
Trepar *v* to climb; to rise; to slope upward; to mount; to mock.
Trepidação *s* trepidation; agitation; bustle; chatter.
Trepidante *adj* trepidatory; vibrating; shaking.
Trepidar *v* to tremble; to quaker; to oscillate; to vibrate.
Tresloucado *adj* crazy; mad; insane.
Tresloucar *v* to become mad; to become crazy; to madden.
Tresmudar *v* to transmute.
Trespassar *v* to pass over; to cross; to run through; to transfer.
Treta *s* stratagem; feint; wile; trick.
Trevas *s* darkness; obscurity; ignorance.
Trevo *s* BOT clover.
Tríade *s* triad.
Triangular *v* to triangulate.
Triangular *adj* triangular.
Triângulo *s* triangle.
Tribo *s* tribe; clan.
Tribulação *s* tribulation; affliction.
Tribuna *s* tribune; rostrum; stand.
Tribunal *s* tribunal; court of justice; the judgment seat.
Tribuno *s* tribune; orator.
Tributação *s* tribute; contribution; tax; taxation.
Tributar *v* to tax; to impose tax on; to tribute; to devote.
Tributário *adj* tributary; paying tribute to another; contributory.
Tributável *adj* taxable; tributable.
Tributo *s* tribute; tax; levy; duty; contribution.
Triciclo *s* tricycle.
Tricolor *adj* three-colored; tricolor; tricolour.
Tricotar *v* to knit.
Tricúspide *adj* tricuspid; MED tricuspid (valve).
Tridente *s* tridente.
Triênio *s* triennial.
Trigal *s* wheatfield; corn field; wheat field.
Trigêmeo *s* trigeminal.
Trigêmeo *adj* trigeminous.
Trigo *s* wheat; corn.
Trigonometria *s* trigonometry.
Trigonométrico *adj* trigonometrical; trigonometric.
Trigueiro *adj* brownish; swarthy.
Trilha *s* track; trace; trail.
Trilhar *v* to thrash; to beat; to tread out; to track.
Trilho *s* track; rail.
Trilogia *s* trilogy.
Trimestral *adj* trimonthly.
Trimestre *s* trimester.
Trinado *s* trill; warble; tremulous sound; shake; quaver.
Trinar *v* to trill; to twitter.
Trinca *s* BR scratch; cleft.
Trincado *adj* bitten off; FIG sly; shrewd; cunning.
Trincha *s* adze; slice; steak; chop; brush; flat paint.
Trinco *s* latch; latch-key.
Trindade *s* trinity; *Santíssima TRINDADE*: Blessed Trinity.
Tripa *s* tripe; intestine; bowel; gut.
Tripé *s* tripod.
Tripeça *s* three footed stool.

Triple *adj* triple; threefold.
Triplicação *s* triplication.
Triplicar *v* to triple; to treble; to triplicate.
Tríplice *adj* triplex; treble; triple; threefold.
Tripudiar *v* to trip; to dance.
Tripúdio *s* trip; a quick; light step; tripudium; dancing; jumpig.
Tripulação *s* crew.
Tripulante *s* seaman; sailor.
Tripular *v* NÁUT to supply with men.
Trissilábico *adj* trisyllabic.
Trissílabo *s* trisyllable.
Triste *adj* sad; sorrowful; gloomy; mournful; blue; melancholic.
Tristeza *s* sorrow; sadness; gloom; melancholy.
Tristonho *adj* dejected; dreary; gloomy.
Tritongo *s* triphthong.
Trituração *s* trituration.
Triturador *s* triturator; crusher.
Triturador *adj* triturating; grinding.
Triturar *v* to triturate; to grind; to thrash; to annoy; to crush.
Triunfal *adj* triumphal.
Triunfar *v* to triumph; to obtain victory; to be successful.
Trivalência *s* QUÍM trivalence.
Trivalente *adj* QUÍM trivalent.
Trivial *adj* trivial; vulgar; common; ordinary.
Trivialidade *s* triviality.
Trivializar *v* to render trivial; to trivialize.
Troante *adj* thundering; thunderous.
Troca *s* exchange; swap; barter; interchange; bargain.
Troça *s* mockery; scoff.
Trocadilho *s* pun.
Trocador *s* exchanger.
Trocador *adj* exchanging.
Trocar *v* to exchange; to change; to equivocate; to truck; to swap; to switch.
Troçar *v* to mock; to scoff; to scorn; to disdain; to make fun of.
Troco *s* change; small change.
Troféu *s* trophy.
Troglodita *s* troglodyte.
Troglodita *adj* troglodytal; troglodyte.
Trole *s* trolley; trolly.
Tromba *s* trunk; snout; sucker.
Trombada *s* collision; clash.
Trombeta *s* trumpet; trumpeter; bugle.
Trombeteiro *s* trumpeter; trumpet player.
Trombone *s* trombone.
Trombudo *adj* sullen; sulky; pouting.
Trompa *s* trumpet.
Tronante *adj* thundering.
Tronar *v* to thunder.
Tronco *s* bole; origin; stalk.
Trono *s* throne.
Tropa *s* troop; a division of a cavalry squadron.
Tropeção *s* stumbling; stumble; trip.
Tropeçar *v* to stumble; to trip.
Tropeço *s* stumble; hitch; obstacle.
Trôpego *s* hobbler.
Trôpego *adj* hobbling; limping.
Tropeiro *s* muleteer; mule-driver.
Tropel *s* stamp; mob; crowd; tumult.
Tropelia *s* confusion; hurry; prank; mischief; throng.
Tropical *adj* tropical.
Trópico *s* tropic.
Trotador *s* trotter; trotting horse.
Trotador *adj* trotting horse.
Trotar *v* to trot; to bully; BR to mock; to haze (in schools; colleges).
Trote *s* trot; BR hazing.
Trouxa *s* pack; bundle; a fool.
Trouxa *adj* foolish; unskilled.
Trovão *s* thunder.
Trovar *v* to write ballads; to versify.
Trovejar *v* to thunder; to produce thunder.
Trovoada *s* thunderstorm; uproar.
Trucidar *v* to kill; to slaughter; to murder.
Truculência *s* truculence; ferocity; savageness.
Truculento *adj* truculent; cruel; fierce; savage.
Trufa *s* truffle.
Trunfo *s* trump; trump card; a card game like twist.
Truque *s* trick; bluff; stratagem; trick; card playing.
Truta *s* trout.
Tu *pron* thou; you.
Tua *adj* thy; thine; your; yours.
Tua *pron* thy; thine; your; yours.
Tuba *s* trumpet.
Tubagem *s* tubing; tubage; piping.
Tubarão *s* shark.
Tubérculo *s* tubercle; tuber.
Tuberculose *s* tuberculosis.
Tuberculoso *adj* tuberculous, consumptive.
Tubo *s* tube; pipe.
Tubular *adj* tubular; tube-shaped.
Tubuloso *adj* tubulous.
Tucano *s* toucan.
Tudo *pron* all; the whole; everything; anything.
Tufão *s* hurricane.
Tufo *s* tuft; puff; flock of cotton.
Tulha *s* granary; cave.
Tulipa *s* BOT tulip.
Tumba *s* grave; tomb; bier.
Tumescência *s* tumescence.
Tumescente *adj* tumescent.
Tumidez *s* tumidity.
Túmido *adj* tumid; swollen; protuberant; bloated.
Tumor *s* tumour; tumor.
Tumular *v* to bury.
Tumular *adj* tumular.
Túmulo *s* tomb; grave; tumulus.
Tumulto *s* tumult; uprising; riot; mutiny; FIG perturbation.
Tumultuar *v* to tumult; to cause tumult.
Tunda *s* sound beating; drubbing; cudgelling.
Túnel *s* tunnel; subterranean passage.
Tungar *v* BR to discuss; to fool; to trick; to cheat.
Túnica *s* tunic; tunica.
Tupi *s* the language of the Tupis.
Tupi *adj* tupian.
Turba *s* crowd; rabble; mod.
Turbação *s* perturbation; confusion; disorder; disturbance.
Turbante *s* turban.
Turbar *v* to trouble; to overcast; to agitate; to disturb; to dim.
Turbilhão *s* whirlwind; vortex; tumult; disturbance.
Turbinado *adj* turbinated; spiral.
Turbulência *s* turbulence; rioting; agitation; disturbance; impetuosity.
Turbulento *adj* turbulent; riotous; restless.
Turco *s* Turk.
Turco *adj* turkish.
Turfe *s* the turf.
Turfista *s* turfman.
Turgescer *v* to turgesce; to become turgid; to swell or be inflated.
Turgidez *s* turgescency; turgescence; selling.
Túrgido *adj* turgid; tumid; swollen.
Turíbulo *s* thurible; censer.
Turismo *s* tourism.
Turista *s* tourist.
Turma *s* group; gang; band; squad; section.
Turmalina *s* tourmaline.
Turno *s* turn; place; shift; time.

Turquesa *s* turquoise.
Turra *adj* obstinate; stubborn.
Turrão *s* an obstinate person.
Turrão *adj* obstinate; headstrong; stubborn.
Turrar *v* to butt; to be obstinate; to be stubborn.
Turvamento *s* perturbation; dimming.
Turvar *v* to disturb; to confuse the mind; to trouble; to disorder; to dim.
Turvo *adj* muddy; dim; overcast.
Tutano *s* marrow; pith.
Tutela *s* tutelage; tutorage; guardianship; protection; care.
Tutelar *v* to tutor; to protect; to defend.
Tutelar *adj* tutelar.
Tutor *s* tutor; guardian; protector; defender.
Tutorar *v* to tutor; to protect; to defend.
Tutoria *s* tutelage; tutorage; guardianship.

U

U *s* the twentieth letter of the Portuguese alphabet and the twenty-first letter of the English alphabet.
Úbere *s* udder.
Úbere *adj* uberous; abundant; plentiful.
Ubíquo *adj* ubiquitous; omnipresent.
Ufa *interj* hey-day!
Ufanar *v* to be proud; to boast; to be haughty.
Ufania *s* boasting; ostentation; pride.
Ufano *adj* vain; proud; boastful; braggart.
Uivar *v* to howl; to utter a loud.
Uivo *s* howl; FIG yelp; yelling.
Úlcera *s* MED ulcer; ulceration.
Ulceração *s* MED ulceration; fester.
Ulcerar *v* MED to ulcerate.
Ulterior *adj* ulterior; further; posterior.
Ultimação *s* ultimation; finish.
Ultimado *adj* ended; finished; ultimate.
Ultimamente *adv* of late; lately.
Ultimar *v* to ultimate; to end; to finish.
Ultimato *s* ultimatum; ultimate.
Último *adj* last; late; latter; final.
Ultrajador *s* insulter, slanderer.
Ultrajador *adj* insulting.
Ultrajante *adj* outrageous.
Ultrajar *v* to outrage; to subject.
Ultraje *s* outrage.
Ultrajoso *adj* outrageous.
Ultramar *s* ultramare; beyond the sea.
Ultramarino *adj* ultramarine; beyoun the sea; oversea.
Ultrapassar *v* to go beyond; to exceed.
Ultravioleta *adj* ultraviolet.
Ululação *s* howling; ululation.
Ulular *v* to ululate; to howl; to wail.
Umbigo *s* umbilicus; navel.
Umbilical *adj* umbilical.
Umbral *s* door-post; threshold; lintel.
Umedecer *v* to moisten; to make moist; to become moist.
Umedecimento *s* moistness; wetting.
Úmero *s* ANAT humerus.
Umidade *s* humidity; dampness.
Úmido *adj* humid; moist; damp.
Unânime *adj* unanimous.
Unanimidade *s* unanimity.
Unção *s* unction; inuction; anointment.
Ungido *adj* anointed.
Ungir *v* to anoint; to consecrate.
Unguento *s* unguent; ointment.
Unha *s* nail; hoof; talon; claw; pointed hook.
Unhada *s* scratch with a nail.
Unhar *v* to scratch.
Unheiro *s* agnail; whitlow.
União *s* union; junction; alliance.
Unicamente *adv* only; uniquely; all.
Único *adj* unique; only; singular; alone; single.
Unicolor *adj* unicolored; whole colored.
Unicorne *s* unicorn.
Unicórnio *vide* UNICORNE.
Unidade *s* unity; MAT unity.
Unido *adj* united; joined; joint; confederate.
Unificação *s* unification; unity.
Unificar *v* to unify; to unite; to unify.
Uniforme *s* uniform; regimentals.
Uniforme *adj* uniform; regular.
Uniformidade *s* uniformity.
Uniformização *s* uniformization.
Uniformizar *v* to uniformize; to make uniform.
Unigênito *adj* unigenital; only-begotten.
Unilateral *adj* unilateral; onesided.
Unir *v* to join; to fasten; to put together; to unite; to combine; to join interest; to consolidate.
Unissonante *s* unison.
Unissonante *adj* unisonous; unisonant.
Uníssono *vide* UNISSONANTE.
Unitário *adj* unitary; RELIG unitarian.
Unitarismo *s* RELIG unitarianism; POL centralization.
Universal *s* world-wide; universal.
Universal *adj* world-wide; universal.
Universalismo *s* universalism.
Universalista *s* univeralist.
Universalização *s* universalization.
Universalizar *v* to universalize; to make universal.
Universidade *s* BR university.
Universitário *s* university (student or professor).
Universo *s* universe.
Únivoco *adj* univocal; unambiguous.
Uno *adj* sole; singular.
Untadura *s* anointing; daubing.
Untar *v* to anoint; to besmear; to grease.
Unto *s* grease; fat (of animals).
Untuoso *adj* unctuous; fatty; oily; greasy.
Urânico *adj* uranic.
Urânio *s* QUÍM uranium.
Urano *s* ASTR Uranus.
Uranologia *s* uranology.
Urbanidade *s* urbanity; courtesy; urban life.
Urbanismo *s* urbanism.
Urbanista *s* urbanist.
Urbanizar *v* to urbanize.
Urbano *adj* urban; courteous; urbane.
Urbe *s* city; town.
Urdideira *s* woman warper; warp-beam.
Urdidor *s* warper; weaver; FIG intriguer.
Urdidura *s* warping; FIG a plot; conspiracy.
Urdir *v* to warp; to weave; FIG to contrive; to plot.
Ureia *s* urea.
Uremia *s* uremia; uraemia.
Uréter *s* ANAT ureter.
Urgência *s* urgency; pressure; insistente.
Urgente *adj* urgent; pressing; urging.
Urgir *v* to be urgent; to urge; to press.
Urina *s* urine.
Urinar *v* to urinate; to make water.

Urinol *s* urinal; chamber-pot.
Urna *s* an urn; ballot-box.
Urrar *v* to roar; to groan; to bellow; to shout.
Urro *s* roar; roaring.
Ursa *s* bear (female).
Urso *s* ZOO bear.
Urticária *s* urticaria; hives; nettle rash.
Urtiga *s* nettle.
Urtigar *v* to nettle; to urticate.
Urubu *s* urubu.
Usado *adj* worn out; employed; used.
Usança *s* usage; custom.
Usar *v* to use; to wear; to be habituated to.
Usável *adj* usable; wearable.
Uso *s* use; usage; custom; wearing; wear.
Usual *adj* usual; customary.
Usualmente *adv* usually; habitually.
Usufruir *v* to usufruct.
Usufruto *s* enjoyment; usufruct.
Usufrutuário *s* usufructuary.
Usura *s* usury.
Usurário *s* usurer; money lender.
Usurário *adj* usurious.
Usurpação *s* usurpation; forcible seisure.
Usurpador *s* usurper.
Usurpar *v* to usurp.
Utensílio *s* utensil.
Útero *s* ANAT uterus; womb.
Útil *s* utility; usefulness.
Útil *adj* useful; profitable.
Utilidade *s* utility; profit; usefulness.
Utilitário *s* utilitarian; useful; practical.
Utilitário *adj* utilitarian; useful; practical.
Utilitarismo *s* utilitarism.
Utilitarista *s* utilitarian; utilitarist.
Utilizar *v* to utilize; to make use of.
Utopia *s* utopia; dream; fancy.
Utópico *adj* utopical; utopian.
Utopista *s* utopianist; utopian, visionary.
Uva *s* grape.
Úvea *s* ANAT uvea.
Úvula *s* ANAT uvula.
Uvulite *s* MED uvulitis.
Uxoricida *s* uxoricide.
Uxoricídio *s* uxoricide.
Uxório *adj* uxorial.

V

V *s* the twenty-first letter of the Portuguese alphabet and the twenty-second letter of the English alphabet.
Vaca *s* cow.
Vacância *s* vacancy; vacuity.
Vacar *v* to be vacant; to make vacant.
Vacaria *s* a cow-house; dairy.
Vacilação *s* vacillation; indecision; hesitation.
Vacilante *adj* vacillating, flickering, hesitating.
Vacilar *v* to vacillate; to hesitate; to totter.
Vacina *s* vaccine; cowpox.
Vacinação *s* vaccination; inoculation.
Vacinar *v* to vaccinate.
Vacum *adj* bovine.
Vácuo *s* vacuum.
Vadeação *s* wading; fording.
Vadear *v* to wade; to ford.
Vadiação *s* vagrancy; loafness.
Vadiagem *vide* VADIAÇÃO.
Vadiar *v* to wander; to loaf.
Vadio *s* vagrant; vagabond; loafer.
Vadio *adj* vagrant; vagabond; loafer.
Vaga *s* wave; vacancy.
Vagabundear *v* to rove; to loaf.
Vagabundo *s* vagabond; vagrant; loafer.
Vagabundo *adj* vagabond; vagrant; loafer.
Vagalhão *s* billow.
Vagante *adj* vacant; vagrant.
Vagão *s* railroad coach; railway carriage.
Vagar *s* leisure; slowness; spare time.
Vagar *v* to become vagant; to wander about; to rove.
Vagareza *s* slowness; sluggishness; lentitude.
Vagarosamente *adj* slowly.
Vagaroso *adj* slow; not hasty.
Vagem *s* string beans.
Vagido *s* wailling; mewling.
Vagina *s* ANAT vagina.
Vago *adj* vague; indefinite; wandering; unoccupied.
Vagueação *s* wandering; rambling.
Vaguear *v* to vague; to wander; to roam.
Vaia *s* hoot; shouting.
Vaiar *v* to hoot.
Vaidade *s* vanity.
Vaidoso *adj* vain; proud; futile.
Vaivém *s* battering-ram; sway; unsteadiness; inconstancy.
Vala *s* ditch; gutter; drain.
Vale *s* valley; advance of money.
Valentão *s* braggart; hooligan; USA roughneck.
Valentão *adj* bragging; valiant; blustering.
Valente *adj* brave; valiant.
Valentia *s* valiancy; bravery; courage.
Valer *v* to be valuable; to be worth; to be valid.
Valeta *s* gutter; gully; drain.
Valete *s* knave at cards.
Valia *s* value; credit; favour.
Validação *s* validation; acknowledgment.
Validade *s* validity.
Validar *v* to validate; to confirm.
Validez *s* validity; strength.
Válido *adj* valid; efficacious; legal; lawful.
Valioso *adj* valuable; of a great value.
Valor *s* value; price; valor or valour.
Valorização *s* valuation; estimate of value; appraisal.
Valorizar *v* to valorize; to value of.
Valoroso *adj* valorous; fearless; bold; active.
Valsa *s* MÚS waltz.
Valsar *v* to waltz; to dance waltz.
Válvula *s* valve.
Valvular *adj* valvular, valval.
Vampírico *adj* vampiric.
Vampirismo *s* vampirism.
Vampiro *s* vampire; bloodsucker; ghoul.
Vandalismo *s* vandalism; barbarism.
Vândalo *s* vandal; barbarian; destroyer.
Vanglória *s* vainglory; boast.
Vangloriar *v* to vainglory.
Vanguarda *s* vanguard.
Vantagem *s* advantage; gain; upper hand.
Vantajoso *adj* advantageous; profitable; lucrative.
Vão *s* open space; void.
Vão *adj* vain; empty; frivolous.
Vapor *s* vapour; steam; steamer.
Vaporar *v* to vaporize; to convert into vapour.
Vaporização *s* vaporization.
Vaporizar *v* to vaporize.
Vaporoso *adj* vaporous; vaporlike; ethereal.
Vaqueiro *s* cowboy; cowkeeper.
Vara *s* twig; rod; punishment; correction.
Varado *adj* beached; run through.
Varal *s* thill; shaft of cart or carriage.
Varanda *s* veranda; porch; balcony; terrace.
Varão *s* male; man; man of respectability.
Varar *v* to beat with a rod; to drive away; to strand.
Varejista *s* retalier; retail dealer.
Varejo *s* search; retail.
Vareta *s* ramrod; small rod.
Variabilidade *s* variability; variableness.
Variação *s* variation; change; variety.
Variado *adj* varied; various; diversified.
Variante *s* variant; secondary road.
Variante *adj* variant.
Variar *v* to vary; to alter; to change; to modify.
Varicela *s* MED chicken-pox; varicella.
Variedade *s* variety; variation; diversity.
Vário *adj* various; fickle; unstable; divers.
Varíola *s* MED smallpox; variola.
Varonil *adj* manly; courageous.
Varredor *s* sweeper; scavenger.
Varredor *adj* sweeping.
Varredura *s* sweeping; rubbish; garbage.
Varrer *v* to sweep; to brush; to clean.
Várzea *s* tilled plain; plain level.
Vasa *s* ooze; mud; slime.

Vasculhar *v* to sweep the dust; to search.
Vaselina *s* vaseline.
Vasilha *s* vessel; cask.
Vasilhame *s* set of casks.
Vaso *s* vessel; vase; flower-pot; vessel; ship.
Vassalagem *s* vassalage; dependence; servitude.
Vassalar *v* to vassal.
Vassalo *s* vassal; dependant; subject.
Vassoura *s* broom; sweeping brusch.
Vassourada *s* blow with a broom.
Vassoureiro *s* broom-maker; broom-seller.
Vastidão *s* vastness; immensity.
Vasto *adj* vast; immense; huge; enormous.
Vate *s* bard; poet.
Vaticinação *s* vaticination; prophecy; prediction.
Vaticinador *s* vaticinator; prophet.
Vaticinador *adj* prophesying.
Vaticinar *v* to vaticinate; to prophesy; to foretell.
Vau *s* ford.
Vazante *s* reflux of tide; ebb.
Vazar *v* to empty; to hollow; to ebb.
Vazio *s* void; empty; blank; gap.
Vazio *adj* empty; void; vacant.
Veado *s* hart; stag.
Vedação *s* fencing; fence; barrier; enclosure.
Vedar *v* to forbid; to hinder; to fence.
Vedete *s* vedette; theater star.
Veemência *s* vehemence; violent ardor; fervor.
Veemente *adj* vehement; impetous; very ardent; passionate.
Vegetação *s* vegetation; plants.
Vegetal *s* vegetable; vegetal.
Vegetal *adj* vegetable; vegetal.
Vegetar *v* to vegetate; grow as plant.
Vegetariano *s* e *adj* vegetarian.
Vegetativo *adj* vegetative; plantlike.
Veia *s* vein; FIG bent.
Veicular *s* to propagate, to transmit.
Veicular *adj* vehicular.
Veículo *s* vehicle; carriage; car.
Veio *s* vein; seam; spindle; shaft.
Vela *s* sail; candle.
Velar *v* to veil; to conceal; to watch.
Velear *v* to equip with sail; to furnish with sail.
Veleidade *s* velleity; whim; fancy; levity.
Veleiro *s* sail-maker; candle-maker.
Veleiro *adj* sailing.
Velejar *v* to sail; to navigate.
Velha *s* old woman.
Velhacaria *s* knavery; roguery.
Velhaco *s* knave; rascal; rogue.
Velhaco *adj* knavish; roguish; crafty.
Velharia *s* old things; rubbish.
Velhice *s* old age.
Velho *s* old man.
Velho *adj* old; former; ancient.
Velocidade *s* velocity; speed; celerity.
Velocípede *s* velocipede.
Velódromo *s* cycle racing-track.
Veloz *adj* swift; rapid; speedy.
Veludo *s* velvet.
Venal *adj* venal; mercenary; saleable.
Vencedor *s* victor; winner.
Vencedor *adj* victorious; conquering.
Vencer *v* to vanquish; to conquer; to overcome.
Vencível *adj* conquerable; vincible; surmountable.
Venda *s* sale; selling; market; grocery; store.
Vendar *v* to bandage.
Vendaval *s* storm wind; tempest.
Vendável *adj* saleable.
Vendedor *s* seller; salesman; trader.
Vender *v* to sell.
Veneno *s* poison; venom; rancor; spite.
Venenoso *adj* venomous; envenomed; poisonous; rancorous.
Venerabilidade *s* venerableness; venerability.
Veneração *s* veneration; respect; whorship.
Venerar *v* to venerate; to revere; to respect.
Venerável *adj* venerable; reverential; respectful.
Veneta *s* fancy; whim; bad humor; bad temper.
Veneziana *s* venetian window; palladian window.
Vênia *s* permission; excuse; courtesy.
Venial *adj* venial; trivial.
Venoso *adj* veiny; venous; veined; venose.
Venta *s* nostril; nose.
Ventana *s* window; fan.
Ventania *s* high wind.
Ventar *v* to blow; to wind; to breath.
Ventarola *s* a kind of fan.
Ventilação *s* ventilation; circulation of air.
Ventilador *s* ventilator; aerator.
Ventilar *v* to ventilate; to discuss freely.
Vento *s* wind; a breeze; flatulence.
Ventoinha *s* weathercock.
Ventral *adj* ventral.
Ventre *s* belly; abdomen; womb.
Ventricular *adj* ventricular.
Ventrículo *s* ventricle.
Ventriloquia *s* ventriloquism.
Ventríloquo *s* ventriloquist.
Ventríloquo *adj* ventriloquous.
Ventura *s* venture; chance; luck; hazard; risk.
Venturoso *adj* fortunate; lucky; risky.
Vênus *s* ASTR Venus.
Ver *v* to see; to look; to examine.
Veracidade *s* veracity; truthfulness; truth.
Veranear *v* to summer.
Veraneio *s* summer holidays; summering.
Verão *s* summer.
Verba *s* item; sum; article.
Verbal *adj* verbal; oral.
Verbalizar *v* to verbalize; to make verbal.
Verbalmente *adv* verbally; orally.
Verberação *s* verberation; castigation; censure.
Verberador *s* reprover.
Verberador *adj* verberating.
Verberar *v* to verberate; to strike; to reprove; to beat.
Verbete *s* note; annotation; entry.
Verbo *s* GRAM verb; a word; a vocable.
Verbosidade *s* verbosity; wordiness.
Verdade *s* truth; verity; veracity; truthfulness.
Verdadeiro *adj* true; veracious; veritable; real; genuine.
Verde *adj* green colored; green; fresh; not ripe; not seasoned; inexperienced.
Verdejante *adj* verdant.
Verdejar *v* to green; to get a greenish color.
Verdor *s* verdure; green color; FIG freshness.
Verdugo *s* hangman; executioner.
Verdura *s* verdure; vegetables.
Vereador *s* councillor; USA councilman.
Vereda *s* footpath; bypath; path.
Veredicto *s* veredict.
Vergalhar *v* to whip; to scourge; to beat.
Vergão *s* wale.
Vergar *v* to curve; to bend.
Vergonha *s* shame; modesty; decency; confusion; blush.
Vergonhoso *adj* shameful; bashful; shy.
Verídico *adj* veridical; veridic; truthful; veracious.
Verificação *s* verification; checking.
Verificador *s* examiner; verifier.

Verificar *v* to verify; to confirm the truth of; to check out.
Verificável *adj* verifiable.
Verme *s* worm; tapeworm; grub.
Vermelho *s* red; the red color; socialist.
Vermute *s* vermouth.
Vernáculo *s* vernacular.
Vernáculo *adj* vernacular.
Vernal *adj* vernal.
Verniz *s* varnish.
Verossímil *adj* verisimilar.
Verossimilhança *s* verisimilitude.
Verruga *s* wat.
Versado *adj* versed; skilled; practised.
Versão *s* version; translation.
Versar *v* to version; to make a version.
Versátil *adj* versatile; variable; changeable.
Versatilidade *s* versatility; versatileness.
Versejar *v* to versify; to compose verses.
Versículo *s* RELIG versicle, verse of the Bible.
Versificar *v* to versify; to compose verses.
Verso *s* verse; stanza; versification; poetry; reverse; back of a coin.
Vértebra *s* vertebra; spondyl.
Vertebrado *s* vertebrate.
Vertebrado *adj* vertebrate; vertebrated.
Vertente *s* watershed; slope.
Verter *v* to spill; to shed; to turn into; to translate; to overflow.
Vertical *s* the vertical; the vertical line.
Vertical *adj* vertical.
Vértice *s* vertex; top; summit; apex.
Vertigem *s* MED vertigo; dizziness.
Vertiginoso *adj* vertiginous; dizzy; giddy; rotary; revolving.
Verve *s* verve; enthusiasm; spirit.
Vesgo *s* a squint-eyed person.
Vesgo *adj* squinting; squint-eyed.
Vesícula *s* vesicle; blister.
Vespa *s* wasp.
Vésper *s* vesper; FIG the west.
Véspera *s* eve.
Vesperal *s* vesperal.
Vespertino *s* evening paper.
Vespertino *adj* vespertine; evening.
Vestal *s* vestal.
Vestal *adj* vestal.
Veste *s* clothes; vest; dress.
Vestiária *s* vestiary; clothing; vestiment.
Vestiário *s* vestry; cloak-room; dressing-room.
Vestibular *adj* vestibular.
Vestíbulo *s* vestibule; hall; USA entry.
Vestido *s* dress; clothes; garment; gown.
Vestidura *s* clothes; garments.
Vestígio *s* vestige; footprint; trace; sign.
Vestimenta *s* vestiment; dress; vestments.
Vestir *v* to dress; to clothe; to cover with.
Vestuário *s* clothes; apparel.
Vetar *v* to veto; to prohibit; to refuse.
Veterano *s* veteran; expert.
Veterano *adj* veteran; expert.
Veterinário *s* veterinary; veterinary surgeon.
Veterinário *adj* veterinary.
Veto *s* veto.
Vetustez *s* vetusty; old age.
Vetusto *adj* vetust; ancient; old.
Véu *s* veil; FIG cover; disguise.
Vexação *s* vexation; chagrin; mortification.
Vexame *s* vexation; trouble; mortification.
Vexar *v* to harass; to humiliate; to disturb.
Vexativo *adj* vexatious; afflictive; disturbed.
Vexatório *vide* VEXATIVO.
Vez *s* time; turn; opportunity; occasion; share.
Via *s* way; road; street; via; copy; duplicate.
Viabilidade *s* viability; workability.
Viação *s* network of roads.
Viaduto *s* viaduct; bridge.
Viagem *s* voyage; trip; travel; travelling.
Viajante *s* traveller; passenger.
Viajante *adj* travelling.
Viajar *v* to travel; to journey; to take a trip.
Viatura *s* vehicle.
Viável *adj* viable; practible; feasible.
Víbora *s* viper; a kind of snake; FIG treacherous or malignant person.
Vibração *s* vibration; oscillation; trembling motion.
Vibrante *adj* vibrant; vibrating.
Vibrar *v* to vibrate; to oscillate; to vibrate.
Vibratório *adj* vibratory; vibratile.
Vicejante *adj* exuberant; luxuriant.
Vicejar *v* to grow luxuriant; to bloom; to shine.
Vice-versa *adv* vice-versa; conversely.
Viciado *adj* vicious; vitiated; defective.
Viciador *s* corrupter; vitiator.
Viciar *v* to vitiate; to deprave; to corrupt; to pervert.
Vício *s* vice; immoral conduct; immoral habit.
Vicioso *adj* vicious; faulty; imperfect; impure.
Vicissitude *s* vicissitude.
Viço *s* rankness; freshness; exuberance.
Viçoso *adj* blossoming; blooming.
Vida *s* life; livelihood; lifetime; living.
Videira *s* grape-vine; vine.
Vidente *s* seer; foreteller, prophet.
Vidraça *s* window-glass; window-pane.
Vidraçaria *s* glazier 's shop.
Vidraceiro *s* glazier.
Vidrado *adj* glazed; dim.
Vidrar *v* to glaze; to dim; to grow dim.
Vidraria *s* glass-making; glass-work; glass-shop.
Vidreiro *s* glass-maker; glass-man.
Vidro *s* glass; window-pane.
Viela *s* lane; narrow street; MÚS vielle.
Viga *s* beam; girder.
Vigamento *s* beams; framework.
Vigário *s* vicar; curate.
Vigarista *s* swindler; confidence man.
Vigente *adj* JUR in force; in vigor; standing.
Vigia *s* watching; watch; vigilance; sentinel.
Vigiador *s* watcher.
Vigiador *adj* watching.
Vigiar *v* to watch; to spy; to vigil.
Vigilância *s* vigilance; watchfulness; caution.
Vigilante *adj* vigilant; watchful; wakeful.
Vigília *s* vigil; watching; wakefulness.
Vigor *s* vigour; strength; potency.
Vigorante *adj* invigorating; invigorant.
Vigorar *v* to vigor; to invigorate; to be in force; to be in vigor.
Vigoroso *adj* vigorous; energetic; effective; vehement.
Vil *adj* vile; mean; abject; base; villainous.
Vila *s* country-house; villa.
Vilania *s* villainy.
Vilão *s* villain; rascal; boor.
Vileza *s* fileness; meanness; baseness.
Vilipendiar *v* to vilify; to debase; to revile.
Vilipêndio *s* contempt; disdain.
Vilipendioso *adj* contemptuous.
Vime *s* osier; twing; wicker.
Vinagre *s* vinegar.
Vinagreira *s* vinegar-cruet.
Vinagreiro *s* vinegar-maker.
Vincar *v* to crase; to fold; to plait.

Vinco *s* crease; fold; wale.
Vinculação *s* binding; vinculation.
Vincular *v* to entail; to bind; to tie; to link.
Vínculo *s* a tie; link; entail; entailment.
Vinda *s* arrival; coming.
Vindicação *s* vindication; defense.
Vindicar *v* to vindicate; to defend; to claim.
Vindicativo *adj* vindicative.
Vindima *s* vintage.
Vindimar *v* to vintage; to gather grapes.
Vindita *s* vindicta; vengeance; chastisement.
Vindouro *adj* future; coming.
Vingador *s* avenger; revenger.
Vingador *adj* avenging.
Vingança *s* vengeance; revenge.
Vingar *v* to avenge; to revenge.
Vingativo *adj* vindictive; revengeful.
Vinha *s* vine; vineyard.
Vinhedo *s* vineyard.
Vinheta *s* vignette.
Vinhetista *s* vignettist.
Vinho *s* wine.
Vinícola *adj* wine-growing; vinicultural.
Vinicultor *s* viniculturist; winegrower.
Vinicultura *s* winegrowing; viniculture.
Vinífero *adj* viniferous.
Viola *s* viol; viola (small guitar).
Violação *s* violation; transgression; profanation.
Violáceo *adj* violaceous.
Violador *s* violator; ravisher; profaner.
Violão *s* viol; guitar.
Violar *v* to violate; to break; to commit rape on.
Violável *adj* violable.
Violeiro *s* guitar maker.
Violência *s* violence; intensity; rape.
Violentador *s* ravisher, one who forces.
Violentar *v* to force; to do violence; to commit rape on.
Violento *adj* violent; impetuous; strained.
Violeta *s* BOT violet; common purple.
Violinista *s* MÚS violinist.
Violino *s* MÚS violin.
Violoncelista *s* MÚS violoncellist.
Violoncelo *s* MÚS violoncello.
Vir *v* to come; to arrive; to appear; to occur.
Virar *v* to turn; to reverse; to empty; to transmute.
Viravolta *s* circular motion; somersault; FIG vicissitude.
Virgem *s* Virgin; Maid; the Holy Virgin.
Virgem *adj* virgin; pure.
Virginal *adj* virginal; maidenly.
Virgindade *s* virginity; maidenhood.
Vírgula *s* comma.
Viril *adj* virile; manly.
Virilidade *s* virility; masculinity.
Virilizar *v* to make virile.
Virola *s* virola; ferrule.
Virtualidade *s* virtuality; potencial existence.
Virtude *s* virtue; morality; efficacy; rectitude.
Virtuosidade *s* virtuosity.
Virtuoso *adj* virtuous; pure.
Virulência *s* virulency; virulence.
Virulento *adj* virulent; malignant; infectious.
Visagem *s* visage; appearance; vision.
Visão *s* sight; a view; vision; apparition.
Visar *v* to aim at; to have in view; to aspire.
Visceras *s* ANAT viscera.
Visco *s* BOT mistletoe; birdlime; FIG allurement; enticement.
Visconde *s* viscount.
Viscosidade *s* viscosity; stickiness.
Viscoso *adj* viscous; sticky.
Viseira *s* visor; vizor.
Visibilidade *s* visibility.
Visionar *v* to vision; to have visions.
Visionário *s* visionary.
Visionário *adj* visionary.
Visita *s* visit; visitor; guest.
Visitar *v* to visit; to make a visit.
Visível *adj* visible; obvious; manifest.
Vislumbrar *v* to glimmer; to catch a glimpse; to catch a sight of.
Vislumbre *s* glimmer; faint light; light resemblance.
Viso *s* sight; aspect; visage; glimmer.
Vista *s* sight; a look; glance; picture; intention.
Visto *s* visa; visé.
Visto *adj* seen; examined; known.
Vistoria *s* inspection; assessment; survey; valuation.
Vistoriar *v* to survey; to inspect.
Vistoso *adj* striking; showy; ostentatious.
Visual *adj* visual.
Vital *adj* vital; indispensable; imperative.
Vitalício *adj* vital; lifelong.
Vitalidade *s* vitality.
Vitalizar *v* to vitalize; to make alive.
Vitamina *s* vitamin.
Vitela *s* heifer; veal; calf.
Vítima *s* victim.
Vitimar *v* to victimize; to make a victim of.
Vitória *s* victory; success; conquest; triumph.
Vitorioso *adj* victorious; conquering; winning.
Vitral *s* stained glass-window.
Vítreo *adj* vitreous; glassy.
Vitrificação *s* vitrification; vitrifaction.
Vitrificar *v* to vitrify.
Vitrina *s* shop-window; show-case.
Vitrinista *s* window dresser.
Vituperação *s* vituperation.
Vituperar *v* to vituperate; to censure.
Vitupério *s* vituperation; severe censure: disgrace.
Viúva *s* widow.
Viúva *adj* widowed; FIG desolate; helpless.
Viuvez *s* widowhood.
Viúvo *s* widower.
Viúvo *adj* widowed; FIG desolate; helpless.
Viva *s* cheer.
Viva *interj* hurrah! huzza! huzzé!
Vivacidade *s* vivacity; vital force; animation.
Vivaz *adj* vivacious; lively; brisk.
Viveiro *s* coop; a small enclosure.
Vivenda *s* dwelling; cottage; country house.
Vivente *adj* living.
Viver *v* to live; to subsist; to dwell; to reside.
Víveres *s* provisions; victuals.
Vivificação *s* vivification; enlivening.
Vivificar *v* to vivify; to endure with life; to animate.
Vivo *s* living person; braid of a garment.
Vivo *adj* live; alive; living; lively; striking.
Vizinhança *s* neighbourhood; neighborhood; vicinity.
Vizinho *s* neighbour; neighbor.
Vizinho *adj* neighboring; neighbouring; near.
Vizir *s* vizier; vizir.
Voador *s* flier.
Voar *v* to fly; to run away; to disappear; to spead.
Vocabulário *s* vocabulary; lexicon.
Vocábulo *s* vocable; word; term.
Vocação *s* vocation; inclination; calling.
Vocal *adj* vocal.
Vocalizar *v* to vocalize.
Vocativo *s* vocative case.
Vocativo *adj* GRAM vocative.
Você *pron* you.

Vociferação *s* vociferation; outcry; clamor.
Vociferador *s* vociferator; shouter.
Vociferante *adj* vociferating.
Vociferar *v* to vociferate; to shout out.
Voga *s* vogue; fashion; usage.
Vogal *s* vowel; voter; member of a jury.
Vogal *adj* vocal; vocalic.
Vogar *v* to row; to float; to sail; to slip.
Volante *s* fly-wheel; hand-wheel; steering-wheel.
Volante *adj* volant; flying.
Volátil *adj* volatile; gaseous; vaporous.
Volatilizar *v* to volatilize; to cause to pass off in vapor.
Volição *s* volition; will; determination.
Volitar *v* to volitate; to flutter; to flicker.
Volitivo *adj* volitive; volitional.
Volt *s* ELET volt.
Volta *s* turn; circuit; revolution; rotation.
Voltado *adj* turned up; opposite.
Voltagem *s* voltagem.
Voltar *v* to turn; to return; to come back.
Voltear *v* to whril; to revolve rapidly; to vault.
Volubilidade *s* volubility; inconstancy; versatility.
Volume *s* volume; bulk; a mass.
Volumoso *adj* voluminous; bulky; large; swelling.
Voluntariedade *s* voluntariness; voluntarity.
Voluntário *s* volunteer.
Voluntário *adj* voluntary; free; self-willed.
Volúpia *s* volupty.
Voluptuosidade *s* voluptuousness; lewdness.
Voluptuoso *adj* voluptuos; sensuous; luxurious.
Voluta *s* ARQ volute.
Volúvel *adj* voluble; changeable; instable; fickle.
Volver *v* to turn; to roll; to turn round.
Volvo *s* MED volvulus.
Vomitar *v* to vomit; to belch forth.
Vômito *s* vomit; vomiting.
Vontade *s* will; rational choice; mind; desire.
Voo *s* flight; ecstasy; rapture.
Voracidade *s* voracity; voraciousness; greediness.
Voragem *s* vortex; whirlwind; tornado; whirlpool.
Voraz *adj* voracious; ravenous; insatiable.
Vórtice *s* vortex; whirlwind.
Vos *pron* you.
Vosso *adj* your.
Vosso *pron* yours.
Votação *s* voting; balloting.
Votante *adj* voting.
Votar *v* to vote; to grant; to vow; to dedicate.
Voto *s* vote; suffrage; ballot; the right of suffrage; vow.
Vovô *s* grandpa; granddad.
Vovó *s* grandma; granny.
Voz *s* voice; speech; vote; MÚS voice.
Vozeirão *s* a loud voice.
Vulcâneo *adj* vulcanian.
Vulcânico *adj* vulcanic.
Vulcanização *s* vulcanization.
Vulcanizar *v* to vulcanize; FIG to exalt; to enthusiasm.
Vulcão *s* volcano.
Vulgar *s* vulgar.
Vulgar *adj* vulgar; common; coarse; ordinary.
Vulgaridade *s* vulgarity; quality of being vulgar.
Vulgarismo *s* vulgarism; rudeness; vulgarity.
Vulgarização *s* vulgarization.
Vulgarizar *v* to vulgarize; to make vulgar.
Vulgata *s* Vulgate (Bible).
Vulgo *s* vulgus; vulgar people; common people.
Vulgo *adv* vulgo.
Vulnerabilidade *s* vulnerability; vulnerableness.
Vulnerar *v* to vulnerate; to wound; to hurt.
Vulnerável *adj* vulnerable.
Vulto *s* face; countenance; visage; image; aspect; appearance.
Vultoso *adj* bulky; voluminous.

W

W *s* the twenty third letter of the English alphabet and in Portuguese alphabet it is used in some words derived from foreign names.
Wagneriano *adj* wagnerian.
Water-closede *s* water-closet (W.C.); latrine.
Watímetro *s* wattmeter.
Watt *s* FÍS watt (symbol **w**).
Westerne *s* western; horse-opera.
Wind-surfe *s* ESP wind surf.

X

X *s* the twenty second letter of the Portuguese alphabet and the twenty-fourth letter of the English alphabet.
X *s* the tenth in Roman numeral.
X *s* MAT an unknown quantity (algebra); the symbol of multiplication.
Xá *s* shah.
Xadrez *s* ESP chess (game); BR jail; prison.
Xadrezar *v* to checker.
Xadrezista *s* chess player.
Xale *s* shawl.
Xará *s* homonym; namesake.
Xaropada *s* syrupy; BR something tiresome.
Xarope *s* syrup; sirup.
Xaroposo *adj* syrup-like; syrupy.
Xaveco *s* NÁUT xebec (ship).
Xelim *s* shilling (British coin).
Xenofobia *s* xenophobia.
Xenófobo *adj* xenophobe.
Xeque *s* sheik; ESP check (at chess).
Xerife *s* sheriff.
Xerocar *v* to copy; to xerox.
Xerofagia *s* xerophagy; xerophagia.
Xerox *s* Xerox (Registered Mark).
Xícara *s* cup; cupful.
Xifópagos *s* xiphopagus.
Xifópagos *adj* xiphopagous.
Xilófilo *adj* xilophilous.
Xilografia *s* xilography.
Xilógrafo *s* xilographer.
Xilogravura *s* xilograph.
Xiloide *adj* resembling wood; woody; xiloid.
Xilomancia *s* xilomancy.
Xingamento *s* insulting speechs.
Xingar *v* BR to call bad names.
Xintoísmo *s* Shintoism; shinto.
Xintoísta *s* RELIG shintoist.
Xintoísta *s adj* RELIG shintoist.
Xisto *s* schist (rock); xyst (Greek portico).
Xistoso *adj* schistose.
Xodó *s* BR GÍR passion; strong liking.
Xucro *adj* GÍR BR untamed animal; silly person.

yY

Y *s* the twenty five letter of the English alphabet and in Portuguese alphabet is only used in words derived from foreign names (symbols, abbreviations and foreign names).

Y *s* MAT the second unknown quantity in algebra.

Y *s* QUÍM symbol of **YTTRIUM**.

Yd *s* **YARD** (= 914.4 mm).

z Z

Z *s* the twenty third letter of the Portuguese alphabet and the twenty sixth letter of the English alphabet.
Z *s* MAT unknown quantity.
Zabumba *s* a big drum; bass drum.
Zabumbar *v* to beat a big drum; to beat a bass drum.
Zagaia *s* assagai; assegai; spire.
Zanga *s* anger; aversion, quarrel.
Zangado *adj* angry; ill-tempered.
Zangão *s* drone; COM stockjobber.
Zangar *v* to anger; to annoy; to grow angry; to irritate.
Zanzar *v* to roam; to rove; to wander.
Zarabatana *s* blowpipe; blowtube.
Zarolho *adj* cross-eyed; one-eyed; squint-eyed.
Zarpar *v* to run away; to weigh anchor.
Zebra *s* ZOO zebra (animal).
Zebroide *adj* zebroid, like a zebra (or pertaining to).
Zebu *s* zebu (ox).
Zéfiro *s* zephyr; gently breeze; Zephyr, the west wind.
Zelador *s* guardian; janitor; keeper.
Zelar *v* to look after; to take care of; to watch over.
Zelo *s* ardent interest; zeal.
Zeloso *adj* careful; devoted; zealous.
Zenda *s* RELIG Zend (Zoroastrian writings).
Zenda-avesta *s* RELIG Zenda-Avesta (Zoroastrian writings).
Zênite *s* ASTR zenith.
Zepelin *s* AER zeppelin.
Zero *s* zero; a cipher.
Ziguezague *s* zigzag; sinuosity.
Ziguezaguear *v* to zigzag.
Zimbório *s* ARQT cupola; dome.
Zimbrar *v* to beat; to pitch a ship; to strike.
Zimologia *s* zymology (fermentation treatise).
Zinabre *s* verdigris.
Zincagem *s* zincification; zincking.
Zincar *v* to galvanize; to zincify; to zinc.
Zinco *s* QUÍM zinc.
Zincografar *v* to engrave in zinc sheets.
Zincografia *s* zincography.
Zincográfico *adj* zincographic; zincographical.
Zincógrafo *s* zincographer.
Zincogravura *s* zincograph; zinc-etching.
Zíngaro *s* gipsy; gypsy.
Zingração *s* mockery; scoffing.
Zingrar *v* to laugh at; to mock; to scoff.
Zoar *v* to buzz; to hum; to sound.
Zodiacal *adj* zodiacal.
Zodíaco *s* zodiac.
Zombador *s* jester; mocker.
Zombador *adj* mocking.
Zombar *v* to deride; to mock; to scoff.
Zombaria *s* derision; mockery; mocking; scoffing.
Zombeteiro *s* jester; mocker.
Zombeteiro *adj* mocking.
Zona *s* area; belt; region; zone.
Zoófilo *s* zoophilist (a lover of animals).
Zoófilo *adj* zoophilous (animal loving).
Zoófito *s* zoophyte.
Zoofobia *s* zoophobia.
Zoófobo *adj* zoophobous.
Zoografia *s* zoography (description of animals).
Zoólatra *s* zoolater.
Zoólatra *adj* zoolatrous.
Zoolatria *s* zoolatry (worship of animals).
Zoólito *s* zoolite; zoolith (a fossil animal).
Zoologia *s* zoology.
Zoológico *adj* zoological.
Zoologista *s* zoologist.
Zoólogo *vide* ZOOLOGISTA.
Zootaxia *s* zootaxy; zoological taxonomy.
Zootecnia *s* zootechny; zootechnics.
Zootécnico *adj* zootechnic.
Zooterapia *s* zootherapy (veterinary therapeutics).
Zooterápico *adj* zootherapeutical; zootherapeutic.
Zootomia *s* zootomy.
Zoroastrismo *s* RELIG zoroastrianism.
Zorra *s* old fox; sledge; trolley; timber-truck; truck.
Zorro *s* fox; zorro.
Zorro *adj* crafty; cunning; slow.
Zumbido *s* buzzing; hum; humming; ringing in the ears.
Zumbir *v* to buzz; to hum; to whirl.
Zunido *s* buzzing; humming; whistling; whining.
Zunir *v* to buzz; to hum; to whistle.
Zunzum *s* hum; intrigue; report; rumour.
Zurrar *v* to bray; to utter a bray.
Zurro *s* bray.
Zurzir *v* to thrash; to cudgel; to chastise.
Zwinglianismo *s* RELIG zwinglianism.
Zwingliano *s* zwinglianist (follower of or pertaining to the Zwinglianism).

Minidicionário Escolar

Apêndices

Verbetes de Informática

A

ABORTION (âbór-shânn) comando de aborto que visa parar algo fora de controle (que não se está entendo no momento) e que ocorre no micro quando se faz uma operação errônea (usualmente abreviado ABORT).

ABOUT BOX (âbau-t bóx) janela que se abre no vídeo mostrando informações tais como, o nome do programa, versão, socorro (help), etc.

ACCELERATOR BOARD (éksé-lárêitâr bôurd) placa aceleradora, dispositivo colocado no micro que o torna mais rápido (pela união de dois processadores).

ACK (âk) abreviatura de ACKnowledge (âknó-lidj) que possui um sentido de "reconhecimento", vez que se trata de compatibilização entre modems.

ACTIVE WINDOW (ék-tiv uin-dôu) janela ativa, janela que se abre solicitando uma das opções ali enumeradas, através de comando (mouse ou teclado); noutras palavras, é a tela aberta que mostra as muitas opções à disposição, quando se liga o computador.

ADDON PROGRAM (édônn prôu-grémm) programa adicionado (suplementar) que atua juntamente com outro programa, buscando aperfeiçoar suas características.

ADDRESS (âdré-ss) endereço, lugar onde os itens ficam armazenados no micro ou, em se tratando de planilha, tem endereço, linha e coluna.

AIR BRUSH (ér brâsh) tópico constante em muitos programas, utilizado para criar e trabalhar com imagens gráficas.

ALGOL (élgôul) abreviatura de ALGOrithmic Language, linguagem de máquina chamada de alto nível, porquanto é muito próxima da linguagem humana.

ALGORITHM (élgôul rítê-m) algoritmo, conjunto de informações e instruções lógicas que possibilitam a feitura de programas (linguagem de máquina).

ALIGNMENT (âláin-ment) refere-se ao corpo de escritos na tela, do texto em si, que pode receber o comando justificado, à direita, à esquerda, centralizado.

ALPHANUMERIC (élfâ niumé-ric) alfanumérico, combinações de números, caracteres, símbolos e letras, que formam programas e são reconhecidos pelo micro; ou, característica de um campo tornando-o capaz de abrigar letras, números, caracteres especiais, etc.

ALT (ól-t) abreviatura de ALTERNATE que é uma chave-comando no teclado, servindo para alternar a função de outra chave (tecla), na medida em que é pressionada conjuntamente com outra chave (tecla).

AND (énd) e, é um operador lógico como os usados em teoria de conjuntos (matemática), mantendo uma função comparativa na construção de programas, fundamentalmente na linguagem "basic".

ANNALIST (é-nâlist) o que examina programa de computação.

ANSI (ân-sai) abreviatura de American National Standards Institute, definidora de padrões técnicos às indústrias e estabelece, nos micros, a forma dos caracteres, a comunicação entre eles, além de como devem trabalhar os programas.

ANSWER MODE (én-sâr mouwd) modo como responde, modo como um MODEM, aceita e recebe o chamado de outro modem (comunicação entre computadores à distância).

APPLICATIVE (é-plikêitiv) aplicativo, é um programa específico com diversas funções (vide SOFTWARE).

AROW (ârô-u) chave (tecla-seta) do teclado (hard) que move o cursor (sinal que "pisca" no vídeo) para todos os lados.

ATTACHMENT (âté-tshment) anexo (arquivo anexados), são arquivos enviados ou recebidos como parte de uma mensagem de correio eletrônico (E-mail).

B

BACKUP (baek âp) ferramenta útil que permite fazer cópias de segurança daquilo que está no disco rígido (hard disk), possibilitando a reposição de tudo que tenha sido danificados.

BATCH FILE (bétsh faile) arquivo de lote, um arquivo especial contendo comandos do sistema operacional (MS-DOS), processado sequencialmente, geralmente com a extensão BAT (.bat).

BEDBUG (béd-bâg) programa (software) que causa problemas noutros programas.

BOOT (but) ação inicial promovida pelo computador, assim que ligado, deixando todo o sistema à disposição do usuário.

BUFFER (bâ-fâr) área de armazenamento temporário os quais serão transferidos automática e oportunamente pelo sistema, ou, memória temporária que retém parte do trabalho que o computador deve realizar, aguardando a vez para fazer o restante do mesmo, como numa impressão, por exemplo.

BUG (bâg) vírus, programa que impede o funcionamento correto de outros programas.

C

CACHE (kaesh) esconderijo, lugar embutido na memória do computador onde ficam armazenados um determinado volume de dados, temporariamente, evitando acessar o drive do disco rígido ou flexível, o que provoca um rodar mais rápido no mesmo; memory CACHE: memória esconderijo, chips de memória que retêm dados, temporariamente, a fim de fazer um micro rodar mais rápido.

CHIP microcircuitos integrados, minúsculos componentes eletrônicos transistorizados que se constituem na menor parte física do computador (hardware).

CLEAN (klin) adj, comando que limpa a tela do vídeo do computador, bastando digitar abreviadamente CLS.

COMPACT (kóm-pekt) CD-ROM, disco compacto, apenas com memória para ser lida, contendo diversos dados (arquivos, diretórios, multimídia, elementos gráficos, jogos, etc.).

CONFIGURATION (konfighiurêi-shân) configuração, esta palavra é utilizada com diversos sentidos: um deles é no sentido de dar forma ao trabalho, em termos de tamanho da página, etc.; outro é no sentido de instalar determinado programa ou aplicativo no micro.

D

DEBUG (di-bug) depurar; eliminar problemas em um programa que contenha vírus; eliminar vírus (bugs).

DEFAULT (difól-t) padrão, ações predefinidas no programa de origem que são ativadas caso o usuário não manifeste uma outra ação qualquer, como, por exemplo, o número de uma página que já tem um tamanho padrão (10).

DEFAULT drive (difól-t draiv) drive padrão, é o lugar, em primeira plana, onde o micro busca por informações, caso não lhe seja dada outra instrução e, geralmente, é o drive C.

DELETE (dili-t) tecla DEL do computador que apaga os caracteres à esquerda do cursor.

DESK top (desk-tóp) mesa de trabalho, tela inicial (interface gráfica de usuário), abaixo da barra de menu„ onde permanece todos os comandos constante da janelas (ícones - atalhos) que possibilitam acesso rápido aos programas.

DESK top publishing editoração eletrônica, combinação específica de textos e imagens que servem para criar e publicar jornais; livros; etc.

DEVICE (divái-ss) qualquer equipamento (hard) que possa enviar ou receber dados, como um monitor, uma impressora, o mouse, etc.

DIGITAL (di-djitâl) os computadores modernos funcionam de maneira digital, isto é, representam os objetos em estado ligado/desligado (zero/um).

DIRECTORY (dirék-tôuri) diretório, unidade de armazenamento que abriga divisões no disco rígido (C:) ou no flexível (A:); servindo para organizar todos os arquivos.

DISK (disk) disco; hard DISK: disco rígido; material duro, com camada de óxido sobre alumínio, recoberto de material magnético, localizado dentro do gabinete que guarda o microprocessador, mantendo a função de armazenamento de dados; floppy DISK: disco flexível de 5 ou 3 1/2 polegadas, magnetizado, mantendo a função de armazenador de dados (portátil);

DISK operating system (DOS) sistema operacional de disco (DOS), programa (software) desenvolvido especialmente para gerenciar todo o computador, na sua parte material (hardware) e na parte imaterial (programas, softwares), promovendo um perfeito entrosamento entre seus elementos.

E

EDIT (é-dit) editar, modificar dados, textos, gráficos, etc., em um arquivo; geralmente consta da barra de títulos e basta um click com o mouse para abrir a janela que contém diversos comandos.

ELECTRONIC mail (e-mail) (iléktrôu-nik mêioul) – correio eletrônico, envio de mensagens criadas e lidas por sistemas que envolvem micros, modems, telefone, transmitidas via satélite.

E-MAIL address (iléktrôu-nik mêioul a-drés) endereço do correio eletrônico, números, letras e palavras que identificam um usuário de uma rede de computadores, conectados via telefones e modem (local/ mundial) como a Internet, Network, etc.

ENTER (én-târ) tecla de entrar que envia um determinado comando ao sistema utilizado.

ESCAPE (iskêi-p) abreviado como Esc, consta do teclado do computador e, quando pressionada, cancela qualquer comando que tenha sido dado por último.

F

FILE (fá-il) conjunto de informações que, por meio de comando específico, são alocadas à memória do computador, que as coloca numa pasta específica, devidamente nomeadas e que poderão sofrer modificações ou impressões posteriores no ambiente gráfico.

FONT (fónt) formato opcional de letras.

FORMAT (fôurmé-t) trata-se de um comando de diversos aplicativos que serve para preparar o disco utilizado para posteriores gravações; além disso apaga todos as informações anteriores, dando-nos conta da sua capacidade de armazenamento; um outro conceito dessa palavra está interligado à possibilidade de amoldarmos aquilo que se vai escrever, dando nos a possibilidade de amoldarmos o trabalho quanto ao parágrafo, fontes, cores, etc.

G

ARBAGE (gár-bidj) lixo, informação desnecessária.

GATEWAY (ghêit-uêi) meio de acesso, o link (ligação) conectivo entre computadores, que faz a tradução entre dois tipos diferentes de redes.

GENDER BENDER (djén-dâr Bêender) adaptador, plugue especial que transforma um cabo com conexão fêmea em cabo com conexão macho e vice-versa.

GENDER CHANGER (djén-dâr têchen-djâr) adaptador, plugue especial que transforma um cabo fêmea em cabo com conexão macho e vice-versa.

H

HACK (hék) piratear, modificar um programa de um modo ilegal.

HACKER (hé-kâr) pirata, pessoa muito habilitada em computação que consegue adentrar em qualquer sistema, via modem ou de outra maneira, descobrindo a senha de entrada (password), roubando, assim, informações confidenciais.

HARD-disk (hárd disck) dísco rígido, dispositivo interno do computador que armazena programas, arquivos, etc.

HARDWARE (hárd-uér) componentes da complexa aparelhagem que forma um Micro, chamada, às vezes, parte material, em oposição a software que é sua parte imaterial, formando uma dualidade Hardware, Software.do.

HOME computer (hôumm) computador doméstico.

HOME-key tecla que, se acionada, move o cursor para o início ou topo de um documento ativo no computador.

I

ICON (ái-kónn) figuras ou imagens que substituem os comandos de acesso aos programas, constituindo-se num atalho, bastando clicá-las com o mouse.

INPUT (in-pât) entrada, informações que alimentam o computador no sentido de que possa produzir algum tipo de resultado (output).

INTERFACE (inter-fêis) é a conexão que se verifica entre o computador, seus diversos dispositivos e o usuário.

INTERNET (inter-nét) rede internacional de comunicação eletrônica, via computadores, interligados por telefone e modem.

J

JACKET (djé-két) a caixa plástica quadrada que protege os discos flexíveis.

JOB (djób) tarefa que o computador deve fazer sempre que comandado

JOIN (djóinn) associação, termo que se utiliza quando há uma referência cruzada entre dois arquivos.

JOYSTICK (jóin-estik) dispositivo de controle que move o curso na tela do computador.

JUMP (djâmp) salto, mudança repentina de uma instrução subsequente num programa, de um lugar para outro.

JUSTIFY (djâs-tiái) comando que permite que o computador faça um alinhamento de texto automaticamente.

K

K (kêi) sigla de kilobyte (1024 bytes).

KERNEL (kârn-l) semente, termo usado por programadores para descrever o núcleo do programa ou o principal do programa.

KEY (ki) os botões do teclado; senha que codifica ou decodifica arquivos.

KEYBOARD (ki-bôurd) teclado do computador composto de teclas de função e KEYPAD.

KEYPAD (ki-péd) teclado numérico do computador, incluindo o teclado do cursor, que está ligado ao KEYBORD.

KNOWLEDGE (nó-ledj) banco de conhecimentos que, supostamente atualizado, armazena informações para resolução de problemas gerais.

L

LANGUAGE (lén-güidj) linguagem de programação ou de máquina, é a língua que o computador compreende para que possa realizar as inúmeras tarefas que lhe são solicitadas e que forma, enfim, o programa executado; pode ser de alto nível quando a mesma é bem próxima da própria línguagem humana; ou de baixo nível, quando o seu entendimento rápido só pode ser entendido pelo computador; todo software é feito numa dessas linguagens.

LAPTOP (lép-tóp) um computador pequeno e portátil.

LIGHT (láit) uma caneta magnética que permite que se possa desenhar figuras e dar entradas no computador pelo próprio vídeo.

LINE EDITOR (láinn-editâr) um programa que possibilita a modificação de uma linha de cada vez em um arquivo de texto.

LINK (link) significa interligar dois computadores através de um modem, cabo ou rede.

LOAD (lôud) transferir (carregar) dados armazenados no disco rígido para a memória RAM do computador.

M

MENU (mé-niu) uma lista de comandos disponíveis em um programa que ficam, potencialmente no video, à disposição do usuário e que, por intermédio do mouse ou via keyboard, podem ser acionados.

MESSAGE BOX (mé-sâdji bóx) caixa de mensagem, uma pequena janela ou quadrado que aparece na tela do micro, contendo recados sobre o programa que está sendo usado.

MICRO (maicrou) abreviatura de microcomputador.

MOTHER-board placa mãe, circuito principal de onde parte a conexão da maioria dos dispositivos do computador.

MOUSE (máuz) camundongo, dispositivo manual apontador que possibilita enviar comandos por meio de movimentação e pressionamento de botões, mantendo, na tela, uma visualização permanente do cursor que se movimenta concomitantemente.

MOVE (muv) um comando que em muitos softwares tem a função de transferir objetos ou textos de um para outro lugar.

N

NATURAL LANGUAGE PROCESSING processamento de linguagem natural, isto é, uma linguagem humana processada pelo computador, diferente da comum, que é chamada linguagem de máquina.

NAVIGATION (névighêi-shânn) navegação, ação de um usuário de computador, buscando, no vídeo, pela movimentação do mouse ou teclado, dados, arquivos, programas, etc, ajustando-os segundo suas conveniências.

NET-WORK, NETWORK (nét-uôrk) rede, sistema de interligação de computadores autônomos, visando transferência de informações.

NIBBLE (nib-l) a metade de um BYTE (quatro BITES).

NOTEBOOK (nôut-buk) computador portátil.

O

OPERATOR (ó-pârêitâr) símbolos que representam operações matemáticas nos programas.

OUTPUT (áut-put) saída, o resultado do trabalho fornecido ao computador, em forma de som, caracteres no vídeo ou pela impressão em papel, etc.

P

PADDLE (péd-l) dispositivo de entrada que permite a movimentação de um objeto no vídeo (para a esquerda, direita, etc.); vide JOYSTICK.

PAINT-brush (pêint-brush) pincel, programa específico para desenhos e pinturas em computação gráfica, desenvolvido pela Microsoft (marca registrada).

PASSWORD (paes-uârd) senha, palavra necessária que precisa ser digitada com antecedência para que se possa ter acesso a um programa, a um arquivo, etc.

PASTE (pêist) colar, ação de copiar determinado texto, desenho, etc., transferindo-o para outro lugar que se queira.

PATH (péth) caminho, instrução detalhada e específica que se digita no teclado para acessar determinados aplicativos.

PERSONAL computer (pâr-sânál câmpiuter) computador pessoal.

PROMPT (prómpt) pronto, símbolo indicativo que aparece no vídeo indicando que o computador já está preparado para receber algum tipo de comando.

R

RANDOM Access Memory (rén-dâmm acssés mêmori) (ROM) memória de acesso aleatório – memória que se pode modificar, escrever ou ler, e que permanece caso houver o salvamento prévio do trabalho, caso contrário, não ficará armazenado.

READ-only-memory (rid onli mêmori) memória de leitura (ROM); trata-se de uma memória do computador que não pode ser mudada (editada) regularmente, apenas ser lida.

READY only (ré-di onli) somente leitura, termo indicativo de que um arquivo não pode ser editado (modificado), sendo utilizável apenas à leitura.

ROOT directory (rut diréctóri) diretório raiz, é o primeiro diretório de um disco que se ramifica com subdiretórios; no DOS o símbolo do diretório raiz é a barra invertida (\).

S

SCAN (skénn) varredura, comando que permite uma verificação geral do disco rígido ou de um disquete, buscando erros que possam eventualmente existir, nos arquivos, pastas, diretórios, etc., corrigindo-os automaticamente; ação de leitura, feita pelo computador, de códigos de barra, textos, imagens, introduzidas por um dispositivo especial chamado scanner.

SERVER (sâr-vâr) servidor, computador central que controla toda a rede de uma empresa, isto é, dentre inúmeros outros computadores, chamados de terminais, cada um com uma função específica, é o computador-mestre.

SITE (sáit) localidade, qualquer endereço na Internet (FTP ou WWW).

SOFTWARE (sóft-uér) programa lógico, como o DOS ou um utilitário qualquer que, juntamente com o hardware, formam a unidade fundamental do computador.

SYSOP (sáisóp) abreviatura de system operator, operador de sistema, que é o "cabeça" controlador das operações do sistema, via BBS (Bulletin Board System).

T

TEXT editor (tékst éditâr) editor de texto, um programa ou um modificador de palavras que permite que você modifique (edite) arquivos de texto, etc.

TRASH (trésh) lixo, um lugar especial na memória do computador aonde alguns trabalhos, arquivos, etc, podem ser transferidos, até que haja um comando para apagá-los.

U

UNDERLINE (ân-dârláinn) em informática é o atributo que se aplica ao texto, fazendo-o sublinhado.

UPPER memory (â-pâr mêmori) memória alta, é porção de memória não utilizada pelo DOS à execução do programa.

UPPERCASE (â-pâr-keiz) letras em caixa-alta, maiúsculas, como nos velhos tempos da tipografia.

V

VIDEO (vídiou) vídeo, tela onde aparecem todas as imagens que demonstram as opções de comando para o computador, texto, etc., bem como as imagens de todas as funções do computador.

VIRUS (vái-râss) programa específico que tem o objetivo de alterar ou destruir outros programas.

W

WEB master (uéb-mástâr) expert em internet.

WINDOW (uin-dôu) janela, caixa que se abre na tela de um computador, após um comando, demonstrando inúmeras opções ao usuário ou dando algum tipo de advertência.

WORD (uârd) um programa específico para processamento de palavras.

Z

ZOOM (zum) comando que possibilita aumentar gradualmente textos, gráficos, dados que aparecem na tela.

Questões Gramaticais que causam Confusão

1 ARTIGO INDEFINIDO A, AN "A"

NORMALMENTE VEM COLOCADO ANTES DE PALAVRAS QUE COMEÇAM POR CONSOANTES.

exemplos: a book, a girl, a door, etc.

Excessões: PALAVRAS QUE COMEÇAM COM VOGAL, MAS QUE TÊM SOM DE CONSOANTE.

exemplos: a university, a union, etc.

"AN" NORMALMENTE VEM COLOCADO ANTES DE PALAVRAS QUE COMEÇAM POR VOGAL.

exemplos: an egg, an old friend, etc.

Excessões: PALAVRAS QUE COMEÇAM COM CONSOANTES, MAS QUE TÊM SOM DE VOGAL.

exemplos: an hour, an honest man, etc.

2 ARTIGO DEFINIDO "THE"

USA-SE O ARTIGO DEFINIDO "THE" QUANDO UM OBJETO ESTÁ SENDO MOTIVO DE APRECIAÇÃO ESPECIAL, EM OPOSIÇÃO AO MESMO OBJETO CONSIDERADO DE UMA FORMA GERAL.

exemplo: The book wich I am reading is very interesting = o livro que estou lendo é muito interessante (um objeto especial, isto é, aquele livro que estou lendo).

NOTAR QUE PARA A FRASE "A BOOK IS ON THE TABLE" = "O LIVROS ESTÁ EM CIMA DA MESA", NÃO HÁ MENÇÃO DE NENHUM LIVRO EM PARTICULAR, PODENDO SER UM LIVRO QUALQUER (GRANDE, PEQUENO, SOBRE QUÍMICA, ETC.).

3 SAY AND TELL

OS VERBOS TO SAY AND TO TELL (DIZER, FALAR, CONTAR) POSSUEM O MESMO SIGNIFICADO, MAS SÃO USADOS DE DIFERENTES MANEIRAS:

a) DIRECT SPEECH (FALA DIRETA)

SAY É GERALMENTE USADO QUANDO AS PALAVRAS SÃO DITAS DE UMA FORMA DIRETA E COLOCADAS ENTRE ASPAS.

exemplo: Gregório said to me: "I am very busy" (not told) = Gregório disse-me "Estou muito ocupado".

b) REPORTED SPEECH (FALA INDIRETA)

PODEM, TODAVIA, SEREM DITAS INDIRETAMENTE, ISTO É, SEM AS EXATAS PALAVRAS ENTRE ASPAS. MAS NESSE CASO, A PESSOA PARA QUEM SE DIRIGE A PALAVRA (OBJETO INDIRETO) NÃO SERÁ MENCIONADA.

exemplo: Gregório said that he was very busy = Gregório disse que está muito ocupado David Jr. said that he did not feel well = David Jr. disse que não estava sentindo-se bem.

Observação:

SE FOR NECESSÁRIO MENCIONAR A PESSOA PARA QUEM É DIRIGIDA A PALAVRA, ENTÃO USA-SE "TO TELL".

exemplo: David Jr. told me that he did not feel well = David Jr. disse-me que não estava sentindo-se bem.

TELL É TAMBÉM USADO NOS SEGUINTES ESPECIAIS MODOS:

To tell a lie = contar mentira.
To tell about something = falar sobre algo.
To tell a story = contar uma estória.
To tell the truth = contar a verdade.

4 USO DO VERBO AUXILIAR MAY (PODER)

NOTAMOS QUE O AUXILIAR MAY TEM DOIS DIFERENTE USOS:

a) PARA PEDIR PERMISSÃO

exemplo: You may smoke here (i. e. You have permission to smoke here) = você pode fumar aqui (isto é, você tem permissão para fumar aqui).

b) PARA INDICAR DÚVIDA OU POSSÍVEL AÇÃO FUTURA

exemplo: she may leave tomorrow (i. e. It is possible that she will leave tomorrow) = ela talvez saia amanhã (isto é, é possível que ela saia amanhã).

5 THIS (THESE) = ESSE, ESSA (ESSES, ESSAS) AND THAT (THOSE) = ESTE, ESTA (ESTES, ESTAS).

USAMOS "THIS" PARA INDICAR UM OBJETO PRÓXIMO E "THAT" PARA INDICAR UM OBJETO QUE ESTA À DISTÂNCIA. "THESE" AND "THOSE" SÃO O PLURAL, RESPECTIVAMENTE DE "THIS" E "THAT".

exemplos:

This book in my hand is old = este livro em minha mão é velho.

That book over there on the table belongs to brother Flávio = aquele livro ali sobre a mesa pertence ao irmão Flávio.

6 MUCH AND MANY.

"MUCH" É USADO COM NOMES NO SINGULAR, PARTICULARMENTE COM COISAS DE QUANTIDADE OU TAMANHO INDEFINIDOS (QUE NÃO PODEM SER CONTADOS).

exemplos:

much coffee = muito café.
much rain = muita chuva.
much sugar = muito açúcar.

"MANY" É USADO COM NOMES NO PLURAL, COM COISAS DE NÚMERO DEFINIDO QUE PODEM SER CONTADAS.

exemplos:

many books = muitos livros
many friends = muitos amigos
many students = muitos estudantes.

SÃO USADOS FREQUENTEMENTE COM "HOW", FORMANDO EXPRESSÕES INTERROGATIVAS.

exemplos:

how many studantes are there in your class? = quantos estudantes existem em sua classe de aula?

how much coffee do you drink every day? = quantos café você bebe todo dia?

7 ALSO, TOO AND EITHER

AS PALAVRAS "ALSO" E "TOO" (também) NÃO PODEM SER USADAS EM SENTENÇAS NEGATIVAS.

exemplos:

She eats in that restaurant too = ela também come naquele restaurante.

She also likes American food = ela também gosta de comida Americana.

Observação: NAS SENTENÇAS NEGATIVAS USA-SE "EITHER" NO LUGAR DE "ALSO" OU "TOO".

exemplos:

She doesn't eat in that restaurant either = ela também não come naquele restaurante.

She doesn't like American food either = ela também não gosta de cominda Americana.

"ALSO" GERALMENTE É POSTO ANTES DO VERBO PRINCIPAL

exemplo: she also likes american food)

"TOO" GERALMENTE VAI NO FINAL DA FRASE

exemplo: She eats in that restaurant too.

Observação: COM O VERBO TO BE, CONTUDO, "ALSO" SEGUE O VERBO, NOS TEMPOS PRESENTE E PASSADO

exemplo: she is also an excellent swimmer = ela é também uma excelente nadadora.

8 NO AND NOT (não)

"NO" É UM ADJETIVO, LOGO SÓ MODIFICA NOMES (SUBSTANTIVOS)

exemplo: she has no money and no friends = ela não tem dinheiro nem amigos

"NOT" É UM ADVÉRBIO E É USADO NOS SEGUINTES CASOS:

a) PARA MODIFICAR O VERBO

exemplo: she does not speak english well = ela não fala inglês muito bem.

b) ANTES DOS ADJETIVOS "MUCH", "MANY", "ENOUGH"

exemplo: not many people came to the meeting = poucas pessoas vieram para a reunião.

c) ANTES DE QUALQUER NUMERAL OU ARTIGO USADOS COMO ADJETIVO PARA MODIFICAR O SUBSTANTIVO.

exemplo: not a person spoke = nenhuma pessoa falou not one word of protest was heard = nenhuma palavra de protesto foi ouvida.

d) SOME AND ANY

USAMOS "SOME" (algum) EM SENTENÇAS POSITIVAS

e) "ANY" (nenhum) EM SENTENÇAS NEGATIVAS.

exemplos:

She took SOME books home with her = ela levou alguns livros consigo para casa.

She didn't take ANY book home with her = ela não levou nenhum livro para casa consigo.

9 "IT TAKE"- "IT TOOK"- "IT WILL TAKE"

FREQUENTEMENTE USAMOS O VERBO "TO TAKE" (pegar, levar, durar), COM O PRONOME NEUTRO "IT", PARA EXPRESSAR UM PERÍODO DE TEMPO NECESSÁRIO AO COMPLEMENTO DE UMA CERTA AÇÃO.

exemplos:

It takes me an hour to prepare my homework = deve durar cerca de uma hora para eu terminar a lição.

It took us five days to reach Delaware = levou cinco dias para chegarmos em Delaware.

It will take him several months to finish that work = levará diversos meses para ele terminar aquele trabalho.

Observação: NOTE QUE O INFINITIVO DE OUTRO VERBO SEMPRE SEGUE "IT TAKES."

10 MUST AND HAVE TO

"MUST" E "HAVE TO" POSSUEM O MESMO SIGNIFICADO QUANDO USADOS PARA EXPRESSAR FORTE OBRIGAÇÃO, DEVER OU NECESSIDADE.

exemplos:

Nélson has to work tonight = Nélson tem (precisa) que trabalhar à noite

Nélson must work tonight = Nélson tem (deve) que trabalhar à noite.

Observação: Usamos "must" para expressar comando ou ordem com um sentido mais forte, enquanto que "have to" para expressões diárias de necessidade, com um sentido mais brando.

11 WOULD RATHER

É UMA FRASE VERBAL IDIOMÁTICA QUE POSSUI O SENTIDO DE PREFERÊNCIA, REFERINDO-SE AO TEMPO PRESENTE E OU AO FUTURO.

exemplos:

I would rather watch television than go to a movie = prefiro assistir televisão do que ir ao cinema.

I would rather walk than take a taxi = prefiro ir andando do que "pegar" um táxi.

Observação:

NA CONVERSAÇÃO DIÁRIA USA-SE A FORMA CONTRAÍDA "I'D RATHER, HE'D RATHER, ETC."

I'd rather watch television than go...

I'd rather walk than take...

Verbos Irregulares

INFINITIVE	PAST TENSE	PAST PARTICIPLE
ABIDE = enfrentar, resistir, suportar	ABODE/ABIDED	ABODE/ABIDED
ARISE = levantar-se, surgir	AROSE	ARISEN
AWAKE = acordar, despertar.	AWOKE	AWOKEN - AWAKED
BE = ser, estar	WAS, WERE	BEEN
BEAR = carregar, suportar	BORE	BORNE
BEAR = gerar, produzir	BORE	BORN (to be born = nascer)
BEAT = bater, derrotar	BEAT	BEAT - BEATEN
BECOME = tornar-se, convir	BECAME	BECOME
BEGIN = começar	BEGAN	BEGUN
BEHOLD = ver, olhar	BEHELD	BEHELD
BEND = curvar-se, inclinar, dobrar	BENT	BENT
BET = apostar	BET	BET
BID = oferecer, lançar, mandar	BADE - BID	BIDDEN - BID
BIND = amarrar, atar, encadernar	BOUND	BOUND
BITE = morder	BIT	BITTEN - BIT
BLEED = sangrar	BLED	BLED
BLOW = soprar, separar	BLEW	BLOWN
BREAK = quebrar	BROKE	BROKEN
BREED = procriar, criar	BRED	BRED
BRING = trazer	BROUGHT	BROUGHT
BUILD = construir.	BUILT	BUILT
BURN = queimar	BURNT	BURNT
BURST = rebentar, romper	BURST	BURST
BUY = comprar	BOUGHT	BOUGHT
CAST = atirar, lançar	CAST	CAST
CATCH = apanhar, agarrar, pegar	CAUGHT	CAUGHT
CHOOSE = escolher	CHOSE	CHOSEN
CLIMB = trepar	CLOMB	CLOMB
CLING = aderir, apegar-se	CLUNG	CLUNG
CLOTHE = vestir	CLOTHED	CLAD
COME = vir	CAME	COME
COST = custar	COST	COST
CREEP = arrastar-se, rastejar	CREPT	CREPT
CUT = cortar	CUT	CUT
DEAL = lidar, tratar, negociar	DEALT	DEALT
DIG = cavar, escavar	DUG	DUG
DO = fazer	DID	DONE
DRAW = arrastar, puxar, desenhar	DREW	DRAWN
DREAM = sonhar	DREAMT	DREAMT/DREAMED
DRINK = beber, tomar	DRANK	DRUNK
DRIVE = dirigir, conduzir, impelir	DROVE	DRIVEN
DWELL = habitar, morar, residir	DWELT	DWELT
EAT = comer	ATE	EATEN
FALL = cair	FELL	FALLEN
FEED = alimentar	FED	FED
FEEL = sentir	FELT	FELT
FIND = achar	FOUND	FOUND
FLEE = escapar, fugir	FLED	FLED
FIGHT = lutar, combater	FOUGHT	FOUGHT
FLING = arremeçar, atirar, lançar	FLUNG	FLUNG
FLY = voar	FLEW	FLOWN
FORBID = proibir	FORBADE	FORBIDDEN
FORGET = esquecer	FORGOT	FORGOTTEN
FORGIVE = perdoar	FORGAVE	FORGIVEN
FREEZE = congelar, gelar	FROZE	FROZEN
GET = conseguir, ganhar, adquirir	GOT	GOTTEN/GOT
GIVE = dar	GAVE	GIVEN
GO = ir	WENT	GONE
GRIND = moer, triturar	GROUND	GROUND
GROW = crescer, tornar-se	GREW	GROWN

INFINITIVE	PAST TENSE	PAST PARTICIPLE
HANG = pendurar, suspender	HUNG	HUNG
HANG = enforcar, enforcar-se	HUNGED	HUNGED
HAVE = ter	HAD	HAD
HEAR = ouvir	HEARD	HEARD
HIDE = esconder	HID	HIDDEN
HIT = atingir, bater, ferir	HIT	HIT
HOLD = deter, segurar, manter	HELD	HELD
HURT = doer, ferir, magoar	HURT	HURT
KEEP = conservar, guardar, manter	KEPT	KEPT
KNEEL = ajoelhar-se	KNELT	KNELT
KNOW = conhecer, saber	KNEW	KNOWN
LAY = colocar, pôr	LAID	LAID
LEAD = conduzir, levar, guiar	LED	LED
LEARN = aprender	LEARNT	LEARNT
LEAVE = deixar, partir, sair	LEFT	LEFT
LEND = emprestar	LENT	LENT
LET = deixar, permitir	LET	LET
LIE = estar deitado, jazer	LAY	LAIN
LIE = mentir	LIED	LIED
LIGHT = iluminar, acender	LIT	LIT
LOAD = carregar	LOADED	LOADEN
LOSE = perder	LOST	LOST
MAKE = fazer	MADE	MADE
MEAN = querer dizer, significar	MEANT	MEANT
MEET = encontrar-se	MET	MET
MISTAKE = errar, enganar	MISTOOK	MISTAKEN
MOW = ceifar, cortar grama	MOWED	MOWN
PAY = pagar	PAID	PAID
PUT = colocar, pôr	PUT	PUT
QUIT = abandonar, desistir de	QUIT/QUITTED	QUIT/QUITTED
READ = ler	READ	READ
REND = despedaçar, rasgar	RENT	RENT
RID = desembarçar, livrar	RID – RIDDED	RID
RIDE = andar de, cavalgar	RODE	RIDDEN
RING = tocar campainha, sino, etc.	RANG	RUNG-(RING UP= telefonar)
RISE = erguer-se, levantar-se	ROSE	RISEN
RUN = correr	RAN	RUN
SAW = serrar	SAWED	SAWN
SAY = dizer	SAID	SAID
SEE = ver	SAW	SEEN
SEEK = buscar, procurar	SOUGHT	SOUGHT
SELL = vender	SOLD	SOLD
SEND = enviar, mandar	SENT	SENT
SET = colocar, pôr	SET	SET
SEW = costurar	SEWED	SEWED – SEWN
SHAKE = apertar, sacudir, abalar	SHOOK	SHAKEN
SHAVE = barbear-se	SHAVED	SHAVEN
SHINE = brilhar, lustrar, polir, luzir	SHONE	SHONE – SHINED
SHOOT = atirar	SHOT	SHOT
SHOW = mostrar	SHOWED	SHOWN – SHOWED
SHRINK = encolher, contrair-se	SHRANK	SHRUNK – SHRUNKEN
SHUT = fechar	SHUT	SHUT
SING = cantar	SANG	SUNG
SINK = afundar	SANK	SUNK
SIT = sentar	SAT -SATE	SAT – SATE
SLEEP = dormir.	SLEPT	SLEPT
SLIDE = escorregar, deslizar	SLID	SLID – SLIDDEN
SLIT = cortar, rasgar, rasgar	SLIT	SLIT
SMELL = cheirar	SMELT	SMELT
SNOW = nevar	SNOWED	SNOWN
SOW = plantar, semear	SOWED	SOWN – SOWED
SPEAK = falar	SPOKE	SPOKEN
SPEED = apressar, acelerar	SPED	SPED
SPEND = gastar, passar (o tempo)	SPENT	SPENT
SPIN = fiar, tecer	SPUN	SPUN

INFINITIVE	PAST TENSE	PAST PARTICIPLE
SPIT = cuspir	SPAT	SPIT
SPLIT = fender, rachar	SPLIT	SPLIT
SPREAD = estender, espalhar	SPREAD	SPREAD
SPRING = saltar	SPRANG	SPRUNG
STAND = levantar-se, estar de pé	STOOD	STOOD
STAY = ficar, parar	STAID	STAID
STEAL = furtar	STOLE	STOLEN
STICK = colar, cravar, fincar	STUCK	STUCK
STING = aferroar, ferroar, picar	STUNG	STUNG
STINK = feder, cheirar mal	STANK	STUNCK
STRIDE = dar passos largos	STRODE	STRIDDEN
STRIKE = bater, golpear, ferir, matar	STRUCK	STRUCK – STRICKEN
STRING = encordoar	STRUNG	STRUNG
SWEAR = jurar, praguejar	SWORE	SWORN
SWEAT = suar	SWEAT	SWEAT
SWEEP = varrer	SWEPT	SWEPT
SWELL = inchar	SWELLED	SWOLLEN
SWIM = nadar	SWAM	SWUM
SWING = balançar, oscilar	SWUNG	SWUNG
TAKE = levar, pegar, tomar	TOOK	TAKEN
TEACH = ensinar	TAUGHT	TAUGHT
TEAR = rasgar	TORE	TORN
TELL = contar, dizer, narrar	TOLD	TOLD
THINK = achar, pensar	THOUGHT	THOUGHT
THROW = atirar, lançar	THREW	THROWN
TREAD = pisar	TROD	TRODD
UNDERSTAND = compreender	UNDERSTOOD	UNDERSTOOD
WAKE = acordar	WOKE/WAKED	WOKEN/WAKED
WEAR = usar, vestir	WORE	WORN
WEAVE = tecer, trançar	WOVE	WOVEN
WEEP = chorar	WEPT	WEPT
WET = molhar, umedecer	WET/WETTED	WET/WETTED
WIN = ganhar, vencer	WON	WON
WIND = enrolar, sepentear, girar	WOUND	WOUND
WRING = espremer, tocer	WRUNG	WRUNG
WRITE = escrever	WROTE	WRITTEN